第 7 版

어음·手票法講義

鄭 燦 亨 著

博 英 社

Lecture on the Law of Bills and Checks

Seventh Edition

By

Dr. Chan-Hyung Chung
Professor of Law,
Korea University

Seoul

Pakyoungsa Publishing Co.

第7版 머리말

第6版 出刊(2006. 2. 28) 이후 새로 제정되었거나(특히 2006. 4. 28. 법률 제7929호로 공포된 전자금융거래법 등) 개정된(ICC은행위원회가 2006년 10월 파리총회에서 개정하고 2007. 7. 1부터 시행되는 제6차 신용장통일규칙과 전자어음의 발행 및 유통에 관한 법률 등) 法令을 반영하고, 第6版 이후에 나온 大法院判例(判例公報의 발간일자를 기준으로 2006년 1월 1일부터 2008년 12월 15일까지의 大法院判例)를 빠짐없이 보충하여, 이번에 第7版을 출간하게 되었다. 또한 第7版을 출간하면서 第6版의 미흡한 부분을 수정하였다.

위와 같은 수정과 보완으로 第7版의 내용이 매우 up-to-date하고 훨씬 충실하여졌다고 본다. 앞으로도 많은 愛讀者들의 변함없는 사랑과 성원을 바라며, 미흡한 부분과 새로운 내용은 앞으로도 계속 補完할 것을 다짐한다.

第7版의 出刊을 위하여 도와주신 본인의 助敎이며 高麗大學校 大學院(法學科) 碩士課程에 재학중인 禹仁鏡 양과 博英社의 安鍾萬 회장님 · 노현 부장 · 조성호 부장에게 깊은 감사를 드린다.

2009. 7.

鄭 燦 亨 씀

第6版 머리말

第5版 出刊(2004. 2. 20) 이후 새로 제정되거나(특히 2004. 3. 22. 법률 제7197호로 공포된 전자어음법, 2005. 3. 31. 법률 제7428호로 제정된 채무자 회생 및 파산에 관한 법률) 개정된 法令을 반영하고, 國內에서 출간된 主要單行本의 引用面數를 그 후의 最新版에 의하여 수정하였으며, 第5版 이후에 나온 大法院判例(判例公報의 발간일자를 기준으로 2003년 7월 15일부터 2005년 12월 15일까지의 大法院判例)를 빠짐없이 보충하여, 이번에 第6版을 출간하게 되었다. 또한 第6版을 출간하면서 第5版에서의 미흡한 부분을 수정 · 보완하였다.

위와 같은 수정과 보완으로 第6版의 내용이 매우 up-to-date하고 훨씬 충실하여졌다고 본다. 앞으로도 많은 愛讀者들의 변함없는 사랑과 성원을 바라며, 미흡한 부분과 새로운 내용은 앞으로도 계속 補完할 것을 다짐한다.

第6版의 出刊를 위하여 도와주신 본인의 지도학생이며 高麗大學校 大學院(法學科) 博士課程에 재학중인 金弘植 군과 博英社의 安鍾萬 회장님 · 노현 부장 · 조성호 차장에게 깊은 감사를 드린다.

2006. 1.

鄭 燦 亨 씀

第5版 머리말

「어음·手票法講義」 第3改訂版(第4版)이 1999년 11월에 弘文社에서 出刊된 이래 改訂版을 미처 내지 못하고 있다가, 이번에 그 동안의 改正法令 및 文獻 등을 모두 반영하고 또한 第3改訂版(第4版)에 수록한 大法院判例(判例公報의 발간일자를 기준으로 1999년 10월 1일까지의 大法院判例) 이후에 나온 大法院判例(判例公報의 발간일자를 기준으로 1999년 10월 15일부터 2003년 7월 1일까지의 大法院判例)를 빠짐없이 반영하였으며 또한 國內에서 출간된 主要單行本의 引用面數를 2003年版 또는 最新版에 의하여 수정하여 「第5版 어음·手票法講義」를 출간하게 되었다. 第5版도 기본적으로 第3改訂版(第4版)의 기본체제를 유지하면서 미흡한 부분을 補完하고 그 내용을 부분적으로 수정하였다.

위와 같은 수정과 보완으로 第5版의 내용이 매우 up-to-date하고 훨씬 충실하여졌다고 본다. 앞으로도 많은 愛讀者들의 변함없는 사랑과 성원을 바라며, 미흡한 부분과 새로운 내용은 앞으로 계속 補完할 것을 다짐한다.

어음·手票法講義는 初版부터 第3改訂版(第4版)까지는 弘文社에서 출간되었으나, 第5版은 사정상 博英社에서 출간하게 되었다.

第5版의 出刊을 위하여 도와주신 崔仁鎬 法學碩士(高麗大)와 본인의 高麗大學校 大學院(法學科) 碩士課程의 지도학생인 장승준 군 및 정은혜 양, 博英社 安鍾萬 회장님·노현 차장·박노일 차장 및 조성호 과장에게 깊은 감사를 드린다.

2004. 1.

鄭 燦 亨 씀

第 3 改訂版(第 4 版) 머리말

이번에 第 3 改訂版을 내면서 다음과 같이 追加 및 變更을 하였다.

첫째로 第 2 改訂版 이후에 나온 우리 大法院判例를 거의 빠짐없이 追加하였다(宣告日字를 기준으로 1999. 8. 24까지의 大法院判例이고, 判例公報의 발간일자를 기준으로 1999. 10. 1까지의 大法院判例). 특히 이 기간에 나온 大法院判例 중에서 매우 중요한 것은 국내어음(수표)의 경우 發行地의 기재 없는 어음(수표)도 유효하다고 판시한 것으로, 大法院이 종래의 判例를 변경하여 전원합의체판결로써 판시한 것이다. 즉 이러한 내용의 전원합의체 대법원판결로서 約束어음에 관하여는 大判 1998. 4. 23, 95 다 36466이 있고, 手票에 관하여는 大判 1999. 8. 19, 99 다 23383이 있다.

둘째로 이 책에서 인용하고 있는 각종 은행관계 약관 및 규정이 많이 변경되어 최근의 약관과 규정의 내용을 반영하였다. 특히 제 3 편 제 6 장 銀行業務와 어음에서 최근에 이용되고 있는 예금거래기본약관 입출금이 자유로운 예금약관 · 보증가계수표 거래약정서 등의 약관과 서울어음교환소규약(1998. 10. 21 개정) 및 同규약시행세칙(1998. 11. 27 개정) 등의 규정을 반영하였다.

셋째로 第 2 改訂版에서 미흡한 부분을 수정하고(讓渡性預金證書〈C.D.〉, 企業어음〈C.P.〉, 貿易어음 등), 누락된 부분을 보충하였다(표지어음 등).

넷째로 그동안 商法을 위시한 많은 法令의 改正으로 인하여 변경된 引用條文을 바로 잡았고, 이와 아울러 改訂된 중요 單行本의 引用面數를 수정하였다.

위와 같은 改訂을 통하여 이 책이 훨씬 참신하고 up-to-date한 내용을 담게 되었다고 생각한다. 따라서 이 第 3 改訂版을 통하여 어음 · 手票法에 관심이 있는 많은 讀者들이 큰 도움을 받게 되기를 기대하며, 아울러 많은 讀者들의 끊임없는 사랑과 이용을 바란다. 第 3 改訂版에서 미흡한 부분은 앞으로도 계속 補完할 것을 다짐하며, 계속하여 愛讀者들의 좋은 충고와 지적을 바란다.

이번의 第 3 改訂版에서도 계속하여 애써주신 弘文社 林勸圭 사장님 및 劉炳哲 부장님께 깊이 감사한다.

1999. 10.

高麗大學校 法科大學 研究室에서

鄭 燦 亨 㕲

第2改訂版(第3版) 머리말

이번에 第2改訂版을 내면서 다음과 같이 變更 또는 追加하였다.

첫째로 本人의 著書인 「會社法講義」(弘文社 刊)와 같은 크기와 체제로 전면개편하여 同書와 콤비를 이루도록 하였다. 따라서 책의 크기도 동일규격으로 늘리고, 체제에서 重要判例의 요지를 거의 빠짐없이 本文으로 옮기고, 각 判例에서는 그 핵심내용으로 題目을 붙여 어느 내용의 判例인지를 한 눈에 알 수 있도록 하였다.

둘째로 第1改訂版 이후에 나온 우리 大法院判例를 거의 빠짐없이 本文 또는 註에서 소개하였다(宣告日字를 기준으로 1997.5.28까지의 大法院判例이고, 判例公報의 발간일자를 기준으로 1997.7.15까지의 大法院判例).

셋째로 第1改訂版 이후에 나온 新刊 또는 改訂版의 教科書(單行本)에 따라 引用面數를 거의 빠짐없이 追加 또는 變更하였다.

넷째로 第1改訂版에서 미흡한 부분 또는 누락된 부분을 수정하거나 보충하였다(예컨대 直拂카드 · 署名 · 越權代理 · 融通어음의 抗辯 등).

다섯째로 第1改訂版의 內容에서 漢字를 대폭 한글화하여 읽기 쉽도록 하였다.

아무쪼록 이 第2改訂版을 통하여 어음 · 手票法에 관심이 있는 學生 · 實務家 등 많은 讀者들이 큰 도움을 받게 되기를 기대하며, 아울러 앞으로도 많은 讀者들의 끊임없는 사랑과 격려를 바란다. 第2改訂版에서의 미흡한 부분은 앞으로도 계속 補完할 것을 약속드리며, 계속하여 讀者들의 좋은 충고와 지적을 바란다.

이번의 第2改訂版에서도 계속하여 애써주신 弘文社 林勸圭 사장님 및 劉炳哲 차장님과 本人의 연구실에 있으며 高麗大學校大學院(法學科) 博士課程에 있는 羅承成 군과 碩士課程에 있는 宋岡 군에게 깊이 감사한다.

1997. 10.

高麗大學校 法科大學 硏究室에서

鄭 燦 亨 씀

第1改訂版(第2版) 머리말

이번에 第1改訂版을 내면서 法院公報上의 宣告日字를 기준으로 1995년 2월 말까지의 大法院判例(法院公報의 발행일자를 기준으로 하면 1995년 4월 1일자〈제989호〉까지의 大法院判例) 및 新刊文獻을 本文 또는 註에서 거의 빠짐없이 소개하고, 또 改正된 信用狀統一規則(第5次 改正 1993.5.13 공포, 1994.1.1 시행)에 따라 인용된 부분을 수정하였으며, 또 初版에서 미흡한 일부의 내용을 수정하여 보다 새롭게 하였다. 앞으로도 많은 讀者들의 끊임없는 사랑과 격려를 바란다.

이번의 第1改訂版에서도 여러 가지로 애써주신 弘文社 林勸圭 社長님 및 劉炳哲 課長님과 校正 등을 위하여 세심하게 많은 수고를 하여 준 李秉穆 法學碩士(高麗大)에게 깊이 감사한다.

1995. 4. 20.
高麗大學校 法科大學 研究室에서
鄭 燦 亨 씀

初版(第 1 版) 머리말

어음 · 手票法을 어떻게 하면 이를 공부하는 분들에게 명확하면서도 쉽고 현실감 있게 이해시킬 것인가를 고심한 끝에 이 책을 쓰게 되었다. 어음 · 手票法은 특히 理論中心의 法이 아니라 技術的(非倫理的)인 法이므로 이에 관한 전체적인 정확한 이해가 없이는 구체적인 問題(事例)를 해결할 수 없다. 한편 이에 관한 전체적인 정확한 이해가 있으면 어떠한 問題도 쉽게 해결할 수 있으므로 어음 · 手票法과 같이 쉬운 분야가 없다. 따라서 어음 · 手票法의 전반적인 정확한 이해가 무엇보다도 중요한데, 이를 위하여는 이에 관한 理論과 함께 實務 및 判例를 종합적으로 이해하여야 할 것으로 본다. 그러므로 이 책을 쓰는 데 있어서는 어음 · 手票法에 관한 理論과 判例를 實務에 접목시켜 이를 현실감 있게 이해시키고자 하는 점을 항상 염두에 두었는데, 구체적으로 이 책은 다음과 같은 특징을 갖고 있다.

첫째로, 이 책은 주로 「大學教材」로서 讀者가 法科大學生이라는 점을 염두에 두고, 어음 · 手票法에 관한 전반적인 내용을 빠짐없이 담고 체계적으로 간명하게 정리하여, 보다 쉽게 어음 · 手票法을 이해할 수 있도록 하였다. 따라서 理論的인 면은 빠짐없이 소개하면서도 최대한도로 간명하게 설명하였다.

둘째로, 어음 · 手票는 實務에서 銀行을 통하여 많이 이용되고 있는 점을 감안하여, 「銀行業務와 어음」에 관한 장을 별도로 마련하고 각종의 銀行業務(預金業務 · 貸出業務 · 換어음 · 輸出入業務 · 어음交換 · 어음不渡와 制裁)와 관련하여 발생하는 어음上의 法律問題를 다루어 實務家들에게도 많은 도움이 되게 하였다. 또한 어음 · 手票法에 관한 知識의 폭을 넓히기 위하여 「國際換어음 및 國際約束어음에 관한 UN協約」(1988. 12. 9 제정) 및 최근의 새로운 支給手段인 「信用카드와 電子資金移替」와 관련하여 발생하는 여러 가지의 法律問題에 관하여도 다루었다. 그러나 이러한 부분은 우리 어음 · 手票法 자체와는 직접적으로 無關한 부분으로 모든 法科大學生이 반드시 알고 있어야 할 사항으로는 생각하지 않는다. 따라서 이러한 부분은 필요한 분을 위한 參考事項이므로 本文과 구별하여 작은 글씨로 설명하였다.

셋째로, 어음 · 手票法에 관한 判例(특히 大法院判例)는 그러한 問題가 訴訟으로 제기되어(이러한 訴訟의 제기가 우리 사회에서 현실적으로 쉽지 않음에도 불구하고) 大法院에까지 가서 判決을 받은 것으로서 어음 · 手票法의 공부에 언제나 귀중하고 살아 있는 素材라고 볼 수 있다. 따라서 이러한 判例 중에서도 大法院判例에 관하여는(法院公報上의 宣告日字를 기준으로) 1993년 말까지의 것을 本文 또는 註에서 거의 빠짐없이 소개함으로써 이 책을 통하여 國內判例를 (적어도 그 결론만이라도) 거의 완벽하게 理解시키고자 하였다.

넷째로, 어음 · 手票法은 世界的 統一化의 경향이 있어 우리 法體系와 같은 大陸法系 국가의 學說 · 判例는 물론, 우리 法體系와는 다르더라도 英美法系 국가의 立法은 우리 어음 · 手票法의 解釋(및 立法)에서 크게 참고가 될 수 있는 것이다. 따라서 우리 어음 · 手票法의 解釋에 있어서 관련되는 外國의 學說 · 判例 · 立法도 함께 소개함으로써 어음 · 手票法에 관한 知識을 폭넓게 理解시키고자 하였다.

아무쪼록 이 책을 통하여 讀者들이 어음 · 手票法에 대하여 좀 더 흥미를 갖고 이를 보다 쉽고 정확하게 이해할 수 있게 된다면, 著者는 큰 보람으로 생각하고 무한한 긍지를 갖게 될 것이다. 어음 · 手票法에 관한 구체적인 事例解決을 위하여는, 이 책과 함께 拙著인 「事例研究 어음 · 手票法」을 공부하면 어음 · 手票法에 관한 거의 완벽한 學習이 될 것으로 생각한다.

끝으로, 이 책의 出版을 맡아 여러 가지로 애써주신 弘文社 林勸圭 사장님께 감사드리며, 또한 이 책의 校正을 위하여 책임감을 갖고 헌신적인 수고를 하여 준 高麗大學校 大學院(法學科) 碩士課程에 재학중이며 著者의 研究室에 있는 文承鎭 君에게 깊이 감사한다.

1994. 5. 31.

高麗大學校 法科大學 研究室에서

鄭 燦 亨 씀

主要目次

제 3 편 어음法 · 手票法 總論

제 4 편 어음法 · 手票法 各論

제 5 편 電子어음法

제 6 편 새로운 支給手段

細 目 次

제 1 편　有價證券의 基礎理論

제 1 장　有價證券의 意義

제 2 장　有價證券의 機能

제 3 장 有價證券의 分類

제 4 장 有價證券의 屬性

제 5 장 有價證券法

제 2 편 어음法 · 手票法 序論

제 1 장 어음 · 手票의 意義

제 2 장 어음 · 手票의 分類

제 3 장 어음 · 手票制度의 沿革

제 4 장 어음法 · 手票法

제 3 편 어음法 · 手票法 總論

제 1 장 어음行爲

제 2 장 어음行爲의 代理(代表)

제 4 장 白地어음

제 5 장 어음의 實質關係

제 6 장 銀行業務와 어음

제 4 편 어음法 · 手票法 各論

제 1 장 어음上의 權利의 意義

제 2 장 어음上의 權利의 發生

제 3 장 어음上의 權利의 移轉(背書)

제 4 장 어음上의 權利의 行使

제 5 장 어음上의 權利의 消滅

제 6 장 기타의 制度

제 7 장 手票에 특유한 制度

제 8 장 國際私法

제 5 편 電子어음法

제 2 장 電子어음法의 內容

제 6 편 새로운 支給手段

제 3 장 電子資金移替

主要參考書籍 및 引用略語表

Ⅰ. 國內書(가나다順)

著者	書名	發行年度	引用略語
姜渭斗	商法講義	1985	姜
姜渭斗	어음·手票法	1996	姜,(어)
金容泰	全訂 商法(上)	1984	金(容),(上)
金容泰	全訂 商法(下)	1985	金(容)
朴元善	새商法(下)	1974	朴(元)
朴元善 李楨漢	全訂會社法	1983	朴·李
徐燉珏 鄭完溶	第四全訂 商法講義(上)	1999	徐·鄭,(上)
徐燉珏 鄭完溶	第四訂 商法講義(下)	1996	徐·鄭
徐燉珏 金泰柱	註釋어음法·手票法	1984	註어
徐燉珏 李範燦	增補 商法例解(下)	1985	例解
徐廷甲	商法(上)	1984	徐(廷),(上)
徐廷甲	新어음·手票法	1980	徐(廷)
徐廷甲 孫珠瓚 金世元 鄭東潤	學說判例 註釋어음·手票法	1973	註釋
孫珠瓚 鄭東潤 康鳳洙 鄭燦亨	註釋어음·手票法(Ⅰ)	1993	註釋(Ⅰ)
孫珠瓚 康鳳洙 鄭燦亨	註釋 어음·手票法(Ⅱ)	1994	註釋(Ⅱ)
孫珠瓚 康鳳洙 鄭東潤 鄭燦亨 孫晋華	註釋 어음·手票法(Ⅲ)	1996	註釋(Ⅲ)

著者	書名	年度	略語
孫 珠 瓚	第15補訂版 商法(上)	2004	孫(珠), (上)
孫 珠 瓚	第11訂增補版 商法(下)	2005	孫(珠)
손 진 화	전자금융거래법	2006	손(진), (전자금융)
孫 珠 瓚 外	註釋商法(Ⅰ)	1992	註商, (Ⅰ)
梁 承 圭 朴 吉 俊	商法要論(第3版)	1993	梁·朴
梁 承 圭	어음法·手票法	1994	梁(承)
梁 承 圭	商法事例研究(增補版)	1983	梁, (事例)
李 基 秀	어음法·手票法學(第4版)	1998	李(基)
李 基 秀 柳 珍 熙 李 東 承	會社法學	2002	李(基) 外, (會)
李 範 燦	改訂 商法講義	1985	李(範)
李 院 錫	新商法(上)	1984	李(院), (上)
李 哲 松	어음·手票法(第7版)	2005	李(哲)
李 哲 松	第4全訂版 商法總則·商行爲	2003	李(哲), (總)
李 哲 松	會社法講義(第12版)	2005	李(哲), (會)
정 경 영	전자금융거래와 법	2007	정(경), (전자금융)
鄭 東 潤	改訂版 商法總則·商行爲法	1996	鄭(東), (總)
鄭 東 潤	會社法(第7版)	2001	鄭(東), (會)
鄭 東 潤	어음·手票法(第五版)	2004	鄭(東)
鄭 茂 東	全訂版 商法講義(下)	1985	鄭(茂)
鄭 燦 亨	商法講義(上)(第8版)	2005	鄭(燦), (上)
鄭 燦 亨	商法講義(下)(第7版)	2005	鄭(燦)
鄭 燦 亨	事例研究 어음·手票法	1987	鄭(燦), (事例)
鄭 燦 亨	어음·手票善意取得研究	1984	鄭(燦), (善意取得)
鄭 燦 亨	商法事例演習(第3版)	2003	鄭(燦), (演習)
鄭 燦 亨	會社法講義(第3版)	2003	鄭(燦), (會)
鄭 熙 喆 鄭 燦 亨	商法演習	1989	鄭·鄭, (演習)
鄭 熙 喆	商法學(上)	1989	鄭(熙), (上)
鄭 熙 喆	商法學(下)	1990	鄭(熙)
鄭 熙 喆 著 鄭 燦 亨 增補	判例教材 어음·手票法 (全訂增補版)	1985	教材

著者	書名	年度	略語
車洛勳 安秉洙 徐廷甲 孫珠瓚	學說判例 註釋商法(上)	1977	註商,(上)
蔡利植	商法講義(下)(改訂版)	2003	蔡
崔基元	第15版 商法學新論(上)	2004	崔(基),(上)
崔基元	제 4 증보판 어음·手票法	2001	崔(基)
郭潤直	全訂增補版 民法總則	1980	郭,(總則)
郭潤直	全訂增補版 物權法	1981	郭,(物)
郭潤直	全訂版 債權總論	1979	郭,(債總)
金曾漢	民法總則	1981	金(曾),(總則)

Ⅱ. 外國書(알파벳順)

[日本]

著者	書名	年度	略語
鈴木竹雄	手形法·小切手法	1976	鈴木
鈴木竹雄 大隅健一郎(編)	手形法·小切手法講座 (全5卷)	1965	鈴木·大隅, 講座 (1~5)
田中誠二	新版 手形·小切手法 (三全訂版)	1980	田中(誠)
田中誠二	手形法·小切手法詳論(上)	1968	田中(誠),(上)
田中誠二	新版 銀行取引法(再全訂版)	1979	田中(誠), 銀行取引法
田中耕太郎	手形法小切手法概論	1938	田中(耕)
大隅健一郎	改訂 手形法小切手法講義	1980	大隅
大隅健一郎 河本一郎	注釋 手形法·小切手法	1983	大隅·河本
前田庸	手形法·小切手法入門	1983	前田
石井照久 著 鴻常夫 增補	手形法·小切手法	1983	石井·鴻
石井照久	手形法·小切手法	1970	石井
鈴木竹雄 大隅健一郎 上柳克郎 鴻常夫 竹內昭夫(共編)	新商法演習 3(手形·小切手)	1978	演習
升本喜兵衛	有價證券法	1952	升本
伊澤孝平	手形法·小切手法	1949	伊澤

納 富 義 光	手形法における基本理論	1940	納富, (基本)
納 富 義 光	手形法小切手法論	1941	納富
服 部 榮 三	手形・小切手法綱要	1980	服部
松 本 烝 治	手形法	1918	松本
田 中 耕 太 郎	手形法・小切手法概論	1935	田中(耕)
竹 田 省	手形法・小切手法	1956	竹田
加 藤 一 郎 吉 原 省 三 (編)	銀行取引(第3版)	1980	加藤・吉原, 銀行取引

[獨 逸]

Baumbach, Adolf/ Wolfgang Hefermehl	Wechselgesetz und Scheckgesetz, 15. Aufl.	1986	Baumbach/ Hefermehl
Brox, Hans	Handelsrecht und Wertpapierrecht, 6. Aufl.	1987	Brox
Hueck, Alfred/Claus-Wilhelm Canaris	Recht der Wertpapiere, 12. Aufl.	1986	Hueck/Canaris
Jacobi, Ernst	Wechsel- und Scheckrecht	1956	Jacobi
Meyer-Cording, Ulrich	Wertpapierrecht	1980	Meyer-Cording
Rehfeldt, Bernhard/ Wolfgang Zöllner	Wertpapierrecht, 12. Aufl.	1978	Rehfeldt/Zöllner
Stranz, J./Martin Stranz	Wechselgesetz, 14. Aufl.	1952	Stranz
Ulmer, Eugen	Das Recht der Wertpapiere	1938	Ulmer
Zöllner, Wolfgang	Wertpapierrecht, 13. Aufl.	1982	Zöllner

[英・美]

Bailey, Henry J.	Brady on Bank Checks, 5th ed.	1979	Bailey
Bailey, Henry J.	Brady on Bank Checks, 5th ed., 1983 Cumulative Supplement No. 2	1983	Bailey(Supp.)
Britton, William Everett	Handbook of the Law of Bills and Notes (Hornbook Series), 2nd ed.	1961	Britton
Kobrin, David L./ Vanessa M. Stott	Negotiable Instruments	1986	Kobrin/Stott
Megrah, Maurice/ Frank R. Ryder	Byles on Bills of Exchange, 25th ed.	1983	Megrah/Ryder

Richardson, Dudley	Guide to Negotiable Instruments and the Bills of Exchange Acts, 6th ed.	1980	Richardson
Weber, Charles M.	Commercial Paper in a Nutshell, 2nd ed.	1975	Weber
White, James J./ Robert S. Summers	Handbook of the Law under the Uniform Commercial Code (Hornbook Series), 2nd ed.	1980	White/Summers

Ⅲ. 法令略語(가나다順)

[韓 國]

[拒 令]……………………………拒絶證書令(改正: 1970. 4. 15, 대통령령 4919호)

[國 私]……………………………國際私法(改正: 2001. 4. 7, 법 6465호)

[勤 基]……………………………勤勞基準法(改正: 2009. 5. 21, 법 9699호)

[民]…………………………………民法(改正: 2009. 5. 8, 법 9650호)

[民 訴]……………………………民事訴訟法(改正: 2008. 12. 26, 법 9171호)

[民 執]……………………………民事執行法(改正: 2009. 3. 25, 법 9525호)

[不 登]……………………………不動產登記法(改正: 2009. 6. 9, 법 9774호)

[商]…………………………………商法(改正: 2009. 5. 28, 법 9746호)

[手]…………………………………手票法(改正: 2007. 5. 17, 법 8440호)

[어]…………………………………어음法(改正: 2007. 5. 17, 법 8441호)

[與 金]……………………………與信專門金融業法(改正: 2009. 2. 6, 법 9459호)

[電 金]……………………………電子金融去來法(制定: 2006. 4. 28, 법 7929호, 改正: 2008. 12. 31, 법 9325호)

[電 어]……………………………전자어음의 발행 및 유통에 관한 법률(制定: 2004. 3. 22, 법 7197호, 改正: 2009. 5. 8, 법 9651호)

[破]…………………………………債務者回生 및 破產에 관한 法律(改正: 2009. 1. 30, 법 9346호)

[刑]…………………………………刑法(改正: 2005. 7. 29, 법 7623호)

[刑 訴]……………………………刑事訴訟法(改正: 2009. 6. 9, 법 9765호)

[日 本]

[小]…………………………………小切手法

[手]…………………………………手形法

[獨 逸]

[AktG Art. 3] ……………………Aktiengesetz v. 6. 9. 1965, Artikel 3

[BGB]……………………………Bürgerliches Gesetzbuch v. 18. 8. 1896
[HGB] ……………………………Handelsgesetzbuch v. 10. 5. 1897
[SchG] ……………………………Scheckgesetz v. 14. 8. 1933
[Rdn]……………………………Randnummer
[WG]……………………………Wechselgesetz v. 21. 6. 1933

[英 · 美]

[B.E.A. §3] ……………………………Bills of Exchange Act 1882(英國 換어음法), Article 3
[N.I.L.] ……………………………Uniform Negotiable Instruments Law(美國 流通證券法)
[U.C.C. §3-305] ……………………………Uniform Commercial Code(美國 統一商法典), Revised(1990) Article 3(Negotiable Instruments) Section 305

[其 他]

[協 約]……………………………國際換어음 및 國際約束어음에 관한 UN協約(United Nations Convention on International Bills of Exchange and International Promissory Notes) (1988. 12. 9 제정)

Ⅳ. 判例略語

[韓 國]

[大判 1978. 11. 6, 78 다 216] ……大法院判決 1978年 11月 6日 宣告, 78 다 216 事件
[서울高判]……………………………서울高等法院判決
[서울民事地判]……………………………서울民事地方法院判決
[朝高判]……………………………朝鮮高等法院判決

[日 本]

[日大判 1933. 5. 5] ……………………日本 大審院判決 1933年 5月 5日 宣告
[日最高判]……………………………日本 最高裁判所判決
[日東京控判]……………………………日本 東京控訴院判決
[日東京高判]……………………………日本 東京高等裁判所判決
[日東京地判]……………………………日本 東京地方裁判所判決

[獨 逸]

[BGH] ……………………………獨逸의 Bundesgerichtshof 判決

[RG] ……………………………獨逸의 Reichsgerichtshof 判決

[英·美]

[McCormick Harvester Mach. Co. v. Willan] ……………Plaintiff's name(原告名) versus Defendant's name (被告名)

V. 判例典據略語

[韓 國]

[大集 12 ① 民 67]……………………法院行政處, 大法院判決集, 第12卷 1輯, 民事編, 67면

[公報 786, 25] ……………………法院行政處, 法院公報, 第786號, 25면(法院公報는 1996년도부터 '判例公報'로 명칭이 바뀌면서 號數는 없고 年度表示만 있으므로 1996년 이후의 앞의 數字表示는 年度를 의미함)

[카드 10637]……………………法院行政處, 判例카드, 第10637號

[民判集 223의 上, 135] ……………大法院, 大法院民事判決原本, 第223의 上卷, 135면

[教材, 判決例 [295]] ……………鄭熙喆 著·鄭燦亨 增補, 判例教材 어음·手票法(全訂增補版), 法支社, 1985, 判決例 [295]

[判總 11-2, 1042-2] ……………青林閣, 判例總覽, 第11卷 2號, 1042-2면

[月報 191, 83] ……………………青林閣, 判例月報, 第191號, 83면

[新聞 1656, 10] ……………………法律新聞社, 法律新聞, 第1656號, 10면

[法政 65, 4] ……………………週刊法政新聞社, 週刊法政新聞, 第65號, 4면

[日 本]

[民集 12-11, 1074] ……………………大審院(最高裁判所)民事判例集, 第12卷 11號, 1074면

[民錄 22, 496] ……………………大審院民事判例錄, 第22輯, 496면

[高民]……………………………高等裁判所民事判例集

[下民]……………………………下級裁判所民事判例集

[判時]……………………………判例時報

[基判]……………………………基本判例

[金判總]……………………………金融判例總覽(金融財政研究會編)

[金法]……………………………金融法務事情

[新聞]……………………………法律新聞

[週判]……………………………………週刊金融判例(後に週刊金融・商事判例, さらに金融・商事判例と改名)

[新判體]…………………………………八木胖外(共編), 新判例體系(民事法編, 商法), 東京: 新日本法規出版株式會社, 1964

[商判集]…………………………………小町谷操三(編), 新商事判例集, 東京: 岩波書店, 1972

[獨　逸]

[BGHZ 5, 285]……………………………Entscheidungen des Bundesgerichtshofes in Zivilsachen, Band 5, Seite 285

[LM] ……………………………………Lindenmaier-Mühring(LM), Nachschlagewerk des Bundesgerichtshofes

[NJW] …………………………………Neue Juristische Wochenschrift

[RG] ……………………………………Sammlung der Reichsgerichtsentscheidungen in Zivilsachen

[WM]……………………………………Wertpapier-Mitteilungen

[英・美]

[633 P. 2d 25] …………………………Pacific Reporter, Second Series, Vol. 633, p. 25

[102 S. Ct. 17]…………………………Supreme Court Reporter, Vol. 102, p. 17

[659 F. 2d 156] ………………………Federal Reporter, Second Series, Vol. 659, p. 156

[521 F. Supp. 1038] …………………Federal Supplement, Vol. 521, p. 1038

[91 F.R.D. 151] ………………………Federal Rules Decisions, Vol. 91, p. 151

[14 B. R. 315] …………………………Bankruptcy Reporter, Vol. 14, p. 315

제 1 편　有價證券의 基礎理論

제 1 장 有價證券의 意義

제 1 절 有價證券의 槪念

有價證券이란 용어는 우리 나라에서 商法(46조, 136조)뿐만 아니라 民事訴訟法(122조, 462조)·刑法(214조) 등 여러 법률에서 法典上의 용어로 사용되고 있으나, 그 통일적인 정의규정은 없다. 따라서 유가증권이란 개념은 그 학문상의 개념에서 먼저 成立될 수밖에 없다. 그런데 이러한 유가증권이란 학문상의 개념도 유가증권이란 용어를 사용하고 있는 모든 法律에 공통적으로 적용될 수 있는 통일적인 개념을 정립한다는 것은 각각의 立法目的이 다르므로 불가능하고 또한 불필요하다.[1] 따라서 이곳에서 설명하는 유가증권이란 개념은 有價證券法에서의 유가증권에 해당하는 것이다. 유가증권법에서의 유가증권이란 학문상의 개념은 크게 두 가지의 요소로 구성되어 있는데, 이는 다음과 같다.

(1) 첫째의 요소는 유가증권이란 「私權(財産權)을 표창하는 증권」이라는 점이다. 즉, 권리를 증권에 化體(embody; verkörpern)시키는 점이다. 이에 대하여는 아무런 異論이 없다. 따라서 권리를 표창하는 것이 아니라 단순히 사실을 증명하는 증서(예컨대, 차용증서 등), 권리를 표창하더라도 私權이 아닌 公權을 표창하는 증권(예컨대, 국적증서·여권 등)은 유가증권이 아니다. 유가증권은 私權 중에서도 身分權(친족권·상속권)을 제외한 財産權을 표창하는 것이며, 재산권인 이상 그것이 債權이든 物權이든 또는 社員權이든 불문한다.

(2) 둘째의 요소는 化體된 私權과 證券 사이의 특별한 결합으로서 「證券의 所持가 어느 정도로 요구되는가」의 문제인데, 이에 대하여는 다음과 같은 대

1) 註釋, 34면.

표적인 네 개의 학설이 대립하고 있다.

1. 第1說

「권리의 發生·移轉·行使의 전부 또는 일부」에 증권의 소지를 요하는 것이라고 한다.[1] 이 설에 의하면 권리의 發生·移轉·行使의 전부에 증권의 소지를 요하는 유가증권으로서 가장 전형적인 것으로는 어음·手票가 있고(완전유가증권), 권리의 發生·移轉·行使의 일부에 증권의 소지를 요하는 유가증권으로는 화물상환증·창고증권·선하증권·주권 등이 있다(불완전유가증권). 불완전유가증권 중에서 화물상환증·창고증권·선하증권·무기명주권 등은 권리의 移轉과 行使에 증권의 소지를 요하고, 기명주권 등은 권리의 移轉에만 증권의 소지를 요하며, 記名債券·背書禁止어음 등과 같은 記名證券은 권리의 行使에만 증권의 소지를 요한다. 그러나 이 설은 권리의 發生에만 증권의 소지를 요하고, 권리의 移轉 및 行使에는 증권의 소지를 요하지 않는 유가증권도 있는 것 같은 오해가 생길 염려가 있다는 비판이 있다.[2]

2. 第2說

「권리의 移轉(處分)과 行使」에 증권의 소지를 요한다는 것이다.[3] 이 설은 대부분의 유가증권에 공통된 점을 잘 파악하고 있으나, 記名株券의 경우에는 권리의 移轉에만 증권의 소지를 요하고(商 336조 1항) 권리의 行使에는 증권의 소지를 요하지 않으므로(商 358조 참조) 記名株券의 유가증권성을 설명함에는 문제점이 있다. 이에 대하여 이 설에서는 기명주권의 경우에도 權利行使에는 직접적으로 증권의 소지를 요하지 않지만, 그 권리행사의 전제조건으로서 주주명부의 名義改書를 위하여는 증권을 소지하고 있어야 하므로 권리의 행사에도 증권의 소지를 요하는 것으로 볼 수 있다고 하여, 記名株券의 有價證券性을 설명한다.[4] 또한 이 설은 권리의 移轉에 증권의 소지를 요하지 않는 記名證券(記名債券·背書禁止어음 등)의 유가증권성을 설명할 수 없는 점도 있다. 또한 이 설은 권리의 行使에 증권

---

1) 孫(珠), 7～8면; 金(容), 242면; 鄭(茂), 282면; 金文煥, "有價證券의 類似概念,"「考試界」, 1984. 12, 72면. 이 說은 日本의 通說이다(鈴木, 2면 外).

2) 鄭(熙), 7면; 鄭(東), 15면; 崔(基), 14면.

3) 梁·朴, 647～648면; 梁(承), 38면; 李(範), 249면; 姜, 515면; 姜, (어) 7면; 스위스 債務法 제965조는 이 說에 따라 有價證券의 개념을 정의하고 있다. 蔡, 10면은「權利의 行使나 處分을 위하여 증권을 필요로 하는 증권이 有價證券이다」고 한다.

4) 梁·朴, 647면; 梁(承), 37면.

의 소지를 요하는 것으로 보면 논리 필연적으로 권리의 移轉에도 증권의 소지를 요하게 될 것이므로 行使와 移轉을 대등하게 취급할 필요가 없다는 점 및 상속이나 회사합병 등과 같은 포괄승계의 경우에는 권리의 移轉에 증권의 소지를 요하지 않는다는 점 등에서는 다음의 第 4 說로부터도 비판을 받고 있다.[1)]

3. 第 3 說

「권리의 移轉(處分)」에 증권의 소지를 요한다는 것이다.[2)] 이 설에서는 권리의 증권화의 목적이 그 유통성에 있으므로, 모든 유기증권에 공통되는 요소는 권리의 移轉에 증권의 소지를 요하는 것이라고 이유를 설명한다.

그러나 이 설은 無記名證券(民 523조)이나 指示證券(民 508조)을 유가증권으로 설명함에는 적합하나, 記名證券(기명채권, 배서금지어음 · 수표 · 화물상환증 · 창고증권 · 선하증권 등)을 유가증권으로 설명할 수 없는 문제점이 있다. 따라서 이 설에 의하면 유가증권의 범위가 좁다. 또한 이 설은 권리의 이전에 증권의 소지를 요하는 것은 권리의 행사에 증권의 소지를 요하는 데서 오는 당연한 결과이므로 권리의 이전에만 증권의 소지를 요한다고 보는 것은 主客을 전도한 것이라는 점 및 상속이나 회사합병 등의 포괄승계의 경우에는 권리의 이전에 증권의 소지를 요하지 않는다는 점 등에서는 다음의 第 4 說로부터도 비판을 받고 있다.[3)]

4. 第 4 說

「권리의 行使(主張)」에 증권의 소지를 요한다는 것이다.[4)] 이 설에서는 모든 유가증권에 공통되고 또한 본질적인 요소로 권리의 行使에 증권의 소지를 요하는 점을 들고 있으며, 이의 결과 부수적으로 권리의 이전에 증권의 소지를 요하게 된다고 한다. 따라서 이 설에 의하면 記名證券도 유가증권에 포함되어 유가증권의 범위가 넓어진다.

그런데 이 설에서도 권리의 행사에 (직접적으로) 증권의 소지를 요하지 않는 記名株券의 유가증권성을 설명함에는 문제가 있다. 특히 우리 나라에서는

1) 鄭(熙), 7면; 鄭(東), 15면.
2) 徐·鄭, (上) 166면; 崔(基), 16면; Ulmer, S. 21; 小町谷操三, 「商行爲法論」, 1943, 99면 이하.
3) 鄭(熙), 7면; 鄭(東), 15~16면.
4) 鄭(熙), 7~8면; 鄭(東), 16면; 同, (總) 340면; 註商(Ⅰ), 497면; 李(基), 21~23면. 獨逸의 通說이다(Brox, S. 225 外).

기명주권의 발행을 원칙으로 하고 있고(商 357조 1항 참조), 이러한 기명주권이 유가증권이라고 하는 점에 대하여는 異論이 없다는 점에서 보면, 이 설의 문제점이 더욱 크다고 아니할 수 없다. 따라서 이 설에서는 기명주권의 경우에도 주주가 주주명부에 名義改書를 하려면 증권(주권)의 소지(제시)를 요하므로 이는 간접적으로 권리의 行使에 증권의 소지를 요하는 것이라 하여 유가증권의 개념에 포함시키고 있다.[1)]

[私 見]

第2說, 第3說, 第4說은 모든 유가증권에 공통되는 최소한도의 증권의 소지의 정도를 추출하여 유가증권의 개념을 정의하고자 하는 것인데, 위에서 본 바와 같이 어느 설도 모든 유가증권을 빠짐없이 통일적으로 설명하고 있지 못하다. 따라서 그럴 바에는 第1說에 따라서 유가증권의 개념을 정의하는 것이 보다 적절한 것으로 생각된다. 다만 第1說의 「권리의 發生·移轉·行使의 일부」라는 뜻은 수학적으로 계산되는 모든 경우의 일부(예컨대, 發生에만 증권의 소지를 요하는 것 등을 포함하여)를 의미하는 것이 아니라, 권리의 移轉 및 行使에 증권의 소지를 요하거나(예컨대, 화물상환증·창고증권·선하증권·무기명주권 등), 권리의 移轉에만 증권의 소지를 요하거나[2)](예컨대, 記名株券) 또는 권리의 行使에만 증권의 소지를 요하는 것(예컨대, 記名證券[3)])으로 해석하여야 할 것이다.[4)]

[참고]

1) 有價證券이라는 용어는 독일어인 「Wertpapier」를 번역한 것인데, 이는 증권에 표창된 權利의 면을 중시한 용어이다. 따라서 이의 개념에 관한 연구는 독일법의 해석학에서 전개되었다. 獨逸에서 유가증권이란 개념은 19세기 중반부터 발달하였는데, 처음에는 권리가 증권에 化體된 면(verkörpern)만을 보아 원래 무가치한 紙片이 가치를 갖게 된 것으로 보았으나, 그 후 1882년에 「브루너」(Heinrich Brunner)가 유가증권이란 「私權을 표창하는 증권으로서, 그의 이용(Verwertung)(주로 권리의 行使를 의미하나 권리의 移轉을 포함함)에 증권의 所持(Innehabung)를 요하는 것」으로 정의하여,[5)] 유가증권에 있어서 권리와 증권과의 결합관계를 파악하는 데

1) 鄭(熙), 7~8면; 鄭(東), 16면.

2) 同旨: 孫(珠), 8면.

3) 記名證券의 경우 권리의 移轉은 지명채권의 양도방법(民 450조)에 의하므로 권리의 移轉에 증권의 소지를 요한다고 볼 수 없다. 다만 권리의 行使에 증권의 소지를 요하므로 이를 위하여 권리의 移轉에는 지명채권의 양도방법 외에 증권의 移轉이 수반된다고 볼 수 있다. 그러나 이 때 증권의 移轉은 증권상 권리의 移轉 要件은 아니라고 보아야 할 것이다.

4) 鄭燦亨, "有價證券의 槪念," 「考試界」, 제403호(1990. 11), 132면.

5) Heinrich Brunner, *Die Wertpapiere*, in Endemanns Handbuch des Handelrechts, Bd. II, 1882, S. 147.

획기적인 기여를 하였다. 따라서 현재 독일의 통설도 이를 약간 변용한 것에 불과하다. 日本의 입법에서 유가증권이란 용어는 1884년(明治 17년) 商法草案 제 5 조(1890년 舊商法 제 4 조)에서 처음으로 사용되었고 이후 다수의 법령에서 사용되었는데, 유가증권이라는 용어 및 그 개념정의에 있어서 독일법의 영향을 많이 받고 있다.[1] 우리 나라에서도 유가증권이라는 용어 및 그 개념에 관한 학설은 위와 같은 독일 및 일본의 영향을 많이 받고 있다고 볼 수 있다.

2) 위와 같은 獨逸法系에서와는 달리 英美法系에서는 유가증권이라는 개념은 없고 유가증권에 대응하는 용어로 流通證券(negotiable instrument)이라는 용어가 사용되고 있는데, 이는 증권의 流通의 면을 중시한 용어이다. 英美法에서 流通證券이란 「(i) 증권의 단순한 交付 또는 背書에 의하여, (ii) 증권상의 법률상 全權利가 양도되는데, (iii) 이의 결과 그 증권의 완전한 所有權 및 그 증권이 표창하는 全財産權이 선의의 양수인에게는 항변이 절단되어 이전되는 無體財産(a chose in action)이다」라고 정의되고 있다.[2] 따라서 위에서 본 바와 같이 英美法上의 negotiable instrument(流通證券)에서 negotiable은 특별한 의미를 갖고 있다. 즉, 증권상의 권리가 背書 또는 交付에 의하여 양도되는 증권을 「transferable instrument」라고 하는데, transferable instrument 중에서 善意取得者에게는 항변권이 절단되어 양도되는 증권을 「negotiable instrument」라고 한다. 따라서 negotiable instrument는 transferable instrument보다 좁은 개념이며, 양수인이 양도인보다 더 큰 권리를 취득할 수 있다. transferable instrument에 반하여 양도를 증명하는 별도의 서류를 작성하여 채무자에게 통지함으로써 양도의 효력이 발생하는 증권을 assignable instrument라고 한다. 이의 대표적인 예는 記名株券(share certificate)인데, 이러한 주식에 대한 권리는 동 증서의 단순한 交付만으로서 양수인에게 이전되는 것이 아니라 회사에 대한 登錄(名義改書)이라는 별도의 양도형식에 의해서 이전되기 때문에 transferable instrument가 아니라 assignable instrument라고 한다.[3]

① 英國法에서 위와 같은 의미의 流通證券에 해당하는 것으로 대표적인 것은 換어음(bill of exchange) · 約束어음(promissory note) · 手票(cheque)가 있고, 그 외에 利益配當金支給證(dividend warrant) · 利券(interest warrant) · 無記名長期擔保社債券(bearer bond) · 無記名假株券(bearer scrip) · 無記名(長期)無擔保社債券(debenture payable to bearer) · 無記名株式配當金支給證(share warrant to bearer) · 國庫證券(treasury bill) 등을 들고 있다. 그러나 英國에서 船荷證券(bill of lading)과 같은 물품에 대한 권원증권은 배서 또는 교부에 의하여 양도되므로 讓渡證券(transferable instrument)이지만, 동 증권의 선의취득자에게는

1) 鈴木, 2면 註 2 및 4면 註 3.
2) Richardson, p. 15.
3) Richardson, p. 18.

항변권이 절단되어 이전되는 것이 아니므로 negotiable instrument(流通證券)는 아니라고 한다.[1] 또한 郵便換證書(postal order), 銀行送金換證書(money order), 記名株券(share certificate), 保險證券(insurance policy) 또는 記名無擔保社債券(debenture)도 negotiable instrument(流通證書)가 아니라고 한다.[2]

영국법상의 유통증권을 우리 나라에서의 유가증권의 개념과 비교하여 보면 그 범위가 훨씬 축소된다. 즉, 우리 나라에서의 유가증권의 개념은 영국법상의 negotiable instrument(流通證券)뿐만 아니라 transferable instrument(讓渡證券) 및 assignable instruments 중 일부를 포함하는 개념으로 볼 수 있다.[3]

② 美國에서는 流通證券에 관하여 統一商法典(Uniform Commercial Code, U.C.C.)에서 체계적으로 세분하여 규정하고 있다. 즉, 미국에서 유통증권이란 통일상법전 제 3 장에서 규정하고 있는 협의의 流通證券(negotiable instruments),[4] 同法典 제 7 장에서 규정하고 있는 權原證券(documents of title) 및 同法典 제 8 장에서 규정하고 있는 投資證券(investment security)을 포괄하는 개념이다. 통일상법전 제 3 장에서는 (협의의) 流通證券에 대하여 정의하고 있는데, 이에 의하면 다음과 같다. 流通證券이란 "일정한 금액을 이자나 기타 비용의 부담으로 또는 부담 없이 무조건 지급약속하거나 지급위탁하는 증권으로서 (i) 소지인출급식 또는 지시식이며, (ii) 일람출급 또는 확정기출급이며, 또한 (iii) 원칙적으로 금전지급 이외의 사항을 할 것을 증권상에 기재하지 않은 증권"을 말한다[U.C.C. §3-104(a)]. 이러한 流通證券 중 지급약속증권은 約束어음(note)이고, 지급위탁증권은 換어음(draft)이다[U.C.C. §3-104(e)]. 手票란 "은행 앞으로 발행된 일람출급환어음으로서 貨換어음이 아닌 換어음 또는 自己앞手票(cashier's check)나 銀行發行手票(teller's check)"를 말한다[U.C.C. §3-104(f)]. 自己앞手票(cashier's check)란 "발행인과 지급인이 동일은행 또는 동일은행의 지점인 換어음"을 말하며, 銀行發行手票(teller's check)란 "은행이 발행인이고 다른 은행이 지급인이거나 은행이 지급장소인 換어음"을 말한다[U.C.C. §3-104(h)]. 旅行者手票란 "(i) 일람출급이고, (ii) 은행이 지급인이거나 지급장소이고, (iii) 증권상에 '여행자수표' 또는 이와 유사한 문언이 기재되고, (iv) 지급조건으로 증권상에 副署(counter signature)를 요건으로 하는 증권"을 말한다[U.C.C. §3-104(i)]. 預金證

---

1) Richardson, pp. 17～18, p. 26.

2) Richardson, p. 17

3) 記名株券에서 株主名簿의 名義改書를 대항요건으로 규정하고 있으나(商 337조 1항), 이의 有價證券性을 인정하는 데는 異論이 없다. 또한 記名債券 및 背書禁止어음 · 手票 · 貨物相換證 · 倉庫證券 · 船荷證券 등과 같은 記名證券도 善意取得 및 抗辯切斷이 인정되지 않지만 有價證券性이 인정된다(第 1 說과 第 4 說에서).

4) 美國의 統一商法典 제 3 장의 제목은 원래 「商業證券」(commercial paper)이었는데, 同法典 제 3 장이 1990년에 대폭 改正되면서 그 제목도 「流通證券」(negotiable instruments)로 변경되었다. 이 개정법은 1952년의 統一商法典을 현대화하고, 재구성하였으며, 명확히 하였다. 이하에서 인용되는 統一商法典의 條文은 1990년의 改正法에 의한 것이다.

書(certificate of deposit, C.D.)[1]란 "일정한 금전을 취득한 은행이 이의 반환을 약속하는 증권, 즉 은행발행의 약속어음"을 말한다[U.C.C. §3-104(j)]. 統一商法典 제 7 장에서 말하는 權原證券이란 倉庫證券(warehouse receipt)·船荷證券(bill of lading) 및 기타 權原證券(other document of title)을 의미하는데, 이러한 증권도 언제나 유통증권이 되는 것은 아니고 同法典이 요구하는 일정한 요건을 구비한 때에 한하여 유통증권이 되고[U.C.C. §7-104(1)] 그 이외의 경우에는 유통증권이 되지 않는다[U.C.C. §7-104(2)]. 統一商法典 제 8 장에서 말하는 投資證券이란 "발행인의 재산이나 기업에 대한 주식·지분이나 기타의 이자 또는 발행인의 채무"를 의미하는데, 이에는 무기명식 또는 기명식의 증권으로 발행되는 證明證券(a certificated security)과 증권의 형식으로 발행되지 않고 장부상등록만으로 양도되는 非證明證券(an uncertificated security)의 두 가지가 있다[U.C.C. §8-102]. 統一商法典 제 8 장에 의하여 규율되는 證明證券(예컨대, 기명주권 또는 무기명주권 등)은 유통증권이지만[U.C.C. §8-105(1)], 非證明證券의 발행인이 송부하는 설명서·통지서·지시서 등은 유통증권이 아니다[U.C.C. §8-105(2)].

따라서 美國에서의 유통증권의 범위는 英國에서의 그것보다는 넓으나(예컨대, 記名株券을 유통증권에 포함시키고 있는 점 등에서), 우리 나라에서의 유가증권의 개념보다는 좁은 것 같다(예컨대, 우리 나라에서는 記名證券은 유가증권의 개념에 포함될 수 있으나,[2]) 美國에서는 記名證券은 유통증권이 될 수 없는 점 등에서).[3]

③ 프랑스는 大陸法系에 속하면서 유가증권이라는 용어를 사용하고 있지 않고, 英美法에서와 같이 流通證券(titres négociable)이라는 용어를 사용하고 있다. 프랑스에서 사용되고 있는 유통증권은 換어음·手票·約束어음 등을 의미하는 商業證券(effets de commerce)과 株券·債券·受益者持分 등을 의미하는 去來所證券(titres de bourse)을 포함하는 개념이다.[4]

제 2 절 有價證券과 구별되는 證券[5]

유가증권의 개념을 정확하게 이해하기 위하여 유가증권과 유사한 여러 증권이 유가증권인지 여부를 검토할 필요가 있다.

---

1) 美國의 統一商法典上 預金證書란 은행이 발행한 約束어음을 통칭하는 것이므로, 우리 나라에서 최근에 은행이 발행하고 있는 일정금액 이상의 讓渡性定期預金證書를 의미하는 C.D.의 개념보다는 넓다고 보겠다.

2) 有價證券의 개념에 관한 第 1 說 및 第 4 說 참조.

3) U.C.C. §3-104(a) 참조.

4) 鄭(東), 19면.

5) 이에 관하여는 鄭燦亨, 前揭 考試界(1990. 9), 133~135면 참조.

제 1 證據證券(證據書類)

證據證券(Beweisurkunde)이란 사법상의 실질적인 법률관계의 존부 또는 그 내용을 단순히 증명하는 증권(증서)으로서, 실질적인 권리가 증권에 化體된 것도 아니고 또 권리의 發生·移轉·行使의 전부 또는 일부를 위하여 증권의 소지를 요하는 것도 아니므로 有價證券이 아니다.

이러한 증거증권에 속하는 것으로는 차용증서, 매매계약서, 영수증, 운송장 등이 있다.

유가증권도 증거증권으로서의 성질을 갖고 있으나, 모든 증거증권이 유가증권인 것은 아니다.

제 2 免責證券(資格證券)

免責證券(資格證券)이란 증권의 소지인이 권리자의 자격을 갖는 것으로 인정되는 증권으로서, 채무자가 증권의 소지인에게 이행을 하면 惡意·重過失이 없는 한 면책되는 증권이다. 이는 증권의 소지인측에서 보면 資格證券(Legitimationspapier)이지만, 채무자측에서 보면 免責證券이다. 이러한 면책증권은 채권자가 다수이고 또 그 권리행사가 집단적으로 이루어지는 경우에 債務者의 辨濟整理를 목적으로 (즉, 채무자의 선의의 변제를 보호하기 위하여) 인정된 것이지, 私權(財產權)을 표창한 증권으로서 유통을 목적으로 한 것이 아니므로 유가증권이 아니다. 免責證券은 권리의 行使에는 원칙적으로 증권의 소지를 요하지만, 그 이외의 경우(권리의 發生·移轉)에는 증권의 소지를 요하는 것이 아니다.[1]

이러한 免責證券에 속하는 것으로는 예금통장,[2] 신발표, 옷 또는 휴대품보관증, 철도수하물상환증 등이 있다.

유가증권도 배서의 연속 등에 의하여 형식적 자격이 있는 때에는 실질적 권리자로 추정되어 資格授與的 效力이 인정되고(商 336조 2항, 어 16조 1항, 手 19조 등)(資格證券性) 채무자가

---

1) 大判 1970. 10. 23, 70 다 1985(出庫指示書는 일종의 免責證券이므로 실질관계인 賣買契約에 의하여 영향을 받는 증권이어서, 위 指示書의 양수인은 그 證券을 양수받았다는 사실만으로써는 그 物件의 引渡請求權을 취득할 수 없다).

2) 獨逸에서는 예금통장은 당사자의 약정에 따라 免責證券인 것과 有價證券인 것의 두 가지가 있다(Baumbach/Hefermehl, WPR Rdn. 86).

이러한 증권의 형식적 권리자에게 채무를 이행하면 免責이 되는 면(어 40조 3항, 手 35조)(免責證券性)이 있는 점에서 보면, 유가증권도 면책증권의 성질을 갖고 있는 경우가 많다. 그러나 모든 유가증권이 면책증권의 성질을 갖고 있는 것도 아니도, 반대로 모든 면책증권이 유가증권인 것도 아니다. 예컨대 기명식 화물상환증이나 기명식 선하증권 등은 유가증권이지만 면책증권은 아니고, 위에서 본 예금통장·신발표 등은 면책증권이지만 유가증권은 아니다. 유가증권이 아닌 免責證券의 경우에는 동 증권이 나타내는 권리(채권)를 양도하려면 민법의 指名債權의 양도방법과 그 효력으로써만 양도할 수 있고,[1] 동 증권의 소지인은 채무자의 요구가 있으면 일반원칙에 따라 實質的 權利者임을 입증하여야 하며,[2] 동 증권을 상실한 경우에도 公示催告에 의한 除權判決이 인정되지 않는다.

民法은 증권채권에 관한 규정에서 免責證券(證書)에 대하여 1개의 조문을 두어 규정하고 있다. 民法은 이러한 免責證券을 「채무자가 증권소지인에게 변제하여 그 책임을 면할 목적으로 발행한 증권」이라고 정의하고, 이에 지시채권에 관한 일부의 규정을 준용한다는 규정을 두고 있다(民 526조). 즉, 지시채권에서와 같이 면책증권의 경우에도 변제의 장소는 특약이 없는 한 債務者의 현영업소 또는 현주소로 하고(推尋債務)(民 516조), 채무자는 동 증권의 소지인이 변제기한을 도래한 후 동 증권을 제시한 때로부터 지체책임을 지며(民 517조), 채무자는 변제한 때에 증권소지인에 대하여 증권에 영수를 증명하는 기재를 할 것을 청구할 수 있다(民 520조).

제 3 金券(金額券)

金券(金額券)(Geldschein)이란 금전에 갈음하는 효력을 가지는 증권으로서, 이것은 私權(財産權)을 증권에 표창한 것이 아니라 증권 그 자체가 법률상 특별한 재산적 가치를 가지는 것이므로 유가증권이 아니다. 따라서 이러한 金券을 상실한 경우에는 증권과 권리를 분리하는 절차인 公示催告節次에 의한 除權判決에 의하여 권리를 회복할 수 있는 방법은 인정되지 않고 動産과 같이

1) 免責證券에 있어서의 權利關係는 증권 외의 實質的 關係에 의하여 정하여지고 증권상에 기재된 문언은 證明 이외에는 특별한 효력이 없다[崔(基), 18면].

2) 따라서 동 증권의 소지인은 유가증권에서와 같은 立證責任을 전환시키는 推定力을 부여받지 못한다.

취급되고 있다[1](民 250조 단서 참조).

金券의 예로는 은행권(지폐),[2] 우표, 수입인지 등이 있다.

제 3 절 有價證券인지 與否가 문제되는 證券[3]

제 1 記名證券

記名債券(商 479조) 또는 법률상 당연한 지시증권으로서 배서가 금지된 어음(어 11조 2항)·수표(手 14조 2항)·화물상환증(商 130조 단서)·창고증권(商 157조)·선하증권(商 861조, 130조 단서)과 같은 記名證券(Rektapapier) 등은 지명채권의 양도에 관한 방식과 그 효력으로써만 양도할 수 있고, 또 채무자(記名債券의 경우에는 회사를 포함)에 대한 대항요건을 갖추어야 채무자 등에 그 양도의 효력을 대항할 수 있도록 한 점에서(民 450조), 유가증권에 고유한 간편한 양도방법에 따른 유통을 목적으로 한 증권이라고 볼 수는 없다. 따라서 이러한 記名證券은 유가증권이 아니라고 보는 견해도 있다.[4] 그러나 이러한 記名證券을 유가증권으로 인정하지 않으면 동일한 형태의 증권을 분리하여 일부에 대하여 유가증권으로 보고(예컨대, 指示式 또는 無記名式 手票 등) 다른 일부에 대하여는 유가증권으로 보지 않는 것(예컨대, 背書禁止手票 등)이 되어 타당하다고 할 수 없는 점, 또 기명증권에서 권리의 행사에 증권의 소지를 요하게 하는 것은 단순히 공허한 형식에 불과한 것이 아니고 증거증권과는 다른 특별한 법률상 의의를 갖는다는 점 등에서 볼 때, 記名證券도 有價證券이라고 보아야 한다.[5] 이렇게 보면 무기명증권과 지시증권을 협의의 유가증권, 기명증권을 광의의 유가증권으로 볼 수 있겠다.[6]

제 2 乘車券(乘船券)

乘車券(Fahrkarte)이 유가증권인지 여부는 승차권의 여러 형태에 따라 각

1) 同旨: 鄭(東), 20면; 崔(基), 19면.
2) 紙幣를 金錢證券(Geldpapier)이라고 하여 어음·手票와 함께 債權的 有價證券으로 보는 견해도 있다(Oppenmann, *Wertpapiere*, 1978, S. 71).
3) 이에 관하여는 鄭燦亨, 前揭 考試界(1990. 9), 135~142면 참조.
4) 앞의 有價證券의 개념에 관한 第2說 및 第3說의 입장; Ulmer, S. 20.
5) 同旨: 註釋, 38면; 有價證券의 개념에 관한 第1說 및 第4說.
6) 註釋, 38~40면 참조.

각 달리 설명되고 있다.

1) 승차권이 유가증권인지 여부에 대하여, 승차권제도는 집단적인 운송관계를 처리하기 위한 기술로서 유통을 목적으로 하는 것이 아니므로 그의 유가증권성을 부정하는 견해도 있으나,[1] 승차권은 운송채권(운송청구권)[2]을 표창하는 유가증권으로서 그의 유가증권성을 긍정하여야 한다고 본다(通說).[3] 유가증권의 목적은 언제나 유통의 목적에만 있는 것이 아니라는 점과 승차권의 목적은 유통의 목적에 있는 것이 아니라 획일적이고 신속하게 수행되어야 할 현대의 운송거래에서 필수불가결한 존재라는 점에서 볼 때 乘車券의 有價證券性을 인정할 수 있으며, 여객은 이러한 유가증권을 통하여서만 그의 권리를 행사할 수 있다고 보아야 할 것이다.[4]

2) 승차권의 유가증권성을 긍정하는 견해에서도 승차 후에 발행되는 乘車券은 운임의 지급을 증명하는 단순한 증거증권이라고 보는 견해가 있으나,[5] 승차중에 청구가 있으면 언제든지 제시하여야 하고, 또 회수를 할 때 이를 인도하여야 하므로 역시 有價證券으로 보아야 할 것이다.[6]

3) 승차 전에 발행되는 乘車券에 대하여도 무기명식(또는 지시식) 승차권에 대하여만 유가증권성을 인정하고 기명식 승차권에 대하여는 증거증권에 불과하다고 하여 유가증권성을 부정하는 견해가 있으나,[7] 승차권의 목적을 위에서 본 바와 같이 유통의 목적보다는 운송거래를 획일적이고 신속하게 처리하고자 하는 점에 있다고 본다면 記名式 乘車券에 대하여도 역시 有價證券性을 인정할 수 있다고 본다.[8]

4) 승차 전에 발행되는 무기명식(또는 지시식) 승차권에 대하여 유가증권성을 인정하는 견해에서도 동 승차권이 改札된 후에는 운송인은 특정인에 대하여만 운송채무를 부담하므로 승차권은 유가증권성을 상실하고 단순한 證據

1) 鈴木竹雄, 「商行爲法 · 海商法 · 保險法」(弘文堂, 1954), 53면.
2) 그러나 乘車券은 운송인이 일반적으로 제공하는 운송시설의 이용에 관한 한 「金錢代用證券」으로서의 성질을 가진 有價證券으로 보아야 한다는 見解도 있다[石井照久, 「改訂商法 II」(勁草書房, 1959), 101면].
3) 鄭(燦), (上) 346면; 徐·鄭, (上) 238~239면; 鄭(東), 21~23면; 同, (總) 344면, 572면; 崔(基), (上) 412면(무기명식 승차권의 경우); 註商(I), 727면 外. 日本에서 西原寬一, 「商行爲法」(有斐閣, 1973), 333면 外.
4) 同旨: 註商(I), 728면.
5) 西原, 前揭書(商行爲法), 333면.
6) 同旨: 鄭(東), 21면; 同, (總) 344면, 572면; 註商(I), 728면.
7) 崔(基), (上) 412면; 李(哲), (總) 439면.
8) 同旨: 註商(I), 728면; 鄭(東), (總) 344면, 573면.

證券[1] 또는 免責證券[2]으로 변한다고 보는 견해가 있다. 그러나 승차권은 양도의 목적이 중요하지 않은 점, 승차중에 청구가 있으면 언제든지 제시하여야 한다는 점, 또 유가증권인 승차권이 유가증권의 사명을 다하기 전에(즉, 목적지에 도착하기 전에) 유가증권이 아닌 증권으로 急變될 수는 없는 점 등에서 볼 때, 改札 후의 승차권도 有價證券性을 잃지 않는다고 보아야 할 것이다.[3] 다만 이 때에 우리 나라의 학설은 대체로 동 승차권은 양도할 수 없는 증권으로 변한다고 한다.[4] 그러나 양도성이 있는 승차권이 개찰이라는 사실행위에 의하여 양도성이 없는 증권으로 변한다는 것도 유가증권의 법리에서 자연스럽지 못하다고 본다. 따라서 改札 후의 乘車券이라도 양도할 수 있는 有價證券으로서의 성질을 갖고 있으나, 개찰 후에 승차권을 양도할 실제적인 필요성은 거의 없다고 본다.

5) 回數乘車券은 그의 구입시에 아직 운송노선·운송구간 등이 정하여져 있지 않으므로 운송채권(운송청구권)을 표창하는 유가증권으로는 볼 수 없고 운임의 先給을 증명하는 단순한 票券이라고 보는 견해가 있다.[5] 이 견해에서는 운송인이 운임을 인상(인하)한 경우에는 舊乘車券所持人은 차액을 지급하고(반환받고) 운송을 청구할 수 있다고 한다. 그러나 회수승차권의 경우에도 그 발행시에 운송인은 여객이 희망하는 노선과 구간(물론 권면총액의 범위 내에서)에서 운송을 인수한다는 합의가 있는 포괄적 운송계약상의 권리를 표창하는 유가증권으로 해석하여야 한다고 본다.[6] 이렇게 보면 운임이 인상(인하)된 경우에 차액을 추가지급하는(환급받는) 것은 승차권의 유가증권성 여부와는 무관하고, 당해 운송계약의 성질과 해석에 의하여 인정되어야 할 것으로 본다. 즉, 운송계약 자체에 의하여 추가지급 등을 정한 경우나 또는 그러한 관습이

---

1) 孫(珠), (上) 368면; 崔(基), (上) 412면; 松本烝治, 「商行爲法」(中央大學, 1930), 273면 外(日本의 多數說).

2) 崔(基), 19면(同敎授는 「商法學新論(上)」에서는 證據證券으로 보고, 「어음·手票法」에서는 免責證券으로 보아 일관성을 결하고 있다).

3) 鄭(燦), (上) 347면. 同旨: 註商(Ⅰ), 728면; 鄭(東), 53면; 同, (總) 573면; 西原, 前揭書(商行爲法), 333면; Baumbach/Hefermehl, WPR Rdn. 47.

4) 徐·鄭, (上) 239면; 鄭(熙), (上) 243면 外.

5) 徐·鄭, (上) 239면; 鄭(熙), (上) 243면; 孫(珠), (上) 369면; 同, "商法總則·商行爲에 관한 諸問題," 「考試界」, 1991. 9, 23면(운임의 지급에 따르는 불편을 덜기 위한 金錢代用證券이라고 함); 崔(基), (上) 411면 外(우리 나라의 多數說). 同旨: 日大判 1917. 2. 3(民錄 23, 37); 同 1939. 2. 1(民集 18, 81).

6) 鄭(燦), (上) 347면. 同旨: 註商(Ⅰ), 732면; 鄭(東), 23면; 同, (總) 344~345면 外(우리 나라의 少數說). 日本에서의 同旨의 見解로는 西原, 前揭書(商行爲法), 333면.

있다면 舊乘車券의 소지인은 차액을 추가 지급하여야(환급받아야) 한다.[1)]

6) 定期乘車券은 보통 기명식이며 증권면상 운송계약의 내용인 운송청구권자 · 승차노선 · 승차구간 · 통용기간 등이 표시되어 있다. 이러한 정기승차권이 유가증권인지 여부에 대하여는 앞에서 본 바와 같이 기명식 승차권의 유가증권성을 긍정하는 견해에서는 정기승차권을 유가증권으로 보아야 할 것이나, 기명식 승차권의 유가증권성을 부정하는 견해에서는 정기승차권을 유가증권이 아니라고 보아야 할 것이다. 우리 나라의 多數說은 이러한 정기승차권은 포괄적 운송채권을 표창하는 유가증권이지만 양도성이 없다고 하나,[2)] 少數說은 운송계약상의 권리를 증명하는 단순한 증거증권이라고 본다.[3)] 무기명식(또는 지시식) 승차권을 유가증권으로 보면서 기명식 승차권을 유가증권으로 보지 않는 것은 이론으로서 일괄성이 결여된 점 및 (기명식) 정기승차권의 경우에도 이를 소지하지 않으면 동 정기승차권의 구입에 관한 별도의 증거방법을 제출하여도 운송인은 승차를 거부할 수 있는 점 등에서 볼 때, 定期乘車券도 有價證券으로 보아야 할 것이다.[4)] 다만 그의 讓渡性은 제한되나 이것은 記名證券의 경우와 같다고 본다.

7) 우리 나라에서 사용된 일이 있는 금속으로 된 버스 「토큰」(token)은 유가증권인가. 이것은 유가증권이기보다는 오히려 우표 · 수입인지 등과 같은 金(額)券으로 보는 것이 타당하다고 본다.[5)]

제 3 航空運送證券

국제항공운송을 규제하고 있는 와르소條約(바르샤바條約)에 의하면 航空運送證券은 (i) 여객운송에 대한 旅客航空券(passenger ticket), (ii) 手荷物證(lug-

---

1) 同旨: 註商(I), 732면; 鄭(東), 23면(이 점은 법령, 운송약관 또는 상관습에 의하여 결정하여야 한다고 한다) 西原, 前掲書(商行爲法), 334면 註 6.

2) 徐·鄭, (上) 239면; 鄭(熙), (上) 243면; 孫(珠), (上) 369면(다만 記名式인 때에는 양도성이 없다고 한다); 鄭(東), (總) 53면; 註商(I), 729~730면 外. 日本에서는 西原, 前掲書(商行爲法), 333면 外.

3) 崔(基), (上) 412~413면. 日本에서는 田中誠二, 「新版商行爲法」(千倉書房, 1958), 240면 外.

4) 同旨: 註商(I), 730면; 鄭(東), (總) 344면, 573면; 西原, 前掲書(商行爲法), 334면 註 4.

5) 同旨: 金文煥, "有價證券의 類似概念," 「考試界」, 1984. 12, 74면 註 12.
이에 반하여 버스 「토큰」은 재료가 금속으로 되어 있다는 점을 제외하고는 지하철 승차권 등 다른 승차권과 본질적으로 다른 점이 없다는 이유로 有價證券의 성질을 가진다고 보는 見解로는 鄭(東), 23면.

gage ticket) 및 (iii) 물건운송에 관한 航空運送狀(airway bill, air consignment note)의 세 가지 종류의 증권으로 되어 있다(同條約 3조). 이 중 旅客航空券 및 受荷物證은 航空運送人이 작성 · 교부의무를 부담하지만, 航空運送狀은 送荷人이 작성·교부의무를 부담한다. 이하에서는 각각에 대하여 그의 유가증권성 여부를 살펴본다.

1) 항공운송인은 여객운송을 인수한 경우에는 旅客船空券을 발행하여야 하는데, 와르소條約에 의하면 여객의 성명은 기재요건이 아니다(同條約 3조 1항). 따라서 항공운송인은 특약에 따라 기명식, 지시식, 무기명식, 선택무기명식 중 어떠한 형식의 항공권도 작성 · 교부할 수 있다.[1] 그런데 실제로 旅客航空券은 보통 記名式으로 발행되고, 이렇게 기명식으로 발행된 항공권은 양도할 수 없는 것으로 특약되어 있다(대한항공의 국제여객운송약관 3조 6항 및 국내여객운송약관 10조 3항). 따라서 이러한 記名式 旅客航空券은 유가증권이 아니고 證據證券 또는 免責證券으로서의 성질만을 갖는다고 보는 견해도 있으나,[2] 앞에서 본 바와 같이 記名式 乘車券(乘船券)과 같이 기명증권으로서 有價證券性을 인정하여야 할 것으로 본다.

2) 항공운송인은 여객이 보관하는 휴대품 이외의 수하물의 운송에 있어서 여객으로부터 인도받은 수하물에 대하여는 手荷物證을 작성 · 교부하여야 하는데, 이러한 항공운송에 있어서의 手荷物證도 육상운송에 있어서의 철도의 手荷物相換證과 같이 免責證券으로 보아야 할 것이다.[3] 와르소條約에서도 항공운송인은 수하물증의 소지인에게 수하물을 인도한다는 취지의 표시를 동 증권상의 기재사항으로 하고 있다(同條約 4조 3항 5호).

3) 송하인은 항공운송인의 청구가 있을 때에는 航空運送狀을 작성 · 교부할 의무가 있음과 동시에, 만일 원한다면 이것을 작성하여 항공운송인에게 수령을 청구할 권리를 갖는다(와르소條約 5조 1항). 航空運送狀은 와르소條約에서 3통이 작성될 것을 예상하고 있는데(수하인용, 운송인용 및 송하인을 위한 운송장), 어느 것이나 원본이기 때문에 그 증거력은 같다. 이러한 항공운송장의 3통의 원본 가운데 「受荷人用」의 운송장은 운송인이 수하인에게 운송품을 인도할 때에 교부하는 것으로서 유통을 목적으로 하는 것이 아닐 뿐만 아니라 운송계약상의 권리행사에도 필요로 하지 않기 때문에 유가증권으로 볼 수 없다. 또한 「運送人用」의 운송장도 운송인이 증거 때문에 소지하는 데 불과하고 권리행사 및 유통에 필요로 하는 증권이 아니므

1) 小町谷操三, 「空中運送法論」(有斐閣, 1954), 61면.

2) 鄭(東), 25면; 金斗換, "航空運送人의 責任과 그 立法化에 관한 硏究," 「法學博士學位論文」(경희대, 1984. 2), 20면.

3) 同旨: 金斗煥 前揭論文, 21면.

로 이것도 역시 유가증권이 아니다. 마지막으로 「送荷人을 위한」 운송장[1]도 배서 또는 교부에 의하여 이전되지 않고 단지 융자금의 담보용에만 사용되고 있으며, 또 항공운송인은 송하인에게 이러한 항공운송장의 제시를 요구하지도 않으므로 이것도 역시 유가증권으로 볼 수 없다. 따라서 현재 항공화물운송에 이용되고 있는 유통성이 없는 航空運送狀은 유가증권이 아니라, 證據證券 또는 免責證券으로서의 성질만을 갖는다고 볼 수 있다.[2] 그러나 양도가능한 항공운송장의 발행이 가능하고(1955년의 헤이그議定書 15조 3항 참조), 또 1974년에 개정된 신용장통일규칙 및 관례에 의하면 항공운송장이 상업신용장에 관한 제출증권에 포함된 점(同統一規則 및 慣例 24조)으로 보아 유가증권으로서의 성질을 가지고 있는 항공운송장의 출현이 요청된다고 보는 견해도 있다.[3]

陸上運送에서 운송인의 청구에 의하여 송하인이 작성 · 교부하는 運送狀(商 126조)도 단순한 證據證券에 불과하고 유가증권이 아니다.[4]

제 4 保險證券

保險證券(insurance policy)은 보험계약이 성립한 후에 그 보험계약의 내용을 증명하기 위하여 보험자가 보험계약자에게 발행하는 증권인데, 보험자는 보험계약이 성립한 때에는 지체없이 이를 작성하여 보험계약자에게 교부하여야 할 의무를 부담한다(商 640조 1항 본문). 이러한 보험증권은 보험계약의 성질상 유가증권성이 인정될 수 있는가. 또 보험증권의 유가증권성을 인정하는 경우에도 보험증권이 발행된 보험의 목적물이 유통의 대상이 될 수 있는가에 따라 그의 유가증권성 여부가 결정된다. 따라서 이하에서는 이러한 관점에서 보험증권의 유가증권성 여부를 살펴보기로 한다.

1) 人保險證券은 그 성질상 유통과 관련하여 지시식 또는 무기명식의 보험증권으로 발행될 수도 없고,[5] 설사 그러한 형식으로 발행되었다 하더라도

---

1) 이것이 英國에서는 air consignment note로 불리고 있으며, 美國에서는 airway bill이라고 불리고 있다. 이러한 航空運送狀이 權原證券(document of title)에 속하는지 여부에 대하여 英國에서는 이를 부정하나(A. D. McNair, *The Law of the Air*, London, 1937, p. 196), 美國에서는 이를 긍정한다[Official Comment to U.C.C. §1-201(15)].

2) 同旨: 金斗煥, 前揭論文, 25면; 鄭(東), 25~26면; 同, (總) 346~347면.

3) 金斗煥, 前揭論文, 26면.

4) 同旨: 徐·鄭, (上) 227면; 鄭(熙), (上) 237면 外.

5) 다만 孫(珠), 536면은 「人保險證券의 법정기재사항에는 보험수익자의 성명이 포함되어 있으므로(商 782조 3호) 記名式이 원칙이나, 보험계약자는 보험수익자의 지정권을 보험계

유가증권성을 인정할 수 없다.[1] 즉, 人保險證券의 하나인 生命保險證券의 경우에는 보험계약자가 자기의 경제적 수요에 대비하기 위하여 저축하는 대신에 보험에 가입한 것이므로 이러한 자기의 경제생활의 안정을 위하여 채권의 양도를 원하지 않을 뿐만 아니라 오히려 이러한 보험금지급에 대한 채권은 보험계약자나 보험수익자를 위하여 확보해 주는 것이 보험제도의 목적에 합치하는 것이기 때문이다. 또한 人保險證券의 다른 하나인 傷害保險證券의 경우에는 피보험자 자신의 상해로 인한 경제적 수요에 대비하기 위하여 이용되는 것이므로, 이러한 보험의 경우에 발행되는 보험증권은 그 유통성을 보호할 필요가 없기 때문이다.

2) 物件保險에서의 保險證券은 記名式에 한하지 않고 指示式 또는 無記名式으로 발행될 수 있는데(商 666조 참조), 지시식 또는 무기명식으로 발행되었다고 하여 이러한 보험증권이 반드시 유가증권이라는 근거가 되지는 못한다.[2] 따라서 이러한 지시식(무기명식을 포함) 보험증권이 유가증권인지 여부에 대하여는 다음과 같이 견해가 나뉜다.

(가) **否 定 說** 보험금청구권은 그 성질상 증권 외의 사정(보험료의 지급 등)에 달려 있다는 점 및 손해보험에 있어서는 보험증권의 이전만으로 증권상의 권리를 양도할 수 없고 보험의 목적의 양도에 수반하여 이전되어야 하는 점(商 679조 참조) 등에서, 보험증권이 비록 지시식으로 발행되었다고 하더라도 그러한 보험증권의 유가증권성올 부인한다.[3] 그러나 이 설은 보험의 목적의 양도에 수반하여 이전되는 보험증권에 대하여도 그의 유가증권성을 부인할 수 있겠는가라는 의문점이 있다.

(나) **肯 定 說** 거래의 안전의 확보 및 권리의 행사에 증권의 소지를 필요로 하는 것을 이유로 지시식 보험증권의 유가증권성을 전면적으로 긍정하는 견해인데, 이 견해에서는 지시식 보험증권은 보험사고의 발생으로 인하여 생길 보험금청구권을 표창하는 증권으로서 同證券의 所持人은 그러한 保險金

약성립 후에도 행사할 수 있으므로(商 733조 1항 · 2항) 보험계약 성립 당시에는 보험수익자가 특정되지 않은 상태에서 보험증권의 작성이 가능한 점에서 人保險證券도 예외적으로 無記名式이 허용되는 것이다」라고 하나, 이 때의 無記名式은 流通과 관련한 無記名證券과는 구별된다고 본다.

1) 徐·鄭, 370면; 鄭(熙), 392면; 孫(珠), 541면 外(通說).

그러나 日本에는 指示式의 人保險證券이 발행된 때에는 이것에 有價證券性을 인정하는 見解가 있다(伊澤李平, 「保險法」, 1958, 106~107면).

2) 鄭(熙), 391면; 梁承圭, 「保險法(第 2 版)」(三知院, 1992), 130면.

3) 石田滿, 「商法 Ⅳ(保險法)」(青林書院新社, 1978), 102면.

請求權을 행사할 수 있다고 한다.[1] 그러나 보험계약의 성질상 보험금청구권만을 유통의 대상으로 할 수는 없고 또 모든 (지시식) 보험증권에 대하여 일률적으로 유가증권성을 인정함으로써 오히려 큰 폐해가 생길 우려가 있다고 볼 수 있다.[2]

(다) **一部肯定說**(折衷說) (지시식) 보험증권의 유가증권성을 전면적으로 인정하고 있지 않고, 일정한 경우에만 인정하는 설이다. 이것이 우리 나라의 通說인데, 그 내용은 학자에 따라 약간 달리 설명되고 있다. 즉, (i) 積荷保險에 있어서와 같이 보험의 목적인 적하 자체가 선하증권에 의한 거래의 대상이 되며, 또 그것의 경제적 가치의 보충을 목적으로 하는 보험에 의한 보상청구권도 당연히 이에 수반될 필요가 있으며, 또 보험의 목적은 운송인이 점유하고 있기 때문에 보험관계자가 고의로 손해를 발생시킬 염려도 없는 경우에 한하여, 지시식 보험증권에만 유가증권성이 인정된다고 설명하는 견해와,[3] (ii) 화물상환증·선하증권·창고증권과 같은 유통증권에 부수하여 유통성이 인정되는 指示式 保險證券에만 유가증권성이 인정된다고 설명하는 견해가 있다.[4]

생각건대 보험의 목적이 그 성질상 유통성에 있으며 또한 보험목적의 이전에 의하여 위험이 변동되지 않는 경우에는 보험증권의 양도에 의하여 보험관계의 이전을 인정하여도 무방하다고 본다. 따라서 이렇게 보면 화물상환증·선하증권·창고증권 등과 같은 유통증권에 부수하여 그의 유통성이 인정되는 지시식 보험증권에는 유가증권성이 인정된다고 설명하는 一部肯定說(折衷說)에 찬성한다.

위와 같이 일정한 보험증권에 대하여 그의 유가증권성을 인정한다고 하더라도 보험증권은 그 성질상 문언증권이나 무인증권이 아니므로 보험자는 보험계약에 기한 항변(告知義務違反·保險料不支給·危險의 增加·變更 등에 기한 抗辯 등)으로써 그 소지인에게 대항할 수 있고, 또 보험증권상의 권리의 발생은 우연한 사고에 의하여 정하여지므로, 보험증권은 가장 불완전한 의미에 있어서의 유가증권이라고 볼 수 있다.[5]

---

1) 野津務, 「新保險契約法論」, 176～177면; 蔡, 478면.
2) 梁承圭, 前揭書(保險法), 131～132면.
3) 鄭(熙), 392면; 徐·鄭, 370면.
4) 孫(珠), 539～540면; 梁承圭, 前揭書(保險法), 132면. 독일에서는 지시식 운송보험증권의 배서에 의한 양도를 인정하고(獨商 363조 2항), 이러한 보험증권에 대하여 일반적으로 有價證券性을 인정하고 있다(Hans Möller, *Versicherungsvertragsrecht,* 3 Aufl., 1977, S. 80; Bruck/Möller, *Kommentar zum VVG*. Bd. I, S. 172, Anm. 18. 19).
5) 同旨: 梁承圭, 前揭書(保險法), 133면; 徐·鄭, 370～371면; 鄭(熙), 392면 外.

제 5 商 品 券

商品券은 「발행자가 일정한 금액(금액상품권)이나 물품(물품상품권) 또는 용역(용역상품권)의 수량이 기재된 證票를 발행·매출하고, 그 소지자(고객)가 발행자 또는 발행자와 가맹계약을 맺은 자(가맹점)에게 이를 제시 또는 교부하여 그 證票에 기재된 내용에 따라 상품권 발행자 또는 가맹점으로부터 물품 또는 용역을 제공받을 수 있는 유가증권」이다(상품권 표준약관〈1999. 9. 21 제정〉 1~3조 참조).[1] 따라서 商品券은 상품권발행자 또는 그와 가맹계약을 맺은 가맹점에서 물품 또는 용역을 제공받을 수 있는 권리가 표창되고, 이러한 권리의 발생·이전 및 행사에 증권의 소지를 요하는 完全有價證券이라고 볼 수 있다.[2]

이러한 상품권의 종류에는 금액상품권·물품상품권 및 용역상품권이 있고(同 표준약관 2조), 고객이 상품권면 금액의 100분의 60 이상에 해당하는 물품 등을 제공받고 잔액의 반환을 요구하는 경우 발행자 또는 가맹점은 잔액을 현금으로 반환하여야 한며(同 표준약관 7조 2항), 상품권의 사용기간은 상사채권 소멸시효기간인 5년이다(同 표준약관 6조).

제 6 讓渡性預金證書(C.D.)

현재 우리 나라의 은행에서 발행되는 讓渡性預金證書(negotiable certificate of deposit, C.D.)는 금융통화운영위원회가 제정한 「양도성예금증서 발행업무와 관련된 수신이율 및 부대조건」(1984. 5. 17 제12차 회의에서 제정되고, 그 후 다수 개정됨)에 의하여 1984년 6월에 최초로 발행되었는데, 처음에는 발행조건(최저액면 금액은 1억원, 만기는 91일~180일 등)이 매우 엄격하였으나, 그 후에는 금리자유화조치 등으로 인하여 발행조건을 대폭 완화하였다(1997년 7월 최저액면금액과 최장만기 등에 대한 규제를 폐지하고, 증서는 무기명 할인식 양도가능증서로 발행하고 최단만기에 대한 30일의 제한 등만을 유지함).[3] 이러한 양도성예금증서는 만기 이전에 중도해지가 불가하여 만기까지 기다려야 하는 대신에 이율이 약간 높게 책정되어 있으며, 양

---

1) 商品券에 대하여는 종래에 商品券法(1961. 12. 27 법 875호로 제정, 1994. 1. 5 법 4700호로 전문개정)에 의하여 규율되었으나, 同法은 1999. 2. 5. 법 5749호로 폐지되어(그 이유는 기업의 자유로운 경제활동을 도모하기 위하여 상품권의 발행·유통과 관련된 규제를 폐지한다는 목적임), 현재는 상품권표준약관(1999. 9. 21 제정) 등에 의하여 규율되고 있다.

2) 同旨: 鄭(東), 24면(商品券은 또한 商人이 이용하는 私的인 金錢代用證券이라고 한다).

3) 이에 관한 상세는 한국은행(금융시장국), 「우리 나라의 금융시장」, 1999. 7, 47~66면 참조.

도가 자유롭고, 만기에 증서와 상환하여 증서상의 표시금액을 지급받도록 되어 있다.[1] 보통의 預金證書(또는 預金通帳)는 기명식으로 되어 있고 또 증서상에 기재된 약관에 의하여 양도를 금하고 있어 유가증권으로 볼 수 없고 免責證券으로 보고 있으나(이에 관하여는 既述함), 讓渡性預金證書는 예금채권(및 이자)을 표창하고 동 권리의 (이전 및) 행사에 증서의 소지를 요하는 不完全有價證券으로 볼 수 있다.[2] 양도성예금증서는 은행이 지급을 약속한 증서이므로 (그 형식에 있어서는 어음의 문언성에 의하여 約束어음이 될 수 없지만) 그 실질에 있어서는 은행이 발행한 約束어음과 유사하게 볼 수 있다.[3] 따라서 이러한 양도성예금증서에 대하여는 성질에 반하지 않는 한 약속어음에 관한 규정을 준용할 수 있다고 본다.[4]

우리 나라에서는 현재 無記名式 讓渡性預金證書만이 발행되므로 이의 양도방법은 동 증서의 약관에 기재된 바와 같이 무기명채권의 양도방법에 의하여 동 증서의 交付만으로 가능하다(同約款 2조). 따라서 이러한 無記名式 讓渡性預金證書의 소지인은 적법한 소지인으로 추정되어, 이의 양수인은 특별한 사정이 없는 한 발행인이나 전 소지인에게 반드시 실질적 권리를 확인한 후에 이를 취득하여야 할 주의의무가 없다.[5]

우리 나라에서는 현재 문제가 되지 않지만 記名式 讓渡性預金證書가 인정되는 경우에, 이러한 기명식 양도성예금증서는 어떻게 양도될 수 있는지가 문

---

1) 양도성예금증서에 관한 소개로는 鄭東潤, "어음法學의 現代的 課題,"「商法論叢」(仁山 鄭熙喆先生 停年紀念)(博英社, 1985), 418면.

2) 同旨: 鄭(東), 24면; 同, 前揭論文, 418면; 한국은행, 前揭書, 48면.

3) U.C.C. §3-104(j) 참조.

4) 同旨: 鄭東潤, 前揭論文, 419면.

5) 同旨: 大判 2000. 5. 16, 99 다 71573(新聞 2900, 12)(양도성예금증서는 단순히 교부만으로 양도가 가능하므로 양수인이 할인의 방법으로 이를 취득함에 있어서 그 양도성예금증서가 잘못된 것이라는 의심이 가거나 양도인의 실질적 무권리성을 의심하게 할 만한 특별한 사정이 없는 이상 이 양도성예금증서의 발행인이나 전 소지인에게 반드시 확인한 다음 취득하여야 할 주의의무가 있다고는 할 수 없다); 同 2002. 5. 28, 2001 다 10021(公報 2002, 1507)(양도성예금증서를 취득함에 있어서 통상적인 거래기준으로 판단하여 볼 때 양도인이나 그 양도성예금증서 자체에 의하여 양도인의 실질적 무권리성을 의심하게 할 만한 사정이 있는데도 불구하고 이에 대하여 상당하다고 인정될 만한 조사를 하지 아니하고 만연히 양수한 경우에는 중대한 과실이 있다고 할 것이지만, 한편 양도성예금증서란 원래 단순한 교부만으로써도 양도가 가능하므로 양수인이 할인의 방법으로 이를 취득함에 있어서 그 양도성예금증서가 잘못된 것이라는 의심이 가거나 양도인의 실질적인 무권리성을 의심하게 될 만한 특별한 사정이 없는 이상 위 양도성예금증서의 발행인이나 전 소지인에게 반드시 확인한 다음 취득하여야 할 주의의무가 있다고는 할 수 없고, 또한 양도성예금증서는 단순한 교부만으로써 담보 제공이 될 수 있고 질권의 목적물이 될 수도 있으므로, 위에서 본 법리는 양도성예금증서에 대하여 질권을 설정받는 방법으로 이를 취득하는 경우에도 마찬가지라고 보아야 한다).

제이다. 이에 대하여는 背書에 의하여 양도될 수 있다고 보는 견해도 있으나,[1] 이는 법률상 근거도 없이 당연한 지시증권으로 보는 것이므로 유가증권법정주의에 반하여 문제가 있으므로 指名債權讓渡方式에 의하여 양도될 수 있다고 보아야 할 것이다.[2]

제 7 先拂카드 · 直拂카드

현금이나 수표에 의한 지급을 보다 간편하게 하고 또 당사자에게 경제적 이익과 편의성을 제공하기 위하여 새로운 지급수단으로 카드가 발생하게 되었는데, 이에는 이곳에서 보는 先拂카드와 直拂카드가 있고 또 다음에서 보는 信用카드가 있다. 이러한 세 종류의 카드는 그 지급방법에서 차이가 있는데, 모두 우리 나라에서는 與信專門金融業法(制定: 1997. 8. 28, 법 5374호)에 의하여 규율되고 있다.

(1) 先拂카드(prepaid card)란 「신용카드업자가 대금을 미리 받고 이에 상당하는 금액을 기록(전자 또는 자기적 방법에 의한 기록을 말한다)하여 발행한 證票로서 선불카드소지자의 제시에 따라 신용카드 가맹점이 그 기록된 금액의 범위 내에서 물품 또는 용역을 제공할 수 있게 한 證票」를 말하는데(與金 2조 8호), 공중전화카드가 대표적인 예에 속한다고 볼 수 있다.[3] 우리 나라에서 이러한 先拂카드는 1994년 5월부터 카드사를 중심으로 발전하였는데, 소매 및 유통업계에서 출발하여 금융기관으로 확산되고 있는 실정이다.

이러한 先拂카드가 有價證券이냐에 대하여 의문이 있으나, 상품권의 경우와 같이 물품을 구입하거나 용역을 제공받을 수 있는 권리가 표창되고, 이러한

---

1) 鄭東潤, 上揭論文, 419면.

2) 同旨: 田中(誠), 銀行取引法, 170면 이하; 吉原省三(編), 「現代銀行取引法」, 1978, 218면(日本에서는 양도성예금의 법적 성질을 指名債權으로 보고 이의 양도는 指名債權讓渡方法으로 한다는 것을 양도성예금규정에서 규정하고 있다고 한다).

3) 우리 나라에서 先拂카드는 1994년 「信用카드業法」의 改正에 의하여 최초로 규율되었는데, 1997년에는 與信專門金融業法(1997. 8. 28, 법 5374호)이 제정되어 이 法에 의하여 信用카드業이 시설대여업 · 할부금융업 및 신기술사업금융업 등과 함께 규율되고 있다(참고로 日本에서는 이를 규제하기 위하여 1989년에 「前拂式 證票等の規制等に關する法律」이 제정되었다).

우리 나라에서 현재 이용되고 있는 公衆電話카드는 한국전기통신공사가 정보통신부장관의 승인을 받아 1986. 4. 1에 제정한 「公衆電話利用約款(規定)」에 의하여 발행되고 있는데, 이 約款은 公衆電話의 통화료의 납입방법의 하나로 공중전화카드에 대하여 규정하고 있다(同約款 4조 3항 2호). 이 約款에 의하여 우리 나라에서 카드公衆電話는 1986. 9. 10부터 시행되고 있다.

권리의 발생 · 이전 및 행사에 증권(카드)의 소지를 요하는 完全有價證券이라고 볼 수 있다.[1] 상품권도 크게 보면 이 범주에 들어간다고 볼 수 있으나, 증권의 형식 · 이를 규제하는 법규(약관) · 이용범위 등에서 구별된다고 본다.

(2) 直拂카드(debit card)란 「직불카드회원과 신용카드가맹점간에 전자 또는 자기적 방법에 의하여 금융거래계좌에 이체하는 등의 방법으로 물품 또는 용역의 제공과 그 대가의 지급을 동시에 이행할 수 있도록 신용카드업자가 발행한 證票」를 말한다(與金 2조 6호). 우리 나라에서 이러한 直拂카드는 1995년 12월부터 은행을 중심으로 현금카드 겸용으로 발급하고 있다. 이와 같이 直拂카드는 보통 기능이 확장된 현금카드로서 카드소지인의 요구불예금구좌에서 현금자동인출기(Auto Teller Machine, ATM)를 통한 예금인출이나, 직불카드가맹점에서 물품 또는 용역을 제공받고 그의 예금구좌에서 가맹점구좌로 대금이 자동이체되는 기능을 겸비하고 있다. 직불카드의 이용에 따른 대금의 이체는 신용카드의 경우와 유사하여 직불카드 회원약관과 직불카드 가맹점약관에 의하여 규율된다.

이러한 直拂카드가 有價證券인지 여부의 문제가 있는데, 직불카드의 대금이체 구조가 뒤에서 보는 신용카드와 유사한 점에서 보거나 또 직불카드의 이용에는 회원의 요구불예금 및 비밀번호가 전제되는 점 등에서 볼 때 신용카드와 같이 유가증권은 아니고 회원자격을 증명하는 證據證券에 불과하다고 본다.

제 8 信用카드

信用카드(credit card)란 「이를 제시함으로써 반복하여 신용카드가맹점에서 물품의 구입 또는 용역의 제공을 받을 수 있는 證票로서 신용카드업자가 발행한 것」을 말하는데(與金 2조 3호), 이는 물품의 구입이나 용역을 먼저 제공받고 후에 대금을 지급하는 점에서 앞에서 본 先拂카드나 直拂카드와 구별된다고 볼 수 있다.

이러한 信用카드는 有價證券인가. 信用카드는 권리 또는 재산권을 표창하는 증권은 아니고, 다만 회원자격을 증명하는 證據證券에 불과하다(通說).[2] 따라

1) 同旨 : 鄭(東), 27면.

2) 李銀榮, 「約款規制論」(博英社, 1984), 206면 ; 鄭東潤, "信用카드에 관련된 法律問題," 「法學論集」, 제23집(高麗大, 1985. 12), 223면 外.

서 信用카드는 원인관계인 회원계약과 독립하여 존재하는 無因證券도 아니고, 또 회원의 권리가 신용카드의 발행에 의하여 비로소 창설되는 設權證券도 아니며, 또 원칙적으로 타인에게 양도될 수 없는 一身專屬性을 갖는 증권이다. 그러나 信用카드는 카드회원이 그의 권리를 행사하기 위하여는 반드시 카드가맹점에 신용카드를 제시하여야 하므로 提示證券性을 가지며, 카드가맹점은 외관상 유효한 카드소지인과 거래한 이상 그가 진정한 카드회원이 아닌 경우에도 이로 인한 책임을 부담하지 않으므로 免責證券性을 갖는다(이에 관한 상세는 후술함).

제 9 手票카드(家計手票保證카드)[1]

手票카드란「가계수표의 피지급성을 증대하기 위하여 수표법 외의 민사법적 차원에서 수표발행인의 청구에 의하여 수표지급인(은행)이 발행한 카드」이다. 이러한 手票카드는 유가증권이 아니고 證據證券이라는 점에 대하여는 異見이 없다.[2] 따라서 이러한 手票카드는 권리(재산권)가 표창된 증권이 아니고, 또 이를 타인에게 양도할 수도 없으며, 또 그 권리의 발생이나 행사에 그 증권의 소지를 요하는 것도 아니다. 手票카드는 수표발행인이 수표지급은행을 대리하여 수표수취인과 손해보험계약을 체결할 수 있는 대리권을 증명하는 證據證券에 불과하다(이에 관한 상세는 후술함).

1) 금융통화위원회에서 1993. 11. 27부터 각 금융기관에게 정액보증가계수표의 발행을 인정하고 있어, 수표카드는 현재 폐지되지는 않았으나 거의 이용되고 있지 않다.

2) 鄭(熙), 325면 外.

제 2 장 有價證券의 機能

제 1 절 共通的인 機能

유가증권은 무형의 권리를 증권이라는 물체를 통하여 유체화시킨 것으로 자본주의 경제에서 재산의 상품화에 따른 필연적인 현상이다(權利의 證券化 現像). 즉 자본주의 경제는 사람의 노동력까지를 포함하여 모든 재산을 상품화하여 거래의 객체로 삼는데, 이러한 재산의 상품화에 뒤따라 권리의 증권화 현상이 발생한다. 따라서 이러한 유가증권을 통하여 권리의 존재와 내용이 명백해지고, 권리의 이전 및 기타의 처분을 신속·확실하게 할 수 있다. 따라서 자본주의 경제에서는 가능한 한 많은 권리를 증권화하여 유통의 목적으로 삼고 있다.[1] 이하에서는 유가증권(협의의 유가증권)에 공통하는 기능을 權利讓渡節次의 簡易化의 기능과 權利讓渡效力의 強化의 기능으로 나누어서 고찰하겠다.[2]

제 1 權利讓渡節次의 簡易化의 機能

유가증권은 무형의 권리를 유체화(증권화)하여 그러한 권리의 유통성을 높이고자 하는 데에 제 1 차적인 목적이 있는 것이므로, 이러한 목적에 부응하기 위하여 유가증권(협의의 有價證券, 즉 指示證券 또는 無記名證券)은 (지명채권의 양도절차에 비하여) 그 권리양도절차가 아주 간이화되어 있다. 즉, 일반의 지명채권은 유가증권과는 달

1) 共産主義經濟에서는 株券·債券 등이 발행되지 않으며, 手票는 비교적 널리 이용되고 있으나 어음은 對外去來에만 제한적으로 사용되고 있다(Zöllner, §1).
2) 이에 관한 상세한 설명은 前田, 2~12면 참조.

리 유통성을 그 본질로 하고 있지 않으므로 그 양도성이 광범위하게 제한될 뿐만 아니라,[1] 양도가 인정되는 경우에도 당사자간의 양도에 관한 의사의 합치 외에 채무자 또는 제 3 자에 대한 대항요건을 필요로 한다. 즉, 채무자에 대한 대항요건으로 (아무런 방식을 요하지 않는) 채무자에 대한 통지 또는 승낙을 요하고(民 450조 1항), 채무자 이외의 제 3 자에 대한 대항요건으로는 「확정일자 있는 증서」에 의한 채무자에 대한 통지 또는 승낙을 요한다(民 450조 2항). 그러나 유가증권은 유통성을 그 본질로 하기 때문에 이로부터 그 양도성을 제한한다는 것은 생각할 수 없고, 오히려 그 양도성을 증대하는 방향으로 규정되어 있다. 따라서 협의의 유가증권(指示式 또는 無記名式 有價證券)은 지명채권의 양도방법에 의하지 않고, 背書(指示證券의 경우) 또는 交付(無記名證券의 경우)라는 간편한 양도방법에 의하여 양도된다(民 508조 · 523조, 商 129조 본문 · 157조 · 336조 1항 · 861조, 어11조 1항, 手 14조 1항 등)(이러한 협의의 유가증권을 指名債權讓渡方法에 의하여 양도할 수 있는지 여부는 후술함). 그러나 광의의 유가증권에 속하는 記名證券(記名債券 · 背書禁止어음 등)은 그 성질상 유통성이 적거나 양도금지의 특약이 있는 것이므로, 指名債權의 讓渡方法에 의해서만 양도될 수 있도록 규정하고 있다(商 129조 단서 · 157조 · 861조, 어 11조 2항, 手 14조 2항 등). 그러나 記名證券의 경우도 권리가 증권에 化體된 유가증권이므로 그의 양도에는 지명채권의 양도방법뿐만 아니라 「증권의 交付」를 요하며, 이것은 양도의 效力要件으로 보아야 할 것이다[2](指名債權의 양도방법과 구별되는 점).

제 2 權利讓渡效力의 強化의 機能

유가증권은 그의 유통성을 확보하고 이에 따른 거래의 안전을 보호해야 하므로, 이를 위하여 양수인의 지위를 보호하는 방향에서 일반지명채권에서와는 다른 여러 가지의 특칙을 규정하고 있다. 이것도 권리양도절차의 간이화의 기능에서와 같이 협의의 유가증권에만 해당하고 광의의 유가증권에 속하는 기명증권에는 해당되지 않는데, 이에는 다음과 같은 것들이 있다.

1) 일반지명채권을 행사하려는 자는 스스로 권리자임을 입증하여야 그의 권리를 행사할 수 있으나, 유가증권상의 권리를 행사하려는 자는 증권의 소지인(指示證券의 경우는 배서의 연속이 있는 증권의 소지인이고, 無記名證券의 경우는 단순한 증권의 소지인임)은 적법한 權利者로 推定되므로(民 513조, 商 336조 2항, 어 16조 1항, 手 19조 등)(背書의 資格授與的 效力) 그가 스스로 권리자임을 입증할 필요 없이 그의 권리를 행

---

1) 指名債權의 讓渡가 제한되는 경우에는, 債權의 성질에 의한 제한(民 449조 1항 단서), 法律에 의한 제한 및 당사자의 意思表示에 의한 제한이 있다.

2) 同旨: 郭, (債總) 367면; 前田, 8면(日本의 多數說).
그러나 鄭(熙), 9면은 記名證券에서의 「證券의 交付」를 權利移轉의 對抗要件이라고 한다.

사할 수 있다. 이의 반사적 효과로서 유가증권상의 채무자는 (형식적 자격이 있는) 증권의 소지인에게 사기(악의) 또는 중과실 없이 채무를 이행하면 그가 실질적 무권리자라고 하더라도 면책된다(선의지급)(民 518조, 어 40조 3항, 手 35조).

2) 일반지명채권의 경우에는 양수인은 양도인보다 더 큰 권리를 취득할 수 없기 때문에 양도인이 무권리자인 경우에는 양수인은 아무리 善意라고 하더라도 권리를 취득할 수 없으나, 유가증권인 경우에는 善意取得이 인정됨은 물론 동산의 선의취득(民 249조)보다도 그 요건을 완화하여 규정하고 있다. 즉, 유가증권인 경우에는 그 양도인이 무권리자(예컨대, 절취자 또는 습득자)인 경우에도 양수인이 선의·무중과실이면 증권상의 권리를 善意取得할 수 있다(民 514조, 商 359조, 어 16조 2항, 手 21조 등). 또 일반지명채권의 경우에는 채무자는 그가 양도인에게 대항할 수 있는 모든 항변사유로써 양수인에게 대항할 수 있으나(民 451조 2항), 일정한 유가증권인 경우(어음·手票·民法上 指示債權 등[1])에는 양수인이 그 채무자를 해할 것을 알고 증권을 취득한 경우가 아니면 채무자는 양도인에 대한 人的 抗辯으로써 양수인에게 대항할 수 없도록 제한하고 있다(어 17조, 手 22조, 民 515조).

제 2 절 個別的인 機能

각각의 유가증권은 상이한 경제적인 기능을 수행한다. 즉, 어떤 유가증권은 支給 또는 信用機能을 수행하고, 다른 유가증권은 財貨의 流通을 촉진시키는 기능을 수행하며, 또 다른 유가증권은 회사의 資本調達 및 投資의 수단으로서의 기능을 수행한다.[2] 이하에서는 모든 유가증권의 개별적인 경제적 기능을 전부 살펴볼 수는 없고, 위에서 본 중요한 유가증권의 경제적 기능에 대해서만 간단히 살펴보겠다.

제 1 支給手段으로서의 機能(지급거래적 기능)

지급수단으로서의 기능을 수행하는 대표적인 유가증권은 手票이다(어음의 기능에도 支給機能이 있으나, 어음의 제 1 차적인 기능은 다음에서 보는 바와 같이 信用手段으로서의 기능이다). 수표의 경제적 기능은 이외에도 送金機能이

---

1) 그러나 株券 등의 경우에는 이러한 人的 抗辯의 제한이 인정되지 않는다.

2) 이에 관한 상세는 Brox, §27 Ⅲ 참조.

있으나, 수표의 가장 중요한 경제적 기능은 支給機能이다. 수표는 어음과는 달리 信用機能이 없고, 수표의 信用證券化를 방지하기 위하여 手票法은 많은 규정을 두고 있다(手 4조, 7조, 15조 3항, 25조 2항, 28조 1항, 29조, 51조, 55조 2항 등).

제 2 信用手段으로서의 機能(신용거래적 기능)

信用手段으로서의 기능을 수행하는 대표적인 유가증권은 어음인데, 어음은 제 1 차적으로 信用創造(Kreditbeschaffung) 및 信用擔保(Kreditsicherung)의 수단으로 이용된다. 換어음은 신용기능 이외에도 支給機能·送金機能[1] 및 推尋機能[2]을 수행하며, 約束어음은 신용기능 이외에도 支給機能 및 推尋機能을 수행한다.[3]

제 3 財貨의 流通을 촉진시키는 機能(상품유통적 기능)

재화의 유통을 촉진시키는 기능을 수행하는 유가증권으로는 화물상환증·창고증권·선하증권 등이 있다. 이러한 유가증권은 物權을 표창하는 것이 아니라 재화의 引渡請求權(債權)을 표창하는 것으로서, 동 증권을 통하여 재화의

1) 특히 국제간의 송금수단으로 환어음이 이용되며, 국내에서의 송금수단으로는 수표·우편환 등이 이용된다. 예를 들어 甲地의 A가 乙地의 B에 대하여 송금을 하여야 하는 경우에, A는 甲地의 C은행에게 현금을 납입하고 C로부터 乙地에 있는 C의 지점이나 거래은행을 지급인으로 하고 B를 수취인으로 한 환어음을 매입한 후, 이를 乙地의 B에 송부하여 B가 乙地의 지급은행으로부터 현금을 지급받게 한다.

2) 예를 들어 甲地의 A가 乙地의 B에게 물건을 송부하고 그 매매대금을 추심하고자 할 때에, A는 B를 지급인으로 하고 자기를 수취인으로 한 환어음을 발행하여 甲地의 은행으로부터 할인받으면, A는 B로부터 매매대금을 추심한 것이 된다.

3) 예컨대 물건의 매수인 A가 매도인 B와 그 물건대금을 3개월 후에 지급하기로 합의한 경우에는 매수인은 매도인에게 만기가 3개월 후이고 매매대금을 어음금액으로 한 약속어음(또는 인수한 자기앞 환어음)을 발행하여 교부하는데, 이 때에 동 어음은 信用創造의 기능을 한다. 이 경우에 매도인 B는 동 어음을 소지하고 있다가 만기에 A로부터 어음금액(매매대금)을 지급받을 수도 있고, 또는 자기의 물건공급자인 C에게 물건대금의 지급조로 배서양도할 수도 있고, 또는 자기의 거래은행으로부터 할인을 받아 즉시 물건대금을 회수한 것과 같은 효과를 거둘 수도 있다. 매수인이 매도인에게 즉시 물건대금을 지급해야 하는데 그에게 현금이 없는 경우에는 매수인의 거래은행이 매수인에게 물건대금에 상당하는 신용을 제공하고(즉, 대출을 하고) 이의 담보조로 은행은 매수인으로부터 약속어음(또는 매수인이 인수한 환어음)을 받는데, 이 때에 동 어음은 信用擔保의 기능을 한다. 이 경우에 동 은행이 매수인으로부터 대출금을 반환받지 못하면, 동 은행은 담보어음에 기하여 어음금지급청구를 할 수 있다. 이 때에 어음금지급청구소송절차가 소비대차에 기한 소송절차보다 간편하고 빠르기 때문에, 보통 어음에 기한 청구가 먼저 이용된다.

처분을 용이하게 한다. 이러한 유가증권을 物品證券(Güterpapiere) 또는 引渡證券(Traditionspapiere)이라고 한다. 이러한 증권의 교부는 동 증권이 표창하는 權利(引渡請求權)를 이전시킬 뿐만 아니라 동 증권에 관한 재화의 인도와 동일한 효력을 갖는 物權的 效力을 인정하는 점(商 133조, 157조, 861조)에 특색이 있다.

제 4 資本調達 및 投資의 手段으로서의 機能(자본거래적 기능)

자본조달 및 투자의 수단으로서의 기능을 하는 유가증권은 株券과 無記名債券이다. 이러한 유가증권은 발행인에게는 자본조달의 목적에 기여하고 동 증권의 소지인에게는 자본투자의 목적에 기여한다. 이러한 유가증권은 資本市場證券(Kapitalmarktpapiere, Effekten)으로도 불리는데, 대량으로 발행되고, 소지인에게 일정한 수익(이익 또는 이자)을 가져다 주며, 보통 증권거래소를 통하여 거래되는 점 등에 특색이 있다.

제 3 절 有價證券의 機能喪失[1)]

(1) 오늘날 컴퓨터는 사회 각 분야의 기존제도를 혁명적으로 크게 변화시키고 있는데, 이는 유가증권제도에 있어서도 예외가 아니다.[2)] 즉, 支給機能을 담당하는 手票는 直拂카드制度(debit card system)·은행의 電子資金移替制度(Electronic Fund Transfer System, E.F.T.S.)[3)] 및 지로(Giro)제도 등으로 많이 대체되고 있으며(現金 없는 對替去來),[4)] 信用 및 支給機能을 담당하는 어음은 그의 일부가

1) 株券과 債券의 無權化制度에 관한 상세는 鄭燦亨, "有價證券의 無權化制度," 「比較私法」(韓國比較私法學會編), 제 3 권 2호(통권 5호)(1996. 12), 179~216면 참조.

2) 이에 관한 중요한 參考文獻으로는 Karl Kreuzer(Hrsg.), *Abschied vom Wertpapier? Dokumentelose Wertbewegungen im Effekten-, Gütertransport und Zahlungsverkehr*(Alfred Metzner Verlag, 1988) 참조.

3) 이에 관한 법적 문제에 관하여는 鄭燦亨, 「전자자금이체의 법적 문제 및 입법론적 검토」(한국법제연구원 디지털경제법제 4), 2002. 10 참조.

4) 이에 관하여는 Wolfgang Schön(李泳喆 譯), "現金 없는 對替支給去來의 여러 原則," 「企業法研究」(한국기업법학회), 제 8 집(2001), 181~234면(出典: Archiv für die civilistische Praxis, Bd. 198〈1998〉, S. 401~456); 鄭震明, 「전자화폐의 실용화를 위한 법적 기반연구」(한국법제연구원 디지털경제법제 8), 2002. 12; 김영호, "전자지급제도의 법리에 관한 연구"(전자상거래 지급결제 중계제도〈PG서비스에 의한 전자자금이체방식의 긴급결제제도〉와 이의 규제를 위한 입법론)," 「商事法研究」, 제21권 1호(2002), 99~143면 등 참조.

信用카드制度(credit card system)로 대체되고 있으며, 株式의 양도에 있어서 필수불가결한 수단인 株券은(商 336조 1항 참조) 證券預託決濟制度의 출현으로 사실상 유가증권으로서의 기능을 상실하고 있다[1](現物 없는 對替去來).

이러한 현상은 권리의 證券化의 逆現象으로 「證券의 無體化 現象」인데, 독일에서는 이렇게 무체화된 권리를 價値權(Wertrecht)[2]이라 부르고 「有價證券에서 價値權으로」(von Wertpapier zum körperlosen Wertrecht)라는 표현을 쓰고 있다.[3] 이러한 價値權은 무체의 債權을 유체화시켰던 증권이 다시 債權으로 환원되는 것이 아니라, 장부상의 권리로 변화된 것으로서 혼장임치인을 통하여 권리가 信託的으로 관리되는 경우에만 가능하다.[4]

(2) 그러면 이러한 새로운 제도는 유가증권의 기능을 완전히 상실시킬 수 있을까. 먼저 手票에 대해서 보면, 수표의 출현으로 현금의 이용이 줄어들긴 하였으나 현금의 이용이 없어질 수 없는 것과 같이, 직불카드 · 전자자금이체 및 은행 지로제도 등의 출현으로 수표의 이용이 줄어들고 있는 것은 사실이나 수표의 이용이 없어질 수는 없다. 따라서 「手票 없는 社會」(checkless society)가 매우 빠른 속도로 오고 있다고 표현하는 견해도 있으나, 「手票 없는 社會」는 앞으로도 존재하지 않을 것이며 직불카드 · 전자자금이체 등에 의한 지급제도와 함께 共存하면서 앞으로도 계속 많이 이용될 것으로 본다.[5] 다음으로 信用카드制度는 어음의 信用 및 支給機能의 일부를 수행하고 있는 것은 사실이나, 그의 금액 및 가맹점 등의 제한으로 그의 이용에는 많은 제한이 있다. 따라서 신용카드제도는 어음의 기능의 일부(특히 소액 거래에서)를 잠식할 수는 있어도 어음의 기능의 전부를 대체할 수는 도저히 없다. 그러므로 어음은 앞으로도 매우 많이 이용되고 또 중요한 유가증권의 하나라고 볼 수 있다.[6] 다음으로 證券預

1) 同旨: 鄭(熙), 5면. 이에 관한 상세는 鄭敬永, 「有價證券 電子化에 관한 法律的 考察」(한국법제연구원 디지털경제법제 2), 2002. 10 참조.

2) 이러한 用語의 창시자는 Opitz인데, 價直權이란 證券에 化體되지 않는 權利로서 證券에 化體된 權利와 동일한 내용을 갖는다고 한다(Opitz, *Depotgesetz*, Berlin, 1955, §42 Anm. 12).

3) Hueck/Canaris, §1 Ⅲ. 독일에서 價値權이라는 權利形態를 입법적으로 승인한 것으로는 1951年의 公債法(Anleihegesetz)인데, 이것은 우리 나라 公社債登錄法(1970. 1. 1, 법 2164호)에 해당하는 것으로 登錄社債의 경우에는 債券이 발행되지 않음으로써 그것은 하나의 價値權으로 인정받게 된다[鄭(熙), 5면 註 2].

4) 鄭熙喆, "Giro制度가 有價證券에 비치는 影響," 「法學」(서울大), 제26권 1호(1985. 4), 1면; 崔(基), 8~11면.

5) 同旨: 鄭(東), 11~12면; James V. Vergari, "Article 3 and 4 of the Uniform Commercial Code in an Electronic Fund Transfer Environment, 17 *Sandiego Law Review* 288(1980).

6) 同旨: 鄭(東), 11~12면.

託決濟制度의 출현으로 株券·債券 등과 같은 투자증권은 그러한 증권이 표창하는 권리의 이전 및 행사에 증권의 소지를 할 필요가 없게 되고 장부상의 기장이 그것을 대신하게 되어, 그러한 유가증권의 본래의 기능을 상실시키고 있는 것은 사실이다. 그러나 이러한 증권예탁결제제도는 증권 자체가 표창하는 權利(Recht aus dem Papier)보다는 혼합보관된 증권에 대한 權利(Recht am Papier) 즉 共有權을 중시하는 것으로서, 이는 증권에 化體된 권리는 제쳐놓고 化體되지 못하는 共有權만을 문제삼는 것으로서 여전히 많은 법률상의 문제점을 안고 있다.[1] 따라서 증권예탁결제제도에 존재하는 이러한 법률상의 문제가 (적어도) 완전히 해결되기까지에는 投資證券도 유가증권으로서의 기능을 여전히 갖고 있다고 볼 수 있다. 결국 컴퓨터의 도입에 따른 각종의 새로운 제도는 유가증권제도에 많은 영향을 미치고 있는 것은 사실이나, 이러한 새로운 제도가 기존의 유가증권의 기능을 완전히 상실시켰다고는 볼 수 없고 또 앞으로도 유가증권의 기능을 완전히 상실시킬 수도 없다고 본다. 따라서 兩制度는 공존하면서 유가증권은 여전히 중요한 기능을 수행하므로 유가증권에 대한 법규제와 이에 관한 정확한 이해는 여전히 중요한 문제라고 본다.[2]

1) 鄭熙喆, 前揭論文(法學), 13~14면.
2) 同旨: 鄭(東), 11~12면.

제 3 장 有價證券의 分類

유가증권은 그 區別標準에 따라 여러 가지로 분류할 수 있는데, 이 중 중요한 것은 다음과 같다.

제 1 절 證券의 所持가 요구되는 정도에 의한 分類

권리의 發生 · 移轉 및 行使에 어느 정도의 증권의 소지를 요하는가에 따라 다음과 같이 完全有價證券과 不完全有價證券으로 분류된다. 이러한 구별은 앞에서 본 유가증권의 의의에 관한 第1說에 의한 구별이며, 第2說 내지 第4說에 의하는 경우에는 유가증권의 개념을 일원적으로 정의하므로 언제나 完全有價證券이 되어 이러한 구별이 불가능하다.[1)]

제 1 完全有價證券(絶對的 有價證券)

권리와 증권의 결합정도가 가장 강력하여 권리의 發生 · 移轉 · 行使의 전부에 증권의 소지를 요하는 유가증권이다. 이의 대표적인 예는 어음과 手票이다. 이러한 완전유가증권은 권리의 발생에도 증권의 작성(소지)이 필요하므로 언

1) 同旨 : 鄭(東), 36면.

그러나 崔(基), 16면은 第3說의 입장이면서, 같은 책 19~20면은 第1說에 따라 完全有價證券과 不完全有價證券으로 분류하고 있는데, 이것은 모순이라고 본다.

鄭(熙), 8면 註 2는 第4說의 입장이면서 完全有價證券과 不完全有價證券을 구별하는 것은 設權的인 것과 非設權的인 것 또는 權利의 行使에도 提示強要가 없는 것(記名株券)과 언제나 提示強要가 있는 것(어음 · 手票)을 구별하기 위하여 필요하다고 설명한다.

제나 設權證券이다.

제 2 不完全有價證券(相對的 有價證券)

권리와 증권의 결합정도가 덜 밀접하여 권리의 發生·移轉·行使의 일부에 증권의 소지를 요하는 유가증권이다. 그런데 이 때의 「일부」라는 의미는 권리의 발생에만 증권의 소지(작성)를 요하는 것 등은 아니고, 다음과 같이 세 경우에만 해당하는 것으로 보아야 할 것이다. 즉, (i) 권리의 移轉 및 行使에 증권의 소지를 요하는 것이 있는데, 이의 예로는 화물상환증·창고증권·선하증권·무기명주권 등이 있다. (ii) 권리의 移轉에만 증권의 소지를 요하는 것이 있는데, 이의 예로는 기명주권 등이 있다.[1] (iii) 권리의 行使에만 증권의 소지(제시)를 요하는 것이 있는데, 이의 예로는 記名債券·背書禁止어음 등과 같은 記名證券이 있다.[2]

제 2 절 證券에 化體된 權利에 의한 分類

증권이 어떤 權利를 표창하느냐에 따라 아래와 같이 債權證券, 物權證券 및 社員權證券으로 분류된다.

제 1 債權證券

債權證券은 債權을 표창하는 유가증권인데, 이에는 환어음·약속어음·수표·債券 등과 같이 金錢債券을 표창하는 유가증권(金錢證券)과, 화물상환증·창고증권·선하증권·상품권 등과 같이 상품의 인도청구권을 표창하는 유가증

1) 그러나 權利行使의 전제조건으로서 株主名簿의 名義改書에는 株券의 所持(提示)를 요하는 점에서 第2說 및 第4說에서는 간접적으로 권리의 行使에 증권의 소지를 요한다고 설명한다.

2) 記名證券 중에서 記名債券·背書禁止貨物相換證(倉庫證券·船荷證券) 등은 권리의 發生에 증권의 所持(作成)를 요하지 않으나(非設權證券), 背書禁止어음(手票) 등은 권리의 發生에 증권의 所持(作成)를 요한다(設權證券). 다음으로 모든 記名證券의 移轉에는 指名債權讓渡方式뿐만 아니라 證券의 交付를 요하는데, 이 때의 證券의 交付는 指示證券 및 無記名證券에서의 (背書)交付와는 달리 그 자체만으로 讓渡의 效力이 발생하는 것이 아니므로 권리의 移轉에 증권의 소지를 요한다고 볼 수 없다.

권(物品證券)이 있다. 債權證券 중에서 수표 또는 인수가 안 된 환어음을 증권의 소지인과 지급인간의 관계에서만 파악하여 「權限證券」으로 분류하는 견해가 있으나,[1] 이러한 증권의 소지인은 지급인에 대해서는 권리를 갖고 있지 않지만 발행인 또는 배서인에 대해서는(비록 인수거절 또는 지급거절을 조건으로 하고 있지만) 權利(遡求權)를 갖고 있기 때문에 역시 債權證券이고 별도로 權限證券이라고 분류할 필요는 없다고 본다.[2]

제 2 物權證券

物權證券은 物權을 표창하는 유가증권으로, 우리 나라에는 그 예가 없으나 독일의 抵當證券(Hypothekenbrief) · 土地債務證券(Grundschuldbrief) · 定期土地債務證券(Rentenschuldbrief) 등이 이에 속한다.[3] 화물상환증 · 창고증권 · 선하증권 등은 그의 양도에 의하여 물건의 인도청구권이 이전됨과 동시에 물건을 인도한 것과 같은 物權的 效力이 인정되므로(商 133조, 157조, 861조) 물권증권으로 오인되기 쉬우나, 동 증권이 표창하는 권리가 물권 그 자체가 아니므로 물권증권이 아니고 債權證券이다.[4] 그러나 이러한 화물상환증 등은 위와 같은 성질로 인하여 引渡證券 또는 物品證券 등으로 불리어진다.

제 3 社員權證券

社員權證券은 社員權(社團에 있어서의 社員인 地位)을 표창하는 유가증권으로, 株券이 그 대표적인 예이다. 사원권증권은 債券 등과 함께 投資證券(資本市場證券)으로 분류되기도 한다. 사원권증권은 주식회사에 있어서의 株券만이 이에 해당하고, 유한회사에 있어서의 사원의 持分證券은 이에 해당하지 않는다. 왜냐하면 유한회사의 사원의 지분은 주식회사의 경우와는 달리 지시식 또는 무기명식의 증권으로 발행될 수 없기 때문이다(商 555조). 따라서 유한회사의 사원의 지분증권은

---

1) 鄭(熙), 9면; 崔(基), 30면.
2) 同旨: 鄭(東), 30면; 李(基), 10~11면.
3) 抵當證券은 抵當權을 표창하는 유가증권이고, 土地債務證券은 土地債務를 표창하는 유가증권이고, 定期土地債務證券은 定期土地債務를 표창하는 유가증권인데, 어떤 경우나 토지등기소가 작성하여 토지소유자에게 교부한다[상세한 것은 崔(基), 29면 참조].
4) 同旨: 除·鄭, (上) 167면; 蔡, 15면.

유가증권이 아니라 증거증권으로 분류된다.[1]

제 3 절 證券上의 權利者를 지정하는 方法에 의한 分類

증권상의 權利者를 어떻게 지정하며 이에 따라 증권이 어떠한 방법으로 양도될 수 있는가에 따라 다음과 같이 記名證券 · 指示證券 · 無記名證券 등으로 분류된다.

제 1 記名證券(Rektapapier)

記名證券이란 증권상에 특정인을 권리자로 기재한 유가증권으로서 지시증권이 아닌 것을 말한다. 유가증권 중에는 증권상에 특정인이 권리자로 기재된 경우에도(예컨대, 기명식 어음 · 수표 · 화물상환증 · 창고증권 · 선하증권 등) 법률의 규정에 의하여 당연히 그가 타인을 권리자로 지정할 수 있는 유가증권(法律上 당연한 指示證券)이 있는데(어 11조 1항, 手 14조 1항, 商 130조 본문 · 157조 · 820조), 이러한 유가증권은 기명증권이 아니라 다음에서 보는 指示證券에 속한다. 記名證券에 속하는 유가증권으로는 記名債券(商 479조), 배서(지시)금지어음 · 수표 · 화물상환증 · 창고증권 · 선하증권(어 11조 1항, 手 14조 2항, 商 130조 본문 · 157조 · 861조) 등이 있다. 記名證券은 지시증권 등의 양도방법인 背書 또는 交付에 의하여 양도될 수는 없고, 일반지명채권의 양도방법에 따라서만 그리고 그 효력으로써만 양도될 수 있다(어 11조 2항, 手 14조 2항 참조). 따라서 기명증권의 양도는 각각의 증권에 대하여 필요한 效力要件과 對抗要件을 갖추어야 한다. 즉, 記名證券 중 債券의 경우에는 效力要件으로서 양도의 意思表示와 債券의 교부가 있어야 하고,[2] 회사 및 기타 제 3 자에 대한 對抗要件으로는 양수인의 성명과 주소를 社債原簿에 기재하고 그 성명을 債券에 기재하여야 한다(商 479조 1항). 배서금지어음 · 수표 · 화물상환증 · 창고증권 · 선하증권 등의 경우에는 效力要件으로서 양도의 意思表示와 證券의 교부가 있어야 하고, 채무자 기타 제 3 자에 대한 對抗要件으로는 양도인이 채무자에게 通知하거나 채무자의 承諾이 있어야 한다(民 450조 1항). 記名證券은 유통성이 적으므로 유가증권

1) 同旨: 鄭(東), 19면; 李(基), 10면.
2) 同旨: 徐·鄭, (上) 552면; 鄭(熙), (上) 594면[그러나 鄭(熙), 9면은 「證券의 交付」를 對抗要件으로 설명하고 있다] 外.

으로서의 효용이 적으나(善意取得 · 人的 抗辯의 切斷 등과 같은 유통기능이 없는 점에서), 記名證券도 권리가 증권에 化體된 유가증권이므로 권리의 行使에 증권의 소지(제시)를 요하고,[1] 이의 결과 권리의 移轉에도 그 效力要件의 하나로 증권의 交付를 요하는 것이다.[2]

제 2 指示證券(order paper; Orderpapier)

指示證券이란 증권상에 특정인을 권리자로 지정하지만, 한편 그가 지시하는 자도 권리자로 인정하는 유가증권이다. 지시증권에는 당사자의 증권면상의 지시문구에 의하여 지시증권이 되는 「선택적 指示證券」(예컨대, 民法上 指示債權證券 등)과 증권면상의 지시문구의 기재유무에 불구하고 (背書禁止의 기재가 없으면) 法律의 규정상 당연히 지시증권이 되는 「법률상 당연한 指示證券」(胎生的 指示證券)(예컨대, 어음 · 수표 · 화물상환증 · 창고증권 · 선하증권 등)이 있다. 지시증권은 유가증권의 특유한 양도방법인 背書에 의하여 양도되고, 배서의 연속에 의하여 적법한 權利者로 推定받게 된다. 지시증권에는 白地式 背書가 가능하고(어 13조 2항 등) 이러한 白地式 背書에 의하여 지시증권을 취득한 자는 증권을 단순히 交付만에 의하여 제 3 자에게 양도할 수 있는데(어 14조 2항 3호 등), 이 경우에는 지시증권의 양도방법이 다음에서 보는 무기명증권의 양도방법과 동일하게 된다.

제 3 無記名證券(bearer paper; Inhaberpapier)

無記名證券이란 증권상에 권리자를 지정하지 않고 증권의 정당소지인을 권리자로 인정하는 유가증권이다. 무기명증권을 所持人出給式證券이라고 한다. 무기명증권의 대표적인 예는 無記名手票(手 5조 1항 3호) · 無記名債券(商 480조) 등인데, 이 외에 화물상환증 · 창고증권 · 선하증권 등도 무기명식의 발행이 해석상 인정되

---

1) 이러한 점 때문에 양수인이 證券을 소지하고 있으면 채무자에 대한 對抗要件을 취하지 아니하여도 그 지위는 안전한데 記名證券의 이러한 기능을 安全機能이라고 하고, 이러한 점에서 記名證券은 실질적으로 指示證券 등과 같고 또한 記名證券을 유가증권에 포함시키는 실질적인 이유가 있다고 한다[鄭(東), 31면].

2) 이 때의 증권의 교부는 指示證券 또는 無記名證券의 경우와 같이 그 자체만으로 效力을 발생하는 것이 아니고 단순히 부수되는 요건이라고 볼 수 있으므로, 권리의 移轉에 증권의 所持를 요하는 것으로 볼 수 없다고 함은 旣述한 바와 같다. 同旨: 大判 1989. 10. 24, 88 다카 20774(公報 862, 1751)[背書禁止어음(記名證券)을 양도함에는 民法 제450조의 對抗要件을 구비하는 외에 同 어음을 引渡(交付)하여야 하고, 지급을 위하여서는 어음을 提示하여야 하며, 또 어음金을 지급할 때에는 어음을 還收하여야 한다].

고 있다.[1] 株券의 경우에는 無記名株券이 無記名證券인 것은 말할 나위가 없으나(商 357조, 358조), 記名株券도 단순한 交付만에 의하여 양도될 수 있으므로(또 기명주권의 단순한 점유자는 權利者로 推定되므로)(商 336조)[2] 無記名證券에 속한다고 볼 수 있다.[3] 그러나 어음(환어음 및 약속어음)은 수취인이 어음의 절대적 기재사항이므로(어 1조 6호 및 75조 5호) 무기명증권이 될 수는 없고, 원칙적으로 指示證券에 속한다(다만 背書禁止어음은 記名證券에 속한다).

제 4 選擇無記名證券(alternative Inhaberpapier)

選擇無記名證券(指名所持人出給證券)이란 증권상에 특정인을 권리자로 지정하고 있지만 동시에 증권의 (정당한) 소지인도 권리자가 될 수 있는 뜻을 기재한 유가증권이다. 선택무기명증권은 민법상 證券債權 및 手票에서는 명문으로 인정되고 있는데(民 525조, 手 5조 2항), 이러한 명문의 규정이 없는 화물상환증·창고증권·선하증권 등에도 인정된다고 본다[4](商 65조, 民 525조). 선택무기명증권은 무기명증권과 동일한 효력이 있기 때문에(民 525조, 手 5조 2항), 이를 무기명증권과 구별하는 것은 그 형식에 있어서는 의미가 있을지 모르나 실질에 있어서는 실익이 없다고 본다.

제 4 절 기타의 標準에 의한 分類

유가증권은 위에서 본 분류 외에 그 이외의 표준에 의하여 다음과 같이 분류된다.

제 1 設權證券·非設權證券

이는 증권의 作成에 의하여 비로소 權利가 발생하는지 여부에 의한 분류이다. 즉, 증권의 작성에 의하여 비로소 권리가 창설되는 증권을 設權證券

1) 同旨: 徐·鄭, (上) 168면; 鄭(熙), 10면; 鄭(東), 32면; 崔(基), 21면 外.

2) 1984년의 商法改正에 의하여 이와 같이 변경된 것인데, 改正前에는 記名株券은 背書(또는 株券과 이에 株主로 표시된 者의 記名捺印 있는 讓渡證書의 交付)에 의하여 양도되었으므로(改正前 商法 336조 1항) 이는 指示證券에 속하였다.

3) 同旨: 鄭(東), 32면 外.

4) 同旨: 鄭(東), 32면.

(konstitutives Wertpapier)이라고 하고, 이미 존재하는 권리를 단순히 증권에 표창한 증권을 非設權證券(宣言證券)(deklaratorisches Wertpapier)이라고 한다. 어음·수표와 같은 완전유가증권은 設權證券이고, 화물상환증·창고증권·선하증권·주권 등과 같은 불완전유가증권은 非設權證券이다.[1)]

제 2 有因證券·無因證券

이는 증권상의 권리의 발생이 증권의 발행행위 자체 외에 原因關係와 관계를 갖고 있는지 여부에 의한 분류이다. 즉, 증권상의 권리의 발생이 증권의 발행행위 자체 외에 그 원인관계와 관계를 갖고 있는 증권을 有因證券(要因證券)(kausales Wertpapier)이라고 하고, 그 원인관계와 관계가 없는 증권을 無因證券(不要因證券, 抽象證券)(abstraktes Wertpapier)이라고 한다. 有因證券은 어음·수표 이외의 유가증권(不完全有價證券, 非設權證券)이 대부분 이에 해당하고, 無因證券은 어음·수표와 같은 유가증권(完全有價證券, 設權證券)이 이에 해당한다. 有因證券의 경우에는 원인관계의 부존재·무효·취소 등이 증권상의 행위(특히 발행행위)에 영향을 미치나, 無因證券의 경우에는 원인관계의 부존재·무효·취소 등이 증권상의 행위(특히 발행행위)에 원칙적으로 영향을 미치지 않는다.[2)] 예컨대 有因證券인 화물상환증에서 운송인이 운송물을 받지 않고 화물상환증을 발행하였거나 주권에서 회사가 주식을 발행한 사실이 없이 주권을 발행한 경우에는, 동 화물상환증 또는 주권은 무효가 된다(다만 이 때에 동 증권의 善意取得者에 대하여 운송인 또는 회사가 외관을 발생시킨 점에 대하여 責任을 지는 것은 별개의 문제이다). 그러나 無因證券인 어음·수표에서 발행인이 동 증권을 아무런 원인관계 없이 발행하였다고 하더라도 동 증권은 무효가 되지 않고, 동 증권의 채무자는 원칙적으로 동 증권의 정당소지인에 대하여 증권상의 채무를 부담한다.

우리 大法院判例도 이와 同旨로 수표의 無因證券性에 대하여 다음과 같이 판시하고 있다.

---

1) 證據證券의 경우에도 이러한 두 가지 성격이 있어, 예컨대 借用證書는 非設權的이지만 遺言狀은 設權的이라고 한다[鄭(東), 33면].

2) 그러나 例外的으로 無因證券의 경우에도 직접 당사자간에는 이를 人的 抗辯으로 주장할 수 있고(다만 원인관계의 不存在 등의 立證責任을 債務者가 부담하게 되어 — 즉, 立證責任의 轉換이 있게 되어 — 이 점에서 證券의 所持人에게 有利하다), 또 同證券의 양수인이 이러한 점을 알고 證券을 취득한 때에는 債務者는 惡意의 抗辯을 주장할 수 있다(어 17조, 手 22조 참조).

[手票의 無因證券性에 관한 判例]

수표행위는 무인행위로서 수표 수수의 원인관계로부터 분리하여 다루어져야 하고 수표는 원인관계와는 상관없이 일정한 수표상의 권리를 표창하는 증권이므로, 수표의 소지인은 소지인이라는 사실만으로 수표상의 권리를 행사할 수 있고 그가 어떠한 실제적 이익을 가지는지 입증하여야 하는 것은 아니다[大判 1998. 5. 22, 96 다 52205(公報 1998, 1704)].

제 3 形式權的 有價證券 · 實質權的 有價證券

이것은 증권상의 권리의 내용이 증권에 기재된 文言에 의하여 정하여지는 가의 여부에 의한 분류이다. 즉, 증권상의 권리의 내용(범위)이 증권에 기재된 문언만에 의하여 정하여지고 이의 결과 동 증권을 선의로 취득한 자는 동 증권에 기재된 바에 의하여 권리를 취득하는(또한 채무자는 동 증권에 기재된 바에 의하여 의무를 이행하여야 하는) 증권을 形式權的 有價證券(文言證券)(skripturrechtliches Wertpapier)이라고 하고,[1] 증권상의 권리의 내용(범위)이 실질관계에 의하여 정하여지고 이의 결과 동 증권을 선의로 취득한 자도 동 증권에 기재된 문언에 의하여만 권리를 취득할 수 없는(또한 채무자는 동 증권에 기재되지 않은 사항에 의해서도 항변을 주장할 수 있는) 증권을 實質權的 有價證券(非文言證券)(nicht-skripturrechtliches Wertpapier)이라고 한다. 앞에서 본 무인증권은 언제나 형식권적 유기증권이지만(어음·수표), 유인증권에는 형식권적 유가증권(화물상환증·창고증권·선하증권 등)과 실질권적 유가증권(주권)이 있다.[2] 記名證券은 대표적인 실질권적 유가증권이라고 볼 수 있다.[3]

1) 이의 결과 文言證券을 公信의 有價證券으로 볼 수 있다[鄭(東), 35면].
2) 有因證券과 形式權的 有價證券(文言證券)과의 관계에 대한 상세는 鄭(東), 35면 참조.
3) 鄭(熙), 12면.

제 4 장 有價證券의 屬性

유가증권이란 무형의 권리를 증권에 유체화하여 거래의 수단으로 하는 것으로서, 이렇게 증권에 유체화된 권리는 유가증권을 통하여 거래가 간편 · 확실하게 됨은 물론 또 그 유통성이 증대된다. 이러한 유가증권의 특성에서 많은 유가증권에 대체로 인정되는 다음과 같은 속성이 있다.

제 1 要式證券性

유가증권은 法律에 의하여 각각의 기재사항(방식)이 法定되어 있는데, 이를 要式證券性(formelles Papier)이라 한다. 이러한 요식증권성에는 두 가지가 있는데, 하나는 어음 · 수표와 같이 法定의 기재사항이 기재되지 않으면 法이 특히 그의 보충규정을 둔 경우를 제외하고는 증권 자체를 무효로 하는 「엄격한(절대적) 要式證券性」과(어 2조, 手 2조), 다른 하나는 화물상환증 · 창고증권 · 선하증권 · 주권 등과 같이 法定의 기재사항이 기재되지 않더라도 그것이 본질적인 것이 아닌 한 증권을 무효로 하지 않는 「완화된(상대적) 要式證券性」이 있다[1](商 128조 2항, 156조 2항, 853조, 356조 등 참조). 엄격한 要式證券性이 있는 유가증권은 法定의 기재사항 이외의 사항을 자유롭게 기재할 수 없으나(法이 특히 허용한 경우에만 기재할 수 있는데, 그 이외의 사항을 기재한 경우에는 效力이 발생하지 않거나 증권을 無效로 함), 완화된 要式證券性이 있는 유가증권은 法定의 기재사항 이외의 기재사항을 자유롭게 기재할 수 있다.

1) 徐·鄭, (上) 233면; 鄭(熙), (上) 229면; 蔡, 11면 外.

제 2 提示證券性

유가증권상의 권리자가 그의 권리를 행사하기 위하여는 채무자에게 증권의 제시를 요하는데, 이를 提示證券性(Vorlegungspapier)이라 한다.[1] 이러한 제시증권성은 지시증권 및 무기명증권뿐만 아니라 기명증권도 갖는다. 그러나 무기명증권에 속하는 記名株券의 경우에는 주주명부에 명의개서만 하면 주권을 제시하지 않더라도 주주권을 행사할 수 있으므로 提示證券性이 없다.[2]

제 3 相換證券性

제시증권성과 관련하여 유가증권상의 권리자가 그의 권리를 행사하려면 증권을 채무자의 변제와 상환하여야 하는데, 이를 相換證券性(Einlösungspapier)이라 한다. 대부분의 유가증권은 이러한 상환증권성이 있으며, 또 이를 法에서 명문으로 규정하고 있다(商 129조 · 157조 · 861조, 어 39조 1항, 手 34조 1항 등). 그러나 株券의 경우에는 ― 기명주권이든 무기명주권이든 ― 이러한 相換證券性이 없다.[3] 한편 화물상환증 · 창고증권 · 선하증권 등에 대하여 상법은 상환증권성을 규정하고 있으나, 상관습에 의하여 保證渡 또는 假渡가 인정되는 경우에는 상법상 이러한 증권의 相換證券性은 그 의미가 많이 감소되어 있다고 볼 수 있다.[4]

제 4 文言證券性

文言證券性(skripturrechtliches Papier)은 앞에서 본 바와 같이 형식권적 유가증권이 갖는 성질인데, 이는 증권상의 권리의 내용이 증권의 문언만에 의하여 정하여진다는 성질이다. 대부분의 유가증권(무인증권이든 유인증권이든)은 이 성질을 가지나, 株券 및 記名證券에는 이러한 성질이 없다. 문언증권성에 의하여 증권의 선의의 취득자는 증권에 기재된 文言에 따라 증권상의 권리를 善意取得하고 또 증권에 없는 실질관계에 의하여 증권상의 채무자로부터 抗辯의 대항을 받지 않

1) 背書에 의하여 證券上의 권리를 양도할 수 있는 증권의 성질을 「指示證券性」이라고 하는데, 이는 權利의 행사에 증권의 제시를 요하는 提示證券性과 구별된다.
2) 同旨: 鄭(東), 38면.
3) 記名株券의 경우에는 株券의 提示(所持) 없이도 권리를 행사할 수 있고, 無記名株券의 경우에는 株券을 회사에 供託하여 권리를 행사할 수 있다(商 358조).
4) 同旨: 鄭(東), 38면.

는데, 이로 인하여 증권의 유통성은 매우 확대된다.

제5 善意取得者의 保護

대부분의 유가증권은 앞의 文言證券性과 함께 善意取得者의 권리가 보호된다. 이러한 선의취득자의 보호는 文言證券性이 없는 株券에도 인정된다(商 359조). 그러나 記名證券의 경우에는 그의 유통성을 보호할 필요가 없으므로 선의취득자가 보호되지 않는다.[1)]

제6 資格授與的 效力

앞에서 본 증권상의 선의취득자를 보호하기 위해서나 또는 뒤에서 보는 증권상의 채무자를 면책하기 위한 전제로서 증권상 형식적 자격을 가진 자를 실질적 권리자로 추정하는데, 이를 資格授與的 效力(Legitimationswirkung)이라 한다. 이러한 資格授與的 效力은 記名證券에는 인정되지 않고 指示證券 또는 無記名證券에만 인정되는데, 指示證券의 경우에는 背書의 連續에 의하여 또 無記名證券의 경우에는 단순한 所持만에 의하여 形式的 資格을 갖게 되고, 이의 결과 資格授與的 效力을 갖는다.

제7 免責證券性

증권상의 채무자가 앞에서 본 형식적 자격을 가진 자에게(즉, 자격수여적 효력이 있는 증권의 소지인에게) 변제를 하면 비록 그가 무권리자라 하더라도 이에 대하여 채무자가 惡意(詐欺) 또는 중대한 過失이 없는 한 채무자는 免責되는데, 이를 免責證券性(Legitimationspapier)이라 한다. 유가증권과 면책증권과의 관계에서 이미 본 바와 같이 대부분의 유가증권은 면책증권성을 가지나(民 518조, 商 65조, 어 40조 3항, 手 35조 등), 일부의 유가증권(예컨대, 기명식 화물상환증·기명식 선하증권 등)은 면책증권성을 갖지 않는다. 또한 면책증권성은 있으나 유가증권이 아닌 것도 많다(예컨대, 예금통장·신발표·휴대품보관증 등).

---

1) 同旨: 鄭(東), 39면; 李(基), 28면.

제 5 장 有價證券法

유가증권에 관한 법규정을 통틀어 有價證券法이라고 할 수 있는데, 이는 實質的 意義의 有價證券法과 形式的 意義의 有價證券法으로 나누어 볼 수 있다. 이하에서는 이를 나누어서 고찰한 후, 有價證券法定主義에 대하여 간단히 살펴보겠다.

제 1 實質的 意義의 有價證券法

實質的 意義의 有價證券法이란 형식적 의의의 유가증권법의 존재유무 또는 그의 내용의 차이에도 불구하고 존재하는 이론상 통일적인 유가증권에 관한 법인데, 이에는 광의의 有價證券法과 협의의 有價證券法이 있다고 볼 수 있다. 광의의 有價證券法이란 유가증권의 실체적 법률관계를 규율하는 私法的 規定(民·商法上 유가증권에 관한 규정, 어음法 및 手票法 등)뿐만 아니라, 유가증권에 관한 刑罰規定(刑 214조 이하) · 공시최고에 의한 除權判決에 관한 규정(民訴 475조 이하) · 어음에 관한 強制執行規定(民執 223조 이하) 및 不正手票團束法 등과 같은 公法的 規定을 포함한다. 그러나 협의의 有價證券法이란 유가증권의 실체적 법률관계를 규율하는 私法的 規定만을 의미하는데, 일반적으로 有價證券法이라고 말할 때에는 협의의 有價證券法을 의미한다.[1)]

제 2 形式的 意義의 有價證券法

形式的 意義의 有價證券法이란 실정성문법인 有價證券法을 의미하는데,

1) 同旨: 註釋, 70면.

우리 나라에는 스위스의 債務法(945조 이하)이나 美國의 統一商法典과 같은 유가증권 전반에 관해서 규율하는 통일적인 법인 形式的 意義의 有價證券法은 없고, 유가증권을 규율하는 法은 여기저기에 흩어져 있다.[1] 이를 살펴보면 다음과 같다.

1) 유가증권 중에서 가장 전형적인 유가증권이고 기업뿐만 아니라 일반인도 널리 이용하는 어음 · 手票를 규율하는 法으로는 단행법인 어음法과 手票法이 있다.

2) 유가증권 중에서 商人만이 발행할 수 있는 貨物相換證(商 128조~133조) · 倉庫證券(商 156조~157조) · 船荷證券(商 852조~861조) · 株券(商 355조~360조) 및 債券(商 478조~480조) 등에 관하여는 商法典에서 규정하고 있는데, 이는 商法典의 일부를 이루고 있다.[2] 그런데 이러한 유가증권도 기본적으로는 어음 · 手票의 유가증권성과 공통된 점이 많으므로, 동 유가증권에는 어음法 · 手票法의 규정이 많이 준용되고 있다(예컨대, 商 359조 등).

3) 유가증권 중에서 「금전 · 물건 또는 유가증권의 지급을 목적으로 하는 유가증권」으로서 商去來에 수반하여 이용되는 유가증권(商業證券)[3]에 대하여는 商法 제 2 편 商行爲編 通則에서 1개의 포괄규정을 두어 民法의 證券債權에 관한 규정 및 어음法의 규정의 일부를 준용하고 있다(商 65조). 동 규정상 「금전의 지급을 목적으로 하는 유가증권」이란 어음 · 手票 · 債券 등을 의미하는데, 이 때 어음 · 手票에는 별도의 어음法 · 手票法이 먼저 적용되므로 동 규정이 적용될 여지가 거의 없으며, 債券에 대하여는 상법이 규정하고 있는 사항(商 478조~480조) 이외의 사항에 대하여 동 규정이 적용될 여지가 있다. 또한 동 규정상 「물건의 지급을 목적으로 하는 유가증권」이란 화물상환증 · 창고증권 · 선하증권 · 상품권 등을 의미하는데, 이 때 화물상환증 · 창고증권 · 선하증권에 대하여는 상법이 규정하고 있는 사항(商 128조~133조, 156조~157조, 852조~861조) 이외의 사항에 대하여 동 규정이 적용될 여지가 있고, 상품권에 대하여는 동 규정이 적용될 여지가 있다. 또한 동 규정상 「유가증권의 지급을 목적으로 하는 유가증권」이란 승차권 · 승선권 등의 지급을 청구할 수 있는 유가증권으로서의 旅行券과 같은 것을 의미하는데, 이러한 증권에 대하여는 (비록 그 예가 적지만) 동 규정이 적용될 여지가 있다. 한편 동 규정의 형식만으로 보면 증권에 표창된 권리의 종류에 의하여 유가증

1) 이것은 마치 統一的인 形式的 意義의 行政法이 없고, 行政法이 여기 저기에 흩어져 있는 것과 같다고 볼 수 있다.

2) 商法上 각종 有價證券에 관하여 정리한 것으로는 鄭燦亨, "商法上 各種 有價證券의 意義와 그 性質," 「月刊考試」, 제229호(1993. 2), 113~133면 참조.

3) 이러한 有價證券을 「商業證券」이라 부르고 있다(註釋, 71면 등).

권을 한정하는 것같이 보이나, 해석상 이에 한정할 것이 아니라 商去來에 수반하여 이용되는 유가증권으로서 유가증권에 특유한 유통방법인 背書 또는 交付에 의하여 양도할 수 있는 모든 指示證券 및 無記名證券을 포함하는 것으로 해석하여야 할 것이다. 이렇게 보면 株券도 이에 해당되어 상법이 규정하고 있는 사항(商 355조~360조) 이외의 사항에 대하여는 동 규정이 적용될 여지가 있다고 본다.[1]

결국 商法 제65조는 商去來에 수반되어 이용되는 협의의 有價證券(指示證券 및 無記名證券)에 관한 通則規定이라고 볼 수 있다.

4) 유가증권 중에서 상거래에 수반되어 이용되는 商法 제65조의 유가증권(商業證券)이 아닌 것으로 어음 · 手票 이외의 債權證券인 유가증권을 규율하는 규정으로는 民法의 證券債權(指示債權 · 無記名債權 및 選擇無記名債權)에 관한 규정(民 508조~525조)이 있는데, 이는 民法典의 일부를 이루고 있다. 그런데 이론상으로는 이렇게 民法만의 적용을 받는 유가증권의 발행이 가능하지만 실제에 있어서는 그 예가 없다고 한다.[2] 또한 民法의 규정은 어음法 · 手票法뿐만 아니라 商法의 규정과 거의 동일한데, 이렇게 동일한 내용의 규정을 그것이 적용되는 경우가 거의 없음에도 불구하고 民法에 중복하여 둘 필요가 있는지는 대단히 의문이다.[3] 民法은 記名證券인 유가증권에 관하여는 규정하고 있지 않아 통일성도 없다.

5) 위와 같이 우리 나라에는 통일적인 형식적 의의의 有價證券法이 없고 유가증권을 규율하는 법은 여기 저기에 (때로는 중복하여) 산재하고 있는데, 이것은 유가증권제도가 발달한 것이 그리 오래되지 않았고 또 각종의 유가증권이 이용되는 분야가 서로 다른 까닭에 부득이한 일이라고 볼 수도 있다.[4] 그러나 앞으로 통일적인 형식적 의의의 有價證券法을 제정하는 것이 立法論上 필요하다고 본다.[5] 그 방법은 民法 또는 商法에 유가증권에 관한 통일적인 규정을 두는 등 여러 가지를 생각할 수도 있으나, 현재 각종의 유가증권에 관한 규정을 解體吸收한 單行法을 제정하는 것이 가장 바람직하다고 본다.[6] 이렇게 통일적인 유가증권법이 제정된다면 이는 민법 또는 상법에도 속하지 않는 사

1) 同旨: 註釋, 70~71면.
2) 郭, (債總) 368면.
3) 同旨: 徐·鄭, (上) 164~165면.
4) 同旨: 鄭(熙), 23면; 孫(珠), 6~7면 外.
5) 同旨: 徐·鄭, (上) 170면.
6) 同旨: 高田源清, 「有價證券法(上)」, 26면.

법체계 중 財産法의 새로운 분야를 형성하는 것이라고 본다.[1)]

제 3 有價證券法定主義

유가증권은 그의 유통성 및 피지급성의 확보를 위하여 법의 특별한 보호를 받고 있고 이러한 유가증권법은 강행법적 성질을 갖고 있다. 따라서 유가증권의 종류와 내용 등을 법에 의하여 제한하여 그의 남용을 방지하는데, 이것을 有價證券法定主義(Der numerus clausus der Wertpapiere)라고 한다.[2)] 有價證券法定主義의 구체적인 예로는 유가증권에 化體되는 권리는 財産權(債權·物權·社員權)에 한하고 신분권·명예권 등은 유가증권화될 수 없는 점, 유가증권상의 권리의 내용은 증권의 문언만에 의하여 정하여지는 점(단, 株券은 예외임), 유가증권에 고유한 양도방법(指示證券인 경우에는 背書, 無記名證券인 경우에는 交付)이 규정되어 유가증권은 이러한 양도방법에 의하여 양도되는 점 등을 들 수 있다.

이러한 有價證券法定主義는 협의의 有價證券(指示證券 및 無記名證券)에만 해당되고, 記名證券에는 해당되지 않는다고 본다.[3)] 왜냐하면 기명증권은 권리의 행사에 증권을 제시하여야 하는 외에는 유가증권에 관한 특별규정이 거의 적용될 여지가 없기 때문이다.[4)]

---

1) 同旨: 鄭(熙), 23면[有價證券이 표방하는 權利는 단순히 債權法과 物權法의 지배하에 둘 수 없는 특수한 점이 많으므로 이를 民法에 속하게 할 수도 없고, 또 有價證券은 企業(商人)만에 의하여 이용되는 것이 아니라 일반인도 이용하는 제도이므로 商法의 지배하에 둘 수도 없다고 한다].

2) 鄭(熙), 12~13면; 同, "有價證券法定主義,"「考試硏究」, 1985. 4, 100면; 鄭(東), 40면; 崔(基), 34면(이를 「有價證券法定主義」라고 한다); Zöllner, S. 24~25.

3) 同旨: 鄭(熙), 12면; Zöllner, §4 V(獨逸의 通說).

反對: 鄭(東), 40면(債權을 표창하는 記名證券에는 有價證券法定主義의 적용이 없으나, 物權과 社員權을 표창하는 記名證券에 관하여는 有價證券法定主義가 적용된다고 한다); 李(基), 29면.

4) 同旨: 鄭(熙), 13면.

제 2 편 어음法 · 手票法 序論

제 1 장　어음 · 手票의 意義

제 1 절　어음 · 手票의 槪念

제 1　換어음의 槪念

換어음(bill of exchange, draft; gezogener Wechsel, Tratte)이란 「어음의 발행인이 제 3 자(지급인)에게 일정금액(어음금액)을 일정일(만기)에 어음상의 권리자(수취인 또는 피배서인)에게 지급할 것을 무조건으로(無因證券性) 위탁하는(支給委託證券) 유가증권」이다. 따라서 환어음의 기본당사자는 發行人 · 受取人 · 支給人이고, 지급인이 인수한 경우에는 引受人이 되어 主債務者가 된다. 이를 좀 더 상세히 살펴보면 아래와 같다.

1. 發 行 人

발행인은 어음을 최초로 발행하는 자인데, 어음의 '發行'이란 「발행인이 증권상에 어음요건(어 1조)을 기재하고(要式證券性) 이것에 기명날인 또는 서명하여(設權證券性) 이것을 수취인에게 교부하는 것」을 말한다.[1] 환어음의 발행인은 배서인과 같이 遡求義務(償還義務)만을 부담하는 것이지(어 9조), 약속어음의 발행인과 같이 主債務를 부담하는 것은 아니다.

2. 受 取 人[2]

환어음에는 반드시 수취인(지급을 받을 자 또는 지급을 받을 자를 지시할 자)을 기재해야 한다(어 1조 6호). 이러

1) 이것은 후술하는 어음理論에 관한 諸學說 중에서 우리 나라의 通說인 發行說에 의한 것이다.
2) 徐·鄭, 159면 등에서는 「受領人」이라고 쓰고 있으나, 手票法(제 5 조)에서는 法律用語로

한 수취인은 직접 어음금액을 수령할 수도 있으나, 자기가 어음금액을 수령하지 않고 자기와 교체하여 어음상의 권리자가 될 자(被背書人)를 어음상에 지시할 수도 있는데 이것을 「背書」라고 한다. 이러한 배서에 의한 어음의 양도방법은 유가증권(지시증권)에 인정된 고유하고 간편한 양도방법이다(指示證券性). 이렇게 어음을 양도받은 被背書人은 다시 배서에 의하여 동 어음을 다른 사람에게 양도할 수 있고 양수인은 다시 다른 사람에게 배서에 의하여 동 어음을 양도하게 되어 최후의 소지인에 이르기까지 형식상 배서가 연달아 있게 되는데, 이것을 「背書의 連續」이라고 한다. 배서의 연속이 있는 어음의 소지인은 그가 무권리자라 하더라도 資格授與的 效力을 부여받게 되어(어 16조 1항), 그로부터 어음을 취득한 자는 어음상의 권리를 善意取得할 수 있고(어 16조 2항) 그에게 어음채무를 이행한 자는 免責될 수 있다(어 40조 3항).

3. 支 給 人

1) 환어음의 支給人은 발행인에 의하여 지급인으로 지시되어 있는 자인데, 보통 발행인에 대하여 資金關係上 債務를 부담하고 있다. 支給人은 환어음과 수표에만 있는 基本當事者인데, 수표의 지급인은 銀行에 한정되어 있는 점(手 3조)에서 환어음의 지급인과 구별된다.

2) 지급인은 그의 의사와는 관계없이 발행인의 지시만으로 지급인의 자격을 취득하는 것이므로, 지급인은 어음상의 권리자에 대하여 어음채무를 부담하지 않는다. 그러나 지급인이 어음소지인의 인수제시에 대하여 어음채무를 부담할 의사표시를 한 경우에는 어음채무를 부담하게 되는데, 이를 「引受」라고 한다. 이러한 인수는 환어음의 지급인만이 할 수 있는데, 換어음의 지급인은 인수에 의하여 引受人이 된다.

3) 환어음의 지급인 또는 인수인이 만기에 어음소지인에 대하여 어음금을 지급하면 어음관계는 종료된다. 그런데 이 때 어음소지인이 지급인 또는 인수인으로부터 어음금을 지급받으려면 먼저 어음을 提示하여야 하고(提示證券性), 어음과 相換으로만(相換證券性) 지급받을 수 있다. 지급인은 이 때 어음소지인에 대하여 직접 지급을 할 수도 있으나, 보통은 자기의 거래은행 등에게 지급사무를 담당시킨다. 이렇게 지급인을 위하여 지급사무를 담당하는 자를 「支給擔當者」라

서 「受取人」이라는 용어를 쓰고 있으므로(어음法에서는 없음) 「受取人」으로 쓰는 것이 타당하다고 본다.

하고, 지급담당자 등이 현실로 지급을 하는 장소를「支給場所」라고 한다. 지급담당자와 지급장소는 각각 개념상으로는 별개이나 실제로는 같다. 이렇게 지급인이 아닌 지급담당자 또는 지급장소에서 지급되는 것을「第 3 者方支給」이라고 한다(어 4조).

4) 환어음의 지급인이 만기 전에 인수거절을 하면 어음소지인은 발행인 또는 자기에 이르기까지의 배서인에 대하여 소구권을 행사할 수 있다(어 9조 1항, 15조 1항). 환어음의 단순한 支給人이 만기에 지급거절을 하면 그는 어음채무자가 아니므로 어음소지인은 지급인에 대하여 어음금지급청구권을 행사할 수 없고, 발행인 또는 자기에 이르기까지의 배서인에 대하여 遡求權을 행사할 수 있을 뿐이다(어 9조 1항, 15조 1항). 그러나 引受人이 만기에 지급거절을 하면 어음소지인은 인수인에 대하여 직접 어음金支給請求權을 행사할 수 있다(어 28조).

5) 지급인이 인수 또는 지급을 거절하거나 인수인이 지급을 거절하여 소구가 발생하였을 때에 제 3 자가 이것을 저지하기 위한 제도가 參加制度인데, 이에는 제 3 자가 만기 전의 소구를 저지하기 위하여 어음을 지급할 것을 약속하는「參加引受」(어 56조~57조)와 제 3 자가 만기 전 또는 만기 후의 소구를 저지할 목적으로 어음금을 지급하는「參加支給」이 있다(어 59조~63조). 또한 이렇게 참가인수 또는 참가지급할 것으로 어음면에 미리 기재되어 있는 자가 있는 경우에 그러한 자는「豫備支給人」이다(어 55조 1항).

제 2 約束어음의 槪念

約束어음(promissory note; eigener Wechsel)이란「어음의 발행인 자신이 일정일(만기)에 일정금액(어음금액)을 어음상의 권리자(수취인 또는 피배서인)에게 지급할 것을 무조건으로(無因證券性) 약속하는(支給約束證券)[1] 유가증권」이다. 따라서 약속어음의 기본당사자는 發行人과 受取人이다. 약속어음이 환어음과 근본적으로 다른 점은 支給人이 따로 없고 발행인 자신이 환어음의 지급인(엄격히는 인수인)을 겸하고, 發行人은 언제나 主債務者가 되는 점이다. 또 약속어음에는 환어음과는 달리 引受制度가 없다. 약속어음을 환어음을 기준으로 보면「引受된 自己앞換어음」에 해당한다고 볼 수 있다. 따라서 약속어음의 경우에는 발행인이 어음소지인에 대하여 지급을 거절하면 어음소지인은 발행인에 대하여 支給

1) 支給約束證券 중 讓渡性定期預金證書(C.D.)는 은행의 支給約束證券의 하나로 볼 수 있다.

請求權을 행사할 수 있을 뿐만 아니라, 자기에 이르기까지의 背書人에 대하여 遡求權을 행사할 수 있다.

제 3 手票의 槪念

手票(check; Scheck)란 「수표의 발행인이 지급인(은행)에게 일정금액(수표금액)을 수표상의 권리자(指示式인 경우에는 수취인 또는 피배서인, 無記名式인 경우에는 정당한 소지인)에게 지급할 것을 무조건으로(無因證券性) 위탁하는(支給委託證券) 유가증권」이다. 따라서 수표는 환어음과 그 법률적 구조가 유사하여 支給委託證券이고, 기본당사자는 發行人 · 受取人 · 支給人이다. 그러나 수표는 (i) 支給人이 銀行에 한정되어 있는 점(手 3조, 59조), (ii) 滿期가 없고 항상 一覽出給인 점(手 28조), (iii) 受取人의 기재가 任意的 記載事項인 점[1](手 5조) 등에서 환어음과 근본적으로 구별되고 있다.[2] 수표에도 약속어음에서와 같이 引受制度가 인정되고 있지 않으나(手 4조), 이에 대신하여 支給人의 支給保證制度가 있다(手 53조~58조). 수표를 환어음을 기준으로 보면 「銀行 앞으로 발행된 一覽出給의 換어음」에 해당한다고 볼 수 있다.[3] 수표에는 인수제도가 인정되지 않으므로 수표에는 언제나 主債務者가 존재하지 않는다. 따라서 수표의 지급인이 지급거절을 하면 수표소지인은 지급인에 대하여 수표금지급청구권을 행사할 수 없고 발행인 및 자기에 이르기까지의 배서인에 대해서 遡求權만을 행사할 수 있을 뿐이다. 그러나 지급인이 支給保證을 한 경우에는 수표소지인이 「지급제시기간 내에 수표를 제시한 때」에 한하여 지급보증한 지급인에 대하여 手票金支給請求權을 행사할 수 있다(手 55조 1항). 그런데 이 경우에도 수표의 지급보증인의 지위는 「지급제시기간 내에 수표가 제시된 때」에 한하여 수표금지급채무

---

1) 따라서 所持人出給式(無記名式) 手票가 인정되며, 이러한 手票가 國內에서는 오히려 일반적으로 이용되고 있다.

2) 手票를 換어음과 비교할 때 그 밖에 구별되는 점은 다음과 같다.

(i) 受取人의 기재가 任意的 記載事項이므로 所持人出給式(無記名式) 手票의 경우에는 背書人 · 被背書人이 처음부터 없고 交付만에 의하여 양도된다.

(ii) 수표에도 保證制度(手 25조 이하)가 있으므로 手票保證人 · 被保證人이 있으나, 支給人은 引受할 수 없고(手 4조) 그 대신 支給保證만을 할 수 있으므로(手 53조 이하) 換어음의 引受人 대신에 支給保證人이 있다.

(iii) 手票에는 參加制度가 없으므로 參加引受人 · 參加支給人 · 豫備支給人이 없다.

(iv) 手票도 換어음의 경우와 같이 支給擔當者(銀行)가 별도로 기재될 수 있으나(手 8조), 手票는 支給人이 銀行이므로(手 3조) 실제로는 支給擔當者가 기재되지 않는 것이 일반적이다.

3) U.C.C. §3-104 (f) (i) 및 B.E.A. §73은 手票를 이렇게 정의하고 있다.

를 부담하는 점에서, 어음이 지급제시기간 내에 제시되었는지 여부에 불문하고 3년의 시효기간 내에는 주채무를 부담하는 환어음의 引受人의 지위와는 구별된다.[1] 따라서 수표의 支給保證人은 주채무자가 아니라 최종의 遡求義務者와 같은 지위에 있다고 볼 수 있다.

제 2 절 어음 · 手票의 經濟的 機能

제 1 換어음의 經濟的 機能

환어음의 경제적 기능으로는 信用機能, 送金機能, 推尋機能 및 支給機能이 있다. 이하에서 차례로 고찰하여 본다.

1. 信用機能

환어음은 제 1 차적으로 信用機能을 수행하는데, 이에는 信用創造機能과 信用擔保機能이 있다(이에 관하여는 有價證券의 個別的 機能에서 이미 설명함). 환어음의 이러한 신용기능은 만기까지의 신용을 이용하는 기능인데, 환어음의 이러한 신용기능으로 인하여 자금의 時間的 장애가 극복된다.

(1) 信用創造機能

물건의 매매에서 매수인에게 현재 물건구입대금이 없어 매도인이 외상으로 매도하고 매수인이 장래의 일정한 기일(滿期)에 물건대금을 지급하기로 한 경우에, 매수인이 自己앞換어음을 발행하여 引受한 후 이를 매도인에게 교부하면(또는 매도인이 自己指示換어음을 발행하여 매수인에게 引受시킨 후 소지하면) 동 어음은 매수인에게 만기까지 信用創造機能을 한다. 이 때 매도인은 동 어음을 만기까지 소지하고 있다가 만기에 매수인에 대하여 매매대금(어음금액)을 청구할 수 있으나 이렇게 하면 매도인은 만기까지 자기의 자금을 사장한 것이 된다. 따라서 매도인은 보통 동 어음을 자기의 채무의 지급을 위하여 채권자에게 양도하거나 또는 자기의 거래은행으로부터 할인을 받아서 자금화한다. 이와

1) 그러나 U.C.C. §3-409 (d)은 「保證手票(certified check)는 지급은행에 의하여 引受된 手票를 의미한다」고 규정하고 있다. 이 때 同手票의 發行人[U.C.C. §3-414 (c)]과 保證 이전의 背書人[U.C.C. §3-415 (d)]은 免責된다. 이에 반하여 우리 手票法 제56조는 「發行人 기타 手票上의 債務者는 支給保證으로 인하여 그 責任을 免하지 못한다」고 규정하고 있다.

같이 환어음은 매수인에게는 信用創造機能을 하면서, 한편 매도인에게는 위와 같은 어음할인 등을 통하여 어음의 시간적 장애를 극복시켜 상품대금을 즉시 자금화하는 기능을 한다. 또한 은행은 어음할인 등을 통하여 자금을 단기간 효율적으로 운용할 수 있게 된다.

(2) 信用擔保機能

위의 예에서 매도인이 물건을 외상으로 매도하지 않아서 매수인이 당장 물건구입대금이 필요한 경우에, 매수인은 자기의 거래은행으로부터 물건구입대금을 대출받고 이를 담보하기 위하여 은행에 대출금액을 어음금액으로 하고 대출기일을 만기로 한 어음(보통은 約束어음이나, 換어음의 경우에는 매수인이 引受한 自己앞換어음)을 발행하여 교부하면 同 어음은 信用擔保機能을 하게 된다. 이 때 은행은 차용증서 대신에 어음을 받고 대출을 하는데, 이를 「어음貸出」이라고 하고 은행의 대출에서 주류를 이루고 있다. 어음의 이러한 기능을 「金融手段으로서의 기능」이라고도 하는데, 이에는 위와 같은 경우 외에도 장래에 발생할 채무(당좌대월 또는 고용계약 등에 의한 채무)의 이행을 담보하기 위하여 어음이 발행되는 경우(根擔保어음 또는 供託어음)도 이에 해당한다.[1)]

2. 送金機能

환어음은 국제거래에서의 送金手段으로 많이 이용된다. 즉 보통 송금인(매수인, 수입상)이 자기의 거래은행에 송금할 금액을 납입하고 송금을 의뢰하면, 거래은행은 자기의 외국지점 또는 환거래관계가 있는 다른 은행을 지급인으로 하고 매도인(수출상)을 수취인으로 하여 환어음을 발행하여 송금인에게 교부하고, 송금인은 이를 매도인(수취인)에게 송부한다. 환어음의 이러한 송금기능은 자금의 空間的 장애를 극복시킨다. 또한 위와 같이 발행된 환어음을 送金換(外國換)이라고 하는데, 그 시세가 外換時勢이다.[2)]

---

1) 李(範), 259~260면.

2) 이것은 외국화폐를 표준으로 하여 자국화폐로서 외환시세가 표현될 때(즉, 지급계정일 때)의 시세를 의미하는 것이다. 이와 반대로 자국화폐를 표준으로 하여 외국화폐로서 외환시세가 표현될 때(즉, 수취계정일 때)의 시세는 이와 반대로 된다. 이러한 외환시세는 국제대차의 결재에 있어서 자국화폐와 외국화폐의 교환비율인데 실제로는 외환의 수요공급의 원칙에 따라 정하여진다. 즉, 어느 나라에서 수입이 많은 경우에는 외국환의 수요는 많아져서 그 가격은 올라가고, 반대로 수출이 많은 경우에는 외국환의 수요는 적어져서 그 가격은 내려간다. 이러한 외국환의 시세는 金輪出入이 자유로운 경우에는 正貨輸送點(正貨輸送에 필요한 비용)을 초과하지 아니하는 범위 내에서 등락한다. 그러나 金輪出入이 금지된 경우에는 외환시세의 등락은 수요공급에 의하여 결정되는데, 이 때에도 국가간의 협정에 의하여 공정환율이 약정되는 일이 많고 변동환율제를 채용하더라도 외국환집중기관인 중앙은행에서 환율변동의 기준과 폭을 정하는 것이 보통이다[鄭(熙), 33~44면].

환어음의 이러한 송금기능은 최근의 새로운 제도인 전자자금이체제도 · 은행 Giro제도 등으로 인하여 국내거래에서는 거의 그 기능이 상실되어 가고 있으나, 국제거래에서는 여전히 중요한 기능을 하고 있다.[1]

3. 推尋機能

환어음의 推尋機能은 국제거래에 있어서 수출상(매도인)에게 작용한다. 즉, 한국의 수출상 A가 미국의 수입상 B에게 일정한 물건을 수출(매도)하고 그 대금을 추심코자 하는 경우에 A는 B를 지급인으로 한 환어음을 발행하여 자기의 거래은행으로부터 동 어음을 할인받아 수출대금을 추심할 수 있다. 이 때 동 어음의 수취인은 A일 수도 있고(自己指示換어음) A의 거래은행(할인은행)일 수도 있다. 수취인을 A로 한 경우에 A는 동 어음을 할인받기 위하여 자기의 거래은행에 배서양도하여야 하나, 수취인을 A의 거래은행으로 한 경우에 A는 동 어음을 할인받기 위하여 그 어음을 자기의 거래은행에게 교부하기만 하면 된다. 환어음의 이러한 추심기능은 자금의 時間的 장애를 극복시킨다.

이 때에 A는 자기의 거래은행(할인은행)에게 어음금의 지급을 보장하기 위하여 동 어음에 수출상품의 인도청구권을 표창하는 運送證券(船荷證券 등)을 첨부하는데, 이러한 환어음을 「貨換어음」(荷換어음)이라고 한다. 또한 이러한 화환어음에 수입상 B의 거래은행의 인적 신용인 「商業信用狀」이 A의 거래은행의 어음할인에 결부되는 것이 보통이다(이에 관하여는 후술하는 貨換어음에서 상술함).

4. 支給機能

환어음의 수취인이 지급인으로부터 어음금을 지급받으면 동 어음의 발행인 · 지급인간 및 발행인 · 수취인간의 대금지급이 자동적으로 종료되는 효과를 갖는다. 예컨대 한국에 있는 A가 일본에 있는 C로부터 원자재를 수입하고 그 대금을 지급해야 하는데 마침 A는 일본에 있는 B에게 완제품을 수출하고 수출대금을 지급받을 채권이 있는 경우에, A는 B를 지급인으로 하고 C를 수취인으로 한 환어음을 발행하여 C에게 송부하고 C가 동 어음금을 B로부터 지급받으면, A는 B로부터 완제품의 수출대금을 지급받은 것이 되고 또 A는 C에게 원자재의 수입대금을 지급한 것이 된다. 환어음은 보통 信用機能, 送金機能 및 推尋機能과 결합하여 支給機能을 한다.

1) 同旨: 鄭(東), 53면.

제 2 約束어음의 經濟的 機能

약속어음의 경제적 기능으로는 信用機能, 推尋機能 및 支給機能이 있다. 환어음과는 달리 발행인과 지급인이 동일인이므로 送金機能은 없다.

1. 信用機能

약속어음도 환어음에서와 같이 信用創造機能과 信用擔保機能을 수행하는데, 국내거래에서는 이러한 기능을 수행하기 위하여 약속어음의 이용이 아주 보편적으로 이용되고 있다. 예컨대 물건을 외상으로 구입하고 약속어음을 발행하는 경우(信用創造機能), 은행으로부터 대출을 받고 그 담보용으로 약속어음을 발행하는 경우(信用擔保機能) 등이다.

2. 推尋機能

상품을 외상으로 판매한 매도인이 매수인으로부터 약속어음을 수취인 또는 피배서인의 자격으로 취득한 경우에 매도인이 동 어음을 자기의 거래은행으로부터 할인받으면 매매대금을 推尋한 것이 된다. 약속어음의 추심기능도 국내거래에서 아주 많이 이용되고 있다.

3. 支給機能

약속어음은 그 자체만으로 支給機能을 수행하는 경우는 드물고 보통 信用機能 및 推尋機能과 결합하여 支給機能을 수행하고 있다.

제 3 手票의 經濟的 機能

수표의 경제적 기능으로 본질적이고 가장 중요한 것은 支給機能이고, 이외에 送金機能이 있다. 수표는 어음과는 달리 언제나 一覽出給이고 滿期가 없으므로, 信用機能 및 推尋機能이 없다. 특히 수표가 信用機能을 가지지 않는 점은 어음과 근본적으로 구별되는 점이고, 이러한 점에서 수표는 「현금의 代用物」이라고 불린다.[1] 그러므로 「어음을 교부하고 매각하는 자는 금전을 필요로

1) 우리 나라의 手票法은 手票의 信用證券化를 방지하기 위하여 많은 규정을 두고 있다. 즉, (i) 手票에는 引受를 禁止하며(手 4조), (ii) 利子의 기재를 인정하지 않고(手 7조), (iii) 支給

하는 사람이며, 수표를 교부하는 자는 금전을 가지고 있는 사람」이라고 말할 수 있다.[1] 이하에서는 수표의 경제적 기능을 좀 더 상세히 살펴본다.

1. 支給機能

수표는 금융거래에 있어서의 현금수수에 따르는 불편과 위험을 제거하는 支給機能을 수행하기 때문에 기업 및 일반인에 의하여 널리 이용되고 있다. 기업은 자기의 거래은행과 당좌거래계약(그 내용은 당좌예금계약(때로는 이와 함께 당좌차월계약), 수표계약 및 상호계산계약임)을 체결하고 당좌수표를 발행하며, 개인은 자기의 거래은행과 가계당좌거래계약(그 내용은 당좌거래계약과 유사함)을 체결하고 가계(당좌)수표[2]를 발행하여 대금지급결제를 한다. 또한 기업이나 개인은 때로는 은행에 현금을 지급하고 은행으로부터 自己앞手票를 교부받아 간편하게 대금지급결제를 하기도 한다. 그러나 수표의 이러한 支給機能은 최근의 새로운 제도인 은행지로제도 · 전자자금이체제도 등에 의하여 부분적으로 대체되고 있어, 이러한 면에서는 수표의 이용이 감소하고 있다.

2. 送金機能

수표의 送金機能은 환어음의 경우와 같다. 즉, 보통은 송금인이 은행 또는 우체국에 송금할 금액을 납입하고 송금을 의뢰하면, 은행 등은 수취인과 동일한 지역의 자기의 지점 또는 환거래은행을 지급인으로 하고 송금을 받을 자를 수취인으로 하여 수표(송금수표)를 발행하여 송금의뢰인에게 교부하고, 송금의뢰인은 수취인에게 동 수표를 송부한다. 은행 등은 送金手票(D/D) 이외에도 郵便換(M/T) 또는 電信換(T/T) 등의 방법으로 송금업무를 수행한다.[3]

人의 背書를 無效로 하며(手 15조 3항), (iv) 支給人의 保證을 인정하지 않고(手 25조 2항), (v) 一覽出給性만을 인정하며(手 28조 1항), (vi) 支給提示期間이 단축되어 있고(手 29조), (vii) 消滅時效期間도 단축되어 있으며(手 51조), (viii) 支給保證의 效力은 支給提示期間內에 支給提示한 경우에만 인정되며(手 55조 2항), (ix) 手票에는 參加制度가 없는 점(어 55조~63조, 77조 1항 5호 참조) 등이 이에 해당한다.

1) 同旨: 徐·鄭, 285면; 鄭(熙), 59면.

2) 家計手票의 被支給性을 높여 同手票의 이용을 증대시키기 위하여 은행이 발행하는 家計手票保證카드(手票카드)制度가 있다.

3) 手票發行人은 때로는 자기가 발행한 當座手票를 受取人(송금을 받을 者)에게 직접 송부하여 金錢의 送金機能을 수행하는 일이 있으나, 이것은 단순한 手票의 發行行爲이지 수표의 고유한 送金機能을 이용하는 것은 아니다. 또 송금을 받는 者(受取人)의 입장에서 보아도 위와 같은 當座手票를 받는 것보다 은행 등이 발행한 送金手票를 받는 것이 훨씬 유리하다. 왜냐하면 당좌수표의 발행인은 個人 또는 企業이나 送金手票의 발행인은 은행 등이므로 送金手票의 受取人의 手票上의 權利(遡求權)가 확실히 보장되고, 當座手票의 경우에는 支給人이 보통 發行人의 住所地에 있으므로 同手票를 現金化하기 위하여는 同手票를 推尋하여야

自己앞手票와 送金手票는 은행 등이 발행인이라는 점에서는 같으나, 自己앞手票는 지급인과 발행인이 완전히 같으나(같은 은행 같은 점포임) 송금수표는 지급인이 발행은행의 다른 점포 또는 발행인의 환거래은행 등으로 상이한 점에서 구별된다. 그러나 수표의 이러한 송금기능도 전자자금이체제도·은행지로제도 또는 온-라인(on line) 등에 의하여 많이 대체되고 있다. 따라서 전자자금이체제도 등을 이용할 수 있는 범위 내에서는 송금수표는 거의 이용되지 않는다.

제 4 어음·手票의 濫用

어음·수표는 위에서 본 바와 같이 중요한 경제적 기능을 갖고 있어 현대의 경제생활에서 불가결한 제도이지만, 다음과 같은 남용의 폐단도 있다.

1. 無因性(抽象性)의 濫用

어음·수표는 원인관계에 의하여 아무런 영향을 받지 않는 점을 악용하여, 도박채권 또는 폭리행위로 인한 채권을 받기 위하여 어음·수표가 이용되는 경우가 있다.

2. 要式性의 濫用

어음·수표는 가장 엄격한 요식증권으로서 그 요건의 하나라도 빠지면 무효가 되는 점을 악용하여, 어음·수표의 발행인 등이 고의로 어음요건의 일부를 누락시켜 나중에 그 어음·수표를 무효라고 주장하여 어음·수표상의 채무를 면하는 경우가 있다.

이러한 要式性의 濫用을 방지하고자 하는 취지의 다음과 같은 우리 大法院判例가 있다.

[어음채무자의 어음要件 欠缺의 주장에 대하여 어음소지인에게도 이에 관한 의견진술의 기회를 주어야 한다고 한 判例]

발행지 기재흠결에 대한 Y(어음채무자)의 주장에 착안하여 이 점을 재판의 기초로 삼으려면 X(어음소지인)로 하여금 이 점에 관하여 의견을 진술할 기회를 주었어야 할 것임에도 불구하고, 이에 이르지 아니한 채 X가 명백히 간과한 것

하나 送金手票의 경우에는 지급인이 보통 受取人의 住所地에 있으므로 지급인으로부터 즉시 지급받을 수 있기 때문이다.

으로 인정되는 발행지에 관한 점을 재판의 기초로 삼아 당사자가 전혀 예측하지 못하였던 사유로 청구를 기각하였음은, 당사자에게 법률사항에 관한 의견진술의 기회를 주지 아니한 것으로 위법이다[大判 1995. 11. 14, 95 다 25923(新聞 2445, 9)].

3. 抗辯切斷의 濫用

어음 · 수표의 채무자는 직접의 상대방에게 대항할 수 있는 원인관계상의 항변사유로써 이러한 사실을 모르고 어음 · 수표를 취득한 자에게 대항할 수 없는 점을 악용하여, 단순히 타인에게 보이기만 하겠다고 하여 어음 · 수표를 발행받은 자 또는 원인관계가 소멸되었음에도 불구하고 어음 · 수표를 반환하지 않고 소지하고 있는 자가 자기의 채무를 변제할 목적 등으로 동 어음 · 수표를 선의의 제 3 자에게 양도하여 동 어음 · 수표의 발행인 등이 아무런 원인관계 없이 어음 · 수표상의 채무를 이행하여야 하는 경우가 있다.

4. 信用機能의 濫用

어음의 경우 만기까지의 신용기능이 있는 점을 악용하여, 만기에 어음금을 지급할 능력이 없는 자들이 상호간에 融通어음을 발행하고 각자는 동 어음을 타인으로부터 할인받아 자금을 조달하는 경우가 있다.[1] 이러한 어음을 「騎乘어음」(빈어음)(Reitwechsel)이라고 하고, 이 때 적당한 상대방이 없어 어음의 당사자를 實在하지 아니하는 허무인으로 하여 발행한 어음을 「虛無어음」(地下室어음)(Kellerwechsel)이라고 한다.

그러나 위와 같은 어음 · 수표제도의 남용의 폐단이 있다고 하더라도 어음· 수표제도는 그 효용이 남용의 폐단보다 훨씬 크고 또 어음 · 수표제도는 현대의 경제생활에서 필수불가결한 제도이므로, 어음 · 수표의 남용을 방지하기 위

1) 이러한 어음의 受取人에 대하여 詐欺罪의 성립을 부정한 것으로는 大判 2002. 4. 23, 2001 도 6570(新聞 3075, 11)(어음의 발행인이 그 지급기일에 결제되지 않으리라는 점을 예견하였거나 지급기일에 지급될 수 있다는 확신이 없으면서도 그러한 내용을 상대방에게 고지하지 아니한 채 이를 속여 어음을 발행 · 교부하고 상대방으로부터 그 대가를 교부받았다면 사기죄가 성립하는 것이지만〈대법원 1985. 9. 10 선고, 84 도 2685〉, 이와 달리 어음의 발행인들이 각자 자력이 부족한 상태에서 자금을 편법으로 확보하기 위하여 서로 동액의 융통어음을 발행하여 교환한 경우에는, 특별한 사정이 없는 한 쌍방은 그 상대방의 부실한 자력상태를 용인함과 동시에, 상대방이 발행한 어음이 지급기일에 결제되지 아니할 때에는 자기가 발행한 어음도 결제하지 않겠다는 약정하에 서로 어음을 교환하는 것이므로, 자기가 발행한 어음이 그 지급기일에 결제되지 않으리라는 점을 예견하였거나 지급기일에 지급될 수 있다는 확신 없이 상대방으로부터 어음을 교부받았다고 하더라도 사기죄가 성립하는 것은 아니다).

한 기술적인 개선에 노력하면서 동 제도를 이용하여야 할 것이다. 또한 위에서 본 바와 같이 최근의 새로운 제도인 은행Giro제도·전자자금이체제도 등에 의하여 어음·수표의 이용이 감소되기는 하나, 이러한 새로운 제도가 어음·수표의 경제적 기능을 완전히 대체할 수는 없으므로 어음·수표는 여전히 현대의 경제생활에서 중요한 기능을 수행하고 있다.

어음·수표제도는 고도의 기술적인 제도이므로 동 제도의 이용에는 상당한 법률적 지식을 가져야 하는 점에서, 이를 위하여 어음·手票法의 많은 보급과 함께 정확한 이해가 있어야 할 것이다.

제 3 절 換어음·約束어음·手票의 異同

제 1 共 通 點

환어음·약속어음·수표는 모두 支給機能을 수행하는 경제적 기능에서 공통점을 갖고 있을 뿐만 아니라, 다음과 같은 有價證券으로서의 법적 성질에서도 공통점을 갖고 있다. 즉 환어음·약속어음·수표는 모두 일정한 금액의 지급을 목적으로 하는 「金錢債權證券」이고, 또한 권리의 발생·이전·행사의 모두에 증권의 소지를 요하는 「完全有價證券」이다. 또한 환어음·약속어음·수표는 모두 증권의 작성에 의하여 권리가 발생하는 「設權證券」이고, 법정의 기재사항이 반드시 기재되어야 증권으로서의 효력이 발생하는 「엄격한(절대적) 要式證券」이고, 증권상의 권리의 발생이 그 원인관계와 관계가 없는 「無因證券」이고, 지시문구의 기재유무에 불구하고 당연히 증권상의 권리를 배서에 의하여 양도할 수 있는 「法律上 당연한 指示證券」이며, 증권상의 권리의 내용(범위)이 증권에 기재된 문언에 의하여 정하여지는 「形式權的 有價證券」(文言證券)이다. 또한 환어음·약속어음·수표는 모두 증권상의 권리자가 그의 권리를 행사하기 위하여는 채무자에게 증권의 제시를 요하여야 하는 「提示證券」이고, 채무자의 변제와 증권을 상환하여야 하는 「相換證券」이며, 채무자가 증권의 형식적 자격을 가진 자에게 변제를 하면 증권소지인이 무권리자인 경우에도 (채무자에게 악의 또는 중대한 과실이 없는 한) 면책되는 「免責證券」이다.

제 2 差 異 點

1. 換어음과 約束어음의 差異

⑴ 經濟的 機能面에서의 差異

환어음의 경제적 기능에는 信用機能 · 送金機能 · 推尋機能 및 支給機能이 있으나, 약속어음의 경제적 기능에는 信用機能 · 推尋機能 및 支給機能이 있다. 즉, 약속어음에는 送金機能이 없는 점이 환어음과 다르다.

⑵ 法的 面에서의 差異

환어음은 支給委託證券이고 약속어음은 支給約束證券이라는 근본적인 차이 외에 다음과 같은 구체적인 차이가 있다.

1) **基本當事者** 환어음의 기본당사자는 發行人 · 受取人 및 支給人이나, 약속어음의 기본당사자는 發行人 및 受取人이며 지급인이 없는 점이 환어음과 다르다.

2) **主債務者** 환어음은 支給人이 引受한 경우에만 주채무자가 되나, 약속어음의 發行人은 언제나 주채무자가 된다.

3) **遡求義務者** 환어음의 소구의무자는 發行人 및 背書人이나, 약속어음의 소구의무자는 背書人뿐이다. 즉, 약속어음의 發行人은 주채무자이지 소구의무자가 아닌 점에서 환어음과 다르다.

4) **資金關係** 환어음에는 發行人과 支給人 사이에 자금관계가 있으나, 약속어음에는 지급인이 따로 없고 발행인이 지급인을 겸하고 있으므로 자금관계가 없다.

5) **引受制度** 환어음에는 支給人이 따로 있으므로 지급인의 인수제도가 있고, 지급인이 인수를 거절한 경우에는 만기 전의 소구 및 참가인수가 인정된다. 그러나 약속어음에는 支給人이 따로 없으므로 지급인에 의한 인수제도는 있을 수 없고, 따라서 지급인의 인수거절로 인한 만기 전의 소구 및 참가인수도 없다. 그러나 약속어음의 경우에도 발행인의 자력불확실로 인한 만기 전의 소구 및 이를 저지하기 위한 참가제도는 인정된다(通說 · 判例).

6) **複本制度** 환어음의 경우에는 어음상실의 경우를 대비하여 주로 해외에 환어음을 송부하기 위하여 또는 인수를 위하여 환어음을 他地에 송부할 필요가 있기 때문에 하나의 환어음상의 권리에 대하여 數通의 어음증권을

발행하는 複本制度가 인정되고 있으나(어 64조~66조), 약속어음의 경우에는 이러한 필요가 없기 때문에 複本制度가 인정되지 않는다.

2. 換어음과 手票의 差異

(1) 經濟的 機能面에서의 差異

환어음의 경제적 기능에는 信用機能·送金機能·推尋機能 및 支給機能이 있으나, 수표의 경제적 기능에는 支給機能 및 送金機能만이 있고 신용기능 및 추심기능이 없는 점이 환어음과 다르다. 어음과 수표의 근본적인 차이는 어음의 제1차적인 경제적 기능은 信用機能임에 반하여, 手票의 본질적인 경제적 기능은 支給機能인 점이다. 또한 어음의 경우에는 신용기능과 결합하여 지급기능이 있으나, 수표의 경우에는 지급기능과 결합한 신용기능은 없고 오히려 手票의 信用證券化를 방지하기 위하여 手票法은 많은 규정을 두고 있다(이에 관하여는 手票의 經濟的 機能에서 旣述함).

(2) 法的 面에서의 差異

환어음과 수표는 모두 支給委託證券이라는 점에서는 같으나, 위에서 본 바와 같이 그 經濟的 機能面에서 근본적으로 구별되므로 이는 法的 面에서도 반영되어 다음과 같은 구체적인 차이가 있다.

1) **基本當事者** 환어음과 수표의 기본당사자는 다 같이 發行人·受取人·支給人이다. 그러나 환어음의 發行人은 자금을 필요로 하는 자이나 수표의 發行人은 자금을 가지고 있는 자이고, 환어음의 受取人은 절대적 기재사항이나(어 1조 6호) 수표의 受取人은 임의적 기재사항이며(手 5조), 환어음의 支給人에는 제한이 없으나 수표의 支給人은 은행에 한정되는 점(手 3조)은 양자가 구별되는 점이다.

2) **主債務者** 환어음은 支給人이 引受한 경우에는 주채무자가 되나, 수표는 引受가 禁止되므로(手 4조) 항상 주채무자가 없다. 수표의 지급인이 支給保證을 한 경우에 그러한 지급보증인의 지위는 最終遡求義務者의 지위와 같고 환어음의 인수인의 지위와는 다르므로 주채무자가 아니다(어 28조와 手 55조의 비교).

3) **遡求義務者** 환어음과 수표의 소구의무자는 다 같이 發行人과 背書人이다. 그러나 환어음의 지급인이 인수한 경우에 지급인은 引受人으로서 주채무자이므로 그러한 환어음의 지급인은 소구의무자가 될 수 없으나(어 28조), 수표의 지급인이 지급보증을 한 경우에 支給保證人은 위에서 본 바와 같이 주채무

자가 아니라 최종의 소구의무자와 같은 지위에 있게 되는 점(手 39조, 55조 참조)은 양자가 구별되는 점이다. 또 환어음의 경우에는 受取人이 절대적 기재사항이므로 소구의무자로서의 背書人이 언제나 있게 되나, 수표의 경우에는 無記名式(所持人出給式) 手票의 발행이 인정되므로(手 5조 1항 3호, 2·3항) 그러한 수표에서는 소구의무자로서의 背書人이 없게 되는 점도 양자가 구별되는 점이라고 볼 수 있겠다.

4) **資金關係** 수표도 환어음과 같이 자금관계가 있으나, 환어음에서와는 달리 手票의 資金關係는 法에서 엄격히 제한하여 수표의 피지급성을 높이고 있다. 즉, 수표의 支給人은 은행에 한정되고, 發行人은 支給人과 당좌예금계약(때로는 이와 함께 당좌차월계약) 및 수표계약을 체결해야 한다[1](手 3조). 수표의 發行人이 이에 위반하여 수표를 발행한 경우에는 手票法에 의하여 과태료의 처분을 받을 뿐만 아니라(手 67조), 不正手票團束法에 의하여 형사처벌까지 받는다(同法 2조, 3조).

5) **引受制度** 환어음에는 인수제도가 있으나, 수표에는 인수제도가 없고(手 4조) 그 대신에 지급의 불확실성의 결함을 보완하기 위하여 支給保證制度가 인정되고 있음은 이미 설명한 바와 같다.[2]

6) **遡求方法** 환어음의 경우에는 滿期前 遡求制度(어 43조 단서)와 逆어음에 의한 遡求方法(어 52조)이 있으나, 수표의 경우에는 만기가 없으므로 滿期前 遡求制度는 있을 수 없고 또한 소구방법의 복잡화를 피하기 위하여 逆手票에 의한 遡求制度를 인정하지 않고 있다.

또 환어음의 경우에는 소구의 형식적 요건으로서 (인수 또는) 지급거절의 증명방법은 公正證書에 의해서만 하여야 하는데(어 44조 1항), 수표의 지급거절의 증명방법으로는 공정증서뿐만 아니라 「支給人의 선언」 및 「어음交換所의 선언」과 같은 간편한 증명방법이 인정되고 있다(手 39조).

7) **支給委託의 取消** 환어음의 경우에는 發行人은 지급제시기간의 전후를 불문하고 지급인에 대하여 지급위탁을 취소할 수 있으나, 수표의 경우에는 수표의 피지급성을 높이기 위하여 지급제시기간 경과 후에만 지급위탁의 취소의 효력이 발생하는 것으로 규정하고 있다(手 32조 1항).

---

1) 보통은 發行人과 支給銀行간의 當座去來契約에 의하여 當座預金契約(때로는 이와 함께 當座借越契約)·手票契約 및 相互計算契約이 한꺼번에 이루어진다.

2) 이와 관련하여 手票는 信用證券이 아니고 支給證券인 성질에서 手票法은 (i) 手票에는 利子의 기재를 인정하지 아니하고(手 7조), (ii) 支給人의 背書를 無效로 하며(手 15조 3항), (iii) 入質背書를 인정하지 아니하고, (iv) 支給人의 保證을 인정하지 않으며(手 25조 2항), (v) 一覽出給性만을 인정하고(手 28조 1항), (vi) 支給提示期間이 단축되어 있으며 또 당사자가 임의로 伸縮할 수 없도록 하고 있는데(手 29조), 이러한 점도 手票가 換어음과 구별되는 점이다.

이와 관련하여 환어음의 지급인은 지급제시기간 경과 후에는 발행인의 계산으로 지급할 수 없으나, 수표의 지급인은 지급제시기간 경과 후에도 (지급위탁의 취소가 없는 한) 발행인의 계산으로 지급할 수 있다(手 32조 2항).

8) **橫線制度** 환어음의 경우에는 어음의 도난 · 분실 등에 대비하여 횡선제도가 인정되지 않으나, 수표의 경우에는 횡선제도가 인정되고 있다(手 37조~38조).

9) **時效期間** 환어음의 경우에는 주채무자(인수인)에 대한 어음상 권리의 시효기간은 3년, 소구의무자에 대한 어음상 권리의 시효기간은 1년, 재소구권의 시효기간은 6월이다(어 70조). 그러나 수표의 경우에는 지급보증인에 대한 수표상 권리의 시효기간은 1년(手 58조), 소구의무자에 대한 수표상 권리의 시효기간은 6월(手 51조 1항), 재소구권의 시효기간은 6월이다(手 51조 2항). 따라서 수표상 권리의 시효기간이 환어음상 권리의 시효기간보다 단축되어 있다.

10) **參加制度** 환어음에는 참가제도(參加引受 · 參加支給)가 인정되나(어 55조~63조), 수표는 간이 · 신속하게 지급되어야 하므로 참가제도가 인정되지 않는다.

11) **謄本制度** 어음에서는 주로 어음의 유통을 조장하기 위하여 등본제도가 인정되나(어 67조~68조), 수표에서는 등본제도가 인정되지 않고 있다.

또 이와 관련하여 수표에서도 환어음에서와 같이 복본제도가 인정되나, 수표의 복본발행은 환어음의 경우보다 제한되어 있다(즉, 국제간 또는 원격지에 송부되는 경우에 한하여 인정된다)(手 48조).

제 2 장 어음 · 手票의 分類

어음은 어음法上 換어음과 約束어음으로만 분류되는데, 이러한 어음은 그것이 이용되는 경제계에서 여러 가지 다른 이름으로 불리어지고 있다. 또 手票法에서 말하는 手票도 그것이 이용되는 경제계에서 여러 가지 다른 이름으로 불리어지고 있다. 따라서 이하에서는 어음 · 手票의 중요한 경제적인 분류를 고찰해 보겠다.

제 1 절 어음의 分類

제 1 商業어음 · 融通어음

이것은 어음發行과 原因行爲와의 관계에 의한 분류이다. 즉, 商去來가 원인이 되어 발행되는 어음을 「商業어음」(眞正어음 · 진성어음 · 實어음 · 商品어음)(Handelswechsel)이라고 하며, 어음발행의 원인에 현실적인 상거래가 없이 오직 資金融通의 목적을 위하여 발행되는 어음을 「融通어음」(빈어음 · 貸어음 · 借어음 · 財政어음 · 信用어음)(accommodation bill; Kreditwechsel)이라고 한다.

광의의 融通어음이란 타인의 자금융통의 목적으로 引受 · 背書 · 保證 등의 부속적 어음행위를 한 경우를 포함하나, 협의의 融通어음이란 타인의 자금융통의 목적으로 어음을 發行(기본적 어음행위)한 경우만을 의미한다고 본다. 타인의 자금융통의 목적으로 어음에 引受 · 背書 · 保證 등을 한 경우는 어음 자체는 융통의 목적으로 발행된 것이 아니므로 이를 融通어음으로 부르는 것은 적절하지 않고, 다만 융통목적으로 한 引受 · 背書 · 保證 등으로 부르면 족하다고 본다.[1] 따라서 보통 融通어음이라 하면 협의의 融通어음만을 말한다.

또한 融通어음이란 타인에게 信用을 줄 목적으로(즉 被融通者로 하여금 자금을 융통할 수 있도록 하기 위하여) 발행하는 어음이므로,[2] 자기가 자금을 융통하기 위하여 대가관계 없이 발행 또는 양도하는 어음과는 구별된다. 따라서 후술하는 바와 같이 기업이 대가관계 없이 약속어음을 발행하고 단자회사 등으로부터 자금을 융통하는 「企業어음」(Commericial Paper, C.P. 어음)이나 타인이 발행한 어음을 양도하고 할인받는 「割引어음」은 협의의 融通어음이 아니라고 본다. 우리 大法院判例도 이러한 취지에서 A가 Y주식회사로부터 동 회사 발행의 어음의 할인을 부탁받고 X에게 背書讓渡한 경우에 대하여 다음과 같이 판시하고 있다.

[對價關係 없이 교부된 어음이 融通어음은 아니라고 본 判例]

이른바 融通어음이라 함은 타인으로 하여금 어음에 의하여 제 3 자로부터 금융을 얻게 할 목적으로 수수되는 어음을 말하는 것이므로, Y가 A에게 할인을 의뢰하면서 이런 어음을 교부한 것이라면 이는 原因關係 없이(對價關係 없이 — 저자註) 교부된 어음에 불과할 뿐 融通어음이라고는 할 수 없다[大判 1996. 5. 14, 96 다 3449(公報 1996, 1852)] [이 判決에 대한 評釋으로는 鄭燦亨, "어음 · 手票에 관한 1996년 大法院判例 評釋," 「商事法研究」(韓國商事法學會), 제16권 1호(1997), 332~334면 참조].

商業어음 · 融通어음은 보통 국내에서 이용되는데, 법률적으로는 모두 約束어음이다. 기업이 상업어음을 취득한 경우에는 보통 자기의 거래은행으로부터 할인을 받아 자금화하는데(이 때 同어음의 發行人 등의 信用에 따라 割引率이 상이한 것이 보통임), 이 때 거래은행은 중앙은행으로부터 다시 재할인을 받는다. 기업은 일반적으로 融通어음으로써 거래은행으로부터 할인을 받을 수는 없고, 동 어음은 주로 他人에게 金融을 받게 하거나 또는 債務를 담보하기 위하여 제공된다(따라서 이 때 債權者 등은 融通어음의 發行人의 信用을 이용한다).

融通어음에서 채권자 등이 채무자로부터 변제를 받고 동 어음을 채무자(피융통자)에게 반환하고 채무자가 다시 동 어음을 融通어음의 발행인에게 교부하면 아무런 문제가 없으나, 채권자 등이 채무자로부터 변제를 받지 못하여

1) 鄭燦亨, "融通어음의 抗辯," 「企業과 法」(度岩 金敎昌辯護士 華甲紀念論文集)(韓國司法行政學會, 1997), 664면.

2) 타인의 자금융통의 목적으로 對價關係 없이 어음행위를 한 자(광의의 융통어음 행위자)는 어음法上 어음보증인으로서의 方式을 갖추지 아니하였으므로 어음보증인은 될 수 없고, 숨은 어음보증인으로서 어음행위에 따른 어음상의 책임을 지는 점은 말할 나위가 없다. 그런데 이러한 融通어음행위자(숨은 어음보증인)는 實質關係(原因關係)에서 타인의 債務를 擔保할 목적으로(즉 타인에게 信用을 줄 목적으로) 어음행위를 한 자이므로 경우에 따라서는 民法上의 保證責任을 부담하는 경우도 있다(어음관계가 원인관계에 미치는 영향).

동 어음에 기하여 融通어음의 발행인에게 어음상의 권리를 행사하거나 또는 제 3 자에게 동 어음을 양도한 경우에는 融通어음의 발행인이 이러한 피융통자 이외의 제 3 자에게 어음상의 채무를 이행하여야 하는지가 문제된다. 이에 대하여 우리 大法院判例는 일관하여 融通者는 어음상의 책임을 부담한다고 다음과 같이 판시하고 있다.

[融通어음의 발행인은 被融通者 이외의 제 3 자에게는 그의 善意·惡意를 불문하고 어음債務를 부담한다고 본 判例]

融通어음의 발행인은 被融通者 이외의 제 3 자가 선의이건 또는 악의(融通어음임을 알고 취득한 경우—저자註)이건 간에, 그 취득이 期限後背書에 의한 것이었다 하더라도 對價關係 없이 발행된 융통어음이었다는 항변으로 대항할 수 없다 [大判 1968. 8. 31, 65 다 1217 (敎材, 判決例 [132])].

同旨: 大判 1957. 3. 21, 4290 民上 20(敎材, 判決例 [131]); 同 1969. 9. 30, 69 다 975·976(判總 11-2, 994-2) 外.

제 2 貸付어음·割引어음·擔保어음

이것은 보통 은행거래에서 어음이 수수되는 목적에 의한 분류이다. 즉, 은행이 금전대부를 하고 그 지급을 확보하기 위하여 차용증서 대신에 借主로부터 받는 어음을 「貸付어음」이라고 하고, 은행이 어음소지인에 대하여 어음금액으로부터 만기까지의 할인료를 공제하고 자금화하여 주는데 이러한 어음을 「割引어음」이라고 하며, 은행이 차주의 현재 및 장래의 채무의 이행을 담보하기 위하여 保證人 등으로부터 받는 어음을 「擔保어음」[1]이라고 한다. 이러한 어음은 모두 일반적으로는 約束어음인데, 貸付어음은 借主가 발행인이고 割引어음은 借主(割引依賴人)가 배서인이며 擔保어음은 借主의 保證人이 발행인이다. 은행에서 금전대부(대출)를 하는 형식에는 세 가지가 있는데, 어음貸付·證書貸付 및 어음割引이 그것이다. 어음貸付는 은행이 차주로부터 금전대부의 기본증서로서 어음(대부어음)을 징구하고 대부하는 형식이고, 證書貸付는 은행이 차주로부터 금전대부의 기본증서로서 借用證書를 징구하고 대부하는 형식이며, 어음割引은 어음(割引어음) 자체를 割引하여 줌으로써 대부하는 형식이다.

---

1) 擔保어음은 「擔保附어음」과 구별되는데, 「擔保附어음」이란 어음상의 권리에 物的 擔保가 붙어 있는(예컨대 貨換어음과 같이 船荷證券이나 貨物相換證이 어음채권의 담보로서 붙어 있는) 어음을 말한다.

은행과 거래처 사이의 여신거래에는 보통거래약관인 은행여신거래기본약관이 적용되는데, 이 약관에는 어음할인을 포함한 은행과 거래처 사이의 어음거래에 관한 모든 사항이 규정되어 있다.

어음貸付 및 證書貸付는 민법상 금전소비대차이고(民 598조) 이를 증거하기 위하여 은행이 어음 또는 證書를 받는 것이나, 어음割引은 어음 자체의 매매로서 은행과 차주간에 별도의 금전소비대차관계가 존재하지 않는다.[1]

제 3 C.P.어음[2] (企業어음)

「C.P.어음」이란 할인기관[3]에 의하여 선정된 적격업체가 자금융통의 목적

---

1) 同旨: 大判 2000. 12. 12, 99 다 13669(公報 2001, 274)(Y은행이 X의 연대보증하에 A와 사이에 어음할인거래약정을 체결한 후 타인 발행의 약속어음을 배서양도받고 할인금을 지급하였는데, 위 약정에 적용되는 약관에는 '어음할인을 의뢰하여 할인금을 지급받은 채무자가 거래정지처분 등을 받은 경우에는 어음의 환매채무를 지고 어음금액을 변제하는 것'으로 규정된 경우, 위 어음할인거래는 어음의 매매로서 위 약속어음은 거래의 목적물에 불과하므로 Y은행이 위 약속어음을 부적법하게 지급제시를 한 채 지급제시기간을 넘겨 A의 소구권을 상실시켰더라도 보증채무를 이행한 X에 대한 관계에서 민법 제485조의 담보 상실 내지 감소에 해당하지 않는다).

그러나 借主가 발행인인 어음 또는 수표의 할인의 법적 성질을 소비대차로 본 판례로는 大判 2002. 4. 12, 2001 다 55598(公報 2002, 1108)(통상 어음할인이라 함은, 아직 만기가 도래하지 아니한 어음의 소지인이 상대방에게 어음을 양도하고 상대방이 어음의 액면금액에서 만기까지의 이자 기타 비용을 공제한 금액을 할인의뢰자에게 교부하는 거래를 말하는 것인데, 수표의 경우에는 만기가 없으므로 어음할인과 같은 엄격한 의미에서의 수표할인은 존재할 수 없으나 특정기일 전까지 지급제시를 하지 않기로 하고 수표금액에서 그 기간까지의 이자를 공제하는 방법에 의한 수표할인은 가능한바, 그와 같은 형태의 어음 또는 수표의 할인이 금융기관이 아닌 사인간에 이루어진 경우 그 성질이 소비대차에 해당하는 것인지 아니면 어음의 매매에 해당하는 것인지의 여부는 그 거래의 실태와 당사자의 의사에 의하여 결정되어야 할 것이다. 이러한 점에서 볼 때 금융기관이 아닌 사인이 거래관계로 알게 된 상대방으로부터 자금의 융통을 요청받고는 거의 대부분 그 상대방이 발행인으로 된 융통어음과 수표를 교부받으면서 그 액면금액에서 만기 등까지의 이자를 공제한 나머지의 금액을 그 상대방에게 교부하였고, 소외 회사가 발행한 어음에 대하여도 그 상대방이 발행한 어음이나 수표와 같은 형태로 할인거래가 이루어졌다면 그 사인으로서는 그 어음 또는 수표 자체의 가치에 중점을 두고 이를 매수한 것이 아니라 어음 또는 수표의 할인의뢰인인 그 상대방의 신용이나 자력을 믿고서 그 상대방에게 어음 또는 수표를 담보로 금전을 대여하여 주었다고 봄이 상당하므로 그 사인과 그 상대방간에는 어음 및 수표의 액면 상당 금액에 대한 원인관계인 계약이 체결되고, 그 어음 및 수표는 그와 같은 각 계약상의 채무를 담보하기 위하여 교부된 것으로 볼 여지가 많아 보인다)[이 판결에 대하여 찬성하는 취지의 평석으로는 정진세, 「JURIST」, Vol. 385(2002. 10), 54~58면]; 同 2002. 9. 24, 2000 다 49374(公報 2002, 2479)(借主가 발행한 약속어음을 담보로 받고 위 약속어음 액면금에 대한 발행일로부터 지급기일 전일까지 소정 할인료를 공제한 금액을 교부하는, 이른바 어음할인의 법적 성질은 금전소비대차이다).

2) C.P.는 Commercial Paper의 약자인데, 美國의 改正前(1952년) 統一商法典 제 3 장의 제목

으로 발행한 어음을 할인기관이 매입하여 다시 일반투자가에게 매출하는 어음(企業어음)을 말한다.[1] C.P.어음은 기업이 상거래의 뒷받침이 없이 자금융통의 목적으로 발행하는 것이므로 경제적으로는 融通어음과 유사한 면이 있고, 또 법률적으로는 보통 約束어음이다.

할인기관이 C.P.어음(企業어음)을 매입하여 일반투자가에게 매출하는 경우에는 보통 無擔保背書에 의하여 매출하기 때문에 어음소지인은 할인기관에게 어음상의 책임을 물을 수가 없다. 따라서 이 때 어음소지인은 할인기관에 대하여 매도인의 瑕疵擔保責任, 어음발행인에 대한 신용도의 조사에 있어서 과실이 있다거나 또는 그 신용도에 관한 진실에 반한 설명 등을 원인으로 한 不法行爲責任, C.P.어음의 매매가 소비대차의 성질도 함께 갖는다고 보아 借主로서의 변제책임 등에 근거하여 그 책임을 묻는 경우가 있다.[2] 이 중에서 할인기관에게 借主로서 변제책임을 묻는 것은 할인기관의 어음매출의 성질과 관련하여 문제가 될 수 없고, 할인기관에게 매도인으로서 瑕疵擔保責任을 묻거나 不法行爲責任을 묻는 것에 대하여 우리 大法院은 다음과 같이 이를 否定하고 있다.

[C.P.어음을 無擔保背書한 短資會社의 責任에 관한 判例]

단자회사가 할인매수한 어음을 다시 일반 제 3 자에게 어음할인의 방식으로 매출한 것은 그 성질이 어음의 매매라고 볼 것이므로 그 매매의 이행으로 어음을 배서양도함에 있어 배서란에 「지급을 책임지지 않음」이라는 문언을 기재한 것은 특단의 사정이 없는 한 어음상 배서인으로서의 담보책임뿐만 아니라 매매계약상의 채무불이행책임이나 하자담보책임까지 배제하기로 한 취지라고 보아야 한다.

C.P.어음의 할인매수 및 매출을 담보하는 단자회사가 개별적으로 시행하여야 할 C.P.적격업체의 심사선정업무를 일원화하여 어음중개실운영위원회로 하

인 Commercial Paper의 개념과 다르다. 즉, 美國의 改正前(1952년) 統一商法典上 Commercial Paper는 換어음·約束어음·手票 및 預金證書를 의미하였는데[U.C.C. §3-104 (2)], 우리 나라에서의 C.P.어음은 본문에서와 같이 約束어음의 일부를 의미하기 때문이다. 그런데 美國의 統一商法典 제 3 장은 1990년에 대폭 改正되면서 그 제목도 Commercial Paper(商業證券)에서 Negotiable Instruments(流通證券)로 변경되고, 同法典은 流通證券에 대하여만 定義規定을 두고 있다[U.C.C. §3-104 (a)].

3) C.P.어음은 1972년 8월에 단기금융업법의 제정으로 투자금융회사가 최초로 이의 할인업무를 개시하였는데, 그 후 할인기관이 대폭 확대되어 1999년 7월에는 종합금융회사·증권회사·여신전문금융회사·투자신탁회사·보험회사 및 모든 은행으로 확대되었다(이에 관한 상세는 한국은행〈금융시장국〉, 前揭書〈우리 나라의 금융시장〉, 67~88면 참조).

1) 할인기관이 이러한 어음 중 일정한 내용을 가진 어음을 단순히 일반투자가에게 중개하는 어음을 「仲介어음」이라고 한다(한불종합금융회사, 업무방법서, 제 5 조 2 항 참조).

2) 鄭(東), 58면.

여금 전담케 한 것은 단자회사가 개별적으로 시행하는 것보다 더 객관적이고 공정한 방법으로 대상기업의 신용상태와 자산의 건전성 등을 조사케 함으로써 C.P.어음의 공신력을 높이고자 한 것이라고 해석되므로 단자회사가 별도로 C.P.어음 발행회사의 신용상태 등을 조사함이 없이 위 위원회가 조사·선정한 바에 따라 C.P.적격업체로 인정하였다고 하여도 특단의 사정이 없는 한 단기금융업법 제12조 소정의 확인의무를 다한 것으로서 이를 소홀히 한 과실이 있다 할 수 없다[大判 1984.11.15, 84 다카 1227(公報 743, 28; 教材, 判決例 [527])].

同旨: 大判 1989.6.27, 88 다카 27652(公報 854, 1158)(단기금융회사가 어음仲介室운영위원회가 제정한 기업어음발행 적격업체관리기준에 의하여 適格業體로 선정된 기업이 발행한 무담보기업어음을 매매할 당시에, 발행기업에게 기업어음발행 적격업체로서 해지사유나 발행규제사유가 있다는 점을 알거나 알 수 있었다는 등 특별한 사정이 없다면, 발행기업의 신용상태와 자산의 건전성 등에 관하여 별도로 조사함이 없었더라도 단기금융업법 제12조 소정의 확인의무나 선량한 관리자로서의 주의를 게을리한 책임이 있다고 단정할 수 없다).

제 4 貨換(荷換)어음

「貨換(荷換)어음」이란 어음상의 권리가 운송중의 물건(운송증권)에 의하여 담보되어 있는 어음을 말한다. 이는 법률적으로는 보통 換어음인데, 그 어음이 이용되는 경제적 목적에 착안하여 붙여진 명칭이다. 이는 물적 담보가 붙여진 어음으로서 「擔保附어음」이라고도 하는데, 물적 담보가 붙여지지 않은 「無擔保어음」(clean bill)이나 보증인 등이 인적 담보를 하기 위하여 채권자에게 교부하는 「擔保어음」 등과 구별된다. 貨換어음은 商業信用狀이 첨부되어 이용되기도 한다. 貨換어음에 관한 그 밖의 상세한 것은 후술한다.

제 5 貿易어음

「貿易어음」이란 신용장 등을 받은 수출상(매도인)이 소요자금을 조달할 목적으로 수출상품을 선적하기 전에 수출대금(신용장상의 금액)의 범위 내에서 인수기관(종합금융회사 또는 외국환은행 등의 금융기관)을 지급인으로 하여 발행한 自己指示換어음을 말한다.[1] 이러한 貿易어음의 발행인(겸 수취인)은 인수기관으로부터 환어음의 인수

1) 外國換銀行의 업무방법서에서는 貿易어음을 「信用狀 등의 수익자가 引受機關과의 일정한 약정하에서 무역어음 발행대상이 되는 信用狀 등을 근거로 引受機關을 지급인으로 하여 발

를 받아 금융기관으로부터 어음할인을 받아 현금화하는데, 금융기관은 다시 이 어음을 일반투자가에게 배서하여(매출금융기관이 인수한 경우에는 담보부배서하고, 인수하지 않은 경우에는 무담보배서를 함) 할인받는다[1](貿易어음의 割引式 賣出). 수출상은 수출상품의 선적 후에 신용장의 조건에 따라 환어음(貨換어음)을 발행하여 선적서류와 함께 위의 貿易어음을 인수한 인수기관에 양도하면 인수기관은 이 貨換어음에 의하여 貿易어음의 결제자금을 상환한다.[2]

이러한 貿易어음은 商去來가 원인이 되어 발행되는 어음이므로 商業어음이고, 어음割引에 의하여 자금화하므로 割引어음이다. 또한 貿易어음이 換어음이라는 점에서는 貨換어음과 같으나, 貿易어음은 船積前에 발행되나 貨換어음은 船積後에 발행되는 점에서 양자는 구별된다. 또한 貿易어음이 기업의 소요자금을 조달하는 점에서는 C.P.어음(企業어음)과 같으나, 貿易어음은 換어음이고 C.P.어음은 約束어음이라는 점에서 양자는 구별된다.

제 6 표지어음

「표지어음」이란 각 금융기관이 할인·보유하고 있는 상업어음 또는 무역어음(이하 '원어음'이라 함)을 분할 또는 통합하여 새로이 할인식으로 발행한 약속어음을 말한다. 이러한 표지어음은 원어음의 잔여 만기 이내에서 만기를 30일 이상으로 하여야 하는데, 다만 원어음의 잔여만기가 30일 이상인 수 개의 어음을 통합하여 발행하는 경우에는 각 원어음의 잔여만기 중 최장만기 이내로 발행하여야 한다.[3]

금융기관이 표지어음을 발행하는 목적은 원어음의 할인에 따른 자금부담을 경감하고 또한 원어음 할인금리와 표지어음 발행금리간의 금리차익을 획득

행하는 기한부 환어음」이라고 定義하고 있다(한국외환은행, 무역어음 할인 등 업무방법, 제 1 장 제 1 조 참조).

1) 外國換銀行(金融機關)은 보통 이러한 貿易어음을 引受·割引 및 賣出하는 업무를 담당한다(上揭 무역어음 할인 등 업무방법 참조).

2) 貿易어음을 引受한 外國換銀行은 반드시 貿易어음의 發行人이 발행한 貨換어음을 매입하여 무역어음의 결제자금에 충당한다(上揭 무역어음 할인 등 업무방법, 제 2 장 11조). 이 때 어느 한 銀行이 貿易어음을 인수한 경우 그 발행의 근거가 된 신용장에 기한 輸出換어음은 貿易어음을 인수하지 아니한 타은행에서는 매입하지 않기로 한다는 묵시적인 은행간의 결의가 있다[大判 1994. 5. 13, 93 다 58141(公報 970, 1679)].

3) 이에 관하여는 1997. 7. 3자로 개정한 한국은행 금융통화운영위원회의「금융기관 표지어음의 발행조건」및 한국은행(금융시장국), 前揭書, 89~105면 참조.

하기 위한 것이다.[1] 표지어음을 발행한 금융기관은 원어음의 부도여부에 관계없이 표지어음의 지급의무를 부담하는 점은 어음행위의 無因性에서 당연하다고 볼 수 있다.[2]

이러한 표지어음은 금융기관이 자금융통의 목적으로 발행하는 것이므로 融通어음과 유사하고 또한 어음할인에 의하여 자금화하므로 割引어음이다. 상업어음(약속어음)이나 무역어음(환어음)은 기업이 발행하는 어음인데, 표지어음(약속어음)은 이러한 어음을 취득한 금융기관이 이를 기초로 하여 발행하는 어음인 점에서 양자는 구별된다.

제 7 기 타

금전대부의 기한이 연기되는 등으로 인하여 貸付어음(基本어음 또는 舊어음)의 만기를 연기하기 위하여 다시 어음을 발행하는데, 이러한 행위를 어음의 改書라고 하고 이렇게 발행된 어음을 「延期어음」(改書어음)이라고 한다.

환어음의 지급인(인수인), 약속어음의 발행인이 무자력 등으로 만기에 지급거절된 어음을 「不渡어음」이라고 한다.

어음대부 · 어음할인 등의 거래에서 사용되는 말로 어음상의 채무자가 하나인 어음(約束어음인 경우에는 發行人만이 있고, 換어음인 경우에는 發行人이 支給人 또는 引受人을 겸한 어음)을 「單名어음」이라고 한다.

기업의 회계부기상 사용하는 말로서 대차대조표의 자산의 부에 자산으로서 기재되는 어음을 「받을 어음」(기업의 外上債權 · 貸金債權 등을 지급받기 위하여 받은 어음)이라고 하고, 대차대조표의 부채의 부에 부채로서 기재되는 어음을 「支給어음」(企業者가 어음상의 주채무자로 되어 있는 어음으로서 外上債務 · 借金債務 등을 지급하기 위하여 발행한 어음)이라고 한다.[3]

제 2 절 手票의 分類

제 1 當座手票 · 家計手票

사업을 하는 자가 은행과 당좌거래계약을 체결하고 은행에 있는 수표자금

1) 한국은행(금융시장국), 前揭書, 91면.
2) 同旨: 한국은행(금융시장국), 前揭書, 89면.
3) 註釋, 89면.

의 범위 내에서 발행하는 수표를 「當座手票」라 하고, 개인이 은행과 가계당좌 거래계약을 체결하고 은행에 있는 수표자금의 범위 내에서 발행하는 수표를 「家計手票」라 한다. 이러한 당좌수표 및 가계수표에는 기본당사자인 發行人·受取人 및 支給人이 모두 존재하여 手票法에서 규정하는 전형적인 형식의 수표이다. 家計手票는 (i) 사업자(기업)가 아닌 個人이 발행하고, (ii) 手票金額에 제한이 있는 점 등이 當座手票와 구별되기는 하나,[1] 그 法律的 性質은 當座手票와 완전히 동일하다.

가계수표는 개인이 발행하는 것이기 때문에 당좌수표보다 그 신용이 약하여 잘 이용되지 않을 염려가 있다. 따라서 가계수표의 피지급성을 높여 동 수표의 이용을 증대하기 위하여 가계수표의 지급인이 동 수표의 발행인을 위하여 발행하는 家計手票保證カード(手票カード)와 保證家計手票의 제도가 있다.[2] 가계수표보증카드는 지급은행이 가계수표의 발행인에게 발행하는 것인데, 발행인이 수취인에게 가계수표보증카드를 제시하고 수취인이 위 수표카드를 제시받고 가계수표의 裏面에 그 수표카드의 번호를 기재하는 등 일정한 요소를 갖추면 지급은행이 위 가계수표의 지급을 담보한다. 이러한 지급은행의 수표카드에 의한 담보책임은 手票法상의 책임이 아니라 民法상의 보증계약의 책임으로, 수표발행인이 지급은행을 代理하여 수취인과 체결하는 것이다.[3] 보증가계수표는 제시된 가계수표가 (i) 유효기간 이내에 발행된 수표이고, (ii) 신고된 성명 인감과 맞게 기명날인된 수표이며, (iii) 수표상의 발행금액·주민등록번호·발행일·유효기간의 정정 없이 발행된 수표이고, (iv) 보증문언의 위조·변조가 없이 발행된 수표이며, (v) 발행일로부터 10일(제시기간) 안에 제시된 수표이면, 지급은행이 원칙적으로 지급을 보증하고 발행인의 지급자금이 부족한 경우에도 수표금을 지급한다는 것이다.[4]

---

1) 이에 관하여는 한국은행, 금융기관 여수신이율 등에 관한 세칙(1984. 7. 20 제정, 1999. 8. 19 개정) 제 3 조; 최준선, "家計手票의 發行限度額 기재의 效力," 「法律新聞」, 제2407호, 13면 및 제2408호, 15면 참조(家計手票의 發行限度額을 無益的 記載事項이라 한다).

2) 이에 관하여는 한국은행, 上揭 금융기관 여수신이율 등에 관한 세칙 제 3 조 6 항 및 한국외환은행, 보증가계수표 거래약정서 제 5 조 참조.

3) 同旨: 鄭(熙), 323~324면.

4) 한국외환은행, 보증가계수표 거래약정서 제 5 조.

제 2 保證手票(自己앞手票)

保證手票는 원래 지급인(은행)이 지급보증한 수표인데, 우리 나라에서는 은행의 自己앞手票(手 6조 3항)를 속칭 「保證手票」 또는 「保手」라고 부르고 있다. 현재 우리 나라에서는 당좌수표의 소지인이 지급은행에 대하여 지급보증을 청구한 때에는 지급은행은 지급보증을 하는 대신에 수표발행인의 당좌계정으로부터 그 금액을 공제하고 지급은행의 自己앞手票를 발행하고 있다. 이것은 1956. 3. 27 大韓金融團協定에 의하여 「수표의 지급보증은 반드시 지급은행의 自己앞手票에 한한다」고 하여, 당좌수표의 지급보증을 금지한 이후 지금까지 각 은행에서 시행하고 있기 때문이다.[1] 그러므로 우리 나라에서는 手票法上의 支給保證制度는 사실상 死文化되었다고 볼 수 있다.[2]

제 3 送金手票

은행이 그 본·지점 또는 그 환거래은행을 지급인으로 하여 송금의 목적으로 발행하는 수표가 「送金手票」이다. 保證手票(自己앞手票)와 送金手票는 모두 「銀行發行手票」이나, 保證手票는 발행인과 지급인이 완전히 동일하나 送金手票는 발행인과 지급인이 相異한 점에 차이가 있다. 그러나 최근에 전자자금이체제도·은행지로제도 및 온-라인입금제도 등에 의한 새로운 지급제도의 출현으로 국내에서 송금수표의 이용은 급격히 줄어들고 있다.

---

1) 이와 같이 은행이 支給保證에 갈음하여 自己앞手票를 발행하게 한 이유는 첫째로 發行人의 破産 등의 경우에 支給資金의 확보에 편리하고, 둘째로 發行人이 작성한 수표용지에 支給保證을 한 경우에는 同手票가 僞造·變造되기 쉬울 뿐만 아니라 이로 인하여 支給保證人은 手票債務를 부담하기 때문이다(그러나 이 둘째의 이유는 현재 當座手票·家計手票의 경우에도 은행에서 인쇄한 수표용지를 사용하고 있기 때문에 큰 의미가 없게 되었다)[鄭(東), 535~537면].

2) 그런데 우리 나라에서는 1993. 11. 27부터 금융기관의 보증가계수표가 실시되고 있어 이를 통하여 手票法上 지급보증에 관한 규정이 부분적으로 실현되고 있다고도 볼 수 있다. 그러나 이 제도는 그 이용이 매우 미미한 점, 보증가계수표의 용지를 定額으로 하여 금융기관이 교부하는 점, 이 제도는 手票카드가 이용되지 않음으로 인하여 手票카드 대신 이용할 수 있도록 한 점 등에서 볼 때, 이 제도가 手票法上의 지급보증제도를 완전히 실현하고 있다고 볼 수는 없다.

제 4 郵便對替手票(郵便手票)

우편대체가입자가 지급을 하기 위하여 우체국을 지급인으로 하여 발행한 수표가 「郵便對替手票」이다. 우체국은 「手票法의 적용에 있어서 銀行과 동시되는 사람 또는 시설의 지정에 관한 규정」(2005. 6. 30, 대통령령 제18919호)에 의하여 수표의 지급인이 될 수 있다. 우편수표의 법적 성질은 수표법상의 수표와 같고 일반수표와 같이 어음교환소에서 지급제시될 수 있으나, 郵便對替法(1999. 12. 28, 法 제6061호) 및 郵便對替法施行規則(2004. 7. 6, 정보통신부령 151호) 등과 같은 특별법령이 있어 우편수표에 대하여는 동 특별법령이 수표법에 우선하여 적용된다.

우편대체관서(우체국)는 우편수표의 소지인의 지급청구가 있을 때에는 현금으로 지급하지 않고 우편대체관서의 自己앞手票를 발행 · 교부할 수 있는데(우편대체법시행규칙 26조 2항), 이것이 「自己앞郵便手票」로서 실제에 있어서 많이 이용되고 있다.

제 5 旅行者手票(T/C)

1) 「旅行者手票」(traveler's check, T/C; Reisescheck)란 해외여행자가 현금의 휴대로 인한 분실 · 도난 등의 위험을 피하기 위하여 고안된 수표로서, 여행자로 하여금 여행지에서 이 수표와 상환하여 여행지의 화폐로 현금화할 수 있게 하는 自己앞手票와 유사한 유가증권이다.[1] 여행자수표의 제 1 차적인 기능은 현금대용물로서의 지급수단으로 이용되는 것이 아니라, 수표소지인으로 하여금 외국에서 현금화할 수 있게 하는 점에서 일반수표와 구별된다.

2) 여행자수표는 '수표'라는 명칭으로 되어 있으나, 그 기재내용 등에서 우리 수표법상의 수표로 보기가 어려운 점이 있다. 즉, 여행자수표는 (i) 지급위탁문구가 아니라 支給約束文句로 되어 있는 점(이 점에서는 約束어음과 유사함), (ii) 支給地 및 發行日의 기재를 요하지 않는 점, (iii) 發行人의 기명날인 또는 서명이 없고 複寫署名으로 되어 있는 점, (iv) 자금관계가 없고 賣買約款에 근거하여 발행되는 점(이 점에서는 自己앞手票와 유사함) 등에서 우리 手票法上의 手票에는 해당하지 않는다(手 1조, 3조 참조). 그렇다고 우리 어음法上 換어음이나 約束어음에 해당한다고도 볼 수 없다. 따라

1) 우리 나라에서는 一般銀行의 경우에는 美國銀行과의 契約에 의하여 美國銀行의 旅行者手票를 발매하고 있고, 한국외환은행은 독자적으로 美貨表示의 VISA 旅行者手票를 발매하고 있다[鄭(熙), 318면].

서 여행자수표는 어음(수표)요건과 관련하여 볼 때 어음법상의 환어음이나 약속어음으로 볼 수도 없고 또 수표법상의 수표라고도 볼 수 없으며, 이것은 우리 나라뿐만 아니라 세계 각국에서 이용되는 제도로서 관습법화한 것이므로 「慣習法에 의한 自己앞手票에 유사한 특별한 유가증권」으로 볼 수밖에 없을 것 같다.[1)]

3) 여행자가 여행자수표를 발행받으면 즉시 각 장의 수표에 서명을 하고 여행자가 동 수표를 현금화(또는 양도)할 때에는 매수인(또는 양수인)의 면전에서 다시 한번 副署(counter sign)를 하여야 하는데, 이러한 署名을 어떻게 볼 것인가가 문제된다. 여행자가 여행자수표를 발행받을 당시에 하는 서명은 자기를 「受取人」으로 지정하기 위하여 하는 서명이며, 그 후에 여행자가 동 수표를 현금화하기 위한 副署는 「수표금의 수령을 증명하는 서명」으로 볼 수 있고 또는 여행자가 동 수표를 양도하기 위한 副署는 「背書人으로서의 서명」이라고 볼 수 있다.[2)]

1) 同旨: 鄭(熙), 320면.
2) 同旨: 鄭(熙), 319면.

제 3 장 어음·手票制度의 沿革

제 1 절 어음의 歷史

제 1 어음의 起源

유럽에서의 어음의 기원에 대하여는 로마법의 自筆證書 등에 두는 학자도 있으나 일반적으로는 12세기경 이탈리아의 도시의 換錢商(campsores)이 송금의 목적으로 발행한 증권이 그 기원이라고 하는 것이 통설[1]이다. 당시의 송금의 방법으로는 송금의 의뢰를 받은 환전상이 송금목적지의 특정환전상에서 일정한 금액을 지급한다는 他地出給約束書(cambium per literas, cambium impurum)를 발행하여 송금의뢰자(무역상인)에게 교부하고, 의뢰자는 이 증서를 가지고 고국에 돌아가서 지시한 환전상에게 증서를 제시하여 지급을 받는 것이었다. 이 他地出給約束書는 오늘날의 他地出給約束어음에 해당하는 것인데, 당시의 것은 대가문구를 포함하여 공정증서로 작성되었고 장소적 간격이 있고 화폐가 다를 것이 원칙이었다. 그 후 他地出給約束書에는 증권발행자인 환전상으로부터 지급을 위탁받은 환전상에 대한 지급의뢰장(littera di pagamento, tracta)이 첨부되었으나, 지급을 의뢰받은 환전상은 이 의뢰장을 중시하였으므로 本證書인 約束證書는 무시되고 依賴狀이 他地出給委託書의 형식으로 독립하여 이것이 他地出給換어음으로 발달하였다. 그러나 이 단계에서는 그 서면은 단순한 증거증권에 지나지 못하였다. 어음이 위에 설명한 환전을 위한 증권에서 진화

1) 鄭(熙), 26면; 孫(珠), 33면; 徐(廷), 62～63면; 金(容), 194～195면; 崔(基), 61면; 梁·朴, 666면; 蔡, 3면; 李(基), 70면 外.

하였다는 것은 이탈리아語·독일語의 어음(cambiale; Wechsel)이 동시에 換錢을 의미하고, 프랑스語·英語의 換어음(lettre de change; bill of exchange)이 換錢證書를 의미하는 것을 보아도 추측할 수 있는 것이다.[1)]

제 2 市場어음의 發達

어음제도의 발달에 큰 공헌을 한 것은 市場어음(cambia feriarum; Messwechsel)이다. 중세 프랑스에서는 도시의 발달에 따라 육상의 교역은 도시의 定期市(feriale, nundinae; Messe)에서 행하여지고 저명한 定期市에는 가까운 곳의 상인은 물론, 멀리 전유럽의 각지에서 大商人이 모이게 되었다. 定期市에 참가하는 상인은 그 往路 또는 歸路에 다액의 현금을 소지할 필요가 있었으나, 도중의 위험과 번잡을 피하기 위하여 市場을 지급지로, 市日을 만기일로 하는 市場어음을 발행하고, 환전상이 그 지급을 함과 동시에 상인을 위하여 본국 또는 그 밖의 장소에 부치는 어음, 즉 시장으로부터 어음을 발행하는 방법(어음交換에 흡사한 差額決算)이 발달하였다. 이렇게 하여 자연히 취급에 있어 많은 기술적 관행이 생기어 引受·拒絶證書·保證 등의 제도가 시작되고, 또 신속·엄격한 市場裁制의 절차도 행하여져서 人的 執行으로서 지급을 강제하고(市場追放도 인정한다) 원인행위로부터의 항변을 인정하지 아니하여서 이른바 「어음嚴正」의 단서가 되었다.[2)]

제 3 背書制度의 發達

어음을 換錢商의 독점적 지배로부터 해방시켜 일반 상인간에 널리 이용될 수 있는 기초를 마련한 것은 背書制度의 출현이었다. 처음 어음당사자는 發行人(換錢商)·支給人(他地에 있는 換錢商의 去來處 또는 代理人)·受取人(現金納入人)과 提示人(受取人이 어음支給의 受領을 의뢰한 사람)이고, 提示人은 수취인의 단순한 수임자였다. 그러나 16세기 이탈리아에서는 어음의 밑에, 17세기 프랑스에서는 어음의 裏面에 수취인 또는 제시인이 지시문구로써 지급인에 대하여 새로운 수취인을 지정하는 형식이 이용되고, 이 후 이러한 피지정자는 지정자가 어음에 대가문구를 기재하였을 경우에는 독립된 권리취득자로 인정됨에 이르렀다. 여기에 背書라는 명칭이 생겼다. 처음에는

---

1) 徐·鄭, 45~46면.
2) 徐·鄭, 46면.

한 번만 인정되던 背書도 그 후에는 몇 번이라도 할 수 있게 되자 어음은 유통성이 확립되고, 어음당사자도 發行人 · 受取人 · 支給人의 3당사자로 감소하였다. 背書가 자유로 되었으므로 商人은 市日을 기다릴 필요 없이 또 반드시 환전상을 경유할 필요도 없이 어느 때든지 背書에 의하여 금전과 교환할 수 있게 됨으로써, 어음은 환전상의 독점을 떠나서 일반상인간에 유통되게 되었다. 이 시대에 생긴 어음제도 중 주목할 점은 善意의 제 3 자에 대하여는 전자에 대항할 수 있는 抗辯으로써 대항할 수 없는 점, 背書人에게 담보적 효력이 인정된 점 등이다.[1)]

제 2 절 手票의 歷史

手票는 어음과 전연 별개의 기원을 가지고 또 발달의 경로도 달리하고 있다. 手票의 기원에 대하여도 논쟁이 있는 바이지만, 14 · 15세기경 이탈리아의 여러 도시(예컨대 Genua, Palermo, Messina, Neapel, Mailand, Bolonga 등)에서 행하여진 은행예금자의 예금에 대한 지시서가 수표의 기원이라고 하는 것이 다수설이다. 그러나 근대적 수표의 이용은 네덜란드에서 발단하여 영국에서 발달한 것이라고 할 수 있다. 17세기의 초기부터 암스텔담(Amsterdam)과 안트워프(Antwerp)에서 캇시어스(Kassiers)라고 하는 금융업이 발달하여 이것에 예금이 집중하는 동시에, 예금자가 필요한 금전을 수시로 환급하는 방법으로서 受領書式의 수표가 널리 이용되었다. 이것에 전후하여 영국 런던에서는 화재 · 도난에 대비하여 다액의 화폐를 가지는 사람은 금전매매업자인 金細工商(goldsmith)에 貨幣를 예치하는 관습이 있었으나, 17세기 말경에서 18세기에 걸쳐서 예금자가 네덜란드의 영향을 받아서 예금환급의 방법으로서 지급지시서(Zahlungsanweisung)에 의한 지급을 본업으로 하는 은행으로 발달하였다. 한편 지급지시서는 처음 간단히 note 또는 cash note라고 부르고 있었으나, 18세기 이후는 cheque, chequer라는 용어가 사용되고 차차 오늘날의 수표형식으로 정비되고 보편화됨에 이르렀다. 현재의 각국 수표제도는 직접 · 간접으로 이 영국의 수표제도를 기준으로 한 것이다.[2)]

1) 徐·鄭, 46~47면.
2) 徐·鄭, 47~48면.

제 3 절 우리 나라의 어음 · 手票制度

우리 나라에도 於音, 換簡, 手票, 寄票 등의 명칭으로 오늘날의 어음 · 수표제도와 유사한 제도가 있었던 것은 틀림이 없으나, 그러한 제도가 언제 발생하였는지에 대하여는 정확하지 않다. 대체로 朝鮮 太宗 때부터 이용되기 시작하여 숙종 때에 본격적으로 발달하였다고 하는데, 주로 六矣廛 · 客主 · 松房 등에서 많이 이용되었다고 한다. 이러한 우리 나라에서의 어음제도도 금전지급기능 및 송금기능 등을 수행하면서 유통되었으며, 타인이 발행한 어음을 引受·割引하는 제도도 있었다고 한다.[1] 그러나 이러한 우리 나라의 고유한 어음 · 수표제도는 오늘날의 어음 · 수표제도로 계승 · 발전하지 못하고 다른 법률제도와 같이 단절되었으며, 오늘날의 어음 · 수표제도는 서구의 어음 · 手票制度를 도입한 것이다.

1) 우리 나라의 어음制度에 관한 간단한 소개로는 鄭(熙), 28~30면 참조.

제 4 장 어음法 · 手票法

제 1 절 어음法 · 手票法의 意義

어음法 · 手票法의 意義도 有價證券法의 意義와 같이 實質的 意義의 어음法 · 手票法과 形式的 意義의 어음法 · 手票法으로 나누어 볼 수 있다.

제 1 實質的 意義의 어음法 · 手票法

實質的 意義의 어음法 · 手票法은 이론상(학문상) 통일적인 의미의 어음法 · 手票法인데, 이에는 다시 광의와 협의의 의의가 있다.[1)]

광의의(넓은 의미의) 實質的 意義의 어음法 · 手票法이란 「어음 · 수표에 관한 법의 전체」를 말한다. 즉, 어음 · 수표에 관한 私法뿐만 아니라, 어음 · 수표에 관한 公法[2)]도 포함한다. 이 때의 어음 · 수표에 관한 私法에는 어음 · 수표관계에 고유한 私法만을 의미하는 것이 아니라, 어음 · 수표관계에 적용될 民法 또는 商法의 규정(즉 民事어음法 · 手票法)을 포함한다.

협의의(좁은 의미의) 實質的 意義의 어음法 · 手票法이란 광의의 實質的 意義의 어음法 · 手票法에서 어음 · 수표에 관한 公法 및 民事어음法 · 手票法을 제외한

1) 同旨: 註釋, 122면; 孫(珠), 3면.
그러나 鄭(東), 65면은 實質的 意義의 어음法 · 手票法을 광의의 어음法 · 手票法과 같은 의미로 사용하고 形式的 意義의 어음法 · 手票法을 협의의 어음法 · 手票法과 같은 의미로 사용하고 있는데, 이는 정확하지 않다고 본다.

2) 어음 · 手票에 관한 公法은, 예컨대 刑法(214조～217조), 不正手票團束法, 行政法(인지세법, 외국환관리법), 民事訴訟法(9조, 213조 1항 단서, 476조 이하), 民事執行法(233조), 國際私法(51조～59조), 債務者回生 및 破産에 관한 法律(393조) 등을 의미한다.

「어음 · 수표관계에 고유한 私法」(고유한 어음法 · 手票法)만을 의미한다. 일반적으로 實質的 意義의 어음法 · 手票法이라고 말할 때는 협의의 의의를 말한다.

협의의 實質的 意義의 어음法 · 手票法은 대체로 다음에서 보는 形式的 意義의 어음法 · 手票法과 같다고 볼 수 있으나, 이 양자는 반드시 동일한 것이 아니다. 즉, 形式的 意義의 어음法 · 手票法은 협의의 實質的 意義의 어음法 · 手票法 외에 어음 · 手票의 實質關係에 관한 사항(예컨대, 利得償還請求權)에 대하여도 규정하고 있으며, 이와 반대로 협의의 實質的 意義의 어음法 · 手票法에 속하는 拒絶證書令은 形式的 意義의 어음法 · 手票法에 속하지 않는다.[1]

제 2 形式的 意義의 어음法 · 手票法

形式的 意義의 어음法 · 手票法은 실정성문법인 어음法 · 手票法을 의미한다. 즉, 우리 나라에서의 形式的 意義의 어음法 · 手票法은 1961. 1. 20 법률 제1001호로 공포된 어음法과 동 일자에 법률 제1002호로 공포된 手票法을 의미한다. 이러한 어음法과 手票法은 1995. 12. 6에 법률 제5009호 및 법률 제5010호로 일부 改正되었는데, 이의 改正에 의하여 署名制度가 도입되고 부분적으로 자연스럽지 못한 표현이 정비되었다.

제 2 절 어음法 · 手票法의 沿革

제 1 제네바統一어음法 · 手票法의 制定以前

어음 · 수표는 원래 관습의 산물이었으므로 어음 · 수표를 규율하는 법도 처음에는 慣習法으로 존재하였다. 그 후 각국은 어음 · 수표를 규율하는 成文法을 제정하였는데(이에 관한 성문법은 1673년의 프랑스의 商事勅令이라고 함),[2] 어음 · 수표의 성질상 각국의 어음法 · 手票法은 통일화가 되어 1930년의 제네바어음法統一條約 및 1931년의 제네바手票法統一條約이 채택되기까지에는 세계의 어음法 · 手票法은 프랑스法系 · 獨逸法系 및 英美法系의 三法系로 나뉘어 있었다. 이 때의 프랑스法系의 어음法 · 手票法은 어음관계와 실질관계를 엄격히 구별하지 않은 점에 특색이 있었고, 獨

1) 註釋, 122면.
2) 徐·鄭, 49면.

逸法系의 어음法 · 手票法은 어음관계를 실질관계와 엄격히 구별한 점에 특색이 있었으며, 英美法系의 어음法 · 手票法은 어음 · 수표의 기재요건이 완화되어 있고, 배서위조가 있는 경우에는 어음 · 수표상의 권리를 선의취득할 수도 없고 또 지급인은 이러한 배서위조가 있는 어음을 선의로 지급하여도 원칙적으로 면책되지 않는 점 등에 특색이 있었다.[1] 그 후 제네바統一條約의 제정 후 세계의 어음法 · 手票法은 크게 統一條約을 채택한 統一法系와 同條約을 채택하지 않은 英美法系의 二法系로 나뉘어지고 있는데, 이것이 오늘날까지 이어지고 있다. 따라서 아직까지 어음法 · 手票法은 세계적 통일을 이루지 못하고 있고, 제네바統一法은 프랑스法系와 獨逸法系를 통일한 것에 불과하다고 볼 수 있다.[2] 1988년에 國際聯合 國際商去來法委員會(UNCITRAL)는 국제적으로 유통되는 어음에 적용할 國際換어음 및 國際約束어음에 관한 UN協約을 成案하였으나, 이것은 각국의 어음法을 통일하는 것이 아니라 어음 중에서 국제적으로 유통되는 어음에 대하여만 적용되는 규정에 불과하다. 그러나 同 UN協約에 의하여 국제적으로 유통되는 換어음 및 約束어음에 관하여는 부분적으로나마 세계적 통일을 이루어가고 있다고 볼 수 있다.

제 2 제네바統一어음法 · 手票法의 制定以後

1. 統一어음法의 制定

1920년의 부뤼셀財政會議의 발의로서 國際聯盟經濟委員會가 어음法의 통일문제를 연구하게 되었는데, 이 위원회는 4명의 위원을 임명하고 이 4명의 위원에게 연구보고하게 하여 그 의견을 참작하고, 국제상업회의소의 결의와 각국의 의향을 좇아 1927년부터 1928년에 걸쳐 제네바統一規則案을 작성하였다.

1930년 5월 13일부터 6월 7일까지 31개국의 대표가 참석하여 제네바에서 「換어음 · 約束어음 및 手票에 관한 法律統一을 위한 國際會議」 제 1 회 회의가 개최되었는데, 이 회의에서 (i) 「換어음과 約束어음에 관하여 統一法을 제정하는 條約」(Convention providing a uniform law for bills of exchange and promissory notes; Abkommen über das einheitliche Wechselgesetz), (ii) 「換어음과

1) 鄭(東), 66면.

2) 그런데 제네바統一法은 獨逸法에 가깝게 統一된 것이다. 또한 프랑스法과 獨逸法은 統一法의 留保條項에 따라 相異한 國內立法을 하고 있으므로, 제네바統一法 이후에도 兩法系 사이에는 아직도 중요한 차이점이 남아 있다고 볼 수 있다[鄭(東), 68면].

約束어음에 관하여 法律의 어떠한 저촉을 해결하기 위한 條約」(Convention for the settlement of certain conflicts of laws in connection with bills of exchange and promissory notes; Abkommen über Bestimmungen auf dem Gebiete des internationalen Wechselprivatrechts) 및 (iii)「換어음과 約束어음에 관하여 印紙法에 관한 條約」(Convention on the stamp laws in connection with bills of exchange and promissory notes; Abkommen über das Verhältnis der Stempelgesetze zum Wechselrecht)의 3條約이 성립되었다. (i)의 조약은 조약본문 11개 조문과 제1부속서(Annex Ⅰ; Anlage Ⅰ)(統一어음法으로 제1편은 제1조부터 제74조까지로 換어음에 관한 규정이고, 제2편은 제75조부터 제78조까지로 約束어음에 관한 규정임) 및 제2부속서(Annex Ⅱ; Anlage Ⅱ)(留保條項 23개 條文)로 되어 있고, (ii)의 계약은 20개 조문으로 되어 있는데, 이것은 國際어음法의 통일을 목적으로 한 것이며, (iii)의 조약은 10개 조문으로 되어 있는데, 이는 어음의 효력이 印紙의 첨부여하에 따라서 영향을 받지 않는다는 것을 목적으로 한 조약이다.[1)]

2. 統一手票法의 制定

1930년의 제네바會議에서는 회기나 비용관계로 인하여 手票에 관하여는 어떠한 條約도 성립시키지 못하고 해산하고, 다음 해인 1931년 2월 23일부터 3월 19일까지 역시 제네바에서 개최된 제2회 회의에서(30개국이 참석하였고, 美國은 참관자로만 참석하였다) 統一手票法이 성립하였다. 이 때에도 어음과 같이 (i)「手票에 관하여 統一法을 제정한 條約」(조약본문 11개 조문, 제1부속서로 統一手票法 57개 조문, 제2부속서로 留保條項 30개 조문)과, (ii)「手票에 관하여 法律의 어떠한 저촉을 해결하기 위한 條約」(19개 조문) 및 (iii)「手票에 관하여 印紙法에 관한 條約」(10개 조문)의 3條約이 성립되었다.[2)]

3. 批准國

위에서 말한 諸條約을 모든 참가국이 동일하게 서명·비준한 것은 아니고, (i) 어음 및 수표에 관한 각각의 3條約에 모두 비준 또는 가맹한 국가는, 독일, 덴마크, 단치히, 핀란드, 프랑스, 일본, 이탈리아, 모나코, 노르웨이, 네덜란드, 폴란드, 포르투갈, 스웨덴, 스위스이고, (ii) 3개의 어음法條約에만 비준

1) 徐·鄭, 52면; 鄭(熙), 42면; 註釋, 124면, 531면; 鈴木·大隅, 講座(1), 18면 이하; Jacobi, S. 15~17; Hans Kapfer, *Wechselgesetz und Scheckgesetz,* 6. Aufl.(Wien: Manzsche Verlags-und Universitätsbuchhandlung, 1967), S. 6~31; 어음法統一運動 및 統一어음法條約의 成立過程의 상세에 관하여는 M.O. Hudson and A.H. Feller, "The International Unification of Law Concerning Bill of Exchange," *Harvard L.R.* Vol. 44, No. 3, p. 333 참조.

2) 鈴木·大隅, 講座(1), 21면; Jacobi, S. 17~19; Kapfer, *a. a. O.,* S. 218~245.

또는 가맹한 국가는, 오스트리아, 벨기에, 룩셈부르크이고, (iii) 3개의 手票法條約에만 비준 또는 가맹한 국가는, 그리스,[1] 나카라과이고, (iv)「어음 및 手票에 관하여 印紙法에 관한 條約」에만 가입한 국가는 영국이고, (v)「手票에 관하여 印紙法에 관한 條約」에만 가입한 국가는 아일랜드이다.[2]

어음 · 手票에 관한 각각의 3條約은 당시의 國際聯盟 常任理事國 3개국을 포함한 7개국에 의하여 비준 또는 가맹되어야 하였고, 7개국의 비준 또는 가맹이 있은 후 90일이 경과하여야 발효하게 되었으나, 독일 등의 비준 또는 가맹이 늦어져 모두 1934년 1월 1일부터 그 효력이 발생하게 되었다.[3]

4. 統一法에 따른 各國의 立法

統一어음 · 手票法의 성립에 따라 각 체약국은 이 조약에 의하여 제 1 부속서인 統一어음法, 統一手票法을 원문 또는 자국어로써 그대로 또는 제 2 부속서에 규정된 留保條項의 범위 내에서 변경을 가하여 그 영토 내에서 시행할 의무를 가지게 된 것인데, 이에 따라 獨逸에서는 1933년 6월 21일에 어음法(Wechselgesetz vom 21. Juni 1933)이 제정되었고, 手票法도 1933년 8월 14일에 제정되어(Scheckgesetz vom 14. August 1933), 모두 1934년 1월 1일부터 시행되고 있다. 프랑스도 제네바統一條約에 따라서 1807년 商法典의 일부로서 규정된 어음法을 1935년 10월 30일 大改正을 하여 1936년 2월 1일부터 시행하고 있다. 이 밖에 이탈리아에서도 1933년 12월 14일 및 同年 12월 21일에 어음法 및 手票法이 勅令으로 제정되어 1934년 1월 1일부터 시행되고 있다.[4] 日本도 統一條約에 가입하여 1932년의 어음法(法律 제20호)은 제44조 3항을 제외하고는 統一條約에 따라 統一어음法의 규정을 그대로 日本의 어음法으로서 옮긴 것이며, 1933년 법률 제57호로 공포된 手票法은 統一手票法을 대체로 번역하여 옮긴 것이나, 統一條約에서 인정된 留保條項을 이용하여 統一手票法에 변경을 가한 점이 약간 있다.[5] 우리 나라의 어음 · 手票法은 朝鮮民事令 제 1 조 8호의 2 및 8호의 3에 의하여 일본의 어음 · 手票法이 依用되다가, 1962년 1월 20일 商法과 더불어 公布된 어음法(法律 제1001호)과 手票法(法律 제1002호)이 1963년 1월 1일부터 시행되고 있으나, 이것 역시 統一條約의 제 1 부속서의 번역에 약간의 附則을 보태어 각각 單行法으로 제정된 것이므로 日本의 어음·

1) 그리스는「어음에 관한 統一法을 제정하는 條約」에도 加入함.
2) Jacobi, S. 20.
3) 徐·鄭, 53면 ; Jacobi, S. 20~21.
4) 註釋, 124면 ; 鄭(熙), 42면 및 같은 면 註 2.
5) 鈴木 · 大隅, 講座(1), 18면, 21면.

手票法과 거의 차이가 없다.[1] 그 후 우리 나라의 어음法과 手票法은 1995년 12월 6일에 각각 법 제5009호와 법 제5010호로 일부 개정되었는데, 그 내용은 記名捺印과 함께 署名制度를 병용하고 일부 규정의 文言을 조정한 것이었다.

위와 같이 統一條約에 참가한 많은 나라가 이에 따라 國內立法을 하였고, 또 이 條約에 참가하지는 않았으나 統一法을 채택하든가 또는 統一法에 접근한 立法을 하고 있는 나라도 적지 않으나,[2] 英國과 美國이 참가하지 않고 있다(또한 多數의 英國 自治領 및 植民地를 포함하므로 광대한 法域이 統一法의 外에 있게 된다). 현재 세계에 있어 이들 두 大國의 거대한 경제적 세력을 감안할 때 統一法의 그 국제적 통일의 효과는 충분한 것이 되지 못한다고 할 수 있다.[3]

제 3 英美의 어음法 · 手票法[4]

1. 英國의 換어음法[5]

현행 英國 換어음法(Bills of Exchange Act, 1882)은 종래의 慣習法 · 特別法 · 判例 등을 Chalmers가 수집 · 정리하여 기초한 것으로서 판례 상호간에 모순이 있는 경우 이외에는 당시의 判例에 거의 변경을 가하지 않고 이를 체계화하여 法典化한 것으로,[6] 이것은 전문 100개조와 부속명세표(Schedules)로 되어 있다. 그 후 同法은 수 차에 걸쳐 개정되었는데, 그 중 중요한 것은 1957년 手票法(Cheques Act, 1957)(8개 조문)이 추가된 것이다. 이 法에서는 手票를 어음의 일종으로 보아 手票法을 어음法에 포함시키고 있다.

---

1) 徐·鄭, 53면.

2) 이러한 立法을 하고 있는 例로는, 1934년의 루마니아, 1935년의 시리아, 1943년의 이라크, 1944년의 하이티, 1946년의 유고슬로비아, 1950년의 체코슬로바키아, 1956년의 터키, 1959년의 라오스(어음만 해당), 1959년의 튀니지(어음만 해당), 1950년의 캄보디아, 1966년의 아프가니스탄, 1960년의 에티오피아 등이 있다(Baumbach/Hefermehl, Einleitung WG Rdn. 4). 1962년의 우리 나라 어음 · 手票法도 이러한 立法의 方法을 취한 것으로 볼 수 있다(註釋, 124면 註 1).

3) 同旨: 註釋, 124면.

4) 英國의 어음 · 手票法을 우리 어음 · 手票法과 비교하여 설명한 것으로는 鄭燦亨, 「英美어음 · 手票法」(서울: 고려대학교출판부, 2001) 참조.

5) 英國의 換어음法을 우리 어음法과 비교하여 설명한 것으로는 鄭燦亨, "英國의 換어음法(上) — 우리 어음法과의 比較를 中心으로," 「企業環境의 變化와 商事法」(椿江孫珠瓚教授古稀紀念論文集)(서울: 삼성출판사, 1993. 11), 497~524면 및 同, "英國의 換어음法(下) — 우리 어음法과의 比較를 中心으로," 「季刊 國際法律經營」(서울: 財團法人 國際法律經營研究院, 1993. 12), 제18권, 6~33면 참조.

6) F. K. Beuted, *Materials and Cases on Interpretation on the Law of Negotiable Paper,* 1936, p. 6.

英國內의 自治領도 대부분 英國 換어음法과 같은 내용의 어음法을 갖고 있다.

2. 美國의 統一流通證券法 및 統一商法典

1) 美國에서는 1896년에 Crawford가 기초한 統一流通證券法(Uniform Negotiable Instruments Law)이 統一州法委員全國會議(the National Conference of Commissioners on Uniform State Laws)에 의하여 공포되자, 1897년부터 New York州를 위시하여 各州에서 각각 州法으로 채택하기 시작하여 1924년에는 모든 州가 채택하였고, 州에 따라서는 약간의 수정을 하고 있을 뿐이다.[1] 이 法은 자주 流通證券法(Negotiable Instruments Law, N. I. L.)으로 인용되고 있는데, 이 法은 1882년 英國 換어음法을 기초로 한 것이므로 英國 換어음法과 같이 주로 普通法의 선언에 불과하다.[2]

2) 그런데 1930년대에 와서 流通證券法은 同法 제정 당시에 비하여 상업활동의 구조적 변화가 발생하여 시대에 맞지 않게 되었으므로, 완전히 새로운 법률을 필요로 하였다.[3] 따라서 1940년대에 와서는 商事法令의 개정에 대한 관심이 점차 고조되어 상기 會議는 統一流通證券法의 개정작업에 착수하여 1951년 9월에 최초의 統一商法典 公式內容(Official Text of the Code)을 공포하여「1952 Official Text」로 발행하였다.[4] 同法典은 1953년에 Pennsylvania주에 의하여 최초로 채택되었고(1954. 7. 1 施行), 그 후 Massachusetts주가 두 번째로 1957년 9월에 統一商法典을 채택하였으며, 1960년에는 Kentucky, Connecticut, New Hampshire 및 Rhode Island가, 1961년에는 그 외의 8개주가, 1962년에는 뉴욕주를 포함한 4개주가, 1963년에는 11개주가, 1964년에는 1개주가, 1965년에는 13개주가, 1966년에는 5개주가 채택하게 되어, 1969년에는 49개주, 콜롬비아 地域(District of Columbia) 및 버진아일랜드(virgin Islands)에서 채택하여, Louisiana주만이 統一商法典을 채택하지 않은 유일한 주였으나, 同州도 1974년에는 統一商法典 제1, 3, 4, 5, 7, 8장을 채택하였다.[5]

---

1) 美國의 流通證券法의 立法에 대한 글로는 Grant Gilmore, "Formalism and the Law of Negotiable Instruments," *Creighton L. R.* Vol. 13(1979) 참조.

2) Weber, p. 4; 徐·鄭, 50면.

3) Llewellyn, "Why We Need the Uniform Commercial Code," 10 *U. Fla. L. Rev.* 367 (1957).

4) White/Summers, pp. 3~4.

5) White/Summers, pp. 4~5.

美國의 統一商法典(Uniform Commercial Code, U.C.C.)은 전부 13개장으로 되어 있는데(Article 1~13),[1] 어음 · 手票에 관한 부분은 제 3 장 流通證券(Negotiable Instruments)에 있고, 제 3 장은 6개절(Part 1~6)로 되어 있다. 이미 위에서 본 바와 같이 U.C.C. 제 3 장은 美國의 모든 州가 채택하고 있다.

이러한 美國의 統一商法典은 그 후 1957년(주로 뉴욕州法改正委員會의 개정안에 따른 제 3 장의 개정) · 1958년 · 1962년(제 9 장의 개정) · 1972년 · 1978년(제 8 장의 개정)의 개정이 있었는데, 제 3 장(및 제 4 장)은 1990년에 대폭 개정되었다. 1990년의 제 3 장의 개정에서는 제목부터 종래의 商業證券(Commercial Paper)에서 流通證券(Negotiable Instruments)로 개정되었고, 그 내용도 컴퓨터 기술보급에 따른 새로운 제도와 관행에 맞게 대폭 개정되었다. 제 3 장(및 제 4 장)의 개정작업은 제4A장(電子資金移替)의 제정작업과 함께 진행되었다.[2]

제 3 절 어음法 · 手票法의 地位

제 1 어음法 · 手票法과 商法과의 관계

어음法과 手票法은 처음 慣習法으로서 성립한 것이나, 어음 · 手票去來의 안전을 위하여 뒤에 成文化하는 데에 있어서도 각국은 편의를 위하여 單行法으로 제정하거나(영국 · 미국 · 독일 · 스위스 · 노르웨이) 또는 商法典의 일부로 하고 있다(프랑스〈新舊〉 · 일본舊法). 우리 어음法과 手票法은 상법전에서 분리되어 특별한 單行法으로 되어 있다.[3] 그

---

1) 이는 Article 2A(Leases of Goods)와 4A(Fund Transfers)를 포함하여 13個章이다.

2) 이에 관한 상세는 註釋(I), 180~181면 참조.

3) 우리 商法의 제정에 있어서 한때 그 초안은 제六편을 證券法이라 하여 어음과 手票에 관한 규정을 두어서, 어음法과 手票法을 완전히 商法의 일부로 하고 있었다. 그러나 1930년의 어음法統一條約, 1931년의 手票法統一條約 성립 후의 세계 입법례를 보면, 종래 商法의 한 편으로 어음 · 手票에 관한 규정을 두었던 여러 나라에서도 單行法으로 개정하여, 현재 프랑스商法을 제외하고는 대다수의 입법은 商法의 한 편으로 하지 아니하고 單行法으로 하고 있다. 따라서 우리 어음法과 手票法은 이러한 統一條約에 맞추어 제정한다는 이유도 있거니와 실질적으로도 어음과 手票에 관한 法을 商法으로부터 분리시킬 필요가 있어 單行法으로 제정한 것이다.

연혁적으로는 어음거래가 환전상과 일반상인간에만 행하여졌으므로 어음능력이 상인에 국한되어 있었다. 그러나 어음능력에 대한 법률상의 제한은 세계적 경향으로서 철폐되고 경제상으로도 일반적인 경제생활의 합리화와 더불어 이미 기업거래라는 영역을 넘어서 일반인에게 개방되어 있으므로 어음에 관한 법규를 기업법인 商法에만 속하게 하는 것은 무리이다. 이 점에서 옛날에 商法의 영역에서 발달하여 商人의 특유한 제도로 되어 있던 破産制度

러므로 어음法·手票法이 商法에 대하여 어떠한 관계에 있는가는 분명하지 아니하다.[1] 1962년 전의 依用商法인 日本法에서는 어음法·手票法이 실질적 의의의 商法에 속한다는 견해와 속하지 않는다는 두 견해가 대립되어 있었다.[2] 그 이유는 1962년 전의 依用商法에서는 어음 기타 상업증권에 관한 행위가 상법상 절대적 상행위로 되어 있어서(舊商 501조 4호), 그것을 규정하는 어음法과 手票法은 형식적으로 商行爲法에 속하고 商事特別法의 성격을 보유하고 있었기 때문이다.[3]

그러나 현행 우리 商法은 어음(수표)행위를 商行爲로 규정하고 있지 않을 뿐만 아니라, 실질적 의의의 商法을 기업에 관한 法이라고 할 때 어음·手票는 기업의 독점물이 아니고 일반인도 널리 이용하는 제도인 점에서 어음法·手票法은 실질적 의의의 商法에 속하지 않는다. 이러한 의미에서 어음法과 手票法이 실질적 의의의 商法에 속한다고 하기보다는 오히려 다른 有價證券에 관한 법규와 같이 有價證券法으로서 사법체계 중에 특수한 지위를 차지하고 있다고 할 것이다. 따라서 어음法·手票法은 形式에서 뿐만 아니라 實質的으로도 商法으로부터 독립한 지위를 가지고 있다.[4]

가 일반화하여 破產法이 商法으로부터 분리되어 독립한 法域을 이루고 있는 것과 다름없다. 학자 중에는, 주로 기업거래에 관하여 어음을 이용한다는 것과 외면적 특성이 기업조직에 관한 특성과 유사하다는 점에서 어음을 실질적인 商法에 속하게 하는 견해도 있으나, 어음·手票法은 권리와 증권과를 결부시켜서 유통성을 확보하고자 하는 객관적인 증권에 관한 법규로서의 특성을 가지고 있으므로 외면적 특성의 유사성에서 이것을 企業法으로서의 商法에 속한다고 하기는 어렵다. 그러므로 어음法과 手票法은 유통성의 확보라는 이념에 의한 법기술적인 해결을 통일적으로 요구하는 법분야로서 사법체계 중에서 독자적인 지위를 차지하여야 할 것이다. 이러한 점에서 商法草案 중에서 제 六 편을 없애고 증권에 관한 법을 單行法으로 立法化한 것은 타당하다.

어음과 手票에 관한 單行法의 제정에 있어서도, 統一條約에 따른 大陸法系 여러 나라는 어음法에서 換어음과 約束어음만을 규정하고, 手票는 다른 법률로 규정하고 있다. 이것은 어음法統一條約이 1930년에, 手票法統一條約이 1931년에 성립하여, 兩法의 제정 연혁에 있어서 분리되었다는 것만이 아니고, 이미 말한 바와 같이 그의 경제상 기능의 실질에 중점을 두어서 分離主義를 취한 것인데, 分離主義는 立法의 진보라고 한다. 따라서 우리 나라의 어음法·手票法을 제정함에 있어서도 그 규정의 내용에 관하여 統一法을 따랐을 뿐만 아니라, 어음과 手票의 경제상 기능의 차이에서 어음法과 手票法을 각각 單行法으로 제정한 것이다. 이와 같이 統一條約에 따라서 두 法의 형식적 독립성을 철저히 하여 準用形式을 완전히 배제하고 있으므로, 같은 규정이 많이 중복되는 것은 불가피하게 되었다. 이렇게 함으로써 英美를 제외한 대다수의 大陸法系 여러 나라의 어음法과 手票法은 통일되어 국제거래의 협조에 이바지할 수 있게 되었다[徐·鄭, 54면 註 1].

1) 徐·鄭, 53~54면.

2) 實質的 意義의 商法에 속한다는 說: 田中(誠), (上) 3면; 鈴木, 37면, 73면.
實質的 意義의 商法에 속하지 아니한다는 說: 石井·鴻, 69면; 西原寬一, 「日本商法論」, 第1卷, 1943, 297면 이하.

3) 徐·鄭, 54~55면.

4) 同旨: 徐·鄭, 55면; 鄭(熙), 45면; 孫(珠), 5면; 李(範), 261면; 梁·朴, 660면; 梁(承),

제 2 어음法 · 手票法과 民法과의 관계

어음法과 手票法은 民法에 대한 特別法이다.[1] 어음 · 手票는 그 내용인 권리의 면에서는 전적으로 債權法的 원리에 의하여야 할 것이다. 또 어음 · 手票債權은 그 형식인 어음 · 手票證券에 化體되어 증권의 이전에 따라 어음 · 手票債權이 이전하는 관계는 物權法的으로 다루어야 할 것이다. 債權法的 규정인 背書에 관한 어음法 제14조(手 17조)의 규정은 指名債權讓渡에 관한 일반규정인 民法 제450조의 특칙이고, 利得償還請求權에 관한 어음法 제79조(手 63조)는 부당이득에 관한 규정인 民法 제741조에 대한 특칙이다. 物權法的 규정인 善意取得에 관한 어음法 제16조 제 2 항(手 21조)은 動產의 善意取得에 관한 일반규정인 民法 제249조 · 제250조 · 제251조에 대한 특칙이다. 또 短期時效(어 70조 · 71조, 手 51조 · 52조), 保證에 관한 규정(어 30조 이하, 手 25조 이하)은 民法상의 일반규정에 대한 특칙이다. 그러므로 어음法과 手票法에 규정이 없는 부분 중 어음 · 手票債權에 관하여는 民法 債權法의 규정, 證券에 관하여는 民法 物權法의 규정이 각각 보충적으로 적용되어야 한다.[2]

제 4 절 어음法 · 手票法의 特性

어음 · 手票制度는 財產權을 어음 · 手票라는 증권에 有體化하여 그의 변제를 확실하게 하는 동시에, 그의 유통을 용이하게 하여 주는 수단이다. 따라서 어음法과 手票法의 기본적 이념은 「被支給性의 확보」와 「流通性의 조장」에 있는 것인데, 이 기본적 이념을 실현하기 위하여 어음法 · 手票法은 다음과 같은 특성을 갖는다.[3]

80면 外.

反對: 崔(基), 91면.

1) 民法은 제 3 편 債權 제 1 장 總則 제 7 절에 指示債權, 同 제 8 절에 無記名債權에 관하여 규정하고 있는데, 이것을 1958년 전의 依用民法에서의 證券債權에 관한 規定과 비교하여 볼 때, 依用民法上의 證券債權 規定이 어음 · 手票에 관한 法規와 일치하지 아니하므로 매우 불비하고 부당한 것이었으나, 現行民法의 證券債權 規定은 이러한 法規의 부조화를 정비하여 어음 · 手票에 관한 法規와 동일하게 규정하고 있다. 이것은 民法의 商化現象의 一顯現이라고 볼 수 있다. 이와 같이 依用民法下에서 特別規定의 의미가 있었던 어음法과 手票法의 規定들이 民法에 그냥 들어옴으로써 어음法 · 手票法의 民法에 대한 特別法的인 意義는 매우 감소되었다고 볼 수 있다[徐·鄭, 55면 註 2].

2) 同旨: 徐·鄭, 55~56면.

3) 同旨: 徐·鄭, 56면.

제 1 獨立法的 性質

어음法과 手票法은 獨立法的 性質을 가지고 있다. 이는 어음法 · 手票法이라는 성문법이 단행법으로서 독립법적 形式을 갖추고 있다는 의미가 아니라, 實質的으로 통일체를 이루며 자급자족의 법률이라는 것을 의미한다. 어음法·手票法도 私法(財產法)의 일부로서 사법의 일반법인 民法 또는 商法에 대하여 特別法的 관계에 있는 것은 부인할 수 없으나, 앞서 말한 바와 같이 이러한 一般法과 特別法의 관계는 극히 희박하고 어음 · 手票에 관한 사항은 어음法과 手票法 내에서 해결되는 것을 원칙으로 하고 民·商法으로써 보충될 여지는 극히 적다.[1)]

제 2 強行法的 性質

어음法 · 手票法은 유통성을 확보하기 위하여 어음 · 수표상의 권리의 발생·이전 · 소멸에 이르기까지의 과정을 모두 法律에 의하여 엄격하게 규율하고 있어서 당사자의 私的 自治의 여지가 극히 적다. 어음法 · 手票法의 대부분은 債權法的 규정으로서 원래는 契約自由의 원칙이 지배할 분야가 비교적 많은 것이나, 어음 · 手票는 특정한 사람 사이의 채권관계의 결제를 목적으로 할 뿐만 아니라 화폐처럼 불특정 다수인 사이를 전전유통하는 것이므로 強行法으로 규정하지 아니하면 일반공중은 안심하고 어음 · 手票를 취득할 수 없으며 그 거래의 원활을 기대할 수 없기 때문이다.[2)]

제 3 手段的 性質

어음과 手票는 거래관계를 결제하기 위한 수단이므로, 이를 규율하는 어음法과 手票法은 手段的 성질을 갖는다. 어떤 法이든 우리의 사회생활의 수단이 아닌 것이 없지만, 특히 어음法과 手票法은 가장 手段的 性質이 강하다.

1) 同旨: 徐·鄭, 56~57면.
2) 同旨: 徐·鄭, 57면.

제 4 非倫理的 · 技術的 性質

어음法 · 手票法은 한 나라의 국민감정 · 도덕 · 전통을 떠나서, 오로지 기술적으로 고찰할 수 있는 법규이고, 그 지도원리는 被支給性의 확보와 流通性의 조장이라는 이념을 실현하기 위하여 합리적 고려에서 나온 것이다. 기술적이라는 것은 전문적 지식 없이는 이해하기 곤란하므로, 어음 · 수표관계는 상식으로써 추리하여 판단하지 못하며 특별한 지식을 요한다는 의미이다. 또 기술적이라는 것은 윤리성이 희박하다는 것을 의미한다. 물론 어음 · 수표도 도박채권이라든가 폭리행위의 은폐에 이용되는 일도 있으나, 윤리적 판단의 대상이 되는 것은 어음 · 手票 자체가 아니라 어음 · 手票에 의하여 달성하려는 목적이다.[1]

제 5 成文化的 性質

어음法 · 手票法은 용이하게 성문화하는 경향이 있다. 관습 · 도덕 등에 기초를 두는 법규는 그 성문화가 용이하지 아니하며, 성문화하여도 관습법의 지배가 크고 때로는 성문법을 무시하는 일도 발생할 수 있다. 그러나 어음法 · 手票法은 成文化가 용이하고, 또 성문화한 것과 반대의 慣習 같은 것은 별로 없다.[2]

제 6 世界的 性質(統一性)

일반적으로 商法은 세계적 성질을 가지는 것이나, 가장 기술적 색채가 농후하고 이론적 색채가 적은 어음法 · 手票法에서는 특히 세계적 통일의 가능성이 강하다. 또 어음 · 手票는 실제로 국제대차의 수단으로 국제간에 유통하는 것이므로 세계적 경향이 현저하다. 어음法 · 手票法의 세계적 경향을 실증하는 것으로는 이미 설명한 제네바에서의 어음法統一條約 · 手票法統一條約 및 최근의 國際換어음 및 國際約束어음에 관한 UN協約 등을 들 수 있다.[3]

---

1) 同旨: 徐·鄭, 57면.
2) 同旨: 徐·鄭, 58면.
3) 同旨: 徐·鄭, 58면.

제 3 편 어음法 · 手票法 總論

제 1 장 어음行爲

제 2 장 어음行爲의 代理(代表)

제 3 장 어음의 僞造와 變造

제 4 장 白地어음

제 5 장 어음의 實質關係

제 6 장 銀行業務와 어음

제 1 장 어음行爲[1)]

제 1 절 어음行爲의 意義

어음行爲(Wechselerklärung)는 어음이라는 증권상에 행하여지는 법률행위인데, 민법상의 법률행위나 상행위에 비하여 특수성을 가지고 있다. 어음行爲라는 용어는 法典上의 용어[2)]가 아니라 講學上의 용어인데, 이는 보통 形式的 意義와 實質的 意義로 나뉘어 설명되고 있다.

제 1 形式的 意義

어음行爲의 形式的 意義는 「기명날인 또는 서명을 불가결의 요건으로 하는 요식의 증권적 법률행위」이다. 이것은 모든 어음행위에 공통적인 현상으로, 이러한 形式的 意義에 대하여는 異說이 거의 없다.[3)]

제 2 實質的 意義

어음行爲의 實質的 意義에 대하여는 크게 이를 肯定하는 견해와 否定하는 견해로 나뉜다.

1) 手票行爲를 포함한다. 이하에서 手票에 관하여 별도의 설명이 없는 한 어음에는 手票를 포함한다.

2) 어음(手票)行爲라는 용어는 法典에서는 어음法 제 8 조 및 手票法 제11조의 表題에서 사용되고 있을 정도이다.

3) 그러나 어음行爲의 形式的 意義를 인정하지 않고 實質的 意義만을 인정하는 見解도 있다 [李(範), 263면].

1) 肯定하는 견해는 어음행위의 요소인 意思表示의 실질적 목적에 의하여 어음행위의 결과로서 어음채무자가 어음債務를 부담하는 면을 중시하는 견해이다. 즉, 이 견해에서는 實質的 意義의 어음行爲를 「어음행위의 결과 어음상의 채무를 부담하게 하는 행위」,[1] 「어음상의 채무의 발생원인이 되는 법률행위」,[2] 「어음행위는 원칙적으로 그 결과로서 어음상의 채무를 발생시키는 법률행위」[3] 등으로 설명한다.

2) 否定하는 견해는 어음행위자의 제 1 차적인 意思表示의 내용이 상이한 점에 기인하는 견해이다. 즉, 이 견해에서는 「각종의 어음행위를 그 效果意思 내지 目的에서 실질적으로 고찰할 때에는 약속어음의 발행 · 환어음의 인수 · 보증과 같이 어음債務의 부담을 목적으로 하는 행위도 있고, 또 보통의 배서와 같이 어음상의 權利讓渡를 목적으로 하는 행위도 있는가 하면, 혹은 환어음의 발행과 같이 수취인에게 금전의 수령권한을 부여할 목적으로 하는 指示行爲도 있어서, 실질적으로는 어음행위에 공통된 정의를 내릴 수 없어서 형식적 정의로써 만족하고자 한다」고 하거나,[4] 「배서나 환어음의 발행이 채무부담을 직접적인 목적으로는 하지 않고 權利讓渡나 支給委託을 목적으로 하는 행위임을 부정할 수가 없는 점에서 볼 때 저마다 다른 意思表示의 결과의 동일성을 단정할 수는 없는 만큼, 어음행위의 목적의 면에서 실질적으로 고찰하여 통일적인 개념구성을 시도한다는 것은 불가능할 뿐만 아니라 불필요하다」고 설명한다.[5]

생각건대 어음행위는 저마다 다른 의사표시의 목적을 갖고 있으므로(예컨대, 약속어음의 발행은 支給約束이나, 환어음의 발행은 支給委託이고, 배서는 어음상의 권리의 讓渡임), 모든 어음행위를 그 내용의 면에서 실질적으로 고찰하여 통일적인 개념구성을 시도하는 것은 불가능할 뿐만 아니라 불필요하다. 더욱이 모든 어음행위의 실질적 목적을 채무부담으로 보는 것도 타당하지 않다. 즉 遡求義務 등을 어음행위자의 의사표시상의 의무가 아니라 法定의 의무로 본다면, 모든 어음행위에 공통적인 사항이 어음債務負擔이라고 볼 수는 없을 것이다. 또 無擔保背書 등과 같이 어음행위자의 의사에 기하여 어음채무를 부담하지 않는 행위를 어음행위가 아니라고 볼 수는 도저히 없을 것이다.

1) 徐(廷), 85면. 同旨: 李(基), 135면.
2) 李(範), 263~264면. 同旨: 孫(珠), 36면(어음行爲의 實質的 意義를 肯定하면서 이를 「어음上의 法律關係의 구성요건인 法律行爲」라고 하는데, 너무나 추상적이어서 그 의미가 없다고 본다).
3) 鄭(東), 85면.
4) 徐·鄭, 64면. 同旨: 金(容), 203면; 梁·朴, 679면; 梁(承), 89면.
5) 鄭(熙), 62면.

따라서 어음행위의 實質的 意義를 부정하는 견해에 찬성한다.

제 2 절 어음行爲의 種類

約束어음에 있어서 어음행위에는 發行·背書·保證·(參加引受)[1]가 있고, 換어음에 있어서 어음행위에는 發行·背書·保證·引受·參加引受가 있으며, 手票에 있어서 수표행위에는 發行·背書·保證·支給保證이 있다. 즉, 換어음·約束어음·手票에 공통적인 어음행위는 發行·背書·保證이고, 換어음에만 있는 어음행위에는 引受·(參加引受)가 있고, 手票에만 있는 수표행위에는 支給保證이 있다. 支給·參加支給은 변제 또는 변제에 유사한 행위로서 어음행위가 아니다.[2]

위와 같은 어음행위 중에서 發行은 기본어음을 창조하는 행위이므로 「기본적 어음행위」라고 하고, 그 밖의 어음행위는 기본어음 위에 하는 어음행위이기 때문에 「부속적 어음행위」라고 한다. 기본적 어음행위가 要件의 欠缺(形式的 瑕疵)로 무효가 되면 그 위에 한 부속적 어음행위도 전부 무효가 되지만, 기본적 어음행위가 實質的 瑕疵(어음行爲者의 無能力·無權限 등)로 무효가 되더라도 그 위에 한 부속적 어음행위는 무효가 되지 않는다(어음行爲獨立의 원칙).

제 3 절 어음行爲의 成立(有效)要件

어음행위는 앞에서 본 바와 같이 요식의 증권적 법률행위이므로 어음행위가 유효하게 성립하고 효력을 발생하기 위하여는 증권의 유효한 「作成行爲」와, 작성된 증권의 유효한 「交付行爲」가 있어야 한다. 증권의 유효한 「作成行爲」가 성립하기 위하여는 어음행위자가 증권에 법정의 사항을 기재하고 기명날인 또는 서명하여야 하며(形式的 要件), 어음행위자에게 유효한 법률행위를 할 수 있는 요건이 갖추어져야 한다(實質的 要件). 이와 같이 작성된 증권의 유효한 「交付行

1) 約束어음에는 法文上 參加引受에 관한 換어음의 규정이 準用되지 않으므로(어 77조 1항 5호) 「參加引受」의 어음行爲가 없으나, 후술하는 바와 같이 해석상 約束어음에도 參加引受가 인정된다고 보면(通說), 約束어음에도 「參加引受」의 어음行爲가 있다.

2) 鄭(東), 85면.

爲」가 있어야 하는 점에 대하여는 어음理論의 문제로서 여러 가지 학설이 나뉘어 있는데, 어느 설을 취하느냐에 따라 그 결론이 달라진다.

이하에서는 어음행위의 形式的 要件과 實質的 要件을 먼저 살펴보고, 다음으로 어음理論에 대하여 고찰하였다.

제 1 어음行爲의 形式的 要件

1. 法定事項의 記載(要式의 書面行爲)

어음행위는 要式行爲이므로 각 어음행위에는 어음法에 고유한 방식이 규정되어 있다. 또한 어음행위는 書面行爲이므로 각 어음행위는 어음상(다만 背書나 保證은 補箋이나 謄本에도 가능함)에 하여야 한다. 이들 각 어음행위에 고유한 방식을 규정한 法條文을 소개하면 다음과 같다.

1) **發行**: 어음法 제 1 조(換어음), 어음法 제75조(約束어음), 手票法 제 1 조(手票)

2) **背書**: 어음法 제13조(換어음), 어음法 제77조 1항 1호(約束어음), 手票法 제16조(手票)

3) **保證**: 어음法 제31조(換어음), 어음法 제77조 3항(約束어음), 手票法 제26조(手票)

4) **引受**: 어음法 제25조(換어음)

5) **參加引受**: 어음法 제57조(換어음)

6) **支給保證**: 手票法 제53조 2항(手票)

2. 記名捺印 또는 署名

모든 어음행위의 形式的 要件으로서 공통된 최소한의 요건은 어음행위자의 記名捺印 또는 署名이다.[1)]

1) 우리 어음(手票)法이 따르고 있는 제네바統一法 原文에 의하면 원래 「署名」(signature; Unterschrift)으로서 어음行爲者 스스로 自署하는 것을 의미하는 것이나, 우리 나라에서는 統一條約議事錄에서 署名이란 말을 각국의 사정에 맞도록 해석할 수 있음을 인정한 바에 따라 어음(手票)法의 제정 당시에는 「記名捺印」으로 立法하였다(教材, 55~56면). 그러다가 우리 어음法(1995. 12. 6 공포, 法 제5009호) 및 手票法(1995. 12. 6 공포, 法 제5010호)이 1995년에 改正되어(이 法들은 공포한 날로부터 시행됨), 어음行爲의 形式的 要件이 "記名捺印 또는 署名"으로 할 수 있게 되어 署名만으로써 하는 어음行爲도 가능하게 되었다.

比較法的으로 볼 때는 英美法系 國家는 물론(B.E.A. §23; U.C.C. §3-401), 같은 統一法系 國家에서도 대부분 「記名捺印」 대신에 「署名」으로 규정하고 있다(獨逸 어음法 1조

어음행위의 공통적인 요건인 記名捺印에서 「記名」이라 함은 어음행위자의 명칭[1]을 타이프라이터 · 인쇄 · 고무인 등으로 기재하는 것을 말하며, 「捺印」은 어음행위자의 의사에 의하여 그의 印章(印章의 종류를 불문함)을 찍는 것을 말한다. 또한 「署名」이라 함은 어음행위자의 自筆의 姓名署名(eigenhändige Namensunterschrift)을 의미하는 것으로,[2] 姓名의 전부가 나타나지 않고 이름 및 雅號에서 따온 개별적인 철자만을 단순히 手書하는 것은 署名으로서 인정되지 않는다.[3] 또한 타이프라이터 · 스탬프 · 模寫 등으로 하는 어음행위자의 표시도 서명으로 볼 수 없다.[4]

이와 같이 어음행위자에게 서명날인 또는 서명을 요구하는 이유에 대하여는 어음행위자로 하여금 어음상의 책임을 부담하게 됨을 자각시키고(主觀的 理由), 어음행위자의 고유한 필적이나 인영을 어음면에 나타내어 어음취득자로 하여금 어음행위자를 確知시키고 어음의 僞造를 방지하고자 하는 것(客觀的 理由)이라고 한다(通說).[5] 그러나 오늘날 거래계의 실정에서 볼 때(특히 타인에 의한 기명날인의 대행의 경우), 서명이 아닌 기명날인의 이러한 이유(主觀的 理由 및 客觀的 理由)가 타당한가는 매우 의문이다.[6]

記名捺印 또는 署名과 관련된 문제는 많이 발생하는데, 이에 관한 국내의 學說 · 判例를 정리하면 다음과 같다.[7]

> 어음行爲者의 記名捺印에서 「記名」은 반드시 그 本名과 일치하여야 하는 것은 아니고[大判 1969. 7. 22, 69 다 742(判總 11-2, 974-2, 1032-5)], 商號 · 雅號 · 通稱 · 藝名 등 무엇이든지 거래자 사이에 자기를 표시하는 명칭이면 무방하다(通說).[8] 會社가 어음을 발행한 후에 商號를 변경한 경우에도 同一한 法人으로 인정되는 한 어음發行人으로서 責任을 진다[大判 1970. 11. 24, 70 다 2205(集 18 ② 民 325)]. 記名이 없고 捺印만이 있는 어음행위는 무효라고 보아야 할 것이

8호 등). 日本의 어음法은 記名捺印 대신에 「署名」으로 규정하면서(日本 어음法 1조 8호, 日本 手票法 1조 6호), 같은 法에서 「本法에서 署名이라 함은 記名捺印을 포함한다」고 규정하여(日本 어음法 82조, 日本 手票法 67조), 「署名」과 「記名捺印」을 함께 사용하고 있다.

참고로 中國(중화인민공화국)의 어음법(1995. 5. 10 공포, 1996. 1. 1 시행)도 우리 改正 어음(手票)法과 같이 "記名捺印 또는 署名"으로 규정하고 있다(同法 4조 이하).

1) 이러한 명칭은 성명 · 상호 · 아호 또는 거래계에서 널리 인정된 통칭이면 무방하다(通說).
2) Baumbach/Hefermehl, WG Art. 1 Rdz. 13.
3) BGH 52, 18; NJW 78, 1255.
4) Baumbach/Hefermehl, WG Art. 1 Rdz. 13.
5) 徐·鄭, 66면; 鄭(熙), 63면; 李(範), 265면; 梁(承), 92면; 蔡, 37면; 李(基), 137면 外.
6) 同旨: 徐·鄭, 66면.
7) 이에 관한 상세는 鄭(燦), (事例) 19~27면 참조.
8) 徐·鄭, 66면; 鄭(熙), 64면; 孫(珠), 54면; 鄭(東), 87면; 李(基), 137면; 蔡, 37면 外.

다[大判 1961. 1. 31, 4294 民上 200(教材, 判決例 [9])].[1] 그러나 이 때에 捺印이 정당하게 된 경우에는 어음行爲者는 相對方 또는 어음所持人으로 하여금 그 名稱의 기재를 대행시킬 의사로써 한 것으로 推定할 수 있으므로,[2] 어음의 정당한 所持人은 記名을 보충할 수 있다고 본다[大判 1980. 3. 11, 79 다 1999(判總 11-2, 1038-1039)(이를 간접적으로 긍정함)].

記名拇印 또는 記名指章의 어음행위가 유효한가에 대하여, 우리 나라의 학설은 이를 긍정하는 少數說[3]도 있으나, 이를 부정하는 多數說[4]이 타당하다고 본다. 이에 관하여 判例는 일관하여 記名拇印 또는 記名指章의 어음행위는 無效라고 다음과 같이 판시하고 있다.

[記名拇印 또는 記名指章의 어음행위를 無效라고 본 判例]

拇印 또는 指章은 그 眞否를 肉眼으로 식별할 수 없고 특수한 기구와 특수한 기능에 의하지 않고는 식별할 수 없으므로 去來上의 유통을 목적으로 하는 어음에 있어서의 記名捺印에는 拇印 또는 指章을 포함하지 않는다[大判 1956. 4. 26, 1955 民上 424(教材, 判決例 [12])].

同旨: 大判 1962. 11. 1, 62 다 604(教材, 判決例 [8]).

記名의 명의와 捺印의 명의가 일치하여야 하는가에 대하여, 우리 나라의 학설은 거래상 동일성이 인정되는 것을 전제로 하여 불일치를 긍정하는 견해[5]와, 거래상 동일성이 인정되는 여부에 불문하고 불일치를 긍정하는 견해[6]로 나뉘어 있는데, 어음행위자의 의사에 기하여 기명 및 날인이 되면 충분하고 인장의 종류 · 명의 · 압날의 방법을 불문한다는 점에서 볼 때 후자의 견해에 찬성한다.[7] 우리 나라의 判例도 후자의 견해에서 다음과 같이 판시하고 있다.

[記名의 명의와 捺印의 명의가 불일치한 경우에도 유효한 記名捺印이 있다고 본 判例]

約束어음에 피고 '황택임'의 記名이 있고 거기에 어떤 印章이 압날되어 있는

---

1) 同旨: 李(基), 138면; 蔡, 37면.

2) 同旨: 孫(珠), 55면(어음의 記名捺印이 名義人의 意思에 의한 것이기만 하면, 타인이 표시의 보조자로서 명의인을 대신하여 찍을 수도 있다고 한다).

3) 鄭(熙), 64면.
참고로 日本에서 이를 肯定하는 見解로는 田中(誠), 131면; 演習, 8~9면 등이 있다.

4) 徐·鄭, 67면; 孫(珠), 57면; 鄭(東), 87면; 鄭(燦), (事例) 24면; 梁·朴, 680면; 金(容), 248면; 姜, 92면; 姜, (어) 64면; 李(哲), 69면; 李(基), 138면; 蔡, 38면 外.

5) 鄭(熙), 64면; 孫(珠), 55면(행위자 자신의 印章으로 사용되는 것을 전제로 한다).

6) 鄭(東), 87면; 蔡, 37~38면; 李(基), 138면.

7) 鄭(燦), (事例) 25~26면. 同旨: 日大判 1933. 9. 15(民集 12-21, 2168).

이상 그 印影이 '서상길'로 되어 있어 비록 그 기명과 일치되지 않는다 할지라도 이 約束어음의 文面上으로는 記名과 捺印이 있는 것이 되어 외관상 날인이 전혀 없는 경우와는 구별이 되어야 할 것이다[大判 1978.2.28, 77 다 2489 (敎材, 判決例 [10])].

또한 이 때에 記名의 명의와 捺印의 명의가 相異하므로 누가 어음행위자인지가 문제될 수 있는데, 記名의 명의자를 어음행위자로 보아야 할 것이다.

위의 判例에서 본 바와 같이 어음행위자 본인이 拇印 또는 指章을 찍은 어음행위는 무효이고, 타인이 어음행위자의 記名을 하고 記名의 명의와 전혀 다른 捺印을 한 어음행위를 유효라고 하면, 記名捺印을 요구하는 위에서 본 바와 같은 이유는 거의 그 의미를 상실하였다고 볼 수 있다.

어음行爲는 1人에 의하여 행하여지는 것이 보통이지만, 數人이 함께 하는 경우도 종종 있다. 數人이 어음행위를 하는 경우에 背書(어 13조 1항 · 77조 1항 1호, 手 16조 1항)와 保證(어 31조 1항 · 77조 3항, 手 26조 1항)은 補箋에도 할 수 있으나, 그 밖의 어음행위는 어음면상 하여야 한다고 본다.[1] 따라서 數人 중 일부는 發行人欄에 기명날인 또는 서명을 하고 나머지는 補箋에 기명날인 또는 서명을 한 경우에는 모두 共同發行人으로 볼 수는 없다고 본다. 따라서 補箋에 한 기명날인자 또는 서명자는 發行人으로서의 책임은 없고 발행인을 위한 保證人으로서의 책임만을 부담할 수 있다고 본다.[2] 어음의 발행인란에 數人의 기명날인 또는 서명이 있으나 기명날인자 또는 서명자의 자격표시가 없는 경우에는 이를 모두 共同發行人으로 보아야 하고,[3] 이러한 共同發行人은 어음상 권리자에 대하여 合同責任을 부담한다[4](通說)(어 47조 · 77조 1항 4호, 手 43조). 따라서 이 때에 어음상 권리자는 공동발행인 전원을 상대로 하여서만 그 어음상의 채무이행을 청구할 수 있는 것이 아니고, 그 중 한 사람에게 그 전부의 지급을 청구할 수도 있다.[5]

제 2 어음行爲의 實質的 要件[6]

어음행위의 실질적 요건에 대하여는 어음法이 규정하고 있지 않으므로 民

1) 同旨: 徐·鄭, 163면; 鄭(熙), 125면; 蔡, 37면; 日大判 1931. 1. 24.

2) 鄭(燦), (事例) 26면.
反對: 孫(珠), 192면(補箋에 한 기명날인도 發行人의 기명날인으로서 유효하다고 함).

3) 同旨: 鄭(熙), 125면; 孫(珠), 213면.

4) 徐·鄭, 163~164면; 鄭(熙), 125면; 孫(珠), 212면 外.

5) 大判 1970. 8. 31, 70 다 1360. 同旨: 日最高判 1961. 7. 31.

6) 어음行爲의 實質的 要件에 관한 事例解說로는 鄭燦亨, "어음行爲의 實質的 要件," 「考試界」, 제460호(1995. 6), 236~246면 참조.

法의 법률행위에 관한 일반적인 규정이 적용되나, 다만 어음행위의 특질에서 어떤 경우에는 수정되어 적용되는 경우가 있다. 따라서 어음행위의 실질적 요건(有效要件)도 민법상 법률행위의 실질적 요건(有效要件)과 같이,

1) 어음행위의 당사자가 能力을 가지고 있어야 하며,

2) 어음행위의 목적이 可能하고, 適法하며, 社會的 妥當性을 가지고, 確定할 수 있어야 하며,

3) 어음행위의 의사표시에 있어서 意思와 表示가 일치하고, 의사표시에 瑕疵가 없어야 한다.

그런데 어음행위는 일정한 금액을 무조건 지급할 것을 목적으로 하는 법률행위이고 또 원인관계로부터 분리되어 유효하게 존재하므로(無因性·抽象性), 위 2)는 어음행위에서 문제될 것이 없다. 즉, 어음행위는 목적이 不可能하거나 確定할 수 없는 것이 있을 수 없다. 또한 어음행위는 수단적으로 행하여지고 無色的 性質(中性的 性質)이 있으므로 그 자체가 社會的 妥當性이 없거나 強行法規에 반하는 경우는 없고 原因行爲가 이에 해당될 수 있겠는데, 원인행위가 社會的 妥當性이 없는 경우에는 이를 人的 抗辯事由로 보고(通說 1)·判例 2)), 원인행위가 強行法規에 위반하는 경우에는 判例는 強行法規의 내용에 따라 이를 物的 抗辯事由[3]로 보기도 하고 또는 人的 抗辯事由[4]로 보기도 한다(이에 관한 상세는 어음抗辯에서 설명한다).

따라서 이하에서는 위 1)의 어음能力과 3)의 意思表示의 欠缺 또는 瑕疵에 대해서만 설명하겠다.

1. 어음能力(Wechselfähigkeit)

어음행위가 유효하기 위하여는 어음행위자(당사자)가 어음能力을 갖고 있어야 하는데, 이에는 어음權利能力과 어음行爲能力이 있다. 어음權利能力이란 어음행위의 주체가 될 수 있는 능력을 말하며, 어음行爲能力이란 스스로 어음행위를 할 수 있는 능력을 말한다.

(1) 어음權利能力(Wechselrechtsfähigkeit)

어음권리능력자에는 민법상 권리능력자와 같이 自然人과 法人이 있다. 이

1) 徐·鄭, 71면; 鄭(熙), 68~69면; 孫(珠), 52~53면; 梁(承), 99면; 蔡, 36면 外.
反對: 鄭(東), 95면.

2) 朝高判 1923.10.2(判總 11-2, 971); 同 1940.4.2(判總 11-2, 993).

3) 大判 1982.6.8, 82 다 150(教材, 判決例 [510]); 同 1986.6.24, 86 다 133(公報 781, 29)(농업협동조합법 위반의 경우) 外.

4) 大判 1962.9.20, 62 다 383(教材, 判決例 [141])(이자제한법 위반의 경우) 外.

때 自然人은 「생존한 동안」 어음권리능력이 있는데(民 3조), 이에 대하여는 특별히 문제될 것이 없다. 그러나 法人은 「법률의 규정에 좇아 정관으로 정한 목적의 범위 내에서」 권리능력이 있으므로(民 34조) 어음권리능력도 이와 동일하게 보아야 할 것인지 여부에 대하여 다음과 같은 문제점이 있다.

1) 會　社　法人 중에서도 會社의 어음권리능력은 정관에서 정한 목적에 의하여 제한을 받지 않는다고 본다(民法 제34조의 적용배제). 會社의 권리능력이 정관에서 정한 목적에 의하여 제한을 받는지 여부(즉, 民法 제34조가 會社에도 적용되는지 여부)에 대하여는 制限說(適用肯定說)과 無制限說(適用否定說)이 있는데, 無制限說에 의하면 회사의 어음권리능력이 정관에서 정한 목적에 의하여 제한을 받지 않는다는 점은 당연하고,[1] 制限說에서도 회사의 어음행위는 그 자체를 객관적·추상적으로 관찰하여 볼 때 회사의 목적사업을 수행하는 데 필요한 행위이며 어음행위의 원인관계에 의하여 목적범위에 들어가는지 여부를 정할 수 없다고 하여 회사의 어음권리능력을 인정한다.[2]

2) 會社 이외의 法人　會社 이외의 法人의 어음권리능력도 정관에서 정한 목적에 의하여 제한을 받지 않는다고 본다. 왜냐하면 會社 이외의 法人은 民法 제34조가 적용되어 정관에서 정한 목적에 의하여 그 권리능력이 제한되나, 어음행위는 그의 無色的 性質(中性的 性質) 때문에 그 자체가 목적범위 외의 행위가 될 수 없고 목적범위 외의 행위인지 여부는 그의 원인행위에 의하여 결정되는데 이는 人的 抗辯의 문제이고 어음행위 자체의 효력과는 무관하다고 보기 때문이다(通說).[3]

3) 權利能力이 없는 社團·財團　權利能力이 없는 社團이나 財團도 제한적 범위 내에서 권리능력이 인정되고 있으므로(民訴 52조, 不登 30조) 어음권리능력을 인정하는 것이 타당하다고 본다[4](少數說)(그러나 우리 나라의 多數說은 권리능력이 없는 社團이나 財團의 어음권리능력을 否定한다).[5] 권리능력이 없는 사단에 대하여 어음권리능력을 인정하는 경우에는 어음채무는 권리능력이 없는 사단 자체에 귀속된다고는 볼 수 없고 권리능력이 없는 사단의 구성원에게 總有的으로 귀속하고(準總有), 그 채무에 대하여 책임을 지는 것은

1) 鄭(燦), (事例) 32면. 同旨: 徐·鄭, (上) 291면.
2) 鄭(熙), 65면.
3) 同旨: 孫(珠), 43~44면; 梁(承), 96면; 鄭(東), 90~91면 外.
4) 鄭(燦), (事例) 32~33면, 81면. 同旨: 李錫炯, "法人 아닌 社團·組合의 어음行爲," 「어음·手票法에 관한 諸問題(下)」, 法官硏修資料(司法硏修院), 1985. 12, 1327면; 姜, 80면; 蔡, 34면; 李(基), 140~141면.
5) 鄭(熙), 65면; 孫(珠), 44면; 鄭(東), 91면; 崔(基), 122면 外.

동 사단의 재산뿐이며 각 구성원은 소정의 부담금만 지급하면 되고 그 이외는 개인재산으로써 책임을 질 필요가 없다고 보아야 할 것이다. 즉, 이 때에 同 사단의 구성원 개인에게 제 2 차적인 보충적 책임을 지우거나 또는 대표자 개인에게 병존적 책임을 지울 수는 없다고 본다.[1] 그러나 권리능력이 없는 재단의 어음채무는 권리능력이 없는 사단과 달라서 구성원이 없으므로 어음채무의 準總有를 인정할 수 없고, 「信託」의 법리에 의하여 管理者 개인에게 귀속되는 것으로 보아야 할 것이다.[2]

그런데 권리능력이 없는 사단의 어음권리능력을 부정하는 견해에서도 권리능력이 없는 사단의 대표자가 사단명을 기재하고 대표관계를 표시하여 어음행위를 한 경우에 이를 무효로 보지 않고 그 단체의 구성원이 어음행위를 한 것으로 보아 이를 유효로 보고 있다.[3] 이 때에 어음채무를 누가 부담하느냐에 대하여는 권리능력이 없는 사단의 구성원이 사단의 재산만으로 책임을 진다는 견해(社團責任說)[4]와 동 사단의 구성원이 직접 어음채무를 부담한다는 견해(社員責任說)[5]가 있는데, 社團責任說에 의하면 권리능력이 없는 사단에 대하여 어음권리능력을 인정하는 견해와 결과적으로 동일하다고 볼 수 있다.

4) 法人格이 없는 組合 法人格이 없는 組合은 그 자체가 어음권리능력이 없고 조합원 전원이 권리의무의 주체가 된다(組合員合同責任說)(通說).[6] 따라서 동 조합이 어음행위를 함에 있어서는 조합원 전원이 기명날인 또는 서명을

1) 鄭(燦), (事例) 82면. 同旨: 李錫炯, 前揭法官硏修資料, 1335~1339면; 日最高判 1973. 10. 9(民集 27-9, 1129).

2) 鄭(燦), (事例) 82~83면.

3) 鄭(熙), 65면('權利能力이 없는 社團이 代表者의 이름을 明記한 경우를 제외하고 權利能力이 없는 社團의 이름으로 한 어음行爲는 效力이 없다'고 하여, 代表者의 이름을 明記하고 한 어음行爲에 대하여는 간접적으로 그 효력을 인정하고 있다); 鄭(東), 91면 外.

4) 鄭(東), 91면; 崔(基), 123면(제 1 차적으로 사단의 재산으로 지급하고 제 2 차적으로 구성원이 연대하여 보충적 책임을 지는데, 權利能力이 없는 社團의 代表者가 아닌 社員이 社團을 위하여 어음行爲를 한 때에는 어음法 제 8 조에 의하여 行爲者 자신이 어음債務를 부담한다고 한다).

5) 孫(珠), 44면.

6) 鄭(燦), (事例) 82~83면; 李錫炯, 前揭法官硏修資料, 1335~1339면; 日最高判 1973. 10. 9(民集 27-9, 1129) 外.

이에 반하여 法人格이 없는 組合에 대하여 어음權利能力을 인정하는 見解인 「組合責任說」[服部榮三, "組合の手形行爲," 「手形硏究 56」, 1962. 5, 10~12면; 喜多川篤典, "組合の手形署名," 「手形小切手判例百選(第 1 版)」, 1963, 17면], 組合員은 제 1 차적으로 組合財産으로 책임을 지고 그것으로 부족할 때에는 각 조합원이 분담부분의 범위 내에서 個人財産으로 책임을 진다는 見解인 「組合 및 組合員責任說」[鄭(東), 92면] 및 代表組合員이 어음행위자 또는 무권대리인으로서 개인적으로 책임을 진다는 見解인 「代表者個人責任說」[Staub/Stranz, *Kommentar zum Wechselgesetz*, 1934, Art. 7 Anm. 8] 등이 있다.

하여야 한다.

그러나 조합원 전원이 언제나 어음상에 기명날인 또는 서명을 하여야 한다는 것은 신속한 어음거래의 요청에도 맞지 않으며 또 실무상으로도 불편한 일이다. 따라서 조합의 어음행위에는 조합원 전원이 기명날인 또는 서명을 하지 않고 대표조합원이 그 대표자격을 표시하여 기명날인 또는 서명을 하는 것이 실무상의 관례이다.[1] 또한 우리 나라의 大法院判例도 이와 같은 입장에서 다음과 같이 판시하고 있다.

[代表組合員이 代表資格을 표시하고 어음행위를 한 경우 全組合員의 어음행위로서 有效하다고 본 判例]

法人格이 없는 組合이 어음행위를 하였을 경우에는 그 組合員이 위 어음행위로 인한 權利의 취득 또는 義務의 부담을 하는 것이고 組合 자체가 위 어음행위로 인한 權利取得이나 義務負擔을 하는 것이 아니다. 組合의 어음행위는 全組合員의 어음상의 署名에 의한 것은 물론, 代表組合員이 그 代表資格을 밝히고 組合員 全員을 代理하여 署名을 하였을 경우에도 有效하다고 하여야 할 것이다. 그리고 組合의 代表組合員이 그 代表資格을 밝히기만 하면 有效한 것이며, 반드시 어음행위의 本人이 되는 全組合員을 구체적으로 표시할 필요는 없다 할 것이다[大判 1970. 8. 31, 70 다 1360 (敎材, 判決例 [19])].

그런데 이와 관련하여 주의할 점은 代表組合員이 그 대표자격을 표시하여 記名捺印 또는 署名을 한 것은 法人의 代表機關의 어음행위와는 다르다는 점이다. 즉, 代表組合員은 組合을 代表하여 記名捺印 또는 署名을 한 것이 아니라, 다른 組合員을 代理하여 記名捺印 또는 署名을 한 것이다. 또한 그 記名捺印 또는 署名에 의한 어음채무는 조합 자체가 부담하는 것이 아니라, 조합원 전원이 共同어음行爲者로서 合同責任을 부담하는 것이다(組合員合同責任說).

(2) 어음行爲能力(Wechselgeschäftsfähigkeit)

어음權利能力은 어음행위의 효과(權利 · 義務)가 귀속되는 주체에 관한 능력이나, 어음行爲能力은 스스로 유효하게 어음행위를 할 수 있는 능력이다. 따라서 어음行爲能力은 어음행위자의 정신적 능력이 전제되고, 法人보다는 自然人의 경우에 특히 문제된다. 어음行爲能力에 대하여도 어음法이 특별히 규정한 바가 없으므로 民法의 일반원칙이 적용되는데, 다만 일정한 경우에는 어음행위의 특징으로 인하여 수정적용된다.

---

1) 敎材, 62~63면.

1) 어음意思能力 어음意思能力은 어음행위능력의 전제가 되는 것으로, 어음의사능력이 없는 자의 어음행위는 언제나 無效이다. 즉, 유아나 술에 만취한 자 등은 어음의사무능력자로서 이러한 자의 어음행위는 언제나 無效가 된다. 그런데 이 때에 무효가 된다는 의미는 의사무능력자의 어음행위만이 무효가 된다는 의미이지, 어음 자체가 무효가 되는 것도 아니고(어음 자체는 形式的 瑕疵에 의해서만 無效가 됨) 또 다른 어음행위를 무효로 하는 것도 아니다(어음行爲獨立의 원칙). 또한 의사무능력자의 어음행위의 무효의 항변은 어음취득자의 선의·악의를 묻지 않고 주장할 수 있는 物的 抗辯事由이다. 그러므로 의사무능력자의 어음행위는 代理人이 대리할 수밖에 없다.

2) 어음行爲能力 民法上 행위능력자는 모두 어음행위능력자로 보아야 할 것이다. 그런데 民法에서는 행위무능력자를 규정하고 그 이외의 자를 모두 행위능력자로 보고 있으므로, 어음행위에서도 이와 동일하게 보아 民法上 행위무능력자는 모두 어음행위무능력자로 보고 그 이외의 자는 모두 어음행위능력자로 보아야 할 것이다. 따라서 어음행위무능력자에는 未成年者, 限定治產者 및 禁治產者가 있다.

㈎ 未成年者 ① 未成年者가 법정대리인의 동의를 얻지 아니하고 한 어음행위는 원칙적으로 취소할 수 있다(民 5조 1항). 법정대리인의 동의는 原因行爲뿐만 아니라 어음行爲에 대하여도 존재하여야 한다. 취소는 미성년자 본인이나 법정대리인이 할 수 있는데, 이들이 미성년자의 어음행위를 취소한 경우에는 同 어음행위는 소급적으로 효력이 없게 되고(民 141조) 또 어음취득자의 선의·악의를 불문하고 누구에게도 대항할 수 있다(物的 抗辯事由). 이와 같이 어음행위무능력을 物的 抗辯事由로 함으로 말미암아 어음거래의 안전을 희생하게 되기 때문에, 이는 입법론상 재검토의 여지가 있다는 비판도 있다.[1] 그러나 무능력자보호를 중시하는 현행법에서 볼 때, 무능력자보호를 위하여 거래의 안전이 희생되는 점은 부득이한 일이라고 본다.[2]

그런데 예외적으로 미성년자가 처분을 허락받은 재산에 대하여 그 재산의 처분방법으로서 하는 어음행위(民 6조), 법정대리인으로부터 허락을 받은 특정한 영업에 관하여 하는 어음행위(民 8조 1항), 미성년자가 詐術로써 능력자로 믿게 하거나 법정대리인의 동의 있는 것으로 믿게 한 후에 한 어음행위(民 17조), 혼인을 한

1) 徐·鄭, 69면; 田中耕太郎, 「手形法·小切手法」(東京: 有斐閣, 1943), 152~153면.
2) 鄭(燦), (事例) 37면. 同旨: 鄭(東), 93면.

미성년자의 어음행위(民 826조의 2), 만 17세에 달한 미성년자가 유언의 내용으로 하는 어음행위(民 1061조, 1062조), 미성년자가 타인의 대리인으로서 하는 어음행위(民 117조), 미성년자가 법정대리인의 허락을 얻어 회사의 무한책임사원이 된 경우에 그 사원자격으로 하는 어음행위(商 7조) 등에는 그 어음행위에 대하여 법정대리인의 동의가 없어도 유효한 어음행위가 된다.

② 未成年者의 어음행위에 대하여는 民法과는 다른 다음과 같은 두 가지의 특색이 있다.

(i) 첫째는 民法에서는 미성년자가 권리만을 얻거나 의무만을 면하는 행위는 법정대리인의 동의 없이도 할 수 있는데(民 5조 1항 단서), 어음행위에서도 동일하게 인정될 수 있겠느냐의 문제가 있다. 이에 대하여 어음행위도 그 종류에 따라 단순히 권리만을 얻거나(예컨대, 未成年者가 自己指示換어음을 발행하여 支給人의 引受를 받는 경우) 의무만을 면하게 되는 경우도 있으므로, 이러한 경우에는 법정대리인의 동의가 없더라도 유효한 어음행위를 할 수 있다는 견해(肯定說)가 있다.[1] 그러나 어음행위자는 제 1 차적인 채무이든(約束어음의 發行人, 換어음의 引受人 및 이들의 保證人 등) 또는 제 2 차적인 채무이든(背書人, 換어음·手票의 發行人 및 이들의 保證人 등) 어음채무를 부담하게 되는 것이 일반적인 점, 또 어음채무는 원인관계와 절단된 무색적 성질을 가지고 있어 어음행위 자체만으로서 권리만을 취득하거나 또는 의무만을 면하는지 여부를 판단할 수 없는 점 등에서 볼 때, 未成年者가 어음행위를 함으로써 權利만을 얻거나 義務만을 면하는 경우는 있을 수 없다고 본다[2](否定說). 미성년자 등이 수취인 또는 피배서인으로서 어음을 취득하는 경우는 어음행위가 없는 경우이고, 그가 同어음을 제 3 자에게 배서양도하는 경우는 보통 어음債務(遡求義務)를 부담하기 때문에 民法 제 5 조 1 항 단서의 행위에 해당될 수 없다.[3] 따라서 原因行爲가 民法 제 5 조 1 항 단서에 해당하는 경우에도 그 원인행위의 수단으로 하는 어음행위에는 언제나 법정대리인의 동의가 있어야 한다고 본다.

(ii) 둘째는 民法에서는 미성년자가 법정대리인의 동의 없이 법률행위를 한 경우에 그 법률행위의 취소의 상대방은 직접의 상대방에 한하는데(民 142조), 어음의

1) 孫(珠), 47면(원칙적으로 肯定說이 타당하다고 하면서, 어음행위의 구체적인 경우에 따라 義務를 부담하는 경우는 同意를 요하고 그러하지 아니한 경우는 同意를 요하지 않는다고 한다); 崔(基), 119면(그러나 未成年者가 어음을 背書讓渡하는 때에는 無擔保背書가 아니면 이는 民法 제 5 조 1 항 단서에 포함되는 행위가 아니라고 한다).

2) 鄭(燦), (事例) 39면. 同旨: 鄭(熙), 66면; 鄭(東), 92면; 鄭(茂), 323면.

3) 未成年者인 어음受取人이 同어음을 제 3 자에게 無擔保背書하여 양도한 경우에는 그 未成年者가 遡求義務는 부담하지 않지만, 그 자체만으로 權利만을 취득하였다거나 義務만을 免하였다고는 볼 수 없다.

경우에도 이와 동일하게 볼 수 있는지 여부가 문제된다. 이에 대하여 어음행위의 취소의 상대방도 民法의 경우와 같이 직접의 상대방에 한한다는 견해도 있으나,[1] 어음행위의 취소에 의하여 가장 직접적인 불이익을 받는 자는 현재의 어음소지인이고 또 어음행위는 행위자의 직접상대방뿐만 아니라 그 후에 어음을 취득한 사람과의 관계를 예견하는 것이므로(複數契約說) 취소의 상대방은 직접상대방뿐만 아니라 현재의 어음소지인(중간당사자를 포함)을 포함한다고 보아야 할 것이다(通說).[2] 미성년자의 어음행위의 追認의 상대방도 취소의 상대방과 동일하게 보아야 할 것이다.

참고로 詐欺의 의사표시에 의한 취소의 상대방에 대하여 우리 大法院判例는 후술하는 바와 같이 통설과 같은 취지로 판시하고 있다.[3]

(나) **限定治産者** 限定治産者의 행위능력은 未成年者의 그것과 동일하므로(民 10조), 限定治産者의 어음행위능력은 未成年者의 그것과 완전히 동일하다.

(다) **禁治産者** 禁治産者는 법정대리인의 동의가 있는 경우에도 스스로 법률행위를 할 수 없고, 그의 법률행위는 언제나 취소할 수 있다(民 13조). 따라서 禁治産者는 언제나 어음행위능력이 없고 법정대리인이 대리하여 어음행위를 하여야 한다.

2. 意思表示의 欠缺 또는 瑕疵

1) 어음행위도 법률행위이므로 民法 제107조 이하의 意思表示에 관한 규정이 원칙적으로 적용되어 어음행위가 완전히 유효하기 위하여는 어음행위자의 意思와 表示가 일치하고 瑕疵가 없어야 한다.[4] 따라서 어음행위에서 위와 같은 意思表示의 欠缺이나 瑕疵가 있는 경우에는 그러한 어음행위는 無效가 되거나 取

1) 姜, 526면(그러나 同敎授는 追認의 相對方은 中間當事者를 포함하여 현재의 어음所持人을 포함한다고 한다); 日大判 1922. 9. 29(敎材, 判決例 [1]).

2) 徐·鄭, 70면; 鄭(熙), 67면; 鄭(東), 94면; 鄭(燦), (事例) 38면; 孫(珠), 49면(民法 142조는 相對方의 보호와 실제에 意思表示를 하는 자의 편의를 고려한 규정으로서 이 취지에 반하지 않는 한 民法에 의해서도 取消의 상대방은 직접적인 상대방에 한정하는 것은 아니라고 한다); 梁(承), 98면; 崔(基), 127면 外.

3) 大判 1997. 5. 16, 96 다 49513(公報 1997, 1832).

4) 民法上 意思表示에 관한 규정은 크게 意思와 表示가 불일치하는 경우(意思의 欠缺)와 瑕疵 있는 의사표시로 구별된다. 의사와 표시가 불일치하는 경우에는 表意者가 스스로 불일치를 알고 있는 경우와(意思의 意識的 欠缺), 그러한 불일치를 알지 못하는 경우가 있다(意思의 無意識的 欠缺). 의사의 意識的 欠缺에는 상대방과 통정하지 않는 「眞意 아닌 意思表示」(非眞意意思表示 또는 心裡留保)(民 107조)와 상대방과 통정한 「虛僞의 意思表示」(虛僞表示)(民 108조)가 있으며, 意思의 無意識的 欠缺에는 「錯誤에 의한 意思表示」(錯誤)(民 109조)가 있다. 瑕疵 있는 意思表示에는 「詐欺에 의한 意思表示」와 「強迫에 의한 意思表示」가 있다(民 110조).

消될 수 있다. 즉, 어음행위가 非眞意意思表示에 의한 경우(상대방이 알았거나 알 수 있었을 경우)와(民 107조 1항 단서) 상대방과 통정한 허위의 意思表示에 의한 경우(民 108조 1항)에는 無效가 되고, 錯誤에 의한 意思表示이거나(어음行爲者에 중대한 과실이 없고 또 어음行爲의 중요부분에 착오가 있는 경우)(民 109조 1항) 詐欺·強迫에 의한 意思表示인 경우(제 3 자가 詐欺·強迫을 행한 경우에는 상대방이 그 사실을 알았거나 알 수 있었을 경우)(民 110조 1항·2항)는 取消될 수 있다. 그러나 어떠한 경우에도 위의 無效나 取消는 善意의 제 3 자에게 대항할 수 없다(民 107조 2항, 108조 2항, 109조 2항, 110조 3항). 이에 관하여 다음과 같은 우리 나라의 大法院判例가 있다.

[通情한 虛僞表示에 의한 어음행위(발행)로서 無效라고 본 判例]

동일인에 대한 대출액 한도를 제한한 구 상호신용금고법(1995. 1. 5 법률 제4867호로 개정되기 전의 것) 제12조의 적용을 회피하기 위하여 실질적인 주채무자가 실제 대출받고자 하는 채무액 중 일부에 대하여 제 3 자를 형식상의 주채무자로 내세웠고 상호신용금고도 이를 양해하면서 제 3 자에 대하여는 채무자로서의 책임을 지우지 않을 의도하에 제 3 자 명의로 대출관계서류 및 약속어음을 작성받은 경우, 제 3 자는 형식상의 명의만을 빌려 준 자에 불과하고 그 대출계약의 실질적인 당사자는 상호신용금고와 실질적인 주채무자이므로 제 3 자 명의로 되어 있는 대출약정 및 약속어음 발행은 상호신용금고의 양해하에 그에 따른 채무부담의사 없이 형식적으로 이루어진 것에 불과하여 통정허위표시에 해당하는 무효의 법률행위라고 판단한 원심판결은 타당하다[大判 1996. 8. 23, 96 다 18076(公報 1996, 2847)][이 判決에 대한 評譯으로는 鄭燦亨, 前揭 商事法研究(제16권 1호), 309~311면 참조].

同旨: 大判 2005. 4. 15, 2004 다 70024(公報 2005, 743)(어음행위에 민법 제108조가 적용됨을 전제로, 실제로 어음상의 권리를 취득하게 할 의사는 없이 단지 채권자들에 의한 채권의 추심이나 강제집행을 피하기 위한 약속어음 발행행위가 통정허위표시로서 무효라고 한 원심의 판단은 타당하다).

[상대방 있는 意思表示에 관하여 제 3 자가 詐欺를 행한 경우 상대방이 그 사실을 알았거나 알 수 있었을 경우에 해당한다고 하여 어음행위(발행)의 취소를 인정한 判例]

상호신용금고가 어음할인거래 채무자를 위한 연대보증인으로부터 할인대상 어음과 별도로 담보 목적의 약속어음을 발행·교부받고 어음할인거래 채무자에게 할인대상 어음을 할인하여 주었는데 그 할인대상 어음이 위조된 것이었으나 연대보증인이 어음할인거래 채무자에게 기망을 당하여 그 위조사실을 모르고 연대보증 및 담보 목적의 약속어음을 발행한 경우, 구체적 사실관계에 비추어 상호신용금고로서는 위조어음을 할인할 당시 그 어음이 위조되었다는 것과 나아가 연대보증인이 어음할인거래 채무자에게 기망을 당하여 어음할인거래 채무에 대하여 연대보증하여 약속어음을 상호신용금고에게 발행·교부하기에 이른 것임을 알 수 있었던 것으로 봄이 상당하므로, 그 연대보증인의 약속어음 발행행위는 민법 제110조 제2항을 근거로 채무부존재확인을 구하는 소장 부본이 상호신용금고에게 송달됨으로써 적법하게 취소되었다고 볼 수 있고, 또한 이 때 상호신용금고는 어음할인거래 채무자에게 기망을 당한 약속어음 발행인으로부터 그 약속어음을 발행·교부받은 자이므로 민법 제110조 제3항 소정의 제3자에 해당하지 아니한다[大判 1996. 7. 30, 95 다 6861(公報 1996, 2620)][이 判決에 대한 評釋으로는 鄭燦亨, 前揭 商事法硏究(제16권 1호), 312~313면 참조].

同旨: 大判 1982. 5. 25, 80 다 1403(公報 1982, 594).

2) 위의 民法의 의사표시에 관한 규정을 어음행위에 적용하는 데는 다음과 같은 점을 유의하여야 한다.

① 위와 같은 意思表示의 欠缺이나 瑕疵는 어음행위 자체에 존재하여야 그러한 어음행위의 무효를 주장하거나 취소할 수 있다. 만일 어음행위 자체에는 意思表示의 欠缺이나 瑕疵가 존재하지 않고 그의 原因行爲에만 존재하는 경우에는 그러한 어음행위의 무효를 주장하거나 취소할 수는 없고, 人的 抗辯事由가 될 뿐이다(어 17조). 또한 어음행위 자체에 의사표시의 欠缺이나 瑕疵가 있어 무효 또는 취소된 경우에도 그 어음 자체가 무효로 되는 것은 아니다(어음 자체는 形式的 瑕疵에 의해서만 無效가 된다).

② 어음행위 자체의 意思表示에 欠缺이나 瑕疵가 있어 同 어음행위가 무효 또는 취소되더라도 이를 善意의 제3자에게 대항하지 못하는데, 이 때 「善意」의 의미가 무엇인가가 문제된다. 어음의 경우에는 어음法 제10조 단서와 同法 제16조 2항 단서와의 균형상 「善意」의 의미를 '惡意 또는 重過失 없는'의 의미로 해석하여야 할 것으로 본다.[1] 따라서 어음法 제17조 단서(手 32조 단서)와 같이 '어음채무자를 害할 것을 알지 못하는'의 의미로 해석할 필요는 없다고 본다. 이렇게 보면 意思表示의 欠缺 또는 瑕疵에 관한 항변은 절단될 수 있는

1) 鄭(燦), (事例) 36면. 同旨: 鄭(東), 168면.

民法 제107조 2항, 제108조 2항, 제109조 2항 및 제110조 3항의 「善意」에 無過失을 요하는지 여부에 대하여 우리 나라의 民法學者들의 견해는 無過失不要說(多數說)[金相容, 「民法總則」(法文社, 1993), 523면; 金疇洙, 「民法總則」(三英社, 1991), 311면; 李英俊, 「民法總則」(博英社, 1988), 349면; 宋德洙, 「民法注解(Ⅱ)」(博英社, 1992), 373~374면], 無重過失說[高翔龍, 「民法總則」(法文社, 1992), 454~455면] 및 無過失說[金容漢, "虛僞表示에 있어서의 問題點," 「法曹」, 제19권 2집, 31면]이 있는데 無過失不要說이 多數說이다. 또한 日本의 다수의 判例도 動産의 善意取得과는 달리 조문상 無過失이 없고 선의의 제3자의 權利 取得을 확대한다는 이유로 無過失을 요하지 않는다고 판시한다(日大判 1937. 8. 10〈新聞 4181, 9〉; 同 1942. 3. 23〈法學 11, 1288〉).

그러나 東京控判 1928. 4. 30(新聞 2859, 12)[川島武宜(編), 「注釋民法(3) 總則(3)」(東京: 有斐閣, 1973), §94 Ⅶ, 176~177면]은 過失 있는 제3자는 보호되지 않는다고 한다. 또한 獨逸 民法上도 過失 있는 제3자는 보호되지 않고 있으며(BGB §§122 ②, 123 ②), 虛僞表示 등의 경우에 제3자는 動産의 善意取得의 경우와 같이 善意·無過失의 경우에만 보호된다[Palandt BGB Kurzkommentare, Bd. 7, 39. Aufl, 1980, §117 2].

抗辯事由(人的 抗辯事由)인데, 어음法 제17조(手 22조)에 해당되지 않는 人的 抗辯事由임을 알 수 있다(民 107조 2항, 108조 2항, 109조 2항, 110조 3항의 수정적용). 또한 이 때에 어음행위자가 意思表示의 欠缺이나 瑕疵에 의하여 그 어음행위의 무효 또는 취소를 주장할 수 있는 사유(民 107조 2항 등에 의한 人的 抗辯事由)는 어음의 유통보호를 위하여 가능한 한 좁게 해석하여야 할 것이다. 즉 「善意」의 의미인 '惡意 또는 重過失 없는'의 의미를 가능한 한 넓게 해석해야 할 것이다.

그러나 우리 大法院判例는 다음과 같이 이를 어음法 제17조 단서와 같이 해석하고 있다.

[어음행위에 착오 · 사기 · 강박 등이 있는 경우 어음소지인이 어음채무자를 害한 것을 알고 어음을 취득한 경우에만 대항할 수 있다고 본 判例]

어음행위에 착오 · 사기 · 강박 등 의사표시의 하자가 있다는 항변은 어음행위 상대방에 대한 인적 항변에 불과한 것이므로, 어음채무자는 어음소지인이 어음채무자를 해할 것을 알고 어음을 취득한 경우가 아닌 한, 소지인이 중대한 과실로 그러한 사실을 몰랐다고 하더라도 종전 소지인에 대한 인적 항변으로써 소지인에게 대항할 수 없다[大判 1997. 5. 16, 96 다 49513(公報 1997, 1832)].

③ 어음행위 자체에 대한 의사표시의 착오나 하자가 있어 동 어음행위를 취소하는 경우에, 취소의 相對方은 미성년자의 어음행위의 경우와 같이 직접의 상대방뿐만 아니라 현재의 어음소지인(중간당사자를 포함)을 포함한다고 본다. 우리 大法院判例도 이와 同旨로 다음과 같이 판시하고 있다.

[사기 등에 의하여 어음행위를 취소하는 경우 취소의 상대방은 직접의 상대방뿐만 아니라 현재의 어음소지인(제 3 자)을 포함한다고 본 判例]

사기와 같은 의사표시의 하자를 이유로 어음발행행위를 취소하는 경우에 그 취소의 의사표시는 어음발행행위의 직접 상대방에 대하여 뿐만 아니라 어음발행위의 직접 상대방으로부터 어음을 취득하여 그 어음금의 지급을 청구하고 있는 소지인에 대하여도 할 수 있다고 봄이 상당하다 할 것이지만, 이와 같은 의사표시의 취소는 선의의 제 3 자에게 대항할 수 없는 것이고, 이 때의 제 3 자라 함은 어음발행행위의 직접 상대방 이외의 자를 가리키는 것이므로, 어음의 발행인이 어음발행행위의 직접 상대방이 아닌 소지인을 상대로 어음발행행위 취소의 의사표시를 할 수 있다 하여 소지인의 선의 · 악의를 불문하고 취소의 효과를 주장할 수 있게 되는 것은 아니다[大判 1997. 5. 16, 96 다 49513(公報 1997, 1832)].

④ 어음행위를 強迫에 의해서 한 경우는 民法 제110조에 의하여 언제나

취소할 수 있는 어음행위라고 볼 것이 아니라, 다음과 같이 경우를 나누어서 고찰하여야 할 것이다. 즉,

(i) 어음행위자가 예컨대 흉기에 의하여 위협을 받아 행동의 자유를 완전히 빼앗긴 경우와 같이 強迫의 정도가 극심한 경우에는(絶對的 強迫) 강박에 의한 어음행위가 아니고 어음행위 자체가 없는 것으로 보아, 이는 무효가 되어 그러한 어음행위자는 누구에 대하여도 그 무효를 주장할 수 있다고 본다(物的 抗辯事由).[1] 우리 大法院判例도 이와 同旨로 다음과 같이 판시하고 있다.

[절대적 강박에 의한 의사표시를 無效라고 본 判例]

강박에 의한 법률행위가 하자 있는 의사표시로서 취소되는 것에 그치지 않고 나아가 무효로 되기 위하여는, 강박의 정도가 단순한 불법적 해악의 고지로 상대방으로 하여금 공포를 느끼도록 하는 정도가 아니고, 의사표시자로 하여금 의사결정을 스스로 할 수 있는 여지를 완전히 박탈한 상태에서 의사표시가 이루어져 단지 법률행위의 외형만이 만들어진 것에 불과한 정도이어야 한다(당원 1997. 3. 11 선고, 96 다 49353 판결 참조) [大判 1998. 2. 27, 97 다 38152(公報 1998, 870)].

同旨: 大判 1974. 2. 26, 73 다 1143.

(ii) 어음행위자가 보통의 강박에 의하여 어음행위를 할 것을 요청받고 공포심을 갖게 되어 그 공포심으로 말미암아 어음행위를 한 경우에는, 이는 民法 제110조의 강박에 의한 意思表示로 어음행위자는 상대방에 대하여 그 어음행위를 취소할 수 있다고 본다(人的 抗辯事由).

(iii) 어음행위자가 강박자의 단순한 협박에 못이겨 요청도 하지 않은 어음행위를 한 경우나[2](強迫과 어음行爲와의 因果關係의 결여) 위법하지 않은 강박에 의하여 어음행위를 한 경우는[3](強迫行爲의 違法性 결여), 이는 유효한 어음행위로 어음행위자는 그러한 어음행위를 취소할 수 없다고 본다(抗辯事由가 아님).[4]

제 3 어음의 交付(어음理論)

1. 어음理論에 관한 諸學說

어음理論에 관한 學說을 크게 나누어 보면, 어음채무는 기명날인자 또는

1) 同旨: 鄭(熙), 68면; 崔(基), 132면; 郭(總則), 387~388면; U.C.C. §3-305 (a)(1)(ii).
2) 鄭(熙), 68면.
3) 郭, (總則) 388면.
4) 이에 관한 상세는 鄭(燦), (事例) 42~43면 참조.

서명자와 상대방간의 계약에 의하여 성립한다는 契約說 또는 交付契約說(Vertragstheorie od. Begebungsvertragstheorie)과, 기명날인자 또는 서명자의 일방적인 기명날인 또는 서명만으로 성립한다는 單獨行爲說 또는 創造說(Kreationstheorie)이 있고, 이의 중간에 위치하는 折衷說로서 發行說 · 修正創造說 · 權利外觀說(Rechtsscheintheorie) 등이 있다.

(1) 交付契約說(契約說)

이 설에 의하면 어음채무도 일반채무와 같이 당사자간의 계약에 의하여 성립하는데, 이 계약은 어음의 수수가 따르는 요식행위로서 어음이 상대방에 교부되어 도달하는 외에 상대방의 受領能力과 승낙의 意思表示를 요하는 交付契約에 의하여 성립한다고 한다. 즉, 어음채무는 어음의 作成과 交付契約에 의하여 성립한다고 한다.

이 설은 獨逸에서는 현재의 통설이다.[1] 日本에서는 이 설을 취하는 학자도 있으나[2](純正交付契約說), 어음거래의 안전을 위하여 이 설을 수정하여 어음채무는 일반계약과는 달리 승낙의 의사표시를 요하지 않고 상대방이 수령한 어음을 소지하고 있으면 승낙의 의사표시로 인정된다는 설(修正交付契約說)도 있다.[3] 우리 나라에서도 원칙적으로 交付契約說을 취하는 견해가 있다.[4]

交付契約說은 어음행위자와 직접당사자 사이의 어음관계를 설명하는 데에는 용이하지만, 간접당사자(그 후의 어음취득자) 사이의 어음관계를 설명하지 못하는 결점이 있다. 따라서 이러한 결점을 보완하기 위한 설명으로, 제 3 자를 위한 契約說, 承繼說, 背書人媒介說, 更改說 등이 있다.

(2) 創造說(單獨行爲說)

이 설에 의하면 어음채무는 어음행위자가 불특정다수인에 대하여 채무부담의 의사표시를 하는 것만으로 성립하는 單獨行爲라고 한다. 즉, 어음채무는 어음作成에 의하여 성립한다고 한다. 創造說에서는 어음상의 권리자를 정함에 있어서, 취득자의 선의 · 악의를 불문하는 純正創造說(占有取得說), 선의를 요하는 善意說, 증권의 소유권의 취득을 요하는 所有權取得說 등이 있다.

이 설은 獨逸의 과거의 多數說이었다.[5] 日本에서도 이에 가까운 설이 있었

1) Baumbach/Hefermehl, Rdn. 41 f.; Rehfeldt/Zöllner, §5 Ⅲ.
2) 松波, 「改正日本手形法」, 131면.
3) 小橋, 「手形行爲論」, 130면, 188면.
4) 鄭(東), 79면.
5) Kuntze, *Die Lehre von den Inhaberpapieren,* 1857; Langen, *Die Kreationstheorie,* 1906; Ulmer, S. 32 ff.

는데,[1] 최근에는 創造說을 기본으로 하여 다음과 같이 설명하는 견해(修正創造說 또는 二段階說)도 있다.[2] 즉, 어음행위는 어음의 作成과 交付라는 2단계의 행위로 이루어지는데, 제1단계의 어음의 作成은 기명날인자 또는 서명자의 單獨行爲(無因行爲)로 성립하고, 제2단계의 어음의 交付는 기명날인자 또는 서명자와 상대방간의 契約(有因行爲)에 의하여 성립하는데, 어음채무는 어음의 作成에 의하여 성립한다고 한다. 따라서 이 설에서는 交付欠缺의 경우에 어음취득자는 이미 발생한 어음상의 권리를 예외적으로 善意取得할 수가 있다고 한다. 우리 나라에서는 創造說을 취하는 견해는 없는 것 같다.

創造說은 어음債權者의 설명이 곤란하다는 결점을 갖고 있다.

(3) 折衷說

앞에서 본 바와 같이 交付契約說과 創造說은 모두 결점을 갖고 있으므로 이러한 결점을 보완하기 위하여 獨逸에서는 權利外觀說이 발생하였고 日本에서는 發行說이 발생하였는데, 權利外觀說은 交付契約說의 결정을 보완하고 發行說은 創造說의 결점을 보완하고 있다.

1) 權利外觀說　이 설에 의하면 어음채무는 원칙적으로 交付契約에 의하여 발생하지만(交付契約說), 어음을 善意로 취득한 제3자에 대한 관계에서는 기명날인자 또는 서명자는 어음의 작성에 의하여 어음채무를 부담하는 것과 같은 외관을 야기하였고 또한 제3자는 이를 신뢰하였으므로 어음작성자는 이에 따른 어음채무를 부담해야 한다는 것이다. 權利外觀說은 獨逸의 「야코비」(Ernst Jacobi) 교수와 「마이어」(Herbert Meyer) 교수에 의하여 발전된 이론으로, 獨逸 및 日本에서의 다수의 견해는 善意의 제3자를 보호하기 위하여 契約說 또는 發行說에 權利外觀說을 가미하고 있다. 우리 나라에서도 權利外觀說을 취하는 견해가 있다.[3]

2) 發行說　發行說에 의하면 어음채무는 어음의 作成과 기명날인자 또는 서명자의 의사에 기한 어음의 占有移轉行爲라는 單獨行爲에 의하여 성립한다고 한다.

이러한 發行說에는 어음의 작성 후 기명날인자 또는 서명자가 상대방에 대하여 어음을 교부하고 그 어음이 상대방에 도달한 때에 어음채무가 성립한다는

1) 田中(耕), 641면 등.

2) 鈴木, 143면; 鄭(東), 74~75면은 이 見解를 修正創造說(二段階說)이라 하여 創造說의 亞流로서 별도로 분류하고 있다.

3) 崔(基), 139면.

설[1](純正發行說)과, 기명날인자 또는 서명자가 그 의사에 기하여 유통의 가능성을 예견하고 타인에게 점유를 이전한 때에 어음채무가 성립한다는 설[2](修正發行說)이 있다.

2. 우리 나라의 學說 및 私見

(1) 우리 나라의 學說

우리 나라의 학설 중에는 순수한 發行說[3] 또는 權利外觀說[4]도 있으나, 대부분의 경우는 交付契約說 또는 發行說에 權利外觀說을 보충하여 설명하고 있다. 즉「交付契約說이 이론적으로 가장 타당하고 현행법의 체계에도 잘 맞는다. 다만 유통성의 확보를 생명으로 하는 어음거래에 있어서 善意의 제 3 자를 보호하기 위하여 交付契約說은 權利外觀說에 의하여 보충되지 않으면 안 된다」고 하여 權利外觀說에 의하여 보충된 交付契約說이 있다.[5] 그런데 일반적으로는「어음행위도 법률행위인 이상 의사표시의 도달시기는 증권의 '交付'시라고 보아야 할 것이요(交付時說), 다만 행위자의 의사에 반하여 어음이 유통되어 제 3 자가 선의취득을 한 때에는 '外觀理論'에 의하여 책임을 져야 한다」고 하거나,[6] 또는「어음의 교부 전에 어음상의 권리의 발생을 인정할 필요는 없고 작성한 어음을 수령인에게 '交付'하였을 때 어음상의 권리가 발생하는 것이다. 다만 발행인의 임의교부에 의하지 아니하고 어음이 善意의 제 3 자에 의하여 취득되었을 경우에는 발행인은 권리의 '外觀'을 부여했으므로 善意의 제 3 자에 대하여 책임을 부담하여야 한다」고 하여,[7] 發行說을 원칙으로 하고 이에 權利外觀說을 보충하고 있다.

(2) 私　見

생각건대 어음행위자와 상대방간은 일방은 의무만을 부담하고 다른 일방은 권리만을 취득하는 관계로서 민법상 당사자가 동시에 권리를 취득하고 의무를 부담하는 계약관계는 아니라고 생각된다. 따라서 권리만을 취득하는 상대방에게 어음의 受領能力이 있고 또 수령의 意思表示가 있어야만 비로소 어음채무가 성립한다는 交付契約說에는 찬성할 수 없다. 만일 交付契約說에 의하면 受領能力이 없는 자는 어음상의 권리를 단독으로 취득할 수 없게 되어, 이것은 무능력자

1) 石井, 30면.
2) 田中(誠), 72면.
3) 蔡, 65면; 李(哲), 90～91면.
4) 崔(基), 139면.
5) 鄭(東), 79면. 그러나 이는 權利外觀說의 개념에서 볼 때 權利外觀說과 동일하다고 생각한다.
6) 鄭(熙), 71면.
7) 徐·鄭, 178면. 同旨: 孫(珠), 67면; 姜, (어) 53면.

에 관한 民法의 일반원칙(民 5조 1항 단서, 10조)에도 반하게 된다. 또 어음채권자가 정하여지지 않는 상태에서 어음의 작성만으로 어음채무가 성립한다는 創造說에도 찬성할 수 없다. 따라서 어음채무는 어음행위자가 어음을 作成하여 이를 상대방에게 交付하기만 하면 상대방의 수령능력이나 수령의 의사표시를 불문하고 성립한다는 發行說이 원칙적으로 가장 타당하다고 생각한다. 그러나 交付欠缺의 경우에 선의의 제 3 자를 보호하기 위하여 權利外觀說에 의하여 보충되어야 한다고 생각한다. 따라서 權利外觀說에 의하여 보충된 發行說의 입장을 취한다.[1)]

3. 判 例

1) 어음理論에 관하여 우리 나라의 判例는 다음과 같이 판시하고 있다.

[發行說의 입장에서 판시한 判例]

約束어음의 發行이란 그 작성자가 어음要件을 갖추어 유통시킬 의사로 그 어음에 자기의 이름을 署名捺印하여 상대방에게 交付하는 單獨行爲이다[大判 1989. 10. 24, 88 다카 24776(公報 862, 1755)].

同旨: 서울民事地判 1981. 12. 22, 81 가소 4723(新聞 1430, 8)(이른바 約束어음의 發行이란 어음용지에 어음요건을 기재한 다음 이에 발행인이 署名捺印한〈作成한〉 후 수취인에게 交付하는 것을 말한다).

[간접적으로 權利外觀說의 입장에서 판시한 判例]

法人이 白地式背書를 하여 보관하고 있는 約束어음을 無權利者가 이를 제 3 자에게 권한 없이 交付하여 할인받은 경우, 어음소지인이 그 어음을 선의취득하는 한 發行人은 어음상의 책임을 부담한다[大判 1987. 4. 14, 85 다카 1189(公報 801, 9)][이 判決에 대한 評釋으로는 鄭燦亨, "어음의 交付行爲欠缺,"「法律新聞」, 제2047호(1991. 7. 22), 15면; 鄭東潤, 「法律新聞」, 제1780호, 11면][이 判決이 만일 白地式背書를 한 法人이 그 어음을 善意取得한 제 3 자에게 어음上의 責任(遡求義務)을 지는 것으로 판시하였다면, 이는 직접적으로 權利外觀說을 취한 판결이라고 볼 수 있다 — 저자註].

1) 鄭燦亨, "어음·手票의 交付欠缺(어음理論)," 「司法行政」(韓國司法行政學會), 1991. 6(제366호), 66~71면; 同, "어음의 交付行爲欠缺(判例評釋)," 「法律新聞」, 제2047호(1991. 7. 22), 15면.

英美法도 이와 同旨의 내용으로 규정하고 있다[B.E.A. §§3 (1), 21(換어음上의 모든 어음行爲는 상대방에게 어음을 交付하여야 그 效力이 발생한다. 그러나 어음이 善意取得된 경우에는 이전의 모든 당사자에 의하여 어음이 유효하게 交付된 것으로 본다); U.C.C. §§3-105, 1-201 (14)(證券의 發行이란 發行人이 상대방에게 證券上의 權利를 부여할 목적으로 證券을 최초로 交付하는 것을 의미한다. 이 때 상대방은 所持人이든 非所持人이든 불문하고, 交付란 占有의 任意移轉을 의미한다. 이와 같이 證券이 발행되지 않았거나〈交付欠缺 — 저자註〉 條件附 또는 特殊目的으로 證券이 발행되어 이러한 條件 또는 特殊目的이 성취되지 않은 사실은 人的抗辯事由〈defense〉가 된다)].

[權利外觀說의 입장에서 판시한 判例]

어음을 유통시킬 의사로 어음상에 발행인으로 기명날인하여 외관을 갖춘 어음을 작성한 자는 그 어음이 도난 · 분실 등으로 인하여 그의 의사에 의하지 아니하고 유통되었다고 하더라도, 배서가 연속되어 있는 그 어음을 외관을 신뢰하고 취득한 소지인에 대하여는 그 소지인이 악의 내지 중과실에 의하여 그 어음을 취득하였음을 주장 · 입증하지 아니하는 한 발행인으로서의 어음상의 채무를 부담한다고 할 것이다.

그런데 원심판결 이유와 기록에 의하면, 피고는 물품대금의 지급에 사용할 목적으로 이 사건 약속어음에 금액은 백지로 하여 발행인으로서 서명날인하여 두었음을 인정하고 있고, 한편 원고는 그 후 백지가 보충되어 완성된 이 사건 약속어음을 소외 A로부터 할인 · 취득하였음을 알 수 있으므로, 원고가 이 사건 약속어음을 취득함에 있어서 악의 또는 중과실이 있음을 피고가 주장 · 입증하지 아니하는 한, 이 사건 약속어음을 유통시킬 목적으로 작성하여 발행인으로 기명날인한 피고는 이 사건 어음의 적법한 소지인인 원고에 대하여 발행인으로서의 어음상의 채무를 부담한다고 보아야 할 것이다[大判 1999. 11. 26, 99 다 34307(公報 2000, 35)].

2) 참고로 獨逸의 聯邦大法院은 權利外觀說의 입장에서 어음행위자는 그 어음을 善意로 취득한 제 3 자에 대하여 어음상의 책임을 진다고 판시하고 있다.[1] 日本의 초기의 判例는 양도의 의사가 없이 어음이 交付된 경우에 어음행위자는 어음상의 책임이 없다고 하여 交付契約說을 취하였으나,[2] 그 후에는 자기의 의사로써 어음의 점유를 이전한 경우에는 어음취득자에 대하여 어음상의 책임을 부담한다고 하여 發行說로 변경하였다.[3] 그 후 日本의 最高裁判所도 占有委託어음에 대하여 發行說을 계승하였다.[4] 그러나 그 후 日本의 最高裁判所는 占有離脫어음에 대하여도 취득자의 惡意 또는 重過失을 입증하지 못하는 한 어음행위자는 어음채무를 부담한다고 하여, 강력히 善意者를 보호하는 입장에서 權利外觀說을 가미하여 판시하고 있다.[5]

1) BGH NJW 68, 2102; BGH NJW 73, 28.
2) 日大判 1911. 12. 25(民錄 17, 908).
3) 日大判 1926. 12. 16(民集 5, 841); 同 1935. 12. 24(民集 14, 2105).
4) 日最高判 1965. 6. 1(金法 416, 6).
5) 日最高判 1971. 11. 16(民集 25-8, 1173).

제 4 절 어음行爲의 特性

어음행위도 법률행위의 일종이나 어음의 被支給性과 流通性을 확보하기 위한 요청상 어음행위는 民法의 법률행위에 관한 일반원칙과는 다른 다음과 같은 몇 가지의 특성이 있다.

제 1 無因性(抽象性)

1. 意 義

어음행위는 매매·금전소비대차 등과 같은 原因關係(資金關係)의 수단으로 행하여지는 것이 일반적이지만, 어음행위는 이러한 원인관계의 부존재·무효·취소 등에 의하여 영향을 받지 않는다(어음關係와 實質關係의 分離). 어음행위의 이러한 특성을 無因性·抽象性(Abstraktkeit)이라고 하는데, 또한 이를 無色的 性質·中性的 性質이라고도 한다. 그러나 어음행위의 직접당사자 사이에는 原因關係의 부존재·무효·취소 등을 인적 항변으로 주장하여 어음금의 지급을 거절할 수 있다[1](어음關係와 實質關係의 牽連).

2. 根 據

어음행위의 無因性의 실정법상 근거는 각종 어음행위의 無條件性(發行의 경우는 어 1조 2호·75조 2호·手 1조 2호, 引受의 경우는 어 26조 1항, 背書의 경우는 어 12조 1항·77조 1항 1호·手 15조 1항)과 利得償還請求權(어 79조, 手 63조)에 관한 규정에서 나타난다.[2] 이러한 어음행위의 無因性은 어음수수의 직접당사자 사이에는 인적 항변이 허용되므로 어음채권을 행사할 때에 立證責任을 轉換하는 기능밖에 없으나, 제 3 자와의 관계에서는 인적 항변이 절단되므로(어 17조 본문·77조 1항 1호, 手 22조 본문) 어음의 피지급성을 확보하여 어음거래의 유통성을 증진시키는 기능을 하고 있

1) 同旨: 大判 1993. 11. 9, 93 다 16390(公報 959, 67)(상사채무인 약속어음의 원인채무가 5년의 상사시효기간이 지나서 시효소멸하였다면, 원인채무의 지급확보를 위하여 발행된 약속어음의 발행인은 위 사유를 들어 동 약속어음의 수취인에 대하여 약속어음금의 지급을 거절할 수 있다).

2) 그러나 프랑스法에서는 어음債權과 原因債權을 분리하지 않으므로 어음債權을 양도하면 原因債權도 따라서 양도되어, 어음所持人은 利得償還請求權을 별도로 취득하지 못하고 資金關係에 기하여 그 권리를 행사할 수 있을 뿐이다(de Juglart et Ippolito, Droit Commercial, l^{e} volume 2^{e} partie, 2^{e} ed.〈1982〉, 261, 276).

다.[1] 이러한 점에서 어음채무는 사법상의 일반채무보다 더 엄격하게 된다(어음嚴正).

3. 人的 抗辯과의 관계

어음행위의 특성의 하나인 無因性은 어음法 제17조(手22조)의 人的 抗辯과 관련되는데, 이의 이해를 돕기 위하여 다음의 事例를 통하여 구체적으로 알아본다.

1) Y가 X로부터 물건을 구입하고 약속어음을 발행하여 교부하였는데 그 후 물건에 하자가 있어 매매계약을 해제하고 구입한 물건을 반품하였음에도 불구하고, X가 위 약속어음을 Y에게 반환하지 않고 어음행위의 無因性을 근거로 약속어음금을 지급청구한 경우에 Y는 어음금을 지급할 책임이 있는가. 이 때 X는 어음행위의 無因性에서 어음상의 권리를 취득하고 동 어음이 발행된 原因關係를 입증하지 않더라도 어음금을 지급청구할 수는 있으나[2](어음關係와 原因關係의 분리, 어음行爲의 無因性은 직접당사자간에서 立證責任의 轉換機能), Y는 原因關係에서 매매계약이 해제되었음을 항변할 수 있으므로 어음채무의 지급을 거절할 수 있다[3](어음關係와 原因關係의 牽連, 人的 抗辯의 허용).

2) 위 1)의 경우에 X가 동 어음을 차입금의 변제조로 Z에게 배서양도하고 Z는 Y·X간의 매매계약이 해제되었음을 모른 경우에 Z는 Y에게 어음금을 지급청구할 수 있는가. Z는 어음행위의 無因性에서 당연히 Y에게 어음금을 지급청구할 수 있고, 이 때 Y는 X에 대한 人的 抗辯事由로써 Z에게 대항할 수 없으므로(어 77조 1항 1호, 17조 본문)(人的 抗辯의 切斷) Y는 Z에게 어음금을 지급하여야 한다.[4]

3) 위 1)의 경우에 X는 Z에게 자기의 채무를 담보할 목적으로 동 어음을 배서양도하였는데 X가 原因債務를 Z에게 이행하였음에도 불구하고 Z는 동 어음을 X에게 반환하지 않고 Y에게 어음금을 지급청구할 수 있는가. Z는 어음행위의 無因性에서 原因債權이 소멸하였어도 어음채권을 갖고 있으나, 이 때 Z가 Y에게 다시 어음금을 지급청구하는 것은 權利濫用이 된다. Y는 자기의 抗辯事由도 없고 또 X가 Z에 대하여 주장할 수 있는 抗辯(後者의 抗辯)을 원용할 수도 없으므로, 權利濫用의 법리에 의하여 지급을 거절할 수밖에 없다[5](이에 관하여는 어음抗辯에서 상술함).

제 2 要 式 性

1) 어음행위는 要式의 證券的 法律行爲이다. 모든 어음행위는 어음法이 각

1) 어음行爲의 無因性의 근거와 기능 등에 대한 상세는 鄭(東), 102~107면 참조.
2) 大判 1966. 7. 19, 66 다 195.
3) 大判 1987. 12. 22, 86 다카 2769(公報 818, 15) 참조.
4) 大判 1984. 1. 24, 82 다카 1405(敎材, 判決例 [509]) 참조[Z가 Y에게 어음金을 支給請求하는 것은 어음행위의 無因性에서 당연히 인정될 뿐만 아니라, 이것이 信義誠實의 原則에 반하거나 權利濫用이 될 수도 없다——이에 관한 상세는 鄭(燦), (事例) 422~425면 참조].
5) 이에 관한 상세는 鄭(燦), (事例) 425~427면, 429~431면 참조.

각의 어음행위에 대하여 규정한 法定의 형식을 갖추어야 한다(이미 설명한 어음행위의 成立要件 중 形式的 要件에 관한 부분의 설명 참조). 이러한 法定의 형식을 갖추지 않으면 어음행위로서 효력이 없다. 이러한 의미에서 어음행위는 定型性을 갖고, 私的 自治의 원칙이 배제된다.

2) 어음행위는 書面(證券)상에 하여야 하는데, 이와 같이 書面(證券)상에 하는 어음행위에 의하여 비로소 어음상의 권리가 발생하는 점에서 어음행위는 設權性을 갖는다. 어음행위의 이러한 設權性은 無因性을 전제로 하는 어음행위의 속성이다. 위와 같은 어음행위의 要式性은 어음의 유통성을 확보하기 위해서뿐만 아니라, 어음취득자를 보호하기 위하여 法이 정책적으로 인정한 것이다.

제 3 文 言 性

1. 意 義

어음행위의 내용은 어음상의 기재에 의해서만 정하여지고 어음 외의 실질관계에 의하여 영향을 받지 않는데, 이를 어음행위의 文言性이라 한다. 어음행위의 文言性은 일단 어음상에 표시된 意思表示의 內容에 관한 것으로서 그것이 당사자의 진의와 일치하지 않는 경우에도 표시된 문언에 따라 당사자에게 어음채무를 부담시키는 것이나, 어음행위의 無因性은 앞에서 본 바와 같이 어음행위를 실질관계와 분리하여 실질관계의 부존재·무효·취소 등의 경우에도 어음행위자에게 어음채무를 부담시키는 것이다. 어음은 어음행위의 文言性과 無因性이 결합되어 강력한 유통성을 갖게 된다.

2. 어음行爲의 文言性과 관련된 문제

1) 어음행위의 文言性과 관련하여 우리 나라의 判例 중에는, Y주식회사의 대표이사 A가 대표자격을 전혀 표시하지 않고 「Y주식회사 A [A의 印]」의 형식으로 한 어음행위에 대하여 어음행위의 文言性으로 인하여 A의 대표자격을 인정할 수 없고 따라서 Y회사의 어음상의 책임을 부인한 判例가 있는데,[1] 타당하다고 본다.[2] 또한 發行人이 「背書禁止의 특약」을 어음 외에서 하고 이

1) 大判 1959. 8. 27, 4291 民上 287(判總 11-2, 1031).

2) 그러나 이에 반하여 당사자의 증언 등과 같은 어음 외의 사실판단에 의하여 A의 代表資格을 인정하여 Y會社의 어음상의 責任을 인정한 判例도 있다[大判 1979. 3. 13, 79 다 15 (敎材, 判決例 [21])]. 本 判決에 찬성하는 評釋도 있으나[徐廷甲, 「法律新聞」, 제1396호 (1981. 5. 18), 12면], 어음行爲의 文言性에서 찬성할 수 없다[鄭(燦), (事例) 71면].

러한 특약을 어음소지인이 알았다고 하여도 어음행위의 文言性으로 인하여 그러한 특약은 어음상의 효력이 발생하지 않아 동 어음은 指示證券으로서의 성질에는 하등의 변동이 없다고 판시하였다.[1] 그러나 「支給拒絶證書의 작성면제」라는 문언은 어음요건이 아닐 뿐만 아니라 이것의 방식에 관하여 아무런 규정이 없다는 이유로 이를 어음상에 기재하지 않고 별개의 書面에 기재하거나 口頭로 한 경우에도 그 효력은 그 의사표시에 관여한 직접의 당사자에게 미친다는 외국의 判例가 있다.[2]

2) 어음행위의 文言性에서 民法 제115조 단서(法律行爲의 代理에서 代理人이 本人을 위한 것임을 표시하지 아니한 경우에도 相對方이 代理人으로서 한 것임을 알았거나 알 수 있었을 때에는 本人에게 그 法律行爲의 효력이 귀속함)의 규정은 어음행위에 적용되지 않고 人的 抗辯事由에 불과하며, 商法 제48조(商行爲의 代理人이 한 法律行爲는 本人을 위한 것임을 표시하지 아니한 경우에도 相對方의 善意·惡意를 불문하고 本人에 대하여 그 法律行爲의 효력이 귀속함)의 규정도 어음행위에는 적용되지 않고 상대방이 본인을 위한 것임을 알고 있는 경우에 한하여 人的 抗辯事由가 될 수 있다(商 48조 단서의 반대해석).

3) 어음행위자의 能力有無나 代理權의 存在有無(代理關係를 표시하여 어음행위를 한 경우) 등은 어음 외의 증거에 의하여 판단되는데, 이는 어음행위의 文言性과 관련된 문제라기보다는 無能力者나 本人의 보호와 관련된 문제이다.

제 4 協 同 性

1) 모든 어음행위는 일정한 금액의 지급과 유통성의 확보라는 공동목적을 가지고 있다. 어음행위는 이러한 목적을 위한 행위로서 手段性과 協同性이라는 특성을 갖고 있다. 어음행위의 이러한 協同性에서 어음채무자의 合同責任이나 어음團體와 같은 개념이 생긴다. 즉, 어음法 제47조 1항은 「환어음의 發行·引受·背書 또는 保證을 한 자는 소지인에 대하여 合同하여 책임을 진다」고 규정하고(어음法 77조 1항 4호에 의하여 約束어음에도 이를 準用함), 手票法 제43조 1항은 「수표상의 각 채무자는 소지인에 대하여 合同하여 책임을 진다」고 규정하여, 어음채무자의 合同責任을 규정하고 있다.[3]

---

1) 大判 1965. 5. 18, 65 다 478(教材, 判決例 [258]).

2) 日大判 1926. 3. 25(教材, 判決例 [397]); 스위스 Zürich 控判 1962. 2. 27(教材, 判決例 [403]).

3) 이러한 어음債務者의 合同責任은 (i) 각 債務者마다 責任發生原因 및 責任範圍가 상이하고, (ii) 遡求義務者의 채무의 이행은 그 前者(遡求義務者)와 主債務者(換어음의 引受人 및 約束어음의 發行人)의 債務에 영향이 없으며, (iii) 債務者의 1人에 대한 履行請求는 다른 債務者에 영향이 없고, (iv) 어음債務者간에는 부담부분이 없는 점 등에서 民法上의 連帶債務와

2) 어음행위의 이러한 協同性에서 각 당사자의 資格의 兼併이 인정된다. 어음法은 發行人과 支給人의 자격겸병(어 3조 2항, 手 6조 3항) 및 發行人과 受取人의 자격겸병(어 3조 1항, 手 6조 1항)을 명문으로 인정하고 있으며, 通說은 受取人과 支給人의 자격겸병 및 發行人·受取人·支給人의 三當事者의 자격겸병을 인정하고 있다.[1] 따라서 당사자의 자격겸병으로 인하여 채권자와 채무자가 동일인에게 속하는 경우에도 民法의 일반원칙인 混同의 법리가 적용되지 않는다.

3) 어음행위의 手段性과 協同性을 어음행위의 특성 중의 하나로 보는데 의문을 제기하는 견해가 있다. 즉, 이 견해에서는 手段性은 어음행위가 아닌 일반의 법률관계에도 있는 것이라고 하며, 어음채무의 합동성이나 당사자자격의 겸병을 설명하기 위하여 반드시 그 協同性을 전제하여야 하는 것인지는 의문이라고 한다.[2] 그러나 어음행위자의 의사에 불문하고 어음法이 어음채무자의 合同責任 등을 규정한 것은 어음행위의 특성의 하나인 手段性·協同性을 반영한 것으로 볼 수 있다.[3]

제5 獨立性[4]

1. 意 義

私法上의 일반원칙에 의하면 선행행위가 무효이면 후속행위도 무효가 되나, 어음행위에서는 선행하는 어음행위가 形式의 欠缺 이외에 實質的 無效임에도 불구하고 후속하는 어음행위는 이에 영향을 받지 않고 독립적으로 그 효력이 발생하는데, 이를 「어음行爲獨立의 原則」(Grundsatz der Selbständigkeit od. Unabhängigkeit der einzelnen Wechselerklärungen)이라고 한다. 이 원칙은 실질적·내용적으로 어음채무부담의 면에서의 독립성에 관한 것이기 때문에 「어음債務獨立의 원칙」 또는 「어음債務負擔獨立의 원칙」이라고도 불리운다. 어음行爲獨立의 원칙이 있음으로 인하여 어음취득자는 자기의 취득행위 이전에 행하여진 어음행위의 실질적 유효·무효를 조사하지 않고도 안심하고 어음을 취득할 수 있어, 어음의 유통성이 확보되고 어음신용이 증대되는 것이다.

구별되고 있다[鄭(熙), 227면 참조].

1) 徐·鄭, 154면; 鄭(熙), 134면; 鄭(東), 276면; 李(範), 314면; 鄭(茂), 383~384면 外.
2) 鄭(東), 116면.
3) 同旨: 鄭(熙), 74면.
4) 이에 관한 상세는 鄭燦亨, "어음(手票)行爲獨立의 原則," 「月刊考試」, 1986. 11, 114~131면.

2. 根 據

(1) 實定法的 根據

대표적인 규정은 어음法 제 7 조(어 77조 2항, 手 10조)이고, 保證에 대하여는 피담보채무와의 관계에서 어음法 제32조 2항(어 77조 3항, 手 27조 2항)이 별도로 규정하고 있다. 變造의 효력을 규정한 어음法 제69조(어 77조 1항 7호, 手 50조)도 어음채무범위의 면에서 어음行爲獨立의 원칙을 규정한 것이라고 볼 수 있다.[1] 이러한 점에서 보면 부당보충된 白地어음의 당사자의 책임을 규정한 어음法 제10조(어 77조 2항, 手 13조)도 變造어음에 기명날인 또는 서명한 자의 책임을 규정한 어음法 제69조와 같이(어음債務負擔의 範圍面에서) 어음行爲獨立의 원칙을 규정한 근거가 될 수 있다고 본다. 어음法 제65조(手 49조 2항)(어음의 複本의 各通에 기명날인 또는 서명한 引受人과 背書人은 반환을 받지 아니한 各通에 대하여 어음상의 책임을 부담한다)를 어음行爲獨立의 원칙의 실정법상 근거로 들고 있는 것이 通說이나,[2] 이것은 수 통의 複本에 기명날인 또는 서명한 자의 각 複本에 대한 책임으로서, 한 통의 어음의 연속한 어음행위에 있어서 선행하는 어음행위의 實質的 無效가 후속하는 어음행위에 영향이 없다는 어음法 제 7 조의 어음行爲獨立의 원칙과는 전혀 다른 의미라고 본다. 따라서 어음行爲獨立의 원칙을 한 통의 어음상에 한 수 개의 어음행위의 상호간의 관계로만 파악한다면 어음法 제65조(手 49조 2항)는 어음行爲獨立의 원칙의 실정법상 근거가 될 수 없다고 본다.[3]

(2) 理論的 根據

어음行爲獨立의 원칙의 이론적 근거에 대하여 우리 나라에서는 크게 當然法則說(少數說)과 例外法則說(多數說)로 나뉘어 있다. 當然法則說에서는 어음행위는 그 성질상 한 개의 어음면상에 여러 어음행위가 행하여진다 할지라도 각 어음행위는 본래 다른 어음행위와는 아무 관계가 없이 서로 개별 독립적으로 존재하는 것이므로 어음行爲獨立의 원칙은 이러한 어음행위의 성질상 당연한 것의 표현이라고 한다.[4] 그러나 當然法則說은 어음행위의 성질면에서는 당연하다고

1) 同旨: 鄭(熙), 77면; 徐·鄭, 84면; 鄭(東), 108면; 鄭(燦), 前揭論文(月刊考試, 1986. 11), 116면 註 2 外(通說).

反對: 李(範), 270~271면; 李均成, "어음行爲獨立의 原則과 그 適用範圍," 「考試研究」, 1985. 11, 128면(이러한 規定은 오히려 직접적으로는 어음行爲의 文言性을 표시하고 있다고 보아야 할 것이라고 한다).

2) 徐·鄭, 84면; 鄭(熙), 77면; 鄭(東), 108면 外.

3) 鄭燦亨, 前揭論文(月刊考試, 1986. 11), 116~117면.

4) 徐(廷), 89면; 李均成, 前揭論文(考試研究, 1985. 11), 129~130면.

할 수 있을는지 몰라도 一般私法上의 원칙과 비교할 때는 분명히 例外法則인 점을 간과하고 있다. 따라서 어음행위도 법률행위이므로 一般私法上의 원칙이 적용되나, 이의 예외로서 정책적으로 어음行爲獨立의 원칙을 규정하여 어음거래의 안전과 유통을 보호하고 있다고 보아야 할 것이다(例外法則說).[1)]

3. 適用範圍

어음行爲獨立의 원칙은 先行하는 어음행위의 實質的 無效 등에 따라 후속하는 어음행위가 영향을 받지 않는다는 것이므로, 선행하는 어음행위가 없거나(發行) 또는 形式的 無效 등의 경우에는 어음行爲獨立의 원칙이 적용될 여지가 없다. 또한 여러 개의 어음행위 중에서 어떠한 어음행위(예컨대, 引受)가 다른 어음행위(예컨대, 背書)의 전제가 되어 있지 않을 때에는 처음부터 어음行爲獨立의 원칙의 적용범위 밖의 일이므로(그러나 發行과 引受 사이에는 후술하는 바와 같이 어음行爲獨立의 원칙이 적용된다), 그 어음행위(引受)가 形式的 또는 實質的 無效라도 다른 어음행위(背書)에 영향을 미치지 않는다. 이하에서는 어음行爲獨立의 원칙이 적용되지 않는 경우와 적용되는 경우를 각 어음행위를 중심으로 살펴보기로 한다.

(1) 適用되지 않는 경우

1) **發行**(換어음·約束어음·手票)　어음행위에 있어서 發行은 기본적 어음행위로 선행하는 어음행위가 전혀 없으므로, 선행하는 어음행위를 전제로 한 어음行爲獨立의 원칙은 처음부터 적용될 여지가 없다(通說). 따라서 約束어음의 發行人은 主債務者로서 어음行爲獨立의 원칙과는 무관하게 어음상의 책임을 부담하고(어 78조 1항), 換어음 및 手票의 發行人은 遡求義務者로서 어음行爲獨立의 원칙과는 무관하게 法定擔保責任(遡求義務)을 부담한다(어 9조, 手 12조).

2) **先行行爲의 形式的 瑕疵**　어음行爲獨立의 원칙은 선행행위의 形式的 瑕疵가 없는 경우에 그 實質的 無效 등에 의하여 영향을 받지 않는다는 원칙이므로, 선행행위에 形式的 瑕疵가 있는 경우에는 적용될 여지가 없다.[2)] 發行에 形式的 瑕疵가 있는 경우에는 발행행위 그 자체가 무효일 뿐만 아니라 同어음상의 모든 부속적 어음행위가 무효이므로, 그 후의 선행행위 자체의 形

1) 鄭(熙), 77~78면; 徐·鄭, 85면; 鄭(東), 110면; 孫(珠), 71면; 梁·朴, 688면; 梁(承), 109면; 李(範), 272면; 鄭(茂), 330면; 姜, 543면; 姜, (어) 75면; 鄭(燦), 前揭論文(月刊考試, 1986.11), 119면; 蔡, 68면; 李(哲), 57면 外.

2) 同旨: 徐·鄭, 86면; 李(範), 272면; 徐(廷), 88면; 梁·朴, 688면; 梁(承), 110면; 鄭(東), 110면; 鄭(燦), 前揭論文(月刊考試, 1986.11), 120~121면; 蔡, 68면; 李(基), 149면 外(通說).

式的·實質的 瑕疵有無에 불문하고 동 어음상의 모든 어음행위에 어음行爲獨立의 원칙이 적용되지 않는 것과 동일한 결과가 된다.

3) **어음債務의 消滅** 어음行爲獨立의 원칙은 어음행위의 效力發生에 관한 원칙이므로, 일단 유효하게 성립한 어음채무가 소멸한 때에는 이 원칙이 적용될 여지가 없다. 예컨대 主債務가 소멸한 때에는 遡求義務도 전부 소멸되고 遡求義務를 이행한 때에는 그 후의 遡求義務도 소멸되므로, 이렇게 소멸되는 어음채무에 대하여는 어음行爲獨立의 원칙이 적용될 여지가 없다.[1]

(2) **適用되는 경우**

1) **引受**(換어음) 우리 나라의 학설 중에는 引受를 發行의 경우와 동일하게 보아 引受에는 선행행위가 없으므로 어음行爲獨立의 원칙이 적용될 여지가 없다고 설명하는 견해가 있으나,[2] 타당하지 않다고 본다. 왜냐하면 引受는 발행된 어음을 인수하는 것으로 반드시 發行을 전제하고 있으며, 비록 引受가 시간적으로 發行보다 선행하더라도 유효한 發行이 있을 때까지는 引受가 완전한 효력을 발생하지 못하므로 引受의 선행행위는 발행이라고 보아야 하기 때문이다. 실제로 引受는 지급인이 발행인과의 자금관계에서 하므로 이러한 점에서도 引受가 發行을 전제로 하고 있는 점은 명백하다. 그러므로 引受에도 어음行爲獨立의 원칙이 적용되는 것이다.[3] 이렇게 보면 引受人은 어음行爲獨立의 원칙에 의하여 發行의 實質的 無效에 영향을 받지 않고 어음채무를 부담하고, 그 채무의 내용은 어음法 제28조 1항에 의하여 主債務이다.

2) **支給保證**(手票) 換어음의 引受와 같이 手票의 支給保證의 선행행위는 發行이므로 手票의 支給保證에도 手票行爲獨立의 원칙이 적용된다고 본다.[4] 따라서 수표의 支給保證人은 발행의 實質的 無效에 의하여 영향을 받지 않고 수표채무를 부담하며(手 10조), 그 채무의 내용은 종국적인 遡求義務와 같다고 본다(手 55조 1항).

3) **參加引受**(換어음·約束어음) 參加引受는 만기 전의 소구를 저지하

---

1) 同旨: 徐·鄭, 86면; 李(範), 272면; 梁·朴, 689면; 梁(承), 110면.

2) 孫(珠), 75~76면; 鄭(茂), 330면; 崔(基), 105면.

3) 鄭(燦), 前揭論文(月刊考試, 1986.11), 121~122면. 同旨: 鄭(熙), 78면; 徐·鄭, 85면; 鄭(東), 110면; 姜, (어) 75면(어음행위독립의 원칙이 인수에 적용되는 데 의문이 없다고 함); 李均成, 前揭論文(考試硏究, 1985.11), 132면; 蔡, 71면.

4) 崔(基), 107면은 換어음의 引受에는 어음行爲獨立의 原則이 적용될 여지가 없다고 하면서, 手票의 支給保證에는 手票行爲獨立의 原則이 적용된다고 하는데, 兩者를 구별할 이유가 없다고 본다[U.C.C. §3-409 (d) 참조].

기 위한 어음행위이므로 선행행위는 피참가인(遡求義務者)의 어음행위(換어음의 경우는 發行·背書, 約束어음의 경우는 背書)가 될 것이므로, 이에는 당연히 어음行爲獨立의 원칙이 적용된다. 따라서 參加引受人의 어음행위는 피참가인의 어음행위가 實質的 無效가 된다고 하더라도 이에 영향을 받지 않고 유효하며, 이 때 參加引受人의 어음채무의 내용은 피참가인의 그것과 동일하다고 보겠다(어 58조 1항).

約束어음의 경우에는 參加引受에 관한 換어음의 규정(어 56조~58조)이 준용되지는 않으나(어 77조 1항 5호 참조), 約束어음에도 만기 전의 遡求가 인정되므로 參加引受制度를 인정하여야 할 것이다(通說).[1]

4) **保證**(換어음·約束어음·手票) 保證의 선행행위는 피보증인의 어음행위이므로 어음行爲獨立의 원칙이 당연히 적용된다. 어음(手票)法은 이에 대하여 별도의 명문규정을 두어, 피보증채무가 방식의 하자 이외의 사유로 무효가 된 때에도 보증행위의 효력에는 영향이 없다고 규정하고 있다(어 32조 2항·77조 3항, 手 27조 2항). 이 때 保證人의 어음채무의 내용은 被保證人의 그것과 같다(어 32조 1항·77조 3항, 手 27조 1항).

5) **背書**(換어음·約束어음·手票) 背書의 선행행위는 직전의 背書 또는 發行이므로, 이에 대하여 어음行爲獨立의 원칙이 적용된다는 데 대하여 우리 나라에서는 異說이 없는 것 같다. 判例도 이와 同旨에서 다음과 같이 판시하고 있다.

> [背書에 어음行爲獨立의 原則이 적용된다고 본 判例]
> 어음의 最終所持人은 그 어음의 최초의 發行行爲가 僞造되었다고 하더라도 어음行爲獨立의 原則上 그 뒤에 유효하게 背書한 背書人에 대하여는 遡求權을 행사할 수 있다[大判 1977. 12. 13, 77 다 1953].

背書에 어음行爲獨立의 原則이 적용되는 점과 관련하여 참고로 다음의 두 가지 점을 지적한다.

① 日本의 일부의 학설은, 背書는 權利移轉을 내용으로 하는 어음행위이며 權利移轉의 면에서는 後의 背書는 前의 背書가 무효인 때에는 無效가 된다는 점에서 背書에는 어음行爲獨立의 원칙이 적용되지 않는다고 설명하는 견해가 있다.[2]

그러나 어음行爲獨立의 원칙은 배서의 擔保的 效力과 관련되는 것인데, 위의 견해는 이와 관련도 없는 배서의 權利移轉的 效力과 관련하여 배서에는 어음行爲獨立의 원칙이 적용되지 않는다고 설명하는 점은 타당하지 않다고 본다. 배

1) 鄭(熙), 303면; 徐·鄭, 283면; 孫(珠), 386면 外.
2) 田中(耕), 123면; 大隅, 29면.

서에는 權利移轉的 效力(어 14조 · 77조 1항 1호, 手 17조), 擔保的 效力(어 15조 · 77조 1항 1호, 手 18조) 및 資格授與的 效力(어 19조 · 77조 1항 1호, 手 19조)이 있는데, 權利移轉的 效力과 資格授與的 效力은 다른 어음行爲(發行 · 保證 · 引受 · 參加引受 · 支給保證)에는 없는 독특한 효력이나 擔保的 效力은 어음債務를 부담한다는 점에서(그 내용은 다르더라도) 다른 어음행위와 공통적인 효력을 갖고 있다. 어음行爲獨立의 원칙이 그 실질적 · 내용적인 면에서 어음債務負擔의 독립성에 관한 것이라는 점에서 보면, 同原則은 배서의 擔保的 效力과 관련하여 설명되어야 한다.[1] 따라서 이렇게 보면 배서의 擔保的 效力과 관련된 어음行爲獨立의 原則을 배서의 權利移轉的 效力과 관련시켜 배서에는 어음行爲獨立의 원칙이 적용되지 않는다거나 또는 배서의 資格授與的 效力과 관련시켜 善意取得이 인정되는 경우에만 예외적으로 어음行爲獨立의 원칙이 적용되는 것과 동일한 결과가 된다는 등의 설명은 타당하지 않다고 본다. 그러므로 어음行爲獨立의 原則은 배서에도 적용되어(同原則이 背書에 적용되는 점에서 다른 어음행위에서 적용되는 경우보다 그 의미가 더 크다고 볼 수 있음) 先行背書의 實質的 無效에 영향을 받지 않고 후속하는 背書人은 독립적으로 어음債務를 부담하며(어 7조 · 77조 2항, 手 10조), 그 債務의 내용은 어음法 제15조 1항에 의하여(반대의 文言이 없으면) 遡求義務를 부담한다고 본다.

② 어음行爲獨立의 원칙과 善意取得이 구별되는 점을 간단히 살펴보면 다음과 같다.

(i) 어음行爲獨立의 원칙은 발행을 제외한 모든 어음행위에 존재하나, 善意取得은 背書(讓渡)의 어음행위에만 존재한다.

(ii) 背書의 경우 어음行爲獨立의 원칙은 배서의 擔保的 效力과 관련하여 발생하나, 善意取得은 배서의 資格授與的 效力과 관련하여 발생한다.

(iii) 어음行爲獨立의 원칙은 債務負擔의 면이요, 善意取得은 權利取得의 면이라는 점에서 양자는 근본적으로 구별된다.

4. 惡意取得者에 대한 適用與否

어음行爲獨立의 원칙은 선행하는 어음행위의 無效를 「어음行爲者」가 알고 있는 경우(惡意)에도 적용되는가. 또한 「어음取得者」가 이를 알고 있는 경우(惡意)에도 적용되는가.

(1) 어음行爲者가 惡意인 경우

어음행위는 실질적으로 볼 때 어음상의 기재를 내용으로 하는 독립적인 채무부담행위인 면이 있으므로, 형식상 완전한 어음에 기명날인 또는 서명한 자는 선행하는 어음행위의 실질적 무효를 알고 있더라도 자기의 독립적인 어

1) 참고로 背書의 權利移轉的 效力은 人的 抗辯의 切斷(어 17조 · 77조 1항 1호, 手 22조)과 관련되고, 背書의 資格授與的 效力은 善意取得(어 16조 2항 · 77조 1항 1호, 手 21조) 및 善意支給(어 40조 3항 · 77조 1항 3호, 手 35조)과 관련된다.

음채무부담의 의사표시인 기명날인 또는 서명에 의하여 어음상의 책임을 부담한다(通說).[1]

(2) 어음取得者가 惡意인 경우

어음취득자가 惡意인 경우에 어음行爲獨立의 원칙이 적용되는가에 대하여 우리 나라에서는 다음과 같이 肯定說(通說)과 否定說(少數說)로 나뉘어 있다.

1) 肯 定 說 肯定說에서는 어음行爲獨立의 원칙의 이론적 근거를 例外法則으로 보느냐 또는 當然法則으로 보느냐에 따라 각각 달리 설명되고 있다. 즉, (i) 例外法則說에서는 「어음行爲獨立의 원칙은 善意取得者의 보호뿐만 아니라 한걸음 더 나아가 어음행위의 확실성을 보장하여 어음의 신용을 높이기 위한 제도이므로, 선행행위의 무효원인이 무엇이든 관계없이 어음행위의 효력을 인정하여야 하며, 또한 어음취득자의 善意 · 惡意에 관계없이 어음행위의 효력을 인정하여야 한다」고 설명한다(通說).[2] 이에 대하여 (ii) 當然法則說에서는 「어음행위는 각각의 어음상의 기재를 자기의 의사표시의 내용으로 하는 법률행위이므로, 행위자는 그 문언에 따라서 책임을 부담하고 타인의 행위의 유효 · 무효에 의하여 영향을 받지 않는 것은 당연하다. 따라서 어음취득자가 선행행위의 무효에 대하여 惡意인 경우에도 이 원칙이 적용된다」고 설명한다.[3]

2) 否 定 說 否定說에서는 「어음行爲獨立의 원칙은 어음의 반환의무를 지는 惡意의 어음취득자에게는 적용되지 않는다」고 설명한다.[4]

[私 見]

1) 어음行爲獨立의 원칙은 선행하는 어음행위의 실질적 무효에도 불구하고 형식상 완전한 어음에 한 어음행위에 대하여 독립적인 어음채무를 부담시키는 점에서 債務負擔의 면이므로, 權利歸屬의 면인 善意取得과는 명백히 구별된다. 따라서 어음취득자의 善意 · 惡意에 의하여 또는 善意取得與否에 의하여 어음행위자의 채무부담여부가 좌우될 수는 없다. 즉, 어음行爲獨立의 원칙은

---

1) 徐·鄭, 89면(僞造어음에 記名捺印한 자는 僞造事實의 知·不知에 상관없이 책임을 부담한다고 한다); 崔(基), 200면(僞造어음에 記名捺印한 자는 僞造의 사실에 대한 善意 · 惡意를 불문하고 그 기재된 文言에 따라 책임을 진다고 한다) 外.

2) 鄭(熙), 78~99면; 徐·鄭, 86면; 孫(珠), 73면; 鄭(東), 115면; 梁·朴, 689면; 梁(承), 112면; 李(範), 272~273면; 姜, 544면; 姜, (어) 77면; 鄭(茂), 330~331면; 蔡, 70면; 李(基), 152면 外.

3) 徐(廷), 91면. 同旨: 李均成, 前揭論文(考試研究, 1985. 11), 138면.

4) 崔(基), 110~111면.

어음취득자의 善意의 효과로서 인정된 것은 결코 아니다.[1] 그러므로 어음行爲獨立의 원칙은 어음取得者가 惡意인 경우에도 적용된다고 보는 肯定說이 타당하다고 본다.

2) 위와 같은 어음行爲獨立의 원칙을 정확하게 이해하기 위하여 다음의 사례를 통하여 살펴보자. A가 約束어음을 발행하여 未成年者인 受取人 B에게 교부하고, B는 C에게 背書讓渡하였다. 그런데 그 후 B는 법정대리인의 동의 없이 背書하였다는 이유로 同背書를 취소하였다. 이 때 C는 同어음을 이러한 사정을 알고 있는 D에게 背書讓渡하였고 D는 다시 同어음을 이러한 사정을 모르는 E에게 背書讓渡하였다. 이 때 B, C, D는 E에게 어음채무를 부담하는가.

取消

A ——→ B ——→ C ——→ D ——→ E

(發行人) (未成年者) (惡意) (惡意) (善意)

↓

(어음行爲獨立의 원칙과 결합하여 背書 당시에 채무를 부담함)

① B는 背書의 취소에 의하여 어음채무를 부담하지 않는데 無能力의 抗辯은 物的 抗辯事由이므로 B는 누구에 대하여도 어음채무를 부담하지 않는다. 따라서 E가 善意인 경우에도 어음채무를 부담하지 않는다.

② C는 B의 背書가 취소된 후 同어음을 D에게 背書讓渡하였으므로 C는 無權利者로서 背書讓渡한 것이 된다. 따라서 C의 배서에는 權利移轉的 效力은 있을 수 없다(만일 C가 善意·無重過失이면 善意取得에 관하여 第2說을 취하는 견해에 의하면 C는 어음상의 권리를 善意取得한다). 그러나 C의 배서에는 擔保的 效力과 資格授與的 效力은 있다. C의 배서의 擔保的 效力은 어음行爲獨立의 원칙과 결합하여 형식상 완전한 어음에 C가 배서할 당시에 발생하며, 또한 B의 배서가 취소된 사정에 대하여 C 및 D가 惡意인 경우에도 발생한다(通說). C의 배서의 資格授與的 效力은 善意取得과 결합되어 E가 그 어음을 善意取得할 수 있는 기초를 제공한다. 여기에서 주의할 점은 惡意인 D가 그 어음을 소지하고 있는 동안은 C의 배서에 資格授與的 效力이 없는 것 같으나, C의 배서에는 여전히 資格授與的 效力이 있고 다만 D의 惡意로 인하여 D는 同어음을 善意取得하지 못하는 것이다. 이 때 D는 惡意로 인하여 그 어음을 善意取得하지 못하여 無權利者이기 때문에 C에 대하여 뿐만 아니라 누구에 대하여도 어

1) 同旨: 徐·鄭, 86면.

음상의 권리를 행사하지 못한다. 즉, D가 C에게 어음상의 권리를 행사하지 못하는 것은 D의 無權利에 기인하는 것이지, C가 D의 惡意로 인하여 어음채무를 부담하지 않기 때문은 결코 아니다. C는 背書할 당시부터 여전히 어음채무를 부담한다.

위의 사례에서 피상적이고 결과적으로만 보면 惡意인 D는 C에게 어음상의 권리를 행사활 수 없고 善意인 E는 C에게 어음상의 권리를 행사할 수 있으므로, 어음行爲獨立의 원칙이 惡意의 어음취득자에 대하여는 적용되지 않는다는 否定說이 타당한 것처럼 생각될 수도 있다. 그러나 이러한 결과는 위에서 본 바와 같이 C의 어음채무부담(背書의 擔保的 效力)이 D의 惡意로 인하여 발생하지 않고 있다가 E의 善意로 인하여 발생하는 것으로는 도저히 볼 수 없고, C의 어음채무부담은 C가 배서할 당시부터 발생하고 D 또는 E의 주관적 요소(善意·惡意)에 의한 선의취득 여부에 의하여 그의 권리행사 여부가 결정되는 것이다. 이 경우에 만일 否定說과 같이 해석하면 C가 D에게 배서한 이후에는 어음상의 책임이 없다가 D가 E에게 배서양도하여 E가 善意로 취득하는 순간에 그 책임이 발생한다고 보아야 하는데, 이는 어음행위를 한 자의 책임이 (자기의 意思에 기하지도 않고 法律上 규정이 없음에도 불구하고) 타인의 주관적 요소에 의하여 좌우되는 것으로서 이것은 法律行爲(意思表示)의 일반적 해석원칙상 도저히 인정될 수 없는 점에서도 否定說은 타당하지 않다고 본다.[1)]

③ D도 어음行爲獨立의 원칙에 의하여 당연히 E에게 어음채무를 부담한다.

제 5 절 어음行爲의 解釋

어음행위도 법률행위이므로 법률행위의 해석에 관한 일반원칙이 원칙적으로 적용되나, 어음행위는 요식의 증권적 법률행위로서 일반적인 법률행위와는 다른 특성이 있으므로 어음행위의 해석에 있어서도 일반적인 법률행위와는 다른 해석원칙이 있는데 이는 다음과 같다.[2)]

1) 이에 관한 상세는 鄭燦亨, 前揭論文(月刊考試, 1986. 11), 128～131면 참조.
2) 어음행위의 解釋에 관한 상세는 李(基), 152～160면 참조.

제 1 어음外觀解釋의 原則(어음客觀解釋의 原則)

어음外觀解釋의 原則이란 어음행위는 어음상의 기재에 따라 형식적으로 그 효력이 발생하므로 어음채무의 내용은 어음상의 기재에 의해서만 객관적으로 해석하지 않으면 안 된다는 원칙이다. 일반적인 法律行爲의 해석에 있어서는 반드시 표시된 문언에만 구속되지 않고 모든 사정을 종합하여 당사자의 眞意를 탐구하여 이를 해석하여야 하지만, 어음행위는 어음이 다수자 사이에 유통되기 때문에 일반적인 법률행위와 동일하게 해석될 수는 없다.[1] 이러한 어음外觀解釋의 원칙은 어음嚴正의 원칙(Grundsatz der Wechselstrenge)의 一內容으로 이에 의하여 어음의 유통성은 보장된다.

어음外觀解釋의 원칙에 의하여 어음면의 기재가 객관적 사실과 모순·저촉되는 경우에도 어음행위의 유효여부 및 어음채무의 내용은 어음면의 기재 자체에 의하여 결정하여야 하고, 어음 외의 사정에 의하여 어음상의 문언을 보충하여 해석하거나 변경하여 해석하여서는 안 된다. 따라서 어음外觀解釋의 원칙상 어음의 發行日(發行地)은 실제로 어음이 발행된 日字(發行地)를 말하는 것이 아니라 어음상에 기재된 發行日字(發行地)를 의미하며,[2] Y주식회사의 대표이사(전무이사) A가 어음행위를 함에 있어서 대표관계(대리관계)를 표시하지 않은 경우에는 어음 외의 사정에 의하여 어음상의 문언을 보충하여 해석할 수 없으므로 Y회사에게는 어음상의 책임을 부인해야 할 것이다.[3] 또한 어음外觀解釋의 원칙상 어음상의 권리내용은 어음 외의 사정에 의하여 변경하여 해석해서는 안 된다는 예로는 보증목적으로 어음에 背書 또는 引受를 하는 자(숨은 어음保證人)는 어음보증인이 아니라 背書人 또는 引受인으로서의 어음상의 책임을 부담하는 점도 들 수 있다.

어음外觀解釋의 原則을 우리 大法院判例도 다음과 같이 명백히 밝히고 있다.

[어음外觀解釋의 原則을 밝힌 判例]

어음행위의 내용은 어디까지나 어음상의 기재에 의하여 객관적으로 해석하여야 하는 것이지, 어음 외의 사정에 의하여 어음상의 기재를 변경하는 방식으로 해석하여서는 아니 된다고 할 것이다.

---

1) 鄭(東), 98면; 李(基), 153면.
2) 同旨: 鄭(熙), 140면; 徐·鄭, 161~162면 外.
3) 同旨: 大判 1959. 8. 27, 4291 民上 287(判總 11-2, 1031).
反對: 大判 1979. 3. 13, 79 다 15(教材, 判決例 [21]).

기록에 의하면, B는 A로부터 교부받은 이 사건 약속어음의 배서란에 배서인으로 서명날인하면서 C의 성명을 그 피배서인란에 기재하였음을 알아 볼 수 있는바, B의 위와 같은 피배서인란 기재의 의미는 어디까지나 어음상의 기재 자체에 의하여 객관적으로 해석하여야 하는 것이지 그의 내심의 의사 등과 같은 어음 외의 사정을 들어 그 기재와 달리 해석할 수는 없는 것이므로, B의 위 배서는 그 어음상의 기재대로 C를 피배서인으로 하여 한 기명식 배서로 보아야 한다고 할 것이고, 따라서 위 배서에 이은 C의 적법한 배서가 없는 이 사건에서는 배서의 연속이 흠결되어 X를 이 사건 약속어음의 적법한 권리자로 추정할 수 없을 뿐만 아니라, 위 배서에 의하여 이 사건 약속어음의 어음상의 권리가 B로부터 X에게로 실질적으로 이전되었다고 할 수도 없다고 할 것이다.

그렇다면 원심이 C의 성명 기재가 피배서인의 취지로 기재된 것이 아니라는 이유로 B의 위 배서가 피배서인을 지명하지 아니하고 한 백지식 배서라고 판단한 끝에 X가 위 배서에 의하여 이 사건 약속어음상의 권리를 적법하게 양도받았다고 한 것은 잘못이라고 할 것이나, 한편 원심판결 이유에 의하면, A로부터 이 사건 약속어음의 어음상의 권리를 적법하게 양도받은 B는 이 사건 소송 계속중인 1998. 11. 12 위 배서와는 별도로 그 권리를 지명채권양도의 방법으로 다시 X에게 양도하고 그 양도통지까지 마쳤다는 것인바, 그렇다면 X는 위 채권양도에 의하여 이 사건 약속어음상의 권리를 적법하게 취득하였다고 할 것이므로 X를 이 사건 약속어음의 적법한 권리자로 본 원심의 판단은 앞서 본 잘못에도 불구하고 결론에 있어서는 정당하고, 거기에 상고이유에서 지적하는 바와 같이 배서의 연속이나 백지식 배서 또는 지명채권양도에 관한 법리를 오해하여 판결 결과에 영향을 미친 위법이 있다고 할 수 없다. 위 채권양도 및 양도통지가 이 사건 소송에서 배서의 연속이 부정될 것에 대비하여 그 소송 계속중에 이루어졌다는 사정은 위 채권양도의 효력을 좌우할 사유가 되지 못한다. 이 점에 관한 상고이유도 받아들일 수 없다[大判 2000. 12. 8, 2000 다 33737(公報 2001, 260)][이 판결에 대하여 찬성하는 취지의 평석으로는 全遇賢, "어음行爲의 客觀的 解釋," 「比較私法」, 제 9 권 1호(2002. 4), 377~417면].

同旨: 大判 1961. 8. 10, 4293 民上 714; 同 1969. 7. 22, 69 다 742(어음要件의 구비여부는 어음면의 기재 자체에 의하여 판단되어야 한다고 함).

어음행위자의 실질관계에 근거한 항변사유는 어음상의 권리 자체의 효력 여부와는 무관하므로 어음外觀解釋의 원칙과도 무관하다. 따라서 物的 抗辯事由인 어음행위자의 행위능력유무는 어음상에 기재된 일자가 아니라 실제로 어음행위를 한 날을 기준으로 하여 결정되며, 또 어음채무자는 직접 상대방 또는 악의의 어음취득자에 대하여는 어음 외의 사정인 인적 항변사유를 주장할 수 있다.

제 2 어음有效解釋의 原則

어음有效解釋의 원칙은 어음을 無效라고 해석하는 것보다는 信義誠實의 원칙에 따라 유효로 해석하여야 한다는 원칙이다. 우리 나라의 通說·判例는 歲曆에 존재하지 않는 날, 예컨대 2월 30일 또는 11월 31일을 어음의 發行日 또는 滿期로 기재한 경우에는 어음有效解釋의 원칙에 따라 이를 유효로 해석하여 2월 말 또는 11월 말로 해석하고 있다.[1] 이러한 어음有效解釋의 원칙에 대하여 이것은 어음행위의 要式性을 완화한다거나 또는 法律行爲解釋의 일반 원칙에 불과하다는 이유로 이를 부정하는 견해도 있다.[2] 그러나 어음有效解釋의 원칙은 어음의 要式性을 악용하여 어음채무를 면하고자 하는 간악한 어음채무자를 규제하여 어음의 피지급성을 증대함은 물론 당사자의 합리적인 의사에도 합치하는 것이므로, 어음의 要式性을 본질적으로 파괴하지 않는 범위 내에서 인정되어야 할 것이다.[3]

제 3 기타의 解釋原則

위의 두 가지의 解釋原則 이외에 학자에 따라서는 어음상의 기재가 다의적인 경우에는 어음소지인은 자기에게 유리한 해석을 하여 어음채무자의 책임을 물을 수 있다는 해석원칙,[4] 어음의 피지급성 보장과 유통성 강화라는 어음법의 이념에 맞는 해석원칙[5](目的論的解釋), 어음이 수수될 때의 당사자의 의사는 사회관념 내지 거래관념에 의하여 해석되어야 한다는 원칙[6] 등을 드는 견해도 있으나, 위와 같은 사항은 법률행위의 일반적인 해석원칙에 불과하거나 또는 어음행위의 해석에 있어서 당연한 사항이므로 어음행위의 解釋原則으로서는 특별한 의미가 없다고 본다.

---

1) 鄭(熙), 137면(滿期에 대하여); 鄭(東), 288면(發行日에 대하여); 孫(珠), 208면(發行日에 대하여); 大判 1981. 7. 28, 80 다 1295(教材, 判決例 [233]).

無效로 보는 見解: Hueck/Canaris, §6Ⅳ8; Zöllner, §12Ⅳ6; Baumbach/Hefermehl. WG Art. 1 Rdn. 9; ROHG 24, 122; 日大判 1931. 5. 22(教材, 判決例 [255]).

2) 田中(耕), 125면.

3) 同旨: 李(基), 156면; 田中(誠), 54~55면.

4) 鈴木竹雄, "手形行爲의 解釋(一)," 「法學協會雜誌」, 1980. 2, 165면.

5) 李(基), 156면; 田中(誠), 52면.

6) 李(基), 156면; 田中(誠), 53면.

제 2 장 어음行爲의 代理(代表)

제 1 절 序 說

어음행위는 財産法的 법률행위이므로 代理에 친한 법률행위로서 실제에 있어서 代理人에 의하여 매우 많이 행하여지고 있다. 그런데 어음法上 代理에 관한 규정은 無權代理人의 책임에 관한 1개의 규정(어 8조·77조 2항, 手 11조)만이 있을 뿐이므로, 代理에 관한 그 밖의 사항은 民法 또는 商法의 代理에 관한 일반원칙에 의하여 해결된다. 그러나 어음행위는 文言性으로 인한 특색이 있기 때문에 民法 또는 商法의 代理에 관한 규정이 어음행위에 적용되는 경우에도 그대로 적용되지 않고 그 文言性으로 인하여 약간의 수정을 받는다.

어음행위의 代理에는 形式的 要件(本人의 표시, 代理關係의 표시, 代理人의 기명날인 또는 서명)과 實質的 要件(代理權의 존재)이 있으므로 이하에서는 이러한 순서에 따라 설명하고, 마지막으로 無權代理에 관하여 설명한다.

法人의 어음행위는 법인 스스로가 할 수는 없고 법인의 代表機關인 自然人이 하게 되고 그 법률효과는 법인에게 귀속되는 관계상 自然人의 경우 代理人의 어음행위와 아주 유사하게 된다.[1] 그런데 民法에서는 代理의 개념을 代表의 개념과 일응 구별하고 있다. 즉, (i) 法人의 代表機關은 법인과 서로 「대립하는 지위」에 서는 것이 아니고, (ii) 代表機關의 행위는 법률이론상 그대로 「법인의 행위」로 간주되며, (iii) 法人의 代表는 「事實行爲나 不法行爲」에 관하여도 성립하는 점에서, 代表는 代理와 구별된다고 한다.[2] 그러나 代表도 그 본

1) 法人의 경우에도 代表機關이 아닌 商業使用人 등의 어음행위가 法人에게 귀속되는 관계는 自然人의 경우 代理人의 어음행위와 같다.

2) 郭, (總則) 406면.

질은 代理와 다른 바가 없고 또 代表에 관하여도 代理에 관한 규정이 準用되고 있으므로(民 59조 2항), 어음행위의 代理에 관한 설명은 법인의 代表에 관한 설명에도(그에 관한 특별 규정이 없는 한) 그대로 해당된다고 하겠다. 따라서 이하에서도 법인의 代表에 관한 설명을 代理에 관한 설명에서 함께 다룬다. 이렇게 보면 어음행위의 代理에 관한 설명은 동시에 법인의 어음행위의 成立要件에 관한 설명이 된다.

代理人 또는 被用者가 직접 본인의 기명날인 또는 서명을 하는 代行은 그 형식에 있어서 代理와 구별되나,[1] 그 행위의 효과가 본인에게 귀속되는 점에서는 代理와 유사하다. 代行者가 授權範圍內에서 어음행위를 대행한 경우에는 전적으로 본인 자신의 어음행위로 인정되어 문제될 것이 없으나, 代行者가 授權範圍外의 어음행위를 대행한 경우(이 때에는 無權代行으로 僞造가 됨)로서 본인에게 어음상의 책임을 지우기 위하여는 民法 또는 商法上 表見代理에 관한 규정을 유추적용할 수밖에 없다.[2] 어음행위의 代行에 대해서는 어음의 僞造(無權代行)와 중복되지 않는 범위 내에서 관계되는 곳에서 함께 설명한다.

제 2 절 形式的 要件

어음행위의 代理로서 효력을 발생하기 위한 形式的 要件은 (i) 本人의 표시(Y), (ii) 代理關係의 표시(代理人) 및 (iii) 代理人의 기명날인 또는 서명(A [A의 印])이라는 3요소이다. 따라서 이하에서는 이러한 순서로 설명하겠다.

法人의 代表機關의 어음행위의 形式的 要件도 대리의 경우와 같이 (i) 本人의 표시(Y주식회사), (ii) 代表機關의 표시(代表理事) 및 (iii) 代表者의 기명날인 또는 서명(A [A의 印])이다.

代行의 경우에는 (i) 本人의 기명날인 또는 서명(Y [Y의 印])만이 있고, (ii) 代行關係의 표시 및 (iii) 代行者의 기명날인 또는 서명은 있을 수 없다.

1) 代行의 경우는 그 形式에 있어서 代理關係의 표시 및 代理人의 記名捺印 또는 署名이 없는 점에서 代理와 구별된다.

2) 同旨: 鄭(熙), 84면; 徐·鄭, 82면; 大判 1969. 9. 30, 69 다 964(大集 17 ③ 民 141).

제 1 本人의 표시(顯名主義)

1) 어음행위를 代理(代表)할 때에는 반드시 本人을 명시하여야 한다. 만일 代理人(代表者)이 本人을 명시하지 않고 어음행위를 한 경우에는 本人에게는 그 행위의 효과가 귀속되지 않고 代理人(代表者) 자신만이 어음행위자로서 책임을 진다(民 115조 본문). 따라서 어음행위에 있어서는 顯名主義가 아주 엄격하게 유지되고 있다고 볼 수 있다.

이에 관하여 우리 大法院判例도 同旨로 다음과 같이 판시하고 있다.

[本人의 표시가 없는 경우 本人의 어음행위라고 볼 수 없다고 한 判例]

약속어음의 발행인 명의가 단순히 A로만 되어 있고, 同人이 Y회사를 위하여 발행하였다는 뜻이 표시되어 있지 않은 이상, 비록 그 名下에 날인된 인영이 Y회사의 대표이사 직인이라 할지라도 그 어음은 同人이 Y회사를 대표하여 발행한 것이라고 볼 수 없다[大判 1979. 3. 27, 78 다 2477(教材, 判決例 [11])].

2) 그런데 이 때 상대방이 대리인으로서 한 것임을 알았거나 알 수 있었을 경우에도 본인에게 그 행위의 효력이 귀속하지 않는가. 이 때에 民法上의 法律行爲에 있어서는 예외적으로 그 행위의 효력이 본인에게 귀속한다(民 115조 단서). 그러나 어음행위에는 그 文言性으로 인하여 民法 제115조 단서가 적용되지 않는다.[1] 따라서 상대방이 代理人으로서 한 것임을 알았거나 알 수 있었을 경우에도 본인은 어음상의 책임을 부담하지 않는다. 그러나 民法 제115조 단서는 대리인과 상대방 사이의 原因關係에서는 적용되므로, 대리인은 그러한 상대방에 대하여 이를 人的 抗辯(어 17조·77조 1항 1호, 手 22조)으로 주장하여 그 책임을 면할 수 있다.[2] 이 때에 代理人으로부터 이러한 인적 항변을 가지고 대항받은 상대방은 民法 제115조 단서를 근거로 하여 본인에게 어음상의 책임을 물을 수는 없다.[3] 결국 이 때에 상대방은 本人 및 代理人의 누구에 대하여도 어음상의 권리를 행사할 수 없는 결과가 된다.

그러나 이 때 상대방은 본인이 會社(또는 法人)인 경우에는 회사의 不法行爲의 法理(商 389조·210조, 民 35조·756조)에 의하여 회사에 대하여 어음금액에 상당하는 금액을

---

1) 同旨: 鄭(熙), 82면; 徐·鄭, 74면; 鄭(東), 117면 外.
2) 同旨: 徐·鄭, 74면; 鄭(熙), 82면 外.
反對: 蔡, 44면.
3) 同旨: 鄭(熙), 82면.

손해배상으로 청구할 수는 있다. 즉 Y상호신용금고(주)의 대표이사인 A가 X로부터 일정한 금원을 예탁금으로 입금처리하여 줄 것을 의뢰받고 당시 공동대표이사인 B의 개인자금을 조달할 목적으로 위 금원을 차용하면서도 외관상으로만 위 금원을 위 금고의 차입금으로 입금처리하는 것처럼 가장하여 X를 속이고 실제로는 차입금원장 등 장부에도 기장하지 아니한 채 위 금고의 차입금증서가 아닌 A개인명의의 약속어음을 X에게 발행하여 준 사안에 대하여, 우리 大法院은 다음과 같이 판시하고 있다.

[本人에 대하여 使用者賠償責任을 인정한 判例]

A의 이러한 행위는 실질적으로는 A의 개인적인 융통행위로서 Y의 차용행위로서는 무효라 하겠으나, 그의 행위는 Y의 대표이사로서의 직무와 밀접한 관련이 있을 뿐만 아니라 외형상으로는 Y의 대표이사의 직무범위 내의 행위로 보아야 할 것이고 X도 Y와의 거래로 알고 있었던 것이므로 Y는 그 대표이사 A의 직무에 관한 불법행위로 인하여 X가 입은 손해를 배상할 책임이 있다[大判 1990. 3. 23, 89 다카 555(公報 872, 943)].

同旨: 大判 1968. 1. 31, 67 다 2785; 同 1987. 12. 22, 87 다카 595; 同 1988. 11. 8, 87 다카 733.

商法 제48조에 의하여 商行爲의 代理人은 본인을 위한 것임을 표시하지 아니하여도 그 행위의 효과는 본인에게 귀속한다(非顯名主義의 原則). 이러한 商法 제48조도 어음행위에는 그 文言性으로 인하여 적용되지 않는다.[1] 따라서 營業上의 代理權을 가진 支配人이 영업주의 영업을 위하여 어음행위를 하면서 영업주를 표시하지 않은 경우에는 그 행위의 효과는 영업주에게 귀속하지 않고 支配人만이 어음상의 책임을 부담한다. 이 때 상대방이 영업주를 위한 것임을 모른 경우(과실로 알지 못한 경우, 즉 알 수 있었을 경우를 포함)에는 支配人에 대해서만 어음상의 책임을 물을 수 있고(商行爲의 代理의 경우에는 상대방은 營業主 및 代理人에 대하여 이행을 청구할 수 있음—商 48조 단서), 상대방이 營業主를 위한 것임을 알았을 경우에는 支配人은 이를 人的 抗辯으로 주장할 수 있으므로 결국 상대방은 營業主 및 支配人의 누구에 대하여도 어음상의 권리를 행사할 수 없게 된다(商行爲의 代理의 경우에는 상대방은 營業主에 대하여만 이행을 청구할 수 있음—商 48조 본문).[2]

1) 同旨: 鄭(熙), (上) 149면.
2) 商法 제48조의 해석 및 이와 民法 제115조의 비교에 관한 상세는 鄭(燦), (上) 194~195면 참조.

제 2 代理(代表)關係의 표시

1) 代理(代表)關係의 표시는 本人을 위한 어음행위로 인식될 수 있을 정도의 기재가 있으면 된다. 따라서 代理 또는 代表라는 것을 직접 표시하는 문자 이외에, 支配人 · 支店長 · 後見人 등의 표시도 代理關係의 표시로서 충분하다.

우리 나라의 大法院判例에 의하면 「Y주식회사 A [대표이사 A의 印]」과 같이 대표자격의 표시가 A의 捺印 안에 들어 있는 경우는 유효한 대표자격의 표시로서 Y회사의 어음상의 책임이 있다고 하였다.[1] 그러나 「Y주식회사 A [A의 印]」과 같이 대표(대리)자격의 표시가 전혀 없는 경우에는, 유효한 대표(대리)행위로서 볼 수 없다고 하여 Y회사의 어음상의 책임을 부정한 判例와[2] 어음 외의 사실판단에 의하여 A의 대표(대리)자격을 인정하여 Y회사의 어음상의 책임을 인정한 判例로 나뉘어 있다.[3] 그러나 어음 외의 사실판단에 의하여 유효한 대표(대리)행위라고 본 판례는 어음의 文言證券性 또는 어음外觀解釋의 원칙에 비추어 타당하지 않다고 본다.[4]

2) Y주식회사의 대표이사인 A가 「Y주식회사 대표이사 A [A의 印]」의 형식으로 어음행위를 한 경우에는 代表機關의 어음행위로서 Y회사가 어음상의 책임을 부담하지만(商 389조 3항, 209조), Y주식회사의 이사인 B가 「Y주식회사 이사 B [B의 印]」의 형식으로 어음행위를 한 경우에는 代理人의 어음행위로서 Y회사가 어음상의 책임을 부담한다[5](民 114조 1항)(이 法理는 支配人 등과 같은 商業使用人의 어음행위에도 동일함).

3) Y재단법인의 이사(이사장) A가 「Y재단법인 이사(이사장) A [A의 印]」의 형식으로 어음행위를 한 경우에는 代表機關의 어음행위로서 Y재단법인이 어음상의 책임을 부담하지만(民 59조 1항), Y재단법인의 간사 B가 「Y재단법인 간사 B [B의 印]」의 형식으로 어음행위를 한 경우에는 代理人의 어음행위로서 Y재단법인이 어음상의 책임을 부담한다[6](民 114조 1항). 그러나 Y재단법인 소속의 X학교의 학교장인 C가 「X학교 학교장 C [C의 印]」의 형식으로 어음행위를 한 경우

---

1) 大判 1969. 9. 23, 69 다 930(判總 11-2, 1032-3).
2) 大判 1959. 8. 27, 4291 民上 287(判總 11-2, 1031).
3) 大判 1979. 3. 13, 79 다 15(教材, 判決例 [21]).
4) 鄭(燦), (事例) 71면. 同旨: 協約 제36조 4항(署名이 代理人 資格으로 이루어졌는가의 여부는 어음에 나타난 사실만으로 결정한다).
5) 大判 1974. 6. 25, 73 다 1412(判總 11-2, 980-4-9); 同 1972. 12. 26, 73 다 1436(判總 11-2, 980-4-9).
6) 大判 1968. 5. 28, 68 다 480(教材, 判決例 [22]).

에는, Y재단법인 및 대표(대리)관계의 표시가 전혀 없으므로 C의 어음행위가 Y재단법인에 귀속될 여지가 없고, 또 學校는 교육을 위한 시설에 불과하고 학교 자체는 권리의무의 귀속의 주체가 될 수 없으므로 C의 어음행위가 X학교에 귀속될 여지도 없어서, 결국 C 개인의 어음행위가 된다.[1)]

제 3 代理人(代表者)의 記名捺印 또는 署名

1) 代理人(代表者)이 자기의 기명날인 또는 서명을 하여야 하는 점에서, 代理人이 자기의 기명날인 또는 서명을 하지 않고 직접 本人의 기명날인 또는 서명을 하는 代行과 구별된다. 法人의 경우에는 그 성질상 법인 스스로가 어음행위를 할 수는 없고 법인의 代表機關(代理人)인 自然人이 어음행위를 하여야 하므로 법인의 어음행위에는 代表機關(代理人)인 自然人의 기명날인 또는 서명이 반드시 존재하여야 한다. 따라서 「Y주식회사 [Y주식회사의 印]」 또는 「Y주식회사 [대표이사 사장의 印]」과 같이 代表機關(代理人)인 自然人의 기명날인 또는 서명이 전혀 없이 法人의 명칭을 기재하고 法人印만을 찍은 어음행위는 無效이다(通說).[2)]

이에 관하여 우리 大法院判例도 同旨로 다음과 같이 판시하고 있다.

[法人이 어음行爲(背書)를 함에 있어서 法人을 기재하고 法人印만을 捺印한 경우 이를 無效로 본 判例]

법인의 행위는 대표기관에 의해서만 실현될 수 있는 것이므로 법인의 어음행위를 함에 있어 이 점을 증권상 명확하게 하기 위하여 대표기관이 법인을 위하여 하는 것이라는 취지, 즉 대표자격이 있다는 것을 표시하고 그 사람이 기명날인하여야 한다고 할 것이므로, 법인이 어음을 배서양도함에 있어 법인을 기재하고 법인인을 날인하여 그 대표자의 기명날인을 하지 않았다면 그 배서는 무효라 할 것이다[大判 1964.10.30, 63 다 1168(敎材, 判決例 [308])].

[銀行 支店長이 어음行爲(背書)를 함에 있어서 지점 명칭이 새겨진 명판을 찍고 記名을 생략한 채 私印만을 날인한 경우 이를 無效로 본 判例]

법인의 어음행위는 어음행위의 서면성·문언성에 비추어 법인의 대표자 또는 대리인이 그 법인의 대표자 또는 대리권자임을 어음면상에 표시하고 기명날인

---

1) 大判 1956.9.22, 4289 民上 276(判總 11-2, 1048); 同 1971.2.23, 70 다 2981(判總 11-2, 1040-2).

2) 徐·鄭, 67면; 鄭(熙), 82면 外.

하는 대리방식에 의하던가, 법인의 대표자로부터 대리권을 수여받고 직접 법인의 대표자 명의로 서명할 수 있는 권한이 주어져 있는 자의 대행방식에 의하여 이루어져야 한다. 그런데 은행 지점장이 수취인이 은행인 약속어음의 배서인란에 지점의 주소와 지점 명칭이 새겨진 명판을 찍고 기명을 생략한 채 자신의 사인(私印)을 날인하는 방법으로 배서한 경우, 그 배서는 행위자인 대리인의 기명이 누락되어 그 요건을 갖추지 못한 무효의 배서이므로 배서의 연속에 흠결이 있다 할 것이다[大判 1999. 3. 9, 97 다 7745(公報 1999, 623)][이 判決에 대하여 반대하는 취지의 評釋으로는 鄭鎭世, 「法律新聞」, 제2825호(1999. 10. 4), 13면 참조(記名이 없어도 私印이 날인되어 있으면 署名에 의한 어음행위로서 어음법상 유효하다고 인정해야 할 것이다고 한다)].

同旨: 大判 1999. 10. 8, 99 다 30367(公報 1999, 2303)(법인의 어음행위는 어음행위의 서면성 · 문언성에 비추어 법인의 대표자 또는 대리인이 그 법인의 대표자 또는 대리권자임을 어음면상에 표시하고 기명날인하는 대리방식에 의하던가, 법인의 대표자로부터 대리권을 수여받고 직접 법인의 대표자 명의로 서명할 수 있는 권한이 주어져 있는 자의 대행방식에 의하여 이루어져야 할 것이므로, 법인의 대리인이 법인 명의의 배서를 함에 있어 행위자인 대리인의 기명이 누락된 경우에는 그 요건을 갖추지 못한 무효의 배서라고 하여야 한다).

따라서 法人의 어음행위의 代行은 法人 자체의 대행은 있을 수 없고, 法人의 代表機關 등의 대행만이 있을 수 있다.

2) 法人의 어음행위는 代表機關이 직접(예컨대, 「Y주식회사 대표이사 A [A의 印]」의 형식으로) 하는 것이 원칙인데, 代理人(理事 · 支店長 · 課長 등)이 代表機關의 명의로 代行하는 경우도 많다. 또한 代表機關의 捺印도 私印(예컨대, A [A의 印])이 아니라 職印(예컨대, [대표이사의 印] 또는 [Y주식회사 대표이사의 印])으로 하는 경우가 많다. 代行의 경우는 어음행위의 代表(代理)의 形式的 要件과 관련하여서는 전혀 문제될 것이 없고 代行權의 有無만이 문제가 되고, 職印으로써 捺印하는 경우는 自然人의 記名捺印에서와 같이 記名의 명의와 捺印의 명의가 일치하는지 여부의 문제가 있을 수 있는데 이를 인정하여야 할 것으로 본다.[1)]

제 3 절 實質的 要件

어음행위가 代理行爲로서 유효하게 성립하기 위하여는 위에서 본 形式的 要件의 구비 이외에도 代理人은 實質的으로 代理權을 갖고 있어야 한다(代理權의 存在). 또한 대리인이 代理權을 갖고 있는 경우에도 일정한 경우에는 本人의 이익을

1) 鄭(燦), (事例) 72~73면.

위하여 그 행위에 대하여 대리권이 制限되는 경우가 있다(代理權의 制限). 이하에서는 이러한 두 가지 점에 대하여 살펴본다.

제 1 代理權의 存在

1) 어음행위에 관하여 代理權이 존재하는지 여부는 代理權 일반에 관한 法理에 따른다. 즉, 어음행위의 代理權도 본인의 대리권수여행위(수권행위)에 의하여 발생하는 「任意代理權」과, 법률의 규정·법원의 선임 또는 지정권자의 지정행위에 의하여 발행하는 「法定代理權」이 있다.[1] 그러나 회사의 대표사원(대표이사)이나 지배인 등은 어음행위에 관한 개별적인 수권행위가 없어도 그 法律上 地位(選任行爲)에 의하여 당연히 어음행위를 포함하는 包括定型的인 代理權(代表權)을 가지며,[2] 이에 대한 制限은 善意의 제 3 자에게 대항하지 못한다(商 209조, 269조, 389조 3항, 567조, 11조 1·3항 등).

2) 任意代理權의 경우 민법상 수권행위가 불요식행위인 것과 같이 어음행위의 수권행위의 방식에 관하여도 특별한 규정이 없다. 따라서 어음행위의 수권행위에 관해서는 어음면에 기재할 필요도 없고 또 서면으로 할 필요도 없으며, 구두 또는 묵시적으로도 할 수 있다.[3] 그러나 실제 거래계에서는 대리권의 수여를 명백히 하기 위하여 위임장을 교부하는 것과 같이 어음 외의 書面으로 하는 것이 보통이다.[4] 대리권이 수여되었는가의 여부도 어음 외의 일반적인 증거에 의하여 판단된다.[5] 이러한 代理權이 없는 경우가 無權代理이다.

---

1) 法定代理權이 法律의 규정에 의하여 발생하는 경우는 親權者(民 911조, 920조)·後見人(民 932조, 933조) 등이고, 法院의 선임행위에 의하여 발생하는 경우는 不在者財産管理人(民 23조, 24조)·相續財産管理人(民 1023조, 1040조, 1044조, 1047조, 1053조 등)·遺言執行者(民 1096조) 등이고, 일정한 指定權者의 지정으로 발생하는 경우는 指定後見人(民 931조)·指定遺言執行者(民 1093조, 1094조) 등이다.

2) 따라서 株式會社의 代表理事가 회사의 營利目的과 관계없이 자기의 개인적인 債務辨濟를 위하여 회사 대표이사 명의로 約束어음을 發行·交付한 경우에는 그 權限을 濫用한 것에 불과할 뿐 어음發行의 原因關係가(代表權이—저자註) 없는 것이라 할 수 없고, 다만 相對方이 이를 알았거나 알 수 있었을 경우에 한하여 會社는 이를 입증하여 그의 권리의 행사가 信義則에 반함을 주장하여 그 行爲의 효력을 부인할 수 있다(商 389조·209조 1항, 어 17조, 民 2조 1항)(大判 1990. 3. 13, 89 다카 24360〈公報 871, 880〉). 同旨: 大判 1988. 8. 9, 86 다카 1858(公報 832, 1207).

3) 同旨: 徐·鄭, 74~75면; 鄭(熙), 81면.

4) 鄭(熙), 81면.

5) 大判 1968. 5. 28, 68 다 480(判總 11-2, 980-4-1).

제 2 代理權의 制限

代理權을 갖고 있는 자라도 代理人이 本人과 법률행위를 하거나(自己契約) 또는 동일한 법률행위에 관하여 당사자 쌍방을 대리하는 경우에는(雙方代理) 본인의 이익을 위하여 본인의 허락이 없으면 할 수 없도록 民法은 규정하고 있다(民 124조). 또한 위의 民法과 같은 정신으로 회사의 이익을 보호하기 위하여 회사의 業務執行社員(理事)은 회사의 허락이 없으면[1] 자기 또는 제 3 자의 계산으로 회사와 거래(自己去來)를 할 수 없도록 商法은 규정하고 있다(商 199조, 269조, 398조, 564조 3항). 따라서 여기에서 문제되는 것은 民法 제124조 또는 商法 제398조(商 199조, 269조, 564조 3항을 포함하며, 이하 같다)의 규정이 어음행위에도 적용되는지 여부, 同규정이 어음행위에도 적용된다고 보는 경우에는 적용되는 거래의 범위 및 同규정에 위반한 행위의 효력 등이다. 이에 관하여 차례로 간단히 살펴본다.

1. 民法 제124조 또는 商法 제398조가 어음행위에 적용되는지 여부

民法 제124조 또는 商法 제398조가 어음행위에 적용되는지 여부에 대하여 다음과 같이 學說은 肯定說(通說)과 否定說(少數說)로 나뉘어 있고, 判例는 肯定說을 취하고 있다.

(1) 學 說

1) **肯 定 說** 肯定說에서는 그 이유를, 어음행위는 원래 無因行爲로서 어음행위에 의하여 새로운 채무를 부담하게 되는 점, 어음관계는 원인관계에 영향을 미치고(立證責任의 전환 · 抗辯의 절단 · 不渡에 의한 거래정지처분 등) 또 원인관계는 어음관계에 영향을 미치는 점(人的 抗辯의 허용 등) 등에서 어음행위는 순수하게 수단적 성질만을 갖는다고 볼 수 없고 본인과 이해관계의 충돌이 발생한다고 설명한다.[2]

2) **否 定 說** 否定說에서는 그 이유를, 어음행위와 같이 수단성을 가지는 無色의 행위 자체는 이익의 충돌을 일으킬 염려가 없으므로 어음행위는

---

1) 合名會社의 경우는 「다른 社員의 過半數의 결의」이고(商 199조), 合資會社의 경우는 「有限責任社員을 포함한 다른 社員의 過半數의 결의」이며(商 269조), 株式會社의 경우는 「理事會의 승인」이고(商 398조), 有限會社의 경우는 「監事가 있는 때에는 그 승인이고, 監事가 없는 때에는 社員總會의 승인」이다(商 564조 3항).

2) 鄭(熙), 73면, 80면; 鄭(熙), (上) 487~488면; 孫(珠), 92~95면; 孫(珠), (上) 799면; 李(範), 276면; 崔(基), 149~151면; 鄭(東), 121면; 李(哲), (會) 626면; 梁·朴, 382면; 梁(承), 121~122면; 金(容), 388면; 金(容), (上) 388면; 徐(廷), 109면; 蔡, 47면; 李(基), 168면 外.

民法 제124조 단서에 해당하거나 또는 商法 제398조의 적용 외에 있다고 하고, 이렇게 해석하는 것이 同條의 입법정신에 맞고 또 어음거래의 안전 및 정책상 타당하다고 설명한다.[1]

[私 見]

어음행위자는 어음행위에 의하여 원인채무와는 별도로 어음채무를 부담하게 되고, 또 어음수수의 직접당사자간에는 원인관계와 어음관계가 상호 영향을 미치고 있으므로 어음행위는 순수하게 수단적 성질만을 갖는다고 볼 수 없는 점 등에서 당연히 본인과 이익충돌이 생기게 된다. 따라서 이 때에는 본인의 이익을 보호할 필요가 있으므로 어음행위에도 民法 제124조 또는 商法 제398조가 적용된다고 보는 肯定說이 타당하다고 본다.[2] 肯定說에 의하는 경우에도 어음행위 자체에 관하여 언제나 본인의 승인을 별도로 받아야 하는 것은 아니고 일반적으로는 원인행위에 대하여 본인의 승인이 있으면 어음행위에 대하여도 승인이 있은 것으로 추정할 수 있다. 그러나 融通어음을 發行(背書)하는 것과 같이 原因行爲가 문제되지 않는 경우에는 어음행위 자체에 대하여 본인의 승인을 받아야 할 것이다.[3]

(2) 判 例

우리 나라의 大法院判例는 肯定說의 입장에서 다음과 같이 판시하고 있다.

[어음行爲에 대하여도 商法 제398조가 적용된다고 본 判例]

본건 약속어음의 발행에 관하여는 상법 제398조에 의하여 Y회사의 이사회의 승인이 있어야 할 터이므로 원심은 이 점을 심사 · 판단하였어야 할 것임에도 불구하고 ……, (이를 하지 않고) 본건 약속어음 발행행위는 유효한 것으로 판단한 것은 잘못이다[大判 1966. 9. 6, 66 다 1146(敎材, 判決例 [45])].

同旨: 大判 1978. 3. 28, 78 다 4(敎材, 判決例 [46]); 同 1978. 11. 14, 78 다 513(民判集 251, 130); 日大判 1909. 12. 2(敎材, 判決例 [43]); 日最高判 1971. 10. 13.

2. 民法 제124조 또는 商法 제398조가 적용되는 去來의 範圍[4]

1) 民法 제124조 法文에 의하면 直接去來로서 하는 自己契約과 雙方代理

1) 徐·鄭, 79~80면; 徐·鄭, (上) 446면.
2) 鄭(燦), (事例) 92면.
3) 鄭(燦), (事例) 93면.
4) 이에 관한 상세는 鄭(燦), (會) 617~621면; 鄭(燦), (上) 850~853면 참조.

에 대하여만 규정하고 있고, 商法 제398조의 法文에 의하면 直接去來로서 하는 自己契約에 대하여만 규정하고 있다. 그러나 商法 제398조의 해석에 있어서 「雙方代理」가 포함됨은 물론, 民法 제124조 또는 商法 제398조의 각각의 해석에 있어서 형식상은 本人(會社)과 第3者간의 거래이나 실질적으로 本人(會社)과 代理人(理事)간에 이해충돌을 생기게 할 염려가 있는 거래인 「間接去來」를 포함한다(通說[1]·判例[2]).

2) 民法 제124조 또는 商法 제398조의 法文에 의하면 「本人(會社)과 代理人(理事)간의 모든 거래」가 이에 해당하는 것같이 생각되나, 형식상 本人(會社)과 代理人(理事)간의 모든 거래가 이에 해당하는 것이 아니라 그 실질에 의하여 「本人(會社)과 代理人(理事)간에 이해충돌을 생기게 할 염려가 있는 모든 재산상의 행위」가 이에 해당한다(通說[3]·判例[4]). 따라서 本人(會社)에 대한 부담 없는 증여, 本人(會社)에 대한 무이자무담보의 금전대여, 상계, 채무의 이행, 보통거래약관에 의한 거래 등은 民法 제124조 또는 商法 제398조에 해당되지 않는 것으로 해석한다. 그러므로 이렇게 보면 民法 제124조 및 商法 제398조에 해당하는 거래는 실질적으로 本人(會社)과 代理人(理事)간에 이해충돌을 생기게 할 염려가 있는 재산상의 행위로서 直接去來와 間接去來가 있는데, 각각에 대하여는 自己契約형태와 雙方代理형태가 있다. 이의 각각에 대하여 구체적으로 살펴보면 다음과 같다.

(1) **直接去來**

1) **自己契約형태의 直接去來** 이것은 民法 제124조 및 商法 제398조에 해당하는 전형적인 경우로서, 예컨대 대리인(이사)이 본인(회사)으로부터 증여를 받거나 대리인(이사)과 본인(회사)간에 매매계약이 체결되는 경우 등이다.

2) **雙方代理형태의 直接去來** 民法 제124조는 이에 대하여 법문상 명백히 규정하고 있으나, 商法 제398조는 이에 대하여 명문으로 규정하고 있지 않다. 그러나 商法 제398조의 해석에 있어서 判例는 명백히 이를 포함하는 것으로 다음과 같이 판시하고 있다.

---

1) 鄭(東), (會) 441면 外 多數.
2) 大判 1965. 6. 22, 65 다 734(大集 13 ① 民 208) 外.
3) 鄭(東), (會) 439면 外 多數.
4) 大判 1962. 3. 13, 62 라 1(大集 10 ① 民 196)(Y주식회사의 대표이사인 A가 자기회사의 債務를 담보하기 위하여 자기앞으로 Y회사의 約束어음을 발행한 것은 회사와 이해관계가 상반되는 경우가 아님이 분명하여 理事會의 승인이 없더라도 적법하다고 함).

[雙方代理형태의 直接去來에 商法 제398조가 적용된다고 본 判例]

A가 Y회사와 Z회사를 대표하여 Y회사에게는 불리하고 Z회사에게는 유리한 'Y·Z간의 계약'을 체결하는 경우에는 상법 제398조의 이사의 자기거래의 범위에 포함된다[大判 1969. 11. 11, 69 다 1374(大集 17 ④ 民 6)].

(2) 間接去來

1) 自己契約형태의 間接去來 代理人(理事)이 제 3 자(債權者)에 대하여 부담하고 있는 채무를 본인(회사)이 제 3 자와의 계약으로 인수하는 경우와 같이(民 453조 1항 본문), 형식상은 본인(회사)과 제 3 자간의 거래이나 실질적으로 代理人(理事)에게는 유리하고 本人(會社)에게는 불리한 행위인 경우에는 自己契約형태의 間接去來로서 民法 제124조 및 商法 제398조의 행위에 포함된다. 우리 大法院判例도 이와 同旨로 다음과 같이 판시하고 있다.

[自己契約형태의 間接去來가 商法 제398조에 해당한다고 본 判例]

상법 제398조 소정의 거래 가운데는 이사와 주식회사간에 성립될 이해상반의 행위뿐만 아니라 이사 개인의 채무에 관하여 채권자에게 면책적이든 중첩적이든 채무인수를 하는 것(회사와 제 3 자간의 거래 — 저자註)과 같은 결국 이사에게는 이롭고 회사에게는 불리한 것으로 인정되는 행위가 포함된다[大判 1965. 6. 22, 65 다 734(大集 13 ① 民 208)].

2) 雙方代理형태의 間接去來 Y(회사)와 Z(회사)를 각각 代理(代表)하는 代理人(代表理事) A는 Z(회사)가 X은행으로부터 대출을 받는 데 있어서 Z(회사)를 위하여 Y(회사)를 代理(代表)하여 X은행(제 3 자)과 연대보증계약을 체결하는 경우와 같이, 형식상은 Y(회사)와 X은행(제 3 자)간의 거래이나 실질적으로는 Z(회사)에게는 유리하고 Y(회사)에게는 불리한 행위인 경우에는 雙方代理형태의 間接去來로서 民法 제124조 및 商法 제398조의 행위에 포함된다. 우리 大法院判例도 이와 同旨로 다음과 같이 판시하고 있다.

[雙方代理형태의 間接去來가 商法 제398조에 해당한다고 본 判例]

상법 제398조에서 말하는 거래에는 이사와 회사 사이에 직접 성립하는 이해상반하는 행위뿐만 아니라 이사가 회사를 대표하여 자기를 위하여 자기 개인채무의 채권자인 제 3 자와의 사이에 자기 개인채무의 연대보증을 하는 것과 같은 이사 개인에게 이익이 되고 회사에 불이익을 주는 행위도 포함하는 것이라 할 것이고 이런 의미에서 볼 때, Y회사와 Z회사의 대표이사를 겸하고 있던 A가 Z

회사의 채무에 관하여 Y회사를 대표하여 연대보증을 한 경우에는 역시 상법 제398조의 규정이 적용되는 것으로 보아야 할 것이다[大判 1984. 12. 11, 84 다카 1591(新聞 1577, 7)][이 判決에 대한 評釋으로는 鄭燦亨, "理事의 自己去來," 「法律新聞」, 제1586호(1985. 4. 22), 12면 참조].

3. 民法 제124조 또는 商法 제398조 違反의 效力[1]

어음행위가 民法 제124조 또는 商法 제398조에 포함된다고 보고 同條違反의 어음행위가 있는 경우에는 그 효력이 어떠한가의 문제가 있다. 이는 본인(회사)의 이익보호와 거래안전을 어떻게 조화할 것인가의 문제인데, 어음은 유통증권인 성질상 특히 선의의 제 3 자의 보호가 문제되므로 民法 제124조 또는 商法 제398조 위반의 어음행위의 효력에 대하여는 이 점이 고려되어야 할 것이다.

商法 제398조 위반의 효력에 대하여 우리 나라의 學說은 크게 無效說 · 有效說 및 相對的 無效說로 나뉘어 있고, 判例는 일관하여 相對的 無效說을 취하고 있다. 또한 이러한 설명은 民法 제124조의 위반의 효력에 대하여도 동일하게 설명될 수 있다고 본다.

(1) 學　說

1) 無 效 說　　無效說은 商法 제398조를 強行規定으로 보고 이를 위반하는 행위를 일단 무효로 보나 이사회의 사후승인이 있으면 유효해질 수 있다고 하며, 선의의 제 3 자는 善意取得規定에 의하여 보호된다고 한다.[2]

無效說에 의하면 어음행위자는 자기의 어음행위가 民法 제124조 또는 商法 제398조에 위반되어 무효임을 누구에 대하여도 주장할 수 있으므로 物的抗辯事由와 같게 된다.

2) 有 效 說　　有效說은 商法 제398조를 命令規定으로 보고 이에 위반하는 행위를 유효로 보며, 회사의 이익보호는 理事의 損害賠償責任과 惡意의 抗辯의 원용에 의하여 보호될 수 있다고 한다.[3]

有效說에 의하면 民法 제124조 또는 商法 제398조에 위반된 어음행위는 언제나 유효이므로 어음행위는 民法 제124조 또는 商法 제398조의 행위에 포함되지 않는다는 否定說과 결과적으로 같게 된다.

3) 相對的 無效說　　相對的 無效說은 商法 제398조 위반의 효력을 對

1) 이에 관한 상세는 鄭(燦), (會) 624~625면; 鄭(燦), (上) 855~857면 참조.
2) 徐·鄭, (上) 445면; 金(容), (上) 389면.
3) 朴·李, 303면; 徐(廷), (上) 286면; 梁·朴, 383면.

內的으로는 무효, 對外的으로는 상대방인 제 3 자의 악의를 회사가 입증하지 못하는 한 유효라고 하여, 거래의 안전과 회사의 이익보호라는 두 요청을 함께 만족시키고 있다.[1]

相對的 無效說에 의하면 善意인 제 3 자에게는 대항할 수 없으나 惡意인 제 3 자에게는 대항할 수 있으므로, 民法 제124조 또는 商法 제398조 위반을 人的 抗辯事由로 보는 것과 같게 된다.

[私 見]

有效說에 의하면 民法 제124조 또는 商法 제398조의 존재의의가 거의 없게 되고 또 無效說에 의하면 어음행위의 이념의 하나인 거래의 안전(流通性의 保護)이 침해되므로, 본인(회사)의 이익도 보호하고 거래의 안전도 보호하는 相對的 無效說이 가장 타당하다고 본다.

(2) 判 例

우리 나라의 大法院判例는 일관하여 다음과 같이 相對的 無效說을 취하고 있다.

[相對的 無效說을 취한 判例]

(이사가 상법 제398조에 위반하여 행위를 한 경우에) 당해 이사에 대하여 그 행위의 무효를 주장할 수 있음은 당연하지만, 회사 이외의 제 3 자와 이사가 회사를 대표하여 자기를 위하여 한 거래에 대하여는 거래의 안전의 견지에서 선의의 제 3 자를 보호할 필요가 크므로 회사는 그 거래에 대하여 이사회의 승인을 안 받은 것 외에 상대방인 제 3 자가 악의(이사회의 승인 없음에 대하여)라는 사실을 주장 · 입증하여야 비로소 그 무효를 그 상대방인 제 3 자에게 주장할 수 있다고 해석해야 옳은 것이다[大判 1973. 10. 31, 73 다 954(大集 21 ③ 民 138)].

同旨: 大判 1974. 1. 15, 73 다 955(카드 No. 10637); 同 1978. 3. 28, 78 다 4(大集 26 ① 民 252); 同 1981. 9. 8, 80 다 2511(大集 29 ③ 民 1); 同 1984. 12. 11, 84 다카 1591(新聞 1577, 7); 同 1993. 4. 9, 92 다 46172(公報 945, 1364)(그런데 이 때에도 회사는 그 대표이사가 재직중에 원고〈어음소지인〉와의 거래에서 발생한 채무에 한하여 그 책임이 있다고 한다).

---

1) 鄭(熙), (上) 489면; 鄭(東), (會) 444면; 李(基) 外, (會) 345면; 李(哲), (會) 629면; 李(院), (上) 455면; 鄭(茂), (上) 465면; 孫(珠), (上) 800~801면.

제 4 절 無權代理

어음행위의 無權代理에도 表見代理와 협의의 無權代理가 있다. 따라서 이하에서도 表見代理와 협의의 無權代理의 순서로 설명하고, 마지막으로 어음法에 특별히 규정하고 있는 越權代理에 대하여 설명한다.

제 1 表見代理

1. 어음行爲의 表見代理에 관한 規定

어음행위의 表見代理에 관하여는 어음法에서 無權代理人(表見代理人 및 협의의 無權代理人)의 책임에 관하여 1개의 조문만 규정하고 있다(어 8조·77조 2항, 手 11조). 따라서 어음행위의 表見代理에 관하여는 어음法에 규정이 없는 사항에 대하여 民法과 商法의 표현대리에 관한 규정이 적용 또는 유추적용되는데, 이러한 民·商法上의 규정들이 어음행위에 적용 또는 유추적용되는 경우에는 증권적 행위의 특수성으로 인하여 때로는 수정적용되기도 한다.

2. 어음行爲의 表見代理의 成立

어음행위의 表見代理가 언제 성립하는가에 대하여는 어음法에 특별한 규정이 없기 때문에 民法 및 商法의 表見代理에 관한 규정에 의하여 결정된다.

1) 民法上 表見代理에 관한 규정에 의하여 어음행위의 표현대리가 성립하는 경우는, (i) 本人이 제 3 자에 대하여 타인에게 어음행위의 代理權을 수여하였음을 표시하였으나 사실은 그 타인에게 어음행위의 대리권을 수여하지 않은 경우(民 125조), (ii) 代理人이 代理權의 범위를 넘어 어음행위를 대리한 경우[1](民 126조), (iii) 代理人이 代理權 소멸 후에 어음행위를 대리한 경우(民 129조) 등이다. 이 때에 表見代理인과 거래를 하는 제 3 자(상대방)는 「善意 · 無過失」이냐 또는 「善意·無重過失」이냐의 문제가 있다. 이 경우 民法 제125조 단서는 「제 3 자가 代理權 없음을 알았거나 알 수 있었을 때에는 그러하지 아니하다」고 하고, 同法 제

1) 大判 1989. 5. 23, 88 다카 22626(月報 226, 87); 同 1989. 3. 28, 87 다카 2152 · 2153(月報 224, 113); 同 1991. 6. 11, 91 다 3994(公報 901, 1906); 同 1990. 4. 10, 89 다카 19184(公報 873, 1042)(상대방의 惡意를 인정하여 民法 제126조의 적용을 배제함).

126조는「제 3 자가 그 權限이 있다고 믿을 만한 정당한 이유가 있는 때」라고 하고, 同法 제129조 단서는「제 3 자가 過失로 인하여 그 사실을 알지 못한 때에는 그러하지 아니하다」고 규정하고 있다. 이에 대하여 民法上 법률행위의 表見代理가 성립하기 위하여는 상대방이「善意 · 無過失」이어야 한다고 설명하고 있으나,[1] 어음행위의 表見代理가 성립하기 위하여는 어음은 유통증권이라는 특질이 있는 점 또 어음法 제10조 및 제16조 2항 등과의 균형상「善意 · 無重過失」임을 요한다고 보아 民法의 규정을 수정하여 적용하는 것이 타당하다고 본다.

또한 어음행위의 表見代理에 있어서 善意有無의 판단기준이 되는 제 3 자는 표현대리인의 직접의 상대방이냐 또는 그 후의 어음취득자도 포함하느냐가 문제된다. 이 경우 民法에서는 항상 직접의 상대방만을 기준으로 하나, 어음은 유통증권이기 때문에 民法과는 달리 표현대리인의 직접의 상대방뿐만 아니라 그 후의 어음취득자를 포함한다고 본다(通說).[2] 따라서 이 점은 어음행위무능력자의 어음행위의 取消 또는 追認의 상대방과 같다고 본다. 이렇게 보면 이 점은 표현대리에 관한 民法의 규정이 어음행위에 修正適用되는 점이다.

이에 대하여 우리 나라의 大法院判例는 제 3 자는「직접의 상대방」만을 의미한다고 판시하고 있다.[3] 즉 이러한 大法院判例로는 大判 1986. 9. 9, 84 다카 2310(公報 787, 1369); 同 1991. 6. 11, 91 다 3994(公報 901, 1906); 同 1994. 5. 27, 93 다 21521(公報 971, 1813)[이 판결에 반대하는 취지의 評釋으로는 鄭燦亨,「判例月報」, 제290호(1994. 11), 18~23면이 있고, 찬성하는 취지의 評釋으로는 姜渭斗,「法律新聞」, 제2375호, 15면이 있다]; 同 1997. 11. 28, 96 다 21751(公報 1998, 34)(표현대리에 관한 민법 제126조의 규정에서 제 3 자라 함은 당해 표현대리행위의 직접 상대방이 된 자만을 지칭하고, 이는 위 규정을 표현대리에 의한 어음 · 수표행위의 효력에 적용 또는 유추적용할 경우에 있어서도 마찬가지로 해석함이 상당하다); 同 1999. 1. 29, 98 다 27470(公報 1999, 366)(어음행위의 위조에 관하여도 민법상의 표현대리에 관한 규정이 적용 또는 유추적용되고, 다만 이 때 그 규정의 적용을 주장할 수 있는 자는 어음행위의 직

1) 郭, (總則) 442면, 447면, 450면.

2) 徐·鄭, 76~77면; 鄭(熙), 85면; 孫(珠), 85면; 梁(承), 127면; 鄭(東), 131면; 蔡, 53면; 曺銀哲, "어음行爲의 代理에 관한 硏究,"「法學碩士學位論文」(高麗大, 1996. 2), 64~65면 外.

反對: 姜, (어) 102면.

3) 日本의 判例도 직접의 상대방에게 表見代理가 성립하면 그 후의 어음所持人은 항상 보호받고, 반대로 직접의 상대방에게 表見代理가 성립하지 않으면 그 후의 어음소지인은 항상 보호받지 못한다고 하여,「직접의 상대방」만을 의미한다고 보는 判例로 일관하고 있다[日最高判 1961. 12. 12(民集 15-11, 2756) 外][鄭(燦), (事例) 107~108면 참조].

접 상대방에 한하므로, 어음의 제 3 취득자는 어음행위의 직접 상대방에게 표현대리가 인정되는 경우에 이를 원용하여 피위조자에 대하여 자신의 어음상의 권리를 행사할 수가 있다); 同 1999. 12. 24, 99 다 13201(公報 2000, 294)(어음행위의 위조에 관하여도 민법상의 표현대리에 관한 규정이 적용 또는 유추적용되고, 다만 이 때 그 규정의 적용을 주장할 수 있는 자는 어음행위의 직접 상대방에 한한다고 할 것이며, 약속어음의 배서행위의 직접 상대방은 당해 배서의 피배서인만을 가리키고 그 피배서인으로부터 다시 어음을 취득한 자는 위 배서행위의 직접 상대방이 아니라 제 3 취득자에 해당하며, 어음의 제 3 취득자는 어음행위의 직접 상대방에게 표현대리가 인정되는 경우에 이를 원용하여 피위조자에 대하여 자신의 어음상의 권리를 행사할 수가 있을 뿐이다); 同 2002. 12. 10, 2001 다 58443(公報 2003, 331)(표현대리에 관한 민법 제126조의 규정에서 제 3 자라 함은 당해 표현대리행위의 직접 상대방이 된 자만을 지칭하는 것이고, 약속어음의 보증은 발행인을 위하여 그 어음금채무를 담보할 목적으로 하는 보증인의 단독행위이므로 그 행위의 구체적·실질적인 상대방은 어음의 제 3 취득자가 아니라 발행인이라 할 것이어서 약속어음의 보증 부분이 위조된 경우, 동 약속어음을 배서·양도받는 제 3 취득자는 위 보증행위가 민법 제126조 소정의 표현대리행위로서 보증인에게 그 효력이 미친다고 주장할 수 있는 제 3 자에 해당하지 않는다).

2) 商法上 表見代理에 관한 규정에 의하여 어음행위의 표현대리가 성립하는 대표적인 경우는 (i) 支配權이 없는 자가 「본점 또는 지점의 영업주임 기타 유사한 명칭」을 가지고 어음행위를 하는 表見支配人(商 14조 1항 본문)의 경우이다. 그러나 이러한 表見支配人의 규정은 재판상의 어음행위에는 적용되지 않는다(商 14조 1항 단서). 이 때 표현지배인의 어음행위에 의하여 本人이 어음상의 책임을 지기 위하여는 表見支配人과 어음행위를 하는 상대방은 「善意·無重過失」이어야 한다.[1] 또한 이러한 상대방은 表見支配人의 직접의 상대방에 한하지 않고 「그 후의 어음취득자」를 포함하는데, 이 점은 民法上 表見代理에 관한 규정이 적용되는 경우와 다르다. (ii) 商法上 명문의 규정은 없으나 표현지배인의 규정을 部分的 包括代理權을 가진 商業使用人에 유추적용하는 경우에는, 이러한 表見課長 등의 어음행위에도 表見代理의 法理가 적용될 수 있을 것이다. (iii) 表見代表理事에 관하여는 商法 제395조에서 별도의 규정을 두고 있다. 즉 代表權이 없으면서 사장·부사장·전무·상무 기타 회사를 대표할 권한이 있는 것으로 인정될

1) 商法 제14조 2항은 상대방이 惡意인 경우에만 表見支配人에 관한 규정이 적용되지 않는다고 규정하고 있으나, 해석상 重過失로 인하여 모른 경우는 惡意와 같게 보기 때문에 表見支配人이 성립하기 위한 상대방의 主觀的 要件은 「善意·無重過失」이라고 볼 수 있다. 이렇게 보면 어음法 제10조 및 제16조 2항 등의 主觀的 要件과 균형을 이루게 된다.

만한 명칭을 사용하여 어음행위를 한 理事의 행위에 대하여는 동 규정에 의하여 本人(會社)의 어음상의 책임이 인정된다.[1] 이 때 表見代表理事와 어음행위를 한 상대방의 主觀的 要件(善意·無重過失) 및 範圍(그 후의 어음취득자를 포함)는 表見支配人의 경우와 같다. (iv) 직접적인 表見代理에 관한 규정은 아니나 표현대리와 같은 정신으로 입법이 된 규정으로는, 支配權(代表權) 또는 部分的 包括代理權의 不可制限性(또는 劃一性)(商 11조 3항, 15조 2항, 209조 2항, 269조, 389조 3항, 567조)에 위반한 어음행위 또는 故意·過失로 인하여 不實登記된 자(商 39조)의 어음행위에 대하여 本人은 善意의 제 3 자에게 대항하지 못하도록 한 규정들이 있다. 이러한 규정들은 英美法上의 禁反言則(estoppel by representation) 또는 獨逸法上의 外觀法理(Rechtsscheintheorie)와 같은 정신으로 입법이 된 것인데, 同규정들에 의하여 또한 어음의 유통성도 보호된다고 볼 수 있다. 同규정들의 적용에 있어서 상대방의 主觀的 要件(善意·無重過失) 및 範圍(그 후의 어음취득자를 포함)는 表見支配人의 경우와 같다.

3. 어음行爲의 表見代理의 效果

위에서 본 바와 같이 民·商法의 규정에 의하여 表見代理(代表)가 성립하면 그 효과로서 당사자의 책임은 다음과 같다.

1) 本人은 民·商法의 규정에 의하여 당연히 어음상의 책임을 진다. 이 때 本人은 表見代理行爲에 기하여 전적인 책임을 져야 하는 것이고, 상대방에게 過失이 있다고 하더라도 過失相計의 法理를 유추적용하여 本人의 責任을 감경할 수 없는 것이다.[2] 이로 인하여 表見代理人과 거래하는 상대방의 신뢰이익은 보호된다. 이 때에 本人은 表見代理人에 대하여 기초적 내부관계에 있어서의 의무위반 또는 불법행위를 이유로 損害賠償을 청구할 수 있다.[3]

2) 表見代理人은 無權代理人으로서 어음法 제 8 조 1문(어 77조 2항, 手 11조)에 의하여

1) 大判 1977. 5. 10, 76 다 878(大集 25 ② 民 1)(Y주식회사의 대표이사인 A가 대표이사직을 사임하고 사임의 등기 전에 A가 同회사를 대표하여 약속어음을 발행한 경우에 대하여, 大法院은 A가 대표이사로 등기되어 있는 사실만으로는 Y회사에게 歸責事由가 없어 Y는 어음상의 責任이 없다고 판시하였다. 그러나 이 경우에 Y회사는 商法 제39조에 의하여는 어음상의 責任을 부담한다고 본다); 同 1993. 4. 9, 92 다 46172(公報 945, 1364)(회사를 양도한 대표이사가 사임등기를 마칠 때까지 대표이사직에 있음을 기화로 대표이사 개인명의로 발행한 수표에 담보목적으로 양도회사 명의로 배서하여 양도한 경우, 이는 대표이사에게 사실상 대표권이 없었다 하여도 이는 대표권에 관한 내부적 제한에 불과하여 어음소지인에게 대항할 수 없다).

2) 同旨: 大判 1994. 12. 22, 94 다 24985(公報 985, 626).

3) 同旨: 郭, (總則) 439면.

어음상의 책임을 진다.[1] 그러나 民法에서는 이러한 경우 표현대리에 의하여 本人의 책임이 확정되면 상대방의 보호는 충분하므로 다시 표현대리인에 대하여 책임을 물을 수 없다(즉, 이 때에 民法 제135조가 적용되지 않는다)고 보는 것이 通說이다.[2] 따라서 이 점에서 어음행위의 표현대리의 효과와 민법상의 그것은 구별되고 있다. 그러므로 어음행위의 표현대리가 성립하는 경우 本人과 表見代理人의 어음상의 책임이 병존하는데, 이 때에 어음소지인은 어음상의 권리를 어떻게 행사할 수 있는가에 대하여 學說은 나뉘어 있다. 즉, 어음소지인은 本人 또는 表見代理人의 어느 일방에 대하여만 책임을 추궁할 수 있다는 擇一說(通說)[3]과 어음소지인은 양자에 대하여 동시에 중첩적으로 책임을 추궁할 수 있다는 重疊說(少數說)[4]로 나뉘어 있는데, 어음소지인은 자력이 있는 어느 일방에 대하여 책임을 추궁하여 변제를 받으면 어음소지인의 보호에 충분하므로 擇一說이 타당하다고 본다.[5]

제 2 狹義의 無權代理

1. 어음行爲의 협의의 無權代理에 관한 規定

어음행위의 협의의 無權代理에 관하여는 어음法 제 8 조(어 77조 2항, 手 11조) 및 民法 제135조가 적용되는데, 다만 民法 제135조는 어음法 제 8 조에 저촉하는 한 적용되지 않는다. 또한 民法 제135조가 어음法 제 8 조에 저촉되지 않아 적용되는 경우에도 어음행위는 증권적 법률행위라는 특수성으로 인하여 그대로 적용되지 않고 수정적용된다. 즉, 民法上 법률행위의 경우에는 상대방이 협의의 無

1) 다만 表見代理가 아니고 단순한 越權代理가 성립하는 경우에 그 越權代理人은 어음法 제 8 조 3 문에 의하여 어음상의 責任을 진다.

反對: 表見代理를 有權代理의 일종으로 보는 전제하에[李英俊, 「民法總則」(서울: 博英社, 1987), 581면; 曺銀哲, 前揭論文, 54~55면] 表見代理人은 어음상의 책임을 지지 않는다고 하는 見解[曺銀哲, 前揭論文, 68~69면, 74~75면]와 越權代理로서의 表見代理(民 126조)에만 어음法 제 8 조 3 문이 적용되고 어음法 제 8 조 1 문은 협의의 無權代理에만 적용되므로 民法 제126조 이외의 表見代理人은 어음상의 責任을 부담하지 않는다는 見解[金汶在, "權限을 超過하는 어음行爲의 代理에 관한 새로운 解釋論," 「商事法研究」, 제13집(1994), 347면, 352면, 355~360면]가 있다. 그러나 이러한 見解들은 타당하지 않다고 보는데, 이에 관한 상세는 鄭燦亨, "表見代理人 및 越權代理人의 어음上의 責任," 「考試研究」, 제267호(1996. 6), 31~41면 참조.

2) 郭, (總則) 444면 外.

3) 鄭(熙), 89면; 徐·鄭, 76면; 孫(珠), 83면; 鄭(東), 126면; 梁·朴, 692면; 梁(承), 128면; 姜, (어) 105면; 李(哲), 107면 外.

4) 李(範), 280면; 蔡, 54면.

5) 鄭(燦), (事例) 100면. 同旨: 徐·鄭, 76면.

權代理人에게 대리권이 없음을 알았거나 또는 알 수 있었을 경우에는 협의의 無權代理人에게 그 책임을 물을 수 없으나(民 135조 2항 전단), 어음행위의 경우에는 그 文言性으로 인하여 협의의 無權代理人은 상대방에 대하여 원칙적으로 어음상의 책임을 부담한다(民 135조 2항 전단은 어음행위에 적용되지 않음). 그러나 民法 제135조 2항 전단은 협의의 無權代理人과 상대방 사이의 原因關係에서는 적용되므로 협의의 無權代理人은 그러한 상대방에 대하여 이를 人的 抗辯(어 17조 · 77조 1항 1호, 手 22조)으로 주장하여 그 책임을 면할 수 있다. 따라서 협의의 無權代理人은 그 상대방이 民法 제135조 2항 전단에 해당할 때에는 어음상의 책임을 면하는 결과가 되고, 그 후의 어음취득자가 협의의 無權代理人의 이러한 人的 抗辯事由를 알고 어음을 취득하면(따라서 협의의 無權代理人을 害하는 것을 알고 어음을 취득한 것이 되면) 협의의 無權代理人은 어음法 제17조 단서에 의하여 그러한 어음취득자에게 어음상의 책임을 면하게 된다. 이와 같은 경우에는 어음소지인은 협의의 無權代理人 및 本人의 누구에 대하여도 어음상의 권리를 행사할 수 없는 결과가 된다(결과적으로는 民法과 동일하나, 이론구성상 차이가 있다).

2. 어음行爲의 협의의 無權代理의 成立

어음행위의 협의의 無權代理가 성립하기 위하여는 다음의 요건이 필요하다.

1) 本人은 협의의 無權代理人에게 代理權을 수여하지도 않고 또 表見代理가 성립하지도 않으며(이 점은 협의의 無權代理人의 개념에서 명백함), 또 追認을 하지 않아야 한다.

① 협의의 無權代理人의 어음행위에 대하여 本人이 追認할 수 있는가에 대하여 어음法에는 규정이 없으나, 民法 제135조 1항이 적용되어 本人은 당연히 이를 追認할 수 있다고 본다(異說 없음). 이에 대하여 우리 大法院判例도 同旨로 다음과 같이 판시하고 있다.

[無權代理人의 어음行爲에 대하여 本人의 追認을 인정한 判例]

어음교환행위가 주로 甲회사의 자금융통을 위하여 행하여진 것으로서 甲회사가 발행한 어음에 대외적 신용을 주기 위하여 乙회사의 무권대리인인 A(수입부차장)가 권한 없이 乙회사 명의의 배서를 한 경우에도, 乙회사가 무권대리인인 A의 어음교환행위를 추인하였다면 거기에는 다른 특별한 사정이 없는 한 A가 어음교환을 위하여 한 배서행위도 추인하여 그 배서를 유효한 것으로 하겠다는 의사도 포함된 것으로 해석함이 상당하다[大判 1994. 8. 12, 94 다 14186(公報 976, 2297)].

이 때 追認의 상대방은 어음이 유통증권인 성질상 협의의 無權代理人의

어음행위의 직접의 상대방뿐만 아니라 현재의 어음소지인을 포함한다고 본다.[1]

本人이 협의의 무권대리인의 어음행위를 追認하면 本人은 어음상의 책임을 부담하게 되는데, 이 때 협의의 無權代理人의 어음상의 책임과의 관계는 어떠한가의 문제가 있다. 이에 대하여 우리 나라의 학설은 두 가지로 나뉘어 있다. 즉, (i) 협의의 무권대리인의 어음상의 책임은 어음法 제 8 조에 의하여 어음행위시에 일단 발생하는데 본인이 추인하게 되면 그 효력은 어음행위시까지 소급하므로(民 133조) 협의의 무권대리인의 어음상의 책임은 追認을 解除條件으로 소멸한다고 보는 견해(解除條件說)[2]와, (ii) 어음法 제 8 조는 어음소지인의 신뢰이익을 보호하는 규정인만큼 협의의 無權代理人의 책임은 어음소지인의 신뢰가 배반당하였을 때인 追認이 拒絶되었을 때부터(즉, 追認拒絶을 停止條件으로) 발생한다고 보는 견해(停止條件說)[3]가 있다.

생각건대 협의의 無權代理人이 추인거절시부터 어음상의 책임을 부담한다고 하면 본인이 추인을 거절한 경우에 어음행위시부터 추인거절시까지는 어음상의 책임을 부담하는 자가 없게 되거나 또는 代理權을 수여한 일도 없고 또 表見責任을 질 귀책사유도 없는 本人(협의의 無權代理人의 本人)에게 어음상의 책임을 부담시키는 것이 되어 부당하므로, 협의의 無權代理人은 어음행위시부터 어음法 제 8 조에 의하여 어음상의 책임을 부담한다고 보아야 할 것이다. 다만 本人이 追認을 한 경우에는 상대방의 신뢰이익은 충분히 보호되고 또 추인의 효력은 원칙적으로 소급하므로(民 133조 본문) 협의의 無權代理人의 책임은 원칙적으로 어음행위시에 소급하여 소멸한다고 본다. 따라서 解除條件說에 찬성한다. 이렇게 볼 때 협의의 無權代理人이 어음상의 책임을 부담하기 위한 요건으로 본인의 추인이 없어야 한다는 의미는, 협의의 무권대리인의 책임발생의 始期를 의미하는 것이 아니라, 협의의 무권대리인이 終局的으로 어음상의 책임을 부담하는 요건을 의미한다고 볼 수 있다.

② 협의의 無權代理가 성립하기 위하여는 代理權이 欠缺되어야 하는데, 이러한 代理權의 欠缺에 대하여 누가 立證責任을 부담할 것인가의 문제가 있다. 이에 대하여 우리 나라의 학설은 (i) 원고(협의의 무권대리인의 상대방 또는 어음소지인)가 追認拒絶의 사실을 입증해야 한다고 보는 견해[4]와 (ii) 피고(협의의 無權代理人)가 代理權의 존재 또는 追

1) 同旨: 徐·鄭, 78면.
2) 徐·鄭, 78면; 崔(基), 166면; 金(容), 209면; 李(範), 277면; 梁(承), 129면; 蔡, 50면.
3) 鄭(熙), 88~89면; 孫(珠), 90면; 鄭(東), 126면; 姜, 105면.
4) 鄭(熙), 90~91면; 孫(珠), 90면; 鄭(東), 127면; 李(範), 277면.

認에 대한 입증책임을 부담해야 한다는 견해[1]로 나뉘어 있다.

생각건대 어음소지인이 먼저 본인에게 어음금의 지급을 청구하면 본인은 代理權의 欠缺을 들어 어음금의 지급을 거절할 것이고, 이 때에 어음소지인이 협의의 無權代理人에게 어음금의 지급을 청구하면 협의의 무권대리인은 代理權의 존재 또는 追認의 사실을 입증하지 못하면 어음法 제 8 조에 의하여 당연히 어음상의 책임을 부담해야 한다고 본다. 따라서 피고(협의의 無權代理人)가 立證責任을 부담한다는 견해에 찬성한다. 代理權欠缺에 대한 立證責任을 원고(어음所持人)에게 부담시키는 견해는 어음의 유통성 및 피지급성의 확보라는 어음의 이념에서 볼 때도 문제가 있다고 본다.

2) 협의의 無權代理人은 代理人으로서 기명날인 또는 서명을 하고 또 어음행위의 成立(有效)要件을 갖추어야 한다.

① 협의의 無權代理人이 代理人으로서 기명날인 또는 서명(代理方式)을 하지 않고 권한 없이 本人의 기명날인을 代行한 경우에는(代行方式) 협의의 無權代理가 성립하지 않는다. 또한 그러한 無權代行者(僞造者)는 그의 기명날인 또는 서명이 어음상에 나타나지도 않으므로 그에게 바로 어음法 제 8 조에 의한 책임을 부담시킬 수도 없다.

② 有權代理의 경우에는 代理人이 어음상의 책임을 부담하지 않으므로 대리인은 行爲能力者임을 요하지 아니하나(民 117조), 無權代理의 경우에는 無權代理人이 어음상의 책임을 부담하므로(어 8조·77조 2항, 手 11조) 무권대리인은 行爲能力者임을 요한다[2](民 135조 2항 후단). 이 밖에 無權代理人의 어음행위는 일반적인 어음행위의 成立(有效)要件을 갖추어야 한다. 즉, 어음행위의 形式的 要件(必要的 記載事項의 기재) 및 實質的 要件(意思의 欠缺 및 意思表示에 瑕疵가 없을 것 등)을 갖추어야 한다.

3) 相對方 또는 어음所持人은 善意이어야 한다.

협의의 無權代理人이 어음상의 책임을 부담하기 위한 이러한 요건은 협의의 무권대리인과 그의 상대방 사이의 어음관계에서 발생하는 것이 아니라, 原因關係 또는 人的 抗辯과의 관계에서 발생한다. 즉, 어음관계에서 협의의 無權代理人은 어음法 제 8 조 1문에 의하여 상대방이 협의의 無權代理人에게 代理

1) 崔(基), 166면; 李(基), 174면.

2) 이 때 無能力者가 無權代理에 의한 어음행위를 한 경우 그러한 無能力者의 어음상의 책임은 어떠한가. 이에 대하여는 어음이 流通證券인 성질상 民法 제17조(無能力者의 詐術)의 적용을 확장하여 그러한 無能力者인 협의의 無權代理人의 責任을 인정하여야 한다는 견해도 있으나[鄭(熙), 90면], 無能力者保護의 일반원칙상 그러한 협의의 無權代理人은 자기의 어음행위를 取消할 수 있다고 보아야 할 것이다[同旨: 崔(基), 168면].

權이 없음을 알았거나 또는 알 수 있었을 경우에도 협의의 무권대리인은 일단 어음상의 책임을 부담한다(어음관계에서 民 135조 2항 전단은 적용배제됨). 그러나 협의의 무권대리인은 이를 原因關係에서는 항변할 수 있으므로, 결국 협의의 무권대리인이 직접의 상대방에 대하여 어음상의 책임을 부담하기 위하여는 상대방의 「善意 · 無過失」을 요건으로 한다(原因關係에서 民 135조 2항 전단은 적용됨).

또한 상대방으로부터 어음을 취득한 그 후의 어음所持人과 협의의 無權代理人과의 관계는 그 어음소지인이 협의의 무권대리인의 직접의 상대방에 대한 협의의 무권대리인의 原因關係에 기한 항변을 알고 어음을 취득하면(따라서 협의의 無權代理人을 害함을 알고 어음을 취득한 것이 되면) 협의의 무권대리인은 어음상의 책임을 부담하지 않으므로(어 17조 단서), 이 때에 협의의 무권대리인이 그러한 어음소지인에 대하여 어음상의 책임을 부담하기 위하여는 어음소지인이 「債務者를 害할 것을 알지 못하고」 어음을 취득할 것을 요건으로 한다. 따라서 이러한 主觀的 要件은 직접의 상대방 또는 그 후의 어음취득자에 따라 각각 상이하다고 볼 수 있다.

3. 어음行爲의 협의의 無權代理의 效果

어음행위의 협의의 無權代理가 성립하면 다음과 같은 效果가 발생한다.

1) 협의의 無權代理人은 어음소지인에 대하여 언제나 어음상의 책임을 부담한다(어 8조 1문 · 77조 2항, 手 11조 1문). 民法上 협의의 無權代理가 성립하는 경우에는 상대방의 선택에 좇아 契約을 이행하든가 또는 損害賠償의 책임이 있으나(民 135조 1항), 어음행위에서 협의의 무권대리가 성립하는 경우에는 어음法 제 8 조의 특칙에 의하여 상대방의 선택을 기다리지 않고 당연히 협의의 무권대리인은 어음상의 책임(契約의 이행)을 부담한다. 이 점은 어음행위의 협의의 無權代理의 效果가 民法上의 그것과 첫째로 구별되는 점이다.

① 협의의 無權代理人이 어음소지인에 대하여 부담하는 어음상의 책임의 내용은 代理權이 있었더라면 本人이 부담하게 될 어음상의 책임의 내용과 같다. 따라서 협의의 無權代理人은 本人이 어음상의 책임을 부담하였더라면 주장할 수 있었을 抗辯事由로써 어음소지인에 대하여 대항할 수 있다.[1] 그러나 本人이 어음관계 및 이의 원인관계 이외의 사유로 갖고 있는 항변사유 또는 本人이 무능력자 또는 가설인 등으로 어음상의 책임을 부담할 수 없다는 항변사

1) 同旨: 鄭(熙), 91면; 鄭(東), 127면; 崔(基), 170면; 蔡, 50면 外.

유로써는 어음소지인에게 대항할 수 없다.[1)]

② 어음소지인이 이러한 협의의 無權代理人에 대하여 권리를 보전하기 위해서는 원래 협의의 무권대리인에 대하여 時效中斷의 절차 또는 償還請求의 통지 등의 절차를 밟아야 하겠으나, 현실적으로 어음소지인은 본인에게 이러한 절차를 취하는 경우가 많을 것이므로 이렇게 한 경우에도 어음소지인은 협의의 무권대리인에게 권리를 보전하기 위한 절차를 다한 것으로 해석하여야 할 것이다.[2)]

2) 협의의 無權代理人이 어음소지인에 대하여 어음채무를 이행한 때에는 本人과 동일한 權利를 갖는다(어 8조 2문 · 77조 2항, 手 11조 2문). 民法上 협의의 無權代理人이 債務를 이행한 경우에는 權利取得이 문제가 되지 않으나(民 135조 1항 참조), 어음행위의 협의의 무권대리인이 어음채무를 이행한 경우에는 어음法 제 8 조의 특칙에 의하여 本人의 前者에 대한 어음상의 권리를 취득한다. 이 점은 어음행위의 협의의 무권대리가 民法上의 그것과 둘째로 구별되는 점이다.

① 이 때 협의의 無權代理人이 취득하는 권리는 「本人의 前者에 대한 어음상의 권리」이지, 본인에 대한 권리는 결코 아니다. 협의의 無權代理人이 어음채무를 이행한 경우에 본인에 대한 권리는 民法 제481조에 의한 辨濟者의 法定代位의 법리에 의한다. 협의의 無權代理人이 어음채무를 이행함으로 인하여 취득하는 권리는 本人의 前者에 대한 어음상의 권리이므로 본인의 전자가 없는 경우(本人이 換어음의 引受人 또는 約束어음의 發行人인 경우)에는 그러한 협의의 무권대리인이 어음法 제 8 조 2문에 의하여 권리를 취득할 여지가 없다. 또 환어음의 단순한 支給人이나 수표의 支給人의 협의의 無權代理人이 어음금 또는 수표금을 지급한 경우에는 본인이 어음(手票)金을 지급할 債務를 부담하는 자도 아니고 또 그러한 협의의 無權代理人이 어음(手票)상에 記名捺印 또는 署名을 한 것도 아니므로, 어음法 제 8 조(手 11조)가 적용되지 않아 그러한 협의의 無權代理人은 어떠한 權利도 취득하지 못한다. 保證에 있어서 협의의 無權代理가 성립하는 경우에는 협의의 무권대리인은 어음法 제 8 조 2문뿐만 아니라 제32조 3항에 의하여도 (被保證人 및) 被保證人의 前者인 어음채무자에 대하여 어음상의 권리를 취득한다.

② 협의의 無權代理人이 本人의 前者에 대하여 어음상의 권리를 취득하여

---

1) 同旨: 鄭(熙), 91면; 鄭(東), 127면; 崔(基), 170면 外.

2) 同旨: 鄭(熙), 93면(時效中斷에 관하여는 立法論으로 주장함); 鄭(東), 127면; 崔(基), 172면(時效中斷에 관하여는 立法論으로 주장함).
反對: 蔡, 51면.

이를 행사하는 경우에, 그러한 어음채무자는 본인에게 대항할 수 있었던 抗辯事由로써 협의의 無權代理人에게 대항할 수 있음은 물론이다.[1)]

3) 本人은 협의의 無權代理人에 대하여 어떠한 권리를 갖는가.

① 협의의 無權代理人이 約束어음을 發行하거나 換어음을 引受하고 어음채무를 이행한 경우와 같이 本人은 전혀 어음상의 권리를 취득하거나 또는 손해를 입지 않은 경우에는, 本人은 협의의 無權代理人에 대하여 어음반환을 청구하거나 또는 손해배상을 청구할 수 없다.

② 그러나 협의의 無權代理人이 背書를 한 경우와 같이 本人이 어음상의 권리를 취득했던 경우에는 사정이 다르다. (i) 代理權의 欠缺이 善意取得에 의하여 치유될 수 없다고 보는 견해(第1說)에 의하면 本人은 협의의 無權代理人의 善意의 상대방에 대하여 어음반환을 청구할 수 있고,[2)] 이렇게 어음반환을 받으면 本人은 전에 가졌던 자기의 어음상의 권리가 회복되어 전자에 대하여 어음상의 권리를 행사할 수 있다.[3)] (ii) 代理權의 欠缺이 善意取得에 의하여 치유될 수 있다고 보는 견해(第2說)에 의하면 本人은 협의의 無權代理人의 善意의 상대방에 대하여 어음반환을 청구할 수 없고, 협의의 무권대리인에 대하여 不法行爲에 기한 損害賠償請求權(民 750조)만을 갖는다. 또한 本人은 협의의 무권대리인의 상대방이 同어음을 善意取得한 반사적 효과로서 어음상의 권리를 상실한다.

제 3 越權代理

1) 代理權이 있는 대리인이 그 代理權의 범위를 초월하여 어음행위를 한 경우에(예컨대 100만원까지 어음행위를 하도록 수권받은 代理人이 150만원의 어음행위를 한 경우), 本人 및 越權代理人의 책임범위가 어떠한가가 문제된다. 이는 代理人에게 代理權이 전혀 없는 경우와 구별된다. 이에 대하여 어음法 제 8 조 3문(어 77조 2항, 手 11조 3문)은 「權限을 초과한 代理人에 관하여도 같다」고 규정하고 있으나, 越權代理人의 책임범위가 전액(위의 예에서 150만원)에 대하여 미치는가 또는 무권대리의 규정이 월권한 부분에 대해서만 적용되어 월권한 금액(위의 예에서 50만원)에 대하여만 미치는가의 문제가 있다. 또한 이와 함께 本人의 책임

1) 同旨: 鄭(熙), 94면; 鄭(東), 128면; 蔡, 51면; 李(基), 177면.

2) 그러나 그 후의 어음取得者는 어음을 善意取得할 수 있는데, 이렇게 善意取得한 어음所持人에 대하여는 물론 어음반환을 청구할 수 없다.

3) 따라서 本人의 前者인 어음債務者는 本人이 어음상의 權利를 행사할 때 협의의 無權代理人에게 대항할 수 있는 抗辯事由로써 本人에게 대항할 수 없다.

범위는 어떠한가의 문제가 있다. 이에 대하여는 法上 규정이 없기 때문에 해석에 의할 수밖에 없다. 이에 대하여 本人은 수권범위 내(위의 例에서 100만원)에서만 책임을 부담하고, 越權代理人은 전액(위의 예에서 150만원)에 대하여 책임을 부담한다고 보는 것이 우리 나라의 通說이다(責任併行說).[1]

우리 大法院判例도 이와 같은 취지에서 다음과 같이 판시하고 있다.

[越權代理의 경우 本人은 授權範圍內에서 책임을 진다는 判例]

어음행위의 대리 또는 대행권한을 수여받은 자가 그 수권의 범위를 넘어 어음행위를 한 경우에 본인은 그 수권의 범위 내에서는 대리 또는 대행자와 함께 어음상의 채무를 부담한다고 할 것인바, 원심이 인정한 사실관계에 의하더라도, A와 B는 X로부터 금 10,000,000원의 범위 내에서는 X를 대리하여 연대보증계약을 체결할 권한을 수여받았다는 것이므로 A와 B는 그 수권의 범위를 벗어나 그들의 Y에 대한 금 60,000,000원의 손해배상채무를 X가 연대보증한다는 의미에서 이 사건 약속어음에 발행인으로 X의 날인을 대행한 것이므로, 수권의 범위를 넘은 부분에 대하여는 X에게 그 어음행위의 효력이 미치지 않는 것이지만, 수권의 범위 내인 금 10,000,000원 부분에 대하여는 X가 어음상의 채무를 부담한다고 할 것이다.

그럼에도 불구하고 원심이 A와 B가 X의 날인을 대행한 이 사건 약속어음의

1) 참고로 日本에서는 이에 대하여 본인은 책임을 부담하지 않고 越權代理人만이 全額(위의 예에서 150만원)에 대하여 책임을 진다는 本人無責任說[蓮井良憲 · 酒券後雄 · 志村治美(共著), 「講義手形法 · 小切手法」, 1981, 114~115면]과 本人은 授權範圍內(위의 예에서 100만원)에서만 책임을 지고 越權代理人은 越權한 金額(위의 예에서 50만원)에 대해서만 책임을 진다는 責任分擔說[小橋一郎, 「新版手形法 · 小切手法講義」, 1982, 65면]도 있다. 그러나 本人無責任說은 월권대리인이 우연히 월권하였다고 하여 본인이 대리권을 수여한 부분에 대하여도 그 책임을 면하게 하는 것은 私法上 代理의 일반원칙에서 볼 때 불합리하여 타당하지 않고, 責任分擔說은 어음金不可分의 원칙에 반하고 또한 권리행사의 간이성을 저해하는 점에서 타당하지 않다. 또한 責任分擔說은 어음法上 명문의 규정(예컨대 어 26조 1항, 30조 1항, 69조 등)이 없는 경우에는 어음의 문언증권성 및 유통보호를 위하여 越權代理人이 어음금의 全額(앞의 예에서 150만원)에 대하여 책임을 지는 것으로 해석해야 하는 점에서 볼 때도 타당하지 않다고 본다[同旨: 鄭(熙), 92면; 梁(承), 134면; 崔(基), 174면; 蔡, 52면; 李(基), 178면; 姜, (어) 98면 外].

또한 위와 같은 우리 나라의 通說에 대하여 表見代理를 有權代理로 보는 전제 하에 어음法 제 8 조 3문은 表見代理 중의 越權代理人에 대한 책임만을 규정한 것으로 보고 이 때에 表見代理의 법리에 따라 本人은 그 책임범위가 결정되고 表見代理人(越權代理人)은 어음法 제 8 조 3문에 근거하여 어음금액 전액에 대하여 어음상의 책임을 진다는 견해[曺銀哲, 前揭論文, 73~75면]와 어음法 제 8 조 1문은 협의의 無權代理에만 적용되고 同 제 8 조 3문은 表見代理 중 越權代理(民 126조)의 경우에만 적용되는데 이 때에 本人과 越權代理人은 모두 어음금 전액에 대하여 어음상의 책임을 진다는 견해(이 견해에서는 이를 '雙方全額責任說'로 부르고 있음)(金汶在, 前揭論文, 351~360면)가 있다. 그러나 이러한 견해들은 모두 타당하지 않다고 본다[이에 관한 상세한 비판은 鄭燦亨, 前揭論文(考試硏究 1996. 6), 35~41면 참조].

발행행위가 X에 대하여 전부 무효라고 판단하여 이 사건 약속어음금의 지급을 구하는 Y의 반소청구를 전부 배척한 데에는 어음행위의 월권대리 내지 기명날인 대행에 관한 법리를 오해하여 판결에 영향을 미친 위법이 있다고 할 것이다. 상고이유 중 반소청구에 관한 부분은 이유 있다[大判 2001. 2. 23, 2000 다 45303·45310(公報 2001, 740)].

2) 위에서 본 바와 같이 越權代理의 경우 本人이 수권범위 내(위의 예에서 100만원)에서만 책임을 지는 것은 民法 · 商法上의 表見代理가 성립하지 않는 경우(예컨대 越權代理人의 상대방의 惡意 등으로 인한 경우 등)에만 그러한 것이고, 民法 · 商法上의 表見代理가 성립하는 경우에는 本人은 당연히 전액(위의 예에서 150만원)에 대하여 책임을 진다. 즉, 越權代理人이 法人의 理事(民 60조), 支配人(商 11조 3항), 部分的 包括代理權을 가진 商業使用人(商 15조 2항), 會社代表者(商 209조 2항, 269조, 389조 2항, 567조), 船長(商 751조)인 경우에는 해당규정에 의하여 本人은 어음금 금액에 대하여 책임을 지게 되고, 또 民法 제126조에 의하여 越權代理人의 상대방이 그 권한이 있다고 믿을 만한 정당한 사유가 있는 경우에는 本人은 어음금 전액에 대하여 책임을 지게 된다.

이 때에 越權代理人(表見代理人)은 앞에서 본 바와 같이 어음法 제 8 조 1문에 의하여 어음금 전액에 대하여 어음상의 책임을 부담한다. 따라서 어음소지인은 本人 또는 越權代理人(表見代理人) 중 資力이 있는 어느 일방에 대하여 책임을 추궁할 수 있는데(擇一說), 보통은 본인에 대하여 책임을 추궁하게 될 것이다.

제 5 절 어음行爲의 代行

他人名義에 의한 어음행위에는 代理方式에 의한 경우와 代行方式에 의한 경우가 있는데, 양자는 그 方式(形式)에서 구별된다. 즉, B가 「A 代理人 B [B의 印]」의 형식으로 어음행위를 한 경우는 代理方式이고, B가 「A [A의 印]」의 형식으로 어음행위를 한 경우는 代行方式으로 양자는 그 方式(形式)에서 뚜렷이 구별된다. 代行方式에 의한 어음행위에서도 B가 A를 表示하기 위하여 「A [A의 印]」의 형식으로 어음행위를 한 경우는 記名捺印의 代行이고, B가 자기를 表示하기 위하여 「A [A의 印]」의 형식으로 어음행위를 한 경우는 A의 名義貸與가 된다. 記名捺印의 代行과 名義貸與는 그 형식에서는 같으나, 실질에서는 구별되고 있다. 이하에서는 이해의 편의를 위하여 이 양자를 구별하여 설명하겠다.

또한 1995년 改正어음(手票)法에서는 記名捺印 또는 署名으로써 어음행위가 가능하므로 적법한 代行으로서 記名捺印의 代行뿐만 아니라 署名代行도 가능한 것으로 생각될 수 있으나,[1] 원래 署名은 앞에서 본 바와 같이 自筆署名이고 또 記名捺印의 代行을 인정하고 있는 이상 동일성의 확인도 어려운 署名代行을 인정할 필요와 실익이 없다는 점에서 적법한 代行으로서 署名代行은 인정하지 않는 것이 타당하다고 본다(그러나 위법한 代行〈僞造〉으로서 署名代行은 물론 존재하게 된다). 따라서 이하에서의 代行은 記名捺印에 관하여만 설명하겠는데, 無權代行의 경우에는 이 記名捺印에 署名이 포함되는 것으로 보아야 할 것이다.

제 1 記名捺印의 代行

1. 記名捺印의 代行의 法的 性質

1) 他人을 표시하기 위하여 타인의 기명날인을 代行하는 경우, 그 법적 성질이 무엇인가가 문제된다. 이는 記名捺印의 법적 성질을 무엇으로 보느냐에 따라 다르다. 記名捺印의 법적 성질에 대하여 이를 法律行爲라고 보는 견해도 있으나,[2] 기명날인은 그 자체만에 의하여는 일정한 법률효과가 발생한다고 볼 수 없으므로 기명날인의 법적 성질은 事實行爲라고 보아야 할 것이다.[3] 기명날인의 법적 성질을 法律行爲라고 보면 기명날인의 代行을 代理로써 설명할 수도 있겠으나, 위와 같이 기명날인의 법적 성질을 事實行爲라고 보면 기명날인의 代行은 代理로써 설명할 수 없게 된다. 왜냐하면 事實行爲에는 代理가 인정되지 않기 때문이다[4](異說 없음).

2) 따라서 記名捺印의 代行에 대하여 우리 나라의 通說은 代理가 아니라, 일종의 표시기관에 의한 「本人 자신의 記名捺印」이라고 한다.[5] 그러나 代行에 대하여는 어음法 및 民法·商法上의 규정이 없으므로, 이에 관하여는 學說·

---

1) 韓昌熙, "약속어음의 發行에 관한 판례연구," 「私法研究」(晴軒法學), 제 5 집(2000. 12), 282면.

2) 梁(承), 136면; 同, "어음行爲에 있어서의 記名捺印," 「考試研究」, 1981. 9, 29면.

3) 鄭(燦), (事例) 78면. 同旨: 徐·鄭, 68면.

4) 郭, (總) 403면 外.

5) 徐·鄭, 74면; 鄭(熙), 83~84면; 鄭(東), 119면 外.

判例의 해석에 의할 수밖에 없다. 따라서 有權代行의 어음행위인 경우에는 本人 자신의 어음행위로서 本人에게 어음상의 책임을 부담시키고, 無權代行(僞造)의 어음행위이나 本人에게 귀책사유가 있는 경우에는 民法 · 商法上의 表見代理에 관한 규정을 유추적용하여 本人에게 어음상의 책임을 부담시킨다[1](通說·判例).

3) 그런데 記名捺印의 代行에 대하여 우리 나라의 大法院判例는 「署名代理」라 하여 代理로써 설명하고 있다.[2] 그러나 앞에서 본 바와 같이 代行은 그 形式(代理文句 및 代理人의 기명날인 또는 서명이 없음)에 있어서 代理와 뚜렷이 구별되는 점, 기명날인의 법적 성질을 事實行爲로 보면 기명날인의 代行에는 代理가 성립할 수 없는 점, 고유의 代行의 경우는 效果意思를 本人이 결정하는 점 등에서 代理와 구별되므로, 기명날인의 代行을 代理로써 설명하는 것은 타당하지 않다고 본다.

2. 記名捺印의 代行의 두 種類

記名捺印의 代行에는 다음과 같이 두 종류가 있다.

(1) 固有의 代行

固有의 代行은 代行者에게 전혀 기본적인 代理(代行)權이 없는 경우로서 代行者는 단순히 本人의 表示機關 내지 手足으로 本人의 記名捺印을 기계적으로 대행하는 경우이다. 예컨대 기본적인 代理(代行)權이 전혀 없는 경리직원이 代表理事의 지시에 따라서 어음행위를 代行하는 경우가 이에 속한다. 이러한 代行者는 民法에서 「表示機關으로서의 使者」에 해당한다.[3] 이러한 固有의 代行은 代理와는 그 형식에 있어서 뿐만 아니라, 효과의사를 본인이 결정하는 점에서도 구별된다.

(2) 代理的 代行

代理的 代行은 代行者가 本人으로부터 일정한 범위의 기본적인 代理(代行)權을 수여받고, 그 범위 내에서 개개의 어음행위에서는 스스로 결정하여 本人의 記名捺印을 代行하는 경우이다(예컨대, 회사의 경리과장, 경리부장, 경리담당 상무이사 등이 수권범위 내에서 대표이사의 명의로 어음행위를 하는 경우). 代理的 代行의 경우는 효과의사를 대행자가 스스로 결정하는 점에서는 固有의

---

1) 無權代行의 경우 民法 · 商法上의 表見代理에 관한 규정을 類推適用하여 本人에게 어음상의 責任을 부담시키는 것은 無權代行者에게 기본적인 代理權이 있는 경우이고, 無權代行者에게 전혀 代理權이 없는 경우에는 民法 제756조(사용자배상책임)에 의하여 本人에게 어음상의 責任을 부담시킨다.

2) 大判 1964. 6. 9, 63 다 1070(敎材, 判決例 [26]).

3) 民法上의 使者에는 「表示機關으로서의 使者」와 「傳達機關으로서의 使者」가 있다.

代行과 구별되고 代理와 유사하나, 그 형식에 있어서 역시 代理와 구별된다.[1)]

3. 記名捺印의 代行의 要件

⑴ 形式的 要件

代理와는 달리 代行機關의 표시 및 代行者의 記名捺印이 없고, 직접 本人의 記名捺印이 있으면 된다. 法人의 경우에는 自然人과는 달리 법인 스스로 법률행위를 할 수 없고 대표기관인 自然人이 제 3 자와 법률행위를 하여야 하므로, 自然人이 法人 자체의 기명날인을 하는 것(예컨대, Y주식회사 Y주식회사의 印)은 代行도 아니고 또한 代理도 아니어서 그러한 기명날인은 無效가 된다.[2)] 따라서 法人의 記名捺印의 代行은 대표기관 이외의 자(예컨대, B)가 대표기관(예컨대, A)의 기명날인을 代行하는 경우(예컨대, Y주식회사 대표이사 A A의 印)가 대표적인 예이다.

⑵ 實質的 要件

代行者가 本人의 記名捺印을 대행할 수 있기 위해서는 代行權이 있어야 한다. 즉, 固有의 代行의 경우는 그러한 행위를 하도록 지시받아야 하고, 代理的 代行의 경우는 수권범위 내의 행위이어야 한다(有權代行). 代行者가 지시받지 않은 행위를 본인명의로 하거나(固有의 代行의 경우), 수권범위 외의 행위를 본인명의로 하는 경우(代理的 代行의 경우)는 僞造가 된다(無權代行). 일반적으로 代理權이 있다고 하여 반드시 代行權이 있다고 볼 수는 없으나,[3)] 代理的 代行의 경우 일정한 범위의 기본적인 代理權을 수여받은 자는 특별한 사정이 없는 한 그 범위 내에서 代行權도 수여받은 것으로 볼 수 있다.

4. 記名捺印의 代行의 效果

⑴ 有權代行의 경우

代行者가 지시받은 어음행위에 대하여 本人의 기명날인을 代行하거나

---

1) 代理的 代行의 경우 效果意思를 代行者가 스스로 결정한다는 점에서 代理的 代行에 의한 어음행위를 「어음면상 代理人의 표시가 없을 뿐 실질적으로는 어음행위의 대리이다」고 설명하거나[鄭(東), 169면], 또는 「이는 그 형식의 여하에 불구하고 本人을 위한 代理人의 어음행위이다」고 설명하는 見解[任勝淳, "타인의 명의를 빌린 어음行爲," 「어음 · 手票法에 관한 諸問題(下)」, 法官硏修資料(司法硏修院), 1985. 12, 1011면]도 있으나, 앞에서 본 바와 같이 그 형식에 있어서는 분명히 代理와 구별되는 것이다[鄭(燦), (事例) 79면. 同旨: 徐·鄭, 74면].

2) 大判 1964. 10. 30, 63 다 1168(敎材, 判決例 [308]).

3) 同旨: 崔(基), 164면.
反對: 蔡, 56면.

(固有의 代行의 경우) 또는 수권범위 내의 어음행위에 대하여 本人의 기명날인을 代行한 경우(代理的 代行의 경우)에는, 이것은 本人 자신의 어음행위가 되어 本人이 당연히 어음상의 책임을 부담한다.

(2) 無權代行의 경우

代行者가 지시받지 않은 어음행위에 대하여 本人의 기명날인을 代行하거나(固有의 代行의 경우) 또는 수권범위 외의 어음행위에 대하여 本人의 기명날인을 代行한 경우(代理的 代行의 경우)에는, 이것은 僞造가 되어 本人은 被僞造者로서 어음상의 책임을 부담하는지 여부가 문제된다(이에 관하여는 어음의 僞造의 效果에서 상술함). 이 때 本人은 원칙적으로 어음상의 책임을 부담하지 않는데, 무권대행자에 대하여 위조의 기회를 준 경우에는 예외적으로 使用者賠償責任의 법리(民 756조)에 의하여(固有의 代行의 경우) 또는 表見代理에 관한 규정을 유추적용하여(代理的 代行의 경우) 本人(被僞造者)의 책임을 인정한다.

제 2 名義貸與에 의한 어음行爲

B가 자기를 표시하기 위하여 A명의로 어음행위를 한 경우에는, 名義貸與者인 A의 어음상의 책임과 名義借用者인 B의 어음상의 책임이 어떠한가가 문제된다.

1. 名義貸與者(A)의 어음上의 責任

1) A가 B에게 자기의 명의를 사용하여 營業할 것을 허락하고 B가 그 營業에 관하여 A의 명의로 어음행위를 하는 경우에는, A는 商法 제24조에 의하여 당연히 어음상의 책임을 부담한다.[1]

2) A가 B에게 營業할 것을 허락한 것이 아니라 단지 어음행위를 하는 때에 자기의 명의사용을 허락하고 B가 A명의로 어음행위를 하는 경우에는, A는 무엇에 근거하여 어음상의 책임을 부담하게 되는가의 문제가 있다. 이에 대하여는 (i) 商法 제24조를 適用하여 A의 어음상의 책임을 인정하여야 한다는 견해,[2] (ii) 商法 제24조를 類推適用하여 表示에 의한 禁反言則에서 A의 어음상

---

1) 日最高判 1980. 7. 15(金判 606, 9)(名義貸與者가 자기의 명의를 사용하여 영업할 것을 허락하였으나, 名義借用者가 영업을 하지 않았더라도 허락한 범위에 속하는 것으로 인정되는 영업을 위하여 발행한 어음에 대하여 商法 제24조를 적용함).

2) 田中(誠), (上) 182면; 大隅 · 河本, 109면.

의 책임을 인정하여야 한다는 견해,[1] (iii) 어음法 독자의 權利外觀理論에서 A의 어음상의 책임을 인정하여야 한다는 견해,[2] (iv) 民法의 表見代理 또는 表見代理一般에 의하여 A의 어음상의 책임을 인정하여야 한다는 견해,[3] (v) B의 어음행위는 광의의 기관에 의한 A 자신의 어음행위로서 A는 어음상의 책임을 져야 한다는 견해[4] 등으로 나뉘어 있다.

생각건대 商法 제24조를 類推適用하여 A의 어음상의 책임을 인정하는 것이 가장 타당하다고 보므로 (ii)의 견해에 찬성한다.[5]

3) 위 1) 및 2)의 경우에 명의대여자인 A가 어음상의 책임을 지기 위하여는 B와 거래한 제 3 자가 A를 어음행위자로 誤認하여야 하는데, 이러한 제 3 자의 범위는 表見代理에 있어서의 제 3 자와 같이 B가 거래한 직접의 상대방뿐만 아니라 그 후의 어음취득자를 포함한다고 본다.[6]

2. 名義借用者(B)의 어음上의 責任

名義借用者(B)의 어음상의 책임에 대하여는 (i) B가 A의 명칭을 자기를 표시하는 명칭으로서 거래상 慣用하고 있는 때에 비로소 B는 어음상의 책임을 부담한다는 견해,[7] (ii) B는 자기를 표시하기 위하여 A의 명칭을 사용한 이상 단지 그 때에만 사용한 경우에도 어음행위자로서 당연히 어음상의 책임을 진다는 견해,[8] (iii) 어음행위의 본질상 B의 어음행위로는 성립할 수 없다는 견해[9] 등으로 나뉘어 있다.

생각건대 B가 자기를 표시하기 위한 의사로써 A명의로 어음행위를 한 이

1) 梁(承), 139면; 姜, (어) 109면; 林鎬英, "어음·手票行爲에 있어서의 記名捺印에 관한 硏究," 「法學碩士學位論文」(서울大, 1985. 8), 27~28면; 李承栄, "名義貸與에 의한 어음(手票)行爲," 「無等春秋」(光州地方辯護士會), 제 6 호(2000. 12), 91면.

2) 任勝淳, 前揭法官硏修資料(下), 1030면(A의 責任은 어음法 독자의 權利外觀理論에서 인정된다고 한다); 崔(基), 176면.

3) 朴泰範, "記名捺印의 代行," 「어음·手票法에 관한 諸問題(下)」(法官硏修資料), 1985. 12, 1085면 註 47(A의 責任은 일종의 表見責任이라고 한다); 鈴木·大隅, 講座(1), 139면.

4) 米澤明, 「名板貸責任の法理」(東京: 有斐閣, 1982), 240면.

5) 鄭(燦), (事例) 104면.

6) 同旨: 李承栄, 前揭論文(無等春秋), 92~93면(필자는 B와 거래한 직접의 상대방이 善意인 경우에도 그 후의 취득자가 惡意이면 그는 A에게 어음상의 책임을 물을 수 없다고 하는데, 이는 배서의 권리이전적 효력과 관련하여 의문이다).

7) 註어, 74면; 日大判 1921. 7. 13(民錄 27, 1318); 同 1933. 12. 6(裁判例 [7] 民 282).

8) 註釋, 146면; 李承栄, 前揭論文(無等春秋), 91~92면; 日最高判 1968. 12. 12(民集 22-13, 2963); 日大阪地判 1957. 3. 7(會法 170, 4).

9) 日最高判 1967. 6. 6(判時 487, 56).

상 B가 어음상의 책임을 부담하는 것은 당연하고, 그것이 어음행위의 본질(文言證券性)에 반한다고 볼 수는 없으며, 또 그러한 명의사용을 거래상 慣用하고 있는지 여부를 불문한다고 본다. 따라서 (ii)의 견해에 찬성한다.[1)]

B가 상대방에 대하여 어음상의 책임을 부담하고 또 A가 商法 제24조의 유추적용에 의하여 어음상의 책임을 부담하는 경우에는, A와 B는 상대방에 대하여 合同責任을 부담한다고 본다.[2)]

---

1) 鄭(燦), (事例) 103면.
2) 同旨: 梁(承), 139면; 鄭(東), 134면.

제 3 장 어음의 僞造와 變造

제 1 절 어음의 僞造[1]

어음의 僞造(forgery; Fälschung)는 代理와 같이 他人에 의한 어음행위이나 代理方式이 아니라 代行方式에 의한 어음행위이고, 代行方式에 의한 어음행위 중에서도 無權代行에 의한 어음행위이다. 이러한 어음의 위조에 대하여 어음法에서는 제 7 조의 어음채무의 獨立性과 관련하여 僞造어음에 기명날인 또는 서명한 자의 어음채무에 대하여만 규정하고 있을 뿐, 그 밖의 점에 대하여는 규정이 없다. 따라서 어음僞造에 관한 많은 문제점은 學說·判例에 맡겨져 있다. 어음의 僞造에 있어서 가장 문제되는 점은 眞實尊重의 요구(어음債務者의 보호)와 外觀尊重의 요구(어음債權者의 보호)를 어떻게 조화·유지시킬 것인가의 점이다.

제 1 僞造의 意義

1. 僞造의 概念

어음의 僞造란「權限 없는 자가 他人의 기명날인 또는 서명을 僞作하여 마치 그 他人이 어음행위를 한 것과 같은 외관을 조작하는 것」이라고 정의할 수 있다.[2] 이러한 僞造의 개념을 分說하면 다음과 같다.

1) 僞造는「他人」의 기명날인 또는 서명을 허위로 나타내는 것인데, 이

---

1) 이에 관한 상세는 鄭燦亨, "어음·手票의 僞造(美國法과 比較를 中心으로),"「論文集」(警察大), 제 5 집(1986), 339~403면 참조.

2) 同旨: 鄭(東), 135면 外.

때의 他人은 實在人이 아닌 死者나 假設人이라도 상관없다(通說). 그러나 實在人의 명의라도 행위자가 「自己를 표시하기 위하여」 사용하는 경우(他人의 허락을 받았든 또는 받지 않았든 불문하고)에는 그 자신의 기명날인 또는 서명이 되기 때문에 위조가 아니다.[1] 위조가 되는 것은 행위자가 他人의 기명날인 또는 서명을 「他人을 표시하기 위하여」 권한 없이 허위로 나타내는 경우이다.[2]

2) 僞造는 他人의 기명날인 또는 서명을 「僞作」하는 것(즉, 허위로 나타내는 것)인데, 僞作의 방법에는 제한이 없다. 즉, 타인의 인장을 도용한다든가, 타인으로부터 보관받고 있는 인장을 도용하는 경우 또는 다른 목적으로 된 타인의 기명날인 또는 서명을 어음의 기명날인 또는 서명에 악용하는 등 그 방법의 여하를 묻지 아니한다(通說).

우리 大法院判例도 이와 同旨로 다음과 같이 판시하고 있다.

[은행의 대부계 대리가 권한 없이 예금담당 대리가 보관중인 자기앞수표 용지로써 임의로 수표를 발행한 경우 수표의 僞造로 본 判例]

수표를 발행할 권한을 갖고 있지 아니한 은행의 대부계 대리가 예금담당 대리가 자리를 비운 사이에 그 예금담당 대리의 책상 위 수제금고 안에 보관중이던 발행인란에 지점장 고무인만 찍혀 있고 내용이 백지인 자기앞수표 용지를 임의로 가지고 나와 체크라이터와 그가 직무상 보관중이던 지점장대리 직인 등을 사용하여 백지를 보충하여 수표를 발행한 경우, 그 수표발행행위는 수표의 위조에 해당한다[大判 1997. 11. 28, 96 다 21751(公報 1998, 34)].

그러나 기명날인자 또는 서명자가 어음용지임을 인식하고 기명날인 또는 서명한 이상 그 후 기명날인자 또는 서명자의 의사에 반하여 유통된 어음은

1) 同旨: 註釋, 176면.

2) 이 때 「他人을 표시하기 위하여」라는 의미는 他人에게 그 행위의 法律效果가 귀속되는 것(즉 他人의 名義)을 의미하며, 他人에게 그 행위의 經濟的 效果가 귀속되는 것(즉 他人의 計算)을 의미하지 않는다. 따라서 僞造는 他人名義로 하면 충분하고 누구의 計算으로 하든지 여부는 문제가 되지 않는다고 본다. 그러므로 행위자가 자기의 계산으로 하든 타인의 계산으로 하든 권한 없이 他人名義로 한 어음행위는 모두 僞造라고 본다[鄭(燦), 前揭論文(警大論文集, 제 5 집), 7면. 同旨: 鄭(東), 136면 外]. 그러나 이에 대하여 「權限 없이 他人을 위하여(타인의 계산으로) 他人의 기명날인 또는 서명을 어음면에 나타낸 경우는 자기자신을 위하여(자기의 계산으로) 허위로 他人의 기명날인 또는 서명을 현출시킨 僞造의 경우와는 다르므로, 이는 他人의 無權代理人으로서 기명날인 또는 서명한 것으로 볼 수 있다」고 하여, 자기 자신을 위하여(자기의 계산으로) 권한 없이 他人名義로 기명날인 또는 서명한 경우만 僞造로 보고 他人을 위하여(타인의 계산으로) 권한 없이 他人名義로 기명날인 또는 서명한 경우는 無權代理로 보는 견해도 있으나[鄭(熙), 88면. 同旨: 徐·鄭, 87면; 大判 1987. 4. 14, 85 다카 1189(公報 801, 776); 日大判 1933. 9. 28(民集 12-22, 2362)], 위에서 본 이유로 타당하지 않다고 본다.

交付欠缺의 문제(어음理論의 문제)이고 위조의 문제가 아니다.[1)]

3) 僞造는 어음행위가 아니라 事實行爲이기 때문에, 僞造者의 故意·過失을 요하지 아니한다(通說).

2. 僞造의 對象

1) 僞造의 대상은 제한이 없으므로 發行·背書·保證·引受·參加引受·支給保證 등의 모든 어음행위에 위조가 가능하다[2)](通說). 그런데 發行僞造의 경우를 「어음의 僞造」라고 하고, 背書·保證·引受 등의 위조의 경우를 「어음행위의 僞造」라고 하여 구별하여 부르는 경우도 있다.[3)]

2) 他人의 記名捺印 또는 署名을 권한 없이 변경한 경우에 이를 위조로 볼 것인가 또는 변조로 볼 것인가의 문제가 있다. 예컨대 甲의 기명날인 또는 서명을 乙이 권한 없이 丙으로 변경한 경우이다. 이에 대하여 우리 나라의 학설은 「僞造說」(少數說)과 「僞造·變造說」(多數說)로 나뉘어 있다. (i) 僞造說에서는 위조에는 새로 다른 사람의 성명으로써 기명날인 또는 서명을 하는 경우와 기존의 진정한 기명날인 또는 서명에 변경을 가하는 경우가 있는데, 후자의 경우는 僞造와 變造의 중간의 것과 같은 것이지만 역시 일종의 僞造라고 한다.[4)] (ii) 그러나 僞造·變造說에서는 어음法 제69조(어 77조 1항 7호, 手 50조)의 '文言의 變造'에서 文言에는 기명날인 또는 서명을 포함하고 또 진정한 기명날인 또는 서명을 한 자(말소된 舊記名捺印者)는 그 책임을 부담해야 하기 때문에, 진정한 기명날인자 또는 서명자(위의 예에서 甲)에 대하여는 變造가 되고 새로운 기명날인자 또는 서명자(위의 例에서 丙)에 대하여는 僞造가 된다고 한다.[5)]

생각건대 어음상에 진정하게 기명날인 또는 서명한 자가 우연히 타인에 의하여 자기의 기명날인 또는 서명이 말소되었다고 하여 어음상의 책임을 면할 이유가 없으므로 그에 대하여는 變造로 보아 變造前의 文言에 따라 어음상의 책임을 지워야 하고, 새로운 기명날인자 또는 서명자에 대하여는 僞造로 보

1) 同旨: 註釋, 176면; 蔡, 75면.
反對: 日東京高判 1953. 6. 22(下裁民集 4-6, 910).

2) 어음(手票)의 背書僞造를 發行僞造와 비교하여 설명한 것으로는 鄭燦亨, "어음(手票)의 背書僞造," 「考試界」, 1991. 2, 22~36면 참조.

3) 鄭(東), 135면.

4) 徐·鄭, 88면.

5) 鄭(熙), 97면; 鄭(東), 137면; 孫(珠), 107면; 徐(廷), 119면; 梁·朴, 696면; 梁(承), 150면; 李(範), 281면; 註釋, 176면; 崔(基), 206면.

아야 할 것이다. 따라서 多數說인 僞造 · 變造說에 찬성한다.[1] 그러나 他人(위의 예에서 甲)의 기명날인 또는 서명을 권한 없이 말소하고 自己(위의 例에서 乙)의 기명날인 또는 서명을 한 경우에는 僞造는 없고 變造만이 있을 뿐이다.[2]

3. 僞造와 他槪念과의 구별

(1) 變造와의 구별

僞造는 기명날인 또는 서명에 관한 허위이고, 變造는 보통 기명날인 또는 서명 이외의 어음상 의사표시의 내용에 관한 허위이다[3](通說). 따라서 僞造는 어음행위의 主體를 속이는 것이고 變造는 어음행위의 內容을 속이는 것이다.[4] 즉, 僞造는 어음채무의 成立에 관한 허위이고 變造는 어음채무의 內容에 관한 허위이다.[5] 그러므로 僞造의 경우는 특정된 被僞造者의 責任有無가 문제되는데, 變造의 경우는 어음상의 모든 기명날인자 또는 서명자의 責任有無(範圍)가 문제된다. 또한 僞造는 어음채무의 主體에 관한 문제이기 때문에 被僞造者라는 개념이 존재하고 이 자의 어음상의 책임이 문제되는데, 變造는 어음채무의 內容에 관한 문제이기 때문에 被變造者라는 개념은 보통 사용되지 않고 어음상의 모든 기명날인자 또는 서명자의 책임이 문제된다. 따라서 어음法 제69조에서도 被變造者라는 용어를 사용하지 않고 「變造前에 기명날인 또는 서명한 자」로 표현하고 있다.[6]

(2) 無權代理와의 구별

僞造와 無權代理는 權限 없이 한다는 점에서 공통되나, 그 形式(方式)에 있어서 뚜렷이 구별된다. 즉, 僞造는 그 형식이 代行方式이나, 無權代理는 代理方式이라는 점에서 양자는 뚜렷이 구별된다.[7] 또한 僞造者의 책임을 부인하는 견해와 被僞造者의 追認 · 表見責任을 부인하는 견해에서는, 이러한 점도

---

1) 鄭(燦), (事例) 165면.
2) 同旨: 崔(基), 206면.
3) 變造의 대상에 記名捺印 또는 署名도 포함된다고 보는 見解에 의하면 記名捺印 또는 署名을 권한 없이 변경하는 경우도 變造가 되는데, 이것은 아주 異例的인 경우에 속한다.
4) 同旨: 鄭(東), 136면.
5) 同旨: 徐·鄭, 88면; 蔡, 74면.
6) 그러나 學者들 중에는 「被變造者」라는 용어를 사용하고 있는 분도 있으나[徐(廷), 118면; 鄭(東), 147면], 적절하지 않다고 본다[鄭(燦), (事例) 157면].
7) 앞의 僞造의 意義에서 본 바와 같이 타인을 위하여(타인의 계산으로) 권한 없이 他人名義의 기명날인 또는 서명을 대행한 경우를 無權代理로 보는 견해도 있으나, 이는 그 形式에서 無權代理로 볼 수 없고 僞造로 보아야 할 것이다.

僞造와 無權代理가 구별되는 점이다.

또한 僞造는「자기의 이익을 위하여」기명날인 또는 서명을 하는 것이나 無權代理는「타인의 이익을 위하여」기명날인 또는 서명을 하는 점에서 양자를 구별하는 견해도 있으나,[1] 僞造의 경우에도 외형상은 오히려 직접적으로「他人의 이익을 위하여」기명날인 또는 서명을 한 것으로 볼 수 있으므로 이러한 점에서 양자를 구별하는 것은 타당하지 않다고 본다.[2]

(3) 刑法上 僞造와의 구별

어음法에서의 어음僞造의 문제는 앞에서 본 바와 같이 어음의 形式性·文言性을 중하게 여기는 外觀尊重의 요구와 眞實尊重의 요구를 어떻게 조화시키느냐에 중점이 있으나, 刑法(刑 214조)에서의 어음僞造의 문제는 不正行爲者에 대한 제재를 목적으로 하는 점에서 양자는 근본취지를 달리한다. 따라서 어음法에서의 위조는 결과를 중시하여 고의·과실을 요하지 않고 권한 없이 타인명의를 침해하면 위조로 보나,[3] 刑法에서의 위조는 동기를 중시하여 고의를 요한다. 예컨대 刑法에서는 無權代理(代表)[4]나 補充權의 濫用[5]도 위조로서 처벌하나, 어음法에서는 이를 위조와 명백히 구별하고 있다.[6]

제 2 僞造의 效果

僞造의 效果로서 被僞造者·僞造者 및 위조어음 위에 記名捺印 또는 署名한 者의 어음소지인에 대한 어음상의 책임이 각각 문제되고, 또한 支給人(支給擔當者)의 피위조자에 대한 책임도 문제된다. 이하에서 차례로 살펴보겠다.

1. 被僞造者의 責任

(1) 原　則

被僞造者는 스스로 어음행위를 한 것도 아니고 또 他人(僞造者)에게 代行權限을 부여한 것도 아니기 때문에, 원칙적으로 누구에 대하여도 어음상의 책

1) 徐·鄭, 87면; 日大判 1933. 9. 28(民集 12-22, 2362).
2) 鄭燦亨, 前揭論文(警察大論文集 제 5 집), 7면; 鄭(東), 136면.
3) 朴(元), 497~438면.
4) 日大判 1909. 6. 10(刑錄 15, 738).
5) 大判 1972. 6. 13, 72 도 897(李英俊 편,「判例大典」, 1245면).
6) 同旨: 註釋, 177면; 李楨漢, "判例를 中心으로 본 어음의 僞造에 관한 硏究,"「法學博士學位論文」(延世大, 1978. 2), 6면.

임을 지지 아니한다. 즉, 위조의 항변은 物的 抗辯(絶對的 抗辯)이다(通說). 따라서 被僞造者는 어음소지인의 善意 · 惡意에 불문하고 이를 대항할 수 있다.

우리 大法院判例도 이와 同旨로 다음과 같이 판시하고 있다.

[被僞造者에게 僞造의 絶對的 抗辯을 인정한 判例]

약속어음을 다른 사람이 위조하여 발행한 경우에 피위조자는 그 어음을 善意로 양수한 제 3 자에 대하여도 발행인으로서의 의무를 부담하지 않는다[大判 1965. 10. 19, 65 다 1726(判總 11-2, 977)].

同旨: 大判 1992. 7. 28, 92 다 18535(公報 929, 1650)(背書僞造가 있는 約束어음에서 背書人〈被僞造者 — 저자註〉이 위조사실을 알지 못하고 진정하게 이루어진 것으로 오인하여 어음소지인에게 어음금을 지급한 경우에는, 背書人은 어음소지인에 대하여 不當利得返還請求權이 있다).

被僞造者에게 重過失이 있는 경우에도 이러한 重過失이 被僞造者에게 表見責任 등의 책임을 생기게 하는 정도에 이르지 않은 경우에는 被僞造者는 어음상의 책임을 지지 않는다.[1)]

(2) 例　　外

被僞造者는 예외적으로 다음과 같은 경우에는 어음상의 책임을 부담한다.

1) 追認에 의한 責任　　無權代理의 追認(Genehmigung)에 대하여는 民法에 규정이 있으나(民 130조, 133조), 어음僞造의 追認에 대하여는 어음法 및 民法 · 商法의 어디에도 규정이 없기 때문에 학설은 否定說(少數說)과 肯定說(多數說)로 나뉘어 있다. 즉 (i) 否定說에서는 위조의 경우에는 他人을 위한 意思가 없다거나, 어음法上 根據規定이 없다거나 또는 위조는 絶對的 無效라는 이유 등으로 위조의 추인을 부정한다.[2)] (ii) 그러나 肯定說에서는 추인을 한 被僞造者로 하여금 어음상의 책임을 면하게 하는 것은 本人의 의사에 반하고 또 無權代理의 追認에 관한 民法의 규정을 어음의 僞造(無權代行)의 경우에도 類推適用할 수 있다는 점 등을 들어 위조의 추인을 긍정한다.[3)]

생각건대 被僞造者의 意思를 존중하는 면에서나, 또 無權代理나 無權代行

---

1) 同旨: 日最高判 1952. 10. 21(民集 6-9, 841)(僞造發行의 경우 被僞造者의 重過失의 有無나 受取人의 善意與否와 관계없이 被僞造者는 책임을 지지 않는다).

2) 徐·鄭, 88～89면. 孫(珠), 102면; 註釋, 179면; 鄭(茂), 322면; 朴(元), 500면.

3) 鄭(熙), 99면; 鄭(東), 138면; 梁·朴, 693면; 梁(承), 147면; 李(範), 282면; 金(容), 261면; 蔡, 76～77면; 徐(廷), 116면; 崔(基), 193면; 日最高判 1966. 7. 1(判時 459, 74)(妻가 權限 없이 夫의 印章을 사용하여 約束어음을 발행한 경우 夫의 追認에 의하여 發行行爲는 처음부터 夫에게 效力이 미친다고 판시함); U.C.C. §3-403 (a).

(僞造)은 그 형식(방법)에서만 구별되지 실질적인 면에서는 차이가 없는 점에서 볼 때, 民法上 無權代理의 追認의 규정(民 130조, 133조)을 위조에도 유추적용하여 어음위조의 추인을 인정하는 肯定說이 타당하다고 본다.[1] 否定說 중에는 피위조자가 위조어음임을 알고 추인한 경우에는 民法 제130조(無權代理)의 유추적용에 의한 추인은 될 수 없지만 民法 제139조 단서(무효행위의 추인)에 의하여 추인한 때로부터 새로운 법률행위로 볼 수 있다는 견해가 있는데,[2] 否定說에서 피위조자의 추인을 이와 같이 해석한다면 肯定說과 否定說은 결과적으로 같아지고 다만 어음행위의 효력발생시기가 다를 뿐이다.[3] 이와 같이 被僞造者의 追認을 民法 제130조(無權代理)를 유추적용하여 인정하면, 피위조자의 추인에 의하여 위조된 어음행위는 원칙적으로 그 行爲時까지 소급하여 효력이 생긴다(民 133조). 또한 이러한 추인은 명시적으로도 묵시적으로도 할 수 있다.[4]

우리 나라의 大法院判例는 다음과 같이 被僞造者의 追認을 간접적으로 긍정하는 취지로 판시하고 있다.

[피위조자가 위조를 추인하려면 추인의 의사가 표시되었다고 볼 만한 사유가 있어야 한다고 본 判例]

무권대리행위에 대한 추인은 무권대리행위로 인한 효과를 자기에게 귀속시키려는 의사표시이니만큼 무권대리행위에 대한 추인이 있었다고 하려면 그러한 의사가 표시되었다고 볼 만한 사유가 있어야 하고, 무권대리행위가 범죄가 되는 경우에 대하여 그 사실을 알고도 장기간 형사고소를 하지 아니하였다 하더라도 그 사실만으로 묵시적인 추인이 있었다고 할 수는 없는바, 권한 없이 기명날인을 대행하는 방식에 의하여 약속어음을 위조한 경우에 피위조자가 이를 묵시적으로 추인하였다고 인정하려면 추인의 의사가 표시되었다고 볼 만한 사유가 있어야 한다[大判 1998. 2. 10, 97 다 31113(公報 1998, 680)].

2) 被僞造者의 歸責事由에 의한 책임

㈎ **表見責任** 被僞造者가 僞造者에 대하여 위조의 기회를 준 경우의 하나로 僞造者와 被僞造者간에 특수한 관계가 있어(예컨대, 회사의 경리담당 상무이사 또는 경리과장 등이 회사의 대표이사 명의로 어음을 僞造한 경우) 위조자와 거래한 제 3 자가 위조자에게 그러한 어음행위를 할 권한이 있

1) 鄭(燦), (事例) 115면; 鄭燦亨, 前揭論文(警察大論文集 제 5 집), 351면.
2) 孫(珠), 102면.
3) 鄭燦亨, 前揭論文(警察大論文集 제 5 집), 351면. 同旨: 鄭(東), 138면; 註釋, 179면.
4) 同旨: 鄭(東), 138면.

다고 믿고 피위조자에게 제3자로 하여금 그러한 신뢰를 하게끔 한 데 대하여 책임이 있다고 인정되는 경우에는, 民法·商法의 表見代理(代表)에 관한 규정(民 125조·126조·129조, 商 14조·395조 등)을 어음의 僞造(無權代行)에도 유추적용[1]하여 被僞造者의 어음상의 책임을 인정하는 것이 通說인데, 타당하다고 본다.

그러나 이에 대하여 民法·商法上의 表見代理(代表)에 관한 규정이 (유추)적용되는 것이 아니라 어음의 權利外觀理論에 의하여 피위조자의 책임을 인정하여야 한다는 견해도 있고,[2] 어음僞造는 非倫理的이라는 이유를 들어 被僞造者의 表見責任을 인정하지 않는 견해도 있다.[3]

이에 대하여 우리 나라의 大法院判例는 同旨로 다음과 같이 판시하고 있다.

[경리담당 常務理事의 無權代行의 어음行爲에 대하여 表見責任을 인정한 判例]

Y주식회사의 경리담당 상무이사인 B가 수권범위 외의 어음행위를 대표이사 A의 명의로 한 경우(대리적 대행으로서 무권대행의 경우—저자註)에, Y회사는 B에게 위조의 기회를 준 경우이므로 표현책임의 법리에 의하여 피위조자인 Y회사는 어음상의 책임을 부담한다[4][大判 1968.7.16, 68 다 334·335(判總 11-2, 274-15)].

同旨: 大判 1968.7.30, 68 다 127(大集 16 ② 民 324); 同 1969.9.30, 69 다 964(判總 11-2, 980-4-2); 同 1979.2.13, 77 다 2436(大集 27 ① 民 66); 同 1988.10.25, 86 다카 1228(公報 837, 1467); 同 1989.3.28, 87 다카 2152·2153(月報 224, 113).

---

1) 이러한 通說 중 鄭(東), 139면 및 註釋, 180면 등은「民法·商法의 表見代理에 관한 규정이 적용된다」고 하나, 代行은 代理와 그 형식에서 구별되고 또 代行에 관해서는 규정이 없으므로 代理(代表)에 관한 규정이 유추적용된다고 보는 것이 정확한 표현이라고 본다[鄭(燦), (事例) 144면 註 1].

2) 金(容), 215면; 崔(基), 180~182면(表見代理에 관한 규정이 類推適用되어 被僞造者의 責任이 인정되나, 權利外觀理念에 의해서도 被僞造者의 責任이 인정된다고 함); 日大阪地判 1958.8.25(下民 9, 1697).

3) 朴(元), 500면.

4) 그런데 이의 근거에 대하여는 民法 제126조에 근거하는 見解[上揭引用 判例 중 大判 1968.7.16, 68 다 334·335; 同 1968.7.30, 68 다 127; 同 1969.9.30, 69 다 964; 同 1989.3.28, 87 다카 2152·2153(非營利法人의 理事가 權限 없이 代表者의 명의로 背書한 경우임); 李·李, 548~549면]와, 商法 제395조에 근거하는 見解[上揭引用 判例 중 大判 1979.2.13, 77 다 2436; 同 1988.10.25, 86 다카 1228; 朴吉俊, "表見代表理事,"「商事法論集」(無礙徐燉珏教授停年紀念)(서울: 法文社, 1986), 194면; 鄭東潤, "表見代表理事,"「商法論集」(鄭熙喆先生華甲紀念)(서울: 經文社, 1979), 90~91면]로 나뉘어 있는데, 民法 제126조를 類推適用해서 會社의 責任을 인정해야 한다고 본다[鄭(燦), (事例) 147~149면; 鄭燦亨, "어음行爲의 表見事任(서울民事地判 1986.5.21, 85 가단 3292에 대한 判例評釋),"「法律新聞」, 제1642호(1986.7.7), 15~16면; 鄭(燦), (會) 599~600면; 鄭(燦), (上) 839~840면].

[經理課長의 無權代行의 어음行爲에 대하여 表見責任을 인정한 判例]

Y주식회사의 경리과장인 C가 수권범위 외의 어음행위를 대표이사 A의 인장을 도용하는 한 경우(대리적 대행에서 무권대행의 경우 — 저자註)에, 어음소지인인 원고가 본건 약속어음을 취득할 당시 경리과장인 C에게 어음작성의 권한이 없었음을 알았거나 알 수 있었을 특단의 사유가 없는 이상 본인인 Y회사는 어음상의 책임을 면할 수 없다(民法 제126조를 類推適用함 — 저자註)[大判 1971. 5. 24, 71 다 471(判總 11-2, 980-4-4)].

[經理課長의 無權代行의 어음行爲에 대하여 表見責任을 부정한 判例]

경리과장 C에게 어음행위에 관한 기본적인 대리권이 없는 경우에는, 경리사무에 관한 대리권이 있다고 하여 당연히 어음행위에 대한 대리권이 수반되는 것이 아니므로 Y회사가 C에게 어음행위의 권한을 수여하지 아니한 것은 대리행위의 제한으로 볼 수 없고 C가 어음을 발행한 것은 어음행위에 관한 기본적인 대리권이 없는 이상 표현대리가 성립할 여지가 없다[大判 1978. 3. 28, 77 다 2292 (判總 11-2, 980-4-11)] [그러나 경리과장은 보통 부분적 포괄대리권을 가진 상업사용인으로서 경리업무에 관한 한 포괄적이고 정형적인 대리권이 있고(商 15조 1항) 어음행위에 관한 대리권도 포괄적이고 정형적인 경리업무에 당연히 포함되는 것으로 객관적으로 볼 수 있는데, 이러한 어음행위의 대리권을 수여하지 아니한 것은 부분적 포괄대리권에 대한 불가제한성(획일성)에 반하는 것으로 선의의 제 3 자에게 대항할 수 없으므로(商 15조 2항), 경리과장 C와 어음행위를 한 상대방이 선의이면 Y회사는 어음상의 책임을 부담하도록 하는 것이 타당하다고 본다 — 저자註].[1)]

同旨: 大判 1999. 1. 29, 98 다 27470(公報 1999, 366)(어음행위의 위조에 관하여도 민법 제126조에서 규정하는 표현대리가 인정되려면 그 상대방에게 위조자가 어음행위를 할 권한이 있다고 믿은 데에 정당한 사유가 있어야만 하는 것이고, 이러한 정당한 사유는 어음행위 당시에 존재한 여러 사정을 객관적으로 관찰하여 보통인이면 유효한 행위가 있은 것으로 믿는 것이 당연하다고 보여지면 이를 긍정할 수 있지만, 어음행위가 일반의 거래관념에 비추어 특히 이례적으로 이루어진 경우에는 달리 특별한 사정이 없는 한 그 상대방이 위조자의 권한 유무와 본인의 의사를 조사 · 확인하지 아니하였을 경우에는 그 상대방이 위조자에게 어음행위를 할 권한이 있다고 믿었다고 하더라도 거기에 정당한 사유가 있다고 보기 어렵기 때문에 표현대리가 성립하지 않는다); 同 2000. 2. 11, 99 다 47525(公報 2000, 667)(민법상의 표현대리에 관한 규정이 어음행위의 위조에 관하여 유추적용되기 위하여서는 상대방이 위조자에게 어음행위를 할 권한이 있다고 믿거나 피위조자가 진정하게 당해 어음행위를 한 것으로 믿은 것만으로는 부족하고, 그와 같이 믿은 데에 정당한 사유가 있어야 하는바, 이러한

1) 鄭(燦), (事例) 150~151면.

정당한 사유는 어음행위 당시에 존재한 여러 사정을 객관적으로 관찰하여 보통 인이면 유효한 행위가 있었던 것으로 믿는 것이 당연하다고 보여지면 이를 긍정할 수 있지만, 어음 자체에 위조자의 권한이나 어음행위의 진정성을 의심하게 할 만한 사정이 있는데도 불구하고 그 권한 유무나 본인의 의사를 조사·확인하지 아니하였다면 상대방의 믿음에 정당한 사유가 있다고 하기 어렵다. 따라서 액면금 30억 원의 위조어음의 발행인 인영 부분에 인영 전사 수법으로 종종 사용되는 스카치테이프가 붙어 있고 어음용지책에서 어음용지를 떼어낼 때 통상적으로 하는 이른바 꼭지 간인이 되어 있지 않았음에도 발행인에게 아무런 확인을 하지 않은 경우, 위조어음이 진정한 것이라고 믿은 데에 정당한 사유가 있다고 할 수 없어 민법상 표현대리의 규정이 유추적용되지 않는다); 同 2000. 3. 23, 99 다 50385(公報 2000, 1019)(다른 사람이 본인을 위하여 한다는 대리문구를 어음상에 기재하지 않고 직접 본인 명의로 기명날인을 하여 어음행위를 하는 이른바 기관 방식 또는 서명대리 방식의 어음행위가 권한 없는 자에 의하여 행하여졌다면 이는 어음행위의 무권대리가 아니라 어음의 위조에 해당하는 것이기는 하나, 그 경우에도 제 3 자가 어음행위를 실제로 한 자에게 그와 같은 어음행위를 할 수 있는 권한이 있다고 믿을 만한 사유가 있고, 본인에게 책임을 질 만한 사유가 있는 때에는 대리방식에 의한 어음행위의 경우와 마찬가지로 민법상의 표현대리 규정을 유추적용하여 본인에게 그 책임을 물을 수 있다. 이러한 점에서 볼 때 채무자가 물상보증인으로부터 근저당권설정에 관한 대리권만을 위임받은 후 그의 승낙 없이 채무 전액에 대한 연대보증의 취지로 채권자에게 물상보증인 명의의 약속어음을 발행해 준 경우, 채권자가 채무자에게 위와 같은 어음행위를 할 수 있는 권한이 있다고 믿을 만한 정당한 사유가 없다).

(나) **使用者賠償責任** 被僞造者가 僞造者에 대하여 위조의 기회를 준 다른 경우로, 僞造者가 被僞造者의 被用者이고 또 어음의 위조가 事務執行과 관련하여 이루어진 것이면 被僞造者는 民法 제756조에 의한 使用者로서 僞造者(被用者)의 不法行爲로 인한 損害賠償責任을 부담한다고 보는 것이 通說인데,[1] 타당하다고 본다. 僞造者가 경리직원 등인 경우와 같이 그 명칭에 의하여 외관상 어음행위의 대리권이 있는 것으로 인정될 여지가 전혀 없는 자가 위조한 경우에는 기본적인 代理權(代行權)이 없으므로 表見代理(代表)에 관한 규정을 유추적용하여 피위조자의 어음상의 책임을 인정할 수가 없고, 民法 제756조의 使用者賠償責任의 法理에 의하여 피위조자의 책임을 인정할 수밖에 없다.

이 때의 피위조자의 책임은 「어음상의 責任」이 아니라 일종의 「不法行爲

1) 孫(珠), 102면; 鄭(東), 139면; 梁·朴, 593면; 梁(承), 142면; 崔(基), 183면 外.

責任」이나, 어음소지인(원고)의 손해액이 어음금액의 상당액이면 동일한 결과가 된다고 본다. 그러나 이러한 피위조자의 책임은 不法行爲인 성질상 다음의 判例에서 보는 바와 같이 어음상의 책임을 부담하는 경우와는 다른 점이 많다. 즉 어음소지인이 어음割引을 하여 준 경우 그가 어음채무자에게 청구할 수 있는 금액은 어음金額이 아니라 割引金額이며, 어음소지인에게 過失이 있을 때에는 過失相計가 허용되고(民 763조, 396조),[1] 背書僞造의 경우 어음소지인이 被僞造者인 사용자에 대하여 遡求權을 상실하더라도 원인관계에서 使用者賠償責任을 물을 수 있는 것이다.[2]

이에 대하여 우리 大法院判例는 同旨로 다음과 같이 판시하고 있다.

[經理社員의 無權代行의 어음行爲에 대하여 使用者賠償責任을 인정한 判例]

Y주식회사의 경리사원인 D는 Y회사와 동 회사의 대표이사인 A 개인의 명판 및 동 회사의 대표이사의 직인과 A 개인의 인장을 보관하면서 A의 지시에 따라 Y회사의 명의나 A 개인의 명의로 어음행위를 대행하여 오던 중, D는 E와 공모하여 A명의로 약속어음을 위조발행하여 E에게 교부하고 E가 동 어음을 X로부터 할인받아 X가 A에 대하여 사용자배상책임을 물은 경우에, X는 위 D의 사용자인 A에 대하여 민법 제756조 1항의 규정에 의한 손해배상청구권을 취득한다고 할 것이며, 위 어음의 수취인인 E가 이 사건 약속어음의 위조발행을 공모하였거나 또는 위조사실을 알고서 이를 교부받았다 하여도 그와 같은 사실은 X의 이 사건 A에 대한 손해배상청구권의 취득에 아무런 영향이 없다[大判 1982. 10. 26, 81 다 509 (敎材, 判決例 [493])].

同旨: 서울高判 1984. 5. 23, 83 나 3338(敎材, 判決例 [494])(Y주식회사의 자금과에 근무하는 D가 Y회사 명의의 어음을 위조발행하여 E를 통하여 X로부터 할인받은 경우에, D의 위조발행은 D가 Y회사 자금과에서 실제로 집행하던 직무와 밀접하게 관련되어 이루어진 것으로서 적어도 외형상으로는 그의 업무집행행위로 보여진다 할 것이므로 Y회사는 위 D의 사용자로서 그의 직무에 관하여 이루어진 위 불법행위로 인하여 X가 입은 손해를 배상할 책임이 있다).

---

1) 表見代理가 성립하는 경우에는 過失相計가 인정되지 않는다. 同旨: 大判 1996. 7. 12, 95 다 49554(표현대리행위가 성립하는 경우에 그 본인은 표현대리행위에 의하여 전적인 책임을 져야 하고, 상대방에게 과실이 있다고 하더라도 과실상계의 법리를 유추적용하여 본인의 책임을 경감할 수 없다).

2) 同旨: 梁(承), 142면; 鄭(東), 139~140면; 崔(基), 191면(過失相計를 인정함); 蔡, 85면. 어음僞造의 경우 被僞造者의 使用者賠償責任에 관한 상세는 鄭燦亨, "어음僞造의 경우 被僞造者의 使用者賠償責任,"「考試界」, 제449호(1994. 7), 180~194면 참조.

[판매과 직원의 背書僞造는 그 직무범위 내에 속하지 않는다고 하여 使用者賠償責任을 부정한 判例]

Y자동차써비스 주식회사 대전영업소의 판매과 직원인 D가 Y회사의 어음을 배서위조한 후 X로부터 할인받아 개인용도로 사용한 경우, D의 이 사건 약속어음의 배서위조 및 그 할인행위는 그 직무범위 내에 속하지 아니함은 물론 외관상으로 보더라도 그의 직무권한 내의 행위와 밀접하여 직무권한 내의 행위로 보여지는 것으로 볼 수 없으므로 Y회사는 민법 제756조의 사용자배상책임을 부담하지 않는다[大判 1996. 1. 26, 95 다 46890(公報 1996, 765)].

[어음所持人에게 僞造어음에 대한 惡意 또는 重過失이 없다고 하여 被僞造者에 대하여 使用者賠償責任을 인정한 判例]

위조어음을 미지의 자에게 할인하여 주고 그 어음을 취득하는 자가 지급담당은행에 조회하여 어음번호 등을 확인하지 않거나 피위조자와 지급담당은행간의 거래여부 및 신용상태 등을 확인조회하지 않음으로 인하여 위조어음인 것을 사전에 발견하지 못한 것은 과실이 있다 할 것이나 중과실에 해당한다고 볼 수 없어 피위조자는 사용자배상책임을 면할 수 없다[大判 1988. 11. 22, 86 다카 510(月報 220, 107)].

同旨: 大判 1988. 11. 22, 86 다카 1923(公報 839, 11); 同 1999. 1. 26, 98 다 39930(公報 1999, 355)(심사역으로 근무하는 은행 차장의 어음배서 위조행위는 외형상 객관적으로 은행의 사무집행에 관련된 것이고 또 피해자에게 중대한 과실이 있다고도 볼 수 없으므로 은행은 사용자책임을 진다); 同 1999. 10. 8, 99 다 30367(公報 1999, 2303)(어음상 사용자 명의의 배서가 피용자에 의하여 위조된 경우에 피용자의 배서 위조행위로 인하여 손해를 입은 자가 사용자를 상대로 민법 제756조에 의한 손해배상을 청구하는 경우에, 사용자가 부담하게 되는 책임은 어음상의 책임이 아니라 민법상의 불법행위책임으로서 그 책임의 요건과 범위가 어음상의 그것과 일치하는 것이 아니므로, 피용자의 불법행위로 인한 사용자책임을 물음에 있어 피용자에 의하여 위조된 배서가 행위자인 대리인의 기명이 누락되어 어음행위로서의 효력이 없다는 사정만으로 피용자의 불법행위가 외형상 객관적으로 사용자의 사업활동 내지 사무집행행위 또는 그와 관련된 것이 아니라고 할 수는 없고, 그와 같이 배서에 대리인의 기명이 누락되었다고 하여 그것이 외형상 명의자의 배서가 아니고 권한 없는 자에 의하여 이루어졌음이 명백한 경우에 해당하여 피용자의 행위가 사용자나 사용자에 갈음하여 그 사무를 감독하는 자의 사무집행행위에 해당하지 아니함을 피해자 자신이 알았거나 중대한 과실로 알지 못한 경우에 해당한다고 할 수 없다); 同 2002. 12. 10, 2001 다 58443(公報 2003, 331)(어음의 보증행위의 위조에 있어서 피위조자의 책임을 묻기 위한 민법 제756조에 규정된 사용자책임의 요건인 '사무집행에 관하여'라는 뜻은 피용자의 불법행위가 외형상 객관적으로 사용자의 사업활동 내지 사무집행행위 또는 그와 관련된 것이라고 보여질 때에는 행위자의 주관적 사정을 고려함이 없이 이를 사무집행에 관하여 한 행위로 본다는 것이고, 외형상 객관적으로 사용자의 사무집행에 관련된 것인지의 여부는 피용자의 본래 직무와 불법행위와의 관련 정도 및 사용자에게 손해발생에 대한 위험창출과 방지조치 결여의 책임이 어느 정도 있는지를 고려하여 판단하여야 한다. 또한 피용자의 불법행위가 외관상 사무집행의 범위 내에 속하는 것으로 보이는 경우에 있어서도 피용자의 행위가 사용자나 사용자에 갈음하여 그 사무를 감독하는 자의 사무집행행위에 해당하지 않음을 피해자 자신이 알았거나 중대한 과실로 인하여 알지 못한 경우에는 사용자책임을 물을 수 없다고 할 것인데, 이 경우 중대한 과실이라 함은 거래의 상대방이 조금만 주의를 기울였더라면 피용자의 행위가 그 직무권한 내에서 적법하게 행하여진 것이 아니라는 사정을 알 수 있었음에도 만연이 이를 직무권한 내의 행위라고 믿음으로써 일반인에게 요구되는 주의의무에 현저히 위반하는 것으로 거의 고의에 가까운 정도의 주의를 결여하고, 공평의 관점에서 상대방을 구태여 보호할 필요가 없다고 봄이 상당하다고 인정되는 상태를 말한다).

反對: 서울民事地判 1988. 8. 18, 88 가합 15480(우체국장이 자기앞수표를 위조발행하여 석달 후 현금을 주고 회수키로 하고 할인받은 경우에 동 수표의 취득자는 그 수표의 부적법함을 알지 못했다 하더라도 적어도 알지 못한 데 대하여 중과실이 있다고 하여 국가의 사용자배상책임을 부정하였다).

[背書僞造의 경우에 어음소지인이 被僞造者에 대하여 遡求權을 상실한 경우에도 使用者賠償責任을 물을 수 있다고 본 判例]

피용자가 어음의 배서를 위조하여 어음할인을 받은 경우, 어음소지인은 할인금을 지급하는 즉시 그 어음액면금이 아닌 그 지급한 할인금 상당의 손해를 입었다고 할 것이므로 그 후 어음소지인이 현실적으로 지급제시를 하여 지급거절을 당하였는지 여부가 어음배서의 위조로 인한 손해배상책임을 묻기 위하여 필요한 요건이라고 할 수 없고, 또 어음소지인이 적법한 지급제시기간 내에 지급제시를 하지 아니하여 소구권보전절차를 밟지 않았다 하더라도 이는 어음소지인이 이미 발생한 위조자의 사용자에 대한 불법행위책임을 묻는 것에 장애가 되는 사유라고 할 수 없다[大判(전원합의체판결) 1994. 11. 8, 93 다 21514(公報 982, 3237)][1) [이 判決에 대한 解釋으로는 鄭燦亨, "背書僞造의 경우 被僞造者의 책임," 「考試硏

1) 우리 大法院判例는 과거에는 「어음소지인의 損害란 背書僞造로 인하여 遡求權을 행사할 수 없는 어음을 취득함으로써 입은 손해이므로 어음소지인으로서는 이러한 遡求義務를 물을 수 있는 범위 내에서만 그 손해를 주장할 수 있기 때문에 이 경우에는 어음소지인은 어음金 또는 割引金에 관하여 使用者賠償責任을 물을 수 없다」고 하여 遡求權을 상실한 경우에 使用者賠償責任을 否定하는 취지로 판시하였으나[大判 1990. 4. 10, 89 다카 17331(公報 875, 1233)(이 판결에 반대하는 評釋으로는 鄭東潤, 「法律新聞」, 제1983호〈1990. 11. 19〉, 15면 참조. 著者는 「法律新聞」, 제2000호〈1991. 1. 28〉, 15면에서 이 判旨에 찬성하는 취지의 評釋을 하였으나, 그 후 本文에서 보는 바와 같이 見解를 변경하였다); 同 1974. 12. 24, 74 다 808], 그 후에는 위와 같이 전원합의체판결로써 판례를 변경하였다.

究」, 1996. 10, 29~41면 참조].

同旨: 大判 1999. 1. 29, 98 다 27470(公報 1999, 366)(어음상의 배서가 피용자에 의하여 위조된 경우 피위조자인 배서명의인이 사용자로서 부담하는 불법행위책임과 다른 배서인이 부담하는 어음법상의 책임은 각 별개의 독립된 책임으로서 어음소지인으로서는 어음의 발행인이나 다른 배서인에 대하여 어음법상의 권리를 행사할 수 있는지의 여부를 불문하고 피위조자인 배서명의인에 대하여 손해배상청구권을 행사할 수가 있고, 이 때 배서가 위조된 어음을 취득함으로써 입은 손해는 그 액면 금액이 아니라 그 어음을 취득하기 위하여 지급한 금원이다).

[僞造手票를 割引하여 준 手票所持人의 損害는 '手票金額'이 아니라 '割引金額'이라고 본 判例]

위조된 수표를 할인에 의하여 취득한 사람이 그로 인하여 입게 되는 손해액은 특별한 사정이 없는 한 그 위조수표를 취득하기 위하여 '현실적으로 출연한 할인금'(3개월분 선이자로 금 1,350,000원을 공제한 금 13,650,000원)이지, '수표의 액면에 상당하는 금액'(금 15,000,000원)이 아니다[大判(전원합의체판결) 1992. 6. 23, 91 다 43848(公報 926, 2245)].[1)]

同旨: 大判 1970. 10. 23, 70 다 1714; 同 1994. 11. 8, 93 다 21514(公報 982, 3237); 同 1999. 1. 29, 98 다 27470(公報 1999, 366); 同 2003. 1. 10, 2001 다 37071(公報 2003, 601)(위조된 약속어음을 취득함으로써 입은 손해는 다른 특별한 사정이 없는 한 이를 취득하기 위하여 현실적으로 출연한 할인금 상당액일 뿐, 그 어음이 진정한 것이었다면 어음소지인이 지급받았을 것이라고 인정되는 그 어음액면 상당액이라고는 할 수 없고, 이러한 법리는 정당한 작성자에 의하여 남발된 약속어음을 할인의 방법으로 취득함으로써 입은 손해의 경우에도 동일하다).

[僞造어음의 취득자는 그 어음을 취득한 때에 不法行爲에 기한 손해배상청구권을 취득한다고 본 判例]

배서위조의 어음취득자는 특별한 사정이 없는 한 그 위조된 배서를 믿고 할인금을 지급하는 즉시 그 지급한 할인금 상당액의 손해를 입었다고 볼 수 있어, 그 어음을 취득한 때에 이미 불법행위에 기한 손해배상청구권이 성립한다고 볼 수 있다[大判 1994. 11. 22, 94 다 20709(公報 983, 69)].

[僞造어음의 취득자의 被僞造者에 대한 사용자배상책임의 청구권의 소멸시효기간의 기산점에 관한 判例]

피위조자가 위조어음의 취득자에 대하여 민법 제756조에 의한 사용자배상책임을 부담하는 경우에 그 청구권의 소멸시효기간의 기산점은 피위조자에 대한

1) 우리 大法院判例는 과거에는 어음소지인의 損害額을 「어음金額」으로 판시한 것이 많았으나[大判 1985. 12. 10, 85 다카 578; 同 1985. 8. 13, 84 다카 979], 그 후에는 위와 같이 전원합의체판결로써 판례를 변경하였다.

어음금청구사건의 판결이 확정된 때로부터 진행하는 것이 아니라, 피위조자에게 사용자배상책임이 있다고 주장한 때(이 때 원고는 그 손해 및 가해자를 알았다고 할 수 있으므로—저자註)로부터 진행한다[大判 1992. 6. 12, 91 다 40146(公報 925, 2133)].

(다) **信義誠實의 責任** 被僞造者의 위조의 항변이 信義誠實의 원칙(民 2조)에 반하는 경우에는 피위조자는 어음상의 책임을 져야 한다고 한다. 예컨대 종래에 자주 어음소지인이 취득하였던 동일한 위조자에 의한 위조어음을 피위조자가 이행함으로써 계속적인 僞造行爲를 가능하게 한 경우에는, 被僞造者는 信義誠實의 원칙에 의하여 위조의 항변을 주장하지 못하고 어음상의 책임을 져야 한다는 것이다. 이것은 獨逸의 判例와 學說에서 인정된 것이고[1] 또 英美에서도 禁反言則에 의한 責任으로 인정되고 있는 것인데,[2] 우리 나라에서도 이러한 信義誠實의 원칙에 의하여 피위조자의 어음상의 책임을 인정할 수 있다는 견해가 있다.[3] 그러나 피위조자에게 이러한 사정이 있으면 앞에서 본 表見責任의 법리나 使用者賠償責任의 법리에 의하여 被僞造者의 책임을 인정할 수 있을 것이다.

(라) **法定追認에 의한 責任** (i) 被僞造者는 원칙적으로 어음금을 지급할 의무가 없는데, 위조인 줄 알면서(惡意) 지급한 경우에는 위조의 法定追認이 되어(民 145조 1호) 그 지급이 유효하게 된다.[4] 따라서 이 때에는 被僞造者가 마치 어음상의 책임을 부담하게 된 것과 동일한 결과가 된다. 이것은 被僞造者의 追認을 인정하는 肯定說에서는 균형을 이루는 해석이라고 볼 수 있다.[5]

(ii) 被僞造者가 위조인 줄 모르고(善意) 지급한 경우에는 원칙적으로 지급한 금액의 반환을 청구할 수 있다. 우리 大法院判例도 이와 同旨로 다음과 같이 판시하고 있다.

[被僞造者가 善意로 지급한 경우에 어음소지인에 대하여 부당이득반환청구권이 있다고 본 判例]

배서위조가 있는 약속어음에서 피위조자인 배서인이 위조사실을 알지 못하고 진정하게 이루어진 것으로 오인하여 어음소지인에게 어음금을 지급한 경우에는,

---

1) RG 126, 223, 225; BGHZ 47, 110; Hueck/Canaris, §6 Ⅱ 5; Brox, Rdn. 545.

2) B.E.A. §24; U.C.C. §3-403 (a).

3) 鄭(東), 139면; 崔(基), 183면; 孫(珠), 104면; 蔡, 76면.

4) 同旨: 崔(基), 194면; 梁(承), 147면(그 내용은 이와 같이 설명하면서 條文引用은 民法 제145조 1호가 아니라, 제139조 단서를 인용하고 있다).

5) 孫(珠), 104면은 僞造의 追認을 否定하는 입장에서 이 경우에는 民法 제139조 단서(無效行爲의 追認)를 유추하여 유효한 지급이라고 해석한다.

피위조자는 어음소지인에 대하여 부당이득반환청구권이 있다[大判 1992. 7. 28, 92 다 18535(公報 929, 2650)].

그러나 被僞造者가 선의로 지급한 경우에도 그 지급으로 인하여 어음소지인이 權利保全節次 등을 밟지 않아 어음상의 권리를 상실한 경우에는 民法 제744조의 道義觀念에 적합한 非債辨濟가 되어 피위조자는 반환을 청구할 수 없게 되고 따라서 책임을 부담하는 것과 동일한 결과가 된다.[1] 이와 같은 것은 被僞造者가 직접 지급하는 경우뿐만 아니라 피위조자가 지급인(또는 지급담당자)인 銀行을 통하여 지급하는 경우에도 동일하다고 본다. 다만 피위조자가 지급인(또는 지급담당자)인 銀行을 통하여 지급하는 경우에는 은행과의 免責約款에 의하여 은행이 善意 · 無過失로 지급한 경우에는 被僞造者는 은행에 대하여 반환청구를 할 수 없으므로 被僞造者가 사실상 어음상의 책임을 부담하는 것 같은 외관이 있으나,[2] 이 경우에 被僞造者는 (직접 또는 은행을 대위하여) 어음금을 수령한 어음소지인에 대하여 (民法 제744조에 해당하지 않는 한) 수령한 어음금의 반환을 청구할 수 있으므로 위의 경우와 별도로 被僞造者가 어음상의 책임을 지는 결과가 되는 사유로는 볼 수 없다.

2. 僞造者의 責任

(1) 어음上의 責任

僞造者가 民法 · 刑法上의 책임을 지는 외에 어음상의 책임을 지는지 여부에 대하여, 어음의 文言證券性과 관련하여 다음과 같이 否定說(多數說)과 肯定說(少數說)로 나뉘고 있다.

1) 否 定 說 이에 대하여 通說은 否定說의 입장에서 僞造者는 타인의 성명을 冒用하고 어음상에 자기의 성명을 표시하여 어음행위를 한 것이 아니므로 어음의 文言證券性에 비추어 어음채무를 부담할 수 있는 기초가 없고(이 점에서 어음상에 代理人으로서 기명날인 또는 서명을 한 無權代理人의 책임과 구별됨), 또 실제에 있어서도 僞造者는 어음상에 표시되지 않으므로 제 3 자가 그것을 신뢰하는 일도 없다고 하여, 僞造者의 어음상의 책임을 부정한다.[3] 이러한 否定說은 日本의 通說[4] · 종래의 判例[5]의 입장이기도 하다.

1) 鄭(熙), 100면; 鄭(東), 141면; 孫(珠), 104면; 崔(基), 194면; 梁·朴, 697면; 梁(承), 147면.

2) 崔(基), 197면.

3) 徐·鄭, 88면; 朴(元), 499면; 徐(廷), 117면; 金(容), 260면; 李(範), 282면; 鄭(茂), 322면; 姜, (어) 125면.

4) 鈴木, 166면 外 多數.

5) 日大判 1925. 3. 14(民集 2-3, 103).

2) **肯定說** 그러나 少數說은 無權代理와 僞造는 권한 없는 자가 代理의 방식으로 어음행위를 하였는가 代行의 방식으로 어음행위를 하였는가의 차이밖에 없고 양자는 기본적으로 그 구조가 동일하다고 할 것이므로 僞造에 어음法 제 8 조를 유추적용할 수 있으며, 또 僞造者의 책임을 인정하는 것이 「記名捺印 또는 署名이 없으면 責任이 없다」는 어음法上의 책임에 대한 예외도 아니고 또 그 결론은 누구의 이익도 害하지 않고 어음거래의 안전을 害하는 것도 아니므로 僞造者의 어음상의 책임을 인정해야 한다고 하여, 僞造者의 책임을 긍정한다.[1] 또한 肯定說에서는 僞造者가 어음상의 의무를 이행하고 어음을 환수한 경우에는 그에게 어음상의 권리를 취득시킨다(어 8조 2문 유추해석).

이러한 肯定說은 獨逸의 通說[2]이고, 日本의 有力說[3] 및 변경된 判例[4]의 입장이기도 하다.

[私 見]

僞造者의 책임을 인정한다고 해서 어음거래의 안전을 害하거나 또는 누구의 이익을 害하는 것도 아니고 오히려 善意者保護에 충실한 것이 되므로, 僞造者의 어음상의 책임을 인정하는 것이 타당하다고 생각한다.[5] 그 근거에 대하여는 無權代理와 無權代行은 그 형식에서는 차이가 있을지언정 그 근본구조는 동일하다고 볼 수 있으므로 어음法 제 8 조를 유추적용할 수 있다고 본다. 또 어음의 文言證券性과 관련된 문제점에 대하여 볼 때, 어음의 文言證券性은 유통증권인 어음의 善意取得者를 보호하기 위한 취지인데, 이러한 취지에서 보면 僞造者의 책임을 긍정하는 것이 이 취지에 반하는 것으로 볼 수도 없다.[6]

1) 鄭(熙), 103면; 鄭(東), 141~142면; 孫(珠), 105면; 梁·朴, 697면; 梁(承), 148면; 註釋, 182면. 同旨: 崔(基), 199면(同教授는 그 根據에 대하여, 僞造者가 어음상의 책임을 부담하는 것은 無權代理理論의 유추적용에 의해서가 아니라 他人名義로 권한 없이 기명날인 또는 서명을 하였다고 하더라도 자기가 어음채무를 부담할 의사가 있는 점에 기인한다고 하나〈僞造者行爲說〉, 僞造者는 자기가 어음채무를 부담할 의사가 없고 名義人에게 귀속시킬 의사만이 있다는 점에서 볼 때 타당하지 않다고 본다); 安東燮, "어음僞造者의 責任論," 「法律新聞」, 제2034호(1991. 6. 6), 11면(同教授는 表示에 의한 禁反言의 법리에 의하여 僞造者의 어음상의 책임을 肯定하나〈禁反言責任說〉, 僞造者는 名義人에게 어음상의 책임을 귀속시킬 의사로써 어음행위를 하였다는 점에서 볼 때 僞造者行爲說과 같이 타당하지 않다고 본다).

2) Baumbach/Hefermehl, WG Art. 7 Rdn. 2; Hueck/Canaris, §6 Ⅲ 5; Zöllner, §12 Ⅲ 3; Meyer-Cording, S. 55; Brox, §31 Ⅳ (2).

3) 鈴木 · 大隅, 講座(1), 249면 外.

4) 日最高判 1974. 6. 8(民集 28-3, 655).

5) 鄭燦亨, 前揭論文(警察大論文集 제 5 집), 363면.

6) 同旨: 鈴木 · 大隅, 講座(1), 250면 註 4.

(2) 民法·刑法上의 責任

僞造者는 위조어음의 소지인에 대하여 民法上 不法行爲에 의한 損害賠償 責任을 부담한다(民750조). 이 때 위조어음의 소지인의 손해는 同어음의 취득을 위하여 지급한 對價(割引金額)를 기준으로 하여 산출한다.[1] 僞造者는 또한 刑法上 有價證券 僞造罪의 처벌을 받게 된다(刑214조).

3. 僞造어음 위에 記名捺印 또는 署名한 者의 責任

僞造어음 위에 기명날인 또는 서명한 자의 책임에 대하여는 우리 어음法上 명문규정을 두고 있다. 즉, 어음法 제 7 조(어 77조 2항, 手 10조)에서 「어음에 …… 僞造의 記名捺印 또는 署名 …… 으로 인하여 어음의 記名捺印者 또는 署名者나 그 本人(被僞造者 — 저자註)에게 의무를 부담하게 할 수 없는 記名捺印 또는 署名이 있는 경우에도 다른 記名捺印者 또는 署名者의 채무는 그 효력에 영향을 받지 아니한다」고 규정하고 있다. 이를 어음行爲獨立의 원칙(어음債務獨立의 원칙)이라고 하고, 이 원칙에 의하여 위조어음 위에 기명날인 또는 서명한 자는 어음소지인에게 遡求義務를 부담한다. 判例도 이와 同旨로 다음과 같이 판시하고 있다.

[僞造어음 위에 背書한 자에 대하여 어음상의 責任을 인정한 判例]

어음의 최종소지인은 그 어음의 최초의 발행행위가 위조되었다 하더라도 어음행위독립의 원칙상 그 뒤에 유효하게 배서한 배서인에 대하여는 소구권을 행사할 수 있다[大判 1977. 12. 13, 77 다 1753(月報 93, 47)].

僞造어음 위에 기명날인 또는 서명한 자가 위조어음이라는 사실을 알고(惡意) 기명날인 또는 서명한 경우에도 그는 어음상의 책임을 부담한다. 왜냐하면 形式上 完全한 어음에 기명날인 또는 서명한 자는 선행하는 어음행위의 실질적 무효를 알고 있더라도 자기의 독립적인 어음채무부담의 의사표시인 기명날인 또는 서명에 의하여 어음상의 책임을 부담하기 때문이다.[2] 또한 어음소지인이 위조어음이라는 사실을 알고(惡意) 어음을 취득한 경우에도 위조

---

1) 大判(全員合議體判決) 1992. 6. 23, 91 다 43848(公報 926, 2245); 同 1993. 8. 24, 93 다 6164·6171(公報 954, 2597)(僞造背書에 의하여 어음을 할인하여 준 자는 僞造背書人에 대하여는 그가 遡求權行使의 요건을 갖추었는지 여부에 불구하고 그가 지급한 '割引金 상당액'의 손해배상을 청구할 수 있다). 그러나 이와 같이 판례가 변경되기 전에는 '滿期에 지급할 수 있었던 額面 金額'을 損害額으로 판시하였다(大判 1985. 8. 13, 84 다카 979).

2) 同旨: 鄭燦亨, 前揭論文(警察大論文集 제 5 집), 364면.

어음 위에 기명날인 또는 서명한 자는 어음상의 책임을 지는가의 문제가 있다. 이는 어음行爲獨立의 원칙이 惡意의 어음취득자에 대하여도 적용되는가의 문제인데, 이에 대하여는 이미 어음行爲獨立의 원칙에서 상세히 설명하였다. 즉, 어음行爲獨立의 원칙이 악의의 어음취득자에 대하여는 적용되지 않는다는 少數說도 있으나,[1] 어음行爲獨立의 원칙은 선행하는 어음행위의 실질적 무효에도 불구하고 형식상 완전한 어음에 한 어음행위를 독립적인 채무부담행위로 보는 것이라고 할 수 있으므로 어음취득자의 善意·惡意와는 전혀 무관하게 그러한 어음에 기명날인 또는 서명한 자는 어음상의 책임을 부담한다(通說).[2]

4. 僞造어음의 支給人의 責任

被僞造者와 支給人(支給擔當者)[3]간의 契約(資金關係 또는 準資金關係)으로 支給人이 被僞造者의 계산으로 지급을 하는 경우에, 支給人이 위조어음을 지급하였다면 支給人은 被僞造者에 대하여 어떠한 책임을 부담하는가의 문제가 있다. 앞에서 본 被僞造者·僞造者 및 위조어음 위에 記名捺印 또는 署名한 者의 책임이 어음所持人에 대한 책임임에 반하여, 위조어음을 지급한 支給人의 책임은 被僞造者에 대한 책임이다.

(1) 支給人이 僞造어음을 지급한 경우에 그의 免責有無를 결정하는 根據法源에 대하여 어음法 제40조 3항(어 77조 1항 3호, 手 35조)에 근거하는 견해도 있으나,[4] 어음法 제40조 3항을 적용하기 위해서는 眞正한 어음의 소지인이 無權利者임을 전제로 하는 것이라고 볼 수 있기 때문에 (發行僞造의 경우에는 不眞正한 어음의) 어음상의 權利者인 僞造어음의 소지인에게 한 지급에 대하여는 어음法 제40조 3항을 근거로 하여 지급인의 免責有無를 결정할 수는 없고 보통 特別法規·免責約款 또는 商慣習 등에 근거하여 지급인의 免責有無를 결정하여야 할 것으로 본다.[5]

1) 崔(基), 110~111면.
2) 徐·鄭, 86면; 鄭(熙), 78~79면; 鄭(東), 143면; 孫(珠), 70면; 徐(廷), 91면; 金(容), 253면; 梁·朴, 689면; 李(範), 272~273면; 鄭(茂), 313면; 註釋, 187면; 鄭燦亨, 前揭論文(警察大論文集 제 5 집), 364면. 이에 관한 상세한 설명 및 否定說에 대한 批判으로는 鄭燦亨, "어음(手票)行爲獨立의 原則," 「月刊考試」, 1986. 11, 114~131면 참조.
3) 이 때의 支給人 또는 支給當事者는 보통 銀行이다.
4) 朴(元), 266면(發行人負擔說); 李(範), 343면(發行人負擔說).
5) 同旨: 孫(珠), 321~323면.

우리 大法院判例도 이와 同旨로 다음과 같이 판시하고 있다.

[僞造手票의 지급이 有效로 되는 것은 特別法規·免責約款 또는 商慣習이 있는 경우에 한한다고 본 判例]

Y은행 인천지점에서 제시를 받은 이 사건 수표는 위조수표로서 무효이고 이러한 무효의 수표에 의한 변제가 유효로 되는 것은 특별법규·면책약관 또는 상관습이 있는 경우에 한한다 할 것이고, 채권의 준점유자의 변제의 법리는 적용될 수 없다고 할 것이다[大判 1971. 3. 9, 70 다 2895 (判總 11-2, 1060-10)].

이 때 지급인이 銀行인 경우에는 보통 당사자간의 免責約款[1]에 의하여 지급인의 免責有無를 결정하는데, 銀行과 去來者 사이에는 이미 그러한 商慣習이 형성되었음을 인정하여 免責約款의 規定有無에 불문하고 그러한 商慣習에 기하여 지급인의 免責有無를 결정할 수도 있다.[2] 그런데 지급인이 은행이 아닌 경우(예컨대 환어음의 단순한 支給人의 경우)에는 보통 당사자간에 免責約款도 존재하지 않고 또 면책약관과 동일내용의 商慣習도 존재한다고 보기 어려울 것인데, 이 때에 지급인의 免責有無는 무엇에 근거하여 결정될 수 있는가. 이 때에는 民法 제470조(債權의 準占有者에 대한 변제)에 근거하여 支給人의 免責有無를 결정할 수밖에 없다고 보며, 또 그렇게 해석하는 것이 商法 제 1 조 및 民法 제105조·제106조에도 부응하는 해석이라고 본다.[3]

(2) 支給人이 免責約款 등에 의하여 면책이 되기 위하여는 어느 정도의 注意로써 지급을 하여야 하는가에 관한 注意의 程度의 문제가 있다. 이에 관하여 보통 免責約款 등에는 「…… 신고된 印章과 보통의 注意로써 ……」 등으로 표현하고 있는데, 이 때 '보통의 注意'라는 의미는 輕過失도 없어야 하는 것을 의미하고, 調査義務의 범위는 '신고된 인장'에 한하지 않고 어음금액 등을 포함한다.

우리 大法院判例도 이와 同旨로 다음과 같이 판시하고 있다.

---

1) 예컨대 은행의 예금거래기본약관은 「은행은 예금지급청구서, 증권 또는 신고서 등에 찍힌 인영(또는 서명)을 신고한 인감(또는 서명감)과 육안으로 주의깊게 비교·대조하여 틀림없다고 여기고 … 예금을 지급하였을 때에는 인감이나 서명의 위조·변조 또는 도용이나 그 밖의 다른 사고로 인하여 거래처에 손해가 생겨도 그 책임을 지지 않는다. 다만 은행이 거래처의 인감이나 서명의 위조·변조 또는 도용 사실을 알았거나 알 수 있었을 때는 그러하지 아니하다」고 규정하고 있다(한국외환은행, 예금거래기본약관, 제16조 1항).

2) 서울高判 1972. 12. 15, 71 다 741(判總 11-2, 1062-16).

3) 이에 관한 상세는 鄭燦亨, "僞造·變造된 어음·手票를 支給한 支給人의 責任," 「論文集」(警察大), 제 4 집(1984), 343~375면 참조.

[支給銀行은 '輕過失'도 없어야 한다고 본 判例]

당좌거래시에 은행과 그 거래처간에 체결되는 면책약관에 '은행이 취급상 보통의 주의를 다한 연후에 수표금을 지급한 때에는 그 지급된 수표가 위조·변조된 것이어서 손해가 생길지라도 은행은 책임을 지지 아니한다'는 취지의 약정이 되어 있는 경우, 위 약관상의 '보통의 주의의무'라는 문언을 은행이 중과실이 있는 경우에만 책임지고 경과실로 인하여 위조·변조사실을 식별치 못한 경우에는 책임을 지지 아니한다는 취지로 판단할 수 없다[大判 1975. 3. 2, 74 다 53(判總 11-2, 1062-18)].

[支給銀行의 調査義務의 範圍에 '手票金額'이 포함된다고 본 判例]

당좌예금약정서 제12조에 "Y은행에 수표 또는 어음을 예금주의 인감·필적 또는 명판을 대조하여 통상적 판별로써 부합한 것으로 인정하고 지급한 때에는 그 수표 또는 어음의 위조, 변조, 남용 기타 여하한 사정을 불문하고 그 지급은 예금주에 대하여 효력이 생기며 이로 인하여 손해가 발생할지라도 Y은행은 그 책임을 지지 않는다"고 규정되어 있다고 하여도, 그 규정의 취지는 비단 인감, 필적, 명판에만 국한할 것이 아니라 금액란이 위조 또는 변조된 것을 통상적 판별로써 식별할 수 있는 것을 고의 또는 과실로 이를 알지 못하고 위조 또는 변조된 액면금액을 지급하였을 때에는 이를 Y은행의 손해로 돌리고 예금주의 예금채권에는 영향이 없는 것이라고 해석함이 타당하다고 할 것이므로 이와 같은 취지로 판시한 원심판결 이유는 정당하다[大判 1969. 10. 14, 69 다 1237(敎村, 判決例 [463])].

결국 支給人은 면책약관 등의 어떠한 표현에도 불구하고 善意·無過失의 지급이어야 면책이 되고, 지급인이 선의·무과실의 지급을 하여 면책약관 등에 의하여 면책이 되면 支給人은 被僞造者(發行人)와의 관계에서는 종국적으로 損失負擔을 하지 않는 것이다(따라서 다시 支給人負擔說 또는 發行人(被僞造者) 負擔說과 같은 논의1)는 있을 수 없다고 본다). 그러나 이때 被僞造者가 어음소지인에 대하여 종국적 책임을 부담하는 것은 결코 아니므로, 被僞造者의 손실부담으로 어음금을 지급한 경우에는 被僞造者는 不當利得의 법리에 의하여 어음소지인에 대하여 지급한 어음금의 반환청구권이 있다.

우리 大法院判例도 이와 同旨로 다음과 같이 판시하고 있다.

[被僞造者에게 不當利得의 法理에 의하여 어음금의 반환청구권을 인정한 判例]

배서위조가 있는 약속어음에서 피배서인이 위조사실을 알지 못하고 진정하게 이루어진 것으로 오인하여 어음소지인에게 어음금을 지급한 경우에는, 피배서인은 어음소지인에 대하여 부당이득반환청구권이 있다[大判 1992. 7. 28, 92 다 18535(公報 929, 2650)].

1) 예컨대 孫(珠), 321~322면 참조(銀行手票用紙가 도난당하여 위조된 경우는 發行人負擔說이나, 어음의 경우에는 支給人負擔說을 취함).

제 3 僞造의 立證責任

僞造의 立證責任이 어음所持人(原告)에게 있느냐 또는 被僞造者(被告)에게 있느냐에 대하여, 우리 어음法上 규정은 없고 見解는 다음과 같이 나뉘어 있다.

1. 學 說

(1) 被僞造者(被告)에게 立證責任이 있다는 見解(少數說)

僞造어음의 立證責任에 대하여는 특별한 규정이 없으므로 일반원칙에 따라 위조라는 것을 주장하는 측(被僞造者)이 입증책임을 부담한다고 한다.[1]

(2) 어음所持人(原告)에게 立證責任이 있다는 見解(多數說)

어음소지인이 被僞造者에게 어음금을 청구하면 被僞造者는 자기의 기명날인 또는 서명이 僞造되었다는 것을 주장하는데 이것은 어음소지인(원고)의 주장사실에 대한 否認에 불과하므로, 어음所持人(原告)이 피위조자의 기명날인 또는 서명이 진정함을 立證하여야 한다고 한다.[2] 또한 被僞造者에게 입증책임을 지우면 위조당한 것도 억울한데 立證責任까지 지우는 것은 문제이므로, 立證責任은 원고인 어음소지인 측에 있어 어음소지인은 기명날인 또는 서명이 진정함을 입증하지 못하면 被僞造者에게 어음상의 책임을 물을 수 없다고 한다.[3]

생각건대 被僞造者가 어음소지인에 대하여 자기의 기명날인 또는 서명이 위조되었다고 주장하는 것은 어음소지인의 주장에 대한 否認일 뿐이고 立證責任과는 구별되는 것이고, 또 아무런 歸責事由가 없는 被僞造者를 보호할 필요가 있으므로, 어음所持人(原告)이 위조의 立證責任을 부담한다는 견해에 찬성한다.[4] 참고로 美國의 統一商法典은 이에 대하여 어음所持人(原告)이 立證責任을 부담하는 것으로 명문으로 규정하여, 立法的으로 해결하고 있다.[5]

---

1) 徐·鄭, 89면; 李(範), 283면; 李基秀, "僞造 있는 어음의 立證責任(判例評釋)," 「法律新聞」, 제1889호(1989. 11. 13), 11면.

2) 鄭(東), 143면; 孫(珠), 100면; 梁(承), 145면; 崔(基), 194면; 鄭(茂), 322면; 姜, (어) 118면.

3) 鄭(熙), 98면(다만 背書僞造의 경우에는 立證責任이 전도되어 被僞造者 측에 立證責任이 있다고 한다).

4) 鄭(燦), (事例) 114면; 同, 前揭論文(警察大論文集 제 5 집), 387면; 同, 「法律新聞」, 제1956호(1990. 8. 6), 15면; 同, "어음(手票)의 僞造·變造에 대한 立證責任," 「考試界」, 1993. 8, 17면.

5) U.C.C. §3-308 (a).

2. 判 例

1) 우리 大法院判例는 과거에는 背書가 僞造된 約束어음에 대하여 被僞造者(被告)에게 立證責任이 있는 것으로 판시하였으나,[1] 그 후에는 전원합의체 판결로써 과거의 判例를 변경하여 다음과 같이 어음所持人(原告)에게 立證責任이 있다고 판시하였다.

[어음所持人(原告)에게 僞造의 立證責任이 있다고 본 判例]

어음에 어음채무자로 기재되어 있는 사람이 자신의 기명날인이 위조된 것이라고 주장하는 경우에는 그 사람에 대해 어음채무의 이행을 청구하는 어음소지인이 그 기명날인이 진정한 것임을 증명하지 않으면 안 된다[大判(전원합의체판결) 1993. 8. 24, 93 다 4151(公報 954, 2594)] [이 판결에 찬성하는 평석으로는 鄭燦亨, "어음僞造의 立證責任," 「判例月報」, 제285호(1994. 6), 16~24면; 鄭東潤, 「法律新聞」, 제2264호(1993. 11. 15), 15면; 鄭鎭世, 「法律新聞」, 제2266호(1993. 11. 22), 15면; 崔基元, 「法律新聞」, 제2257호(1993. 10. 18), 15면이 있고, 반대하는 評釋으로는 李基秀, 「法律新聞」, 제2253호(1993. 10. 4), 15면 참조].

同旨: 大判 1998. 2. 10, 97 다 31113(公報 1998, 680)(어음에 어음채무자로 기재되어 있는 사람이 자신의 기명날인이 위조되었다고 주장하는 경우에는, 그 사람에 대하여 어음채무의 이행을 구하는 어음의 소지인이 그 기명날인이 진정한 것임을 증명하지 않으면 안 된다).

2) 어음所持人이 僞造의 立證責任을 부담하는 점은 背書僞造의 경우에도 동일하다. 따라서 背書僞造의 경우 被僞造者에게 僞造의 立證責任이 있다고 판시한 과거의 大法院判決은 어음상의 權利取得의 면과 어음債務負擔의 면을 혼동한 것으로 타당하지 않다고 본다. 즉, 어음소지인이 어음法 제16조 1항에 의하여 權利者로서 推定되고 또 同法 제16조 2항에 의하여 善意取得되는 면은 被僞造者 이외의 자에 대한 權利取得의 면으로서, 이로 인하여 被僞造者가 어음債務를 부담하거나 立證責任을 부담하는 것은 결코 아니다.[2] 따라서 僞造의 立證責任은 어음所持人(原告)이 부담한다고 보는 변경된 대법원판결이 타당하다고 본다.

---

1) 大判 1987. 7. 7, 86 다카 2154(公報 807, 1296)[約束어음의 背書가 형식적으로 연속되어 있으면 그 所持人은 정당한 權利者로 推定되고(어 16조 1항, 77조 1항 1호) 背書가 僞造된 경우에도 이를 주장하는 사람(被僞造者—저자註)이 그 僞造事實 및 所持人이 善意取得을 하지 아니한 사실을 입증하여야 한다(당원 1974. 9. 24 선고, 74 다 902 판결 참조)][이 判決에 찬성하는 취지의 評釋으로는 李基秀, 「法律新聞」, 제1889호, 11면; 同, 「法律新聞」, 제1883호, 11면이 있다].

2) 이에 관한 상세는 鄭燦亨, 前揭 法律新聞(제1956호), 15면; 同, 前揭 考試界(1993. 8), 19~21면.

제 2 절 어음의 變造[1)]

어음의 變造에 대하여는 어음法 제69조(어 77조 1항 7호, 手 50조)에서 한 개의 조문을 두어 變造前에 기명날인 또는 서명한 자의 책임과 變造後에 기명날인 또는 서명한 자의 책임에 대하여 규정하고는 있으나, 역시 이 한 개의 조문만으로는 미흡하고 어음의 變造에 관련된 여러 가지의 문제점은 學說·判例에 맡겨져 있다. 어음의 변조에 있어서도 眞實尊重의 요구(變造前에 기명날인 또는 서명한 자의 보호)와 外觀尊重의 요구(어음所持人의 보호)를 어떻게 조화·유지시킬 것인가가 가장 중요한 문제점이 된다.

제 1 變造의 意義

1. 變造의 槪念

어음의 變造(alteration; Verfälschung)란 「權限 없는 자가 원칙적으로 完成된 어음에 대하여 그 內容을 변경하는 것」이라고 정의할 수 있다. 이러한 變造의 개념을 分說하면 다음과 같다.

1) 變造는 「權限 없는 자」가 어음상의 기재내용을 변경하는 것이고, 權限 있는 자가 그 기재내용을 변경하는 것은 변조가 아니라 단순히 「變更」이라고 한다.[2)] 즉, 어음행위자가 자기가 한 어음의 기재내용을 변경하는 것은 變更으로 변조가 되지 않는다.

우리 大法院判例도 이와 同旨로 다음과 같이 판시하고 있다.

[어음發行人이 한 受取人의 정정을 變造가 아니라고 본 判例]

약속어음의 발행인이 그 어음에 수취인으로 기재되어 있는 문언을 발행인 및 배서인 등 어음행위자들의 당초의 어음행위의 목적에 부합되게 정정한 것은(A가 X에 대한 대금지급담보를 위하여 X를 수취인으로 약속어음을 발행하고 Y가 위 어음금을 담보할 목적으로 X를 피배서인으로 하여 배서하였는데 A가 X의 요구에 의하여 Y의 동의 없이 수취인 X를 Y로 변경한 청우는), 단순히 착오로 기재된 것을 정정한 것에 불과하므로 어음의 변조에 해당하지 않는다[大判 1993. 7. 13, 93 다 753(公報 952, 2263)].

---

1) 이에 관한 상세는 鄭燦亨, "어음·手票의 變造," 「商法論叢」(仁山鄭熙喆先生停年紀念)(서울: 博英社, 1985), 433~495면; 金鍾熙, "어음·手票의 變造에 관한 硏究," 「法學博士學位論文」(忠南大, 1994. 2) 참조.

2) 徐·鄭, 89~90면; 鄭(熙), 97면; 蔡, 81면 外.

[어음所持人이 한 受取人의 정정을 變造가 아니라고 본 判例]

Y가 어음의 수취인란을 공란으로 하여 A주식회사 대표이사 B에게 어음을 발행·교부한 경우에 동 어음을 A주식회사로부터 배서양도받은 X가 수취인을 보충한 후 다시 이를 정정하는 것은(본 사건에서는 'B'로 보충한 후에 이를 '주식회사 A 대표이사 B'로 정정한 경우) 발행인인 Y나 제 1 배서인인 A회사 등 어음행위자들의 당초의 어음행위의 목적에 부합하고, 그로 말미암아 어음의 효력이나 어음관계자의 권리의무의 내용에 영향을 미치지 않으므로, 이는 단순히 착오로 기재된 것을 정정한 것에 불과하고 어음을 변조한 경우에 해당한다고 볼 수 없다[大判 1995. 5. 9, 94 다 40659(公報 994, 2083)].

그러나 이미 어음상에 다른 權利 또는 義務를 가진 자가 있는 경우에는, 이러한 자의 同意를 받지 않고 자기의 기재내용을 변경하는 것은 變造가 된다. 우리 大法院判例도 이와 同旨로 다음과 같이 판시하고 있다.

[어음發行人이 어음保證人의 동의를 얻지 않고 한 受取人의 정정은 變造가 된다고 본 判例]

어음보증인이 있는 경우에는 비록 아직 수취인에게 어음을 교부하기 전이라고 하더라도 발행인은 이러한 사람의 동의를 받지 아니하고는 어음상의 그 어떠한 기재도 변경할 수 없고, 이를 변경한 경우에는 어음변조에 해당한다[大判 1981. 11. 24, 80 다 2345(教材, 判決例 [495])].

同旨: 大判 1981. 10. 13, 81 다 726, 81 다카 90(教材, 判決例 [496]); 同 1981. 11. 10, 80 다 2689(教材, 判決例 [497]); 同 1987. 3. 24, 86 다카 37(公報 800, 15)(약속어음에 배서인이 있는 경우 그 배서인의 동의를 받지 않고 발행인이 어음의 기재문언을 변경한 것은 변조임); 同 1989. 10. 24, 88 다카 20774(어음발행인이 그의 어음보증인의 동의를 얻지 않고 수취인 명의를 변경기재하였다면 어음보증인에 대한 관계에 있어서는 어음의 변조에 해당하고, 그 어음보증인은 변경기재된 수취인에 대하여는 어음보증의 책임이 없다).

어음에 기명날인 또는 서명한 자가 數人이 있는 경우에는 전원의 同意를 얻으면 變造가 되지 않지만, 그 중의 일부의 자에 의해서만 동의를 얻고 나머지에 의해서는 동의를 얻지 못한 경우에는 變造가 될 것이다. 다만 변조에 同意한 자는 變造後의 文言에 따라서 어음상의 책임을 부담한다.[1]

2) 變造는 원칙적으로 「完成된 어음」에 대하여 권한 없이 그 기재내용을

---

1) 이에 대하여 同意하지 않는 자에 대해서는 變造가 되고 同意한 자에 대하여는 變造가 되지 않는다고 보는 見解가 있으나[崔(基), 203면], 하나의 行爲를 이렇게 二元的으로 설명하는 것은 타당하지 않다고 본다.

변경하는 것이다. 따라서 변조가 있으려면 어음이 외관상 형식적으로 유효하게 성립하고 있어야 한다.[1] 그러나 예외적으로 未完成어음인 白地어음 중의 유효한 기재 사항을 권한 없이 변경하는 것도 변조라고 본다(通說).

3) 變造는 어음상의 기재내용을 권한 없이 변경하는 것인데, 「變造의 方法」은 이를 묻지 아니한다. 따라서 現存文言의 變改나 그 제거, 新文言의 첨가 등이 모두 이에 포함된다(通說). 約束어음상 共同發行人으로 기명날인 또는 서명한 위에 '保證'이라는 문언을 추가한 경우에도 변조로 보고 있다.[2] 어음의 변조는 변조 후에도 유효한 어음으로 존재하여야 하므로, 변조에 의하여 어음요건이 흠결된 경우에는 변조가 아니라 어음의 抹消 또는 毁滅로서 어음의 변조와 구별한다(通說).

4) 變造도 위조와 같이 어음행위가 아니고 「事實行爲」이므로, 變造者의 故意·過失을 요하지 아니한다(通說).

2. 變造의 對象

變造의 대상은 모든 어음행위의 必要的 記載事項뿐만 아니라 任意的(有益的) 記載事項에 관하여도 발생할 수 있다(通說). 無益的 記載事項은 어음상의 권리의 내용에 아무런 영향이 없는 사항이므로 이러한 無益的 記載事項을 권한 없이 변경하는 것은 변조라고 볼 수 없다.[3] 有害的 記載事項을 권한 없이 변경하는 것도 그러한 변경 전후에 일관하여 완전한 어음으로 존재하는 것이 아니므로 변조라고 볼 수 없다. 統一法系의 판결에 나타난 변조의 대상은 어음金額의 변조가 가장 많으나,[4] 그 밖에 滿期[5]·支給地 또는 支給場所[6]·受取人[7]·記名捺印 또는 署名[8]·背書禁止文句[9] 등의 변조도 있다.[10]

---

1) 徐·鄭, 89~90면(그러나 실질적으로 有效하게 성립할 필요는 없으므로 僞造어음의 變造도 있을 수 있다고 한다); 梁·朴, 696면.

2) 日大判 1933. 12. 14(商判集〈追 I〉 275면).

3) 同旨: 崔(基), 202면; 蔡, 82면; 李(基), 193면; 田中(誠), 95면.

4) 大判 1975. 3. 11, 74 다 53 外.

5) 日最高判 1975. 8. 29(判時 793, 97) 外.

6) 日大判 1940. 1. 29(民集 19, 69); BGH Ⅱ ZR 129/67, 1969. 9. 18 外.

7) 大判 1981. 10. 13, 81 다 726, 81 다카 90(大集 29 ③ 民 146) 外.

8) OGH Ob 540/64, 1964. 6. 23.

9) 日大判 1935. 1. 30(法學 4, 743).

10) 獨逸의 判例 중에는 「어음金額으로 文字金額이 있고 그 아래에 數字金額이 있는 경우에 그러한 數字金額은 어음法上 중요하지 않으므로 그러한 數字金額의 無權限의 變更은 變造가 아니다」고 판시한 것이 있다(OLG Stuttgart 5 U 143/36, 1936. 12. 2).

3. 變造와 他概念과의 구별

1) 僞造와의 구별 이는 僞造의 意義에서 상세히 설명한 바와 같다.

2) 補充權의 濫用과의 구별 變造는 白地어음의 補充權의 濫用(不當補充)과 다음과 같은 점에서 구별된다. (i) 첫째로 변조의 대상은 어음상의 「모든 記載事項」이나, 보충권의 남용의 대상은 「白地部分」에 한정된다. (ii) 둘째로 변조는 「物的 抗辯事由」이나, 보충권의 남용은 「人的 抗辯事由」이다.

예컨대 어음금액란의 밑에 조그마한 글씨로(또는 연필로) 숫자로써 어음금액의 보충한도를 기재하였는데 이에 위반하여 어음금액을 부당보충하고 또 그 숫자금액도 교묘하게 흔적 없이 변경한 경우, 그 기재금액을 어음금액으로 인정하면 變造의 문제가 될 것이나 이를 어음금액으로 인정하지 않는다면 補充權의 濫用의 문제가 될 것이다. 이를 변조로 보면 物的 抗辯事由이므로 이를 기재한 자에게 變造에 대하여 歸責事由가 있어야 어음상의 책임을 물을 수 있으나,[1] 이를 보충권의 남용으로 보면 人的 抗辯事由이므로 어음취득자의 惡意·重過失을 입증하지 못하면 이를 기재한 자는 보충된 문언에 따라서 책임을 부담해야 한다[2](어 10조·77조 2항, 手 13조).

생각건대 어음금액의 기재방법에는 제한이 없으나, 어음금액란은 공란이고 어음면상 「메모」형식으로 조그마한 금액의 기재가 어음면상 있다고 하여 이를 일반적으로 거래에서 가장 중하게 여기는 어음금액으로 볼 수는 없다고 본다. 따라서 이러한 경우에는 補充權의 濫用으로 보아 이를 기재한 자는 善意·無重過失인 어음취득자에 대하여 어음면상 기재된 금액에 따라 어음상의 책임을 부담한다고 설명하는 것이 보다 간명하다고 본다.[3] 우리 나라의 하급심판례 중에는 이와 同旨로 다음과 같이 판시한 것이 었다.

[가계수표의 금액을 연필로 기재하여 이를 지우고 다시 쓴 경우, 보충권의 남용으로 본 判例]

Y가 X에게 가계수표를 연필로 금 오십만원(금 500,000원)으로 기재하여 발행하였는데, X가 위 액면을 지우고 금 15,000,000원으로 기재한 경우, 연필로 금액을 기재한 경우에는 확정적인 기재라고 볼 수 없으므로 이는 백지수표의 부당

1) 前田, 146~147면; 李(基), 194면; Hueck/Canaris, §6 V 2b; RGZ 164, 10.
2) 日福岡高判 1980. 12. 23(判時 1014, 130).
3) 이에 관한 상세는 鄭(燦), (事例) 162~163면 참조.

보충으로 보충권의 남용문제는 있을지언정 아직 변조의 대상이 존재하지 아니하므로 변조라고 볼 수는 없다[서울地法北部支院判決 1994. 8. 4, 94 가단 9273].

제 2 變造의 效果

變造의 效果로서 變造前에 기명날인 또는 서명한 자 · 變造者 및 變造後에 기명날인 또는 서명한 자의 어음소지인에 대한 어음상의 책임이 각각 문제되고, 또한 변조어음을 지급한 支給人(支給擔當者)의 變造前에 기명날인 또는 서명한 자에 대한 책임도 문제된다. 이하에서 차례로 살펴보겠다.

1. 變造前에 記名捺印 또는 署名한 者의 責任

(1) 原 則

1) 變造前의 어음에 기명날인 또는 서명을 한 자가 원칙적으로 「原文言」에 따라 어음상의 책임을 지는 것은 法文上 명백하다(어 69조 · 77조 1 항 7호, 手 50조). 즉, 변조로 인하여 자기가 어음에 기재한 문언이 변경된 자는 그 변조로 인하여 어음상의 책임이 면제되지도 않고,[1] 또 원칙적으로 변조된 문언에 따른 책임을 부담하지도 않는다. 變造前의 기명날인자 또는 서명자는 변조 전의 原文言을 자기의 意思의 내용으로 하여 어음행위를 하였고 또 이렇게 하여 일단 유효하게 성립한 권리는 증권을 떠나서도 존재할 수 있는 것이므로, 原文言이 변조 후의 문언보다 무겁거나 또는 변조의 결과 어음이 毁滅된 경우에도 原文言에 따라 어음상의 책임을 부담한다.[2]

變造前의 기명날인자 또는 서명자가 이와 같이 변조 후의 문언에 따라 책임을 지지 않고 변조 전의 문언(원문언)에 따라 책임을 진다는 항변은 「物的抗辯(絶對的 抗辯)事由」로서 누구에 대하여도 대항할 수 있다.

2) 變造前의 기명날인자 또는 서명자가 이와 같이 변조 전의 「原文言」에 따라서 책임을 부담하는 경우, 어음金額이 변조된 경우에는 변조 전의 기명날인자 또는 서명자는 어음금의 일부에 대하여 어음상의 책임을 부담하나(變造로 인하여 어음금액이 증액된 경우), 그 밖의 사항 즉 受取人 · 滿期 · 支給地(支給場所) 등이 변조된 경우에는

1) 그러나 英國의 換어음法은 변조 전의 記名捺印者 또는 署名者는 원칙적으로 어음債務를 면하는 것으로 규정하고 있으며[B.E.A. §64(1)], 미국의 統一商法典은 詐欺的 變造의 경우에는 그 변조에 의하여 영향을 받는 어음債務者는 원칙적으로 어음債務를 면하는 것으로 규정하고 있다[U.C.C. §3-407(b)].

2) 同旨: 鄭(熙), 100~101면; 鄭(東), 144면.

변조 전의 기명날인자 또는 서명자는 변조로 인하여 어음상의 책임을 전혀 부담하지 않게 되는 경우가 많다.[1)]

우리 大法院判例도 이와 同旨로 다음과 같이 판시하고 있다.

[滿期가 變造된 경우 어음소지인이 變造前의 滿期를 기준으로 적법한 지급제시를 하지 않았다고 하여 變造前의 記名捺印者 또는 署名者의 어음債務를 부정한 判例]

원심이 Y(피고)가 이 사건 약속어음의 변개(변조—저자註)에 동의를 하였다는 점을 인정하기가 어려워 Y에게 변개 후의 문언에 따른 책임을 물을 수 없다고 판단한 조처는 옳다고 여겨진다. 그러나 약속어음의 문언에 변개가 있는 경우 변개 전에 기명날인 또는 서명한 자는 그 변개에 동의를 하지 아니한 이상 변개 후의 문언에 따른 책임을 지지는 아니한다고 하더라도, 변개 전의 원문언에 따른 책임을 지게 되는 것인바[대법원 1987. 3. 24 선고, 86 다카 37 판결 참조], 기록에 의하면 X(원고)는 1994. 7. 7자 준비서면에서 가사 Y가 위 변개에 동의하지 아니하였다고 하더라도 Y는 변개 전의 원문언에 따른 책임을 져야 한다고 주장하고, 위 준비서면은 제 1 심의 제 3 차 변론기일(1994. 7. 27)에 진술되었으므로, Y가 이 변개 전의 이 사건 약속어음에 배서한 사실이 인정되는 이 사건에 있어 원심으로서는 Y가 변개 전의 원문언에 따른 책임이 있는가 하는 점에 대한 판단을 하였어야 한다. 그럼에도 불구하고, 이에 대한 판단도 없이 바로 X의 청구를 배척한 원심은 어음법 제69조에 대한 법리를 오해하였거나, 판단유탈의 잘못을 저질렀다고 아니할 수 없다. 그러나 이 사건 약속어음의 최종 소지인인 X가 배서인인 Y에 대하여 변개 전의 원문언에 따른 소구의무자로서의 책임을 묻기 위하여서는 X가 변개 전의 원문언에 따른 적법한 지급제시를 하였음이 인정되어야 할 것인바, 변개 전의 원문언에 따른 이 사건 약속어음의 지급기일이 1994. 2. 25임은 원심이 적법하게 확정한 바이고, 기록에 의하면 X는 이 사건 약속어음이 변개된 후인 같은 해 3. 9에야 비로소 위 어음을 취득하였다고 주장하고 있을 뿐만 아니라, X가 변개 전의 원문언이 따른 지급제시기간 내에 이 사건 약속어음을 지급제시하였음을 인정할 만한 증거도 엿보이지 아니하므로(X도 위 어음을 1994. 4. 7에 지급제시하였다고 주장하고 있다), X의 Y에 대한 소구권은 요건 흠결로 상실되어 X는 Y에 대하여 변개 전의 원문언에 따른 책임도 물을 수 없다고 할 것이다. 따라서 Y가 원문언에 따른 책임을 져야 한다는 X의 위 주장은 어차피 배척될 것임이 분명하므로 원심의 위와 같은 잘못은 판결에 영향이 없어 판결의 파기사유가 되는 위법이라고는 할 수 없다 할 것이니, 결국 이 점을 지적하는 상고이유의 주장은 이유 없음에 귀착된다고 할 것이다[大判 1996. 2. 23, 95 다 49936][이 判決에 대한 評釋으로는 鄭燦亨, 前揭 商事法硏究(제16권 1호), 315~317면 참조].

1) 이에 관련된 구체적인 사례에 관한 상세한 설명으로는 鄭(燦), (事例) 154면 이하 참조.

(2) 例 外

變造前의 기명날인자 또는 서명자는 예외적으로 다음과 같은 경우에는 變造後의 文言에 따라 어음상의 책임을 부담한다.

1) 變造前의 기명날인자 또는 서명자가 어음면의 기재변경에 대하여 사전에 「同意」하거나 사후에 「追認」한[1] 경우에는 당연히 變造後의 文言에 따라 어음상의 책임을 부담한다.[2] 同意 등의 상대방은 변조어음을 취득한 자기의 後者 및 어음所持人이다. 이러한 자가 數人인 경우 그 全員에 대하여 동의한 경우에는 변조가 되지 않지만, 그 一部에 대하여만 동의한 경우에는 일단 변조로 보고 동의한 상대방에 대하여는 變造後의 文言에 따라 책임을 부담한다고 본다.[3]

2) 變造前의 기명날인자 또는 서명자에게 변조에 대하여 「歸責事由」(表見代理責任 · 民法 제756조의 使用者賠償責任 · 信義誠實의 책임 및 法定追認에 의한 책임을 포함함)가 있는 때에는 變造前의 기명날인자 또는 서명자는 變造後의 文言에 따라 그 책임을 진다.[4] 즉, 變造前의 기명날인자 또는 서명자에게 故意 · 過失이 있어 변조의 기회를 제공한 경우에는, 그러한 故意 · 過失은 變造有無를 정하는 데는 무관하나 變造前의 기명날인자 또는 서명자가 變造後의 文言에 따라 어음상의 책임을 지게 한다. 예컨대 變造前의 기명날인자 또는 서명자가 변조되기 쉽게 어음을 작성하거나(₩과 금액의 사이를 띄운 경우 등) 또는 변조되어도 그 흔적이 남아 있지 않게 어음금액 등을 기재한 경우(연필로 기재한 경우 등)에는 變造前의 기명날인자 또는 서명자에게 변조에 대한 歸責事由가 있다고 볼 수 있다.[5]

이러한 경우에 변조어음을 취득한 자가 변조에 대하여 惡意 또는 重過失이 없어야 變造前의 기명날인자 또는 서명자는 變造後의 文言에 따라 어음상

1) 우리 나라의 學說에서는 僞造의 追認을 인정할 것인지 여부에 대하여는 앞에서 본 바와 같이 否定說(少數說)과 肯定說(多數說)로 나뉘어 있으나, 變造의 追認을 인정한 것인지에 대하여는 거의 설명을 하지 않는다. 그러나 僞造의 경우와 같이 變造의 追認을 인정하는 것이 타당하다고 본다.

2) 同旨: 鄭(東), 145면(追認에 대하여); 孫(珠), 109면(同意에 대하여); 徐(廷), 118면; 崔(基), 209면; 蔡, 82면; 李(基), 195면.
反對: 朴(元), 500면(追認에 대하여).

3) 그러나 崔(基), 203면은 同意하지 않은 상대방에 대해서만 變造가 되고, 同意한 상대방에 대해서는 유효한 變更이 된다고 한다.

4) 同旨: 鄭(熙), 101면; 鄭(東), 145면; 崔(基), 209~210면(外觀法理에 의한 責任이라고 함); 孫(珠), 109면(外觀法理에 의하여 責任을 긍정함); 徐(廷), 118면; 蔡, 82면; 李(基), 195면.

5) 前田, 146~147면.

의 책임을 진다.[1)]

2. 變造者의 責任

(1) 어음上의 責任

1) 어음所持人이 變造하고 記名捺印 또는 署名을 한 경우 이러한 變造者는 變造後의 어음에 기명날인 또는 서명을 한 자이므로 언제나 變造後의 어음文言에 따라 어음상의 책임을 져야 한다고 본다[2)](通說).

2) 어음所持人이 變造만 하고 記名捺印 또는 署名을 하지 않은 경우 이러한 變造者의 어음상의 책임은 위조자의 어음상의 책임과 같다. 즉, 이러한 變造者는 어음의 文言證券性에서 어음상의 아무런 책임을 지지 않는다는 견해(多數說)[3)]와, 어음法 제 8 조(어 77조 2항, 手 11조)를 유추적용하거나 無權代理에 관한 규정(民 135조)을 준용하여 이러한 變造者에게 변조된 문언에 따른 어음상의 책임을 인정하는 견해(少數說)[4)]로 나뉘어 있다.

생각건대 어음所持人을 보호하고 어음變造를 예방한다는 점에서 볼 때, 또한 變造者의 어음상의 책임을 인정하는 것이 어음의 유통을 보호하고자 하는 본래의 어음의 文言證券性에 반하지 않는 점에서 볼 때, 變造者의 어음상의 책임을 인정하는 것이 타당하다고 본다.[5)]

3) 變造者의 어음上의 權利의 取得 變造者가 변조에 의하여 변조된 내용의 권리를 취득할 수 없는 것은 물론이나, 그가 어음소지인인 경우에는 變造前의 文言에 따른 어음상의 권리를 상실하지 않으므로 變造前의 기명날인자 또는 서명자는 이러한 어음상의 권리를 당연히 취득한다.[6)] 그러나 變造者는 자기의 전자에 대한 관계에서는 民法 제750조에 의한 불법행위에 기한 손해배

---

1) 前田, 146~147면.

2) 이에 대하여 日本의 學說 중에는 「어음所持人의 선택에 따라 變造前의 文言에 따라 責任을 부담하기도 하고, 變造後의 文言에 따라 責任을 부담하기도 한다」는 見解도 있으나(前田, 150면), 이는 어음法 제69조의 해석상 무리라고 생각되므로 타당하지 않다고 본다[鄭(燦), (事例) 164면].

3) 徐·鄭, 90면; 孫(珠), 110면; 李(範), 283면; 崔(基), 213면(同敎授는 같은 책, 199면에서는 變造者의 어음상의 責任을 인정하면서, 213면에서는 變造者의 어음상의 責任을 부정하고 있다); 徐(廷), 119면; 朴(元), 500면.

4) 鄭(熙), 103면; 鄭(東), 147면; 梁·朴, 697면; 梁(承), 156면; 李(基), 195면. 同旨: 日最高判 1974. 6. 28.

5) 鄭(燦), (事例) 158면.

6) 徐·鄭, 90면; 孫(珠), 110면; 徐(廷), 119면.

상책임이 있을 것이므로 그 책임에 따라 相計되는 경우도 많을 것이다.[1)]

또한 앞에서 본 少數說과 같이 기명날인 또는 서명을 하지 않은 변조자도 어음상의 책임을 부담하는 것으로 해석하면, 이러한 자가 어음상의 의무를 이행하고 어음을 환수한 경우에는 어음상의 권리를 취득시킴이 당연하다고 하겠다[2)](어 8조 2문 유추해석).

(2) 民法 · 刑法上의 責任

1) 變造者가 변조로 인하여 제 3 자에게 손해를 발생시킨 경우에는 民法 제750조에 의하여 불법행위에 기한 損害賠償責任을 진다.

2) 變造者가 행사할 목적으로 어음을 변조한 경우에는 刑法 제214조에 의한 「有價證券變造罪」의 책임을 지기도 하고,[3)] 또한 어음을 변조하여 재물의 교부를 받거나 재산상의 이익을 취득한 경우에는 刑法 제347조에 의한 「詐欺罪」의 책임을 지기도 한다.[4)] 이러한 변조자의 刑事責任은 변조자가 변조된 문언에 따라 어음상의 책임을 부담하는 경우에도 진다.

3. 變造後에 記名捺印 또는 署名한 者의 責任

變造後의 어음에 기명날인 또는 서명한 자는 「變造後의 文言」에 따라서 어음상의 책임을 지는 것은 法文上 명백하다(어 69조 · 77조 1항 7호, 手 50조). 그 이유는 변조 후의 어음에 기명날인 또는 서명한 자는 變造後의 文言을 자기의 어음행위의 내용으로 하였고 또 이는 어음債務負擔의 文言性이나 어음行爲獨立의 원칙에서 보아도 당연하기 때문이다.[5)] 그러나 변조로 인하여 어음요건이 흠결된 경우에는(이는 설명한 바와 같이 엄격히 보면 변조라고 볼 수 없고 어음의 毁滅 또는 抹消라고 볼 수 있음) 同變造前에 기명날인 또는 서명한 자는 어음상의 책임을 지나, 同變造後에 기명날인 또는 서명한 자는 아무런 어음상의 책임을 지지 아니한다.[6)]

變造後의 어음에 기명날인 또는 서명한 자가 「變造後의 文言」에 따라 어

---

1) 田中(誠), 102면.

2) 鄭(熙), 103면 ; 鄭(東), 149면.

3) 大判 1989. 12. 8, 88 도 753(新聞 1903, 7) 참조.

4) 大判 1983. 7. 12, 83 도 680(公報 711, 1217)(어음을 할인받기 위하여 어음상의 支給期日을 변조한 후 約束어음의 전부가 마치 진정한 것처럼 타인을 欺罔하여 背書讓渡하고 割引金을 교부받은 경우에는 비록 그 變造者가 어음法上의 法理에 의하여 변조된 후의 文言에 따라 어음상의 責任을 진다고 하더라도 刑事上 詐欺罪를 구성한다).

5) 同旨 : 徐·鄭, 91면 ; 鄭(熙), 102면 ; 鄭(東), 145면 ; 孫(珠), 109면 ; 崔(基), 211면 ; 蔡, 84면.

6) 同旨 : 鄭(東), 145면.

음상의 책임을 지는 것은 變造後의 기명날인자 또는 서명자가 변조의 사실에 대하여 善意·惡意이든 불문하고, 또 변조어음의 취득자의 善意·惡意를 불문한다.[1] 즉, 변조어음의 취득자는 변조어음을 惡意 또는 重過失로 취득하더라도 변조 후의 기명날인자 또는 서명자에 대하여는 變造後의 文言에 따른 어음상의 권리를 취득한다.[2]

그러나 變造前의 어음에 기명날인 또는 서명을 하였으나 그 어음이 교부전에 변조되어 변조자에 의하여 교부된 경우에는 交付欠缺의 문제로서 어음理論에 따라 달라지겠다.[3] 즉, 變造前의 기명날인자 또는 서명자에게 변조에 대한 歸責事由가 있고 동 어음의 취득자에게 惡意·重過失이 없는 한, 變造前에 기명날인 또는 서명을 한 자는 變造後의 文言에 따라서 어음상의 책임을 부담해야 할 것이다[4](權利外觀說을 가미한 交付契約說〈發行說〉의 입장에서).

4. 變造어음의 支給人의 責任

變造前의 기명날인자 또는 서명자와 支給人(支給擔當者)간의 契約(資金關係 또는 準資金關係)으로 變造前의 기명날인자 또는 서명자의 계산으로 支給人이 변조어음을 지급한 경우에, 支給人은 變造前의 기명날인자 또는 서명자에게 어떠한 책임을 부담하는가의 문제가 있다. 특히 어음金額이 변조로 인하여 증액된 경우에 증액된 부분에 대하여 그 손실을 支給人이 부담할 것인가 또는 變造前의 기명날인자 또는 서명자가 부담할 것인가의 문제가 있다. 이에 대하여도 위조어음의 지급인의 경우와 같이 어음法 제40조 3항(어 77조 1항 3호, 手 35조)에 근거하는 것이 아니라 特別法規·免責約款 또는 商慣習(이의 아무것도 없으면 民法 제470조)에 근거하여, 支給人에게 故意·過失이 없으면 支給人은 免責된다.[5]

이 때 支給人에게 過失이 있으면 變造前의 기명날인자 또는 서명자는 支給人에 대하여 변조로 인하여 초과지급된 부분에 대하여 손해배상청구권을 갖

1) 同旨: 崔(基), 211면; 蔡, 84면.

2) 同旨: 徐·鄭, 90면; 鄭(熙), 102면.

3) 어음의 僞造·變造 및 交付欠缺의 차이점에 관한 事例解說로는 鄭燦亨, "어음의 僞造·變造 및 交付欠缺(演習)," 「考試界」, 제473호(1996. 7), 208~216면 참조.

4) 同旨: 石井·鴻, 113면.

5) 支給銀行의 過失을 인정하여 責任을 인정한 判例로는 大判 1975. 3. 2, 74 다 53(判總 11-2, 1062-18)(本 判決은 支給銀行이 重過失이 없어 責任을 지지 아니한다는 원심을 파기환송한 것임); 同 1969. 1. 21, 68 다 1708(敎材, 判決例 [462])이 있고, 支給銀行의 無過失을 인정하여 責任을 부정한 判例로는 大判 1977. 4. 12, 76 다 2873(敎材, 判決例 [463]); 서울高判 1973. 11. 30, 73 나 478(敎材, 判決例 [466]) 등이 있다.

는데, 한편 變造後의 금액을 지급받은 자에 대하여도 부당이득반환청구권을 갖는다(變造의 抗辯은 物的 抗辯으로 어음소지인은 變造前의 기명날인자 또는 서명자의 손실로 지급받을 수 없기 때문임). 우리 大法院判例도 이와 同旨로 다음과 같이 판시하고 있다.

[變造前의 記名捺印者 또는 署名者에게 變造後의 금액을 지급받은 어음소지인에 대한 부당이득반환청구권을 인정한 判例]

X(원고)는 A에게 액면 금 1,529,000원의 약속어음 1매를 발행교부하였는데, A는 이 어음의 액면금을 71,529,000원으로 변조하여 Y(피고)에게 배서양도하였고 Y는 이 어음을 X의 거래은행(지급담당자)인 B에게 지급제시하여 B는 X의 자금으로 변조된 액면 금 71,529,000원을 지급하였다. 이 때 B에게 과실이 있는 경우 X는 B에게 변조로 인하여 초과지급된 부분에 대하여 손해배상청구권을 갖는다고 하여도, X는 Y에 대하여 부당이득반환청구권을 갖는다. 이 때 Y가 A로부터 일부는 채무변제조로, 나머지 금액은 약속어음을 교부하고 이 어음을 배서양도받은 것이라고 하여도(즉 변조된 금액에 대한 대가를 지급하였다고 하여도—저자註) 이는 배서인과 피배서인과의 관계에 지나지 않는 것으로서 X는 Y에 대하여 변조로 인하여 초과된 금액에 대하여 여전히 不當利得返還請求權을 갖는다[大判 1992. 4. 28, 92 다 4802(公報 922, 1721)].

제 3 變造의 立證責任

1. 學 說

變造의 立證責任에 대하여 어음法에 규정이 없으므로 해석에 의할 수밖에 없다. 이에 대하여 通說은 變造事實이 어음면상 명백한지 여부에 따라 입증책임을 부담하는 자를 구별하여 설명하나, 少數說은 언제나 어음所持人에게 입증책임이 있다고 설명한다.

1) 우리 나라의 通說은 (i) 變造의 事實이 어음면상 명백한 경우에는 「어음所持人」이 입증책임을 부담하므로, 어음所持人이 변조 전의 文言에 따른 책임을 주장하자면 피고의 기명날인 또는 서명이 變造前에 있었다는 것과 原文言을 입증하여야 하고, 어음所持人이 變造後의 文言에 따른 책임을 주장하자면 피고의 기명날인 또는 서명이 變造後에 있는 것 또는 변조에 同意(追認)했거나 변조에 歸責事由가 있음을 입증해야 한다고 설명한다. (ii) 그러나 變造의 事實이 어음면상 명백하지 않은 경우에는 「變造의 事實을 주장하는 측(보통 어음債務者)」이 입증책임을 부담하므로, 變造前의 기명날인자 또는 서명자는 變

造事實 및 變造前의 기명날인 또는 서명과 原文言을 입증한 경우에만 變造前의 文言에 따라서 책임을 부담한다고 설명한다.

2) 그러나 少數說은, 變造가 어음면상 명백하지 아니한 때에는 어음所持人은 일응 現文言에 따라 어음상의 권리를 행사할 것인데 어음債務者가 이에 대하여 변조가 되었다고 주장하면 이는 訴訟法上 債務負擔의 否認이므로, 債務者가 부담할 채무의 내용의 입증책임은 항상 「어음所持人」에게 있다고 설명한다.[1]

[私 見]

通說에 찬성한다. 입증책임이 언제나 어음所持人에게 있다고 보는 少數說은 변조가 아주 교묘하여 외관상 전혀 이상이 없는 경우에는 이를 믿고 취득한 어음소지인의 이익을 부당하게 침해하므로 찬성할 수 없다. 이 때 어음債務者는 債務負擔의 否認으로는 부족하고 자기가 變造前에 기명날인 또는 서명했음을 입증해야 變造前의 文言에 따라서 어음상의 책임을 부담한다고 본다.[2]

僞造인 경우에는 언제나 어음所持人에게 입증책임이 있다고 보면서 變造인 경우에는 구별하여 변조의 사실이 어음면상 명백하지 않은 경우에는 어음債務者가 입증책임을 부담한다고 보는 것은 논리의 일관성을 결한 것이 아닌가 하는 의문이 있으나, 변조 전에 기명날인 또는 서명한 자는 변조 전의 문언에 따라 자기의 의사에 기하여 어음행위를 한 자로서 어음행위를 전혀 하지 않은 피위조자와는 구별되고 또한 어음의 변조는 위조에 유사한 것이라기보다는 오히려 유효한 기명날인 또는 서명을 이용한 사기에 유사하여 위조와 구별되므로,[3] 변조의 입증책임을 위조의 그것과 구별하여 보더라도 모순은 아니라고 본다.[4]

[참고]

美國의 統一商法典에서도 (변조가 아주 교묘하여 외관상 나타나지 않는 경우에는 어음소지인이 正當所持人이 될 수 있는데 이러한) 正當所持人에 대하여는 「어음債

1) 鄭(東), 148면 ; 同, "어음變造의 立證責任(大判 1985. 11. 12, 85 다카 131에 대한 判例評釋)," 「法律新聞」, 제1617호, 10면 ; 同, "어음變造의 立證責任(大判 1987. 3. 24, 86 다카 37에 대한 判例評釋)," 「法律新聞」, 제1684호, 15면.

2) 鄭(燦), (事例) 159면 ; 鄭燦亨, 前揭論文(商法論叢), 491~492면 ; 同, "어음(手票)의 僞造 · 變造에 대한 立證責任," 「考試界」, 1993. 8, 22~24면.

3) 大判 1983. 7. 12, 83 도 680 등 참조.

4) 同旨 : Arnold v. Wood, 127 Ark. 234, 191 S.W. 960(1917) ; Wagler v. Tobin, 104 Kan. 211, 178(1919) ; United Credit Plan v. Franklin, 221 So. 2d 334(La. App., 1969).

務者」가 입증책임을 부담하는 것으로 규정하고 있다.[1] 그러나 변조의 사실이 외관상 명백한 경우에는 그러한 어음을 취득하는 자는 請求權이나 抗辯權의 존재를 알면서 어음을 취득한 것으로 인정되어 正當所持人이 될 수 없으므로 「어음所持人」이 (正當所持人임에 관한 — 저자註) 입증책임을 부담한다.[2]

日本의 通說도 우리 나라의 通說과 같이 변조의 사실이 명백한지 여부에 따라 입증책임을 부담하는 자를 구별하여 설명하고 있다.[3] 日本의 종래의 判例는 通說과 같이 변조사실이 외관상 명백한지 여부에 따라서 입증책임을 부담하는 자를 구별하여 판시하였으나,[4] 그 후의 判例는 태도를 바꾸어 어음所持人이 항상 입증책임을 부담한다고 판시하였다.[5]

獨逸의 경우도 變造의 입증책임은 「어음所持人」이 부담한다는 判例가 있다.[6]

2. 判 例

變造의 立證責任에 관한 우리 大法院의 判例는 아래에서 보는 바와 같이, 變造의 事實이 어음면상 명백한 경우에 「어음債務者」에게 입증책임이 있다고 판시한 것도 있고 또 「어음所持人」에게 입증책임이 있다고 판시한 것도 있어, 通說의 입장도 아니고 또 少數說의 입장도 아니어서 현재 어느 견해를 취하고 있는지 명확하지 않다.

(1) 變造事實이 어음面上 명백한 경우

[어음債務者가 立證責任을 부담한다고 본 判例]

약속어음의 발행인이 배서인의 동의 없이 지급기일을 변경하고 발행인이 정정날인하여 변조의 사실이 명백한 경우에, 그 변조의 법률효과를 주장하는 자(어음채무자 — 저자註)가 그 약속어음이 변조된 사실 즉 그 약속어음에 서명날인할 당시의 어음문언에 관하여 입증책임을 진다[大判 1985. 11. 12, 85 다카 131(公報 767, 24)][그런데 본건과 같이 변조사실이 어음면상 명백한 경우에는 통설 및 소수설의 어느 견해에 의하더라도 어음소지인에게 입증책임이 있다. 따라서 본 판결은 소수설[7]에서는 물론,

---

1) U.C.C. §3-308, Official Comment 2. U.C.C. §3-308.

2) U.C.C. §§3-302(a), 308(b).

3) 鈴木, 169면; 田中(誠), 103~104면; 石井·鴻, 113면 外. 結果同旨: 竹內昭夫, 「判例商法(Ⅱ)」, 256면.

4) 日大判 1934. 3. 24(新聞 3686, 11).

5) 日最高判 1967. 3. 14(民集 21-2, 349).

6) OLG Nürnberg 4U 188/57, 1959. 7. 31.

7) 鄭(東), 147~149면; 同, "어음變造의 立證責任(大判 1985. 11. 12, 85 다카 131에 대한 判例評釋)," 「法律新聞」, 제1617호(1985. 12. 16), 10면.

통설[1]에서도 어음소지인이 입증책임을 부담한다는 점과 상반되어 비판을 받고 있다 ── 저자註].

[어음所持人이 立證責任을 부담한다고 본 判例]

약속어음의 발행인이 배서인의 동의 없이 지급기일을 변경(變更, 改書)하고 여기에 발행인이 정정날인하여 변조의 사실이 명백한 경우에, 어음소지인이 기명날인자 또는 서명자(배서인 등)에게 그 변조 후의 문언에 따른 책임을 지우자면 그 기명날인 또는 서명이 변조 후에 있은 것 또는 기명날인자 또는 서명자가 그 변조에 동의하였다는 것을 입증하여야 할 것이다[大判 1987. 3. 24, 86 다카 37(公報 800, 707)][이 판결은 위의 판결과는 정반대로 변조 사실이 어음면상 명백한 경우에 어음소지인에게 입증책임을 부담시킨 것으로서 이는 통설[2] 및 소수설[3]의 입장과도 일치하므로 양측으로부터 모두 환영을 받고 있다 ── 저자註].

(2) 變造事實이 어음面上 명백하지 않은 경우

[어음債務者가 立證責任을 부담한다고 본 判例]

변조사실이 어음면상 명백하지 않은 경우에, 피고(발행인)가 어음액면 부분의 변조를 주장하려면 자기가 발행할 때에 어떠한 방법(필기냐, 타자냐)으로 어떤 문자(국한문이냐, 아라비아 숫자냐)로 써 주었다는 점을 밝혀야 할 터인데 이 사건에서는 1, 2심을 통하여 피고는 그저 어음액면이 40만원이었는데, 9,945,004원으로 변조되었다고 추상적인 주장을 할 뿐 그 구체적인 해명이 없고, 또 원심 감정인의 감정소견에 의하여도 이 사건 어음의 액면기재가 화학약품으로 원래의 기재를 지우고 다시 쓴 것이 아니고 그 액면기재는 변조된 것이 아니라고 하였음에도 불구하고 증인의 증언만을 取調하여 변조로 인정하였음은 불확실한 증거에 의하여 사실을 인정한 위법이 있다[大判 1990. 2. 9, 89 다카 14165(公報 869, 616)][이 판결은 변조의 사실이 어음면상 명백하지 않은 경우에 변조의 입증책임을 어음채무자(발행인)에게 부담시킨 것으로 통설의 입장과 일치하고 있다 ── 저자註].

---

1) 鄭燦亨, "어음(手票)의 僞造 · 變造에 대한 立證責任," 「考試界」, 1993. 8, 26면 外.

2) 徐廷甲, "어음의 變造(大判 1987. 3. 24, 86 다카 37에 대한 判例評釋)," 「法律新聞」, 제1691호(1987. 7. 20), 15면(이 判例는 通說의 입장을 취하고 있다고 볼 수 있으며, 어음變造의 立證責任에 관한 리딩케이스라고 함).

3) 鄭(東), 148면; 同, "어음變造의 立證責任(大判 1987. 3. 24, 86 다카 37에 대한 判例評釋)," 「法律新聞」, 제1684호(1987. 5. 25), 15면.

제 4 장 白地어음

제 1 절 總 說

제 1 經濟的 必要

어음은 엄격한 要式證券으로(어1조·75조, 手1조) 어음요건에 흠결이 있는 경우에 어음法上 補充規定(어2조·76조, 手2조)이 없는 경우에는 어음으로서 효력이 없게 된다. 그러나 어음행위를 하는 자는 원인관계상의 채무액(어음금액), 변제기일(만기) 또는 수취인 등이 어음교부시에 확정되지 않아 이를 후일 어음소지인에게 보충시킬 의사로써 일부러 이러한 어음요건을 기재하지 않고 白地상태로 하여 어음에 기명날인 또는 서명하여 유통시킬 경제상 필요가 있게 된다. 이러한 경제상 필요에 의하여 白地어음은 각국의 學說과 判例에 의하여 商慣習法으로서 인정되어 왔으며, 이러한 商慣習法을 전제로 하여 제네바 統一어음法도 1개 조문을 신설하여 白地어음의 不當補充에 관하여 규정하게 되었는데, 우리 어음法 제10조(어77조 2항, 手13조)도 이에 따르고 있는 것이다.1)

제 2 意 義

白地어음(incomplete or inchoate instrument; Blankowechsel)이라 함은, 「어음행위자가 후일 어음소지인으로 하여금 어음요건의 전부 또는 일부를 보충시킬 의사로써 故意로 이를 기재하지 않고 어음이 될 書面에 기명날인 또는 서

1) 徐·鄭, 171면; 鄭(東), 302~303면; 崔(基), 328면.

명하여 어음행위를 한 未完成의 어음」을 말한다. 이를 分說하면 아래와 같다.

1) 白地어음은 「어음要件」(絶對的 記載事項)을 백지로 한 것이고, 어음요건 이외의 有益的 記載事項을 백지로 한 어음을 準白地어음이라 하는데 이에는 白地어음에 관한 규정을 준용해야 한다(通說).

2) 白地어음에서 「白地로 한 부분」은 어음행위자의 기명날인 또는 서명 이외의 어떠한 사항도 무방하다(通說).

3) 白地어음은 「故意」로 백지로 해야 한다는 점에서 「未完成어음」(unfertiger Wechsel)이다. 따라서 과실로 불완전하게 작성된 완성된 「不完全어음」(unvollständiger Wechsel)과 구별된다.

제 2 절 要 件

白地어음이 되기 위하여는 다음의 요건이 필요하다.

제 1 白地어음行爲者의 記名捺印 또는 署名의 存在

백지어음행위자의 記名捺印 또는 署名이 존재해야 한다. 백지어음은 어음행위의 종류에 따라 白地發行, 白地引受, 白地背書,[1] 白地保證 등이 있는 경우에 성립하며, 白地背書 등이 있는 백지어음은 發行의 기명날인 또는 서명에 선행하여 존재한다(通說). 따라서 어음法 제10조는 未完成으로 '發行한'으로 표현하고 있으나, 이는 널리 '交付'의 뜻으로 해석하여야 할 것이다.

제 2 어음要件의 全部 또는 一部의 欠缺

白地어음이 되기 위하여는 어음요건의 全部 또는 一部의 흠결이 있어야 한다. 어음요건의 全部란 기명날인 또는 서명을 제외한 어음요건의 전부를 의미하고, 어음요건의 一部란 어떠한 어음요건이라도 상관없다.

1) 이를 어음法 제13조 2항(어 77조 1항 1호, 手 16조 2항)의 白地背書와 구별하기 위하여 「背書人의 白地記名捺印 또는 白地署名」으로 표현하는 견해도 있다[鄭(熙), 152면]. 이는 背書人이 어음발행 전에 먼저 어음이 될 紙片에 記名捺印 또는 署名하는 경우로, 어음법 제13조 2항이 발행된 어음에 白地背書하는 경우와 구별된다.

그런데 滿期가 기재되지 않은 경우(즉 滿期 공란의 경우)에는 어음法 제 2 조 2 항(어 76조 2항)과 관련하여 볼 때, 白地어음으로 볼 것인가 또는 一覽出給어음으로 볼 것인가가 문제된다.

이에 대하여 우리 大法院判例는 다음과 같이 白地어음으로 推定하고 있다.

[滿期 공란의 어음을 白地어음으로 推定한 判例]

지급기일을 공란으로 하여 約束어음을 발행한 경우에는 다른 특별한 사정이 없는 한 그 어음은 일람출급의 약속어음으로 볼 것이 아니라 백지어음으로 보아야 할 것이고, 또 이와 같은 백지어음을 교부한 때에는 특별한 사정이 없는 한 후일 그 소지인으로 하여금 임의로 그 지급기일의 기재를 보충시킬 의사로써 교부한 것이라고 추정함이 옳을 것이다[大判 1976. 3. 9, 75 다 984 (判總 11-2, 1032-15)].[1]

또한 우리 大法院判例는 수취인란을 공란으로 한 경우에도 지급기일의 공란의 경우와 똑같이 다음과 같이 白地어음으로 추정하고 있다.

[受取人 공란의 어음을 白地어음으로 推定한 判例]

약속어음에 지급을 받을 자 또는 지급을 받을 자를 지시할 자의 명칭 부분을 공백으로 한 채 상대방에게 교부한 때에는, 특별한 사정이 없는 한 후일 어음소지인으로 하여금 임의로 지급을 받을 자 또는 지급을 받을 자를 지시할 자의 명칭 부분의 기재를 보완시킬 의사를 가지고 백지어음을 발행한 것이라고 정함이 상당하다[大判 1966. 10. 11, 66 다 1646(教材, 判決例 [72])].

同旨: 大判 1965. 5. 25, 64 다 1647(教材, 判決例 [74])(수취인의 기재가 없는 경우 백지어음으로 추정함); 서울民事地判 1973. 10. 12, 73 나 343(教材, 判決例 [73])(지급지, 발행지의 기재가 없는 경우 백지어음으로 추정함).

생각건대 白地어음으로 보는 우리 나라의 判例에 찬성한다. 滿期의 기재가 없는 어음이 전부 어음法 제 2 조 2 항(어 76조 2항)의 보충규정이 적용되어 一覽出給어음으로 인정되는 것은 아니고, 어음행위자의 의사가 어음취득자에게 백지를 보충시킬 의사라면 白地어음으로 보아야 할 것이다. 그런데 어음행위자의 그러한 의사는 어음면상 나타나지도 않고 또 외부에서 쉽게 알 수 없으므로, 어음거래의 안전을 위하여 일단 白地어음으로 推定해야 할 것이다. 따라서 어음행위자가 보충권수여의 의사가 없었음을 입증하거나 또는 어음취득자가 보충을 하지 않고 지급제시하면, 同 어음은 그 때에 비로소 보충규정에 의하여 一覽出

1) 同旨: 日大判 1925. 12. 23(教材, 判決例 [238]).
反對(一覽出給으로 보는 見解): 日大判 1932. 11. 26(教材, 判決例 [239]).

給어음이 되는 것이다.[1] 따라서 滿期 공란의 어음은 白地어음이 되든가 또는 一覽出給어음이 되는 것이지, 無效어음이 될 여지는 없다. 그러나 受取人 등이 공란인 경우에는 白地어음이 되든가 또는 無效어음이 된다.

제 3 白地補充權의 存在

(1) 白地補充權(authority to complete; Ausfüllungsbefugnis)이 존재하여야 한다. 白地어음에는 白地補充權이 존재한다는 점에서 이것이 없는 무효인 不完全어음과 구별된다. 그런데 白地補充權의 존재를 결정하는 표준에 대하여는 종래부터 主觀說, 客觀說, 折衷說로 나뉘어져 다음과 같이 설명되고 있다.[2]

1) 主觀說은 보충권의 존재유무를 결정하는 표준은 記名捺印者 또는 署名者의 意思, 즉 백지어음행위자와 그 상대방간의 보충권수여의 합의의 존재유무에 의하여 보충권의 유무가 결정된다고 한다.[3]

2) 客觀說은 기명날인자 또는 서명자의 구체적인 의사에 관계하지 않고 外觀上 기명날인자 또는 서명자가 보충을 예정하여 기명날인 또는 서명한 것으로 볼 수 있으면(예컨대, 어음용지에 한 기명날인 또는 서명) 바로 白地어음이 된다고 한다.[4]

3) 折衷說은 원칙적으로 主觀說에 의하고, 예외적으로 외형상 흠결되어 있는 요건을 장래 보충시킬 것이 예정되어 있는 것으로 인정되는 경우(예컨대, 어음용지를 사용한 경우)에는 이와 같은 서면임을 인식하거나 인식할 수 있는 사정하에서 이에 기명날인 또는 서명한 이상 그에 의하여 당연히 보충권을 수여한 것으로 인정하여 白地어음이 성립한다고 한다.[5]

(2) 그런데 우리 나라의 學說·判例 중에는 순수하게 위의 의미의 主觀說 및 客觀說을 취하는 견해는 없고, 넓은 意味에서 모두 折衷說을 취하고 있다고 볼 수 있는데, 다만 그 내용에 있어서는 약간의 차이가 있다. 즉, 通說에 의하면 白地補充權의 유무는 원칙적으로 기명날인자 또는 서명자의 보충권수여의

---

1) 同旨: 梁(承), 273면; 日東京控判 1930. 5. 10(教材, 判決例 [240]).

2) 그러나 註釋, 230~231면; 註어, 199~200면; 田中(誠), 245~247면은 主觀說, 純客觀說, 主觀說을 주로 한 折衷說로 나누고 있다. 또 徐(廷), 152~153면은 純主觀說, 純客觀說, 折衷說로 나누고 있다.

3) 田中(耕), 308면; 日大判 1932. 5. 30(民集 11-10, 16); 同 1921. 10. 1(民錄 27, 1692).

4) 升本, 134면.

5) 徐(廷), 153면; 註釋, 231면; 註어, 200~201면; 鈴木, 207면; 田中(誠), 247면; 日最高判 1960. 11. 1(時報 243, 29); 日大阪高判 1952. 7. 29(下民 3-7, 1044).

의사에 의하는데, 예외적으로 기명날인자 또는 서명자의 보충권수여의 의사가 없는 경우에도 白地어음으로 인정될 수 있는 경우에는 善意取得者와의 관계에서 기명날인 또는 서명한 자는 不完全어음이라는 항변을 제출할 수 없다고 한다.[1] 그런데 앞에서 본 우리 나라의 判例[2] 및 少數說[3]에 의하면 (相對方의 善意·惡意에 불문하고 — 저자註) 요건흠결의 어음은 일단 白地어음으로 推定되므로, 기명날인자 또는 서명자는 보충권수여사실이 없음을 입증하여야 면책되고 이를 입증하지 못하면 동 어음상의 책임을 부담해야 한다고 한다. 우리 大法院判例는 이러한 취지에서 다음과 같이 판시하고 있다.

[보충권의 부존재에 대하여는 어음발행인이 입증책임을 부담한다고 본 판례]

백지약속어음의 경우 발행인이 수취인 또는 그 소지인으로 하여금 백지부분을 보충케 하려는 보충권을 줄 의사로써 발행하였는지의 여부에 관하여는 발행인에게 보충권을 줄 의사로 발행한 것이 아니라는 점, 즉 백지어음이 아니고 불완전어음으로서 무효라는 점에 관한 입증책임이 있다고 할 것이다[大判 2001. 4. 24, 2001 다 6718(公報 2001, 1215)].

同旨: 大判 1984. 5. 22, 83 다카 1585.

생각건대 위의 大法院判例에서 보는 바와 같이 백지어음에서 補充權授與

1) 徐·鄭, 174면(善意取得者에 대한 관계에서는 기명날인자 또는 서명자는 不完全어음이라는 항변을 제출할 수 없다고 한다); 鄭(熙), 154면(부동문자로 인쇄된 어음용지의 기재란을 공백으로 한 경우에는 白地어음으로 推定된다고 하면서, 白地어음이 아닌 경우에도 기명날인자 또는 서명자는 그의 귀책사유의 유무에 불문하고 善意의 어음취득자에 대하여는 어음상의 책임을 진다고 한다); 孫(珠), 226면; 梁·朴, 727면; 梁(承), 276면; 鄭(茂), 410면; 鄭(東), 307면(通說은 權利外觀說을 가미하고 있다고 하면서 通說에 찬성하고 있다); 李(範), 320면(요건흠결의 어음을 善意로 취득한 자에 대하여는 表見理論 내지 權利外觀理論에 따라 기명날인자 또는 서명자는 不完全어음이라는 항변을 제출할 수 없다고 한다); 徐(廷), 153면(기명날인자 또는 서명자는 白地어음임을 過失 없이 인식하지 못하고 기명날인 또는 서명하였다는 것을 증명하여야 면책된다고 한다); 註釋, 231면(白地어음임을 과실 없이 인식하지 못하고 기명날인 또는 서명하였다는 것을 입증하여야 면책된다고 한다); 註어, 200~201면(白地어음임을 과실 없이 인식하지 못하고 기명날인 또는 서명하였다는 것을 입증하여야 면책된다고 한다); 崔(基), 335~336면(權利外觀說에 의하여 外觀이 있고 기명날인자 또는 서명자에게 외관 야기에 대한 歸責事由가 있고 제 3 자가 過失 없이 신뢰한 경우에는 白地어음으로 인정된다고 한다).

2) 大判 1966. 10. 11, 66 다 1646(敎材, 判決例 [72]); 同 1965. 5. 25, 64 다 1647(敎材, 判決例 [74]); 서울民事地判 1973. 10. 12, 73 나 343(敎材, 判決例 [73]).
이에 반하여 日本의 判例는 「이는 통상의 白地어음은 아니면서 진정한 白地어음과도 외형상 구별할 수 없게 되는 것이므로, 어음法 제10조의 法意에 비추어 또는 이를 유추하여, 또는 일반의 表見法理 내지 外觀法理에 의하여 기명날인자 또는 서명자의 善意取得者에 대한 책임을 인정할 수밖에 없다」고 한다[日最高判 1956. 7. 20(民集 10, 1024)].

3) 朴(元), 493면; 姜, 592면[同敎授는 이를 主觀的 折衷說이라 하였으나, 姜, (어) 329면에서는 이를 推定說이라 함].

事實에 대한 입증책임은 백지어음행위자가 부담하는데, 이로 인하여 어음상의 기명날인자 또는 서명자가 보충권수여사실이 없음을 입증한 경우에도 기명날인자 또는 서명자에게 책임을 부담시킴은, 거래의 안전을 위하여 원래 白地어음이 아닌 無效어음을 白地어음으로 인정하여 기명날인자 또는 서명자에게 책임을 부담시키는 것으로, 이는 白地어음을 인정하는 취지에 반하고 또 기명날인자 또는 서명자에게 가혹하여 부당하다고 생각한다. 따라서 요건흠결의 어음은 白地어음으로 推定되어 기명날인자 또는 서명자가 보충권수여사실이 없음을 입증하면 면책된다고 본다. 그런데 이 때 白地어음으로 推定되는 것은 상대방의 善意·惡意에 따라 좌우된다고 볼 수는 없다고 본다. 즉, 동일한 어음에 연속된 數人의 어음취득자가 있는 경우에 그 어음이 惡意의 어음취득자에게는 無效어음으로 인정되었다가, 善意의 어음취득자에게는 白地어음으로 推定되는 것으로는 볼 수 없다. 물론 惡意의 어음취득자에게는 기명날인자 또는 서명자가 보충권수여사실이 없음을 입증할 필요 없이 惡意의 抗辯을 주장할 수 있다고 하더라도, 白地어음으로서의 推定力이 惡意의 취득자에게는 적용되지 않고 善意의 취득자에게만 적용된다고 볼 수는 없다고 생각한다.

제 4 白地어음의 交付

白地어음의 교부를 白地어음의 요건으로 설명하는 견해가 있다.[1] 그러나 白地어음의 교부를 白地어음의 요건으로 볼 필요는 없다고 본다.[2] 왜냐하면 이는 完成어음의 경우와 같은 것으로 白地어음에만 존재하는 요건으로 볼 수 없을 뿐만 아니라,[3] (후술하는 바와 같이) 백지보충권의 발생시기에 관하여 어음外契約說에 의하면 백지보충권은 어음外契約에 의하여 수여되는 것이지 白地어음의 교부에 의하여 수여되는 것이 아니므로, 白地어음의 교부는 白地어음의 요건으로서 무의미하기 때문이다.

1) 鄭(熙), 154~155면; 孫(珠), 227면; 鄭(東), 307면.

2) 同旨: 徐·鄭, 172~174면; 李(範), 320면; 金(容), 253면; 姜, 590면; 梁·朴, 726~727면 外.

3) 즉 白地어음으로서 效力이 발생하기 위하여는 원칙적으로 白地어음行爲者가 상대방에 대하여 白地어음을 交付하여야 하나, 예외적으로 白地어음行爲者의 意思에 반하여 白地어음의 占有가 이탈된 경우에도 善意의 白地어음取得者에 대하여는 白地어음行爲者는 어음상의 責任을 진다[同旨: 日最高判 1971. 11. 16(民集 28-8, 1173)](어음理論에서 權利外觀說에 의하여 보충된 發行說 또는 權利外觀說).

제3절 性 質

白地어음의 性質에 대하여는, (i) 어음의 일종으로 보는 견해(少數說)[1]와 (ii) 어음이 아닌 특수한 유가증권으로 보는 견해(通說)[2]가 있는데, 백지어음은 어음상의 권리를 표창하는 것이 아니므로 어음이 아닌 특수한 유가증권의 일종이라고 보는 通說이 타당하다고 본다. 따라서 어음법 제10조는 백지어음을 어음의 일종으로 본 규정이라고는 볼 수 없고, 다만 백지어음이 부당보충되어 완성어음이 된 경우에 동 어음의 취득자를 보호하기 위한 규정으로 볼 수 있다.[3] 백지어음이 완성어음과 동일한 방법에 의하여 유통되는 것은, 완성어음에 관한 규정이 당연히 백지어음에 適用되는 것이 아니라 다만 商慣習法에 의하여 완성어음과 동일한 유통방법이 인정되기 때문이다.[4]

따라서 백지어음이 표창하는 권리는「어음상의 權利」가 아니라,「期待權」(停止條件附의 어음상의 權利)과「補充權」[5]이라고 본다(通說).

제4절 白地補充權

제1 補充權의 發生

白地補充權이 언제 발생하느냐에 대하여 白地어음行爲說(少數說)과 어음外契約說(通說)이 대립하고 있다.

1) 白地어음行爲說에 의하면,「補充權은 백지어음행위자의 기명날인 또는 서명에 의하여 발생한다. 따라서 이러한 보충권은 백지어음에 표창되어 기명날

1) 李(範), 320면; 朴(元), 494면; 日大判 1930. 10. 23(民集 9-11, 972).

2) 鄭(熙), 155면; 孫(珠), 228~229면; 梁·朴, 726면; 崔(基), 327면; 鄭(東), 303면; 註釋, 225면; 徐(廷), 149면; 崔埈璿, "白地어음의 補充權의 除斥期間과 그 起算點," 現代商事法論集(友桂姜熙甲博士華甲紀念論文集), 2001, 316~317면.

3) 鄭燦亨, "白地어음(手票),"「商事法의 現代的 課題」(椿江孫珠瓚博士華甲紀念論文集)(博英社, 1984), 532면.

4) 同旨: 崔(基), 327면; 田中(誠), 242면; 鈴木, 212면.

5) 反對: 김문재, "未補充 白地어음의 善意取得,"「商事法研究」, 제21권 1호(2002), 493~494면(白地補充權은 증권상에 표시되지 않고 증권 외에서 당사자간에 부여되는 것이라고 한다).

인자 또는 서명자 자신이 자기가 작성한 백지어음의 소지인으로서 보충권을 소유하게 된다」라고 한다.[1]

2) 그러나 通說인 어음外契約說에 의하면, 「補充權은 어음행위자와 그 상대방 사이에 어음관계 이외의 일반사법상의 계약에 의하여 상대방에게 수여함으로써 생기는 권리이다」라고 한다.[2]

생각건대 白地어음行爲說은 백지어음이 보충권을 표창한다는 점과 보충권의 이전에 관한 설명에는 훌륭하나, 事實行爲인 기명날인 또는 서명에 의하여 보충권이 발생한다는 점과 백지어음행위자가 기명날인 또는 서명 후 교부 전에 보충권을 갖는다는 점에 문제가 있다. 한편 어음外契約說은 어음행위자의 의사에 맞는 설명으로는 훌륭하나, 이 보충권이 언제 백지어음에 표창되고 또 어떻게 해서 표창하게 되는가를 충분히 설명하지 못하는 점에 문제가 있다. 두 說이 위에서 본 바와 같이 모두 일장일단이 있으나, 기명날인 또는 서명시에 보충권이 발생한다는 白地어음行爲說은 아무래도 백지어음행위자의 의사에 맞는 해석이라고 볼 수 없으며 또한 백지어음행위자가 보충권을 갖는다는 것도 실정에 맞지 않아 타당하다고 할 수 없다.[3] 따라서 補充權은 백지어음행위자와 상대방간의 어음 외의 보충권수여계약에 의하여 상대방에게 발생하고, 이렇게 상대방에게 발생한 보충권이 白地어음에 化體되어 이전된다고 볼 수밖에 없다. 따라서 통설인 어음外契約說에 찬성한다.[4]

제 2 補充權의 性質

補充權은 未完成어음을 完成어음으로 하고 그 위에 한 어음행위의 효력을 발생시키는 권리로 形成權이다(通說).[5]

---

1) 徐(廷), 149면; 姜, 592면(그러나 補充權은 白地어음의 作成과 임의의 交付에 의하여 발생한다고 한다); 鈴木, 206면; 田中(誠), 245면.

2) 徐·鄭, 174면; 孫(珠), 230면; 梁·朴, 727면; 鄭(東), 313면; 鄭(茂), 403면; 蔡, 97면; 鄭(熙), 157면(補充權은 白地어음行爲者가 어음關係 이외의 一般私法上의 계약에 의하여 이를 상대방에게 수여하고 記名捺印 또는 署名함으로써 생기는 權利라고 한다. 그러나 같은 책 160면은, 白地어음에 化體된 補充權은 補充權授與契約에 의하여 발생하기는 하나, 記名捺印 또는 署名에 의하여 無因的으로 발생한다고 한다); 李(哲), 251면.

3) 獨逸의 通說에서도, 「補充權은 白地어음行爲者의 意思表示에 의하여 성립하며, 어음所持人은 授權에 의하여 補充權을 취득한다」고 한다(Baumbach/Hefermehl, WG Art. 10 Rdn. 3 外 多數).

4) 鄭燦亨, 前揭書(商事法의 現代的 課題), 535~536면.

5) 徐·鄭, 174면; 鄭(熙), 157면; 孫(珠), 230면; 姜, (어) 333면 外 多數.

그러나 이러한 形成權說에 대하여 의문을 제기하면서 보충권을 「代理權(Vollmacht)의 일종」으로 보는 견해도 있고,[1] 授權說(法的地位說)의 입장에서 「補充權이란 백지어음행위자의 授權에 기하여 백지를 보충함으로써 白地어음을 完成어음으로 성립시킬 수 있는 기능 내지 자격이라고 할 수 있다」는 견해도 있다.[2] 또한 補充權의 성질에 관한 우리 나라의 통설인 形成權說과 異說인 代理權說 및 授權說을 비판하고, 보충권은 하나의 「特殊한 權限」이라고 설명하는 견해도 있다.[3]

제 3 補充權의 內容

1) 補充權의 내용에 대하여 白地어음行爲說에서는 「백지보충권은 어음상의 권리와 같이 백지어음행위자와 상대방간의 어음 외의 약정과는 절단된 무인행위에 의한 권리로서, 그 내용은 無制限한 抽象的인 權利라고 해석되고, 당사자간의 약정은 단지 人的 抗辯事由에 불과하다고 볼 수 있으며, 어음법 제10조는 이것을 규정한 것이다」고 설명한다.[4]

2) 그러나 어음外契約說에 의하면 「보충권의 내용은 그 계약에 의하여 限定된 具體的인 權利로서, 어음法 제10조는 어음거래의 안전을 보호하기 위하여 그러한 제한의 합의는 악의 또는 중과실이 없는 제 3 자에게 대항할 수 없도록 규정한 것이다」고 설명한다.[5]

생각건대 補充權의 발생에 관하여 어음外契約說을 취한다면, 보충권의 내용은 당사자간에 구체적으로 합의한 범위의 限定된 具體的인 權利라고 보아야 할 것이다.

제 4 補充權의 存續

白地補充權은 백지어음행위자의 死亡, 無能力, 代理權의 欠缺 등에 의하여 영향을 받지 않고 존속한다(通說).[6] 또한 白地補充權을 일단 부여한 이상 白地어

1) Siegel, *ACP* 111, 95 ff.
2) Baumbach/Hefermehl, WG Art. 10 Rdn. 3. 同旨: 納富, 278～279면.
3) 鄭(東), 313면; 李(基), 118～119면.
4) 鈴木, 209～210면.
5) 伊澤, 364면; 石井照久, 「商法 II」(東京: 勁草書房, 1959), 451면 外 多數.
6) 徐·鄭, 174면; 孫(珠), 230면 外 多數.

음을 회수하지 않고 補充權만을 철회하거나 제한할 수 없다.[1)]

제 5 補充權의 濫用(不當補充)

1) 白地어음이 不當補充(unauthorized completion; abredewidrige Ausfüllung)된 경우에 이러한 어음을 부당보충된 사실에 대하여 惡意 또는 重過失이 없이 취득한 자는 어음법 제10조(어 77조 2항, 手 13조)에 의하여 보충된 내용대로 권리를 취득하고 백지어음행위자는 어음소지인에게 부당보충의 항변을 주장하지 못한다.

우리 大法院判例도 이와 同旨로 다음과 같이 판시하고 있다.

[背書人이 어음을 不當補充하여 善意의 被背書人에게 양도한 경우 白地어음行爲者는 이의 抗辯을 주장할 수 없다고 본 判例]

A는 본건 어음의 발행 당초의 정당한 소지인이었다고 하지 않을 수 없고 A가 동 어음의 수취인란을 당초의 약정에 반하여 부당 또는 불법히 보완하였다 한들 백지어음행위자인 Y는 그 보충 후의 선의의 피배서인인 X에 대하여 그 보충의 부당 또는 불법을 대항할 수 없는 것이다. 그러함에도 불구하고 원판결은 A가 그 수취인란을 함부로 보충하였던 것이라 하여 위 어음은 적법한 수취인의 補充이 없어 아직 약속어음으로서의 완전한 효력을 발생할 수 없는 것이었다고 단정하였으니, 그 단정에 법리의 오해가 있다고 하지 않을 수 없다[大判 1966. 4. 6, 66 다 276 (教材, 判決例 [108])].

[어음소지인의 不當補充에 대한 惡意 또는 重過失을 부정한 判例]

어음법 제10조, 제77조 제 2 항 소정의 '악의 또는 중대한 과실로 어음을 취득한 때'란 소지인이 백지어음의 부당보충 사실을 알고 있고 이를 취득할 경우 어음채무자를 해하게 된다는 것을 인식하면서도 어음을 양수하거나, 조금만 주의를 기울였어도 백지어음의 부당보충사실을 알 수 있었음에도 불구하고 만연이 부당보충된 어음을 취득하는 것을 말한다. 따라서 은행이 상업어음만을 할인하여야 한다는 규정에 위반하여 담보용으로 발행된 어음이나 융통어음을 잘못 할인하였다는 사실만으로 곧바로 악의 또는 중과실로 부당보충된 어음을 취득한 때에 해당한다고 볼 수 없다[大判 1995. 6. 30, 95 다 10600(公報 997, 2569)].

[가계수표소지인의 수표금액의 不當補充에 대한 重過失을 인정한 判例]

수표의 권면액은 수표에서 가장 중요한 부분으로서 그것이 백지로 되어 있는

1) 同旨: 鄭(熙), 160면; 徐(廷), 152면; 孫(珠), 230면. 그러나 徐·鄭, 174면은 「일단 부여된 補充權은 이후 撤回될 수 없다」고 한다.

경우란 그리 흔한 것이 아니고, 더욱이 가계수표의 경우에는 통상 수표 표면에 발행 한도액이 기재되어 있는 데다가 그 이면에는 그 한도액을 넘는 수표는 발행인이 직접 은행에 제시하지 아니하는 한 지급은행으로부터 지급을 받을 수 없다는 취지가 기재되어 있으며, 나아가 그 한도액을 넘는 발행의 경우에는 발행인으로서도 거래은행으로부터 거래정지처분을 당하는 등의 불이익을 받게 되어 있으므로, 그 수표의 취득자가 발행인이 아닌 제3자에 의하여 그 액면이 표면에 기재된 한도액을 넘는 금액으로 보충된 점을 알면서 이를 취득하는 경우에는 그 취득자로서는 발행인에게 조회하는 등의 방법으로 그 제3자에게 그러한 보충권한이 있는지 여부를 확인함이 마땅하고, 만약 이를 확인하지 아니한 채 수표를 취득하였다면 이는 특별한 사정이 없는 한 중대한 과실에 의한 취득이라고 보지 아니할 수 없다[大判 1995.12.8, 94 다 18959(公報 1996, 323)].

[약속어음의 소지인에게 어음금액의 부당보충에 대하여 악의 또는 중과실이 있다고 인정한 判例]

어음법 제10조가 규정하는 '악의로 어음을 취득한 때'라 함은 소지인이 백지어음이 부당보충되었다는 사실과 이를 취득할 경우 어음채무자를 해하게 된다는 것을 알면서도 어음을 양수한 때를 말하고, '중대한 과실로 인하여 어음을 취득한 때'라 함은 소지인이 조금만 주의를 기울였더라면 백지어음이 부당보충되었다는 사실을 알 수 있었음에도 불구하고 그와 같은 주의도 기울이지 아니하고 부당 보충된 어음을 양수한 때를 말한다. 한편 어음금액란의 기재는 대단히 중요한 사항이므로 어음금액란을 백지로 하는 어음을 발행하는 경우에 발행인은 통상적으로 그 보충권의 범위를 한정한다고 봄이 상당하다.

Y회사는 자금사정이 어렵게 되자 평소 거래관계가 있는 A에게 10,000,000원 내지 20,000,000원 정도의 어음할인을 의뢰하면서 백지어음 3매를 교부하였는데, A가 각 어음금액을 105,000,000원, 100,000,000원 및 100,000,000원으로 보충하여 A를 잘 알고 있는 친구인 X에게 차용금채무의 변제조로 교부한 경우, X는 부당보충된 약속어음을 취득함에 있어 악의 또는 중과실이 있다. 그러나 X가 악의 또는 중과실로 부당보충된 어음을 취득한 경우에도 Y는 자신이 유효하게 보충권을 수여한 범위 안에서는 X에게 당연히 어음상의 책임을 진다[大判 1999.2.9, 98 다 37736(公報 1999, 466)].

2) 그런데 補充前의 白地어음을 본래의 보충권의 범위보다 넓은 보충권이 있는 줄 믿고 취득한 자가 스스로 보충하여 어음상의 권리를 행사한 경우에도, 白地어음行爲者는 어음법 제10조(어 77조 2항, 手 13조)에 의하여 不當補充의 抗辯을 주장할 수 없는가에 대하여는 문제가 있다. 이에 대하여 學說은 다음과 같이 어음

법 제10조(어 77조 2항, 手 13조)가 적용(엄격히는 유추적용)된다는 適用說과 이의 적용을 부정하는 否定說로 나뉘어 있고, 判例는 기본적으로 適用說의 입장이나 결과에서는 否定說과 동일하다.

(1) 學　說

1) 適 用 說　　이 때에도 어음法 제10조가 적용된다고 보는 適用說에서는 그 이유를 「어음法 제10조는 보충을 完了한 白地어음의 善意取得者의 보호에 관한 규정이나, 이것은 보충권의 범위의 한정이 어음 외의 인적 항변의 문제에 불과한 결과의 당연한 규정이므로 그 규정의 정신에 기하여 (어음취득자가 스스로 보충한 경우에도) 善意者의 보호를 인정하는 것이 반드시 이론적으로도 불합리한 것은 아니다」고 하거나,[1] 또는 權利外觀理論에 의하여 「어음이 양도인에 의하여 이미 보충되어 있는가, 또는 양수한 후 양도인의 지시에 따라 양수인 자신이 보충하는가는 본질적으로 다를 것이 없으며, 두 경우에 있어 어음취득자가 믿은 權利外觀은 동일하고 두 경우 모두 기명날인자 또는 서명자는 같은 방법과 책임하에 외관을 야기시키고 있어 同어음의 善意取得者에 대하여 책임을 부담한다」고 설명한다.[2]

獨逸의 일관된 判例[3] 및 通說[4]도, 「보충된 백지어음의 선의취득자뿐만 아니라 미보충의 백지어음을 선의로 취득한 자도 어음법 제10조에 의하여 보호된다」고 한다.

2) 否 定 說　　이 때에는 어음法 제10조가 적용되지 않는다고 보는 否定說에서는 그 이유를 「어음法 제10조는 백지어음에 보충이 완료되어 보통의 어음과 하등 다른 점이 없는 외관을 나타내기 때문에 이를 신뢰한 善意者를 보호하는 규정이므로, 백지어음이 보충되지 않아 외관상 백지의 존재가 명백한 경우를 이와 동일시하는 것은 허용되지 않고, 따라서 동 어음취득자로서는 이 점에 대하여 위험을 부담해야 한다」고 한다.[5]

---

1) 田中(誠), 259면(日 通說); 日最高判 1961. 11. 24(民集 15-10, 2536); 同 1966. 11. 10(民集 20-9, 1756).

2) 註釋, 241~242면. 結果同旨: 鄭(熙), 160면; 徐(廷), 150~151면; 李(範), 322면; 李(基), 127면; 蔡, 109면; 朴(元), 496면(우리 나라의 通說).

3) 獨 München高判 1955. 11. 8(教材, 判決例 [85])(同旨의 多數判例引用은 Baumbach/Hefermehl, WG Art. 10 Rdn. 8 참조).

4) Baumbach/Hefermehl, WG Art. 10 Rdn. 8; Hueck/Canaris, §10 Ⅳ 2; Rehfeldt/Zöllner, S. 64~66 外 多數.

5) 鈴木, 214면. 同旨: 姜, (어) 342면; Ulmer, S. 198; Schumann, *Handelsrecht*, Bd. Ⅱ, Teil Ⅱ(Wertpapiere), 1954, S. 100.

(2) 判 例

이에 대하여 우리 大法院은 다음과 같이 판시함으로써 기본적으로는 어음法 제10조를 적용하는 適用說의 입장을 취하면서, 다른 한편으로는 同條의 단서를 적용하여 백지어음행위자에게 부당보충의 항변을 허용하여 결과적으로는 否定說과 동일하게 판시하고 있다.

[어음소지인이 보충권한을 부여받은 자의 지시에 의하여 어음金額欄을 보충하면서 白地어음행위자에게 조회하지 않은 경우, 重過失이 있다고 본 判例]

어음금액이 백지인 어음을 취득하면서 보충권한을 부여받은 자의 지시에 의하여 어음금액란을 보충한 경우에, 보충권의 내용에 관하여 백지어음의 기명날인자 또는 서명자에게 직접 조회하지 않았다면 특별한 사정이 없는 한 취득자에게 중대한 과실이 있다[大判 1978. 3. 14, 77 다 2020(月報 96, 61~62)].

同旨: 大判 1966. 4. 6 66 다 276(教材, 判決例 [108]).

[수표소지인이 보충권한을 부여받은 자의 지시에 의하여 手票金額欄을 보충하면서 白地手票行爲者에게 조회하지 않은 경우, 重過失이 있다고 본 判例]

어음법 제10조 소정의 '중대한 과실'에 관하여 "어음금액이 백지로 된 백지어음을 취득한 자가 그 어음의 발행인에게 보충권의 내용에 관하여 직접 조회하지 않았다면 특별한 사정이 없는 한 취득자에게 중대한 과실이 있는 것이라고 보아야 한다"고 판시한 大法院判決(1978. 3. 14 선고, 77 다 2020)은 비록 백지약속어음에 관한 것이기는 하지만, 백지수표에 관한 수표법 제13조의 규정과 白地어음에 관한 어음법 제10조의 규정은 백지수표와 백지어음의 보충권의 남용 내지 부당보충에 관하여 동일한 법리를 규정하고 있으므로, 백지어음의 부당보충에 관한 위 판결이 취하고 있는 견해는 백지수표에 관하여도 그대로 적용되어야 한다[大判 1995. 8. 22, 95 다 10945(公報 1001, 3244)][이 판결에 대하여 그 결과에서는 찬성하나 否定說의 입장에서 그 근거를 구했어야 한다는 취지의 평석으로는 鄭燦亨, "白地手票의 補充權濫用(判例硏究)," 「判例月報」, 제316호(1997. 1), 14~19면이 있고, 適用說의 입장에서 상세하게 비판하고 있는 견해로는 최준선, "白地補充權의 濫用," 「考試硏究」, 1996. 6(통권 267호), 49~52면; 同, "白地어음의 不當補充," 「判例月報」, 제309호(1996. 6), 22~24면이 있다].

(3) 私 見

1) 「補充된 어음」(비록 백지어음행위자의 의사에 반하여 補充되었다 하더라도)을 보충된 내용 그대로 믿고 형식상 完全한 어음을 취득한 자와, 「補充되지 않은 白地어음」을 (補充權의 범위에 대하여 어음 자체에 나타나지 않는 양도인의 말만 믿고) 본래의 보충권의 범위보다 넓은 보충권이 있는 줄 믿고 취득한 자는 구별되어야 할 것으로 생각한다. 이는 또한 어음거래의 실제에서 볼 때도, 金額이 白地인 어음을 양도인의 말만 믿고 백지어음행위자에게 조회하지도 않고 그대로 양수하는 자가 있을는지도 의문이다. 어음의 유통성의 확보는 어디

까지나 형식상 完全한 어음을 전제로 하는 것인데, 어음도 아닌 未完成의 白地어음의 양수인이 어음상 나타나지도 않은 보충권의 범위에 관한 양도인의 말(意思表示)만을 믿었다고 하여 백지어음행위자의 희생하에 그러한 양수인을 보호해야 하는지도 의문이다. 유통성을 확보할 가치가 있는 어음은 어디까지나 형식이 完備된 어음이고 그러한 정신에서 立法化된 것이 어음法 제10조라고 생각된다. 따라서 이러한 점에서 볼 때, 否定說이 타당하다고 생각한다.[1]

2) 백지어음을 취득한 자가 스스로 부당보충을 한 경우에 어음법 제10조의 적용여부의 문제를 백지보충권의 범위의 善意取得與否의 문제로 설명하는 견해가 있다.[2] 그러나 양자는 동일한 문제가 아니라고 생각한다. 왜냐하면 어음법 제10조는 同法 제17조와 함께 抗辯制限의 문제로,[3] 어음법 제16조 2항의 善意取得의 문제와는 구별되기 때문이다.[4] 따라서 백지보충권의 범위의 善意取得與否의 문제는 「權利歸屬의 문제」임에 반하여, 어음법 제10조의 적용여부의 문제는 「債務範圍의 문제」이다. 그러나 백지보충권의 범위의 善意取得은 어음법 제10조의 적용여부의 문제(抗辯制限의 문제)의 전제가 된다고 볼 수 있다. 왜냐하면 어음소지인이 백지보충권의 범위에 관하여 善意取得을 하지 않으면 백지어음행위자에게 어음상의 권리를 행사할 수 없으므로, 이 경우에는 처음부터 어음法 제10조가 적용되는지 여부는 문제가 될 수 없기 때문이다.

제 6 補充權의 行使期間

1. 滿期 이외의 事項이 白地인 경우

(1) 어음의 경우

1) 主債務者에 대한 관계에서는 어음채무는 만기로부터 3년의 시효로 소멸하므로 보충권은 이 시효기간 내에 행사하여야 한다.[5] 즉, 確定日出給 및 發

---

1) 鄭(燦), (善意取得) 37~38면; 鄭燦亨, 前揭書(商事法의 現代的 課題), 540~541면.
2) 田中(誠), 250면.
3) 어음法 제10조와 同法 제17조와의 관계에 대하여, 어음法 제10조는 同法 제17조의 特別規定으로 해석하는 견해도 있고(鈴木, 210면 外), 어음法 제10조는 同法 제17조의 일부가 아닌 전혀 獨立規定이라고 보는 견해도 있다(Baumbach/Hefermehl, WG Art. 10 Rdn. 8). 兩規定 모두 어음抗辯의 제한에 관한 규정에서는 공통하나, 어음法 제10조는 同法 제17조와는 다른 抗辯制限에 관한 규정으로 보면 충분할 것이다.
4) 同旨: 鄭(熙), 261~262면 外 多數.
5) 同旨: 日大判 1920. 12. 27(教材, 判決例 [102])(換어음의 引受人에 대한 관계에서는 만기 후 3년을 경과하지 않는 동안에 한 보충은 유효하다고 함); 同 1930. 3. 4(教材, 判決例

行日字後定期出給어음에 있어서는 「소정의 만기로부터 3년 내」에 보충권을 행사하여야 하고, 一覽出給어음에 있어서는 「지급제시기간[1] 내의 지급제시일[2]로부터 3년 내」에 보충권을 행사하여야 하고, 一覽後定期出給어음에 있어서는 「인수일자 또는 거절증서의 일자[3](모두 없는 경우에는 발행일자로부터 원칙적으로 1년되는 일자)[4] 후 일정기간 경과로부터 3년 내」에 보충권을 행사하여야 한다.

우리 大法院判例도 이와 같은 취지에서 다음과 같이 판시하고 있다.

[약속어음 發行人에 대하여 訴를 제기한 경우 보충권은 지급제시기간 경과 후라도 변론종결시까지 행사할 수 있다고 본 判例]

백지어음의 보충은 보충권이 時效로 소멸하기까지는 지급기일 후에도 이를 행사할 수 있고, 주된 채무자인 발행인에 대하여 어음금청구소송을 제기한 경우에는 변론종결시까지만 보충권을 행사하면 된다[大判 1995. 6. 9, 94 다 41812(公報 996, 2378)].

[발행일이 백지인 약속어음의 백지보충권의 행사기간은 '이를 행사할 수 있는 때로부터 3년'이라고 본 判例]

백지약속어음의 보충권 행사에 의하여 생기는 채권은 어음금 채권이고, 어음법 제77조 1항 8호, 제70조 1항, 제78조 1항에 의하면 약속어음의 발행인에 대한 어음금 채권은 만기의 날로부터 3년간 행사하지 아니하면 소멸시효가 완성되는 점 등을 고려하면, 발행일을 백지로 하여 발행된 약속어음의 백지보충권의 소멸시효기간은 백지보충권을 행사할 수 있는 때로부터 3년으로 봄이 상당하다[大判 2002. 2. 22, 2001 다 71507(公報 2002, 759)].

[만기 이외의 어음요건이 백지인 경우 백지보충권의 행사기간의 기산점은 '만기'라고 본 判例]

만기 이외의 어음요건이 백지인 경우 그 백지보충권을 행사할 수 있는 시기는 다른 특별한 사정이 없는 한 만기를 기준으로 한다[大判 2003. 5. 30, 2003 다 16214(公報 2003, 1448)].

---

[103])(約束어음의 發行人에 대한 관계에서는 그 債務의 消滅時效가 완성하기까지 보충할 수 있다).

1) 一覽出給어음의 支給提示期間은 원칙적으로 발행일자로부터 1년이고, 發行人은 이 기간을 단축 또는 연장할 수 있고, 背書人은 이 기간을 단축할 수 있다(어 34조 1항, 77조 1항 2호).

2) 왜냐하면 一覽出給어음에 있어서는 (지급)제시된 때에 만기가 되기 때문이다(어 34조 1항, 77조 1항 2호).

3) 一覽後定期出給의 환어음의 滿期는 인수의 일자 또는 거절증서의 일자에 의하여 정하여지며(어 35조 1항), 一覽後定期出給의 약속어음은 發行人이 어음에 일람의 뜻을 기재하고 일자를 부기하여 기명날인 또는 서명한 날로부터 진행한다(어 78조 2항).

4) 引受日字의 기재도 없고 拒絶證書도 작성하지 아니한 경우에는 引受人에 대한 관계에서는 인수제시기간(어음法 제23조에 의하여 원칙적으로 1년)의 말일에 인수한 것으로 본다(어 35조 2항, 77조 1항 2호).

2) 償還義務者에 대한 관계에서는 (지급 또는 인수) 제시기간 내에 완전한 어음을 제시하여야 하므로 이 기간 내에 보충권을 행사하여야 한다.[1] 즉, 確定日出給어음 및 發行日字後定期出給어음에 있어서는 「지급을 할 날에 이은 2거래일 내」에 보충권을 행사하여야 하고(어 38조, 44조 3항, 77조 1항 3·4호), 一覽出給어음에 있어서는 지급제시에 완전한 어음을 제시하여야 하므로 「지급제시기간 내」(원칙적으로 발행일자로부터 1년)(어 34조 1항, 77조 1항 2호)에 補充權을 행사하여야 하며, 一覽後定期出給어음에 있어서는 引受提示에 완전한 어음을 제시하여야 하므로 「引受提示期間內」(원칙적으로 발행일자로부터 1년)(어 23조, 78조 2항)에 보충권을 행사하여야 한다.[2]

(2) 手票의 경우

수표에는 만기가 없으므로 발행일 이외의 사항이 백지인 경우가 이에 해당한다. 수표의 지급제시에는 완전한 수표를 제시하여야 하므로 수표의 발행일 이외의 사항이 백지인 경우에는 「지급제시기간 내」(手 29조)에 보충권을 행사하여야 한다.

2. 滿期가 白地인 경우

(1) 어음의 경우

이에 대하여 학설은 보충권 자체의 소멸시효와 관련하여 설명하고, 그 時效期間에 대하여는 (i) 20년설(보충권은 形成權으로서 소유권도 채권도 아닌 재산권이므로 이의 시효기간과 동일하게 본 것임)(民 162조 2항),[3] (ii) 10년설(보충권은 形成權이기는 하나 특정인에 대한 권리로서 채권과 동일시할 수 있으므로 民事債權의 시효기간과 동일하게 봄)(民 162조 1항),[4] (iii) 5년설(이는 日本에서 주장되고 있는 견해로, 백지보충권의 부여는 「어음에 관한 행위」(日商 501조 4호)이거나 이에 준하는 상행위이므로 상사시효와 같이 본 것임)(日商 522조, 우리 商法 64조),[5] (iv) 10년 또는 5년설(보충권수여계약의 기초인 원인관계상의 채권이 民事債權인가 商事債權인가에 따라 시효기간을 정함)(民 162조 1항, 商 64조),[6] (v) 3년설(보충권의 행사에 의하여 발생하는 어음상의 권리와 같이 시효기간을 정함)(어 70조 1항, 77조 1항 8호),[7] (vi) 1년설(一覽出給어음의 제시기간에 준하여 보충권의 소멸시효기간을 정함)(어 34조 1항, 77조 1항 2호)[8]로 나뉘어 있다.[9]

---

1) 同旨: 日大判 1930. 3. 4(教材, 判決例 [103])(償還義務者에 대한 관계에서는 거절증서 작성기간 내에 요건의 보충을 하여야 한다고 함).

2) 同旨: 孫(珠), 233면; 徐(廷), 153면.

3) 徐·鄭, 175면; 朴(元), 495면; 李(範), 321면; 蔡, 104면; 鄭(茂), 405면; 註어, 205면. 이 見解에서는 起算點을 「白地어음交付時」로 보고 있다. 同旨: 日大判 1933. 11. 7(教材, 判決例 [104]).

4) 徐(廷), 154면.

5) 우리 나라에서 이 說을 취하는 분은 없음. 鈴木, 212면; 田中(誠), 96면; 伊澤, 365면; 日最高判 1961. 11. 24(民集 15, 2536).

6) 鄭(熙), 159면.

7) 孫(珠), 235면; 梁·朴, 728면; 梁(承), 280면; 鄭(東), 317면; 姜, 596면; 姜, (어) 344면; 李(哲), 257면; 註釋, 244~245면; 崔(基), 343면.

8) 우리 나라에서 이 說을 취하는 분은 없음. 大橋光雄, 「法學論叢」(京大), 第37卷 3號, 561면.

9) 이에 관한 구체적인 事例에 관하여는 鄭(燦), (事例) 191면 이하 참조.

생각건대 보충권의 법적 성질을 形成權으로 본다면, 形成權에는 소멸시효를 인정할 수 없으므로,[1] 위의 학설이 보충권의 行使期間을 時效期間과 관련하여 설명하고 있는 것은 근본적으로 잘못된 것으로 생각된다. 따라서 보충권 자체의 소멸시효기간을 문제삼는 것은 의미가 없고 보충권의 행사기간만이 문제가 되는데, 이 행사기간은 어음의 主債務者에 대한 관계에서 만기 이외의 사항이 백지인 경우에 보충권의 행사기간이 3년인 점과 관련하여 볼 때, 3년으로 보는 것이 타당하다고 본다. 그런데 이 때 3년의 起算點을 발행일로 볼 수는 없고(왜냐하면 만기가 도래하지 않은 것을 도래한 것과 같게 취급할 수 없기 때문임),[2] (당사자간에 이에 관한 별도의 합의가 없으면) 一覽出給어음의 경우 지급제시가 있으면 만기가 되고 이 지급제시기간은 원칙적으로 발행일로부터 1년인 점과 관련하여 볼 때(어 34조, 77조 1항 1호) 「발행일로부터 1년이 되는 시점」으로 해석하여야 할 것으로 본다.[3]

滿期가 白地인 어음의 補充權의 行使期間과 起算點에 관하여 우리 大法院 判例는 다음과 같이 판시하고 있다.

[補充權의 行使期間의 起算點은 당사자간의 별도의 합의에 따라 '어음상의 권리를 행사하는 것이 법률적으로 가능하게 된 때'라고 본 判例]

A주식회사가 1980. 10경부터 X로부터 물품을 구입하여 왔는데, 그 물품대금채무의 지급을 담보하기 위하여 1981. 9. 5경 지급기일 · 어음금액 · 수취인 · 발행일 · 발행지 · 지급지 등을 모두 백지로 한 약속어음을 X에게 발행하면서 A주식회사의 대표이사인 Y가 담보목적으로 제 1 배서인란에 배서하였는데, A주식회사와 X 사이의 위 물품거래는 1994. 10. 8에 종료되어 X는 같은 해 11. 1 위 어음의 발행일을 1993. 2. 26로, 발행지 및 지급지를 서울시로, 수취인을 X로, 금액을 위 거래종료시의 물품대금잔액인 금 179,772,016원으로, 지급기일을 1994. 11. 1로 각 보충하여 A주식회사에게 적법하게 지급제시하였으나 지급거절된 경우, 이 어음의 보충권의 소멸시효는 다른 특별한 사정이 없는 한 그 물품거래가 종료하여 어음상의 권리를 행사하는 것이 법률적으로 가능하게 된 때부터 진행한다고 할 것이므로 위 보충권의 행사는 적법하고 따라서 Y는 X에게 위 어음금액만큼 소구의무를 부담한다[大判 1997. 5. 28, 96 다 25050(公報 1997, 1976)].

1) 郭, (總則) 515면; 金(曾), (總則) 446면.

2) 同旨: 鄭(熙), 159면.

3) 이에 관한 상세는 鄭燦亨, 前揭書(商事法의 現代的 課題), 545~546면; 同, "어음 · 手票法上의 判例 · 學說 및 課題," 「商事法의 課題와 展望」(商事法硏究 第10輯/商法制定 30週年紀念特輯號)(한국상공회의소/한국상사법학회, 1992), 277~278면; 同, "어음 · 手票法上의 問題點," 「考試硏究」, 1992. 11, 87~89면.

[만기가 백지인 약속어음의 보충권의 행사기간은 '보충권을 행사할 수 있는 때로부터 3년'이라고 본 判例]

만기를 백지로 한 약속어음을 발행한 경우, 그 보충권의 소멸시효는 다른 특별한 사정이 없는 한 그 어음발행의 원인관계에 비추어 어음상의 권리를 행사하는 것이 법률적으로 가능하게 된 때부터 진행하고, 백지약속어음의 보충권 행사에 의하여 생기는 채권은 어음금 채권이며 어음법 제77조 1항 8호, 제70조 1항, 제78조 1항에 의하면 약속어음의 발행인에 대한 어음금 채권은 만기의 날로부터 3년간 행사하지 아니하면 소멸시효가 완성되는 점 등을 고려하면, 만기를 백지로 하여 발행된 약속어음의 백지보충권의 소멸시효기간은 백지보충권을 행사할 수 있는 때로부터 3년으로 보아야 한다[大判 2003. 5. 30, 2003 다 16214(公報 2003, 1448)].

(2) 手票의 경우

手票의 경우는 만기가 없으므로 發行日이 白地인 경우가 이에 해당한다. 수표의 발행일이 백지인 경우에는 20년 내에 보충권을 행사하여야 한다는 견해도 있으나,[1] 이는 위에서 본 이유로 타당하지 않다고 생각한다. 따라서 手票의 發行日이 白地인 경우는 수표상의 권리(遡求權)의 소멸시효기간과 같이 6월 내에 보충권을 행사하여야 한다고 본다(手 51조 1항 참조). 이 때 起算點에 대하여는 당사자간에 이에 관한 별도의 합의가 없으면 수표면상 기준이 되는 일자가 없으므로 수표상의 권리를 행사하는 자가 실제로 발행한 날을 입증하여 지급제시기간의 종료일을 기산점으로 할 수밖에 없다고 본다.[2]

우리 大法院判例는 發行日이 백지인 수표의 보충권의 기산점 및 행사기간에 대하여 다음과 같이 백지보충권을 행사할 수 있는 때부터 6개월이라고 보고 있다.

[發行日을 白地로 한 수표의 보충권의 행사기간 및 기산점에 관한 判例]

발행일을 백지로 하여 발행된 수표의 백지보충권의 소멸시효는 다른 특별한 사정이 없는 한 그 수표발행의 원인관계에 비추어 발행 당사자 사이에 수표상의 권리를 행사할 수 있는 것이 법률적으로 가능하게 된 때부터 진행한다 할 것이다(대법원 1997. 5. 28. 선고 96 다 25050 판결 참조). 그리고 백지수표의 보충권 행사에 의하여 생기는 채권은 수표금 채권이고, 수표법 제51조에 의하면 수표의 발행인에 대한 소구권은 제시기간 경과 후 6개월간 행사하지 아니하면 소멸시효가 완성되는 점 등을 고려하면 발행일을 백지로 하여 발행된 수표의 백지보충권의 소멸시효기간은 백지보

---

1) 鄭(熙), 158면.

2) 鄭燦亨, 前揭書(商事法의 現代的 課題), 546면.

충권을 행사할 수 있는 때로부터 6개월로 봄이 상당하다고 할 것이다.

한편, 발행일 백지인 수표의 취득자가 백지보충권의 소멸시효기간 경과 후에 백지를 보충한 경우에 있어서도 수표법 제13조가 유추적용되어 악의 또는 중대한 과실이 없는 한 백지보충권의 소멸시효 경과 후의 백지보충의 항변으로써 대항받지 아니한다고 해석함이 상당하다고 할 것이나, 이 경우에도 그 수표취득자가 스스로 수표상의 권리를 행사하는 것이 법률적으로 가능하게 된 때로부터 새로이 6개월이 경과할 때까지 발행일을 보충하지 않았다면 그 보충권의 소멸시효는 완성되었다고 보아야 할 것이다.

원심은, 발행인을 Y로 하고 발행일을 백지로 하여 발행된 이 사건 당좌수표를 A가 1992년 6월경 교부받아 1992년 10월경 B에게 교부하였고 X는 1992년 12월경 B로부터 부동산 매매대금의 지급을 위하여 교부받았으므로 특별한 사정이 없는 한 X는 위 1992년 12월경부터 발행일의 보충권을 행사할 수 있었음에도 불구하고 그 때부터 6개월 내에 보충권을 행사하지 아니하다가 1997. 1. 7에서야 발행일의 보충권을 행사하였기 때문에 결국 이 사건 당좌수표의 백지보충권은 시효소멸하였다고 판단하고, X가 뒤늦게 이 사건 당좌수표의 발행일을 보충하여 지급제시하였다고 하여도 이로써 발행인인 Y에 대한 소구권은 발생되지 아니한다는 이유로 원고의 청구를 기각하였는바, 위와 같은 법리와 기록에 비추어 살펴보면 원심의 위와 같은 판단과 조치는 정당하고, 거기에 백지보충권의 소멸시효에 관한 법리오해가 있다고 할 수 없다[大判 2001. 10. 23, 99 다 64018(公報 2001, 2523)].

同旨: 大判 2002. 1. 11, 2001 도 206(公報 2002, 502)(발행일을 백지로 하여 발행된 수표의 백지보충권의 소멸시효는 다른 특별한 사정이 없는 한 그 수표발행의 원인관계에 비추어 발행 당사자 사이에 수표상의 권리행사가 법률적으로 가능하게 된 때부터 진행한다고 보아야 할 것인바, 백지수표의 보충권 행사에 의하여 생기는 채권은 수표금 채권이고, 수표법 제51조에 의하여 수표의 발행인에 대한 소구권은 제시기간 경과 후 6개월간 행사하지 아니하면 소멸시효가 완성되는 점 등을 고려하면, 발행일을 백지로 하여 발행된 수표의 백지보충권의 소멸시효기간은 백지보충권을 행사할 수 있는 때로부터 6개월로 봄이 상당하다).

제 7 白地補充의 效果

1) 백지어음의 소지인이 그가 갖고 있는 보충권을 적법하게 행사하여 백지를 보충한 때에는 보통의 어음과 완전히 동일한 어음이 되어, 동 어음은 어음상의 권리를 표창하게 되고 백지어음행위자는 보충된 문언에 따라 그 책임을 부담하게 된다.

우리 大法院判例도 이와 同旨로 다음과 같이 판시하고 있다.

[사실과 달리 보충한 경우에도 유효한 보충으로서 어음상의 권리를 표창하게 된다고 본 判例]

수취인란이 백지인 어음을 정당하게 교부받은 어음소지인은 백지를 보충하여 타에 양도함에 있어 수취인란을 임의로 기재한 다음, 그 수취인을 제 1 배서의 배서인으로, 자신을 그 피배서인으로 기재한 경우에도 적법하다[大判 1993. 12. 10, 93 다 35261(公報 961, 348)].

同旨: 大判 1993. 12. 7, 93 다 25165(公報 961, 335)(수취인란이 白地인 어음에서 이의 보충여부를 재판의 기초로 삼기 위하여는 원고로 하여금 원심변론종결일까지 이를 보충하였는지 여부에 관하여 변론할 기회를 주었어야 함에도 불구하고 이를 하지 않고 판단하였음은 석명의무를 다하지 않은 것이다).

2) 그런데 보충의 효력이 언제부터 발생하느냐에 대한 시기에 대하여는 학설이 대립되어 있다. 즉, 백지어음행위시까지 소급하여 효력이 발생한다는 遡及說(少數說)[1]과, 보충시부터 장래에 향하여만 효력이 발생한다는 不遡及說(通說)[2]이 있는데, 不遡及說이 타당하다고 생각한다. 따라서 백지어음행위의 효력은 民法 제147조가 준용되어 보충이라는 法定條件이 성취한 때로부터 장래에 향하여 효력이 발생한다.[3]

따라서 백지어음에 한 背書의 效力도 白地補充時부터 발생하나, 다만 그 배서가 期限後背書인지 여부는 背書의 成立時를 기준으로 판단한다. 우리 나라의 大法院判例는 과거에는 期限後背書인지 여부를 白地補充時를 기준으로 판단하였으나,[4] 그 후에는 이를 변경하여 다음과 같이 어음行爲(背書)의 成立時를 기준으로 판단하였다.[5]

---

1) 崔(基), 352면; 田中(耕), 315면.

2) 徐·鄭, 177면; 鄭(熙), 161면; 徐(廷), 154면; 孫(珠), 237면; 朴(元), 495면; 梁(承), 283면; 蔡, 163면; 鄭(東), 322면; 註釋, 238면; 李(範), 321면; 姜 594면; 日最高判 1958. 3. 7(民集 12-5, 13).

3) 同旨: 鄭(熙), 161면; 註釋, 238면; 姜, 594면.

4) 大判 1965. 8. 31, 65 다 1217(教材, 判決例 [100])(실제로 背書는 期限前에 이루어진 경우라도 白地補充이 期限後에 이루어진 때에는 그 背書의 效力도 白地補充時에 발생하므로 期限後背書이다).

5) 이러한 변경된 大法院判例에 대하여 (白地補充에 관하여) 遡及說로 변경한 것이라고 보는 見解도 있으나[梁承圭, "白地어음,"「考試界」, 1971. 11, 77면], 이는 期限後背書인지 여부에 관하여만 어음行爲(背書)의 成立時期에 따른 것으로 보아야 할 것이다[鄭燦亨, 前揭書(商事法의 現代的 課題), 547면 註 128. 同旨: 鄭熙喆, "白地어음의 補充의 效力,"「法學」, 제13권 1호, 101면 이하; 教材, 137면; 鄭(東), 322면; 大判 1976. 7. 13, 75 다 1751(民判集 223의 上, 135)].

[어음행위의 成立時期를 기준으로 하여 期限前背書로 본 判例]

백지어음에 있어서 백지의 보충시와 어음행위 자체의 성립시기와는 엄격히 구별하여야 할 문제로서, 백지의 보충 없이는 어음상의 권리를 행사할 수 없으나, 어음행위의 성립시기는 그 어음행위 자체의 성립시기로 결정하여야 할 것이다. 그렇다면 그 보충이 1966. 8. 24에 된 1966. 1. 20 만기의 이 사건 어음에서 1966. 1. 10에 이루어진 본건 배서를 기한후배서로 아니 본 원판결 판단은 실로 정당하다.

그러므로 위 견해와 상충되는 당원의 종전 판결(1953. 8. 31. 선고 65 다 1217 판결)에 입각하여 이 사건 배서를 기한후배서로 보고, 그 효력은 단지 지명채권양도의 효력밖에 없다고 주장하는 상고논지는 이유 없다[大判(전원합의체판결) 1971. 8. 31, 68 다 1176(教材, 判決例 [101])].

3) 그런데 백지어음이 補充時부터 完全한 어음으로서의 효력이 발생한다고 하더라도, 백지어음상에 한 어음행위의 成立時期는 그 行爲時이지 보충시가 아니다.[1] 따라서 백지어음행위자의 權利能力, 行爲能力 및 代理權의 有無 등은 당해 白地어음行爲時를 표준으로 하여 결정된다. 또한 어음의 發行日字·引受日字·背書日字·滿期 등도 다른 백지부분의 보충 전에 이미 기재되어 있는 경우에는 그 기재시에 성립되어 있으므로, 기입된 기재를 기준으로 하여 이에 따른 법률효과를 결정하여야 할 것이다.

제 5 절 白地어음의 讓渡

제 1 根 據

白地어음이 보충 전에도 보통의 어음의 讓渡方法에 따라 양도될 수 있다는 점에 대하여는 異說이 없으나, 그 근거에 대하여는 백지어음의 법적 성질을 어떻게 보느냐에 따라서 다음과 같이 달리 설명되고 있다.

1) 白地어음을 어음의 일종으로 보는 견해에서는 백지어음에 어음의 유통에 관한 규정이 당연히 적용되므로, 白地어음은 보통의 어음의 讓渡方法에 따라 양도될 수 있다고 설명한다.[2]

2) 白地어음을 어음이 아니라고 보는 견해에서는 백지어음은 어음이 아니

1) 同旨: 鄭(東), 322면; 梁(承), 283면.
2) 李(範), 320면.

므로 당연히 어음의 양도방법에 의하여 양도될 수는 없고, 商慣習法에 의하여 완성어음의 경우와 동일한 방법에 의하여 또 이것과 동일한 효력을 갖고 유통된다고 설명한다.[1)]

생각건대 白地어음을 어음이 아니라고 보는 입장에서 후자의 설명이 타당하다고 본다.

제 2 讓渡方法

完成어음의 讓渡方法과 같다. 따라서 수취인 또는 피배서인의 기재가 있는 백지어음은 背書에 의하여(어음 13조 · 77조 1항 1호, 手 16조), 수취인 또는 피배서인의 기재가 없는 백지어음은 交付 또는 背書에 의하여 양도될 수 있다(어음 14조 2항 · 77조 1항 1호, 手 17조 2항).

우리 大法院判例도 이와 同旨로 다음과 같이 판시하고 있다.

[受取人 白地의 어음은 交付만에 의하여 양도될 수 있다고 본 判例]

수취인이 백지인 채로 발행된 어음은 인도(교부 — 저자註)에 의하여 어음법적으로 유효하게 양도될 수 있다[大判 1994. 11. 18, 94 다 23098(公報 983, 53)].

제 3 善意取得

백지어음에 대하여 어음법적 양도방법이 인정되는 당연한 귀결로서 白地어음도 善意取得된다는 점에 대하여는 異見이 없다. 이 때 白地어음을 善意取得한 자는 그 어음과 함께 白地補充權을 취득하고,[2)] 이에 기하여 백지를 보충하여 백지어음행위를 한 자에 대하여 어음상의 권리를 행사할 수 있다.[3)]

---

1) 徐(廷), 150면; 註釋, 232면; 崔(基), 355면.

2) 反對: 김문재, 前揭 商事法硏究(제21권 1호), 493~494면, 502~510면(백지보충권은 어음상에 표창되지 않으므로 선의취득의 대상이 아니라고 한다).

3) 同旨: 수원地判 1991. 3. 18, 90 가단 27067; 日大判 1930. 10. 23(敎材, 判決例 [87])(惡意 또는 重過失 없이 白地어음을 취득한 자는 가령 이를 양도한 자가 정당한 權利者가 아니라 할지라도 어음法 제16조 2항의 규정에 의하여 그 어음과 함께 白地補充權을 취득하고 이에 기하여 白地를 補充하여 白地發行 또는 白地引受한 자에 대하여 어음상의 權利를 행사할 수 있다).

제 4 抗辯의 切斷

백지어음에 대하여 어음법적 양도방법이 인정되는 결과, 白地어음을 善意(債務者를 害할 것을 알지 못하고)로 취득한 자에 대하여 人的 抗辯의 절단에 의한 보호(어 17조·77조 1항 1호, 手 22조)를 인정하여야 한다고 보는 것이 通說이다.[1]

우리 大法院判例도 이와 同旨로 다음과 같이 판시하고 있다.

[白地어음의 양도에도 어음法 제17조가 적용되어 人的 抗辯이 切斷된다고 본 判例]

수취인이 백지인 채로 발행된 어음은 인도에 의하여 어음법적으로 유효하게 양도될 수 있고 동 어음이 인도에 의하여 양도된 경우 어음법 제17조가 적용되는 것이므로, 어음이 전전양도된 후 그 어음을 인도받은 최종소지인이 수취인으로서 자기를 보충하였다고 하더라도 그 소지인이 발행인을 해할 것을 알고 취득한 경우가 아니면, 어음문면상의 기재와는 관계없이 발행인으로부터 원인관계상의 항변 등 인적 항변의 대항을 받지 아니한다[大判 1994. 11. 18, 94 다 23098(公報 983, 53)][이 判決에 대한 評釋으로는 鄭燦亨, "白地어음의 人的 抗辯의 切斷,"「判例月報」, 제296호(1995. 5), 15~20면 참조].

제 5 除權判決

백지어음에도 보통의 어음의 양도방법을 인정하는 이상 白地어음에도 공시최고에 의한 除權判決을 인정하는 것이 通說이다.[2] 그러나 공시최고에 의한 제권판결을 받아도 그 판결문에 백지보충을 할 수 없으므로 동 판결문에 의하여 지급제시를 할 수는 없다. 따라서 白地어음에 의한 除權判決은 단지 상실된 백지어음의 취득자의 權利行使를 방해한다고 보는 견해도 있으나,[3] 이는 물론 除權判決을 받은 자는 除權判決文에 原告의 補充의 의사를 명기한 서면을 첨부받아 어음금의 지급청구를 할 수 있거나 또는 商法 제360조의 경우와 같이 백지어음을 再發行받아 이에 보충하여 어음상의 권리를 행사할 수 있다고 본다.[4]

---

1) 徐·鄭, 175면; 孫(珠), 236면; 徐(廷), 150면; 李(範), 320면; 鄭(東), 310면; 蔡, 102면 外.

2) 徐·鄭, 175면; 孫(珠), 237면; 徐(廷), 150면; 朴(元), 494면; 李(範), 320면; 鄭(東), 311면 外.

3) 李英燮(編輯代表),「學說判例 註釋民事訴訟法」(韓國司法行政學會, 1972), 924면; 日最高判 1968. 4. 12(民集 22-4, 911).

4) 同旨: 鄭東潤, "除權判決이 宣告된 白地어음의 補充權의 行使方法,"「高麗法學」(高麗大法學硏究院), 제36호(2001), 292~294면(서면에 의한 보충을 기본으로 하면서 보충적으로 재

우리 大法院判例는 백지어음의 제권판결을 받은 자는 발행인에 대하여 백지 부분에 대하여 어음 외의 의사표시에 의하여 보충권을 행사하여 그 권리를 행사할 수 있다고 다음과 같이 판시하고 있다.

[白地어음의 제권판결을 받은 자의 백지보충에 관한 判例]

어음에 대한 제권판결이 선고되면 그 어음은 어음으로서의 효력을 상실하고, 제권판결을 얻은 자는 어음소지인으로서의 지위를 회복하여 어음상의 권리를 행사할 수 있는 것이지만(민사소송법 제467조, 제468조), 어음요건의 일부가 백지로 된 백지어음은 미완성의 어음이므로 백지의 보충이 없이는 어음상의 권리를 행사할 수 없고 또한 백지어음에 대한 제권판결이 있다고 하더라도 그 제권판결에 의하여 백지어음 자체가 부활하는 것은 아니므로 그 어음면에 백지를 보충할 방법은 없다 할 것이다.

그런데 민사소송법 제468조는 "제권판결이 있는 때에는 신청인은 증권 또는 증서에 의하여 의무를 부담한 자에 대하여 증서에 의한 권리를 주장할 수 있다"고 규정하고 있는바, 제권판결제도는 증권 또는 증서를 상실한 자에게 이를 소지하고 있는 것과 같은 형식적 자격을 부여하여 그 권리를 실현할 수 있도록 하려는 것인 점과, 백지어음의 발행인은 백지보충을 조건으로 하는 어음금지급 채무를 부담하게 되고, 백지에 대한 보충권과 백지보충을 조건으로 한 어음상의 권리는 백지어음의 양도와 더불어 양수인에게 이전되어 그 소지인은 언제라도 백지를 보충하여 어음상의 권리를 행사할 수 있으므로, 백지어음은 어음거래상 완성어음과 같은 경제적 가치를 가지면서 유통되고 있는 점을 함께 고려하여 보면, 백지어음에 대한 제권판결을 받은 자는 발행인에 대하여 백지보충권과 백지보충을 조건으로 한 어음상의 권리까지를 모두 위 민사소송법 제468조에 규정된 증서에 의한 권리로서 주장할 수 있다고 봄이 상당하다 할 것이다.

따라서 발행일·발행지·지급지·수취인의 각 난을 백지로 하여 발행된 이 사건 약속어음에 대한 제권판결을 받은 X로서는 발행인인 Y에 대하여 위 백지 부분에 대하여 어음 외의 의사표시에 의하여 보충권을 행사하고 그 어음금의 지급을 구할 수 있다고 본 원심의 판단은 정당하고, 거기에 상고이유의 주장과 같은 법리오해의 위법이 있다고 할 수 없다[大判 1998. 9. 4, 97 다 57573(公報 1998, 2392)].[1)]

발행된 백지어음에 보충을 하여야 한다고 한다); 金泰柱, "白地어음,"「商事法論集」(無碍徐燉玨博士停年紀念論文集)(서울: 法文社, 1986), 413면, 428면(재발행된 백지어음에 보충을 하여야 한다고 한다); 註釋, 234면; 日最高判 1970. 2. 17(週判 207, 17); 日名古屋高判 1973. 3. 19(教材, 判決例 [80]).

그러나 日最高判 1976. 4. 8(教材, 判決例 [81])은 상실한 白地어음에 관하여 除權判決을 얻은 자에게 喪失어음과 동일한 내용의 어음의 再發行請求權을 부인하고 있다.

1) 同旨: 大隅·河本, 480면.

제 6 절 白地어음에 의한 權利行使

제 1 一般的 效力

(1) 백지어음은 유통상에서는 상관습법에 의하여 어음법적 양도방법에 의하여 양도되지만, 그 밖의 점에 있어서는 어음이 아니므로 어음과 같이 취급될 수 없다. 따라서 白地어음에 의하여 主債務者에 대한 어음상의 권리를 행사할 수도 없고, 또 償還義務者에 대한 상환청구권을 보전하는 효력도 없다(通說).[1]

우리 大法院判例도 이와 同旨로 다음과 같이 일관하여 판시하고 있다.

[發行日이 白地인 어음을 지급제시기간 내에 보충하지 않고 지급제시한 경우에는 적법한 지급제시가 아니므로 상환청구권을 보전하는 효력이 없다고 본 判例]

이 사건 약속어음은 필요적 기재사항의 하나인 발행일이 기재되지 아니한 채 발행되었고 그 법정의 지급제시기간까지도 백지로 되어 있는 발행일이 보충기재되지 아니하였다가 이 사건 제 1 심판결 선고 후 비로소 보충기재되었으므로 어음소지인은 배서인에 대하여 소구권을 상실한다[大判 1993. 11. 23, 93 다 27765(公報 960, 181)].

同旨: 大判 1971. 1. 26, 70 다 602(教材, 判決例 [95])(수취인란이 보충되어 있지 않으므로 어음소지인은 어음의 소지인으로서 권리를 행사할 수 없다); 同 1992. 3. 10, 91 다 28313(公報 919, 1283); 同 1994. 9. 9, 94 다 12098, 94 다 12104(公報 978, 2615)(발행일의 기재가 없는 상태에서는 어음소지인은 발행인에 대하여 이행기에 도달한 약속어음금 채권을 가지고 있다고 볼 수 없다); 同 1994. 9. 30, 94 다 8754(公報 979, 2838)(수표의 소지인이 발행인에 대해 소구권을 행사하기 위하여는 수표법 제 1 조 소정의 법정기재사항이 기재된 수표에 의해 적법한 기간 내에 지급제시할 것을 요하고, 위 법정기재사항의 일부라도 기재되지 아니한 수표에 의해 한 지급제시는 수표법 제 2 조의 규정에 의해 구제되지 않는 한 적법한 지급제시로서의 효력이 없는 것이므로 그와 같은 경우에는 소구권을 상실한다).[2]

(2) 백지어음의 소지인이 어음금청구소송의 사실심 변론종결일까지 백지부분을 보충하지 않아 패소판결을 받고 그 판결이 확정된 경우에는, 백지보충권을 행사하여 완성한 어음에 기하여 前訴의 피고를 상대로 다시 동일한 어음금

---

1) 鄭(熙), 156면; 鄭(東), 308면; 李(範), 321면; 蔡, 99면 外 多數.

2) 同旨: 日最高判 1958. 3. 7(教材, 判決例 [97])(수취인란이 백지인 채로 한 지급을 위한 제시는 무효이며, 그 제시기간경과 후에 한 보충에 의하여 이 제시가 소급하여 유효해질 수 없다).

을 청구할 수는 없다.

우리 大法院判例는 이와 같은 내용으로 다음과 같이 판시하고 있다.

[백지어음에 기하여 어음금청구소송을 제기하였다가 어음요건의 흠결로 패소판결을 받은 자는 후에 백지부분을 보충하여 동일한 피고에 대하여 다시 어음금청구소송을 제기할 수 없다고 한 判例]

약속어음의 소지인이 어음요건의 일부를 흠결한 이른바 백지어음에 기하여 어음금청구소송(이하 '전소'라고 한다)을 제기하였다가 위 어음요건의 흠결을 이유로 청구기각의 판결을 받고 위 판결이 확정된 후 위 백지부분을 보충하여 완성된 어음에 기하여 다시 전소의 피고에 대하여 어음금청구소송(이하 '후소'라고 한다)을 제기한 경우에는, 원고가 전소에서 어음요건의 일부를 오해하거나 그 흠결을 알지 못했다고 하더라도, 전소와 후소는 동일한 권리 또는 법률관계의 존부를 목적으로 하는 것이어서 그 소송물은 동일한 것이라고 보아야 할 것이다. 그리고 확정판결의 기판력은 동일한 당사자 사이의 소송에 있어서 변론종결전에 당사자가 주장하였거나 주장할 수 있었던 모든 공격 및 방어방법에 미치는 것이므로(대법원 1992. 10. 27. 선고 91 다 24847·24854〈병합〉 판결 등 참조), 약속어음의 소지인이 전소의 사실심 변론종결일까지 백지보충권을 행사하여 어음금의 지급을 청구할 수 있었음에도 위 변론종결일까지 백지부분을 보충하지 않아 이를 이유로 패소판결을 받고 그 판결이 확정된 후에 백지보충권을 행사하여 어음이 완성된 것을 이유로 전소 피고를 상대로 다시 동일한 어음금을 청구하는 경우에는, 위 백지보충권 행사의 주장은 특별한 사정이 없는 한 전소판결의 기판력에 의하여 차단되어 허용되지 않는다고 할 것이다.

같은 취지의 원심판결은 정당하고, 거기에 상고이유에서 주장하는 바와 같은 기판력의 시적 범위 또는 백지보충권의 법적 성질에 관한 판례 위반, 어음법 제1조에 관한 법리오해, 소송물의 동일성에 관한 법리오해 등의 위법이 없다[大判 2008. 11. 27, 2008 다 59230 (公報 2008, 1789)].

(3) 백지어음의 소지인이 백지를 補充한 후 어음상의 권리를 행사하면 물론 적법한 어음상의 권리의 행사인데, 이 때에 어음소지인에게 과연 補充權이 있는지 여부가 문제된다.

이에 대하여 우리 大法院은 백지어음의 正當所持人은 白地補充權이 있다는 취지로 다음과 같이 판시하고 있다.

[白地어음의 正當所持人은 白地補充權이 있다고 본 判例]

백지어음에 있어서 백지보충권은 어음에 부수하여 전전하는 것이므로 어음을 정당하게 취득한 자는 그에 관한 보충권도 동시에 취득하는 것으로 해할 것이다[大判 1960.7.21, 4293 民上 113(敎材, 判決例 [82])].[1)]

(4) 發行地의 기재 없는 국내어음의 효력에 대하여는 문제가 있다. 즉, 어음法上 發行地를 어음요건으로 규정하고(어 1조 7호·75조 6호, 手 1조 5호) 이의 기재가 없는 때에는 어음으로서의 효력이 없다는 규정(어 2조 2항·76조 1항, 手 2조 1항)에서 보면, 「發行地」 및 「發行人의 명칭에 부기한 地」의 기재 없는 어음은 당연히 무효가 되고, 설사 白地어음으로 推定된다고 하더라도 이의 보충 없이 한 支給提示는 위에서 본 바와 같이 효력이 없다고 볼 수 있다(따라서 主債務者에 대하여 어음상의 권리를 행사할 수도 없고, 또 償還義務者에 대한 소구권보전의 효력도 없다).[2)]

그런데 發行地는 어음상의 권리와는 거의 관련이 없고 다만 準據法을 정하는 데 있어서 일응 推定力을 가지는 데 불과하다는 기능면에서 볼 때(이에 관하여는 후술함), 發行地의 기재 없는 국내어음을 기계적으로 조문에만 충실하여 무효라고 하거나 또는 백지어음으로 추정한다고 하더라도 同어음에 기한 어음상의 權利行使 및 支給提示의 효력을 부인할 것이 아니라, 同어음을 有效어음으로 보아 이의 효력을 긍정하는 것이 타당하다고 본다.[3)]

우리 大法院은 종래의 判例[大判 1995.9.15, 95 다 23071 (公報 1002, 3398) 外]를 변경하여 국내어음의 경우에는 어음면상 發行地의 기재가 없는 경우라고 할지라도 이를 무효의 어음으로 볼 수 없다고 다음과 같이 판시하고 있다.

[어음면상 發行地의 기재가 없으나 어음면의 기재 자체로 보아 국내어음으로 인정되는 경우, 그 어음은 유효하다고 본 判例]

(1) 국내어음이란 국내에서 발행되고 지급되는 어음을 말하는 것이므로 국내어음인지 여부는 어음면상의 발행지와 지급지가 국내인지 여부에 따라 결정될

1) 同旨: 日最高判 1959.8.18(敎材, 判決例 [94]).

2) 安東燮, "發行日과 發行地가 白地인 約束어음의 效力(商事事例硏究)," 「法律新聞」, 제1498호, 9면; 徐廷甲, "約束어음의 法定記載事項(判例評釋)," 「法律新聞」, 제1461호, 11면 外.
同旨: 大判 1967.9.5, 67 다 1471(敎材, 判決例 [226]·[251]·[252]); 同 1976.11.23, 76 다 214(大集 24 ③ 民 334); 同 1988.8.9, 86 다카 1858(公報 832, 1208); 同 1992.10.27, 91 다 24724(公報 934, 3237)(따라서 發行地 白地의 어음소지인으로부터 추심의뢰를 받은 금융기관 직원이 지급제시기간 내에 지급제시를 하지 않아 지급이 거절되었다 하여도, 어음소지인은 금융기관에 대하여 遡求權 상실로 인한 損害賠償責任을 물을 수 없다).

3) 이에 관한 상세는 鄭燦亨, "어음·手票要件으로서의 「發行地」의 再檢討," 「民事判例硏究(Ⅶ)」, 118~148면; 鄭(燦), (事例) 217~220면; 同, "發行地의 記載가 欠缺된 어음(判例評釋)," 「法律新聞」, 제2070호(1991.10.21), 15면; 同, 前揭 商事法硏究(제10집), 270~274면; 同, 前揭 考試硏究(1992.11), 84~87면 참조.
同旨: 朴鍾衍, "發行地·受取人 등의 기재가 누락된 경우 約束어음·手票所持者의 救濟方案(下)," 「法律新聞」, 제2062호(1991.9.19), 10면; 梁, (事例) 239면.

것이지만, 어음면상에 발행지의 기재가 없다고 하더라도 그 어음면에 기재된 지급지와 지급장소, 발행인과 수취인, 지급할 어음금액을 표시하는 화폐, 어음문구를 표기한 문자, 어음교환소의 명칭 등에 의하여 그 어음이 국내에서 어음상의 효과를 발생시키기 위하여 발행된 것으로 여겨지는 경우에는 발행지를 백지로 발행한 것인지 여부에 불구하고 국내어음으로 추단할 수 있다.

(2) [다수의견] 어음에 있어서 발행지의 기재는 발행지와 지급지가 국토를 달리하거나 세력(歲歷)을 달리하는 어음 기타 국제어음에 있어서는 어음행위의 중요한 해석 기준이 되는 것이지만 국내에서 발행되고 지급되는 이른바 국내어음에 있어서는 별다른 의미를 가지지 못하고, 또한 일반의 어음거래에 있어서 발행지가 기재되지 아니한 국내어음도 어음요건을 갖춘 완전한 어음과 마찬가지로 당사자간에 발행·양도 등의 유통이 널리 이루어지고 있으며, 어음교환소와 은행 등을 통한 결제과정에서도 발행지의 기재가 없다는 이유로 지급거절됨이 없이 발행지가 기재된 어음과 마찬가지로 취급되고 있음은 관행에 이른 정도인 점에 비추어 볼 때, 발행지의 기재가 없는 어음의 유통에 관여한 당사자들은 완전한 어음에 의한 것과 같은 유효한 어음행위를 하려고 하였던 것으로 봄이 상당하므로, 어음면의 기재 자체로 보아 국내어음으로 인정되는 경우에 있어서는 그 어음면상 발행지의 기재가 없는 경우라고 할지라도 이를 무효의 어음으로 볼 수는 없다.

[보충의견] 일반적으로 모든 법은 법규정의 본질을 바꾸는 정도의 것이 아닌 한도에서 이를 합리적으로 해석함으로써 뒤쳐진 법률을 앞서가는 사회현상에 적용시키는 일방 입법기관에 대하여 법률의 개정 등을 촉구하는 것은 법원의 임무에 속하는 일이라 할 것이고, 그 뒤쳐진 법규정의 재래적 해석·적용이 부당한 결과를 초래한다는 것을 알면서도 법률 개정이라는 입법기관의 조치가 있을 때까지는 이를 그대로 따를 수밖에 없다고 체념해 버리는 것은 온당치 않은 태도이다. 어음법이 강행법·기술법적 성질을 가지고 있음에 비추어 볼 때 어음법에서 정한 어음요건은 이를 엄격하게 해석함이 원칙일 것이나, 이러한 엄격해석의 요청은 이를 자의로 해석함으로써 어음 거래 당사자에게 불이익하게 법률을 적용하는 것을 막자는 데에 있는 것이지 입법취지를 해하지 않는 범위 내에서 합리적으로 해석하는 것까지도 절대적으로 금지하려는 것은 아니다. 따라서 어음면의 기재 자체에 의하여 국내어음으로 인정되는 경우에 단지 발행지의 기재가 없다는 이유로 이를 무효의 어음이라고 보는 것은 지나치게 형식 논리에 치우친 해석이라고 하지 않을 수 없을 뿐만 아니라 어음유효해석의 원칙에 비추어 보더라도 타당한 해석이 아니므로, 국내어음에 한하여는 발행지의 기재가 없다고 하더라도 이를 무효의 어음으로 볼 수 없다고 해석함이 상당하며, 이러한 해석은 국내어음에 한하는 것으로서 국제어음에 있어서는 발행지의 기재가 없으면 그 어음은 무효라는 입장을 견지하고 있으므로 위 해석에 의하더라도 발행지

를 어음요건의 하나로 규정하고 있는 어음법의 조항을 완전히 사문화시키는 것은 아니며, 법원의 법률해석권의 범위를 일탈하는 것도 아니다.

[반대의견] 재판할 사항에 대하여 적용할 법규가 있고 그 의미 내용 역시 명확하여 달리 해석할 여지가 없는 경우에는 다른 것을 다르게 취급하여야 한다는 정의의 요청(이른바 목적론적 축소해석의 경우) 또는 합헌적인 해석의 요청(이른바 헌법합치적 해석의 경우)에 의하여, 그 법규의 적용범위를 예외적으로 제한하여 해석할 필요가 있는 등의 특별한 사정이 없는 한, 설사 명문의 규정이 거래의 관행과 조화되지 아니하는 점이 있다고 하더라도, 법원으로서는 모름지기 국회의 입법 작용에 의한 개정을 기다려야 할 것이지 명문의 효력규정의 적용범위를 무리하게 벗어나거나 제한하는 해석을 하여서는 아니 될 것인바, 어음법은 발행지의 기재가 없는 어음에 관하여 그 효력이 없다고 명문으로 규정하고 있는 한편, 이 명문의 규정에 관하여는 정의의 요청 또는 합헌적인 해석의 요청에 의하여 그 적용범위를 예외적으로나마 제한하여 해석할 만한 아무런 특별한 사정이 있다고 할 수 없으므로, 다수의견과 같이 위 어음법의 명문규정이 이른바 '국내어음'에는 적용되지 아니한다고 하는 것은 법원이 어음법에도 없는 단서조항 즉 '발행지에 관하여 국내어음의 경우에는 그러하지 아니하다'라는 규정을 신설하는 셈이고, 이는 명문의 규정에 반하는 법형성 내지 법률수정을 도모하는 것으로서 법원의 법률해석권의 범위를 명백하게 일탈한 것이라는 비난을 면하기 어렵다[大判 1998.4.23, 95 다 36466(全員合議體判決)(公報 1998, 1338)][이 判決에 찬성하는 취지의 평석으로는 鄭燦亨, 「法律新聞」, 제2692호(1998.5.11), 14면; 崔埈璿, 「判例月報」, 제333호(1998.6), 39~46면이 있고, 반대하는 취지의 평석으로는 李基秀, 「法律新聞」, 제2694호(1998.5.18), 14면; 崔基元, 「法律新聞」, 제2698호(1998.6.1), 14면이 있다].

同旨: 大判 1999.8.19, 99 다 23383(全員合議體判決)(公報 1999, 1856)(手票에 관하여 위와 同旨로 판시함)[이 判決에 찬성하는 취지의 평석으로는 姜熙甲, "發行地의 記載 없는 手票의 效力," 「判例月報」, 제354호(2000.3), 67~76면이 있고, 반대하는 취지의 평석으로는 李基秀, "발행지 기재 없는 백지수표의 효력," 「法律新聞」, 제2818호(1999.9.6), 14면이 있다].

제 2 時效中斷과의 關係

時效中斷事由에는, (i) 請求, (ii) 押留 또는 假押留 · 假處分, (iii) 承認(民 168조), (iv) 再遡求權의 訴訟告知로 인한 시효중단(어 80조, 手 64조)이 있는데, 白地어음에서 문제가 되는 것은 請求와 承認이다. 만일 白地어음으로써 하는 請求와 承認에 대하여 시효중단의 효력을 인정한다면, 이것은 어음상 권리의 시효중단을 위한 請求와 承認에는 어음의 제시가 不要하다는 것과 같게 된다. 왜냐하면 白地어음은 完成어음이 아니므로 이에 의한 제시는 제시의 효력이 없기 때문이다.[1)]

이에 대하여 우리 나라의 通說은 시효중단을 위한 請求(裁判上의 請求이든 裁判外의 請求이든 불문하고)나

---

1) 大判 1970.3.10, 66 다 2184(教材, 判決例 [96]) 外 多數.

承認에는 어음을 제시할 필요가 없다고 본다[1](따라서 白地어음에 의한 請求나 承認에도 시효중단의 효력이 발생한다). 그러나 이에 반하여, 白地어음에 의한 裁判上의 請求에는 시효중단의 효력이 없다는 少數說도 있다.[2] 생각건대 通說에 찬성한다. 따라서 白地어음에 의한 請求 또는 承認에도 시효중단의 효력이 있다고 본다.[3]

---

1) 徐·鄭, 118면; 鄭(熙), 280면; 孫(珠), 144면; 鄭(東), 309면; 李(基), 390면; 蔡, 99~100면; 註釋, 469면; 註어, 509면.

우리 나라의 判例는 裁例上의 請求에는 어음의 제시가 不要하다고 하나[大判 1962. 1. 31, 4294 民上 110 · 111(教材, 判決例 [105] · [149])], 裁判外의 請求에는 어음의 제시가 必要하다고 한다[大判 1962. 12. 20, 62 다 680(教材, 判決例 [160])]. 그러나 日本의 判例는 裁判外의 請求에도 어음의 제시가 不要하다고 한다[日最高判 1963. 1. 30(教材, 判決例 [156])].

2) 李(範), 321면; 崔(基), 359면(다만, 백지인 어음요건이 受取人 또는 확정일출급어음의 發行日과 같이 어음의 권리의무의 내용과 무관할 때에는 시효중단의 효력을 인정할 수 있다고 한다).

3) 상세는 鄭燦亨, 前揭書(商事法의 現代的 課題), 552~553면 참조.

제 5 장 어음의 實質關係

제 1 절 總 說

(1) 어음이 수수되는 경우에는 그 배후에 어떠한 실질적 이유 내지 목적이 있다. 이와 같은 어음관계의 裏面에 있는 관계를 어음의 實質關係(基本關係)(underlying transaction; Grundverhältnis)라 하고, 이의 법적 성질 및 법적 취급은 어음法의 문제가 아니라 一般私法의 문제이다.[1] 어음관계는 실질관계와 분리된 추상적인 법률관계로 존재하지만, 한편 어음관계는 실질관계의 수단에 불과하므로 양자는 밀접한 관계가 있다.

(2) 어음의 實質關係에는 原因關係(對價關係)(어음수수의 직접 당사자간), 資金關係(補償關係)(발행인·지급인간), 어음豫約(어음관계의 준비단계)이 있는데, 이곳에서는 이에 대하여 차례로 설명한다.

제 2 절 原因關係

제 1 意 義

어음수수의 원인이 되는 법률관계를 原因關係(Kausalverhältnis)라 한다. 原因關係에는 매매, 증여, 채무의 추심위임, 보증, 채무의 담보, 채무의 변제, 어

1) 統一어음法에서는 實質關係에 관한 모든 문제를 統一어음法의 範圍外로 하여, 그 해결을 각국의 특유한 私法에 맡기거나 學說·判例에 맡기고 있다.

음개서, 어음할인, 신용제공 등이 있다.[1] 原因關係에는 보통 대가가 수수되는 점에서 원인관계를 對價關係(出捐關係)(Valutaverhältnis od. Zuwendungsverhältnis)라고도 한다. 그러나 타인에게 호의로써 어음을 발행·배서하는 融通어음의 경우에는 예외적으로 대가관계가 없는 경우이고,[2] 어음割引의 경우는 원인관계가 어음 자체(엄격히는 어음상의 권리 자체)의 매매를 목적으로 하여 이루어지는 것이므로 이 경우에는 어음관계의 성립에 의하여 바로 원인관계상의 목적을 달성할 수 있으므로 하자담보의 문제는 별론으로 하고 어음관계를 원인관계와 관련하여 특별히 문제삼을 것이 없다.[3]

제 2 어음關係와 原因關係의 分離(어음關係의 抽象性)

어음의 유효·무효 또는 어음상의 권리의 발생 유무는 원인관계의 존부나 유효·무효에 의하여 영향을 받지 않는다(어 1조·12조 1항·26조 1항·77조 1항, 手 1조·15조 1항).

제 3 어음關係와 原因關係의 牽連

1. 原因關係가 어음關係에 미치는 영향

다음의 사항은 原因關係를 어음關係에 반영하여 어음法이 규정하고 있는 것이다.

1) **人的 抗辯의 허용**(어 17조·77조 1항 1호, 手 22조) 예컨대 원인채무가 소멸한 경우 어음채무자는 채권자(어음소지인)에게 이의 항변을 주장할 수 있다.

우리 大法院判例도 이와 同旨로 다음과 같이 판시하고 있다.

[원인채무가 시효로 소멸된 경우 어음채무자는 어음채권자에게 이의 항변을 주장할 수 있다고 본 判例]

상사채무인 약속어음의 원인채무가 5년의 상사시효기간이 지나서 시효소멸하였다면, 원인채무의 지급확보를 위하여 발행된 약속어음의 발행인은 위 사유를 들어 약속어음의 수취인에 대하여 약속어음금의 지급을 거절할 수 있다[大判 1993. 11. 9, 93 다 16390(公報 959, 67)].

1) 어음關係와 原因關係에 대하여는 鄭燦亨, "어음關係와 原因關係," 「考試研究」, 제228호 (1993. 3), 27～28면 참조.

2) 同旨: 徐·鄭, 131면; 鄭(東), 220면.

3) 同旨: 鄭(東), 223면.

2) 遡求權의 인정(어 43조 이하·77조 1항 4호, 手 39조 이하) 이는 원인관계에 의한 담보책임이 어음法에 규정된 것이다.

3) 利得償還請求權의 인정(어 79조, 手 63조) 이는 어음의 원인관계(대가관계)를 고려하여 이로부터 발생하는 실질상의 불공평을 제거하기 위하여 어음소지인에게 인정된 권리이다.

2. 어음關係가 原因關係에 미치는 영향

이에는 원인관계에서의 旣存債務의 지급과 관련하여 어음이 수수되는 경우에 同어음 수수가 旣存債務에 어떠한 영향을 미치는가의 문제와, 원인관계에서의 意思表示가 명백하지 않은 경우에 어음관계의 의사표시로써 원인관계의 의사표시로 인정할 수 있는지 여부의 문제가 있다.

(1) 당사자 사이에 원인관계에서 旣存債務가 있고 그 지급과 관련하여 어음이 授受되는 경우가 일반적인데, 이에는 다음과 같은 세 가지 유형이 있다.

1) 旣存債務의 「支給을 위하여」(支給의 방법으로서)(as a conditional payment; Zahlungshalber) **어음이 授受되는 경우** 일반적으로 채무자가 旣存債務에 관하여 當座手票(또는 引受되지 않은 換어음)를 발행·교부하는 경우에 그 채무의 지급을 위한 것이라고 추정한다.[1)]

그런데 이 경우에 우리 大法院判例는 다음과 같이 旣存債務의 「支給을 위하여」(支給의 方法으로서) 수수된다고 보는 판례와, 旣存債務의 「支給을 擔保(確保)하기 위하여」 수수된다고 보는 판례로 나뉘어 있다.

['支給을 위하여'(支給의 方法으로서) **授受된 경우로 본 判例]**

소장에 의하면 원고 주장은 본건 수표(당좌수표—저자註)는 출자금반환채무의 지급을 위하여 발행된 것이라는 취지임이 분명한 반면에, 기록을 精査하여도 피고 측에서 본건 수표를 위 채무의 이행에 갈음하여 발행된 것이라고 항쟁한 흔적을 찾아볼 수 없을 뿐 아니라, 일반적으로 채무자가 기존채무에 관하여 수표를 교부하였을 때에는 그 채무의 지급을 위한 것이라고 추정하여야 할 것이므로 원판결에는 소론과 같은 위법이 있다고 할 수 없다[大判 1960.11.24, 4293 民上 286(敎材, 判決例 [415])].

同旨: 大判 1960.8.18, 4292 民上 864(敎材, 判決例 [185]); 同 1976.11.23, 76 다 1391; 同 1998.11.27, 97 다 54512·54529(公報 1999, 31)(기존채무의 이행을 위하여 교부된 당좌수표의 소지인인 채권자가 수표 되막기 방법에 의하여

---

1) 同旨: 鄭(熙), 106~107면; 鄭(東), 230면(원칙적으로 原因關係上의 債務者가 어음상 유일한 債務者가 아닌 경우가 이에 해당한다고 한다).

그 당좌수표를 결제된 것으로 처리하는 경우 외관상 은행에 그 수표금 상당의 금액이 입금된 것으로 보이고, 또 수표발행인 등은 종전의 수표금 채무 대신 새로운 수표에 의하여 또 다른 수표금 채무를 부담하게 되는 것이므로, 채권자는 이미 결제된 것으로 처리되어 소멸된 종전 수표 자체의 수표금 청구는 할 수 없고, 새로운 수표에 기한 수표금 청구만을 할 수 있다. 다만 그 기존채무는 쌍방간의 약정에 따라 새로운 수표의 지급기일(선일자 수표의 발행일)까지 그 지급을 유예해 준 것일 뿐 기존채무가 소멸되는 것은 아니므로, 새로운 수표가 지급되어야만 기존채무가 소멸되는 것이고, 특별한 사정이 없는 한 이러한 수표 되막기가 채무자의 동의 없이 이루어졌다 하여 달리 볼 것은 아니다〈대법원 1995. 4. 7 선고, 94 다 32016 판결; 同 1992. 2. 25 선고, 91 다 14192 판결 등 참조〉); 同 2003. 5. 30, 2003 다 13512(公報 2003, 1436)(채무자가 채권자에게 기존채무의 이행에 관하여 수표를 교부하는 경우 다른 특별한 사정이 없는 한 이는 '지급을 위하여' 교부된 것으로 추정할 것이고, 따라서 기존의 원인채무는 소멸하지 아니하고 수표상의 채무와 병존한다고 보아야 한다).

['支給을 擔保(確保)하기 위하여' 授受된 경우로 본 判例]

금전소비대차상의 채무가 있는 경우에 수표를 발행하였다면 특별한 의사표시가 없으면 그 수표는 소비대차상의 채무의 이행을 확보하거나 이행하는 방편으로 발행하는 것으로 추정하는 것이 거래의 실정에 비추어 타당하다[大判 1962. 3. 15, 4294 民上 1371 (敎材, 判決例 [192]·[420])].

同旨: 大判 1961. 11. 2, 4293 民上 278(敎材, 判決例 [419]); 同 1956. 7. 28, 4289 民上 313(敎材, 判決例 [418]); 同 1957. 6. 20, 4290 民上 1(判總 3-1, 227) 外.

이 때에는 既存債務와 어음債務가 병존하고, 행사의 순서는 당사자의 의사가 명백하지 않으면 원칙적으로 어음상의 권리를 먼저 행사하여야 한다(通說).[1]

우리 大法院判例도 이와 같은 취지에서 (채무자가 기존채무의 이행에 관하여 제 3 자가 발행한 약속어음을 배서양도하는 경우에는 「支給을 위하여」 수수된 것으로 추정하면서) 이 경우에 어음소지인은 어음상의 권리를 먼저 행사하여야 한다고 다음과 같이 판시하고 있다.

[채무자가 기존채무의 이행에 관하여 제 3 자가 발행한 約束어음을 배서양도한 경우에는 '支給을 위하여' 수수한 것으로 推定하고, 이 때에는 어음상의 권리를 먼저 행사하여야 한다고 본 判例]

채무자가 기존채무의 이행에 관하여 채권자에 어음을 교부하는 경우에 당사

1) 徐·鄭, 133~134면; 鄭(熙), 107면(當事者의 意思는 어음상의 權利를 먼저 행사하는 데 있다고 推定한다고 한다); 梁(承), 221면; 鄭(東), 224면; 蔡, 114면 外.

자 사이에 특별한 의사표시가 없고, 다른 한편 어음상의 주채무자가 원인관계상의 채무자와 동일하지 아니한 때에는 제 3 자인 어음상의 주채무자에 의한 지급이 예정되고 있으므로, 이는 '지급을 위하여' 교부된 것으로 추정된다. 이 경우 채권자는 어음채권과 원인채권 중 어음채권을 먼저 행사하여 만족을 얻을 것을 당사자가 예정하였다고 할 것이므로, 채권자로서는 어음채권을 우선 행사하고 그에 의하여는 만족을 얻을 수 없을 때 비로소 채무자에 대하여 기존의 원인채권을 행사할 수 있으며, 나아가 이러한 목적으로 어음을 배서양도받은 채권자는 특별한 사정이 없는 한 채무자에 대하여 원인채권을 행사하기 위하여는 어음을 채무자에게 반환하여야 하므로, 채권자가 채무자에 대하여 자기의 원인채권을 행사하기 위한 전제로서 지급기일 전에 어음을 적법히 제시하여 소구권 보존절차를 취할 의무가 있다고 보는 것이 양자 사이의 형평에 맞는다.

채권자가 기존채무의 이행을 위하여 교부받은 어음을 지급기일에 적법하게 지급제시를 하지 아니함으로써 소구권이 보전되지 아니하였더라도, 약속어음의 주채무자인 발행인이 자력이 있는 한 어음을 반환받은 채무자가 발행인에 대한 어음채권이나 원인채권을 행사하여 자기 채권의 만족을 얻을 수 있기 때문에 아직 손해는 발생하지 아니하고, 지급기일 후에 어음발행인의 자력이 악화되어 무자력이 됨으로써 채권자에게 자신의 채무를 이행하여야 할 채무자가 어음을 반환받더라도 발행인에 대한 어음채권과 원인채권의 어느 것도 받을 수 없게 된 때에야 비로소 자신의 채권에 대하여 만족을 얻지 못하게 되는 손해를 입게 되고, 이러한 손해는 어음의 주채무자인 발행인의 자력의 악화라는 특별사정으로 인한 손해로서 소구권보전의무를 불이행한 어음소지인이 그 채무불이행 당시인 어음의 지급기일에 장차 어음발행인의 자력이 악화될 것임을 알았거나 알 수 있었을 때에만 그 배상채권으로 상계할 수 있다[大判 1995. 10. 13, 93 다 12213(公報 1005, 3746)].

同旨: 大判 1996. 11. 8, 95 다 25060(公報 1997, 713); 同 1997. 3. 28, 97 다 126 · 133(公報 1997, 1221)(채무자가 채권자에게 기존채무의 이행에 관하여 어음이나 수표〈본건에서는 약속어음〉를 교부하는 경우 당사자 사이에 특별한 의사표시가 없고, 어음상의 주채무자가 원인관계상의 채무자와 동일하지 아니한 때에는 제 3 자인 어음상의 주채무자에 의한 지급이 예정되고 있으므로 이는 '지급을 위하여' 교부된 것으로 추정할 것이고, 따라서 특별한 사정이 없는 한 기존의 원인채무는 소멸하지 아니하고 어음 · 수표상의 채무와 병존한다고 보아야 할 것이다); 同 2001. 2. 13, 2000 다 5961(公報 2001, 643)(어음이 '지급을 위하여' 교부된 것으로 추정되는 경우, 채권자는 어음채권을 우선 행사하여야 한다).

또한 이 때 어음소지인이 어음상의 권리를 먼저 행사하여 기존채무의 채무자 겸 어음채무자가 어음채무를 이행하면 기존채무의 채무자는 기존채무가 소멸되었음을 기존채무의 채권자 및 그로부터 채권을 양수한 제 3 자에게 주장할 수 있다.

우리 大法院判例도 이와 같은 취지에서 다음과 같이 판시하고 있다.

[채무자가 어음채무를 이행하면 기존채무가 소멸되었음을 채권자 및 그로부터 채권을 양수한 제 3 자에게 주장할 수 있다고 본 判例]

기존의 원인채무와 수표상의 채무가 병존하고 있는 한에서는 채무자로서는 그 수표상의 상환의무를 면하기 전까지는 이중으로 채무를 지급하게 될 위험을 피하기 위하여 원인관계상의 채권자에 대하여 수표의 반환 없는 기존채권의 지급청구를 거절할 수 있다고 할 것이고, 한편 후일 수표금이 지급되는 등 채무자가 그 수표상의 상환의무를 면할 경우 비로소 기존 원인관계상 채무도 소멸한다고 볼 것이므로 채무자는 원인관계상의 채권자에 대하여 수표상의 상환의무를 면하였음을 사유로 하여 그 원인관계상 채무의 소멸을 주장할 수 있다. 또한 채무자가 기존채무의 지급을 위하여 채권자에게 수표를 교부하였는데 채권자가 그 수표와 분리하여 기존 원인채권만을 제 3 자에게 양도한 경우, 채무자는 기존 원인채권의 양도인에 대하여 채권자가 위 수표의 반환 없는 기존 원인채무의 이행을 거절할 수 있는 항변권을 그 채권양도통지를 받기 이전부터 이미 가지고 있었으므로 채권양수인에 대하여도 이와 같은 항변권을 행사할 수 있다. 또한 이 경우 수표금의 지급으로써 기존 원인채무도 소멸할 것을 예정하고 있었던 사정은 그 채권양도통지 이전에 이미 존재하고 있었던 것이므로, 그 채권양도통지 후에 수표금의 지급이 이루어지더라도 이는 양도통지 후에 새로이 발생한 사유로 볼 수는 없다고 할 것이니, 따라서 채무자로서는 기존 원인채권의 양수인에 대하여 기존채무의 지급을 위하여 교부한 수표가 양도통지 이후에 결제되었다는 사유로써 그 기존채무의 소멸을 주장할 수 있다[大判 2003. 5. 30, 2003 다 13512(公報 2003, 1436)].

2) 既存債務의 「支給을 擔保하기 위하여」(支給을 確保하기 위하여) (Sicherungshalber) 어음이 授受되는 경우 ① 일반적으로 채무자가 既存債務에 관하여 約束어음을 발행한 경우에는 당사자의 의사는 既存債務의 支給確保를 위하여 발행한 것으로 추정한다.[1)]

그런데 우리 나라의 判例는 이 경우에 다음과 같이 「支給을 위하여」 수수된 것으로 추정한다는 판례와, 「支給을 擔保하기 위하여」 수수된 것으로 추정한다는 판례로 나뉘어 있다.

---

1) 同旨: 鄭(熙), 107면; 鄭(東), 230면(원칙적으로 原因關係上의 債務者가 어음상 유일한 債務者인 경우가 이에 해당하는데, 예외적으로 第三者方支給어음인 경우에는 지급을 위하여 授受된 것으로 推定한다고 한다).

['支給을 위하여'(支給의 方法으로서) 授受된 것으로 본 判例]

기존채무에 관하여 약속어음이 발행되어 있을 때에는 특히 변제에 갈음하여 발행된 것이라는 주장 · 입증이 없는 한 변제를 위하여 발행된 것이라고 추정하여야 할 것이고, 이 경우에는 동 어음금의 지급이 없는 한 채권자가 그 어음을 제 3 자에게 양도하였다 하여도 본래의 채무의 변제의 효력이 없을 것이다[大判 1960. 10. 31, 4291 民上 390(判總 3-1, 229)].

同旨: 大判 1969. 2. 4, 68 다 567(判總 3-1, 242-3) 外.

['支給을 擔保(確保)하기 위하여' 授受된 것으로 본 判例]

기존채무를 위하여 본건 약속어음을 발행함은 … 특별한 사정이 없는 한, 당사자의 의사는 기존채무의 이행확보를 위하여 발행한 것이라고 추정하여야 할 것이다[[大判 1964. 6. 2, 63 다 856(教材, 判決例 [190])]].

同旨: 大判 1988. 4. 12, 87 다카 541(公報 824, 91)(금원을 차용하면서 차용증서에 갈음하여 약속어음을 발행한 것이라면 어음할인이라기보다는 그 차용금채무의 지급의 담보 내지 확보를 위하여 한 것이라고 판시함); 同 1970. 6. 30, 70 다 517(判總 3-1, 242-2); 同 1990. 3. 27, 89 다카 14110(公報 875, 1225)(기존채무의 변제를 위하여 약속어음을 교부한 경우에 당사자 사이에 특별한 의사표시가 없으면 기존채무의 변제를 확보하거나 또는 지급방법으로 이를 교부하는 것으로 추정되는 데 불과하므로, 그 약속어음에 관하여 강제집행수락의 공정증서가 작성되어 있다거나 어음금청구소송의 승소판결이 확정된 바 있다는 사유만으로는 기존채무의 이행이 있는 것으로 볼 수 없다); 同 1990. 5. 22, 89 다카 13322(公報 876, 1343)(기존채무에 관하여 채무자가 약속어음을 발행하거나 타인이 발행한 약속어음을 교부한 때에는 당사자간에 특별한 의사표시가 없는 한 기존채무의 변제확보를 위하여 또는 그 지급방법으로 발행하거나 교부한 것으로 추정하여야 할 것이다. 따라서 채무자가 그 어음의 수령과 상환으로 수령증을 작성 · 교부하였거나, 자기의 채무를 이행하였다고 하더라도, 그것만으로 어음금의 지급이전에 어음의 수수만으로 대금지급이 완결된 것으로 단정할 수 없다); 同 1996. 12. 20, 96 다 41588(公報 1997, 371)(채무자가 채권자에게 기존의 채무의 이행에 관하여 어음이나 수표〈본건에서는 약속어음〉를 교부하는 경우 당사자 사이에 특약이 없는 한 '지급을 위하여' 또는 '지급 확보를 위하여' 교부하는 것으로 추정할 것이고, 따라서 특별한 사정이 없는 한 기존의 원인채무는 소멸하지 아니하고 어음 · 수표상의 채무와 병존한다).

이 때에는 既存債務와 어음債務가 병존하고, 행사의 순서는 채권자가 임의로 하나를 선택하여 행사할 수 있다(通說).[1)]

1) 徐·鄭, 134면; 鄭(熙), 107면; 孫(珠), 170면; 梁(承), 221면; 鄭(東), 229면; 蔡, 115

② 위에서 본 바와 같이 「支給을 擔保하기 위하여」 어음이 수수된 경우에는 채권자가 어음채권 또는 원인채권 중 어느 하나를 선택하여 행사할 수 있는데, 어느 채권을 먼저 행사하느냐에 따라 다른 채권에 미치는 영향과 그 행사요건이 달라진다. 예컨대 Y가 約束어음을 발행하여 A에게 교부하고 A가 同어음의 만기를 변제기일로 하여 X로부터 금전을 차입하고 同어음을 차입금의 「支給을 擔保하기 위하여」 X에게 교부한 경우에, X는 어음債權과 原因債權(代金債權)을 함께 가지고 있고 어느 채권을 먼저 행사하느냐는 X의 선택에 달려 있는데, 어느 채권을 먼저 행사하느냐에 따라 다른 채권에 미치는 영향과 그 행사요건은 다음과 같이 다르다.

(i) X가 어음債權을 먼저 행사하는 경우에는 原因債權에 아무런 영향 없이 어음상의 권리를 행사할 수 있다[1](이 경우에는 동 어음이 '支給을 위하여' 교부된 경우와 완전히 동일하다). 즉, X는 변제기(만기)에 原因債權(代金債權)을 행사하지 않고 Y에 대하여 어음金支給請求權을 행사할 수 있는데, 이 때 Y가 지급거절하면 A에 대하여 遡求權을 행사할 수 있다. 이 경우에 X가 Y 또는 A로부터 어음債務를 이행받으면 原因債權도 소멸하는데,[2] 우리 大法院判例도 이와 同旨로 다음과 같이 판시하고 있다.

[어음채무를 이행하면 원인채무도 소멸한다고 본 判例]

어음소지인에 대한 어음금의 지급이 원인채권에 대한 압류의 효력이 발생한 후에 이루어졌다 하더라도 그 어음을 발행하거나 배서양도한 어음채무자는 그 어음금의 지급에 의하여 원인채권이 소멸하였다는 것을 압류채권자에게 대항할 수 있다[大判 1994. 3. 25, 94 다 2374(公報 968, 1334)].

同旨: 大判 2000. 3. 24, 99 다 1154(公報 2000, 1038)(원인채권에 대한 압류의 효력이 발생하기 전에 원인채권의 지급을 위하여 약속어음을 발행하거나 배서·양도하고 그것이 다시 제 3 자에게 양도된 경우에는 그 어음의 소지인에 대한 어음금의 지급이 원인채권에 대한 압류의 효력이 발생한 후에 이루어졌다 하더라도 그 어음을 발행하거나 배서·양도한 원인채무자는 그 어음금의 지급에 의하여 원인채권이 소멸하였다는 것을 압류채권자에게 대항할 수 있다); 同 2000. 2. 11, 99 다 56437(公報 2000, 683)(기존채무의 지급을 위하여 또는 지급확보를 위하여 어음이 교부되어 기존채권과 어음채권이 병존하는 경우 어음채

면 外.

1) 同旨: 鄭(東), 229면; 大判 1976. 11. 23, 76 다 1391(公報 551, 9629).

2) 同旨: 鄭(東), 229면. 만일 X가 어음所持人으로서 Y 또는 A로부터 어음금을 지급받지 않아도 제 3 자에게 代價를 받고 어음을 양도하고 償還義務를 이행할 필요가 없게 된 때에는 어음채무를 이행받은 것과 동일한 결과가 되어 原因債權이 소멸한다[同旨: 鄭(東), 230면; 大判 1976. 4. 13, 75 다 649(民判集 220의 上, 99)].

권이 변제나 상계 등에 의하여 소멸하면 기존채권 또한 그 목적이 달성되어 소멸하는 것이고, 이러한 법리는 채권자가 어음을 제 3 자에게 배서·양도한 후 그 어음소지인과 채무자 사이에서 어음채권의 변제나 상계 등이 이루어진 경우에도 마찬가지이다); 同 1960. 8. 18, 4292 民上 864(카드 6949).

그런데 Y 및 A로부터 어음債務를 이행받지 못하면 X는 A에 대하여 원인채권이 존속하는 한 原因債權을 행사할 수 있다. 이러한 취지의 다음과 같은 우리 大法院判例가 있다.

[어음채무의 이행으로 볼 수 없어 원인채무가 소멸하지 않는다고 본 判例]

기존채무의 이행을 위하여 발행된 약속어음의 소지인인 금융기관이 어음되막기 방법에 의하여 그 약속어음을 결제된 것으로 처리하는 경우 외관상 그 금융기관에 어음금 상당의 금액이 입금된 것으로 보이지만 기존채무는 쌍방간의 약정에 따라 새로운 어음의 지급기일까지 그 지급이 유예된 것일 뿐 그로써 기존채무가 소멸되는 것은 아니다[大判 1999. 9. 7, 98 다 47283 (公報 1999, 2069)].

위의 例에서 만일 Y가 X로부터 금전을 차입하고 이의 지급을 확보하기 위하여 Y가 X에게 약속어음을 발행하였는데 X가 Y에게 어음상의 권리를 먼저 행사하였으나 지급거절된 경우에는 X의 Y에 대한 어음채권뿐만 아니라 원인채권도 시효중단된다는 취지의 다음과 같은 우리 大法院判例가 있다.

[어음상의 권리를 먼저 행사한 경우 어음채권뿐만 아니라 원인채권도 시효중단된다고 본 判例]

원심판결 이유에 의하면 원심은, X가 1982. 11. 2. A에게 금 25,000,000원을 대여한 사실 및 A가 1987. 9. 18. 사망하여 그 처인 Y가 A의 채무 중 3분의 1을 상속한 사실을 인정한 다음, Y의 소멸시효 항변을 받아들이고, 나아가 X가 Y의 상속채무에 관하여 1988. 1. 4. 대전지방법원 서산지원 87 카 1062호로써 Y의 B합자회사에 대한 사원지분권을 가압류함으로써 이 사건 대여금 채권의 소멸시효는 중단되었다는 X의 재항변에 대하여 판단하기를, 위 가압류는 X가 이 사건 대여금 채권과 관련하여 A로부터 담보로 교부받아 둔 A 발행의 약속어음 채권을 피보전권리로 한 것으로서, 이 사건 대여금 채권과 위 약속어음금 채권은 동일한 채권을 목적으로 하는 것이지만 법률적으로는 별개의 채권이므로 위 가압류로써 이 사건 대여금 채권에 대한 소멸시효를 중단시키지는 못한다는 이유로 X의 재항변을 배척하였다.

살피건대, 이 사건과 같이 원인채권의 지급을 확보하기 위한 방법으로 어음이 수수된 경우에 원인채권과 어음채권은 별개로서 채권자는 그 선택에 따라 권리를 행사할 수 있고, 원인채권에 기하여 청구를 한 것만으로는 어음채권 그 자체를 행사한 것으로 볼 수 없어 어음채권의 소멸시효를 중단시키지 못하는 것이지만(대법원 1967. 4. 25 선고, 67 다 75 판결; 同 1994. 12. 2 선고, 93 다 59922 판결 등 참조), 다른 한편, 이러한 어음은 경제적으로 동일한 급부를 위하여 원인채권의 지급수단으로 수수된 것으로서 그 어음채권의 행사는 원인채권을 실현하기 위한 것일 뿐만 아니라, 원인채권의 소멸시효는 어음금 청구소송에 있어서 채무자의 인적 항변사유에 해당하는 관계로 채권자가 어음채권의 소멸시효를 중단하여 두어도 채무자의 인적 항변에 따라 그 권리를 실현할 수 없게 되는 불합리한 결과가 발생하게 되므로, 채권자가 어음채권에 기하여 청구를 하는 반대의 경우에는 원인채권의 소멸시효를 중단시키는 효력이 있다고 봄이 상당하고(대법원 1961. 11. 9 선고, 4293 민상 748 판결 참조), 이러한 법리는 채권자가 어음채권을 피보전권리로 하여 채무차의 재산을 가압류함으로써 그 권리를 행사한 경우에도 마찬가지로 적용된다고 할 것이다.

그럼에도 불구하고 원심이 이와 다른 견해에서 X의 재항변을 배척한 것은 소멸시효중단의 법리를 오해한 위법을 저질렀다 할 것이고, 이러한 위법은 판결결과에 영향을 미쳤음이 분명하므로, 이 점을 지적하는 상고이유 주장은 이유 있다[大判 1999. 6. 11, 99 다 16378(公報 1999, 1397)].

同旨: 大判 2002. 2. 26, 2000 다 25484(公報 2002, 781)(원인채권의 지급을 확보하기 위하여 어음이 수수된 당사자 사이에서 채권자가 어음채권을 피보전권리로 하여 채무자의 재산을 가압류함으로써 그 권리를 행사한 경우에는 그 원인채권의 소멸시효를 중단시키는 효력이 있고, 이러한 법리는 채권자가 어음채권을 청구채권으로 하여 채무자의 재산을 압류함으로써 그 권리를 행사한 경우에도 마찬가지이며, 한편 집행력 있는 채무명의 정본을 가진 채권자는 이에 기하여 강제경매를 신청할 수 있으며, 다른 채권자의 신청에 의하여 개시된 경매절차를 이용하여 배당요구를 신청하는 행위도 채무명의에 기하여 능동적으로 그 권리를 실현하려고 하는 점에서는 강제경매의 신청과 동일하다고 할 수 있으므로, 부동산경매절차에서 집행력 있는 채무명의 정본을 가진 채권자가 하는 배당요구는 민법 제168조 제 2 호의 압류에 준하는 것으로서 배당요구에 관련된 채권에 관하여 소멸시효를 중단하는 효력이 생긴다고 할 것이고, 따라서 원인채권의 지급을 확보하기 위하여 어음이 수수된 당사자 사이에 채권자가 어음채권에 관한 집행력 있는 채무명의 정본에 기하여 한 배당요구는 그 원인채권의 소멸시효를 중단시키는 효력이 있다).

한편 X의 어음債權이 遡求權保全節次의 欠缺 또는 消滅時效로 인하여 소멸한 때에는, X는 原因債權을 행사할 수도 있겠으나 X에게 어음채권이 소멸한 후에 발생하는 利得償還請求權이 발생하는지 여부가 문제된다. 이에 대하여

X의 利得償還請求權을 부정하는 견해도 있으나,[1] (후술하는 바와 같이) X는 原因債權을 행사할 수도 있고 利得償還請求權을 행사할 수도 있다고 본다.[2]

(ii) X가 어음債權이 있음에도 불구하고 原因債權을 먼저 행사하는 경우에는 채무자인 A를 이중지급의 위험으로부터 보호하기 위하여 X는 A에 대한 원인채권을 어음과 상환하여서만 행사할 수 있다(同時履行抗辯權說)(通說).[3]

우리 大法院判例도 이와 同旨로 다음과 같이 판시하고 있다.

[約束어음이 기존채무의 지급확보를 위하여 발행된 경우, 채무자는 어음과 相換하여서만 원인채무를 이행할 수 있다고 본 判例]

약속어음이 기존채무의 지급확보를 위하여 또는 그 담보로 발행된 경우에 있어서는 가령 어음금의 지급이 없더라도 채권자가 그 어음을 유상 또는 무상으로 타인에게 배서양도한 경우에는 특별한 사정이 없는 한 기존채무의 채권자는 채무자에 대하여 기존채무의 지급을 청구할 수 없다고 해석함이 타당하다[大判 1962. 4. 12, 4294 民上 1190(教材, 判決例 [195])].

同旨: 大判 1969. 5. 27, 69 다 426(教材, 判決例 [196]); 同 1977. 3. 8, 75 다 1234(教材, 判決例 [198])(기존채무의 지급을 확보하기 위하여 발행된 환어음이 제 3 자인 은행의 소지에 들어간 경우); 同 1989. 5. 9, 88 다카 7733(新聞 1854, 6)(기존채무의 지급을 위하여 채권자에게 약속어음을 발행 · 교부한 경우에는 약속어음이 반환되기까지 원인채무의 이행을 거절할 수가 있고 원인채권의 양수인에 대하여도 이 같은 항변권을 행사할 수 있다)(이 판결에 찬성하는 취지의 평석으로는 徐廷甲, 「法律新聞」, 제1880호, 11면); 同 1992. 6. 23, 92 다 886(公報 926, 2247)(채권자가 채무자에게 금원을 대여하고 채무자로부터 어음을 배서 · 교부받은 경우에, 채무자가 채무를 이행하고도 그 약속어음을 반환받지 않았다는 것은 극히 이례에 속하는 것이므로 그 약속어음을 채권자가 소지하고 있다면 특별한 사정이 없는 한 채무이행은 안 된 것이다); 同 1992. 12. 22, 92 다 8712(公報 938, 555)(채무이행 확보를 위하여 어음을 발행한 경우, 채무의 이행과 어음의 반환은 동시이행의 관계에 있다); 同 1996. 3. 22, 96 다 1153(公報

1) 朴(元), 515~516면; 大判 1959. 9. 10, 4291 民上 717(教材, 判決例 [165]) 이래 大法院의 일관된 판례태도이다(教材, 判決例 [474~475] 참조).

그러나 獨逸에서는 이와 반대로 어음債權이 消滅時效나 遡求權保全節次의 欠缺로 인하여 소멸하였을 때에는 原因債權을 행사하지 못하고, 利得償還請求權만을 행사할 수 있을 뿐이라는 견해가 있다(Jacobi, S. 292; Hueck/Canaris, §17 Ⅲ 4).

2) 同旨: 鄭(熙), 287면; 鄭(東), 197면; 金(容), 278면; 徐(廷), 247면; 崔(基), 639면; 蔡, 350면; 李(基), 401면 外. 利得償還請求權의 상대방에 대한 어음상의 권리가 소멸한 것만으로(原因債權을 갖고 있음은 물론 다른 어음債務者가 존재하는 경우에도) X가 利得償還請求權을 갖는다고 보는 견해로는 徐·鄭, 127~128면; 梁·朴, 708면; 李(範), 302면.

3) 徐·鄭, 134면; 鄭(熙), 108면; 鄭(東), 226면(同教授는 225~226면에서 특히 이에 관한 설명이 상세하다); 蔡, 115면; 李(基), 90면 外.

1996, 1360)(위의 예에서 X가 A에 대한 채권만을 Z에게 양도한 경우에도 A는 어음의 반환이 없는 한 채무이행을 거절할 수 있으며, 이러한 법리는 그 어음이 X로부터 다른 사람에게 양도되어 그에게 어음금이 지급된 경우뿐만 아니라 X에게 어음금이 지급된 경우에도 동일하다); 同 2001.5.8, 2000 다 58880(公報 2001, 1347)(금융기관이 예금자에 대하여 금원을 대출하면서 그 담보 목적으로 약속어음을 발행·교부받았으나 이를 타인에게 배서·양도한 경우, 금융기관으로서는 약속어음을 소지하고 있지 않는 한 그 원인관계에 있는 대출금 채권만을 분리하여 따로 행사할 수는 없으며, 이를 자동채권으로 하여 예금반환채무와 상계할 수도 없다).

[원인채무의 이행과 어음의 반환이 동시이행의 관계에 있다 하더라도 채무자는 원인채무의 이행기를 도과하면 이행지체의 책임을 진다고 본 判例]

원인채무의 이행과 어음(수표)의 반환이 동시이행의 관계에 있다 하더라도 채권자가 어음(수표)의 반환을 제공하지 아니하면 채무자에게 적법한 이행의 최고를 할 수 없다고 할 수는 없고, 채무자는 원인채무의 이행기를 도과하면 원칙적으로 이행지체의 책임을 진다[大判 1993.11.9, 93 다 11203·11210(반소)(公報 959, 65)].

同旨: 1999.7.9, 98 다 47542·47559(公報 1999, 1587)(채무자가 어음의 반환이 없음을 이유로 원인채무의 변제를 거절할 수 있는 것은 채무자로 하여금 무조건적인 원인채무의 이행으로 인한 이중지급의 위험을 면하게 하려는 데에 그 목적이 있는 것이지, 기존의 원인채권에 터잡은 이행청구권과 상대방의 어음반환청구권이 민법 제536조에 정하는 쌍무계약상의 채권채무관계나 그와 유사한 대가관계에 있어서 그러는 것은 아니므로, 원인채무 이행의무와 어음 반환의무가 동시이행의 관계에 있다 하더라도 이는 어음의 반환과 상환으로 하지 아니하면 지급을 할 필요가 없으므로 이를 거절할 수 있다는 것을 의미하는 것에 지나지 아니하는 것이며, 따라서 채무자가 어음의 반환이 없음을 이유로 원인채무의 변제를 거절할 수 있는 권능을 가진다고 하여 채권자가 어음의 반환을 제공하지 아니하면 채무자에게 적법한 이행의 최고를 할 수 없다고 할 수는 없고, 채무자는 원인채무의 이행기를 도과하면 원칙적으로 이행지체의 책임을 진다).

[수표가 차용금의 변제와 손해배상책임을 아울러 담보하고 있는 경우에는 기존 채무의 이행과 수표의 반환이 동시이행의 관계에 없다고 한 判例]

수표가 차용금의 변제와 손해배상책임을 아울러 담보하고 있는 경우에는 차용금이 변제되었다고 하더라도 위 수표채권(동 수표의 담보적 기능 — 저자註)이 소멸된 것으로 볼 수 없으므로 채권자가 기존채권을 행사하는 데에 동 수표를 반환할 필요가 없다[大判 1985.9.24, 85 다카 504(公報 764, 39)].

債務者인 A가 어음과 相換하지 않고 原因債務의 이행을 거절할 수 있는 점은 채권자인 X로부터 原因債權을 양수한 자(B)에 대한 관계에서도 동일한데, 우리 大法院判例는 이와 같은 취지에서 다음과 같이 판시하고 있다.

[債務者는 原因債權의 양수인에 대하여도 어음과 相換 없는 채무의 이행을 거절할 수 있다고 본 判例]

채무자(A)가 기존채무의 지급을 위하여 채권자(X)에게 약속어음을 교부하였는데 채권자가 그 어음과 분리하여 기존채권만을 제 3 자에게 양도한 경우에는, 채무자(A)는 이중으로 채무를 지급하게 될 위험을 피하기 위하여 채권양수인(B)의 어음의 반환 없는 기존채권의 지급청구를 거절할 수 있고, 그와 같은 경우 원인채권의 양도통지 후 그 어음금이 지급되었다고 하더라도 채무자(A)는 양도통지를 받기 이전에 이미 어음의 반환 없는 원인채무만의 이행을 거절할 수 있는 항변권을 가지고 있었으므로 그 후 원인채권을 양수한 자(B)에 대하여 그 항변권을 행사할 수 있으며, 이와 같은 법리는 그 어음이 채권자(X)로부터 다시 다른 사람(C)에게 배서양도되어 그에게 어음금이 지급된 경우뿐 아니라 채권자(X)에게 어음금이 지급된 경우에도 마찬가지로 적용된다[大判 1996. 3. 22, 96 다 1153(公報 1996, 1360)].

따라서 이 때 어음채무자가 어음을 반환받으면 원인채무를 이행한 것으로 추정할 수 있는지 여부에 대하여, 우리 大法院判例는 다음과 같이 판시하고 있다.

[채무자가 기존채무의 이행에 관하여 채권자에게 교부한 어음을 반환받으면 원칙적으로 채무를 이행한 것으로 추정한다는 判例]

기존의 원인채권과 어음 · 수표상의 채권이 병존하는 경우 채권자가 기존의 원인채권을 행사함에 있어서는 어음이나 수표를 채무자에게 반환하여야 하므로, 채권자가 기존채무의 이행에 관하여 채무자로부터 어음을 교부받은 후 이를 다시 채무자에게 반환하였다면 특단의 사정이 없는 한 원칙적으로 채무자로부터 기존의 원인채권을 변제받은 사실을 추정할 수 있다. 그러나 채권자가 기존채무의 이행에 관하여 교부받은 어음을 그 지급기일이 장기라는 이유로 채무자에게 반환한 경우, 이는 기존의 원인채무의 변제와 상환으로 이루어진 것이 아니라 오히려 그 어음을 기존의 원인채무의 '지급을 위하여' 또는 '지급 확보를 위하여' 교부받기를 거부하는 채권자의 의사에 기하여 이루어진 것이므로, 채권자가 어음을 교부받으면서 채무자에게 작성하여 준 어음 액면 합계액의 입금표를 회수하지 아니하였다거나 채무자가 채권자에게 그 어음 대신 같은 액면의 다른 어음을 교부하였다는 증거가 없다는 점을 들어 채무자가 원인채무를 변제한 사실을 곧바로 추청할 수는 없고, 그 기존 원인채무의 변제 사실은 여전히 이를 주장하는 채무자가 입증하여야 한다[大判 1995. 12. 20, 96 다 41588(公報 1997, 371)].

그런데 이 때 X가 A에게 어음을 반환하지 않으면 原因債權을 행사할 수 없다는 뜻은, 同어음의 배서양도에 의하여 원인채권이 소멸하는 것이 아니라, 그 어음이 지급될 때까지는 원인채권이 존속하되 채무자에게 이중지급의 위험이 있기 때문에 채무자가 履行을 拒絶할 수 있다는 뜻이다.[1)]

우리 나라의 判例도 이러한 취지로 다음과 같이 판시하고 있다.

[기존채무의 이행을 확보하기 위하여 約束어음이 교부된 경우, 채권자가 이를 제 3 자에 배서 · 양도하였다고 하더라도 상환의무를 부담하는 한 원인채권은 존속한다고 본 判例]

채무자가 기존채무의 이행을 확보할 목적으로 채권자에 대하여 약속어음을 교부한 경우에 있어서, 채권자가 위 어음을 배서양도하고 그 대가를 받았다 하더라도 이로서 기존채무가 소멸하는 것이 아니고 그 후 어음금이 지급되어 채권자가 상환의무를 이행할 우려가 없게 되었을 때에 비로소 기존채무의 소멸을 초래하는 것이다[朝高判 1921. 4. 1 (判總 3-1, 227)].

同旨: 大判 1960. 10. 31, 4291 民上 390(判總 3-1, 229); 同 1976. 4. 13, 75 다 649(民判集 220의 上, 99).

만일 X가 Z에게 배서양도한 이 어음이 시효소멸되었다면 A가 동 어음에 의하여 이중지급의 위험이 없으므로, (Z에게 原因債務를 이행하고 동 어음을 다시 背書讓渡를 받아 소지하고 있는) X는 동 어음을 A에게 반환하지 않고도 A에게 原因債權을 행사할 수 있다.[2)] 이 때 X는 Z에게 원인채무를 이행하여야 (同어음을 반환하지 않고) A에게 原因債權을 행사할 수 있을 것이다. 한편 Z는 同어음이 시효소멸된 경우에는 X에게 原因債權을 행사할 수도 있으나 발행인인 Y에게 利得償還請求權을 행사할 수도 있다(多數說에 의하면 이와 같이 해석되나, 判例에 의하면 Z에게는 利得償還請求權이 발생하지 않으므로 Z는 X에게 原因債權만을 행사할 수 있다).

우리 大法院判例도 이와 同旨로 다음과 같이 판시하고 있다.

[원인채무의 이행을 확보하기 위하여 約束어음이 발행되고 채권자가 이를 제 3 자에게 배서양도하였다고 하더라도 同어음채권이 시효소멸하였으면 채권자는 어음과 相換하지 않고도 원인채권을 행사할 수 있다고 본 判例]

A는 원인채무의 변제를 확보하기 위하여 약속어음을 X에게 발행하고, X는

---

1) 同旨: 鄭(熙), 109면 註 2; 大判 1993. 11. 9, 93 다 11203 · 11210(公報 959, 65)(따라서 채권자는 어음 · 수표의 반환을 제공하지 아니하더라도 채무자에게 적법하게 이행의 최고를 할 수 있다).

2) 同旨: 鄭(東), 226면.

동 어음을 Z에게 배서양도하였다 하더라도 그 어음채권이 시효로 인하여 소멸된 후 Z로부터 다시 배서양도를 받아 소지하고 있는 경우, A는 위 원인채권과 그 변제확보를 위하여 발행된 약속어음금 채권을 이중으로 청구당할 위험이 전혀 없게 된 특별사정이 있으니 X의 기존채권의 청구는 (어음의 반환이 없어도— 저자註) 허용될 것이라고 하였음은 정당하다[大判 1974. 12. 24, 74 다 1296(教材, 判決例 [197])].

그러나 X가 Z에 대한 原因債務를 이행할 필요가 없으면서(예컨대, X가 Z에게 對價를 받고 동 어음을 양도한 경우〈어음割引의 경우〉 등) 背書人으로서 償還義務도 면한 경우에는 A에 대한 原因債權도 소멸한다.

우리 大法院判例도 이와 同旨로 다음과 같이 判示하고 있다.

[기존 원인채무의 지급확보 또는 그 담보를 위하여 발행 또는 교부된 수표를 채권자가 타인에게 양도한 경우, 채권자가 상환의무를 종국적으로 면하게 되면 원인채권도 소멸한다고 본 判例]

수표가 기존 원인채무의 지급확보를 위하여 또는 그 담보를 위하여 발행 또는 교부된 경우에, 채권자가 그 수표를 유상 또는 무상으로 타인에게 양도하였다고 하더라도 그에 의하여 바로 기존 원인채무가 소멸하는 것이 아니고, 수표를 양도한 채권자가 수표상의 상환의무를 종국적으로 면하게 될 때 비로소 기존 원인채무가 소멸한다고 보아야 한다.

따라서 부동산 양도인이 양수인으로부터 매매잔대금으로 교부받은 부동산 전득자 발행의 가계수표를 제 3 자에게 양도하였으나 그 가계수표가 지급거절되자 부동산 전득자가 부정수표단속법에 의한 처벌을 면하기 위하여 제 3 자에게 대가를 약속하고 이를 회수한 경우, 제 3 자는 더 이상 부동산 양도인에게 상환청구를 할 수 없게 되어 부동산 양도인은 수표상의 상환의무를 종국적으로 면하였다고 할 것이어서 그 매매잔대금 채권도 소멸한다[大判 2002. 12. 24, 2001 다 3917(公報 2003, 437)].

3) 旣存債務의 「支給에 갈음하여」(支給自體로서)(in complete satisfaction; an Zahlungs Statt) 어음이 授受되는 경우 일반적으로 채무자가 旣存債務에 관하여 은행의 自己앞手票나 은행의 支給保證이 있는 當座手票와 같이 지급이 확실한 수표를 교부하는 때에는 지급에 갈음한 것(또는 채무의 본지에 따른 변제의 제공)이라고 보아야 한다.[1]

우리 大法院判例도 이와 同旨에서 다음과 같이 판시하고 있다.

1) 同旨: 鄭(熙), 107면; 孫(珠), 169면; 李(基), 83면.

[신용 있는 銀行發行의 수표제공은 '支給에 갈음하여' 수수된 것으로 본 判例]

신용 있는 은행발행의 수표제공은 일반거래상 현금의 제공과 동일하게 볼 것이므로, 이를 채무의 본지에 따른 현실제공으로 해석할 것이다[大判 1960. 5. 19, 4292 民上 784(判總 3-1, 243)].

同旨: 朝高判 1928. 10. 12(判總 3-1, 235)(신용 있는 은행이 발행한 수표는 은행의 영업시간 내에는 현금과 같이 취급하게 되는 것이라고 해석되며, 영업시간 외일 때는 채권자가 현금을 곧 타에 사용하는 등의 특단의 사정이 존재하지 않는 한 현금과 같이 해석함이 신의의 원칙에 합치한다고 할 수 있으며 거래상 또한 시인되는 바이다); 大判 1956. 7. 12, 4289 民上 220(判總 3-1, 242-13)(금전채무 이행제공의 경우에는 특별한 사정이 없는 한 은행이 보증한 수표를 현금과 동일하게 해석하는 것이 신의의 원칙과 거래상의 실제에 합치하여 타당하다).

이 때에는 既存債務는 소멸하고 어음債務만이 존재하는데, 기존채무의 소멸원인에 대하여는 (i) 更改說, (ii) 代物辨濟說, (iii) 當事者의 意思에 따라서 更改인가 代物辨濟인가가 결정된다는 설이 있다. 우리 나라의 통설은 代物辨濟說인데,[1] 타당하다고 생각한다.[2] 왜냐하면 更改로 해석하면 舊債務(原因債務)가 존재하지 않는 경우에 新債務(어음債務)도 존재하지 않게 되어 어음의 無因性에 반하기 때문이다.[3] 이와 같이 原因債務의「支給에 갈음하여」어음이 수수된 경우에 원인채무는 대물변제의 법리에 의하여 소멸하게 되어(民 466조), 채권자는 원인채권을 행사할 수 없고 어음債權만을 행사할 수 있다. 이 때 어음채권이 소구권보전절차의 흠결 또는 소멸시효로 소멸한 때에는 채권자는 원인채권을 행사할 수 없고 利得償還請求權만을 행사할 수 있을 뿐이다.

原因債務의「支給에 갈음하여」어음이 수수된 경우에는 어음의 수수와 동시에 원인채무가 소멸하므로, 원인채권을 위하여 존재한 擔保權·保證 등은 특약이 없는 한 그 효력을 잃는다고 보아야 할 것이다.[4]

(2) 어음關係에 의하여 原因關係의 債務 등이 인정되는 경우가 있다. 예를 들면 소비대차상의 채무를 담보하기 위하여 借用證書에 갈음하여 발행된 約束어음에 背書한 자에게 原因債務에 대하여 民法上 保證責任을 부담시킨다든지, 또는 貸金債務의 辨濟期가 이 채무를 위하여 발행된 貸付어음의 滿期로 推定

---

1) 鄭(熙), 109~110면; 徐·鄭, 135~136면; 梁(承), 219면; 鄭(東), 224면; 蔡, 114면 外 多數; 日大判 1919. 4. 1(教材, 判決例 [416]).
2) 鄭(燦), (事例) 250면.
3) 同旨: 徐·鄭, 135면.
4) 鄭(燦), (事例) 251면. 同旨: 徐·鄭, 135면; 鄭(東), 223면.

된다는 것 등이 이에 해당한다.[1)]

1) 전자의 예를 좀 더 구체적으로 보면 다음과 같다.

① 예컨대 A가 X로부터 금전을 차입하면서 수취인 백지의 約束어음을 발행하여 X에게 교부하였는데 X는 A가 신용이 없으니 신용 있는 Y로부터 보증목적의 배서를 받아 올 것을 요청하여 Y는 X에게 자기는 A의 대여금채무를 보증할 의사로써 배서하는 것임을 나타내고 동 어음에 배서한 경우, Y는 X에게 어떠한 책임을 부담하는가의 문제가 있다. 이 때에는 Y가 X에 대하여 「A의 대여금채무를 보증할 의사로써 배서하는 것」임을 명백히 나타낸 경우이므로, Y의 그러한 의사를 존중하여 Y에게 어음상 배서인으로서의 책임 외에 民法上 保證人으로서의 책임도 부담시켜야 할 것이다.

우리 大法院判例도 이러한 취지로 다음과 같이 판시하고 있다.

[배서인이 민사상의 채무까지 보증하겠다는 뜻으로 背書한 경우 민사상 보증채무도 부담한다고 본 判例]

A가 발행한 약속어음에 배서한 Y는 배서행위로 인한 어음법상의 채무만을 부담하는 것이 원칙이고, 다만 채권자(X)에 대하여 자기가 약속어음 발행의 원인이 된 민사상의 채무까지 보증하겠다는 뜻으로 배서를 한 경우에 한하여 발행인(A)의 채권자(X)에 대한 민사상 채무에 관하여 보증책임을 부담한다 할 것이다(당원 1964. 10. 20 선고, 64 다 865 판결; 1973. 9. 25 선고, 73 다 405 판결 참조)[大判 1984. 2. 14, 81 다카 979(教材, 判決例 [521])].

[제 3 자가 채무자를 위하여 어음이나 수표를 발행하는 것은 중첩적 채무인수라고 본 判例]

금전소비대차계약으로 인한 채무에 관하여 제 3 자가 채무자를 위하여 어음이나 수표를 발행하는 것은 특별한 사정이 없는 한 동일한 채무를 중첩적으로 인수한 것으로 봄이 타당하므로(대법원 1989. 9. 12 선고, 88 다카 13806 판결 참조), A회사가 이 사건 대여금 채무를 지급하기 위하여 발행한 당좌수표를 X가 교부받았다거나 그 당좌수표를 X에게 발행한 이후 A회사가 매월 이자를 X에게 지급하여 왔다는 사정 등만으로는 A회사가 이 사건 대여금 채무를 면책적으로 인수하였다거나 X가 Y와 A회사 사이의 면책적 채무인수의 약정을 묵시적으로 승낙한 것으로 볼 수는 없다 할 것이다[大判 1998. 3. 13, 97 다 52493(公報 1998, 1037)].

② 그런데 Y가 X에게 그러한 보증의사를 표시하지 않고, 단순히 동 어음이 「금융목적으로 발행된 사정」만을 알고서 담보의 의미로 배서한 경우에도 Y에게

1) 同旨: 鄭(熙), 110면; 蔡, 118면.

民法上 保證責任을 부담시킬 수 있을까. 이에 대하여 우리 나라의 判例는 Y의 保證責任을 긍정하는 판례와 Y의 保證責任을 부정하는 판례로 나뉘어 있다.

(i) [Y의 保證責任을 肯定하는 判例]

어음배서인이 어음발행인의 차용금채무에 대한 담보의 의미로 배서를 요구하는 사정을 충분히 알고 어음발행인의 요구에 따라 배서한 경우에는 차용금채무를 연대보증하겠다는 의사를 표시하는 뜻에서 배서한 것이다[大判 1986. 9. 9, 86 다카 1088(公報 787, 45)].

同旨: 大判 1985. 11. 26, 84 다카 2275(公報 768, 13)(금전소비대차계약으로 인한 채무에 관하여 제 3 자가 채무자를 위하여 약속어음 또는 수표 등을 작성하여 채권자에게 교부한 경우에는 특별한 사정이 없는 한 동일채무에 관하여 면책적 또는 중첩적으로 채무를 인수한 것이다); 同 1986. 7. 22, 86 다카 783(新聞 1649, 9)[본 판례에 대한 평석으로는 鄭燦亨, "어음의 실질관계," 「法律新聞」, 제1661호(1986. 11. 24), 15면]; 同 1987. 8. 25, 87 다카 891(公報 810, 33); 同 1988. 10. 25, 88 다 1455(公報 837, 1479); 同 1989. 9. 12, 88 다카 13806(公報 858, 1399); 同 1989. 7. 25, 88 다카 19460(公報 856, 1287).

Y가 A의 신용을 담보하여 A의 금융상 편의를 도모하기 위하여 자기명의의 수표를 발행하여 채권자(X)에게 교부한 경우에, 수표발행인(Y)은 수표상의 책임은 물론 기본인 금전소비대차에 있어서도 A를 위하여 보증채무를 부담하는 의사를 암묵으로 표시한 것으로서 Y는 貸主인 X가 누구인지를 몰랐다거나 또는 貸主인 X와 직접 교섭이 없었다고 하더라도 Y는 채무자인 A를 통하여 X에게 보증의 의사를 암묵으로 표시한 것이므로, Y는 X에 대하여 A의 소비대차상의 채무에 대한 보증채무를 부담한다[大判 1965. 9. 28, 65 다 1268 (教材, 判決例 [423])].

同旨: 日最高判 1977. 11. 15(教材, 判決例 [520]).

(ii) [Y의 保證責任을 否定하는 判例]

보증채무계약은 보증인과 채권자 사이에 체결되는 것이므로 약속어음에 배서하는 사람 등은 원인채무에 대하여 자기가 보증채무를 부담하는 뜻의 보증계약을 체결하는 등 특별한 사정이 없는 한 원칙상 그 약속어음상의 의무만을 부담하는 것이다[大判 1964. 10. 20, 64 다 865(教材, 判決例 [404])].

同旨: 大判 1987. 4. 28, 86 다카 2630(公報 802, 39)(약속어음의 발행인이 수취인의 자금융통을 위하여 약속어음을 발행하였다는 사유만으로는 수취인이 위 금융어음을 타에 담보로 제공하고서 금원을 차용한 채무를 보증한 것으로는 볼 수 없다); 同 1987. 12. 8, 87 다카 1105(公報 817, 62); 同 1988. 3. 8, 87 다 446(公報 823, 27)(채무자가 금전을 차입하면서 제 3 자가 발행한 수표를 담보조로 채권자에게 교부한 경우에 수표발행인인 제 3 자는 특별한 사유가 없는 한 수표거래에 관한 원인채무를 보증했다고 볼 수 없다); 同 1993. 11. 23, 93 다 23459(公報 960, 177)(다른 사람이 발행한 약속어음에 보증의 취지로 배서한 경우에 배서인은 그 배서행위로 인한 어음상의 채무만을 부담하는 것이 원칙이고, 다만 그 어음이 차용증서에 갈음하여 발행된 것으로서 배서인이 그러한 사정을 알고 민사상의 원인채무를 보증하는 의미로 배서한 경우에 한하여 그 원인채무에 대한 보증책임을 부담하는 것이다); 同 1994. 8. 26, 94 다 5396(公報 977, 2524)(Y가 A의 신용상태를 보충하기 위하여 A가 물품대금의 지급을 위하여 X에게 교부하는 약속어음에 배서하였더라도, 달리 Y가 민사상의 원인채무까지 보증하는 의미로 배서하였다고 볼 자료가 없는 이상 Y는 背書人으로서 어음상의 채무만을 부담한다); 同 1992. 12. 22, 92 다 17457(公報 938, 557)(사채시장에서 쉽게 할인될 수 있도록 하기 위하여 약속어음에 배서한 것은 배서인으로서의 어음상 채무를 부담함에 의하여 신용을 부여하는 것에 불과하고, 위 약속어음이 차용증서에 갈음하여 발행한 것으로 알고 민사상의 원인채무를 보증하는 의미로 배서한 것이라고 볼 수 없다); 同 1994. 12. 2, 93 다 59922(公報 984, 426)(어음할인의 과정에서 할인의뢰인이 아닌 제 3 자가 어음에 배서하였다는 사정만으로 그 제 3 자가 할인금을 차용하였다고 단정할 수는 없고, 또 일반적으로 다른 사람이 발행한 약속어음에 배서를 한 배서인은 배서행위로 인한 어음상의 채무만을 부담하는 것이 원칙이며, 다만 어음이 차용증서에 갈음하여 발행된 것으로서 배서인이 그러한 사정을 알고 민사상의 원인채무를 보증하는 의미로 배서한 경우와 같은 특별한 사정이 있는 경우에 한하여 원인채무에 대한 보증책임을 부담하는 것이다); 同 1997. 12. 9, 97 다 37005(公報 1998, 227)(금전의 대여계약을 체결함에 있어서 그 대여금채무의 지급을 확보하기 위하여 채무자가 발행하는 약속어음에 배서인이 그러한 사실을 알면서 보증의 취지로 배서하였다고 하더라도 그러한 사실만으로는 원인채무인 대여금채무에 대하여 보증계약이 성립한 것으로 볼 수 없고〈당원 1992. 12. 22 선고, 92 다 17457 판결; 同 1993. 11. 23 선고, 93 다 23459 판결 등 참조〉, 이 경우 대주가 배서인과 직접 교섭하여 배서를 요구하였기 때문에 배서인이 약속어음 발행의 원인이 된 소비대차계약의 내용을 상세히 알게 되었고 또 대주의 면전에서 직접 대주의 요구에 응하여 배서하였다고 하더라도, 이러한 사실들은 배서인이 원인관계상의 채무에 대하여도 보증할 의사가 있었다고 인정하는 데 유력한 증거가 될 수 있을 뿐이고, 그러한 사실들이 존재한다고 하여 원인관계상의 채무에 대한 보증계약의 성립이 추정된다고 볼 수 없으며, 대주가 배서인에게 배서를 요구할 때 어음 발행의 원인이 된 대여금채무까지도 보증할 것을 요구하는 의사를 가지고 있었고 배서인도 대주의 그러한 의사를 인식하면서 배서에 응하였다는 사실, 즉 배서인이 소구의무를 부담한다는 형태로 대주에게 신용을 공여한 것이 아니라 원인관계상의 채무에 대하여도 신용을 공여한 것이라는 점이 배서를 전후한 제반 사정과 대주와 배서인이 처한 거래계의 실정 등에 의하여 추지될 수 있는 정도에 이르러야만 원인관계상의 대여금채무에 대한 보증계약의 성립을 인정할 수 있다고 할 것이다. 원심이 확정한 사실관계에 의하면, Y의 대표이사

A가 채권자인 X의 대표이사와 채무자인 Z의 대표이사로부터 이 사건 약속어음에 Y의 배서가 필요한 배경이라든지 장차 있게 될 소비대차계약의 내용을 들어서 잘 알고 있었고, 특히 2차례의 어음 개서시에 그 어음금을 대여금채무의 원리금 합계액으로 증액하는 데 대하여 특별히 이의를 제기한 바도 없었다는 등의 사실은 배서인이 원인관계상의 채무에 대하여도 보증할 의사를 가졌다고 볼 수 있는 유력한 자료가 된다고 할 것이지만, Y의 대표이사가 이 사건 대여금에 대하여 책임을 질 것 같은 태도를 보이거나 언동을 하면서 X에게 금원을 대여할 것을 요청한 것이 아니라, 오히려 X와 Z측으로부터 여러 날 동안 끈질긴 배서요청을 받고서 결국 이를 거절하지 못하고 배서하기에 이르렀고, X도 2차례의 어음 개서시에 대여금채무자인 Z나 제 1 배서인인 B에게는 대여원리금채무의 상환에 대한 각서에 서명할 것을 요구하였으면서도 Y에게는 그 각서에 서명할 것을 요구하지 않고 종전과 같이 개서 어음에 배서할 것을 요구한 점 등에 비추어 보면, X가 어음 발행의 원인이 된 대여금채무까지도 보증할 것을 요구하는 의사를 가지고 있었고 배서인인 Y의 대표이사도 X의 그러한 의사를 인식하면서 배서에 응하였다고는 보기 어렵다 할 것이다); 同 2002. 4. 12, 2001 다 55598(公報 2002, 1108)(다른 사람이 발행 또는 배서양도하는 약속어음에 배서인이 된 사람은 그 배서로 인한 어음상의 채무만을 부담하는 것이 원칙이고, 특별히 채권자에 대하여 자기가 그 발행 또는 배서양도의 원인이 된 채무까지 보증하겠다는 뜻으로 배서한 경우에 한하여 그 원인채무에 대한 보증책임을 부담한다); 同 2007. 9. 7, 2006 다 17928(公報 2007, 1556)(수표의 발행인에게 어느 특정인의 채무를 담보하기 위한 것이라는 수표의 사용 목적에 대한 인식이 있었다거나 수표의 발행인이 채권자의 요구에 따라 그 앞에서 직접 수표를 발행·교부하였다는 사정이 있었다 하더라도, 그러한 사실이 수표의 발행인에게 민사상의 보증채무까지 부담할 의사가 있었다고 인정하는 데 있어 적극적인 요소 중의 하나가 될 수 있음은 별론으로 하고, 그러한 사실로부터 바로 수표의 발행인과 채권자 사이에 민사상 보증계약이 성립한다고 추단할 수는 없다. 그보다 더 나아가 채권자의 입장에서 수표 발행시에 원인이 되는 채무에 대한 민사상의 보증채무를 부담할 것까지도 수표의 발행인에게 요구하는 의사가 있었고 수표의 발행인도 채권자의 그러한 의사 및 채무의 내용을 인식하면서 그에 응하여 수표를 발행하였다는 사실, 즉 수표의 발행인이 단순히 수표법상의 상환의무를 부담한다는 형태로 채권자에게 신용을 공여한 것이 아니라 민사상의 보증의 형태로도 신용을 공여한 것이라는 점이 채권자 및 채무자와 수표의 발행인 사이의 관계, 수표의 발행에 이르게 된 동기, 수표의 발행인과 채권자 사이의 교섭 과정 및 방법, 수표의 발행으로 인한 실질적 이익의 귀속 등 수표의 발행을 전후한 제반 사정과 거래계의 실정에 비추어 인정될 수 있을 정도에 이르러야만 수표의 발행인과 채권자 사이의 민사상 보증계약의 성립을 인정할 수 있고, 그에 미치지 못하는 경

우에는 수표의 발행인은 원칙적으로 수표의 채무자로서 수표가 지급거절된 경우 그 소지인에 대하여 상환청구에 응하지 않으면 안 되는 수표법상의 채무만을 부담할 뿐이다).

생각건대 민법상 보증채무는 보증인(위 예의 경우 Y)과 채권자(위 예의 경우 X)간의 保證契約에 의하여 성립하고, 이러한 보증계약은 請約과 承諾에 의하여 성립하는데, 본문에서와 같이 「금융목적으로 발행된 사정」만을 알면서 담보의 의미로 배서한 자의 의사를 위와 같은 民法上 保證契約의 當事者의 意思로 볼 수는 없을 것으로 생각된다. 또 비록 그렇게 본다면 이는 배서인(Y)의 의사를 너무 의제하여 배서인에게 너무 가혹한 책임을 지우는 것으로 생각한다. 따라서 그러한 어음상의 배서인(Y)(또는 발행인)이 채권자(X)에게 원인채무에 대하여도 민법상 보증책임을 부담한다는 뜻의 명백한 意思表示가 있는 등의 특별한 사정이 있는 경우에 한하여 背書人(Y)(또는 發行人)에게 民法上 保證責任을 지워야 할 것이다.[1)]

우리 大法院判例도 이와 同旨로 다음과 같이 판시하고 있다.

[보증인의 보증의사의 존재나 보증범위는 이를 엄격하게 제한하여 인정하여야 한다고 본 判例]

보증계약의 성립을 인정하려면 당연히 그 전제로서 보증인의 보증의사가 있어야 하고, 이러한 보증의사의 존부는 당사자가 거래에 관여하게 된 동기와 경위, 그 관여형식 및 내용, 당사자가 그 거래행위에 의하여 달성하려는 목적, 거래의 관행 등을 종합적으로 고찰하여 판단하여야 할 당사자의 의사해석 및 사실인정의 문제이지만, 보증은 이를 부담할 특별한 사정이 있을 경우 이루어지는 것이므로, 보증의사의 존재나 보증범위는 이를 엄격하게 제한하여 인정하여야 할 것이다.

따라서 액면금이 다액인 약속어음의 소지인의 의뢰에 의하여 이에 자신 명의의 배서를 하여 액면금이 소액인 수 매의 약속어음으로 등가교환을 하도록 주선하였다는 사실만으로는 이를 주선한 자에게, 교환된 액면금 소액의 약속어음의 지급에 관한 보증의사가 있었다고는 볼 수 없다[大判 1998. 12. 8, 98 다 39923(公報 1999, 105)].

2) 後者의 例에 관하여는 다음과 같은 大法院判例가 있다.

1) 鄭(燦), (事例) 257면. 이에 관한 상세한 理由는 鄭燦亨, 前揭 法律新聞(1986. 11. 24), 15면; 同, "숨은 어음保證人의 原因債務에 대한 保證責任(大判 1987. 12. 8, 87 다카 1105에 대한 判例評釋)," 「法律新聞」, 제1741호(1988. 4. 11), 11면; 同, "擔保目的으로 어음上에 背書한 者의 民法上 保證責任," 「判例研究」(高麗大 法學研究所), 제 6 권(1994. 6), 151~171면 참조.

[어음상의 背書日字를 原因債權의 발생일로 본 判例]

채권자가 채무자에게 금원을 대여하고 채무자로부터 어음을 배서교부받은 경우에, 다른 반증이 없는 한 채권자는 배서일자에 채무자에게 위 금원을 대여한 것으로 보아야 할 것이다[大判 1992. 6. 23, 92 다 886(公報 926, 2247)].

[白地어음에 보충된 滿期를 기존채무의 변제기로 본 判例]

기존채무의 지급과 관련하여 만기를 백지로 하여 약속어음이 발행된 경우에는, 어음이 수수된 당사자 사이의 의사해석으로서는 특별한 사정이 없는 한 기존채무의 변제기는 그보다 뒤의 날짜로 보충된 백지어음의 만기로 유예한 것으로 보아야 할 것이다[大判 1990. 6. 26, 89 다카 32606(公報 878, 1572)].

[원인채무의 이행기가 도래하기 전에 원인채무의 변제기 이후의 어음을 채권자가 받은 경우, 기존채무의 변제기는 어음의 만기로 변경된다고 본 判例]

채권자가 기존채무의 지급을 위하여 그 채무의 이행기가 도래하기 전에 미리 그 채무의 변제기보다 후의 일자가 만기로 된 어음의 교부를 받은 때에는 묵시적으로 기존채무의 지급을 유예하는 의사가 있었다고 볼 경우가 있을 수 있고 이 때 기존채무의 변제기는 어음에 기재된 만기일로 변경된다고 볼 것이나, 특별한 사정이 없는 한 채무자가 기존채무의 이행기에 채무를 변제하지 아니하여 채무불이행 상태에 빠진 다음에 기존채무의 지급을 위하여 어음이 발행된 경우까지 그와 동일하게 볼 수는 없다[大判 2000. 7. 28, 2000 다 16367(公報 2000, 1942)].

同旨: 大判 1999. 8. 24, 99 다 24508(公報 1999, 1951)(채권자가 기존채무의 지급을 위하여 그 채무의 변제기보다 후의 일자가 만기로 된 어음의 교부를 받은 때에는 묵시적으로 기존채무의 지급을 유예하는 의사가 있었다고 보는 것이 상당하므로 기존채무의 변제기는 어음에 기재된 만기일로 변경된다고 볼 것이다); 同 2000. 9. 5, 2000 다 26333; 同 2001. 2. 13, 2000 다 5961(公報 2001, 643)(어음이 '지급을 위하여' 교부된 것으로 추정되는 경우 채권자는 어음채권과 원인채권 중 어음채권을 먼저 행사하여 만족을 얻을 것을 당사자가 예정하였다고 할 것이어서 채권자로서는 어음채권을 우선 행사하고 그에 의하여 만족을 얻을 수 없는 때 비로소 채무자에 대하여 기존의 원인채권을 행사할 수 있는 것이므로〈대법원 1995. 10. 13 선고, 93 다 12213 판결 참조〉, 채권자가 기존채무의 변제기보다 후의 일자가 만기로 된 어음을 교부받은 때에는 특단의 사정이 없는 한 기존채무의 지급을 유예하는 의사가 있었다고 보아야 할 것이다).

제 3 절 資金關係

제 1 意 義

資金關係(provision; Deckungsverhältnis)란 換어음의 지급인이 인수 또는 지급을 하거나, 手票의 지급인이 지급을 하는 원인이 되는 법률관계이다.[1] 이러한 자금관계는 환어음과 수표의 支給人과 發行人 사이에 존재하는 실질관계로서, 약속어음에는 이러한 자금관계가 없다. 또한 환어음과 수표라도 지급인과 발행인이 동일인인 自己앞換어음(手票)에서는(어 3조 2항, 手 6조 3항) 자금관계가 존재할 여지가 없다.[2] 委託어음(手票)의 자금관계는 지급인과 제 3 자(위탁자) 사이에 발생한다.

자금관계는 발행인이 미리 그 자금을 지급인에게 공급하여 두는 경우가 보통이지만, 지급인이 지급한 뒤에 발행인에 대하여 보상을 구하는 경우가 있는데 이 경우를 특히 補償關係(Revalierungsverhältnis)라고 한다. 그 밖에 자금관계는 자금의 수수 없이 기존채무의 변제를 위하여 또는 신용계약 등에 기하여 존재하는 수도 있으므로, 자금관계를 항상 위임이라고 볼 수는 없고 사무관리 · 채권의 추심 등 여러 가지 형태가 있다.[3]

이하에서는 換어음의 자금관계와 手票의 자금관계를 나누어서 간단히 살펴본다.

제 2 換어음의 資金關係

(1) 어음關係와 資金關係의 分離(어음關係의 抽象性)

어음關係와 資金關係가 분리되는 점은 어음關係와 原因關係가 분리되는 점과 같다. 즉 어음의 유효 · 무효 또는 어음상의 권리의 발생유무는 資金關係의 유무나 내용에 의하여 아무런 영향을 받지 않는다. 따라서 換어음의 發行人이 支給人과의 사이에서 資金關係가 없이 어음을 발행하거나 또는 발행 당시

---

1) 資金關係外에 準資金關係가 있는데, 이것은 換어음의 引受人 또는 約束어음의 發行人과 支給擔當者 사이, 參加支給人과 被參加人의 사이, 어음保證人과 被保證人의 사이에 존재하는 관계를 말한다.

2) 同旨: 鄭(熙), 112면 註 1.

3) 同旨: 徐·鄭, 137~138면; 鄭(東), 234면.

支給人에게 전연 자금이 없었다 하더라도, 그 換어음의 發行이나 引受는 완전히 유효하다.[1)]

(2) 어음關係와 資金關係의 牽連

어음관계의 직접 당사자간의 人的 抗辯의 許容(어 17조), 發行人이 引受人에 대하여 갖는 支給請求權(어 28조 2항 단서), 利得償還請求權(어 79조) 등은 자금관계를 어음관계에 반영한 것이다.

제 3 手票의 資金關係

위의 換어음의 자금관계는 手票의 자금관계에도 공통하나(發行人이 引受人에 대하여 갖는 支給請求權은 제외됨), 手票의 자금관계가 換어음의 그것과 구별되는 점으로는 다음과 같은 것이 있다.

1) 手票의 자금관계는 手票法 제 3 조에서 명문으로 규정하고 있다. 따라서 手票의 발행인은 수표를 제시한 때에 처분할 수 있는 자금이 있는 銀行을 지급인으로 하므로 이 지급인(은행)과 當座計定去來契約을 체결해야 하는데, 이는 (i) 當座預金契約 또는 當座借(貸)越契約, (ii) 手票契約, (iii) 相互計算契約[2)]으로 되어 있다.

2) 그러나 이러한 수표의 자금관계에서도 手票關係와 資金關係는 분리되어 자금관계에 위반하여 발행된 수표도 완전히 유효하나(手 3조 단서), 다만 발행인이 과태료의 제재를 받게 될 뿐이다(手 67조).

우리 大法院判例도 이와 同旨로 다음과 같이 판시하고 있다.

[手票契約에 위반하여 발행한 수표도 有效한 수표라고 본 判例]

가계수표 용지에 부동문자로 인쇄되어 있는 '100만원 이하' 등의 문언은 지급은행이 사전에 발행인과의 사이에 체결한 수표계약에 근거하여 기재한 것으로서 이는 단지 수표계약의 일부 내용을 제 3 자가 알 수 있도록 수표 문면에 기재한 것에 지나지 아니한 것이고, 한편 수표법 제 3 조 단서에 의하면 수표자금에 관한 수표계약에 위반하여 수표를 발행한 경우에도 수표로서의 효력에는 영향을 미치지 아니하므로 발행한도액을 초과하여 발행한 가계수표도 수표로서의

---

1) 同旨: 鄭(熙), 111면.

2) 孫(珠), 182면; 鄭(東), 506면.

그러나 相互計算契約이 포함되지 않는다고 보는 견해로는 鄭(熙), 113~114면(手票에 의한 결제는 그때 그때 이루어지기 때문이라고 한다); 崔(基), 242면(채권자의 이익을 저해할 수 있기 때문에 실제에 있어서는 상호계산계약의 성립을 부정하여 押留 또는 転付의 처리가 되고 있다고 한다).

효력에는 아무런 영향이 없다[大判 1998. 2. 13, 97 다 48319(公報 1998, 754)].

제 4 절 어음豫約

1. 意 義

원인관계와 어음관계의 중간에서 어음행위의 내용에 관하여(예컨대 어음금액, 만기 등에 관하여) 어음관계의 발생의 준비로서 하게 되는 계약을 어음豫約(Wechselvorvertrag)이라고 한다. 이러한 어음豫約이 서면으로 될 때 이를 假어음(Interimwechsel)이라 한다.

2. 效 力

어음행위는 이 계약의 이행으로써 하게 되는데, 어음豫約에서 정한 조건에 위반하여 발행된 어음도 완전히 유효하고, 이 위반은 당사자간의 人的 抗辯事由가 될 뿐이다.

제 6 장 銀行業務와 어음

제 1 절 總 說

어음은 銀行(기타 금융기관 또는 이와 동시 되는 사람·시설을 포함함)을 통하여 가장 많이 이용되는데, 銀行의 업무는 거의 대부분 이러한 어음과 밀접히 관련되어 있다.[1] 은행의 대고객업무는 크게 預金業務·貸出業務·換業務 및 輸出入業務로 분류될 수 있는데, 각 업무에 따라 이용되는 어음의 법률관계가 상이하다. 이하에서는 각 업무에 따라 이용되는 어음의 법률관계에 대하여 간단히 살펴보고, 마지막으로 어음交換에 대하여 설명하겠다.

제 2 절 預金業務와 어음

은행의 預金業務에서 어음이 이용되는 관계는 예금종류에 따라 다르고, 각 예금종류마다 入金과 出金을 구별하여 살펴볼 수 있다. 은행의 예금종류는 은행마다 또 시기마다 상이한데 크게 普通預金·當座預金·別段預金으로 분류할 수 있다.

1) 金融去來에 관하여는 鄭燦亨·都濟文(共著), 「銀行法」(서울: 博英社, 2003), 195~312면; 金建植·南孝淳(共編), 「金融去來法講義」(서울: 法文社, 1999); 사법연수원, 「금융거래법」, 2003; 법원행정처, 「銀行去來·賃貸借事件의 諸問題」, 裁判資料 第32輯(1986) 등 참조.

제 1 普通預金

1. 入 金

(1) 預金은 일반적으로 예금계약이라고 하는 하나의 법률요건을 의미하는데, 이에 의하여 발생한 효과인 예금반환채권을 의미하기도 한다.[1] 예금계약의 성질은 일반적으로 消費任置로 보는데, 소비임치에는 반환시기에 관한 규정(民 702조 단서, 603조 2항)을 제외하고는 소비대차에 관한 규정이 준용되므로(民 702조), 預金契約의 성립시기는 消費貸借契約의 성립시기와 같다고 볼 수 있다. 그런데 消費貸借契約은 諾成契約이므로(民 598조),[2] 預金契約도 예금자와 은행간의 합의만으로 성립하는 諾成契約이다.

預金契約의 成立에 대하여 우리 大法院判例는 다음과 같이 판시하고 있다.

[預金契約의 成立에 관한 判例]

예금계약은 예금자가 예금의 의사를 표시하면서 금융기관에 돈을 제공하고 금융기관이 그 의사에 따라 그 돈을 받아 확인하면 그로써 성립하며, 금융기관의 직원이 그 받은 돈을 금융기관에 입금하지 아니하고 이를 횡령하였다고 하더라도 예금계약의 성립에는 아무런 소장이 없다[大判 1996. 1. 26, 95 다 26919(公報 1996, 741)][이 판결은 예금계약을 요물계약과 같은 취지로 판시하고 있으나, 당사자간의 의사의 합치만으로 예금계약이 성립한다고 본다 ― 저자註].

그런데 예금계약이 성립하여도 은행은 현금 기타 유가증권의 預入을 받아야 預金返還債務를 부담하는 것이므로, 은행의 예금계약의 成立時期와 預金返還債務의 성립시기는 시간적으로 분리된다. 이 때 예금자가 어음 등과 같은 증권으로 입금하는 경우 예금자의 預金債權이 언제 발생하느냐가 문제된다. 이에 대하여는 은행이 自店券(預金銀行이 지급인 또는 지급장소로 되어 있는 어음 등)으로 입금받는 경우와 他店券(他銀行이 지급인 또는 지급장소로 되어 있는 어음 등)으로 입금받는 경우에 따라 다르다.

1) 銀行이 自店券 중 자점에서 발행한 自己앞手票로 입금받는 경우에는, 同수표가 진정하고 특단의 의사표시가 없는 한 입금 즉시 예금자는 預金債權을 갖는다. 그러나 은행이 自店券 중 자점이 支給人 또는 支給場所로 되어 있는 그 밖의 어음 등을 입금받는 경우에는, 은행이 지급할 자(換어음 또는 手票의 발행인, 換어음의 지급인, 約束어음

---

1) 田中(誠), 銀行去來法, 67면.

2) 日本民法 제587조는 消費貸借契約을 要物契約으로 규정하고 있다.

의 발행인 등)의 예금잔액이 있는 것을 확인하고 입금절차를 취한 때에 同自店券을 입금한 자는 預金債權을 갖는다고 본다.[1]

2) 銀行이 他店券으로 입금을 받는 경우에는, 同他店券은 은행에 보통 讓渡背書 또는 숨은 推尋委任背書에 의하여 양도되고 은행은 同他店券을 어음교환을 통하여 支給銀行(支給擔當銀行)으로부터 추심하여 예금액으로 입치하는데, 이 때 預金者는 언제 預金債權을 갖느냐가 문제된다. 이에 대하여는 크게 推尋委任說(推尋完了時說)과 讓渡說(受入時說)이 있다.

① 推尋委任說은 예금자가 은행에 타점권을 입금하는 것을 推尋委任契約으로 보아, 예금자는 후일 동 증권이 추심결제되는 것을 조건으로 하는 「停止條件附預金債權」을 갖는다고 한다. 이 설에서는 예금자가 입금하기 위하여 은행에 他店券을 背書하는 것은 숨은 推尋委任背書로 본다(日最高判 1971. 7. 1).

우리 나라의 大法院判例 중에는 이 입장에서 다음과 같이 판시한 것이 있다.

[他店券의 입금의 경우 推尋委任說을 취한 判例]

은행의 예금주가 제 3 자 발행의 어음을 예금으로서 자신의 구좌에 입금시키는 것은 추심의 위임이라고 보아야 한다. 그러나 은행의 채무자가 그 채무의 변제를 위하여 제 3 자 발행의 어음을 교부하는 것은 특별한 사정이 없는 한 어음상의 권리의 양도로 보는 것이 합리적이다[大判 1988. 1. 19, 86 다카 1954(公報 820, 446)].

따라서 이 설에서는 他店券이 교환결제되기 전에 입금액을 지급하는 것은 예금 반환이 아니고, 은행의 위험부담하에 하는 貸出로 해석한다. 또한 同他店券이 부도가 된 경우에 은행은 자기고유의 증권상의 권리를 갖는지에 대하여는 숨은 推尋委任背書의 法的 性質을 어떻게 보느냐에 달려 있다. 즉, 信託讓渡說(通說·判例)에 의하면 은행은 자기고유의 증권상의 권리를 갖게 되나, 資格授與說[2]에 의하면 자기고유의 증권상의 권리를 갖지 못하고 예금자의 증권상의 권리를 代理行使할 수 있을 뿐이다.

② 讓渡說은 예금자가 은행에 他店券을 입금하는 즉시 預金債權을 가지나 同證券이 후일 부도되는 것을 解除條件으로 하는 「解除條件附 預金債權」을 갖는다고 한다. 이 설에서는 예금자가 입금하기 위하여 은행에 他店券을 背書하

1) 은행의 예금약관에서는 「증권이 자기앞수표이고 지급제시기간 안에 사고신고가 없으며 결제될 것이 틀림없음을 은행이 확인한 경우에는 예금원장에 입금의 기록이 된 때 예금이 된다」고 규정하고 있다(한국외환은행, 예금거래기본약관 7조 2항).

2) 大隅, 109면.

는 것은 讓渡背書로 본다. 따라서 이 설에서는 他店券이 교환결제되기 전에 지급하는 것을 당연히 預金返還으로 본다. 또한 同他店券이 부도가 된 경우에 銀行은 자기 고유의 증권상의 권리를 갖는다고 한다.

우리 나라의 다수의 大法院判例는 이 입장에서 판시하고 있는데, 이는 다음과 같다.

[他店券의 입금의 경우 讓渡說을 취한 判例]

은행이 본건 소지인출급식수표(타점권)를 보통예금구좌에 입금하기 위하여 인도받은 경우, 은행은 동 수표상의 권리를 양도받은 것이고 만일 동 수표가 부도가 된 경우에는 은행은 수표상의 권리자로서 그 수표채무자에게 상환청구를 하든가 혹은 즉시 당해 수표를 예금자에게 반환하고 그 대신 금원을 청구하는 것은 은행의 선택에 따를 것이다[大判 1966. 2. 22, 65 다 2505 (大集 14 ① 民 98)].

同旨: 大判 1990. 2. 23, 88 다카 33657 · 33664(公報 870, 732)(따라서 그러한 수표의 소지인인 입금은행은 발행인에 대하여 수표상의 권리를 행사할 수도 있고 또는 예금주에 대하여 수표를 반환하고 지급한 금원의 반환을 청구할 수도 있다); 同 1990. 5. 8, 88 다카 5560(新聞 1943, 6)(타행 발행의 자기앞수표의 입금에 대하여 추심위임설을 따른 원심을 파기하고 양도설을 취함); 同 1997. 3. 11, 95 다 52444(公報 1997, 1050)(은행이 정상 영업시간 외에 자기앞수표를 예입받고 교환 결제되기 전에 그에 해당하는 금원을 수표예금자에게 지급한 후 예입된 자기앞수표가 지급거절된 사안에서, 은행의 불법행위 책임을 부정하고 정당한 예금계약이 성립된 것으로 인정하여 은행이 수표상 권리자로서 권리를 행사할 수 있다고 판시함); 同 1998. 5. 22, 96 다 52205(公報 1998, 1704)(예금을 타행 발행의 소지인출급식 자기앞수표로 입금받은 은행은 예금주로부터 그 자기앞수표에 관하여 단지 추심을 위임받은 것이 아니라 그 자기앞수표를 양도받은 것이라고 보아야 할 것이므로〈당원 1997. 3. 11 선고, 95 다 52444 판결 참조〉, 예입받은 은행이 그 소지인으로서 자기앞수표의 발행은행에 대하여 수표상의 권리를 행사하는 경우 예입받은 은행이 발행은행을 해할 것을 알고 수표를 취득한 경우가 아닌 한 발행은행은 종전의 소지인에 대한 인적 관계로 인한 항변으로써 예입받은 은행에 대하여 대항할 수 없다고 할 것이다).

실제에 있어서는 은행의 예금거래기본약관 등에서 「거래처가 증권으로 입금하는 경우에는 은행이 그 증권을 교환에 돌려 부도반환시한이 지나고 결제를 확인한 때에(다만 개설점에서 지급하여야 할 증권은 그 날 안에 결제를 확인한 때에) 예금이 된다」고 특약하고 있고(한국외환은행, 예금거래기본약관 7조 1항 3호), 이러한 규정의 의미에 대하여 우리 大法院은 다음과 같이 판시하고 있다.

[他店券의 입금의 경우 추심하여 그 결제를 확인한 때에 예금계약이 성립한다는 의미이지, 부도반환시한까지 부도통지가 없으면 무조건 예금계약이 성립된 것으로 볼 수 없다고 한 判例]

저축예금계약에 적용되는 은행수신거래 기본약관 제6조 1항 2호 소정의 "거래처가 증권으로 입금하는 경우에는 은행이 그 증권을 교환에 돌려 부도반환시한이 지나고 결제를 확인한 때에 예금계약이 성립한다"는 규정은, 다른 점포에서 지급될 당좌수표 등 증권으로 입금하는 경우에는 이를 교환에 돌려 지급지 점포에서 액면금을 추심하여 그 결제를 확인한 때에 예금계약이 체결된 것으로 본다는 의미이지, 지급지 점포에서 당해 증권이 정상적으로 추심되었는지 또는 부도처리되어 추심이 이루어지지 않았는지 여부에 관계없이 추심을 의뢰한 점포에 위 약관 소정의 부도반환시한까지 부도통지가 없으면 무조건 예금계약이 성립된 것으로 본다는 취지라고는 볼 수 없다. 따라서 당좌수표가 부도되었음에도 직원의 실수로 부도사실이 통지되지 아니하여 위 당좌수표가 정상적으로 추심된 것으로 알고 그 액면금 상당의 입금이 이루어진 것으로 처리하고 이를 인출하여 주었다고 하더라도 이로써 추심결제를 확인한 것이 되는 것은 아니므로 그 증권에 의하여 추심할 금액 상당의 예금계약이 성립되었다고 볼 수 없다 [大判 1995. 6. 16, 95 다 9754·95 다 9761(公報 997, 2508)][이 판결에 대한 상세한 평석으로는 鄭燦亨, "他店券(有價證券)으로 入金한 預金者의 預金債權의 成立時期," 「判例研究」(高麗大 法學研究所), 제 8 집(1996. 9), 313~337면 참조].

同旨: 大判 1999. 2. 5, 97 다 34822(公報 1999, 438)(예금계약에 적용되는 은행수신거래기본약관 제 4 조 1항 1호 소정의 "증권으로 입금하는 경우에는 은행이 교환에 돌려 부도반환시한이 지나고 결제를 확인한 때, 다만 개설점이 지급장소인 증권이면 그 날 안에 결제를 확인한 때"에 예금이 완료된다는 규정은 다른 점포에서 지급될 약속어음 등 증권으로 입금하는 경우에는 이를 교환에 돌려 지급지 점포에서 액면금을 추심하여 그 결제를 확인한 때에 예금계약이 체결된 것으로 본다는 의미이며, 지급지 점포에서 당해 증권이 정상적으로 추심되있는지 또는 부도처리되어 추심이 이루어지지 않았는지 여부에 관계없이 추심을 의뢰한 점포에 위 약관 소정의 부도반환 시한까지 부도통지가 없으면 무조건 예금계약이 성립된 것으로 본다는 취지라고는 볼 수 없다. 따라서 증권을 예입받은 은행이 예금주의 대리인의 기망행위로 인하여 그 증권의 결제자금을 출연한 경우, 예입된 증권이 정상적으로 추심완료된 것이 아니므로 증권의 액면금에 관하여 은행과 예금주 사이에 예금계약이 성립하지 않는다).

또 은행수신거래 기본약관 등에서 他店券은 交換決濟前에는 그 지급이 일반적으로 금지되어 있다. 따라서 위의 어느 설에 의하든 그 결과에 있어서는 큰 차이가 없으나, 은행 및 예금자의 입장에서 보다 더 유리하고 법률관계가 명확한 讓渡說이 타당하다고 본다.

(2) 記名式預金의 預金主가 누구인가에 대하여 다음과 같은 大法院判例가 있다.

[記名式預金의 預金主는 그 預金을 실질적으로 지배하는 자라고 본 判例]

금융기관에 대한 기명식 예금에 있어서는 명의의 여하를 묻지 아니하고 또 금융기관이 누구를 예금주라고 믿었는가에 관계없이 예금을 실질적으로 지배하고 있는 자로서 자기의 출연에 의하여 자기의 예금으로 한다는 의사를 가지고 스스로 또는 使者, 대리인을 통하여 예금계약을 한 자를 예금주로 봄이 상당하다[大判 1996. 6. 14, 94 다 57084(公報 1996, 2150)].

[예금명의자가 아니라 출연자를 예금주로 본 判例]

금융실명거래 및 비밀보장에 관한 긴급재정명령(1993. 8. 12 대통령긴급재정경제명령 제16호, 1997. 12. 31 법률 제5493호 금융실명거래 및 비밀보장에 관한 법률로 대체 입법되었다. 이하 '긴급명령'이라고 한다)이 시행되기 전에는 금융기관이 예금명의인에 대하여 별 의미를 부여하지 않았고 예금명의인이 누구인지를 조사하지도 않았으므로 금융기관의 의사는 예금주의 명의 여하를 묻지 않고 실제로 자금을 출연하고 예금을 지배하는 자와 예금계약을 체결하려는 의사라고 해석할 여지가 있었으나(대법원 1987. 10. 28 선고, 87 다카 946 판결; 同 1995. 8. 22 선고, 94 다 59042 판결 등 참조), 긴급명령 제 2 조 4호에서 '실지명의'를 주민등록표상의 명의 등이라고 정의하고, 제 3 조 1항은, "금융기관은 거래자의 실지명의에 의하여 금융거래를 하여야 한다"고 규정하며, 제 3 항은, "금융기관은 실명확인을 하지 아니하였거나 실명이 아닌 것으로 확인된 기존 금융자산을 지급하여서는 아니 된다"고 규정하고 있으므로, 이들 규정을 종합하면, 긴급명령이 시행된 후에는 금융기관에 예금을 하고자 하는 자는 원칙적으로 직접 주민등록증과 인감을 지참하고 금융기관에 나가 자기 이름으로 예금을 하여야 하고, 대리인이 본인의 주민등록증과 인감을 가지고 가서 본인의 이름으로 예금하는 것이 허용된다고 하더라도 이 경우 금융기관으로서는 특별한 사정이 없는 한 주민등록증을 통하여 실명확인을 한 예금명의자를 긴급명령 제 3 조 1항 소정의 거래자로 보아 그와 예금계약을 체결할 의도라고 보아야 할 것이다. 따라서 그러한 특별한 사정으로서 출연자와 금융기관 사이에 예금명의인이 아닌 출연자에게 예금반환채권을 귀속시키기로 하는 명시적 또는 묵시적 약정이 있는 경우에는 출연자를 예금주로 보아야 할 것이다(대법원 1998. 6. 12 선고, 97 다 18455 판결; 同 1998. 1. 23 선고, 97 다 35658 판결; 同 1996. 4. 23 선고, 95 다 55986 판결 등 참조).

기록에 의하면, X의 누나인 망 A(1995. 7. 10 사망)가 Y조합의 대표자이던 B에게 1993. 11. 6부터 1995. 1. 3까지 사이에 6회에 걸쳐 도합 3억 7,000만원을 Y조합에 예탁하여 달라고 맡기면서 예금주는 남동생인 X의 명의로 하되, A 외에는 그 원리금을 인출하지 못하게 하여 B가 정기예탁금증서 6매를 A에게 교부한 다음 그에 대한 이자를 A에게 계속하여 지급하여 온 사실이 인정되므로, 이 사건 정기예탁금에 관하여는 A와 Y조합 사이에 예금명의자가 아니라 출연자인 A에게 그 반환채권을 귀속시키기로 하는 명시적 또는 묵시적 약정이 있었다고 할 것이고, 따라서 X를 그 예금주로 볼 수 없다.

원심의 이유설시는 예금주의 확정에 관한 금융실명제 이전의 판례에 따른 것으로 적절하지 못하나, X가 적법한 예금주가 아니라고 본 결론은 정당하므로, 이 점을 탓하는 상고이유의 주장은 받아들이지 아니한다[大判 1998. 11. 13, 97 다 53359(公報 1998, 2855)].

同旨: 大判 2005. 6. 24, 2005 다 17877(公報 2005, 1262)(금융실명거래 및 비밀보장에 관한 법률 제 3 조 제 1 항에 따라 금융기관은 거래자의 실지 명의에 의하여 금융거래를 하여야 하므로, 원칙적으로 예금명의자를 예금주로 보아야 하지만, 특별한 사정으로 예금의 출연자와 금융기관 사이에 예금명의인이 아닌 출연자에게 예금반환채권을 귀속시키기로 하는 명시적 또는 묵시적 약정이 있는 경우에는 그 출연자를 예금주로 하는 금융거래계약이 성립된다. 따라서 가족의 명의로 금융기관에 예탁금계좌를 개설할 당시 예금거래신청서는 자신의 정기예금에 관한 예금거래신청서를 작성하면서 일괄하여 작성하였고, 거래인감으로 자신의 인장을 등록하였으며, 그 비밀번호도 자신의 정기예탁금계좌와 같은 비밀번호를 사용하였을 뿐더러 예탁금에 대하여 매월 지급되는 이자와 만기시의 해지금을 자신명의로 개설된 은행 예금계좌에 자동이체하도록 신청하였다면 위 예탁금은 세금혜택 내지는 예금자보호법의 보호를 받기 위한 목적으로 가족들의 명의로 개설·관리하여 오던 것으로서 예탁금의 출연자와 그 금융기관 사이에는 예탁금 명의자들이 아닌 출연자에게 예탁금반환채권을 귀속시키기로 하는 명시적 또는 묵시적 약정이 있었다고 보아 출연자를 예금주로 보아야 한다).

[출연자뿐만 아니라 예금명의자도 예금주로 본 判例]

금융실명거래 및 비밀보장에 관한 법률 제 3 조에 의하면, 금융기관은 거래자의 실지명의에 의하여 금융거래를 하여야 하므로 금융기관으로서는 특별한 사정이 없는 한 실명확인을 한 예금명의자를 거래자로 보아 그와 예금계약을 체결할 의도라고 보아야 하고, 공동명의 예금계약의 경우에도 금융기관으로서는 특별한 사정이 없는 한 공동명의자 전부를 거래자로 보아 예금계약을 체결할 의도라고 보아야 할 것이므로, 이 사건의 경우 위 공동명의 예금의 예금주는 X와 M이지 X가 단독출연자라고 하여 위 체육시설의 양수도계약의 이행이 완료될 때까지 X만이 위 공동명의 예금의 예금주라고 할 수는 없다.

한편 공동명의 예금의 인출방법은 공동명의자와 금융기관 사이의 공동명의 예금계약의 내용에 따라 결정되는 것인데, 위 사실관계에 의하면 이 사건 공동명의 예금계약의 내용은 공동명의자 전원의 인감증명이 날인된 예금청구서에 의하는 한 공동명의자 중 1인이 단독으로 예금청구를 할 수 있다는 것이므로,

이러한 경우 공동명의자 중 1인은 다른 공동명의자의 동의를 받아 단독으로 예금을 청구할 수 있고, 다른 공동명의자와 금융기관을 공동 피고로 하여 다른 공동명의자에 대하여는 단독 예금청구에 관한 동의를, 금융기관에 대하여는 다른 공동명의자에 대한 승소를 전제로 한 예금청구를 소구할 수 있다고 할 것이다. 또한 공동명의자 중 1이 다른 공동명의자 전원의 동의를 받은 이상 공동명의예금 전액을 청구할 수 있는 것이므로, 금융기관이 공동명의자들 사이의 내부적 지분을 들어 정당한 예금청구를 거절할 수는 없다[大判 2001. 6. 12, 2000 다 70989(公報 2001, 1581)].

[예금주가 출연자인지 예금명의자인지 불분명한 경우에 변제공탁을 인정한 判例]

민법 제487조 후단의 '변제자가 과실 없이 채권자를 알 수 없는 경우'라 함은 객관적으로 채권자 또는 변제수령권자가 존재하고 있으나 채무자가 선량한 관리자의 주의를 다하여도 채권자가 누구인지를 알 수 없는 경우를 말하는 것이고(대법원 2000. 12. 22. 선고 2000 다 55904 판결 등 참조), 한편 금융실명거래 및 비밀보장에 관한 법률하에서는 예금명의자를 예금주로 보는 것이 원칙이기는 하지만 예금의 출연자와 금융기관 사이에 예금명의인이 아닌 출연자에게 예금반환채권을 귀속시키기로 하는 명시적 약정이 있거나 또는 예금계약의 체결을 전후한 주관적 · 객관적 제반 사정을 종합하여 그와 같은 내용의 묵시적 약정이 있다고 인정되는 경우에는 출연자를 예금주로 하는 금융거래계약이 성립된 것으로 볼 수 있다 할 것인바(대법원 2004. 2. 27. 선고 2001 다 38067 판결 등 참조), 예금계약의 출연자와 예금명의자가 서로 다르고 양자 모두 예금채권에 관한 권리를 적극 주장하고 있는 경우로서 금융기관이 그 예금의 지급시는 물론 예금계약 성립시의 사정까지 모두 고려하여 선량한 관리자로서의 주의의무를 다하여도 어느 쪽이 진정한 예금주인지에 관하여 사실상 혹은 법률상 의문이 제기될 여지가 충분히 있다고 인정되는 때에는 채무자인 금융기관으로서는 민법 제487조 후단의 채권자 불확지를 원인으로 하여 변제공탁을 할 수 있다고 보아야 할 것이다.

원심판결과 원심이 인용한 제 1 심판결의 이유에 의하면, 원심은 X(원고)와 A(피고보조참가인)가 함께 Y(피고)은행에 가서 A가 출연한 돈으로 X를 예금명의자로 하고 그 거래인감으로 X의 인장을 날인하여 이 사건 각 예금을 하는 과정에서 A가 위 예금을 인출할 수 있도록 해 달라는 A의 요청에 따라 Y은행의 직원이 위 예금관련 고객전산시스템에 'A가 예금, 인출 예정'이라고 입력함으로써 A와 Y은행 사이에 위 각 예금반환청구권을 A에게 귀속시키기로 하는 명시적 또는 묵시적 약정이 체결되었음을 인정할 여지가 있는 반면, 당시 A가 Y은행 직원의 권유와 달리 X의 인장만을 거래인감으로 신고하고 그 예금증서도 X에게 교부 · 보관시키는 등 출연자를 예금주로 하는 경우에 있어서의 통상적인 사정과 다른 점들이 있음에 비추어 위와 같은 특별한 약정이 존재한다고 단정하기도 어려우므로, 그와 같은 사정하에서라면 채무자인 Y은행으로서는 과실 없이 그 채권자를 알 수 없는 경우에 해당하여 그 판시 변제공탁에 의하여 유효하게 이 사건 각 예금반환채무를 면하였다고 판단하였는바, 기록에 의하면 이 부분 원심의 사실인정은 정당하다 할 것이고, 위 인정 사실에다가 이 사건 예금 당시 A의 요구로 Y은행 직원이 위와 같은 내용의 특약사항을 전산 입력하는 것에 대하여 X가 아무런 이의를 제기하지 아니한 사정을 보태어 보면, 이 사건 변제공탁이 민법 제487조 후단 소정의 적법한 변제공탁에 해당한다고 본 원심의 판단 역시 앞서 본 채권자 불확지에 의한 변제공탁의 법리에 따른 것으로서 정당하다[大判 2004. 11. 11, 2004 다 37737(公報 2004, 2005)].

[예금명의자를 예금주로 본 判例(전원합의체 판결)]

(1) 금융실명거래 및 비밀보장에 관한 법률(이하 '금융실명법'으로 약칭함)에 따라 실명확인 절차를 거쳐 예금계약을 체결하고 그 실명확인 사실이 예금계약서 등에 명확히 기재되어 있는 경우에는, 일반적으로 그 예금계약서에 예금주로 기재된 예금명의자나 그를 대리한 행위자 및 금융기관의 의사는 예금명의자를 예금계약의 당사자로 보려는 것이라고 해석하는 것이 경험법칙에 합당하고, 예금계약의 당사자에 관한 법률관계를 명확히 할 수 있어 합리적이라 할 것이다. 그리고 이와 같은 예금계약 당사자의 해석에 관한 법리는, 예금명의자 본인이 금융기관에 출석하여 예금계약을 체결한 경우나 예금명의자의 위임에 의하여 자금 출연자 등의 제 3 자(이하 '출연자 등'이라 한다)가 대리인으로서 예금계약을 체결한 경우 모두 마찬가지로 적용된다고 보아야 한다. 따라서 본인인 예금명의자의 의사에 따라 예금명의자의 실명확인 절차가 이루어지고 예금명의자를 예금주로 하여 예금계약서를 작성하였음에도 불구하고, 이와 달리 예금명의자가 아닌 출연자 등을 예금계약의 당사자라고 볼 수 있으려면, 금융기관과 출연자 등과 사이에서 실명확인 절차를 거쳐 서면으로 이루어진 예금명의자와의 예금계약을 부정하여 예금명의자의 예금반환청구권을 배제하고, 출연자 등과 예금계약을 체결하여 출연자 등에게 예금반환청구권을 귀속시키겠다는 명확한 의사의 합치가 있는 극히 예외적인 경우로 제한되어야 할 것이고, 이러한 의사의 합치는 금융실명법에 따라 실명확인 절차를 거쳐 작성된 예금계약서 등의 증명력을 번복하기에 충분할 정도의 명확한 증명력을 가진 구체적이고 객관적인 증거에 의하여 매우 엄격하게 인정하여야 한다.

이와 달리, 금융실명법에 의하여 예금명의자에 대한 실명확인 절차를 거쳐 예금계약서 등을 작성함으로써 그의 명의로 예금계약이 이루어진 사안에서, 실명확인 절차를 거쳐 작성된 예금계약서 등의 증명력을 번복하기에 충분할 정도의 명확한 증명력을 가진 구체적이고 객관적인 증거에 의하여, 금융기관과 출연자 등 사이에서 예금명의자와의 예금계약을 부정하여 예금명의자의 예금반환청구권을 배제하고 출연자 등과 예금계약을 체결하여 출연자 등에게 예금반환청구권을 귀속시키려는 명확한 의사의 합치가 있다고 인정되는 극히 예외적인 경우에 해당하는지 여부를 심리하지 아니하고, 그에 이르지 아니한 명시적 또는 묵시적 약정에 의하여서도 예금명의자가 아닌 출연자 등에게 예금반환청구권이 귀속될 수 있다는 취지로 판시한 대법원 2000. 3. 10. 선고 99 다 67031 판결, 대법원 2002. 8. 23. 선고 2002 다 29244 판결, 대법원 2002. 9. 24. 선고 2001 다 38463 판결, 대법원 2004. 2. 13. 선고 2003 다 52364 판결, 대법원 2004. 12. 10. 선고 2004 다 29989 · 29996 판결, 대법원 2005. 6. 9. 선고 2005 다 12551 판결, 대법원 2005. 6. 24. 선고 2005 다 17877 판결과 그 밖에 이 판결의 견해와 다른 대법원판결들은 모두 이 판결의 견해에 배치되는 범위 내에서 이를 변경하기로 한다.

(2) 원심이 확정한 사실과 원심이 적법하게 채택한 증거에 의하여 인정되는 사실에 의하면, X의 남편인 A가 2006. 2. 13. X를 대리하여 주식회사 J상호저축은행(이하 'J저축은행'이라 한다)에서 X 명의로 신규 정기예금 계좌(이하 '이 사건 예금계좌'라 한다)를 개설하고 4,200만원을 예치하였는데, 이 사건 예금계좌 개설 당시 작성된 예금거래신청서의 신청인란에는 X의 성명과 주민등록번호가 기재되어 있고 X의 주민등록증 사본이 붙어 있으며, 위 예금거래신청서의 실명확인란에는 담당자와 책임자의 확인 도장이 날인되어 있는 사실, 이 사건 예금계좌의 통장 등은 X 명의로 발급되었고, J저축은행의 거래내역 현황에는 X를 이 사건 예금계좌의 권리자로 기재하고 있는 사실 등을 알 수 있다.

앞에서 본 예금계약의 당사자 해석에 관한 법리와 위 사실관계에 비추어 보면, A는 X를 대리하여 J저축은행의 담당직원에게 X 명의의 예금거래신청서를 작성 · 제출함과 아울러 실명확인 절차에 필요한 증표로서 X의 주민등록증을 제출하여 X를 예금명의자로 하는 예금계좌의 개설을 신청하였고, J저축은행의 담당직원은 이러한 신청을 받아들여 X 명의의 실명확인 절차를 거치고 그 취지를 위 예금거래신청서에 기재하는 등으로 X와 예금계약을 체결할 의사를 표시하였으므로, 실명확인 절차를 거쳐 작성된 위 예금거래신청서 등의 증명력을 번복하기에 충분할 정도의 명확한 증명력을 가진 구체적이고 객관적인 증거에 의하여, 그 당시 J저축은행과 A 사이에서 X와의 예금계약을 부정하여 X의 예금반환청구권을 배제하고 A와 예금계약을 체결하여 A에게 예금반환청구권을 귀속시키려는 명확한 의사의 합치가 있었다고 인정되는 경우에 해당하지 않는 한, 이 사건 예금계좌의 예금반환청구권이 귀속되는 예금계약의 당사자는 X라고 보아야 한다.

그런데 원심은 위 4,200만원은 A 명의로 다른 금융기관에 개설된 다른 예금계좌에서 인출되어 이 사건 예금계좌에 입금된 것이고, 위 예금거래신청서는 A에 의하여 작성된 것으로서 A의 도장이 거래인감으로 등록 · 사용되고 이 사건 예금계좌의 비밀번호가 A 명의의 다른 정기예금계좌의 비밀번호와 동일하며,

이 사건 예금계좌의 이자가 매월 A 명의의 다른 은행 예금계좌로 자동이체되도록 신청되어 있는 사정 등을 참작하여, J저축은행과 A 사이에서 실명확인 절차를 거쳐 위 예금거래신청서 등에 예금명의자로 기재된 X가 아닌 A를 이 사건 예금계좌의 예금반환청구권이 귀속되는 예금계약의 당사자로 하기로 하는 묵시적 약정이 체결되었다는 취지로 판단하였다.

원심이 위와 같이 이 사건 예금계좌의 개설 당시 J저축은행이 명확히 알기 어렵거나 J저축은행과의 예금계약과는 별개인 X와 A 사이의 내부적 법률관계에 불과한 자금 출연경위, 거래인감 및 비밀번호의 등록 · 관리와 예금의 인출 상황 등의 사정만으로, 실명확인 절차를 거쳐 위 예금거래신청서 등에 예금명의자로 기재된 X가 아닌 A를 이 사건 예금계좌의 예금반환청구권이 귀속되는 예금계약의 당사자라고 판단한 데에는, 금융실명제 아래에서의 예금계약 당사자의 해석 및 확정에 관한 법리를 오해하여 판결에 영향을 미친 위법이 있다. 이 점을 지적하는 상고이유의 주장은 이유 있다.

(3) 그러므로 원심판결을 파기하고 사건을 다시 심리 · 판단하게 하기 위하여 원심법원에 환송하기로 하여 주문과 같이 판결한다. 이 판결에는 대법관 박시환의 별개의견이 있는 외에는 관여 대법관들의 의견이 일치되었고, 대법관 차한성, 대법관 양창수의 다수의견에 대한 보충의견이 있다[大判(전원합의체 판결) 2009. 3. 19, 2008 다 45828(公報 2009, 456)].

2. 支　給

보통예금의 지급은 보통예금의 법적 성질을 소비임치로 보는 한 消費任置에 기한 반환채무의 변제라고 볼 수 있다(民 702조, 603조). 은행이 現金으로 지급하는 경우에는 어음 · 수표와 무관하나, 自己앞手票로 지급하는 경우에는 수표의 실질관계(원인관계)와 관련된다. 즉, 이는 은행이 기존채무의 「支給에 갈음하여」(支給 자체로서) 自己앞手票를 교부하는 것으로서 기존채무의 본지에 따른 변제의 제공으로,[1] 기존채무는 代物辨濟(民 466조)의 법리에 의하여 소멸한다(通說).

은행이 보통예금을 지급하는 경우에는 예금거래기본약관 등에 의하여 예금청구서에 압날된 인영이 은행에 신고된 인감과 동일한지 여부를 직무수행상 필요로 하는 충분한 주의로써 확인하여야 하는데, 이를 게을리하면 은행은 면책을 주장할 수 없다.

우리 大法院判例도 이와 같은 취지에서 다음과 같이 판시하고 있다.

1) 大判 1960. 5. 19, 4292 民上 784(判總 3-1, 242) 外.

[은행이 지급시 인감대조에 관한 주의의무를 다하지 못한 경우에는 채권의 준점유자에 대한 변제가 아니라고 본 判例]

금융기관은 예금청구자에게 예금수령의 권한이 있는지 없는지를 판별하는 방편의 하나로 예금청구서에 압날한 인영과 금융기관에 신고하여 예금통장에 찍힌 인감을 대조 확인하는 것이 통상의 예인바, 이 때에는 인감대조에 숙련된 직원으로 하여금 그 직무수행상 필요로 하는 충분한 주의를 다하여 인감을 대조하도록 하여야 할 것이고, 그러한 주의의무를 다하지 못하여 예금수령의 권한이 없는 자에게 예금을 지급하였다면 금융기관으로서는 그 예금지급으로서 채권의 준점유자에 대한 변제로서의 면책을 주장할 수 없다[大判 2001. 6. 12, 2000 다 70989(公報 2001, 1581)].

同旨: 大判 1992. 2. 14, 91 다 9244.

[채권의 준점유자에 대한 변제라고 본 判例]

예금주의 대리인이라고 주장하는 자가 예금주의 통장과 인감을 소지하고 예금반환청구를 한 경우, 은행이 예금청구서에 나타난 인영과 비밀번호를 신고된 것과 대조확인하는 외에 주민등록증을 통하여 예금주와 청구인의 호주가 동일인이라는 점까지 확인하여 예금을 지급하였다면 이는 채권의 준점유자에 대한 변제로서 유효하다[大判 2004. 4. 23, 2004 다 5389(公報 2004, 870)].

제 2 當座預金

1. 入 金

당좌예금으로 自店券 또는 他店券을 입금하는 경우의 법률관계는 보통예금의 경우와 같다.

2. 支 給

당좌예금의 지급은 어음의 실질관계인 資金關係에 의하여 지급하는 것이다. 이에는 은행이 資金關係에서 지급하는 경우와 準資金關係에서 지급하는 경우가 있다.

1) 은행이 資金關係에서 지급하는 경우는 은행이 換어음과 手票의 支給人의 자격에서 지급하는 경우인데, 이하에서 나누어서 설명하겠다.

① 은행이 換어음의 支給人의 자격에서 지급하는 경우는 국내거래에서는 드물고, 국제거래에서 수입상의 요구에 의하여 신용장을 발급한 경우에 외국의 수출상이 信用狀을 발급한 銀行을 支給人으로 하여 발행한 換어음을 지급하는

경우가 이에 해당한다.

② 은행이 手票의 支給人의 자격에서 지급하는 경우는 국내의 모든 수표거래에서 지급하는 경우가 이에 해당한다. 手票法 제 3 조에 의하여 (i) 수표의 지급인은 반드시 銀行(法令에 의하여 은행과 동시되는 사람 또는 시설을 포함함)(手 59조)이어야 하고, (ii) 이러한 은행에는 발행인이 처분할 수 있는 資金이 있어야 하며(當座預金契約 또는 當座貸出契約), (iii) 은행과 예금자 사이에는 그 자금을 수표에 의하여 처분할 수 있는 명시 또는 묵시의 契約(手票契約)이 있어야 한다. 보통 이러한 계약은 은행과 당좌예금자 사이에서 예금거래기본약관 외에 입출금이 자유로운 예금약관 등에 의한 당좌계정거래계약에 의하여 한꺼번에 이루어진다(때로는 相互計算契約도 포함된다). 이러한 당좌계정거래계약에는 현재 우리 나라에서 두 종류가 있는데, 하나는 사업자에 한하여 당좌수표를 발행할 수 있도록 하는 當座去來契約과, 다른 하나는 개인에게 가계(당좌)수표를 발행할 수 있도록 하는 家計當座去來契約이 있다. 또한 우체국을 지급인으로 하는 수표는 郵便手票(郵便對替手票)라고 불리운다. 그러나 當座手票이건, 家計手票이건, 郵便手票이건 모든 그 법률적 구조는 완전히 같다.

2) 은행이 準資金關係에서 지급하는 경우는 은행이 환어음의 인수인 또는 약속어음의 발행인을 위하여 支給擔當者의 자격에서 지급하는 경우이다.[1] 이와 같은 準資金關係에서의 은행의 지위는 어음의 기본당사자가 될 수 없고, 어음의 기본당사자를 위한 支給擔當者(支給場所)에 불과하다(어 4조, 77조 2항). 따라서 이 때에는 支給擔當者는 환어음의 인수인 또는 약속어음의 발행인의 계산으로 지급하므로 資金關係와 유사하기는 하나, 어음의 기본당사자에 존재하는 資金關係는 아니다. 그러나 은행은 支給人의 지위에서 지급하는 경우이건 支給擔當者의 지위에서 지급하는 경우이건 동일하게 당좌업무에서 이를 취급하고 있다.

제 3 別段預金

1. 入 金

別段預金은 일시적인 정리의 필요를 위하여 편의상 설치된 예금으로, 이에 입금되는 것은 은행업무에 수반하여 발생하는 미결제의 일시적인 보관금으로

---

1) 이러한 準資金關係는 參加支給人과 被參加人 사이, 어음保證人과 被保證人 사이에도 존재한다.

서 타 예금종목으로 취급하는 것이 적당하지 않은 것을 일시적으로 처리하기 위한 예금이다.[1] 이러한 別段預金의 預入期限은 정하여져 있지 않고 또 특약이 없는 한 利子도 없는 것이 보통이다. 別段預金으로 입금되는 것은 여러 가지가 있으나, 대표적인 것은 自己앞手票의 지급자금이다. 따라서 이하에서는 이러한 自己앞手票를 중심으로 그 법률관계를 살펴본다.

1) 自己앞手票를 발행받기 위하여는 他店券을 입금시킬 수 없고, 現金을 입금시키거나 현금과 동일시되는 증권을 입금시켜야 한다.

2) 우리 나라에서는 은행의 자기앞수표를 속칭 「保證手票」 또는 「保手」라고 부르고 있는데, 이것은 당좌수표의 소지인이 은행에 대하여 지급보증을 청구한 때에는 은행은 지급보증을 하는 대신에 당좌수표 발행인의 당좌예금계정으로부터 그 금액을 별단예금계정으로 이체하고 은행의 自己앞手票를 발행하고 있기 때문에 그렇게 불리우고 있다(이에 관한 상세는 手票의 分類 중 保證手票를 참조).

우편대체관서는 우편대체가입자가 지급을 청구한 때에 현금을 지급하지 않고 自己앞手票를 발행 · 교부할 수 있는데, 이를 自己앞郵便手票라고 한다.

3) 은행이 自己앞手票를 발행하는 경우 은행 측의 입장에서 보면 別段預金의 입금이나, 예금자 측에서 보면 自己앞手票라는 유가증권을 교부받는 것이다. 이러한 자기앞수표는 발행인과 지급인이 동일인으로 예금관계가 없기 때문에, 그 발행의 법적 성질은 일반수표에서와 같은 支給委託關係가 아니다. 자기앞수표의 발행의 법적 성질에 대하여는 크게 委任說과 賣買說로 나뉘어 있다.

① 委任說은 자기앞수표의 발행의뢰인과 발행은행과의 관계를 실질적인 면에서 파악하여 위임관계로 보는 설이다. 이 설은 자기앞수표의 발행 자체만을 위임사무의 내용으로 보는 설도 있으나, 일반적으로는 자기앞수표 발행으로부터 지급까지를 포함하여 위임사무의 내용으로 보고 있다.[2]

② 賣買說(對價說)은 자기앞수표의 발행의뢰인과 발행은행과의 관계에는 일반수표의 발행인과 지급인간에 존재하는 手票契約(手 3조)이나 資金關係 또는 이와 유사한 관계는 존재할 수 없으므로, 이를 발행은행이 발행의뢰인에게 자기

1) 田中(誠), 銀行取引法, 154면; 日東京高判 1962. 9. 20(高裁民集 15-7, 491).

2) 加藤 · 吉原, 銀行取引, 80면(이 설에서는 그 이유에 대하여 자기앞수표의 발행의 법적 성질을 賣買〈또는 代物辨濟〉로 파악하면 의뢰인과 은행간의 관계가 종결되나 실제에 있어서는 발행 후에도 은행은 사고계를 접수하는 등의 관계가 있는 점, 또 연혁적으로도 자기앞수표는 의뢰인이 은행에 예금을 예치하고 이를 증서의 소지인에게 지급할 것을 위탁하는 예금어음에서 발생하였으므로 자기앞수표는 의뢰인이 자금을 은행에 인도하고 이를 同수표의 소지인에게 지급하도록 위임하는 위임관계로 파악해야 하는 점 등을 들고 있다).

앞수표라는 유상물을 賣買하는 관계라고 보는 설이다.[1)2)]

생각건대 자기앞수표의 발행의뢰인은 실질관계에서 보면 지급위탁자가 될 수 있다고 볼 수 있으나, 수표관계에서는 어디까지나 발행은행이 지급위탁자가 되는 것이므로, 賣買說이 타당하다고 본다.[3)]

2. 支 給

1) 자기앞수표를 발행한 은행은 發行人과 동시에 支給人의 지위를 겸하고 있으므로, 일반수표에서 은행이 단순히 支給人의 지위만 갖는 것과 구별된다. 즉, 자기앞수표를 발행한 은행이 支給人의 지위에서 同수표의 소지인에게 지급제시기간의 경과 전후[4)]에 수표금을 지급할 수 있고, 이로 인하여 수표소지인이 수표금을 수령할 권한을 가지나, 同수표의 소지인은 은행에 대하여 수표금 지급청구권을 갖지 못하는 점은 일반수표의 경우와 같다. 그러나 자기앞수표를 발행한 은행은 發行人의 지위에서 同수표가 지급제시기간 내에 지급제시되었으나 지급거절이 된 경우에는 遡求義務를 부담하고(手 39조), 수표상의 권리가 소멸될 당시의 정당한 수표소지인에 대하여 利得償還義務를 부담한다(手 63조). 또한 大法院判例에 의하면 은행 발행의 자기앞수표의 경우에는 利得償還請求權 및 通知權能이 수표의 양도방법에 의하여 양도된다고 보기 때문에,[5)] 자기앞수표를 발행한 은행은 지급제시기간 경과 후에 수표의 양도방법에 의하여 同수표를 양수한 자에 대하여도 利得償還義務를 부담하게 된다.

2) 자기앞수표는 은행이 遡求義務 및 利得償還義務를 부담한다는 법률적인 면 이외에도, 은행은 이미 수표금액에 상당하는 현금 또는 이와 동일시할 수 있는 자금을 별단예금으로 확보하고 있고 또한 지급위탁의 취소가 있을 수 없으므로 예금부족이나 지급위탁취소 등으로 인하여 지급거절(부도)될 염려가 거의 없는 점에서 실제로 그 피지급성이 확보되어 현금과 유사한 지급수단으

---

1) 徐燉珏, "自己앞手票," 「法政」, 1960. 6, 61면; 朴元善, "自己앞手票(保手)," 「考試界」, 1966. 11, 106면.

2) 賣買說 외에 발행의뢰인의 現金交付에 대하여 발행은행이 自己앞手票로 代物辨濟하는 것이라고 보는 代物辨濟說도 있으나, 賣買說과 유사하다고 본다.

3) 同旨: 鄭(東), 537면; 蔡, 396면. 無名契約說로 보는 見解로는 李(基), 473면.

4) 支給提示期間의 경과 후는 支給委託의 取消가 없는 경우를 의미하지만(手 32조 2항), 自己앞手票의 경우는 支給委託의 취소가 있을 수 없기 때문에(이에 관하여는 후술함) 同手票의 紛失 · 盜難 등으로 인한 事故申告가 없는 한 支給提示期間 전후에 불문하고 계속 지급된다.

5) 大判(전원합의체판결) 1976. 1. 13, 70 다 2462(大集 24 ① 民 1) 이후의 大法院判例.

로 많이 이용되고 있다.[1]

3) 자기앞수표의 지급과 관련하여 同수표의 소지인(수취인)이 同수표를 분실·도난당한 경우에 발행은행에 제출하는 事故申告의 의미가 무엇이냐에 대하여, 학설은 크게 일반수표의 지급위탁취소에 유사하게 볼 수 있다는 積極說(少數說)과, 그렇게 볼 수 없다는 消極說(多數說)로 나뉘어 있다.

① 積極說은 자기앞수표의 발행의 법적 성질에 대하여 委任說을 전제로 하고 있다. 즉, 자기앞수표의 수취인은 일반수표에 있어서의 발행인과 같은 지급위탁자는 아니나, 실질적으로는 일반수표의 발행인에 유사한 지위가 있고 또 지급인은 수표의 지급의무를 부담하는 것이 아니므로 事故申告를 支給委託取消에 유사하게(準하여) 인정할 수 있다는 것이다.[2] 따라서 이 설에 의하면 은행은 수취인으로부터 사고신고를 수리할 의무를 부담하고,[3] 이것이 또한 은행실무에도 부합하다고 한다.[4]

② 消極說은 자기앞수표의 발행의 법적 성질에 대하여 賣買說(對價說)을 전제로 하고 있다. 즉, 자기앞수표는 발행인과 지급인이 동일인이므로 이에는 資金關係 또는 이와 유사한 관계가 존재할 수 없는 점, 자기앞수표는 실질적으로 보더라도 지급보증 대신에 이용되는데 이것은 고객과 은행간의 자금관계를 단절시키고자 하는 점, 또 자기앞수표는 고도의 신용을 갖고 유통된다는 점 등에서, 자기앞수표의 수취인과 발행은행간에는 지급위탁의 취소 내지 이에 준하는 관계를 인정할 수 없다는 것이다.[5]

생각건대 자기앞수표의 발행의 법적 성질을 賣買라고 보는 이상 발행은행이 수취인에 대하여 매매목적물(수표 자체)에 대한 하자담보책임을 지는 것은 별론으로 하고 자금관계 또는 이에 준하는 관계를 전제로 하여 존재하는 支給委託의 取消 내지 이에 준하는 관계는 있을 수 없다고 본다. 따라서 발행은행은 수취인으로부터 이러한 사고신고를 수리할 의무가 없는데, 信義則上 수취인 또는 同수표의 정당한 소지인으로부터의 사고신고에 대하여 가능한 한 협력한

1) 同旨: 鄭(東), 538면; 崔(基), 765면.
2) 梁承圭, "利得償還請求權,"「法學」(서울大), 11-2, 106면 註 7; 鈴木·大隅, 講座(2), 225면 이하.
3) 加藤·吉原, 銀行取引, 81면.
4) 朴禹東, "自己앞手票에 관하여 생긴 利得償還請求權의 讓渡方法,"「司法行政」, 1976.5, 14~15면.
5) 徐燉珏, 前揭 法政, 61면; 朴元善, 前揭 考試界, 106면; 鄭(熙), 274면; 鄭(東), 538면; 孫(珠), 428면; 李(基), 474면.

다는 점과 무권리자에 대한 過失支給의 위험을 방지하고자 하는 점 등에서 사고신고를 접수하는 것이다. 따라서 자기앞수표의 사고신고의 의미는 「사고에 대한 통지와 무권리자에게 지급됨이 없도록 유의해 달라는 경고적 의미」밖에 없다.[1] 그러나 발행은행이 이러한 사고신고를 접수한 후에도 만연히 支給하는 것은 過失지급이 되거나 사고신고인에 대하여 不法行爲를 구성하므로,[2] 발행은행이 사고신고를 접수하면 어음교환소규약에 따라 일단 不渡處理하고 (判決 등을 통하여) 수표소지인이 정당한 권리자로 확인된 경우에만 지급한다.[3]

제 3 절 貸出業務와 어음

은행의 貸出業務에서 어음이 이용되는 관계는 대출종류에 따라 어음이 이용되는지 유무 및 어음이 이용되는 경우 그 법률관계가 어떠한지가 각각 상이하다.

은행의 貸出은 은행이 상대방에 대하여 금전을 대부하는 행위를 말하는 것으로서, 그 법적 성질은 대부분의 대출이 「金錢消費貸借契約」에 속한다(民 598조). 그러나 당좌대월은 「條件附準消費貸借契約」이라고 해석한다.[4]

은행에서 사용하는 「貸出」이라는 용어는 은행의 여신업무의 전부 또는 일부를 지칭하는 것으로서 매우 다의적으로 사용되고 있다. 즉, 광의로 사용할 때는 「은행이 하는 여신업무를 총칭」하는 것으로, 어음대출 · 증서대출 · 당좌대출 · 어음할인 · 지급보증 · 유가증권대여 · 콜론 등이 포함된다. 그러나 협의로 사용할 때는 「은행이 일반의 고객에 대하여 하는 여신」만을 가리키는 것으로, 은행상호간에 하는 콜론 등은 제외된다. 그런데 실무상 최협의로 사용할 때는 「은행이 고객에 대하여 하는 여신 중 실제로 자금이 공여되는 여신」을 의미하는 것으로, 어음貸出 · 證書貸出 · 當座貸出 · 어음割引을 의미한다.[5] 그런데 이 중 證書貸出은 어음 대신에 借用證書를 징구하고 대출을 하는 것으로

1) 同旨: 車洛勳 · 金鍾壽 · 李東雨(共編), 「어음 · 手票의 事故對策」, 1969, 610면; 韓國産業銀行, 「銀行法律實務」, 1971, 383면, 387~388면; 日東京高判 1967. 8. 30(基判商法 ③, 1316).

2) 大判 1959. 11. 26, 4292 民上 359(大集 7 民 323).

3) 鄭(燦), (事例) 484~485면.

4) 田中(誠), 銀行取引法, 156면.

5) 한국외환은행, 「어음去來約定書解說」, 法規資料 제36호(1976. 9. 30), 22면.

원칙적으로 어음과 무관하고, 또 當座貸出은 보통 당좌수표의 자금관계와 관련하여 당좌예금과 함께 취급되는 것이 일반적이므로, 이곳에서는 어음貸出과 어음割引에 대해서만 설명하겠다.

제 1 어음貸出

1. 意 義

어음대출이란 「貸主(銀行)가 대출을 하기 위하여 借主로부터 借用證書를 받는 대신에 또는 이것과 함께 대출채권을 확보하기 위하여 어음을 징구하고 하는 대출」을 말한다.[1] 은행은 어음貸出을 이용하는 경우, 原因債權 이외에도 어음債權을 함께 갖게 되어 채권의 관리 · 회수가 용이하고 또한 대출의 실행절차가 간편하며, 어음의 지급기일까지 同어음을 再割引 또는 擔保化의 방법으로 이용할 수 있는 점 등과 같이 유리한 점이 많기 때문에, 어음貸出을 많이 선호하고 있다.[2]

어음貸出은 위에서 본 바와 같이 원인관계인 금전소비대차의 담보를 위하여 어음이 수수되는 것인데, 借主가 보통 約束어음을 발행하고 '대출용'이라고 표시하여 貸主인 은행에게 교부한다. 따라서 이렇게 借主가 발행한 어음을 「貸付어음」이라고 하는데, 이는 借主가 배서하고 할인받는 「割引어음」 및 借主의 (人的) 保證人이 발행하는 「擔保어음」[3]과 구별된다.

2. 어음貸出의 方法

1) 은행이 借主에게 어음貸出을 함에 있어서는 借主로부터 은행여신거래의 기본약정서인 銀行與信去來基本約款을 징구한다.

2) 借主는 은행을 수취인으로 하는 (貸出用) 約束어음을 발행하여 은행에 교부하면, 은행은 보통 이자에 상당한 금액을 어음금액으로부터 차감한 금액을 借主에게 교부한다. 그러므로 어음貸出의 경우에는 約束어음의 교부 이외에 별도로 개별적인 借用證書를 작성하지 않는 것이 보통이다. 어음대출의 경우에도

1) 田中(誠), 銀行取引法, 165면.

2) 李(基), 308면 참조.

3) 이러한 擔保어음은 擔保附어음과 구별되는데, 擔保附어음이란 어음상의 權利에 物的 擔保가 붙어 있는 어음으로, 예컨대 貨換어음과 같이 船荷證券이나 貨物相換證이 어음債權의 擔保로서 붙어 있는 어음을 말한다.

기본적인 법률관계는 消費貸借이나, 어음이 이용되기 때문에 은행은 보통 이자를 할인료의 형식으로 선취한다. 이 점에서 어음貸出은 어음割引과 유사하나, 이자를 보통 후취하는 證書貸出과는 구별된다. 어음貸出에서 이용되는 어음은 어음채무자가 1인이고 배서인이 없으며 은행이 수취인인 單名어음인 점에서도 특색이 있다.[1)]

3) 어음貸出의 경우 어음의 만기와 원인채권인 소비대차계약에 기한 변제기와는 일치하지 않는 것이 보통이다. 즉, 어음貸出의 경우 借主는 보통 소비대차의 변제기의 기한 내에서 1개월 또는 3개월을 단위로 하여 이자를 先支給하고 어음을 改書하는 것이 일반적인 은행실무이다. 어음改書에 관하여는 다음의 항에서 좀 더 상세히 살펴보기로 한다.

3. 어음改書

(1) 어음改書의 意義

어음改書(Wechselprolongation)라 함은 기존의 舊어음을 새로운 어음으로 교환하는 것으로서, 보통 舊어음의 지급을 연기하기 위하여 한다. 즉, 위에서 본 바와 같이 소비대차의 변제기 내에서 어음개서를 하는 경우도 있으나, 변제기 자체를 연기하는 경우에도 어음개서를 수반한다. 어느 경우이든 어음개서는 채권자(약속어음의 수취인)와 채무자(약속어음의 발행인) 사이에서 이루어진다.[2)] 어음改書에 의하여 기존채무가 소멸되는 것이 아님은 물론이다.

우리 大法院判例도 이와 同旨로 다음과 같이 판시하고 있다.

[어음改書에 의하여 支給期日이 유예될 뿐 기존채무는 소멸되지 않는다고 본 判例]

기존채무의 이행을 위하여 교부된 약속어음의 소지인인 은행이 어음 되막기 방법에 의하여 그 약속어음을 결제된 것으로 처리하고 새로운 어음을 발행받는 경우, 기존채무는 쌍방간의 약정에 따라 새로운 어음의 支給期日까지 그 지급을 유예해 준 것일 뿐, 기존채무가 소멸되는 것은 아니고 새로운 어음이 만기에 지급되어야만 기존채무가 소멸되는 것이다[大判 1992. 2. 25, 91 다 14192(公報 918, 1118)].

(2) 어음改書의 法的 性質

어음改書는 新어음의 발행에 의하여 舊어음채무가 소멸되므로 更改라고

1) 田中(誠), 銀行取引法, 198면.
2) 鄭·鄭, (演習) 704면.

볼 수도 있으나, 「代物辨濟」라고 보는 것이 타당하다.[1] 舊어음채무가 소멸하였는지 여부는 당사자의 주관적 의사에 의하여 결정되는 것이 아니라, 舊어음이 발행인에게 회수되었는지 여부에 관한 객관적 사실에 의하여 결정된다. 또한 舊어음과 新어음은 법률상은 별개의 것이지만 실질상은 동일하기 때문에, 舊어음에 부착된 抗辯이나 擔保權은 新어음에 관하여도 그대로 그 효력이 존속한다고 본다.[2]

(3) 어음改書의 效力

1) 借主가 어음改書를 한 이상 은행은 借主에 대하여 어음상의 권리를 행사할 여지가 전혀 없다. 또한 어음改書가 있는 경우에는 원인채권인 대출채권의 변제기가 도래하지 않았거나 또는 연장되었을 것이므로 원인채권에 의해서도 권리를 행사할 여지가 없다. 이 때 은행은 원인채권의 변제기가 도래하지 않은 경우에 借主에 대하여 改書를 거절하고 舊어음에 기하여 어음상의 권리를 행사하거나 또는 改書를 하여 준 후 舊어음에 기하여 어음상의 권리를 행사할 수도 없다. 왜냐하면 이 때의 어음은 일반적으로 원인채권(대출채권)의 이행을 確保(擔保)하기 위하여 수수된 것이므로 은행이 舊어음에 기하여 어음상의 권리를 행사하더라도 借主는 원인관계에 기한 항변을 人的 抗辯으로 주장할 수 있기 때문이다.[3]

2) 그런데 借主가 어음改書를 게을리한 경우에는 어떻게 되는가. 이 때 借主가 대출채권의 변제기에 대한 유효한 (구두)약속을 입증할 수 있다면 借主는 은행의 舊어음에 기한 어음상의 권리의 행사에 대하여 이를 인적 항변으로 주장하여 어음의 지급을 거절할 수 있으나,[4] 借主가 이를 입증하지 못하면 借主는 결국 은행의 결정에 따를 수밖에 없다.[5] 그런데 은행은 그와 차주간의 대출채권의 변제기에 관한 구두약속은 그 변제기 내에서 차주가 어음의 각 만기에 어음改書를 하는 것을 조건으로 유효한 것인데 차주가 어음改書를 게을리하여 차주는 대출채권의 변제기가 도래하지 않았음을 주장할 수 없다고 항

---

1) 鄭·鄭, (演習) 705면. 同旨: 蔡, 375면.
2) 鄭·鄭, (演習) 705면.
反對: 蔡, 376면.
3) 한국외환은행, 前揭書(法規資料 제36호), 30면.
4) 그러나 日本에서는 民事訴訟法上 어음訴訟에 있어서의 증거는 書證에 한하므로(日 民訴 446조), 貸出債權의 辨濟期에 관한 口頭約束은 어음訴訟에서 주장할 수 없다[田中(誠), 銀行取引法, 168면].
5) 田中(誠), 銀行取引法, 168면.

변하여 변제를 청구하거나, 차주가 銀行與信去來基本約款에 위반한 것을 이유로 차주의 기한의 이익을 상실시켜 변제를 청구할 수 있을 것이다.[1]

4. 어음貸出과 原因債權

1) 어음貸出의 경우에 借主가 은행에 대하여 약속어음을 발행하는 것은, 소비대차에 기한 채무의 이행을 확실히 하기 위하여 또는 그 채무의 지급을 담보하기 위하여 하는 것이므로 어음의 實質關係(原因關係)에 관한 사항이다.

2) 어음의 원인관계 중 어음관계가 원인관계에 미치는 영향으로 기존채무와 관련하여 어음이 수수되는 경우에 「支給을 위하여」(支給의 方法으로) 어음이 수수되었는지, 「支給을 擔保하기 위하여」(支給을 確保하기 위하여) 어음이 수수되었는지, 또는 「支給에 갈음하여」(支給自體로서) 어음이 수수되었는지는 제 1 차적으로 당사자의 의사에 따른다. 그런데 어음貸出에 있어서 約束어음이 발행되는 경우의 당사자의 의사는 다른 특별한 의사표시가 없는 한 기존채무(원인채무)의 「支給을 擔保하기 위하여」(支給을 確保하기 위하여) 어음을 수수한 것으로 추정된다.[2]

3) 따라서 은행은 어음債權과 소비대차에 기한 貸出債權(原因債權)의 두 채권을 갖는데, 일방의 변제로 인하여 타방은 소멸한다. 이 때 은행은 두 채권 중 어느 하나를 임의로 선택하여 행사할 수 있는데,[3] 이 때 은행이 貸出債權을 먼저 행사하기 위하여는 건전한 어음을 차주에게 반환하여야 한다.[4] 따라서 은행이 대출채권의 지급을 確保하기 위하여 받은 어음을 유상 또는 무상으로 타인에게 배서양도한 경우에는, 다른 특별한 사정이 없는 한 은행은 대출채권을 행사할 수 없다.[5] 이 때 은행이 위 어음을 유상으로 배서양도한 경우에는 배서 당시에 대출채권이 소멸하는 것은 아니고, 은행이 배서인으로서 상환의무를 이행할 우려가 없게 된 때에 비로소 대출채권이 소멸하게 된다[6](이러한 점에 대하여는 어음의 實質關係에서 이미 상세히 설명한 바와 같다).

---

1) 한국외환은행, 前揭書(法規資料 제36호), 30~31면.

2) 同旨: 日最高判 1948. 10. 14(民集 2-11, 377); 田中(誠), 銀行取引法, 169면.

3) 同旨: 大判 1960. 8. 18, 4292 民上 864(敎材, 判決例 [185]). 銀行與信去來基本約款은 이 점을 명백히 하여 「채무자가 발행 · 배서 · 인수나 보증한 어음에 의하여 여신을 받은 경우에는 은행은 어음債權 또는 與信債權의 어느 것에 의하여도 청구할 수 있다」고 규정하고 있다(한국외환은행 제정, 同약관 2조).

4) 同旨: 徐·鄭, 134면; 鄭(熙), 108면.

5) 同旨: 大判 1962. 4. 12, 4294 民上 1190(敎材, 判決例 [195]); 同 1969. 5. 27, 69 다 426(敎材, 判決例 [196]); 同 1977. 3. 8, 75 다 1234(敎材, 判決例 [198]).

6) 同旨: 大判 1976. 4. 13, 75 다 649(民判集 220의 上, 99) 外.

그러나 은행이 위 어음을 타인에게 배서양도하고 그 어음채권이 시효로 소멸된 경우에 은행의 대출채권은 어떻게 되는가. (i) 은행이 위 어음을 有償으로 배서양도한 경우에는 대출금에 상당한 자금을 이미 취득하고 또 이 자금은 상환의무를 이행할 우려가 없게 되어 확정적으로 취득하고 있으므로 은행의 어음발행인(차주)에 대한 대출채권은 소멸하고, 어음소지인은 어음발행인에 대하여 利得償還請求權을 갖게 된다. (ii) 그러나 은행이 위 어음을 無償으로 배서양도한 경우에는 은행은 대출금에 상당하는 자금을 확보하고 있지 못하므로, 어음발행인이 동 어음에 기하여 어음채무를 이행할 필요가 없다면, 은행은 어음발행인에 대하여 대출채권을 행사할 수 있다고 본다. 또한 이 때에 어음소지인은 어음발행인에 대하여 利得償還請求權이 없다.

제 2 어음割引

1. 意 義

어음割引(discount; Diskontogeschäft)이라 함은 「만기가 도래하지 않은 어음을 어음소지인(할인의뢰인)이 은행 등 금융업자(할인인)에게 양도하고, 은행 등이 만기까지의 이자 및 기타 비용(할인료)을 공제한 금액을 어음소지인에게 지급하는 거래」를 말한다.[1] 어음割引은 유가증권으로서의 어음을 보통의 상품과 똑같이 취급하는 점에서, 어음이 소비대차의 차용증서에 대신하여 수수되는 어음貸出과 근본적으로 구별된다(이에 관하여는 다음 項에서 상술함).

어음割引의 대상이 되는 어음은 보통 지급이 확실하므로 은행은 同割引어음을 타에 양도하여 再割引을 받는 것이 보통이다. 따라서 어음割引은 은행 등이 자금이용방법으로 많이 이용하고 있으며, 은행의 여신업무 중의 중요한 하나를 이루고 있다.[2] 어음割引의 경우는 보통 어음소지인이 신용 있는 자가 발행하거나 인수한 어음을 은행 등에 배서양도함으로써 하는데, 때로는 은행 등을 수취인으로 하여 어음을 발행하여 할인받는 경우도 있다.[3]

수표에는 만기가 없으므로 手票割引은 있을 수 없으나, 先日字手票 등의 할인은 消費貸借로서의 성질을 갖는다.

---

1) 同旨: 大判 1994. 11. 22, 94 다 20709(公報 983, 69)(따라서 액면금 전액을 지급하고 어음을 취득하는 것은 특별한 사정이 없는 한 어음割引의 성질이나 去來慣行에 어긋난다).

2) 李(基), 301면; 田中(誠), 銀行取引法, 178면.

3) 鄭(東), 251면; 崔(基), 261면.

우리 大法院判例도 이와 同旨로 다음과 같이 판시하고 있다.

[手票割引의 法的 性質에 관한 判例]

일람출급성인 수표의 경우에는 만기가 없으므로 어음할인과 같은 엄격한 의미에서의 수표할인은 성립할 수 없으나 특정기일 전까지 지급제시를 하지 않기로 하여 수표금액에서 그 기간까지의 이자를 공제하는 의미에 있어서의 수표할인은 가능하고, 금융기관 아닌 시중에서 이와 같은 의미의 수표할인이 이루어진 경우 거래의 실태에 따라서는 당사자 사이에 수표금 상당의 소비대차계약이 체결되고 그 수표는 소비대차상의 채무를 담보하기 위하여 교부된 것이라고 해석하여야 한다.

따라서 채권자가 채무자에게 제 3 자 발행의 가계수표 2 매를 할인해 주었다면 채권자와 채무자 사이에는 수표들을 담보로 한 그 수표금 상당의 소비대차가 이루어졌다고 볼 여지가 있고, 또 한편 채권자가 수표할인 사실을 입증하고 있는 점에 비추어 보면, 채권자가 채무자에게 금원을 대여하였다는 채권자의 주장 속에는 금원의 대여사실 자체가 인정되지 않는다면 채권자로서는 채무자에게 가계수표 2 매를 담보로 대여한 금원의 지급을 구한다는 주장을 포함한 것으로도 볼 여지가 있으므로, 이와는 달리 채권자의 청구를 모두 기각한 원심판결은 석명권 불행사를 이유로 파기를 면하지 못한다[大判 1997. 4. 25, 97 다 6636(公報 1997, 1604)].

2. 어음割引과 어음貸出의 比較[1]

(1) 法的 性質의 차이

어음割引에 대하여는 크게 賣買說(通說)과 消費貸借說(少數說)로 나뉘어 있으나, 어음貸出에 대하여는 消費貸借로 보는 데 異說이 없다.

(2) 原因關係의 유무

어음割引의 경우에는 어음수수의 원인이 되는 법률관계가 별도로 없으나, 어음貸出의 경우는 어음수수의 원인으로서 消費貸借契約이 별도로 있다. 따라서 어음割引의 경우는 원인관계와 관련된 인적 항변의 문제는 있을 수 없으나, 어음貸出의 경우는 원인관계와 관련된 人的 抗辯의 문제가 있다.

(3) 어음의 作成時期

어음割引의 경우에는 할인될 어음이 이미 작성·교부된 뒤에 할인에 관한 계약(매매계약)이 성립하는 것이 보통이나, 어음貸出의 경우에는 대출에 관한 계약(소비대차계약)이 성립한 후에 어음이 작성·교부된다.

---

1) 이에 관한 상세는 鄭·鄭, (演習) 694~698면.

⑷ **單名어음과 複名어음**

어음割引의 대상이 되는 어음의 주채무자는 할인의뢰인(보통 背書人) 이외의 자(約束어음의 경우에는 發行人)인 것이 보통이나(複名 어음), 어음貸出의 경우에는 어음의 주채무자는 차주(約束어음의 경우에는 發行人)뿐인 것이 보통이다(單名 어음).

⑸ **商業어음과 融通어음**

어음割引의 대상이 되는 어음은 상거래의 뒷받침이 있는 어음(상업 어음)인 것이 보통이나, 어음貸出의 경우에 이용되는 어음은 상거래의 뒷받침이 없어 은행실무상 (광의의) 融通어음이라고 하며 원칙적으로 할인의 대상이 되지 않는다.

⑹ **擔保의 有無**

어음割引의 경우에는 어음의 신용도가 높고 만기에 결제될 확률이 높기 때문에 담보를 절대적 요건으로 하지 않으나, 어음貸出의 경우에는 어음의 신용도는 차주의 신용뿐이므로 이외에 인적·물적인 담보의 제공을 받는 것이 보통이다.

⑺ **割引料와 利子**

어음割引의 경우에는 할인한 날로부터 어음의 만기까지의 이자 및 기타 비용이 할인료로 어음금액에서 공제되고 이는 선이자와는 구별되나,[1] 어음貸出의 경우에는 대출한 날로부터 만기까지의 이자가 선급된다. 그러나 어음割引도 대출의 일종으로 보고 割引料도 일종의 이자의 선급이라고 보면, 양자는 아주 유사하게 된다.

⑻ **債權回收方法에 있어서의 차이**

어음割引의 경우에는 재할인 또는 만기에 어음상의 주채무자에 대하여 어음금을 지급청구하는 방법에 의하나, 어음貸出의 경우에는 소비대차의 변제기에 차주에 대하여 어음권한을 행사하든가 또는 대출채권을 행사하는 방법에 의한다. 어음의 만기 전 또는 대출금의 변제기 전에 채무자의 신용이 악화된 경우의 회수방법에도 큰 차이가 있다. 즉, 어음割引의 경우에는 어음法上 滿期前 遡求方法(어 43조, 77조 1항 4호)도 있겠으나 실제에 있어서는 還買特約에 의하여 할인의뢰인에게 환매를 청구하는 것이 보통이나, 어음貸出의 경우에는 借主가 갖는 期限의 利益을 포기시킨 후 대출금을 변제기 전에 회수하는 것이 보통이다.

1) 同旨: 大判 1990. 7. 10, 89 누 4048(新聞 1966, 9)(割引料는 '어음상의 權利의 移轉에 따른 대가'로 보는 것이 상당하고, 특별한 사정이 없는 한 금전소비대차에 있어서의 先利子로 볼 수 없다. 따라서 同어음이 不渡된 때에는 割引料를 과세소득으로 所得稅를 부과할 수 없다).

(9) 利子制限法 適用與否

어음割引의 법적 성질에 대하여 통설인 賣買說에 의하면 割引料는 매매차익이지 금전소비대차의 법정과실이라고 볼 수 없으므로 「대부업의 등록 및 금융이용자 보호에 관한 법률(제정: 2002. 8. 26, 법 6706호, 개정: 2005. 5. 31, 법 7523호)」상 이자율의 제한(同法 8조, 同法施行令 5조 3항)이 적용되지 않으나, 어음貸出의 법적 성질은 消費貸借이므로 어음貸出의 利子에는 당연히 同法이 적용된다.

(10) 遲延損害金의 이율

이론상으로만 보면 어음割引의 경우에는 割引率이 적용되나, 어음貸出의 경우에는 은행이 어음채권을 행사하면 연 6分의 이율이 만기 이후부터 적용된다(어 48조 2호, 77조 1항 4호). 그러나 은행실무에 있어서는 어음割引이나 어음貸出을 구별하지 않고 일률적으로 지연손해금에 대하여 별도로 약정하고 있다(한국외환은행 제정, 은행여신거래기본약관 3조 2항). 이것은 民法 제398조의 손해배상액의 예정에 해당한다.

(11) 利得償還請求權의 成立與否

어음割引의 경우에는 어음수수의 원인이 되는 법률관계가 별도로 없으므로 割引어음의 소지인의 어음상의 권리가 소구권보전절차의 흠결 또는 소멸시효로 인하여 소멸하고 이득을 한 자가 있는 경우에는 어음소지인은 언제나 利得償還請求權을 가지나, 어음貸出의 경우에는 어음수수의 원인이 되는 법률관계가 별도로 있으므로 어음상의 권리가 소구권보전절차의 흠결 또는 소멸시효로 인하여 소멸하고 이득을 한 자가 있는 경우에도 어음소지인이 전자에 대하여 原因債權을 가지고 있는 한 그는 利得償還請求權을 갖지 못한다고 보는 것이 判例이다.[1]

3. 法的 性質

어음割引의 법적 성질에 대하여는 賣買說 · 消費貸借說 · 併存說 및 無名契約說 등이 있으나, 이 중에 가장 중요한 것은 賣買說과 消費貸借說이므로 이하에서는 이에 관해서만 설명한다. 어음할인의 법적 성질을 賣買로 보느냐 또는 消費貸借로 보느냐의 차이는 「대부업의 등록 및 금융이용자 보호에 관한 법률」상 이자율의 제한에 규정(同法 8조, 同法施行令 5조 3항)이 적용되는지 유무, 相計가 가능한지 여부, 遲延損害金에 대한 이율의 차이, 利得償還請求權의 성립여부 등에 있다.[2]

1) 大判 1959. 9. 10, 4291 民上 717(敎材, 判決例 [165]) 이래 우리 나라 大法院의 일관된 判例임.

2) 鄭(東), 252면.

그러나 은행실무상 어음割引과 어음貸出은 은행여신거래기본약관의 적용에 있어서 동일하게 보기 때문에, 동 약정서가 적용되는 범위 내에서는 어음割引의 법적 성질을 어떻게 보든지 실무상에서는 큰 차이가 없게 된다.[1)]

(1) 賣 買 說

賣買說은 당사자의 意思에서 그 근거를 구한다. 즉, 할인의뢰인의 기본적인 의사는 자기가 소지하고 있는 어음을 양도하여 할인대금을 받으면 일반적으로 법률관계가 끝난 것으로 알고 있는데, 이것은 民法이 규정한 전형계약 중 賣買 이외에는 어디에도 해당되지 않는다고 한다. 또한 할인을 해 주는 할인인의 입장에서 볼 때도 그의 의사는 일반적인 소비대차에서와 같이 할인의뢰인에게 자금을 사용하게 하는 것을 목적으로 하는 것이 아니라, 어음의 주채무자로부터 만기에 어음금을 지급받는 것이 목적이므로 소비대차가 아니라 어음의 賣買라고 한다. 이러한 賣買說은 어음을 일종의 상품으로서 賣買하는 것으로 보고, 어음금액으로부터 만기까지의 이자 및 기타 비용을 공제한 금액을 同어음의 현재의 가치에 해당하는 것으로 보아 매매대가에 상당하는 것으로 본다. 오늘날 賣買說이 세계적인 通說로 되어 있으며,[2)] 우리 나라에서도 通說이다.[3)]

우리 나라의 大法院判例도 이와 同旨로 다음과 같이 판시하고 있다.

[어음割引의 法的 性質을 賣買로 본 判例]

단자회사가 할인매수한 어음을 다시 일반 제 3 자에게 어음할인의 방식으로 매출한 것은 그 성질이 어음의 매매라고 볼 것이다[大判 1984. 11. 15, 84 다카 1227(公報 743, 28)].[4)]

同旨: 大判 2000. 12. 12, 99 다 13669(公報 2001, 274)(은행이 갑의 연대보증하에 을과 사이에 어음할인거래약정을 체결한 후 타인 발행의 약속어음을 배서양도받고 할인금을 지급하였는데, 위 약정에 적용되는 약관에는 '어음할인을 의뢰하여 할인금을 지급받은 채무자가 거래정지처분 등을 받은 경우에는 어음의 환매채무를 지고 어음금액을 변제하는 것'으로 규정된 경우, 위 어음할인거래는 어음의 매매로서 위 약속어음은 거래의 목적물에 불과하므로 은행이 위 약속어음을 부적법하게 지급제시를 한 채 지급제시기간을 넘겨 을의 소구권을 상실시켰더라도 보증채무를 이행한 갑에 대한 관계에서 민법 제485조의 담보 상

1) 同旨: 李(基), 309면.

2) 어음割引의 法的 性質에 관한 각국의 比較法的 考察에 관해서는 田中(誠), 銀行取引法, 185~188면 참조.

3) 鄭(熙), 187면; 孫(珠), 177면; 鄭(東), 251~252면; 崔(基), 263면; 李(基), 303면; 蔡, 371면.

4) 日本의 判例도 賣買說을 취하고 있다(日東京高判 1952. 10. 31〈判例 タイムズ 26, 55〉; 同 1953. 7. 30〈下級民集 4-7, 1047 外〉).

실 내지 감소에 해당하지 않는다).

생각건대 어음割引의 법적 성질을 원칙적으로 어음상의 권리의 賣買라고 보는 賣買說에 찬성한다. 그런데 賣買說의 근거도 당사자의 意思에서 구하고 있으므로, 당사자간의 特約으로 소비대차임을 약정하거나 또는 당사자간의 意思의 합리적인 해석에 의하여 묵시적인 소비대차로 해석될 수 있거나, 또는 소비대차로 취급하는 商慣習이 존재하는 경우에는, 예외적으로 消費貸借로 볼 수 있다.[1)]

(2) **消費貸借說**

消費貸借說은 어음할인을 주로 담당하는 은행실무에서 은행은 할인의뢰인의 信用을 중시하여 할인하여 주고, 또 은행여신거래기본약관 등에 광범위한 할인어음의 還買에 대하여 특약하고 있어 할인 후에도(즉, 매매 종결 후에도) 은행은 할인의뢰인의 책임을 묻는 점 등에서 볼 때, 어음割引은 어음의 賣買라기보다는 消費貸借로 보는 것이 타당하다고 한다.[2)] 어음割引을 消費貸借로 보면 할인어음이 만기에 지급되지 않는 경우에 할인은행의 자금회수에 보다 유리하기 때문에, 消費貸借說은 은행실무가에 의하여 많이 주장되고 있다. 즉, 어음할인을 消費貸借로 보면 할인의뢰인의 할인은행에 대한 예금이 할인의뢰인의 채권자에 의하여 押留가 된 경우에 그 이전에 이미 相計適狀에 있었다면 할인은행은 相計를 주장할 수 있다.

우리 大法院判例는 어음 또는 수표의 할인이 금융기관이 아닌 사인간에 이루어진 경우 그 성질이 소비대차인지 어음 또는 수표의 매매에 해당하는지 여부는 그 거래의 실태와 당사자의 의사에 의하여 결정되는데, 사인간에 이루어진 어음 또는 수표의 할인의 성질은 소비대차로 볼 여지가 많아 보인다고 다음과 같이 판시하고 있다.

[私人間에 이루어진 어음 · 수표의 할인의 법적 성질은 消費貸借로 볼 여지가 많다고 본 判例]

통상 어음할인이라 함은, 아직 만기가 도래하지 아니한 어음의 소지인이 상대방에게 어음을 양도하고 상대방이 어음의 액면금액에서 만기까지의 이자 기타 비용을 공제한 금액을 할인의뢰자에게 교부하는 거래를 말하는 것인데, 수표의

---

1) 同旨: 鄭(東), 252면; 姜, (어) 267면; 姜濟雄 · 羅正道, 「銀行事例硏究」(서울: 法文社, 1976), 203~205면; 田中(誠), 銀行取引法, 189면.

2) Hueck/Canaris, S. 46 f., 172; 北澤正啓(編), 「商法の爭點」, 1978, 293면.

경우에는 만기가 없으므로 어음할인과 같은 엄격한 의미에서의 수표할인은 존재할 수 없으나 특정기일 전까지 지급제시를 하지 않기로 하고 수표금액에서 그 기간까지의 이자를 공제하는 방법에 의한 수표할인은 가능한바, 그와 같은 형태의 어음 또는 수표의 할인이 금융기관이 아닌 사인간에 이루어진 경우 그 성질이 소비대차에 해당하는 것인지 아니면 어음의 매매에 해당하는 것인지의 여부는 그 거래의 실태와 당사자의 의사에 의하여 결정되어야 할 것이다.

금융기관이 아닌 사인이 거래관계로 알게 된 상대방으로부터 자금의 융통을 요청받고는 거의 대부분 그 상대방이 발행인으로 된 융통어음과 수표를 교부받으면서 그 액면금액에서 만기 등까지의 이자를 공제한 나머지의 금액을 그 상대방에게 교부하였고, 소외 회사가 발행한 어음에 대하여도 그 상대방이 발행한 어음이나 수표와 같은 형태로 할인거래가 이루어졌다면 그 사인으로서는 그 어음 또는 수표 자체의 가치에 중점을 두고 이를 매수한 것이 아니라 어음 또는 수표의 할인의뢰인인 그 상대방의 신용이나 자력을 믿고서 그 상대방에게 어음 또는 수표를 담보로 금전을 대여하여 주었다고 봄이 상당하므로 그 사인과 그 상대방간에는 어음 및 수표의 액면 상당 금액에 대한 원인관계인 계약이 체결되고, 그 어음 및 수표는 그와 같은 각 계약상의 채무를 담보하기 위하여 교부된 것으로 볼 여지가 많아 보인다[大判 2002. 4. 12, 2001 다 55598(公報 2002, 1108)].

同旨: 大判 2002. 9. 24, 2000 다 49374(公報 2002, 2479)(어음할인의 성질이 소비대차에 해당하는지 아니면 어음의 매매에 해당하는지 여부는 그 거래의 실태와 당사자의 의사에 의하여 결정되어야 한다).

4. 어음割引의 대상이 되는 어음

어음割引의 대상이 되는 어음은 크게 商業어음 · 銀行引受어음 및 貨換어음의 셋으로 분류할 수 있는데, 이하에서 차례로 고찰한다.

(1) 商業어음

商業어음이란 현실로 상거래가 원인이 되어 발행되는 어음으로, 자금융통의 목적으로 발행되는 融通어음에 대립되는 어음이다. 商業어음은 融通어음과는 달리 현실적으로 상거래가 원인이 되어 발행되었고 또 어음발행인 등의 신용에 의하여 그 지급이 확실하므로 어음割引의 대상이 되는 대표적인 어음이다. 은행이 商業어음을 할인하는 경우에는 어음발행인 등을 우량업체 등으로 분류하여, 각각에 따라 할인율을 달리한다. 또 은행은 할인한 어음을 중앙은행으로부터 다시 할인받는데 이를 「商業어음의 再割引」이라고 한다.

은행은 과거에 금융통화위원회규정 등에 의하여 商業어음만을 할인하도록 되어 있었는데, 이러한 규정 등에 위반하여 은행이 融通어음을 할인한 경우에 그 효력이 어떠한가의 문제가 있었다. 이에 대하여 우리 大法院은 다음과 같이 판시하여 그 효력을 인정하였다.

[融通어음의 割引을 有效로 본 判例]

융통어음의 할인을 금하는 각 법령규정은 이른바 단속규정에 지나지 않고 효력규정이라고 볼 수 없으므로, 이러한 규정에 위반하였다 하여 어음할인대출의 사법상 효력까지 부인되는 것은 아니다[大判 1989. 2. 14, 87 다카 3048(月報 222, 79)].

同旨: 大判 1988. 11. 22, 87 다카 1836(公報 839, 19).

(2) 銀行引受어음

銀行引受어음은 원래는 환어음상 支給人으로 되어 있는 은행이 어음法上 引受를 한 어음을 말하는데, 은행이 어음法上 引受를 하지 않아도 背書人 또는 保證人으로서 遡求義務를 부담하는 경우에도 그 지급이 확실하므로 현재는 이러한 어음도 은행실무상 널리 銀行引受어음이라고 불리어지고 있다.[1] 이러한 銀行引受어음은 그 지급이 확실하므로 어음할인의 대상이 되는 어음이다. 貿易어음이란 신용장 등을 보유한 기업체가 신용장을 근거로 하여 발행한 어음을 金融機關이 引受한 어음을 말하는데, 이러한 貿易어음을 할인하는 것은 銀行引受어음을 은행이 할인하는 것으로 볼 수 있다.

(3) 貨換어음

貨換어음이란 운송중의 物件(運送證券)에 의하여 담보되어 있는 換어음을 말하는데, 일종의 擔保附어음이다.[2] 이러한 貨換어음은 物的 擔保가 첨부되어 있기 때문에 어음割引의 대상이 되고 있으며, 貨換어음의 할인은 현재 수출대금의 조기회수를 위한 대표적인 업무가 되고 있다. 貨換어음에는 운송중 物件을 대표하는 書類(運送證券)만이 첨부된 것과, 이 위에 商業信用狀(人的 信用)이 다시 첨부된 것의 두 가지가 있다. 또 貨換어음에는 同어음의 만기 및 부속서류(운송증권)의 인도방법에 따라 「書類支給어음」(D/P bill)과 「書類引受어음」(D/A bill)의 두 종류가 있다. 즉, 書類支給어음은 화환어음의 만기가 一覽出給이기 때문에 대금의 지급과 상환으로 부속서류를 교부하는 어음이고, 書類引受어음은 화환어음의 만기가 一覽後定期出給이기 때문에 인수와 상환으로 부속서류를 교부하는 어음이다.

1) 田中(誠), 銀行取引法, 179면.

2) 이에 반하여 物的 擔保가 없는 어음을 無貨換어음(clean bill)이라고 한다.

貨換어음에는 대금회수방법에 따라 割引貨換어음과 推尋貨換어음이 있는데, 어음割引과 관련되는 화환어음은 割引貨換어음이고 또 이것이 일반적이다.

5. 어음割引과 還買請求權

(1) 總 說

앞에서 본 바와 같이 어음割引의 법적 성질을 賣買로 보는 경우, 어음割引은 어음이라는 유가증권이 표창하는 금전채권의 賣買라고 볼 수 있다. 이러한 어음의 賣買는 매도인(거래처)이 어음을 매수인(은행)에게 교부하고 매수인이 매도인에게 할인대금을 지급하면 매매계약의 이행은 끝나게 되고, 이렇게 매매계약의 이행이 끝난 이상 당사자간에는 아무런 법률문제가 남지 않게 된다. 이러한 점에서 어음割引은 어음貸出과 근본적으로 구별된다. 그런데 어음의 賣買는 어음 자체의 매매가 아니고 어음이 표창하는 金錢債權의 매매이므로, 채무자의 자력 · 신용에 기초를 둔 매매이다. 이러한 점에서 어음채무자의 신용이 매매 당시의 예상에 반하여 그 후 악화하여 만기에 어음이 부도되거나 또는 부도가 예상되는 경우가 있다. 만기에 어음이 부도된 경우에 할인은행이 배서인인 할인의뢰인 등에 대하여 어음상의 遡求權을 행사할 수도 있고 또 채권매매에 있어서 매도인의 擔保責任(民 579조)을 물을 수도 있겠으나, 이것만으로는 불충분하므로(특히 어음채무자의 신용이 악화하여 부도가 예상되는 경우) 할인은행은 할인의뢰인과의 특약(은행여신거래기본약관 8조 등)에 의하여 어음의 주채무자 등이 지급기일에 지급하지 않거나 또는 일정한 신용악화의 사실이 있는 경우에는 할인의뢰인이 할인어음의 還買債務를 부담하는 것으로 규정하고 있다. 이와 같은 것은 어음貸出의 경우 借主의 신용이 악화한 경우 貸主(銀行)가 借主의 기한의 이익을 상실시켜 대출금을 회수할 수 있도록 한 점을 어음割引의 경우에는 그의 특수성으로 인하여 還買로 특약한 것으로 볼 수 있다.[1)]

(2) 意 義

還買請求權(Zurückbelastungsrecht)이라 함은 「할인어음이 부도되거나 또는 부도될 우려가 있는 경우와 같이 할인어음의 신용이 악화된 경우에, 할인은행이 할인의뢰인에 대하여 할인어음의 還買를 청구할 수 있는 권리」를 말한다.[2)] 그런데 은행여신거래기본약관에는 할인은행의 통지 · 최고 등이 없이 할인의뢰

1) 한국외환은행, 前揭書(어음去來約定書解說), 121면; 姜濟雄 · 羅正道, 前揭書(銀行實務事例硏究), 209면.

2) 鄭(東), 253면.

인이 당연히 할인어음의 還買債務를 지는 경우와,[1] 할인은행의 청구에 의하여 할인의뢰인이 還買債務를 지는 경우[2]의 두 가지를 규정하고 있다.

이러한 還買請求權은 民法上 채권매매에 있어서 매도인의 擔保責任 및 어음상의 遡求權과는 다음과 같은 점에서 유리하다.

1) 債權賣買에 있어서 賣渡人의 擔保責任과의 비교 民法上 채권이 매매의 목적이 되는 경우에 그 매도인이 당연히 채무자의 자력을 담보하는 것은 아니다. 따라서 변제기에 채무자가 당해 채무를 지급하지 않더라도 매도인은 아무런 책임을 부담하지 않는다. 그러나 매매당사자간의 特約에 의하여 매도인이 채무자의 자력을 담보한다는 취지를 약정할 수 있는데, 이러한 경우 특별한 의사표시가 없으면 매도인은 賣買契約當時의 채무자의 자력을 담보하는 것으로 추정한다(民 579조 1항). 또한 매도인은 채무자의 장래의 자력을 담보하는 것도 특약할 수 있는데, 이 때에는 특별한 의사표시가 없으면 辨濟期의 資力을 담보한 것으로 추정한다(民 579조 2항). 그런데 이와 같이 매도인이 특약에 의하여 채무자의 장래의 자력을 담보한 경우에도, 매수인이 매도인에 대하여 그 담보책임을 추궁하려면 매수인은 먼저 변제기에 채무자에게 청구하고, 자력이 부족하여 변제받을 수 없다는 것을 입증하여야 한다. 이와 같은 점에서 볼 때 還買請求權은 채권매매에 있어서 매도인의 擔保責任과는 다음과 같은 점에서 유리하다.[3]

① 채권매매에 있어서 매도인의 擔保責任은 매도인이 채무자의 자력을 담보한다는 별도의 特約이 있어야 가능한데, 還買請求權은 은행여신거래기본약관에 의하여 이미 포괄적인 특약이 있어 가능하다.

② 채권매매에 있어서 매도인이 채무자의 자력을 擔保한다는 특약을 하여도 특별한 의사표시가 없으면 매매계약 당시 또는 변제기의 채무자의 자력을 담보하는 것이므로 賣買契約後 辨濟期前의 채무자의 신용악화 등으로 매도인에게 담보책임을 물을 수 없으나, 還買請求權은 支給期日前의 主債務者의 신용악화 등의 경우에도 그 행사가 가능하다.

---

1) 즉, 割引依賴人에게 압류 · 가압류 · 지급정지 · 거래정지처분 등 일정한 信用惡化의 사실이 발생하거나 또는 할인어음의 主債務者가 지급기일에 지급하지 않거나 일정한 信用惡化의 사실이 있는 경우이다(한국외환은행, 은행여신거래기본약관 8조 1항).

2) 즉, 위의 경우 이외에도 割引어음에 대하여 割引銀行이 債權保全上 필요하다고 인정하는 경우이다(한국외환은행, 은행여신거래기본약관 8조 2항).

3) 한국외환은행, 前揭書(어음去來約定書解說), 121~123면; 姜濟雄 · 羅正道, 前揭書(銀行實務事例研究), 210~211면.

③ 채권매매에 있어서 매도인의 擔保責任은 채무자의 자력이 불충분한 경우에 한하고 매도인 자신이 신용악화된 경우에는 해당하지 않으나, 還買請求權은 賣渡人 자신이 신용악화된 경우에도 그 행사가 가능하다.

2) 어음상의 遡求權과의 비교 할인의뢰인은 보통 어음에 背書하여 할인은행에 교부하기 때문에 어음상 遡求義務를 부담한다. 할인의뢰인의 이러한 遡求義務는 民法上 채권매도인의 擔保責任을 어음法에서 규정하여 그 내용을 획일화하는 동시에, 어음의 신용과 유통성을 강화하고 있다. 따라서 어음法上 遡求義務는 당사자간의 특약이 없더라도 법률상 당연히 賣渡人(背書人)에게 인정되고 있는데, 이러한 遡求義務는 滿期前의 遡求義務와 滿期後의 遡求義務가 인정된다.

그런데 還買請求權은 어음상의 遡求權보다 다음과 같은 점에서 유리하다.

① 어음상의 遡求權은 (만기 전의 소구이든 만기 후의 소구이든) 어음法에 규정된 엄격한 遡求要件(實質的 要件 및 形式的 要件)을 구비하여야 그 행사가 가능한데, 還買請求權은 그 행사요건이 훨씬 광범위하고 또 그 절차도 간단하다.

② 어음상의 遡求權의 행사에서 遡求金額은 어음法에 정형화되어 있으나, 還買請求權의 행사에서 還買金額은 당사자간의 약정에 의하여 자유롭게 정해질 수 있으므로 할인은행은 어떠한 손해도 방지할 수 있다.

따라서 이론상 割引銀行은 어음상의 遡求權과 還買請求權을 선택하여 행사할 수 있으나, 위에서 본 바와 같이 還買請求權이 유리하므로 은행실무상은 거의 예외 없이 還買請求權을 행사하고 있다.[1)]

이 때 은행이 어음할인으로 취득한 어음에 대하여 遡求權을 보전하지 않았다 하더라도 還買者에 대하여 손해배상책임을 부담하지 않는데, 우리 大法院 判例도 이와 같은 취지에서 다음과 같이 판시하고 있다.

[銀行이 어음할인으로 취득한 어음에 대하여 소구권을 보전하지 않았다 하더라도 還買者에 대하여 손해배상책임을 지지 않는다는 判例]

금융기관이 어음할인을 하고 취득한 어음을 지급기일에 적법하게 지급제시를 하지 아니하여 소구권을 보전하지 아니하였다 할지라도, 지급기일 후에 어음발행인의 자력이 악화되어 무자력이 되는 바람에 어음환매자가 발행인에 대한 어음채권과 원인채권의 어느 것도 받을 수 없게 됨으로 인하여 손해를 입게 된 것이라면, 이러한 손해는 어음 주채무자인 발행인의 자력의 악화라는 특별 사정으로

1) 한국외환은행, 前揭書(어음去來約定書解說), 123～124면; 姜濟雄·羅正道, 前揭書(銀行實務事例硏究), 211～212면.

인한 손해로서 지급제시의무를 불이행한 금융기관이 그 의무 불이행 당시인 어음의 지급기일에 장차 어음발행인의 자력이 악화될 것임을 알았거나 알 수 있었을 때라야 어음을 환매하는 자에 대하여 손해배상채무를 진다[大判 2003. 1. 24, 2002 다 59849(公報 2003, 721)].

(3) 法的 性質

還買請求權의 법적 성질은 어음割引의 그것과 관련된다.

1) 어음割引의 법적 성질을 消費貸借라고 보면, 還買請求權은 「貸金返還請求權」이라고 볼 수 있다.

2) 어음割引의 법적 성질을 賣買로 보면, 還買請求權은 다음과 같이 여러 가지로 설명된다.

① 「채권매도인의 擔保責任」으로 설명하는 견해가 있으나, 이 견해는 할인어음의 만기 전의 還買나 할인의뢰인의 신용악화로 인한 還買를 설명하지 못하는 난점이 있다.

② 어음의 「遡求義務에 유사한 것」으로 설명하는 견해가 있으나, 이 견해는 어음 외의 권리를 어음法에 의하여 설명해야 하는 난점이 있으며 또한 할인의뢰인의 신용악화로 인한 還買를 설명하지 못하는 난점이 있다.

③ 「再賣買」로 설명하는 견해가 있는데, 이 견해에서는 還買請求權이 당연히 발생하는 경우에는 停止條件附再賣買이고 할인은행의 청구에 의하여 발생하는 경우에는 再賣買의 豫約이라고 설명한다.[1]

이 견해가 우리 나라의 多數說이며, 타당하다고 생각한다.

④ 「賣買契約의 解除」로 설명하는 견해가 있는데, 이 견해에서는 還買請求權이 당연히 발생하는 경우에는 失權約款에 의한 해제이고 할인은행의 청구에 의하여 발생하는 경우에는 約定解除權의 행사에 의한 해제라고 한다.[2] 그러나 이 견해는 기존의 법률관계인 어음할인을 처음부터 소멸시키는 점에서 거래의 실정 및 당사자의 의사에 맞지 않는 해석이라고 본다.

⑤ 위의 어느 견해도 필연적으로 그 실질을 충분히 설명하지 못하는 점에서 통일적인 설명을 포기하고, 還買請求權을 「特約 또는 慣習에 기한 특수한 권리」로 보고, 그 구체적인 내용은 할인계약의 附屬約款의 합리적인 해석에 의하여 정하여진다고 설명하는 견해가 있다.[3] 그러나 이 견해는 법률상의 설

1) 鄭(熙), 187면; 鄭(東), 254면; 崔(基), 266면.

2) 한국외환은행, 前揭書(어음去來約定書解說), 129~130면; 姜濟雄 · 羅正道, 前揭書(銀行實務事例硏究), 216면.

3) 李(基), 304면.

명으로는 타당하지 않다고 본다.

(4) 行 使

1) 割引어음의 還買를 再賣買로 보면, (i) 還買請求權이 당연히 발생하는 경우(한국외환은행 제정, 은행여신거래기본약관 8조 1항)에는 그러한 사정의 발생에 의하여 당연히 「停止條件附 再賣買」가 성립하고, (ii) 割引銀行의 청구에 의하여 還買請求權이 발생하는 경우(한국외환은행 제정, 은행여신거래기본약관 8조 2항)에는 할인은행의 환매청구는 「再賣買의 豫約에 기한 예약완결의 意思表示」라고 볼 수 있다.[1]

2) 이러한 還買請求權은 어음法上의 權利가 아니라 당사자간의 「契約上의 權利」이므로, 이를 행사함에 있어서 어음의 제시와 교부를 필요로 하지 아니한다. 그러나 還買請求權의 행사에 의한 할인의뢰인의 환매채무와 할인은행의 어음반환의무(어음의 교부와 어음상의 권리의 이전의무를 포함함)는 대가적인 牽連關係에 있으므로 양 의무는 同時履行의 관계에 있다고 볼 수 있다.[2] 할인은행이 환매청구권을 행사하는 경우 할인은행은 이와 같이 어음을 할인의뢰인에게 반환해야 하는 의무를 부담하므로, 할인은행은 실제로 어음상의 권리를 행사할 수 없게 된다. 그러나 할인의뢰인이 환매채무를 이행하기 전에 할인은행이 자기가 소지하고 있는 어음에 의하여 어음상의 권리를 행사할 수 없는 것은 할인은행으로서 매우 불이익하다고 하지 않을 수 없다. 따라서 割引銀行은 보통 은행여신거래기본약관에 특약을 두어 還買請求權을 행사한 후에도 할인의뢰인이 매매채무를 이행하기까지에는 어음상의 권리를 행사할 수 있도록 하고 있다.[3]

(5) 效 果

1) 일정한 사유가 발생함으로써 당연히 還買의 효과가 발생하는 경우나, 할인은행의 還買請求에 의하여 還買의 효과가 발생하는 경우나, 모두 환매의 효과로서 할인의뢰인은 할인은행에 대하여 일정한 금액의 支給債務(還買債務)를 부담하게 된다. 還買의 법적 성질을 再賣買로 보면 還買債務額은 「再賣買

---

1) 이러한 의사표시는 形成權의 행사로서 할인은행의 일방적인 意思表示만으로 法律效果가 발생한다.

2) 同旨: 鄭(東), 254면; 蔡, 373면. 그러나 割引銀行은 은행여신거래기본약관에서 어음을 반환하지 않고도 割引依賴人의 預金債權 등과 還買請求權을 相計할 수 있음을 약정함으로써(한국외환은행 제정, 은행여신거래기본약관 11조 1항), 割引銀行이 어음返還債務를 이행하지 않고도 유효하게 相計할 수 있는 길을 열어 놓고 있다(즉, 어음返還의 同時履行의 抗辯權을 배제하고 있음).

3) 즉, 은행여신거래기본약관에서 「割引依賴人이 還買債務를 변제하기까지는 割引銀行이 어음所持人으로서의 모든 權利를 행사할 수 있다」고 규정하고 있다(한국외환은행 제정, 은행여신거래기본약관 8조 3항).

代金額」이라고 볼 수 있다.

2) 할인의뢰인의 還買債務額은 할인받은 金額에 한하지 않는다. 이 금액은 還買時期에 따라 다른데, 滿期前에 환매할 경우에는 어음금액으로부터 환매일 이후 만기일까지의 未經過 割引料 상당액을 공제한 금액이고, 滿期에 환매할 경우에는 어음金額이며, 滿期後에 환매할 경우에는 어음金額에다 만기의 익일로부터 환매일까지의 할인료와 동률의 遲延損害金을 가산한 金額이라고 볼 수 있다.[1)]

3) 환매청구권의 가장 큰 효과는 할인은행이 환매청구권의 발생에 의하여 할인의뢰인의 예금과 相計適狀을 만들어, 할인의뢰인의 債權者 등이 同예금에 대하여 강제집행하는 것으로부터 할인은행의 채권을 확보하는 데에 있다. 할인은행은 同예금이 押留된 후에 相計의 의사표시를 하더라도, 押留前에 이미 환매청구권이 성립하여 相計適狀에 있으면 相計의 효력은 소급하므로(民 493조 2항) 할인은행은 채권을 확보할 수 있게 된다.[2)]

이 때 還買特約과 관련하여 할인은행에게 인정된 相計畢어음의 留置特約에 대하여 우리 大法院은 다음과 같이 판시하고 있다.

[相計畢어음의 留置特約은 은행이 그 어음의 추심을 위임받은 것으로서 有效하고, 은행은 숨은 추심위임배서의 被背書人의 지위를 갖는다고 본 判例]

할인은행이 환매대금 채권과 채무자의 은행에 대한 예금반환채권을 상계처리한 경우에는 원칙적으로 그 어음을 채무자에게 반환하여야 하나, 그 채무자에게 곧 이행하여야 할 나머지 채무가 있고 그 어음에 채무자 이외의 다른 어음상 채무자가 있는 때에는 할인은행은 상계필어음의 유치특약에 의하여 그 어음을 계속 점유하고 추심 또는 처분하여 임의로 채무의 변제에 충당할 수 있다. 이러한 경우 채무자가 할인의뢰시 행한 양도배서는 숨은 추심위임배서로서 어음채무자는 배서인에 대한 인적 항변사유로써 은행에 대항할 수 있다[大判 1994. 11. 22, 94 다 30201(公報 983, 74)].

4) 은행이 僞造된 어음을 할인 · 취득하여 손해를 입은 경우에는 割引依賴人에게 割引에 따른 책임을 물을 수도 있고, 被僞造者에게 使用者賠償責任을 물을 수도 있는 선택권이 있다.[3)]

(6) 消滅時效

1) 환매청구권의 消滅時效期間은 환매청구권의 법적 성질과 관련되는데, 환

1) 同旨: 李(基), 305면.
2) 同旨: 鄭(東), 254면.
3) 同旨: 서울民事地判 1988. 6. 16, 88 가합 12726(新聞 1775).

매청구권의 법적 성질을 어음 외의 권리인 債權의 再賣買로 보면 債權의 消滅時效에 걸린다. 그런데 환매청구권은 상인인 은행 등이 할인의뢰인과의 계약 또는 상관습에 의하여 취득하는 것이므로 商事債權이라고 볼 수 있다. 따라서 환매청구권의 소멸시효기간은 상사채권의 시효기간과 같이 5년이라고 본다[1](商 64조).

時效의 起算點은 일정한 사유의 발생에 의하여 환매청구권이 당연히 발생하는 경우에는 그 사유의 發生時이고, 할인은행의 청구에 의하여 환매청구권이 발생하는 경우에는 그 請求時라고 본다.[2]

2) 환매청구권의 소멸시효와는 별도로 割引어음의 어음상의 권리는 어음法에 의한 별도의 時效期間이 진행된다(어 70조, 77조 1항 8호). 그런데 어음상의 권리의 소멸시효기간이 반환청구권의 소멸시효기간보다 단기이므로 어음상의 권리가 먼저 시효소멸되는 것이 일반적이다. 이 때에도 割引銀行은 還買請求權을 행사할 수 있다고 볼 것인지 여부가 문제된다. 할인의뢰인에 대한 어음상의 권리가 소멸되었을 뿐 어음의 主債務者에 대한 어음상의 권리가 존재하는 경우에는 할인은행이 할인의뢰인에 대하여 還買請求權을 행사할 수 있음은 당연하다. 그러나 어음상의 主債務者를 포함한 모든 어음債務者에 대한 어음상의 권리가 시효소멸한 경우에는, 할인은행은 은행여신거래기본약관에 의하여 할인의뢰인이 還買債務를 이행하기 이전까지 어음소지인으로서 어음상의 권리를 행사할 수 있었음에도 불구하고 시효중단 등의 조치를 취하지 않은 것은 할인은행의 중대한 注意義務懈怠라 인정하지 않을 수 없고 또 이 경우에도 할인은행의 還買請求權을 인정한다면 할인의뢰인에게 너무 가혹하여 형평을 잃은 처리라고 하지 않을 수 없다. 따라서 이 경우에는 할인은행은 還買請求權의 時效가 남아 있다고 하더라도 이를 행사할 수 없다고 본다.[3]

제 4 절 換業務와 어음

은행의 換業務란 직접 현금을 운반하지 않고 격지자간의 債權 · 債務 기타

1) 同旨: 鄭(東), 254면; 李(基), 308면; 한국외환은행, 前揭書(어음去來約定書解說), 135면.

2) 同旨: 李(基), 308면(다만 請求에 의하여 還買請求權이 발생하는 경우에는 「割引銀行이 청구할 수 있는 상태에 있었던 때」로부터 起算한다고 한다); 한국외환은행, 前揭書(어음去來約定書解說), 135면.

3) 同旨: 李(基), 307~308면.
反對: 한국외환은행, 前揭書(어음去來約定書解說), 136~137면.

의 貸借關係를 결제하는 업무인데,[1] 이러한 換의 수단으로 이용되는 대표적인 것이 어음·手票이다.[2] 換業務는 넓게는 대고객환업무 이외에 은행간 또는 은행내부의 자금대차·교환결제자금·부도대금 등의 결제를 포함하는데, 일반적으로는 대고객 환업무만을 의미한다.

換은 換去來의 당사자 쌍방이 國內에 있는가 또는 당사자 일방이 外國에 있는가에 따라 內國換과 外國換이 있다. 外國換의 경우에는 일반적으로 외국화폐가 개입되기 때문에 이의 관리·통제를 위하여 外國換管理法의 규제를 받고, 또 指定通貨에 한하여 외국환이 가능하다. 換은 채무자가 채권자에 대하여 자금을 송금하는 형태인 送金換과, 이와 반대로 채권자가 채무자에 대하여 제3자를 통하여 추심하는 형태인 推尋換(代金推尋, 逆換)이 있다.[3]

은행의 換業務에서 어음·手票가 대표적으로 이용되는 것은 어음·手票 자체의 기능(격지자간의 자금결제)에서 당연하다고 할 수 있다. 그런데 최근에는 컴퓨터의 도입으로 인하여 동일은행 본지점간은 물론 타행간에도 「온라인」화가 되어 있어, 어음·手票를 통한 은행의 換業務는 거의 그 의미를 상실해 가고 있고 또 그 이용도 현저하게 줄고 있다. 그러나 은행의 換業務 중 어음·手票와 관련한 送金換과 代金推尋은 가장 기본적인 사항이기 때문에, 어음·手票의 법률관계에 관한 이해의 편의를 위하여 이하에서 간단히 살펴보고자 한다.

제 1 送 金 換

送金換은 그 이용수단에 따라 수표(송금수표)[4]를 이용하는 普通送金(D/D, Demand Draft)·우편을 이용하는 郵便送金(M/T, Mail Transfer) 및 전신망을 이용하는 電信送金(T/T, Telegraphic Transfer)이 있는데, 郵便送金 및 電信送金은 어음·手票와 관련이 없으므로 이곳에서는 送金手票에 대해서만 설명한다.

---

1) 姜世中·鄭相哲(共著), 「內國換·어음交換」(은행실무전서 5), 한국생산성본부, 14면.
2) 換의 수단으로 이용되는 것은 이 밖에도 電信送金·當座移替 등이 있다.
3) 姜世中·鄭相哲, 前揭書, 15~16면.
4) 手票에 의한 송금방법이 나오기 전인 옛날에는 「送金어음」이라고 하여 은행간의 송금방법으로 어음이 사용된 바도 있었으나, 지금에 와서는 그 자취마저 볼 수 없게 되었고 오늘날에는 취급상의 간편한 이유로 오직 「送金手票」만이 사용되고 있다고 한다(姜世中·鄭相哲, 前揭書, 55면).

1. 送金手票의 意義

送金手票란 「송금은행(취결은행)이 송금의뢰인으로부터 송금대금을 수납하고 자기의 본지점 또는 환거래은행(Corres Bank)을 지급인으로 하여 발행한 수표를 송금의뢰인에게 교부하고, 송금의뢰인은 同수표를 송금수취인에게 송부하고 송금수취인은 이를 지급인에게 제시하여 지급을 받으면 송금의 목적을 달성하게 되는 수표」를 말한다. 한마디로 送金手票란 송금의 목적을 위하여 은행이 발행한 수표이다. 이러한 송금수표는 수표의 經濟的 목적에 의하여 붙여진 용어이며, 法律上으로는 특수한 수표가 아니고 手票法의 적용을 받는다.

1) 送金手票는 은행이 發行하고 은행이 支給人인 수표라는 점에서 自己앞手票와 유사하나(모두 銀行發行手票임), 自己앞手票는 發行人과 支給人이 동일은행 동일점포이나[1](우리 나라에서 일반적인 경우) 送金手票는 發行人과 支給人이 다른 은행이거나 동일은행이라도 점포를 달리한다.

2) 送金手票는 격지에 있는 發行人이 支給人에게 지급을 위탁하는 점에서는 換어음과 아주 유사하나, 信用手段으로 이용될 수는 없고 오직 支給手段으로만 이용되는 점에서 換어음과 구별된다.

2. 送金手票의 法律關係

送金手票의 법률관계는 手票關係와 非手票關係가 혼합되어 있는데, 각 법률관계에서 양자를 구별하여 이해하는 것이 편리하다. 송금수표의 법률관계는 송금절차에 따라 송금의뢰인과 송금은행과의 관계, 송금은행과 지급은행과의 관계 및 지급은행과 송금수취인과의 관계가 있다. 이하에서 차례로 간단히 살펴본다.

(1) 送金依賴人과 送金銀行과의 관계

手票關係에서 송금은행은 「發行人」의 지위에 있어 소구의무를 부담하고, 송금의뢰인은 「受取人」의 지위[2]에 있어 수표상의 권리를 갖는다. 그런데 非手票關係에서 송금의뢰인과 송금은행간에는 송금에 관한 일종의 有償契約[3] 또는

1) 崔(基), 765면. 그러나 店舖를 달리하는 경우만을 自己앞手票로 보는 立法例로는 제네바 統一法 제 6 조 3항 및 獨逸手票法 제 6 조 3항 참조.

2) 이것은 所持人出給式 送金手票나 指示式 또는 記名式 送金手票로서 送金依賴人이 受取人으로 기재된 일반적인 경우이고, 指示式 또는 記名式 送金手票로서 送金受取人이 기재된 예외적인 경우에는 送金依賴人은 送金手票의 受取人의 지위를 취득할 수 없다.

3) 田中(誠), 銀行取引法, 202면.

委任契約[1]이 존재한다.[2] 이 계약에 기하여 송금은행은 송금의뢰인에게 送金手票를 발행하여 교부할 의무를 부담하고, 또 송금수표가 지급인에 의하여 지급거절되면 송금은행은 債務不履行의 책임을 부담한다.

(2) **送金銀行과 支給銀行과의 관계**

手票關係에서는 송금은행은 發行人의 지위에서 지급은행에게 지급위탁하고, 지급은행은 支給人의 지위에서 송금수취인에게 송금은행의 계산으로 지급할 수 있다. 이 때 수표의 실질관계로서 송금은행과 지급은행간에는 「資金關係」가 존재한다. 그런데 非手票關係로서 송금은행과 지급은행(송금은행의 본지점이 아닌 경우)간에는 송금수표의 지급뿐만 아니라 당좌계정이체지급 · 추심어음의 추심결제 등을 위하여 이미 換去來契約이 체결되어 있는데, 지급은행은 이 계약에 기하여 送金手票를 지급할 의무를 송금은행에 대하여 부담한다.

(3) **支給銀行과 送金受取人과의 관계**

지급은행과 송금수취인과의 관계는 手票關係만이 존재하여 「支給人」과 「手票所持人(被背書人)」으로서, 송금수취인은 지급은행으로부터 수표금을 수령할 권한만이 있을 뿐 지급은행에 대하여 수표금을 지급청구할 권리는 없다. 따라서 송금 의뢰를 제 3 자를 위한 계약(民 593조)으로 보고 송금수취인을 제 3 자(수익자)에 해당하는 것으로 보아, 송금수취인에게 지급은행에 대한 직접의 권리를 인정할 수는 없다.[3]

제 2 代金推尋

1. 代金推尋의 意義

代金推尋이란 은행이 고객 · 거래은행 또는 자기의 지점 등의 의뢰에 의하여 각종의 유가증권 등에 기한 금전채권의 지급을 청구하는 것을 말한다.[4] 債權에는 거리상 격지자간의 債權도 있고 또 시간상 期限附債權도 있는데, 이들은 모두 채무자로부터 즉시로 변제받을 수 없고 推尋을 요한다. 그런데 이러한 채권을 각 채권자마다 개별적으로 추심해야 한다면 시간과 비용의 면에서 막

1) 姜世中 · 鄭相哲, 前揭書, 55면; 松本烝治, 「商行爲法」, 344면.

2) 自己앞手票의 발행의 경우와는 달리 送金銀行은 送金依賴人에 대하여 送金代金의 지급시까지 계속적인 善管義務를 부담하기 때문에, 送金手票의 賣買契約으로 볼 수는 없고 委任契約으로 보는 것이 타당하다고 본다.

3) 同旨: 田中(誠), 銀行取引法, 203면; 日大判 1931. 7. 20(民集 10-9, 561).

4) 田中(誠), 銀行取引法, 224면.

대한 불편이 따른다. 그러나 채권자가 환거래망이 아주 완비된 은행을 이용하여 추심한다면 위와 같은 불편은 거의 없게 되는데, 代金推尋이 은행을 통하여 아주 많이 이용되는 이유는 여기에 있다.[1)]

代金推尋의 대상이 되는 유가증권 등은 은행이 지급인 또는 지급장소로 되어 있는 각종의 유가증권 등인데, 어음 · 手票에 한하지 않고 預金證書 · 郵便換 · 債券 · 利票 · 株式配當金證書 등을 포함한다.[2)]

代金推尋은 지급지가 추심은행의 어음교환지역 내인 當所代金推尋과 지급지가 추심은행의 어음교환지역 외인 他所代金推尋이 있는데, 他所代金推尋인 경우에는 추심은행은 지급인의 어음교환구역 내의 본지점 또는 다른 환거래은행에 다시 추심을 의뢰하는데 이를 轉送推尋이라고 한다.[3)]

2. 代金推尋의 法律關係

추심의뢰인은 보통 추심은행에 예금구좌를 갖고 있는 고객인데, 이 때 추심의뢰인과 추심은행간의 법률관계는 「委任契約」과 「條件附預金契約」이 병존하는 것으로 볼 수 있다.[4)] 그러나 이러한 추심은행은 위임계약에 기한 엄격한 善管義務를 부담하는 것은 아니라고 본다. 따라서 白地어음을 추심의뢰받은 추심은행이 白地를 보충하지 않고 지급제시하여 부도가 난 경우에도, 추심은행은 보충의무가 없으므로 추심의뢰인에 대하여 損害賠償責任이 없다.

우리 大法院判例도 이와 同旨로 다음과 같이 판시하고 있다.

[白地를 보충하지 않고 은행에 추심의뢰한 경우, 은행은 보충의무가 없으므로 同어음이 不渡되어도 손해배상책임이 없다고 본 判例]

발행지 백지의 어음소지인으로부터 추심의뢰를 받은 금융기관 직원이 지급제시기간 내에 (백지를 보충하여 —— 저자註) 지급제시를 하지 않아 지급이 거절되었다 하여도, 어음소지인은 금융기관에 대하여 소구권상실로 인한 손해배상책임을 물을 수 없다[大判 1992. 10. 27, 91 다 24724(公報 934, 3237)].[5)]

추심의 대상인 유가증권 등의 지급지가 추심은행의 어음교환지역 내인 경

1) 姜世中 · 鄭相哲, 前揭書, 121면.
2) 姜世中 · 鄭相哲, 前揭書, 123～125면.
3) 姜世中 · 鄭相哲, 前揭書, 121～122면.
4) 田中(誠), 銀行取引法, 224～225면(그런데 이 때 推尋銀行은 推尋依賴人으로부터 委任狀 등과 같은 代理權을 특별히 수여받지 않으므로, 推尋依賴人의 代理人이 아니라 使者의 지위를 갖는다고 볼 수 있는 여지도 있다고 한다).
5) 同旨: 日岐阜地判 1975. 10. 16(時報 818, 86).

우에는 추심료를 징구하지 않으나, 어음교환지역 외인 경우에는 일정한 추심료를 징구하는 것이 보통이다.

추심은행은 또한 추심의 대상이 되는 어음·수표 등의 자체에 의하여 채무자에 대하여 추심할 수 있는 권한이 있어야 한다. 추심은행의 이러한 권한은 추심의뢰인으로부터 어음·수표 등에 「推尋委任背書」를 받음으로써 취득한다. 그러나 일반적으로는 (추심목적의) 信託讓渡의 형식을 취하고 있다.

제 5 절 輸出入業務와 어음

은행의 輸出入業務 중 어음과 관련된 업무로서 대표적인 것은 輸出業務에 있어서 貨換어음의 割引과 輸入業務에 있어서 商業信用狀의 개설이라고 볼 수 있다. 따라서 이하에서는 이 두 가지에 대하여 간단히 고찰하겠다.

제 1 輸出業務와 貨換어음의 割引

1. 總 說

은행이 고객의 수출업무를 지원하는 업무 중 대표적인 것은 수출상인 고객이 발행한 貨換어음(荷換어음)을 割引(買入)하여 주는 업무이다. 이를 은행 실무에서는 「네고」(Nego., Negotiation의 약칭)라 부르고 있다.

「네고」에 대하여 우리 大法院은 다음과 같이 판시하고 있다.

[Negotiation의 해석에 관한 判例]

1983년에 개정된 제 4 차 신용장통일규칙에는 매입에 관한 정의규정이 없었으나 1993년에 개정된 제 5 차 신용장통일규칙 제10조 b항 ii호는 '매입(negotiation)'이라고 함은 매입을 수권받은 은행이 환어음 및/또는 서류에 대한 대가를 지급하는 것을 의미한다고 규정하고 있고(제 6 차 신용장통일규칙 제 2 조는 매입을 '지정은행이 일치하는 서류의 제시를 받고 상환받기 이전에 수익자에게 대금을 선지급하거나 선지급하기로 약정하고 환어음 및/또는 서류를 매입하는 것'으로 정의하고 있다), 국제상업회의소는 제 5 차 신용장통일규칙이 그 동안 오래 유지되어 왔던 은행의 관행을 성문화시킨 것인데도 일부에서 이것이 마치 종래의 관행 자체를 변형시킨 것처럼 부정확하게 해석되고 있다고 하면서 제 5 차 신용장통일규칙 제10조 b항 ii호에 명시된 '대가의 지급(giving of value)'이라 함은 현금, 수표,

은행을 통한 이체, 구좌입금 등의 방법으로 즉시 지급하는 것 또는 지급할 채무를 부담하는 것으로 풀이될 수 있다고 밝히고 있는 점에 비추어 보면, 제 4 차 신용장통일규칙 아래에서의 매입의 의미도 제 5 차 신용장통일규칙의 규정 및 이에 대한 국제상공회의소의 해석과 같이 풀이함이 타당하다고 할 것이고, 한편 매입은 이에 관한 당사자의 의사 합치를 당연한 전제로 한다고 보아야 할 것이므로, 제 4 차 신용장통일규칙이 적용되는 신용장거래에 있어서의 매입이란 매입을 수권받은 은행이 매입의뢰인과의 의사의 합치에 따라 환어음 및/또는 서류를 교부받고 그 대가를 지급하는 것을 의미하며, 이 경우 구좌입금도 대가의 지급에 해당한다[大判 1997. 8. 29, 96 다 37879(公報 1997, 2832)].

同旨: 大判 1997. 8. 29, 96 다 43713(公報 1997, 2842).

은행의 貨換어음의 割引業務로 인하여 수출상은 선적과 거의 동시에 수출대금을 회수하는 것이 되어, 은행의 업무는 수출상의 자본재생산활동을 왕성하게 하여 상법의 이념(理念的 基礎)에 기여하고 있다. 은행과 수출상은 이 업무와 관련하여 輸出去來約定書에 의하여 여러 가지 사항에 대하여 특약하고 있다. 이하에서는 貨換어음과 관련된 法律問題를 중심으로 살펴보겠다.

2. 貨換어음(荷換어음)[1)]의 意義

貨換어음(documentary draft; Dokumentenwechsel)이라 함은 「격지자간의 매매(특히 국제간의 매매)에서 물건의 매도인(수출상)이 매수인(수입상)을 지급인으로 하여 발행한 換어음으로서, 운송중의 물건(運送證券)에 의하여 그 支給 또는 引受가 담보되어 있는 어음」을 말한다. 이러한 貨換어음은 어음금의 지급을 담보하기 위하여 運送證券이 첨부되어 있고, 어음발행의 資金關係가 물건의 賣買이며, 어음이용의 범위가 당사자간 및 은행에 한정되어 있을 뿐, 그 법률상 성질은 보통의 換어음에 다를 바가 없다. 이러한 換어음이 이용되는 경제적 목적에 착안하여 거래상 貨換어음이라고 불리어지고 있는 것이다.[2)]

3. 貨換어음의 種類

1) 貨換어음이 이용되는 장소에 따라 「內國貨換어음」과 「外國앞貨換어

1) 荷換어음이라고 부르는 견해도 있으나[徐·鄭, 139면 註 1; 大判 1985. 5. 28, 84 다 697 등 다수의 判例에서], 이하에서는 銀行實務 및 다수의 學說에서 부르고 있는 대로 貨換어음으로 통일하여 쓰기로 한다.

2) 金東建, "貨換어음의 法律關係," 「商事法論集」(無礙徐燉珏敎授停年紀念)(서울: 法文社, 1986), 469면; 李(基), 323면.

음」이 있다. 內國貨換어음은 오늘날 운송수단의 발달로 거의 이용되지 않고, 內國信用狀(Local L/C)에 의하여 이용되는 貨換어음거래는 外國앞貨換어음거래의 한 형태로 파악되고 있다.[1] 따라서 貨換어음이라고 할 때는 일반적으로 국제거래에서 이루어지는 外國앞貨換어음을 의미한다.

2) 信用狀의 개입여부와 관련하여 「信用狀 있는 貨換어음」과 「信用狀 없는 貨換어음」이 있다. 오늘날 신용장 있는 貨換어음이 大宗(90% 이상)을 이루고 있지만, 신용장 없는 貨換어음도 점점 증가하는 추세에 있다.[2] 신용장 없는 화환어음은 수출상의 신용을 바탕으로 하거나, 수출보험의 부보를 전제로 하여 할인된다.[3] 따라서 오늘날 화환어음이라고 할 때는 보통 信用狀 있는 貨換어음이라고 볼 수 있다.

3) 대금결제방식에 따라 「推尋貨換어음」과 「割引貨換어음」이 있다. 推尋貨換어음의 경우는 은행이 숨은 추심위임배서의 피배서인이 되거나 또는 이에 준하는 지위를 취득하게 될 뿐 어음상 및 운송증권상 아무런 권리를 취득하지 못하고, 매수인(수입상)이 지급(인수)거절을 하면 은행은 매도인(수출상)에게 어음 및 운송증권을 반환하고 그 동안의 비용 및 수수료를 청구하면 되므로 화환어음과 관련하여 법률상 특별히 문제될 것이 없다.[4] 또한 우리 나라에서 실무상에서도 推尋貨換어음은 거의 이용되지 않고 있으므로, 貨換어음이라고 하면 보통 割引貨換어음을 의미한다.[5]

4) (선적)서류인도조건에 따라 「支給引渡貨換어음」(D/P, Documents against Payment)과 「引受引渡貨換어음」(D/A, Documents against Acceptance)이 있다.

---

1) 金東建, 上揭論文, 468면 및 같은 면 註 8.

2) 金東建, 上揭論文, 467면.

3) 金東建, 上揭論文, 467면 註 7.

4) 제 5 차 개정 신용장통일규칙 제10조 b항 i호에 의하면, 자유매입신용장의 경우 모든 은행이 서류를 제시받을 수 있는 지정은행(Nominated Bank)이 되고, 같은 조 c항에 의하면, 지정은행이 명시적으로 합의하고 수익자에게 통보한 경우가 아닌 한 그 지정은행이 서류를 수령 · 조사 또는 발송하였다고 하더라도 그 은행에게 지급 · 연지급 · 환어음의 인수 또는 매입의 의무가 발생하는 것이 아닌바, 이러한 규정에 비추어 볼 때, 수익자로부터 신용장 관련 서류를 제시받은 은행으로서는 자신이 직접 이를 매입하여 매입은행으로서 개설은행에 대하여 상환을 구할 수도 있고, 그 서류를 매입하지 않은 채 직접 그 서류를 개설은행에 송부하여 서류제시은행으로서 수익자를 위하여 신용장대금의 지급을 구할 수도 있으며, 후자의 경우라 할지라도 지정은행이 추심을 구한다는 의사, 즉 개설의뢰인이 대금을 결제하는 경우에 한하여 대금을 지급받겠다는 의사를 명시적으로 밝히지 않는 한 전자의 경우와 마찬가지로 신용장통일규칙이 적용된다고 보아야 할 것이다[大判 2004. 7. 22, 2001 다 58269(公報 2004, 1411); 同 2005. 5. 27, 2002 다 3754(公報 2005, 1019)].

5) 金東建, 上揭論文, 467면; 鄭(東), 315면.

貨換어음의 만기와 관련하여 보면 支給引渡貨換어음은 만기가 一覽出給(at sight)이고, 引受引渡貨換어음은 만기가 一覽後定期出給(○○ days after sight)이다. 支給引渡條件으로 할 것인가 또는 引受引渡條件으로 할 것인가는 개별적으로 화환어음약정시에 정하여지는데, 이에 관한 하등의 약정이 없을 때에는 支給引渡條件으로 취급됨이 원칙이다.[1] 은행실무에서는 신용장 없는 화환어음의 추심방식을 일반적으로 D/P · D/A거래로 부르고 있으나, D/P · D/A는 결제상의 개념으로 신용장의 유무와는 무관하다고 본다. 따라서 앞에서 본 신용장 있는 화환어음이나 신용장 없는 화환어음이나 모두 D/P · D/A 거래가 가능하다고 본다.[2]

4. 貨換어음의 經濟的 機能

예컨대, 한국에 있는 수출상 A가 미국에 있는 수입상 B에게 자동차를 수출하는 경우에, 먼저 A·B간에는 輸出入契約(賣買契約)이 체결된다. 이 때 B는 보통 A의 요청에 의하여 B의 거래은행인 Bank of America(BOA)를 통하여 信用狀을 송부하고, A는 자기의 거래은행인 한국외환은행(KEB)을 통하여 信用狀의 통지를 받는다. 이후 A는 수출입계약 및 신용장조건대로 수출상품인 자동차를 제조하여 선적한 후 선박회사로부터 船荷證券(B/L)을 교부받는다. A는 조속히 수출대금을 회수하기 위하여 換어음을 발행하여 船荷證券을 첨부한 후(貨換어음) 보통 자기의 거래은행인 한국외환은행으로부터 割引[3]을 받고, 한국외환은행은 同대금을 BOA 또는 B로부터 추심받게 된다. 이와 같이 貨換어음은 격지자간의 매매에서 대금회수에 관한 시간적 · 공간적 장애를 극복하는 기능을 하고 있다.

5. 貨換어음의 法律關係

위에서 본 바와 같이 貨換어음의 割引에 따른 법률관계는 먼저 「어음關係」가 있고 이의 자금관계인 「賣買關係」가 있으며, 그 다음으로 어음금의 지급을 담보하는 「運送證券關係」 및 이에 따른 물건의 「運送關係」 등이 복잡하게 연결되어 있다. 또한 이와 관련하여 신용장이 발행된 경우에는 신용장과 관련된 문제도 있으나, 이의 문제는 다음의 수입업무에서 별도로 고찰한다. 이하

---

1) 商業어음推尋에 관한 통일규칙 제10조.

2) 同旨: 金東建, 前揭論文, 467면 註 7; 柳重遠, "貨換어음의 法律關係," 「仲裁」, 제143호 (1983. 12), 17면.

3) 貨換어음의 割引을 은행실무에서는 「네고」(Negotiation의 약칭인 Nego)로 부르고 있다.

에서는 이해의 편의를 위하여 貨換어음이 이전되는 순서에 따라 매도인(A)과 할인은행(KEB)과의 법률관계, 할인은행(KEB)과 추심은행(BOA)과의 법률관계, 추심은행(BOA)과 매수인(B)과의 법률관계 및 매수인(B)과 매도인(A)과의 법률관계의 순으로 고찰하되, 각각의 경우에 대하여 어음關係와 運送證券關係 등을 분리하여 고찰한다.

(1) **賣渡人(輸出商, A)과 割引(買入)銀行(KEB)과의 法律關係**

1) **어음關係** ① A는 수출대금을 회수하기 위하여 換어음을 발행하는데, 이 때 發行人은 언제나 A이고, 支給人은 B(신용장이 발행되지 않은 경우) 또는 BOA(신용장이 발행된 경우)이고,[1] 受取人은 A(自己指示換어음) 또는 KEB이다. A가 自己指示換어음을 발행한 경우에는 KEB에게 背書讓渡하여 할인을 받고, KEB를 受取人으로 하여 換어음을 발행한 경우에는 단순히 交付하고 할인을 받는다.

② KEB는 自己指示換어음의 경우에는 被背書人의 지위에서, 자기를 受取人으로 한 경우에는 受取人의 지위에서 각각 어음상의 권리인 遡求權을 취득한다. 따라서 KEB는 A(또는 同어음의 배서인)에 대하여 소구권을 행사할 수 있는데, 우리 大法院判例도 이와 같은 취지에서 다음과 같이 판시하고 있다.

[화환신용장 거래에서 수익자가 발행한 환어음의 매입은행은 발행인 · 배서인에게 소구권을 행사할 수 있다고 본 判例]

화환신용장 거래에서 수익자가 개설의뢰인을 지급인으로 하여 발행한 화환어음의 법률상 성질은 보통의 환어음과 다를 바가 없으므로, 이 경우에는 신용장에 기한 법률관계와는 별도로 어음법에 의한 법률관계가 병존하고, 따라서 선적서류 및 환어음을 매입한 매입은행은 개설은행에 의한 신용장금액의 상환이 거절되고 또한 환어음상 지급인에 의한 지급도 거절된 경우에는, 특별한 사정이 없는 한 개설은행의 상환거절이 정당한지 여부와 상관없이 어음법에 따라 그 환어음의 발행인이나 배서인에 대한 소구권을 행사할 수 있는 것이다.

화환신용장 거래에서 선적서류 및 개설의뢰인을 지급인으로 한 환어음이 함께 발행 · 교부되었다고 하더라도, 그 선적서류의 제시가 어음법상 지급제시나 소구의 법정요건은 아니므로 그 환어음의 소지인인 매입은행이 환어음상의 지급인에 대하여 환어음을 제시하였을 뿐 선적서류를 제시하지 않았다는 사유만으로 그 지급제시가 부적법하다거나 어음법상 소구의 요건을 갖추지 못한 것이라고 볼 수는 없다[大判 2000. 1. 21, 97 다 41516(公報 2000, 463)].

그러나 KEB는 수출거래약정서에 의하여 遡求權保全節次의 이행여부에 불

1) 이 때 형식상 支給人은 BOA이지만, BOA는 B의 計算으로 지급하는 것이다.

문하고 KEB가 지급거절 또는 인수거절의 사실을 통지하는 대로 어음반환 전에도 어음금액 및 그 이자와 기일 후의 소정이율에 의한 연체이자를 지급받을 수 있는 권리(還買請求權)를 취득한다(同約定書 13조). 우리 大法院判例도 이와 같은 취지에서 다음과 같이 판시하고 있다.

[買入銀行의 還買請求權을 인정한 判例]

신용장에 의한 화환어음 및 선적서류를 매입한 은행이 개설은행에 대하여 신용장 대금의 지급을 구하였는데 개설은행이 그 대금의 지급을 거절한 경우, 위 매입은행은 수익자와 사이의 약정에 의하여 개설은행의 지급거절이 정당한지의 여부와 관계 없이 수익자를 상대로 그 신용장 매입대금의 반환을 구할 수 있다[大判 2003. 10. 9, 2002 다 2249(公報 2003, 2154)].

이 때 KEB가 A에 대하여 還買請求權을 갖는 경우에도 A는 특별한 사정이 없는 한 매매계약상 매도인으로서의 지위 및 B에 대한 매매대금채권을 여전히 갖는데, 우리 大法院判例도 이와 같은 취지에서 다음과 같이 판시하고 있다.

[換어음의 還買約定을 한 賣渡人은 買受人에 대하여 매매대금채권을 갖는다고 한 判例]

물품을 수출한 매도인이 외환거래약정을 맺은 거래은행에게 수입자로부터 받은 신용장을 담보로 환어음 등을 매도한 뒤 신용장 개설은행이 신용장 대금을 지급하지 아니함으로써 거래은행에 대하여 외환거래약정에 따른 환어음 등 환매채무를 부담하게 되었다고 하더라도, 매매계약상 매도인으로서의 지위나 매매대금채권을 거래은행에 양도하였다는 등의 특별한 사정이 없는 한, 수입자에 대한 매매대금채권은 여전히 매도인이 가진다[大判 2002. 11. 13, 2002 다 42315(公報 2003, 65)].

따라서 同換어음이 부도가 된 경우에 KEB는 보통 A에 대하여 어음상의 권리인 遡求權을 행사하지 않고, 이 약정서에 기한 권리를 행사하고 있다. 그러나 KEB는 A에 대하여 대출금채권을 갖지 않는데, 우리 大法院도 이와 같은 취지에서 다음과 같이 판시하고 있다.

[화환어음의 매입의 법적 성질을 어음의 賣買로 보고, 화환어음을 매입한 은행은 별도로 대출금채권을 갖지 않는다고 본 判例]

X(화환어음의 매입은행, 원고)는 수출자(A)로부터 무신용장 방식에 의한 화환어음을 매입할 경우 그 수출자와 사이에 수출거래약정서(국내 은행들 사이에 그 양식이 통일된 것으로 보인다)를 작성하게 되는데, 수출거래약정서 제13조는, 제

1항 각호의 사유가 발생할 경우에는 그 사유가 발생함으로 당연히, 제2항 각호의 사유가 발생한 경우에는 X의 환매청구에 의하여, 각각 수출자(A)가 X에 대하여 환매채무를 지게 되며, 수출자(A)는 관련 규정이 정하는 바에 따라 위 환매채무를 변제하여야 한다고 규정하고 있음을 알 수 있다. 그렇다면 X는 위 수출거래약정서를 채용함으로써 화환어음 매입의 법적 성질이 어음의 매매라는 것과, 그 화환어음의 지급과 관련하여 일정한 사유가 발생한 경우에는 위 환매규정에 의하여 X의 권리를 구제받을 수 있다는 것을 약정하였다고 보아야 할 것이므로, X가 위 화환어음의 매입에 의하여 어음법상의 소구권이나 위 환매채권을 갖는 외에 별도의 대출금채권을 갖게 될 수는 없다고 할 것이다[大判 1996. 6. 11, 96 다 2064(公報 1996, 2130)][이 판결에 대한 평석으로는 鄭燦亨, 前揭 商事法硏究(제16권 1호), 320~321면 참조].

同旨: 大判 2002. 10. 11, 2000 다 60296(公報 2002, 2663)(제5차 개정 신용장통일규칙 제10조 b항 ii호는 "매입〈negotiation〉이라고 함은 매입을 수권받은 은행이 환어음 및/또는 서류〈이하 '서류'라고만 한다〉에 대한 대가를 지급하는 것〈giving of value〉을 의미한다. 대가를 지급하지 않고 단순히 서류만을 점검하는 것은 매입이 아니다"라고 규정하고 있고, 국제상업회의소 은행기술실무위원회〈ICC Commission on Banking Technique and Practice〉는 1994. 9. 1.자 의견서〈Position Paper No 2〉에서 위 신용장통일규칙 제10조 b항 ii호에 명시된 '대가의 지급〈giving of value〉'이라 함은 현금 · 수표 · 은행을 통한 이체 · 구좌입금 등의 방법으로 즉시 지급하는 것 또는 지급할 채무를 부담하는 것〈연지급확약 또는 환어음의 인수를 제외한다〉으로 풀이될 수 있다고 밝히고 있는 점에 비추어 보면, 서류의 매입은 매입을 수권받은 은행이 현금 · 구좌입금 등의 방법으로 수익자에게 현실적인 대가를 즉시 지급하거나 대금지급 채무를 부담하는 방법 등에 의하여 이루어질 수 있고, 여기서 후자의 방법에 의한 매입은 매입은행이 특정 일자에 수익자에게 대가를 확정적으로 지급하기로 하는 무조건적이고 절대적인 채무를 부담함으로써 현실적인 대가의 즉시 지급에 갈음할 수 있는 경우를 의미한다).

2) **運送證券關係** ① A는 자기를 受荷人으로 하여 선하증권을 교부받아 KEB에 배서양도하거나(이것이 보통이며 白地背書하여 양도한다), KEB를 受荷人으로 하여 선하증권을 교부하거나, 또는 수하인을 無記名式으로 하여 선하증권을 KEB에게 교부한다. 때에 따라서는 A는 B를 受荷人으로 하여 선하증권을 교부받아 KEB에게 교부하는 일도 있다. 어떠한 경우이든 A는 선하증권을 소지하고 있지 않으므로 선하증권에 기한 權利를 갖지 못한다.

② KEB는 위의 선하증권에 기하여 運送物에 대하여 어떠한 權利를 취득하는가. 이것은 제1차적으로 당사자간의 意思와 운송증권의 背書 · 交付의 형식에 의하여 정하여진다고 보겠다. 따라서 (i) A가 위 선하증권에 入質背書

하여 KEB에게 교부한 경우에는, KEB는 운송물에 대한 動産質權을 취득한다고 본다.[1] (ii) A가 B를 受荷人으로 하여 선하증권을 교부받아 KEB에게 교부한 경우에는, 同선하증권상의 권리자는 B이므로 KEB는 운송물상에 담보권을 취득할 수 없고 단지 선하증권을 留置하여 B의 어음금지급을 간접적으로 강제할 수 있을 뿐이다(通說).[2] (iii) A가 위 선하증권을 讓渡의 형식으로 KEB에게 背書·交付하고 당사자의 의사가 분명하지 아니한 경우에는, KEB가 선하증권에 기하여 취득하는 권리는 운송물에 대하여 動産質權을 취득하는 것이라고 보는 견해[3]와, 信託的 讓渡로 보아 讓渡擔保를 취득하는 것이라고 보는 견해(通說)[4]가 있다. 이 두 견해의 차이는 담보물의 任意換價의 許否(民 339조), KEB가 破産한 경우의 A의 還取權의 有無(破 407조), 換어음을 재할인하는 경우 재할인은행이 취득하는 擔保權의 성질 등에 있는데, 擔保權者인 KEB의 지위를 강화하는 입장에서 해석하는 것이 당사자의 의사에도 합치하는 것이라고 보기 때문에 信託的 讓渡로 보아 KEB는 讓渡擔保를 취득하는 것으로 추정하는 것이 타당하다고 본다. 따라서 이렇게 보면 KEB는 담보물을 임의로 환가처분할 수 있고, KEB가 파산한 경우에도 A는 환취권을 행사할 수 없으며, 재할인은행이 취득하는 권리도 신탁적 재양도에 의하여 양도담보를 취득한다고 본다.

3) 기타의 法律關係 ① KEB가 A에 대하여 貨換어음을 할인해 주는 法律關係에 대하여는 앞에서 본 어음割引의 경우와 같이 賣買說·消費貸借說·混合說·無名契約說 등이 있으나, 賣買說이 타당하다고 본다(通說).[5] 따라서 貨換어음의 할인을 어음 자체의 賣買로 본다면 어음관계의 성립에 의하여 바로 원인관계상의 목적을 달성할 수 있으므로 어음관계를 원인관계와 관련하여 특별

1) 同旨: 金東建, 前揭論文, 474면.
2) 徐·鄭, 141~142면; 鄭(熙), 117면; 鄭(東), 237면; 崔(基), 248면; 金東建, 前揭論文, 475면; 蔡, 381면 外.
3) 徐·鄭, 141면; 日大判 1931. 7. 22(新聞 3306, 7); 同 1934. 3. 29(法學 3, 1199).
4) 鄭(熙), 117면; 鄭(東), 237면; 梁·朴, 720면; 梁(承), 235면; 金東建, 前揭論文, 475면; 蔡, 381면; 李(基), 293면 外.
5) 鄭(熙), 187면; 鄭(東), 251면 外.

貨換어음의 割引의 法的 性質에 대하여 消費貸借說에 의한 견해로는 孫(珠), 185면(金錢消費貸借說을 취함); 崔(基), 247면(수출거래약정서에 의하는 貨換어음의 할인의 경우에 어음의 교부는 消費貸借에 의한 支給方法으로 한 것이라고 한다. 그러나 同敎授, 같은 책, 263면은 어음割引의 法的 性質에 대하여 賣買說을 취하고 있어 어느 설의 입장인지 일관성이 없다); 金東建, 前揭論文, 473면(수출거래약정서에 還買請求權이 없다는 것을 근거로 하나, 同約定書 제13조는 還買請求權의 약정으로 볼 수 있고 설사 이 규정을 還買請求權의 약정이 아니라고 본다고 하더라도 할인의뢰인으로부터는 還買請求權이 규정되어 있는 銀行與信去來基本約定書를 다시 징구하므로 어음割引의 그것과 구별하는 근거는 없다고 본다).

히 문제삼을 것이 없다. 그러나 貨換어음의 할인을 消費貸借로 보면 어음관계의 원인관계는 消費貸借가 되고, 어음관계는 이러한 원인관계와 관련하여 문제된다(어음관계와 원인관계와의 관계).

한편 推尋貨換어음의 경우에는 KEB와 A간에는 委任關係가 존재한다. 즉, A는 KEB에게 B가 換어음을 지급 또는 인수하는 것과 상환으로 운송증권 및 기타 부속서류를 B에게 인도할 것을 위탁하고, KEB는 이를 승낙함으로써 委任契約이 성립한다. 따라서 수임인인 KEB는 위임받은 업무를 위임의 본지에 따라서 선량한 관리자의 주의로써 처리할 의무를 부담하며(民 681조), 필요한 경우 이 업무를 자기의 환거래은행(Corres Bank)에 위탁할 復委任權도 가진다.[1]

② KEB는 A가 발행한 貨換어음을 할인할 의무는 없으나, 일단 할인에 응한 경우에는 A가 발행한 화환어음·운송증권 및 기타 부속서류 등의 수령에 있어서 어느 정도의 審査義務를 지는가. 이에 대하여는 신용장 있는 화환어음의 경우와 신용장 없는 화환어음의 경우를 구별하여 설명한다.

(i) 信用狀 있는 貨換어음의 경우는 信用狀統一規則[2]에 의하여 할인은행(매입은행)인 KEB는 形式的 審査義務만을 부담한다. 즉, 신용장의 獨立抽象性(이에 관하여는 後述함)에서 신용장 있는 화환어음의 할인은행인 KEB는 서류만 가지고 그 업무를 처리하며, 그 어음 또는 서류들이 문면상 신용장조건에 일치하는지 여부만을 확인하면 되는 것이다.[3]

이에 관하여 우리 大法院判例도 同旨로 다음과 같이 판시하고 있다.

[화환어음의 매입은행은 形式的 審査義務만을 부담한다고 본 判例]

화환어음의 매입은행은 그 매입서류를 조사함에 있어서는 제시된 서류가 신용장 문면과 형식상 일치되고 있는 한 그 허위작성여부 또는 상품의 실재여부 등 그 실질적 조사의무까지 지지 아니한다[大判 1980. 1. 15, 78 다 1015 (大集 28 ① 民 1)].

同旨: 大判 1979. 5. 8, 78 다 2006(公報 612, 11944).

---

1) 金東建, 前揭論文, 471면; 蔡, 381면.

2) 이 책에서 인용되는 신용장통일규칙은 1993. 5. 13에 공포되고 1994. 1. 1부터 시행되고 있는 제 5 차 신용장통일규칙(이하 'UCP 500'으로 약칭함)과, ICC은행위원회가 2006년 10월 파리총회에서 개정하고 2007. 7. 1부터 시행되는 제 6 차 신용장통일규칙(이하 'UCP 600'으로 약칭함)이다.

3) 제 6 차 信用狀統一規則 제14조 a호는 「은행은 서류가 (신용장의) 문면상 일치하는 제시인지 여부를 서류만을 기초로 하여 조사하여야 한다」고 규정하고, 同規則 제34조는 「은행은 모든 서류의 형식, 충분성, 정확성, 진정성, 위조 또는 법적 효력에 대하여, 또는 서류상에 명시되었거나 또는 이에 부가된 일반조건 또는 특별조건에 대하여 어떠한 의무 또는 책임을 부담하지 아니하며…」라고 규정하고 있다.

[선적서류가 위조된 경우 화환어음의 매입은행이 매입 당시 선의이고 또한 신용장개설은행이 상환청구를 받을 당시 선의이면 신용장개설의뢰인 또는 이의 보증인은 신용장대금을 지급할 의무가 있다고 본 判例]

화환신용장에 의한 거래는 본질적으로 서류에 의한 거래이고 상품에 의한 거래가 아니므로 은행은 상당한 주의로써 서류가 문면상 신용장의 조건과 일치하는지의 여부를 확인하면 되고 나아가 서류에 대한 실질적 심사의무까지 부담하지는 아니하므로, 문면상 신용장조건과 일치하는 서류를 매입한 은행에 대하여 상환의무를 이행한 신용장개설은행이 개설의뢰인 또는 개설의뢰인의 보증인을 상대로 신용장대금을 청구하는 경우에 서류가 위조되었다는 사실만으로는 청구를 배척할 사유가 되지 못하는 것이 원칙이나, 선적서류가 위조된 경우에 매입은행이 매입 당시 그 서류가 위조된 문서임을 알았거나 위조된 문서라고 의심할 만한 충분한 이유가 있었고, 또한 신용장개설은행도 매입은행으로부터 상환청구를 받을 당시 그 서류가 위조된 문서임을 알았거나 위조된 문서라고 의심할 만한 충분한 이유가 있었던 때에는, 신의성실의 원칙상 신용장개설은행은 매입은행에 대하여 신용장대금의 상환을 거절함이 마땅하고, 설사 신용장개설은행이 매입은행에게 신용장대금을 지급하였다고 하더라도 개설의뢰인 또는 개설의뢰인의 보증인에 대하여 신용장대금을 청구할 수 없다고 할 것인바, 서류 등의 매입은행이 신용장개설은행에 대하여 신용장대금의 상환을 청구하는 경우에 매입은행이 매입 당시 서류가 위조된 문서임을 알았거나 위조된 문서라고 의심할 만한 충분한 이유가 있었다고 인정되지 않는 한 신용장개설은행은 상환의무를 면할 수 없다고 할 것이고, 그 상환의무에 따라 신용장개설은행이 상환을 하고 개설의뢰인 또는 개설의뢰인의 보증인을 상대로 신용장대금 청구를 하는 경우에 개설의뢰인 또는 개설의뢰인의 보증인은 신용장대금의 지급을 거절할 수 없다[大判 1997. 8. 29, 96 다 37879(公報 1997, 2832)].

同旨: 大判 1997. 8. 29, 96 다 43713(公報 1997, 2842)(신용장매입은행이 서류를 매입할 때, 신용장 개설은행이 신용장대금을 상환할 때, 각각 선적서류가 위조된 사실을 알았거나 위조된 것으로 의심할 만한 충분한 이유가 있다고 인정하여 신용장 개설은행의 신용장 개설의뢰인의 보증인에 대한 신용장대금의 청구를 기각함); 同 2002. 10. 11, 2000 다 60296(公報 2002, 2663)(화환신용장에 의한 거래는 본질적으로 서류에 의한 거래이지 상품에 의한 거래가 아니므로, 은행은 상당한 주의로써 그 선적서류가 문면상 신용자의 조건과 일치하는지 여부만 확인하면 되고, 그 선적서류에 대한 실질적인 심사의무까지 부담하지는 아니하나, 그 선적서류가 위조〈변조 또는 허위 작성을 포함한다〉되었을 경우 은행이 위조에 가담한 당사자이거나 서류의 위조 사실을 사전에 알았거나 또는 그와 같이 의심할 만한 충분한 이유가 있는 경우에는, 이는 신용장거래를 빙자한 사기거래에 지나지 아니하므로 그 은행은 더 이상 이른바 신용장의 독립·추상성의 원칙에 의한 보호를 받을 수 없다).

또한 은행의 서류조사의 기준(UCP 600 제14조 a호, UCP 500 제13조 a호)에 대하여 우리 大法院判例는 다음과 같이 판시하고 있다.

[일반적인 지식경험에 의하여 기울여야 할 객관적이고 합리적인 注意를 다하여야 한다고 한 判例]

(제5차 신용장통일규칙 제13조 a호의) 貨換어음의 買入銀行이 지는 相當한 注意란 상품거래에 관한 특수한 지식경험에 의함이 없이 은행원으로서의 일반적인 지식경험에 의하여 기울여야 할 객관적이고 합리적인 주의를 가리키며 은행원은 이러한 주의를 가지고 신용장과 기타 서류에 기재된 문언을 형식적으로 엄격하게 해석하여 신용장조건과의 합치여부를 가려 낼 의무가 있는데, 이 때 신용장조건과 문언대로 엄격하게 합치하여야 한다는 의미는 字句 하나도 틀리지 않게 완전히 일치하여야 한다는 뜻은 아니며 字句에 약간의 차이가 있더라도 은행이 상당한 주의를 기울이면 그 차이가 경미한 것으로서 문언의 의미에 차이를 가져오는 것이 아니고 또 신용장조건을 전혀 해하는 것이 아님을 문면상 알 수 있는 경우에는 신용장조건과 합치하는 것으로 보아야 할 것이다(신용장에는 상품명칭이 Sketch paper로 되어 있는데 상업송장에는 상품명칭이 Sketch paper 55cm×40cm로 되어 있는 경우에는 일치하고, 신용장에는 원산지 표시로 Origin Japan으로 되어 있는데 상업송장에는 상품명세란에 원산지 표시가 없고 하인란에 MADE IN JAPAN이라고 기재되어 있는 경우에는 불일치한 것이다)[大判 1985. 5. 28, 84 다카 696(公報 756, 15)].

同旨: 大判 1987. 6. 23, 86 누 536(月報 204, 168)(이 判決에 찬성하는 評釋으로는 林泓根, "信用狀條件과 合致되는 船積書類要件," 「判例月報」, 220호, 45~55면); 同 2002. 6. 28, 2000 다 63691(公報 2002, 1784)(신용장 첨부서류가 신용장조건과 문언대로 엄격하게 합치하여야 한다고 하여 자구 하나도 틀리지 않게 완전히 일치하여야 한다는 뜻은 아니며, 자구에 약간의 차이가 있더라도 은행이 상당한 주의〈reasonable care〉를 기울이면 그 차이가 경미한 것으로서 문언의 의미에 차이를 가져오는 것이 아니고 또 신용장조건을 전혀 해하는 것이 아님을 문면상 알아차릴 수 있는 경우에는 신용장조건과 합치하는 것으로 보아야 하고, 그 판단은 구체적인 경우에 신용장조건과의 차이가 국제적 표준은행거래관습에 비추어 용인될 수 있는지 여부에 따라야 한다); 同 2002. 9. 27, 2000 다 52226(公報 2002, 2550)(화환수출신용장조건에 따라 발행된 수출환어음이란 신용장의 수익자로 지정된 수출상이 발행하는 화환어음으로서 그 어음상의 권리가 신용장 및 운송중의 물건을 표창하는 선하증권 등에 의하여 담보되는 환어음이라고 할 것인바, 신용장의 수익자에 대한 대출은행이 그 대출금에 대한 보증기관에 대하여 이러한 수출환어음을 양도담보로 취득할 것을 약정한 경우에는 수출환어음을 취득함에 있어 환어음 자체뿐만 아니라 함께 양도담보로 취득하는 서류가 문면상 신용장조건과 일치하는지 여부 및 관계 서류들간에 모순되거나 불일치되는 점은 없는지 여부를 상당한 주의를 기울여 조사함으로써 이에 관하여도 적법한 양도담보를 취득할 의무가 있다); 同 2003. 11. 14, 2002 다 7770(公報 2003, 2332)(국제상업회의소가 그 산하 은행위원회의 승인하에 결정한 국제표준은행관행은 신용장 선적서류의 심사와 관련하여 선적서류상의 철자 오류 또는 타자 실수 등에 대한 국제표준은행관행으로서 선적서류에 단어나 문장에 있어서의 철자 오류 또는 타자 실수에 의하여 그 의미에 영향을 주지 않는 기재의 차이가 있는 경우 그러한 오류는 해당 문서를 하자서류로 만들지 않지만, 상품 명세에 대한 기재의 오류〈예를 들어 'model 321' 대신 'model 123'이라고 기재되어 있는 경우〉는 타자상의 오류로 간주되지 않을 것이고 동 문서는 하자서류로 인정될 것이라고 규정하고 있는바, 위와 같은 국제표준은행관행에 비추어 신용장에 첨부된 선적서류상에서 신용장 조건과 불일치가 있는 경우 그와 같은 기재상의 불일치가 신용장과 해당 서류의 성격상 요구되는 기본적 사항이 아니거나 문서를 작성하는 과정에서 발생한 단순하고 명백한 기재상의 실수로 인정되는 경우에는 선적서류와 신용장 조건의 불일치로 볼 수 없으나, 그와 같은 기재상의 불일치에 대하여 서류심사를 하는 은행의 입장에서 오류임이 명백하지 않거나 그 기재상의 차이로 인하여 의미상의 중요한 변화가 있을 수 있는 경우에는 신용장 조건과 선적서류상의 불일치에 해당한다고 보아야 한다); 同 2006. 5. 12, 2004 다 34158(公報 2006, 1017)(신용장 첨부서류가 신용장 조건과 문언대로 엄격하게 합치하여야 한다고 하여 자구 하나도 틀리지 않게 완전히 일치하여야 한다는 뜻은 아니며, 자구에 약간의 차이가 있더라도 그 차이가 경미한 것으로서 문언의 의미에 차이를 가져오는 것이 아니거나 단지 신용장에 표시되어 있는 상품의 기재를 보완하고 특정하기 위한 것으로서 신용장 조건을 전혀 해하는 것이 아님을 문면상 알아차릴 수 있는 경우에는 신용장 조건과 합치하는 것으로 보아야 하고, 그 판단은 구체적인 경우에 신용장 조건과의 차이가 국제표준은행관행〈ISBP〉에 비추어 용인될 수 있는지 여부에 따라야 한다. 이러한 점에서 볼 때 상업송장의 상품명세에 기재된 "HAIR TAIL"〈갈치〉, "YELLOW CONVINA, WHITE CONVINA"〈조기〉, "CHUB MACKEREL"〈꽁치〉, "COD"〈대구〉, "EASTERN FLAT HEAD"〈양태〉 등은 모두 그 단가가 "$2,200"이어서 신용장에 기재된 "OTHER KIND OF FISH〈단가 $2,800〉"와 일치한다고 볼 수 없고, 또한 이것들은 모두 어류로서 신용장에 기재된 "TOP SHELLS AND OTHERS"의 "OTHERS"에 해당한다고도 볼 수 없으므로, 상업송장이 신용장 조건과 문면상 일치하지 아니한다).

[화환어음의 매입은행은 관계서류의 定規性과 常態性을 조사할 의무가 있다고 본 判例]

매입은행은 실질적 심사의무는 없으나 문면상의 형식적 일치 이외에 관계서류가 정규성과 상태성을 갖추고 있는지 여부를 조사할 의무는 있는데, 매입은행이 그 확인의무를 제대로 이행하지 아니함으로써 신용장개설의뢰인에게 손해가 생겼다면 이를 배상할 책임이 있다(신용장조건변경 통지가 있은 후에 선적서류를 완비할 수 있는 시간적 여유가 없었다는 이유 등을 들어 부대서류의 정규성 또는 상태성을 갖춘 여부를 제대로 확인하지 못하였다고 판시함 — 저자註)[大判 1977. 4. 26, 76 다 956(教材, 判決例 [209])] [判旨에 찬성하는 견해로는 鄭(燦), (事例) 498면이 있고, 判旨에 반대하는 견해로는 梁承圭, 「法學(判例回顧)」(서울大), 제 6 호, 81면; 梁, (事例) 264~265면이 있다].

同旨: 大判 2002. 5. 24, 2000 다 52202(公報 2002, 1488)(신용장에서 양도불능 선적서류 사본 1부를 물품 선적 후 2일 이내에 디에이치엘〈DHL〉로 수입자에게 발송하였음을 증명하는 디에이치엘 영수증 원본을 제출할 것을 요구하고 있는 경우, 디에이치엘 영수증 원본을 신용장 필요서류로 하는 이유는 수입자에게 신속하게 선적서류 사본을 송부하여 그 내용을 확인시키려는 목적뿐만 아니라 선적일 전에 발행되는 선하증권의 경우에는 그 위조의 가능성과 실제 선적이 제대로 이행되지 아니할 가능성이 있어 이를 방지하기 위한 취지도 함께 있다고 보여지므로, 정상적인 방법으로는 성립할 수 없는 선적일 전에 선하증권 등의 선적서류를 이미 수입자에게 발송하였다는 내용의 디에이치엘 영수증 원본은 위 신용장 조건에서 필요서류로 요구하고 있는 디에이치엘 영수증 원본에 포함된다고 보기 어렵고, 따라서 위 신용장 조건에 위배하여 선적일 전에 선하증권 등의 선적서류를 발송하였다는 취지의 디에이치엘 영수증 원본을 매입한 은행으로서는 그러한 서류를 매입하여도 무방하다는 개설은행의 동의나 승낙이 있다는 등의 특별한 사정이 있기 전에는 위 신용장 필요서류를 갖추었다고 주장할 수 없고, 이러한 결론은 디에이치엘 영수증 원본이 선하증권 등과 달리 그 자체에 권리가 화체된 것이 아니라거나 혹은 수출보험공사측 직원이 화물이 화물차에 실리는 것까지 확인하였고 그 이후 실제 선적이 이루어진 점을 감안하더라도 달라지지 않는다); 同 2002. 5. 28, 2000 다 50299(公報 2002, 1504)(화환어음 매입은행은 그 매입서류를 조사함에 있어서 실질적 조사의무가 면책되어 있는 것이지만 제시된 서류가 신용장에 기재된 사항과 문면상으로 일치되는지 여부 혹은 관계서류가 상태성과 정규성을 갖추었는지 여부를 조사할 의무까지 면제되는 것은 아니다. 따라서 신용장에 필요서류로서 신용장 개설은행 보관의 것과 일치하는 서명이 된 검사증명서를 요구하고 있는 경우, 매입은행은 그 서명의 일치여부를 확인할 의무가 있다).

(ii) 信用狀 없는 貨換어음의 경우는 할인은행인 KEB는 形式的 審査義務만을 부담한다고 보는 견해[1]와 實質的 審査義務를 부담한다고 보는 견해[2]로 나뉘어 있다. 신용장 없는 화환어음의 할인의 경우에는 신용장통일규칙 등과 같

1) 伊澤, 261면.

2) 金東建, 前揭論文, 472면; 浜田一男, 「荷爲替」(總合判例硏究叢書 商法(3)), 170면; 日大判 1940. 6. 28(民集 19, 1087).

은 특별한 商慣習이나 당사자간의 特約이 없는 이상, 은행으로서 통상 가지는 지식과 경험에 의한 판단능력과 선량한 관리자의 주의를 가지고 화환어음 및 부대서류의 形式뿐만 아니라 그 實質的 內容에 관해서도 심사의무를 부담한다고 보는 것이 타당하다고 본다. 이 경우 할인은행이 부담하는 심사의무는 자기의 위험을 회피하기 위한 자위적이고 간접적인 의무이고, 그 불이행시에 강제이행이나 손해배상의 제재를 수반하는 보통의 의미의 의무는 아니다.[1)]

(2) 割引銀行(KEB)과 開設(推尋)銀行(BOA)과의 法律關係

1) 어음關係 ① BOA가 信用狀을 개설한 경우에는(이 때 BOA는 opening bank 또는 drawee bank라고 함) KEB는 화환어음의 受取人 또는 被背書人의 지위에서 同어음의 지급인인 BOA에게 同어음의 支給(D/P條件인 경우) 또는 引受(D/A條件인 경우)을 위한 제시를 한다. 또한 BOA는 매수인인 B의 이행보조자로서의 어음상의 지급인인데, BOA가 어음금을 KEB에게 지급하면 B의 (실질적) 자금관계(매매)상의 대금지급채무 및 A의 어음상의 상환채무 등은 모두 소멸한다.

이 때 信用狀開設銀行도 상당한 주의로써 그 선적서류가 문면상 신용장의 조건과 일치하는지 여부만 확인하면 되고 그 선적서류에 대한 實質的 審査義務를 부담하지 아니한다. 신용장개설은행의 形式的 審査義務와 관련한 다음과 같은 大法院判例가 있다.

[신용장개설은행도 形式的 審査義務만을 부담한다고 본 判例]

신용장개설은행도 상당한 주의로써 그 선적서류가 문면상 신용장조건과 일치하는지 여부만 확인하면 되고 그 선적서류에 대한 실질적 심사의무를 부담하지 아니한다. 그러나 그 선적서류의 문면 자체에 하자가 있거나 또는 그 선적서류가 위조된 문서라는 사실을 사전에 알았거나 위조된 문서라고 의심할 만한 충분한 이유가 있는 경우에는 그 신용장대금을 지급하여서는 안 된다[大判 1993. 12. 24, 93 다 15632(公報 962, 496)] [이 판결에 대한 評釋으로는 鄭燦亨, "信用狀開設銀行의 注意義務," 「仲裁」(대한상사중재원발행), 제283호(1997, 봄), 99~107면 참조].

[신용장개설은행이 신용장조건에 합치되지 않는 서류가 제시된 경우 이를 이유로 그 대금지급을 거절한 것은 신의성실의 원칙에 반하지 않는다고 한 判例]

이 사건 신용장에서 별도의 명시함이 없이 그 결제시 상업송장과 포장명세서를 각 3통의 복본으로 요구하고 있으므로, 위 신용장통일규칙에 따라 위 상업송장 및 포장명세서의 각 복본 3통 중 2통은 사본으로 제시하여도 상관없으나 원본 1통씩은 반드시 제시되어야 할 것인데, Y가 비록 위 3차례의 선적분까지는

1) 同旨: 金東建, 前揭論文, 472면.

신용장 조건에 합치되지 않는 위 상업송장과 포장명세서의 사본들만을 제시받고서도 이를 문제로 삼지 아니한 채 신용장대금을 지급하였다고 하더라도 그로 인하여 곧바로 신의성실의 원칙에 의하여 그 이후의 선적분도 여전히 위 서류들의 사본들만 제시받고서도 그에 따른 신용장대금을 지급하여야 할 의무가 생긴다고 할 수는 없고, 신용장 개설의뢰인에게 화물선취보증서를 발급하여 준 신용장 개설은행은 신용장 조건에 합치되지 않는 서류가 제시되더라도 이를 이유로 대금지급을 거절하고 그 선적서류를 반송하면 후일 그 선적서류의 소지인 또는 운송인에게 보증도에 의한 손해배상책임을 지게 되기 때문에 개설은행으로서는 개설의뢰인의 각서를 담보로 하여 신용장 조건에의 합치여부를 문제삼지 아니하고 매입은행이나 수익자에게 신용장대금을 지급하는 것이므로, 결국 이 사건에 있어서 신용장 개설은행인 Y가 위와 같은 이유로 신용장 조건에의 합치여부를 문제삼지 아니하고 매입은행인 K은행에게 그 대금을 지급한 3차까지의 선적분과는 달리 화물선취보증서가 발급되지 아니한 4차 선적분에 대하여 위와 같은 신용장 조건에의 불합치를 이유로 그 대금지급을 거절한 것은 신의성실의 원칙에 반하지 아니한다[大判 1998. 3. 13, 97 다 54017(公報 1998, 1051)].

[서류제시를 하여야 할 유효기간 및 장소는 수익자와 매입은행간의 문제라고 본 判例]

신용장통일규칙 제42조 a항은 "모든 신용장은 지급, 인수를 위하여 서류를 제시하여야 할 유효기간(expiry date)과 장소, 또는 일반매입신용장의 경우를 제외하고는 매입을 위한 서류제시의 장소를 명시하여야 한다. 지급, 인수 또는 매입을 위하여 명시된 유효기간은 서류제시를 위한 유효기간을 의미하는 것으로 본다"고 규정하고 있고, 위 규칙 제43조 a항은 "서류 제시를 위한 유효기간에 관한 규정에 추가하여, 운송서류의 제시를 요구하는 모든 신용장은 신용장 조건과 일치하는, 선적일 이후부터 기산되는 서류제시를 위한 특정기간을 명시하여야 한다. 이러한 기간이 명시되지 않은 경우 은행은 선적일 이후 21일을 경과하여 은행에 제시된 서류는 이를 수리하지 않는다. 다만, 어떤 경우에도 서류는 신용장의 유효기간 내에 제시되어야 한다"고 규정하고 있는바, 서류제시를 위한 신용장의 유효기간과 운송관련 서류의 제시기간에 관한 신용장통일규칙의 위 각 규정은 일반적인 매입신용장의 경우 그 유효기간과 제시기간의 기준이 되는 신용장에 규정된 서류제시장소(일반적으로 매입은행 소재지가 될 것이다)에서 수익자가 매입은행에게 신용장과 그 관련 서류를 제시하는 기간에 관한 것이고, 개설은행은 위와 같이 신용장에 규정된 서류제시장소에서 신용장이 정한 기간 내에 제시된 서류에 대하여 신용장의 조건과 엄격하게 일치하는지 여부를 심사하는 것으로서 그 서류의 신용장 조건과의 일치 여부에 대한 기준시점은 수익자가 신용장이 정한 정당한 서류제시은행 혹은 지정은행(매입은행)에 선적서류를 제시한 시점이 될 것이고, 수익자가 이와 같이 정당한 기간 내에 서류제시은행에 신용장의 조건에 부합하는 관련 모든 필요서류를 제시한 이상 개설은행으로서는 수익자의 신용장대금청구를 거절할 수 없다[大判 2003. 11. 28, 2001 다 49302(公報 2004, 28)].

同旨: 大判 2004. 7. 22, 2001 다 58269(公報 2004, 1411)(신용장통일규칙 제42조 a항은 "모든 신용장은 지급, 인수를 위하여 서류를 제시하여야 할 유효기간〈expiry date〉과 장소 또는 일반매입신용장의 경우를 제외하고는 매입을 위한 서류제시의 장소를 명시하여야 한다. 지급, 인수 또는 매입을 위하여 명시된 유효기간은 서류제시를 위한 유효기간〈an expiry date for presentation of documents〉을 의미하는 것으로 본다"고 규정하고 있고, 제43조 a항은 "서류 제시를 위한 유효기간에 관한 규정에 추가하여, 운송서류의 제시를 요구하는 모든 신용장은 신용장 조건과 일치하는, 선적일 이후부터 기산되는 서류 제시를 위한 특정기간을 명시하여야 한다. 이러한 기간이 명시되지 않은 경우 은행은 선적일 이후 21일을 경과하여 은행에 제시된 서류는 이를 수리하지 않는다. 다만, 어떤 경우에도 서류는 신용장의 유효기간 내에 제시되어야 한다"고 규정하고 있는바, 서류제시를 위한 신용장의 유효기간과 운송 관련 서류의 제시기간에 관한 신용장통일규칙의 위 각 규정은 수익자가 서류를 매입할 수 있는 지정은행에 신용장과 그 관련 서류를 제시하여야 하는 기간에 관한 것이고, 이 경우 설사 서류를 수령한 지정은행이 그 서류를 매입하지 않고 그 서류를 개설은행에 송부함으로써 수익자를 위하여 신용장대금의 지급을 구하였다 할지라도 신용장 선적서류가 유효한 기간 내에 이루어졌는지 여부는 그 지정은행이 서류를 수령한 때를 기준으로 판단하여야 할 것이다); 同 2005. 5. 27, 2002 다 3754(公報 2005, 1019)(서류제시를 위한 신용장의 유효기간과 운송관련 서류의 제시기간에 관한 신용장통일규칙의 각 규정은 일반적인 매입신용장의 경우 그 유효기간과 제시기간의 기준이 되는 신용장에 규정된 서류제시장소에서 수익자가 매입은행에게 신용장과 그 관련 서류를 제시하는 기간에 관한 것으로서, 그 서류의 신용장 조건과의 일치 여부에 대한 기준시점은 수익자가 신용장이 정한 정당한 서류제시은행 혹은 지정은행에 서류를 제시한 시점이 된다).

또한 신용장개설은행이 이러한 형식적 심사를 한 결과 신용장조건에 불일치한 점을 발견하면 지체 없이 제시인에게 이를 통지하여야 하는데, 이 점에 대하여 우리 大法院判例는 다음과 같이 판시하고 있다.

[신용장개설은행의 불일치 통지(및 서류반송) 해태의 효과에 관한 判例]

제4차(1984년) 신용장통일규칙 제16조 이(e)항에서, 신용장 개설은행이 제시된 서류의 불일치를 이유로 서류의 수리를 거절하고자 하는 경우에 지체 없이 제시인에게 그 불일치 사항을 통지하고 서류를 반송하는 등의 조치를 취하지 아니하면 개설은행은 그 서류가 신용장의 조건과 일치하지 않는다는 주장을 할 수 있는 권리를 상실한다고 규정한 취지는, 신용장 제시 서류에 불일치가 있다 하여도 개설은행이 제시인에게 이를 통지하는 등의 조치를 취하지 아니하면 개설은행은 그 불일치를 주장하지 못하고 원래의 신용장 조건에 따른 대금지급의무를 부담한다는 것에 불과하지, 그 불일치 사항의 통지가 없다고 하여 신용장 수익자나 그 이후의 신용장 매입은행으로 하여금 종전에 없었던 새로운 권리를 취득하게 하는 것은 아니다[大判 2000. 6. 9, 98 다 35037 (公報 2000, 1593)].

同旨: 大判 2000. 11. 24, 2000 다 12983(公報 2001, 128)(제 4 차 신용장통일규칙 제16조 혹은 제 5 차 신용장통일규칙 제14조에서 "신용장개설은행이 제시된 서류의 불일치를 이유로 서류의 수리를 거절하고자 하는 경우에 지체 없이 제시인에게 그 불일치 사항을 통지하고 서류를 반송하는 등의 조치를 취하지 아니하면 개설은행은 그 서류가 신용장의 조건과 일치하지 않는다는 주장을 할 수 있는 권리를 상실한다"고 규정한 취지는, 신용장 제시 서류에 불일치가 있다 하여도 개설은행이 제시인에게 이를 통지하는 등의 조치를 취하지 아니하면 개설은행은 그 불일치를 주장하지 못하고 원래의 신용장 조건에 따른 대금지급의무를 부담한다는 것에 불과하지, 그 불일치 사항의 통지가 없다고 하여 신용장 수익자나 그 이후의 신용장 매입은행으로 하여금 종전에 없었던 새로운 권리를 취득하게 하는 것은 아니다. 또한 신용장 매입은행이 신용장 개설은행에게 선적서류 등의 신용장 서류와 환어음을 제시하였으나 그 신용장에 부가된 특수조건이 불성취되는 것이 확정되는 등으로 인하여 신용장 대금 지급의무가 발생하지 않는 경우에 신용장 개설은행의 제시서류 반환의무에 관하여 신용장통일규칙 등에 명문의 규정은 없지만, 신용장 제시서류에 하자가 있는 경우 신용장 개설은행은 제시된 서류를 제시인을 위하여 보관하든지 혹은 제시인에게 반송할 것을 규정하고 있는 제 5 차 신용장통일규칙 제14조 디이(d)항의 규정 등을 유추하여 볼 때 그 제시된 서류는 신용장 서류 제시인 등이 그 서류반환청구권을 포기하였다고 볼 특별한 사정이 없는 한 원칙적으로 신용장 서류 제시인에게 반환되어야 할 것이다); 同 2002. 10. 11, 2000 다 60296(公報 2002, 2663)(제 5 차 개정 신용장통일규칙〈Uniform Customs and Practice For Documentary Credits 1993 Revision, ICC Publication No. 500〉 제14조 d항 i호, ii호의 각 규정들의 취지에 비추어 매입은행으로부터 신용장 및 그 관련 서류를 제시받은 개설은행이 신용장 및 그 서류의 하자를 이유로 신용장 대금의 지급을 거절할 경우, 개설은행은 달리 특별한 약정이 없는 한 위 신용장통일규칙이 정한 소정의 기간 내에 매입은행에게 그 모든 거절 사유를 구체적으로 명시하여 통보하여야 하고, 그 기간이 지난 후에는 최초에 명시하지 아니한 새로운 하자를 주장하여 신용장 대금지급을 거절할 수 없다. 또한 서류제시를 위한 신용장의 유효기간과 운송관련 서류의 제시기간에 관한 제 5 차 개정 신용장통일규칙 제42조 a항 및 제43조 a항의 규정은 일반적인 매입신용장의 경우 그 유효기간과 제시기간의 기준이 되는 신용장에 규정된 서류제시장소〈일반적으로 매입은행 소재지가 될 것이다〉에서 수익자가 매입은행에게 신용장과 그 관련 서류를 제시하는 기간에 관한 것으로 보아야 할 것이고, 제 5 차 개정 신용장통일규칙은 제14조 a항에서 매입은행 등의 개설은행에 대한 상환청구에 있어서의 기간제한은 별도로 규정한 바 없는바, 위와 같은 신용장통일규칙 각 규정들의 취지에 비추어, 일반 매입신용장의 경우 매입은행이 신용장의 유효기간 내에 신용장 및 관련 서류를 매입하여 개설은행에 대하여 그 서류제시 및 상환청구를 한 이상 개설은행의 입장에서는 다른 특별한 사정이 없는 한 그와 같은 매입은행의 상환청구가 신용장 및 관련 서류의 매입시점으로부터 상당기간 지연하여 이루어졌다는 사정만으로는 신용장 대금의 지급을 거절할 수는 없다); 同 2002. 11. 26, 2001 다 83715 · 83722(公報 2003, 201)(매입은행으로부터 신용장 및 그 관련 서류를 제시받은 개설은행이 신용장 및 그 서류의 하자를 이유로 신용장 대금의 지급을 거절할 경우, 개설은행은 달리 특별한 약정이 없는 한 신용장통일규칙이 정한 소정의 기간 내에 매입은행에게 그 모든 거절 사유를 구체적으로 명시하여 통보하여야 하고, 그 기간이 지난 후에는 최초에 명시하지 아니한 새로운 하자를 주장하여 신용장 대금 지급을 거절할 수 없다. 또한 수취선하증권의 양식에 화물의 수취일을 표시하는 일자는 공란, 선적일을 표시하는 란의 선적일자가 선하증권의 발행일과 같은 날이 스템프 방식에 의하여 기재되어 있고, 문면에서 '〈intended〉 vessel'이라는 인쇄문구가 있는 경우, 원칙적으로 선하증권상의 본선적재표기에 선적일과 함께 선적항에서 선적이 이루어진 선박의 명칭도 기재되어야 할 것으로 볼 여지가 있지만, 신용장의 개설은행이 그 사유를 신용장통일규칙에서 정한 신용장 관련 서류의 조사기간중에 매입은행에 대하여 하자로서 통지된 것이 아니어서 더 이상 개설은행으로서는 이를 문제삼을 수 없다); 同 2003. 10. 9, 2002 다 2249(公報 2003, 2154)(신용장통일규칙 제14조 d항 i호는 "개설은행 … 이 서류를 거절하기로 결정한 경우에는, 전신 또는 전신이 불가능한 경우에는 다른 신속한 수단으로 지체 없이 그러나 서류를 수취한 다음 날로부터 7영업일 마감 전까지 그러한 사실을 통지하여야 한다"고 규정하면서, ii호는 "그러한 통지에는 은행이 서류를 거절하게 된 모든 하자사항을 명시하여야 하며, 또한 서류제시인이 처분할 수 있도록 서류가 보관중인지 또는 서류가 서류제시인에게 반송중인지도 명시하여야 한다"고 규정하고 있는바, 위 규정의 취지에 비추어 신용장 개설은행이 매입은행의 대금 지급청구를 거절할 경우 매입은행에 의하여 제시된 서류는 그 은행이 서류반환청구권을 포기하였다고 볼 특별한 사정이 없는 한 원칙적으로 서류제시인인 매입은행에게 반환되어야 한다〈대법원 2000. 11. 24. 선고 2000 다 12983 판결 참조〉. 또, 신용장통일규칙 제14조 e항은 "개설은행 … 이 본조의 규정에 따른 조치를 취하지 않거나 서류제시인이 처분할 수 있도록 서류를 보관하거나 또는 서류를 반송하지 아니한 경우에는 개설은행…은 서류가 신용장조건과 일치하지 않는다는 주장을 할 수 있는 권리를 상실한다"고 규정하고 있으므로, 개설은행이 신용장 대금의 지급을 거절하면서 그 선적서류를 서류제시은행의 처분지시를 기다려 보관중이라고 통보하였고 이에 서류를 제시한 매입은행이 선적서류를 자신에게 반환하라는 지시를 하였음에도 불구하고, 이를 반환하지 않고 있다가 개설의뢰인의 요구에 의하여 이를 임의로 그에게 교부하여 버렸다면 개설은행은 위 매입은행에 대하여 더 이상 신용장 선적서류상의 하자를 이유로 신용장 대금의 지급을 거절할 수 없게 된다); 同 2004. 7. 22, 2001 다 58269(公報 2004, 1411)(신용장통일규칙 제14조 d항 i호에 의하면, 개설은행 등이 조건 불일치를 이유로 지급거절을 하기로 결정한 경우에는 서류접수일 다음 영업일로부터 기산하여 제 7 은행영업일의 종료시〈close of the seventh banking day following the day of receipt of the documents〉까지 지체 없이 전신 또는 기타 신속한 방법으로 그 취지를 통지하여야 하고, 같은 조 e항에 의하면 그러한 조치를 취하지 아니한 경우에는 서류가 신용장 조건과 일치하지 아니하다는 주장을 할 수 있는 권리를 상실하는 것인바, 여기서 제 7 은행영업일의 종료시의 의미는 지정된 영업시간〈banking hours〉의 끝이 아니라, 당일 24:00이고 따라서 그 날 24:00 이내에 전신 또는 기타 신속한 방법으로 지급거절통지가 발송된 것이라면 적법한 것으로 봄이 상당하다); 同 2008. 9. 11, 2007 다 74683(公報 2008, 1358)(제 5 차 신용장통일규칙 제14조 디(d)항의 규정에 의하면, 신용장 제시서류에 하자가 있는 경우 신용장 개설은행은 제시된 서류를 제시인을 위하여 보관하든지 혹은 제시인에게 반송할 것이 요구되는바, 신용장 매입은행이 신용장 개설은행에게 선적서류 등의 신용장 서류와 환어음을 제시하였으나 그 신용장에 부가된 특수조건이 불성취되는 것으로 확정되는 등으로 인하여 신용장대금 지급의무가 발생하지 않는 경우 신용장 개설은행의 제시서류 반환의무에 관하여 신용장통일규칙 등에 명문의 규정은 없지만 위 규정 등을 유추하여 그 제시된 서류는 원칙적으로 신용장 서류 제시인 등에게 반환되어야 할 것으로 봄이 상당하지만, 그와 같은 경우에도 서류 제시인 등이 그 제시된 서류의 반환청구권을 포기하였다고 볼 만한 특별한 사정이 있는 경우에는 그러하지 아니하다〈대법원 2000. 11. 24. 선고 2000 다 12983 판결 등 참조〉. 원심판결 이유에 의하면, 원심은 Y은행 다카지점이 이 사건 각 백투백신용장의 개설조건인 이 사건 특수조건이 성취되면 환어음을 인수하겠다는 취지로 X은행에게 통보한 것은 이 사건 각 백투백신용장 및 이로부터 파생된 환어음거래에 있어서 백투백신용장 개설 당시부터 예정되어 있던 조건을 통지한 것에 불과할 뿐, 이를 당초 당사자들 사이에 약정한 바 없는 새로운 조건을 부가하여 환어음을 인수하는 것이거나 인수를 거절한 것으로 볼 수는 없으므로, Y은행 다카지점이 신용장 서류 전체의 접수를 거절한 것으로 보아 그 서류를 즉시 X은행 등에게 반환할 의무가 있다고 할 수 없고, 또한 이 사건 각 백투백신용장의 개설은행인

Y은행 다카지점이 그 신용장 서류를 제시받은 경우 그 서류가 일단 위 신용장의 문면에 합치되면 유에프엠으로 하여금 원자재를 미리 찾아 완제품을 생산할 수 있도록 하기 위하여 그 신용장대금 지급 이전에 이를 그 개설의뢰인인 유에프엠에게 교부할 것이 예정되어 있었고, 이 사건 각 백투백신용장의 수익자인 A도 이러한 점을 용인하고 있었으며, 나아가 그 매입은행인 X은행으로서도 위 신용장의 문면에 해당 마스터신용장에 대한 수출절차가 실현되는 것을 조건으로 그 신용장대금이 지급된다는 취지가 기재되어 있어 위와 같은 사정을 알았거나 알 수 있었으므로, 이 사건 각 백투백신용장의 수익자인 A는 이 사건 각 백투백신용장의 특수조건의 성취 여부에 관계없이 그 개설은행인 Y은행 다카지점으로 하여금 백투백신용장 제시서류를 그 개설의뢰인인 유에프엠에게 바로 교부하도록 하기 위하여 이 사건 각 백투백신용장의 개설은행에 대한 관계에서는 백투백신용장대금 지급이 안 되는 경우라 할지라도 자신들의 서류반환청구권을 포기한 것으로 볼 만한 특별한 사정이 있고, 이 사건 각 백투백신용장의 매입은행인 X은행도 이러한 사정을 이미 용인하고 이를 매입한 것이라고 봄이 상당하므로, 결국 이 사건 각 백투백신용장이 그 특수조건의 불성취로 말미암아 지급되지 않게 되었다고 할지라도 그 매입은행인 X은행으로서는 그 개설은행인 Y은행 다카지점에 대하여 제시된 백투백신용장 서류들의 반환을 청구할 수 없다는 취지로 판단하였다. 앞에서 본 법리와 기록에 비추어 살펴보면, 위와 같은 원심의 판단은 정당하고, 상고이유에서 주장하는 바와 같은 제 5 차 신용장통일규칙 제14조 디(d)항의 해석 및 신용장 서류반환의무에 관한 법리오해 등의 위법이 없다. 또한 제 5 차 신용장통일규칙 제14조 이(e)항이 신용장 개설은행 등이 제시된 서류의 불일치를 이유로 서류의 수리를 거절하고자 하는 경우에 지체 없이 제시인에게 그 불일치 사항을 통지하고 서류를 반송하는 등의 조치를 취하지 아니하면 개설은행은 그 서류가 신용장의 조건과 일치하지 않는다는 주장을 할 수 있는 권리를 상실한다는 취지로 규정한 것은, 신용장 제시 서류에 불일치가 있다 하여도 개설은행이 제시인에게 이를 통지하는 등의 조치를 취하지 아니하면 개설은행은 그 불일치를 주장하지 못하고 원래의 신용장 조건에 따른 대금지급의무를 부담한다는 것에 불과하고, 그 불일치 사항의 통지가 없다고 하여 신용장 수익자나 그 이후의 신용장 매입은행으로 하여금 종전에 없었던 새로운 권리를 취득하게 하는 것은 아니다〈대법원 2000. 11. 24. 선고 2000 다 12983 판결 등 참조〉. 원심판결 이유에 의하면, 원심은 Y은행 다카지점이 서류송부은행인 X은행에게 이 사건 각 백투백신용장의 개설조건인 이 사건 특수조건과 동일하게 해당 마스터신용장 대금을 지급받는 것을 조건으로 환어음을 인수하겠다는 취지를 통보하였다고 하여 이 사건 백투백신용장 서류 전체의 접수를 거절한 것이라고는 볼 수 없을 뿐만 아니라, 설령 Y은행 다카지점이 신용장 제시서류의 불일치 사항을 통지하지 아니하여 어떠한 불일치 사항을 주장하지 못하게 되었다고 보더라도 이 사건 각 백투

백신용장의 매입은행인 X은행으로서는 여전히 이 사건 각 백투백신용장 개설시에 약정된 대로 이 사건 특수조건이 성취되는 것을 조건으로 하여 이 사건 각 백투백신용장대금을 청구할 수 있을 뿐, 제 5 차 신용장통일규칙 제14조 이(e)항의 규정에 의하여 X은행에게 이 사건 특수조건 조항의 적용을 받지 않는 무조건적인 신용장 대금지급청구권이 발생하는 것은 아니라는 취지로 판단하였다. 앞에서 본 법리와 기록에 비추어 살펴보면, 위와 같은 원심의 판단은 정당하고, 상고이유에서 주장하는 바와 같은 제 5 차 신용장통일규칙 제14조 이(e)항의 해석에 관한 법리오해 등의 위법이 없다).

② BOA가 信用狀을 개설하지 않은 경우에는 KEB는 자기의 환거래은행인 BOA에게 同화환어음을 추심의뢰한다. 이 때 美國에 KEB의 支店이 있는 경우에는 그 지점을 통하여 추심의뢰하게 되는데, 이 때에는 同一法人 내부의 사무처리에 불과하다. 그러나 위와 같이 환거래은행을 통하여 추심의뢰하는 경우에는 KEB와 BOA간에는 委任關係(A와 BOA간에는 復委任關係)가 성립한다. KEB는 BOA에 대하여 화환어음을 推尋委任背書하므로 BOA는 스스로 어음상의 권리를 취득하지 못한다.

2) **運送證券關係** BOA가 信用狀을 개설한 경우이거나 개설하지 않은 경우이거나 어떤 경우이든 BOA는 선하증권을 背書(記名式 또는 指示式의 경우) 또는 交付(無記名式의 경우)받는데, 이 때 BOA는 운송물에 대한 所有權을 信託的으로 취득한다.[1] 이것은 KEB가 信託的 讓渡說에 따라서 운송물에 대하여 讓渡擔保를 취득하는 것과 균형을 이루는 것이라고 볼 수 있다. 그러나 선하증권의 受荷人이 B로 된 경우에는 BOA는 운송물에 대한 소유권을 信託的으로 취득할 수 없고, KEB의 受任人으로서 同선하증권을 대금지급시까지 留置할 수 있을 뿐이라고 본다.

(3) **開設(推尋)銀行(BOA)과 買受人(輸入商, B)과의 法律關係**

1) **어음關係** ① BOA가 信用狀을 개설한 경우에는 화환어음의 지급인은 BOA이므로 B는 어음의 당사자가 아니다. 그러나 BOA는 B의 계산으로 지급하므로 마치 지급인과 지급담당자와의 사이같이 準資金關係가 성립한다고 볼 수 있다.[2] 이 때 BOA는 B의 이행보조자로서 화환어음의 지급인의 지위를

1) 同旨: 金東建, 前揭論文, 479면; 鈴木 · 大隅, 講座(2), 266면.
그러나 BOA가 船荷證券을 취득하면 B가 運送物에 대한 所有權을 취득한다는 견해도 있다[李楨漢, "荷換어음의 法律關係," 「仲裁」, 제79호(1978. 7), 31면; 浜田, 前揭書, 186면].

2) 金東建, 前揭論文, 472면은 이를 委託어음의 형식이라고 하나, 委託어음은 發行인이 제 3 자의 計算으로 어음을 發行하는 것이므로(어 3조 3항) 委託어음이 될 수 없다고 본다.

갖는다고 볼 수 있다.[1] 따라서 B의 의뢰에 의하여 BOA가 신용장을 개설한 경우에는 실질관계에서 BOA와 B의 사이에는 委任關係가 존재한다고 볼 수 있다.

② BOA가 信用狀을 개설하지 않은 경우에는 BOA와 B의 사이에는 아무런 법률관계가 없고, BOA는 KEB와의 委任關係(A에 대해서는 復委任關係)에 의하여 또는 KEB(또는 A)의 履行補助者로서 또한 화환어음의 추심위임배서의 被背書人으로서 지급인인 B에게 화환어음을 지급제시 또는 인수제시하는 것이다.

2) 運送證券關係 BOA는 KEB로부터 선하증권을 背書 또는 交付받음으로써 운송물에 대한 所有權을 信託的으로 취득하므로(따라서 運送物의 處分權을 취득하므로) B가 BOA로부터 同선하증권을 背書 또는 交付받음으로써 운송물에 대한 所有權을 취득하게 된다.[2] 선하증권의 受荷人이 B로 된 경우에도 B는 同선하증권을 BOA로부터 교부받음으로써 운송물에 대한 所有權을 취득한다고 볼 수 있다.

貨換어음이 支給引渡條件(D/P)인 경우에는 B는 BOA에게 어음금을 지급하여야 선하증권을 교부받을 수 있고 선하증권을 교부받아야 선박회사로부터 수입상품인 자동차를 수령할 수 있는데, B에게 어음금을 지급할 충분한 자력이 없는 경우에 B는 BOA로부터 우선 선하증권을 대여받아 선박회사로부터 상품을 수령하여 이를 타에 전매처분한 후 그 매각대금으로 어음금을 지급할 수 있다. 이를 운송증권의 「先引渡(Trust Receipt, T/R)」라고 하는데, BOA측에서도 선하증권을 소지하고 있는 동안에 상품이 도착한 경우에 상품의 양륙·통관·보관 등 번잡한 사무를 하는 것을 바라지 않기 때문에 B로부터 어음금을 지급받기 전에 미리 선하증권을 B에게 교부하는 T/R제도를 이용하는 경우가 있다. 이와 같이 T/R에 의하여 BOA로부터 선하증권을 先引渡받은 B는 운송물에 대한 완전한 所有權을 취득한 것으로 볼 수는 없고, 단지 信託的으로 양도받은 것으로 볼 수 있다. 또 자기의 이름으로 매도하나 BOA의 계산으로 매도하는 것이므로 상법상 위탁매매인의 지위(商 102조)에 가깝다고 볼 수 있다.[3]

(4) 買受人(B)과 賣渡人(A)과의 法律關係

B와 A의 관계는 크게 代金支給關係와 운송물의 所有權移轉關係로 분류할 수 있다. 代金支給關係는 어음관계로서 어음금지급관계와 이의 자금관계인 매매대금지급관계가 밀접히 관련되어 있고, 운송물의 所有權移轉關係는 운송관계와 운송증권관계가 밀접히 관련되어 있다. 따라서 매수인 B는 어음관계에서

1) 金東建, 上揭論文, 479면; 李(基), 295면.
2) 金東建, 前揭論文, 479면.
3) 同旨: 金東建, 上揭論文, 480~481면.

는 支給人(BOA가 信用狀을 개설한 경우에는 형식상 支給人은 BOA이나 실질상 支給人은 B임), 자금관계인 매매관계에서는 買受人, 운송관계에서는 受荷人, 운송증권관계에서는 운송증권의 정당한 所持人의 지위에 있다. 한편 매도인인 A는 어음관계에서는 發行人, 자금관계인 매매관계에서는 賣渡人, 운송관계에서는 送荷人, 운송증권관계에서는 運送證券發行請求人의 지위에 있다.

1) 代金支給關係(어음關係 및 資金關係)　① B가 화환어음의 支給人의 지위에서(BOA가 信用狀을 개설한 경우에는 BOA가 支給人의 지위에서) 어음금을 지급하면 어음관계가 종료됨은 물론, 그의 자금관계인 매매관계에서 매수인의 대금지급채무도 소멸하게 된다. 이 때 B는 매매대금의 지급을 화환어음에 의해서 하는데, 이것은 당사자간에 그렇게 하기로 特約하였거나 또는 그러한 商慣習이 있기 때문이다.[1)] 따라서 이러한 特約 또는 商慣習이 있는 경우에는 A는 B에게 화환어음에 의하지 않고 매매대금을 직접 청구할 수 없다.[2)]

② 위와 같이 B의 賣買代金支給債務는 B가 어음금을 실제로 지급한 경우에 한하여 소멸하는 것이지, B가 同어음을 인수하거나(D/A의 경우) 또는 A가 同어음을 KEB로부터 할인받은 경우에 소멸하는 것이 아니다(異說 없음).

우리 大法院判例도 이와 같은 취지에서 다음과 같이 판시하고 있다.

[신용장 매입(할인)은행의 매입(할인)대금의 지급행위는 환어음의 지급인(개설은행)의 지급행위가 아니라고 본 判例]

법인인 은행의 어느 지점이 신용장을 개설하면서 다른 나라에 있는 다른 지점을 매입은행으로 지정한 경우, 그 어느 지점의 신용장 개설행위와 다른 나라에 있는 지점의 선적서류 및 환어음 매입행위의 각 법률효과가 사법적으로는 모두 동일한 법인인 그 은행에 귀속됨은 당연하나, 종래 어느 은행의 본점이나 지점이 신용장개설은행이 되고 다른 나라에 있는 그 은행의 지점들을 통지은행 · 확인은행 · 매입은행 등 별개의 거래주체로 지정하여 오던 신용장거래의 관행(이는 제5차 개정 신용장통일규칙이 제2조 단서로 "이 규칙의 목적을 위하여 서로 다른 나라에 있는 어느 은행의 지점들은 이를 다른 은행으로 본다"는 규정을 신설함으로써 명문으로 승인되었다)에 비추어, 신용장통일규칙의 해석 · 적용상 그 은행이 매입은행의 지위에서 하는 선적서류 및 환어음 매입에 따른 대금지급행위를 개설은행의 지위에서 하는 환어음에 대한 지급행위로 간주하거나, 매입대금 지급행위에 의하여 개설은행의 지급에 의한 법률효과가 발생한다고 볼 수는 없다.

그럼에도 불구하고, 원심이 서울지점의 피고에 대한 이 사건 선적서류 및 환

---

1) 同旨: 鄭(東), 238면.
2) 同旨: 金東建, 前揭論文, 476면.

어음 매입대금 지급행위가 바로 이 사건 신용장 개설은행의 지급행위로 간주되는 것임을 전제로 하여, 개설은행인 원고가 일단 대금을 지급한 이상 신용장통일규칙 제10조가 적용되어 매입의뢰 은행인 피고에게 어음법상 소구권을 행사할 수 없다고 판단한 것은 화환신용장 거래에서 매입은행의 매입과 개설은행의 지급에 관한 법리 등을 오해한 위법을 저지른 것으로서, 이 점에 관한 상고이유의 주장은 이유가 있다[大判 2000. 1. 21, 97 다 41516(公報 2000, 463)].

③ B의 화환어음의 支給(D/P의 경우) 또는 引受(D/A의 경우)와 A(BOA를 통하여)의 환어음·선하증권 및 기타 부대서류의 引渡는 同時履行의 관계에 있다. 이에 대한 예외로서 支給引渡條件(D/P)의 경우 BOA가 화환어음의 대금을 지급받지 않고 선하증권 등을 B에게 인도하는 것으로는 운송증권의 先引渡制度(T/R)가 있다 함은 앞에서 본 바와 같다. 따라서 이와 같은 T/R의 特約 등이 있는 경우에는 A는 선하증권을 첨부한 환어음을 BOA 등을 통하여 B에게 먼저 제시하기로 약정하였으므로, A에게 先履行의 義務가 있다고 보겠다.[1)]

2) **運送物의 所有權移轉關係**(運送關係 및 運送證券關係) ① B가 화환어음을 引受하거나(D/A의 경우) 어음금을 支給하고(D/P의 경우) 선하증권을 인도받은 경우에 B는 운송물에 대한 所有權을 취득하고, A는 매매관계에 기한 목적물을 이전할 의무를 면하게 된다.

(i) 割引貨換어음의 경우,「信託的 讓渡說」에 의하면 KEB 및 BOA는 선하증권의 양수에 의하여 운송물에 대한 所有權을 信託的으로 취득했다가 B에게 所有權을 이전한 것이 되나,「動産質權說」에 의하면 운송물에 대한 所有權은 BOA가 선하증권을 B에게 인도할 때까지는 A에게 귀속했다가 同선하증권의 인도와 동시에 B에게 귀속하는 것이 된다(割引貨換어음이라도 당사자의 명백한 의사에 의하여 入質背書를 한 경우에는 動産質權說의 경우와 같다).

(ii) 推尋貨換어음의 경우에는, KEB 및 BOA는 단순히 A의 受任人(履行補助者 또는 代理人)의 지위에서 운송증권 등을 B에게 인도하는 것이므로 운송물에 대한 所有權은 引渡前까지는 A에게 귀속하고 引渡後에는 B에게 귀속한다.

(iii) 선하증권의 受荷人이 B인 경우에는, 어떠한 경우에도 KEB 및 BOA는 운송물에 대한 所有權을 취득할 수 없으므로 BOA가 同선하증권을 B에게 인도하기까지에는 운송물에 대한 所有權은 A에게 귀속했다가 인도 후에는 B에게 귀속한다.

② 미국에 선하증권보다 운송물이 먼저 도착한 경우,[2)] B는 BOA로부터

---

1) 同旨: 金東建, 前揭論文, 477면; 日大判 1935. 6. 25(民集 14, 1261).

2) 이 외에도 B가 수입상품을 轉賣하지 않으면 貨換어음을 지급할 수 없어 船荷證券을 인도

保證書(Letter of Guarantee, L/G)를 발급받아 선박회사로부터 선하증권 없이도 운송물을 수령하는데, 이것을 保證渡라고 한다. 이러한 保證渡는 운송증권의 相換證券性(商 129조, 861조)에 반하는 것이며 때로는 운송인이 刑法上 背任罪의 처벌을 받는 경우도 있을 수 있으나, 무역실무에서는 하나의 商慣習으로 형성되었다고 볼 수 있다.[1] 이 때 B가 운송물을 선박회사로부터 (선하증권 없이) 현실로 인도받았다고 하여 B가 同운송물에 대한 所有權을 취득하는 것은 아니다.[2] 그러나 無權利者인 B로부터 同운송물을 선하증권이 발행된 사실을 모르고 취득한 자는 同운송물에 대한 소유권을 善意取得한다. 운송증권의 處分證券性(商 132조, 861조)은 운송증권에 의하지 않은 운송물의 처분을 제한하고, 한편 운송물의 양수인이 운송증권의 발행사실을 알고 있는 경우에는 운송물이 선의취득되지 않는다는 것을 간접적으로 인정하는 것일 뿐, 운송물 자체의 善意取得을 전면적으로 금할 수는 없다.[3] 위와 같은 경우에 운송물에 대한 所有權은 선하증권의 正當所持人에 귀속되므로 선하증권의 正當所持人은 B에 대하여는 운송물의 인도를 청구할 수 있으나, B로부터 同운송물을 선의취득한 자에 대하여는 운송물의 인도를 청구할 수 없고(運送物의 선의취득자의 소유권이 船荷證券의 정당소지인의 소유권에 우선함) 선박회사에 대하여 채무불이행에 기한 손해배상청구권을 행사할 수 있을 뿐이다[4](船荷證券의 債權的 效力).

③ 運送物의 瑕疵에 관하여 매도인인 A는 어떠한 담보책임을 부담하는가. 이는 다음과 같이 경우를 나누어 고찰할 수 있다.

(i) A가 매매계약에서 약정한 물건을 송부하지 않거나 상위한 물건을 송부하면서 약정한 물건을 송부하는 것처럼 선하증권을 B에게 송부하는 경우에는, A는 매매계약상 매도인으로서 B에 대하여 債務不履行에 기한 손해배상책임을 부담하고(民 390조 본문, 393조) 운송인도 선하증권의 정당소지인인 B에 대하여 債務不履行(商 795조 1항, 854조)에 기한 손해배상책임을 부담하는데, 매도인(A)과 운송인의 B에 대한 이 책임은 不眞正連帶債務關係에 있다고 볼 수 있다.[5]

(ii) 운송물이 운송인의 귀책사유로 인하여 멸실·훼손된 경우에는, 운송인

받을 수 없는 경우 등에도 해당된다. 이 때에 B는 그 후 船荷證券을 인도받아 運送人에게 반환한다.

1) 同旨: 鄭(熙), (上) 223면; 大判 1989. 3. 14, 87 다카 1791(그러나 保證渡의 商慣習은 海上運送人 등의 注意義務를 감면하는 사유나 違法性阻却事由가 되지 못한다고 함); 曺鐵僖, "商慣習에 의한 運送物 引渡에 관한 硏究,"「法學碩士學位論文」(高麗大, 1994. 2), 16면.

2) 同旨: 鄭(東), 238면; 李(基), 295면.

3) 同旨: 鄭(燦), (上) 342면; 鄭(熙), (上) 236면.

4) 同旨: 鄭(燦), (上) 316~317면, 337~338면; 鄭(熙), (上) 223면.

5) 同旨: 金東建, 前揭論文, 478면.

은 A의 이행보조자라고 볼 수 있고 이행보조자의 고의 · 과실은 채무자의 고의 · 과실로 간주되므로(民 391조) A는 B에 대하여 매매계약상 채무불이행에 기한 손해배상책임이 있고(民 390조 본문, 393조), 運送人도 선하증권의 정당소지인인 B에 대하여 債務不履行에 기한 손해배상책임을 부담하는데(商 795조 1항, 854조), 매도인(A)과 운송인의 B에 대한 이 책임은 不眞正連帶債務關係에 있다고 볼 수 있다.[1] 그러나 매매계약에 F.O.B. 또는 C.I.F.조건의 특약을 한 경우에는, 그에 따라 매도인 A는 선적 후에는 운송물의 멸실 · 훼손에 대하여 책임을 부담하지 않는다.

(iii) 운송물이 A·B 및 운송인 누구의 과실 없이(즉, 불가항력으로 인하여) 멸실 · 훼손된 경우에는, 원칙적으로 債務者危險負擔主義에 의하여 A는 B에 대하여 매매대금이행청구를 하지 못한다(民 537조). 그러나 매매계약에서 F.O.B. 또는 C.I.F.조건의 특약을 한 경우에는, A는 매매대금을 B에게 청구하거나(F.O.B.조건의 경우인데, 이 때에는 매수인의 위험부담이 된다) 또는 보험회사에게 청구할 수 있다(C.I.F.조건의 경우).

제 2 輸入業務와 貨換信用狀의 開設[2]

1. 總 說

은행이 고객의 수입업무를 지원하는 업무 중의 하나에는 貨換信用狀(商業信用狀)을 개설해 주는 업무가 있다. 이러한 貨換信用狀은 매수인(수입상)의 의뢰에 의하여 매수인의 거래은행이 개설하는데, 보통 매도인(수출상)이 그의 수출대금을 확실하게 수령하기 위하여 매수인에게 요청하고 매수인이 다시 자기의 거래은행에 요청하여 매수인의 거래은행이 개설하여 매도인에게 송부(통지)한다. 신용장개설의뢰인(매수인)과 신용장개설은행은 수입거래약정서에 의하여 담보 등 제반사항에 관하여 특약하고 있다.

은행이 고객의 수입업무를 지원하기 위하여 개설하는 신용장은 貨換信用狀(Documentary L/C)이고 또 貨換信用狀이 신용장 중 가장 전형적인 것이므로, 이하에서는 貨換信用狀에 대해서만 설명하기로 한다.

이러한 貨換信用狀에 관해서는 國際商慣習法이라고 볼 수 있는 「貨換信用狀統一規則」(Uniform Customs and Practice for Documentary Credits, UCP)이 있어, 同信用狀統一規則이 국제적으로 유통되는 貨換信用狀에 거의 통일적으로

1) 同旨: 金東建, 前堤論文, 478면.

2) 信用狀에 관한 法理를 설명한 單行本으로는 柳重遠, 「信用狀의 法理」(서울: 育法社, 1993); 同, 「信用狀去來의 法律理論」(1996. 11) 등이 있다.

적용되고 있다. 우리 나라의 大法院判例에서도 다음과 같이 판시함으로써 신용장통일규칙을 商慣習法(商 1조)으로 인정하고 있다.[1)]

[신용장통일규칙을 商慣習法으로 인정한 判例]

신용장통일규칙은 모든 화환신용장에 적용되고 당사자를 구속한다[大判 1977. 4. 26, 76 다 956(大集 24 ① 民 170)].

이러한 信用狀統一規則은 1933년 비엔나에서 개최된 國際商業會議所(International Chamber of Commerce, ICC)會議에서 채택되었고, 그 후 수차에 걸쳐 개정되었다.[2)]

2. 貨換信用狀의 意義

信用狀統一規則 제 2 조는 貨換信用狀(保證信用狀을 포함함)을 정의하여, 「그 명칭이나 표기에 관계 없이 취소불능이며, 일치하는 제시에 대하여 지급이행(honour)을 하겠다는 개설은행의 확약(definite undertaking)을 내용으로 하는 모든 약정(any arrangement)을 의미한다」고 규정하고 있다. 이 때 지급이행(honour)이란 (i) 신용장이 일람출급(sight payment)이면 일람후 지급하는 것, (ii) 신용장이 연지급(deferred payment)이면 연지급 확약을 하고 만기에 지급하는 것, (iii) 신용장이 일람후 정기출급이면 수익자가 발행한 환어음을 인수하고 만기에 지급하는 것을 말한다(UCP 600 제 2 조). 한 마디로 貨換信用狀이란 「信用狀開設銀行(issuing bank or opening bank, drawee bank)이 受益者[3)](beneficiary)에 대하여 그가 발행하는 換어음(貨換어음)이 信用狀에 기재된 조건과 서류상 일치하는 한 무조건 支給·引受할 것을 보증하는 書面」이라고 볼 수 있다. 따라서 貨換信用狀이 개설된 경우에는 信用狀開設銀行의 人的 保證이 추가된 것이라고 볼 수 있다.

3. 貨換信用狀의 特性

(1) 信用狀去來의 獨立·抽象性

신용장은 매매계약이나 기타 다른 기본계약에 기하여 발행되더라도 일단

---

1) 同旨: 尹勝鎭, "商業信用狀의 法律關係,"「法學碩士學位論文」(서울大, 1982. 7), 8면.

2) 제 6 차 개정내용(2007. 7. 1부터 시행)에 관한 상세는 유중원,「신용장 — 법과 관습(상)(하)」(청림출판, 2007) 참조.

3) 賣渡人(輸出商)이며 貨換어음의 發行人임.

발행된 신용장에 의한 거래는 기본계약과는 별개의 독립된 거래로서 基本契約에 의하여 구속을 받지 않는다는 「獨立性」이 있고, 또 신용장에 의한 거래는 상품거래를 하는 것이 아니고 서류상의 거래라는 「抽象性」이 있다.[1] 이와 같은 신용장의 獨立抽象性으로 인하여 신용장거래는 서류만의 거래로서 이루어지며, 또 그 거래는 매매계약 등과는 완전히 독립하여 이루어지므로 신용장거래의 원활을 기할 수 있고, 또한 신용장에 의한 화환어음의 양수인은 매매계약상의 문제를 고려함이 없이 안심하고 취득할 수 있다.[2]

이러한 信用狀去來의 獨立抽象性으로 인하여 매도인이 계약상의 상품 대신 쓰레기를 선적하거나 또는 전혀 상품을 선적하지 않고 은행에 위조된 선적서류 등을 제시한 경우에도, 은행은 同선적서류 등이 위조된 것이라는 확실한 실증이 가는 경우를 제외하고는 同선적서류 등이 진실한가의 여부를 확인할 의무와 책임을 부담하지 않는다.[3]

(2) **嚴格一致의 原則**

이는 신용장에 의한 거래는 위에서 본 바와 같이 書類上의 거래이므로, 은행은 제출된 모든 서류가 문면상 신용장조건과 일치하는지 여부를 엄격히 심사하여 同書類가 信用狀條件과 문면상 일치하는 경우에 한하여 지급할 수 있다는 원칙이다.[4] 이 원칙은 은행이 특수한 거래에 관한 전문가가 아니라는 점에 근거하지만, 보다 중요한 이유는 買受人이 支給을 거절하는 것을 미연에 방지하기 위한 것이다.[5] 제 6 차 信用狀統一規則 제18조 이하는 이에 관하여 개별적인 船積書類에 대하여 비교적 상세하게 규정하고 있다.[6]

---

1) 제 6 차 信用狀統一規則 제 4 조는 「신용장은 본질상 그것이 賣買契約이나 기타의 契約에 근거를 두고 있는 것이라 할지라도 이러한 계약과는 별개의 계약이며, 銀行은 그러한 내용이 신용장에 기재되었다 하더라도 그러한 계약과는 하등의 관계가 없고 또한 그러한 계약에 의하여 구속을 받지도 아니한다」고 하여, 信用狀의 獨立 · 抽象性에 대하여 규정하고 있다. 또한 同規則 제 5 조는 「신용장거래에서 은행은 서류거래를 하는 것이지, 그 書類에 관련될 수 있는 物品 · 서비스 또는 기타 債務履行으로 去來하는 것은 아니다」고 규정하고 있다[同旨: U.C.C. §§5-109(1), 5-114(1)].

2) 이러한 信用狀去來의 獨立抽象性은 英·美·獨·佛 등 각국의 判例가 이를 인정하고 있으며(이에 관한 英·美의 判例에 관한 소개로는 尹勝鎭, 前揭論文, 19~22면 참조), 신용장의 이러한 특성으로 인하여 은행은 賣渡人과 買受人 사이의 분쟁에 말려들 필요가 없게 된다.

3) UCP 600 제34조; U.C.C. §§5-109(2), 5-114(2)b. 同旨判例: 大判 1979. 5. 8, 78 다 2006(公報 612, 11944); 同 1980. 1. 15, 78 다 1015(大集 28 ① 民 1); Sztejn v. Henry Schröder Banking Corporation, 31 N.Y. Supp.(2d) 631, 634(1941).

4) UCP 600 제14조; U.C.C. §5-109(2).

5) Clive M. Schmidthoff, *Schmidthoff's Export Trade*, 1980, p. 248.

6) 예컨대 제 6 차 信用狀統一規則 제18조 c항은 商業送狀에 대하여 「商業送狀의 상품 · 서비스 또는 이행의 명세는 반드시 신용장에 명시된 것과 일치하여야 한다」고 규정하고 있다.

이에 관하여 우리 大法院判例는 이미 앞에서 본 바와 같이 다음과 같이 판시하고 있다.

[문면상 경미한 차이가 있는 경우에도 신용장조건과 일치한다고 본 判例]

신용장부대서류가 신용장조건과 문언대로 엄격하게 합치하여야 한다고 하여 字句 하나도 틀리지 않게 완전히 일치하여야 한다는 뜻은 아니며, 字句에 약간의 차이가 있더라도 은행이 상당한 주의를 기울이면 그 차이가 경미한 것으로서 문언의 의미에 차이를 가져오는 것이 아니고 또 신용장조건을 전혀 해하는 것이 아님을 문면상 알아차릴 수 있는 경우에는 신용장조건과 합치하는 것으로 보아야 할 것이다[大判 1985. 5. 28, 84 다카 696(公報 756, 15)].

同旨: 2002. 10. 11, 2001 다 29469(公報 2002, 2677)(신용장 개설은행은 신용장에서 요구한 서류가 해상선하증권인데 수익자가 제출한 선하증권이 복합운송선하증권〈Combined Transport Bill of Lading〉 등의 다른 명칭을 사용하고 있다는 사유만으로는 신용장이 규정하고 있는 조건과 제출된 서류가 불일치한다는 이유로 신용장대금의 지급을 거절할 수 없고, 제출된 서류의 명칭과 관계없이 신용장에서 요구하는 운송서류의 종류에 따라 해당 운송서류가 신용장통일규칙이 정하고 있는 수리요건을 갖추었는지 여부를 가려 신용장대금의 지급 여부를 판단하여야만 한다. 또한 수취선하증권의 경우 신용장통일규칙이 요구하는 본선적재표기가 정당하게 되었는지 여부는 신용장 관련 다른 서류의 기재를 참고하지 아니하고, 해당 선하증권의 문언만을 기준으로 하여 엄격하게 판단되어야 한다. 또한 해당 화물의 선적과 양륙이 신용장에서 요구한 바대로 이루어지는 것으로 선하증권에 기재되었는지 여부도 엄격하게 해석되어야 한다); 同 2003. 3. 14, 2002 다 56178(公報 2003, 977)(제 5 차 개정 신용장통일규칙 제13조 에이(a)항은 "은행은 신용장에 약정된 모든 서류가 문면상 신용장조건에 일치하는가 아닌가의 여부를 확인하기 위하여 상당한 주의를 기울여 심사하여야 한다. 약정된 서류가 문면상 신용장조건에 일치하는가의 여부는 이 규칙에 반영된 국제적인 표준은행거래관습에 의해 결정된다. 서류가 문면상 다른 서류와 모순이 된다는 것은 그 서류가 문면상 신용장조건에 일치하지 않는 것으로 간주된다"고 규정하고 있는바, 이는 신용장 첨부서류가 신용장조건과 문언대로 엄격하게 합치하여야 한다고 하여 자구 하나도 틀리지 않게 완전히 일치하여야 한다는 뜻은 아니며, 신용장 첨부서류가 신용장의 조건과 약간의 차이가 있더라도 위와 같은 신용장 첨부서류와 신용장조건의 엄격한 합치를 요구하는 것은 신용장대금을 지급하는 은행 및 신용장개설의뢰인의 보호를 위한 것이므로 그 보호에 지장이 없고, 은행이 상당한 주의〈reasonable care〉를 기울이면 그 불일치가 경미한 것으로 신용장조건을 전혀 해하는 것이 아님을 알아차릴 수 있는 경우에는 신용장조건과 합치하는 것으로 보아야 하고, 그 판단은 구체적인 경우에 신용장

조건과의 차이가 국제적 표준은행거래관습에 비추어 용인될 수 있는지 여부에 따라야 한다. 따라서 신용장에서 요구하는 제조자 발행 품질검사증명서 3통 〈3COPIES〉 중 사본 2통의 흠결이 신용장조건을 해하는 것으로 보기 어렵다); 同 2002. 11. 26, 2001 다 83715 · 83722(公報 2003, 201)(수취선하증권의 경우 화물이 지정된 선박에 정상적으로 선적되었는지 여부를 그 기재만으로 확인할 수 없으므로, 선하증권상으로 그와 같은 사실을 명확히 하여 화물의 선적에 따른 당사자들의 법률관계를 명확히 하고자 하려는 데 그 목적이 있으므로, 신용장통일규칙이 요구하는 본선적재표기가 정당하게 되었는지 여부는 신용장 관련 다른 서류의 기재를 참고하지 아니하고, 해당 선하증권의 문언만을 기준으로 하여 엄격하게 판단되어야 한다. 또한 신용장에서 화물의 환적을 허용하면서 함께 명시하고 있는 화물의 선적항과 양륙항에 관한 조건과 일치되게 신용장에 첨부된 선하증권에서 선적이 이루어진 당시의 선박명과 그 운송과정을 명시하고 있다면, 선하증권상에 화물의 환적을 전제로 환적항에서의 선박에 대한 추가적인 내용의 기재가 있고, 그 기재가 환적과 관련하여 기재된 것이 명백한 경우 특별한 사정이 없는 한 이는 수하인의 편의를 위하여 기재된 추가적인 정보로서 그 기재 자체가 선하증권상의 다른 기재와 모순되거나 기타 신용장의 조건과 위배된 것이라고 할 수는 없다. 또한 신용장의 개설은행이 매입은행에 대하여 선하증권의 하자로서 선하증권의 연속면에 '환적시 선적될 예정 선박과 그 대체 선박'에 관한 기재가 있다는 것을 통지한 경우, 개설은행의 하자통지에 명시된 '예정선박〈intended vessel〉'은 환적을 하기로 예정된 선박을 뜻하는 것임이 명백하고 선하증권이 신용장에서 요구하는 선적항과 양륙항의 기재 등 다른 조건을 모두 충족하고 있는 한 위와 같은 환적항에서의 선적 예정인 선박 명칭과 그 대체 선박에 관한 기재는 船社가 최초에 선적항에서 선적이 이루어질 때 환적이 이루어진 다음 환적항에서 화물을 선적하고 갈 선박의 이름을 미리 알 수 없고, 신용장에 따로 요구되지 않는 한 그와 같은 세밀한 부분을 선하증권상에서 언급할 필요도 없지만, 선하증권의 수하인에게 최종적인 양륙항에 도착할 선박에 관한 추가적인 정보를 기재한 것으로 신용장의 조건에 위배된 것으로 볼 수 없다); 同 2003. 5. 13, 2001 다 58283(公報 2003, 1278)(제 5 차 개정 신용장통일규칙 제 23조 a항 ii호는 신용장이 항구간 선적에 적용되는 선하증권을 요구하는 경우 선하증권에 미리 인쇄된 문언에 의하여 화물의 선적사실을 표시할 수 있으나〈선적선하증권(Shipped Bill of Lading)의 경우〉, 화물이 선하증권의 발행 전에 선적되지 아니한 수취선하증권〈Received Bill of Lading〉의 경우에는 그 선하증권에 화물이 지정된 선박에 본선적재 또는 선적되었다는 사실과 그 본선적재일이 명시되어야 한다는 취지를 규정하고 있는바〈본선적재표기, On Board Notation〉, 이는 수취선하증권의 경우 화물이 지정된 선박에 정상적으로 선적되었는지 여부를 선하증권상으로 명확히 하여 화물의 선적에 따른 당사자들의 법률관계를 명확히 하고자 하려는 데 그 목적이 있으므로, 신용장통일규칙이 요구하는 본선적재표기가 정당하게 되었는지 여부는 신용장 관련 다른 서류의 기재를 참고하지 아니하고 해당 선하증권의 문언만을 기준으로 하여 엄격하게 판단되어야 한다. 또한 제 5 차 개정 신용장통일규칙 제23조 a항 ii호는 만약 선하증권이 선적항과 다른 수령지 또는 수탁지를 명시하고 있는 경우 비록 물품이 선하증권상에 지정된 선박에 적재되었다고 하더라도 본선적재표기는 신용자에 명시된 선적항과 그 물품이 적재된 선박명도 포함하고 있어야 한다고 규정하고 있는바, 과연 신용장 필요서류인 선하증권상의 수탁지와 선적항에 다른 기재가 있는지 여부는 은행이 형식상 신용장 조건과 엄격하게 합치⟨in accordance with⟩하는지를 상당한 주의를 기울여⟨with reasonable care⟩ 조사 점검하여야 할 의무가 있으나, 그와 같이 엄격한 합치는 자구 하나도 틀리지 않게 완전히 일치하여야 한다는 뜻은 아니며, 약간의 차이가 있더라도 은행이 상당한 주의⟨reasonable care⟩를 기울이면 그 차이가 경미한 것으로서 문언의 의미에 차이를 가져오는 것이 아니거나 신용장 조건을 전혀 해하는 것이 아님을 문면상 알아차릴 수 있는 경우에는 신용장 조건과 합치하는 것으로 보아야 하고, 그 판단에는 구체적인 경우에 신용장 조건과의 차이가 국제적 표준은행거래관습에 비추어 용인될 수 있는지 여부도 참고로 하여야 한다); 同 2007. 5. 10, 2005 다 57691(公報 2007, 849)(신용장개설은행은 개설의뢰인인 매수인을 대신하여 매도인에게 매매대금을 지급하는 지위에 있는 자로서 은행에 제시된 서류가 형식상 신용장조건과 엄격하게 합치하는지를 조사 점검할 의무가 있고, 이러한 의무를 다함으로써 책임을 면한다. 이 사건 신용장 거래에 적용되는 제 5 차 개정 신용장통일규칙 제13조 a항은 위와 같은 취지를 명시하고 있으며, 특히 은행의 조사점검의무에 관하여 "은행은 신용장에 명시된 모든 서류가 문면상 신용장조건과 합치하는지의 여부를 상당한 주의를 기울여 점검하여야 한다. 서류 상호간에 문면상 모순되는 것은 신용장조건과 합치되지 않는 것으로 본다"고 규정하고 있는데, 이 규정에서 상당한 주의라 함은 상품거래에 관한 특수한 지식경험에 의함이 없이 은행원으로서의 일반적인 지식경험에 의하여 기울여야 할 객관적이고 합리적인 주의를 가리킨다. 따라서 은행원은 신용장조건에 관한 실질적 심사의무는 없다고 하더라도 신용장과 기타 서류에 기재된 문언을 형식적으로 엄격하게 해석하여 신용장조건과의 합치 여부를 가려낼 의무가 있다⟨대법원 1985. 5. 28. 선고 84 다카 696 판결 참조⟩. 한편, 위 신용장통일규칙 제27조 a항 i호에 의하면, 신용장에서 항공운송서류를 요구한 경우에는, 은행은 신용장에 별도로 명시하고 있지 않는 한 그 명칭에 관계 없이 문면상 운송인의 이름이 표시되고 운송인 또는 대리인이 서명하거나 기타 다른 방식으로 인증한 서면을 수리하여야 하며, 운송인의 모든 서명 또는 인증에는 반드시 운송인이라는 확인이 있어야 하고, 운송인을 대신하여 서명하거나 인증한 대리인은 반드시 운송인의 명의와 자격도 명시하여야 한다고 규정하고 있는바, 신용장에서 항공화물운송장의 제시를 요구하고 있는 경우, 신용장개설은행은 위 규정에서 정한 요건을 충족하는 서류만을 신용장조건에 합치하는 서류로서 수리하여야 하고, 항공화물운송장이 위와 같은 요건을 충족하고 있는지 여부는 신용장 관련 다른 서류의 기재를 참고하지 아니하고 해당 항공화물운송장의 문언만을 기준으로 하여 형식적으로 엄격하게 판단하여야 한다. 그런데 신용장에 따라 제시된 항공화물운송장의 발행인란에 운송인으로 기재된 자가 운송인의 대리인으로서 서명함으로써, 항공화물운송장의 문언만으로는 그 항공화물운송장이 운송인에 의하여 서명 · 발행되었는지, 운송인의 대리인에 의하여 서명 · 발행되었는지 신용장개설은행의 입장에서 판단하기 어려운 경우, 항공운송서류에 관한 신용장통일규칙 제27조 a항 i호의 요건을 충족하는 항공화물운송장이 신용장개설은행에 적법하게 제시되었다고 볼 수 없다); 同 2008. 9. 11, 2007 다 74683(公報 2008, 1358)(제 5 차 신용장통일규칙 제13조 (c)항은 "신용장에서 제시되어야 할 서류에 관하여는 명시하지 않으면서 조건만을 명시하고 있을 경우에는 은행은 그러한 조건이 제시되지 않은 것으로 간주하고 이를 무시한다"라고 규정하고 있으나, 신용장 거래에도 원칙적으로 계약자유의 원칙이 적용될 수 있는 이상, 신용장에 기재된 비서류적 특수조건의 내용이 당해 신용장 기재의 문언 자체에 의하여 완전하고 명료한지 여부, 당해 신용장 개설 및 비서류적 특수조건이 삽입된 경위, 비서류적 특수조건의 내용, 수익자가 그 비서류적 특수조건을 응낙하였는지 여부 및 그 특수조건의 성취에 관하여 수익자가 관여할 수 있는 정도 등 여러 사정에 비추어, 신용장에 부가된 이와 같은 비서류적 특수조건이 신용장의 본질에 비추어 바람직하지 않다 하더라도 이를 무효라고 볼 수 없는 경우가 있다. 일단 그 유효성이 인정되는 경우에는 그 후에 그와 같은 조건의 존재를 인식하거나 충분히 인식할 수 있었던 당해 신용장 매입은행에게도 그 특수조건의 효력은 미치므로, 당해 신용장 매입은행이 이와 같은 특수조건이 성취되었다는 사실을 주장 · 증명하지 못하는 한 신용장 개설은행은 신용장 매입은행에게 신용장 대금을 지급할 의무가 없다).

[화환어음의 매입은행은 관계서류의 定規性과 常態性을 조사할 의무가 있다고 본 判例]

매입은행은 부대선적서류가 신용장조건과 일치하는지 여부를 확인하여야 하는 외에, 同부대선적서류가 정규성과 상태성을 갖추고 있는지 여부도 확인하여야 할 거래상의 의무를 부담한다[大判 1977. 4. 26, 76 다 956(敎材, 判決例 [209])].

4. 信用狀의 種類

(1) **商業信用狀**(Commercial L/C) · **旅行者信用狀**(Traveler's L/C)

「商業信用狀」은 격지자간의 상품매매에 있어서 매도인(수출상)이 상품대금을 확실하고 신속하게 지급받기 위하여 발행되는 신용장이며, 「旅行者信用狀」은 해외여행자가 외국에서 금전을 지급받기 위하여 발행되는 신용장이다. 旅行者信用狀은 개설은행이 일정한 외국의 거래은행에 대하여 여행자가 발행한 어음 또는 수표를 지급할 것을 지시하고 이에 개설은행이 책임을 부담하는 뜻을 기재한 서면으로,[1] 여행자가 외국여행을 함에 있어 다액의 현금을 휴대함에 따른 불편과 위험을 피하기 위하여 이용된다.[2] 이러한 旅行者信用狀은 旅行者手票(Traveler's check)와 그 이용목적이 동일한데, 旅行者手票가 旅行者信用狀에 비하여 수수료 등 비용면에서 유리하고 또 이용절차도 간단하기 때문에 旅行者手票가 더 널리 이용되고 있다.[3]

(2) **貨換信用狀**(Documentary L/C) · **無貨換信用狀**(Clean L/C)

「貨換信用狀」이란 신용장에 의하여 발행되는 환어음에 운송증권 등 선적서류가 첨부되는 상업신용장을 말하며, 「無貨換信用狀」이란 신용장에 의하여 발행되는 환어음에 운송증권 등 선적서류가 첨부되지 않는 상업신용장을 말한다. 貨換信用狀이 가장 전형적인 信用狀이므로, 단순히 信用狀이라고 하면 貨換信用狀을 의미하는 것이 보통이다.[4] 無貨換信用狀은 주로 무역거래에서 운임 · 보험료 또는 수수료 등을 결제하기 위하여 이용되는데, 無擔保信用狀이라고도 한다.[5]

(3) **取消不能信用狀**(Irrevocable L/C) · **取消可能信用狀**(Revocable L/C)

「取消不能信用狀」이란 신용장의 유효기간 내에는 관계당사자 전원의 동의 없이는 일방적으로 신용장의 취소나 내용을 변경할 수 없는 신용장을 말하며, 「取消可能信用狀」이란 신용장개설은행이 일방적으로 신용장의 취소나 내용을 변경할 수 있는 신용장을 말한다. 제 6 차 信用狀統一規則에 의하면 신용장은 取消不能信用狀이다(UCP 600 제 2 조).

1) 田中(誠), 銀行取引法, 242면.
2) 徐·鄭, 145면 註 1.
3) 田中(誠), 銀行取引法, 243면 註 1.
4) 同旨: 鄭(東), 240면; 徐·鄭, 145면 註 1.
5) 崔(基), 254면.

무역거래실무에서도 取消不能信用狀이 이용되며, 取消可能信用狀은 매우 불안정하므로 거의 이용되지 않는다.[1]

(4) 原信用狀(Master L/C) · **內國信用狀**(Local L/C)

「原信用狀」이란 국내의 수출상이 외국의 수입상으로부터 받은 제 1 의 신용장을 말하며, 「內國信用狀」이란 수출상이 원신용장을 거래은행에 담보로 제출하고 원자재공급자나 제품공급자를 수익자로 하여 同은행으로부터 발행받는 제 2 의 신용장을 말한다. 內國信用狀은 보통 실무에서 그 금액 · 단가 · 유효기간 등이 原信用狀보다 적거나 단기로 발행된다.[2]

內國信用狀이 原信用狀과의 관계에서 무효가 아니라는 취지의 다음과 같은 大法院判例가 있다.

[內國信用狀이 原信用狀의 유효기간이 지난 후에 개설되었다고 하더라도 有效라고 본 判例]

내국신용장이 원신용장의 물품선적기일과 유효기간이 모두 지난 후에 개설되었다 하더라도 그 내국신용장이 무효가 되는 것은 아니다[大判 1995. 5. 9, 94 다 38144(公報 994, 2079)].

(5) 確認信用狀(Confirmed L/C) · **無確認信用狀**(Unconfirmed L/C)

「確認信用狀」은 신용장개설은행 이외에 국제적으로 신용 있는 다른 은행이 이중으로 지급을 약속한 신용장을 말하며, 「無確認信用狀」은 다른 은행의 지급약속이 없는 신용장을 말한다.[3]

(6) 制限信用狀(Restricted L/C) · **一般信用狀**(General L/C)

「制限信用狀」이란 신용장에 의하여 발행된 환어음의 매입은행이 제한된 신용장을 말하며, 「一般信用狀」이란 이러한 매입은행이 제한되지 않은 신용장을 말한다.[4] 制限信用狀과 관련하여 다음과 같은 大法院判例가 있다.

[지정은행은 연지급신용장의 만기 전에도 선적서류를 매입할 수 있고 또한 환어음이 없이도 선적서류를 매입할 수 있다고 본 判例]

대금의 지급이 특정 기일로 지정되어 있는 연지급신용장의 경우에도, 개설은행에 의하여 선적서류 매입의 방법으로 대금을 지급할 수 있는 은행이 지정된 때에는, 개설은행의 위 지정은행에 대한 수권 속에는 연지급신용장의 대금지급 만

1) 鄭(東), 241면; 崔(基), 255면.
2) 崔(基), 256면.
3) 崔(基), 255면.
4) 崔(基), 255면.

기 전에 지정은행이 선적서류를 매입하더라도 개설은행이 만기에 그 대금을 상환하겠다는 취지가 포함되어 있다고 보아야 하고, 연지급신용장의 개설에 환어음의 발행이 수반되지 아니하였다고 하여 선적서류 등과 함께 신용장을 매입하는 것이 불가능한 것은 아니므로, 연지급신용장도 지정은행이 지정되어 있는 한 그 은행에 의한 매입의 대상이 될 수 있다(대법원 2003. 1. 24. 선고 2001 다 68266 판결 참조)[大判 2008. 11. 13, 2006 다 61567(公報 2008, 1674)].

(7) **譲渡可能信用狀**(Transferable L/C)

信用狀은 개설은행이 특정인인 수익자(수출상)에 대하여 하는 人的 支給(引受)約束으로, 개인적인 신뢰관계가 중시되므로 양도할 수 없는 것이 원칙이다. 그러나 수익자가 매매의 목적물을 인도할 수 없거나 또는 무역업자가 아닌 경우에는, 신용장개설은행의 동의를 받아 매매의 목적물을 인도할 수 있는 무역업자에게 신용장을 양도할 필요성이 있게 된다. 이와 같이 신용장의 수익자(제 1 수익자)의 요청에 의하여 제 3 자(제 2 의 수익자)에게 신용장의 전부 또는 일부를 양도할 수 있는 신용장을 「讓渡可能信用狀」이라고 한다.[1] 신용장은 개설은행이 신용장상에 「transferable」이라고 특별히 명시한 경우에 한하여 양도할 수 있고,[2] 1회에 한하여 양도할 수 있으며,[3] 둘 이상의 제 2 수익자에게 분할하여 양도될 수 있다.[4]

(8) **保證信用狀**(Stand-by L/C)

상품매매대금의 지급을 위하여 발행되는 것이 아니라, 채무자가 금융이나 채무이행의 보증을 위하여 은행에 신청하고 채권자를 수익자로 하여 발행되는 無貨換信用狀이 「保證信用狀」이다. 이와 같은 保證信用狀은 주로 해외지사가 현지은행으로부터 금융을 받고자 하는 경우에 保證書로서 발행되거나, 入札保證金(Bid Bond)이나 契約履行保證金(Performance Bond)을 차입하는 경우에 이용된다.[5]

(9) **先貸信用狀**(Red Clause L/C)

신용장 개설은행이 신용장을 개설하면서 확인은행 또는 지정된 은행으로 하여금 선적서류의 제시에 앞서 수익자에게 先貸金(advance)을 미리 지급할 수 있도록 하는 특수조건을 부가한 신용장을 말한다. 이러한 先貸信用狀에서는 先貸金이 그 특수조건에 따른 용도로 사용되지 않는 경우에는 개설은행에 대한

1) 제 6 차 信用狀統一規則 제38조 b항.
2) 제 6 차 信用狀統一規則 제38조 b항.
3) 제 6 차 信用狀統一規則 제38조 d항.
4) 제 6 차 信用狀統一規則 제38조 d항.
5) 崔(基), 255면. 이 밖에 信用狀에 관한 상세는 吳世柱, 「新稿全訂版 信用狀」, 1984; 林泓根, 「貿易信用狀」, 1981 등 참조.

위 先貸金의 청구는 기본적으로 화환신용장인 선대신용장을 남용한 사기적인 청구로서 이에는 신용장의 독립추상성의 원칙에 의하여 보호되지 않는다.[1)]

5. 貨換信用狀의 經濟的 機能

국제무역에 있어서는 매수인의 신용에 대한 조사가 용이하지 않고 또 매수인이 지급거절을 한 경우에 국가간의 법률과 관습 등의 차이로 매매대금에 대한 강제집행이 용이하지 않을 뿐만 아니라 실효를 거둘 수 없는 경우도 있다. 따라서 화환신용장은 개설은행이 매도인에 대하여 매매대금의 支給을 擔保하는 기능을 하고 있다(擔保機能). 또한 화환신용장은 매도인으로 하여금 쉽게 은행으로부터 화환어음을 割引받아 매매대금을 지급받은 것과 동일한 효과를 거두는 기능도 하고 있다(信用機能 및 支給機能). 따라서 화환신용장은 무역거래의 실무에서 상당히 널리 이용되고 있다.

6. 貨換信用狀의 法的 性質

화환신용장의 법적 성질에 대하여는 다음과 같이 다양하게 설명되고 있는데, 이를 크게 英美法系 · 大陸法系 및 우리 나라에서 주장되는 견해로 나누어서 고찰한다.[2)]

(1) 英美法系

(i) 매도인에 대한 신용장개설이 청약이고 매도인의 개설은행에 대한 어음과 선적서류의 제시가 승낙이라고 보는 「請約 · 承諾說」(Offer and Acceptance Theory), (ii) 개설은행이 매매대금의 지급을 보증하는 계약이라고 보는 「保證說」(Guarantee Theory), (iii) 개설은행이 신용장의 금액이나 그에 상응하는 것을 매도인이 사용할 수 있도록 수령한 것을 표시하는 것으로서 그와 같은 표시를 믿고 행동한 매도인에 대하여 이를 부인하지 못한다는 「禁反言說」(Estoppel or Trustee Theory), (iv) 매수인과 개설은행이 체결한 계약의 이익이 계약체결과 동시에 매도인에게 이전된다는 「讓渡說」(Assignment Theory), (v) 매수인이 신용장거래에서 탈락되고 계약이 개설은행과 매도인 사이에 체결된 것으로 된다는 「更改說」(Novation Theory), (vi) 매수인은 매도인의 대리인으로서 취소불능신용장의 개설을 의뢰하는 것이라고 보는 「代理人說」(Buyer the Seller's

---

1) 同旨: 大判 2000. 7. 6, 99 다 51258(JURIST 2002. 1, 70~77면).
2) 이에 관한 상세한 소개로는 尹勝鎭, 前揭論文, 9~17면 참조.

Agent), (vii) 실제거래의 관행 내지 상인의 확신을 기초로 하여 취소불능신용장은 어음·手票 등의 유통증권과 같이 상업적 특수행위의 하나라고 보는 「商業的 特殊行爲說」(Mercantile Speciality Theory) 등이 있다.

(2) 大陸法系

(i) 매수인과 개설은행 사이에는 위임계약이 존재하고 개설은행과 매도인 사이에는 추상적 채무약속[1]이 존재한다는 「委任契約·債務約束併存說」, (ii) 매수인과 개설은행 사이에는 매도인을 제 3 자로 하는 계약이 성립한다는 「제 3 자를 위한 契約說」, (iii) 매수인의 개설은행에 대한 지급지시[2](Anweisung)로 보는 「指示說」 등이 있다.

(3) 우리 나라

(i) 개설은행이 매도인에 대하여 「擔保를 제공하는 書面」이라고 보는 견해,[3] (ii) 개설은행이 신용장의 문면상의 조건과 합치하면 대금을 지급하기로 확약하는 「특수한 法律關係」로 보는 견해,[4] (iii) 신용장을 있는 그대로 보아 경제적 필요에서 태어난 하나의 「독자적인 法組織」으로 보는 견해,[5] (iv) 개설은행이 매도인을 위하여 발행한 「支給約束證書」로 보는 견해[6] 등이 있다.

[私 見]

신용장개설을 실제로 단순한 청약으로 볼 수도 없고 또 청약으로 본다면 취소불능신용장은 청약을 취소할 수 없는 것이 되므로 請約·承諾說은 부당하고, 신용장개설은행은 주채무를 부담하고 또 개설은행과 매도인 사이에 보증계약이 존재한다고도 볼 수 없으므로 保證說도 부당하다고 본다. 또 매수인이 개설은행에게 신용장개설을 의뢰하면서 일정한 자금을 미리 예탁하지도 않고 또 개설은행이 이를 표시하지도 않았으므로 禁反言說도 부당하고, 또 신용장은 개설은행에 의하여 직접 매도인에게 발행되는 현실에서 讓渡說 또는 更改說도 부당하며, 매수인과 매도인은 각자 독자적인 독립한 존재라는 점에서 볼 때 代理人說도 부당하고, 신용장은 어음·수표와 같은 엄격한 요식성과 유통성의 보호의 면이 없으므로 신용장을 어음·수표와 같은 상업적 특수행위라고 보는

1) 우리 民法에는 규정이 없으나, 獨逸 民法 제780조에 규정되어 있다.
2) 우리 民法에는 규정이 없으나, 獨逸 民法 제783조 이하에 규정되어 있다.
3) 鄭(熙), 119면.
4) 鄭(東), 244면; 林泓根, 前揭書(貿易信用狀), 554면.
5) 尹勝鎭, 前揭論文, 17면.
6) 崔(基), 252면; 李(基), 296면.

商業的 特殊行爲說도 문제가 많다고 본다.

또한 우리 民法에 없는 개설은행과 매도인의 관계를 추상적 채무약속으로 보는 委任契約·債務約束倂存說도 우리에게는 적합하지 않으며, 매수인과 개설은행 사이에 매도인을 제3자로 하는 제3자를 위한 契約(民 539조)이 존재한다고 보면 개설은행은 매도인에 대하여 매수인에 대한 모든 항변사유로써 대항할 수 있으므로(民 542조) 이는 신용장거래의 실정 및 당사자의 의사에 반하여 부당하고, 또 우리 民法에는 지급지시에 관한 규정이 없는 점에서 볼 때 指示說도 우리에게는 적합하지 않다고 본다.

또 신용장을 개설은행의 단순한 擔保證書로 볼 수는 없고, 막연히 특수한 法律關係나 독자적인 法組織으로만 볼 수도 없다. 결국 신용장에서 매수인(개설의뢰인)과 개설은행과의 법률관계는 「委任關係」이며, 개설은행과 매도인(수익자)과의 법률관계는 「支給約束關係」[1]라고 볼 수 있다.

7. 當事者간의 法律關係

신용장의 기본당사자는 買受人(신용장개설의뢰인, Applicant), 開設銀行(Issuing Bank) 및 賣渡人[2](수익자, Beneficiary)의 셋이다. 그 외에 通知銀行(Advising Bank), 買入銀行(Negotiating Bank), 確認銀行(Confirming Bank), 決濟銀行(Settling or Reimbursing Bank) 등이 있다. 신용장의 기본당사자간의 법률관계는 크게 買受人과 開設銀行간의 법률관계(委任關係 및 準資金關係)·買受人과 賣渡人간의 법률관계(賣買代金 決濟關係) 및 開設銀行과 賣渡人간의 법률관계(信用狀 자체에 의한 法律關係)가 있는데, 이하에서 차례로 고찰한다.

(1) 買受人과 開設銀行간의 法律關係

1) 買受人이 開設銀行에 대하여 신용장개설을 의뢰하고 개설은행이 이에 따라 신용장을 개설하는데, 이러한 買受人과 開設銀行간의 법률관계에 대하여 우리 나라에서는 獨逸의 學說·判例에 따라 都給契約이 성립한다고 보는 견해가 많으나,[3] 「委任契約」이 성립한다고 본다.[4] 또한 매수인은 개설은행에 대하

1) 이 점에서 信用狀 開設銀行은 約束어음의 發行人의 지위와 유사하다고 볼 수 있으나, 信用狀은 원칙적으로 流通性이 없으므로 約束어음과는 근본적으로 구별된다.

2) 輸出代行者인 경우에도 그가 신용장의 수익자로 되어 있고 또한 그가 同輸出의 전과정에 관여하였다면 賣渡人의 지위에 있고 賣渡人으로서 擔保責任을 부담한다[大判 1993.11.23, 92 다 13103(公報 960, 159)].

3) 鄭(東), 244면; 崔(基), 257면; 李(基), 299면; Hefermehl in Schlegelberger, 5. Aufl., §365 Anh; BGH, WM(1958), 1542.

4) 同旨: 朴駿緖, "信用狀去來의 法律關係," 「民事裁判의 諸問題」, 제2권(1980), 215면.

여 비용과 수수료를 지급하는 것이 일반적이므로 이 委任契約은 有償·雙務契約이다.[1)]

2) 따라서 開設銀行은 買受人에 대하여 그의 지시에 따라 신용장을 개설하여 매도인에게 통지하고, 매도인 또는 매입은행에 대하여 선적서류 등이 신용장조건과 문면상 일치하는지 여부를 심사하여 일치하는 경우에(嚴格一致의 原則) 화환어음의 금액을 支給(引受)할 의무를 부담한다. 그러나 開設銀行은 신용장에 기한 매매계약이 진정하게 이행되었는지 여부에 관한 實質的 審査義務는 없다[2)] (信用狀去來의 獨立·抽象性). 만일 개설은행이 매수인의 지시를 준수하지 않았거나 또는 형식적 심사의무를 게을리하는 등 매수인에 대한 善管注意義務를 이행하지 않은 경우에는(民 681조), 民法의 일반 원칙에 따라 債務不履行에 기한 損害賠償責任(民 390조)을 부담한다.[3)]

3) 買受人은 開設銀行에 대하여 그가 화환어음의 금액을 지급한 것과 같은 조건으로 개설은행에게 무조건 상환하고 선적서류 등을 수령할 의무를 부담한다. 이러한 관계에서 개설은행과 매수인의 관계는 「準資金關係」라고 볼 수 있다.[4)] 또한 매수인은 개설은행에 대하여 일반적인 비용과 수수료 등을 지급할 의무를 부담한다.[5)]

이 때 買受人은 개설은행에 대하여 선적서류가 신용장조건과의 일치 여부를 조사하여 상당한 기간 내에 개설은행에게 통지하여야 신용장대금의 상환을 거절할 수 있는지 여부가 문제된다. 이에 대하여 우리 大法院判例는 종래에는 상당기간 내에 통지하여야 신용장대금의 상환을 거절할 수 있다고 판시하였으나,[6)] 그 후에는 이러한 판례를 변경하여 상당기간 내에 통지하지 않았더라도

1) 同旨: 鄭(東), 244면; 李(基), 299면.
2) 同旨: 大判 1993. 12. 24, 93 다 15632(公報 962, 496).
3) 尹勝鎭, 前揭論文, 39면.
4) 崔(基), 258면은 이를 「資金關係」라고 표현하고 있으나, 資金關係는 換어음(手票)의 發行人과 支給人과의 관계에서만 존재하는 특별한 명칭이라는 점에서 볼 때 적절하지 않다고 본다.
5) 崔(基), 258면.
6) 大判 1998. 3. 27, 97 다 16114(公報 1998, 1166)(화환신용장의 개설은행이 수익자나 매입은행 등으로부터 선적서류를 인수하고 신용장대금을 지급한 경우에, 개설은행으로부터 그 선적서류를 인수한 개설의뢰인은 신의성실의 원칙상 선적서류를 점검·확인하고, 선적서류가 신용장 조건과 불일치하는 경우에는 상당한 기간 내에 이를 개설은행에게 통지하여야 한다. 따라서 신용장 개설의뢰인이 개설은행으로부터 선적서류를 인수받은 후 상당한 기간 내에 선적서류와 신용장 조건의 불일치 사항을 개설은행에게 통지하는 등 이의를 제기하지 않은 때에는, 당해 선적서류와 신용장 조건의 불일치 사항이 그로부터 개설의뢰인의 수익자와의 계약 및 신용장 거래의 목적 달성이 불가능할 것이라고 의심하기에 충분

신용장대금의 상환을 거절할 수 있다고 다음과 같이 판시하고 있다.

[買受人이 상당기간 내에 선적서류의 하자를 통지하지 않은 경우에도 開設銀行에 대하여 신용장대금의 상환을 거절할 수 있다고 본 判例]

신용장 거래에 있어서 개설은행은 수익자나 매입은행 등으로부터 지급을 위하여 제시받은 선적서류가 문면상 신용장 조건과 일치하는지의 여부를 정해진 기간 내에 조사 · 확인하여 만일 거기에 불일치가 있으면, 그것이 사소한 것이어서 그 서류에 의하더라도 충분히 신용장 조건이 의도하는 목적을 충족시킬 수 있는 등의 특별한 사정이 인정되는 경우를 제외하고는 개설의뢰인의 명시적인 지시가 없는 한 신용장대금을 지급하지 말아야 하고, 개설은행이 이에 위반하여 임의로 불일치의 흠이 있는 서류의 수리를 결정하거나 혹은 상당한 주의를 기울여 서류를 조사하지 않음으로써 흠이 있는 서류에 의하여 신용장대금을 지급한 것이라면 개설은행은 원칙적으로 개설의뢰인에 대하여 그 대금의 결제를 청구할 수 없고, 개설의뢰인으로부터 신용장금액에 해당하는 자금을 이미 예치받았다면 그 예치금의 반환을 거절할 수 없다. 그리고 신용장 개설은행이 수익자나 매입은행 등으로부터 선적서류를 제시받은 후 거기에 문면상 신용장의 조건과 일치하지 않는 흠이 있음에도 불구하고, 신용장대금 지급조건에 위반하여 일방적으로 신용장대금을 미리 지급한 다음 개설의뢰인에게 선적서류를 송부한 경우, 당사자간 특약이 없는 한 이를 인수한 개설의뢰인에게 선적서류를 점검 · 확인하고 상당한 기간 내에 개설은행에게 선적서류가 신용장 조건과 불일치하는 점을 통지하여 이의를 제기하여야 할 의무가 있어 개설의뢰인이 이를 게을리하였을 때에 개설은행에 대하여 선적서류와 신용장 조건의 불일치를 이유로 신용장대금의 상환을 거절하거나 신용장대금 예치금의 반환을 청구할 수 없게 된다고 볼 수는 없으며, 또 그렇게 보아야 할 신용장거래상의 관행이 존재한다거나 혹은 신의칙에 기하여 위와 같은 의무와 그 해태에 따른 효과를 인정하여야 한다고 보기도 어렵다. 이와 달리 당사자간 특약이 없는데도 신용장 개설의뢰인의 선적서류 점검 · 확인 의무를 인정하고 이를 이행하지 않는 경우, 개설의뢰인은 원칙적으로 개설은행에 대하여 선적서류와 신용장 조건의 불일치를 이유로 신용장대금의 상환을 거절하거나 신용장대금 예치금의 반환을 청구할 수는 없다는 취지의 대법원 1998. 3. 27. 선고 97 다 16114 판결의 견해는 앞서 본 법리에 저촉되는 한도에서 이를 변경하기로 한다[大判 2002. 2. 21, 99 다 49750(公報 2002, 668)].

할 정도로 중대한 것임에도 개설은행이 이를 간과하였거나, 신용장개설약정에서 달리 정하는 등의 특별한 사정이 없는 한, 개설의뢰인은 개설은행에 대하여 선적서류와 신용장 조건의 불일치를 이유로 하여 신용장대금의 상환을 거절하거나 신용장대금 예치금의 반환을 청구할 수는 없다).

또한 신용장의 개설의뢰인이 개설은행과 수입거래약정을 체결하면서 선적서류 및 수입화물을 수입환어음 등 개설은행에 대한 지급채무의 이행을 위한 양도담보로서 제공하기로 약정한 경우, 개설은행의 양도담보권 취득시기 및 이 경우 개설은행은 개설의뢰인의 신용저하 또는 담보부족을 이유로 선적서류의 인도를 거절할 수 있다는 취지의 다음과 같은 大法院判例가 있다.

[개설은행의 수입화물에 대한 양도담보권의 취득시기 및 행사사유에 관한 判例]

기한부 신용장의 개설의뢰인이 개설은행과의 수입거래약정시 선적서류 및 수입화물을 수입환어음이나 선적서류의 원금 또는 이의 결제를 위한 대출금 및 이자, 수입과 관련한 비용, 지연배상금 기타 개설은행에 대한 지급채무의 이행을 위한 담보로서 개설은행에 양도하고 수입화물대도(貸渡)의 경우에도 같다는 취지로 약정한 경우에는 개설은행은 그 선하증권 취득시에 그 물품의 양도담보권을 취득하고 그 후 그 물품에 대하여 양도담보설정계약을 체결하여도 이는 위 수입거래약정상의 양도담보계약을 구체적으로 확인하는 의미가 있을 뿐이다.

기한부 신용장의 개설의뢰인이 신용장 개설은행과의 수입거래약정을 체결하면서 선적서류 및 수입화물을 수입환어음 등 개설은행에 대한 지급채무의 이행을 위한 양도담보로서 제공하기로 약정한 경우, 위와 같은 약정에 따라 양도담보권을 취득한 개설은행은 기한부 신용장 개설의뢰인의 다른 담보가 부족한 경우 자신의 양도담보권의 실효성의 확보를 위하여 개설의뢰인에게 선적서류를 인도하지 않을 수 있고, 기한부 신용장은 그 개설은행에게 신용장대금의 결제기한을 부여한 것이고 그 개설은행과 개설의뢰인 사이의 선적서류 인도 시기는 개설은행과 개설의뢰인 사이의 약정에 의하여 정하여지는 것이지 기한부 신용장 자체나 신용장통일규칙에 의하여 정하여지는 것이 아니므로, 개설은행은 개설의뢰인의 신용 저하를 이유로 선적서류의 인도를 거절하거나 어음의 인수 대신에 일람출급으로 신용장 대금을 지급할 것을 요구하는 등의 행위를 할 수 있다[大判 1999. 9. 7, 98 다 62008 (公報 1999, 2079)].

同旨: 大判 1999. 12. 10, 98 다 46587(公報 2000, 163)(기한부 신용장의 개설의뢰인이 개설은행과의 수입거래약정시 선적서류 및 수입화물을 수입환어음이나 선적서류의 원금 또는 이의 결제를 위한 대출금 및 이자, 수입과 관련한 비용, 지연배상금 기타 개설은행에 대한 지급채무의 이행을 위한 담보로서 개설은행에 양도하고 수입화물 대도〈貸渡〉의 경우에도 같다는 취지로 약정한 경우, 개설은행은 그 선하증권 취득시에 그 물품의 양도담보권을 취득하고, 그 후 그 물품에 대하여 양도담보설정계약을 체결하여도 이는 위 수입거래약정상의 양도담보계약을 구체적으로 확인하는 의미가 있을 뿐이다. 또한 기한부 신용장의 개설의뢰인이 개설은행과의 수입거래약정시 선적서류 및 수입화물을 수입환어음 등 개설은행에 대한 지급채무의 이행을 위한 양도담보로서 제공하기로 약정한 경우, 위와 같은 약정에 따라 양도담보권을 취득한 개설은행은 기한부 신용장 개설의뢰인의 다른 담보가 부족한 경우 자신의 양도담보권의 실효성의 확보를 위하여 개설의뢰인에게 선적서류를 교부하지 않을 수 있다 할 것이며, 기한부 신용장은 그 개설은행에게 신용장대금의 결제 기한을 부여한 것이고 그 개설은행과 개설의뢰인 사이의 선적서류 교부 시기는 개설은행과 개설의뢰인 사이의 약정에 의하여 정하여지는 것이지 기한부 신용장 자체나 신용장통일규칙에 의하여 정하여지는 것이 아니므로, 기한부 신용장의 성질상 개설은행은 개설의뢰인의 신용 저하를 이유로 선적서류의 교부를 거절할 수 없다고 볼 것이 아니다).

또한 開設銀行과 買受人간의 신용장대금의 지급에 관한 특수조건의 효력에 관하여 우리 大法院判例는 다음과 같이 판시하고 있다.

[開設銀行과 買受人간의 신용장대금의 지급에 관한 특수조건의 효력에 관한 判例]

취소불능 화환신용장에 부가된 "최종매수인이 선하증권의 선적일로부터 75일 내에 신용장에 언급된 상품대금을 지급하지 않는 경우 인수된 어음과 서류들은 만기일에 지급하지 않는다"라는 특수조건은 신용장 첨부서류에 의하여 조건의 성취 여부를 판정할 수 없는 비서류적 조건에 해당하지만, 사적자치의 원칙상 유효하다.

이 경우 이러한 특수조건의 의미는 문언 그대로 그 조건이 불성취되는 경우 신용장개설은행은 대금지급을 거절할 수 있다는 것이지, 상당 기간 그 지급 만기를 연장할 권한을 유보한 것에 불과하다고 볼 수 없다[大判 2000. 5. 30, 98 다 47443(公報 2000, 1522)].

同旨: 大判 2000. 11. 24, 2000 다 12983(公報 2001, 128)(주된 신용장대금의 지급을 조건으로 하는 신용장의 지급조건은 첨부서류에 의하여 조건의 성취 여부를 판정할 수 없는 비서류적 특수조건에 해당하여 신용장의 본질에 비추어 바람직하지 않지만 사적자치의 원칙상 이를 무효라고 할 수는 없다).

(2) 買受人과 賣渡人간의 法律關係

1) 買受人과 賣渡人간에는 매매계약이 존재하고, 同계약상 매매대금지급은 신용장에 의한다고 특약되어 있다. 이 때에는 매매계약에 의하여 신용장개설은행 · 개설장소 · 신용장금액 · 개설시기 등과 같은 신용장의 대체적인 내용에 관해서도 약정된다.[1]

2) 매수인과 매도인간의 위와 같은 특약에 의하여 매수인은 매도인에 대하여 신용장을 사전에 개설하여 줄 의무가 있으며, 매매대금을 신용장에 의하

1) 尹勝鎭, 前揭論文, 32~34면 참조.

여 지급할 의무를 부담한다. 매수인의 매도인에 대한 신용장개설의무는 매수인의 賣買契約上의 이행행위이고, 또한 매매대금지급의 보전에 관한 主債務이고 先履行義務이다.[1] 만일 매수인이 신용장개설의무를 이행하지 않는 경우에는 매도인은 매매계약을 해제할 수 있는데,[2] 일반적으로는 매매계약에서 信用狀開設期間이 정하여지므로 그 기간 내에 개설되지 않으면 매도인은 매수인에 대하여 최고하지 않고 매매계약을 해제할 수 있고(民 545조), 때에 따라서는 상법상 정기행위로 인정되어 해제통지조차 필요 없이 신용장개설기간의 경과로 당연히 해제된 것으로 간주된다(商 68조). 또한 매수인은 매매대금을 우선 신용장(및 화환어음)에 의하여 지급할 의무를 부담하고, 신용장에 의하여 지급하지 못하는 경우에 비로소 매매계약(원인행위)에 기하여 지급할 의무를 부담한다. 이렇게 보면 신용장에 의한 화환어음은 어음관계와 원인관계에서 원인채권의「支給을 위하여」어음이 수수된 경우이고,「支給을 擔保하기 위하여」어음이 수수된 경우는 아니다.[3]

3) 매도인은 신용장조건에 일치하여 매매목적물을 매수인에게 인도할 의무를 부담하고, 또 매매대금을 제 1 차적으로 개설은행을 통하여 신용장에 기하여 수령할 수 있다. 이 때 매도인이 개설은행으로부터 신용장에 기한 화환어음의 금액을 수령하면 매도인의 매매계약에 기한 매매대금지급청구권도 소멸한다.[4]

⑶ 開設銀行과 賣渡人과의 法律關係

1) 開設銀行과 賣渡人간의 법률관계는 매수인과 매도인간의 매매계약과는 전혀 별개의 것으로, 신용장 자체의 법률관계에 불과하다(信用狀去來의 獨立 · 抽象性).

2) 開設銀行은 賣渡人(수익자)에 대하여 일방적인 支給約束을 한 것이므로, 개설은행의 이러한 채무는 매도인의 승낙을 요하지 아니하고 그의 의사표시가 매도인에게 도달한 때에 그 효력을 발생하며 또한 주채무이다.[5] 따라서 개설은행이 신용장조건에 일치하여 발행한 화환어음을 이유 없이 支給(引受)하지 아니한 경우에는, 매도인에 대하여 債務不履行에 기한 損害賠償責任을 부담한다.[6]

1) 同旨: 尹勝鎭, 前揭論文, 31면.
2) 同旨: U.C.C. §2-325(1).
3) 同旨: 崔(基), 257면; 尹勝鎭, 前揭論文, 35면.
4) 同旨: 尹勝鎭, 前揭論文, 35면; 鄭(東), 245면; 李(基), 294면.
5) 同旨: 尹勝鎭, 前揭論文, 31면, 40면.
6) 同旨: 尹勝鎭, 前揭論文, 40면.

개설은행은 매도인(수익자)에 대하여 신용장 자체에 기한 항변을 주장할 수 있으나, 매수인과 매도인간의 매매관계(원인관계) 및 매수인과 개설은행간의 신용장개설위임관계(준자금관계)에 기한 항변을 주장할 수는 없다[1](信用狀去來의 獨立·抽象性).

개설은행 외에 確認銀行이 있는 경우에는 確認銀行도 매도인에 대하여 支給(引受)義務를 부담하는데, 개설은행과 함께 連帶債務를 부담한다.[2]

3) 매도인은 (직접 또는 매입은행을 통하여) 개설은행에 대하여 신용장조건에 문면상 합치하는 화환어음 및 선적서류 등을 제시하여야 어음金(賣買代金)을 지급받을 수 있다(嚴格一致의 原則).

제 6 절 어음交換

제 1 總 說

은행이 그의 업무를 통하여 고객으로부터 받은 많은 어음·수표 등을 일일이 지급은행에 추심하면 많은 시간과 노력 및 비용이 들 뿐만 아니라 거액의 현금의 휴대 및 운반에 따른 위험도 많고, 은행은 다액의 지불준비금을 준비하지 않으면 안 되는 등의 많은 불편과 불리한 점이 있다. 따라서 각 은행의 이러한 개별적인 추심에 따른 불편과 불리한 점을 제거하기 위하여 발생한 것이 어음交換制度인데, 이는 일정한 契約(交換規則)에 기하여 수행되고, 이를 위한 장소 또는 시설을 어음交換所라고 부른다.[3] 이러한 어음交換業務는 은행과 고객간의 업무는 아니지만, 은행과 고객간의 어음거래와 관련하여 발생하는 업무로서 모든 은행에 있어서 공통되는 기본적이고 중요한 업무 중의 하나이다. 이러한 어음交換에 대한 이해는 어음의 추심과정에 대한 이해로서 어음法을 정확하게 이해하는 데 있어서 전제가 된다고 보겠다.

제 2 어음交換의 意義

1) 어음交換이란 「일정한 지역 내에 있는 다수의 은행 또는 금융기관이

1) 同旨: 鄭(東), 245면; 崔(基), 261면; 李(基), 300면.
2) 同旨: 崔(基), 261면; 李(基), 300면.
3) 佐藤良輔, 「手形交換」(東京: 有斐閣, 1956), 1면.

상호추심해야 할 어음·수표 등의 증권(交換證券)을 일정한 장소(어음交換所)에 지참하여 제시·교환하고, 그 교환차액만을 수수하여 다수 증권의 추심 및 지급을 일시에 해결하는 집단적 결제제도」라고 볼 수 있다.[1])

2) 이러한 어음交換은 어음交換所[2]) 단위로 행하여지는데, 이에는 사단법인인 金融決濟院[3])이 설치·운영하는 각 지역별 어음交換所가 있다. 이하에서는 어음교환소 및 참가은행의 업무처리 방법을 정하고 있는 어음교환업무규약(2000. 7. 6 제정, 2000. 8. 16 시행, 이하 "규약"이라 약칭함) 및 동 시행세칙(2000. 6. 23 제정, 2000. 8. 16 시행, 이하 "세칙"이라 약칭함)을 중심으로 고찰한다.

제 3 어음交換의 法的 性質

어음交換(엄격히는 어음交換에 의한 決濟)의 법적 성질에 대하여, (i) 어음교환에 참가하는 은행이 상호 어음채권과 어음채무를 대등액에 대하여 상계하는 것이라고 보는「相計說」, (ii) 어음교환에 참가하는 은행간에 상호 대립하는 채권·채무를 일괄하여 결제하는 것이라고 보는「相互計算說」, (iii) 무수한 기장을 생략하기 위한 대체결제라고 보는「對替決濟說」, (iv) 어음교환에 참가하는 은행간의 규약(어음교환업무규약)에 기한 특별한 결제방법 내지 지급방법이라고 보는「特殊決濟方法說」 등으로 나뉘어 있다.

생각건대 어음교환이 차감계산을 하는 점에 있어서는 相計 및 相互計算과 유사한 점도 있으나, 어음교환에서의 제시은행은 실질적인 어음채권을 갖지 않고 추심위임을 받아서 하는 것이 보통이고 또 지급은행도 실질적인 어음채무를 부담하지 않고 단순히 지급인 또는 지급담당자로서 하는 것이 보통이므로 相計나 相互計算에서와 같은 상호대립하는 채권·채무가 존재한다고 볼 수 없는 점, 어음교환에서는 상계나 상호계산에서와 같은 2당사자간의 관계가 아니라 적어도 3당사자 이상의 상호간의 관계라는 점 등에서 볼 때, 어음교환의 법적 성질은 相計나 相互計算과는 구별된다고 본다.[4]) 또한 어음교환은 기장을

---

1) 服部榮三·彦坂信次郎(編), 「新銀行實務法律講座」, 第 5 卷(手形交換, 三訂版)(東京: 銀行硏修社, 1975), 30면. 同旨: 李(基), 310면; 大判 1985. 2. 13, 84 다카 1832.

2) 어음交換所의 의미는 앞에서 본 어음교환이 행하여지는 場所 또는 施設의 의미도 있으나, 일정 지역 내의 金融機關이 모여서 조직한 團體의 의미도 있다. 이 때의 어음交換所의 의미는 후자의 의미이다.

3) 이의 전신은 金融團協定에 의한 全國어음交換管理所였는데, 1984. 7. 23자로 金融團協定이 폐지됨에 따라 금융기관 상호간의 어음교환 등에 관한 사항은 金融決濟院의 업무가 되었다.

4) 同旨: 鄭(東), 416면; 李(基), 312면; 鄭(熙), (上) 165면.

회피하기 위한 것보다는 지급절차를 단순화한 지급방법이라고 볼 수 있으므로, 어음교환을 단순히 對替決濟라고 볼 수도 없다.[1] 따라서 어음교환의 법적 성질은 어음교환업무규약에 의한 어음의 특수한 결제방법이라고 보는 「特殊決濟方法說」이 타당하다고 본다(通說).[2]

제 4 어음交換의 節次

1. 參加銀行(主體)

어음교환에 참가할 수 있는 자는 금융기관에 한정되며 어음소지인은 직접 참가할 수 없다. 이와 같이 어음교환에 참가할 수 있는 은행을 參加銀行이라고 하는데, 이러한 參加銀行에는 一般參加銀行과 特別參加銀行이 있다(규약 3조 1호). 一般參加銀行이란 금융결제원의 사원 및 준사원 중 금융결제원의 정관에 의하여 그 자격을 취득한 자를 말하고(규약 5조), 特別參加銀行이란 어음交換所 관할지역별 대표우체국 및 일반참가은행 이외의 자로서 일정한 자격[3]을 갖춘 자이다(규약 6조).

2. 交換證券(對象)

1) 원칙적으로 (i) 自行他店 · 타참가은행 및 위탁은행 앞으로 발행된 어음, (ii) 교환소별 참가지역 이외에 소재한 참가은행 및 위탁은행 점포가 발행한 자기앞수표이다(규약 3조 2호, 세칙 13조 1항).

2) 예외적으로 이러한 증권 외에도 지급보증서 · 주식배당금영수증 · 환대금청구서 · 콜자금상환영수증 · 지방자치단체 공금수납금영수증 · 정기예금이자청구서 · 정기예금증서(만기도래분에 한함) · 국공채권과 회사채권 및 同利票(관계법령에 의한 등록발행시에는 원리금영수증) · 국고자금영수증 · 우편환증서(대체수표와 대체지급증서를 포함하며, 수수료징수가 필요한 우편환증서 제외) 등도 교환에 회부할 수 있다(규약 3조 2호, 세칙 15조).

3) 그러나 화환어음 등은 어음교환에서 제외되며(세칙 16조), 참가은행이 발행한 한국은행앞 당좌수표 · 한국은행의 자기앞수표 또는 참가은행이 직접 정부에서

---

1) 同旨: 鄭(東), 416~417면.

2) 鄭(東), 417면; 李(基), 312면; 註釋, 120면; 服部 · 彦坂, 前揭講座, 31면; 田中(誠), 銀行取引法, 263~264면; Canaris, *Bankvertragsrecht*, 2. Aufl., 1981, Rdn. 885.

3) 특별참가은행의 자격과 참가 및 탈퇴 절차 등은 금융결제원 정관과 「금융결제원 사원, 준사원 가입 및 특별참가에 관한 지침」에 의한다(규약 6조 1항).

받은 한국은행앞 국고수표는 교환을 경유하지 않고 직접 한국은행의 참가은행 당좌예금계좌에 예입할 수 있다(세칙 14조 1항).

3. 交換節次

어음교환을 통하여 자금을 영수하고자 하는 참가은행을 「提示銀行」이라고 하고, 어음교환을 통하여 제시된 어음의 대금을 지급하는 참가은행을 「支給銀行」이라고 하는데, 어음교환의 절차는 제시은행의 처리절차 · 어음교환소의 처리절차 · 지급은행의 처리절차 · 교환차액의 결산절차 · 대리교환절차로 나뉘어 지는데, 이하에서 차례로 고찰한다.

(1) 提示銀行의 處理節次

1) 제시은행이 어음교환에 회부할 어음을 수납한 때에는 먼저 어음의 표면에 특정횡선을 표시하여야 한다(규약 9조, 세칙 22조).

2) 제시은행은 어음교환에 회부할 어음에 세칙에서 정하는 交換印을 찍어야 한다(규약 9조, 세칙 21조 1항 · 2항). 이렇게 교환인이 찍혀 있는 어음은 어음교환을 경유하지 않고 직접 지급청구할 수 없다(세칙 21조 3항). 이러한 교환인의 표시는 참가은행간에는 영수증(영수배서)의 효력을 갖는다(세칙 21조 4항 본문). 다만 기명식 또는 지시식어음의 경우에 지급은행이 정식배서를 요청한 때에는 제시은행은 이에 응하여야 한다(세칙 21조 4항 단서).

3) 어음에는 컴퓨터에 의한 기계처리가 가능한 어음(機械交換어음, 기어음)[1]과 기계처리가 불가능한 어음(手交換어음, 수어음)이 있는데(세칙 2조 1항 3호), 이러한 어음의 종류에 따라 그 처리 절차가 상이하다(서울어음교환소지역의 어음교환의 경우, 세칙 32조~37조).

4) 제시은행은 제시하는 어음의 내용을 기록 · 비치하여야 하며, 이의 미비로 인하여 지급은행에 손해를 끼쳤을 때에는 제시은행이 그 책임을 져야 한다(세칙 25조). 그러나 제시은행은 입금받은 어음에 대하여 사고조회를 소홀히 하였다고 하더라도 지급은행에 대하여 불법행위책임을 부담하지 않는다.[2]

(2) 어음交換所의 處理節次

1) 어음교환소에서는 참가은행이 지정한 교환원이 당해 은행이 행할 교환

---

1) 機械交換어음이란 支給銀行이 어음의 교부 전에 일련번호 · 은행 및 지점번호 · 계좌번호 · 어음종류번호 등을 MICR(Magnetic Ink Character Recognition) 문자로 印字하고, (서울어음교환소지역의 경우) 제시은행이 교환회부 전에 금액을 印字하여 기계처리가 가능한 어음을 말한다(세칙 23조 1항).

2) 大判 1997. 11. 28, 96 다 21751(公報 1998, 34).

사무를 담당하는데, 이러한 교환원이 행한 행위에 대하여는 당해 은행이 모든 책임을 부담한다(세칙 11조 1항). 참가은행은 주임교환원을 어음교환소에 신고하여야 한다(세칙 11조 3항).

2) 어음교환소는 참가은행으로부터 제출된 계수보고제표와 기계교환어음을 접수하여 장수의 일치여부 및 기재내용의 누락여부를 점검하고 총계표(접수확인용)에 접수인을 찍어 반환한다(세칙 39조 1항). 어음교환소는 기계교환어음을 지급은행별·지점별로 분류하고, 참가은행별로 제시 및 지급계수를 산출한 후, 어음상에 처리번호를 찍어 기계처리가 끝났음을 표시하여야 한다(세칙 40조). 手交換어음에 대하여는 계수보고제표에 의하여 참가은행별로 手交換어음의 제시 및 지급계수를 산출한다(세칙 41조 1항).

3) 어음교환소는 위에서 산출한 지급계수의 금액으로 참가은행별로 차액결제금액 및 자금조정결제금액을 산출한다(세칙 42조).

4) 어음교환소는 교환계수를 확정하여 장표 및 보고서 등을 작성하고(세칙 43조), 처리가 끝난 기계교환어음과 제보고서 등을 해당어음의 기계처리어음용 보관함에 투입하여 참가은행에게 교부한다(세칙 44조).

(3) 支給銀行의 處理節次

1) 참가은행은 교환일의 영업개시 2시간 30분 전까지 自行 지급어음을 일정한 사항을 점검하여 수취하여야 하며(세칙 45조, 47조 1항), 어음을 수취한 후 어음의 장수·금액 등의 일치여부를 확인하여야 한다(세칙 47조 2항). 이 때 확인결과 이상을 발견한 경우에는 즉시 어음교환소에 통보하여 필요한 조치를 받아야 한다(세칙 47조 3항).

지급은행이 미결제어음 통보시각을 지나서야 위조의 사실을 알고 제시은행에 이를 통보한 효과에 대하여 우리 大法院判例는 다음과 같이 판시하고 있다.

> [지급은행이 미결제어음 통보시각까지 제시은행에 통보하지 않으면 지급은행은 제시은행의 예금자에 대하여 그 수표금 상당의 부당이득반환청구권을 행사할 수밖에 없다고 본 判例]
>
> 제시은행이 자기앞수표를 어음교환소의 어음교환 과정을 통하여 지급은행에 추심한 경우, 지급은행으로서는 그 수표가 결제할 수 없는 것이라면 그 사유를 어음교환소규약에서 정한 미결제어음 통보시각까지 제시은행에 통보하여야 하고 그 시각까지 통보하지 않으면 이를 부도반환할 수 없게 되고 그 결과 그 수표는 자금화되므로, 제시은행에서 자금화된 그 수표금액을 예금자 명의로 발행

한 약속어음 및 당좌수표의 교환결제자금으로 사용한 것은 결과적으로 그 수표를 예입받아 그 추심 의뢰를 받은 제시은행이 어음교환소규약에 따른 그 수표의 추심 및 교환결제 결과에 바탕을 두고 행한 업무집행으로서 적법성이 보장되고, 그 금원 지급은 순전히 지급은행의 출연에 기한 것일 뿐 제시은행으로서는 아무런 손해를 입은 바가 없으므로 제시은행이 예금자에 대하여 그 수표금 상당의 부당이득반환채권을 갖게 되었다고 할 수는 없으며, 이에 반하여 지급은행으로서는 그 수표가 위조된 수표임에도 불구하고 이를 부도어음으로 반환할 수 없게 되어 그 결제자금 상당의 손해를 입었지만, 제시은행이 위에서 본 바와 같이 이로 인하여 아무런 이득도 얻은 것이 없으므로 제시은행을 상대로 하여 부당이득의 반환을 구할 수는 없으나, 그 수표의 예입자는 그가 제시은행에 예입한 그 수표가 위조되어 현실적으로 추심될 수 없음에도 불구하고 어음교환소규약 때문에 그 부도수표의 지급인인 지급은행이 이를 제시은행에게 반환할 수 없게 되고 그 결제자금을 회수하지 못하게 된 나머지 그 수표가 자금화되어 제시은행으로부터 그 수표금을 지급받게 된 것이므로, 예금자가 지급받은 그 수표금 상당의 이익은 사회통념상 지급은행이 입은 위 결제자금 상당의 손해로 인한 법률상 원인 없는 부당이득이라 할 것이고, 따라서 지급은행은 예금자에 대하여는 그 수표금 상당의 부당이득의 반환을 구할 수 있다[大判 1997. 11. 28, 96 다 21751(公報 1998, 34)].

2) 참가은행은 교환을 통하여 수취한 어음 중 지급지가 자행이 아닌 어음(混入어음)을 상호교환한다(세칙 48조).

3) 참가은행은 착오로 결제된 교환위산금이 발생한 경우에는 신속히 그 원인을 찾아낸 후 관련은행간에 청산하여야 하는데(세칙 30조 1항), 이러한 교환위산금의 청산은 원칙적으로 교환일로부터 1개월 이내에 하여야 한다(세칙 30조 2항).

(4) 交換差額의 決算節次

1) 교환어음의 차액은 한국은행에 있는 참가은행 당좌예금계좌의 대차결제로써 결제한다(규약 13조, 세칙 60조 · 61조).

2) 참가은행은 교환차액의 결제결과를 결제일의 14시 30분까지 한국은행에 확인하여야 하는데, 이의 확인은 한국은행 금융결제망(BOK-Wire) 단말기 또는 유선 등을 이용하여 한다(세칙 63조 1항).

3) 한국은행에 예치한 참가은행의 당좌예금 잔액이 교환어음 차액결제청구금액에 부족할 경우에는 참가은행은 그 부족액을 현금 또는 한국은행앞수표 또는 한국은행에 개설된 당좌예금계좌의 계좌이체방법에 의해 결제일 14시 30분까지 한국은행에 납입하여야 한다(세칙 64조 1항).

(5) 代理交換節次

代理交換이란 참가은행 이외의 은행 또는 법령에 의하여 은행과 동시되는 자(委託銀行)가 일반참가은행(受託銀行)에 위탁하여 교환에 참가하거나(규약 8조 1항), 어음교환을 실시하지 않는 지역에 소재하는 은행 또는 법령에 의하여 은행과 동시되는 자(委託銀行)는 수납어음의 제시업무에 한하여 일반참가은행(受託銀行)에 위탁하여 교환에 참가하는 것(규약 8조 2항)을 말한다. 이러한 대리교환에 대하여는 업무의 성격에 벗어나지 않는 범위 내에서 어음교환에 관한 규정이 준용된다(규약 8조 3항).

제 5 어음交換의 效力

1. 어음交換의 效力發生時期

어음교환의 효력은 교환어음의 차액이 한국은행에 있는 참가은행 당좌예금계정에서 결제된 때에 발생한다고 본다[1](규약 13조 참조). 다만 한국은행에 예치한 참가은행의 당좌예금잔액이 교환어음의 차액에 부족한 경우에는 참가은행이 그 부족액을 소정의 시한까지 납입한 때(규약 14조 1항, 세칙 64조 1항·2항) 또는 이를 납입하지 않은 경우에는 소정의 절차에 따라 다시 교환어음의 차액결제절차를 밟은 때에(규약 14조 2항) 그 효력이 발생한다고 본다.

2. 개별적인 어음의 支給의 效力

어음교환의 효력발생에 의하여 그 교환에 편입되있던 개개의 어음도 지급의 효력이 발생한다고 볼 수 있으나, 다만 지급은행에 의한 부도처리를 해제조건으로 하여 지급의 효력이 발생한다고 볼 수 있다.[2]

3. 不渡어음이 발생한 경우

어음교환의 효력이 발생한 후에 개개의 교환어음이 지급은행으로부터 부도된 경우에는, 다시 어음교환에 회부하지 않고 참가은행간에 개별적으로 부도어음을 반환하고 부도어음대전을 지급받는다(규약 15조, 세칙 82조·84조). 따라서 부도어음이 발생한 경우에도 전체로서 어음교환의 효력은 여전히 발생하고, 다만 해당어음

1) 同旨: 註釋, 120면; 李(基), 313면.
2) 同旨: 李(基), 313면.

에 한하여 지급의 효력이 발생하지 않을 뿐이다.[1]

제 6 어음交換과 어음法과의 관계

1. 어음交換과 支給提示

法務部長官이 지정하는 어음交換所에서의 어음의 제시는 지급제시의 효력이 있다(어 38조 2항 · 83조 · 77조 1항 3호, 手 31조 · 69조).

2. 어음交換所의 不渡宣言

手票의 경우 적법한 시기에 수표를 제시하였으나 지급이 없었던 뜻을 증명하고 일자를 부기한 어음교환소의 선언은 지급거절증서와 같은 효력이 있다(手 39조 3호). 그러나 실제로 어음교환소가 개개의 수표에 대하여 위와 같은 부도선언을 하는 경우는 거의 없다.

3. 어음交換과 期限後背書

제시은행은 교환에 회부할 어음에 대하여 어음상에 교환인을 찍어야 하고(세칙 21조 1항 · 2항) 지급은행은 부도어음에 대하여 어음 또는 부전에 부도사유 등을 부기하여 제시은행에 반환하여야 한다(규약 15조, 세칙 75조~84조).

이와 같이 교환인이 찍혀 있는 어음은 어음교환소규약상 반드시 어음교환을 경유하여 지급받을 수 있고(세칙 21조 3항) 또 교환인의 표시는 참가은행간에 영수증(영수배서)의 효력만이 있을 뿐이므로(세칙 21조 4항 본문), 교환인이 찍혀 있는 어음상의 배서를 지급거절증서작성 후 또는 지급거절증서작성기간 경과 후의 배서(期限後背書)와 같이 볼 수는 없다(어 20조 1항 단서 · 77조 1항 1호, 手 24조 1항).

그런데 지급은행이 어음 또는 부전에 부도사유 등을 부기하여 제시은행에 부도반환한 어음상에 한 배서가 期限後背書가 되는지 여부가 문제된다. 수표의 경우에는 지급은행의 부도선언이 부기된 후의 배서는 당연히 期限後背書가 된다(手 24조 1항, 39조 2호). 어음의 경우에는 지급거절증서작성면제의 문언이 없으면 이를 지급거절증서와 동일하게 볼 수 없다는 이유로 그러한 배서를 期限後背書로 볼 수 없다는 것이 通說[2] · 判例[3]이나, 期限後背書에 準하여 보는 것이 타당하다고 본다.

1) 同旨: 註釋, 120면; 李(基), 313면.
2) 鄭(熙), 207면; 鄭(東), 394면; 蔡, 172면 外.
3) 大判 1987. 8. 25, 87 다카 152(公報 1987, 1519); 同 2001. 1. 28, 99 다 44250(公報 2000, 571).

제 7 절 어음의 不渡와 制裁

제 1 總 說

어음의 不渡란 광의로는 어음소지인이 적법한 지급제시를 하였으나 지급이 거절된 모든 경우를 의미하는데, 협의로는 어음교환을 통하여 지급제시를 하였으나 지급은행이 지급에 응하지 못하는 경우만을 의미한다. 이렇게 부도된 어음을 「不渡어음」이라고 한다.

광의의 부도어음의 소지인을 보호하기 위한 방법으로는 제 2 차적 어음채무자에 대한 遡求權의 행사 · 모든 어음채무자에 대한 간편한 强制執行節次[1] · 原因關係에 의한 채권행사 · 手票의 경우에는 手票法(手 3조, 67조) 및 不正手票團束法에 의한 刑事處罰 등이 있다. 협의의 부도어음의 소지인을 보호하기 위한 방법으로는 어음교환소가 그러한 부도어음을 발행하는 자에 대하여 하는 去來停止處分이 있다.

광의의 不渡어음의 소지인을 보호하기 위한 방법은 어음법 전편에서 일반적으로 설명되고 있으므로, 이하에서는 어음交換과 관련하여 발생하는 狹義의 어음의 不渡와 그에 따른 制裁(去來停止處分)에 대해서만 설명하겠다.

제 2 不 渡

1. 不渡事由

어음교환업무규약 및 동 시행세칙이 규정하고 있는 換어음 · 約束어음 및 手票의 부도반환사유는 아래와 같다(세칙 75조 1항). 이는 어음 · 手票 이외의 교환에 회부된 기타 證書에 대하여도 원칙적으로 준용된다(세칙 75조 2항).

(1) 預金不足 또는 支給資金의 不足

가장 전형적인 부도사유이다. 手票의 경우에는 부정수표가 되어 不正手票團束法에 의하여 刑事處罰을 받는다(同法 2조 2항).

---

1) 어음訴訟에 대하여는 無擔保假執行宣告制度가 인정되고(民訴 213조 1항 단서), 또한 卽時 强制執行制度가 인정되고 있다(民執 56조 4호, 公證人法 56조의 2).

⑵ 無 去 來

手票의 경우에는 手票法(手 3조, 67조) 및 不正手票團束法(同法 2조 1항 2호)에 의해서 처벌을 받는다.

⑶ 形式不備

법정요건누락, 인감불선명, 정정인누락 또는 상이, 지시금지위배, 횡선조건위배, 금액 · 발행일자誤記 · 배서불비 · 인수표시 없음 · 약정용지상위 등이 이에 해당한다.

이 중의 어떤 것은 어음요건이 기재되지 않은 것이거나(법정요건 누락 등) 또는 어음法에 위반(지시금지위배 · 횡선조건위배)되기 때문에 어음法에 의해서도 당연히 不渡事由가 되는 사항이 있는 반면에, 어떤 것은 어음法에 의해서는 아무런 문제가 없는 것(인감불선명 · 정정인누락 · 금액 또는 발행일자 誤記 · 인수표시 없음 · 약정용지상위 등)을 부도사유로 한 것도 있다. 이 후자를 不渡事由로 하는 것은 어음의 文言證券性과 상충되는 점이 있다.

형식불비의 부도사유가 예금부족 또는 무거래와 경합할 경우에는 예금부족 또는 무거래를 부도사유로 하여 부도처리한다(세칙 76조 1항 1호).

⑷ 案內書未着

어음은 실질관계와 절단된 무인증권인데, 이를 부도사유로 하는 것은 어음의 무인증권성과 상충되는 점이 있다.

⑸ 事故申告書接受(紛失 · 盜難 · 被詐取 · 契約不履行)

被詐取不渡(구입상품의 반환 등)나 契約不履行은 원인관계와 결부시킨 부도사유로서 이는 실무에서도 자주 이용되고 있는데, 이를 부도사유로 하는 것은 어음의 무인증권성과 상충되는 점이 있다.

사고신고접수의 부도사유가 예금부족과 경합되는 경우로서 사고신고담보금이 지급은행에 입금되지 않은 경우에는 예금부족을 우선 적용하는데, 이 때 사고신고서 접수사실을 함께 적용한다(세칙 76조 1항 2호).

⑹ 僞造 · 變造

위조자 · 변조자는 刑法(同法 214조) 및 不正手票團束法(同法 5조)에 의해서도 형사처벌을 받는다.

⑺ 提示期間經過 또는 未到來(제시기간 미도래는 手票의 경우는 제외)

수표는 일람출급증권이므로(手 28조 1항) 제시기간 미도래는 있을 수 없고, 제시기간이 경과한 경우에도 다른 사유(도난 · 분실 등)로 인한 사고신고가 없으면 일반적으로 지급되는 것이 보통이다. 어음의 경우에도 주채무자의 거래은행(지급은행)은 제시기간이 경과한 어음에 대하여 주채무자(거래처)에 확인하여 지급할 수 있다.

제시기간경과와 무거래가 경합하는 경우에는 제시기간 경과를 부도사유로 하고, 제시기간 미도래와 무거래가 경합하는 경우에는 무거래를 부도사유로 한다(세칙 76조 1항 4호).

⑻ 印鑑·署名相異(署名相異는 가계수표의 경우 제외)

이는 신고된 인감(날인)이나 서명(기명)과 다른 경우인데, 이것은 어음 자체의 효력과는 무관하다. 참고로 우리 나라의 通說[1]·判例[2]는 記名의 명의와 捺印의 명의가 불일치한 경우에도 유효한 記名捺印으로 보고 있다.

家計手票의 경우에는 날인이 신고된 인감과 다른 경우에만 부도사유이고, 서명불일치의 경우(명의는 같고 글씨체가 다른 경우)는 부도사유가 아니다(세칙 75조 1항 8호).

인감·서명상이의 부도사유가 예금부족 또는 무거래와 경합할 경우에는 예금부족 또는 무거래를 부도사유로 하여 부도처리한다(세칙 76조 1항 1호).

⑼ 支給地相違

이는 어음교환소의 교환지역 이외의 지를 지급지로 한 경우인데, 어음 자체의 효력과는 무관하다. 이러한 어음은 지급지의 금융기관을 경유하여 지급지를 관할하는 어음교환소에 대리교환할 수 있다(규약 8조).

⑽ 法的으로 가해진 支給制限

전쟁·지진·공황 등 긴급사태가 발생한 경우에 어음은 법령에 의하여 지급이 유예되는 경우가 있는데, 이를 어음支給猶豫라고 한다. 이러한 지급유예에는 만기 자체를 연기하는 경우와 만기 자체에는 변경 없이 제시기간과 거절증서작성기간만을 연장하는 경우가 있다. 이렇게 법령에 의하여 지급이 유예되는 경우에는 어음법상으로 支給拒絶事由가 되므로 이를 不渡事由로 함은 당연하다.

어음발행인의 당좌(가계당좌)예금계좌에 가압류(압류)명령이 송달된 경우, 지급자금이 지급제시된 금액보다 적은 때에는 예금부족을 부도사유로 하고, 같거나 많은 때에는 법적 제한을 부도사유로 한다(세칙 76조 1항 3호).

법원으로부터 재산보전처분을 받은 자가 이미 발행한 어음에 대한 부도사유는 당좌(가계당좌)예금거래의 해약여부에 관계없이 보전처분일로부터 법적

---

1) 鄭(東), 87면 外.

2) 大判 1978. 2. 28, 77 다 2489(教材, 判決例 [10]).

제한이 부도사유가 된다(세칙 76조 1항 5호).

⑾ **家計手票 장당 最高發行限度 초과**(다만 이를 수납한 참가은행과 대리교환 위탁은행이 발행인과의 직접거래로 수납하였음을 확인하는 본인확인필인을 찍은 경우에는 제외)

수표법상 수표의 금액의 최고한도는 없으므로 이러한 수표가 수표법상 유효한 수표임은 말할 나위가 없다.

우리 大法院判例도 이러한 취지로 다음과 같이 판시하고 있다.

[家計手票의 장당 발행한도를 초과하여 수표금액을 기재한 발행인은 그 수표금액을 지급할 책임을 부담한다고 본 判例]

수표 표면에 '100만원 이하'라고 인쇄된 가계수표용지에 발행인 스스로 발행한도액을 초과하여 '15,000,000원'으로 액면금을 기재하여 제 3 자에게 발행한 수표를 소지인이 배서양도받은 경우, 발행인으로서는 소지인이 당해 수표를 취득함에 있어 발행인에게 발행한도액을 초과한 경위를 확인하지 아니한 것이 중대한 과실에 해당한다는 이유로 수표금의 지급을 거절할 수는 없다[大判 1998. 2. 13, 97 다 48319(公報 1998, 754)].

그러나 당사자간의 약정에 의하여 지급은행의 수표카드에 의한 보증한도는 장당 최고발행한도로 제한된다.

가계수표의 장당 최고발행한도를 초과한 부도사유가 예금부족 또는 무거래와 경합할 경우에는 예금부족 또는 무거래를 부도사유로 하여 부도처리한다(세칙 76조 1항 1호).

다른 부도사유(위조·변조 제외)가 이러한 한도초과와 경합하는 경우에는, 그 부도사유와 한도초과를 함께 적용한다(세칙 76조 1항 6호).

2. 不渡어음의 返還

1) 지급은행은 어음교환을 통하여 지급제시된 어음 중 부도어음이 있을 때에는 수표의 경우는 그 앞면에, 약속어음·환어음 및 기타의 증서는 앞면 또는 부전에 부도사유를 부기하고, 반환하는 부도어음의 부도표시란 우측상단에 부도확인번호를 적색으로 기재하여, 교환일 다음 영업일에 어음교환을 통하여 부도어음을 제시은행에 반환하여야 한다(규약 15조, 세칙 82조·83조).

2) 부도어음이 발생한 경우 지급은행은 교환일 영업시간까지 提示銀行에 유선 홍보함과 동시에 부도어음통보(확인)서에 의하여 팩스 송부하여야 한다

(세칙 78조 1항). 이러한 부도어음 통보시각에도 불구하고 교환어음의 지급은행은 수취한 어음 중 결제되지 아니한 어음(미결제어음)에 대하여는 교환일 영업시간종료 2시간 전까지 제시은행 앞으로 이 사실을 통보하여야 하며, 이러한 사실을 통보하지 않은 어음은 부도어음으로 통보할 수 없다(세칙 77조 1항).

3) 부도어음의 통보는 원칙적으로 제시은행의 점포에 직접 하여야 하나, 예외적으로 제시은행의 점포가 양해한 때에는 제시은행의 점포가 지정하는 점포에 이를 할 수 있다(세칙 80조 1항). 代理交換의 경우 지급은행은 교환에 회부된 어음의 부도통보는 위탁은행 또는 수탁은행 어느 곳에서나 할 수 있고(세칙 80조 2항), 대리교환 위탁은행은 수탁은행을 경유함이 없이 부도어음을 제시은행에 직접 통보할 수 있다(세칙 80조 3항).

3. 不渡어음代錢의 支給

1) 부도어음을 반환하는 은행은 매 부도어음마다 그 대금임을 기재한 부도어음대금 회수용 영수증을 발행하여 첨부하고 이를 당일 수납한 어음에 포함, 교환에 회부하여 부도어음대금을 회수한다(세칙 84조 1항 본문).

2) 이 때 부도어음의 통보를 받은 은행은 부도반환사유가 타당하지 못함을 이유로 부도확인번호의 부여를 거절할 수 없다(세칙 81조 1항 본문). 그러나 부도사유가 부당함을 이유로 어음교환소의 어음교환심사위원회 또는 지분운영위원회에 부의하여 손해배상 또는 기타 조치를 청구할 수 있다(세칙 81조 1항 단서).

3) 예금부족으로 부도처리된 부도어음의 부도어음의 대금이 부도발생 다음 영업일의 영업시간 내에 제시은행 어음소지인 계좌 등에 입금되었을 때에는 제시은행은 그 내역을 작성하여 입금 당일 어음교환소에 전송하여야 하고, 어음교환소는 이러한 입금내역을 입금일의 다음 영업일에 참가은행에 통지하여야 한다(세칙 91조 1항 · 4항). 이 경우에 同어음의 발행인이 제시은행에 입금시키는 이유는 去來停止處分을 면하기 위해서이다(세칙 98조 1항 1호 참조). 이 때 同어음은 부도처리된 것이나, 同어음을 제시은행에 입금한 자는 보호된다.

4. 不渡申告

1) 지급은행은 (부도어음 발행여부에 불구하고) 자행 점포로부터 취합된 부도어음내역을 작성하여 부도발생일 영업종료 후 5시간 30분까지 어음교환소에 전송하여야 하고(세칙 87조 1항), 어음교환소는 거래정지처분으로 이어질 수 있는 부

도어음의 내용을 참가은행에 통지하여야 한다(세칙 90조 1항).

2) 부도어음이 가계수표일 경우 계좌개설은행(지급은행)은 수표발행인의 성명·부도금액 및 부도사유를 수표발행인 소속 기관장 앞으로 통지하여야 한다(세칙 88조 3항).

5. 事故申告擔保金[1)]

1) 어음발행인이 지급자금부족을 은폐하고 去來停止處分을 받는 것을 면탈함을 방지하며 정당한 어음권리자에 대한 어음금지급을 담보하기 위하여, 어음발행인(환어음의 경우는 引受人)이 事故申告書의 제출(紛失·盜難·被詐取·契約不履行)·支給停止假處分命令의 송달 또는 僞造나 變造의 신고를 한 경우에, 어음발행인은 어음금액 해당자금을 지급제시된 날의 영업시간까지 지급은행에 별단예금으로 입금하여야 한다(세칙 93조 1항, 94조 1항, 96조 1항). 이와 같이 事故申告와 관련한 예수금을 「事故申告擔保金」이라고 하고, 支給停止假處分命令의 송달과 관련한 예수금을 「支給停止假處分擔保金」이라고 하며, 僞·變造와 관련한 예수금을 「僞·變造申告預受金」이라 한다(이하 단순히 事故申告擔保金이라고 하면 支給停止假處分擔保金을 포함함).

事故申告擔保金에 대하여 우리 大法院判例는 다음과 같이 판시하고 있다.

[事故申告擔保金의 인정취지에 관한 判例]

사고신고담보금은 어음발행인이 피사취 등을 이유로 지급은행에 사고신고와 함께 그 어음금의 지급정지를 의뢰하면서 당해 어음금의 지급거절로 인한 부도제재를 면하기 위하여 하는 별도의 예금으로서, 일반의 예금채권과는 달리 사고신고내용의 진실성과 어음발행인의 자력을 담보로 하여 부도제재회피를 위한 사고신고의 남용을 방지함과 아울러 어음소지인의 권리가 확인되는 경우에는 당해 채권의 지급을 담보하려는 데 그 제도의 취지가 있다[大判 1995. 1. 24, 94 다 40321(公報 987, 1132)].

同旨: 大判 1994. 10. 21, 94 다 16816(公報 981, 3069)(약속어음의 채무자가 어음의 도난·분실 등을 이유로 지급은행에 사고신고와 함께 그 어음금의 지급정지를 의뢰하면서 예탁하는 사고신고담보금은 일반의 예금채권과는 달리 부도제재회피를 위한 사고신고의 남용을 방지함과 아울러 어음소지인의 어음상의 권리가 확인되는 경우에는 당해 어음채권의 지급을 담보하려는 데 그 제도의 취지가 있는 것이다).

부도사유가 僞造·變造인 때에는 일정한 증빙자료의 제출에 의하여(고소

1) 이에 관한 상세는 鄭燦亨, "어음喪失者의 救濟措置와 어음發行人의 事故申告擔保金," 「現代法學의 理論」(佑齊 李鳴九博士 華甲紀念論文集〈Ⅲ〉)(考試硏究社, 1996), 440~465면 참조.

장 · 고발장 또는 이에 준하는 진정서 중의 하나, 고소장 등의 제출을 증명할 수 있는 자료, 발행인의 진술서, 위조 · 변조어음의 사본) 僞·變造申告預受金의 입금을 면제할 수 있고(세칙 96조 3항), 부도사유가 被詐取인 경우로서 어음발행인이 지급은행의 자금관리를 받고 있는 때에는, 事故申告擔保金의 입금을 면제한다(세칙 93조 1항 단서).

2) 이러한 事故申告擔保金의 반환청구권은 어음소지인이 정당한 어음상의 권리자라는 것이 판명된 후에는 정당한 어음소지인에게 있고, 어음소지인이 정당한 어음상의 권리자가 아님이 판명된 후에는 어음발행인에게 있다(세칙 94조 2항).

이러한 취지의 다음과 같은 大法院判例가 있다.

[어음발행인이 회사정리개시결정이 있었다고 하더라도 어음소지인은 정리채권자로서 사고신고담보금의 반환청구를 할 수 있다고 본 判例]

어음발행인은 서울어음교환소 규약이나 사고신고담보금을 수탁하는 은행과 체결한 사고신고담보금처리를 위한 약정서의 제 규정이 정한 조건, 즉 어음소지인이 정당한 권리자가 아님이 판명된 경우 등에만 반환청구권을 행사할 수 있고, 이를 수탁한 은행으로서는 어음소지인이 정당한 권리자임이 판명된 경우에는 그에게 이를 지급하는 것이 원칙이고, 어음소지인이 정당한 권리자가 아니라고 판명되기도 전에 이를 함부로 어음발행인이나 어음발행인의 반환청구권을 채권의 동일성을 유지한 채 양수받은 자에 불과한 전부(転付)채권자에게 반환하거나 그에 대한 반대채권과 상계할 수는 없다. 따라서 사고신고담보금은 어음발행인인 회사의 재산으로 볼 수 없고, 또 어음발행인인 회사가 회사정리개시결정이 있었다고 하여 동 담보금이 어음발행인인 회사에 귀속된다고 볼 수 없고, 또한 어음소지인이 지급은행에 대하여 갖는 동 담보금에 대한 권리가 회사정리법상의 정리담보권이라고 볼 수는 없으나 어음발행인에 대한 정리채권자로서 어음소지인이 정리채권확정소송에서 승소판결을 받고 그 판결이 확정되었다면 어음소지인은 동 담보금을 지급은행으로부터 지급받을 수 있다[大判 1995. 1. 24, 94 다 40321(公報 987, 1132)]
[이 判決에 대한 評釋으로는 鄭燦亨, "어음所持人인 整理債權者의 事故申告擔保金의 支給請求權," 「判例月報」, 제310호(1996. 7), 15~21면 참조].

同旨: 大判 1993. 9. 14, 93 다 16376(公報 955, 2771)(약속어음의 소지인인 원고가 발행인을 상대로 약속어음금 청구소송을 제기하여 승소의 확정판결을 받았다면 은행을 상대로 직접 위 담보금의 지급을 구할 수 있고, 발행인은 반환청구권이 없다)(이 판결에 대하여 정당한 소지인의 권리행사를 이유 없이 1차적인 권리행사의 한 가지 방법에 국한하도록 한 잘못이 있다는 취지의 평석으로는 金敎昌, 「法律新聞」, 제2293호, 15면); 同 1994. 4. 15, 93 다 61000(公報 969, 1443)(사고신고담보금을 예치받은 지급은행으로서는 어음소지인이 정당한 권리자임이 판명된 경우에는 언제든지 그의 지급청구에 따라 위 담보금을 반환하는 것이 원칙이다); 同 1995. 12. 5, 94 다 44835(公報 1995, 183)(어음소지인이 약속어음금 청구소송에서 승소의 확정판결을 받아 정당한 권리가 확정되었으니, 어음발행인의 사고신고담보금의 반환청구권을 轉付받은 원고는 권리를 행사할 수 없다); 同 2005. 3. 24, 2004 다 71928(公報 2005, 642)(어음발행인이 어음의 피사취 등을 이유로 지급은행에게 사고신고와 함께 어음금의 지급정지를 의뢰하면서 체결한 '어음소지인이 어음금지급청구소송에서 승소하고 판결확정증명 또는 확정판결과 동일한 효력이 있는 것으로 지급은행이 인정하는 증서를 제출한 경우 등에는 지급은행이 어음소지인에게 사고신고담보금을 지급한다'는 사고신고담보금의 처리에 관한 약정은 제 3 자를 위한 계약으로서, 어음소지인과 어음발행인 사이의 수익의 원인관계에 변경이 있다고 하더라도 특별한 사정이 없는 한 낙약자인 지급은행이 제 3 자인 어음소지인에 대하여 부담하는 급부의무에는 영향이 없다고 할 것이므로, 어음발행인에 대한 회사정리절차에서 어음소지인의 어음상의 권리가 정리계획의 규정에 따라 변경되었다고 하더라도 이는 정리채권인 어음소지인의 어음상의 권리에만 영향을 미치는 것에 불과하고 어음소지인이 지급은행에 대하여 갖는 사고신고담보금에 대한 권리에는 아무런 영향을 미칠 수 없다).

[어음발행인이 회사정리개시결정이 있은 경우 어음소지인은 정리채권신고를 하여야 정리채권자로서 사고신고담보금의 반환청구를 할 수 있다고 본 判例]

어음발행인이 어음의 피사취 등을 이유로 지급은행에 사고신고와 함께 그 어음금의 지급정지를 의뢰하면서 예탁하는 사고신고담보금은 어음발행인인 회사가 출연한 재산이라고 하더라도 은행에 예탁된 이상 그 소유권은 은행에 이전되고 회사는 서울어음교환소규약이나 사고신고담보금처리에 관한 약정에서 정한 조건이 성취된 때에 한하여 은행에 대하여 사고신고담보금 반환청구권을 가지는 데 불과하며 어음소지인의 사고신고담보금에 대한 권리를 회사정리법상의 정리담보권이라고 볼 수 없으므로 어음의 정당한 소지인은 정리절차에 의하지 아니하고 지급은행을 상대로 사고신고담보금의 지급청구권을 행사하여 그 채권의 만족을 얻을 수 있고 이 경우 어음소지인은 위 규약 등이 정하는 바에 따라 어음발행인인 정리회사의 관리인을 상대로 어음금채권에 대한 정리채권확정의 소에서 승소판결을 받고 그 판결이 확정되면 지급은행에 사고신고담보금의 지급을 청구할 수 있다고 할 것이다(대법원 1995. 1. 24 선고 94 다 40321 판결 참조).

한편 회사정리법 제241조는 정리계획의 인가가 있는 때에는 계획의 규정 또는 본법의 규정에 의하여 인정된 권리를 제외하고 회사는 모든 정리채권과 정리담보권에 관하여 그 책임을 면한다고 규정하고 있는바, 여기서 말하는 면책이라 함은 채무 자체는 존속하지만 회사에 대하여 이행을 강제할 수 없다는 의미라고 봄이 상당하다고 할 것이다.

원심은, 정리채권의 신고기간 내에 정리채권신고를 하지 아니하고 정리계획의

인가결정이 됨으로써 정리채권인 약속어음금 채권이 실권되고 따라서 정리채권 확정의 소를 제기할 수 없는 어음소지인인 X가 피고 Y(정리회사)를 상대로 A 은행 압구정중앙지점이 1998. 6. 15 정리전 Y주식회사로부터 예치받은 4억 원의 사고신고담보금을 X에게 지급하는 것에 동의하라는 1차 예비적 청구에 대하여는 어음발행인인 정리전 회사의 동의 의무를 인정할 만한 약정이 없고 또한 X의 Y에 대한 약속어음금 채권은 Y에 대한 관계에서 자연채무 상태로 남게 되므로 X가 이 사건 사고신고담보금의 지급을 구할 수 있는 이 사건 약속어음의 정당한 권리자로 볼 수 없으며 Y에게 사고신고담보금의 지급에 동의할 실체법상 의무도 없다는 이유로 이를 배척하고, 위 사고신고담보금에 대한 지급청구권이 X에게 있음의 확인을 구하는 X의 2차 예비적 청구에 대하여는 어음소지인이 사고신고담보금에 대한 지급청구권을 가지기 위하여는 서울어음교환소규약이 정하는 요건을 갖추어야 하는데 X가 이러한 요건을 충족하였다고 볼 증거가 없다는 이유로 이를 배척하였다.

앞서 본 법리와 기록에 비추어 보면, 원심의 위와 같은 판단은 정당하고, 거기에 상고이유 주장과 같은 사고신고담보금의 법적 성격, 정리계획인가결정이 사고신고담보금 처리약정에 미치는 효과, 회사정리법 제241조 소정의 면책의 의미 및 서울어음교환소규약의 적용 등에 관한 법리오해의 위법이 없으며, 원심의 설시에 다소 미흡한 점은 있으나 원심이 원고의 청구를 모두 배척한 취지에는 원고가 상고이유로 다투는 주장도 배척한 것으로 못볼 바 아니므로 원심판결에 상고이유 주장과 같은 판단유탈의 위법도 없다[大判 2001. 7. 24, 2001 다 3122(公報 2001, 1919)].

[지급은행이 사고신고담보금을 어음소지인이 정당한 권리자가 아니라고 판명되기도 전에 어음발행인에게 반환하거나 또는 이를 수동채권으로 하여 相計하는 것은 權利濫用이라고 본 判例]

약속어음의 채무자(발행인 — 저자註)가 지급은행(지급담당자 — 저자註)에 사고신고와 함께 어음금의 지급정지를 의뢰하면서 어음금액에 해당하는 금원을 별단예금으로 예치한 경우, 그 별단예금은 부도제재회피를 위한 사고신고의 남용을 방지함과 아울러 어음소지인의 어음상의 권리가 확인되는 경우에는 당해 어음채권을 담보하려는 데 그 제도의 취지가 있는 것이므로, 예치받은 은행이 어음소지인이 정당한 권리자가 아니라고 판명되기도 전에 이를 함부로 어음발행인에게 반환하거나 또는 그 예금을 受動債權으로 하여 어음발행인이나 그 별단예금을 압류한 압류채권자에 대한 반대채권과 相計하는 것은 권리남용으로서 그 효력을 인정할 수 없다[大判 1993. 6. 8, 92 다 54272(公報 950, 2000)].

同旨: 大判 1992. 10. 27, 92 다 25540(公報 934, 3282); 同 1994. 10. 21, 94 다 16816(公報 981, 3069); 同 1998. 1. 23, 97 다 37104(公報 1998, 595)(사고신고담보금을 수동채권으로 한 지급은행의 상계는 정당한 어음상의 권리자임이

판명된 당해 어음채권자에 대한 관계에서는 무효이고, 이는 비록 어음소지인이 약속어음의 지급제시일로부터 6개월 이내에 소송계속중임을 입증하는 서면을 지급은행에 제출한 바가 없고, 지급은행이 상계처리를 한 이후에 사고신고담보금의 지급을 청구하였다고 하여도 마찬가지이다).

[사고신고담보금이 지급제시일로부터 6개월이 지난 후라고 하더라도 어음소지인이 정당한 권리자임이 판명되어 수익의 의사표시를 한 경우에는 어음소지인이 그 담보금의 지급청구권을 갖는다고 한 判例]

지급은행이 어음발행인에게 별단예금으로 예탁한 사고신고담보금을 지급하는 경우에 있어 지급제시일로부터 6개월이 지난 후라고 하더라도 어음발행인이 담보금의 반환을 청구하지 아니하고 있는 동안에 어음소지인이 정당한 권리자임이 판명되어 지급은행에 수익의 의사표시를 한 경우에는 어음소지인이 그 담보금의 지급청구권을 갖는다[大判 1996.3.12, 95 다 47732(公報 1996, 1247)].

[사고신고담보금이 지급제시일로부터 6개월이 경과하고 그 후 정당한 어음소지인의 수익의 의사표시가 없는 한 지급은행은 어음발행인에게 이를 반환할 의무가 있다고 한 判例]

약속어음의 채무자가 어음의 도난·분실 등의 이유로 지급은행에 사고신고와 함께 그 어음금의 지급정지를 의뢰하면서 예탁하는 사고신고담보금은 일반의 예금채권과는 달리 사고신고 내용의 진실성과 어음발행인의 자력을 담보로 하여 부도제재회피를 위한 사고신고의 남용을 방지함과 아울러 어음소지인의 어음상의 권리가 확인되는 경우에는 당해 어음채권의 지급을 담보하려는 데 그 제도의 취지가 있는 것인바, 서울어음교환소규약에 근거하여 어음발행인과 지급은행 사이에 체결된 사고신고담보금의 처리를 위한 약정서상에 지급은행이 어음발행인에게 담보금을 지급하는 경우의 하나로 '당해 어음과 관련하여 이해관계인이 소송계속중임을 입증하는 서면을 지급은행에 제출한 바가 없고 지급제시일로부터 6개월이 경과한 경우'를 정하고 있다면, 이로써 사고신고담보금 예치계약의 당사자인 어음발행인에게 동 계약에 대한 해지권을 부여하는 데에 있다고 할 것이므로, 이러한 소정의 사유가 발생한 경우, 그로 인하여 사고신고담보금의 반환청구권이 곧바로 어음발행인에게 확정적으로 귀속하는 것은 아니라고 할지라도, 그 후 정당한 어음권리자로 판명된 어음소지인이 수익의 의사표시를 하여 오는 등의 특별한 사정이 없는 한, 지급은행으로서는 어음발행인의 지급청구에 따라 사고신고담보금을 반환할 의무가 있다고 할 것이다(대법원 1994.4.15 선고, 93 다 61000 판결; 同 1996.3.12 선고, 95 다 47732 판결 등 참조)[大判 1998.11.24, 98 다 33154(公報 1999, 17)].

[지급은행이 서울어음교환소규약에 위반하여 제권판결문을 제출하고 1개월이 경과하기 전에 제권판결을 받은 자에게 사고신고담보금을 지급하면 과실이 있다고 본 判例]

제권판결을 받은 자(수취인)에게 지급은행이 사고신고담보금을 지급한 후 그 제권판결이 취소되어 소급하여 효력을 상실하더라도 지급은행이 지급을 할 당시에는 제권판결을 받은 자가 채권의 준점유자에 해당한다고 할 것이므로 지급 당시에 지급은행에게 악의 또는 과실이 없으면 지급은행이 면책된다고 할 것임은 원심 판시와 같으나, 여기서 과실이 없다고 하려면 제권판결을 받은 자가 실질적으로 무권리자라는 점을 과실 없이 알지 못하였음은 물론이고 사고신고담보금의 지급시기와 지급절차에 관한 약정의 위반도 없어야 할 것이다. 그런데 기록에 편철되어 있는 서울어음교환소규약 제76조 제 1 항 제 3 호는 "제권판결을 받아 법원의 판결문을 제출하고 1 개월이 경과한 경우"에 사고신고담보금을 지급한다고 규정하고 있는바, 위 규약의 규정은 민사소송법 제462조 제 1·2 항이 제권판결에 대한 불복의 소의 제기기간을 X(어음소지인)가 제권판결 있음을 안 날로부터 1 개월로 규정하고 있는 것을 감안할 때 제권판결 제출시로부터 1 개월 내의 시점에 있어서는 제권판결에 대한 불복의 소가 제기될지 여부를 거의 알 수 없고 따라서 누가 정당한 권리자인지를 종국적으로 확정하는 것이 거의 불가능하므로 적어도 제권판결 제출시로부터 1 개월 내에는 사고신고담보금을 지급할 수 없게 한 취지로 해석되며, 위 규약의 적용을 받는 지급은행이 위 규약의 규정을 위반한 경우에는 특단의 사정이 없는 한 과실이 있다고 할 것이다.

따라서 원심으로서는 지급은행과 Y(약속어음 발행인) 사이에 위 규약의 효력이 거래처인 Y에게도 미친다는 약정이 맺어졌는지의 여부를 살펴 지급은행의 과실 유무 및 지급은행의 위 지급의 효력이 Y에게 미치는지의 여부를 판단해야 할 것임에도 불구하고 이에 이르지 아니한 심리미진의 위법을 행하였고 이로써 판결의 결과에 영향을 미쳤다고 할 것이며, 이를 지적하는 취지의 상고논지는 이유가 있다[大判 1999. 3. 12, 97 다 44966(公報 1999, 650)].

[어음발행인이 사고신고담보금의 제 3 자에 대한 지급을 금지하는 청구를 할 수 없다고 한 判例]

어음발행인의 지급은행에 대한 이러한 반환청구권은 채권적 청구권에 불과하므로 이를 넘어 제 3 자에 대한 동 담보금의 지급을 금지하는 청구를 할 수는 없다[大判 1993. 5. 21, 92 나 49944(新聞 2224, 10)].

6. 不渡어음의 再交換

부도어음은 (i) 미착하였던 안내서가 도착한 국고수표, (ii) 정당한 인감(서명)으로 다시 찍은 것, (iii) 미비되었던 형식이 완비된 것, (iv) 미도래되었던 제시기간이 도래한 것, (v) 법적 제한이 해제된 것, (vi) 재교환회부에 대한 지급은행의 동의가 있는 것에 한하여, 재교환에 회부할 수 있다(세칙 86조).

제 3 制裁(去來停止處分)

1. 去來停止處分事由

1) 어음교환소는 다음의 하나에 해당하는 부도어음(국고수표 · 자기앞수표 · 원화표시여행자수표 · 표지어음 · 기타 세칙 제15조에서 정하는 제증서는 제외)의 지급의무자에 대하여는 교환일로부터 거래정지일(이는 부도사유에 따라 부도일로부터 기산하여 제 3 영업일 또는 다음 영업일)에 去來停止處分을 하여 당일로 이를 참가은행에 통지하여야 하는데, 이러한 거래정지처분은 거래정지일로부터 그 효력을 갖는다(세칙 98조~101조). 즉 지급의무자는 (i) 예금부족의 부도로서 부도어음대금을 부도발생 다음 영업일 영업시간 내에 제시은행의 소지인 계좌 등에 입금하지 않은 경우, (ii) 무거래의 부도로서(다만 발행인이 가설인인 경우는 제외) 지급의무자가 타 참가은행과 거래하고 있는 사실이 판명된 경우(다만 부도어음대금을 부도발생 다음 영업일에 입금하였을 때에는 1년간 1회에 한하여 거래정지처분을 면제함), (iii) 사고신고 등에 의한 부도로서 지급의무자가 사고신고 담보금 등을 입금하지 않은 경우(다만 은행관리기업의 등록이 있는 경우는 제외함), (iv) 전 참가은행을 통하여 1년간 4회 이상 예금부족 · 사고신고접수 또는 법적 제한 중 지급정지가처분의 송달로 인한 부도가 있는 경우, (v) 위조 · 변조의 부도로서 위·변조신고예수금 면제관련 증빙자료를 부도일로부터 15일 이내에 어음교환소에 제출하지 않은 경우, (vi) 전 참가은행을 통하여 1년간 2회 이상 가계수표 장당 최고발행한도를 초과하여 발행한 경우에 거래정지처분을 받는다.

2) 참가은행의 거래처가 다음의 하나에 해당하여 관계참가은행으로부터 서면 신청이 있는 경우에는, 어음교환소는 어음교환심사위원회 또는 지부운영위원회의 결의에 의하여 同거래처에 대하여 거래정지처분을 할 수 있다. 즉 참가은행의 거래처가 (i) 어음의 背書人으로서 상환의무를 이행하지 않은 경우, (ii) 은행거래에 관하여 신용을 훼손하는 행위를 한 경우에는, 거래정지처분을 받을 수 있다(세칙 99조).

2. 去來停止處分의 效力

1) 참가은행은 거래정지처분을 받은 자와 즉시 당좌예금 및 가계당좌예금

거래를 해지하고 미사용 수표용지와 어음용지 전부를 회수하여야 한다(세칙 102조 2항). 참가은행의 이러한 의무는 자기방어의 필요에서 부담하는 의무이지, 제 3 자에 대하여 부담하는 법적 의무는 아니다. 따라서 당좌거래의 해지 후에 미사용 수표용지가 사용되어 제 3 자가 결과적으로 손해를 입은 경우에, 참가은행은 특별한 사정이 없는 한 이를 예견할 수 없을 뿐만 아니라 거기까지 예견의무를 질 수도 없으므로, 참가은행은 제 3 자에 대하여 불법행위에 기한 손해배상책임을 부담하지 않는다.[1]

또한 모든 참가은행은 거래정지처분을 받은 자와는 그 거래정지일로부터 만 2년간 당좌예금 및 가계당좌예금거래를 할 수 없다(세칙 102조 1항).

2) 거래정지처분은 부도어음의 발행인(지급의무자)에게는 치명적인 타격을 주는 일종의 사적 제재이나, 이것은 어음거래의 안전을 확보하여 신용질서를 유지하기 위한 공익적 기능도 갖는 것이므로 적법하다고 볼 수 있다.[2]

3. 去來停止處分의 取消 · 解除

1) 어음의 부도가 참가은행의 착오에 기인하였거나, 참가은행 또는 참가은행과 금융결제원이 공동으로 운영하는 전자적 결제시스템의 장애에 기인하였거나, 어음의 사고신고서접수, 위·변조 또는 지급정지가처분명령의 송달을 이유로 한 지급위탁취소가 허위가 아닌 것으로 판명된 경우에는, 관계참가은행의 신청에 의하여 어음교환소는 去來停止處分을 取消할 수 있다(세칙 106조).

2) 거래정지처분을 받은 자가 적색거래처에서 해제되었거나 적용이 배제된 경우 또는 거래정지처분 후 적색거래처에 대한 조치유예기간중에 부도어음대금을 정리한 중소기업인 경우 참가은행은 어음교환소에 거래정지처분의 해제를 신청할 수 있고, 이러한 신청을 받은 어음교환소는 去來停止處分을 解除할 수 있다(세칙 108조). 다만 거래정지처분의 해제를 받은 자에 대하여는 동 해제일로부터 1년간 거래정지처분을 다시 해제할 수 없다(세칙 109조).

---

1) 大判 1989. 6. 27, 88 다카 9524(公報 854, 1146).
2) 同旨: 李(基), 316면.

제 4 편 어음法 · 手票法 各論

제 1 장 어음上의 權利의 意義

제 1 절 어음上의 權利의 槪念

어음상의 권리(Recht aus dem Wechsel, Wechselrecht)라 함은 「일정한 금액의 지급이라는 어음의 목적을 직접 달성하기 위하여 부여된 권리와 이에 갈음하는 권리」를 말한다.[1] 이 때 「어음의 목적을 직접 달성하기 위하여 부여된 권리」라 함은 換어음의 引受人 또는 約束어음의 發行人에 대한 어음金支給請求權을 의미한다(어 28조, 78조 1항). 또한 「어음의 목적을 직접 달성하기 위하여 부여된 권리에 갈음하는 권리」라 함은 背書人에 대한 償還請求權(遡求權)(어 15조 1항, 77조 1항 1호, 18조 1항), 保證人에 대한 권리(어 32조 1항·77조 3항, 手 27조 1항), 參加引受人에 대한 권리(어 58조 1항), 被保證人과 그 자의 어음債務者에 대한 保證人의 권리(어 32조 3항, 77조 3항, 27조 3항), 被參加人 및 그 자의 어음債務者에 대한 參加支給人의 권리(어 63조 1항, 77조 1항 5호) 등을 의미한다.

지급인이 支給保證을 하지 않은 手票(지급인이 引受를 하지 않은 換어음)의 경우에는 수표(환어음)상의 권리란 넓게 지급인으로부터 수표(환어음)금을 지급받을 수 있는 「手票(換어음)金受領權限」과 지급인의 지급거절을 조건으로 하여 발행인 및 배서인 등에 대하여 갖는 「遡求權」을 의미하는 것으로 볼 수도 있겠으나,[2] 手票(換어음)金受領權限은 訴求할 수 없기 때문에 그 자체만으로는 수표(환어음)상의 권리라고 볼 수 없으므로 이 경우 일반적으로 수표(환어음)상의 권리라 함은 「遡求權」만을 의미한다(通說). 그러나 지급인이 支給保證(換어음의 경우는 引受)을 한 경우에는 수표(환어음)상의 권리란 지급보증인(인수인)에 대한 「手票(換어음)金支

1) 鄭(熙), 121면; 徐·鄭, 99면.

2) 梁承圭, "提示期間經過後의 手票의 讓渡의 效力," 「法律新聞」, 제1143호(1976. 2. 9), 8면.

給請求權」과 발행인 및 배서인 등에 대한 「遡求權」을 의미한다.

이러한 어음상의 권리란 法律上의 용어가 아니고 講學上의 용어이다.[1] 따라서 어음法에서는 「어음으로부터 생기는 권리」(어 14조 1항 · 32조 3항, 手 17조 1항 · 27조 3항), 「어음에서 생긴 권리」(어 79조, 手 63조) 등으로 표현하고 있다.

제 2 절 어음上의 權利와 어음證券

어음은 完全有價證券으로서 어음상의 권리의 發生 · 移轉 · 行使에는 원칙적으로 어음증권을 소지하여야 하므로 어음상의 權利와 어음證券은 밀접히 결합되어 있다. 이와 같은 점에서 어음증권에 대한 所有權(ownership of an instrument, Recht am Wechsel)을 취득하여야 어음상의 權利(the right to enforce an instrument, Recht aus dem Wechsel)를 취득한다는 어음所有權說이 있다. 이러한 어음所有權說은 獨逸에서의 通說이며,[2] 이를 따르는 우리 나라[3] 및 日本[4]의 少數說도 있다. 어음所有權說에 의하면 어음을 背書에 의하여 양도하는 것도 어음증권에 대한 所有權을 양도하는 것이고, 그 양수인은 어음증권에 대한 所有權을 취득하는 효과로서 어음상의 권리를 原始取得하는 것이라고 설명한다.

그러나 우리 나라의 通說은 위와 같은 어음所有權說을 부인하고, 어음상의 권리의 취득에는 어음증권에 대한 所有權까지 취득할 필요는 없고 어음증권의 所持만이 필요하다고 한다.[5] 이러한 通說이 타당하다고 본다.[6] 따라서 證券上의 權利 외에 證券所有權의 관념을 인정할 필요가 없다. 증권은 권리를 표창하는 수단으로서 권리와 증권과의 유가증권적 결합에는 증권의 所持만 있으면 충분하다.[7]

---

1) 鄭(東), 150면.

2) Baumbach/Hefermehl, WG Art. 16 Rdn. 11; Rehfeldt/Zöllner, S. 81; Jacobi, S. 65~66; Hueck/Canaris, §1 I 4, §8 I; Stranz, S. 109.

3) 徐(廷), 185면.

4) 松本, 58면 이하; 竹田, 37면; 升本, 177면.

5) 鄭(熙), 122면; 徐·鄭, 100~101면; 孫(珠), 114면; 鄭(東), 151면 外 多數.

6) 鄭(燦), (事例) 334면.

7) 따라서 그륜후우트(Grünhut)의 例(Grünhut, *Wechselrecht*, Bd. I, 1897, S. 290)와 같이 名畫의 裏面을 어음증권으로 이용하는 경우에 그 증권의 所有權을 유보하고 수취인에게 교부할 수 있는 것이다. 또 증권의 所有權도 동시에 가지고 있는 경우라도 이것을 어음으로 사용할 때에는 특히 소유권 유보의 약정이 없는 한, 증권 자체에 관한 소유권의 관념을 문제로 할 필요가 없다. 따라서 어음상의 권리의 취득에는 권리와 증권과의 긴밀한 결합에서

제 3 절 어음上의 權利와 어음法上의 權利

「어음上의 權利」는 어음금의 지급을 직접적인 목적으로 하고 있는 권리임에 반하여, 「어음法上의 權利」는 어음금의 지급을 직접적인 목적으로 하지 않는 권리로서 어음관계의 원만한 진전을 위하여 보조적 · 부수적으로 어음法에서 인정된 권리인 점에서 양자는 구별된다.[1] 이러한 「어음法上의 權利」로는 어음의 악의취득자에 대한 어음返還請求權(어 16조 2항 · 77조 1항 1호, 手 21조), 소구통지를 게을리한 자에 대한 損害賠償請求權(어 45조 6항 · 77조 1항 4호, 手 41조 6항), 複本 또는 原本返還請求權(어 66조 1항, 68조 1항, 77조 1항 6호), 利得償還請求權(어 79조, 手 63조) 등이 있다.

이러한 어음法上의 權利는 어음행위에 의하여 발생하는 것이 아니라 어음法에 의하여 그 요건이 성립한 때에 발생하고, 그 권리의 이전은 어음의 양도방법(배서 또는 교부)에 의하는 것이 아니라 指名債權의 讓渡方法에 의하며, 그 권리의 행사에도 證券의 所持를 요하지 않는다.[2] 따라서 이러한 점에서도 어음법상의 권리는 어음상의 권리와 뚜렷이 구별된다.

제 4 절 어음上의 權利와 어음上의 義務

어음상의 권리는 權利者(어음所持人)를 기준으로 본 개념인데, 이의 다른 면인 義務者를 기준으로 본 개념으로 어음상의 의무(어음債務)가 있다.[3]

증권의 所持의 취득을 필요로 할 뿐이지, 소유권의 취득은 필요하지 아니하다. 또 어음증권의 所有權을 취득하여도 어음상의 권리를 취득하지 못하는 경우도 있다. 예컨대 매입한 휴지 속에 어음증권이 혼입하여 있는 것 같은 경우이다. 또 어음증권의 所有權을 상실하여도 어음상의 권리를 잃지 아니하는 경우도 있다. 예컨대 어음증권을 도난당하거나 화재로 인하여 소실하여도 除權判決을 얻어 어음상의 권리를 행사할 수 있으므로 어음상의 권리는 소멸하지 아니한다. 다음에 주의할 것은 어음에 있어서는 권리가 主이고, 증권은 從이라는 것이다. 따라서 어음상의 권리를 이른바 민사법적 취득방법에 의하여 취득한 사람도 역시 어음상의 권리를 가지므로, 어음증권의 인도가 없는 경우에는 그 인도를 청구할 수 있을 것이다. 왜냐하면 從物은 主物의 처분에 따라야 하기 때문이다(徐·鄭, 100~101면).

1) 同旨: 徐·鄭, 99~100면; 鄭(熙), 121~122면; 蔡, 229면 外.

2) 다만 利得償還請求權에 관해서는 그 법적 성질을 어떻게 보느냐에 따라 달라지겠으나, 通說 · 判例인 指名債權說에 의하면 利得償還請求權의 移轉은 指名債權의 양도방법에 의하고, 行使에는 증권의 所持를 요하지 않는다.

3) 어음상의 義務의 특성에 대한 상세한 소개로는 鄭(東), 152~153면 참조.

따라서 어음상의 의무도 어음상의 권리와 같이 인수된 환어음이나 약속어음의 경우에는 환어음의 인수인 또는 약속어음의 발행인의「어음金支給義務(主債務)」와, 환어음의 발행인·배서인 또는 약속어음의 배서인 등의「遡求義務(從債務)」가 있다. 지급보증이 없는 수표나 인수 안 된 환어음의 경우 어음상의 의무는 발행인 및 배서인 등의「遡求義務」뿐이다.

제 5 절 어음上의 權利의 變動

어음상의 권리는 發生·移轉·行使·消滅이라는 4단계로 변동하는데, 이 중 發生과 移轉(所持人出給式 手票는 제외)에는 어음행위를 요한다. 어음상의 권리의 발생을 가져오는 대표적인 어음행위는 發行이지만, 그 외에 保證·引受(換어음의 경우)·支給保證(手票의 경우) 등의 어음행위도 어음상의 권리의 발생을 가져온다. 어음상의 권리의 移轉을 가져오는 대표적인 어음행위는 背書이다. 白地式背書가 있는 어음 또는 所持人出給式手票의 양도방법의 하나인「단순한 交付」도 어음상의 권리의 移轉을 가져오나, 단순한 交付에는 기명날인 또는 서명이 없으므로 어음행위가 아니다.

이하 각론에서는 어음상의 권리의 변동과정에 따라 어음상의 권리의 發生·移轉·行使·消滅 등의 순으로 고찰하겠다.

제 2 장 어음상의 권리의 發生에서는 모든 어음(수표)에 공통된 發行을 먼저 설명하고, 다음으로 換어음에 특유하게 어음상의 권리를 발생시키는 어음행위인 引受와 手票에 특유하게 手票上의 權利를 발생시키는 수표행위인 支給保證을 비교하여 설명한다. 어음保證·參加引受 등의 어음행위도 어음상의 권리를 발생시키나 편의상 기타의 제도에서 함께 설명한다.

제 3 장 어음상의 권리의 移轉에서는 背書를 먼저 설명하고, 그 다음으로 단순한 交付를 설명한 후, 어음상의 권리의 移轉에 수반하여 발생하는 善意取得을 설명한다.

제 4 장 어음상의 권리의 行使에서는 支給提示·支給·支給人의 調査義務·遡求의 순으로 설명한 후, 어음상의 권리의 행사시에 어음채무자가 주장할 수 있는 어음抗辯을 설명한다.

제 5 장 어음상의 권리의 소멸에서는 어음時效를 설명한 후, 어음상의 권리

가 소멸한 후에 발생하는 利得償還請求權에 대하여 설명한다. 또한 어음상의 권리의 소멸과 직접 관련되는 것은 아니나, 이곳에서 어음의 抹消 · 毁損 · 喪失(특히 公示催告節次 및 除權判決)을 설명한다.

제 6 장 기타의 制度에서는 어음保證, 어음參加 및 複本(換어음 · 手票에 특유한 제도) · 謄本(어음에 특유한 制度)에 대하여 설명한다.

제 7 장에서는 手票에만 있는 특유한 제도로서 특수한 手票와 手票에 관한 罰則에 대하여 설명한다.

제 8 장에서는 어음 · 手票에 관한 國際私法上의 규정을 설명한다.

제 9 장에서는 1988년 12월 9일 확정된 國際換어음 및 國際約束어음에 관한 UN協約의 내용을 설명한다.

제 2 장 어음上의 權利의 發生

제 1 절 어음의 發行

제 1 發行의 意義

어음의 發行(issue; Ausstellung)이란 「어음이라는 유가증권을 作成하여 이를 수취인에게 交付하는 것」을 말하는 것으로서, 基本的 어음行爲이다. 어음이라는 유가증권을 「作成」한다는 것은 필요적 기재사항을 기재하고 발행인이 기명날인 또는 서명하는 것을 말한다(要式證券性). 이렇게 작성된 어음이 그 자체만으로 어음상의 권리가 발생하는지 여부에 대하여는 어음理論에 있어서 어느 견해를 취하느냐에 따라 그 결과가 달라지겠으나, 일반적인 見解(權利外觀說에 의하여 보충된 交付契約說 또는 發行說)에 의하면 어음의 作成만으로는 아직 어음상의 권리가 발생하지 않고 작성된 어음을 수취인에게 「交付」하여야 비로소 어음상의 권리가 발생한다고 본다.[1] 따라서 이렇게 보면 發行이라는 개념에는 당연히 受取人에게 (작성된 어음을) 「交付」하는 것까지를 포함한다.[2]

어음을 作成하기 위하여는 발행인이 최소한 기재하여야 할 必要的 記載事項(發行人의 記名捺印 또는 署名을 포함)이 있는데 이를 「어음要件」(Formerfordernisse)이라고 하고(어1조·75조,

1) 同旨: 徐·鄭, 178면(이에 관한 설명이 상세하다); 大判 1989. 10. 24, 88 다카 24776(公報 862, 1755)(公證人이 受取人의 기관으로서 어음을 접수한 경우에도 受取人에게 교부한 것과 같이 發行의 효력이 있다고 한다).

英國 換어음法 및 美國 統一商法典은 이러한 「交付」를 요함을 명문으로 규정하고 있다 [B.E.A. §21; U.C.C. §3-105(a)].

2) 同旨: 鄭(東), 263면(그러나 실무에서는 어음을 發行·交付한다는 표현을 쓰는 일이 많다고 한다).

手 1조), 이렇게 어음요건을 갖추어 발행된 어음을「基本어음」(Grundwechsel)이라고 한다.[1] 어음은 이와 같이 이미 존재하는 권리가 증권에 표창된 것이 아니라, 어음요건을 갖추어 증권을 작성하고 수취인에게 교부함으로써 비로소 어음상의 권리가 발생하는 것이기 때문에 어음을 設權證券이라고 한다.

이하에서는 발행의 法的 性質, 그 效力 및 어음要件에 관하여 換어음 · 約束어음 및 手票로 나누어 설명하겠다. 그런데 어음要件 중 記名捺印 또는 署名(및 어음理論)에 대해서는 이미 앞에서 설명하였으므로, 이곳에서의 어음要件에 관하여는 記名捺印 또는 署名을 제외한 어음要件에 대해서만 설명하겠다.

제 2 發行의 法的 性質

1. 換 어 음

환어음은 발행인이 지급인에게 일정한 금액을 지급할 뜻의 무조건의「委託」이 있어야 하는데(어 1조 2호), 이의 委託의 뜻이 무엇인가가 문제된다. 즉, 換어음의 發行의 법적 성질이 무엇인가에 대하여는 다음과 같이 여러 가지의 견해가 있다.

1) 과거에는 발행인은 償還義務를 부담할 의사표시를 한 것이라고 설명하는 견해도 있었으나,[2] 이는 어음상의 支給委託의 文言만으로 당사자의 의사를 상환의무부담의 의사로 보는 것은 지나친 의제이며 또한 환어음의 발행인의 상환의무는 어음法의 규정(어 9조)에 의한 法定의 효력이라는 점에서 볼 때 타당하지 않다.

2) 支給委託을 委任으로 보아 발행인과 지급인의 委任關係(民 680조 이하)로 생각할 수도 있으나, 환어음의 발행은 발행인이 지급인에게 지급을 위탁하고 지급인이 이를 승낙함으로써 성립하는 것이 아니라 支給人의 承諾有無에 불구하고 성립한다는 점 및 환어음의 발행은 어음관계로써 설명되어야 할텐데 발행인과 지급인의 관계는 資金關係로서 어음 외의 관계에 불과하므로 발행을 어음관계로써 설명하지 못하는 점 등에서 타당하다고 할 수 없다.

3) 환어음의 발행은 발행인이 수취인(또는 어음소지인)에 대하여 인수 전

1) 同旨: 鄭(東), 263면.

2) Dernburg Das *bürgerliche Recht des deutschen Rechts und Preußens*, Bd. II, 1915, S. 359; 岡野敬次郎,「日本手形法」, 1905, 93~94면.

에는 인수를 정지조건으로 하는 支給人에 대한 支給請求權을 수여하고, 인수거절 또는 지급거절의 경우에는 자기에 대한 償還請求權을 수여하는 의사표시라고 설명하는 견해가 있다.[1] 이 견해가 환어음의 발행을 어음관계로써만 설명하고 있는 점은 타당하나, 어음상의 支給委託의 文言을 너무 무시하거나 또는 당사자의 의사를 너무 의제한 해석인 점에서 타당하다고 할 수 없다.

4) 환어음의 발행은 발행인이 支給人에 대하여 지급인의 명의와 발행인의 계산으로 어음金額을 지급할 수 있는 권한을 수여하고, 동시에 受取人에 대하여는 수취인 자신의 명의와 발행인의 계산으로 어음금액을 수령할 수 있는 권한을 수여하는(즉, 二重授權〈Doppelermächtigun〉을 하는) 의사표시라고 보는 견해(支給指示說)가 있다. 이 견해는 獨逸民法 제783조(支給指示〈Anweisung〉) 이하에 근거하는 것으로서 獨逸에서 通說인데,[2] 우리 나라에서도 多數의 학자들이 이를 따르고 있다.[3]

이 견해는 어음상의 支給委託의 文言을 그 實質關係(발행인과 지급인과의 관계)와 어음關係(발행인과 수취인과의 관계)에 잘 조화하여 해석한 것으로서 타당하다고 본다. 그러나 이 견해의 난점은 어음의 발행이라는 어음관계에서 實質關係(資金關係)가 설명되는 점과 우리 民法에는 독일 민법에서와 같이 支給指示에 관한 규정이 없다는 점 등인데,[4] 이 때의 實質關係(資金關係)는 어음금액을 지급할 권한을 단순히 수여하는 것에 불과하고 실질관계에 의하여 지급유무가 좌우되는 것이 아니어서 어음관계의 추상성을 해하는 것이 아니기 때문에 무방하며, 또한 國際的으로 유통되고 또 통일화되어 가고 있는 어음에 있어서 그 어음행위의 법적 성질을 우리 나라의 法規定에만 맞게 해석해야 할 필요는 없다고 보는 점에서 위의 난점들은 근본적인 문제는 아니라고 본다.

5) 위의 支給指示說의 난점을 들어 支給指示說을 비판하고, 환어음의 발행을 發行人과 受取人간에서만 파악하여 환어음의 발행은 發行人이 受取人에게 지급인으로부터 어음금액을 수령할 권한을 수여하는 의사표시라고 설명하는 견해가 있다.[5] 이 견해에서는 受取人(또는 어음所持人)이 만기 전에 지급인에 대하여 환어음을 제시(인수제시)하는 것은 수취인이 발행인의 기관으로서 발행인의 의사표시(지급위탁)를 전달하는 동시에 인수여부를 타진하는 것이라

1) 姜, 464면, 480~481면; 姜, (어) 276면; 金(容), 287~289면; 李(哲), 205~206면.
2) Hueck/Canaris, §4; Zöllner, §8 外.
3) 徐·鄭, 179~180면; 孫(珠), 221면; 梁(承), 245면; 鄭(東), 265면; 崔(基), 272면; 李(基), 94면 外.
4) 鄭(熙), 126면.
5) 鄭(熙), 126면.

고 설명한다.[1] 그러나 이 견해는 환어음상의 지급위탁의 문언을 너무 무시하거나 당사자의 의사를 너무 의제한 점,[2] 또 수취인이 발행인으로부터 지급받는 것이 아니고 지급인으로부터 지급받는 이상 어음관계(발행인과 수취인과의 관계)와 관련하여 실질관계(발행인과 지급인과의 관계)도 함께 설명되어야 하는 점 등에서 타당하지 않다고 본다.

2. 約束어음

약속어음에는 발행인이 일정한 금액을 지급할 뜻의 무조건의 「約束」이 있어야 하므로(어 75조 2호), 약속어음의 발행의 법적 성질은 발행인이 어음의 만기에 (수취인 또는 어음소지인에게) 어음금액의 지급의무를 부담하는 支給約束[3]의 의사표시라고 볼 수 있다.[4]

3. 手　　票

수표도 환어음의 경우와 같이 발행인이 지급인에게 일정한 금액을 지급할 뜻의 무조건의 「委託」을 하여야 하므로(手 1조 2호), 수표의 발행은 발행인이 지급인에 대하여 수표금지급권한을 수여하고 수취인(또는 수표소지인)에 대하여 수표금수령권한을 수여하는(즉, 二重授權하는) 의사표시라고 본다[5](支給指示說).

제 3 發行의 效力

1. 換 어 음

(1) 本質的 效力(意思表示上의 效力)

위에서 본 바와 같이 환어음의 발행의 법적 성질에 대하여 支給指示說을 취하면 환어음의 발행의 本質的 效力은 수취인은 자기의 명의와 발행인의 계산으로 어음금액을 수령할 수 있는 권한을 취득하고, 또 지급인은 자기의 명의와 발행인의 계산으로 지급할 수 있는 권한을 취득하는 것이다. 그러나 支給人은 자기가 지급인이 되어 어음이 발행되었다는 이유로 당연히 지급의무를 부

---

1) 鄭(熙), 126~127면.

2) 同旨: 崔(基), 272면.

3) 이에 관하여 獨逸 民法 제780조는 債務의 支給約束에 대하여 규정하고 있으나, 우리 民法에는 그와 같은 규정이 없다.

4) 同旨: 鄭(東), 267면.

5) 同旨: 鄭(東), 500면.

담하는 것이 아니고, 支給人은 引受한 경우에 한하여 지급할 의무를 부담한다. 따라서 引受 이전의 환어음에 있어서는 확정적인 主債務者는 존재하지 아니하고, 지급인은 인수를 조건으로 하는 이른바 假定的인 債務者로 존재할 뿐이다. 支給人이 그 권한에 기하여 지급을 하였을 때에는 이것을 發行人의 계산으로 돌릴 수 있다. 따라서 支給人은 發行人에 대하여 보통 補償請求權을 취득한다. 이것은 발행에서 발생하는 효력이지만, 어음상의 효력이 아니라 어음의 資金關係(實質關係)상의 효력에 속한다.

(2) **附隨的 效力**(法律上의 效力)

1) 發行人은 어음을 발행함으로 말미암아 그 어음의 引受와 支給을 담보하게 되는데, 인수 또는 지급이 없는 때에는 스스로 지급할 의무를 부담한다(어 9조 1항). 이 의무는 발행에 당연히 수반하는 것이 아니라, 어음유통을 보호하기 위하여 특별히 어음法이 인정한 法的 義務이다.

그러나 이 의무 가운데 引受擔保責任만은 어음상에 면책문구를 기재하여 이것을 면할 수 있다(어 9조 2항 1문). 이에 반하여 支給의 無擔保는 어떠한 경우에도 허용되지 아니하는 것이며, 이러한 기재를 하여도 그 기재는 하지 아니한 것으로 본다(어 9조 2항 2문). 따라서 어음상에 단순히 「無擔保」라고만 기재되었을 때에는 引受를 담보하지 아니하는 취지의 기재라고 해석하여야 한다.

2) 發行人은 위와 같은 담보책임 외에도 複本交付義務(어 64조)와 利得償還義務(어 79조)를 부담하는데, 이것도 어음法의 규정에 의하여 발생하는 어음法上의 義務이다.

(3) **支給委託의 取消**(支給指示의 撤回)

1) 환어음의 발행인과 지급인과의 관계는 資金關係(實質關係)로서 어음 외의 민사법적 법률관계이므로,[1] 발행인은 지급인이 지급할 때까지는 언제든지 어음 외의 의사표시로 그 지급위탁을 취소(철회)할 수 있다.[2] 발행인이 이와 같이 지급인에게 지급위탁을 취소한 후에는 지급인은 발행인의 계산으로 지급할 수 없다. 이와 같이 발행인이 지급인에 대하여 지급위탁을 유효하게 취

---

1) 換어음에 支給委託文句가 기재되는 것은 換어음이 支給委託證券이라는 성질에 기인하는 것이지, 이로 인하여 이것이 어음關係가 되는 것은 아니다.

2) 獨逸 民法 제790조는 被指示人(支給人)이 引受 또는 支給을 하지 않는 동안은 指示人(發行人)은 被指示人에 대하여 어느 때라도 지시를 철회할 수 있는 것을 명문으로 규정하고 있다. 우리 어음法에는 이에 관하여 아무런 규정이 없으나, 換어음의 해석에 있어서도 동일한 결과를 인정할 수 있다고 생각한다[同旨: 鄭(熙), 128면; 鄭(東), 266면; 孫(珠), 223면; 李(基), 95면 外. 反對: 崔(基), 276면].

소한 경우에 지급인이 이러한 취소를 이유로 지급을 하지 아니하는 때에는, 발행인이 상환의무를 이행하여야 하는 것은 당연하다.

2) 수표의 지급위탁의 취소에 관하여는 手票法에 규정이 있는데, 支給提示期間의 경과 전에는 이를 할 수 없도록 규정하고 있다(手 32조 1항). 이 점에 관하여는 뒤의 手票發行의 효력에서 설명한다.

2. 約束어음

(1) 本質的 效力(意思表示上의 效力)

1) 약속어음의 발행인은 어음금액을 지급약속한 자이므로 수취인(또는 어음의 정당한 소지인)에 대하여 主債務(제 1 차적인 債務)를 부담한다. 약속어음의 발행인의 이러한 主債務는 意思表示上의 효력이고 本質的인 효력이기도 하다. 약속어음의 발행인이 이러한 主債務를 부담하는 반사적인 효력으로서, 수취인 등은 발행인에 대하여 어음金支給請求權을 갖는다. 약속어음의 발행인이 부담하는 이러한 주채무는 환어음의 인수인이 부담하는 채무와 같다(어 78조 1항).

2) 약속어음의 발행인의 이러한 주채무는 어음소지인이 소구권보전절차를 취하였는가의 여부에 관계없이 만기로부터 3년의 시효기간(어 70조 1항, 77조 1항 8호)까지는 지급채무를 부담하는 채무이므로, 償還債務와 비교하여 보면 絶對的인 채무이다. 따라서 어음소지인은 지급제시기간 경과 후에도 시효기간 전에는 발행인에게 지급제시하여 어음금액을 지급받을 수 있는데, 우리 大法院判例도 이와 同旨로 다음과 같이 판시하고 있다.

[약속어음의 發行人은 절대적인 채무를 부담하므로 지급제시기간 경과 후에도 시효기간 전에는 지급청구할 수 있다고 본 判例]

약속어음의 발행인은 환어음의 인수인과 같이 어음금액을 절대적으로 지급할 채무를 부담하는 자이고 상환의무자가 아니므로, 소지인이 발행인에 대하여 지급을 위한 어음제시를 하지 아니하였다 하여도 어음금액을 청구할 수 있는 것이고 어음법 제77조 1항 3호에 의한 지급을 위한 제시의 규정은 약속어음 발행인에게는 적용될 수 없다고 할 것인바, 원판결이 위와 같은 취지에서 어음법 제77조 1항 3호에 의하여 준용되는 같은 법 제38조의 규정은 약속어음 발행인에 대한 어음금청구의 경우에는 적용되는 것이 아니라고 한 판단은 정당하고 거기에는 어음법에 관한 법리를 오해한 잘못이 없다[大判 1971. 7. 20, 71 다 1070(教材, 判決例 [355])].

이 때 발행인이 어음금을 지급하지 않으면 발행인은 同어음의 支給提示日

(裁判上의 請求에는 訴狀送達日) 익일부터 완제에 이르기까지 지연손해금을 지급할 책임을 부담한다(商 65조, 民 517조).

우리 大法院判例도 이와 同旨로 다음과 같이 판시하고 있다.

[약속어음의 발행인은 지급제시일(소장송달일) 익일부터 지체책임을 진다고 본 判例]

본건에 있어서 약속어음 발행인인 Y는 어음소지인인 X에 대하여 위의 어음금 및 이에 대한 본건 소장송달의 익일인 1959. 5. 4부터 완제에 이르기까지 상법소정 연 6分의 비율에 의한 지연손해금만을 지급할 의무가 있음에도 불구하고, 어음의 지급기일의 익일인 1958. 12. 7부터 지연이자의 지급을 명한 원판결 및 제 1 심판결은 파기 또는 취소를 면치 못할 것이므로 이에 관한 논지는 이유 있다[大判 1960. 6. 9, 4292 民上 778(敎材, 判決例 [359])].

그러나 어음소지인이 지급제시기간 내에 지급제시를 하였음에도 불구하고 발행인이 지급하지 않은 경우에는, 발행인은 어음금액 외에도 滿期(滿期日 포함) 이후의 연 6分의 이율에 의한 利子를 지급하여야 한다(어 28조 2항, 48조 2호, 77조 1항 4호, 78조 1항).

우리 大法院判例도 이와 同旨로 다음과 같이 판시하고 있다.

[약속어음 소지인이 지급제시기간 내에 발행인에게 지급제시를 하였음에도 불구하고 지급하지 않은 경우 발행인의 책임에 관한 判例]

약속어음의 소지인이 어음발행인에 대하여 어음금을 청구하는 경우에는 (지급제시기간 내에 지급제시하는 경우 ── 저자註) 어음법 제48조 소정의 연 6分에 의한 만기 이후의 이자를 청구할 수 있다[大判 1965. 9. 7, 65 다 1139(민판집 96, 27)].

3) 발행인의 이러한 주채무는 어음소지인에 대하여 부담하는 채무일 뿐만 아니라 소구의무를 이행하고 어음을 환수한 모든 소구의무자에 대하여도 부담하는 채무이므로, 償還債務와 비교하여 보면 最終的인 채무이다.

(2) **附隨的 效力**(法律上의 效力)

1) 약속어음의 발행인은 어음상의 채무로서는 제 1 차적이고 절대적이며 최종적인 채무인 주채무를 부담하기 때문에, 이외에 다른 「어음상의 義務」를 부담할 여지는 없다. 이 점이 환어음의 발행인이 부수적으로 어음상의 의무인 償還義務를 부담하는 것과 구별된다.

2) 그러나 약속어음의 발행인은 환어음의 발행인과 같이 어음상의 의무가 소멸한 후에 발생하는 「利得償還義務」를 부담한다(어 79조). 또한 약속어음의 발행

인이 제 3 자의 대여금채무를 보증할 의사로써 채권자에게 이러한 의사를 표시하고 약속어음(融通어음)을 발행하여 제 3 자에게 교부하고 제 3 자가 채권자에게 배서양도한 경우에는, 발행인은 채권자(어음소지인)에 대하여 어음상의 채무인 주채무를 부담할 뿐만 아니라 민법상 보증인으로서 「保證責任」도 부담한다.[1)]

3) 약속어음의 발행인이 부담하는 주채무는 의사표시상의 효력이므로, 발행인이 어음면상 「支給無擔保의 文言」을 기재하면 이것은 발행의 本質的 效力을 다시 부정하는 것이 되어 어음발행의 효력이 없게 된다. 따라서 약속어음의 발행인의 支給無擔保文言은 그 문언뿐 아니라 어음 자체를 무효로 하는 有害的 記載事項이다.[2)] 그러나 환어음 또는 수표의 발행인의 支給無擔保文言은 그 문언만이 무효가 되는 無益的 記載事項이다(어 9조 2항 2문, 手 12조 2문).

3. 手 票

수표발행의 효력은 환어음의 그것과 대체로 같다. 다만 환어음과는 몇 가지 다른 점이 있는데 이는 다음과 같다.

(1) 主債務의 不存在

약속어음의 경우에는 발행인이 언제나 주채무를 부담하고, 환어음의 경우에는 지급인이 인수를 함으로써 주채무를 부담하나(어 28조 1항), 수표의 경우에는 발행인이 지급약속을 한 것도 아니고 또 지급인의 인수제도도 없으므로(手 4조) 主債務는 영원히 존재하지 않는다. 수표의 지급인은 인수 대신에 支給保證을 할 수 있으나(手 53조), 이러한 支給保證人은 수표가 지급제시기간 경과 전에 제시된 때에 한하여 지급할 의무를 부담한다(手 55조 1항). 따라서 이러한 지급보증인의 지위는 지급제시기간 경과 전에 환어음이 제시되었는지 여부에 불문하고 시효기간 전에는 지급할 의무를 부담하고 있는 환어음의 引受人(또는 약속어음의 發行人)의 지위와는 구별된다. 그러므로 수표에서는 主債務者가 영원히 존재하지 않고, 支給保證人은 최종적인 遡求義務者와 같다고 볼 수 있다. 이러한 法理는 自己앞手票에 있어서도 같다.[3)]

(2) 支給委託取消[4)](支給指示撤回)의 制限

1) 환어음의 경우에는 발행인은 지급인에 대하여 언제든지 자금관계에서

1) 同旨: 大判 1985. 11. 26, 84 다카 2275(公報 768, 13).
2) 同旨: 鄭(熙), 124면; 鄭(東), 268면; 崔(基), 275면 外.
3) 大判 1959. 11. 26, 4294 民上 359.
4) 이 때의 支給委託取消는 특정된 手票에 대한 支給事務委託의 철회이지 手票發行이나 手票

지급위탁(지급지시)을 취소(철회)할 수 있으나, 수표의 경우에는 수표의 지급을 확보하고 수표소지인의 이익을 보호하기 위하여 手票法은 수표의 支給委託의 取消는 支給提示期間 경과 후에만 그 효력이 생기는 것으로 규정하고 있다(手 32조 1항). 따라서 발행인이 지급제시기간 경과 전에 지급위탁의 취소를 한 경우에 지급인은 이를 무시하고 발행인의 계산으로 지급할 수 있으며, 이 때에 지급인이 발행인의 지급위탁취소에 응하여 지급자금이 있음에도 불구하고 지급을 하지 않는 경우에는 수표소지인은 지급인에 대하여는 수표금지급청구권이 없고 발행인에 대하여 소구권을 행사할 수밖에 없다.[1]

2) 환어음의 경우에는 支給人은 지급제시기간 경과 후에는 발행인의 계산으로 지급할 수 없으나, 수표의 경우에는 원인관계상 수표를 발행한 발행인의 결제 의사를 존중하여 手票法은 발행인의 지급위탁의 취소가 없는 한 지급제시기간 경과 후에도 발행인의 계산으로 지급할 수 있도록 규정하고 있다(手 32조 2항).

(3) 發行의 制限

환어음의 발행에는 제한이 없으나, 수표는 지급증권으로서 그 지급의 확실을 기하기 위하여 手票法에 의하여 그 발행을 制限하고 있다. 즉, 수표는 제시한 때에 발행인이 처분할 수 있는 자금이 있는 銀行을 지급인으로 하고(手票資金), 발행인이 그 자금을 수표에 의하여 처분할 수 있는 명시 또는 묵시의 契約(手票契約)에 따라서만, 이를 발행할 수 있다(手 3조). 이러한 手票資金에 관한 契約(當座預金契約 또는 當座借越契約)·手票契約 및 相互計算契約[2]은 보통 當座去來契約에 의하여 동시에 체결된다.

手票資金은 수표의 발행시에는 없어도 제시된 때에 있으면 충분한 점은 手票法 제 3 조에 의하여 명백하다. 수표가 제 3 자의 계산으로 발행되는 委託手票(手 6조 2항)의 경우에는, 수표자금관계는 지급인과 제 3 자 사이에 존재하므로 발행인은 수표를 발행하여 제 3 자의 자금을 처분할 수 있는 권한이 있으면 된다.[3]

手票契約에 의하여 지급인(은행)은 발행인이 발행한 수표를 수표자금으로써 지급할 權限을 취득한다(그러나 支給할 의무를 부담하는 것은 아니다). 이러한 手票契約의 법적 성질은 발

契約의 취소가 아니다[鄭(熙), 120면 註 1].

1) 同旨: 鄭(熙), 129면; 大判 1959.11.26, 4292 民上 359(大集 7 民 322); 同 1970.11.24, 70 다 2046(大集 18 ③ 民 302).

2) 이러한 當座去來契約에 相互計算契約이 포함되는지 여부에 대하여는 견해가 나뉘어 있는데, 포함된다고 보는 것이 多數說이며 또 타당하다고 한 점은 앞에서 본 바와 같다[同旨: 鄭(東), 506면 外].

3) 同旨: 鄭(東), 505~506면.

행인이 지급인에게 수표의 지급사무를 위탁하는 委任契約으로 보아야 할 것이다(通說).[1]

위와 같이 手票資金과 手票契約의 존재를 전제로 하여 수표를 발행할 수 있도록 수표의 발행을 제한한 것은 수표의 남발을 억제하여 수표의 신용을 증진시키고자 한 것이나, 이러한 제한은 수표발행(수표관계)을 실질관계(자금관계)에 관련시켜 수표의 無因證券性에 반하는 결과를 초래하고 있다. 따라서 手票法은 위의 제한규정에 위반하여 발행된 수표도 수표로서의 효력에는 아무런 영향이 없다고 명문으로 규정하고 있다(手 3조 단서). 그러나 위의 제한규정에 위반하여 수표를 발행한 자는 手票法에 의하여 과태료의 처벌을 받고(手 67조), 또 일정한 경우 不正手票團束法에 의하여 부정수표를 발행한 자로서 형사처벌을 받는다(同法 2조).

제 4 어음의 記載事項

1. 總 說

1) 어음관계는 발행에 의하여 작성되는 어음(基本어음)을 기초로 발전하여 가는 것인데, 기본어음의 내용은 발행시의 어음의 기재사항에 의하여 정하여진다. 어음은 고도의 유통증권으로서 엄격한 요식증권이다. 따라서 발행시에 반드시 기재하여야 어음으로서 성립하는 사항이 있는데, 이를 「必要的 記載事項(어음要件)」이라고 한다. 어음의 기재사항에는 이러한 어음요건 외에도 어음에 기재함으로써 이에 상응하는 어음상의 효력이 발생하는 「有益的 記載事項」, 어음에 기재하여도 아무런 어음상의 효력이 발생하지 않는 「無益的 記載事項」, 어음에 기재하면 어음 자체를 무효로 하는 「有害的 記載事項」이 있다.[2]

이하에서는 어음의 각 기재사항을 고찰하겠는데, 이해의 편의를 위하여 각각에 대하여 換어음 · 約束어음 · 手票로 나누어 설명한다.

2) 이러한 각 기재사항에 대한 개별적인 설명에 들어가기 전에 기재의 일반적인 사항에 대하여 살펴보면 다음과 같다.

(1) 證券의 材料

어음法은 증권의 재료에 관하여 아무런 제한을 두고 있지 않기 때문에 紙

1) 鄭(東), 506면 外.

2) 有益的 記載事項 · 無益的 記載事項 및 有害的 記載事項은 이를 어음에 기재하지 않아도 어음의 효력에 영향이 없는 사항이므로 이를 합하여 「任意的 記載事項」이라고 한다.

片뿐만 아니라 羊皮[1]이든 布片이든 또는 고가의 그림의 裏面이든 상관없다. 실제 거래에 있어서는 편의상 부동문자로 인쇄된 어음용지가 이용되고 있다. 또한 지급장소가 은행인 경우에는 그 은행에서 교부받은 통일어음용지가 아니면 지급되지 아니한다.[2]

(2) 記載方法

기재의 재료는 잉크·볼펜·묵·연필·기타 어떠한 것이라도 상관없고, 기재는 객관적 진실과 일치할 필요는 없고 형식적으로 존재하면 족하다.[3]

(3) 印紙의 첨부

기본어음에는 인지세법상 수입인지를 첨부하고 발행인이 消印하여야 한다. 그러나 인지를 첨부하지 않아도 인지세법상 일정한 처벌원인은 되지만, 어음의 효력에는 영향이 없다.[4] 제네바印紙稅法條約 제 1 조도 이 점을 명백히 규정하고 있다.

2. 必要的 記載事項

어음의 必要的 記載事項(어음要件)에 대하여는 어음法에서 명문의 규정을 두고 있다(어 1조·75조, 手 1조). 만일 어음요건 중 어느 것을 기재하지 아니한 증권은 원칙적으로 어음으로서의 효력이 없다(어 2조 1항·76조 1항, 手 2조 1항). 그러나 어음法은 어음의 유통보호를 위하여 어음요건 중 일부(만기·지급지·발행지)의 기재가 없는 것에 대하여는 예외적으로 구제규정을 두어 어음이 무효가 되는 것을 방지하고 있다(어 2조 1항 단서·2항·3항·4항, 76조 1항 단서·2항·3항·4항, 手 2조 1항 단서·2항·3항·4항). 또한 어음要件의 일부가 기재되지 아니한 경우에는 白地어음으로 인정될 수도 있다(이에 관하여는 白地어음에서 상술함). 따라서 어음은 어음요건 중 일부가 기재되지 아니한 경우에 구제규정에 의하여 보충되지도 않고 또 白地어음으로 인정될 수도 없는 경우에는, 무효가 되는 것이다.[5] 이와 같이 기본적 어음행위인 발행이 형식적 하자로 인하여 무효가 된 경우에는 그 뒤에

1) Board of Inland Revenue v. Haddock(The Negotiable Cow)(암소의 등과 양 옆에 빨간 잉크로 支給委託文句를 기재하여 手票를 발행한 사건)[鄭(東), 384면].
2) 教材, 273면.
3) 同旨: 大判 1961. 8. 10, 4293 民上 714(카드 6798).
4) 同旨: 徐·鄭, 149~150면; 鄭(東), 294면.
5) 同旨: 大判 1967. 9. 5, 67 다 1471(大集 15 ③ 民 69) 外. 그러나 이 때에도 어음으로서는 무효이지만 보통의 指示證券으로서의 요건을 구비하고 발행인이 그 무효를 알았더라면 보통의 指示證券을 발행할 것을 의욕하였으리라고 인정될 때에는 指示證券으로 유효하다(民 138조)(教材, 274면).

하는 부속적 어음행위(背書·引受·保證 등)도 전부 무효가 된다. 즉, 어음行爲獨立의 원칙이 이 경우에는 적용되지 아니한다.

어음요건이 기재되었는지 여부는 어음관계자에게 중대한 영향이 있으므로 무엇을 기준으로 하여 어음요건이 기재되었는지를 판단할 것인가가 문제된다. 이에 대하여는 발행시의 어음 자체의 기재만으로 판단하여야 하고, 어음증권 외의 사정이나 당사자의 의사를 고려하여서는 아니 된다고 본다[1](形式的 어음嚴正의 原則). 그러나 어음발행인이 의식적으로 어음요건의 일부를 기재하지 않고 뒤에 어음소지인이 어음금을 청구할 때 어음요건이 기재되지 않았음을 주장하거나 또는 어음발행인이 아주 경미한 어음요건이 기재되지 않았음을 어음채무를 회피하는 구실로 원용하는 경우에는, 信義則 또는 禁反言則에 의하여 이를 인정하지 않아야 할 것이다.[2]

이하에서는 換어음·約束어음 및 手票의 어음요건에 대하여 개별적으로 살펴본다.

(1) 換 어 음

1) 어음文句(Wechselklausel; dénomination) 어음에는 「증권의 본문 중에 그 증권의 작성에 사용하는 國語로 換어음임을 표시하는 문자」를 기재하여야 한다(어1조 1호). 즉, 「換어음임을 표시하는 문자」가 換어음文句인데, 이를 어음상에 기재하도록 한 이유는 그 증권이 換어음임을 명백하게 나타내어 어음행위자 및 어음취득자에게 그 증권이 換어음임을 자각시키고자 하는 것이다.[3] 換어음文句는 「換어음」이라고 하는 것이 보통이나, 「換어음증권」 또는 「換어음증서」 등의 기재도 무방하다. 그러나 단순히 「어음」·「어음證券」·「어음證書」 등의 기재는 換어음文句로 볼 수 없다.[4]

이러한 어음文句는 「증권의 작성에 사용하는 國語」로 기재하여야 하는데, 증권의 작성에 사용하는 용어에는 제한이 없으므로 증권이 韓國語로 작성된 경우에는 換어음文句도 한국어로 기재하여야 하나, 증권이 外國語로 작성된 경우에는 換어음文句도 그 외국어로 기재하여야 한다. 만일 한 개의 어음이 수

1) 同旨: 徐·鄭, 149면; 鄭(東), 293면.
2) 同旨: 徐·鄭, 149면; 鄭(東), 293면; Hueck/Canaris, §6 Ⅵ; B.E.A. §55.
3) 이와 같이 어음文句를 어음요건으로 한 것은 統一法系 어음法의 특색이고, 英美法系 어음法은 이를 어음요건으로 하고 있지 않다. 그러나 UN 國際換어음·國際約束어음協約 제 1 조는 어음文句를 表題와 本文의 두 곳에 기재하도록 규정하고 있다.
4) 依用어음法上의 용어이며 日本의 용어인 「爲替手形」이 현재 우리 나라의 換어음文句로서 여전히 適法하다는 견해가 있는데[鄭(熙), 132면; 蔡, 125면], 타당하지 않다고 본다.

개의 국어로 혼용하여 작성된 경우에는 換어음文言의 핵심인 「支給委託文句」에 사용된 국어로 換어음文句를 기재하여야 한다.

換어음文句의 기재장소는 어음法 제 1 조 1 호가 명백히 규정하고 있는 바와 같이 「證券의 本文中」이어야 한다.[1] 이 때 「證券의 本文」이란 換어음文言의 핵심인 支給委託文句를 의미한다. 보통 換어음文句는 표제와 본문 중의 두 곳에 기재되는데, 표제에만 기재되고 본문 중에 기재되지 않으면 어음요건은 기재하지 아니한 것이 되나,[2] 표제에 換어음文句가 없어도 본문 중에 기재되어 있으면 어음요건을 기재하지 아니한 것이라 할 수 없다.[3]

2) **一定金額의 無條件의 支給委託**(unconditional order to pay a sum certain in money; unbedingte Anweisung, eine bestimmte Geldsumme zu zahlen)

換어음에는 「一定한 金額을 지급할 뜻의 無條件의 委託」을 기재하여야 한다(어 1조 2호). 이를 어음金額과 支給委託으로 나누어서 설명하겠다.

㈎ 어음金額 환어음은 금전채권을 표창하는 유가증권이므로 금전 이외에 物件의 지급을 목적으로 하는 換어음(物品어음 또는 物件어음)은 無效이다.

우리 大法院判例도 이와 同旨로 다음과 같이 판시하고 있다.

[物件의 지급을 목적으로 한 약속어음을 無效로 본 判例]

원래 어음은 금전채권에 관한 증권으로서 금전 이외의 물건지급을 목적으로 하여서는 발행할 수 없는 것이므로 본건에 있어서와 같이 백미 24가마니를 2월 15일까지 지급한다는 내용의 약속어음을 발행한 경우에는 위 약속어음은 어음으로서는 법률상 무효라 할 것이다[大判 1964. 8. 31, 63 다 969(判總 11-2, 974-1)].

표시될 금전은 강제통용력 있는 法貨에 한하지 아니하고 거래상 화폐의 역할을 하는 것으로 충분하다.[4] 또 유통하는 화폐형태를 갖지 않고 단순히 거래에서 행하여지는 가치척도에 불과한 이른바 계산통화(예컨대 IMF協定에 의한 SDR 등)도 무방하다.[5] 또 외국화폐라도 무방한데(어 41조 1항), 발행국과 지급국에서 同名異價를 가진

1) 어음文句의 기재장소에 관하여, 1932년 전의 依用어음法에서는 「證券의 文言中」(in the body; im Texte; dans le texte)에 기재하여야 한다고 규정하고 있었으므로, 이 文言의 의의를 證券上의 기재의 전체를 의미한다고 해석하여 表題에 기재하면 된다는 견해(表題說)와 증권의 근간을 이루는 文言을 지정하는 것이라고 해석하여 本文에 기재하여야 한다는 견해(本文說)로 나뉘어 있었으나, 우리 어음法은 統一條約의 원문인 Kontext(文脈)라는 뜻에 따라서 「證券의 本文中」에 기재하도록 명시하였다(徐·鄭, 151면).

2) 敎材, 247면.

3) 同旨: 日神戸地判 1974. 2. 25(敎材, 判決例 [228]).

4) 同旨: 朝高判 1925. 8. 3.

5) 同旨: 鄭(熙), 133면.

통화로써 금액을 정한 때에는 지급지의 통화에 의하여 정한 것으로 추정된다(어41조 4항). 또 금액에 관하여는 특별한 제한규정이 없으므로 최고와 최저에 한계가 없다.

어음금액은 一定하여야 한다. 따라서 「100만원 또는 200만원」이라고 하는 것과 같은 선택적 기재, 「미화 200달러 상당의 한화」라고 하는 것과 같은 부동적 기재, 또는 「100만원 이상 혹은 이하」라고 하는 것과 같이 최저액 또는 최고액의 기재만을 하는 것은 부적법하다. 또한 어음금액은 원칙적으로 單一하여야 하므로 원금과 이자를 따로따로 분리하여 기재할 수 없다. 따라서 어음상에 利子를 기재하면 기재하지 않은 것으로 본다(어5조1항 2문). 그러나 一覽出給 또는 一覽後定期出給의 환어음의 경우에는 미리 이자액을 예측할 수 없으므로 예외적으로 어음에 利子가 생길 뜻의 약정을 기재할 수 있는데(어5조1항 1문), 이 때에는 반드시 利率을 어음에 기재하여야 한다(어5조 2항).

어음금액은 어음의 어느 부분에라도 기재할 수 있고 또 文字로 표시하든 數字로 표시하든 상관이 없는데, 오류를 피하거나 변조를 방지할 목적으로 어음의 數個所에 문자 혹은 숫자나 그 양자로써 어음금액을 중복기재하는 일이 많다. 이러한 경우 그 금액이 일치하지 아니할 때에는 문자와 숫자와의 사이에서는 文字에 의하고, 문자와 문자 또는 숫자와 숫자와의 사이에 있어서는 그 最小金額에 의한다(어6조).

㈏ **支給委託** 환어음에는 보통 「위의 금액을 이 환어음과 상환하여 甲 또는 그 지시인에게 지급하여 주십시오」라고 기재되어 있는데, 이의 기재가 支給委託文句이고 환어음의 핵심이 되는 文句이다. 이러한 支給委託은 어음法에서 명문으로 규정하고 있는 바와 같이 「無條件」이어야 한다. 이와 같이 지급위탁을 무조건으로 하도록 규정한 것은 어음관계를 간명하게 하여 어음의 유통성을 높이기 위한 것이다. 따라서 예컨대 「구입상품에 瑕疵가 없는 경우에 지급함」과 같이 지급에 조건을 붙이거나, 또는 「귀하가 보관중인 甲회사의 예금 중에서 지급하기로 함」과 같이 지급자금을 한정하거나, 또는 「만원권으로 지급함」과 같이 지급방법을 한정하는 경우에는, 어음이 무효가 된다.

우리 大法院判例도 이와 同旨로 다음과 같이 판시하고 있다.

[支給條件의 기재가 있다고 하여 無效의 어음이라고 한 判例]

약속어음의 裏面에 '甲 어음발행 중 현금 지불되었을 때 즉시 47,000,000원을 지불함'이라고 기재된 것은 원인관계의 기재나 지급의 우선적 약속으로 어음금의 지급을 제한하는 조건이므로, 동 약속어음은 무효이다[大判 1994. 6. 14, 94 다 6598(公報 972, 1957)].

이와 같은 조건을 어음 자체에 기재한 경우에는 당연히 어음이 무효가 되는데, 어음의 附箋에 조건을 기재한 경우에는 어떠한가.

이에 대하여 우리 大法院判例는 다음과 같이 無效라고 판시하고 있다.

[附箋에 조건을 기재한 約束어음도 無效라고 본 判例]

약속어음에 결합된 附箋은 법률상 그 어음면의 연장으로서의 취급을 받는 紙片이니만큼 이에 기재된 지급의 조건에 관한 문언도 그 어음의 발행을 무효로 하는 것이다[大判 1971. 4. 20, 71 다 418(敎材, 判決例 [231])].

그러나 우리 어음法上 附箋에 할 수 있는 어음행위는 背書(어 13조 1항·77조 1항 1호, 手 16조 1항)·保證(어 31조 1항·77조 3항, 手 26조 1항)과 같이 어음法上 명문의 규정이 있어야 그 효력이 발생하는데 發行에는 이러한 규정이 없을 뿐만 아니라 또 기본어음은 확실하고 명백하여야 하기 때문에,[1] 附箋에 한 발행행위 및 이와 동시할 수 있는 지급조건의 기재는 어음 자체를 무효로 하는 것이 아니라 그 附箋에 기재한 것만이 무효라고 본다.[2]

3) 支給人의 名稱(drawee; Bezogener; tiré)

(가) 意　義　환어음은 지급위탁증권이므로 환어음에는 발행인 이외에 「支給人의 명칭」을 기재하여야 한다(어 1조 3호). 支給人은 「어음금액을 지급할 자」이다. 이러한 支給人이 기재되지 않으면 어음소지인은 누구한테 引受 또는 支給을 받을 것인가가 확정되지 않으므로 환어음(및 수표)에서는 약속어음과는 달리 支給人의 기재가 반드시 필요하다.

支給人은 實在人이 아니어도 무방하다. 따라서 虛無人을 지급인으로 기재한 경우에도 그 환어음은 무효가 아닌데(地下室 어음), 그러한 어음의 소지인은 지급인으로부터 인수 또는 지급을 받을 수 없으므로 發行人이나 背書人에게 遡求權을 행사할 수밖에 없다.[3]

---

1) 이에 관한 상세는 鄭(燦), (事例) 267~269면.

同旨(附箋에 한 發行人의 記名捺印 또는 署名을 無效로 보는 見解): 鄭(熙), 125면; 徐·鄭, 163면; 鄭(東), 279면; 李(範), 316면; 姜, 583면; 鄭(茂), 393면; 註釋, 149면; 註어, 78면 外.

反對(附箋에 한 發行人의 記名捺印 또는 署名을 有效로 보는 見解): 孫(珠), 192면.

2) 同旨: 註釋, 149면.

3) 同旨: 徐·鄭, 152면; 鄭(東), 273면; 崔(基), 290면; 註釋, 137면; 李(基), 99면; B.E.A. §5 ②.

(나) **表示方法** 支給人의 명칭의 표시방법으로는 自然人은 성명 외에도 동일성을 인식할 수 있는 한 통칭·아호·예명·별명 등을 기재하여도 무방하고, 法人은 법인명만 기재하면 되고 반드시 대표자의 성명(및 대표관계) 또는 대리인의 성명(및 대리관계)을 표시할 필요가 없다(이는 受取人의 표시와 같고, 發行人·背書人 등과 같은 어음행위자의 표시와 구별됨). 法人格이 없는 社團이나 組合도 지급인의 명칭으로 기재될 수 있다고 본다. 이 때에는 法人格이 없는 社團이나 組合 자체에게 지급할 권한이 있다고 볼 수 없으므로, 그 구성원에게 (準總有 또는 準合有的으로) 지급할 권한이 있다고 보아야 할 것이다.[1]

(다) **複數的 記載** 환어음의 지급인의 복수적 기재가 가능한가. 이 때 수 인의 支給人이 지급을 분담하는 것과 같은 기재는 당연히 인정되지 아니한다.

(i) 선택적 기재(甲 또는 乙)는 선택 전에 지급인이 확정되지 아니하여 어음관계의 단순성을 해하므로 인정되지 아니한다고 본다(通說).[2]

(ii) 순차적 기재(第 1 支給人 甲, 第 2 支給人 乙)는 제 1 지급인만을 지급인으로 하고 제 2 지급인은 예비지급인으로 하는 취지라고 해석할 수 있으므로 인정된다고 본다(通說).[3]

(iii) 중첩적 기재(甲 및 乙)는 발행인이 모든 지급인에게 합동하여 지급할 권한을 부여한 것이라고 볼 수 있으므로 인정된다고 본다(通說).[4] 이 때에는 지급인 전원이 지급을 거절하여야 지급거절로 인한 소구를 할 수 있으나, 인수거절로 인한 만기 전의 소구는 지급인 중의 1인만이 인수를 거절하여도 가능하다고 해석한다(通說).[5] 그러나 이 경우에 수 인의 지급인이 인수한 경우에는 인수인은 각자 전부의 지급의무를 부담하는 合同責任(어 47조)을 부담한다. 따라서 이 때

1) 同旨: 鄭(東), 273면; 註釋, 137면(다만 權利能力이 없는 社團이나 財團은 그 代表者 또는 管理人이 정하여져 있는 경우에 支給人으로 기재될 수 있다고 한다); Zöllner, §12 I 1, §12 V 3.

2) 徐·鄭, 153면; 孫(珠), 198면; 鄭(熙), 133면; 鄭(東), 274면; 崔(基), 290면; 李(基), 100면 外.
反對: 鈴木, 182면 註 10(어음所持人이 選擇權을 갖고 있는 이상 이를 否定할 필요는 없다고 한다); U.C.C. §3-103(a)(6).

3) 徐·鄭, 153면; 孫(珠), 197면; 崔(基), 293면; 鄭(東), 274면 外.
反對: 註釋, 136면; 鄭(茂), 382~383면; U.C.C. §3-103(a)(6).

4) 徐·鄭, 153면; 鄭(熙), 133면; 鄭(東), 274면; 崔(基), 290면; 蔡, 237면 外.
同旨: B.E.A. §6(2)(重疊的 記載만 인정함); U.C.C. §3-103(a)(6)(重疊的 記載와 選擇的 記載는 인정하나, 順次的 記載는 부정함).

5) 鄭(熙), 133면; 孫(珠), 197면; 鄭(東), 274면; 崔(基), 290면; 蔡, 237면; 註釋, 136면 外(滿期前의 遡求는 支給人 중의 1인만이 引受를 거절하여도 가능하다고 한다).
反對: 徐·鄭, 211면.

수 인의 인수인 중 1인에 대한 지급제시는 다른 인수인에 대하여 효력이 생기지 않는다.[1] 지급인의 중첩적 기재를 인정하는 경우 환어음의 만기가 一覽出給 또는 一覽後定期出給이면 두 개 이상의 만기가 생길 수 있다는 점에서 이 때에는 무효로 보아야 할 것이 아닌가 하는 의문도 있으나, 만기의 단일성은 그 기재의 외관에 의해서만 결정되어야 할 것이므로 이 때에도 지급인의 중첩적 기재는 유효하다고 본다.[2]

㈑ **當事者資格의 兼併** 환어음에는 발행인 · 수취인 · 지급인의 3당사자가 있어야 하고 이러한 3당사자의 자격은 각각 별개의 인격자인 것이 보통이나, 어음法은 이러한 당사자자격의 두 개를 동일인이 겸병할 수 있는 것을 인정하고 있다. 즉 발행인자격과 수취인자격과의 겸병(自己指示換어음)[3](어 3조 1항)과 발행인자격과 지급인자격과의 겸병(自己앞換어음)(어 3조 2항)을 인정하고 있다. 당사자자격의 겸병을 인정하는 이유로는 어음관계의 당사자 사이에는 이해상반하는 관계가 없고 오히려 어음금액의 지급과 어음의 유통성확보라는 협동관계만이 존재하는 점, 어음法의 당사자자격은 순전히 형식적 · 추상적 관념에 불과하므로 기본어음에 발행인 · 지급인 · 수취인의 기재가 설사 동일인으로 기재되어도 기본어음의 형식으로서 위법이 아니고 그 어음은 형식상 유효하다는 점 등을 들 수 있다. 당사자자격의 겸병은 위와 같은 이유에서 이론상 인정될 수 있을 뿐만 아니라 실제상 이를 인정할 필요도 있다.

어음法에는 명문의 규정이 없으나 수취인자격과 지급인자격의 겸병 및 발행인 · 수취인 · 지급인의 3당사자자격의 겸병(單名어음)도 이론상 부정할 이유가 없고, 또 실제상으로도 이를 인정할 필요가 있다(通說).[4]

4) 滿 期

㈎ **意 義** 滿期(maturity; Verfall, Verfallzeit; échéance)라고 함은「어음금액이 지급될 날로 어음상에 기재된 날」이다. 만기는 만기일이라고도 하는

---

1) 同旨: 鄭(東), 334면; 蔡, 237면.
反對: 協約 제55조 (b)호(約束어음의 發行人의 경우).

2) 同旨: 註釋, 136~137면. 이 때에는 數人의 支給人 중 1인에 대한 支給提示 또는 引受提示를 기준으로 하여 滿期를 결정하여야 할 것으로 본다.

3) 發行人이 受取人欄을 공란으로 한 채 第1背書欄에 背書한 경우에는 自己指示換어음으로 볼 수 있다[鄭(東), 275면; BGH WM 1977, 1376].

4) 徐·鄭, 154면; 鄭(熙), 134면; 梁(承), 249면; 鄭(東), 276면; 崔(基), 293면; 李(範), 314면; 蔡, 230면; 鄭(茂), 383~384면; 徐(廷), 253면; 註어, 90면 外.
反對: 註釋, 161면(3當事者의 資格을 兼併하는 것은 실제상 그 필요성이 인정되지 않으므로 허용되지 않는다고 한다); 日大判 1930. 11. 6(民集 9, 1024).

데, 거래계에서는 일반적으로 支給期日이라고 한다. 만기는 「지급을 할 날」(어38조 1항, 44조 3항) 또는 「지급의 날」(어41조 1항)과는 다른 관념이다. 즉 만기와 「지급을 할 날」과는 보통 일치하지만 만기가 법정휴일일 때에는 이에 이은 제 1 의 거래일이 지급을 할 날이 되므로(어72조 1항) 이 경우에는 양자가 구별되고, 또 「지급의 날」은 현실로 지급이 행하여진 날이므로 양자는 구별된다.

만기는 단일하고 確定할 수 있는 날이어야 한다. 따라서 어음금액의 일부씩에 각별로 만기를 정하거나(어33조 2항) 또는 각 지급인에 대하여 각각 다른 만기를 정할 수 없고,[1] 도래할지 않을지 불확실한 날 또는 언제 도래할지 불확실한 날을 만기로 정할 수 없다. 또한 만기는 어음 자체에 의하여 확정할 수 있는 날이어야 하고 어음 외의 사정에 의하여 확정할 수 있는 날이어서는 안 되므로, 시장개장일을 만기로 하는 시장어음이나 상관습에 따라 만기를 정하는 어음 등은 인정되지 아니한다.[2] 또한 만기는 발행 당시에 확정할 수 있어야 하므로 「甲의 사망시」 등과 같이 불확정 기한으로 정한 만기의 기재는 무효이다.[3]

만기는 어음금액이 지급될 날이므로 가능한 날이어야 한다. 따라서 만기는 歲曆에 존재하는 날이어야 하는데, 歲曆에 없는 날(예컨대, 11월 31일 또는 2월 30일 등)을 만기로 기재한 경우에 그 효력이 어떻게 되는지가 문제된다. 이에 대하여는 말일을 만기로 보아 이를 有效로 보는 견해(우리나라의 通說)[4]와 무효로 보는 견해[5]로 나뉘어 있는데, 유효로 보는 견해가 타당하다고 본다.[6]

이러한 만기는 절대적인 어음요건이 아니고 보충규정이 있어서 만기가 흠결된 어음은 一覽出給의 환어음으로 간주된다(어2조 2항). 또한 歲曆에 있는 날을 만기로 기재하였으나 만기가 발행일 이전의 날로서 불능의 날이 된 경우에는

---

1) 그러나 英國 換어음法에서는 分割出給의 滿期가 인정된다[B.E.A. §9(1)(b)].

2) 鄭(熙), 134~135면; 孫(珠), 199면; 梁(承), 250면; 鄭(東), 283면; 李(基), 106면; Baumbach/Hefermehl, WG Art. 33 Rdn. 1.

3) 그러나 英國 換어음法은 이를 명문으로 인정하고 있다[B.E.A. §11(2)].

4) 徐·鄭, 155면; 鄭(熙), 137면(滿期에 대하여); 教材, 288면(發行日에 대하여); 鄭(東), 283면; 孫(珠), 202면; 崔(基), 295면; 蔡, 130면 外.
有效로 보는 日本의 學說로는 鈴木, 183면; 田中(誠), 146면 등이 있다.

5) Hueck/Canaris, §6 Ⅳ 8; Zöllner, §12 Ⅳ 6; Baumbach/Hefermehl, WG Art. 1 Rdn. 9 外. 同旨: ROHG 24, 122(滿期를 11월 1일이라고만 기재하고 年度를 기재하지 않은 경우에는 금년이지 내년인지 불분명하므로 허용되지 않는다); 日大判 1931. 5. 22(教材, 判決例 [255])(歲曆에 없는 날을 發行日로 기재한 경우 同어음은 無效라고 함).

6) 同旨: 日大判 1930. 7. 14(教材, 判決例 [232])(11月 31日의 滿期를 11月 末日의 滿期로 보고 있음); 日東京高判 1907. 6. 7(滿期를 10月 2日로 하고 發行日을 1906年 8月 30日로 한 경우에는 滿期를 1906年 10月 2日로 할 것이라고 한다).

그러한 만기는 유효한 만기가 될 수 없다(그러나 발행일과 만기일이 같은 것은 무방하다).1)

이에 대하여 우리 大法院判例는 만기가 무효일 뿐만 아니라 어음 자체가 무효라고 다음과 같이 판시하고 있다.2)

[滿期가 發行日 이전으로 되어 있으면 無效어음이라고 본 判例]

어음의 요식증권 내지 문언증권으로서의 성질상 어음요건의 성립 여부는 어음상의 기재만에 의하여 판단하여야 하고, 어음요건의 기재가 그 자체로 불가능한 것이거나 각 어음요건이 서로 명백히 모순되어 함께 존립할 수 없게 되는 경우에는 그와 같은 어음은 무효라고 봄이 상당하고, 한편 약속어음의 발행일은 어음요건의 하나로서 그 기재가 없는 상태에서는 어음상의 권리가 적법하게 성립할 수 없는 것이므로, 확정일출급 약속어음의 경우 만기의 일자가 발행일보다 앞선 일자로 기재되어 있다면 그 약속어음은 어음요건의 기재가 서로 모순되는 것으로서 무효라고 해석하여야 할 것이며, 어음문면 외의 사실을 조사하여 약속어음의 기재착오를 보충하거나 정정하는 것은 허용되지 않는다[大判 2000. 4. 25, 98 다 59682(公報 2000, 1256)][이 판결에 대한 평석으로는 李均龍, "滿期의 日字가 發行日字보다 앞선 日字로 기재되어 있는 確定日出給 約束어음의 效力(無效)," 「저스티스」(韓國法學院), 제33권 제 4 호(2000. 12), 276~292면 참조. 이 평석에서 필자는 이에 관한 有效說 · 修正有效說(實際發行日基準說) · 修正無效說(支給提示期間基準說) 및 誤記 · 變造二分說에 대하여 비판하고, 大法院判決에 찬성하면서 제한된 범위에서 예외를 인정할 것인지 여부에 대하여 판단하지 않은 것은 다소 아쉬움이 남는다고 한다].

同旨: 서울民事地判 1975. 12. 24, 75 가 5759(敎材, 判決例 [237])[이 判決에 대한 評釋으로는 鄭(燦), (事例) 270~271면 참조].

(나) **種 類** 어음法은 一覽出給 · 一覽後定期出給 · 發行日字後定期出給 및 確定日出給의 4종의 만기만을 인정하고(어 33조 1항), 그 외의 만기는 환어음을 무효로 한다고 규정하고 있다(어 33조 2항), 이러한 4종의 만기 중 一覽出給과 一覽後定期出給은 확정할 수 있는 만기이고, 發行日字後定期出給과 確定日出給은 확정된 만기이다.

이하에서 차례대로 설명한다.

(ㄱ) **一覽出給** 지급을 위하여 제시가 있었던 날을 만기로 하는 어음을 一覽出給어음(bill payable at sight; Sichtwechsel; billet á vue)이라고 한다(어 33조 1항 1호, 34조 1항 1문). 보통 어음에 「일람(청구, 제시) 즉시 지급하여 주십시오」 등으로 표시된다. 일람출급어음의 경우에는 만기의 도래가 어음소지인의 지급제시에 달려 있기 때문에 어음채무자를 부당하게 장기간 구속하는 일이 있다. 따라서 이러한 일이

1) 同旨: 鄭(熙), 137면; 鄭(東), 286면; 日大判 1934. 7. 3(法學 3, 1466).

2) 同旨(獨逸의 通說 · 判例): RGZ 69, 205; BGHZ 53, 13 ff.; Baumbach/Hefermehl, WG Art. 1 Rdn. 12.

反對: Klunzinger WM 70, 177; Rehfeldt/Zöllner, §12 V 8; Zöllner, §12 V 6.

없도록 하기 위하여 어음法은 원칙적으로 발행일자로부터 1년 내에 지급을 위하여 제시를 하여야 한다고 규정하고 있다(어 34조 1항 2문). 그러나 예외적으로 發行人은 이 기간을 단축 또는 연장할 수 있고, 背書人은 이것을 단축할 수 있다(어 34조 1항 3문). 이와 같이 發行人 또는 背書人이 제시기간을 어음상에 기재한 경우, 發行人이 기재한 제시기간은 모든 어음당사자에 대하여 효력이 있으나, 背書人이 기재한 제시기간은 그 배서인에 한하여 이것을 원용할 수 있다(어 53조 3항).

또 어음法 제34조 2항 1문은 發行人은 일정한 기일 전에는 一覽出給어음의 지급을 위한 제시를 금할 수 있다고 규정하고 있으므로, 이것에 의하여 실제로는 確定日後一覽出給(어 34조 1항)과 一定期間經過後一覽出給(어 34조 2항)의 2종의 만기가 된다. 一定期間經過後一覽出給에 있어서는 그 기간의 말일로부터 제시기간이 시작된다(어 34조 2항 2문). 歲曆을 달리하는 兩地간에서 발행된 어음의 제시기간은 원칙적으로 발행일자를 지급지의 歲曆의 대응일로 환산하고 이에 의하여 제시기간을 계산한다(어 37조 2항 · 3항).

(ㄴ) **一覽後定期出給** 인수를 위하여 제시하고 인수가 있은 경우에는 引受日字, 인수가 거절된 경우에는 拒絶證書의 作成日字로부터 일정한 기간을 경과한 날을 만기로 하는 어음을 一覽後定期出給어음(bill payable at a fixed period after sight; Nachsichtwechsel; bille á certain délai de vue)이라고 한다(어 33조 1항 2호, 35조 1항). 이 경우에도 만기의 도래는 어음의 인수제시에 달려 있으므로 어음法은 발행일자로부터 1년의 인수제시기간을 규정하였다(어 23조 1항). 發行人은 이 기간을 단축 또는 연장할 수 있고, 背書人은 이 기간을 단축할 수 있다(어 23조 2항 · 3항). 위에서 본 바와 같이 一覽後定期出給어음에서 만기를 정하는 일정기간의 기산일은 지급인의 인수여부에 따라 다르고, 또 지급인의 수의 單複에 따라 다르다. 따라서 이하에서는 이에 관하여 좀 더 상세히 살펴본다.

ⓐ 支給人이 引受를 한 경우 첫째로 지급인이 인수하고 인수일자를 기재한 경우에는 그「引受日字」를 기준으로 하고(어 35조 1항 전단), 둘째로 지급인이 인수하고 인수일자를 기재하지 않았으나 거절증서작성면제가 아니어서 인수일자 거절증서를 작성한 경우에는 그「拒絶證書의 日字」를 기준으로 하며(어 35조 1항 전단), 셋째로 지급인이 인수하고 인수일자를 기재하지 않고 또한 거절증서도 작성하지 않은 경우에는 (거절증서작성면제인 경우 또는 거절증서작성면제가 아닌 경우로서 인수일자 거절증서를 작성하지 아니한 경우)[1] 인수제시기간의 말일에 인수

1) 이 경우에 어음소지인은 發行人과 背書人에 대한 관계에서는 遡求權을 행사할 수 없다

한 것으로 보아「引受提示期間의 末日」을 기준으로 하고(어 35조 2항), 각각 이에 일정기간을 계산하여 만기를 정한다.

ⓑ 支給人이 引受를 거절한 경우　　첫째로 지급인이 인수를 거절하고 인수거절증서를 작성한 경우에는(거절증서작성면제가 아닌 경우) 그「拒絶證書의 日字」를 기준으로 하고(어 35조 1항 후단), 둘째로 지급인이 인수를 거절하고 또 인수거절증서를 작성하지 않은 경우에는(거절증서작성면제인 경우)1) 지급인에 대한 관계에서는 인수제시기간의 말일에 인수를 거절한 것으로 보아「引受提示期間의 末日」을 기준으로 하여2)(어 35조 2항), 각각 이에 일정기간을 계산하여 만기를 정한다. 인수가 거절된 경우에는 만기전의 소구가 가능하므로 만기를 확정할 필요가 없을 것 같지만, 소구금액을 정하는 데 있어서 만기 이후의 이자를 산정해야 할 필요가 있는 점 등에서(어 48조 1항 2호, 2항) 이 때에도 만기를 확정할 필요가 있다.3)

ⓒ 支給人이 數人인 경우　　첫째로 수 인의 지급인 중 1인이 인수한 경우에는 그「引受日字」를 기준으로 하여 만기를 계산하고, 둘째로 수 인의 지급인 중 1인이 인수를 거절하면「拒絶證書作成日字(또는 引受提示期間의 末日)」를 기준으로 하여 만기를 계산하며, 셋째로 수 인의 지급인이 인수하고 인수일자가 서로 相異한 경우에는 그 중「빠른 引受日字」를 기준으로 하여 만기를 계산한다.4)

(ㄷ) **發行日字後定期出給**　　발행일자로부터 어음에 기재한 확정기간을 경과한 날을 만기로 하는 어음을 發行日字後定期出給어음(bill payable at a fixed period after date; Datowechsel; billet á uncertain délaide date)이라고 한다(어 33조 1항 3호). 예컨대 발행일자로부터 3개월이라고 하는 것과 같은 만기가 그것이다. 이 때 기간의 계산에 관하여는 民法 제156조 이하의 규정이 적용되지만, 어음法은 다음과 같은 특칙을 두었다.

ⓐ 기간에는 初日을 산입하지 아니하다(어 73조).

(어 25조 2항 2문).

1) 拒絶證書作成免除가 아닌 경우에도 이에 해당하여「引受提示期間의 末日」을 기준으로 하여 만기가 정하여지는 것으로 볼 수 있으나, 이 때에는 滿期前 遡求權을 행사할 수도 없고 또 인수제시기간 내의 인수제시가 있었다는 입증도 없어 滿期後 遡求權도 행사할 수 없어(어 25조 2항 2문, 53조 1항 2호 참조) 어음소지인은 누구에 대하여도 어음상의 권리를 행사할 수 없으므로 滿期를 정하는 것이 무의미하게 된다고 본다.

2) 鄭(熙), 136면은 이 때에「현실로 提示된 날」을 기준으로 하여 만기를 계산한다고 하나, 어음法 제35조 2항의 취지 및 基準日이 불확실하다는 점 등에서 타당하지 않다고 본다.

3) 同旨: 鄭(東), 285면.

4) 同旨: 鄭(熙), 136면.

ⓑ 발행일자 후 1月 또는 數月에 지급할 어음은 지급하여야 할 월의 대응일을 만기로 하되, 대응일이 없는 때에는 그 달의 말일을 만기로 한다(어 36조 1항).

ⓒ 발행일자 후 1月半 또는 數月半에 지급할 어음은 먼저 全月을 계산한다(어 36조 2항). 8日 또는 15日이란 1주 또는 2주가 아니고 만 8일 또는 만 15일을 이르며(어 36조 4항), 半月이란 만 15일의 기간을 말한다(어 36조 5항).

ⓓ 歲曆을 달리하는 兩地간에 발행된 어음이 發行日字後定期出給인 때에는, 원칙적으로 발행일자를 지급지의 歲曆의 대응일에 바꾸어 이에 의하여 만기를 정한다(어 37조 2항). 그러나 환어음의 문언 또는 기타의 기재에 의하여 다른 의사를 알 수 있는 때에는 그에 의한다(어 37조 4항).

㈃ 確定日出給 　확정한 날을 만기로 하는 어음을 確定日出給어음(bill payable on a fixed day; Tagwechsel; billet payable à jour fixé)이라고 한다(어 33조 1항 4호). 2005년 10월 3일과 같이 년월일로써 표시하는 것이 보통이지만, 특정일을 정확하게 알 수 있는 한 2005년 개천절과 같은 기재도 적법하다. 또 만기의 표시로서 月日만을 기재하고 年을 기재하지 않았을 때라도 어음상의 다른 기재로부터 年을 추정할 수 있는 이상은 유효한 기재가 된다.[1] 月初·月中·月終으로 만기를 정한 때에는 그 달의 1일·15일 또는 말일을 말한다(어 36조 3항). 발행지와 歲曆을 달리하는 地에서 확정일에 지급할 환어음에 관하여는, 어음의 문언 또는 증권의 기타의 기재에 의하여 다른 의사를 알 수 없는 한, 만기일은 지급지의 歲曆에 의하여 정한 것으로 본다(어 37조 1항·4항).

㈐ 補　充 　만기는 필요적 기재사항이므로 그 기재를 하지 아니한 때에는 어음은 원칙적으로 무효이다(어 2조 1항 본문). 그러나 어음法은 단순한 만기의 기재가 없는 경우에 관하여, 특히 구제규정을 두어 「만기의 기재가 없는 때에는 一覽出給의 환어음으로 본다」라고 규정하고 있다(어 2조 2항). 만기의 기재가 없는 때라 함은 원래는 전연 만기의 기재가 없든가, 또는 어떠한 기재가 있어도 거래의 통념상 만기의 기재로서는 전혀 무의미하여 만기의 기재가 없는 것과 동일시되는 경우라는 것이다. 그런데 만기의 기재가 있어도 부적법한 경우에는 구제될 수 있겠는가에 대하여, 이러한 부적법한 기재는 구제될 수 없다고 보는 견해가 지배이다.[2] 그러나 이러한 경우에도 어음有效解釋의 원칙에 의하여 보

1) 同旨: 徐·鄭, 155면; 孫(珠), 202면; 日東京高判 1907. 6. 7(滿期를 10月 2日로 하고, 發行日을 1906年 8月 30日로 한 경우에는 만기를 1906年 10月 2日로 할 것이라고 한다).
反對: ROHG 24, 122(滿期가 금년인지 내년인지 불분명하므로 허용되지 않는다고 한다).

2) 徐·鄭, 157면; 鄭(東), 286면; 李均龍, 前揭判例評釋(저스티스), 286면; 大判 2000. 4.

충규정에 의하여 구제될 수 있다고 본다.[1)]

만기의 기재를 하지 아니한 어음과 만기를 백지로 발행한 백지어음과는 외관상 구별하기 어렵다. 이것은 원칙적으로 발행인이 백지보충권을 부여하였는가의 여부에 따라서 결정될 것이다. 지급기일이 공란인 어음을 일률적으로 위의 보충규정에 의하여 일람출급어음으로 볼 것이 아니라, 白地어음으로 추정하는 것이 타당하다고 본다[2)](이에 관하여는 白地어음에서 설명하였음).

5) 支 給 地

(가) 意　義　支給地(place of payment; Zahlungsort; lien de paiement)(어 1조 5호)라 함은 「어음금액이 지급될 일정한 지역(Ortschaft)」을 말한다. 지급지는 인수 또는 지급을 위한 제시, 전자에 대한 소구권보전절차, 인수인의 채무이행 등의 지역이 되는 것으로 매우 중요하므로, 어음法은 이를 어음요건의 하나로 규정하고 있다.[3)]

支給地는 支給場所(Zahlstelle)와 구별하여야 한다. 支給場所는 지급지 내에 있어서 지급이 행하여질 특정한 장소(지점)를 의미한다(어 4조, 27조 2항). 그러나 지급지 외의 장소를 지급장소로 기재한 경우에는 同지급장소의 기재는 무효가 되나, 지급장소는 어음요건이 아니므로 同어음은 무효가 되는 것이 아니다.

우리 大法院判例도 이와 同旨로 다음과 같이 판시하고 있다.

[支給地外의 장소를 지급장소로 기재한 어음도 有效라고 본 判例]

약속어음에서 지급처소(지급장소 — 저자註)를 기재하는 것은 필요적 기재사항이 아니므로 설사 이 사건의 약속어음처럼 지급지가 포항시로 되어 있는데, 그 지급처소를 서울특별시로 기재하였다 하더라도 이 약속어음의 효력이 무효라고 일컬을 수는 없다[大判 1970. 7. 24, 70 다 965(教材, 判決例 [241])].

[지급장소의 기재에 결함이 있어도 그 어음은 有效라고 본 判例]

약속어음의 지급장소는 필요적 기재요건이 아니므로 그 기재에 흠결이 있다고 하더라도 이는 그 기재가 효력을 발생하지 아니함에 그치는 것이고 약속어음 자체에는 아무런 영향이 없는 것이다[大判 1959. 8. 27, 4292 民再抗 120(判總 11-2, 1030)].

25, 98 다 59682(公報 2000, 1256); 서울民事地判 1975. 12. 24, 75 가 5759(教材, 判決例 [237]) 外.

1) 鄭(燦), (事例) 270～271면.

2) 鄭(燦), (事例) 209면. 同旨: 大判 1976. 3. 9, 75 다 984(判總 11-2, 1032-15); 日大判 1925. 12. 23(教材, 判決例 [238]).
反對(一覽出給어음으로 본 判例): 日大判 1932. 11. 26(教材, 判決例 [239]).

3) 그러나 英國 換어음法은 支給地를 어음要件의 하나로 규정하고 있지 않다[B.E.A. §3(4)(c)].

이 때에 어음소지인이 同어음을 지급지 외의 지급장소에서 지급제시하면 지급제시의 효력이 없다.[1] 따라서 이러한 어음의 소지인은 同어음을 지급인의 영업소 · 주소 또는 거소에서 지급제시하여야 한다.[2] 지급장소가 지급지를 보충할 수 있는가에 대하여는, 이를 긍정하는 견해도 있으나,[3] 어음법상 지급지의 보충규정에 대하여 명문의 규정을 두고 있으므로(어 2조 3항) 이를 부정하는 것이 타당하다고 본다.[4]

지급지는 단일하고 확정되어야 한다. 따라서 지급지의 중첩적 기재나 선택적 기재는 인정되지 않는다고 본다(通說).[5] 왜냐하면 지급지의 중첩적 기재를 인정하면 어음소지인이 소구권보전절차를 이행하기 위하여 단기의 제시기간 내에 각 지급지에서 전부 지급(인수)제시를 하여야 하는데 이는 어음소지인을 해하므로 인정될 수 없고, 또한 어음소지인이 선택권을 갖는 선택적 기재는 어음소지인을 해하는 것은 아니나 지급지의 어느 하나에 주소를 갖는 예비지급인을 기재한 어음관계자(발행인 · 배서인 또는 보증인)(어 55조 1항)가 있는 경우에 어음소지인이 다른 지급지를 선택하면 그러한 어음관계자의 이익을 해하게 되기 때문이다.[6]

(나) **表示方法** 지급지 · 발행지 등의 「地」라 함은 독립한 최소행정구역, 즉 특별시 · 광역시 · 시 · 군과 같은 것을 말하므로, 지급지로서는 원칙적으로 이것으로 인정될 수 있는 지역을 기재하면 된다. 그러나 최소독립행정구역이 아니라도 사회적으로 통용하는 일정한 지역을 표시하는 명칭을 기재하면 되는 것이다. 따라서 서울 · 청량리 등의 명칭을 기재하여도 지급지의 기재로서 유효하다.

우리 大法院判例도 이와 同旨로 다음과 같이 판시하고 있다.

---

1) 同旨: 日大判 1924. 12. 5(教材, 判決例 [244]).
2) 同旨: 日大判 1924. 12. 5(教材, 判決例 [244]).
3) 鄭(熙), 137면; 孫(珠), 204면; 日大判 1926. 5. 22(民集 5-6, 428).
4) 鄭(燦), (事例) 272면.
5) 徐·鄭, 158~159면; 鄭(熙), 138면; 孫(珠), 205면; 鄭(東), 291면; 崔(基), 299면; 蔡, 113면; 李(基), 106면 外.
反對: 山尾時三, 「手形法論」(東京: 岩波書店, 1935), 192면(支給地의 重疊的 記載 및 選擇的 記載를 인정함); 鈴木, 189면 註 28(選擇權이 어음所持人에게 있는 경우에는 어음소지인의 이익을 害하지 않는다고 하여 選擇的 記載를 인정함).
6) 豫備支給人을 기재한 어음관계자는 어음所持人이 豫備支給人에게 어음을 제시하고 그가 參加引受 또는 參加支給을 거절하는 경우, 이에 관하여 拒絶證書에 의하여 증명하지 않으면 同어음관계자 및 그 후자는 어음상의 책임을 면하는데, 어음所持人이 다른 지급지를 선택하여 豫備支給人에게 어음을 제시하지 않는 경우에는 同어음관계자의 이와 같은 이익을 해하게 된다(어 56조 2항, 60조 2항).

[‘서울’의 기재는 支給地의 기재로서 有效하다고 본 判例]

서울특별시의 경우는 ‘서울’이라고만 기재하면 되고, 반드시 그 區까지를 표시하여야 하는 것은 아니다[大判 1981. 12. 8, 80 다 863 (大集 29 ③ 民 235)].

지급지의 기재는 지급장소를 찾는 거소이므로, 이 취지를 무시하는 광범한 지역의 기재는 어음을 무효로 할 것이다. 예컨대 영남·호남 등의 기재와 같다. 이와 반대로 지급지를 번지까지 기재한 경우에는 그 어음의 지급지는 특별시·광역시·시·읍·면과 같은 최소독립행정구역이고, 나머지는 무익적 기재사항이라고 본다.[1] 또한 지급지로서 기재되는 지역은 實在하는 지역임을 요한다고 본다(通說).[2]

(다) **支給地를 기준으로 한 어음의 分類** 지급지와 발행지가 동일한 어음을 「同地어음」(Platzwechsel)이라 하고, 지급지와 발행지가 동일하지 않은 어음을 「異地어음 또는 遠距離어음」(Distanzwechsel)이라 한다. 연혁적으로는 지급지와 발행지와의 사이에 격지성이 요구되고 있었으나, 어음法은 이것을 요건으로 하지 아니하므로 구별의 실익은 없다.

지급지와 지급인의 주소지가 동일한 어음을 「同地支給어음」이라고 하고, 兩地가 동일하지 아니한 어음을 「他地支給어음」(Domizilwechsel)[3]이라 한다(同地어음과 同地支給어음 및 異地어음과 他地支給어음을 혼동하여서는 아니 된다). 他地支給어음인 경우에는 「發行人」이 지급지 내에 지급담당자(지급장소로서 보통은 은행)를 기재하는 것이 보통이고(따라서 지급인은 보통 지급지 내에 영업소 또는 거래은행을 갖고 있다), 발행인이 지급담당자를 기재하지 않은 경우에는 「支給人」이 인수를 할 때에 이를 기재할 수 있다(第3者方支給의 기재)(어 27조 1항 1문). 따라서 他地支給어음에서는 지급인에게 지급담당자를 기재할 기회를 줄 필요가 있으므로(발행인이 이를 기재하지 않은 경우) 어음法은 발행인이 인수제시를 금할 수 없도록 규정하고 있다(어 22조 2항 단서). 만일 발행인 및 인수인이 지급지 내에 지급담당자를 기재하지 않은 경우에는, 인수인은 지급지 내에서 직접 지급할 의무를 부담한다(어 27조 1항 2문). 他地支給어음에서 발행인이 지급담당자를 기재하지 않고 또 어음소지인이 인수제시도 하지 않아 지급인이 지급담당자를

1) 同旨: 鄭(東), 290~291면(그러나 특별시나 광역시는 區까지 支給地로 본다); 蔡, 132면.

2) 徐·鄭, 158면; 鄭(熙), 138면; 鄭(東), 291면; 孫(珠), 204면; 崔(基), 299면; 李(基), 106면 外. 또한 이 견해가 獨逸의 通說이다(Zöllner, S. 71).

反對: 升本, 54면[어음外觀解釋의 原則(Prinzip der äusseren Korrespondenz)에 의하여 이러한 어음도 유효하다고 한다].

3) 他地支給어음은 支給人의 주소와 다른 어음 자체의 주소를 가지고 있다고 하여 「住所어음」이라고도 한다. 이러한 他地支給어음은 어음所持人이 同어음을 어디에서 支給提示할 것인가가 불분명하여 그러한 어음의 취득을 기피하므로 오늘날 거의 이용되지 않고 있다[鄭(東), 291~292면].

기재할 수도 없었던 경우에는, 지급인은 지급지 내에서 직접 지급할 수밖에 없다고 본다(어 27조 1항 2문 유추적용).

他地支給어음은 第 3 者方支給어음과 구별된다. 第 3 者方支給어음은 지급인의 주소에서가 아니라 제 3 자의 주소(지급담당자 또는 지급장소로서 보통은 은행임)에서 지급되는 어음을 말한다. 그런데 이러한 지급장소는 지급지 내이기만 하면 지급인의 주소지에 있거나 다른 지에 있음을 불문하므로(어 4조), 第 3 者方지급어음은 지급지와 지급인의 주소지가 같은 경우(同地支給어음)에도 있을 수 있고, 또 지급지와 지급인의 주소지가 다른 경우(他地支給어음)에도 있을 수 있다.[1]

㈑ 補 充 지급지의 기재가 없는 환어음은 무효가 되는 것이 아니라, 구제규정이 있어 「지급인의 명칭에 부기한 地」가 지급지를 보충한다(어 2조 3항 전단). 「지급인의 명칭에 부기한 地」는 또한 지급인의 주소지로 간주되고 있다[2](어 2조 3항 후단). 이 때 「지급지의 기재가 없는 때」라 함은 지급지의 기재가 전혀 없거나 또는 어떠한 기재가 있어도 거래의 통념상 지급지의 기재로서 전혀 무의미한 경우뿐만 아니라, 지급지의 기재로서 부적법한 경우를 포함한다고 본다.[3]

6) 受 取 人

㈎ 意 義 受取人(payee; Remittent; preneur)이라 함은 「어음에 지급을 받을 자로 기재된 자」이다. 어음法에는 「지급을 받을 자 또는 지급을 받을 자를 지시할 자의 명칭」이라고 규정하고 있다(어 1조 6호). 어음法이 수취인이라고 하지 않고 이와 같이 표현한 것은 수취인이 반드시 스스로 어음금액을 수령한다고 볼 수 없고, 타인을 지시하는 경우를 예상하였기 때문이다.[4] 발행인이 「지급을 받을 자의 명칭」을 기재한 어음을 記名式어음이라고 하고, 「지급을 받을 자를 지시할 자의 명칭」을 기재한 어음을 指示式어음이라고 한다. 그런데 어음은 법률상 당연한 지시증권이므로(어 11조 1항), 記名式어음이라도 背書에 의하여 양도할 수 있다. 그러나 어음에는 記名式이건 또는 指示式이건 受取人을 반드시 기재하여야 하므로, 無記名式(所持人出給式)어음은 인정될 수 없다.[5]

---

1) 同旨: 鄭(東), 292면; 李(基), 107면; Zöllner, S. 74.

2) 支給人의 住所地로서 간주되는 의미는 어음所持人이 引受를 위한 어음의 提示地로서 의미가 있다(어 21조).

3) 反對: 註釋, 141면.

4) 同旨: 鄭(熙), 139면; 鄭(東), 276면.

5) 그러나 手票法에서는 無記名式(所持人出給式)手票를 명문으로 인정하고 있다(手 5조 1항 3호, 3항). 또한 英美法에서는 無記名式(所持人出給式)어음을 명문으로 인정하고 있다 [U.C.C. §3-104(a)(1); B.E.A. §3(1), 83(1)].

어음의 경우 選擇無記名式(指名所持人出給式)어음이 인정될 수 있는지 여부에 대하여는,[1] 이를 인정하는 견해도 있으나,[2] 이는 소지인출급식어음과 동일시할 수 있으므로(手 5조 2항 참조) 인정될 수 없다고 본다.[3] 어음에 無記名式(所持人出給式)어음이 인정되지 않는다고 하더라도 발행인이 수취인의 자격을 겸한 自己指示어음을 발행하여 이에 백지식배서(어 13조 2항) 또는 소지인출급식배서(어 12조 3항)를 하면, 실질적으로 無記名式(所持人出給式)어음을 발행한 것과 동일한 효과를 거둘 수 있다.

수취인은 지급인과 같이 實在人이 아니어도 무방하다고 본다.[4] 이는 同어음이 다시 제 3 자에게 양도된 경우에 그 의미가 크다고 볼 수 있다.

(나) **表示方法** 수취인의 명칭의 표시방법은 지급인의 명칭의 표시방법과 같다. 따라서 수취인이 自然人인 경우에는 성명 외에도 상호·통칭·아호·예명·별명·직명 등 무엇이든지 적어도 수취인을 특정할 수 있으면 충분하다(通說).[5]

우리 大法院判例도 이와 同旨로 다음과 같이 판시하고 있다.

[受取人이 自然人인 경우 商號로써 표시할 수 있다고 본 判例]

수취인의 기재는 반드시 정확함을 요하는 것은 아니며 이를 기재함에 있어서는 성명으로 표시할 수도 있고 또는 상호로써 표시할 수도 있으며, 이러한 경우에 약속어음은 모두 유효하다 할 것인바 본건 약속어음의 수취인의 명칭을 X서점이라고 표시한 바 원심이 인용한 증인의 증언에 의하면 X서점이라는 것은 원고를 말하는 것이라 하니, 이러하다면 본건 약속어음은 유효하다 할 것이다[大判 1961. 11. 23, 4294 民上 65 (教材, 判決例 [248])].

또한 수취인이 法人인 경우에는 法人名만 기재하면 되고 반드시 대표자의 성명(및 대표관계) 또는 대리인의 성명(및 대리관계)을 표시할 필요는 없다(이것은 支給人의 표시와 같고, 發行人·背書人 등과 같은 어음行爲者의 표시와 구별됨).

우리 大法院判例도 이와 同旨로 다음과 같이 판시하고 있다.

[受取人이 法人인 경우 代表者 또는 代理人을 표시하지 않아도 무방하다는 判例]

약속어음의 수취인의 명칭은 반드시 정확함을 요하는 것이 아니고 수취인이

1) 手票에서는 選擇無記名式(指名所持人出給式)手票를 명문으로 인정하고 있다(手 5조 2항).

2) 選擇無記名式어음을 指示式어음과 동일시하여 이를 인정하는 見解로는 鄭(熙), 140면; 孫(珠), 207면.

3) 同旨: 徐·鄭, 160면; 李(範), 315면; 蔡, 129면; 李(基), 100면.

4) 同旨: 鄭(東), 276면; 李(基), 100면.

5) 鄭(熙), 139면(또한 受取人의 명칭으로 姓名을 기재한 경우에는 誤字·脫字가 있더라도 전체로써 受取人을 특정할 수 있으면 有效하다고 본다); 鄭(東), 276면 外.

누구인가를 알 수 있으면 족하다 할 것이니 회사 기타의 법인을 수취인으로 기재할 때에는 그 대표자 또는 대리인을 표시하여야 하는 것도 아니며 또 어떤 회사의 지점 혹은 영업소, 대리점이란 기재가 있는 경우에는 그 회사가 수취인임을 알 수 있다[大判 1978. 12. 13, 78 다 1567 (判總 11-2, 1032-22)].

또한 法人格이 없는 社團이나 組合도 수취인으로 기재될 수 있는데, 이 때에는 그 構成員이 (準總有 또는 準合有的으로) 어음금액을 수령할 수 있는 권한을 갖는다(通說).[1]

(다) **複數的 記載** 환어음의 수취인의 복수적 기재는 지급인의 경우와는 달리 넓게 인정되고 있다. 즉, 수취인은 重疊的 기재(甲 및 乙)뿐만 아니라 選擇的 기재(甲 또는 乙) 및 順次的 기재(제 1 수취인 甲, 제 2 수취인 乙)도 모두 유효하다고 본다(通說).[2] 왜냐하면 重疊的 기재인 경우에는 모든 수취인이 공동수취인이 되고, 選擇的 기재 또는 順次的 기재인 경우에는 발행인으로부터 어음을 교부받은 수취인만이 어음상의 권리를 취득하므로 어음관계를 불명확하게 하지 않기 때문이다. 따라서 重疊的 기재의 경우에는 수취인으로 기재된 전원이 공동으로 어음상의 권리를 행사하여야 하므로 그 전원의 명의로 背書를 하여야 하나,[3] 選擇的 기재 또는 順次的 기재의 경우에는 어음을 교부받은 어음소지인만이 어음상의 권리를 행사할 수 있으므로 그가 단독으로 背書할 수 있다.

7) **發行日과 發行地** 어음法은 發行日과 發行地를 어음요건으로서 반드시 기재하도록 규정하고 있는데[4](어 1조 7호), 이것은 어음의 발행이라는 어음행위의 의사표시가 언제 · 어디에서 있었다는 사실의 표시가 아니고, 어음행위자가 언제 · 어디에서 어음상의 효과를 발생시킬 것을 의욕하였는가라는 의사표시이다. 따라서 어음상에 기재된 발행일과 발행지는 사실상의 발행일과 발행지와 틀리는 경우에도 유효하나, 일단 사실상의 발행일과 발행지의 표시로 추정될 수 있을 것이다.[5] 이하에서는 發行日과 發行地를 구별하여 설명한다.

(가) **發 行 日**

(ㄱ) **意 義** 發行日(Ausstellungsdatum; date d'émission)이라 함은 「어

1) 徐·鄭, 160면; 鄭(熙), 139면; 鄭(東), 277면 外.
2) 徐·鄭, 160면; 鄭(熙), 139면; 孫(珠), 206면; 鄭(東), 277면 外.
美國法은 受取人이 複數人인 경우 選擇的 記載 및 非選擇的 記載를 명문으로 규정하고 있다[U.C.C. §3-110(d)].
3) 英美法은 이를 명문으로 규정하고 있다[U.C.C. §3-110(d); B.E.A. §32(3)].
4) 英美法上으로는 이들이 어음要件이 아니다[U.C.C. §3-104; B.E.A. §3(4)(a)(c)].
5) 同旨: 鄭(熙), 140면; 鄭(東), 287면; 蔡, 134~135면.

음이 발행된 날로서 위에서 본 바와 같이 어음상에 기재된 일자」를 의미하고, 사실상 어음이 발행된 일자를 의미하는 것이 아니다. 발행일은 사실상 어음을 발행한 일자(예, 2005년 2월 1일)보다 후의 일자(예, 2005년 3월 1일)를 어음상에 기재할 수 있는데 이러한 어음을 「先日字어음」이라고 하고, 또는 이전의 일자(예, 2005년 1월 4일)를 어음상에 기재할 수 있는데 이러한 어음을 「後日字어음」이라고 한다.

발행일을 어음요건으로 규정한 것은 發行日字後定期出給어음에서 만기를 정하는 기준이 되고(어 36조 1항 · 2항), 一覽出給어음에 있어서 지급제시기간을 산정하는 기준이 되며(어 34조 1항 2문), 一覽後定期出給어음에서 인수제시기간을 산정하는 기준이 되기 때문이다(어 23조 1항). 그러므로 確定日出給어음에 있어서는 발행일은 특별한 의미가 없으므로 이를 어음요건으로 할 필요가 없다는 견해도 있으나,[1] 발행일은 발행인의 능력 및 대리권의 유무를 판단함에 있어서 기준이 되며 또 어음법상 명문으로 이를 어음요건으로 규정하고 있기 때문에 확정일출급어음에 있어서도 이를 어음요건으로 인정하는 의미가 있다고 본다.[2]

(ㄴ) **表示方法** 　발행일의 표시방법은 만기의 경우와 같다. 따라서 발행일은 單一의 날로서 確定日 또는 確定할 수 있는 날이어야 한다. 따라서 어음상에 수 개의 발행일을 기재하면 발행일의 단일 · 확정에 반하므로 그 어음은 무효가 된다고 본다(通說).[3] 발행일은 보통 年月日로 표시되는데 月日만 기재하고 年度의 표시가 없는 경우가 있다. 이 때에는 어음상으로 보아 금년인지 또는 내년인지 불분명한 경우에는 발행일의 기재로서 무효라고 보나,[4] 어음상으로 보아(예컨대, 만기 등에 의하여) 금년인 경우가 분명한 경우 등에는 어음有效解釋의 원칙에 따라 발행일의 기재로서 유효라고 볼 수 있다.[5]

우리 大法院判例도 이와 同旨에서 다음과 같이 판시하고 있다.

---

1) 鈴木, 191면.

2) 同旨: 鄭(東), 288면; 崔(基), 308면(發行日과 滿期까지의 기간의 長短은 어음의 信用關係를 추측케 하는 의미도 있다고 설명하나, 이러한 기간의 長短에 의하여 어음의 信用關係가 좌우되는 것은 아니라고 본다).

3) 徐·鄭, 162면; 鄭(熙), 141면; 鄭(東), 288면; 孫(珠), 208면; 徐(廷), 138면; 姜, 265면 外.

이에 반하여 數人의 發行人이 있거나, 發行日이 滿期 · 提示期間 · 利子의 發生時期 등에 대하여 의미를 갖는 경우 이외에는, 발행일의 複數記載도 유효하다는 견해가 있다(伊澤, 335면).

4) 同旨: ROHG 24, 122(獨逸判例).

5) 同旨: 徐·鄭, 161면; 鄭(熙), 141면; 日東京高判 1907. 6. 7.

[手票面上 日字의 기재를 발행일로 본 判例]

수표의 표면의 자기앞수표라는 표기 바로 옆에 고딕체로 '1989. 4. 15'이라고 선명하게 기재되어 있는 경우에는 어음과 달리 수표상에는 발행일 이외에 다른 날짜가 기재될 수 없는 점에 비추어 위 일자 기재를 수표의 발행일로 보아야 한다[大判 1990. 12. 21, 90 다카 28023(公報 890, 596)].

또한 발행일은 가능한 날이어야 하므로 歲曆에 있는 날이어야 한다. 따라서 歲曆에 없는 날을 발행일로 기재한 경우에는 원칙적으로 그러한 발행일은 무효가 된다. 그러나 예컨대 2월 30일 또는 11월 31일 등과 같이 발행일을 기재한 경우에는, 만기에서 설명한 바와 같이 이를 무효로 볼 것이 아니라 2월 말일 또는 11월 말일을 발행일로 해석하여 유효로 보는 것이 타당하다고 본다(通說).[1]

우리 大法院判例도 이와 同旨에서 다음과 같이 판시하고 있다.

[發行日이 2. 30로 기재된 경우 有效한 어음이라고 본 判例]

이 사건 약속어음의 발행일의 기재가 1978. 2. 30로 되어 있음은 소론과 같으나, 이는 같은 해 2월 말일을 발행일로 하는 약속어음으로서 유효하다고 할 것이다[大判 1981. 7. 28, 80 다 1295 (敎材, 判決例 [233])].

발행일이 歲曆에 있는 날이기는 하나 만기보다 뒤의 날인 경우에는 그러한 발행일은 불능의 날로서 무효라고 본다(通說).[2] 왜냐하면 이 때에는 어음소지인은 적법한 지급제시기간 내(어 38조 1항)에 지급제시를 할 수 없어 소구권을 보전할 수 없기 때문이다.

(나) 發 行 地

(ㄱ) 意 義 發行地(Ausstellungsort; lieu d'émission)라 함은 「어음이 발행된 장소로서 어음상에 기재된 地」를 의미하는 것이지, 사실상 어음이 발행된 地를 의미하는 것이 아니다.

발행지가 어음법에서 갖는 의의는 발행지와 지급지의 歲曆이 다른 경우에 만기 및 지급제시기간은 이에 관한 다른 의사표시가 없으면 지급지의 歲曆에 의한다는 점(어 37조) 및 발행국과 지급국에서 同名異價를 가진 통화에 의하여 어음금액을 정한 경우 지급지의 통화에 의한 것으로 추정한다는 점(어 41조 4항) 등에서만 의미가 있다. 또한 발행지는 국제사법에 의하여 어음행위의 방식을 정하

1) 徐·鄭, 161면; 鄭(熙), 141면; 鄭(東), 288면; 崔(基), 309면 外.

2) 徐·鄭, 161~162면; 鄭(東), 288면; 崔(基), 309면; 姜, 265면; 李(基), 103면 外. 이는 또한 獨逸의 通說·判例(BGHZ 53, 11)이기도 하다.

는 法의 기준이 되고(國私 53조 1항 본문), 환어음의 발행인의 어음채무의 효력을 정하는 法의 기준이 되며(國私 54조 2항 · 3항), 환어음의 발행인이 그 발행의 원인이 되는 채권을 취득하는지 여부를 결정하는 法의 기준이 된다(國私 55조). 위와 같은 점에서 보면 발행지는 지급지와는 달리 어음이 국제적으로 유통되는 경우에 발행국을 결정하는 표준이 되고 있음을 알 수 있다. 그러나 국제사법상 준거법을 결정하는 표준은 어음상에 기재된 발행지가 아니라 실제로 발행행위를 한 지를 의미하므로, 이러한 점에 있어서는 어음상에 기재된 발행지는 단지 추정의 효력만이 있을 뿐이다.[1)]

발행지의 의의가 위와 같다면 과연 발행지를 어음요건으로 할 필요가 있는지에 대하여(특히 어음이 국내에서만 유통되는 경우에) 의문이 제기되지 않을 수 없다.[2)] 발행지의 기능이 위에서 본 바와 같이 어음행위의 준거법을 추정하는 효력밖에 없는 점, 비교법적으로 볼 때도 영미법계의 어음법에서도 발행지를 어음요건으로 규정하고 있지 않는 점 등에서 볼 때, 立法論으로서는 발행지를 어음요건에서 삭제하는 것이 타당하고, 解釋論으로서는 발행지의 기재 없는 어음이라도 발행지가 어음행위의 준거법을 정하는 표준으로서 당사자에게 명백한 경우에는 유효한 어음이라고 해석하여야 할 것으로 본다.[3)]

우리 大法院도 앞에서(白地어음) 본 바와 같이 전원합의체판결로써 종래의 판례를 변경하여 發行地가 기재되지 않은 어음이라도 그 어음이 국내어음임이 명백한 경우에는 有效한 어음이라고 판시하고 있다.[4)]

(ㄴ) 表示方法 　발행지의 기능이 위와 같으므로 발행지의 표시방법은 준거법의 單一 · 確定의 추정을 해하지 않는 한 어떠한 기재를 하여도 무방하다.

---

1) 同旨: 鄭(熙), 141면; 鄭(東), 288면; 崔(基), 300면.

2) 同旨: 鄭(熙), 141면; 鄭(東), 288면.

3) 鄭(燦), (事例) 217~220면; 同, "어음 · 手票要件으로서의 「發行地」의 再檢討," 「民事判例研究(Ⅶ)」, 143~148면. 同旨: 梁(承), (事例) 239~240면; 서울民事地判 1986. 6. 3, 85 나 2517; 金教昌, "發行地의 記載 없는 어음," 「司法行政」, 1986. 7, 22면 이하.

發行地의 기재가 없는 手票도 不正手票團束法上의 手票라고 본 判例로는 大判(全員合議體判決) 1983. 5. 10, 83 도 340(教材, 判決例 [535])(그러나 같은 判決의 少數意見은 手票法上의 手票와 不正手票團束法上의 手票를 달리 볼 수가 없다고 하여 多數意見에 반대하고 있다) 참조.

4) 大判 1998. 4. 23, 95 다 36466(全員合議體判決)(公報 1988, 1338)[이 判決에 찬성하는 취지의 평석으로는 鄭燦亨, 「法律新聞」, 제2692호(1998. 5. 11), 14면 및 崔埈璿, 「判例月報」, 제333호(1998. 6)가 있고, 반대하는 취지의 평석으로는 李基秀, 「法律新聞」, 제2694호(1998. 5. 18), 14면 및 崔基元, 「法律新聞」, 제2698호(1998. 6. 1), 14면이 있다]; 同 1999. 8. 19, 99 다 23383(全員合議體判決)(公報 1999, 1856)(手票에 관하여 同旨로 판시함).

즉, 발행지의 표시는 최소독립행정구역일 필요는 없고(지급지의 표시 방법과 구별), 적게는 호텔명이나 선박명의 기재로부터 넓게는 한국이라는 기재도 적법하다(通說).[1] 또한 수개의 발행지가 중첩적 · 선택적 또는 순차적으로 기재되어도, 동일법역에 속하는 경우에는 준거법의 단일 · 확정의 추정을 해하는 것이 아니므로 유효하다.[2]

(ㄷ) 補 充　　발행지의 기재가 없는 환어음은 무효가 되는 것이 아니라, 구제규정이 있어 「발행인의 명칭에 부기한 지」가 발행지를 보충한다(어 2조 4항). 이 때에 「발행지의 기재가 없는 환어음」이라 함은 지급지의 기재가 없는 경우와 같이 換어음상에 발행지의 기재가 전혀 없거나 또는 어떠한 기재가 있어도 거래의 통념상 발행지의 기재로서 전혀 무의미한 경우뿐만 아니라, 발행지의 기재로서 부적법한 경우를 포함한다고 본다.

따라서 어음상에 발행지의 기재가 없어도 「발행인의 명칭에 부기한 地」의 기재만 있으면 발행지의 기재가 없다는 이유로 그 어음이 무효가 되는 경우는 있을 수 없다. 문제는 어음상에 「發行地」의 기재가 없을 뿐만 아니라 「發行人의 명칭에 부기한 地」의 기재도 없는 경우에(그러나 그 어음이 韓國에서 발행된 것이라는 점은 당사자간에 명백한 경우에) 발행지의 기재가 없으므로 그 어음을 무효로 하는 것이 발행지의 기능(준거법의 추정적 효력)과 관련하여 볼 때 과연 타당한가 하는 점이다. 위에서 본 바와 같이 발행지의 기능이 준거법을 추정하는 효력밖에 없다는 점에서 볼 때 발행지가 준거법을 정하는 표준으로서 당사자에게 명백한 경우에는, 어음法 제76조 3항(手 2조 3항)을 유추적용할 필요도 없이 그러한 어음은 유효한 어음으로 볼 수 있다.[3]

이에 대하여 우리 大法院은 종래에는 發行地의 어음要件을 엄격히 해석하였으나,[4] 그 후에는 앞에서(白地어음) 본 바와 같이 전원합의체판결로써 이를

1) 徐·鄭, 162면; 鄭(熙), 141면; 鄭(東), 289면; 崔(基), 304면 外.

2) 同旨: 徐·鄭, 162면(重疊的 記載에 관하여); 鄭(東), 289면(重疊的 記載에 관하여).

3) 鄭(燦), (事例) 217~220면. 同旨: 梁(承), (事例) 239~240면.

4) 大判 1967. 9. 5, 67 다 1471(教材, 判決例 [226] · [251] · [252])(발행지 및 발행인의 명칭에 부기한 지의 기재마저 없는 본건 약속어음은 어음법 제76조에 의하여 어음요건의 흠결로서 약속어음으로서의 효력이 없다); 同 1976. 11. 23, 76 다 214(大集 24 ③ 民 334); 同 1985. 8. 13, 85 다카 123(公報 761, 11); 同 1990. 5. 25, 89 다카 15540(公報 876, 1363)(발행지 및 발행인의 명칭에 부기한 지의 기재가 없는 당좌수표를 지급제시한 것은 부적법한 지급제시로서 소구권이 발생하지 않는다); 同 1995. 9. 15, 95 다 23071(公報 1002, 3398)(발행지 및 발행인의 명칭에 부기한 지의 기재가 없는 어음이 백지어음으로 추정되어 유통상에서는 완전한 어음과 동일하게 취급된다 하더라도 발행지의 보충 없이 한 권리행사에 대하여는, 권리행사 및 지급제시의 효력〈권리보전절차의 효력〉이 없다); 同 1968. 9. 24, 68 다 1516(判總 11-2, 1050-1)(수표법 제 2 조 3항에서 지급지의 기재가 없는 때에는 발행

변경하여 국내어음인 경우 어음상에 發行地(및 發行人의 명칭에 부가한 地)의 기재가 없어도 이를 有效한 어음이라고 판시하였다.

[어음면상 發行地 및 發行人의 명칭에 부기한 地의 기재가 없으나 어음면의 기재 자체로 보아 국내어음으로 인정되는 경우, 그 어음은 유효하다고 본 判例(全員合議體判決로써 종래의 判例를 변경함)]

국내어음이란 국내에서 발행되고 지급되는 어음을 말하는 것이므로 국내어음인지 여부는 어음면상의 발행지와 지급지가 국내인지 여부에 따라 결정될 것이지만, 어음면상에 발행지의 기재가 없다고 하더라도 그 어음면에 기재된 지급지와 지급장소, 발행인과 수취인, 지급할 어음금액을 표시하는 화폐, 어음문구를 표기한 문자, 어음교환소의 명칭 등에 의하여 그 어음이 국내에서 어음상의 효과를 발생시키기 위하여 발행된 것으로 여겨지는 경우에는 발행지를 백지로 발행한 것인지 여부에 불구하고 국내어음으로 추단할 수 있다.

어음에 있어서 발행지의 기재는 발행지와 지급지가 국토를 달리하거나 세력(勢曆)을 달리하는 어음 기타 국제어음에 있어서는 어음행위의 중요한 해석 기준이 되는 것이지만 국내에서 발행되고 지급되는 이른바 국내어음에 있어서는 별다른 의미를 가지지 못하고, 또한 일반의 어음거래에 있어서 발행지가 기재되지 아니한 국내어음도 어음요건을 갖춘 완전한 어음과 마찬가지로 당사자간에 발행·양도 등의 유통이 널리 이루어지고 있으며, 어음교환소와 은행 등을 통한 결제 과정에서도 발행지의 기재가 없다는 이유로 지급거절됨이 없이 발행지가 기재된 어음과 마찬가지로 취급되고 있음은 관행에 이른 정도인 점에 비추어 볼 때, 발행지의 기재가 없는 어음의 유통에 관여한 당사자들은 완전한 어음에 의한 것과 같은 유효한 어음행위를 하려고 하였던 것으로 봄이 상당하므로, 어음면의 기재 자체로 보아 국내어음으로 인정되는 경우에 있어서는 그 어음면상 발행지의 기재가 없는 경우라고 할지라도 이를 무효의 어음으로 볼 수는 없다 [大判 1998. 4. 23, 95 다 36466(全員合議體判決)(公報 1998, 1338)].

同旨: 大判 1999. 8. 19, 99 다 23383(全員合議體判決)(公報 1999, 1856)(手票에 관하여 同旨로 판시함).

8) 發行人의 記名捺印 또는 署名 환어음의 發行에는 發行人(drawer[1]; Aussteller; tireur)의 記名捺印 또는 署名이 있어야 하는데(어 1조 8호), 이러한 기명날인 또는 서명은 모든 어음행위에 공통된 필수불가결의 요건이다. 그런데

지에서 지급할 것으로 본다는 규정이 있다고 하여서, 반대로 발행지에 관하여 아무런 표시가 없는 때에는 지급지를 발행지로 보아야 하는 것은 아니다).

1) 英美에서는 換어음의 發行人을 「drawer」라고 하고, 約束어음의 發行人을 「maker」라고 하여 兩者를 구별하고 있다[U.C.C. §3-105; B.E.A. §21(1), 83(1)].

모든 어음행위에 공통된 요건인 記名捺印 또는 署名에 대하여는 總論에서 이미 상술하였으므로 이곳에서는 이에 관한 설명은 생략하고, 발행인의 기명날인 또는 서명의 장소와 발행인이 수 인 있는 경우의 공동발행에 대해서만 설명하겠다.

(가) **記名捺印 또는 署名의 場所** 발행의 기명날인 또는 서명의 場所에 대하여 通說은 반드시 어음 자체에 하여야 하고 補箋(附箋·補充紙) 또는 謄本에는 할 수 없다고 하는데,[1] 타당하다고 본다.[2]

(나) **共同發行**

(ㄱ) 意 義 어음의 발행인은 1인인 경우가 보통이지만 수 인인 경우도 있다. 수 인의 발행인이 있는 경우에도 여러 형태가 있을 수 있겠는데, 공동발행의 가장 전형적인 표시방법은 「공동발행인 甲 및 乙」의 형식이다. 그런데 발행인의 단순한 重疊的 기재(발행인 甲 및 乙)도 공동발행으로 해석되고 있다(通說).[3] 그러나 발행인의 選擇的 기재(발행인 甲 또는 乙)나 順次的 기재(제 1 발행인 甲, 제 2 발행인 乙)는 어음관계의 단순성과 소구조건의 일정성을 해하므로 인정될 수 없다고 본다(通說).[4] 수 인의 발행인의 기명날인 또는 서명이 단순히 列記되어 있는 경우(발행인 甲, 乙)에는(이러한 경우가 오히려 많음) 발행인의 중첩적 기재로 보아 공동발행을 인정할 수 있다고 본다.[5] 이렇게 볼 때 최광의의 공동발행이란 「어음상에 수 인의 발행인이 기재된 경우」를 의미하고, 광의의 공동발행이란 「어음상에 수 인이 공동발행인으로서 기재되거나 또는 단순한 발행인으로서 중첩적으로 기재된 경우」를 의미하며, 협의의 공동발행이란 「어음상에 수 인이 공동발행인으로서 기재된 경우」를 의미한다고 볼 수 있다. 일반적으로 어음의 공동발행이란 광의의 공동발행을 의미한다.

共同支配人(商 12조) 또는 共同代表理事(業務執行社員)(商 208조, 269조, 389조 2항·3항, 562조 3항·4항) 등이 어음을 발행하는 경우에는 반드시 공동으로 하여야 하는데, 이 때에는 공동지

1) 徐·鄭, 163면; 鄭(熙), 125면; 敎材, 306면; 鄭(東), 279면; 李(範), 316면; 姜, 583면; 蔡, 134면; 鄭(茂), 393면; 註釋, 149면; 註어, 78면 外.

2) 鄭(燦), (事例) 26면, 268면.

反對: 孫(珠), 192면(補箋은 어음의 일부가 되므로 補箋에 발행인의 記名捺印이 있어도 基本어음으로서 不確實하거나 疑義가 생길 일은 없으므로 補箋에 발행인이 記名捺印한 어음도 有效하다고 한다); 大判 1971. 4. 20, 71 다 418(敎材, 判決例 [231])(附箋은 法律上 그 어음面의 연장으로서의 취급을 받는 紙片이라고 판시하고 있다).

3) 鄭(東), 279면; 註釋, 152면; 敎材, 289면, 305면 外.

4) 鄭(東), 279면; 註釋, 153면; 敎材, 289면, 305면; 姜, 294면 外.

그러나 이를 인정하는 見解로는 崔(基), 674면(어음所持人에게 選擇權이 있는 것으로 보아 유효라고 함); 徐(廷), 139면.

5) 同旨: 註釋, 153면. 이를 所持人에게 유리한 選擇的 記載로 보아 共同發行을 인정하는 견해로는 崔(基), 674~675면; 徐(廷), 139면.

배인 또는 공동대표이사(업무집행사원)임을 표시하고 기명날인 또는 서명하여야 한다. 그런데 이 때 어음채무를 부담하는 자는 본인 또는 회사이므로 이 경우는 위에서 본 공동발행과는 다르다고 볼 수 있다. 그러나 어음행위를 하는 형식에서는 유사하게 볼 수 있다.

(ㄴ) **責任의 性質** 공동발행인은 각자 독립하여 기본어음을 내용으로 하는 어음행위(수 개의 어음행위)를 하였기 때문에, 어음행위의 독립성·어음의 문언증권성·불가분성 등의 결과 각자가 어음금액의 전부를 지급할 의무를 부담하는 合同責任을 진다(어 47조 1항의 유추적용)(通說[1]·判例[2]).

이와 같이 공동발행인의 책임을 합동책임으로 보는 경우 그러한 합동책임이 연대채무와 구별되는 점은, (i) 공동발행인 중의 1인에 대한 청구는 다른 공동발행인에게 영향이 없으며(民 416조와 비교), (ii) 공동발행인 중의 1인에 대한 시효의 완성·시효의 중단·更改·상계 등은 다른 공동발행인에게 영향이 없으며(民 417조~421조와 비교), (iii) 공동발행인간에 채무의 부담부분이 없으며[3](民 424조와 비교), (iv) 약속어음의 경우 배서인에게 소구권을 행사하려면 공동발행인 전원에 대하여 지급제시하고 또 지급거절이 되어야 한다는 점이다.[4] 그러나 공동발행인은 동일한 목적을 위하여 존재하는 것이므로 공동발행인 중의 1인의 변제(지급)는 모든 공동발행인의 채무를 면하게 한다[5](民 413조 참조).

(ㄷ) **記名捺印 또는 署名의 場所** 공동발행인의 기명날인 또는 서명의 장소도 1인의 어음발행인의 기명날인 또는 서명의 경우와 같이 어음 자체에 하여야 하고, 補箋 또는 謄本에 할 수 없다(通說).[6] 따라서 공동발행인 중의 일부만이 어음상에 기명날인 또는 서명하고 다른 공동발행인은 補箋에 기명날인 또는 서명한 경우에는, 補箋에 기명날인 또는 서명한 발행인은 保證人으로서 어음상의 책임을 부담할 수는 있어도(어 31조 1항) 공동발행인으로서 어음상의 책임을

1) 徐·鄭, 163~164면; 鄭(熙), 125면, 142면; 敎材, 289면, 305~306면; 鄭(東), 279~280면; 姜, (어) 284면; 崔(基), 313면; 註釋, 153면 外.

反對(連帶責任으로 보는 見解): 小橋一郎, 「新版手形法·小切手法講義」, 1982, 125면 이하.

2) 大判 1970. 8. 31, 70 다 1360(敎材, 判決例 [19]). 同旨: 日最高判 1961. 7. 31(民集 15, 1982).

反對(連帶責任으로 보는 見解): 日大判 1938. 5. 31.

3) 共同發行人간의 債務의 부담부분은 어음關係에서는 없지만 어음外의 實質關係에서는 존재하므로, 共同發行人 중의 1人이 변제한 때에는 民法의 連帶債務에 관한 규정(民 425조)에 의하여 다른 共同發行人에게 求償할 수 있다고 본다[同旨: 鄭(東), 367면; 註釋, 153면].

4) 同旨: 鄭(熙), 125면, 142면; 敎材, 306면; 鄭(東), 280면; 註釋, 153면 外.

5) 同旨: 鄭(熙), 142면; 鄭(東), 280면.

6) 徐·鄭, 163면; 鄭(熙), 125면; 鄭(東), 280면; 姜, 295면 外.

부담할 수는 없다고 본다.

이와 유사하게 共同支配人 또는 共同代表理事(業務執行社員)의 경우에도 전원이 모두 어음 자체에 記名捺印 또는 署名을 하여야 하고, 그 중 일부가 補箋에 기명날인 또는 서명한 경우에는 어음발행의 효력이 없으므로 본인 또는 회사는 어음상의 책임을 부담하지 않는다고 본다.[1]

이와 관련하여 組合의 代表組合員이 그 대표자격을 밝히고 어음발행인으로서 기명날인 또는 서명한 경우(예컨대, Y조합 대표 A A의 印)에는, 대표조합원은 다른 조합원을 代理하여 기명날인 또는 서명한 경우로서 비록 전조합원의 기명날인 또는 서명이 없다 할지라도 전조합원의 기명날인 또는 서명이 표시되어 있는 경우와 같이 전조합원은 어음의 공동발행인으로서 合同責任을 부담한다.[2]

㈃ **記名捺印 또는 署名의 時期** 어음이 발행되어 유통되고 있는 동안에 同어음의 발행인란에 추가로 기명날인 또는 서명한 자가 있는 경우에, 이의 기명날인 또는 서명을 共同發行으로 볼 것인가 또는 어음保證으로 볼 것인가의 문제가 있다. 이에 대하여 어음의 공동발행은 1개의 행위로서 동시에 행하여지는 것이라고 보는 견해에서는 이를 어음保證이라고 보나,[3] 앞에서 본 바와 같이 공동발행은 각각 독립하여 행하여지는 수 개의 어음행위라고 볼 수 있으므로 이를 共同發行으로 보아 각 발행인은 合同責任을 부담한다고 본다.[4]

㈄ **共同發行과 어음保證** 어음용지의 표면에 (발행인란으로 표시되어 있는 장소에) 기명날인자 또는 서명자의 자격을 표시하는 기재가 없이 단순히 수 개의 기명날인 또는 서명이 존재하는 경우에 이를 共同發行으로 볼 것인가 또는 이 중 일부를 어음保證으로 볼 것인가의 문제가 있다. 보증의 방식에 대하여 규정한 어음法 제31조 3항은 「지급인 또는 발행인의 기명날인 또는 서명이 아닌 어음표면에 한 단순한 기명날인 또는 서명은 보증으로 본다」고만 규정하여 발행인 · 지급인 이외의 기명날인 또는 서명이 있는 경우에 대하여만 규정하고 있을 뿐, 발행인의 기명날인 또는 서명인지 또는 보증인의 기명날인 또는 서명인지 불분명한 경우에 대하여는 규정이 없다. 따라서 이에 대하여는

1) 이에 관한 상세는 鄭(燦), (事例) 26면 참조. 따라서 數人이 發行人으로서 어음상에 記名捺印 또는 署名하는 경우에 어음 자체가 협소하여 이에 다할 수 없는 때에는 큰 어음용지를 사용하여 공동발행할 수밖에 없다고 본다(同旨: 註釋, 149면).

2) 同旨: 徐·鄭, 163~164면; 鄭(熙), 142면; 大判 1970. 8. 31, 70 다 1360(敎材, 判決例 [19]).

3) 上柳, 「法學論叢」, 1966. 2, 103면.

4) 同旨: 鄭(東), 282면; 日最高判 1964. 4. 21(民集 18-4, 552).

다음과 같이 여러 가지의 견해로 나뉘어 있다.

ⓐ 각 기명날인 또는 서명 사이에 主從의 차별을 인정할 수 없는 경우에는 이를 共同發行으로 해석하는 견해(通說)가 있는데(共同發行人說),[1] 타당하다고 본다.

ⓑ 처음의 기명날인 또는 서명만을 發行으로 보고 다른 기명날인 또는 서명을 어음保證으로 해석하는 견해가 있다(初頭記名捺印〈署名〉限定說).[2] 이 견해는 手票法 제 2 조 2 항 단서(지급인의 명칭에 수 개의 지를 부기한 때에는 수표의 초두에 기재한 지를 지급지로 한다)를 유추적용하여 그렇게 해석할 수도 있고 또 同어음이 부도된 경우에 초두의 기명날인자 또는 서명자만이 거래정지처분을 받게 되어 거래정지처분을 받는 자를 적게 하는 실익도 있으나, 그렇게 해석하면 어음관계가 불분명하여 어음소지인을 해하게 됨은 물론 어음의 문언증권성에도 반하게 되어 타당하지 않다고 본다.

ⓒ 처음의 기명날인 또는 서명은 언제나 발행으로 보고, 그 이외의 기명날인 또는 서명은 同기명날인자 또는 서명자가 그 어음의 지급장소로 기재되어 있는 은행과 당좌거래가 있으면 共同發行으로 보고 그러한 당좌거래가 없으면 어음保證으로 추정하는 견해가 있다(當座去來基準說).[3] 그러나 이 견해는 어음소지인으로 하여금 기명날인자 또는 서명자가 그 어음의 지급장소인 은행과 당좌거래를 하고 있는지 여부를 조사하게 하여 어음의 유통성을 해하므로 타당하지 않다고 본다.

ⓓ 어음소지인의 선택에 따라 共同發行으로 취급할 수도 있고, 처음의 기명날인 또는 서명을 發行으로 취급하고 그 이외의 기명날인 또는 서명을 어음保證으로 취급할 수도 있다는 견해가 있다(所持人選擇權說).[4] 그러나 이 견해는 어음소지인의 이익을 해하지 않는다는 점은 있으나, 기명날인자 또는 서명자에게 예기치 못한 불이익을 주게 되고 또 어음의 문언증권성에 반하므로 타당하지 않다고 본다.

위의 어느 견해를 취하느냐에 따라 기명날인 또는 서명의 형식적 하자에 따른 어음의 효력 · 기명날인자 또는 서명자 상호간의 구상관계 · 거래정지처분의 대상 등에서 차이가 있으나,[5] 위에 본 바와 같이 共同發行人으로 보아 이

---

1) 鄭(熙), 375~376면; 鄭(東), 281면; 崔(基), 676면(銀行發行 어음用紙와 市販의 어음用紙를 구별하여 설명하고 있는데, 法律效果의 차이를 설명하는 데 있어서 兩者를 구별하여 설명할 필요는 없다고 본다); 姜, 296면; 姜, (어) 284면; 註釋, 154면 外.

2) 日最高判 1956. 4. 27(民集, 10-4, 459); 日東京地判 1953. 5. 21(判決 タイムス 31, 86).

3) 神崎克郎, "手票の共同發行と手形保證,"「手形研究」, 62호, 31면 이하; 河本一郎, "手形表面に並記された複數署名の效力(2),"「手票硏究」, 12호, 6면 이하.

4) 日東京地判 1966. 9. 13(週金判 30, 18); 鹽田親文,「手形法 · 小切手法講座」, 第2卷, 98면.

5) 이에 관한 상세는 鄭(東), 281면; 崔(基), 675면; 註釋, 153면 등 참조.

에 따라 위의 문제를 해결하면 될 것이다. 따라서 1인의 기명날인 또는 서명에 형식적 하자가 있어도 다른 기명날인 또는 서명이 유효하면 동 어음은 유효이고 그 기명날인자 또는 서명자는 발행인으로서 어음상의 책임을 지며, 기명날인자 또는 서명자 상호간의 구상관계는 어음관계에서는 없고 실질관계에서만 존재하며, 同어음이 부도가 된 경우에는 모든 기명날인자 또는 서명자가 발행인으로서 거래정지처분을 받는다.

(2) 約束어음

1) 약속어음요건이 환어음요건과 구별되는 점으로 환어음에는 있으나 약속어음에는 없는 것으로는 「支給人의 명칭」이 있다. 이는 발행인 자신이 지급인을 겸하고 있는 약속어음의 성질에서 오는 당연한 결과이다. 또한 약속어음의 성질에서 오는 당연한 결과로서 어음문구가 「約束어음임을 표시하는 문자」이어야 하고(어 75조 1호), 지급위탁이 아니라 「支給約束」으로 기재되어야 한다(어 75조 2호).

2) 약속어음에서 지급인이 없다고 하여 지급지가 없는 것은 아니다. 「支給地」는 약속어음의 어음요건(어 75조 4항)으로서 반드시 기재되어야 한다. 환어음에서는 지급지를 보충하는 지가 「지급인의 명칭에 부기한 지」인데(어 2조 3항), 약속어음에서는 지급인이 없기 때문에 「發行地」가 지급지를 보충하며 또한 지급을 하는 발행인의 주소지로 간주된다(어 76조 3항). 따라서 약속어음에서 「支給地」 및 「發行地」의 기재가 없는 때에도 「發行人의 명칭에 부기한 지」의 기재가 있는 경우에는, 그러한 「發行人의 명칭에 부기한 지」는 發行地를 보충하고(어 76조 4항) 그 발행지는 다시 支給地를 보충하게 되어(어 76조 3항) 동 어음은 유효한 어음이 된다.

그런데 이 때 「發行人의 명칭에 부기한 지」의 기재가 없고 「支給場所」의 기재만이 있는 경우에는 어떠한가. 지급장소는 지급지를 보충할 수 없으므로 同어음은 지급지의 기재가 없음으로 인하여 무효가 된다고 본다.[1)]

그러나 우리 大法院判例는 支給場所가 支給地를 보충한다고 다음과 같이 판시하고 있다.

[支給場所가 支給地를 보충한다고 본 判例]

어음면상 지급지에 관한 특별한 표시가 없다 할지라도 거기에 지급장소의 기재가 있고 그것이 지(地)의 표시를 포함하고 있어 그로부터 지급지에 해당하는 일정 지역이 추지될 수 있는 경우에는 지급지의 기재가 이에 의하여 보충되는 것으로 볼 수 있다고 할 것이다.

---

1) 反對: 鄭(熙), 137면(支給場所의 기재에 의하여 支給地가 인정될 수 있다고 함).

기록에 의하면 이 사건 약속어음에는 지급장소로서 "중소기업은행 능곡지점"이라고 표시되어 있음을 알 수 있는바, 위 지급장소의 기재 중에서는 '능곡'이라는 지역 이름이 포함되어 있고, 위 기재로부터 능곡 혹은 능곡이 소재하고 있는 경기 고양시가 지급지에 해당하는 것을 쉽게 알 수 있다고 할 것이므로, 이러한 경우에 약속어음상의 지급지란 자체는 백지라고 할지라도 위 지급장소의 기재에 의하여 지급지가 보충되었다고 봄이 상당하다.

그럼에도 불구하고, 원심이 이 사건 약속어음에 관하여 지급제시 당시 지급지의 기재가 없었을 뿐 아니라 그 흠결을 구제할 방법도 없었다고 본 것은 어음요건인 지급지에 관한 법리를 오해하여 판결에 영향을 미친 위법이 있다 할 것이고, 이를 지적하는 상고이유의 주장은 이유 있다[大判 2001. 11. 30, 2000 다 7387(公報 2002, 165)].

이 때 發行地의 기재가 없는 점에 대하여도 동 어음이 無效가 되는 것으로 생각될 수 있으나(어 75조 6호 후단, 76조 1항, 76조 4항), 앞에서 본 바와 같이 同어음의 發行地가 당사자간에 있어서 한국인 것이 명백한 경우에는 발행지의 기재가 없어도 이를 유효로 볼 수 있으므로[1] 支給地의 기재가 없으므로 이를 無效로 보아야 할 것이다.

3) 약속어음에는 引受制度가 없고 발행인(겸 지급인)이 발행시부터 인수한 것과 같으므로, 발행 후에 인수제시의 결과에 의하여 만기가 결정되는 一覽後定期出給어음의 만기의 起算點에 대하여 환어음의 그것과는 달리 규정하지 않을 수 없다. 따라서 一覽後定期出給어음의 만기의 起算點이 환어음의 경우는 引受日字 또는 拒絶證書日字이나(어 35조 1항), 약속어음의 경우는 「發行人이 어음에 一覽의 뜻을 기재하고 일자를 부기하여 기명날인 또는 서명한 날」이다(어 78조 2항 2문). 이 때에 어음소지인은 발행인에 대하여 발행일자로부터 1년 내에 일람을 위하여 그 어음을 提示하여야 하고(어 78조 2항 1문), 발행인이 이 때 일람의 뜻과 일자의 기재를 거절한 때에는 拒絶證書에 의하여 이를 증명하여야 한다(어 78조 2항 3문).

4) 약속어음의 발행인은 환어음의 발행인과 지급인의 자격을 겸하고 있는 자(自己앞 換어음)에 해당하므로, 약속어음에서 발행인과 수취인의 자격을 겸하는 자기지시약속어음은 환어음에서 발행인 · 지급인 · 수취인의 3당사자의 자격을 겸하는 환어음과 같은데, 이러한 自己指示約束어음이 인정될 수 있을 것인가의 문제가 있다. 이에 대하여 少數說은 당사자자격의 겸병을 인정하는 어음法 제3조가 약속어음에는 준용되지 않는다는 점, 자기가 자기에게 지급을 약속하는

1) 同旨: 大判 1998. 4. 23, 95 다 36466(전원합의체판결)(公報 1998, 1338).

것은 법률상 아무런 의미가 없다는 점, 약속어음에는 인수제도가 없으므로 인수를 위하여 자기지시어음을 인정할 실익이 없다는 점 등에서 自己指示約束어음을 인정하지 않는다[1](消極說 또는 無效說). 그러나 通說은 3당사자의 자격을 겸하는 환어음이 인정되는 것과 같이 이러한 自己指示約束어음도 인정된다고 보는데[2](積極說 또는 有效說), 타당하다고 생각한다.

(3) 手 票

1) 수표요건이 환어음요건과 구별되는 것으로, 환어음요건에는 있으나 수표요건에는 없는 것으로는 「滿期」와 「受取人」이 있다. 수표는 어음과는 달리 신용증권이 아니고 지급증권인 성질상 만기가 없고 언제나 一覽出給이며(手 28조 1항 1문), 수표의 一覽出給性에 반하는 모든 기재는 기재하지 아니한 것으로 본다(手 28조 1항 2문)(無益的 記載事項). 또한 수표는 단기간 내에 결제되는 지급증권인 성질상 「受取人」의 기재가 수표요건이 아니어서, 所持人出給式手票(手 5조 1항 3호)·無記名式手票(手 5조 3항) 또는 指名所持人出給式手票(手 5조 2항)가 인정된다. 그러나 記名式 또는 指示式의 受取人의 기재는 유효하다(手 5조 1항 1호)(有益的 記載事項).

그 밖의 수표요건은 환어음요건과 공통되는데, 수표임으로 인한 당연한 결과로서 어음문구 대신에 수표의 본문 중에 「手票임을 표시하는 문자(手票文句)」를 기재하여야 한다(手 1조 1호.).

2) 수표의 수표요건으로서 「支給人의 명칭」을 기재하여야 하는 것은(手 1조 3호) 환어음의 경우와 같으나(어 1조 3호), 수표의 지급인은 수표를 제시한 때에 발행인이 처분할 수 있는 자금이 있는 「銀行」[3]으로 제한되어 있는 점(手 3조 본문)은 환어음의 경우와 다르다.

그러나 수표에서 위의 은행 이외의 자를 지급인으로 하여 발행된 수표도 수표로서의 효력이 있으므로(手 3조 단서), 그러한 수표의 발행인은 수표상의 의무(소구의무)(手 12조)를 부담한다. 또한 그러한 수표의 발행인은 手票法에 위반하여 수표를 발행했으므로, 手票法에 의하여 과태료의 처분을 받는다(手 67조). 위와 같이

---

1) 朴(元), 594면. 同旨: 日大判 1930. 11. 6; 同 1903. 10. 10(民錄 9, 1097) 등.

2) 徐·鄭, 277~278면; 孫(珠), 382면; 鄭(東), 276면; 崔(基), 312면 外.

3) 이 때 「銀行」이라 함은 법령에 의하여 은행과 동시되는 사람 또는 시설을 포함하는 것으로(手 59조), 「手票法의 적용에 있어서 銀行과 동시되는 사람 또는 시설의 지정에 관한 規程」(1970년 4월 15일 제정 大統領令 제4920호, 改正 1982. 2. 22, 1983. 4. 16, 1984. 6. 25, 1989. 12. 22, 2000. 3. 24, 2000. 7. 1)에 의하여 우체국 · 지역농업협동조합 · 지역축산업협동조합 · 품목별 업종별협동조합 · 농업협동조합중앙회 · 지구별 수산업협동조합 · 수산업협동조합중앙회 · 업종별 수산업협동조합 및 수산물가공 수산업협동조합이다.

은행 이외의 자를 지급인으로 하여 발행한 수표는 不正手票團束法上 不正手票가 아니나, 은행을 지급인으로 하여 발행한 수표이나 발행인이 그 은행과 수표계약(보통 당좌거래약속)을 체결하지 않고 수표를 발행하거나(手 3조 본문 참조) 은행으로부터 거래정지처분을 받은 후에 발행한 수표는 不正手票團束法上 不正手票에 해당하여(同法 2조 1항 2호) 동 수표의 발행인은 일정한 刑事處罰을 받는다(同法 2조 1항 본문).

3) 수표에는 지급인이 있으므로 지급지의 기재가 없는 때에는 「支給人의 명칭에 부기한 지」가 지급지를 보충하는 점(手 2조 2항 1문)은 환어음의 경우(어 2조 3항)와 같다. 만일 지급인의 명칭에 부기한 지가 수 개인 때에는 초두에 기재한 지가 지급지를 보충하고(手 2조 2항 2문), 지급인의 명칭에 부기한 지가 없는 때에는 제 2 차로 발행지가 지급지를 보충하는 점(手 2조 3항)은 환어음의 경우와 구별된다. 수표의 지급인은 은행이므로 지급인의 명칭에 부기한 지가 실제로 거의 없으므로, 지급지의 기재가 없는 때에는 발행지가 지급지를 보충하는 경우가 많다.

3. 有益的 記載事項

어음의 有益的 記載事項이란 어음 자체의 효력을 좌우하는 어음요건은 아니나, 어음에 기재함으로써 이에 상응하는 어음상 효력이 발생하는 기재사항을 말한다. 이러한 어음의 有益的 記載事項에는 먼저 어음法에 규정되어 있는 사항이 있다.

어음法에 규정되어 있지 않은 사항에 대하여도 有益的 記載事項을 인정할 것인가에 대하여는 肯定說과 否定說이 있다. 肯定說에서는 어음의 유통 및 어음관계자를 해하지 않는 사항으로서 합리성이 인정되는 사항에 대하여는 어음法에 규정이 없더라도 그 기재의 효력을 인정하여야 한다고 설명하나,[1] 否定說에서는 어음의 유통면에서 볼 때 어음의 내용은 객관성이 있고 또 명확하여야 하므로 어음法에 규정이 없는 사항은 기재하여도 그 효력이 발생하지 않는다고 설명한다[2](無益的 記載事項). 생각건대 어음에 있어서 정형성 · 명확성이 요구되는 것이기는 하나, 어음의 유통과 어음관계자의 이익을 해하지 않는 한 어음행위자의 이익(의사)도 존중되어야 하므로 肯定說이 타당하다고 본다.

따라서 이렇게 보면 有益的 記載事項에는 어음法에 규정이 있는 사항과,

---

1) 鄭(熙), 144면; 鄭(東), 295면; 徐(廷), 145면; 姜, 280면; 姜, (어) 310면; 大判 1986. 3. 10, 85 다카 1600(어음保證에 기재한 條件에 대하여); 同 1986. 3. 25, 84 다카 2438(어음保證에 기재한 條件에 대하여) 外.

2) 孫(珠), 218면; 崔(基), 321면.

어음法에 규정이 없는 사항으로 분류될 수 있겠다. 이하에서는 換어음·約束어음 및 手票의 이러한 有益的 記載事項에 대하여 설명하겠다.

⑴ 換 어 음

1) 어음法에 규정이 있는 사항

(A) 支給人의 名稱에 부기한 地(어 2조 3항)　지급지를 보충하고, 지급인의 주소지로 본다. 지급인의 주소지라 함은 주소의 소재지를 말하는데, 제 1 차적으로 지급인의 영업소의 소재지를 말하고, 그것이 없는 경우에는 제 2 차적으로 지급인의 주소의 소재지를 말한다[1](民 516조 참조). 어음상에 기재된 주소지 또는 위와 같이 어음法에 의하여 의제되는 주소지(支給人의 명칭에 부기한 지)를 어음상의 주소라고 하는데, 어음상의 주소와 사실상의 주소가 다른 경우에는 어음상의 주소를 기준으로 어음의 제시 등과 같은 어음상의 행위를 하면 충분하다. 그러나 사실상의 주소에서 어음상의 행위를 하여도 무방하다.[2]

(B) 發行人의 名稱에 부기한 地(어 2조 4항)　발행지를 보충한다.

(C) 支給擔當者 또는 支給場所(第 3 者方支給文言)[3](어 4조, 27조)　환어음의 발행인 또는 지급인은 同어음이 지급인의 영업소 또는 주소 이외에서 지급될 수 있도록 지급담당자 또는 지급장소를 기재할 수 있는데, 이를 第 3 者方支給文言이라고 하고, 이러한 어음을 第 3 者方支給어음(Drittzahlerwechsel, Domizil-und Zahlstellenwechsel) 또는 他所支給어음이라고 한다. 「支給擔當者」(Zahlungsleister)라 함은 지급인 또는 인수인에 갈음하여 지급사무만을 집행하는 자로서 이는 인적 개념이고, 「支給場所」(Zahlstelle)라 함은 지급인 또는 인수인이 어음의 지급을 하여야 할 장소로서 이는 장소적 개념인데, 실제로 이 양자는 거의 구별되지 않고 합친 개념으로 사용되고 있다. 어음法에서도 이 양자를 엄격히 구별하지 않고 합친 개념으로 「第 3 者方」(어 4조, 22조 2항, 27조 1항) 또는 「支給場所」(어 27조 2항) 등으로 표현하고 있다. 지급담당자 또는 지급장소는 보통 銀行(또는 이와 동시되는 사람이나 시설)이다.

第 3 者方支給어음은 同地支給어음 및 他地支給어음의 어느 어음에서도 가능한 것으로서, 他地支給어음과 구별되는 점은 이미 설명하였다. 第 3 者方支給어음에 있어서는 원칙적으로 제 3 자(지급담당자로서 보통 은행)가 그 주소에서 지급하나, 지급인

---

1) 同旨: 鄭(東), 296면.
2) 同旨: 徐·鄭, 165면.
3) 이에 관한 상세는 姜渭斗, "第 3 者方支給어음," 「商事法의 現代的 課題」(椿江孫珠瓚博士華甲紀念)(서울: 博英社, 1984), 507면 이하 참조.

자신이 제 3 자의 주소에서 직접 지급하여도 무방하다.[1]

이러한 第3者方支給文言의 기재의 실익은 첫째로 어음의 지급을 용이하게 하고(특히 他地支給어음에 있어서), 둘째로 어음의 결제절차를 간편하게 하며(특히 환어음의 지급인이 자기의 채무자를 지급담당자로 기재한 경우), 셋째로 어음의 추심 또는 할인을 용이하게 한다[2](특히 지급인이 자기의 거래은행을 지급장소로 기재한 경우).

(ㄱ) **記載權者** 發行人 또는 支給人이다. 그러나 支給人은 同地支給어음의 경우와(어 27조 2항) 他地支給어음의 경우에는 발행인이 아직 제 3 자방지급문언을 기재하지 않은 경우에 한하여(어 27조 1항 1문), 인수를 할 때에 제 3 자(지급장소)를 기재할 수 있다. 기재권자가 아닌 자가 제 3 자방지급문언을 기재한 경우에는 어음의 變造가 된다. 그러나 發行人 또는 支給人은 제 3 자방지급문언을 기재한 후에도 어음소지인과의 합의에 의하여 이를 變更할 수 있다고 본다.[3]

(ㄴ) **記載方法** 보통은 「지급장소: 한국외환은행 종로지점」 또는 「지급장소: 서울특별시 종로구 이화동 27 김갑돌宅」 등과 같이 특정한 장소와 특정한 제 3 자인 사람을 함께 표시한다. 이러한 支給場所는 支給地內이어야 하나,[4] 지급인의 주소지에 있거나 다른 지에 있음을 불문한다(어 4조). 支給擔當者(第3者)는 적어도 어음의 기재상 지급인과는 다른 사람이어야 하나, 실질상은 동일인이라도 무방하다.[5]

(ㄷ) **記載의 效力** ⓐ 지급담당자는 지급인에 갈음하여 어음금액을 지급하고 또 이를 거절할 수 있는 법률상의 지위를 갖기 때문에, 지급담당자가 지급을 하면 어음관계는 종국적으로 소멸되고, 지급담당자가 지급을 거절하면 그가 거절자로 되어 지급거절증서가 작성된다(拒令 3조 1항 1~2호). 한편 어음소지인은 지급담당자에게 지급제시를 하여야 지급제시의 효력이 발생하고, 지급인에 대하여 어음을 제시하여도 지급제시의 효력이 발생하지 않아 전자에 대한 소구권을 행사할 수 없다.[6]

---

1) 同旨: 徐·鄭, 166면.

2) 이에 관한 상세는 姜渭斗, 前揭論文, 510면; 蔡, 247면 등 참조.

3) 同旨: 鄭(東), 298~299면.
反對: 大森, 「手形小切手判例百選(新版)」, 222면.

4) 支給地外의 장소를 支給場所로 기재한 경우에는 그 기재는 無效이다[大判 1970. 7. 24, 70 다 965(大判 18 ② 民 193)]. 따라서 어음所持人이 이러한 支給場所에서 支給提示를 하여도 지급제시의 효력이 없다고 보아야 할 것이다[日大判 1924. 12. 5(教材, 判決例 [244])].
그러나 이 때에 支給地外의 支給場所가 기재된 어음에 스스로 記名捺印 또는 署名한 發行人이나 背書人이 위 支給提示의 無效를 주장하는 것은 禁反言則에 의하여 허용되지 않는다고 보는 견해도 있다[鄭(東), 299면; 日東京地判 1960. 9. 16(下裁民集 11, 1921)].

5) 同旨: 徐·鄭, 166면.

6) 引受提示는 반드시 支給人에게 하여야 하고, 支給擔當者에 대한 引受提示는 그 효력이 없

보통 支給場所는 지급담당자를 포함하는데(예컨대, 支給場所가 「국민은행 종로지점」이면, 국민은행이 지급담당자이고 국민은행 종로지점이 순수한 지급장소가 된다), 支給場所가 인적 개념은 없고 순수한 장소적 개념만을 의미하면 그 장소에서 지급인 자신이 지급하는 뜻으로 보아 어음소지인은 그 장소에서 지급인에 대하여 지급제시를 하고 또 지급인에 대하여 지급거절증서를 작성하여야 한다.

ⓑ 지급담당자가 지급을 하여도 그는 어음상의 권리를 취득하지 못한다. 지급담당자가 지급한 후에 지급인에 대하여 어떠한 권리를 갖느냐의 문제는 어음 외의 법률관계로서 準資金關係가 존재한다고 볼 수 있다.[1]

지급담당자는 지급인의 특별한 위탁이 없는 한 어음소지인에 대하여 지급할 의무를 부담하지 않는다.

우리 大法院判例도 이와 同旨에서 다음과 같이 판시하고 있다.

[約束어음에서 支給擔當者인 은행은 어음소지인에 대하여 어떠한 의무를 부담하지 않는다고 본 判例]

지급장소를 은행으로 하여 발행한 이른바 은행도 약속어음에서 발행인이 지급장소로 기재한 거래은행은 어음소지인에 대하여 약속어음금의 지급의무 또는 그 약속어음금의 지급과 관련한 어떠한 주의의무를 진다고 할 수 없으므로, 그 은행이 어음발행인의 요청에 따라 (예금부족으로) 지급거절을 하였다고 하여 은행의 그와 같은 행위가 곧 불법행위를 구성한다고 보기는 어렵다[大判 1993. 8. 24, 92 다 35424(公報 954, 2579)].

따라서 지급인이 인수하기 전에 지급담당자가 지급한 경우에는 支給人의 특별한 위탁이 없는 한 지급담당자는 支給人에 대하여 補償을 청구할 수 없고, 發行人에 대하여 求償할 수밖에 없다.[2]

㈃ 支給提示期間 경과 후의 第 3 者方記載文言의 효력 어음소지인은 지급제시기간 경과 후에도 지급담당자에게 지급제시하여야 주채무자로부터 지급받을 수 있는지 의문이다. 이에 대하여 다음과 같이 세 가지의 견해가 대립되어 있다.

ⓐ 第 1 說은 제 3 자방지급문언은 당사자의 의사에 의하여 기재된 것인데 당사자의 의사와는 관계 없는 지급제시기간의 경과만으로 이의 효력을 부정하

다[同旨: 徐·鄭, 211면; 鄭(熙), 166면 外].

1) 同旨: 姜渭斗, 前揭論文, 517면; 蔡, 249~250면.

2) 同旨: 姜渭斗, 前揭論文, 517면.

는 것은 타당하지 않다고 하여, 지급제시기간의 경과 후에도 여전히 제 3 자방지급문언은 그 효력을 갖는다고 한다.[1]

ⓑ 第 2 說은 지급지는 어음상의 권리의 내용이 되나 제 3 자방지급문언은 금전수수의 단순한 기술적 요청에 기한 것으로 어음상의 권리의 내용이 되지 않으므로, 지급제시기간의 경과 후에는 제 3 자방지급문언은 효력을 상실하나 지급지의 기재는 여전히 유효하다고 한다.[2]

ⓒ 第 3 說은 어음法은 만기에 지급이 있는 것을 예정하고 제 3 자방지급어음에 관한 규정을 두고 있는 것이므로 제 3 자방지급문언의 기재는 지급제시기간의 경과 후는 그 효력을 상실하고, 또 지급지는 단지 지급할 장소를 탐지하기 위한 것이므로 제 3 자방지급문언의 기재가 그 효력을 상실하면 지급지의 기재도 그 효력을 상실하는 것이라고 한다.[3]

생각건대 지급지 및 제 3 자방지급문언은 지급제시기간 내에 어음이 지급제시될 것을 전제로 하여 기재된 것으로 볼 수 있으므로 지급제시기간이 경과하면 지급지 및 제 3 자방지급문언은 그 의미를 잃는다고 본다. 따라서 第 3 說이 타당하다고 본다. 그러므로 지급제시기간이 경과하면 어음소지인은 지급지의 내외를 불문하고 주채무자의 영업소 또는 주소에서 지급제시하여 지급받을 수 있다고 본다.

Ⓓ 利子文言(어 5조)　　어음法은 一覽出給 또는 一覽後定期出給의 어음에만 이자약정의 문언을 기재할 수 있도록 규정하고 있다(어 5조 1항 1문). 이 때에는 이율을 어음에 기재하여야 하고, 이율의 기재가 없으면 이자의 금액을 계산할 수 없기 때문에 이자약정의 문언을 기재하지 아니한 것으로 본다(어 5조 2항). 이러한 이자의 기산일은 특약이 없으면 어음발행 당일이다(어 5조 3항). 이자의 종기는 만기인데, 만기 이후에는 연 6分의 이율에 의한 法定利子(어 48조 1항 2호)가 약정이자에 갈음하여 발생한다.

確定日出給 또는 發行日字後定期出給의 어음에 있어서는 만기일을 발행당일부터 확정할 수 있어 이자를 미리 계산하여 어음금액에 산입할 수 있으므로 이자문언을 기재할 필요가 없고, 또 기재하여도 어음상의 효력이 발생하지 아니한다(어 5조 1항 2문)(無益的 記載事項).

---

1) 日大判 1932. 7. 26.
2) 蔡, 249면; 日最高判 1967. 11. 8(民集 21-9, 2300).
3) 姜渭斗, 前揭論文, 519~520면; 鄭(東), 300면; 大隅 · 河本, 639면.

(E) 引受無擔保文言(어 9조 2항 1문) 환어음의 발행인은 인수를 담보하지 아니한다는 뜻을 기재할 수 있다.

(F) 背書禁止文言(어 11조 2항) 환어음의 발행인은 배서금지(제시금지)의 문언을 기재할 수 있는데, 이러한 어음을 背書禁止어음이라고 한다.

(G) 引受提示의 命令 또는 禁止文言(어 22조) 환어음의 발행인(또는 배서인)은 인수를 위하여 어음을 제시하여야 할 뜻을 어음에 기재할 수 있고(引受提示命令文言), 환어음의 발행인은 인수를 위한 어음의 제시를 금지하는 뜻을 어음에 기재할 수 있다(引受提示禁止文言).

(H) 引受提示期間의 단축 또는 연장의 기재(어 23조 2항) 일람후정기출급어음의 인수제시기간은 원칙적으로 발행일자로부터 1년인데, 발행인은 이 기간을 단축 또는 연장하여 어음에 기재할 수 있다.

(I) 支給提示期間의 단축 또는 연장의 기재(어 34조 1항) 일람출급어음의 지급제시기간은 원칙적으로 발행일자로부터 1년인데, 발행인은 이 기간을 단축 또는 연장하여 어음에 기재할 수 있다(배서인은 그 기간을 단축만을 할 수 있다).

(J) 一定期日前의 支給提示禁止文言(어 34조 2항) 일람출급어음의 발행인은 일정기일 전에는 그 어음의 지급을 위한 제시를 금하는 뜻을 기재할 수 있다.

(K) 準據歲曆의 指定(어 37조 4항) 발행지와 지급지의 歲曆이 다른 경우에 발행인은 준거할 歲曆을 지정할 수 있다.

(L) 外國通貨換算率의 指定(어 41조 2항 단서) 어음금액이 외국통화인 경우에 발행인은 어음에 외국통화의 환산율을 기재할 수 있다.

(M) 外國通貨現實支給文言(어 41조 3항) 어음금액이 외국통화인 경우에 발행인은 어음에 특종의 통화로 지급할 뜻(外國通貨現實支給文言)을 기재할 수 있다.

(N) 拒絶證書作成免除(無費用償還)文言(어 46조) 환어음의 발행인(배서인 또는 보증인)은 어음에 거절증서작성면제(무비용상환)문언을 기재하여 거절증서의 작성 없이 소구의무를 부담한다.

(O) 逆어음發行禁止文言(어 52조 1항) 소구의무자인 발행인은 逆어음발행금지문언을 어음에 기재하여 逆어음에 의한 소구의무를 면한다.

(P) 豫備支給人의 指定(어 55조 1항) 환어음의 발행인(배서인 또는 보증인)은 어음에 예비지급인을 기재할 수 있다.

(Q) 複本番號의 기재(어 64조 2항) 환어음의 발행인이 환어음을 동일한 내용의 수 통으로 발행하는 경우에는 어음의 본문 중에 번호를 기재하여야 하는데,

이를 기재하지 않으면 각각 독립한 환어음으로 간주된다.

(R) 複本不發行文言(單一어음文言)(어 64조 3항) 환어음의 발행인은 복본불발행문언을 기재할 수 있는데, 이 경우에 어음소지인은 복본의 교부를 청구할 수 없다.

2) 어음法에 규정이 없는 사항 어음채권에 담보를 설정하였다는 기재,[1] 어음보증인의 책임을 일정한 조건에 결부시키는 기재[2] 등은 어음法에는 규정이 없으나 有益的 記載事項이라고 볼 수 있다.

(2) 約束어음

1) 어음法에 규정이 있는 사항

가) 發行人의 명칭에 부기한 地(어 76조 4항) 발행지를 보충한다.

나) 支給擔當者 또는 支給場所(第 3 者方支給文言)(어 77조 2항, 4조, 27조)

다) 利子文言(어 77조 2항, 5조)

라) 背書禁止文言(어 77조 1항 1호, 11조 2항)

마) 支給提示期間의 단축 또는 연장의 기재(어 77조 1항 2호, 34조 1항)

바) 一定期日前의 支給提示禁止文言(어 77조 1항 2호, 34조 2항)

사) 準據歲曆의 지정(어 77조 1항 2호, 37조 4항)

아) 外國通貨換算率의 지정(어 77조 1항 3호, 41조 2항 단서)

자) 外國通貨現實支給文言(어 77조 1항 3호, 41조 3항)

차) 豫備支給人의 지정(어 77조 1항 5호, 55조 1항)

2) 어음法에 규정이 없는 사항 환어음의 경우와 같다. 다만 약속어음의 발행인이 「拒絶證書作成免除」의 문언을 기재할 수 있는가에 대하여(어 77조 1항 4호, 46조), 이의 기재를 有益的 記載事項으로 보는 견해도 있으나,[3] 약속어음의 발행인은 주채무자이고 환어음의 발행인과 같은 소구의무자가 아니므로 「拒絶證書作成免除」의 문언을 기재할 수 없고 또 이를 기재하여도 그 효력이 발생하지 않는다(無益的 記載事項)고 본다.[4]

(3) 手　票

1) 手票法에 규정이 있는 사항

가) 支給人의 名稱에 부기한 地(手 2조 2항) 지급지를 보충하는데, 이것이

---

1) 鄭(熙), 144면.

2) 大判 1986. 3. 11, 85 다카 1600; 同 1986. 3. 25, 84 다카 2438.

3) 孫(珠), 343면; 崔(基), 319면; 徐(廷), 218면; 姜, 423면; 日大判 1924. 3. 7(民集 3, 91).

4) 同旨: 徐·鄭, 246면; 鄭(熙), 237면; 鄭(東), 434면.

수개인 때에는 수표의 초두에 기재한 지가 지급지를 보충한다.

나) 發行人의 名稱에 부기한 地(手 2조 4항) 발행지를 보충한다.

다) 受取人의 기재(手 5조) 수표에서는 수취인의 기재가 수표요건이 아니고 有益的 記載事項인 점에서 어음과 구별되고 있다. 따라서 수표에서는 記名式 또는 指示式의 수취인의 기재는 有益的 記載事項이므로(手 5조 1항 1호), 無記名式手票(手 5조 3항)·所持人出給式手票(手 5조 1항 3호)·指名所持人出給式手票(手 5조 2항)도 가능하다. 이것은 수표가 단기간 내에 결제되는 지급증권의 성질에서 인정되는 것이다.[1]

라) 第 3 者方支給文言의 기재(手 8조) 수표에는 지급인의 주소지 내외를 불문하고 제 3 자방에서 지급할 것으로 기재할 수 있는데, 이 때 제 3 자는 銀行이어야 한다.

마) 背書禁止文言(手 5조 1항 2호, 14조 2항)

바) 外國通貨換算率의 指定(手 36조 2항 단서)

사) 外國通貨現實支給文言(手 36조 3항)

아) 橫線의 표시(手 37조 1항) 수표의 도난 등에 대비하기 위하여 수표의 발행인(또는 소지인)은 수표상에 두 줄의 橫線을 그을 수 있다. 이것은 수표에만 있는 특유한 제도이다.

자) 拒絕證書作成免除(無費用償還)文言(手 42조 1항)

차) 複本番號의 기재(手 48조) 수표의 발행인은 일정한 경우에 소지인출급식수표를 제외하고 수표를 동일한 내용의 수 통의 複本으로 발행할 수 있는데, 이 때에는 수표의 본문 중에 번호를 붙여야 한다.

2) 手票法에 규정이 없는 사항 환어음의 경우와 같다.

4. 無益的 記載事項

어음의 無益的 記載事項이란 어음에 기재하여도 그 기재의 효력이 발생하지 않는데, 어음 자체의 효력에는 영향이 없는 기재사항을 말한다. 이것도 어음法에 규정이 있는 사항과 어음法에 규정이 없는 사항으로 나뉘어진다. 이하에서는 이러한 無益的 記載事項을 換어음·約束어음 및 手票로 나누어 설명하겠다.

---

1) 同旨: 崔(基), 775면; 註釋, 582면.

⑴ 換 어 음

1) 어음法에 규정이 있는 사항

가) 確定日出給 또는 發行日字後定期出給어음에서의 利子文言(어 5조 1항 2문) 확정일출급 및 발행일자후정기출급어음에 있어서는 만기일을 미리 확정할 수 있어 이에 해당하는 이자가 어음금액에 가산되므로, 이러한 어음에서의 이자문언은 기재하지 아니한 것으로 본다.

나) 一覽出給 또는 一覽後定期出給어음에 있어서의 利率의 기재 없는 利子文言(어 5조 2항) 일람출급 또는 일람후정기출급어음에 있어서의 이자문언의 기재는 유익적 기재사항이나, 이율의 기재가 없는 경우에는 이자를 계산할 수 없기 때문에 이러한 어음에서 이율의 기재가 없으면 이자문언은 기재하지 아니한 것으로 본다.

다) 委託어음文言(어 3조 3항) 환어음은 제 3 자의 계산으로 발행될 수 있는데, 이것은 실질관계에서 인정되는 것이므로 발행인의 위탁어음문언은 어음상의 효력이 없다.

라) 發行人의 支給無擔保文言(어 9조 2항 2문) 환어음의 발행인이 어음에 기재한 지급을 담보하지 않는다는 뜻의 모든 文言은 기재하지 아니한 것으로 본다.

마) 指示文言(어 11조 1항) 환어음은 법률상 당연한 지시증권이므로 지시문언의 기재유무에 불문하고 배서에 의하여 양도할 수 있다.

바) 相換文言(어 39조 1항) 환어음은 법률상 상환증권이므로 어음상에 상환문언이 없어도 어음채무자는 어음과 상환하여서만 어음금액을 지급할 수 있다.

2) 어음法에 규정이 없는 사항 어음개서의 특약, 관할법원의 합의, 지연손해금의 약정 등은 어음에 기재하여도 어음상의 효력이 생기지 않는다. 그러나 어음 외의 관계에서는 그 효력이 있다.

우리 大法院判例도 이와 同旨에서 다음과 같이 판시하고 있다.

[연체이자의 약정은 어음 외의 관계에서 有效하다고 본 判例]

어음금의 청구에서 어음채무자가 다투지 아니하면 연체이자의 약정에 따라 연체이자를 함께 청구할 수 있다[大判 1955. 4. 7, 4287 民上 312].

⑵ 約束어음

1) 어음法에 규정이 있는 사항 발행인의 지급무담보문언을 제외하고, 환어음의 경우와 같다.

2) 어음法에 규정이 없는 사항　　환어음의 경우와 같다.

(3) 手　票

1) 手票法에 규정이 있는 사항

가) 引受文言(手 4조)　　수표는 인수하지 못하므로, 수표에 기재한 인수문언은 기재하지 아니한 것으로 본다.

나) 委託手票文言(手 6조 2항)　　수표는 제 3 자의 계산으로 발행할 수 있는데, 이것은 실질관계에서 인정되는 것이므로 발행인의 위탁수표문언은 수표상의 효력이 없다.

다) 利子文言(手 7조)　　수표는 신용증권이 아니고 지급증권인 성질상(어음과 구별되는 점), 수표에 기재한 이자의 약정은 기재하지 아니한 것으로 본다.

라) 發行人의 支給無擔保文言(手 12조 2문)　　수표의 발행인이 지급을 담보하지 아니한다는 뜻의 모든 문언은 기재하지 아니한 것으로 본다. 이것은 환어음의 경우와 같고 약속어음의 경우와 구별되는 점이다.

마) 一覽出給 이외의 滿期의 표시(手 28조 1항 2문)　　수표는 지급증권인 성질상 언제나 일람출급이므로, 이에 위반되는 모든 기재는 기재하지 아니한 것으로 본다.

2) 手票法에 규정이 없는 사항　　예비지급인의 기재, 관할법원의 합의, 지연손해금의 약정, 수표금의 발행한도 등을 수표에 기재하여도 수표상의 효력이 발생하지 않는다.

우리 大法院判例도 이와 同旨로 다음과 같이 판시하고 있다.

> [手票金의 發行限度를 초과하여 발행한 家計手票도 유효하다고 본 判例]
>
> 가계수표 용지에 부동문자로 인쇄되어 있는 '100만원 이하' 등의 문언은 단지 수표계약의 일부 내용으로서 그 발행한도를 초과하여 발행한 가계수표도 수표로서의 효력에는 아무런 영향이 없다[大判 1998. 2. 13, 97 다 48319(公報 1998, 754)].

5. 有害的 記載事項

어음의 有害的 記載事項이란 이를 어음에 기재하면 그 기재의 효력이 발생하지 않을 뿐만 아니라 어음 자체를 무효로 하는 기재사항을 말한다. 이러한 사항은 어음의 본질에 반하거나 어음요건을 파괴하는 사항인데, 이것도 어음法에 규정이 있는 사항과 어음法에 규정이 없는 사항으로 나뉘어진다. 이하에서는 이러한 有害的 記載事項을 換어음 · 約束어음 및 手票로 나누어 설명하겠다.

(1) 換 어 음

1) 어음法에 규정이 있는 사항 어음法이 규정한 네 가지 이외의 만기를 기재하거나, 분할출급의 만기를 기재한 것은 어음 자체를 무효로 한다[1](어 33조 2항). 또한 지급인이 수 인인 경우에 각 지급인에 대하여 각각 상이한 만기를 정하는 경우에도 어음 자체를 무효로 한다.[2]

2) 어음法에 규정이 없는 사항 어음채권을 원인관계에 결부시키는 기재, 어음금액의 지급에 대하여 조건을 붙이거나 지급방법을 한정하는 기재 등은 어음의 단순성을 파괴하여 어음의 본질에 반하므로 어음 자체를 무효로 한다고 해석한다(通說).[3]

우리 大法院判例도 이와 同旨로 다음과 같이 판시하고 있다.

[어음의 裏面에 條件을 기재한 경우 同어음을 無效로 본 判例]

약속어음의 이면에 '甲 어음발행 중 현금지불되었을 때 즉시 47,000,000원을 지불함'이라고 기재된 것은 원인관계의 기재나 지급의 우선적 약속으로 어음금의 지급을 제한하는 조건이므로, 동 약속어음은 무효이다[大判 1994. 6. 14, 94 다 6598(公報 972, 1957)].

同旨: 大判 1971. 4. 20, 71 다 418(大集 19 ① 民 372)(附箋에 조건을 기재한 약속어음도 무효라고 함).

(2) 約束어음

1) 어음法에 규정이 있는 사항 환어음의 경우와 같다.

2) 어음法에 규정이 없는 사항 환어음의 경우와 같은데, 약속어음의 발행인의 지급무담보문언의 기재가 추가된다. 환어음 및 수표의 발행인은 소구의무자이므로 동 발행인의 지급무담보문언의 기재는 無益的 記載事項이나, 약속어음의 발행인은 주채무자이므로 同발행인의 지급무담보문언의 기재는 어음의 본질에 반하므로 어음 자체를 무효로 하는 有害的 記載事項으로 해석한다(通說).

(3) 手 票

1) 手票法에 규정이 있는 사항 手票法에 규정되어 있는 有害的 記載事項은 없다.[4]

2) 手票法에 규정이 없는 사항 환어음의 경우와 같다.

---

1) 그러나 英國 換어음法은 分割出給의 滿期를 명문으로 인정하고 있다[B.E.A. §9(1)(b)].
2) 同旨: 鄭(東), 283면.
3) 鄭(熙), 146면 外.
4) 同旨: 鄭(東), 503면; 註釋, 582면.

제 2 절 引受와 支給保證

제 1 總 說

引受는 환어음에 특유한 제도이고 支給保證은 수표에 특유한 제도인데, 양자는 모두 지급인의 어음행위로서 어음채무를 발생시키는 점 등에서 유사한 점이 많으나 차이점도 많다. 따라서 이하에서는 환어음의 引受와 수표의 支給保證의 유사점과 차이점을 먼저 살펴봄으로써 양 제도에 대한 정확한 이해를 도모하고, 다음으로 引受와 支給保證의 각각에 대하여 상세히 설명한다.

1. 類似點

1) 지급을 확보하기 위하여 支給人이 하는 어음행위로서 지급인은 어음채무를 부담하고, 어음소지인은 지급인에 대하여 어음상의 권리를 취득한다.

2) 청구자의 자격에는 제한이 없고 단순한 占有者도 청구할 수 있다.

3) 인수 또는 지급보증이 있다고 하여 지급과 동일한 효과가 생기는 것은 아니므로, 발행인 기타의 어음(수표)채무자가 어음(수표)상의 채무를 면하는 것이 아니다[1](手 56조 참조).

2. 差異點

1) **所持人의 權利** 환어음의 소지인은 만기 전에 지급인에게 인수제시할 권한이 있으므로(어 21조) 지급인이 인수를 거절한 경우에는 발행인 등에 대하여 만기 전의 소구가 가능하나(어 43조 1호), 수표의 소지인은 지급인에게 지급보증을 요구할 권한이 없으므로 지급인이 지급보증을 거절한 경우에도 발행인 등에 대하여 소구권을 행사할 수 없다(手票의 遡求는 지급인의 지급거절로 인한 경우에만 발생한다)(手 39조).

2) **方 式** 환어음에는 略式引受(어 25조 1항 3문)나 一部引受(어 26조 단서)가 인정되나, 지급보증에는 略式支給保證이나 一部支給保證이 인정되지 않는다(手 53조 2항, 54조 참조). 또한 환어음에는 인수거절로 인한 소구제도가 있으므로 인수제시에 따른 猶豫期間制度가 있으나(어 24조 1항), 수표에는 지급보증거절로 인한 소구제도가 없으므로

---

1) 그러나 美國에서는 어음이 銀行에 의하여 引受되거나 手票가 支給銀行에 의하여 支給保證된 때에는 發行人과 모든 前者인 背書人은 책임을 免한다[U.C.C. §§3-414(C), 3-415(d)].

猶豫期間制度가 있을 수 없다.

3) **效 力** 환어음의 引受人은 약속어음의 발행인과 같이 主債務를 부담하나(어 28조), 수표의 支給保證人은 수표소지인이 지급제시기간 경과 전에 수표를 제시한 경우에 한하여 지급할 의무를 부담하므로(手 55조 1항) 최종의 遡求義務者와 같은 지위에 있거나,[1] 또는 지급제시기간 내에서만 책임을 부담하는 引受人과 같은 지위에 있다고 볼 수 있다.[2]

4) **時效期間** 환어음의 인수인의 어음채무의 소멸시효기간은 만기 후 3年인데(어 70조 1항), 수표의 지급보증인의 수표채무의 소멸시효기간은 지급제시기간 경과 후 1年이다(手 58조).

제 2 引受(換어음에 특유한 제도)

1. 意 義

(1) 槪 念

引受(acceptation, acceptance; Annahme, Akzept)란 「환어음의 지급인이 어음금액의 지급채무를 부담하는 어음행위」이다. 인수는 환어음에 특유한 제도로서 지급인은 인수에 의하여 약속어음의 발행인과 같이 主債務者가 된다. 약속어음에 있어서는 발행인이 발행과 동시에 환어음의 인수인과 같이 주채무를 부담하므로 발행 후에 있어서 인수제도가 있을 수 없고, 수표는 수표법이 인수제도를 인정하지 않고(手 4조) 대신 支給保證制度를 인정하고 있다(手 53조~58조). 인수는 모든 종류의 환어음에 인정되므로 이론상은 一覽出給의 환어음에도 인수가 인정된다고 볼 수 있으나,[3] 인수를 위해서는 만기까지 인수제시를 하여야 하는데(어 21조) 일람출급의 환어음은 제시된 때 만기가 되므로(어 34조 1항 1문) 실제상은 일람출급의 환어음에 인수를 인정할 수도 없고 또 인정할 실익도 없다고 본다.

환어음은 지급위탁증권으로서 발행인이 지급인에게 지급을 위탁하고 이에 따라 지급인이 어음소지인에게 어음금액을 지급하는 증권인데, 발행인이 제 3 자를 지급인으로서 기재하였다고 하여 제 3 자가 지급채무를 부담하는 것은 아니고 제 3 자가 자기의 의사에 기하여 어음채무를 부담하겠다는 意思表示(즉,

1) 同旨: 鄭(熙), 173면.
2) 同旨: Baumbach/Hefermehl, SchG Art. 4 Rdn. 8.
3) 徐·鄭, 208~209면.

引受)를 한 때에 비로소 어음채무를 부담하는 것이다. 따라서 인수에 의하여 主債務를 부담하는 것은 意思表示上의 효력이다(이는 約束어음의 발행과 같고 換어음의 발행과 구별된다). 제 3 자(지급인)가 인수하기 전에는 환어음의 소지인은 지급인에 대하여는 어음금액의 受領權限만을 취득하고, 지급인의 인수거절 또는 지급거절을 조건으로 하여 발행인 또는 배서인에 대하여 어음금지급청구권(遡求權)을 취득한다. 환어음의 소지인에 대한 발행인 또는 배서인의 어음금지급채무(遡求義務)는 法定의 債務라는 점에서 인수가 意思表示上의 債務라는 점과 구별된다.

(2) 法的 性質

引受의 법적 성질에 대하여는 다음과 같이 單獨行爲說과 契約說이 대립되어 있다.

1) 單獨行爲說에서는 인수는 어음소지인과 인수인 사이의 계약도 아니고 발행인의 지급위탁의 청약에 대한 승낙도 아니어서 발행인과 인수인 사이의 계약도 아니므로, 인수인이 어음채무의 부담을 목적으로 하는 單獨行爲라고 한다. 따라서 어음소지인 또는 어음발행인의 無能力 · 代理權의 欠缺 등은 인수의 효력에는 영향이 없고, 인수의 효력은 인수인이 (어음상에 引受要件을 기재하고) 어음을 인수제시인에게 반환하였을 때에 발생한다고 한다(通說).[1]

2) 契約說에서는 인수인의 어음상의 책임이 발생하기 위하여는 어음에 한 인수의 의사표시 외에 인수인의 어음소지인(發行人 · 受取人 · 背書人 등)에 대한 어음의 반환이 있어야 하므로(어 21조), 인수는 상대방이 승낙할 의사를 가지고 수령함으로써 효력이 생기는 契約이라고 한다. 따라서 인수인은 단순히 인수를 위한 기명날인 또는 서명을 하는 것만으로는 어음채무를 부담하지 않고, 상대방의 승낙의 의사표시가 있어야 한다고 한다(少數說).[2]

생각건대 인수도 어음행위이므로 어음행위 일반에 관한 어음理論에 따라서 설명되어야 할 것이다. 어음理論에 관하여 기본적으로 契約說(交付契約說)과 單獨行爲說(創造說)이 있으나, 원칙적으로 契約說(또는 發行說)에 의하고 예외적으로 權利外觀說에 의하여 보충하고 있으므로(通說) 引受라는 어음행위도 이와 동일하게 해석하여야 할 것이다. 따라서 이렇게 볼 때 원칙적으로 契約說이 타당하다고 본다.[3] 어음法 제29조 1항 1문은 「환어음의 인수를 기재한 지급인이 그

1) 徐·鄭, 209면; 朴(元), 560면; 徐(廷), 264면; 孫(珠), 278면; 梁·朴, 760~761면; 梁(承), 331면; 姜, 656면; 蔡, 199면; 李(哲), 267~268면; 註釋, 338면.
2) 鄭(熙), 162면; 鄭(東), 324~325면; 崔(基), 363면; 李(基), 279면.
3) 同旨: 鄭(東), 324~325면; 崔(基), 363면.

어음을 반환하기 전에 인수의 기재를 말소한 때에는 인수를 거절한 것으로 본다」고 규정하고 있는데, 이는 인수가 어음을 상대방에게 반환하기 전에는 그 효력이 발생되지 않는다는 것으로 契約說에 근거한 것으로 해석할 수 있다.[1] 그런데 앞에서 본 바와 같이 單獨行爲說에서도 인수의 효력은 어음을 상대방(인수제시인)에게 반환하였을 때에 발생한다고 보면 引受의 법적 성질에 대하여 어느 설을 취하든 큰 차이는 없다고 보겠다.

(3) **引受의 抹消(撤回)**

위에서 본 바와 같이 인수의 법적 성질에 대하여 어느 설을 취하든 인수의 효력은 어음을 인수제시인에게 반환하였을 때에 발생한다고 해석하면, 지급인은 어음을 인수제시인에게 반환할 때까지는 자기의 인수의 의사표시를 당연히 抹消(撤回)할 수 있다고 보아야 할 것이다. 어음法은 이 점에 대하여 명문의 규정을 두고 있는데(어 29조 1항 1문), 이 규정은 인수의 법적 성질에 대하여 契約說을 취할 때에는 당연한 사항을 규정한 것이라고 볼 수 있다. 만일 어음을 인수제시인에게 반환하기 전에도 인수의 의사표시를 절대로 철회할 수 없다고 하면 지급인이 착오로 인수의 기명날인 또는 서명을 한 경우에도 구제할 길이 없어 지급인의 보호에 문제가 있고, 또 어음소지인은 만기에 지급되지 않을 것이 명백한 그러한 어음을 인수가 있기 때문에 만기까지 기다려 지급제시하여야 하고 또 그 때에 지급거절로 인한 소구를 할 수밖에 없어 만기 전의 소구를 할 수 없게 하는 불합리가 있어 어음소지인의 보호에서도 문제가 있게 된다. 그러므로 어음法은 어음을 반환하기 전에는 인수의 의사표시(기명날인 또는 서명)를 철회할 수 있는 것으로 하고 또 이 때에는 인수를 거절한 것으로 의제하여(어 29조 1항 1문) 어음의 지급인과 소지인의 이익을 보호하고 있다.

또한 어음소지인의 이익을 보호하기 위하여 어음상의 인수의 기재의 말소는 어음의 반환 전에 한 것으로 推定하고 있다(어 29조 1항 2문). 따라서 이 때에 어음소지인은 만기 전의 소구를 할 수 있는데, 그 어음의 소구의무자인 발행인 또는 배서인은 그 어음이 반환된 후에 인수가 말소되어 말소의 효력이 없음(따라서 지급인은 인수인으로서의 주채무를 부담한다는 것)을 입증하여 만기에 지급제시할 것을 주장할 수 있다.

위와 같이 어음의 반환 전에 인수가 말소된 경우에도 지급인이 어음소지

1) 同旨: 鄭(東), 325면; 崔(基), 363면.

인 또는 그 어음에 기명날인 또는 서명한 자[1]에게 서면으로 인수의 통지를 한 때에는 인수의 문언에 따라 어음상의 책임을 부담하여야 한다(어 29조 2항). 이것은 그러한 통지를 받은 자의 신뢰의 이익을 보호하기 위한 것인데, 英美法上의 禁反言則과 같은 정신으로 규정된 것이다. 즉 이 때 그러한 통지를 받은 어음소지인 등이 인수의 통지를 믿고 만기 전의 소구를 하지 않았는데, 그 후 인수의 말소를 이유로 하여 인수거절로 인정하면 어음소지인 등의 이익을 부당하게 침해하게 되기 때문이다. 이 때에는 書面에 의한 통지로 한정하고 있는데, 이것은 후일의 분쟁을 방지하기 위함이다.

그러나 지급인이 환어음에 인수문언의 기재 및 기명날인 등을 하지 아니한 채 소지인 등에게 인수의 통지를 한 경우에는 이러한 책임을 지지 아니한다. 우리 大法院判例도 이와 同旨로 다음과 같이 판시하고 있다.

[어음법 제25조 제 1 항 및 제29조 제 2 항의 요건을 구비하지 않아 인수인의 책임을 부정한 判例]

국제사법 제53조 제 1 항 전문은 "환어음, 약속어음 및 수표행위의 방식은 서명지법에 의한다"라고 규정하는 한편 같은 조 제 3 항에서 "대한민국 국민이 외국에서 행한 환어음, 약속어음 및 수표행위의 방식이 행위지법에 의하면 무효인 경우에도 대한민국 법에 의하여 적법한 때에는 다른 대한민국 국민에 대하여 효력이 있다"라고 규정하고 있으므로, 대한민국 법인인 신용장 매입은행과 대한민국 법인인 신용장 개설은행 사이에서 외국에서 이루어진 환어음의 인수 방식에 대하여는 우리 나라 어음법도 준거법이 될 수 있다. 그런데 어음법 제25조 제 1 항은 "인수는 환어음에 기재하여야 한다. 인수는 '인수' 기타 이와 동일한 의의가 있는 문자로 표시하고 지급인이 기명날인 또는 서명을 하여야 한다. 어음의 표면에 지급인의 단순한 기명날인 또는 서명이 있으면 이를 인수로 본다"라고 규정하고 있으므로, 대한민국 법인인 신용장 매입은행과 대한민국 법인인 신용장 개설은행 사이에서 이루어진 환어음의 인수가 위와 같은 방식을 갖추지 아니한 경우에는 어음법상의 효력을 주장할 수 없고 위 환어음의 인수가 신용장 거래 과정에서 이루어졌다고 하여 달리 볼 것은 아니다. 한편, 어음법 제29조 제 2 항은 "전항의 규정에 불구하고 지급인이 소지인 또는 어음에 기명날인 또는 서명한 자에게 서면으로 인수의 통지를 한 때에는 통지한 상대방에 대하여 인수의 문언에 따라 책임을 진다"라고 규정하고 있는바, 이 조항은 '전항의 규정에도 불구하고'라는 문구를 두고 있음에 비추어 같은 조 제 1 항에서 규정하는 것

1) 예컨대 引受를 위하여 複本 1通을 송부하고 다른 複本으로써 어음을 유통시킨 경우에, 그러한 어음에 背書人으로서 記名捺印 또는 署名한 자 등이 이에 해당한다.

처럼 환어음에 인수를 기재한 지급인이 그 어음을 반환하기 전에 인수의 기재를 말소하였음에도 소지인 등에게 서면으로 인수의 통지를 한 때에는 어음에 기재된 말소 전의 인수 문언에 따라 책임을 진다는 취지를 규정한 것으로 해석함이 상당하므로, 만일 지급인이 환어음에 인수문언의 기재 및 기명날인 등을 하지 아니한 채 소지인 등에게 인수의 통지를 한 경우에는 그 지급인에 대하여 어음법 제29조 제 2 항에 따른 어음상의 책임을 물을 수는 없다.

위 법리와 기록에 비추어 살펴보면, 대한민국 법인인 X은행이 수익자인 A로부터 이 사건 각 백투백신용장에 터잡아 발행된 환어음과 선적서류 등을 매입한 후 이 사건 각 백투백신용장을 개설한 대한민국 법인인 Y은행의 방글라데시 다카지점에 이를 송부 · 제시함에 따라 Y은행 다카지점이 서류송부은행인 X은행에게 그 환어음의 만기를 확정하면서 이 사건 각 백투백신용장의 개설조건인 이 사건 특수조건과 동일하게 해당 마스터신용장 대금을 지급받는 것을 조건으로 하여 그 환어음을 인수하겠다는 취지를 통보한 사실을 알 수 있기는 하나, Y은행 다카지점이 이 사건 각 백투백신용장에 기한 해당 환어음에 '인수' 기타 이와 동일한 의의가 있는 문자로 표시하고 기명날인 또는 서명을 하였다거나 어음의 표면에 단순한 기명날인 또는 서명을 하였음을 인정할 만한 아무런 자료가 없으므로, Y은행이 이 사건 각 백투백신용장에 터잡아 발행된 환어음을 인수 내지 조건부로 인수하였다고 볼 수 없음은 물론, Y은행이 어음법 제29조 제 2 항에 따라 인수의 문언에 따른 책임을 져야 한다고 볼 수도 없다.

같은 취지의 원심의 판단은 정당하고, 상고이유에서 주장하는 바와 같이 어음법 제25조 · 제26조가 규정하는 환어음의 인수 방식, 조건부 인수의 효력 및 어음법 제29조 제 2 항이 규정하는 지급인의 인수통지에 따른 책임 등에 관한 법리를 오해한 위법 등이 있다고 할 수 없다[大判 2008. 9. 11, 2007 다 74683(公報 2008, 1358)].

2. 引受提示[1)]

(1) 意 義

引受提示(presentment for acceptance; Präsentation od. Vorlegung zur Annahme)란 「환어음을 지급인에게 제시하여 引受를 청구하는 행위」이다. 引受는 이론상 引受提示를 전제로 하지는 않으나, 보통 인수제시에 의하여 행하여진다.[2)]

引受提示가 인정되는 주된 이유는 다음과 같다.

1) 첫째로 어음所持人에 대하여는 지급인이 인수를 하면 인수인은 주채무를 부담하여 어음소지인은 추가로 인수인에 대하여 어음금지급청구권을 갖게

1) 이에 관한 상세는 鄭燦亨, "換어음의 引受提示," 「法學論集」(高麗大), 제29집(1993), 321~357면 참조.

2) 同旨: 徐·鄭, 210면.

되므로 그 어음의 信用이 증대되고, 지급인이 인수를 거절하면 滿期前에 遡求할 수 있는 기능이 있다.

2) 둘째로 支給人에 대하여는 인수제시를 받음으로써 자기 앞으로 환어음이 발행된 줄 알고 또 인수를 거절하거나 인수하여 지급을 준비할 수 있는 기능이 있다.

3) 셋째로 一覽後定期出給의 환어음에 있어서는 만기를 확정하기 위하여 인수제시가 절대로 필요하다.

(2) 當 事 者

1) 提示人은 「어음所持人」 또는 「어음의 단순한 占有者」이다(어 21조 전단). 「어음의 단순한 占有者」란 실질적 또는 형식적인 어음소지인이 아니면서 단지 현실로 어음을 소지하는 者(예컨대, 使用者·使者·銀行 등)인데, 이러한 자에게 인수제시의 권한을 인정한 이유는 인수에 의한 권리는 제시인이 아닌 어음소지인에게 귀속하고,[1] 또 실제에 있어서도 수임인을 통하여 인수제시를 하는 일이 많은데 그 때마다 대리권을 수여하는 번잡과 이를 증명하는 곤란을 덜게 하고자 하기 때문이다.[2] 어음의 단순한 占有者는 인수제시를 할 수는 있으나, 지급제시를 할 수는 없다(어 38조 1항). 왜냐하면 어음의 지급제시인은 어음금액을 수령하기 때문이다.

환어음의 발행인이 스스로 지급인에게 인수를 요청하는 일도 있고 또 발행에 앞서서 白地引受하는 경우도 있으나,[3] 어느 경우에도 「발행된 換어음」이라고 볼 수 없으므로 어음法 제21조의 「換어음……」의 해석상 인수제시라고 볼 수는 없다고 본다.

2) 被提示人은 언제나 「어음의 支給人」이고, 지급담당자는 피제시인이 될 수 없다(通說).[4] 왜냐하면 지급담당자는 지급인에 갈음하여 支給사무만을 담당하는 자이기 때문이다. 따라서 인수제시는 지급담당자가 있는 경우에도 지급인에게 하여야 그 효력이 발생하는 것이고 지급담당자에게 한 것은 그 효력이 발생하지 않으나, 지급제시는 지급담당자가 있는 경우에는 지급담당자에게 하여야 그 효력이 발생하는 것이고 지급인에게 한 것은 그 효력이 발생하지 않는다(支給擔當者의 기재의 효력 참조).

---

1) 同旨: 崔(基), 365면.
2) 同旨: 註釋, 341면.
3) 鄭(東), 328면.
4) 徐·鄭, 211면; 鄭(熙), 166면; 孫(珠), 279면; 梁(承), 337면; 崔(基), 366면; 註釋, 341면 外.

지급인이 중첩적으로 기재된 경우에는 그 전원이 피제시인이다(通說).[1] 그런데 이 때 만기 전의 소구를 위하여는 그 중 1인만이 인수를 거절하여도 가능하다는 견해(通說)[2]와, 그 전원이 인수거절하여야 가능하다는 견해(少數說)[3]가 대립하고 있다. 어음소지인을 보호하기 위하여 전자의 견해가 타당하다고 본다(지급거절로 인한 소구는 전원이 지급거절하여야 소구가 가능하다는 점에서 양자는 구별됨)(이에 관한 상세는 어음요건 중 支給人의 명칭에 관한 설명을 참조).

(3) 時 期

1) 인수제시는 원칙적으로 어음의 「發行日로부터 滿期의 前日까지」 하여야 한다(어 21조). 만기의 날(지급을 할 날)은 지급제시를 하여야 하므로(어 38조 1항), 인수제시는 그 전일까지 하여야 한다. 인수제시는 인수제시기간이 있는 때에는 그 기간 내에 하여야 하고, 또한 거래일의 영업시간 내에 한하여 할 수 있다[4](어 72조 1항 2문). 인수제시기간의 말일이 법정휴일인 때에는 이에 이은 제 1 의 거래일까지 인수제시기간이 연장되나, 그 기간중의 휴일은 그 기간에 산입된다(어 72조 2항). 인수제시기간은 발행인 또는 배서인에 의하여 지정되기도 하고(어 22조 1항 · 4항, 23조 2항 · 3항) 또는 법정되기도 한다(어 23조 1항).

2) 인수는 위와 같이 원칙적으로 만기의 전일까지 또는 인수제시기간 내에 하여야 하나, 예외적으로 「滿期後(滿期를 포함) 또는 引受指示期間 경과 후」에도 지급인은 어음소지인 및 소구의무자의 이익을 위하여 시효기간 내에는 인수할 수 있다(通說).[5] 만기 후 또는 인수제시기간 경과 후에도 주채무자가 확정되는 것은 어음소지인 및 소구의무자에게 유리하기 때문이다. 그러나 만기 전의 소구권을 보전하기 위하여는 만기의 전일 또는 인수제시기간 내에 인수제시를 하여야 한다(어 44조 2항). 따라서 만기 후 또는 인수제시기간 경과 후의 인수제시에 대하여 지급인이 인수거절을 하여도 어음소지인은 소구권을 행사할 수 없다.

(4) 猶豫期間

1) 인수제시에 대하여 환어음의 지급인은 제 1 의 제시가 있는 익일에 제 2 의 제시를 할 것을 청구할 수가 있는데(어 24조 1항 1문), 이 하루의 기간을 猶豫期間

1) 鄭(熙), 166～167면; 孫(珠), 279면; 鄭(東), 328면; 崔(基), 366면 外.
2) 鄭(熙), 133면, 167면; 梁(承), 334면; 鄭(東), 328면; 崔(基), 366면; 孫(珠), 279면; 蔡, 265면; 註釋 136면 外.
3) 徐·鄭, 211면; 鄭(茂), 440면.
4) 同旨: B.E.A. §41(1)(a). 營業時間後의 提示에는 被提示人의 승낙이 없는 한 無效이다[鄭(東), 426면].
5) 徐·鄭, 213면; 鄭(熙), 167면; 鄭(東), 329면; 崔(基), 366면; 孫(珠), 280면; 註釋, 341면; 徐(廷), 295면; 蔡, 204면 外.

(熟慮期間 또는 考慮期間)(time of consideration; Überlegungsfrist, Bedenkzeit)이라고 한다. 이와 같이 지급인에게 하루의 유예기간을 인정한 것은, 지급인이 인수제시를 받았을 때 어음의 발행인에게 발행의 진위 등을 조회할 필요가 있거나 또는 지급자금을 제공받는 등의 절차가 필요한 경우에 즉시 인수여부를 결정하여야 한다면(即時引受主義) 인수거절을 하지 않을 수 없게 되어 쓸데없는 만기 전의 소구가 발생하기 때문에 이를 방지하기 위한 것이다.

2) 따라서 지급인이 제 1 의 인수제시일의 익일에 제 2 의 인수제시를 할 것을 청구하면, 제 1 의 인수제시에 대하여는 인수거절이기는 하나 지급인의 제 2 의 인수제시의 청구가 있기 때문에 제 2 의 인수제시에 대하여도 인수거절이 있어야 어음소지인은 인수거절로 인한 만기 전의 소구권을 행사할 수 있다.[1] 이 경우에 어음소지인은 제 1 의 인수제시에 대하여 인수거절증서를 작성하고,[2] 이것에 지급인은 제 2 의 인수제시를 청구한 뜻을 기재한다[3](어 24조 1항 2문, 拒令 3조 2항). 지급인이 제 2 의 인수제시에 대하여 인수를 하면 同어음은 인수된 어음이 되나, 지급인이 제 2 의 인수제시에 대하여 인수를 거절하면 어음소지인은 다시 제 2 의 인수거절에 대하여 거절증서를 작성하여야 만기 전의 소구권을 행사할 수 있다. 이 때에 만일 인수제시기간의 말일에 제 1 의 인수제시가 있고 또 지급인이 그 익일에 제 2 의 인수제시를 할 것을 청구하면, 어음소지인은 인수제시기간의 말일의 익일에도 제 2 의 인수거절증서를 작성할 수 있다(어 44조 2항 2문).

3) 지급인이 제 2 의 인수제시를 청구한 경우에도 어음소지인은 제 1 의 인수제시시에 어음을 지급인에게 교부할 필요가 없다(어 24조 2항). 이것은 지급인이 어음을 하루 동안 유치하면 그 동안에 어음을 변조·훼손 또는 횡령할 우려가 있기 때문에 이를 방지하기 위한 것이다.[4]

1) 同旨: 鄭(熙), 168면; 鄭(東), 329면; 蔡, 206면.

2) 제 2 의 引受提示에 대하여 支給人이 引受하든 또는 引受를 거절하든 어음소지인은 제 2 의 인수제시에 대한 결과에 따라 어음상의 權利를 취득하므로, 제 1 의 引受拒絶證書의 작성은 쓸데없는 비용과 수고를 요하는 것 같으나, 인수제시가 적법한 기간 내에 있었다는 것과 제 2 의 인수제시를 청구한 뜻이 어음관계자에게 명백하게 나타나야 하기 때문에 필요하다[同旨: 徐·鄭, 214면]. 이 때에 제 1 의 引受提示에 대한 引受拒絶證書의 作成費用은 猶豫期間의 이익을 받는 支給人 또는 遡求義務者가 부담한다[同旨: 徐·鄭, 214면].

3) 支給人이 제 2 의 引受提示를 청구하였는지 여부는 遡求義務者 및 支給人 등의 어음관계자의 이해에 중대한 영향이 있으므로, 어음法은 支給人이 제 2 의 인수제시를 청구하였다는 점이 제 1 의 引受拒絶證書에 명백히 기재된 경우에 한하여 어음의 利害關係人은 제 2 의 인수제시가 없었음을 주장할 수 있도록 규정하고 있다(어 24조 1항 2문). 따라서 만일 제 1 의 인수거절증서에 제 2 의 인수제시를 청구하였다는 뜻이 기재되지 않으면 遡求義務者는 어음所持人이 제 1 의 인수거절증서에 의하여 滿期前의 遡求權을 행사하여도 이를 배척할 수 없다.

4) 그러나 英國의 判例에 의하면 支給人은 引受를 위하여 제시된 어음을 24시간 보관할 수

(5) **場　所**

인수제시를 하여야 할 장소에 대하여 어음法은 「지급인의 住所」라고 규정하고 있으나(어 21조), 이는 지급인의 營業所 · 住所 또는 居所라고 해석되고 있다(通說). 이러한 인수제시의 장소는 지급인의 주소가 지급지 외에 있는 他地支給어음이나 또는 지급장소(또는 지급담당자)가 지급인의 주소가 아닌 장소로 기재되어 있는 第 3 者方支給어음에서도 지급인의 營業所 · 住所 또는 居所이다.

지급인의 營業所 · 住所 또는 居所가 어음상에 기재되어 있으면 그 장소에서 인수제시를 하여야 하고, 이러한 장소가 어음상에 기재되어 있지 않으면 사실상의 營業所 · 住所 또는 居所에서 인수제시를 하여야 하는데, 이러한 사실상의 營業所 · 住所 또는 居所도 발견할 수 없는 때에는 지급지에서 引受拒絶證書를 작성하여 滿期前의 遡求權을 행사할 수 있다(通說).

(6) **方　法**

1) 환어음을 인수제시함에는 지급인에게 어음原本 또는 複本 중의 하나를 현실로 제시하여야 한다. 따라서 어음의 謄本으로써는 인수제시를 할 수 없다.

2) 인수제시의 목적물인 환어음은 원칙적으로 기본어음으로서 완성된 환어음이다. 그러나 예외적으로 白地어음으로써도 인수제시를 할 수 있다고 본다. 다만 지급인을 백지로 한 환어음은 지급인이 보충된 후에 한하여 인수제시를 할 수 있을 것이다.[1]

(7) **引受提示의 自由와 그 制限**

인수제시를 할 것인가의 여부 및 언제 할 것인가는 원칙적으로 어음소지인의 自由인데(어 21조), 이를 「引受提示의 自由」라고 한다. 환어음은 인수에 의하여 신용이 증가하는 것이나, 어음소지인은 이를 위하여 인수제시를 하여야 할 의무는 없는 것이다. 그런데 이러한 인수제시의 자유에 대하여 크게 두 가지의 예외가 있는데, 하나는 반드시 인수제시를 하여야 하는 경우와, 다른 하나는 인수제시가 금지 또는 제한되는 경우이다.

1) **引受提示를 하여야 하는 경우**　　어음소지인이 반드시 인수제시를 하여야 하는 경우로는 발행인 또는 배서인이 인수제시를 하여야 할 뜻을 어음상에 기재한 경우(引受提示命令의 경우)(어 22조 1항 · 4항)에 이에 따라 인수제시를 하는 경우와, 일람후정기출급어음에서 만기를 정하기 위하여 인수제시를 하는 경우이다(어 23조).

있다[Bellasis v. Hester(1698) Ld. Raym 280, 281].

1) 同旨: 註釋, 340면.

(가) 引受提示命令(Vorlegungsgebot)의 경우

(ㄱ) 意義 및 認定理由 환어음의 發行人은 기간을 정하거나 정하지 아니하고 인수를 위하여 어음을 제시하여야 할 뜻을 어음에 기재할 수 있고(어 22조 1항), 背書人은 발행인이 인수제시금지를 기재한 경우를 제외하고 기간을 정하거나 정하지 아니하고 인수를 위하여 어음을 제시할 뜻을 어음에 기재할 수 있다[1] (어 22조 4항). 이와 같이 發行人 또는 背書人에게 인수제시명령의 문언을 어음에 기재할 수 있도록 한 이유는, 發行人은 지급인으로 하여금 자기를 지급인으로 하는 어음이 발행되었음을 알려서 지급의 준비행위를 하게 할 필요가 있고, 또 어음소지인으로 하여금 지급인의 지급의사의 유무를 미리 알 수 있도록 하기 위하여 필요하기 때문이다. 또 發行人이 지급인의 주소지와 다른 지급지를 환어음에 기재하면서(他地支給어음) 지급지 내에 지급장소(第3者)를 기재하지 않은 경우에는, 지급인이 인수를 하면서 지급장소를 기재할 수 있으므로(어 27조 1항 1문) 인수제시가 필요하다.

(ㄴ) 違反效果 發行人의 인수제시명령에도 불구하고 어음소지인이 그에 따른 인수제시를 하지 않은 경우에는 어음소지인은 「모든 遡求義務者」에 대하여 인수거절로 인한 소구권뿐만 아니라 지급거절로 인한 소구권을 잃는다[2] (어 53조 2항 본문). 그러나 發行人의 引受提示命令의 文言에 의하여 發行人이 引受擔保責任만을 면하고자 하는 의사를 가지고 있었음을 알 수 있었을 때에는(예컨대, 「2005년 6월 30일까지 引受提示하여야 하고 그 이후에 引受提示를 한 것에 대하여는 引受의 責任을 지지 않음」과 같은 기재가 있는 때에는), 모든 遡求義務者에 대하여 引受拒絶로 인한 遡求權만을 잃을 뿐 支給拒絶로 인한 遡求權을 잃지 않는다(어 53조 2항 단서).

背書人의 引受提示命令에도 불구하고 어음所持人이 그에 따른 인수제시를 하지 않은 경우에는 어음所持人은 「그 背書人」에 대하여만 引受拒絶로 인한 遡求權 및 支給拒絶로 인한 遡求權을 잃는다(어 53조 3항).

(ㄷ) 引受提示의 立證 위와 같이 발행인 또는 배서인의 인수제시명령의 기재에 의하여 일정한 기간 내에 인수제시를 하여야 할 경우에는 어음소지인은 引受提示日字의 기재를 청구할 수 있는데(특히 인수제시기간의 말일에 인수제시하고 지급인이 유예기간을 청구한 경우에 의미가 있음), 어음소지인이 인수제시일자의 기재를 청구하지 않은 경우에는 지급인은 引受日

1) 發行人 또는 背書人이 기간을 정하지 아니하고 引受提示命令의 文言을 어음에 기재한 경우에는 「滿期의 前日까지」 引受提示를 하여야 한다(어 21조). 發行人은 아무 제한 없이 引受提示命令의 文言을 기재할 수 있으나, 背書人은 발행인이 기재한 인수제시의 금지와 모순되지 않는 범위 내에서만 引受提示命令의 文言을 기재할 수 있다.

2) 同旨: 鄭(東), 327면; 崔(基), 369면; 蔡, 202면; 李(基), 280면.

字(引受의 기명날인 또는 서명을 한 날)를 기재하여야 한다(어 25조 2항 1문). 만일 지급인의 인수제시일자 및 인수일자(引受를 한 경우)의 기재가 없으면 어음소지인은 이를 증명하기 위하여 인수제시기간 내(인수제시기간의 말일에 인수제시를 한 경우에는 그 익일)에 日字拒絶證書를 작성하여야(어 44조 2항) 발행인 또는 배서인에 대하여 지급거절로 인한 소구권을 보전할 수 있다(어 25조 2항 2문). 만일 위의 경우에 거절증서작성면제인 경우에는 인수제시기간 내에 인수제시가 있은 것으로 추정되므로, 소구의무자가 소구의무를 면하기 위하여는 인수제시기간 경과 후에 인수제시가 있었음을 입증하여야 한다(어 46조 2항 2문).

(나) 一覽後定期出給어음의 경우

(ㄱ) 引受提示期間 일람후정기출급어음의 경우에는 만기를 확정하기 위하여 반드시 인수제시를 하여야 한다.[1] 이 때에 인수제시기간은 원칙적으로 발행일자로부터 1년인데(어 23조 1항), 發行人은 이 기간을 단축 또는 연장할 수 있고(어 23조 2항), 背書人은 이 기간을 단축만을 할 수 있다(어 23조 3항). 發行人 또는 背書人에게 이 기간을 단축할 수 있도록 한 것은 그들이 소구의무를 빨리 면할 수 있도록 하기 위한 것이고, 發行人이 이 기간을 연장할 수 있도록 한 것은 발행인의 자금관계상 형편에서 그 연장이 필요한 경우가 있기 때문이며, 背書人에게 이 기간의 연장을 허용하지 않은 것은 이를 허용한다면 발행인의 의사에 반하기 때문이다.[2]

(ㄴ) 遺反效果 어음소지인이 법정의 인수제시기간 내(1년) 또는 발행인이 정한 인수제시기간 내에 인수제시를 하지 않으면 「모든 遡求義務者」에 대하여 인수거절로 인한 소구권뿐만 아니라 지급거절로 인한 소구권을 잃는다(어 53조 1항 1호, 2항 본문). 그러나 발행인의 인수제시기간의 기재의 문언에 의하여 발행인이 인수담보책임만을 면하고자 하는 의사를 가지고 있었음을 알 수 있었을 때에는, 모든 소구의무자에 대하여 인수거절로 인한 소구권만을 잃을 뿐 지급거절로 인한 소구권을 잃지 않는다[3](어 53조 2항 단서).

背書人이 정한 인수제시기간 내에 인수제시를 하지 않은 경우에는 어음소지인은 「그 背書人」에 대하여만 인수거절로 인한 소구권 및 지급거절로 인한

---

1) 이 때에는 一覽을 위한 제시만으로 부족하고, 반드시 引受를 위한 제시를 하여야 滿期를 확정하는 효력이 발생한다[鄭(熙), 165면]. 그러나 約束어음에는 引受制度가 없으므로 어음소지인은 발행인에게 一覽을 위한 제시를 한 것만으로 滿期를 확정하는 효력이 발생한다(어 78조 2항 1문).

2) 同旨: 註釋, 344면.

3) 同旨: 註釋, 345면.

소구권을 잃는다[1](어 53조 3항).

(ㄷ) **引受提示의 立證** 일람후정기출급어음에서 인수제시기간 내에 인수제시를 하는 것은 만기를 확정하는 효력뿐만 아니라, 어음소지인의 소구의무자에 대한 소구권을 보전하는 효력도 있으므로 매우 중요하다. 따라서 一覽後定期出給어음에 있어서도 引受命令이 있는 어음의 경우와 같이 인수제시기간 내에 인수제시를 하였음을 알기 위하여 어음에는 引受提示日字 또는 引受日字가 기재되어야 하는데(어 25조 2항 1문), 이는 어음소지인이 발행인과 배서인에 대하여 소구권을 행사하기 위한 전제가 된다(어 25조 2항 2문). 또한 인수제시의 결과 어음상에 기재되는 「引受日字」[2]는 일람후정기출급어음의 만기를 정하는 기준이 된다(어 35조 1항 전단). 그런데 어음상에 인수제시일자 및 인수일자의 기재가 없는 경우에는 拒絶證書에 의하여 그 법률효과가 발생한다. 즉 어음소지인의 소구권보전에 관하여는 적법한 시기에 작성된 日字拒絶證書에 의하고(어 25조 2항 2문), 만기에 관하여는 拒絶證書의 日字[3]에 의한다(어 35조 1항 후단). 그런데 이러한 거절증서도 작성되지 않은 경우에는 어떻게 되는가. 이에 대하여 어음소지인의 遡求權保全에 관하여는 인수명령의 경우(引受提示의 立證)에서 설명한 바와 같고, 滿期를 정하는 기준에 관하여는 어음요건 중 만기(一覽後定期出給어음)에서 설명한 바와 같다.

2) **引受提示가 禁止 또는 制限되는 경우** 환어음의 인수제시는 원칙적으로 自由이나, 예외적으로 실제거래의 관행과 편의를 고려하여 어음法은 發行人에게 引受提示를 禁止(Vorlegungsverbot)하거나 制限할 수 있음을 규정하고 있다. 즉, 환어음의 發行人은 일정한 경우(第 3 者方支給어음 · 他地支給어음 · 一覽後定期出給어음)를 제외하고는 인수제시를 절대적으로 禁止하는 뜻을 어음에 기재할 수도 있고(어 22조 2항), 또는 일정한 기일 전에는 인수제시를 禁止하는 뜻을 어음에 기재할 수도 있다(어 22조 3항). 환어음에서 인수제시를 禁止 또는 制限할 수 있는 자는 「發行人」뿐이고, 背書人은 이를 할 수 없다(引受提示命令과 구별). 이와 같이 發行人에게 인수제시를 금지 또는 제한할 수 있게 한 이유는, 쓸데없는 인수거절로 인한 만기 전의 소구를 미연에 방지하기 위해서이다. 즉, 환어음의 발행인은, 예컨대 지급인에게 아직 지급자금을 공급하지 않은 경우에 발행인이 지급자금을 공급할 때까지, 지급인이

---

1) 同旨: 註釋, 345면.

2) 支給人이 重疊的으로 기재되어 있어 相異한 數個의 引受日字가 있는 경우에는 滿期의 도래를 가장 빠르게 하는 日字를 기준으로 하여 滿期를 정한다(同旨: 註釋, 377면).

3) 이 때의 拒絶證書日字는 引受拒絶이 된 경우에는 「引受拒絶證書」의 日字이고, 引受를 하였으나 引受日字를 기재하지 아니한 경우에는 「日字拒絶證書」(어 25조 2항 2문)를 의미한다(同旨: 註釋, 376면).

여행중이어서 부재중인 경우에는 지급인이 돌아올 때까지, 상품의 매매대금을 추심하기 위하여 매수인을 지급인으로 하여 환어음을 발행하는 경우에는 상품이 매수인에게 도착할 때까지 등으로 인수제시를 금지할 수 있다. 이하에서는 引受提示의 절대적 禁止와 引受提示의 制限을 구분하여 설명하겠다.

(가) 引受提示의 절대적 禁止 發行人은 원칙적으로 인수제시를 절대적으로 禁止할 수도 있는데(이러한 어음을 「引受不能어음」이라고 한다), 이러한 어음은 모든 遡求義務者가 인수를 담보하지 않은 것과 같게 된다(발행인이 引受無擔保의 文言을 기재한 것과 구별됨). 이러한 인수제시의 절대적 금지문언이 있음에도 불구하고 어음소지인이 인수제시를 한 경우에는 어떻게 되는가. 이 때 지급인이 인수를 한 경우에는 그 인수가 유효하게 됨은 물론이나,[1] 지급인이 인수거절을 한 경우에는 어음소지인이 모든 소구의무자에 대하여 인수거절로 인한 소구권을 행사할 수 없고 때에 따라서는 발행인에 대하여 손해배상책임을 부담할 수도 있다.[2]

그러나 發行人은 예외적으로 第3者方支給어음 · 他地支給어음 및 一覽後定期出給어음의 경우에는 인수제시를 절대적으로 禁止할 수 없다(어 22조 2항 단서). 왜냐하면 第3者方支給어음(支給人의 住所地가 아닌 지급장소를 지정한 어음)의 경우에는 인수제시가 있어야 지급인에게 미리 지급장소(제 3 자)를 알려 지급준비를 하게 할 수 있기 때문이고, 他地支給어음(支給人의 주소지와 다른 支給地가 기재된 어음)의 경우에는 發行人이 지급지 내에 지급장소(제3자)를 기재하지 않은 경우에는 支給人에게 인수할 때에 지급장소를 기재할 기회를 주어야 하므로(어 27조 1항 1문) 인수제시가 필요하며, 一覽後定期出給어음의 경우에는 만기를 확정하기 위해서는 인수제시가 절대로 필요하기 때문이다.

(나) 引受提示의 制限 예컨대 「2005년 6월 30일까지 인수제시를 금함」, 「발행인이 지급인에게 지급자금을 공급할 때까지 인수제시를 금함」 등과 같은 기재는 인수제시를 절대적으로 禁止한 것이 아니고, 制限한 것으로 볼 수 있다. 그러나 인수제시를 制限하는 기한(기간)이 만기의 전일까지 미치는 경우에는 앞에서 본 인수제시의 절대적 금지와 같다고 볼 수 있다.[3] 인수제시를 제한하는 경우는 모든 어음에 대하여 제한 없이 인정된다(어 22조 3항). 인수제시의 제한에 위반하여 한 인수제시의 효력에 대하여는 인수제시의 절대적 금지에 위반한 경우와 같다.

發行人이 일정한 기한(기간)까지 인수제시를 금지한 경우에는 引受提示期

1) 同旨: 協約 제50조 3항(당해 引受는 유효하다고 한다).
2) 同旨: 註釋, 343면; 協約 제50조 2항(引受拒絶이 되지 않는다고 한다).
3) 同旨: 註釋, 344면.

間은 그 기일로부터 계산된다(어 34조 2항 2문의 유추적용).

3. 引受의 方式

인수도 어음행위이고 어음행위는 요식행위이기 때문에, 인수는 어음法이 규정한 법정의 방식에 따라서 하여야 그 효력이 발생한다. 인수가 그 효력을 발생하기 위하여는 인수에 반드시 기재되어야 하는 법정의 기재사항이 있는데, 이를 인수의 必要的 記載事項(引受要件)이라고 한다. 인수에는 이외에도 有益的 記載事項 · 無益的 記載事項 및 有害的 記載事項이 있다. 이하에서 차례로 설명한다.

(1) 必要的 記載事項(引受要件)

1) 引受文言 인수는 지급인이 환어음에 「引受」 기타 이와 동일한 의의가 있는 문언을 기재하여야 하는데(어 25조 1항 2문 전단), 이것이 인수문언이다. 이러한 인수문언은 지급인이 어음채무(주채무)를 부담한다는 의사표시인데, 반드시 인수인 자신이 스스로 기재하여야 하는 것은 아니고 인쇄된 문언이라도 무방하다.[1)]

이러한 인수문언은 반드시 기재되어야 하는 것은 아니고, 기재되지 않을 수도 있다. 따라서 인수문언을 표시하고 지급인이 이에 기명날인 또는 서명하는 방식에 의하여 하는 인수를 「正式引受」라고 하고(어 25조 1항 2문), 인수문언이 없이 어음표면에 지급인의 단순한 기명날인 또는 서명만으로써 하는 인수를 「略式引受」라고 한다(어 25조 1항 3문).

인수는 補箋이나 謄本에 할 수는 없고, 반드시 어음 자체에 하여야 한다(어 25조 1항 1문). 正式引受는 어음 자체에 하는 이상 表面이나 裏面에 모두 할 수 있으나, 略式引受는 반드시 어음의 表面에 하여야 한다(어 25조 1항 3문).[2)]

2) 引受人의 記名捺印 또는 署名 인수에는 반드시 인수인(지급인)의 기명날인 또는 서명이 있어야 한다. 기명날인 또는 서명과 관련하여 발생하는 여러 가지의 문제에 대하여는 이미 어음法 總論에서 설명하였으므로, 이곳에서는 引受人에 대해서만 살펴보겠다.

인수는 支給人만이 할 수 있다(어 25조 1항 2문 후단). 따라서 지급인 이외의 자가 어음에 인수문언을 기재하고 기명날인 또는 서명을 한 경우에는 참가인수는 될 수

---

1) 同旨: 註釋, 348면.

2) 어음의 表面에 한 記名捺印에 대하여만 略式引受를 인정하고 어음의 裏面에 한 記名捺印에 대하여는 略式引受를 인정하지 않은 것은, 白地式背書(어 13조 2항 2문)와의 混同을 피하기 위해서이다.

있을지라도(어 57조 1문), 인수는 될 수 없다. 발행인이 인수문언을 기재하고 기명날인 또는 서명을 한 경우에는 인수의 효력이 발생하지 아니하나, 어음이 무효가 되는 것은 아니다[1](無益的 記載事項).

支給人과 引受人은 동일하여야 하는데, 무엇을 기준으로 하여 동일성의 여부를 판단하여야 하는가에 대하여 形式的 同一說과 實質的 同一說로 나뉘어 있다. 形式的 同一說은 어음상의 기재 자체에 의하여 동일한지 여부를 판단하여야 한다는 설이고,[2] 實質的 同一說은 어음상의 기재에 의하면 지급인과 인수인이 동일하지 않더라도 실제로 양자가 동일인이면 족하다는 설이다.[3] 생각건대 어음행위는 그 성질상 외관에 의해서만 해석해야 하므로(어음外觀解釋의 原則) 形式的 同一說이 타당하다고 본다. 그러나 형식적으로 동일하여야 한다는 의미는 지급인의 표시와 인수인의 표시가 한 자도 틀리지 않고 동일하여야 한다는 의미는 아니고, 거래상 동일인임을 알 수 있으면 충분하다고 본다[4](배서의 연속에서 수취인 또는 피배서인과 배서인의 동일성과 같음).

(2) 有益的 記載事項

1) 引受日字 　인수일자는 인수요건이 아니므로 이를 기재하지 아니하여도 인수의 효력에는 영향이 없다. 그러나 一覽後定期出給어음 또는 引受提示命令의 기재가 있는 어음의 경우에는 (어음所持人이 引受提示日字의 기재를 청구하지 않은 경우로서 引受한 경우에는 지급거절로 인한 遡求權을 보전하기 위하여) 인수일자를 기재하여야 한다(어 25조 2항 1문). 또한 一覽後定期出給어음에서는(支給人이 引受한 경우) 만기를 정하는 기준으로서 인수일자를 기재하여야 한다(어 35조 1항 전단). 이에 관하여는 앞에서(引受提示를 하여야 하는경우) 상술하였다.

2) 第 3 者方支給의 記載 　① 他地支給어음(支給人의 住所地와 다른 支給地가 기재된 어음)의 경우에 발행인이 지급지 내에 지급장소(제3자)를 기재하지 아니한 때에는 지급인이 인수

1) 同旨: 註釋, 349면.

2) 鄭(熙), 169면; 鄭(東), 330면; 李(基), 281면.

3) 徐·鄭, 215면; 崔(基), 372면; 孫(珠), 285~286면(그러나 실제에 있어서 兩說의 差異는 없다고 한다).

4) 따라서 支給人은 「Y株式會社」로만 되어 있는데, 引受人은 「Y株式會社 代表理事 A [A의 印]」으로 되어 있는 경우에는, 당연히 同一性이 인정된다. 그러나 支給人과 引受人이 실제로는 同一人이라고 하더라도 兩者의 名稱이 전연 다르거나 또는 支給人은 「Y株式會社」로 되어 있는데 引受人은 Y株式會社의 代表理事인 A가 代表資格을 표시하지 않고 「A [A의 印]」으로만 표시한 경우에는 同一人이라고 볼 수 없다. 이 때에 引受人으로 記名捺印 또는 署名한 자의 責任은 支給人 이외의 자가 引受한 경우와 같다고 볼 수 있다. 즉, 위의 例에서 A가 어음表面에 引受할 意思로써 단순히 記名捺印 또는 署名만을 한 경우에는 發行人을 위한 어음保證人으로서의 責任을 부담할 수 있고(어 31조 3항 1문), 어음의 表面 또는 裏面에 引受文言을 기재하고 記名捺印 또는 署名을 한 경우에는 發行人을 위한 參加引受人으로서의 責任을 부담할 수 있다(어 57조 3문)(同旨: 註釋, 349면).

를 할 때에 이를 기재할 수 있는데(어 27조 1항 1문), 인수인이 이를 기재하지 아니한 때에는 인수인이 지급지에서 직접 지급할 의무를 부담한 것으로 본다(어 27조 1항 2문).

② 同地支給어음(支給人의 住所地와 같은 支給地가 기재된 어음)의 경우에도 지급인은 인수를 할 때에 지급지 내의 다른 지급장소를 기재할 수 있다(어 27조 2항). 만일 인수인이 다른 지급장소를 기재하지 않은 경우에는 인수인의 영업소·주소 또는 거소에서 지급하는 것이 된다.

3) **一部引受** 어음금액의 일부를 제한하여 인수하는 일부인수는 유효하다[1](어 26조 1항 단서). 인수도 어음행위로서 원칙적으로 단순성이 요구되는데(어 26조 1항 본문), 이러한 일부인수는 단순성이 요구되는 인수에 있어서 예외적으로 인정되는 「不單純引受」라고 할 수 있다. 이와 같이 일부인수가 인정되는 것은 인수된 어음금액의 범위 내에서 어음소지인에게 이익을 주고 또 전자도 인수된 어음금액의 범위 내에서는 상환의무를 면하게 되어 그 부담을 경감할 수 있게 되어 유리하기 때문이다.[2] 이와 같이 일부인수가 있는 경우에는 인수된 어음금액에 대하여는 유효한 인수가 있는 것이 되므로 어음소지인은 그 범위 내에서는 인수거절로 인한 소구권을 행사할 수 없고, 일부인수인은 어음채무(주채무)를 부담한다. 그러나 인수되지 않은 나머지 어음금액에 대하여는 인수거절의 효력이 생겨 어음소지인은 잔액에 대하여 인수거절로 인한 소구권을 행사할 수 있다(어 43조 1호 후단). 이 때에 인수되지 아니한 어음금액을 지급하는 소구의무자는 이를 지급한 뜻을 어음에 기재할 것과 영수증의 교부를 어음소지인에게 청구할 수 있다(어 51조 1문). 또한 어음소지인은 어음금액을 지급한 소구의무자가 재소구를 할 수 있게 하기 위하여, 어음금액을 지급한 소구의무자에게 어음의 증명등본과 거절증서[3]를 교부하여야 한다(어 51조 2문).

(3) 無益的 記載事項

어음法에는 규정이 없으나, 지급인이 어음금액을 초과하여 인수한 때에는(超過引受) 不單純引受가 아니고 어음금액의 한도에서 引受가 있는 것으로 볼 것이므로(通說),[4] 어음금액의 초과부분에 대한 기재는 無益的 記載事項이 된다.

---

1) 참고로 일부의 어음保證은 유효하나(어 30조 1항), 일부의 背書는 무효이다(어 12조 2항).

2) 同旨: 徐·鄭, 217면; 鄭(熙), 170면; 註釋, 351면.

3) 이 拒絶證書는 引受되지 않은 어음금액에 대한 拒絶證書인데, 이의 작성은 公證人 또는 執行官이 어음의 謄本을 작성하고 그 謄本 또는 附箋에 하여야 한다(拒令 6조 2항).

4) 徐·鄭, 217면; 鄭(熙), 170면; 孫(珠), 288면; 鄭(東), 332면; 崔(基), 375면; 李(基), 282면 外.

(4) 有害的 記載事項

1) 變更引受 ① 지급인이 어음문언을 변경하여 인수한 때에는(不單純引受), 어음행위(引受)의 단순성을 해하게 되므로 그러한 인수는 효력을 발생하지 않고 인수거절이 있는 것으로 본다(어 26조 2항 본문). 따라서 어음소지인은 소구의무자에 대하여 인수거절로 인한 소구권을 행사할 수 있다(어 43조 1호). 그러나 이러한 不單純引受가 어음 자체의 효력을 상실시키는 것은 결코 아니다.

② 발행과 같은 어음행위가 단순성에 반하여 무효가 되면 그러한 어음행위를 한 자는 어음채무를 부담하지 않으나, 인수의 경우는 이와 구별되어 不單純引受를 한 자도 어음채무를 부담한다. 즉, 인수인이 어음문언을 변경하여 인수한 경우에도 인수인은 변경된 어음문언에 따라 책임을 진다(어 26조 2항 단서). 그 이유는 不單純引受를 한 경우에 그러한 인수인의 책임을 인정하여도 인수인의 의사에 반하지 않을 뿐만 아니라, 오히려 어음소지인에게 이익이 되기 때문이다.[1] 예컨대 지급인이 만기 또는 지급지를 변경하여 인수하거나 배서금지를 기재한 경우에는, 그러한 변경 또는 기재는 支給人 이외의 자에 대하여는 인수를 無效로 하기 때문에 유해적 기재사항이나, 支給人에 대하여는 유효하여 지급인은 자기가 변경 또는 기재한 어음문언에 따라 어음상의 책임을 부담한다. 이러한 지급인의 책임은 인수의 효력으로서 어음상의 책임(주채무)을 부담하는 것과는 구별된다고 본다. 따라서 不單純引受가 있는 경우에는 어음소지인은 소구의무자에 대하여 인수거절로 인한 소구권을 행사할 수 있을 뿐만 아니라, 不單純引受를 한 引受人에 대하여는 그 변경된 어음문언에 따른 어음상의 책임을 물을 수 있다.

2) 條件附引受 ① 예컨대 선하증권의 교부를 조건으로 어음금액을 지급하겠다는 것과 같은 조건부인수는 인수의 무조건성(어 26조 1항 본문)에 반하므로 그러한 인수는 효력이 발생하지 않고 인수거절이 있는 것으로 본다[2](異說 없음). 따라서 이 경우에 어음소지인은 소구의무자에 대하여 인수거절로 인한 소구권을 행사할 수 있다(어 43조 1호).

② 그런데 이 경우에 인수인은 변경인수의 경우와 같이 그러한 조건에 따라 어음상의 책임을 부담하는가. 이에 대하여 이를 허용한다면 어음채무를 실

---

1) 同旨: 註釋, 352면.

2) 참고로 條件附(어음)保證은 유효하고(有益的 記載事項)(大判 1986. 3. 11, 85 다카 1600 〈公報 775, 41〉), 條件附背書는 조건을 기재하지 아니한 背書로 본다(無益的 記載事項)(어 12조 1항 2문).

질관계와 결부시키는 것이 되어 어음채무의 추상성에 반한다고 하여 이를 부정하는 견해도 있다.[1] 그러나 이 때 인수인에게 그 조건에 따른 어음상의 책임을 인정하는 것은 조건부인수를 유효한 인수로 인정하는 뜻이 아니고(인수인 이외의 자에 대한 관계에서는 인수거절로 보아 만기 전의 소구를 인정함) 또 인수인에게 그 기재된 문언에 따른 어음상의 책임을 인정하여도 인수인의 의사에 반하지 않고 오히려 어음소지인에게 이익이 된다는 특수성이 있는 점에서 볼 때, 條件附引受는 不單純引受와 유사하므로 인수인은 어음상에 기재된 조건에 따른 어음상의 책임을 부담한다고 보는 것이 타당하다고 생각한다[2](어 26조 2항 단서의 유추적용).

4. 引受의 效力

(1) 引受人의 主債務

환어음의 지급인은 인수하기 전에는 어음소지인에 대하여 아무런 어음채무를 부담하지 않으나,[3] 인수한 후에는 어음소지인에 대하여 어음상의 主債務者가 된다[4](어 28조 1항). 이러한 인수인의 主債務의 내용은 약속어음의 발행인의 그것과 같이, 第 1 次的 · 無條件 · 絶對的 · 最終的인 의무이다. 이하에서 차례로 간단히 설명한다.

1) 第 1 次的인 義務 인수인의 의무는 어음소지인이 他者에게 청구하여 지급을 받지 못한 때에 비로소 부담하는 의무가 아니라, 만기가 도래하면 어음소지인이 직접 청구할 수 있는 제 1 차적인 의무이다. 이 점에 대하여 어음法도 「…引受人에 대하여 환어음으로부터 생기는 직접의 請求權이 있다」고 규정하고 있다. 이러한 의미에서 引受人의 의무는 遡求義務者가 부담하는 제 2 차적인 의무와 구별된다.

2) 無條件의 義務 어음소지인이 지급제시기간 내(어 34조, 38조 1항)에 지급제시

1) 鄭(東), 333면(특히 變更引受와 條件附引受는 구별된다고 하나, 대외적으로 引受拒絶로 보는 점 등에서 유사하게 볼 수 있다고 생각한다); 崔(基), 375~376면(條件附引受를 條件附發行이나 條件附背書와 동일하게 보나, 條件附引受는 이들과 구별된다고 본다); 李(基), 283면.

2) 同旨: 徐·鄭, 217면; 孫(珠), 288면; 蔡, 207면; 註釋, 351면(이를 背書의 경우와 같이 조건이 없는 單純引受로 보는데, 그렇게까지 보는 것은 무리라고 생각한다); 協約 제43조 1항 · 2항.

3) 어음所持人의 입장에서 볼 때는 단순한 支給人에 대하여는 어음金額의 受領權限만이 있고 어음金支給請求權이 없다.

4) 支給人이 重疊的으로 기재되어 引受人이 數人인 경우에는 각자가 引受人으로서 어음金額의 전부의 지급채무를 부담하는 合同責任(어 47조)을 부담한다.

를 하였음에도 불구하고 인수인이 어음금액을 지급하지 않은 때에는, 어음소지인은 지급거절증서를 작성하지 않아도 인수인에 대하여 어음금액 및 연 6分의 이율에 의한 만기 이후의 법정이자를 무조건 지급청구할 수 있으므로 인수인은 無條件의 義務를 부담한다(어 28조 2항). 따라서 인수인의 의무는 소구의무자가 지급거절증서의 작성 등을 조건으로 어음채무를 부담하는 조건부의무와 구별된다.

3) **絶對的인 義務** 인수인의 의무는 어음소지인이 지급제시기간 내에 지급제시를 하지 않았어도 만기후 3年의 소멸시효기간 내에는 어음채무를 부담하므로(어 70조 1항) 절대적인 의무이다. 따라서 인수인의 의무는 지급제시기간 내에 지급제시를 하지 않으면 그 의무가 소멸되는 소구의무자의 의무와 구별된다(어 53조 1항 참조).

4) **最終的인 義務** 인수인은 현재의 어음소지인에 대하여 뿐만 아니라 소구의무를 이행하고 어음소지인이 된 모든 소구의무자에 대하여도 어음채무를 부담하므로, 最終的인 義務를 부담한다. 따라서 최종소구의무자도 인수인에게 어음상의 권리를 행사할 수 있는데, 어음法은 이 점을 명백히 규정하고 있다(어 28조 2항 2문).

(2) 引受人이 支給할 金額

인수인이 지급할 금액은, 지급제시기간 내에 지급하는 경우에는 어음금액과 이자액[1]이지만, 지급제시기간 경과 후에 지급하는 경우에는 소구금액(어 48조, 49조)과 동일한 금액이다(어 28조 2항 1문).

5. 引受拒絶의 效力

지급인이 인수를 할 것인가의 여부는 그의 자유이다. 그러나 지급인이 인수를 거절하면 어음소지인은 만기에도 지급인으로부터 지급받을 수 없는 것이 예상되고, 또 만기에 지급인이 다시 지급거절을 하는 경우에 지급인에 대하여 어음금액을 지급청구할 권리도 없다. 따라서 이러한 어음소지인을 위하여 어음법은 지급인이 인수거절을 하면 만기에 다시 지급인에게 지급제시할 필요 없이 자기의 전자(背書人 및 發行人)에 대하여 소구할 수 있는 권리를 인정하고 있다(어 43조 1호). 이것이 인수거절로 인한 遡求 또는 滿期前의 遡求이다.

---

1) 이 利子額은 一覽出給 또는 一覽後定期出給의 換어음에서 利率과 함께 利子文言을 기재한 경우에(어 5조 1항 1문, 2항 1문) 그에 따라 계산한 利子額을 의미한다.

제 3 支給保證(手票에 특유한 제도)

1. 意 義

(1) 槪 念

支給保證(certification; Bestätigung)이란 「수표의 지급인이 지급제시기간 내에 수표가 제시된 때에 수표의 문언에 따라서 지급할 것을 약속하는 수표행위」이다. 이러한 지급보증은 수표에 특유한 제도로서 지급인이 지급보증에 의하여 지급채무를 부담하는 점에 있어서는 환어음의 인수와 유사하나, 그 밖의 많은 점에서 환어음의 인수와 구별되는데, 이에 대하여는 이미 앞에서 본 바와 같다.

또한 手票의 支給保證은 手票保證과는 그 용어에서 유사하여 혼동하기 쉬운데, 다음과 같은 점에서 구별되고 있다.

1) 지급보증은 支給人만이 할 수 있으나(手 53조 1항), 수표보증은 支給人을 제외한 제 3 자가 할 수 있는데(手 25조 1항 1문) 이러한 제 3 자에 대하여는 제한이 없으므로 수표에 이미 기명날인 또는 서명을 한 자도 수표보증인이 될 수 있다(手 25조 2항 2문).

2) 지급보증은 지급인이 다른 수표채무와 무관하게 수표채무를 부담하는 것이나(이 점에서는 引受人과 유사함), 수표보증은 보증인이 다른 手票債務(발행인 또는 배서인의 소구의무)를 전제로 하여 수표채무를 부담한다(手 26조 4항). 수표보증도 어느 정도 독립성이 인정되나(어 27조 2항)(민법상 보증과 다른 점) 역시 보증채무이므로 종속성(부종성과 수반성)이 있는 점(민법상 보증과 같은 점)에서, 전혀 종속되지 않는 지급보증과 구별된다.

3) 지급보증인은 最終遡求義務者와 같은 지위에 있으므로 그가 수표금을 지급하여도 아무런 수표상의 권리를 취득하지 못하나, 수표보증인은 被保證人의 遡求義務를 보증하는 것이므로 그가 수표금을 지급한 때에는 피보증인과 그의 수표상의 채무자에 대하여 수표상의 권리를 취득한다(手 27조 3항).

(2) 認定理由

수표는 신용증권이 아니라 지급증권이므로 항상 일람출급이고(手 28조 1항) 또 지급제시기간도 단기이다(手 29조). 또한 수표에는 환어음에서와 같은 인수제도가 인정되지 않고(手 4조 1문), 수표에 한 인수의 문언은 무익적 기재사항이다(手 4조 2문). 또 한 이러한 인수를 잠탈하는 수단이 될 수 있는 支給人의 背書(手 15조 3항)와 保證(手 25조 2항)도 인정되지 않는다. 이것은 모두 수표의 信用證券化를 방지하기 위한 제도이다. 이러한 제도에 의하여 수표의 信用證券化는 방지된다고 하더라도, 지급의 確實性이 보장되지 않으면 수표의 원활한 유통을 기할 수 없게 된다. 따라서 수표의 지급의 確實性을 보장하기 위한 제도가 지급보증제도이다.[1]

우리 나라의 手票法은 수표의 支給保證에 대하여 규정하고 있으나, 실제로 이 제도가 이용되는 예는 거의 없고 이에 대신하여 지급은행의 自己앞手票가 이용되고 있다.[2] 따라서 手票法上의 支給保證에 관한 규정은 거의 死文化되고 있다.[3]

2. 方　式

(1) 支給保證要件

지급보증은 수표의 표면에, (i) '支給保證' 기타 지급을 할 뜻을 기재하고(支給保證文言), (ii) 日字를 부기하여, (iii) 支給人이 기명날인 또는 서명하여야 한다(手 53조 2항).

1) 지급보증이라는 수표행위의 必要的 記載事項(支給保證要件)은 支給保證文言 · 支

1) 1931년 제네바手票法統一條約은 이러한 支給保證에 관한 사항을 統一手票法 중에 넣지 않고 그 留保條項에서 「各締約國은 支給人이 手票에 支給保證 · 確認 · 査證 · 기타 이것과 동일한 효력을 가진 宣言의 기재를 하는 것을 인정하고, 그 법률상의 효과를 정하는 권한을 가진다. 그러나 이러한 기재에 引受의 효력을 인정할 수 없다」고 규정하였다(제 1 조약 제 2 부속서 제 6 조). 이러한 留保條項에 따라 우리 나라와 日本은 支給保證制度를 채택하여 手票法에서 규정하고 있다(手 53조~58조).

美國의 U.C.C. §409(d)은 「支給保證된 手票는 支給銀行에 의하여 引受된 手票를 의미한다」고 규정하여, 우리 手票法上의 支給保證에 관한 규정과 대조를 이루고 있다(手 4조, 55조 1항, 56조).

獨逸은 聯邦銀行法 제23조(1957. 7. 26 제정)에 의하여 聯邦銀行이 支給人인 手票에 한하여 支給保證(Bestätigung)이 가능하고, 聯邦銀行 이외의 銀行이 支給人인 手票에는 支給保證이 허용되지 않고 手票法 외의 契約에 의하여 支給人이 지급을 약속하는 損害擔保契約(Garantievertrag)이 있다(Baumbach/Hefermehl, SchG Art. 4 Rdn. 4, 8 ff.).

프랑스에서는 1941. 2. 28의 特別法에 의하여 手票의 支給保證(Certification)을 허용하였고, 1972. 1. 3에 手票法을 개정하여 이를 手票法 안에 규정하게 되었다(Ripert et Roblot, Traité élémentaire de droit commercial, Tome Ⅱ, 2174).

2) 이에 관하여 당초에는 1956. 3. 2 協定된 金融團協定이 「手票의 支給保證은 반드시 保證銀行의 自己앞手票에 의한다」고 규정하고 있었으나, 오늘날에는 當座計定約定書가 「手票의 支給保證 신청이 있는 때에는 支給保證에 갈음하여 저희은행의 自己앞手票를 발행하여 드리고 그 금액은 當座計定에서 뺍니다」고 규정하고 있다(한국외환은행 제정, 당좌예금약관 제10조).

3) 은행실무에서 支給保證에 갈음하여 은행의 自己앞手票를 발행하는 이유는 다음과 같다. (i) 支給保證을 한 뒤에 생길지도 모르는 發行人의 財産狀態의 惡化에 따라 발생하는 支給保證銀行의 위험과 번잡을 피하고자 하는 것이다. (ii) 支給保證은 고객이 발행한 手票上에 하는 것이므로 僞造 · 變造의 위험이 크므로 이러한 위험을 방지하기 위하여 은행의 自己앞手票에 의하는 것이다. (iii) 銀行이 지급보증을 하여야 할 정도로 신용이 없는 發行人과는 은행은 當座去來를 하지 않겠다는 것을 나타내기 위한 것이다[鄭·鄭, (演習) 839면].

給保證日字·支給保證人의 기명날인 또는 서명이다. 배서·보증·인수의 경우와는 달리 「支給保證文言」을 반드시 기재하여야 하므로, 이른바 지급보증문언이 없는 白地式支給保證이란 있을 수 없다.[1] 또한 수표의 지급보증에서는 배서·보증·인수의 경우와는 달리 「支給保證日字」가 필요적 기재사항이며, 이의 기재가 없으면 지급보증으로서의 효력이 없다.

우리 大法院判例도 이와 同旨로 다음과 같이 판시하고 있다.

[手票의 支給保證에 支給保證日字를 필요적 기재사항으로 본 判例]

수표에 지급보증을 하려면 지급인이 수표의 裏面에 지급보증 기타 지급할 뜻을 기재하고 일자를 부기하며 기명날인 또는 서명을 하여야 한다[大判 1975. 4. 8, 74 다 2085(判總 11-2, 1059-26-3)].

지급보증에 지급인의 「기명날인 또는 서명」이 있어야 하는 점은 다른 모든 어음행위에 있어서와 같다.

2) 지급보증을 하는 수표상의 위치는 반드시 수표의 表面이어야 한다. 따라서 배서·보증의 경우와 같이 수표의 裏面이나 補箋에는 할 수 없다. 이는 正式引受의 경우와 구별되고, 略式引受의 경우와 같다.

우리 大法院判例도 이와 同旨로 다음과 같이 판시하고 있다.

[手票裏面에 한 支給保證을 無效로 본 判例]

수표의 지급보증의 방식은 수표의 표면에 하여야 하므로, 본건과 같이 수표이면에 한 것은 지급보증으로 볼 수 없고 따라서 그 효력도 없다고 하여야 할 것이다[大判 1972. 10. 25, 72 도 1976 (判總 11-2, 1068-53-4)].

同旨: 大判 1975. 4. 8, 74 다 2085(判總 11-2, 1059-26-3).

(2) 條件附 또는 一部의 支給保證

지급보증은 무조건이어야 하며(手 54조 1항), 지급보증에 의하여 수표의 기재사항에 가한 변경은 이를 기재하지 아니한 것으로 본다(無益的 記載事項)(手 54조 2항). 따라서 지급보증에 붙인 조건은 배서의 그것과 같으나(無益的 記載事項)(手 15조 1항), 발행(有害的 記載事項)(手 1조 2호)·보증(有益的 記載事項)[2]의 그것과 구별된다.

또한 수표금액의 일부에 대한 지급보증에 대하여는 手票法에 규정이 없어, 이를 무효의 지급보증으로 볼 것인가 또는 전부에 대한 지급보증으로 볼 것인

1) 同旨: 徐·鄭, 304면; 鄭(東), 511면.

2) 大判 1986. 3. 11, 85 다카 1600(公報 775, 41)(條件附어음保證에 대한 判決).

가의 문제가 있다. 이를 전부에 대한 지급보증으로 보는 견해가 있으나,[1] 이렇게 보면 지급보증인의 의사에 반하여 무거운 책임을 부담시키는 것이 되어 부당하므로 지급보증의 효력이 없는 것으로 본다.[2] 이렇게 보면 일부의 지급보증은 배서의 그것과 같으나(有害的 記載事項)(手 15조 2항), 수표보증(手 15조 1항)이나 어음인수(어 26조 1항 단서)의 그것과는(有益的 記載事項) 구별된다.

(3) 請求人 · 被請求人

1) 지급보증의 「請求人」에는 제한이 없다. 따라서 발행인 · 배서인 · 소지인 등이 지급보증을 청구할 수 있는데, 실제로는 발행인이 청구하는 것이 보통이다.

2) 「被請求人」은 지급인에 한한다(手 53조 1항).

3. 效 力

(1) 支給保證人의 義務

1) 지급보증을 한 지급인은 수표소지인이 지급제시기간[3] 경과 전에 수표를 제시한 경우에 한하여 수표금액의 지급의무를 부담한다(手 55조 1항). 이러한 지급보증인의 의무는 수표 외의 일반사법상의 의무가 아니고, 「手票上의 義務」이다. 그러나 지급보증인이 수표발행인의 채권자의 요구에 의하여 수표발행인의 지급채무를 보증할 목적으로 지급보증을 하는 경우에는, 지급보증인은 수표상의 의무인 지급보증인으로서의 채무를 부담하는 외에, 채권자에 대하여 수표 외의 일반사법상의 의무인 保證債務도 부담한다.

우리 大法院判例도 이와 同旨로 다음과 같이 판시하고 있다.

[手票의 支給保證人에 대하여 民法上 保證責任을 인정한 判例]

채무자가 발행한 연수표(선일자수표)를 담보로 하여 금원을 대여한 사실을 알고 수표의 지급인인 은행이 채권자의 요구에 의하여 그 금원의 지급을 보증한 경우에 은행은 채권자에 대하여 수표법을 떠나서도 민법상 차용금채무의 이행을 보증한 것이라고 볼 것이다[大判 1957. 10. 21, 4290 民上 318(判總 11-2, 1057)].

同旨: 大判 1967. 3. 28, 67 다 108(判總 11-2, 1068-3).

지급보증인의 의무는 「第 1 次的 支給義務」를 부담하는 점에서 환어음의

1) 鄭(熙), 173면; 孫(珠), 418면; 鄭(東), 511면; 蔡, 213면.

2) 同旨: 徐·鄭, 304면.

3) 國內手票의 경우는 10일, 國外手票의 경우는 20日(同一 州) 또는 70日(다른 州)이다(手 29조 1항 · 2항).

인수인 또는 약속어음의 발행인의 의무와 유사하나, 타인의 不支給을 조건으로 수표채무를 부담하는 배서인 또는 수표보증인의 의무와 구별된다.

지급보증인의 의무는 수표소지인이 지급제시기간 내에 제시한 때에 한하여 지급채무를 부담하는 일종의 「條件附 支給義務」를 부담하는 점에서, 지급제시기간 내의 제시유무를 불문하고 시효기간 내에는 무조건의 지급의무를 부담하는 환어음의 인수인 또는 약속어음의 발행인의 지급의무와 구별된다. 따라서 지급보증인은 主債務者가 아니고 최종의 遡求義務者와 같은 지위에 있다. 위와 같이 지급보증인은 지급제시기간 내에 수표를 제시한 경우에 한하여 지급의무를 부담하므로, 지급제시기간 내에 적법한 지급제시를 하였는지 여부는 拒絶證書 또는 이와 동일한 효력이 있는 宣言에 의하여 증명되어야 한다(手 55조 2항). 이 때에 지급보증인은 소구의무자가 아니므로 이러한 거절증서 등의 작성을 면제할 수 없다.[1] 또한 불가항력인 사유로 인하여 지급제시기간 내에 지급제시를 할 수 없었을 때에는 지급제시기간이 연장되거나 또는 지급제시가 면제된다(手 57조, 47조).

2) 지급보증인의 지급의무의 법적 성질에 대하여 지급제시기간 내에 지급제시를 停止條件으로 하여 지급의무가 발생한다고 보는 견해(停止條件說)와,[2] 지급보증인은 지급보증시에 지급의무가 발생하나 지급제시기간 내의 不提示를 解除條件으로 하는 의무라고 보는 견해[3](解除條件說)로 나뉘어 있다. 생각건대 지급보증인은 보증인이나 배서인과는 달리 제 1 차적인 지급의무를 부담하는데, 지급보증을 하였음에도 불구하고 수표소지인이 아직 (지급제시기간 내에) 지급제시를 하지 않았다고 하여 수표채무를 부담하지 않는다고 보는 정지조건설은 불합리하므로, 解除條件說이 타당하다고 본다.

3) 지급보증인이 지급할 금액은 원래 수표금액이지만, 지급거절로 인하여 수표소지인이 소구권보전절차를 밟은 경우에는 소구의무자가 지급할 소구금액 또는 재소구금액이다(手 55조 3항, 44조, 45조).

4) 지급보증인에 대한 수표금지급청구권은 소구권과 유사하지만 제 1 차적인 지급청구권이라는 점에서 소구권은 아니므로, 수표법은 소구권에 관한 시효기간(手 51조 1항)과는 별도로 지급보증인에 대한 수표금지급청구권의 시효기간을 규

1) 同旨: 鄭(熙), 174면.
2) 鄭(東), 512면; 孫(珠), 419면; 鄭(茂), 532면; 姜, 568면; 姜, (어) 540면.
3) 鄭(熙), 174면; 徐(廷), 298면; 蔡, 214면.

정하고 있다(手 58조). 즉, 지급보증인에 대한 수표금지급청구권의 시효기간은 지급제시기간 경과후 1年이다. 그런데 이 시효기간은 수표소지인이 지급제시기간 내에 수표를 지급제시하여 지급보증인에 대한 수표금지급청구권을 보전한 후에 의미가 있는 것이지만(手 55조 1항), 지급제시기간 내에 언제 제시되든 또한 거절증서 또는 이와 동일한 효력이 있는 선언이 거절증서의 작성기간 내(手 40조) 언제 작성되든 불문하고 언제나 지급제시기간 경과후 1년이다.

5) 수표의 지급보증인에 대한 권리가 지급제시기간 내에 지급제시를 하지 않음으로써 소멸하거나(手 55조 1항) 또는 지급제시기간 내에 지급제시를 하여 그 권리는 보전되었으나 지급제시기간 경과후 1년간 행사하지 않음으로써 그 권리가 소멸시효로 소멸한 때에는(手 58조), 수표소지인은 지급보증인에 대하여 利得償還請求權을 행사할 수 있다(手 63조).

(2) 다른 手票債務者의 義務

지급인이 지급보증을 하여도 발행인 기타의 수표채무자가 이러한 지급보증으로 인하여 그 책임을 면하지 못한다(手 56조). 따라서 지급보증인은 다른 수표채무자와 合同責任을 부담한다(手 43조). 手票法이 이와 같은 규정을 둔 것은 지급보증은 지급과 동일한 효력을 가져오는 것이 아니라는 점과 또 미국법에서는 지급보증으로 인하여 다른 수표채무자는 그 책임을 면하는 것으로 규정하고 있는 점에서,[1] 주의적으로 규정한 것으로 본다.

지급보증이 있는 경우에는 발행인과 지급인 사이의 자금관계에서는 지급이 있은 것과 같은 효과가 발생하는 경우가 많다. 왜냐하면 지급인(은행)이 지급보증을 하는 경우에는 발행인의 당좌계정에서 수표금액만큼 차감하기 때문이다.

1) 美國 統一商法典에 의하면 發行人 및 支給保證前의 背書人은 責任을 免한다[U.C.C. §§3-414(c), 3-415(d)].

제 3 장 어음上의 權利의 移轉(背書)

제 1 절 總 說

제 1 어음上의 權利의 讓渡方法

(1) 어음상의 권리의 讓渡(移轉)方法에는 「일반적인 권리의 양도방법」과 「어음에 특유한 양도방법」이 있다.

1) 어음상의 권리는 「일반적인 권리의 양도방법」에 의하여 양도된다. 즉, 합병 · 상속과 같은 包括承繼와 경매 · 轉付命令과 같은 特定承繼에 의하여 어음상의 권리가 양도되는 점에 대하여는 아무런 異論이 없다. 그러나 어음상의 권리가 指名債權讓渡方法에 의하여 양도될 수 있는지 여부에 대하여는 후술하는 바와 같이 견해가 나뉘어 있다.

2) 어음상의 권리는 일반적으로 「어음에 특유한 양도방법」, 즉 背書 또는 交付에 의하여 양도된다. 다시 말하면 기명식 또는 지시식어음(수표)은 「背書」에 의해서 양도되고, 소지인출급식수표[1]는 단순한 「交付」만에 의해서 양도된다. 기명식어음(수표)이라도 원칙적으로 背書에 의하여 양도될 수 있으나(어 11조 1항 · 77조 1항 1호, 手 14조 1항), 예외적으로 어음(수표)면상 背書(指示)禁止의 문언이 있는 경우에는 배서에 의해서 양도될 수 없고 「指名債權讓渡方式」에 따라서만 양도될 수 있다(어 11조 2항 · 77조 1항 1호, 手 14조 2항). 또한 기명식 또는 지시식 어음(수표)이라도 수취인(배서인)으로부터 白地式背書(어 14조 2항 3호 · 77조 1항 1호, 手 17조 2항 3호) 또는 所持人出給式背書(어 12조 3항 · 77조 1항 1호, 手 15조 4항)에 의하여 어음(수표)를 양수한 자는 단순한 「交付」만에 의하여 어음(수

1) 이는 無記名式手票(手 5조 3항) 및 指名所持人出給式手票(手 5조 2항)를 포함한다.

표)을 양도할 수 있다.

(2) 이하에서는 總說에서 어음상의 권리를 指名債權讓渡方法에 의하여 양도할 수 있는지 여부와 背書禁止어음에 대하여 먼저 살펴본 후, 背書에 대하여 상세히 설명하겠다. 善意取得은 어음상의 권리의 原始取得의 일종이나 형식상은 無權利者 등으로부터 背書 또는 交付에 의하여 취득하는 것이므로, 어음상의 권리의 移轉에서 맨 마지막으로 이를 설명하겠다.

제 2 指名債權讓渡方法에 의한 어음의 讓渡

어음에 특유한 讓渡方法인 背書 또는 交付에 의하여 양도할 수 있는 어음을 債權의 일반적 讓渡方法인 指名債權讓渡方法에 의하여 양도할 수 있는지 여부에 대하여 학설은 肯定說(通說)[1]과 否定說(少數說)[2]로 나뉘어 있다.

이에 대한 肯定說에서는 그 이유를 다음과 같이 설명하고 있다.

① 지명채권양도의 대항요건에 관한 민법의 규정(民 450조)을 絶對的 強行規定으로 풀이할 이유는 없고, 또 지시채권의 양도방법에 관한 民法 제508조(어 11조 1항·77조 1항 1호, 手 14조 1항)를 強行法規라고 풀이하더라도 그것은 지시채권으로서의 양도방식을 규정한 데 그치고 어음을 지명채권양도방법으로 양도하는 것까지 금하는 것은 아니다.

② 배서의 방식이 정형화되어 있다고 하더라도 그것은 절대적인 것이 아닌데, 이는 背書禁止어음(어 11조 2항·77조 1항 1호, 手 14조 2항)·背書禁止背書(어 15조 2항·77조 1항 1호, 手 18조 2항)가 인정되는 점만 보아도 알 수 있다.

③ 어음소지인이 권리의 행사에 관하여 背書의 連續과 같이 간이한 자격증명방법을 이용할 수 없다고 하더라도, 당사자가 이를 알고 지명채권양도방법을 사용한다면 그것을 무효로 할 필요가 없고 또 그것이 당사자에게 불리하다고 말할 수도 없다.

④ 지명채권양도방법을 이용하는 경우에도 증권의 交付를 요건으로 하므로 증권과 권리의 분리를 인정하는 것이 아니다.

그러나 否定說에서는 그 理由를 다음과 같이 설명하고 있다.

---

1) 徐·鄭, 184면; 孫(珠), 239~240면; 鄭(東), 357~359면; 姜, 606면; 梁·朴, 734면; 梁(承), 285면; 李(範), 323면; 鄭(茂), 411면; 蔡, 196면. 同旨: 日最高判 1974. 2. 28(民集 28-1, 121); Hueck/Canaris, S. 81.

2) 鄭(熙), 177~178면; 金(容), 312면.

① 지명채권양도의 대항요건인 민법의 규정(民 450조, 451조)은 強行法規로 이해하여야 할 것이므로, 지시채권을 양도함에 있어서 지명채권양도의 대항요건을 갖추었다 하더라도 지시채권의 양도로서의 효력은 발생하지 않으며 지시채권은 반드시 背書에 의하여 양도되어야 한다.

② 지시채권인 어음상의 권리에 대하여 지명채권양도방법에 의한 이전방법을 인정할 필요가 없다. 왜냐하면 이것을 인정한다면 소지인이 채권자의 자격을 증명하는 背書의 連續이라는 간편한 증명방법을 이용하지 못하는 결과 오히려 소지인으로 하여금 간편하게 어음상의 권리를 행사시키고자 하는 법의 취지에도 어긋나기 때문이다.

③ 실제로도 어음상의 권리를 지명채권양도방법에 의하여 양도하는 일도 거의 없기 때문에, 이것을 인정할 실익도 거의 없다.

④ 민법상 지시채권증서는 어음과 같은 법률상 당연한 指示證券이 아니라 계약에 의한 것이기 때문에 指示禁止文句를 기재하여 증서를 작성하는 일은 없을 것이요 그렇게 하려면 차라리 지명채권증서를 작성하게 될 것이므로, 민법상 지시채권을 지명채권양도방식으로 양도할 수 있게 하는 것은 민법 제508조(지시채권의 양도방식), 제513조(지시채권증서의 배서의 자격수여력)의 法意에도 어긋난다.

⑤ 지시채권에 지명채권양도방법을 인정하는 것은 증권화한 권리를 증권과 분리시켜 양도할 수 있음을 인정하고자 하는 것으로, 이는 증권의 소유권을 별개의 것으로 논하는 獨逸의 학설에서는 어느 정도 타당하겠으나, 그러한 논의가 인정되지 않는 우리 나라에서는 유가증권 일반원칙에 반한다고 할 수밖에 없다.

생각건대 지명채권의 양도방법에 관한 민법의 규정(民 450조, 451조), 지시채권의 양도방법에 관한 민법의 규정(民 508조), 무기명채권의 양도방법에 관한 민법의 규정(民 523조), 기명식 또는 지시식 어음의 양도방법에 관한 어음법의 규정(어 11조 1항 · 77조 1항 1호, 手 14조 1항) 등은 각각 성질이 다른 증권의 고유한 양도방법에 관한 強行規定으로, 이러한 증권은 해당 증권의 고유한 양도방식에 따라서만 양도될 수 있다고 해석해야지 이를 무시하고 모두 지명채권양도방법에 의하여 양도될 수 있다고 보면 각 증권에 따라 고유한 양도방법을 규정한 법의 취지가 상실된다고 본다. 따라서 否定說이 타당하다고 생각한다.[1]

그러므로 이러한 否定說에 의하면 지명채권양도방법에 의하여 어음을 양

1) 鄭(燦), (事例) 305~306면.

수한 자는 어음상의 권리를 取得하지 못하며 또 이로 인하여 그는 다시 제 3 자에 대하여 어음상의 권리를 讓渡할 수도 없다. 다만 예외적으로 背書禁止어음에 대하여만 지명채권양도방법에 의하여 어음상의 권리를 양도할 수 있을 뿐이다(어 11조 2항·77조 1항 1호, 手 14조 2항).

참고적으로 肯定說에 의하면 어음상의 권리는 지명채권양도방법에 의해서도 양도되므로 어음상의 권리는 두 가지의 양도방법(背書 및 指名債權讓渡方法)에 의하여 양도되고, 背書禁止어음에 관한 어음法 제11조 2항은 이를 주의적으로 규정한 것에 불과하다. 이러한 肯定說에 의하는 경우에도 어음상의 권리는 지명채권양도방식에 의하여 대항요건(民 450조)을 갖추는 이외에 어음의 「引渡(交付)」가 있어야 양도된다고 하고(民法上 일반적인 指名債權의 양도방법과의 차이), 지명채권양도방법에 의하여 어음상의 권리를 취득한 자도 다시 「背書」에 의하여 어음상의 권리를 양도할 수 있다고 한다(背書할 수 있는 권리는 어음상의 권리 자체가 갖는 힘이라는 점에서, 어음상의 권리의 取得原因을 불문함). 또한 이러한 肯定說에 의하여 지명채권양도방법에 의하여 어음상의 권리를 양수한다고 하더라도, 그러한 양수인은 背書에 의한 어음상의 권리의 양수인보다 훨씬 취약한 지위를 갖는다. 왜냐하면 지명채권양도방법에 의한 양수인에게는 배서에 의한 양수인이 갖는 資格授與的 效力(어 16조 1항·77조 1항 1호, 手 19조), 善意取得(어 16조 2항·77조 1항 1호, 手 21조), 人的 抗辯의 切斷(어 17조·77조 1항 1호, 手 22조) 등이 인정되지 않기 때문이다.

이와 관련하여 우리 大法院判例는 肯定說과 같은 취지로 판시하고 있는데, 어음의 수취인이 정당한 背書를 하지 않고 交付만에 의하여 어음을 양도한 것은 지명채권양도방법(대항요건을 포함)을 갖추지 않았다는 이유로 어음상의 권리가 이전되지 않는다는 취지로 다음과 같이 판시하고 있다.

> **[어음의 受取人이 交付만에 의하여 어음을 양도한 경우 지명채권양도방법인 대항요건을 갖추지 않았다는 이유로 어음상의 권리가 이전되지 않는다고 본 判例]**
>
> Y는 A에게 액면금, 만기, 수취인란을 각 백지로 한 약속어음 1매를 발행하고, A는 이를 동업관계에 있던 B에게 백지보충권과 할인권한을 부여하고 교부하여, B가 이 사건 어음의 액면금과 만기를 기재하고 수취인란도 자신의 명의로 보충한 다음 이를 C로부터 할인받으면서 그 제 1 배서인란에 날인 없이 서명(이 서명의 의미가 B의 자필서명이면 1995년 개정어음법에 의하면 배서로서 완전히 유효하므로 문제될 것이 없는데, 이 사건의 경우는 1995년 개정전 어음법에 의한 것이기 때문에 문제가 된다. 만일 이 서명의 의미가 B의 기명이면 개정전후의 어음법을 불문하고 문제가 된다—저자註)만 하여 교부하고 C는 그 후 이를 X에게 배서양도하여 X가 이 어음의 최종소지인이 되어 Y에게 어음금을 청구한 사안에서, 배서

의 연속에 흠결이 있는 경우 소지인이 실질적인 권리이전 사실을 증명하면 어음상의 권리를 행사할 수 있음은 원심이 인정한 바와 같으나, 원심의 위 판단은 우선 B와 C간에 이 사건 어음의 교부만으로써 어음상의 권리의 양도가 이루어졌다고 인정하는 취지인지 아니면 위 양인 사이에 지명채권 양도방식에 의한 어음상의 권리의 이전이 이루어졌다는 취지인지가 불분명하다. 만약에 원심의 취지가 이 사건 어음의 단순한 교부만으로 어음상의 권리의 양도가 이루어졌다는 것이라면 이는 교부(인도)만으로써 어음상의 권리를 이전할 수 있는 경우를 수취인란이 백지로 된 어음과 기명식 혹은 지시식으로 발행되었으나 최후의 배서가 소지인출급식 또는 백지식으로 배서된 어음에 한정하고 있는 어음법의 규정(12조 3항, 14조 2항 3호, 77조 1항 1호)에 반하여 수취인이 기명식으로 되어 있는 어음까지도 단지 교부만으로 양도할 수 있다고 인정하는 것이어서 부당하다. 그리고 원심의 취지를 이 사건 어음이 지명채권 양도방식에 의하여 양도되었다고 인정한 것으로 이해한다 하더라도 약속어음상의 권리를 지명채권 양도방식에 따라 양도함에 있어서는 민법 제450조 1항 소정의 대항요건을 갖추지 아니하면 어음채무자에게 대항할 수 없는 것인바(당원 1989.10.24 선고, 58다카 20774 판결 참조), 만약 이를 요하지 아니한다고 하면 결국 어음의 교부만에 의한 권리 양도를 인정하는 결과가 되어 어음의 간이양도에 관한 어음법의 명문규정에도 반할 뿐더러 이 사건에서 수취인 B의 배서가 날인이 없어 무효라고 본 원래의 취지는 전혀 몰각되어 간이양도방법으로서 배서제도가 최소한으로 갖출 것을 요구하는 형식적 요건도 갖추지 못한 자에 대하여 오히려 그보다 더 간편한 방법으로의 이전을 용인하게 되는 결과가 되고 말 것이다. 그러므로 원심으로서는 C가 이 사건 어음상의 권리를 양수함에 있어 어음채무자인 Y에 대하여 대항요건을 갖추었는지 여부를 심리하여야 함에도 불구하고 이를 이행하지 아니한 채 곧바로 C에 대하여 어음채무자에게 대항할 수 있는 실질적인 권리의 이전이 있었다고 인정하였으니 원심판결에는 배서의 불연속에 관한 법리를 오해한 위법이 있다는 지적을 면할 수 없을 것이다. 따라서 원심판결에는 이 사건 어음에 대하여 교부만에 의한 양도를 인정하였거나 혹은 채무자에 대한 대항요건이 갖추어졌는지 여부를 심리하지 아니한 채 지명채권 양도방식에 의한 양도가 이루어졌다고 인정한 것이어서 배서연속의 흠결에 관한 법리를 오해한 위법이 있다. 그러므로 논지는 이유 있다[大判 1996. 4. 26, 94 다 9764][위의 大法院判決은 C가 Y에 대한 대항요건까지 갖추어 지명채권양도방법에 의하여 어음상의 권리를 취득하여야 그의 권리를 다시 X에게 양도할 수 있는 취지로 판시하고 있으나, C는 Y에 대하여 대항요건을 갖추지 않아도 어음상의 권리를 취득하므로 C는 배서에 의하여 그 권리를 X에게 양도할 수 있다고 볼 수도 있지 않을까 생각한다. 이렇게 볼 때 X가 Y에 대하여 어음상의 권리를 행사하자면 형식상 배서의 연속이 없으므로(즉 X는 형식적 권리자가 아니므로) B로부터 C에게 어음상의 권리가 이전되었음을 입증하여야 하는데, B가 C에게 어음상의 권리를 지명채권양도방법에 의하여 양도하면서 대항요건을 갖추지 않았으므로 X도 역시 Y에 대하여 어음상의 권리를 행사할 수는 없다고 보아야 할 것이다. 위의 대법원판결을 이와 같이 해석하면 수취인이 기명식으로 되어 있는 어음이 단지 교부만에 의하여 어음상의 권리가 이전되는 결과가 되므로 어음법의 규정상 부당하다고 해석하나, 자격수여적 효력이 없는 어음상의 권리의 이전이므로 (즉 그 자체만으로 어음상의 권리를 행사할 수 없으므로) 어음법상의 어음상의 권리의 이전과는 구별된다고 본다. 그러나 이 사건에서 부정설에 의하면 C는 처음부터 어음상의 권리를 취득할 수 없고, 이의 결과 X도 어음상의 권리를 취득할 수 없게 된다. 어음법의 규정이 강행법규인 점, 이렇게 해석하는 것이 훨씬 간명하다는 점 등에서 볼 때, 부정설에 의하여 해석하는 것이 타당하다고 본다—저자註].[1]

同旨: 大判 1996. 12. 20, 96 다 43393(公報 1997, 378)(수취인란이 백지로 된 어음의 소지자는 수취인란을 보충하지 않고 배서도 하지 아니한 채 어음을 교부함으로써 어음상의 권리를 적법하게 양도할 수 있으나, 자신이 제 1 배서란에 배서를 한 경우에는 수취인란을 보충하지 않은 채 교부하였다고 하더라도 그 배서가 배서의 요건을 모두 갖춘 유효한 배서이어야만 그 어음상의 권리는 적법하게 이전되는 것이며, 그 배서가 배서의 요건을 갖추지 못한 경우에는 그 어음상의 권리는 적법하게 이전될 수 없다〈본 사건은 수취인란이 백지인 어음의 소지인이 수취인란을 보충하지 아니하고 제 1 배서란에 날인 없이 서명만 함으로써 그 배서가 1995년 개정전 어음법 제13조의 배서방식에 어긋난 채로 유통되어, 배서요건을 갖춘 제 2, 제 3 의 배서를 거쳐 이를 취득한 최종소지인이 수취인란을 제 1 배서인 명의로 보충하였으나 제 1 배서의 날인 흠결은 보완되지 아니한 사안임〉); 同 1997. 7. 22, 96 다 12757(公報 1997, 2616)(원심의 취지가 수취인이 기명식인 어음을 단순히 교부만으로 어음상의 권리 양도가 이루어졌다는 뜻이라면, 이는 교부〈인도〉만으로써 어음상의 권리를 이전할 수 있는 경우를 수취인란이 백지로 된 어음과 기명식 혹은 지시식으로 발행되었으나 최후의 배서가 소지인출급식 또는 백지식으로 배서된 어음에 한정하고 있는 어음법의 규정에 반하여, 수취인이 기명식으로 되어 있는 어음까지도 단지 교부만으로 양도할 수 있다고 인정하는 것이어서 부당하다).

---

1) 鄭燦亨, 前揭 商事法硏究(제16권 1호), 324면.

제 3 背書禁止어음

1. 意 義

1) 背書禁止어음(non-negotiable bill; Rektawechsel)이란 「발행인이 기명식 어음에 '指示禁止'의 문언 또는 이와 동일한 의의가 있는 문언(예컨대 背書禁止 등)을 기재한 어음」을 말한다(어 11조 2항 전단 · 77조 1항 1호, 手 14조 2항 전단). 背書禁止어음을 指示禁止어음 또는 禁轉어음이라고도 한다.

背書禁止어음으로 하기 위하여는 발행인은 보통 어음상에 인쇄된 지시문언을 삭제하는 외에 어음상에 '背書禁止' 또는 이와 동일한 의의가 있는 문언을 기재하여야 한다.

우리 大法院判例도 이와 同旨로 다음과 같이 판시하고 있다.

[발행인이 어음표면에 '보관용'이라고 기재한 것은 背書禁止어음이라고 볼 수 없다고 한 判例]

발행인이 어음의 표면에 '보관용'이라고 기재한 것만으로는 어음法 소정의 배서금지어음이라고 볼 수 없다[大判 1993. 11. 12, 93 다 39012(公報 959, 93)].

[약속어음의 裏面에 '견질용'이라고 기재한 것만으로는 背書禁止어음이라고 볼 수 없다고 한 判例]

약속어음의 裏面의 배서란 맨 끝부분에 '견질용'이라고 기재된 것만으로는 그 약속어음을 어음법 제11조 2항 소정의 지시금지어음이라고 볼 수 없다[大判 1994. 10. 21, 94 다 9948(公報 981, 3068)].

따라서 발행인이 指示文言만을 삭제하였다 하여 背書禁止어음이 되는 것은 아니고, 이러한 어음은 記名式어음으로 당연한 指示證券性에 의하여 배서에 의하여 양도될 수 있다[1](어 11조 1항 · 77조 1항 1호, 手 14조 1항).

이 때 만일 발행인이 指示文言을 삭제하지 않고 背書禁止의 文言을 기재하여 어음면상 指示文言과 背書禁止文言이 병존하는 경우에는 어떻게 될까. 이에 대하여는 (i) 어음상의 기재에 모순이 있으므로 「어음 자체가 無效」가 된다고 볼 수도 있으며, (ii) 지시문언이 배서금지문언에 우선하여 「指示式어음」이 된다고 볼 수도 있고, (iii) 배서금지문언이 지시문언에 우선하여 「背書禁止어

1) 同旨: 大判 1962. 12. 20, 62 다 668(教材, 判決例 [257]).

음」이 된다고 볼 수도 있고, ⅳ 지시문언 및 배서금지문언이 모두 효력이 없어 「記名式어음」이 된다고 볼 수도 있다. 생각건대 指示文言은 인쇄되어 있고 背書禁止文言은 발행인이 스스로 기재한 경우라면 발행인의 의사는 背書禁止어음을 발행할 의사로 보는 것이 타당하므로, 이러한 어음은 ⅲ에 의하여 背書禁止어음이라고 본다.[1]

背書禁止의 문언은 발행인이 원인관계에 의하여 자기보호를 목적으로 특별히 기재하는 것인만큼 제 3 자가 쉽게 식별할 수 있도록 어음면상 명확히 표시되어야 한다.

우리 大法院判例도 이와 同旨로 다음과 같이 판시하고 있다.

[背書禁止文言은 명료하게 기재되어야 한다고 한 判例]

약속어음은 원칙적으로 배서에 의하여 양도할 수 있는 것이므로 배서금지어음으로 되기 위하여는 통상인이 어음거래를 함에 있어서 어음면상으로 보아 발행인이 배서를 금지하여 발행한 것임을 알 수 있을 정도로 어음법 제11조 2항의 '지시금지'의 문자 또는 동일한 의의가 있는 문언이 명료하게 기재되어야 한다[大判 1994. 10. 21, 94 다 9948(公報 981, 3068)].

[背書禁止文言을 작은 글씨로 기재한 경우 背書禁止어음이라고 볼 수 없다고 한 判例]

어음발행인이 어음용지의 중앙에 부동문자로 인쇄된 지시문구를 삭제함이 없이 동 약속어음 오른쪽 상단의 아라비아 숫자로 기재된 액면금액의 표시와 그 지시문구 사이에 그보다 작은 크기(세로 약 2미리미터, 가로 약 1센티미터의 지극히 작은 크기)의 지시금지라고 새겨진 고무인을 위 숫자 및 지시문구의 문자와 중복되게 희미하게 압날함으로써 통상인이 어음거래를 함에 있어 보통 기울이는 정도의 주의로는 위 지시금지문언을 쉽게 알아보기 어려운 상태인 경우에는 배서금지어음이라는 점을 전달할 만한 기능을 갖지 못한다[大判 1990. 5. 22, 88 다카 27676(法政 65, 4)].

同旨: 서울民事地判 1985. 11. 5, 85 나 562(新聞 1614, 8)(어음금액의 끝머리에 세로 지름 약 1센티미터 가로 지름 약 7미리미터 가량의 타원형 인장의 날인에 의하여 배서금지의 문언을 표시함으로써 발행인 명의의 인장과 혼동을 일으킬 수 있도록 표시한 경우에는 배서금지어음이라는 점을 전달할 만한 기능을 가지지 못한다).

背書禁止의 문언은 반드시 어음면상 기재되어야 어음상의 효력이 발생하

1) 同旨: 大判 1987. 4. 28, 86 다카 2630(公報 802, 39); 日最高判 1978. 4. 24(教材, 判決例 [518]).

므로 발행인이 어음상에 이에 관한 기재를 하지 않고 수취인과 특약만을 한 경우에는, 同어음은 여전히 指示證券으로서의 성질을 갖고 있으므로 그와 같은 특약이 있음을 알고서 同어음을 배서양도받은 자도 어음상의 권리를 취득한다.

우리 大法院判例도 이와 同旨로 다음과 같이 판시하고 있다.

[당사자간에 어음 외에서 背書禁止特約을 한 것은 어음상 효력이 없다고 본 判例]

당사자간에 배서금지의 특약이 있더라도 발행인이 어음상에 이에 관한 기재를 하지 아니한 이상 약속어음의 지시증권으로서의 성질에는 변동이 없는 것이고 배서양도를 받은 사람이 이와 같은 특약이 있음을 알았다 할지라도 배서양도의 효력에는 아무런 소장이 있을 수 없다[大判 1965. 5. 18, 65 다 478(敎材, 判決例 [258])].

2) 發行人이 어음에 배서금지의 문언을 기재하는 이유는 수취인에 대한 항변의 유보를 원하거나, 배서가 계속되어 상환금액이 증대되는 것을 방지하기 위해서이다.[1] 이러한 이유로 실제로 배서금지어음은 담보어음에서 많이 이용된다.

3) 배서금지어음은 發行人이 배서금지의 문언을 어음에 기재하고 또 背書性이 박탈되는 점에서, 背書人이 배서금지의 문언을 어음에 기재하고 또 背書性이 박탈되지 않는 背書禁止背書(禁轉背書)(어 15조 2항 · 77조 1항 1호, 手 18조 2항)와 구별된다. 換어음의 引受人이 背書禁止의 문언을 기재한 경우에는 不單純引受가 되어, 어음소지인에 대한 관계에서는 인수를 거절한 것이 되나 인수인은 그 문언에 따라 어음상의 책임을 진다(어 26조 2항). 따라서 인수 당시의 어음소지인은 소구의무자에 대하여 滿期前의 遡求權을 행사하거나 또는 背書에 의하여 同어음을 양도할 수 있는데, 어음소지인이 同어음을 背書에 의하여 양도한 경우 引受人은 현재의 어음소지인에 대하여 어음상의 책임을 부담하나 인수 당시의 어음소지인에 대하여 가졌던 항변사유로써 현재의 어음소지인에게 대항할 수 있다.[2] 保證人이 배서금지문언을 기재한 경우에도(不單純保證) 引受人의 경우와 동일하게 본다. 따라서 保證人의 배서금지문언에 의하여 同어음의 背書性이 박탈될 수는 없으나, 배서금지문언을 기재한 保證人은 보증 당시의 어음소지인에 대한 항변이 부착된 대로 현재의 어음소지인에 대하여 어음保證人으로서의 책임을 부담한다. 이렇게 보면 어음보증인이 기재한 배서금지 문언은 어음保證人이 그에

1) 同旨: 徐·鄭, 185면; 鄭(熙), 178면; 鄭(東), 361면; 蔡, 149면; 大判 1989. 10. 24, 88 다카 20774(月報 233, 75).

2) 同旨: 註釋, 352면.

따라 어음채무를 부담하는 점에서는 有益的 記載事項이라고 볼 수 있다[1](이 점은 不單純引受의 경우에도 동일하다).

2. 效 力

1) 배서금지어음은 「背書에 의한 讓渡性」이 박탈된다. 따라서 배서금지어음에도 양도배서 이외의 배서인 推尋委任背書[2](어 18조·77조 1항 1호, 手 23조)나 入質背書[3](어 19조, 77조 1항 1호) 등은 인정된다. 그러나 어음상의 권리가 양도되는 期限後背書는 인정되지 않는다.[4]

배서금지어음은 양도성 자체가 박탈되는 것이 아니고 背書에 의한 양도성만이 박탈된다. 따라서 배서금지어음은 指名債權讓渡方法에 의하여 양도될 수 있다(어 11조 2항 전단·77조 1항 1호, 手 14조 2항 전단). 다만 배서금지어음도 유가증권(기명증권)이므로 어음상의 권리의 양도에는 지명채권양도의 대항요건(民 450조)을 구비하는 이외에 증권을 引渡(交付)하여야 한다(通說).

2) 배서금지어음의 (지명채권양도방법에 의한) 양도에는 「指名債權讓渡의 효력」만이 있다. 따라서 배서금지어음의 양수인은 人的 抗辯切斷의 效力(어 17조·77조 1항 1호, 手 22조)을 갖지 못하고, 양도인이 무권리자 등인 경우에 資格授與的 效力(어 16조 1항·77조 1항 1호, 手 19조)을 갖지 못하며, 善意取得(어 16조 2항·77조 1항 1호, 手 21조)도 할 수 없다. 또한 양도인은 배서의 경우와 같이 擔保責任(어 15조 1항·77조 1항 1호, 手 18조 1항)을 부담하지도 않는다.

배서금지어음에 대하여 公示催告에 의한 除權判決이 인정되는지 여부에 대하여는 肯定說[5]과 否定說[6]로 나뉘어 있다. 생각건대 기명증권 일반에 대하여 공시최고에 의한 제권판결을 부정하는 것과 같은 이유로 배서금지어음에

---

1) 鄭(燦), (事例) 312면은 本文과 같이 변경됨. 同旨: 鄭(東), 340면; 註釋, 362면, 251면(背書禁止背書와 동일하게 해석할 수 있다고 한다).
反對: 鄭(熙), 179면(어음保證人이 背書禁止文言을 기재하는 것은 무효라고 하는데, 이것이 어음 자체를 무효로 한다는 의미인지 또는 背書禁止文言만이 무효라는 의미인지는 불명확하다).

2) 同旨: 徐·鄭, 185면; 鄭(熙), 179면; 鄭(東), 363면.
反對: 鈴木, 268면.

3) 同旨: 徐·鄭, 185면; 鄭(東), 363면.
反對: 崔(基), 389면; 註釋, 253면.

4) 同旨: 註釋, 252면.
反對: 鄭(熙), 179면.

5) 徐·鄭, 185면; 鄭(茂), 413면; 孫(珠), 243면; 李(哲), 284면.

6) 鄭(熙), 179면; 鄭(東), 363면; 梁(承), 289면; 大判 1961. 11. 23, 4293 民上 478(大集 9 民 82)(記名證券인 地價證券에 관하여).

대하여도 이를 부정하는 否定說이 타당하다고 본다.[1)]

그러나 배서금지어음도 어음이기 때문에 환어음(수표)의 發行人은 遡求義務를 부담하고(어 9조 1항, 手 12조), 同어음의 소지인이 어음상의 권리를 행사하기 위하여는 어음을 提示하여야 하며(提示證券性)(어 38조 · 77조 1항 3호, 手 29조 · 31조), 또 어음금액과 어음을 相換하여야 한다(相換證券性)(어 39조 · 77조 1항 3호, 手 34조). 배서금지어음의 제시증권성으로 인하여 同어음의 소지인은 어음채무자의 營業所 또는 住所에 가서 어음금을 지급청구하여야 한다[2)](推尋債務). 배서금지어음의 相換證券性으로 인하여 同어음의 양도에서 대항요건(民 450조)을 갖추지 않아도 양도인 또는 제 3 자가 어음채무자로부터 어음금을 수령할 수 없기 때문에 양수인의 지위는 안전하다고 볼 수 있으며, 실무상은 양수인이 대항요건을 갖추는 것보다도 同어음을 교부받아 계속 占有하는 것이 중요하다고 보겠다.[3)]

제 2 절 背書의 意義

제 1 背書의 概念

1) 背書(endorsement, indorsement; Indossament)란 「어음의 유통을 조장하기 위하여 法이 특히 인정한 어음의 간편한 讓渡方法」이다.[4)] 이러한 背書는 앞에서 본 바와 같이 어음에 특유한 양도방법이며, 어음상의 권리의 이전의 效力要件이지 對抗要件이 아니다.

背書는 어음의 수취인(제 1 배서인) 또는 그 후자가 보통 어음의 裏面에 被背書人(甲)에게 어음상의 권리를 양도한다는 뜻(앞면에 적은 금액을 甲 또는 그 指示人에게 지급하여 주십시오)을 기재하고 기명날인 또는 서명하여 이를 교부하는 형식으로 하는데, 이를 「讓渡背書」라고 한다. 背書에는 어음상의 권리의 양도 이외의 목적으로 하는 推尋委任背書나 入質背書 등과 같은 「特殊背書」도 있으나, 단순히 배서라고 할 때에는 讓渡背書를 의미한다.

1) 鄭(燦), (事例) 313면.
2) 同旨: 徐·鄭, 185면; 鄭(東), 363면.
反對: 鄭(熙), 179면(相換證券性은 인정하나 提示證券性은 부정하여 持參債務라고 함).
3) 同旨: 註釋, 251면.
4) 「背書」라는 용어는 背書가 보통 어음의 背面(裏面)에 기재되기 때문에 이렇게 부르게 된다[鄭(東), 353면].

2) 어음은 법률상 당연한 지시증권이므로 指示式어음뿐만 아니라 記名式어음[1]도 背書에 의하여 양도될 수 있다(어 11조 1항 · 77조 1항 1호, 手 14조 1항).

3) 이와 같은 背書에 의하여 어음을 양도할 수 있는 權利(背書權)는 어음상의 권리 자체가 갖는 힘이지 배서인으로부터 피배서인에게 이전되어 갖는 힘이 아니므로, 어음상의 권리를 가지게 된 原因이 무엇이든(즉, 背書 이외의 방법에 의하여 어음을 취득하더라도) 어음상의 권리를 정당하게 취득한 자는 다시 背書할 수 있다고 보아야 할 것이다(通說).[2]

제 2 背書의 法的 性質

背書(讓渡背書)의 법적 성질에 대하여는 어음상의 권리의 양도를 목적으로 하는 어음행위라고 보는 債權讓渡說이 타당하다(通說).[3] 이러한 債權讓渡說은 背書人의 합리적 의사가 어음상의 권리의 양도에 있다는 점과 일치하고 또 현행 어음법의 규정(어 14조 1항 · 77조 1항 1호, 手 17조 1항)과도 일치한다. 이러한 債權讓渡說은 어음상의 권리를 原始取得하는 어음의 善意取得 · 어음抗辯의 切斷 · 背書人의 擔保責任 등을 설명하지 못하는 점은 있으나, 이러한 것은 어음의 유통을 조장하기 위하여 법률정책상 인정된 효과라고 보면 될 것이므로, 이러한 점 때문에 背書의 법적 성질을 債權讓渡라고 보는 것에 지장을 주는 것은 아니다.[4]

제 3 어음과 手票의 背書의 差異

手票의 背書에 관한 규정은 어음의 背書에 관한 규정과 대체로 같으나, 다음과 같은 점은 手票의 背書가 어음의 背書와 차이가 나는 점이다.

1) 어음은 受取人의 기재가 필요적 기재사항(어 1조 6호, 75조 5호)이므로 어음을 발행

1) 發行人의 背書禁止文言이 없는 記名式어음을 의미하며, 背書禁止文言이 있는 記名式어음은 「背書禁止어음」이라고 부른다.

2) 徐·鄭, 184면; 孫(珠), 240면; 鄭(東), 369면; 姜, 606면 外.

3) 徐·鄭, 183면; 鄭(熙), 177면; 鄭(東), 356면; 梁(承), 286면; 蔡, 147면; 李(基), 205면 外.

4) 背書의 法的 性質에 대하여는 이 외에도 (獨逸 등에서 과거에 주장되었던 학설로서) 배서는 發行人을 위한 保證이라고 해석하는 保證說, 배서는 舊어음에 의존하는 新어음의 發行이라고 해석하는 發行說, 배서는 被背書人이 어음所有權을 취득함으로써 어음債權을 原始取得한다고 보는 所有權取得說, 배서는 어음소유권을 취득하는 자에 대하여 遡求義務를 부담하고자 하는 자의 債權的 單獨行爲와 어음所有權移轉의 物權契約과의 두 가지의 행위로 성립한다는 설 등이 있으나[이외에 背書의 발전과정에 따른 獨逸의 學說에 대한 소개로는 鄭(東), 354~357면 참조], 모두 타당하지 않다고 본다.

받은 受取人은 반드시 背書를 하여야 어음상의 권리를 양도할 수 있으나, 手票는 受取人의 기재가 유익적 기재사항(手 5조)이므로 소지인출급식수표(무기명식수표 또는 지명소지인출급식수표)가 가능하고 이러한 手票를 발행받은 수취인은 단순한 交付만으로 수표상의 권리를 양도할 수 있다.[1] 그러나 어음의 경우에도 수취인으로부터 白地式背書(어 13조 2항, 77조 1항 1호) 또는 所持人出給式背書(어 12조 3항, 77조 1항 1호)를 받은 자는 단순한 交付만으로 어음상의 권리를 양도할 수 있다(어 14조 2항 3호, 77조 1항 1호).

2) 어음에는 所持人出給式어음이 인정되지 않으나, 手票에는 所持人出給式手票가 인정되므로 소지인출급식수표에 한 背書의 효력이 문제된다. 소지인출급식수표는 단순한 交付만에 의하여 수표상의 권리가 이전되므로, 소지인출급식수표에 한 背書에는 權利移轉的 效力이 없다. 또 소지인출급식수표의 소지인은 단순한 所持만에 의하여 적법한 권리자로 추정되고 또 同수표에 背書가 있다 하여 그 수표가 指示式手票로 변하는 것이 아니므로(手 20조 단서), 同수표에 한 背書에는 資格授與的 效力이 없다. 소지인출급식수표에 한 背書에 전혀 아무런 효력을 인정하지 않는다면 그러한 背書의 기명날인 또는 서명을 믿고 수표를 취득한 자를 해하게 되고 또 同수표에 背書의 기명날인 또는 서명을 한 자의 의사에도 반하게 되므로, 手票法은 소지인출급식수표에 한 背書에는 擔保的 效力만을 인정하고 있다[2](手 20조 본문).

3) 어음의 경우에는 支給人(引受人)에 대하여도 배서할 수 있고(還背書) 이러한 자는 다시 제 3 자에게 배서할 수 있으나(어 11조 3항, 77조 1항 1호), 手票의 경우에는 支給人에 대한 배서는 원칙적으로 領收證의 효력만이 있고[3](手 15조 5항 본문) 支給人이 제 3 자에 대하여 한 배서는 無效이다(手 15조 3항). 手票에 지급인의 배서를 인정하면 支給人이 擔保責任(遡求義務)을 부담하게 되어 手票의 引受禁止(手 4조)의 규정을 탈법하는 것이 되기 때문이다.[4]

4) 手票는 신용증권이 아니고 지급증권(금전의 대용물)이므로 어음의 경우(어 19조, 77조 1항 1호 참조)와 같은 入質背書가 인정되지 않는다.

5) 手票에는 어음과는 달리 謄本制度가 인정되지 않으므로 謄本에 하는

---

1) 이로 인하여 手票法 제 2 장은 그 제목을 換어음에서와 같이 '背書'로 하지 않고 '讓渡'라고 하였다. 그러나 手票法은 所持人出給式手票의 讓渡方法에 대하여는 별도로 규정하고 있지 않다.

2) 同旨: 鄭(熙), 181면.

3) 그러나 支給人의 영업소가 數個인 경우에 그 手票가 지급될 곳으로 된 營業所 이외의 영업소에 대한 배서는 그러하지 아니하다(手 15조 5항 단서).

4) 同旨: 鄭(熙), 181면.

背書는 인정되지 않는다(어 67조 3항, 77조 1항 6호 참조).

6) 手票는 어음과는 달리 만기가 없고 언제나 일람출급이므로 수표에 한 背書人은 支給擔保責任만을 부담하고(手 18조 1항), 引受擔保責任을 부담할 여지가 없다(어 15조 1항 참조).

제3절 背書의 記載事項

背書도 어음행위로서 요식의 증권적 법률행위이다. 따라서 背書의 기재사항에도 발행의 경우와 같이 必要的 記載事項(背書要件)·有益的 記載事項·無益的 記載事項·有害的 記載事項이 있다.

제1 必要的 記載事項(背書要件)

背書에는 다음의 사항을「어음」이나 이에 결합한「補箋」에 기재하여야 한다(어 13조 1항·77조 1항 1호, 手 16조 1항). 배서는 어음의 裏面에 하는 것이 보통이나, 후술하는 簡略白地式背書를 제외하고는 어음의 表面에도 할 수 있다. 배서에는 그 回數에 제한이 없기 때문에 어음 자체에 여백이 없을 때에는 이에 결합한(그 接目에 반드시 間印을 하여야 하는 것은 아님) 補箋에 할 수 있다. 手票에는 謄本制度가 없기 때문에 문제가 되지 않으나, 어음의 경우에는 원본과 동일한 방법과 효력으로 謄本에도 배서할 수 있다(어 67조 3항, 77조 1항 6호). 그 이유는 어음原本이 인수제시나 할인의뢰 등을 위하여 타인에게 있는 동안에도, 어음상의 권리자는 同어음의 謄本에 배서하여 어음상의 권리를 양도할 수 있도록 하기 위해서이다.

1. 背書文言

배서인의 背書意思의 표시이며, 보통 배서란에 인쇄되어 있는데 어음상의 권리양도의 문언을 포함하고 있다. 즉, 보통「앞면에 적은 금액을 ……에게 지급하여 주십시오」등으로 기재되어 있다. 이러한 배서문언은 다음에서 보는 피배서인과 함께 기재되지 않을 수도 있는데, 이러한 배서를 簡略白地式背書라고 한다.

2. 被背書人

어음상의 권리를 배서에 의하여 양수하는 자이다. 이러한 피배서인은 기재되지 않을 수 있는데, 피배서인의 기재유무에 따라 記名式背書와 白地式背書로 구분된다. 또한 피배서인을 「소지인」 또는 「甲 또는 소지인」 등으로도 표시할 수 있는데, 이러한 배서를 각각 所持人出給式背書 또는 指名所持人出給式背書(選擇無記名式背書)라고 한다.

(1) 記名式背書

記名式背書(Namenindossament, Vollindossament)는 正式背書 또는 完全背書라고도 하는데, 배서문언·피배서인 및 배서인의 기명날인 또는 서명이 모두 기재된 배서를 말한다.

被背書人의 표시는 거래에서 누구인가를 식별할 수 있을 정도이면 족하고,[1] 수취인의 기재와 같이 중첩적(甲 및 乙)·선택적(甲 또는 乙) 또는 순차적(제 1 피배서인 甲, 제 2 피배서인 乙) 기재도 무방하다.[2] 背書人 자신을 被背書人으로 기재할 수 있는가의 문제가 있으나, 이를 인정할 실익이 없으므로 그러한 배서는 배서 자체가 無效라고 본다.[3]

(2) 白地式背書

1) 意義 및 效用 白地式背書(blank indorsement; Blankoindossament)는 略式背書 또는 無記名背書라고도 하는데, 被背書人의 기재가 없는 背書를 말한다.[4] 白地式背書에는 다시 두 가지가 있는데, 첫째는 배서문언 및 배서인의 기명날인 또는 서명은 있으나 被背書人의 기재만이 없는 경우이고(어 13조 2항 1문 전단·77조 1항 1호, 手 16조 2항 1문 전단), 둘째는 배서인의 기명날인 또는 서명만이 있고 背書文言 및 被背書人의 기재가 없는 경우이다(簡略白地式背書)(어 13조 2항 1문 후단·77조 1항 1호, 手 16조 2항 1문 후단). 簡略白地式背書를 어음의 表面에 하게 되면 기명날인 또는 서명만으로써 하는 어음保證(어 31조 3항 본문·77조 3항, 手 26조 3항 본문) 또는 引受(어 25조 1항 3문)와 혼동될 염려가 있기 때문에, 簡略白地式背書는 반드시 어음의 裏面이나 補箋에 하여야 한다(어 13조 2항 2문·77조 1항 1호, 手 16조 2항 2문).

白地式背書의 경제적 효용은 양도가 편리하여 유통력을 증진시키고, 어음

---

1) 同旨: 大判 1973. 7. 10, 72 다 2551(카드 10474).

2) 同旨: 徐·鄭, 186면; 孫(珠), 244면; 鄭(東), 364면.

3) 同旨: 徐·鄭, 186~187면; 鄭(東), 364면.

4) 白地式背書는 원칙적으로 完成어음에 하는 유효한 背書로서 同背書에 의하여 어음을 취득하는 자는 어음상의 권리를 취득하나, 白地背書는 白地어음行爲로서 하는 背書로서 同背書에 의하여 어음을 취득하는 자는 未完成어음을 취득함에 불과하다[同旨: 鄭(東), 365면].

취득자가 배서를 하지 않고 양도할 수 있으므로 배서에 의한 소구의무를 부담하지 않고자 하는 자로부터 쉽게 어음할인을 받을 수 있고, 또 배서가 반복됨으로 인하여 발생하는 소구금액의 증대를 방지할 수 있다.

2) 效 力 ① 白地式背書에 의하여 어음상의 권리를 양수한 자는 다음과 같은 방법으로 어음상의 권리를 行使할 수도 있고, 또 이를 제 3 자에게 讓渡할 수도 있다(어 14조 2항 · 77조 1항 1호, 手 17조 2항).

(i) 백지의 피배서인란에 자기의 명칭 또는 타인의 명칭으로 백지를 補充하여 어음상의 권리를 行使할 수 있는데,[1] 이러한 자가 어음상의 권리를 행사하지 않고 다시 어음을 양도하기 위하여는 보충된 피배서인 명의로 背書(記名式 또는 白地式)를 하여야 한다.

(ii) 백지의 피배서인란을 補充하지 않고 어음상의 권리를 行使할 수 있으며[2](白地어음의 소지인과 구별), 이러한 자가 다시 어음을 讓渡하기 위하여는 (백지식으로 또는 기명식으로) 背書할 수도 있고[3] 또는 배서를 하지 않고 단순히 交付만을 할 수도 있다.

② 白地式背書에 의하여 어음을 취득한 자는 단순한 交付만에 의하여 어음을 양도할 수 있으므로 이러한 점에서 보면 背書의 擔保的 效力은 없어지고,[4] 배서의 權利移轉的 效力과 資格授與的 效力은 단순한 交付에 의하여 발생된다고 볼 수 있다. 어음상의 권리의 양도방법은 원칙적으로 背書이나, 예외적으로 白地式背書가 있는 어음은 단순한 交付만에 의하여 어음상의 권리가 양도된다. 이 점은 수취인이 백지인 白地어음의 경우에도 같다.[5]

이 때 어음의 교부에는 동산의 경우에 인정되는 간이인도 · 점유개정 · 목적물반환청구권의 양도 등이 인정된다. 우리 大法院判例도 이와 同旨로 다음과

---

1) 白地의 被背書人欄에 他人의 명칭으로 백지를 보충한 경우에는, 白地式背書에 의하여 어음을 양수한 자가 동 어음을 交付만에 의하여 타인에게 讓渡하고(어 14조 2항 3호 · 77조 1항 1호, 手 17조 2항 3호) 그 타인이 백지의 被背書人欄에 자기의 명칭을 보충하여(어 14조 2항 1호 전단 · 77조 1항 1호, 手 17조 2항 1호 전단) 어음상의 권리를 행사하거나 양도하는 것과 같다.

2) 同旨: 大判 1968. 12. 24, 68 다 2050(大集 16 ③ 民 323). 최후의 배서가 白地式인 경우에 어음所持人은 적법한 권리자로 推定된다(어 16조 1항 2문 · 77조 1항 1호, 手 19조 2문).

3) 白地式背書의 다음에 다른 背書가 있는 경우에 그 背書를 한 자는 白地式背書에 의하여 어음을 적법하게 취득한 것으로 본다(어 16조 1항 4문 · 77조 1항 1호, 手 19조 4문).

4) 英美法에서는 어음을 단순한 交付만에 의하여 양도하여도 讓渡人은 어음關係外에서 무거운 擔保責任(warranty liability)을 부담한다[U. C. C. §§3-416, 4-202(b); B. E. A. §§58(3)].

5) 日最高判 1956. 7. 20(民集 10-8, 1022).

같이 판시하고 있다.

[점유개정에 의한 어음의 교부를 인정한 判例]

수취인이 백지인 백지어음으로 발행된 기업어음(CP) 또는 백지식배서에 의하여 취득한 기업어음을 매입한 종합금융회사가 이를 고객에게 매도하면서 실물에 갈음하여 그 기업어음의 내용 및 보관의 취지를 기재한 보관통장을 교부하는 경우, 비록 증권거래법이 인정하는 증권예탁제도를 이용한 거래가 아니라 할지라도 수취인이 백지인 백지어음 또는 백지식배서에 의하여 취득한 어음은 배서에 의하지 않고 어음의 교부만으로 양도할 수 있고, 또한 유가증권의 교부에도 동산의 경우에 인정되는 간이인도, 점유개정, 목적물반환청구권의 양도 등의 관념화된 방법이 인정된다는 점에 비추어, 고객은 달리 특별한 사정이 없는 한 점유개정의 방법으로 위 기업어음을 교부받은 것이 되어 어음상의 권리를 취득한다고 봄이 상당하다.

원심판결의 이유를 기록에 비추어 살펴보면, 원심이 인정한 바와 같이 종합금융회사에 관한 법률 제21조의 일반감독조항에 따라 제정된 이 사건 어음 매출 당시의 종합금융회사업무운용지침 제16조는 종합금융회사가 발행·매출·중개하는 어음은 보관통장에 의하여야 한다고 규정하고 있고, 또한 같은 법 제27조 제 2 항은 종합금융회사가 제 7 조의 어음의 매출·중개업무를 영위하는 경우 이 법에 특별한 규정이 있는 경우에는 이 법을 적용한다는 취지로 규정하고 있는 사실은 인정되나, 위 지침 제16조는 종합금융회사의 업무방식을 규정한 것에 불과할 뿐 종합금융회사가 매출하는 기업어음에 대하여 일반법인 민법 또는 어음법 등에 우선하여 적용되는 특수한 권리이전요건을 정한 것으로 볼 수 없으므로, 이와 달리 위 조항들을 적용하여 이 사건 어음상의 권리가 매출시 각 그 고객들에게 이전되었다고 한 원심의 판단에는 위 조항들을 잘못 해석한 위법이 있다고 할 것이다. 그렇지만 다른 한편으로, 이 사건 어음이 모두 수취인이 백지인 백지어음으로 발행된 기업어음 내지는 적어도 백지식배서에 의하여 취득한 기업어음에 해당함을 알 수 있는 이상 앞서 본 법리에 따라 매출시에 그 어음상의 권리가 각 그 고객들에게 이전되었다고 할 것이어서, 원심의 이 부분 판단은 결과적으로 옳다 할 것이다.

그런데 위와 같이 보관통장방식으로 기업어음이 매출되는 경우 그 어음상의 권리가 이전되는 것과는 별도로, 어음의 제시증권성과 상환증권성 그리고 외관주의가 강조되는 어음거래의 특성에 비추어 볼 때, 달리 보관업무 및 만기시 추심업무와 관련하여 종합금융회사와 고객 사이에 명시적인 계약이 체결되지 아니하였다면, 고객이 다시 종합금융회사에게 어음을 보관하다가 만기시에 종합금융회사의 이름으로 어음을 제시하여 어음상의 권리를 행사할 수 있는 권한을 수여하는 내용의 묵시적 합의가 존재하는 것으로 해석함이 상당하다 할 것이고,

그렇다면 원심으로서는 어음상의 권리가 고객들에게 이전되었는지 여부와는 별도로 매출시 고려종합금융 주식회사와 고객들 사이에 이 사건 어음의 보관 및 추심업무와 관련하여 어떠한 계약관계가 형성되었는지에 관하여 나아가 심리해 보았어야 할 것이다.

그럼에도 불구하고, 매출시 이 사건 어음상의 권리가 고객들에게 이전되었다고 인정한 다음 위와 같은 사정들을 심리함이 없이 바로 원고가 이 사건 어음상의 권리를 상실하여 행사할 수 없다고 판단하고만 원심판결에는, 보관통장방식으로 기업어음을 매출한 종합금융회사와 고객 사이의 법률관계에 대한 법리를 오해한 나머지 필요한 심리를 다하지 아니한 위법이 있고, 이는 판결 전부에 영향을 미쳤다고 할 것이다. 이 점을 지적하는 취지인 상고이유의 주장은 이유 있다[大判 2006. 12. 7, 2004 다 35397(公報 2007, 113)].

⑶ 所持人出給式背書

所持人出給式背書(endorsement to bearer; Indossament auf den Inhaber)란 被背書人이 어음의 「所持人」인 背書를 말한다. 이러한 배서는 白地式背書와는 그 형식에 있어서는 차이가 있으나, 특정한 被背書人의 기재가 없는 점에서는 그 실질에 있어서 차이가 없으므로, 어음법은 所持人出給式背書에 대하여 白地式背書와 동일한 효력을 인정하고 있다(어 12조 3항 · 77조 1항 1호, 手 15조 4항).

어음의 發行의 경우에는 受取人(記名式 또는 指示式)의 기재가 절대적 기재사항이므로 受取人의 기재가 없으면 그 어음은 無效이나(白地어음이 아닌 한), 背書의 경우에는 被背書人을 기재하지 않을 수도 있고(白地式背書) 「所持人」으로 기재할 수도 있으며(所持人出給式背書) 또는 「甲 또는 所持人」으로도 기재할 수 있는 점(指名所持人出給式背書)(通說)은 주의할 필요가 있다.

⑷ 指名所持人出給式背書

指名所持人出給式背書(alternatives Inhaberindossament)는 選擇無記名背書라고도 하는데, 「甲 또는 所持人」과 같이 특정인 또는 소지인을 피배서인으로 기재한 배서를 말한다. 이에 대하여는 어음(手票)法에 규정이 없고, 이의 인정 여부에 대하여는 학설이 나뉘어 있다.[1] 즉 학설은 지명소지인출급식배서에 대하여 수표법 제 5 조 2항의 취지에 따라 이를 所持人出給式背書로 보는 견해(通說)[2]와 어음법에 규정이 없을 뿐만 아니라 어음관계를 불명확하게 한다는 이유로

---

1) 다만 手票의 受取人의 기재방법에 대하여는 指名所持人出給式이 인정되어 있는데, 이러한 수표는 所持人出給式手票로 간주된다(手 5조 2항).

2) 徐·鄭, 188~189면; 鄭(熙), 184면; 孫(珠), 246면; 鄭(東), 368면; 李(範), 325면; 李(基), 293면 外.

이를 無效로 보는 견해(少數說)[1]가 있다. 생각건대 어음의 背書에는 발행의 경우와는 달리 소지인출급식배서가 명문의 규정으로 인정되고 있는 점에서 볼 때 수표법 제 5 조 2 항과 같은 취지로 指名所持人出給式背書를 인정하고, 그러한 배서는 所持人出給式背書와 동일한 효력을 갖는다고 본다. 그러나 어음에 있어서 受取人의 기재를 指名所持人出給式(選擇無記名式)으로 기재하는 것은, 所持人出給式어음이 인정되지 않는 점에서 볼 때 인정되지 않는다고 본다.[2]

3. 背書人의 記名捺印 또는 署名

다른 모든 어음행위에서와 같이 背書人의 기명날인 또는 서명은 필수적 요건이며, 이의 기재가 없으면 배서는 無效가 된다. 背書人의 기명날인 또는 서명의 방식은 발행인 기타 어음행위자의 그것과 같다.

배서의 연속과 관련하여 受取人(또는 被背書人)의 기재는 상호(예, X書店)·통칭·아호 또는 법인명(예, Y주식회사)만으로 충분하다고 하더라도, 그가 背書人으로서 기명날인 또는 서명을 함에는 발행인의 기명날인 또는 서명과 동일한 방법으로 정확하게 기명날인 또는 서명을 하여야 한다. 즉, 受取人(또는 被背書人)의 기재는 「X서점」 또는 「Y주식회사」 등으로 하였다고 하더라도 背書人으로서의 기명날인 또는 서명은 「X서점 A [A의 印]」 또는 「Y주식회사 대표이사 A [A의 印]」으로 하여야 유효한 배서인으로서의 기명날인 또는 서명이 되며, 이 경우에는 당연히 배서의 연속이 있게 된다.[3]

虛無人의 명의로 한 배서의 기명날인 또는 서명이나 僞造背書의 기명날인 또는 서명은 배서로서의 權利移轉的 效力이나 擔保的 效力은 없으나, 배서의 연속에서 資格授與的 效力은 있으며 이의 결과로서 그러한 배서가 있는 경우에도 善意取得이 가능하다.[4]

---

1) 金(容), 315면.

2) 同旨: 徐·鄭, 160면; 李(範), 315면.
그러나 이를 指示式어음과 동일시하여 인정하는 見解로는 鄭(熙), 140면; 孫(珠), 246면.

3) 鄭(燦), (事例) 301~302면.

4) 同旨: 大判 1973. 6. 22, 72 다 2026(敎材, 判決例 [295]); 서울高判 1982. 2. 18, 68 나 2170(敎材, 判決例 [297]).
그러나 英美法 및 프랑스判例는 僞造背書가 있는 경우에 背書의 資格授與的 效力과 善意取得을 否認한다. 이에 관한 상세는 鄭(燦), (事例) 293~296면 참조.

제 2 有益的 記載事項

(1) **無擔保文言**(어 15조 1항·77조 1항 1호, 手 18조 1항)

어음의 背書人은 引受無擔保[1] 또는 (및) 支給無擔保를 기재할 수 있고, 手票의 배서인은 支給無擔保를 기재할 수 있다.

(2) **背書禁止文言**(어 15조 2항·77조 1항 1호, 手 18조 2항)

背書人은 다시 하는 배서를 禁止할 수 있다.

(3) **推尋委任文言**(어 18조 1항·77조 1항 1호, 手 23조 1항)

背書人은 배서에 「推尋하기 위하여」 등의 문언을 기재할 수 있는데, 이러한 배서를 (公然한) 推尋委任背書라고 한다.

(4) **入質文言**(어 19조 1항, 77조 1항 1호)

어음의 背書人은 배서에 「入質하기 위하여」 등의 문언을 기재할 수 있는데, 이러한 배서를 (公然한) 入質背書라고 한다.

(5) **背書日字**(어 20조 2항·77조 1항 1호, 手 24조 2항)

배서일자는 배서의 필요적 기재사항이 아니고 유익적 기재사항이다. 따라서 배서일자의 기재가 없거나 발행일과의 관계에서 발행일보다 앞선 모순되는 일자를 기재한 경우에도, 배서 자체의 효력에 영향을 미치는 것은 아니다.

우리 나라의 下級審判例도 이와 同旨로 다음과 같이 판시하고 있다.[2]

[背書日字가 發行日보다 앞선 일자인 경우에도 有效한 背書라고 본 判例]

배서일자가 1982. 2. 6이고 발행일이 1982. 4. 9이어서 배서일자가 발행일보다 앞선 모순이 있는 경우에, 배서일자는 어차피 약속어음의 필요적 기재사항은 아닌 바로서 배서일자가 위와 같이 논리적으로 모순되는 경우에는 그 기재가 없는 것으로 보아 그 배서는 여전히 유효한 것으로 볼지언정 이를 무효인 배서로 잘라 말할 수는 없다[서울民事地判 1984. 1. 25, 83 나 1613·1614(教材, 判決例 [519])].

배서일자의 기재가 없으면 언제 배서를 하였는지가 어음면상 나타나지 않아 期限前背書인지 期限後背書(支給拒絶證書作成後 또는 支給拒絶證書作成期間 경과 후의 背書)인지를 알 수 없게 된다.

---

1) 約束어음의 경우에도 滿期前의 遡求權을 인정하면, 同어음의 背書人은 引受無擔保文言을 기재할 수 있다고 본다.

2) 그러나 滿期가 發行日 이전의 일자로 표시된 경우에는, 滿期는 어음의 必要的 記載事項이므로 동 어음은 滿期의 기재가 없는 것이 되어 無效라고 판시한 判例가 있음은 앞에서 본 바와 같다[大判 2000. 4. 25, 98 다 59682(公報 2000, 1256); 서울民事地判 1975. 12. 24, 75 가 5759(教材, 判決例 [237]).

그러므로 이러한 경우를 위하여 배서일자의 기재가 없는 배서는 期限前背書로 추정되고 있다(어 20조 2항 · 77조 1항 1호, 手 24조 2항). 期限後背書인지 여부는 背書日字에 의하지 않고 실제로 背書 또는 交付한 날을 표준으로 하므로, 背書日字가 기재되어 있다고 하더라도 期限後背書인지 여부를 결정하는 데는 추정의 효력밖에 없다.

우리 大法院判例도 이와 同旨로 다음과 같이 판시하고 있다.

[진실로 背書를 한 日字를 기준으로 期限後背書인지 여부를 결정하여야 한다고 본 判例]

지급거절증서 작성기간 경과 후의 배서(기한후배서)인가의 여부는 진실로 배서를 한 일자에 의하여 이를 결정지을 것이고 소론과 같이 진실과 다른 어음면의 기재일자에 따라야 하는 것이 아니다[大判 1968. 7. 23, 68 다 911 (敎材, 判決例 [330])].

(6) 引受提示要求文言(어 22조 4항)

환어음의 각 背書人은 기간을 정하거나 정하지 않고 發行人이 인수제시를 금지하지 않는 이상 인수를 위하여 어음을 제시하여야 할 뜻을 기재할 수 있다.

(7) 引受提示期間短縮文言(어 23조 3항, 78조 2항)

일람후정기출급의 환어음의 인수제시기간(약속어음의 경우는 일람을 위한 제시기간)은 원칙적으로 발행일로부터 1년간인데, 背書人은 이 기간을 단축할 수 있다. 이 때에는 그 背書人에 한하여 단축된 제시기간을 원용할 수 있다(어 53조 3항, 77조 1항 4호).

(8) 支給提示期間短縮文言(어 34조 1항 3문 후단, 77조 1항 2호)

일람출급어음은 발행일자로부터 1년 내에 지급제시를 하여야 하는데, 背書人은 이 기간을 단축할 수 있다. 이 때에는 그 背書人에 한하여 단축된 제시기간을 원용할 수 있다(어 53조 3항, 77조 1항 4호).

(9) 背書人의 住所(어 45조 3항 · 77조 1항 4호, 手 41조 3항)

背書人이 자기의 住所를 기재한 때에는 그 주소에 인수거절 또는 지급거절의 통지를 하면 되지만, 이를 기재하지 않거나 그 기재가 분명하지 아니한 경우에는 그 背書人의 직접의 前者에게 통지하면 된다.

(10) 拒絶證書作成免除文言(어 46조 1항 · 77조 1항 4호, 手 42조 1항)

어음의 背書人은 인수거절증서 또는 지급거절증서의 작성을 면제할 수 있고, 수표의 背書人은 지급거절증서 또는 이와 동일한 효력이 있는 宣言의 작성을 면제할 수 있다.

⑾ 豫備支給人의 記載(어 55조 1항, 77조 1항 5호)

어음의 背書人은 소구를 방지하기 위하여 참가인수 또는 참가지급을 할 豫備支給人을 기재할 수 있다.

⑿ 謄本에만 背書하라는 文言(어 68조 3항, 77조 1항 6호)

謄本作成前에 原本에 최후의 背書를 한 자는 최후의 背書의 뒤에 「이후의 背書는 謄本에 한 것만이 효력이 있다」는 문언 또는 이와 동일한 의의가 있는 문언을 기재할 수 있다.

제 3 無益的 記載事項

배서 자체의 효력에는 영향이 없고 그 기재내용만이 어음상의 효력이 없는 기재로서, 이에는 배서에 붙인 조건(背書의 單純性)(어 12조 1항 2문 · 77조 1항 1호, 手 15조 1항 2문) · 대가문언 · 지시문언 등이 있다.

제 4 有害的 記載事項

배서 자체를 무효로 하는 기재로서, 이에는 一部背書가 있다[1](어 12조 2항 · 77조 1항 1호, 手 15조 2항). 一部背書란 배서인이 어음금액을 분할하고자 하는 뜻이 배서의 문언상 명백히 표현된 경우인데,[2] 이를 인정하게 되면 권리와 증권과의 결합이 해체되어 유가증권의 본질에 반하게 되고, 또 이를 전부배서로서 유효하다고 하면 배서인의 의사에 반하기 때문에 어음법은 이러한 배서를 무효라고 규정하고 있다.[3] 그러나 수 인에게 공유적으로 어음을 배서하는 경우나, 어음금액의 일부가 지급되어(어 39조 2항 · 77조 1항 3호, 手 34조 2항) 그 잔액에 대하여 배서하는 경우는 일부배서가 아니다.

1) 同旨: B.E.A. §32(2).
2) 佛上告判 1956. 3. 5(教材, 判決例 [283]).
3) 同旨: 註釋, 261면.

제 4 절 背書의 效力

背書의 효력에는 權利移轉的 效力, 擔保的 效力 및 資格授與的 效力이 있다.

제 1 權利移轉的 效力

1. 意 義

1) 背書의 權利移轉的 效力(Transporteffekt, Übertragungswirkung)이란 「背書(讓渡背書)에 의하여 어음상의 권리가 전부 피배서인에게 이전하는 효력」을 말한다(어 14조 1항·77조 1항 1호, 手 17조 1항).

2) 배서의 권리이전적 효력은 배서의 「本質的 效力」이며, 당사자간의 「意思表示上의 效力」이다. 배서의 권리이전적 효력은 배서의 본질적 효력인 점에서, 배서의 資格授與的 效力도 배서의 權利移轉的 效力을 바탕으로 하고 있다. 또 어음法은 배서의 權利移轉的 效力에 관하여 명문의 규정을 두고 있으나,[1] 民法上의 指示債權의 배서에 있어서는 資格授與的 效力에 대해서만 규정하고 있을 뿐(民 513조) 權利移轉的 效力에 대하여는 명문의 규정이 없다. 그러나 權利移轉的 效力을 당사자간의 意思表示上의 效力으로 보는 한 명문의 규정이 없어도 당연히 인정된다고 본다.[2]

3) 배서의 권리이전적 효력이 발생하기 위하여는 배서가 그 方式(形式)에 있어서 유효하여야 하고, 또 배서인이 어음상의 權利者이어야 한다. 따라서 배서가 앞에서 본 바와 같이 必要的 記載事項을 기재하지 않거나 또는 有害的 記載事項을 기재한 때에는 배서 자체가 무효이므로 권리이전적 효력이 발생할 여지가 없다. 또한 背書人이 無權利者이면 被背書人은 善意取得에 의하여 어음상의 권리를 原始取得할 수는 있으나, 배서의 權利移轉的 效力에 의하여 배서인이 가지고 있는 어음상의 권리를 승계취득할 수는 없다.

4) 배서의 권리이전적 효력은 背書人이 가지고 있는 「어음上의 權利」[3]

---

1) 어음上의 權利를 背書 이외에도 指名債權讓渡方法에 의하여도 양도할 수 있다고 보는 見解에서는, 背書의 權利移轉的 效力은 어음上의 權利의 讓渡方法을 규정한 점에 의미가 있기보다는 오히려 人的 抗辯의 切斷에 의하여 양수인의 지위를 강력하게 보호하는 데 그 의미가 있다고 한다[鄭(東), 370면].

2) 同旨: 徐·鄭, 191면; 鄭(東), 370~371면.

3) 背書의 權利移轉的 效力에 의하여 이전되는 背書人이 갖고 있는 「어음上의 權利」에 대하

(the right to enforce an Instrument; Recht aus dem Wechsel) 그 자체가 피배서인에게 이전되어 피배서인이 이를 직접적으로 承繼取得하는 것이지, 피배서인이 어음所有權(ownership of an instrument; Recht am Wechsel)을 취득하여 그의 결과로 어음상의 권리를 原始的으로 취득한다고 볼 수는 없다(通說).[1)]

2. 人的 抗辯의 切斷

1) 背書의 權利移轉的 效力은 人的 抗辯의 切斷과 관련되어 배서에 의하여 어음을 양수하는 자는 강력한 보호를 받고 있다. 즉, 어음이 배서에 의하여 피배서인에게 이전되면 어음채무자는 背書人에 대항할 수 있는 人的 抗辯事由로써 被背書人(그가 어음債務者를 害할 것을 알고 어음을 취득한 경우가 아닌 한)에게 대항하지 못하므로(어 17조 · 77조 1항 1호, 手 22조), 被背書人은 背書人이 가졌던 권리보다 더 큰 권리를 취득하게 된다. 이를 背書의 權利強化的(또는 權利淨化的) 移轉力이라고 한다.

2) 배서에는 이와 같이 人的 抗辯이 切斷되는 점에서 어음의 유통은 강력하게 보호되고, 배서에 의한 어음의 양수인이 指名債權讓渡方法에 의한 어음의 양수인보다 훨씬 강력한 보호를 받는다(指名債權讓渡方法에 의한 어음의 양도를 인정하는 견해에서도 동일함).[2)]

3. 從된 權利의 移轉

배서의 권리이전적 효력과 관련하여 어음상의 권리에 從된 權利(質權 · 抵當權 · 保證契約上의 權利 등)도 이전되는가의 문제가 있다. 이에 대하여 우리 나라의 학설은 肯定說과 否定說로 나뉘어 있다. (i) 肯定說에서는 어음상의 권리에 종된 권리의 이전을 인정하는 것은 어음의 유통을 조장하기 위하여 필요한 점, 종된 권리의 이전을 인정하는 것은 당사자간의 의사에도 합치하는 점, 민법의 일반원칙에 의해서도 從은 主의 처분에 따른다는 점, 배서에 의한 어음상의 권리의 양수인이 지명채권양도방법에 의한 양수인보다 더 약한 지위를 가질 수 없다는 점, 종된 권리의 이전을 금지하는 어음法上의 규정이 없는 점 등을 들어 종된 권리의 이전을 긍정한다.[3)] (ii) 否定說에서는 종된 권리는 실질관계에서 발생하는 권리이지

여 어음法은 「어음으로부터 생기는 모든 권리」라고 표현하고 있는데, 이에 해당하는 권리에는 主債務者(換어음의 引受人, 約束어음의 發行人)에 대한 어음金支給請求權 · 背書人(換어음 및 手票의 경우는 발행인을 포함)에 대한 遡求權 · 어음保證人 또는 參加人에 대한 어음상의 권리 등이 있다.

1) 徐·鄭, 190면; 鄭(熙), 186면 外.

2) 어음상의 권리가 지명채권양도방법에 의해서도 이전된다고 보는 견해에서는, 이 점에서 배서의 권리이전적 효력은 그 의미가 있다고 한다[鄭(東), 477면].

3) 鄭(東), 372면; 註釋, 268면; 梁·朴, 731면; 梁(承), 295면; 姜, 600면; 姜, (어) 367

어음상의 권리가 아니라는 점, 어음상의 권리는 그 성질상 종된 권리(擔保權)를 허용하지 않는다는 점, 배서는 추상적이고 어음상의 권리 자체만의 이전을 목적으로 하는 점 등을 들어 종된 권리의 이전을 부정한다.[1)]

생각건대 배서의 권리이전적 효력에 의하여 이전되는 권리는 어음상의 권리뿐이고 종된 권리는 당사자간의 계약에 의한 권리이고 어음상의 권리에 化體된 것으로 볼 수 없으므로, 배서에 의해서는 종된 권리는 이전되지 않는다고 보는 否定說이 타당하다고 본다.[2)] 이러한 점에서 보면 배서에 의한 어음상의 권리의 양도가 지명채권양도방법에 의한 양도보다 불리한 점도 있으나, 앞에서 본 바와 같이 배서에 의한 양도에는 人的 抗辯의 切斷의 효력이 있으므로 이것에 의하여 종된 권리가 이전되지 않는 불리는 보충되고도 남음이 있다.[3)]

배서에 의하여 배서인이 어음을 취득하게 된 원인채권이 이전되지 않음은 물론이다.[4)]

제 2 擔保的 效力

1. 意 義

1) 背書의 擔保的 效力(Garantieeffekt, Haftungswirkung)이란「背書(讓渡背書)에 의하여 원칙적으로 背書人이 피배서인 및 기타 자기의 후자 전원에 대하여 引受(어음에만 해당) 및 支給을 담보하는 효력」을 말한다(어 15조 1항 · 77조 1항 1호, 手 18조 1항). 즉, 背書人은 만기 전에 인수가 거절되었거나 기타 지급이 불확실하다고 인정되는 일정한 사유가 발생한 경우(어 43조 2항 단서, 77조 4호), 또는 만기에 지급이 거절된 경우에는 피배서인 및 자기의 후자 전원에 대하여 어음금액 또는 기타 일정금액(어 48조·49조·77조 1항 4호, 手 44조 · 45조)을 상환할 책임을 부담한다. 이러한 배서인의 담보책임은 양도인의 일반사법적 책임(民法上 賣渡人의 瑕疵擔保責任)을 어음法化하여 규정한 것이다.[5)]

2) 배서의 담보적 효력은 배서의 副次的 效力(從되는 效力)이라는 점에 대하여는 異論이 없다. 그러나 배서의 담보적 효력이 法定의 效力이냐에 대하여는 견해

면; 蔡, 156면; 日最高判 1970. 4. 21(民集 24-4, 283).

1) 徐·鄭, 191면; 鄭(熙), 186면; 徐(廷), 171면; 孫(珠), 248면; 崔(基), 402면; 李(基), 212면; 李(哲), 312면.

2) 鄭(燦), (事例) 299면 註 2.

3) 同旨: 徐·鄭, 192면.

4) 同旨: 註釋, 269면; 崔(基), 403면.

5) 同旨: 徐·鄭, 192면; 李(範), 345면.

가 나뉘어 있다. 즉, 이에 대하여는 (i) 法이 어음의 유통을 보호하기 위하여 정책적으로 인정한 법정의 효력이라고 보는 견해(通說)[1]와 (ii) 배서의 담보적 효력을 규정한 어음法의 규정은 배서인의 의사와 전연 관계가 없는 것이 아니며 오히려 대가관계의 기재가 없는 경우를 예상하여 배서인의 의사를 정책적으로 법이 의제한 것(意思表示上의 效力)이라고 보는 견해(少數說)[2]로 나뉘어 있다. 생각건대 배서인의 주된 의사는 어음상의 권리를 피배서인에게 양도하는 점에 있고 담보책임을 부담하겠다는 의사는 없는 점에서 볼 때, 전자의 견해(通說)가 타당하다고 본다.[3]

3) 배서의 담보적 효력이 발생하기 위하여는 背書가 그 方式(形式)에 있어서 유효하여야 하고, 또 원칙적으로 배서의 權利移轉的 效力이 발생하여야 한다.[4] 왜냐하면 어음法 제15조 1항의 규정은 어음상의 권리가 배서인으로부터 피배서인에게 이전되는 것을 전제로 하여 배서인에게 담보책임을 부담시킨 것으로 볼 수 있기 때문이다. 그러나 예외적으로 所持人出給式手票에 한 배서(수표상의 권리는 수표의 단순한 交付에 의하여 이전됨)(手 20조), 無權利者가 한 배서(이에 대하여 擔保的 效力을 인정할 것인지에 대하여는 후술하는 바와 같이 견해가 나뉘나, 肯定하는 견해의 경우) 및 入質背書(이에 대하여 擔保的 效力을 인정할 것인지에 대하여는 견해가 나뉘나, 肯定하는 견해의 경우) 등의 경우에는 權利移轉的 效力을 전제로 하지 않는다.[5]

우리 大法院判例도 이와 同旨에서 다음과 같이 판시하고 있다.

[背書에 權利移轉的 效力이 없는 경우에도 擔保的 效力을 인정한 判例]

A를 수취인으로 하여 발행한 어음에 B가 그냥 담보의 목적으로 배서를 한 나머지 배서가 단절된 경우, A가 실질적 권리자임이 증명되고 B의 배서가 배서로서의 유효요건을 구비하고 있다면 배서의 담보적 효력은 인정되어야 하고, 그와 같은 경우에는 배서가 단절된 채로 지급제시를 하여 지급거절되었다고 하더라도 그 지급제시는 적법한 것으로 보아 어음소지인은 배서인에 대하여 소구권을 행사할 수 있다[大判 1995. 9. 29, 94 다 58377(公報 1004, 43)].

또한 독일의 通說 · 判例에서 인정하고 있는 擔保背書[6](Garantieindossa-

1) 徐·鄭, 190면, 192면; 鄭(東), 378면; 孫(珠), 247면; 崔(基), 404면; 姜, 335면; 姜, (어) 369면; 蔡, 163면 外.

2) 鄭(熙), 187~188면.

3) 鄭(燦), (事例) 299면. 背書의 擔保的 效力을 이와 같이 法定의 效力으로 본다면 民法上 指示債權의 背書에 있어서 擔保的 效力을 규정하지 않는 이상, 어음의 背書人의 경우와는 달리 民法上 指示債權의 背書人은 다른 특별한 사정이 없는 한 擔保責任을 부담하지 않는다고 본다[同旨: 徐·鄭, 192면].

4) 同旨: 註釋, 275면; 鄭(熙), 188면.

5) 同旨: 鄭(東), 380면(所持人出給式手票에 한 背書에 대하여).

6) 이에 관한 상세한 소개로는 鄭(東), 379~380면 및 崔(基), 405~407면 참조.

우리 나라에서 原因債務를 담보할 목적으로 借用證書에 갈음하여 발행한 어음에 背書한

ment)도 배서의 權利移轉的 效力을 전제로 하지 않으므로 이러한 예외가 된다고 볼 수 있다.

4) 배서인이 수 인인 때에는(共同背書) 각자가 배서인으로서 어음금액의 전액에 대하여 引受 및 支給의 擔保責任을 부담한다(合同責任)(어 47조 1항 · 77조 1항 4호, 手 43조 1항).

2. 獨立된 어음債務의 부담

배서인은 피배서인 및 기타 자기의 후자에 대하여 선행하는 어음행위의 실질적 효력 및 배서의 원인관계의 효력과는 관계 없이 배서 그 자체의 효력에 의하여 담보책임을 진다.[1] 즉, 배서의 擔保的 效力은 어음行爲獨立의 원칙(어 7조 · 77조 2항, 手 10조)과 관련되어, 선행하는 어음행위의 實質的 효력과는 무관하게 각 어음행위자(背書人)는 독립적으로 어음채무를 부담하는데, 그 내용으로 배서인은 引受와 支給을 담보한다.[2]

3. 排除 · 制限

1) 배서의 담보적 효력은 배서의 本質的 效力이 아니고 副次的 效力(從되는 效力)에 불과하며 또 배서인의 의사에 반하여서까지 강행성을 갖는 것이 아니므로, 배서인의 의사에 의하여 이를 배제할 수 있는데, 이를 「無擔保背書」라고 한다. 환어음의 발행인은 引受擔保責任만을 배제할 수 있음에 반하여(어 9조 2항), 환어음의 배서인은 引受擔保責任 및 支給擔保責任을 배제할 수 있다(어 15조 1항). 그러나 환어음의 배서인은 자기의 의사에 기하여 引受擔保責任 또는 支給擔保責任 중 어느 하나만 배제할 수도 있다. 배서인이 단순히 「無擔保」라고 기재한 경우에는 引受와 支給의 모두에 대하여 무담보의 문언을 기재한 것으로 해석한다.[3]

2) 背書人은 다시 하는 背書만을 금지할 수 있는데(背書禁止背書)(어 15조 2항 1문 · 77조 1항 1호, 手 18조 2항 1문), 이 경우에는 배서의 담보적 효력이 제한된다. 즉, 이 경우에 背書人은 자기의 직접의 被背書人에 대하여는 담보책임을 부담하지만, 그 被背書人의 후자에 대하여는 담보책임을 부담하지 않는다(어 15조 2항 2문 · 77조 1항 1호, 手 18조 2항 2문).

경우, 이러한 背書는 독일에서의 擔保背書와 동일하게 볼 수 있다는 見解[鄭(熙), 189면]가 있으나, 의문이다.

1) 同旨: 註釋, 276면.

2) 이에 관한 상세는 鄭燦亨, "어음(手票)行爲獨立의 原則," 「月刊考試」, 1986. 11, 125면 참조.

3) 同旨: 註釋, 277면.

3) 배서의 담보적 효력은 어음의 「流通期間內」[1]에 있어서 어음의 유통성을 보호하기 위하여 法이 정책적으로 인정한 특수책임이라고 볼 수 있으므로, 어음의 유통기간이 경과하여 어음의 유통성과 지급의 확실성을 고려할 필요가 없는 期限後背書(어 20조 1항 단서·77조 1항 1호, 手 24조 1항)에는 담보적 효력이 인정되지 않는다(通說).[2] 또한 推尋委任背書에는 그 성질상 담보적 효력이 발생할 여지가 없다.

제 3 資格授與的 效力

1. 意 義

1) 背書의 資格授與的 效力(Legitimationseffekt)이란 「어음소지인이 背書의 連續에 의하여 그 權利(形式的 資格)를 증명한 때에는 적법한 어음상의 권리자로 추정되는 효력」을 말한다(어 16조 1항·77조 1항 1호, 手 19조). 民法의 일반원칙에 의하면 권리가 實質的으로 유효하게 순차적으로 이전하여 자기가 권리자가 되었다는 사실을 증명하여야 권리를 행사할 수 있을 것이나, 배서의 資格授與的 效力에 의하여 어음소지인은 形式的 資格만을 증명하면 실질적 자격을 증명하지 않고도 어음상의 권리를 행사할 수 있다. 또한 배서의 資格授與的 效力은 하나의 背書에만 한정하여 인정되는 효력이 아니라 連續되는 수 개의 背書에 대하여 인정되는 효력이며, 讓渡背書에 대하여만 인정되는 효력이 아니라 모든 背書에 공통하여 인정되는 효력이다.

2) 배서의 자격수여적 효력은 副次的(從되는) 效力이며, 또한 法이 어음의 간이·신속한 유통을 확보하기 위하여 정책적으로 인정한 法定의 효력이다(通說).[3]

民法上의 指示債權의 경우에도 배서의 資格授與的 效力에 대하여는 명문의 규정을 두고 있다(民 513조).

3) 背書의 資格授與的 效力이 발생하기 위하여는 배서가 그 方式(形式)에 있어서 유효하여야 하고, 또 背書의 連續이 있을 것을 전제로 한다. 背書의 連續에 대하여는 다음에 별도로 설명한다.

---

1) 엄격하게 말하면 支給拒絶證書 작성 전 또는 支結拒絶證書 작성기간 경과 전을 의미한다(어 20조 1항 단서·77조 1항 1호, 手 24조 1항 참조).
2) 徐·鄭, 192면; 鄭(東), 378면; 註釋, 276면 外.
3) 徐·鄭, 193면; 鄭(燦), (事例) 300면 外.

2. 背書의 連續

(1) 槪 念

1) 背書의 連續(ununterbrochene Reihe von Indossamenten)이란 「受取人(A)이 제 1 배서의 背書人(A)이 되고 제 1 배서의 被背書人(B)이 제 2 배서의 背書人(B)이 되는 것과 같이 현재의 소지인에 이르기까지 배서가 중단됨이 없이 연속되어 있는 것」을 말한다. 背書의 連續에서는 수취인이 제 1 배서의 배서인이 되는 것이므로, 自己指示어음(어 3조 1항, 手 6조 1항)의 경우에는 발행인이 제 1 배서의 배서인이 된다. 이와 같이 발행인이 수취인을 겸한 어음(約束어음의 경우는 單名어음)이 아닌 한, 발행인이 제 1 배서의 배서인으로서 기명날인 또는 서명을 하여도 이는 어음法上 아무런 의미가 없는 것이므로 背書의 連續에 있어서는 그 기재가 없는 것으로 볼 것이다.

우리 大法院判例도 이와 同旨로 다음과 같이 판시하고 있다.

[약속어음의 發行人이 한 背書는 어음法上 效力이 없다고 본 判例]

약속어음의 발행인이 한 수취인에 대한 제 1 차 배서는 어음법상 아무런 의미가 없는 것이므로 배서연속의 관계에 있어서는 그 기재가 없는 것으로 볼 것이다[大判 1965. 9. 7, 65 다 1387 (判總 11-2, 990-1)].

2) 제 2 배서 이후의 背書에서는 직전의 배서의 被背書人이 직후의 배서의 背書人이 되어 차례로 연속되는데, 최후의 배서가 白地式인 때에는, 어음소지인은 적법한 권리자로 推定된다(어 16조 1항 2문 · 77조 1항 1호, 手 19조 2문).

(2) 要 件

背書의 連續이 있기 위하여는 다음의 요건을 갖추어야 한다.

1) 각 배서는 그 形式(方式)에 있어서 유효하여야 한다. 그러나 實質에 있어서 유효하여야 할 필요는 없다. 따라서 배서가 방식에 欠缺이 있어서 무효인 때에는 그 배서를 제외하고 배서의 연속 여부를 결정하여야 한다.[1] 그러나 배서가 그 方式에 있어서 유효하여 연속되어 있는 한 그 實質에 있어서 무효·취소의 사유가 있는 경우에도 배서의 연속은 있게 되므로, 허무인의 배서 · 위조의 배서 · 무권대리인의 배서 · 무능력자의 배서 · 하자 있는 의사표시에 의한 배서 · 착오에 의한 배서 등이 있어도 배서의 연속에 있어서는 유효한 배서가

1) 同旨: 日大判 1916. 4. 13(民錄 22, 496).

된다.[1]

우리 大法院判例도 이와 同旨로 다음과 같이 판시하고 있다.

[背書의 連續은 形式上 존재함을 요한다고 본 判例]

어음의 배서연속은 형식상 존재함으로써 족하고 또 형식상 존재함을 요한다 [大判 1995. 6. 9, 94 다 33156(公報 996, 2375)].

[交付欠缺이 있는 경우에도 背書의 連續이 있다고 본 判例]

어음의 배서연속은 형식상 존재함으로써 족하므로 어음의 기재 자체에 의하여 배서의 연속이 증명되는 이상, 어음에 기재된 수취인 이외의 사람에게 발행·교부되었다는 (교부흠결 — 저자註) 사실만으로 배서의 연속이 없는 것으로 볼 수 없다 [大判 1971. 4. 30, 71 다 455(判總 11-2, 990-1)].

同旨: 大判 1971. 5. 24, 71 다 570(判總 11-2, 990-2~3); 同 1973. 12. 26, 73 다 1436(判總 11-2 990-5).

[虛無人의 背書가 있는 경우에도 背書의 連續이 있다고 본 判例]

배서의 연속은 오로지 어음의 외관상 배서의 연속이 되어 있으면 되는 것이므로, 중간에 허무인이 배서인으로 기재되었더라도 무방한 것이다 [大判 1973. 6. 22, 72 다 2026(判總 11-2, 990-4)].

[僞造의 背書가 있는 경우에도 背書의 連續이 있다고 본 判例]

배서의 연속이란 그 배서가 형식상 연속되어 있으면 족하고 실질상 유효한 것임을 요하지 아니한다 할 것이므로, 배서가 위조된 경우에도 이를 흠결된 것이라 할 수 없다 [大判 1974. 9. 24, 74 다 902(判總 11-2, 990-6)].

同旨: 大判 1976. 6. 8, 76 다 677(判總 11-2, 1038-30); 同 1976. 6. 22, 76 다 668(判總 11-2, 990-6~7).

[사실과 다른 背書人을 기재하여도 背書의 連續이 있다고 본 判例]

정당한 어음소지인인 B가 자신의 배서 앞뒤에 임의의 사람인 A, C 및 D를 기재하여 X에게 양도한 경우, X는 적법하게 어음상의 권리를 이전받는다 [大判 1995. 9. 15, 94 다 54856(公報 1002, 3377)].

2) 각 배서에 있어서 受取人(또는 被背書人)과 背書人의 표시는 어음상의 기재에서 보아 順次的으로 동일성이 인정되어야 한다.

이 때 동일성이 있는지 여부를 결정하기 전에 먼저 배서의 순위가 결정되어야 하는데, 이에 대하여는 어음法에 특별한 규정이 없으므로 배서가 기재된 장

1) 이에 관한 상세는 鄭(燦), (善意取得) 39~47면 참조.

소적 순서(右에서 左, 위에서 아래 등)(그러나 배서는 어음의 表面·裏面 및 補箋에 기재될 수 있으므로 背書場所가 다른 경우에는 이것만에 의하여 결정적으로 순서를 정할 수 없음)·배서일자(그러나 背書日字는 背書要件이 아니고 또 誤記될 수도 있으므로 이것만에 의하여 결정적으로 순서를 정할 수 없음)·명칭적 연속(특히 背書日字의 기재가 없고 어음表面에 배서가 기재된 경우에 의미가 있을 것임) 등을 기준으로 그 순서를 정할 수밖에 없다고 본다.[1] 다만 白地式背書의 다음에 다른 背書가 있는 때에는 그 배서를 한 자는 백지식배서에 의하여 어음을 취득한 것으로 보게 되므로(어 16조 1항 4문·77조 1항 1호, 手 19조 4문), 배서의 연속이 있게 된다.

受取人 또는 被背書人과 背書人의 표시가 어음상의 기재에서 동일성이 인정되어야 하는 점은, 이의 표시가 한 자도 틀리지 않고 똑같아야 한다는 의미는 아니고 그 사이에 차이가 있다고 하더라도 주요한 점에서 틀리지 않으면 충분하다고 본다.

우리 나라의 判例에서도 이와 同旨로 다음과 같이 판시하고 있다.

[背書의 連續을 肯定한 判例]

수취인 명의는 '주식회사 신라체인 남전희'인데 제 1 배서의 배서인 명의는 '신라체인 점촌지점 남전희'라고 표시한 경우에 배서의 연속이 있다[서울民事地判 1984. 1. 25, 83 나 1613·1614(敎材, 判決例 [522])].

수취인 또는 피배서인이 'Y주식회사'인 경우에는 그 직후의 배서의 배서인은 'Y주식회사 대표이사 A [A의 인]' 등으로 법인을 대표(대리)하는 자연인이 대표(대리)관계를 표시하고 그의 기명날인 또는 서명을 하여야 유효한 배서이고 또한 동일성이 인정되어 배서의 연속이 있게 된다[大判 1995. 6. 9, 94 다 33156(公報 996, 2375)].[2]

[背書의 連續을 否定한 判例]

수취인 또는 피배서인이 'Y주식회사'인 경우에 그 직후의 배서의 배서인이 'Y주식회사 [Y주식회사의 인]' 등으로 회사를 대표(대리)하는 자연인의 기명날인 또는 서명이 없고 회사명의만 기재하고 회사인을 날인한 경우에는 이러한 배서는 무효이므로(비록 형식상 동일성은 인정될는지 몰라도) 배서의 연속이 없게 된다[大判 1964. 10. 30, 63 다 1168(敎材, 判決例 [308])].

수취인이 'Y회사 李지점장'이라고 표시되어 있는데, 제 1 배서의 배서인은 '李○○ 印'으로 자연인의 기명날인 또는 서명이 있는 경우에 동일성이 인정되어 배서의 연속이 있느냐가 문제된다. 'Y회사 李지점장'의 표시가 Y회사라는 法人의 표시냐 또는 李지점장이라는 自然人의 표시냐에 따라 다르겠으나, 일반적으로는 Y회사라는 法人을 표시한 것으로 볼 수 있고 이렇게 보면 法人과 自

1) 이에 관한 상세는 註釋, 280~282면 참조.
2) 同旨: 日最高判 1952. 11. 25(敎材, 判決例 [293]).

然人은 전혀 별개의 인격이므로 형식상 동일성이 없고 따라서 배서의 연속이 없다고 본다.[1)]

그러나 우리 大法院判例는 背書의 連續이 있다는 취지로 다음과 같이 판시하고 있다.

[背書의 連續을 肯定한 事例]

A가 B에게 발행한 어음을 B가 C에게 배서양도하고 C가 'Y주식회사 대표이사 C'의 명의로 D에게 배서양도한 경우, Y주식회사가 實在하지도 않고 또 어음채무자의 승낙을 얻어 이와 같이 배서하였다면 이는 C 개인의 명의의 배서로서 배서의 연속이 있다[大判 1995. 9. 15, 95 다 7024(公報 1002, 3391)].[2)]

會社의 本支店간의 배서는 동일한 인격자간의 배서이므로 실제로는 무효가 되나, 배서의 연속에서는 유효한 배서가 된다.[3)]

⑶ 效　果

1) 배서의 연속의 효과는 어음소지인에게 資格授與的 效力을 갖게 하는데, 이는 다시 資格授與的 效力의 내용과 연결된다. 즉, 배서가 연속한 어음소지인은 適法한 權利者로 推定되므로, 자기가 실질적 권리자라는 사실을 입증하지 않고도 어음상의 권리를 행사할 수 있고(權利推定力)(어 16조 1항 1문·77조 1항 1호, 手 19조 1문), 양도인(배서인)이 無權利者 등인 경우에도 어음상의 권리를 善意取得할 수 있으며(善意取得)(어 16조 2항·77조 1항 1호, 手 21조), 그러한 어음소지인에게 어음금을 지급한 자는 免責될 수 있다(善意支給)(어 40조 3항·77조 1항 3호, 手 35조).

2) 따라서 배서의 연속의 존부를 판단하는 시점은 그의 효력과 관련되어 판단되어야 한다. 즉, 어음소지인의 권리행사의 경우에는 「權利行使時」(訴提起에 의한 권리행사에는 변론종결시), 선의취득의 경우에는 「어음取得時」, 선의지급의 경우에는 (만기의) 「어음金支給時」이다.[4)] 善意取得과 善意支給에 있어서 배서연속의 존부를 판정하는 시점에 관하여는 어음法上 명문의 규정이 있다.

⑷ 抹消된 背書

1) 배서의 말소는 특정인에게 양도하기 위하여 일단 배서의 기명날인 또는 서명을 하였다가 그 양도를 그만두고자 하는 경우, 오류 또는 착오로 인하

---

1) 鄭(燦), (事例) 303면.
　反對: 鄭(東), 375면.
2) 同旨: 日最高判 1955. 9. 30(教材, 判決例 [294]).
3) 同旨: 註釋, 284면.
4) 同旨: 鄭(東), 377면; 崔(基), 410~411면; 註釋, 287면.

여 배서의 기명날인을 한 경우, 도난·분실된 어음을 회수한 자가 불법하게 부가된 위조 배서를 말소하고자 하는 경우, 상환의무를 이행한 배서인이 자기 이후의 배서를 말소하는 경우 등에 이용된다.[1] 이러한 말소된 배서는 「배서의 연속에 관하여는」 배서의 기재가 없는 것으로 본다(어 16조 1항 3문·77조 1항 1호, 手 19조 3문).

배서의 연속(形式的 資格)에 관하여 효력이 있는 배서의 말소는 背書權이 있는 자에 의하든 없는 자에 의하든 불문하고, 故意로 하든 過失로 하든 불문하며, 拒絶證書作成期間 경과 전후를 불문하고, 抹消의 方法에도 아무런 제한이 없다.

우리 大法院判例도 이와 同旨로 다음과 같이 판시하고 있다.

[背書의 抹消에는 제한이 없다고 한 判例]

말소된 배서는 그 말소가 권한이 있는 자에 의하여 행하여진 것인지 여부나 그 방법·시기에 관계없이 배서의 연속에 관하여는 존재하지 아니하는 것으로 보는 것이다[大判 1995. 2. 24, 94 다 41973(公報 989, 1438)].

다만 抹消權이 없는 자에 의한 말소는 어음의 變造가 된다. 또 背書의 抹消는 배서의 전부의 말소이든 일부의 말소이든 불문한다.

배서의 말소는 배서의 연속(形式的 資格)을 깨기도 하고 그것을 회복시켜 주기도 하지만, 實質的 權利(實質的 資格)에 관하여는 아무런 영향을 미치지 않는다. 즉, 배서의 말소는 배서의 資格授與的 效力에만 영향을 미칠 뿐, 배서의 權利移轉的 效力이나 擔保的 效力에는 아무런 영향을 미치지 않는다. 따라서 말소된 배서가 있는 어음소지인은 그 말소에 의하여 배서의 연속이 깨진 경우에는 자기가 실질적 권리자라는 것을 입증하여 어음상의 권리를 행사할 수 있으며, 자기의 배서가 제 3 자에 의하여 권한 없이 말소된 경우에도 그는 정당한 어음상의 권리자에 대하여 소구의무를 부담한다.

2) 背書欄의 被背書人만이 말소된 경우에 배서의 全部抹消로 볼 것인가(全部抹消說) 또는 被背書人만의 抹消로 볼 것인가(白地式背書說)의 문제가 있다.

이에 대하여 우리 나라의 학설은 全部抹消說[2]과 白地式背書說[3]로 나뉘어 있다.[4] (i) 全部抹消說은 그 이유를 배서는 하나의 의사표시로서 완전한 일체

1) 同旨: 註釋, 288면.

2) 鄭(熙), 192면; 梁(承), 301면; 鄭(東), 376면; 李(基), 215면; 李(哲), 308면 外. 同旨: 日東京高判 1972. 9. 5(敎材, 判決例 [306]).

3) 註어, 252면; 崔(基), 418면.

4) 이 외에 日本에서는 權限考慮說(折衷說)이 있는데, 이에 의하면 「抹消權限의 유무를 고려하여 有權限者에 의한 말소는 白地式背書가 되고, 無權限者에 의한 말소는 抹消의 효력이

를 이루고 있으므로 그 일부의 말소는 배서 전부를 파괴하는 데 충분하고, 권리자(피배서인)의 지정은 배서에 있어서 특히 중요한 사항이며, 만일 이를 백지식배서로 인정할 때에는 부정이용의 위험이 있다고 설명한다. (ii) 이에 반하여 白地式背書說은 그 이유를 피배서인의 명칭만이 말소된 경우에는 말소된 부분에 대하여서만 그 기재가 없는 것으로 해석하는 것이 일반적인 관념이며, 또 이 경우를 백지식배서로 보는 것이 어음유통보호의 면에서 볼 때에도 적당하고, 부정이용의 위험은 배서 전부의 말소로 해석하는 경우에도 존재한다고 설명한다.

생각건대 白地式背書說이 타당하다고 본다. 만일 피배서인을 말소할 권한이 있는 자에 의하여 피배서인이 말소된 경우에는 당연히 白地式背書로 보아야 할 것이다. 그런데 권한이 없는 자에 의한 被背書人의 말소를 어떻게 볼 것인가가 문제인데, 이러한 경우에도 어음외관에 의해서는 알 수 없는 사항이므로 권한이 있는 자에 의한 피배서인의 말소의 경우와 동일하게 보아야 할 것이다. 또한 피배서인의 말소 · 정정은 어음거래에서 흔히 있는 일이므로, 이를 白地式背書로 보는 것이 어음관계자의 이익을 위해서나 또는 어음行爲有效解釋의 원칙에서 볼 때에도 타당할 것으로 생각한다.1)

(5) 背書의 不連續

배서가 A(수취인 겸 제 1 배서인)→B(제 1 피배서인 겸 제 2 배서인)→C(제 2 피배서인 겸 제 3 배서인)→D(제 3 피배서인)로 되어 A의 배서에서부터 C까지의 배서는 연속되어 있으나, D의 배서가 단절되고 그 후 E(제 4 배서인)→F(제 4 피배서인 겸 제 5 배서인)→G(제 5 피배서인)로 되어 현재의 어음소지인이 G인 경우에, 배서의 權利移轉的 效力 · 擔保的 效力 및 資格授與的 效力이 각각 어떻게 작용하는가를 검토하여 보기로 한다.

1) **權利移轉的 效力**　① 위의 예에서 D와 E 사이의 배서의 연속이 단절되었다고 하여도 E가 相續이나 指名債權讓渡方法에 의하여 어음상의 권리를 취득하는 경우에는, 어음상의 권리는 그 후 F 및 G에게 이전되는 것이다. 이 때에 F 및 G가 취득하는 어음상의 권리는 A로부터 이전되는 어음상의 권

생기지 않아 당초 기재된 被背書人에 대한 記名式背書가 된다」고 한다(伊澤, 378면; 山尾, 「新手形法論」, 256면). 그러나 權限考慮說은 背書連續의 유무는 어음의 기재에 따라 形式的·客觀的으로 판단되어야 하는데 實質的 · 主觀的 權限의 유무에 따라 이를 판단하므로 타당하지 않다고 본다[同旨: 鄭(東), 376면; 崔(基), 417면].

1) 鄭(燦), (事例) 308면. 同旨: 註어, 252면; 崔(基), 387면; 日大判 1927. 3. 29(教材, 判決例 [304]); 日大阪地判 1973. 6. 7(教材, 判決例 [305]).

리의 承繼取得이지 결코 善意取得에 의한 原始取得이 아니다. 즉, 배서의 權利移轉的 效力은 배서의 資格授與的 效力을 전제로 하지 않는다. 따라서 어음상의 권리를 배서에 의하여 양수하지 않은 E도 배서에 의하여 어음상의 권리를 양도할 수 있으며, 이 때 E의 배서에는 당연히 權利移轉的 效力이 발생하는 것이다.[1] 다만 E는 배서에 의하여 어음상의 권리를 취득한 것이 아니므로 어음채무자는 D에 대하여 대항할 수 있는 人的 抗辯事由로써 E에게 대항할 수 있게 된다. 그러나 F 및 G는 다시 배서에 의하여 어음을 양수했으므로 어음채무자가 E에 대하여 대항할 수 있는 人的 抗辯은 F 및 G에 대하여는 절단된다고 본다.

② 위의 예에서 D가 어음을 분실 또는 도난당한 자이고 E가 이를 습득 또는 절취한 자로서 無權利者인 경우에는 E가 어음상의 권리를 취득할 수 없는 것은 말할 나위가 없고, 無權利者인 E로부터 同어음을 배서양수한 F는 어음상의 권리를 승계취득할 수 없으며(즉 權利移轉的 效力이 없으며) 또한 E에게 形式的 資格이 없으므로 어음상의 권리를 善意取得할 수도 없다. 또한 無權利者인 F로부터 동어음을 배서양수한 G도 어음상의 권리를 承繼取得하거나 善意取得할 수 없다. 이와 같이 E, F, G는 모두 어음상의 권리를 취득하지 못하므로 人的 抗辯의 문제는 거론할 필요가 없게 된다.

2) **擔保的 效力** ① 위의 예에서 相續이나 指名債權讓渡方法에 의하여 어음상의 권리를 취득한 E(形式的 無權利者이나 實質的 權利者)가 배서에 의하여 어음상의 권리를 양도한 경우에는, 그 배서에는 擔保的 效力이 발생하여 E는 어음소지인에 대하여 遡求義務를 부담한다고 본다. F의 경우에도 같다. 왜냐하면 배서의 擔保的 效力은 어음行爲獨立의 原則과 관련하여 형식상 유효한 어음에 배서를 한 이상 독립적으로 발생하는 것이라고 보기 때문이다. 즉, 이 때에 E 및 F의 배서에는 배서의 權利移轉的 效力 및 擔保的 效力은 있으나, 資格授與的 效力은 없게 된다.

우리 大法院判例도 이와 同旨로 다음과 같이 판시하고 있다.

[背書의 連續이 없는 경우에도 背書의 擔保的 效力을 인정한 判例]

A가 수취인을 X로 하여 발행한 어음에 Y가 담보목적으로 제 1 배서인란에 배서한 경우, X가 실질적 권리자임이 입증되고 Y의 배서가 배서로서의 유효요건을

1) 앞에서 본 바와 같이 배서할 수 있는 權利(背書權)는 어음상의 권리 자체가 갖는 힘이지 背書人으로부터 被背書人에게 이전되어 갖는 힘이 아니므로, 어음상의 권리를 가지게 된 원인이 무엇이든(즉, 背書 이외의 방법에 의하여 어음을 취득하더라도) 어음상의 권리를 정당하게 취득하는 자는 다시 배서에 의하여 어음상의 권리를 양도할 수 있다.

구비하고 있는 이상 배서의 담보적 효력은 인정되어야 하고, 그 지급제시는 적법한 지급제시로서 배서인에 대하여 소구권을 행사할 수 있다[大判 1995. 9. 29, 94 다 58377(公報 1004, 3605)].

② 위의 예에서 E가 습득자 또는 절취자로서 無權利者인 경우에는 F의 입장에서 보면 形式的 및 實質的 無權利者로부터 어음을 취득한 것이므로 앞에서 본 바와 같이 F는 아무런 어음상의 권리를 취득하지 못한다. G의 경우도 같다. 그런데 이 때 배서의 擔保的 效力(어 15조 1항 · 77조 1항 1호, 手 18조 1항)이 발생하는지에 대하여는 견해가 나뉘어 있다. 즉 이 때에 배서의 擔保的 效力이 발생하지 않는다고 보는 견해[1]와 발생한다고 보는 견해[2]로 나뉘어 있는데, 어음행위독립의 원칙과 관련하여 볼 때 無權利者가 형식상 완전한 어음에 배서한 경우에도 그 배서에는 擔保的 效力이 있다고 본다.[3] 그런데 이 때 F 및 G는 無權利者로서 E·F에게 어음상의 권리를 행사할 수 없으므로, 이 경우에는 E·F의 배서에 대하여 擔保的 效力이 있는지 여부를 논의할 실익이 없다. 그러나 만일 이 때에 E가 D의 배서를 위조하여 자기를 피배서인으로 하고 E가 다시 F에게 배서하여 E가 形式的 資格을 구비하였다면 F는 어음상의 권리를 善意取得(原始取得)할 수 있는데, F가 이와 같이 어음상의 권리를 善意取得하였다면, F는 E에게 어음상의 권리자로서 遡求權을 행사할 수 있으므로 이 경우에는 E의 배서(이 때의 배서는 讓渡背書의 형식임)에 擔保的 效力을 인정하는 실익이 있게 된다.

3) **資格授與的 效力** 위의 예에서 A부터 C가 한 배서에는 배서의 연속이 있어 단절되기 직전의 최후의 피배서인인 D는 資格授與的 效力을 갖는다. 그런데 D의 배서가 없어 D에서 E에게 어음상의 권리가 이전된 사실이 어음상 나타나지 않아 배서의 연속이 단절되어 있는 경우에는, 단절된 이후의 어음소지인인 E·F 및 G는 형식적 자격이 없으므로 資洛授與的 效力을 갖지 못

---

1) 鄭(熙), 191～192면; 鄭(東), 385면(어음所持人이 어음을 善意取得하는 등 어음上의 權利를 취득한 경우에만 그 前者에 대하여 청구할 수 있는 것이므로, 그러한 경우에 한하여 形式的 資格이 없는 無權利者의 背書에 대하여 擔保的 效力을 인정할 것이라고 한다); 崔(基), 413면; Zöllner, S. 96 f.

2) Baumbach/Hefermehl, WG Art. 15 Rdn. 5: BGHZ 13, 86 f.

3) 이 때에 E 및 F의 배서의 形式이 擔保背書인 경우에 擔保的 效力이 발생한다고 설명하는 견해도 있으나[鄭(熙), 192면; 鄭(東), 385면; 崔(基), 405면; 李(基), 214면, Hueck/Canaris, §8 Ⅳ 3 b; Zöllner, §14 Ⅴ 3], 후술하는 바와 같이 擔保背書는 우리 어음法이 인정하는 特殊背書의 일종이 아니며 또 本件의 경우는 讓渡背書의 형식이므로, 이와 같은 설명은 타당하지 않다고 본다. 또한 어음상의 권리의 善意取得을 전제로 하여 形式的 資格이 없는 無權利者의 배서에 擔保的 效力을 인정하는 見解도 있으나[鄭(東), 495면], 形式的 資格이 없는 無權利者로부터는 善意取得을 할 수 없으므로 이와 같은 설명도 타당하지 않다고 본다[同旨批判: 鄭(熙), 192면 註 2].

한다.[1]

① 위의 예에서 E가 D로부터 相續 또는 指名債權讓渡方法 등과 같은 민사적 권리승계방법에 의하여 어음상의 권리를 양수하고(즉 實質的 權利者이고) 또 이것이 입증되면 단절된 배서는 架橋되어(또는 이어지어) 배서의 연속이 있고 또 資格授與的 效力이 발생한다고 볼 수 있겠는가의 문제가 있다. 이에 대하여 우리 나라의 학설은 대부분 「단절된 배서는 架橋되어 배서의 연속이 회복한다」는 등으로 설명하고 있으나,[2] 타당하지 않다고 본다.[3] 왜냐하면 어음소지인 등이 단절된 배서에 대하여 實質的 權利承繼事實을 입증한다고 하여 形式上 背書의 連續이 있거나 또는 이와 동일시할 수는 없기 때문이다. 따라서 단절된 배서가 「架橋된다」거나 「이어진다」는 등의 표현은 적절하지 않다고 본다. 즉, 단절된 배서가 있는 경우에는 어음소지인 등이 이에 대하여 實質的 權利承繼事實을 입증한다고 하여 資格授與的 效力이 발생하지 않는다.

따라서 이러한 어음의 소지인(위의 예에서 E, F 및 G)에게는 權利推定力이 없어 적법한 권리자로 추정받지 못하므로 자기가 實質的 權利者임을 입증하여야 어음상의 권리를 行使할 수 있는데(權利推定力의 否認),[4] 우리 大法院判例도 이와 同旨에서 다음과 같이 판시하고 있다.

> **[形式上 背書의 連續이 없는 어음소지인은 중단부분에 관하여 실질적 관계가 있음을 입증하여야 어음상의 권리를 행사할 수 있다고 본 判例]**
>
> 어음에 있어서의 배서의 연속은 형식상 존재함으로써 족하고 또 형식상 존재함을 요한다 할 것이나, 형식상 배서의 연속이 끊어진 경우에 딴 방법으로 그 중단된 부분에 관하여 실질적 관계가 있음을 증명한 소지인이 한 어음상의 권리 행사는 적법하다[大判 1995. 9. 15, 95 다 7024].

또한 이러한 어음소지인은 어음상의 권리를 善意取得할 수도 없고(善意取得의 否認)[5]

---

1) 이 때 E·F 및 G에게 形式的 資格이 없다는 의미는, E는 단절 전의 어음債務者(A, B, C를 포함하여)에 대하여 資格授與的 效力을 갖지 못하고, F 및 G는 단절 전의 어음債務者에 대하여 뿐만 아니라 단절 후의 어음債務者(F의 경우는 E, G의 경우는 E 및 F)에 대하여도 資格授與的 效力을 갖지 못한다는 의미이다[同旨: 徐·鄭, 195면].

2) 鄭(熙), 191면; 鄭(東), 383면; 崔(基), 413면; 蔡, 166면; 梁(承), 302면 外.

3) 鄭(燦), (善意取得) 46면. 同旨: 鈴木·大隅, 講座(4), 131면.

4) 이 때 위의 例에서 E뿐만 아니라 F 및 G도 E가 D로부터 民事的 權利承繼方法에 의하여 어음상의 권리를 취득했음을 입증하기만 하면 (A로부터 D까지의 權利承繼事實 및 E로부터 G까지의 權利承繼事實을 입증하지 않더라도) 어음상의 권리를 행사할 수 있다고 본다[同旨: 鄭(東), 383면].

5) 反對: 鄭(東), 381~382면(背書가 단절된 후의 背書에 의해서도 善意取得이 가능하다고

(예컨대, F가 無權力者인 경우 G는 어음상의 권리를 善意取得할 수 없다), 또 支給人은 善意支給에 따른 免責을 받을 수도 없다(善意支給의 否認)고 본다.[1]

② 위의 예에서 E가 습득자 또는 절취자인 경우에는 위 ①의 경우와 같은 사정도 없으므로 E·F 및 G는 언제나 資格授與的 效力을 갖지 못한다.

3. 背書의 資格授與的 效力의 內容

앞에서 본 바와 같이 배서의 資格授與的 效力은 背書의 連續을 전제로 하여 발생하는데, 배서의 資格授與的 效力을 전제로 하여 다음과 같은 세 가지의 효력이 발생한다. 이것은 또한 배서의 資格授與的 效力의 內容을 이루고 있다.

(1) 權利推定力

어음의 소지인이 배서의 연속에 의하여 그 권리를 증명한 때에는 적법한 권리자로 추정된다(어 16조 1항 1문 · 77조 1항 1호, 手 19조 1문). 따라서 연속된 배서가 있는 어음소지인은 자기가 實質的 權利者라는 것을 입증하지 않아도 어음상의 권리를 行使할 수 있다. 그러나 이것은 어디까지나 推定이지 연속된 배서의 피배서인이 어음상의 권리자라고 확정하는 것은 아니므로, 어음채무자는 연속된 배서에 의하여 권리자로 추정받는 어음소지인이 實質的으로는 無權利者라는 사실을 입증하여 어음상의 책임을 면할 수 있다.

(2) 善意取得

배서의 연속에 의하여 적법한 권리자로 추정을 받는 자(形式的 權利者)로부터 어음을 양수하는 자는 양도인이 實質的으로 無權利者라도 (이 사실을 알고 있거나 또는 중대한 과실로 인하여 모른 경우를 제외하고는) 어음상의 권리를 善意取得한다(어 16조 2항 · 77조 1항 1호, 手 21조). 어음상의 권리의 善意取得은 이와 같이 배서의 資格授與的 效力을 전제로 하여 발생하는 효과이다.

(3) 善意支給(免責力)

어음소지인의 입장에서 본 권리추정력의 효력이 어음債務者(支給人)의 입장에서 보면 善意支給 또는 支給人의 免責力의 형태로 나타난다. 즉, 만기에 지급하는 지급인은 배서가 연속된 어음의 所持人(形式的 權利者)에게 지급하면 그가 實質的으로 無權利者라도 (지급인은 그러한 어음소지인이 無權利者라는 사실을 알고 있고 또 용이하게 이를 입증할 수 있는 경우나 중대한 과실로 인하여 이를 간과한

한다); Hueck/Canaris, S. 95.

1) 反對: 崔(基), 412면(어음債務者의 支給에 의하여 免責力이 인정되어야 할 것이라고 한다).

경우를 제외하고는) 免責된다[1](어 40조 3항·77조 1항 3호, 手 35조).

제 5 절 特殊背書

特殊背書에는 讓渡背書에 있어서의 特殊背書와 讓渡 이외의 목적으로 하는 特殊背書가 있는데, 전자에는 無擔保背書(어 15조 1항·77조 1항 1호, 手 18조 1항)·背書禁止背書(어 15조 2항·77조 1항 1호, 手 18조 2항)·還(逆)背書(어 11조 3항·77조 1항 1호, 手 14조 3항·15조 3항·5항)·期限後背書(어 20조·77조 1항 1호, 手 24조)가 있고, 후자에는 推尋委任背書(어 18조·77조 1항 1호, 手 23조)·入質背書(어 19조, 77조 1항 1호)가 있다. 이하에서 차례로 설명한다.

제 1 無擔保背書

1. 意 義

無擔保背書(indorsement without recourse; Indossament ohne Obligo)란 「背書人이 어음상에 擔保責任(遡求義務)을 부담하지 않는다는 뜻을 기재한 背書」를 말한다(어 15조 1항·77조 1항 1호, 手 18조 1항).

背書人은 어음의 경우에는 引受擔保責任과 支給擔保責任을 부담하고(어 15조 1항, 77조 1항 1호), 手票의 경우에는 支給擔保責任만을 부담하는데(手 18조 1항), 배서인이 두 책임의 전부 또는 일부에 대하여 「無擔保」의 문언을 기재하여 담보책임을 면할 수 있고,[2] 또 어음 금액의 전부 또는 일부에 대하여 「無擔保」의 문언을 기재하여 擔保責任을 면할 수 있다(通說).[3] 어음의 배서인이 단순히 「無擔保」라고만 기재한 경우에는 引受와 支給의 모두에 대하여 無擔保背書를 한 것으로 해석

---

1) 民法의 一般原則에 의하면 實質的 權利者에게 지급하지 않으면 유효한 지급이 되지 않기 때문에 支給人(債務者)은 어음所持人이 實質的 權利者인지 여부를 조사하여야 하나, 배서의 資格授與的 效力으로 인한 이러한 支給人의 免責力 때문에 지급인은 어음所持人의 背書의 連續(形式的 資格)에 대하여만 조사할 의무를 부담하고 實質的 資格에 대하여는 조사할 의무를 부담하지 않는다. 따라서 지급인의 調査義務는 경감되고, 지급인이 形式的 權利者에게 지급하면 實質的 無權利者에게 지급하더라도 免責된다.

2) 換어음의 發行人은 종국적인 遡求義務者이므로 引受無擔保의 문언을 기재할 수 있으나(有益的 記載事項) 支給無擔保의 문언을 기재할 수는 없고(無益的 記載事項)(어 9조 2항), 手票의 發行人도 종국적인 遡求義務者이므로 支給無擔保의 文言을 기재할 수 없으며(無益的 記載事項)(手 12조), 約束어음의 發行人은 主債務者이기 때문에 支給無擔保의 문언을 기재하면 어음 자체가 무효가 된다(有害的 記載事項).

3) 徐·鄭, 196면; 鄭(熙), 193면; 鄭(東), 387면; 孫(珠), 256면; 崔(基), 419면 外.

한다.[1]

2. 效　力

1) 無擔保背書의 背書人은 자기의 직접의 피배서인에 대하여서 뿐만 아니라 그 후자 전원에 대하여 자기가 기재한 무담보의 문언대로 담보책임을 부담하지 않는다. 자기의 직접의 被背書人에 대하여도 담보책임을 부담하지 않는 점에서 다음에서 보는 背書禁止背書와 구별된다.

2) 無擔保背書에서 담보책임을 부담하지 않는 자는 무담보문언을 기재한 배서인에 한한다.

無擔保背書는 배서인이 담보책임을 부담하지 않는 점에서는 보통의 讓渡背書와 다르나, 그 이외의 점에서는 보통의 讓渡背書와 같다. 즉, 無擔保背書에는 배서의 擔保的 效力은 없으나, 權利移轉的 效力 및 資格授與的 效力은 있다. 따라서 권리이전적 효력과 관련되는 人的 抗辯의 切斷의 효력도 있고, 자격수여적 효력과 관련되는 權利推定力·善意取得 및 善意支給도 인정된다.

3) 無擔保背書는 어음의 지급이 불확실하다는 것을 공표하는 것이므로 실제로는 이 방법을 피하고 白地式背書를 받아 단순히 교부만에 의하여 양도하는 경우가 많겠으나,[2] 할인기관이 매입한 C.P어음[3](企業어음)을 일반투자가에게 매출할 때에는 거의 예외 없이 無擔保背書를 하여 양도하고 있다. 이렇게 할인기관이 無擔保背書를 하여 일반투자가에게 C.P어음을 매출한 경우에는, 할인기관은 특단의 사정이 없는 한 어음상 背書人으로서 擔保責任(遡求義務)이 없을 뿐만 아니라, 매매계약상의 債務不履行責任이나 瑕疵擔保責任까지 배제하기로 한 취지라고 보아야 할 것이며, 또한 不法行爲로 인한 損害賠償責任도 없다.

우리 大法院判例는 앞에서도 본 바와 같이 이와 同旨로 다음과 같이 판시하고 있다.

[無擔保背書로 어음을 제 3 자에게 매출한 短資會社의 責任에 관한 判例]

단자회사가 할인매수한 어음을 다시 일반 제 3 자에게 어음할인의 방식으로 매출한 것은 그 성질이 어음의 매매라고 볼 것이므로 그 매매의 이행으로 어음을 배서양도함에 있어 배서란에 '지급을 책임지지 않음'이라는 문언을 기재한

1) 註釋, 277면; 崔(基), 420면; 李(基), 224면; 蔡, 194면.
2) 鄭(東), 388면.
3) C.P어음은 법률적으로는 約束어음이고 경제적으로는 融通어음이다.

것은 특단의 사정이 없는 한 어음상 배서인으로서의 담보책임뿐만 아니라 매매 계약상의 채무불이행책임이나 하자담보책임까지 배제하기로 한 취지라고 보아야 한다.

C.P어음의 할인매수 및 매출을 담당하는 단자회사가 개별적으로 시행하여야 할 C.P적격업체의 심사선정업무를 일원화하여 어음중개실운영위원회로 하여금 전담케 한 것은 단자회사가 개별적으로 시행하는 것보다 더 객관적이고 공정한 방법으로 대상기업의 신용상태와 자산의 건전성 등을 조사케 함으로써 C.P어음의 공신력을 높이고자 한 것이라고 해석되므로 단자회사가 별도로 C.P어음 발행회사의 신용상태 등을 조사함이 없이 위 위원회가 조사, 선정한 바에 따라 C.P 적격업체로 인정하였다고 하여도 특단의 사정이 없는 한 단기금융업법 제12조 소정의 확인의무를 다한 것으로서 이를 소홀히 한 과실이 있다 할 수 없다[大判 1984. 11. 15, 84 다카 1227 (教材, 判決例 [527])].

제 2 背書禁止背書

1. 意　義

背書禁止背書(restrictive indorsement; Rektaindossament)란 禁轉背書라고도 하는데, 「背書人이 배서를 할 때에 다시 하는 背書를 금지하는 뜻을 기재한 背書」를 말한다(어 15조 2항·77조 1항 1호, 手 18조 2항). 배서인은 記名式背書를 하는 경우뿐만 아니라 白地式背書를 하는 경우에도 背書禁止文言을 기재할 수 있다.

發行人이 배서금지문언을 기재하면 「背書禁止어음」(어 11조 2항·77조 1항 1호, 手 14조 2항)이 되어 同어음은 배서에 의하여 양도될 수 없으나(記名證券), 背書人이 배서금지문언을 기재하면 「背書禁止背書」가 되어 同어음은 배서에 의하여 양도될 수 있고 다만 배서인의 담보책임만이 제한된다(指示證券).

2. 效　力

1) 背書人이 背書禁止背書를 하면, 背書人(禁轉背書人)은 자기의 직접의 被背書人(禁轉被背書人)에 대하여만 담보책임을 부담하고(이 점에서 자기의 직접의 被背書人에 대하여도 담보책임을 부담하지 않는 無擔保背書와 구별됨) 그 후의 被背書人에 대하여는 담보책임을 부담하지 않는다(어 15조 2항 후단·77조 1항 1호, 手 18조 2항 후단). 그런데 이 때에 背書人이 「그 후의 被背書人에 대하여는 담보책임을 부담하지 않는다」는 뜻의 해석에 대하여는 견해가 나뉘어 있다. 즉, (i) 첫째는 조문의 표현에서 보아 背書人은 그 후의 被背書人에 대하여 일체의 遡求義務

를 부담하지 않는다고 해석하는 견해가 있다.[1] (ii) 둘째는 背書禁止背書人의 직접의 被背書人이 背書人에 대하여 가지는 遡求權은 어음에 化體되어 있으므로 배서양도에 의하여 그 소구권도 그 후의 被背書人에게 이전하며, 다만 이 때에는 人的 抗辯이 절단되지 않아 그 후의 被背書人은 禁轉被背書人이 禁轉背書人에게 갖고 있는 遡求權 이상의 권리를 행사하지 못한다고 해석하는 견해가 있다.[2]

생각건대 背書人에 대하여 어음소지인이 갖는 遡求權은 배서인이 자기가 한 배서의 擔保的 效力에 의하여 遡求義務를 부담하기 때문에 이에 대응하여 생기는 효과이지, 어음소지인의 遡求權이 먼저 존재하고 배서인이 遡求義務를 부담한다고 볼 수는 없다. 따라서 禁轉背書가 있는 경우에는 法의 명문규정에 의하여 禁轉背書人은 자기의 직접의 被背書人 이후의 어음소지인에게는 담보책임을 부담하지 않으므로 그 후의 어음소지인에게는 禁轉背書人에 대한 遡求權이 새로이 발생할 수도 없으며, 또한 禁轉被背書人이 禁轉背書人에게 갖고 있는 遡求權이 이전될 수도 없다고 본다.[3] 그러므로 禁轉背書人은 禁轉被背書人 이후의 被背書人에게는 일체의 遡求義務를 부담하지 않는다는 첫째의 見解가 타당하다고 생각한다.

2) 背書禁止背書에서도 담보책임이 제한되는 자는 背書禁止文言을 기재한 背書人에 한한다.

背書禁止背書는 배서인의 담보책임이 제한되는 점에서만 보통의 讓渡背書와 다를 뿐, 그 이외의 점에 있어서는 보통의 讓渡背書와 같다. 즉, 背書禁止背書에는 배서의 擔保的 效力만이 제한되고, 權利移轉的 效力 및 資格授與的 效力은 있다. 따라서 (禁轉背書人 이외의) 어음채무자는 禁轉背書人에게 대항할 수 있는 人的 抗辯事由로써 禁轉被背書人에게 대항할 수 없고(權利移轉的 效力과 관련됨), 禁轉被背書人은 權利推定力 · 善意取得 · 善意支給의 보호를 받는다(資格授與的 效力과 관련됨).

3) 禁轉被背書人 및 그 후자가 (禁轉背書人의 背書禁止文言에 반하여) 하는

---

1) 孫(珠), 257면; 崔(基), 422면; 李(基), 226면; 蔡, 192면; 李(哲), 337면 外(通說). 同旨: 日本의 通說(鈴木, 260면 註 2).

2) 鄭(熙), 194면; 姜, 355면; 姜, (어) 383~384면; 梁(承), 304~305면. 結果同旨: 鄭(東), 389~390면(禁轉被背書人의 후자가 禁轉背書人에게 어음금의 지급을 청구할 수 있는 것은 禁轉被背書人에 대하여 遡求權이 있기 때문이라고 이론구성을 할 것이 아니라, 禁轉被背書人이 禁轉背書人에 대하여 갖는 遡求權을 양수한 것이기 때문이라고 이론구성한다).

3) 同旨: 李(基), 226면.
그러나 둘째의 견해는 이 遡求權의 이전을 전제로 하고 있다[鄭(東), 500면].

背書는 보통의 讓渡背書와 같다.[1)]

제 3 還(逆)背書

1. 意 義

1) 還背書(reindorsement; Rückindossament)란 逆背書라고도 하는데, 「어음債務者(引受人 · 發行人 · 背書人 · 保證人 · 參加引受人)를 被背書人으로 하는 背書」를 말한다(어 11조 3항 · 77조 1항 1호, 手 14조 3항 · 15조 3항 · 5항). 그러므로 어음채무자가 아닌 인수하지 않은 지급인에 대한 배서는 還背書가 아니지만, 어음法은 편의상 이러한 배서를 還背書와 함께 규정하고 있다(어 11조 3항).

2) 還背書에 의하여 어음채무자가 어음상의 권리를 취득하면, 어음상의 권리와 의무가 동일인에게 귀속하게 된다. 民法의 일반원칙에 의하면 이 때에는 混同의 法理에 의하여 債權 · 債務가 소멸될 것이지만(民 507조), 어음法은 還背書를 명문으로 인정하고 또 還背書에 의한 被背書人은 다시 어음에 背書할 수 있음을 명백히 규정하여 民法上 混同의 법리를 배제하고 있다. 이것은 어음의 유가증권으로서의 성질에서 당연한 것을 규정한 주의규정이라고 본다(通說).[2)] 즉, 어음소지인의 지위는 개성이 없는 형식적인 것이기 때문에 당사자자격의 겸병이 가능하고, 자기에 대한 유가증권도 하나의 객관적 재산으로서 취득할 수 있는 것은 유가증권의 성질에서 당연하기 때문이다.

3) 還背書에 의하여 어음을 취득한 背書人(또는 후자에게 遡求義務를 이행한 背書人)이 전자에 대하여 갖는 (再)遡求權은 背書人이 종전에 가지고 있었던 어음상의 권리를 回復한 것이냐(權利回復說 또는 權利復活說),[3)] 또는 어음상의 권리를 再取得한 것이냐(權利再取得說)[4)]에 대하여는 견해가 나뉘어 있다. 생각건대 (還)背書의 법적 성질을 채권양도라고 보는 점, 배서인이 재소구할 수 있는 금액은 종전의 어음소지인으로서 갖는 금액이 아니라 별도로 法定되어 있는 점(어 49조 · 77조 1항 4호, 手 45조) 등에

1) 同旨: 鄭(東), 390면; 蔡, 192면.
2) 徐·鄭, 197면; 鄭(東), 390~391면; 梁(承), 314면; 崔(基), 434면; 蔡, 187면; 李(基), 233면 外.
反對: 竹田, 118면; 大隅, 121면[이것은 어음의 流通性을 보호하기 위한 政策的인 이유에서 어음의 流通期間內(支給拒絶證書 작성 전 또는 支給拒絶證書 작성기간 경과 전)에서만 적용되는 特別規定이다].
3) 徐·鄭, 244면.
4) 鄭(東), 444면; 蔡, 189면; 李(基), 233면.

서 볼 때, 어음상의 권리를 再取得한 것으로 보는 견해(權利再取得說)가 타당하다고 본다. 그러나 權利再取得說을 취하는 경우에도 人的 抗辯事由는 權利回復說과 같이 해석하는 것이 타당하다고 본다(이에 관하여 재소구권의 법적 성질에 관한 설명 참조).

우리 大法院判例도 이와 같은 취지에서 다음과 같이 판시하고 있다.

[환배서에 의한 어음소지인은 원래의 인적 항변이 절단되지 않는다고 본 判例]

약속어음 발행인으로부터 인적 항변의 대항을 받는 어음소지인은 당해 어음을 제 3 자에게 배서 · 양도한 후 환배서에 의하여 이를 다시 취득하여 소지하게 되었다고 할지라도 발행인으로부터 여전히 위 항변의 대항을 받는다고 할 것이다[大判 2002. 4. 26, 2000 다 42915(公報 2002, 1242)].

2. 效 力

還背書도 背書이므로 배서의 일반적 효력이 있다. 즉, 背書의 權利移轉的 效力, 擔保的 效力 및 資格授與的 效力이 있다. 그러나 還背書에 의하여 어음상의 權利者가 된 被背書人은 동시에 자기가 어음債務者인 관계상, 어음상의 권리의 行使에 일정한 제한이 있게 된다. 이를 각 어음債務者의 지위에서 다음과 같이 개별적으로 살펴본다.

(1) 主債務者

1) 환어음의 引受人이나 약속어음의 發行人과 같이 어음의 主債務者가 還背書에 의하여 어음을 취득한 경우에는 자기가 主債務者인 성질상 누구에 대하여도 어음상의 권리를 행사할 수 없다. 즉, 자기 자신에 대하여도 어음상의 권리를 행사하지 못할 뿐만 아니라, 자기의 모든 전자(還背書를 기준)에 대하여도 遡求權을 행사할 수 없다. 왜냐하면 이 때 主債務者가 자기의 전자에 대하여 遡求權을 행사하면, 그 전자는 主債務者에 대하여 다시 소구금액 및 비용과 이자를 청구할 것이기 때문이다.

그러나 환어음의 引受人이 一部引受(어 26조 1항 단서)를 한 경우에는 인수하지 않은 잔액에 대하여는 자기의 전자(還背書를 기준)에 대하여 遡求權을 행사할 수 있다.[1] 그 밖에 引受人이 실질관계상의 사유 등으로 자기의 전자(還背書를 기준)에 대하여 어음상의 채무를 부담하지 않는 경우에도 그 전자에 대하여 遡求權을 행사할 수 있다고 본다.[2]

---

1) 同旨: 鄭(熙), 204면; 孫(珠), 260면.
2) 同旨: 鄭(東), 392면.

2) 어음의 主債務者가 還背書에 의하여 어음을 취득한 경우에 누구에 대하여도 어음상의 권리를 행사할 수 없다고 하더라도 어음상의 권리가 소멸하는 것은 아니므로, 主債務者는 다시 同어음을 제 3 자에게 배서양도할 수 있다. 이로 인하여 주채무자는 新어음을 발행하는 비용(인지세)과 수고를 덜 수 있고 어음에 부착된 信用(擔保義務)을 이용할 수 있다.[1] 이 때 主債務者로부터 그 어음을 背書讓受한 제 3 자는 모든 전자에 대하여 아무런 제한이 없이 어음상의 권리를 행사할 수 있다.

還背書에 의하여 어음을 양수한 主債務者가 어음의 유통기간 내(지급거절증서 작성 전 또는 지급거절증서 작성기간 경과 전)에 제 3 자에게 同어음을 배서양도하면 제 3 자가 어음상의 권리를 취득하는 점에 대하여는 아무런 문제가 없으나, 어음의 유통기간 후(지급거절증서 작성 후 또는 지급거절증서 작성기간 경과 후)에 同어음을 제 3 자에게 배서양도한 경우에는 어떠한가에 대하여 문제가 있다. 이에 대하여 (i) 어음상의 권리는 예외적으로 混同의 법리에 의하여 소멸하므로 유통기간 후에 배서양수한 제 3 자는 아무런 권리도 취득하지 못한다는 견해,[2] (ii) 주채무자가 어음의 유통기간 후에 배서양도하는 것은 주채무자가 만기에 어음금을 지급하겠다는 의사와 모순되므로 주채무자는 어음의 유통기간 후에는 배서양도를 하지 못하나, 이 때에도 어음상의 권리 자체가 소멸하는 것은 아니므로 어음의 유통기간 후에 주채무자에 의하여 처분된 줄 모르고 어음을 취득한 자는 어음상의 권리를 취득한다고 보는 견해[3] 등이 있으나, 모두 타당하지 않다고 본다. 主債務者의 채무는 어음의 유통기간 후에도 소멸시효기간인 만기로부터 3년까지는 존속하므로(어 70조 1항, 77조 1항 8호) 어음상의 권리가 混同의 법리에 의하여 소멸한다고 볼 수는 없고 유통기간 후에도 배서양도될 수 있는데, 다만 이 때에는 期限後背書의 효력만이 있다고 본다[4](어 20조 1항 단서, 77조 1항 1호).

(2) 發行人(換어음 및 手票)

1) 환어음의 發行人이 還背書에 의하여 어음을 취득하면 引受人에 대하여만 어음상의 권리를 행사할 수 있고, 자기의 모든 전자(還背書를 기준)에 대하여는 그가 종국적인 소구의무자인 성질상 어음상의 권리를 행사할 수 없다. 그 이유는 (主債務者의 경우와 같이) 發行人이 자기의 전자에 대하여 遡求權을 행사하면 그 전자는 다시 發行人에 대하여 遡求權을 행사할 수 있게 되어 무의미한 2중

1) 同旨: 鄭(熙), 203면; 註釋, 257~258면.
2) 孫(珠), 261면; 崔(基), 434면; 姜, (어) 393면.
3) 鄭(熙), 204면; 梁(承), 316면.
4) 同旨: 註釋, 258면.

의 절차가 되기 때문이다. 따라서 發行人이 전자에 대하여 어음상의 권리를 행사하면 그 전자는 이에 대하여 위의 사유로써 직접 항변을 주장할 수 있다고 해석한다.[1] 그러나 發行人이 전자(還背書를 기준)에 대하여 어음채무를 부담하지 않으면(어음관계상 및 원인관계상) 물론 그 전자에 대하여 遡求權을 행사할 수 있는 것은 主債務者의 경우와 같다. 또한 환어음의 發行人이 다시 同어음을 제 3 자에게 배서양도한 경우에는, 제 3 자는 아무런 제한 없이 전자에 대하여 모든 어음상의 권리를 행사할 수 있다.

2) 수표에는 주채무자가 없으므로 수표의 發行人이 還背書에 의하여 수표를 양수한 경우에는 누구에 대하여도 수표상의 권리를 행사할 수 없다. 이 점에서 수표의 發行人이 還背書에 의하여 수표를 취득한 경우는 어음의 主債務者가 還背書에 의하여 어음을 취득한 경우와 비슷한 지위에 있다.

(3) 背 書 人

1) 背書人이 還背書에 의하여 어음을 취득한 경우에는 引受人(환어음에 한함), 發行人 및 원칙적으로 자기의 前者(자기의 원래의 背書를 기준)에 대하여만 어음상의 권리를 행사할 수 있다. 그러나 背書人이 無擔保背書 또는 背書禁止背書를 한 경우에는 背書人은 그가 遡求義務를 부담하지 않는 후자(背書人 원래의 배서를 기준으로 하면 후자이나, 還背書를 기준으로 하면 전자)에 대하여는 어음상의 권리(遡求權)를 행사할 수 있다. 또한 背書人이 원인관계상의 사유 등으로 자기의 후자(원래의 背書를 기준으로)에 대하여 어음채무를 부담하지 않는 경우에도 그에 대하여 遡求權을 행사할 수 있음은 主債務者 및 發行人의 경우와 같다.[2] 또한 이 背書人이 同어음을 다시 제 3 자에게 배서양도한 경우에는 그 제 3 자는 아무런 제한 없이 모든 전자(還背書를 기준)에 대하여 어음상의 권리를 행사할 수 있음은 主債務者 및 發行人의 경우와 같다.

2) 어음抗辯은 속인적인 것이므로 어음채무자가 특정한 背書人에게 대항할 수 있는 人的 抗辯은 그 背書人이 다시 還背書에 의하여 어음을 취득한 경우에도 절단되지 않는다.[3] 즉, A가 약속어음을 발행하여 수취인 B에게 교부하였는데 A의 어음행위의 원인관계가 취소된 경우에 同어음이 B로부터 C에게 배서양도되었다면 A의 B에 대한 인적 항변은 C에 대하여는 절단되나, B가 C로부터 다시 還背書에 의하여 同어음을 취득한 경우에는 A는 B에 대하여 원

1) 同旨: 鄭(東), 392면.
2) 同旨: 日大判 1933. 5. 5(民集 12-11, 1074).
3) 同旨: 鄭(東), 393면; 孫(珠), 259~260면; 崔(基), 436면; 李(基), 234면; 蔡, 188면; 日最高判 1965. 4. 9(民集 19-3, 649).

인관계의 취소의 인적 항변을 주장할 수 있다.

3) 종전의 背書人이 어음을 再取得하는 방법으로는 還背書에 의하는 방법도 있지만, 이외에 현재의 어음소지인으로부터 단순한 交付만에 의하여 어음을 양수하고 (자기 또는 제 3 자가) 자기가 한 배서 및 그 이후의 배서를 모두 말소하는 방법이 있다.[1] 이러한 방법에 의하여 종전의 背書人이 어음상의 권리를 취득하는 것은 어음상의 권리가 指名債權讓渡方法에 의하여 양도될 수 있는 것이 전제가 된다. 왜냐하면 현재의 어음소지인이 실질적으로 어음상의 권리를 이전할 의사로써 어음을 교부하는 것은 指名債權讓渡의 效力要件으로서 당사자간에 양도의 의사표시의 합치가 있었다고 볼 수 있기 때문이다. 또한 이 때에 抹消한 背書는 배서의 연속에 관하여는 배서의 기재가 없는 것으로 보게 되므로(어 16조 1항 3문 · 77조 1항 1호, 手 19조 3문), 종전의 背書人은 배서의 연속이 있게 되어 資格授與的 效力을 갖게 된다. 따라서 종전의 背書人은 指名債權讓渡의 對抗要件(民 450조)을 갖추지 않았어도 어음상의 권리를 행사할 수 있고, 어음채무자는 이러한 어음所持人(종전의 背書人)에게 지급하면 免責되는 것이다. 이러한 방법에 의하여 어음을 再取得하는 자는 결국 指名債權讓渡方法에 의하여 어음상의 권리를 취득하는 것이므로, 還背書에 의하여 어음을 취득하는 것보다 훨씬 불리한 점이 있다.

(4) 保證人 또는 參加引受人

保證人 또는 參加引受人이 還背書에 의하여 어음을 취득한 경우에는 각각(被保證人 또는 被參加人이 還背書에 의하여 어음을 취득한 경우와 같이) 主債務者 및 被保證人 또는 被參加人의 전자에 대하여 어음상의 권리를 행사할 수 있다.

(5) 引受를 하지 않은 支給人

1) 引受를 하지 않은 換어음의 支給人은 어음채무자가 아니므로 이러한 支給人에 대한 배서는 還背書가 아니다. 따라서 그러한 支給人이 背書를 받아 어음을 취득한 경우에는 보통의 어음소지인과 같다. 즉, 그 支給人은 어음상의 권리를 직접 行使할 수도 있고 同어음을 다시 제 3 자에게 背書讓渡할 수도 있는데, 자기의 전자에 대하여 遡求權을 행사하기 위하여는 支給人인 자기에 대하여 支給拒絶證書를 작성시킬 수도 있다.[2]

2) 수표의 경우에는 수표의 지급증권성인 성질과 신용증권화를 방지하기 위

---

1) 鄭(東), 393면; 孫(珠), 261면(이를 '消極的 背書'라고 한다); 蔡, 190면; 日大判 1933. 11. 20(民集 12-24, 2718).

2) 同旨: 鄭(東), 392면; 蔡, 190면.

하여, 수표의 支給人에 대한 背書는 원칙적으로 領收證의 효력만이 있고(手 15조 5항), 支給人의 背書는 無效로 하고 있다(手 15조 3항). 이 점은 환어음의 경우와 구별되는 점이다.

제 4 期限後背書

1. 意 義

(1) 槪 念

期限後背書(negotiation of an overdue bill; Nachindossament)란 後背書라고도 하는데, 「어음의 경우에는 支給拒絶證書 작성 후 또는 支給拒絶證書作成期間[1] 경과 후의 背書」를 말하고(어 20조 1항 단서, 77조 1항 1호), 「手票의 경우에는 支給拒絶證書나 이와 동일한 효력이 있는 宣言(支給人의 宣言 또는 어음交換所의 宣言)(手 39조)의 작성 후의 背書 또는 支給提示期間(手 29조) 경과 후의 背書」를 말한다(手 24조). 따라서 어음의 경우에는(엄격히 말하면 確定日出給 · 發行日字後定期出給 또는 一覽後定期出給의 어음의 경우에는) 期限後背書의 개념은 滿期後背書의 개념과 구별된다. 즉, 滿期後背書라도 지급거절증서 작성 전 또는 지급거절증서 작성기간 경과 전의 배서는 期限前背書가 된다. 어음法도 이러한 滿期後背書는 滿期前의 背書와 동일한 효력이 있다고 명문으로 규정하고 있다(어 20조 1항 본문, 77조 1항 1호).

(2) 認定理由

어음은 유통기간 내(지급거절증서 작성 전 또는 지급거절증서 작성기간 경과 전)에 유통된 경우에만 강력한 유통성과 피지급성을 보호받는 것이므로, 어음에 지급거절증서가 작성되어 어음이 부도된 것이 객관적으로 명백히 나타나거나 또는 지급거절증서 작성기간의 경과로 어음의 유통기간이 경과한 후의 배서에 의하여 어음이 유통된 경우에는 유통기간 내의 배서에 대하여 인정한 효력을 그대로 인정할 수 없다. 어음채무자의 입장에서도 어음이 유통기간 내에 유통된 경우에 한하여 어음채무를 부담할 의사로써 어음행위를 하는 것이 보통이므로, 어음이 유통기간 후에 유통된 경우에까지 강력한 지급채무를 부담시킬 수는 없다.[2] 따라서 어음法은 期

1) 어음의 경우 支給拒絶證書 作成期間이란 確定日出給 · 發行日字後定期出給 또는 一覽後定期出給의 어음은 「支給을 할 날에 이은 2去來日內」이고(어 44조 3항 1문, 77조 1항 4호), 一覽出給어음은 「發行日字로부터 1년 내」인데, 다만 이 기간의 末日에 제시한 때에는 그 翌日까지 연장된다(어 44조 3항 2문, 77조 1항 4호).

2) 同旨: 徐·鄭, 199면; 鄭(熙), 206면 外.

限後背書에 대하여 특별히 규정하여 어음채무자를 보호하고 있다(어 20조 1항 단서·77조 1항 1호, 手 24조 1항).

(3) 支給拒絶 또는 引受拒絶과 期限後背書

1) 支給拒絶과 期限後背書 지급거절이 되었으나 지급거절증서 작성기간 경과 전에 한 배서는 期限後背書인지 여부가 문제된다.

① 支給拒絶證書 作成免除의 문언이 있어 지급거절증서가 작성되지 않은 경우에는, 기준의 확실성 등에 비추어 期限後背書로 볼 수 없다는 견해도 있으나,[1] 背書人이 지급거절의 사실과 이러한 지급거절 후에 배서한 사실을 입증하면 지급거절증서가 작성되지 않고(그러나 지급거절증서 작성기간 경과 전에) 한 배서라도 期限後背書라고 보아야 할 것이다.[2]

② 支給拒絶證書 作成免除의 문언이 없음에도 불구하고 지급거절증서가 작성되지 않고 지급거절증서 작성기간 경과 전에 한 배서는 물론 期限後背書가 아니다.[3] 그런데 이 때에 어음에 있어서 지급거절증서는 작성되지 않았으나 지급거절의 사실이 어음면상 명백하게 나타나 있는 경우(예컨대, 지급은행 또는 지급담당은행의 부도문언이 기재되거나 補箋에 첨부된 경우)에도 동일하게 볼 것인가의 문제가 있다. 이에 대하여 期限後背書의 성립시기에 대하여 명확한 기준을 세우기 위하여 어음法 제20조 1항 단서는 「지급거절증서 작성 후」 등으로 규정하고 있는 점, 또 어음에는 수표에서와 같은 지급은행의 부도선언을 지급거절증서와 동일하게 취급하지 않는 점 등에서 볼 때 지급(담당)은행의 부도선언을 지급거절증서와 동일시할 수 없다 하여 지급(담당)은행의 부도선언 후 지급거절증서 작성기간 경과 전의 배서를 期限後背書로 볼 수 없다는 것이 通說이다.[4]

우리 大法院判例도 이와 同旨로 다음과 같이 판시하고 있다.

[어음에서 지급담당은행의 不渡宣言 후 支給拒絶證書 作成時期內의 背書는 期限前背書와 同一한 효력을 갖는다고 본 判例]

어음법 제20조에 의하면 만기 후에 배서가 이루어졌더라도 그것이 지급거절증서 작성 전 또는 지급거절증서 작성기간 경과 전에 이루어진 것이면 만기 전

---

1) 鄭(東), 394면; 蔡, 172면.

2) 同旨: 崔(基), 427면; 朴燦柱, "期限後背書,"「어음·手票法에 관한 諸問題(下)」(裁判資料 31)(法院行政處, 1986), 92면(이렇게 하지 않으면 背書人에게 스스로의 비용과 노력으로 拒絶證書의 작성을 강요함으로써 拒絶證書作成免除의 이익을 박탈하는 셈이 되기 때문이라고 한다); 李(基), 228면.

3) 同旨: 徐·鄭, 199면; 註釋, 334면 外.

4) 鄭(熙), 207면; 鄭(東), 394면; 蔡, 172면 外.

의 배서와 동일한 효력을 가진다 할 것이고, 한편 거절증서는 위탁자의 위탁에 의하여 공증인 등이 작성하게 되어 있어 비록 만기시에 지급제시된 어음에 교환필이라는 스탬프가 압날되고 피사취 또는 예금부족 등의 사유로 지급거절한다는 취지의 지급은행의 부전이 첨부되어 있는 등 지급거절사실이 어음면에 명백하게 되어 있다 하더라도 이를 가지고 적법한 지급거절증서가 작성되었다고 할 수 없다 하겠으므로 그러한 어음에 대한 배서도 그것이 지급거절증서 작성기간 내의 것이기만 하면 이는 기한 후의 배서가 아닌 만기 후의 배서로서 만기 전의 배서와 동일한 효력이 있다[大判 1987.8.25, 87 다카 152(公報 1987, 1519)].[1)]

同旨: 大判 2000.1.28, 99 다 44250(公報 2000, 571)(어음법 제20조에 의하면 만기후배서도 그것이 지급거절증서 작성 전 또는 지급거절증서 작성기간 경과 전에 이루어진 것이면 만기 전의 배서와 동일한 효력을 가지고, 비록 만기에 지급제시된 어음에 교환필이라는 스탬프가 압날되고 피사취 또는 예금부족 등의 사유로 지급거절한다는 취지의 지급은행의 부전이 첨부되어 있는 등 지급거절의 사실이 어음면에 명백하게 되어 있다 하더라도 이를 가지고 적법한 지급거절증서가 작성되었다고는 할 수 없으므로, 그러한 어음에 한 배서도 그것이 지급거절증서 작성 전으로서 지급거절증서 작성기간 경과 전이기만 하면 이는 기한후배서가 아닌 만기후배서로서 만기 전의 배서와 동일한 효력이 있다).

그러나 지급(담당)은행의 부도선언은 지급거절증서와 같이 신뢰성이 있는 기재라고 볼 수 있으므로, 어음法 제20조 1항 단서의 「지급거절증서 작성 후의 배서」를 확대해석하여 그 후의 배서를 期限後背書에 준하여 보는 것이 타당하다고 본다.[2)]

2) 引受拒絶과 期限後背書 ① 引受拒絶證書(어 44조 2항) 작성 후의 배서에 대하여는 어음法에 아무런 규정이 없기 때문에 의문이나, 이러한 어음도 어음면상 遡求權을 행사할 수 있는 어음이 명백하고 또 그 신용의 정도도 지급거절증서 작성 후의 어음과 다를 바 없으므로 역시 期限後背書로 보아야 할 것이다(通說).[3)] 그러나 이것은 滿期前에 遡求權을 행사할 수 있는 경우로서 인수의 전부가 거절되어(어 43조 1호 전단) 인수거절증서가 작성된 경우만을 의미한다[4)](引受拒絶證書 作成 免除인 경우에는

1) 同旨: 日最高判 1980.12.18(民集 34-7, 942).

2) 同旨: 崔(基), 425면; 日東京高判 1961.4.11(下民集 12-4, 745); 日東京地判 1973.4.11(判時 704, 95).

3) 鄭(熙), 206~207면; 鄭(東), 395면; 崔(基), 427면; 孫(珠), 263~264면 外.
反對: 蔡, 172면.

4) 引受의 일부를 거절하여 그 일부에 대하여만 引受拒絶證書를 작성한 경우에는 해당하지 않는다고 본다. 왜냐하면 그렇지 않으면 引受된 금액에 대하여는 期限前背書로 보고 인수되지 않은 금액에 대하여는 期限後背書로 보아야 하는데 이것은 어음의 單純性을 害하기 때문이다(어 12조 2항 참조).

배서인이 인수의 전부가 거절된 사실과 이러한 인수 거절 후에 배서한 사실을 입증하면 동일하게 본다).

② 引受人 또는 支給人의 支給停止 또는 그 재산에 대한 強制執行不奏效로 인하여 어음소지인이 滿期前에 遡求할 수 있고(어 43조 2호, 77조 1항 4호) 또 어음소지인이 (滿期前에) 引受人 또는 支給人에게 지급제시하여 支給拒絶證書를 작성한 경우에는(어 44조 5항, 77조 1항 4호), 그 후에 한 배서도 引受拒絶證書 작성 후의 배서와 같이 期限後背書로 본다.

③ 그러나 引受人 또는 支給人(引受提示禁止어음의 경우에는 발행인)의 破産의 경우에 破産決定書의 제시에 의하여 滿期前에 遡求權을 행사할 수 있는 경우에는(어 43조 2호·3호, 44조 6항), 破産開始의 사실(破産決定書의 작성사실)이 어음면상 명료하지 않으므로 그 후의 배서를 期限後背書로 볼 수 없다고 본다.[1]

(4) 期限後背書와 背書日字

1) 어음상에 背書日字의 기재가 없는 경우에는 期限前背書로 추정된다(어 20조 2항·77조 1항 1호, 手 24조 2항).

2) 背書日字는 어음의 必要的 記載事項은 아니나 有益的 記載事項으로서 背書日字가 기재되면 그 날에 배서한 것으로 일응 추정되므로, 어음상에 기재된 背書日字는 期限後背書인지 여부를 결정하는 하나의 기준이 될 수 있다. 그러나 어음상에 기재된 背書日字가 실제로 배서를 한 날과 다른 경우에는 실제로 背書 또는 交付한 날을 기준으로 期限後背書인지 여부가 결정된다.

우리 大法院判例도 앞에서 본 바와 같이 이와 같은 취지로 다음과 같이 판시하고 있다.

[期限後背書인지 여부는 진실로 배서를 한 일자를 기준으로 결정한다고 본 判例]

지급거절증서 작성기간 경과 후의 배서(기한후배서)인가의 여부는 진실로 배서를 한 일자에 의하여 이를 결정지울 것이고 소론과 같이 진실과 다른 어음면의 기재일자에 따라야 하는 것이 아니다[大判 1968. 7. 23, 68 다 911 (教材, 判決例 [330])].

同旨: 大判 1994. 2. 8, 93 다 54927(公報 965, 1012)(백지식으로 배서가 된 약속어음의 소지인이 지급거절증서 작성기간이 경과되기 전에 배서일이 백지로 된 채 배서에 의하여 그 약속어음을 양도받은 것이라면, 지급거절증서 작성기간이 경과된 후에 배서일을 지급거절증서 작성기간 경과전으로 보충하였다고 하더라도 기한후배서로 볼 수는 없다).

3) 白地어음상에 期限前에 배서를 하였으나 白地補充은 期限後에 있은 경

1) 同旨: 鄭(熙), 207면.

우에, 白地어음상에 한 어음행위의 效力發生時期와 관련하여 이것이 期限後背書인지 여부의 문제가 있다.

이에 대하여 우리 나라의 大法院判例는 앞에서도 본 바와 같이 期限前背書로 다음과 같이 판시하고 있다.

[白地어음에서 背書의 成立時期를 기준으로 期限前背書로 본 判例]

백지어음에 있어서 백지의 보충시와 어음행위 자체의 성립시기와는 엄격히 구별하여야 할 문제로서, 백지의 보충 없이는 어음상의 권리를 행사할 수 없으나 어음행위의 성립시기는 그 어음행위 자체의 성립시기로 결정하여야 할 것이므로 배서가 기한 전에 이루어진 경우라면(백지보충이 기한 후에 이루어진 경우라도) 기한후배서로 볼 수 없다(백지어음상에 한 어음행위의 성립시기를 기준으로 함) [大判(전원합의체판결) 1971. 8. 31, 68 다 1176(教材, 判決例 [101])].[1)]

(5) 期限後背書와 立證責任

위에서 본 바와 같이 期限後背書인지 여부는 실제로 背書한 날을 기준으로 하고 또 期限後背書에 의하여 이익을 보는 자는 어음채무자이므로, 어음상 배서일자의 기재유무에 불문하고 어음債務者(보통 背書人)는 실제로 배서한 날을 입증하여 期限後背書임을 주장할 수 있다(通說).[2)]

2. 效 力

期限後背書도 讓渡背書의 일종이나, 다만 유통기간 후의 배서이므로 어음채무자를 보호하기 위하여 어음法은 「指名債權讓渡의 효력만이 있다」고 규정하고 있다(어 20조 1항 단서·77조 1항 1호, 手 24조 1항). 이에 대하여 讓渡背書의 일반적 효력과 관련하여 살펴보면 다음과 같다.

(1) 權利移轉的 效力

1) 期限後背書에도 權利移轉的 效力은 있다. 따라서 期限後背書만에 의하여 어음상의 권리가 이전되는 것이고, 어음상의 권리의 이전을 위하여 指名債權讓渡節次를 밟을 필요가 없다.

우리 大法院判例도 이 점을 명백히 하여 다음과 같이 판시하고 있다.

---

1) 그러나 이와 같이 判例가 변경되기 전에는 「실지 背書는 期限前에 이루어진 경우라도 白地補充이 期限後에 이루어진 때에는 배서의 효력도 白地補充時에 발생하게 되어 이른바 期限後背書가 된다」고 판시하였다(백지어음상에 한 어음行爲의 效力發生時期를 기준으로 함) [大判 1965. 8. 31, 65 다 1217(教材, 判決例 [100])].

2) 徐·鄭, 201면; 鄭(熙), 208면; 鄭(東), 395면; 崔(基), 427면 外.

[期限後背書에는 權利移轉的 效力이 있고 人的 抗辯切斷의 效力만이 없다고 본 判例]

기한후배서는 그 효력에 있어서 민법상 지명채권의 양도의 효력만이 있어 발행인(Y)이 소지인(X)에 대하여 배서인(A)에게 대항할 수 있는 사유로써 대항할 수 있다는 뜻이고 민법상 지명채권의 양도절차를 밟기를 요구하거나 또는 어음상의 권리를 상실한다는 뜻이 아니라고 해석하는 것이 옳다고 할 것이다[大判 1962. 3. 15, 4294 民上 1257 (教材, 判決例 [339])].

同旨: 大判 1961. 7. 27, 4293 民上 735(判總 11-2, 988); 同 1962. 2. 22, 4294 民上 638(判總 11-2, 1000); 同 1983. 9. 27, 81 다카 1293(教材, 判決例 [526]); 同 1997. 7. 22, 96 다 12757(公報 1997, 2616)(피배서인이 어음의 지급거절증서 작성기간 경과 후에 피배서인의 명의로 된 배서인란의 기재를 말소하고 그 대신 수취인인 배서인 명의의 기명·날인을 받은 경우, 이는 기한후배서로서 지명채권양도의 효력만이 있으므로 어음채무자는 피배서인에 대하여 배서인에 대한 모든 인적 항변으로 대항할 수 있다); 同 1997. 11. 14, 97 다 38145(公報 1997, 3854)(기한후배서에는 민법상 지명채권의 양도·양수절차인 채권양도인의 통지 또는 채무자의 승낙을 필요로 하는 것이 아니다); 同 2002. 4. 26, 2000 다 42915(公報 2002, 1242)(기한후배서는 보통의 배서와는 달리 지명채권양도의 효력밖에 없어 그것에 의하여 이전되는 권리는 배서인이 배서 당시 가지고 있던 범위의 권리라 할 것이므로 어음채무자는 그 배서 당시 이미 발생한 배서인에 대한 모든 항변사실을 피배서인에 대하여도 대항할 수 있다 할 것인데, 이러한 이치는 환배서인 기한후배서라도 마찬가지라고 할 것이다. 따라서 약속어음의 소지인이 그 어음이 지급기일에 지급거절되자 자기의 전자에게 피배서인이 백지인 배서가 되어 있는 상태로 교부하여 전자가 그 어음발행인을 상대로 어음금청구의 소를 제기하였으나 인적 항변의 대항을 받아 패소하자 다시 그 어음을 〈기한 후에〉 교부받아 그 어음발행인을 상대로 어음금청구의 소를 제기한 경우, 그 어음발행인은 전자에 대한 인적 항변으로 그 어음소지인에게 대항할 수 있다).

따라서 이 점이 背書禁止어음(어 11조 2항·77조 1항 1호, 手 14조 2항)은 배서만에 의하여 어음상의 권리가 이전하지 않는 점과 다르다.

2) 期限後背書에 權利移轉的 效力이 있다고 하더라도 이와 관련하여 발생하는 人的 抗辯의 切斷(어 17조·77조 1항 1호, 手 22조)의 효력은 없다. 어음法 제20조 1항 단서의 「指名債權讓渡의 효력만이 있다」는 의미는 同法 제17조의 人的 抗辯의 切斷의 효력을 배제하는 데 중요한 의의가 있는 것이다. 이 점은 위의 判例도 명백히 설명하고 있다.

이 때 期限後背書에 의하여 절단되지 않는 人的 抗辯事由는 어음法 제17조에 해당하는 人的 抗辯事由만이냐 또는 어음法 제17조에 해당하지 않는 人的 抗辯事由(交付欠缺의 抗辯 · 意思의 欠缺 또는 意思表示의 瑕疵의 抗辯 · 補充權濫用의 抗辯 · 民法 제124조 또는 商法 제398조 위반의 抗辯 등)를 포함하느냐의 문제가 있다. 만일 어음法 제17조에 해당하지 않는 人的 抗辯事由를 포함한다면 民法 · 商法 등에 의한 善意의 제 3 자의 보호까지도 배척되는데, 어음法上 期限後背書의 효력이 이러한 취지는 아니라고 볼 때 期限後背書에 의하여 절단되지 않는 人的 抗辯事由는 어음法 제17조에 해당하는 人的 抗辯事由만이라고 본다.[1]

3) 期限後背書에 어음法 제17조의 人的 抗辯의 切斷의 효력이 없어 어음채무자가 背書人에게 대항할 수 있는 人的 抗辯事由로써 被背書人에게 대항할 수 있다고 하더라도, 이것은 어음채무자가 期限後背書 당시까지 背書人에게 발생한 人的 抗辯事由로써 被背書人에게 대항할 수 있다는 뜻이지, 期限後背書 이후에 비로소 발생한 背書人에게 대항할 수 있는 人的 抗辯事由까지를 被背書人에게 대항할 수 있다는 뜻은 결코 아니다.

우리 大法院判例도 이와 同旨에서 다음과 같이 판시하고 있다.

[期限後背書의 效力으로서 人的 抗辯切斷의 效力이 없는 것은 背書時까지 발생한 抗辯事由에 한한다고 본 判例]

기한후배서에 지명채권양도의 효력만이 있다고 함은 그 배서 당시 이미 발생한 배서인에 대한 항변사실을 피배서인에 대하여도 대항할 수 있다는 것을 말하는 것일 뿐이고 배서 후 비로소 발생한 배서인에 대한 사유까지도 피배서인에 대하여 이를 주장할 수 있다는 것은 아니라 할 것인바, 원심은 배서인에 대한 배서 후의 그 변제(항변사유——저자註)까지도 이를 받아들이고 있으니 이는 필경 기한후배서의 효력에 관한 법리를 오해하거나 채증법칙에 위배하여 사실을 오해한 것이 아니면 판결이유에 모순이 있다 할 것이다[大判 1982. 4. 13, 81 다카 353(教材, 判決例 [525])].

同旨: 大判 1994. 1. 25, 93 다 50543(公報 964, 809)(기한후배서에 의하여 어음채무자는 그 배서 당시 이미 발생한 배서인에 대한 항변사실을 피배서인에 대하여도 대항할 수 있으나, 그 배서 후에 비로소 발생한 배서인에 대한 사유는 피배서인에 대하여 주장할 수 없다).

4) 期限後背書에 의하여 人的 抗辯의 切斷의 효력이 없다고 하더라도 현재의 어음소지인에게 어음을 양도한 자가 期限前背書에 의한 어음취득 당시

1) 同旨: 鄭(熙), 207면.

善意이었기 때문에 그에게 대항할 수 없었던 사유에 대하여는 期限後背書에 의하여 어음을 취득한 현재의 어음소지인에게도 대항할 수 없다.

우리 大法院判例도 이와 同旨로 다음과 같이 판시하고 있다.

[양도인이 선의인 경우에는 양수인이 기한후배서에 의하여 어음을 양수한 경우에도 인적 항변이 절단된다고 본 判例]

어음상 배서인으로서 나타나고 있지는 않지만 현재의 어음소지인에게 어음을 양도한 자가 어음취득 당시 선의였기 때문에 그에게 대항할 수 없었던 사유에 대하여는 현재의 어음소지인에게 대항할 수는 없고, 이는 현재의 어음소지인이 지급거절증서 작성 후 또는 지급거절증서 작성기간 경과 후에 어음을 양도받았다고 하더라도 마찬가지이다[大判 1994. 5. 10, 93 다 58721(公報 970, 1660)].

⑵ 擔保的 效力

期限後背書에는 어음의 유통보호를 위하여 어음의 유통기간 내에 인정되는 어음행위자의 엄격한 어음상의 책임을 인정할 필요가 없으므로, 期限後背書에는 擔保的 效力이 없다. 일반적으로 指名債權의 讓渡人에게는 어음의 背書人에게 인정되는 擔保責任(遡求義務)(어 15조 1항 · 77조 1항 1호, 手 18조 1항)이 없으므로, 期限後背書의 효력을 규정한 어음法 제20조 1항 단서의 「指名債權讓渡의 효력만이 있다」는 의미는 期限後背書에 擔保的 效力이 없다는 의미도 포함되어 있다고 볼 수 있다. 따라서 期限後背書가 여러 번 있더라도 새로운 어음채무자는 증가하지 않고, 오히려 (人的 抗辯의 切斷의 효력이 없음으로 인하여) 人的 抗辯事由만이 증가할 뿐이다.[1]

그러나 期限後背書의 背書人이 어음外의 관계에서 被背書人에게 담보책임을 부담하는 것은 완전히 별도의 문제이다.

⑶ 資格授與的 效力

1) 期限後背書도 讓渡背書의 일종으로서 權利移轉的 效力이 있는 점에서, 기한후배서에도 資格授與的 效力이 있다고 보는 것이 통설이다.[2]

우리 大法院判例도 이와 同旨에서 다음과 같이 판시하고 있다.

[期限後背書에도 資格授與的 效力이 있다고 본 判例]

어음의 기한후배서가 지명채권 양도의 효력만이 있는 것이나 기한후배서도 배

1) 同旨: 註釋, 336면.

2) 徐·鄭, 201면; 鄭(熙), 207면; 鄭(東), 397면; 崔(基), 430면; 註釋, 336면; 李(基), 231면; 蔡, 174면 外.

서이므로 권리이전적 효력과 자격수여적 효력이 있는 것이고, 다만 어음법 제17조의 항변권제한의 규정의 적용을 배제하는 데 중요한 의의가 있는 것이다[大判 1961. 7. 27, 4293 民上 735(判總 11-2, 988)].

期限後背書의 효력을 규정한 어음法 제20조 1항 단서의 「指名債權讓渡의 效力만이 있다」는 문언에서만 보면 기한후배서에는 資格授與的 效力이 인정될 수 없을 것으로도 생각되나, 기한후배서도 讓渡背書로서 權利移轉的 效力이 있으므로 형식상 배서가 연속되어 있으면 資格授與的 效力이 인정되는 것이다.

2) 기한후배서에 資格授與的 效力이 인정되는 결과로서 배서가 연속되어 있는 어음의 被背書人은 權利推定力이 인정되어 실질적 권리를 입증하지 않고도 어음상의 권리를 行使할 수 있고(어 16조 1항·77조 1항 1호, 手 19조), 또 善意支給도 인정되어 어음채무자는 기한후배서에 의하여 배서가 연속되어 있는 어음의 被背書人에게 어음금을 지급하면 免責되는 것이다(어 40조 3항·77조 1항 3호, 手 35조). 다만 期限後背書에 資格授與的 效力이 인정된다고 하여도 善意取得은 인정되지 않는다(通說).[1]

제5 推尋委任背書

1. 意 義

1) 推尋委任背書(agency or restrictive indorsement; Prokura-od. Vollmachtsindossament)란 代理背書·推尋背書(Inkassoindossament)·權限背書(Befugnisindossament) 또는 委任背書라고도 하는데, 「背書人이 被背書人에게 어음상의 권리를 행사할 權限(代理權)을 부여할 목적으로 하는 背書」를 말한다(어 18조·17조 1항 1호, 手 23조).

推尋委任背書에는 배서란에 추심위임 등의 문언을 기재한 「공연한 推尋委任背書」와 추심위임 등의 문언을 기재하지 않아 형식은 讓渡背書이나 실질은 추심위임의 목적인 「숨은 推尋委任背書」가 있다. 어음法에는 공연한 推尋委任背書에 대하여만 규정하고 있는데, 단순히 推尋委任背書라고 하면 이것을 말한다.

2) 공연한 推尋委任背書는 배서에 「回收하기 위하여」, 「推尋하기 위하여」, 「代理를 위하여」, 기타 단순히 代理權授與를 표시하는 문언이 기재된 背

1) 徐·鄭, 201면; 鄭(熙), 207면; 鄭(東), 396면; 崔(基), 431면; 孫(珠), 265면; 徐(廷), 190면; 金(容), 269면; 梁·朴, 753면; 梁(承), 321면; 鄭(燦), (事例) 226면; 鄭(燦), (善意取得) 33면; 蔡, 174면; 註釋, 336～337면 外. 同旨: 日最高判 1963. 8. 23(民集 17-6, 851).

反對(善意取得을 肯走하는 見解): 田中(耕), 395면; 大隅, 114면; 納富, 344면.

書를 말한다(어 18조 1항 전단 · 77조 1항 1호, 手 23조 1항 전단). 공연한 推尋委任背書에는 이와 같이 추심위임문언이 반드시 기재되어야 하므로, 被背書人만을 기재하지 않은 白地式推尋委任背書는 가능하나 被背書人과 背書文言을 기재하지 않은 簡略白地式推尋委任背書(어 13조 2항 1문 후단 · 77조 1항 1호, 手 16조 2항 1문 후단)는 불가능하다. 또한 공연한 推尋委任背書에는 權利移轉的 效力이 없으므로 背書禁止어음(어 11조 2항 · 77조 1항 1호, 手 14조 2항)에도 공연한 推尋委任背書가 가능하다(通說).[1)]

3) 숨은 推尋委任背書란 추심위임의 목적으로 보통의 讓渡背書의 형식을 취하는 背書를 말한다. 실제로는 공연한 추심위임배서보다도 이러한 숨은 推尋委任背書가 훨씬 더 많이 이용되고 있는데, 그 이유는 다음과 같다. (i) 어음소지인이 공연한 推尋委任背書의 방법을 잘 모르거나, 특수한 배서형식의 번잡을 피하여 간편한 양도배서의 형식을 이용하고자 하거나, (ii) 어음양도인이 자기 자신에게 생기는 항변을 어음소지인에게 절단시키기 위하여 또는 외국인 혹은 그 대리인이 국내에서 받아야 할 소송상의 불이익 또는 제한을 회피하기 위하여 내국인에 대하여 양도배서의 방법에 의하여 추심위임을 하거나, (iii) 추심위임문언이 배서인의 피배서인에 대한 불신임을 표명하는 것과 같이 생각되어서 피배서인이 추심위임문언을 싫어하는 것 등이 그 이유이다.

2. 效 力

(1) 公然한 推尋委任背書의 效力

1) 權利移轉的 效力 推尋委任背書는 被背書人에게 어음상의 권리를 행사할 代理權만을 부여하는 데 그치므로 그 성질상 權利移轉的 效力이 없다. 이 점이 보통의 讓渡背書와 근본적으로 구별되는 점이다. 또한 이 점에서 外部關係로서 被背書人과 背書人의 제 3 자에 대한 지위가 문제되고, 內部關係로서 背書人과 被背書人의 법률관계가 문제된다.

(가) 外部關係

(ㄱ) 被背書人의 地位 (i) 추심위임배서의 被背書人은 어음상의 권리를 취득하지는 못하지만, 어음상의 권리를 행사할 代理權을 취득한다. 이에 대하여 어음법은 추심위임배서의 被背書人은 「어음으로부터 생기는 모든 權利」를 행사할 수 있다고 규정하고 있는데(어 18조 1항 본문 후단 · 77조 1항 1호, 手 23조 1항 본문 후단), 이 때에 「어음으로부터 생기는 모든 權利」란 어음上의 權利(주채무자에 대한 어음금지급청구권 · 소구의무자에 대한 소구권 등)뿐만 아니라,

1) 徐·鄭, 202면; 鄭(熙), 195면; 鄭(東), 398면; 蔡, 177면; 李(基), 236면 外.

어음法上의 權利(백지보충권 · 복본교부청구권 · 이득상환청구권 등)를 포함한다(通說).[1] 또한 被背書人이 행사할 수 있는 권리에는 이러한 어음상의 권리 및 어음법상의 권리에 관한 裁判上의 行爲를 포함한다(通說).[2] 따라서 被背書人은 배서인의 訴訟代理人으로서 배서인의 명의로 訴를 제기할 수 있다. 또한 被背書人이 어음을 분실 · 도난 등으로 상실한 경우에는, 被背書人은 배서인을 위하여 除權判決을 위한 公示催告를 청구할 수도 있다[3](民訴 493조).

(ii) 추심위임배서에는 權利移轉的 效力이 없으므로 人的 抗辯의 切斷의 효력도 없는 것은 당연하다. 따라서 어음채무자는 背書人에게 대항할 수 있는 모든 인적 항변사유로써 被背書人에게 대항할 수 있다(어 18조 2항 · 77조 1항 1호, 手 23조 2항). 즉, 어음채무자는 被背書人에 대한 인적 항변사유로써는 被背書人에게 대항할 수 없고, 背書人에 대한 인적 항변사유로써만 被背書人에게 대항할 수 있다(通說).[4]

(iii) 추심위임배서의 被背書人은 어음상의 권리자가 아니므로 讓渡背書를 할 수 없고 또 어음상의 권리에 관한 면제 · 화해 · 포기 등과 같은 권리의 처분행위를 하지 못하나(通說),[5] 再推尋委任背書는 할 수 있다(어 18조 1항 단서 · 77조 1항 1호, 手 23조 1항 단서). 따라서 추심위임배서의 被背書人이 추심위임문언을 기재하지 않고 讓渡背書의 형식으로 한 배서는 무효로 볼 것이 아니라 再推尋委任背書로 볼 수 있다(通說).[6] 이렇게 추심위임배서의 被背書人이 再推尋委任背書를 하는 경우에 이의 법적 성질은 復代理人의 선임이라고 보아야 한다(通說).[7] 이렇게 보면 추심위임배서의 被背書人은 再推尋委任背書를 한 경우에도 代理權을 잃지 않는데 이 점에서 보면 民法上 復代理人의 선임의 경우와 같으나, 本人(背書人)의 허락 없이 被背書人은 어음法의 규정에 의하여 당연히 復代理人을 선임할 수 있는 점(어 18조 1항 단서 · 77조 1항 1호, 手 23조 1항 단서)에서 民法(제120조)의 경우와 구별된다.

(ㄴ) **背書人의 地位** 背書人은 추심위임배서를 하여도 어음상의 권리를

---

1) 徐·鄭, 202~203면; 鄭(熙), 195면; 梁(承), 306면; 鄭(東), 398면; 崔(基), 440면; 蔡, 177면; 李(基), 236면; 註釋, 315~316면 外.
2) 鄭(熙), 195면; 徐·鄭, 203면; 鄭(東), 398면; 崔(基), 440면; 註釋, 316면 外.
3) 同旨: 註釋, 316면.
4) 同旨: 徐·鄭, 203면; 鄭(東), 399면; 崔(基), 441면 外.
5) 徐·鄭, 203면; 梁(承), 306면; 鄭(東), 399면; 註釋, 316면 外.
讓渡背書 이외의 모든 權利를 행사할 수 있다고 보는 見解로는 Staub/Stranz, *Kommentar zum Wechselgesetz,* Verlag de Gruyter & Co., 1934, WG Art. 18 Anm. 5.
6) 徐·鄭, 203면; 鄭(熙), 195면; 鄭(東), 399면; 李(基), 236면 外.
反對: 蔡, 179면.
7) 徐·鄭, 203면; 鄭(熙), 195면; 梁(承), 306면; 鄭(東), 399~400면; 李(基), 236면; 蔡, 178면; 李(哲), 348면 外. 同旨: 日大判 1927. 7. 7(民集 6-8, 380).

잃지 않으므로, 그가 어음을 회수한 경우에는 추심위임배서를 말소하지 않고도 어음상의 권리를 직접 行使할 수도 있고 또는 다시 제 3 자에게 讓渡背書를 할 수도 있다. 이 때 背書人은 추심위임배서를 말소하지 않은 경우에도 形式的 資格이 인정되므로 어음상의 권리의 행사에 實質的 資格을 증명할 필요가 없다.

(나) **內部關係** (i) 추심위임배서의 背書人과 被背書人의 내부관계는 代理權授與의 기본관계로서 이는 民法에 의하여 정하여진다. 이 관계는 또한 추심위임배서의 原因行爲가 된다. 이 관계는 委任인 경우가 가장 많으나, 雇傭·都給 등인 경우도 있다.

(ii) 民法上 代理權은 本人(授權者)의 死亡에 의하여 소멸하나(民 127조 1호), 어음의 경우에는 어음거래의 안전과 어음상 나타나지 않은 사정으로부터 어음채무자를 보호하기 위하여 어음法은 授權者인 背書人의 死亡이나 無能力은 추심위임배서에서 代理權의 消滅事由가 되지 않음을 명백하게 규정하고 있다(어 18조 3항, 77조 1항 1호, 23조 3항).

또한 추심위임배서의 背書人이 내부관계에서 被背書人의 代理權을 撤回 기타의 사유로 소멸시켜도, 추심위임배서를 말소하지 않는 한 어음상의 효력은 발생하지 않는다.

추심위임배서에서 被背書人의 代理權의 範圍는 어음法에 의하여 정형성을 갖는 것이므로(어 18조 1항 본문 후단·77조 1항 1호, 手 23조 1항 본문 후단), 내부관계에서 이러한 대리권에 제한을 가하여도 그것은 당사자간에서만 효력이 있을 뿐 어음상의 효력은 발생하지 않는다.[1]

2) **擔保的 效力** 추심위임배서는 被背書人에게 어음상의 권리를 행사할 代理權만을 수여하는 것이고 어음상의 권리자는 여전히 背書人이므로, 그 성질상 背書人이 被背書人에 대하여 담보책임을 부담한다는 것은 있을 수 없다. 즉, 推尋委任背書에는 擔保的 效力이 없다.

3) **資格授與的 效力** 추심위임배서에는 權利移轉的 效力이 없어도 資格授與的 效力은 인정되어 權利推定力과 善意支給이 인정된다(通說).[2] 즉, 추심위임배서의 被背書人이 배서가 연속되어 있는 어음에서 외관상 추심위임배서를 받고 있으면 (推尋)代理權인 形式的 資格이 인정되어 그가 實質的 資格을 입증하지 않고도 어음상의 권리를 행사할 수 있고(權利推定力)[3](어 16조 1항·77조 1항 1호, 手 19조), 또 어음

1) 同旨: 鄭(東), 400면.
2) 徐·鄭, 203면; 註釋, 316면; 崔(基), 438면; 蔡, 178면; 李(基), 237면 外.
3) 이 때의 權利推定力은 讓渡背書의 경우와는 달리 被背書人이 어음上의 權利者로 推定되는 것이 아니라, 어음上의 權利者의 (推尋)代理權이 있는 것으로 推定되는 것을 의미한다.

채무자가 그러한 被背書人에게 지급하면 그가 실제로 (推尋)代理權을 갖지 않았다고 하더라고 사기 또는 중과실이 없는 한 免責된다(善意支給)(어 40조 3항 · 77조 1항 3호, 手 35조).

추심위임배서의 피배서인에게 資格授與的 效力이 인정된다고 하더라도 이것은 權利行使의 면에서만 인정되는 것이고, 權利流通의 면인 善意取得은 인정될 수가 없다. 왜냐하면 추심위임배서에는 權利移轉的 效力이 없고 이의 결과 被背書人은 독립된 경제적 이익을 갖지 못하므로 善意取得의 전제요건이 존재하지 않기 때문이다(通說).[1]

⑵ 숨은 推尋委任背書의 效力

숨은 推尋委任背書의 效力을 설명하기 위하여는 먼저 숨은 推尋委任背書의 법적 성질이 검토되어야 한다. 왜냐하면 숨은 推尋委任背書의 법적 성질을 어떻게 보느냐에 따라서 그 효력이 달라지기 때문이다.

1) 法的 性質 숨은 推尋委任背書에 대하여 과거에는 通情한 虛僞表示(民 108조)로서 어음채무자는 그 배서의 무효를 주장할 수 있다는 견해도 있었으나,[2] 오늘날에는 이를 유효로 보는 데에는 異說이 없다.[3] 다만 이를 讓渡背書로 볼 것인가 또는 推尋委任背書로 볼 것인가에 대하여, 크게 信託讓渡說(信託背書說)·資格授與說(資格背書說 또는 權限受與說) 및 折衷說(區別說)의 세 가지의 견해로 나뉘어 있다.

① 信託讓渡說은 숨은 推尋委任背書의 形式을 중시하여 同배서에 의하여 어음상의 권리는 被背書人에게 이전하고, 당사자간의 추심위임의 합의는 단지 人的 抗辯事由가 됨에 그친다고 한다. 이 설이 우리 나라의 通說인데,[4] 타당하다고 생각한다.[5]

우리 大法院判例도 이와 同旨에서 다음과 같이 판시하고 있다.

[信託讓渡說의 입장인 判例]

어음법에 추심위임배서에는 소위 추심문언을 명기하라는 旨가 규정되어 있을

---

1) 鄭(熙), 214면; 徐(廷), 184면; 梁·朴, 658면; 李(基), 238면; 註釋, 296면; 鄭(燦), (善意取得) 99면 外.

2) 日大判 1896. 6. 16(民錄 12, 975); 同 1906. 10. 13(民錄 12, 1248).

3) 그러나 訴訟行爲를 목적으로 하는 숨은 推尋委任背書는 信託法 제 7 조에 위반하여 無效가 되는데[大判 1982. 3. 23, 81 다 540(敎材, 判決例 [529]) 外], 信託法 제 7 조는 숨은 推尋委任背書만을 無效로 하는 것이 아니라 訴訟行爲를 하게 하는 것을 주된 목적으로 하여 財產權의 이전 기타 처분을 하는 것을 禁하고 이에 반하는 모든 행위를 無效로 하고 있다.

4) 徐·鄭, 205면; 鄭(熙), 197~198면; 孫(珠), 270면; 李(基), 244면; 蔡, 180면; 鄭(東), 402면; 梁·朴, 747면; 梁(承), 309면; 姜, 609면; 姜, (어) 403면; 李(哲), 359면 外. 同旨: 日本의 通說 · 判例.

5) 鄭(燦), (事例) 322면.

뿐만 아니라 일반적으로 어음행위는 서면상의 요식행위임에도 불구하고 본건 어음 중의 背書部에는 추심문언의 기재가 없으니 이를 추심위임배서라고는 할 수 없다[大判 1960. 7. 28, 4292 民上 987(判總 11-2, 995)].

同旨: 大判 1960. 8. 18, 4292 民上 851(教材, 判決例 [344])(숨은 추심위임배서라 하더라도 그 추심위임의 목적이 어음상에 기재되지 않고 통상적인 양도배서가 되었을 때에는 어음채무자는 피배서인인 어음소지인에 대하여 그 어음금청구를 거절할 수 없다); 서울高判 1972. 2. 18, 68 나 2170(教材, 判決例 [345])(숨은 추심위임배서를 받았다 하더라도 어음관계에 있어서는 그 피배서인인 원고는 완전한 어음상의 권리자가 된다 할 것이고, 다만 이 경우에는 어음채무자는 배서인에 대하여 가졌던 항변으로써 피배서인에게 대항할 수 있다 할 것이다).

② 資格授與說은 숨은 推尋委任背書의 實質을 중시하여 同배서에 의하여 被背書人에게 어음상의 권리는 이전하지 않고, 被背書人은 단순히 배서인의 어음상의 권리를 행사할 수 있는 資格(權限)만을 부여받는다고 한다.[1] 그러나 資格授與說은 어음상에 나타나지도 않은 실질관계를 어음관계에 끌어들인 것으로서 이는 어음행위의 抽象性(無因性)에 반한다는 점, 또 資格授與說에 의하면 어음法이 규정하지 않은 특수한 유형의 背書를 인정하는 것이 되는데 이것은 어음行爲의 定型性에도 반하게 되는 점 등에서 볼 때 타당하지 않다고 본다.

③ 折衷說은 숨은 推尋委任背書가 資格授與를 위한 배서인가 또는 信託的 讓渡를 위한 배서인가는 당사자의 意思에 의하여 결정되는데,[2] 당사자의 意思가 불명한 경우에는 資格授與를 위한 배서로 보아야 할 것이라고 한다.[3] 그러나 이러한 折衷說도 資格授與說과 같이 근본적으로 어음상에 나타나지도 않는 당사자의 의사를 어음관계에 끌어들인 점에서 타당하지 않다고 보며, 또한 숨은 推尋委任背書란 형식상은 讓渡背書인데 당사자의 의사가 推尋委任의 목적인 배서를 말하는데 다시 당사자의 의사가 信託的 讓渡를 위한 것이라든가 또는 不明한 경우라는 것 등은 이러한 숨은 推尋委任背書의 개념과 모순된다고 본다.

2) 效 力 資格授與說에 따른 推尋委任背書의 효력은 앞에서 본 공연한 推尋委任背書의 효력과 거의 같으므로, 이하에서는 信託讓渡說에 따른

1) 大隅, 109면.

2) 단순히 推尋을 위하여 한 배서는 資格授與를 위한 배서이고, 割引 또는 擔保를 위하여 한 배서는 信託的 讓渡를 위한 배서라고 한다.

3) 崔(基), 448면; Baumbach/Hefermehl, WG Art. 18 Rdn. 10.

숨은 推尋委任背書의 효력만을 보기로 한다.

(가) **權利移轉的 效力** ① 信託讓渡說에 의하면 숨은 推尋委任背書에 權利移轉的 效力이 있다.

② 이 때 背書의 權利移轉的 效力과 관련하여 人的 抗辯의 切斷의 효력이 인정되는지 여부의 문제가 있다. 이에 대하여는 (i) 원칙적으로 人的 抗辯의 切斷의 효력이 있는데, 예외적으로 어음채무자가 숨은 推尋委任背書임을 입증하면 人的 抗辯이 切斷되지 않는다는 견해[1]와, (ii) 숨은 推尋委任背書의 被背書人은 실제로 독립된 경제적 이익이 없으므로 被背書人의 선의·악의를 불문하고 언제나 惡意의 抗辯(어 17조 단서·77조 1항 1호, 手 22조 단서)이 인정된다거나, 또는 被背書人이 人的 抗辯의 切斷의 효력을 주장하는 것은 信義誠實의 原則(民 2조)에 반한다는 점 등에서 언제나 人的 抗辯의 切斷의 효력이 없다는 견해[2]로 나뉘어 있다.

생각건대 (ii)의 견해는 숨은 推尋委任背書임이 입증된 것을 전제로 하고 있으므로 양자의 견해는 그 결과에 있어서는 유사한데, 숨은 推尋委任背書임이 입증되기 전에는 讓渡背書로 볼 수밖에 없고 따라서 이 때에는 人的 抗辯의 切斷의 효력을 인정해야 하므로 (i)의 견해가 타당하다고 본다. 이 때 背書人과 被背書人 사이에는 추심위임의 약정이 있는 것이므로 실제로 어음채무자는 배서인을 통하여 쉽게 추심위임의 목적을 입증할 수 있을 것이며, 그렇지 않은 경우에도 소송제기의 목적으로 숨은 推尋委任背書를 한 경우 등에는 어음채무자는 쉽게 숨은 推尋委任背書임을 입증하여 배서인에 대항할 수 있는 人的 抗辯事由로써 피배서인에게 대항할 수 있는 것이다.

우리 나라의 判例도 이와 同旨에서 다음과 같이 판시하고 있다.

[숨은 추심위임배서가 있는 경우에 어음채무자는 배서인에게 대항할 수 있는 사유로써 피배서인에게 대항할 수 있다고 본 判例]

甲을 협박하여 약속어음을 발행받은 乙이 동 어음을 소송제기의 목적으로 丙에게 숨은 추심위임배서를 한 경우에는, 甲의 乙에 대한 어음발행의 취소는 丙에게도 미친다[大判 1970. 7. 28, 70 다 1295(民判集 153, 176)].

[기한 후에 숨은 추심위임배서를 받은 피배서인에 대하여는 인적 항변이 절단되지 않는다고 본 判例]

기한 후에 숨은 추심위임배서를 받은 피배서인은 ……악의의 취득자라 할 것

1) 鄭(熙), 198~199면; 鄭(東), 403면; 孫(珠), 271면.
2) 徐·鄭, 205~206면; 崔(基), 447~448면(숨은 추심위임배서의 법적 성질에 대하여 資格授與說의 입장에서).

이므로 인적 항변이 절단되지 않는다[大判 1971. 3. 23, 71 다 101 (大集 19 ① 民 228)][그러나 기한후배서인 이상 피배서인의 선의·악의를 불문하고 또 숨은 추심위임배서임이 입증되지 않은 경우에도 기한후배서의 효력(어 20조 1항 단서·77조 1항 1호, 手 24조 1항)에 의하여 당연히 배서인에 대한 인적 항변이 절단되지 않는다고 본다 — 저자註].

③ 推尋委任背書의 성격과 관련하여 어음채무자는 被背書人에게 대항할 수 있는 人的 抗辯事由로써 被背書人에게 대항할 수 있는지 여부가 문제된다. 信託讓渡說에 의하면 權利移轉的 效力이 있으므로 어음채무자는 당연히 被背書人에게 대항할 수 있다고 본다.

④ 背書의 權利移轉的 效力과 관련하여 背書人 또는 被背書人이 破産한 경우에 그 효력이 어떻게 되는지의 문제가 있다. 信託讓渡說에 의하면 어음상의 권리가 背書人으로부터 被背書人에게 이전되므로, 背書人이 破産한 경우에는 어음상의 권리는 破産財團에 속하지 아니하고, 被背書人이 破産하면 어음상의 권리는 破産財團에 속하게 되어 還取權(破 407조)을 행사할 수 없다.

⑤ 숨은 推尋委任背書에서 背書人이 推尋委任을 解除한 경우에 이에 따른 背書人 또는 被背書人의 權利行使는 어떠한가의 문제가 있다. 信託讓渡說의 입장에서 이 문제를 살펴보면 다음과 같다.

(i) 背書人이 추심위임을 解除하고 어음을 회수한 경우에는, 배서인은 다시 어음상의 권리를 취득하나, 배서인은 숨은 推尋委任背書를 말소하거나 또는 피배서인으로부터 還背書를 받아야 形式的 資格을 취득하여 實質的 資格을 입증하지 않고도 어음상의 권리를 행사할 수 있다[1](공연한 推尋委任背書의 경우와 구별되는 점).

(ii) 그런데 背書人이 추심위임을 解除하였으나 어음을 회수하지 않고 있는 동안에는, 背書人은 다시 어음상의 권리를 취득한다고 볼 수는 없고 어음상의 권리는 여전히 被背書人에게 있으므로, 被背書人이 어음상의 권리를 행사하는 경우에는 어음채무자는 피배서인의 청구에 응할 수밖에 없을 것 같다.[2] 그러나 이러한 결론은 부당하므로 被背書人의 권리행사는 權利濫用 또는 信義誠實의 原則(民 2조)에 위반되거나[3] 또는 어음채무자가 추심위임이 해제된 것을 알면서 被背書人에게 지급하는 것은 背書人에 대하여 不法行爲가 되어,[4] 被背書人은 어음상의 권리를 행사할 수 없다고 보아야 할 것이다.

---

1) 同旨: 鄭(熙), 199면.
2) 日大判 1925. 7. 2(民集 4, 388).
3) 同旨: 大隅·河本, 174면.
4) 同旨: 竹田, 155면.

⑥ 숨은 推尋委任背書의 被背書人이 다시 讓渡背書를 한 경우에 그 양수인의 권리취득여부가 배서의 權利移轉的 效力과 관련하여 문제된다. 信託讓渡說에 의하면 숨은 推尋委任背書의 被背書人은 어음상의 권리자이므로 양수인은 그의 선의·악의를 불문하고 어음상의 권리를 당연히 취득한다. 다만 어음채무자는 양수인이 이를 알고 양도배서를 받은 경우에 한하여 악의의 항변을 주장할 수 있다(어 17조 단서·77조 1항 1호, 手 22조 단서). 따라서 이 때에는 어음채무자는 양도인에게 대항할 수 있는 인적 항변사유로써 양수인에게 대항할 수 있다.[1)]

㈏ **擔保的 效力** 信託讓渡說에 의하면 權利移轉的 效力이 있으므로 背書人은 擔保責任을 부담해야 하는 것으로 생각될지 모르나, 背書人과 被背書人간에는 추심위임의 약정이 있으므로 背書人은 被背書人에 대하여 擔保責任을 부담하지 않는다.[2)] 그러나 숨은 推尋委任背書의 被背書人이 제 3 자에게 양도배서를 한 경우에는 背書人은 그러한 讓受人에 대하여는 擔保責任을 부담해야 한다고 본다. 따라서 信託讓渡說에 의하면 숨은 推尋委任背書는 직접의 被背書人에 대하여는 擔保的 效力이 없으나, 그 이후의 양도배서를 받은 被背書人에 대하여는 擔保的 效力이 있다.

㈐ **資格授與的 效力** 信託讓渡說에 의하면 숨은 推尋委任背書의 被背書人은 어음상의 권리를 취득할 뿐만 아니라 形式的 資格도 취득하므로, 그에게 資格授與的 效力이 인정됨은 말할 나위가 없다.[3)] 따라서 被背書人은 자기가 실질적 권리자임을 입증하지 않고도 어음상의 권리를 행사할 수 있고(權利推定力), 어음채무자가 被背書人에게 지급하면 免責된다(善意支給).[4)] 그러나 숨은 推尋委任背書의 被背書人은 독립된 경제적 이익이 없으므로 善意取得은 인정되지 않는다.[5)]

제 6 入質背書

1. 意 義

1) 入質背書(Pfandindossament)란 「背書人이 자기 또는 제 3 자의 채무를

---

1) 同旨: 鄭(東), 404면; 註釋, 324면.
2) 同旨: 鄭(熙), 199면; 鄭(東), 404면; 蔡, 178면.
3) 同旨: 鄭(東), 404면.
4) 그러나 被背書人은 實質的 權利者이므로 善意支給의 의미는 없다.
5) 다만 被背書人이 同어음을 분실·도난당한 경우에는 이러한 資格授與的 效力과 관련하여 善意取得이 있을 수 있으나, 이는 숨은 推尋委任背書의 직접적 효력은 아니다.

담보하기 위하여 어음상의 권리에 質權을 설정할 목적으로 하는 背書」를 말한다(어 19조, 77조 1항 1호). 入質背書는 어음에만 인정하고, 수표에는 인정되지 않는다.

入質背書도 추심위임배서와 같이 입질문언을 기재한 「공연한 入質背書」와 입질문언을 기재하지 않고 양도배서의 형식을 취한 「숨은 入質背書」가 있다. 어음法은 공연한 入質背書에 대하여만 규정하고 있는데, 단순히 入質背書라고 하면 이것을 말한다. 그런데 실제 거래계에서는 공연한 入質背書는 거의 이용되지 않고, 숨은 入質背書가 많이 이용되고 있다. 이와 같이 공연한 入質背書는 그 경제적 필요가 적기 때문에 이에 관한 규정을 둔 立法例는 극히 드물고 英美法도 이를 규정하고 있지 않다.[1]

2) 공연한 入質背書는 배서에 「擔保하기 위하여」, 「入質하기 위하여」, 기타 質權設定을 표시하는 문언이 기재된 背書를 말한다(어 19조 1항 전단, 77조 1항 1호). 공연한 入質背書에는 入質文言이 반드시 기재되어야 하므로 簡略白地式入質背書(어 13조 2항 1문 후단, 77조 1항 1호, 手 16조 2항 1문 전단)는 불가능하다. 그러나 被背書人만을 白地로 한 白地式入質背書(어 13조 2항 1문 전단 · 77조 1항 1호, 手 16조 2항 1문 전단)가 가능한가에 대하여는 이를 인정하면 質權者가 어음상 불명하고 또 그러한 質權者는 다시 轉質할 수 있어 이는 轉質을 금지한 어음法의 규정(어 19조 1항 단서, 77조 1항 1호)에 위반한다는 이유를 들어 이를 부정하는 견해도 있으나,[2] 推尋委任背書와 같이 배서의 방식에 관한 어음法의 규정(어 13조, 77조 1항 1호)이 入質背書에도 적용되어 이를 긍정하는 것이 타당하다고 본다.[3]

一部背書가 무효인 것과 같이 일부의 入質背書도 무효라고 본다[4](어 12조 2항, 77조 1항 1호 참조).

背書禁止어음에도 入質背書가 가능한가에 대하여는, 이를 인정하면 同어음을 (指名債權讓渡方法에 의하여) 양도한 경우에는 人的 抗辯의 切斷의 효력이 없으나(어 11조 2항, 77조 1항 1호), 入質한 경우에는 人的 抗辯의 切斷의 효력이 있게 되어(어 19조 2항, 77조 1항 1호) 讓渡의 경우와 균형을 잃게 된다는 이유로 이를 否定하는 견해도 있으나,[5] 入質은 유통과는 구별되고 또 入質背書에는 權利移轉的 效力이 없으므로 背書禁止어음에도 入質背書를 肯定하는 것이 타당하다고 본다.[6]

3) 숨은 入質背書는 實質은 入質의 목적이면서 形式은 讓渡背書의 방식인

1) 鄭(熙), 200면.
2) Jacobi, S. 639.
3) 同旨: 註釋, 327면; 蔡, 182면.
4) 同旨: 註釋, 326면.
5) 註釋, 327면; 崔(基), 389면; 蔡, 150면. 同旨: 獨逸의 通說(Jacobi, S. 648 外).
6) 鄭(燦), (事例) 312면. 同旨: 徐·鄭, 185면; 鄭(東), 363면.

背書를 말한다. 숨은 入質背書의 당사자간에는 보통 質權設定의 계약을 체결하고, 質權設定者는 質權者에게 讓渡背書의 형식에 의하여 어음을 양도한다. 이러한 숨은 入質背書나 어음의 讓渡擔保는 모두 어음상의 권리가 양도의 형식에 의하여 담보로 제공되는 것이므로, 숨은 入質背書는 讓渡擔保의 하나의 형태라고 볼 수 있다.[1]

2. 效 力

(1) 公然한 入質背書의 效力

1) 權利移轉的 效力 ① 入質背書는 어음상의 권리를 移轉하는 것이 아니라 어음상의 권리 위에 質權을 설정하는 것이므로, 그 성질상 權利移轉的 效力은 없고 그 대신 質權設定의 효력이 있다. 이로 인하여 被背書人은 어음상의 권리를 취득하지는 못하나, 어음상의 권리 위에 質權을 취득한다. 이와 같이 형식적으로 보면 피배서인은 어음상의 권리를 취득하지 못하나, 실질적(내용적)으로 보면 어음상의 권리를 법률의 규정에 의하여 원시취득하여 그 권리를 행사하는 것과 동일하게 된다.[2] 이로 인하여 被背書人은 어음으로부터 생기는 모든 權利를 행사할 수 있다(어 19조 1항 본문 후단, 77조 1항 1호). 이 때에 「어음으로부터 생기는 모든 權利를 행사할 수 있다」는 의미는 어음上의 權利(어음金支給請求權 · 遡求權 등)의 행사를 위하여 裁判上 · 裁判外의 모든 행위를 할 수 있다는 의미이다.[3] 入質背書의 被背書人이 利得償還請求權(어음법상의 권리)을 행사할 수 있느냐에 대하여는, 入質背書의 취지에서 볼 때 당사자간에 특약이 없는 한 이를 행사할 수 없다고 보는 견해도 있으나,[4] 入質背書의 피배서인의 권리가 위에서 본 바와 같이 실질적으로 어음상의 권리를 취득한 자와 같다고 볼 때 이를 행사할 수 있다고 보아야 할 것이다[5](推尋委任背書의 被背書人과 구별되는 점은 入質背書의 被背書人은 이를 자신의 이익을 위하여 자기의 이름으로 행사하는 점이다).

---

1) 同旨: 註釋, 332면; 崔(基), 453면(숨은 入質背書의 법적 성질은 어음의 신탁적 양도라고 한다).

그러나 鄭(熙), 202면은 「擔保의 목적으로 讓渡背書의 방식을 취하지 않고 단순한 交付의 방식으로 擔保權者에게 어음을 양도하는 것은 어음의 讓渡擔保이고, 담보의 목적으로 讓渡背書를 하는 것은 숨은 讓渡擔保背書이다」고 하는데, 前者의 경우는 어음法的 讓渡方式을 취한 것이 아니므로 留置權은 될 수 있을지 몰라도 讓渡擔保가 될 수 있을는지 의문이다.

2) 同旨: 註釋(Ⅰ), 609면.

3) 同旨: 鄭(東), 406면; 註釋, 328면.

4) 註釋, 328면; 註釋(Ⅰ), 609면.

5) 同旨: 註釋, 511면; 蔡, 183면.

入質背書의 피배서인이 어음상의 권리를 행사할 수 있는 점에서는 讓渡背書의 피배서인 및 推尋委任背書의 피배서인의 경우와 유사하다. 그런데 入質背書의 피배서인은 質權者로서 이 권리를 행사하는 것인데, 讓渡背書의 피배서인은 어음上의 權利者로서 이 권리를 행사하는 것이고, 推尋委任背書의 피배서인은 背書人(本人)의 代理人으로서 이 權利를 행사하는 점에서 三者는 구별된다. 또한 入質背書의 被背書人은 어음상의 권리 위에 質權을 原始取得하여 이러한 자신의 권리를 자신의 이익을 위하여 자기의 이름으로 행사하는 점에서, 推尋委任背書의 被背書人이 他人(背書人)의 이익을 위하여 他人(背書人)의 권리를 행사하는 점과 구별된다.

入質背書에 의하여 어음상의 권리에 質權이 설정된 경우에 被背書人인 質權者가 그 권리를 실행함에는 質權의 목적이 된 債權의 실행방법을 규정한 民法 제353조가 적용되는가의 문제가 있다. 이에 대하여 이러한 民法 제353조(질권의 목적이 된 채권의 실행방법)가 어음상의 권리에 質權을 설정한 경우에도 적용된다는 견해가 있으나,[1] 어음상의 권리는 一般債權과는 달리 어음法에 규정된 바에 따라 간이하고 신속하게 결제(추심)되어야 하므로 一般債權의 실행방법에 관한 民法 제353조(질권의 목적이 된 채권의 실행방법)는 질권의 목적인 어음상의 권리에는 적용되지 않는다고 본다(通說).[2] 따라서 入質背書의 피배서인은 피담보채권액과 그 변제기 여하에 불구하고 질권의 목적인 어음상의 권리가 만기가 도래하면 어음금 전액에 대하여 어음상의 권리를 행사할 수 있다. 이 때 피담보채권액이 질권의 목적인 어음금액보다 적은 경우에는 피배서인은 그 차액을 背書人에게 반환하여야 하고(民 353조 2항과 비교)(이 차액에 대하여는 피배서인은 배서인으로부터 마치 숨은 推尋委任背書를 받아 어음상의 권리를 행사하여 반환한 것과 같음), 피담보채권의 변제기가 도래하지 않았으면 지급받은 어음금액을 供託하여야 한다(民 353조 3항과 비교)(通說).[3] 入質背書의 피배서인은 민사소송법이 규정하는 집행방법에 따라 質權을 실행할 수도 있다[4](民 354조, 民執 229조·243조·210조 등).

② 入質背書에는 權利移轉的 效力이 없으나 同배서에 의하여 피배서인은 質權을 취득하고 또한 이에 대하여 피배서인은 득립적인 경제적 이익을 갖고 있으므로, 入質背書에는 人的 抗辯의 切斷의 효력이 있다. 그런데 人的 抗辯의

1) 竹田, 117면; 田中(耕), 384면; Jacobi, S. 644.
2) 徐·鄭, 207면; 鄭(熙), 200~201면; 孫(珠), 274면; 徐(廷), 197면; 蔡, 183면; 崔(基), 451면; 鄭(東), 406면 外.
3) 鄭(熙), 200~201면; 鄭(東), 406면; 崔(基), 451면; 註釋, 328~329면 外.
4) 鄭(熙), 201면; 崔(基), 451면; 蔡, 183면; 註釋, 329면.

切斷에 관한 어음法의 규정(어 17조, 77조 1항 1호)은 讓渡背書에 적용되는 규정이므로, 어음法은 入質背書에 관한 조문에서 별도로 규정하고 있다(어 19조 2항, 77조 1항 1호). 따라서 어음채무자는 入質背書의 背書人에게 대항할 수 있는 人的 抗辯事由로써 被背書人에게 대항할 수 없다. 그러나 피배서인이 어음채무자를 해할 것을 알고 어음을 취득한 경우에는 물론 惡意의 抗辯으로 대항할 수 있다. 또한 어음채무자는 피배서인에 대한 人的 抗辯事由로써 피배서인에게 대항할 수 있음은 讓渡背書의 경우와 같다(그러나 推尋委任背書의 경우와는 구별되고 있다).

③ 入質背書에는 權利移轉的 效力이 없으므로 入質背書의 피배서인은 讓渡背書나 入質背書를 할 수 없고(通說),[1] 다만 推尋委任背書만을 할 수 있다(어 19조 1항 단서, 77조 1항 1호). 入質背書의 피배서인이 가사 讓渡背書를 하였다고 하여도 그 배서는 推尋委任背書의 효력밖에 없다(通說).[2]

入質背書의 被背書人은 어음상의 권리자가 아니므로 어음상의 권리에 관한 포기 · 면제 등과 같은 권리의 처분행위도 할 수 없다.[3]

④ 入質背書의 배서인은 어음상의 권리를 보유하고 있으나 어음 자체를 소지하지 않고 있기 때문에 어음상의 권리를 행사할 수 없고, 그가 어음상의 권리를 행사하기 위하여는 어음을 반환받아야 한다. 이 때 入質背書의 被背書人이 입질배서를 말소한(또는 양도배서를 한) 후 어음을 背書人에게 반환하면 質權은 소멸하여 背書人은 同어음에 의하여 아무런 제한 없이 어음상의 권리를 행사할 수 있으나, 入質背書의 被背書人이 입질배서를 말소하지 않고(또는 양도배서도 하지 않고) 단순히 어음을 背書人에게 교부만을 한 경우에는 그 자체만에 의해서는 質權이 소멸한다고 할 수 없으므로 背書人은 특히 質權의 소멸을 입증한 경우에 한하여 어음상의 권리를 행사할 수 있다고 본다.[4] 또한 被背書人이 어음을 계속 소지하고 있으면서 入質背書만을 말소한 경우에도 그 자체만에 의하여 質權이 소멸한다고 볼 수 없다.[5]

2) **擔保的 效力** 入質背書에 擔保的 效力이 있느냐에 대하여 학설은 肯定說(通說)과 否定說(少數說)로 나뉘어 있다.

① 肯定說은 入質背書 자체가 無擔保文言이라고 볼 수 없고 또 背書人은

1) 徐·鄭, 207면; 鄭(熙), 201면; 鄭(東), 406면 外.

2) 徐·鄭, 207면; 鄭(熙), 201면; 鄭(東), 406면(그러나 入質背書의 피배서인은 背書人〈質權設定者〉에게 어음을 반환하기 위하여는 讓渡背書를 할 수 있다고 한다) 外.

3) 同旨: 徐·鄭, 207면; 鄭(東), 406면.

4) 同旨: 鄭(熙), 200면; 註釋, 330~331면.

5) 同旨: 註釋, 331면.

어음이 만기에 확실히 지급될 것을 被背書人에게 보장하고 入質背書를 하는 점, 배서의 擔保的 效力은 언제나 權利移轉的 效力을 전제로 하고 있지는 않은 점(예컨대, 擔保背書) 등에서 入質背書에도 擔保的 效力이 당연히 인정되어야 한다고 한다.[1]

② 否定說은 入質背書에는 權利移轉的 效力이 없기 때문에, 배서에 權利移轉的 效力이 있음을 전제로 하여 어음채무자가 지급하지 않는 경우에 背書人이 어음채무자에 갈음하여 지급할 의무를 부담하는 擔保的 效力은 없다고 한다.[2]

생각건대 肯定說이 타당하다고 본다. 背書人의 入質背書에 의하여 被背書人(質權者)에게 지급책임을 부담하는 자는 背書人(質權設定者)이 아니라 背書人에 대하여 어음채무를 부담하고 있는 자(主債務者·그 전자인 遡求義務者 등)이다(이 점은 債權質의 경우와 같다). 그런데 被背書人이 背書人의 어음채무자로부터 어음금을 추심하지 못한 경우에는 背書人에 대하여 어음채권을 갖고 있다고 보아야 할텐데, 이것은 入質背書에 擔保的 效力이 있기 때문이라고 본다. 또 이렇게 보는 것이 入質背書의 背書人의 의사에 반한다고도 볼 수 없고, 또 背書의 擔保的 效力의 일반적 성질에 반한다고도 볼 수 없다.[3] 入質背書에 擔保的 效力을 인정하면 특히 背書人이 被擔保債務(原因債務)의 債務者가 아닌 경우에 실익이 크다고 할 수 있다.[4]

3) **資格授與的 效力** 入質背書에는 권리이전적 효력이 없어도 資格授與的 效力은 인정되어 權利推定力과 善意支給이 인정된다(通說).[5] 즉, 入質背書의 被背書人이 배서가 연속되어 있는 어음에서 외관상 入質背書를 받고 있으면 質權者로서 形式的 資格이 인정되어 實質的 資格을 증명할 필요 없이 어음상의 권리를 행사할 수 있고(權利推定力)(어 16조 1항, 77조 1항 1호), 또 어음채무자가 그러한 被背書人에게 지급하면 그가 실제로 質權者가 아니라도 사기 또는 중과실이 없는 한 免責된다(善意支給)(어 40조 3항, 77조 1항 3호). 이것이 讓渡背書의 경우와 다른 점은 被背書人이 어

1) 徐·鄭, 208면; 孫(珠), 275면; 朴(元), 548면; 鄭(東), 407면; 金(容), 330면; 梁·朴, 749면; 梁(承), 312면; 李(範), 331면; 鄭(茂), 434면; 蔡, 184면; 李(基), 246면; 註釋, 331면 外.

2) 鄭(熙), 201~202면; 崔(基), 453면.

3) 鄭(燦), (事例) 322면 註 4. 同旨: 註釋, 331면.

4) 同旨: 鄭(東), 407면; 註釋, 331면.

5) 徐·鄭, 208면; 鄭(熙), 201면; 鄭(東), 406~407면; 崔(基), 452면; 蔡, 183면; 李(基), 247면; 註釋, 331면 外.

음상의 權利者로 추정되는 것이 아니라, 어음상의 권리의 質權者로 추정되는 점이다. 또한 入質背書의 피배서인은 推尋委任背書의 피배서인과는 달리 독립된 경제적 이익을 갖고 있으므로, 어음상의 권리에 대한 質權을 善意取得할 수 있다(通說)[1](어 16조 2항, 77조 1항 1호). 따라서 배서인이 無權利者 등인 경우에도 피배서인이 善意·無重過失이면 어음상의 권리에 대한 質權을 善意取得한다.

(2) 숨은 入質背書의 效力

1) 權利移轉的 效力 ① 숨은 入質背書에는 權利移轉的 效力이 있다(通說).[2] 따라서 피배서인은 質權者로서가 아니라 어음上의 權利者로서 어음상의 권리를 행사할 수 있다. 다만 實質關係에서는 배서인과 피배서인간에 入質契約이 있으므로 당사자간에는 이를 抗辯事由로써 대항할 수 있다. 따라서 피담보채권액이 어음금액보다 적든가 또는 피담보채권의 변제기가 어음의 만기보다 이후인 경우에는 공연한 入質背書의 경우와 같이 당사자간에 처리한다. 숨은 入質背書의 경우에는 숨은 推尋委任背書가 있은 경우와는 달리 被背書人은 質權者로서 독립한 경제적 이익을 갖고 있을 뿐만 아니라 자신의 이익을 위하여 어음상의 권리를 행사할 수 있으므로, 숨은 推尋委任背書에서와 같은 법률상 어려운 문제는 발생하지 않는다.

② 어음채무자는 숨은 入質背書의 背書人에게 대항할 수 있는 人的 抗辯事由로써 被背書人에게 대항할 수 없는데(被背書人이 어음債務者를 害할 것을 알고 어음을 취득하지 않는 한), 이것은 背書의 權利移轉的 效力과 관련하여 발생하는 人的 抗辯의 切斷의 효력(어 17조, 77조 1항 1호)이지 入質背書에서 발생하는 人的 抗辯의 절단의 효력(어 19조 2항, 77조 1항 1호)이 아니다. 왜냐하면 背書人과 被背書人간의 실질관계에서 체결된 入質契約은 제 3 자인 어음채무자가 이를 원용할 수 없기 때문이다.

③ 숨은 入質背書의 경우에는 권리이전적 효력이 있으므로 背書人이 破產한 경우에는 피배서인은 別除權(破 411조)을 갖고, 被背書人이 破產한 경우에는 배서인은 還取權(破 407조)을 갖지 못한다.

2) 擔保的 效力 숨은 入質背書에는 擔保的 效力이 당연히 인정되어, 背書人은 被背書人 및 그 후자에 대하여 遡求義務를 부담한다. 이 때 공연한

---

1) 鄭(東), 406면; 崔(基), 452면(善意取得에 관한 규정이 유추적용된다고 한다); 徐(廷), 184면; 梁·朴, 658면; 梁(承), 312면; 李(範), 291면; 蔡, 183면; 李(基), 247면; 註釋, 331면; 鄭(燦), (善意取得) 100면; 鄭(燦), (事例) 323면 外.

2) 鄭(熙), 202면; 鄭(東), 407면; 崔(基), 453면; 蔡, 184면; 註釋, 332면 外.

入質背書에서 擔保的 效力을 부정하는 견해에서는 背書人은 被背書人에 대하여는 入質目的의 항변을 주장할 수 있으므로 담보책임이 없음을 주장할 수 있다고 볼 수 있으나, 擔保的 效力을 긍정하는 견해에서는 이러한 문제가 발생할 여지가 없다.

3) 資格授與的 效力　　숨은 入質背書에는 資格授與的 效力도 당연히 인정되어, 被背書人은 어음상의 權利者(質權者가 아님)로서의 權利推定力(어 16조 1항, 77조 1항 1호)과 善意支給(어 40조 3항, 77조 1항 3호)이 인정된다. 또한 被背書人은 善意取得(어 16조 2항, 77조 1항 1호)도 할 수 있는데, 이 때에 被背書人이 취득하는 권리는 숨은 入質背書를 讓渡擔保로 보면 어음상의 權利라고 보겠으나, 이를 讓渡擔保가 아니라고 보면 質權으로 보아야 할 것이다.

제 7　기타의 背書

어음法에는 규정이 없고 實質關係(原因關係)에서 배서하는 목적에 따라 擔保背書, 信託背書 등이 있다. 이러한 배서는 形式上 讓渡背書로서 배서의 목적은 당사자간의 어음 외의 항변사유에 불과하나, 우리 나라에서도 이러한 背書를 마치 특수한 背書의 일종으로 설명하고 있는 견해가 있어 아래에서 간단히 살펴보기로 한다. 그러나 이러한 背書는 어음법에서 인정하고 있는 背書도 아니고 또 어음 외의 實質關係에 따라 이를 다른 종류의 背書로서 구별하는 것은 어음행위의 文言性 및 無因性(抽象性)에도 반하기 때문에 이러한 背書를 特殊한 背書로 볼 수는 없다.

1. 擔保背書

擔保背書(Garantieindossament)란 「어음의 지급능력을 높이기 위하여 어음을 양도할 의사 없이 오직 담보의 목적으로 하는 背書」를 말한다. 이러한 擔保背書는 權利移轉的 效力은 없고, 擔保的 效力만이 있다고 한다(이 때 同배서에는 資格授與的 效力은 당연히 있다고 본다—저자註). 이러한 擔保背書는 어음保證과 유사한 기능을 수행하고 있는데, 어음保證을 하게 되면 어음채무자의 지급능력을 불신하는 인상을 주게 되어 어음保證 대신에 擔保背書가 이용되며, 또한 擔保背書는 그 형식과 효력에서 어음保證과 구별된다고 한다.[1] 獨逸에서는 이러한 擔保背書를 不適法하다고 하여

1) 어음의 裏面에 한 단순한 記名捺印 또는 署名은 擔保背書로 볼 수는 있으나(어 13조 2항

부정하는 설도 있고[1] 어음保證으로 보는 설도 있으나,[2] 通說[3]·判例[4]는 배서의 權利移轉的 效力은 擔保的 效力의 전제가 아니라는 이유로 이를 긍정하고 있다. 우리 나라에서도 이러한 獨逸의 通說·判例에 따라 이러한 擔保背書를 인정하는 견해가 있다.[5] 즉, 甲이 丙에 대한 채무의 이행을 위하여 차용증서 대신에 乙을 수취인으로 한 약속어음을 발행하고 乙은 同어음의 지급능력을 높이기 위하여 이러한 사정을 알면서 同어음에 배서하여 丙에게 교부한 경우에는, 乙의 배서는 擔保背書로서 權利移轉的 效力은 없고 擔保的 效力만이 있다고 한다.[6]

생각건대 위와 같은 담보목적의 擔保背書가 不適法하다고 하여 이러한 배서를 무효로 보는 것은, 어음행위는 그 형식에 의해서만 유효여부가 판단되는 점에서나 또한 이는 당사자(背書人)의 의사에도 반한다는 점에서 볼 때 타당하지 않다고 본다. 또 擔保背書는 「숨은 어음保證」은 될지라도 어음法上의 어음保證은 그 형식상 될 수 없는 점에서 擔保背書를 어음保證으로 보는 것도 타당하지 않다고 본다. 따라서 이러한 擔保背書가 인정되는 점은 당연한데, 이는 權利移轉的 效力이 없고 擔保的 效力만이 있는 特殊背書의 일종으로서 인정되는 것이 아니라, 讓渡背書의 일종으로 인정되어야 할 것이다. 따라서 그러한 배서에는 權利移轉的 效力·擔保的 效力 및 資格授與的 效力이 모두 인정되고 담보목적은 당사자간에서 실질관계에 기한 항변사유로써만 대항할 수 있다고 본다. 위의 예에서 實質的인 면에서만 보아 丙이 甲으로부터 최초로 어음상의 권리를 취득하고 乙은 甲으로부터 어음상의 권리를 취득하지도 못하고 또 이를 丙에게 양도하지도 못한다고 설명할 수도 있겠으나,[7] 어음행위의 無因性(抽象性)과 形式的인 면에서 보아 乙은 甲으로부터 원인관계(대가관계) 없이 어음상의 권리를 취득하여 丙에게 다시 원인관계(대가관계) 없이 이를 양도한 것으로 볼 수도 있다고 본다. 이렇게 보면 위의 배서를 讓渡背書의 일종으로

2문·77조 1항 1호, 手 16조 2항 2문) 어음保證으로는 볼 수 없고(어 31조 3항·77조 3항, 手 26조 3항), 發行人을 위한 어음保證人은 모든 어음所持人에 대하여 어음債務를 부담하나 擔保背書人은 자기의 후자인 어음所持人에 대하여만 어음債務를 부담한다.

1) Hirsch, NJW 1954, 1568 f.
2) Opitz, *Der Funktionswandel des Wechselindossaments,* 1968, S. 116 ff.
3) Hueck/Canaris, §8 Ⅳ 3 b; Baumbach/Hefermehl, WG Art. 15 Rdn. 3 外.
4) BGHZ 13, 87 f.
5) 鄭(熙), 189면; 鄭(東), 379~380면.
6) 鄭(熙), 189면.
7) 鄭(熙), 189면.

보는 데 큰 문제가 없다고 본다. 문제는 이렇게 보는 것이 당사자(배서인)의 의사에 일치하지 않는 점은 있으나, 그렇다고 어음法이 인정하지도 않는 새로운 형태의 背書를 당사자의 意思에 따라서만 인정하는 것은 어음행위의 定型性 내지 有價證券法定主義에도 반한다고 본다.

2. 信託背書

信託背書(Treuhandindossament)란 「背書人이 被背書人에게 어음상의 권리를 양도하지만, 被背書人이 背書人과의 실질관계(내부관계)에서 어음상의 권리를 특정한 目的을 위해서만 행사할 의무를 부담하는 背書」를 말한다. 배서인과 피배서인간의 實質關係는 어음상에 나타나지 않고 信託의 일반원리에 의하는데, 크게 피배서인에게 背書人의 이익을 위해서만 어음상의 권리를 행사할 수 있도록 하는 「管理信託」(授權的 信託背書 또는 資格授與的 信託背書)과 피배서인에게 被背書人의 이익을 위해서(또는 背書人과 被背書人의 이익을 위해서) 어음상의 권리를 행사할 수 있도록 하는 「擔保信託」(讓渡的 信託背書)으로 나뉘어진다.[1)]

信託背書도 형식상 讓渡背書의 일종이고, 피배서인의 信託의 목적(추심, 할인, 담보 또는 소송 등)은 어음 외의 실질관계로서 당사간에 항변사유로써 대항할 수 있을 뿐이다.[2)] 따라서 앞에서 본 숨은 推尋委任背書와 숨은 入質背書는 모두 信託背書의 일종으로 볼 수 있는데, 숨은 推尋委任背書는 管理信託의 일종이요 숨은 入質背書는 擔保信託의 일종으로 볼 수 있다.

이상 설명한 背書의 종류와 효력을 간단히 圖示하면 다음의 표와 같다.

---

1) 信託背書에 관한 보다 상세한 소개로는 鄭(東), 408~409면; 崔(基), 456면; 李(基), 249면 참조.

2) 同旨: 鄭(熙), 199면.

背書의 種類 ＼ 背書의 效力				權利移轉的 效力	人的 抗辯切斷	擔保的 效力	資格授與的 效力 (權利推定力·善意支給)	善意取得
보통의 讓渡背書 (어 14조~17조·77조 1항 1호, 手 17조~21조)				○	○	○	○	○
특수한 讓渡背書		無擔保背書 (어 15조 1항·77조 1항 1호, 手 18조 1항)		○	○	×	○	○
		背書禁止背書 (어 15조 2항·77조 1항 1호, 手 18조 2항)		○	○	△(被背書人 이후의 자에 대하여 擔保責任을 부정함)	○	○
		還(逆)背書 (어 11조 3항·77조 1항 1호, 手 14조 3항·15조 3항·5항)		○	○	△(어음所持人이 자기의 어음債務者인 경우 항변주장 가능)	○	○
		期限後背書 (어 20조·77조 1항 1호, 手 24조)		○	×	×	○	△(否定說이 通說)
特殊背書	推尋委任背書	公然한 推尋委任背書 (어 18조·77조 1항 1호, 手 23조)		×(推尋代理權만 취득)	×	×	○	×
		숨은 推尋委任背書 (규정 없음)	信託讓渡說	○	△(원칙적으로 肯定함)	△(被背書人 이후의 자에 대하여는 부담)	○	○
			資格授與說	×	×	×	○	×
	入質背書 (手票에는 없음)	公然한 入質背書 (어 19조, 77조 1항 1호)		×(質權만 취득)	○	△(肯定說이 通說임)	○	○
		숨은 入質背書 (규정 없음)		○	○	○	○	○

△는 制限的으로 인정되는 것이거나 또는 學說이 나뉘는 것임.

제 6 절 단순한 交付

제 1 總 說

수표는 어음과는 달리 수취인이 임의적 기재사항(유익적 기재사항)이므로 所持人出給式手票(手 5조 1항 3호) · 無記名式手票(手 5조 3항) 또는 指名所持人出給式手票(手 5조 2항)가 가능한데, 이러한 수표는 처음부터 「단순한 交付」만에 의하여 수표상의 권리가 양도된다.[1] 이러한 수표의 양도방법에 대하여 手票法은 특별한 규정을 두고 있지 않으므로 民法의 無記名證券의 양도방법에 의한다(民 523조).

어음은 수취인이 필요적 기재사항(어음요건)이므로(어 1조 6호, 75조 5호) 所持人出給式어음 등이 존재할 수 없고 受取人이 반드시 背書를 하여야 어음상의 권리가 양도된다. 그런데 어음에도 白地式背書가 인정되므로(어 13조 2항, 77조 1항 1호) 記名式 또는 指示式어음의 수취인(또는 그 후의 被背書人)이 白地式背書를 하여 최후의 배서가 白地式背書인 어음의 소지인은 所持人出給式手票의 소지인과 같이 「단순한 交付」만에 의하여 어음상의 권리를 양도할 수 있다(어 14조 2항 3호, 77조 1항 1호).

따라서 이하에서는 所持人出給式手票(無記名式 또는 指名所持人出給式手票를 포함)의 양도방법인 「단순한 交付」를 배서의 효력과 비교하여 살펴보고, 최후의 배서가 白地式인 記名式 또는 指示式어음(手票)을 「단순한 交付」에 의하여 양도한 경우를 背書의 效力과 비교하여 살펴보겠다.

제 2 所持人出給式手票의 단순한 交付의 效力

1. 權利移轉的 效力

1) 所持人出給式手票의 소지인이 수표상의 권리를 양도할 의사로써 수표를 단순히 교부하면 權利移轉的 效力이 발생한다.

2) 所持人出給式手票의 단순한 교부에 權利移轉的 效力이 있는 것과 관련하여 人的 抗辯의 切斷의 효력(手 22조, 民 524조 · 515조)이 있다. 따라서 수표채무자는 소지

1) 手票에는 이렇게 처음부터 단순한 交付만에 의하여 양도될 수 있는 수표가 인정되므로, 手票法 제 2 장의 標題를 어음法 제 2 장의 그것과 같이 「背書」라고 하지 않고 「讓渡」라고 하고 있다.

인출급식수표의 양도인에게 대항할 수 있는 人的 抗辯事由로써 그 양수인에게 대항할 수 없다. 그러나 양수인이 수표채무자를 해할 것을 알고 수표를 취득한 때에는 수표채무자는 그 양수인에게 대항할 수 있다. 그러나 期限後交付의 경우에는 人的 抗辯의 切斷의 효력이 없다.

2. 擔保的 效力

1) 소지인출급식수표의 소지인이 수표를 단순한 교부만에 의하여 수표상의 권리를 양도하는 경우에는, 양도인의 기명날인 또는 서명이 수표상에 없으므로 양도인은 擔保責任을 부담할 여지가 없다. 따라서 所持人出給式手票의 단순한 交付에는 擔保的 效力이 없다.

2) 그러나 소지인출급식수표에 배서하여 수표를 교부한 자는 수표소지인에 대하여 擔保責任을 진다(手 20조 본문). 이 때에 수표상의 권리가 이전되는 효력은 背書에 의하여 발생하는 것이 아니라 「단순한 交付」에 의하여 발생하는 것이므로, 소지인출급식수표에 한 배서는 權利移轉的 效力은 없고 擔保的 效力만이 발생한다고 볼 수 있다.[1] 따라서 소지인출급식수표에 배서가 있다고 하여 同수표가 指示式手票로 변하는 것이 아니므로(手 20조 단서), 同수표를 배서에 의하여 양수한 자는 배서를 하지 않고 「단순한 交付」만을 하여 수표상의 권리를 양도할 수 있다.

3. 資格授與的 效力

소지인출급식수표는 단순한 교부만으로 수표상의 권리가 이전되기 때문에 소지인출급식수표의 소지인은 수표의 「단순한 所持」만으로(記名式 또는 指示式手票에서 배서의 연속이 있는 것과 같이) 形式的 資格을 갖게 되어 權利推定力과 善意支給이 인정된다. 즉, 소지인출급식수표의 단순한 소지인은 적법한 權利者로 推定되어(手 19조 1문 유추적용) 그가 실질적 권리자임을 입증하지 않아도 수표상의 권리를 행사할 수 있고[2](權利推定力), 또는 수표채무자는 소지인출급식수표의 단순한 소지인에게 수표금을 지급하여도 그가

---

1) 同旨: 鄭(熙), 210면; 鄭(東), 516면.

2) 所持人出給式手票에 背書가 있는 경우에도 同背書에는 擔保的 效力만이 있고 또 同背書로 인하여 그 수표가 指示式手票로 변하는 것이 아니므로(手 20조), 그 수표는 다시 단순한 交付만으로 수표상의 권리가 양도된다. 이의 결과 所持人出給式手票에 背書가 있는 경우라도 그 수표의 소지인은 그 후에 배서의 연속이 없더라도 단순한 소지만으로 資格授與的 效力을 인정받게 된다.

사기 또는 중과실이 없는 한 당연히 免責된다[1](善意支給)(手 35조 및 어 40조 3항의 類推適用, 民 524조·518조). 또한 소지인출급식수표의 소지인은 수표의 단순한 소지만으로 資格授與的 效力을 인정받게 되는 결과, 그러한 소지인으로부터 선의·무중과실로 단순한 교부만에 의하여 수표를 양수한 자는 善意取得도 하게 된다(手 21조). 다만 期限後交付의 경우에는 수표상의 권리를 善意取得할 수 없다.

제 3 최후의 背書가 白地式背書인 어음(手票)의 단순한 交付의 效力

1. 權利移轉的 效力

1) 최후의 배서가 白地式背書인 어음(수표)의 소지인은 단순한 交付만으로 어음(수표)상의 권리를 이전할 수 있으므로(어 14조 2항 3호·77조 1항 1호, 手 17조 2항 3호), 同어음(수표)의 단순한 交付에는 權利移轉的 效力이 있다. 그러나 同어음(수표)의 소지인은 背書에 의하여도 어음(수표)상의 권리를 이전할 수 있는데(어 14조 2항 2호·77조 1항 1호, 手 17조 2항 2호), 이 점은 所持人出給式手票가 언제나 단순한 交付만에 의하여 수표상의 권리가 이전되는 점과 구별된다.

2) 최후의 배서가 白地式背書인 어음(수표)이 단순한 交付만에 의하여 權利移轉的 效力이 인정되는 것과 관련하여 人的 抗辯의 切斷의 효력도 있다(어 17조·77조 1항 1호, 手 22조).

2. 擔保的 效力

1) 최후의 배서가 白地式背書인 어음(수표)의 소지인이 단순한 交付만에 의하여 어음상의 권리를 양도하는 경우에는 所持人出給式手票의 경우와 같이 어음(수표)상에 양도인의 기명날인 또는 서명이 없으므로 양도인은 擔保責任을 부담할 여지가 없다. 따라서 이러한 어음(수표)의 단순한 交付에는 擔保的 效力이 없다.

2) 그러나 이러한 어음에 背書하여 양도한 자(어 14조 2항 2호·77조 1항 1호, 手 17조 2항 2호)는 당연히 擔保責任을 진다. 同배서에는 擔保的 效力뿐만 아니라 權利移轉的 效力도 있는 점이, 所持人出給式手票에 한 배서에는 擔保的 效力만이 있는 점과 구별된다.

---

1) 同旨: 鄭(熙), 209면.

3. 資格授與的 效力

최후의 배서가 白地式背書인 어음(수표)의 소지인은 同어음(수표)의 단순한 所持만으로(記名式 또는 指示式어음에서 배서의 연속이 있는 것과 같이) 形式的 資格을 갖게 되어 權利推定力(어 16조 1항 2문·77조 1항 1호, 手 19조 2문)과 善意支給(어 40조 3항 · 77조 1항 3호, 手 35조의 유추적용)이 인정된다. 또한 최후의 배서가 白地式背書인 어음(수표)의 소지인은 단순한 所持만으로 資格授與的 效力을 인정받게 되므로, 그러한 소지인으로부터 선의 · 무중과실로 단순한 交付만에 의하여 어음(수표)을 양수한 자는 善意取得도 하게 된다(어 16조 2항 · 77조 1항 1호, 手 21조).

제 7 절 善意取得[1)]

제 1 意 義

(1) 어음의 善意取得이란 배서의 資格授與的 效力(어 16조 1항 · 77조 1항 1호, 手 19조)의 결과로 인정되는 것으로서, 어음취득자가 배서의 연속 또는 이것과 동일시되는 형식(최후의 背書가 白地式인 경우와 所持人出給式手票의 경우에는 단순한 所持)에 의하여 「形式的 資格」을 갖고 또 惡意 또는 重過失이 없는 경우에는 양도인이 無權利(또는 讓渡行爲가 實質的으로 無效)라 하더라도 어음상의 권리를 취득하는 것을 말한다(어 16조 2항 · 77조 1항 1호, 手 21조).

(2) 어음의 善意取得은 연혁적으로 볼 때 動産의 善意取得(民 249조~251조)에서 기원하나, 다만 어음은 유통성을 본질로 하여 거래의 안전이 더욱 요청되므로 民法上 動産의 善意取得보다 더욱 그 요건을 완화하여 규정함으로써 어음의 선의취득이 動産의 선의취득보다 훨씬 쉽게 되어 있다. 어음의 선의취득이 동산의 선의취득보다 완화하여 규정하고 있는 점은 다음과 같다.

1) 動産의 선의취득에는 양수인이 「善意이며 無過失」임을 요건으로 하나, 어음의 선의취득에는 「惡意 또는 중대한 過失이 없음」을 요건으로 하고 있어,

---

1) 어음(手票)의 善意取得에 관한 상세는 鄭燦亨, 「어음 · 手票善意取得研究」(博英社, 1982) 또는 鄭燦亨, "어음 · 手票의 善意取得에 관한 研究," 「法學博士學位論文」(서울大, 1982. 8)을 참조하고, 統一法上의 선의취득제도를 美國 統一商法典上의 그것과 영문으로 비교한 것으로는 CHAN-HYUNG CHUNG, "A Holder in Due Course of Commercial Paper under the U.C.C. and a Good Faith Purchaser of Bills and Checks under the Geneva Uniform Law," *Korean Journal of Comparative Law*(An Annual Publication of the Korean Research Institute of Comparative Law), Volume 18(December 1990), pp. 1~44 참조.

취득자의 「輕過失」의 경우에 民法上 동산의 선의취득은 불가능하나 어음法上 어음의 선의취득은 가능하다.

2) 動産의 선의취득에는 占有委託物(民 249조)과 占有離脫物(民 250조~ 251조)을 구별하여 占有離脫物(盜品, 遺失物)에 대하여는 원칙적으로 선의취득을 인정하고 있지 않다(다만 거래의 안전을 위하여 권리자의 반환청구기간 및 대가변상에 대하여 규정함으로써 반환청구권을 제한하고 있을 뿐이다). 그러나 어음의 선의취득에서는 「事由의 여하를 불문하고 占有를 잃은 어음」이라고 규정하여 占有委託物과 占有離脫物을 구별하지 않고 모든 경우에 선의취득을 인정하고 있다.

3) 動産의 선의취득에는 「平穩 · 公然」이란 요건이 法文上 명문으로 있음에 반하여(民 249조), 어음의 선의취득에는 그러한 요건이 없다. 그러나 이에 대하여 어음법상 그러한 명문규정은 없으나, 어음의 선의취득에서도 그러한 요건이 필요하다고 해석한다.[1]

4) 動産의 선의취득에는 「去來行爲의 유효」를 선의취득의 요건으로 하고 있으므로, 거래행위가 무능력 · 착오 · 사기 · 강박 · 대리권의 흠결 등으로(讓渡行爲의 瑕疵) 취소 또는 무효가 되는 때에는 선의취득은 있을 수 없다고 설명하나,[2] 어음의 선의취득에서는 讓渡行爲의 瑕疵의 경우에도 선의취득이 가능하다는 견해가 있다(상세는 후술함).[3]

제 2 要 件

1. 어음法的 讓渡方法에 의하여 어음을 취득하였을 것

1) 어음法的 讓渡方法이란 배서금지어음을 제외한 모든 어음 및 기명식수표와 지시식수표에서는 **背書**, 백지식배서가 있는 어음(수표) 및 소지인출급식수표에서는 **交付**에 의한 양도를 말한다.[4]

2) 따라서 상속 · 합병 · 유증 등의 包括承繼나 지명채권양도방법 · 轉付命

---

1) 同旨: 徐·鄭, 103면; 朴(元), 505면; 蔡, 160면.

2) 郭(物), 195면 外.

3) 鄭(熙), 213~214면 外.

4) 참고로 動産이나 株券의 善意取得을 위한 양도에도 이의 占有의 이전행위가 필요한데, 이러한 占有의 이전에는 현실인도 외에 간이인도 및 반환청구권의 양도를 포함하나(주권의 반환청구권양도에 관하여는 大判 2000. 9. 8, 99 다 58471), 점유개정에 관하여는 肯定說[鄭(東), (會) 282면; 林泓根, 「會社法」, 2000, 305면; 현승종, "동산의 선의취득과 점유개정," 「法曹」, 1964. 11, 16면 이하]과 否定說[李(哲), (會) 291면; 大判 1977. 8. 24, 77 다 515; 同 1964. 5. 5, 63 다 775]로 나뉘어 있는데, 점유개정과 같은 불확실한 公示方法에 의하여 公信力을 인정할 수 없으므로 否定說이 타당하다고 본다.

令 등에 의한 特定承繼에 의하여 어음을 취득한 경우에는 선의취득이 인정되지 않는다.

3) 어음법적 양도방법이라도 期限後背書나 推尋委任背書에 의하여는 선의취득이 인정되지 않는다(通說). 왜냐하면 期限後背書의 경우에는 지명채권양도의 효력밖에 없어 期限前背書에서와 같은 어음의 유통보호를 인정하지 않으며, 推尋委任背書의 경우에는 권리이전적 효력이 없어 피배서인을 보호할 독립된 경제적 이익이 없기 때문이다. 그러나 白地어음은 어음법적 양도방법에 의하여 유통되므로 선의취득이 인정된다.

2. 어음取得者는 形式的 資格이 있을 것

1) 어음의 선의취득은 배서의 資格授與的 效力의 결과로 인정되는 것이므로 어음취득자가 形式的 資格을 가질 것을 요구하는 것은 당연하다. 이러한 형식적 자격이 어음양수인에게 있음을 요구하는 것은 어음양도인에게도 形式的 資格이 있음을 전제로 하는데, 어음양도인의 形式的 資格에 의하여 어음양도인은 일단 적법한 소지인으로 추정받게 되고 이로 인하여 어음양수인의 신뢰의 기초를 제공하게 된다.

2) 어음취득자의 形式的 資格이란 背書에 의하여 양도되는 어음의 경우에는 「背書의 連續」, 交付만에 의하여 양도되는 어음(최후의 배서가 白地式인 경우와 所持人出給式手票의 경우)의 경우에는 단순한 「所持」이다.

3. 讓渡人은 無權利者이어야 하는가, 또는 讓渡行爲의 瑕疵도 포함되는가

이에 대하여 학설 · 판례는 크게 양도인은 無權利者이어야 한다는 견해(즉, 讓渡人의 無權利만이 선의에 의하여 치유된다는 견해)(第 1 說)와 양도인이 권리자라도 讓渡行爲의 瑕疵(代理權 · 處分權의 欠缺, 無能力, 意思의 欠缺 또는 意思表示의 瑕疵, 同一性의 欠缺 등)가 있어도 선의취득이 될 수 있다는 견해(즉, 善意에 의하여 無權利뿐만 아니라 讓渡行爲의 瑕疵도 치유된다는 見解)(第 2 說)로 나뉘어 있다.

(1) 第 1 說

第 1 說에서는 그 理由를 여러 가지로 설명하고 있는데, 그 대표적인 것은 다음과 같다. 第 1 說은 우리 나라[1] 및 日本[2]의 (과거의) 通說이며, 日本의 과

1) 徐·鄭, 104면; 孫(珠), 117면; 朴(元), 506면; 鄭(茂), 346면; 蔡, 158면; 姜, (어) 151면; 李(哲), 330면.

2) 田中(誠), 116면, 118~119면; 大隅, 51면 外.

거의 判例[1]의 입장이다. 第1說은 獨逸에서는 少數說이다.[2]

1) 어음法 제16조 2항의 「事由의 여하를 불문하고 어음의 占有를 잃은 자」에서 舊所持人(진정한 權利者)이 어음의 占有를 잃은 경우라고 규정하고 있는 것은 선의에 의하여 치유되는 하자가 양도인의 無權利만임을 전제로 한다. 왜냐하면 어음에 대한 진정한 권리자가 점유를 잃은 때에는 그 所有權까지 잃는 것이 아니므로 양도인은 同어음의 所有權者가 될 수 없다는 것을 의미하고,[3] 따라서 어음法 제16조 2항은 所有權者의 외관을 스스로 갖고 있는 無權利者로부터 또는 어음을 양도할 수 있는 物權的 權利가 있는 것 같이 보이는 어음상의 無權利者로부터 양수인은 所有權을 취득할 수 있는지 여부를 규정하고 있기 때문이다.

2) 어음法 제16조 2항은 「所持人이 背書의 連續에 의하여 권리를 증명하는 때」란, 소지인이 배서에 의하여 어음을 취득하는 외에 양도인이 배서의 연속에 의하여 形式的 資格者(讓渡人의 無權利를 전제로 하어 — 저자註)임을 전제로 하는 취지를 나타내는 것이라고 한다.

⑵ 第2說

第2說에서도 그 理由를 여러 가지로 설명하고 있는데, 그 대표적인 것은 다음과 같다. 第2說은 우리 나라[4] 및 日本[5]에서는 (과거의) 少數說이나, 獨逸의 通說 · 判例의 입장이다.[6] 우리 나라 및 日本의 (최근의) 判例에서는 이 견해에서 다음과 같이 판시하고 있다.

[第2說의 見解에서 판시한 判例]

약속어음의 수취인인 회사의 총무부장이 대표이사의 명의로 배서를 위조한 경우, 어음의 선의취득으로 인하여 치유되는 하자의 범위, 즉 양도인의 범위는 양도인이 무권리자인 경우뿐만 아니라 대리권의 흠결이나 하자의 경우도 포함

---

1) 日大判 1916. 1. 27(民錄 22, 129).
2) Jacobi, S. 58~63.
3) 이 見解를 취하는 日本의 學說은 「占有를 잃은 者」를 讓渡人 이외의 者로 해석한다[田中(誠), 116면].
4) 鄭(熙), 213~214면(그러나 無能力을 제외하고 있다); 鄭(東), 156면(다만 讓渡行爲의 瑕疵 중 無權代理와 無處分權만이 치유된다고 한다); 徐(廷), 182~184면; 李(範), 291면; 金(容), 266면; 李院錫, "어음上의 善意者保護制度," 「考試界」, 1971. 10, 22면; 崔(基), 461면; 梁·朴, 658면; 梁(承), 165면; 李(基), 256면(우리 나라에서는 최근 이 說을 취하는 분이 증가하고 있다).
5) 鈴木, 252면; 鈴木 · 大繼, 講座(3), 144~146면.
6) Stranz, S. 109~110 外; BGH 1951. 2. 7(LM Scheck G. Art. 21 Nr. 1) 外.

된다[大判 1995. 2. 10, 94 다 55217(公報 988, 1320)][1][이 판결에 대하여 이는 우리 대법원이 제 2 설을 취한 최초의 판결로서 찬성한다는 취지의 평석으로는 鄭燦亨, "背書僞造와 어음의 善意取得," 「判例硏究」(高麗大法學硏究所), 제 7 집(1995), 241~267면(특히, 256면); 金敎昌, 「法律新聞」, 제2443호(1995. 10. 2), 15면이 있고, 그 결과에 있어서만 찬성하는 취지의 평석으로는 최준선, 「法律新聞」, 제2431호(1995. 8. 21), 14면이 있으며, 그 결과에 있어서 반대하는 취지의 평석으로는 崔基元, 「法律新聞」, 제2439호(1995. 9. 18), 14면; 鄭容相, "背書僞造와 善意取得," 「商事裁判의 展開와 法理論」(商事判例硏究), 제 7 집(1996), 262~265면이 있다].

1) 어음法 제16조 2항의 「事由의 여하를 불문하고 어음의 占有를 잃은 자」에는, 양도인이 스스로 무효 또는 취소할 수 있는 배서를 하여 점유를 잃은 경우를 포함하므로, 그 결과 現所持人에 대한 「占有를 잃은 자」는 讓渡人 자신의 경우도 해당된다.

2) 「背書의 連續에 의하여 권리를 증명하는 때」라고 하는 것도, 現所持人이 연속하는 배서의 「최종의 被背書人」이면 족한 것이며, 반드시 그에 대한 양도인이 無權利者임을 전제로 하여 讓渡人에 形式的 資格이 있음을 요하는 것은 아니다.

생각건대 第 2 說의 견해가 타당하다고 본다. 또 이렇게 해석하는 것이 「법의 발전」에 부응하는 해석이요, 「去來의 安全」 내지 「流通의 保護」가 극도로 요청되는 어음의 善意取得에 관한 올바른 해석이라고 생각한다. 또한 이렇게 해석하는 것은 統一法의 기원인 獨逸어음條例 제74조의 해석과도 동일하여 연혁적 취지에도 부합하는 해석이 된다고 본다. 第 2 說의 입장에서 讓渡行爲의 瑕疵에 선의취득을 인정하여도 無能力者 · 無權代理人의 本人 등은 어음을 상실하는 결과 어음상의 權利를 가질 수는 없지만, 어음상의 責任을 부담하는 것은 아니므로 無能力者 등의 보호규정이 완전히 무의미하게 된다고 볼 수도 없다.[2]

4. 어음取得者에게 惡意나 중대한 過失이 없을 것

1) 惡意란 「欠缺을 아는 것」인데, 欠缺의 내용이 무엇이냐에 대하여는 第 1 說과 第 2 說에서 달리 설명된다. 즉 第 1 說에서는 「讓渡人의 無權利」이고, 第 2 說에서는 「讓渡人의 無權利 또는 讓渡行爲의 瑕疵」를 의미한다. 重過失이란 「去來에서 필요로 하는 아주 간단한 주의를 게을리함으로써 欠缺을 간과하는 것」인데, 이러한 重過失은 「조사의무를 게을리하는 것」과 관련하고 조사의무는 「의심할 만한 상황」과 관련한다. 특별히 의심스러운 상황에서는 어음취득자는 조사의무를 부담하고, 이의 위반은 重過失이 되어 善意取得이 인정되지

---

1) 同旨: 日最高判 1960. 1. 12(民集 14-1, 1)(無權代理가 치유된다는 判例); 同 1961. 11. 24(時報 281, 27).

2) 鄭(燦), (善意取得) 68~71면.

않는다.[1)]

어음취득자의 惡意 또는 重過失 여부는 사실문제로서 구체적인 判例를 통하여 파악할 수밖에 없는데, 惡意에 관한 判例는 거의 없고 대부분은 重過失에 관한 判例이다. 이러한 判例를 정리하면 다음과 같다.

[重過失을 인정한 判例]

은행발행의 자기앞수표를 취득하면서 주민등록증 등에 의하여 양도인의 인적사항을 확인하지 아니하였음은 본건 수표의 취득에 있어 일반거래상의 중대한 과실이 있다[大判 1981.6.23, 81 다 167(新聞 1405, 6)][원심인 서울高判 1980.12.9, 80 나 1665(教材, 判決例 [451])도 대법원과 同旨로 중과실을 인정하였다. 이 판결에 반대하는 취지의 평석으로는 鄭燦亨, "手票取得의 重過失(서울高判 1980.12.9, 80 나 1665에 대한 判例評釋)," 「法律新聞」, 제1406호(1981.7.27), 12면 및 鄭(燦), (事例) 337면 참조].

同旨: 大判 1990.11.13, 90 다카 23394(公報 887, 86)(금은방 경영자가 손님으로부터 7,300,000원의 자기앞수표〈동 수표에는 발행일자가 상이하게 중복날인되어 있었음〉를 교부받으면서 주민등록증도 확인하지 아니하고 그 수표의 뒷면에 전화번호와 서명만을 기재하도록 하고 취득한 경우에는 수표를 취득함에 있어 중대한 과실이 있다); 大邱地判 1988.2.24, 87 나 589(新聞 1734, 8)(수표취득자가 관광호텔 나이트클럽에서 그곳에 온 손님 성명불상자에게 돈 3만원 상당의 술을 팔고 그 대금으로 50만원권 자기앞수표를 교부받고 현금 47만원을 거슬러 주면서 위 성명불상자의 신분을 그의 주민등록증에 의하여 확인하는 등으로 정확히 파악하지 아니하고 만연히 그에게 위 수표 뒷면에 성명과 주민등록번호를 기재하게 하여 그로부터 허위의 성명과 주민등록번호를 기재받은 채 위 수표를 취득하였다면, 수표취득에 중대한 과실이 있다).

은행발행의 자기앞수표를 취득하면서 手票裏面에 적힌 전화번호에 전화를 걸어 확인전화를 하지 아니한 것은 수표취득에 있어 중대한 과실이 있다[大判 1984.11.27, 84 다 466(公報 744, 21)](이 판결은 원심을 파기환송한 것으로서 원심은 중과실이 없다고 판시하였다)[이 판결에 반대하는 취지의 평석으로는 鄭燦亨, 「法律新聞」, 제1576호(1985.2.11), 12면].

同旨: 大判 1980.2.12, 79 다 2108(判總 11-2, 1056-21-2).

어음취득자는 신용금고로서 어음거래 및 할인업무에 정통하고 있으므로 일반인의 경우에 비하여 어음거래 및 할인취득에 있어 더욱 신중하게 대처해야 할 것인바, 단자회사가 발행한 어음을 환금의 목적으로 상호신용금고 등에서 높은 이자율로 할인하는 것은 지극히 이례에 속하는 것으로서 어음소지인(할인의뢰인)의 무권리성에 대하여 의심을 하였어야 할 것이고 또 할인의뢰인으로부터 보통

---

1) 어음(手票)의 선의취득에 있어서 「重過失」의 요건은 입법론으로서는 폐지하는 것이 타당하고, 해석론으로서는 이를 아주 엄격하게 해석하여 어음(手票)의 유통성을 보호하여야 한다는 견해로는 鄭燦亨, 前揭 商事法研究(제10집), 282~285면; 同, 前揭 考試研究(1992.11), 91~92면.

거래의 액수보나 월등히 큰 금액에 대하여 물품대금영수증사본과 납품확인서를 첨부하지 않은 채 할인하여 주고 동 어음을 취득한 것은 어음취득에 중대한 과실이 있다[大判 1988. 10. 25, 86 다카 2026(公報 837, 1469)].

은행발행의 자기앞수표를 취득하는 자가 그 수표의 발행은행에게 도난신고 등이 있는지 여부에 대하여 전화확인을 하지 않고 수표를 취득한 경우에는 중대한 과실이 있다[大判 1990. 12. 21, 90 다카 28023(公報 890, 596)].[1]

회사의 직원이 약속어음을 회사명의로 배서위조함에 있어 날인한 회사의 인장이 그 대표자의 직인이 아니라 그 대표자 개인의 목도장이고 그 어음금액이 상당히 고액인 경우에, 그 약속어음을 할인의 방법으로 취득한 자가 배서의 진정여부를 확인하지 않은 것에는 중대한 과실이 있다[大判 1993. 9. 24, 93 다 32118(公報 956, 2930)].

어음 · 수표를 취득함에 있어서 통상적인 거래 기준으로 판단하여 볼 때 양도인이나 그 어음 · 수표 자체에 의하여 양도인의 실질적 무권리성을 의심하게 할 만한 사정이 있는데도 불구하고, 이와 같이 의심할 만한 사정에 대하여 상당하다고 인정될 만한 조사를 하지 아니하고 만연히 양수한 경우에는 중대한 과실이 있다. 이러한 점에서 볼 때 분실어음을 할인한 X는 동 어음의 습득자 겸 양도인인 A의 말만을 믿고 더 이상의 추궁도 하지 않았으며 동 어음의 발행인 및 최후의 배서인 내지 지급은행에 할인 · 조회를 해보지 아니한 채 액면금 약 2억원을 할인하여 주었다면 그 어음의 취득에 중대한 과실이 있다[大判 1995. 8. 22, 95 다 19980(公報 1001, 3252)].

어음 · 수표를 취득함에 있어서 통상적인 거래기준으로 판단하여 볼 때 양도인이나 그 어음 · 수표 자체에 의하여 양도인의 실질적 무권리성을 의심하게 할 만한 사정이 있는데도 불구하고 이에 대하여 상당하다고 인정될 만한 조사를 하지 아니하고 만연히 양수한 경우에는 중대한 과실이 있다. 이러한 점에서 볼 때 금융기관인 은행이 어음을 담보로 취득함에 있어서, 어음이 일반적으로 법인 발행의 어음에 비하여 지급이 불확실한 개인 발행의 어음이고, 발행인이나 배서인이 당해 은행과 아무런 거래실적이 없는 자이며, 지급은행의 소재지와 다른 곳에 거주하는 배서인이 타지에서 담보로 제공하는 것이었고, 개인이 발행한 어음으로서는 비교적 고액이었으며, 특히 당시 어음의 지급기일 등 어음요건이 대부분 불비되어 있는 데다가 은행이 어음을 취득할 당시에 배서인이 그 어음을 발행인으로부터 공사대금조로 교부받았다고 하였다면 경험칙상 발행인이 지급기일조차도 기재하지 않는다는 것은 극히 이례에 속하는 경우인 점에서, 그 양도

1) 同旨: 日東京地判 1959. 10. 8(新判體 1911-14)(未知의 者로부터 銀行發行의 自己앞手票를 交付받음에 있어 同手票의 支給銀行에 照會하지 않은 것은 현저한 不注意가 있는 것으로서 重大한 過失이 있다).

인의 실질적 무권리성을 의심하게 할 만한 사정이 있었다고 보여짐에도 불구하고 어음의 발행인에게 그 발행 경위에 관하여 확인하거나 지급은행에 구체적인 정보조회를 하여 이의 의심을 해소할 만한 상당한 조사를 하여 보지도 아니한 채 이를 취득한 데에는 중대한 과실이 있다[大判 1997. 5. 28, 97 다 7936(公報 1997, 1983)].

[重過失을 부정한 判例]

사채업자가 백지배서된 약속어음을 교부만에 의하여 취득하면서 동 어음의 최후배서인에게 양도양수관계 등을 조사확인하지 아니하였다 하여 이를 가지고 그 어음취득에 있어서 중대한 과실이 있다고 할 수 없다[大判 1985. 5. 28, 85 다카 192(公報 756, 39)(이 판결의 원심인 서울民事地判 1984. 12. 28, 84 나 1707은 중과실을 인정하였으나, 大法院은 원심을 파기환송하였다)].

약속어음의 수취인인 회사의 직원이 제 3 자와 공모하여 수취인 회사 명의의 배서를 위조하고 제 3 자 명의의 배서를 거쳐 상호신용금고로부터 어음할인을 받은 경우, 배서상 기재의 문제점이 있는 어음에 대하여는 상호신용금고의 어음취득상의 중대한 과실이 있다고 될 수 있으나, 배서상 기재의 문제점이 없는 어음에 대하여는 중대한 과실이 있다고 볼 수 없다. 또한 상호신용금고가 상업어음만을 할인하여야 하는 규정에 위반하여 담보용으로 발행된 어음이나 융통어음을 잘못 할인하였다고 하여 곧바로 악의 또는 중대한 과실로 어음을 취득한 때에 해당한다고는 볼 수 없다[大判 1996. 11. 26, 96 다 30731(公報 1997, 55)].

[유가증권의 양수인(매수인)은 관할법원에 공시최고절차의 진행 여부를 확인할 의무가 없다고 본 경우]

매매 당시 제권판결을 위한 공시최고절차가 진행중이던 무기명채권이 나중에 제권판결의 선고로 무효가 된 경우, 하자 없는 완전한 매매목적물을 이전할 급부의무를 부담하는 매도인은 매수인에게 채무불이행으로 인한 손해배상책임을 부담하는바, 매수인이 위 채권을 매입할 당시 증권예탁결제원에 채권에 대하여 사고신고가 접수되었는지 여부를 조회하고 발행인에게 위조 여부까지 확인하여 아무런 이상을 발견하지 못한 이상, 매수인은 위 채권의 관할법원에 공시최고절차가 진행중인지 여부까지 조회하여 보아야 할 주의의무가 없으므로, 매수인이 공시최고절차의 진행 여부를 확인하지 않았음을 이유로 매도인의 손해배상책임을 제한하는 것은 신의칙과 공평의 원칙에 반한다(이 사건은 민법 제524조 및 동 제514조에 의한 무기명채권의 선의취득에 관한 것인데, 어음 · 수표의 선의취득에도 양수인이 관할법원에 공시최고절차의 진행 여부를 확인하지 않은 것이 중과실이 될 수 없다고 볼 수 있다 — 저자註)[大判 2007. 1. 11, 2005 다 56940(公報 2007, 280)].

물품판매대금으로 은행발행의 소지인출급식 자기앞수표를 교부받음에 있어 발행은행에 문의전화를 하지 않았거나, 양도인이 불러 준 전화번호 또는 그의 주민등록증을 확인하지 않았어도 동 수표의 양수인에게 중대한 과실이 없다[서울民事地判(合議 2部) 1985. 5. 3, 84 나 2567(新聞 1592, 8)].

X가 한꺼번에 취득한 발행은행이 각기 다른 여러 장의 수표 중 일부가 이상이 없다는 확인을 받았다면 다른 은행에 사고유무를 확인치 않았더라도 수표취득에 중대한 과실이 없다[서울民事地判(合議 5部) 1985. 5. 21, 85 나 67(新聞 1592, 8)].

고액인 금 100만원의 수표를 야간에 술값으로 받으면서 주민등록증만 확인하고 발행은행에 조회하지 않은 것에는 중대한 과실이 없다[서울民事地判 1987. 3. 17, 86 나 392(新聞 1679, 10)].

수표의 제시인에 대하여 여권 등으로 신원을 확인하였다면, 그 수표의 양수인이 발행은행에 따로 사고신고의 유무 등을 조회하지 아니하였다거나, 이 사건 수표를 교환에 붙여 결제하지 아니하였거나, 그 수표의 종전소지인에 문의하지 않았다 하여도 수표취득에 중대한 과실이 없다[서울民事地判 1987. 1. 28, 86 나 1366(新聞 1672, 11)].

2) 惡意 또는 重過失의 대상은 어음취득자의 「직전의 양도인」만을 기준으로 하여 판단한다(通說).[1] 따라서 그 이전의 자가 무권리자 등인 것을 알았더라도 직전의 양도인이 무권리자 등인 경우를 모른 경우에는 어음상의 권리를 善意取得한다.

3) 어음취득자의 善意有無는 어음의 「취득시」를 기준으로 하므로, 어음의 취득 당시에 어음취득자가 善意이면 그 후에 부도가 나서 惡意가 되더라도 惡意取得者가 되는 것이 아니다.[2] 또한 白地어음을 선의취득하는 경우에도 어음취득자의 善意有無는 어음의 「취득시」를 기준으로 하는 것이지, 보충시를 기준으로 하는 것이 아니다.[3]

어음 취득자의 악의 또는 중과실에 대한 立證責任은 선의취득을 부정하는 자에게 있다고 본다.[4]

---

1) 鄭(熙), 214면; 徐·鄭, 106면; 鄭(東), 160면 外.

2) 同旨: 日最高判 1951. 2. 20(教材, 判決例 [109]); 日大判 1927. 4. 2(民集 6, 118)

反對: 伊 1950. 11. 15 判決 Mantua (T) F. it. 51 I. 1158(手票取得後에 惡意인 者도 手票喪失者에게 전적으로 責任을 진다고 한다).

3) 同旨: 獨 Regenburg地判 1954. 7. 29(教材, 判決例 [86]).

4) 同旨: 鄭(東), (會) 282면(株券에 관하여); 郭潤直, 「物權法(新訂版)」, 1992, 220면(動産에 관하여).

反對(善意取得을 주장하는 자가 立證責任을 부담한다고 보는 見解): 이인재, 「民法註解(V)(物權 2)」, 463면; 조수현, 「大法院判例解說」, 제24호(1995), 40면; 大判 1962. 3. 22, 4294 민상 1174.

5. 어음取得者는 독립된 經濟的 利益을 가질 것

어음취득자가 어음취득에 관하여 독립된 경제적 이익을 갖지 않는 경우에는 보호할 가치가 없다. 왜냐하면 被背書人을 보호하는 것은 그가 취득한 권리에 그 자신이 고유의 경제적 이익을 갖는 것을 전제로 하기 때문이다. 그러므로 被背書人이 단지 배서인의 대리권한밖에 없는 「推尋委任背書」는 被背書人이 독립의 경제적 이익을 갖지 못하므로 선의취득의 규정이 적용되지 않는다. 「숨은 推尋委任背書」의 경우는 추심위임배서의 실질을 갖는 것으로 증명되는 한 被背書人에게 독립된 경제적 이익이 없으므로 信託讓渡說의 입장에서도 선의취득을 부인하는 것이 타당하다고 본다.[1]

그러나 「入質背書」의 被背書人은 독립된 경제적 이익을 갖고 있으므로 善意取得(質權)이 인정된다.

제 3 效 果

1. 어음上의 權利의 取得

善意取得의 效果에 대하여 어음法 제16조 2항은 「어음을 반환할 의무가 없다」라고 규정하고 있는데, 이는 어음취득자가 어음상의 권리를 原始取得한다는 의미이다(우리 나라의 通說).[2] 그 결과 어음의 분실자 등은 어음상의 권리를 상실하게 된다.

그런데 獨逸의 通說[3]과 우리 나라[4] 및 日本[5]의 少數說은, 債權에 대한 선의취득은 발생하지 않는다는 전제에서 「어음所有權(어음證券에 대한 權利)을 취득하고 그 결과 어음上의 權利를 취득한다」고 설명한다(所有權理論). 그러나 어음상의 권리와 증권의 소유권과의 관계에서 볼 때 어음상의 권리의 취득(행사)에는 증권의 所持만을 요할 뿐 증권의 所有權의 취득을 요하지 아니하는 점에서 양자는 구별되며, 또 선의취득되는 권리는 所有權에 한하는 것은 아니고 어

1) 鄭(燦), (善意取得) 100면.
2) 鄭(熙), 214면; 鄭(東), 161면; 孫(珠), 119면; 梁(承), 170면 外.
3) Rehfeldt/Zöllner, S. 81; Jacobi, S. 65~66; Hueck/Canaris, §8 Ⅳ 2b; Stranz, S. 109; Baumbach/Hefermehl, WG Art. 16 Rdn. 11.
4) 徐(廷), 185면.
5) 松本, 58면 이하; 竹田, 37면; 升本, 177면.

음上의 權利도 해당된다는 점에서 볼 때, 우리 나라의 少數說은 타당하지 않다고 생각한다.[1)]

2. 人的 抗辯의 切斷과의 關係

선의취득자의 권리는 어음法 제17조의 人的 抗辯의 切斷에 관한 규정에 의하여 보충되기는 하나[2)](同조항의 요건을 충족하는 한), 양자는 별개의 요건을 구비하여야 하는 것으로 구별되는 것이다(通說).[3)] 즉, 선의취득이 인정된다 하여 어음상의 기명날인자 또는 서명자가 반드시 어음채무를 부담한다는 의미는 아니고, 이 때에 기명날인자 또는 서명자가 어음채무를 부담하는지 여부는 어음抗辯의 문제로서 善意取得과는 완전히 별개의 문제이다. 따라서 抗辯의 부착을 알아도 양도인의 無權利(또는 讓渡行爲의 瑕疵)를 모르고 어음을 취득하는 자는 抗辯이 부착한 어음을 善意取得하게 된다.[4)]

善意取得과 어음抗辯은 다음과 같은 점에서 差異가 있다.

1) 선의취득은 「權利의 歸屬」에 관한 문제로서 이에 의하여 희생되는 자는 眞正한 權利者임에 반하여, 어음항변은 「債務의 存在(範圍)」에 관한 문제로서 이에 의하여 희생되는 자는 어음債務者이다.

2) 선의취득이 되지 않는 주관적 요건은 「惡意 또는 重大한 過失」임에 반하여, 어음항변이 절단되지 않는 주관적 요건은 「債務者를 害함을 아는 것」이다. 이는 선의취득에서는 자기에 대한 「背書人 자신에 관하여 존재하는 사유」임에 반하여, 항변절단에서는 자기에 대한 「背書人과 債務者와의 어음 외의 관계」로 인한 것이기 때문이다.[5)]

3. 除權判決과의 關係

어음을 분실 · 도난당한 자가 公示催告節次를 거쳐 除權判決을 받은 경우에 어음의 善意取得者와 除權判決取得者 중 누가 實質的 權利者인지가 문제되

---

1) 鄭(燦), (善意取得) 182면.

2) 同旨: Jacobi, S. 67; Stranz, S. 108; Baumbach/Hefermehl, WG Art. 16 Rdn. 11.

3) 同旨: 鄭(熙), 215면; 鄭(東), 161~162면; 孫(珠), 120면 外.

4) 同旨: 徐·鄭, 107면; 梁·朴, 659면; 梁(承), 171면; 徐(廷), 185면; 蔡, 162면.
그러나 英美法에서는 善意取得과 人的 抗辯의 切斷의 主觀的 要件이 같기 때문에 善意取得을 하게 되면 어음상의 권리의 모든 瑕疵 및 舊權利者에게 대항할 수 있는 모든 人的 抗辯이 切斷된 權利를 취득하게 된다[U.C.C. §§3-302(a), 3-306; B.E.A. §29][이에 관한 상세는 鄭(燦), (善意取得) 183면 이하 참조].

5) 鄭(熙), 261면; 鄭(燦), (善意取得) 25~26면.

는데, 이에 대하여 學說은 善意取得者優先說[1]과 除權判決取得者優先說[2]로 나뉘어 있다. 우리 나라의 判例는 형식적으로는 善意取得者優先說의 입장인 것 같은데(除權判決의 積極的 效力에서 形式的 資格의 회복) 실질적으로는 除權判決取得者優先說의 입장에서 판시하고 있다[3](이에 관한 상세는 후술함).

---

1) 鄭(熙), (上) 421면; 安東燮, "除權判決과 善意取得과의 關係," 「考試硏究」, 1981. 6, 108~110면; 鄭(東), 210면; 蔡, 335면; 姜, (어) 156면.

2) 徐(廷), 233면; 李(範), 292면; 李英燮(編輯代表), 「學說判例 註釋民事訴訟法」(서울: 韓國司法行政學會, 1972), 923~924면.

3) 大判 1965. 7. 27, 65 다 1002; 同 1979. 3. 13, 79 다 4 外(判總 15, 1089-1091)[그러나 鄭(東), 210면은 '우리 大法院判例는 善意取得者優先說을 취함을 명백히 하고 있다'고 한다].

제 4 장 어음上의 權利의 行使

제 1 절 總 說

(1) 어음상의 권리는, 어음소지인 등이 만기에 어음의 支給人(約束어음의 경우는 發行人) 등에게 지급을 청구하고(支給提示), 지급이 없거나 만기에 지급이 현저하게 불확실하게 되었을 때는 상환의무자에게 상환을 청구(遡求)함으로써 행사된다. 즉, 어음상의 권리란 主債務者(支給人)에 대한 「어음金支給請求權」(어음金受領權限[1])과 遡求義務者에 대한 「遡求權」을 의미하는 것으로, 어음상의 권리의 行使란 이러한 권리의 내용을 현실화하는 것을 말한다.[2]

(2) 어음상의 권리의 行使는 支給提示에서 출발하여 지급인이 지급을 하면 종결되지만, 지급인이 지급거절을 하면(不渡) 다시 遡求權의 행사의 절차를 밟게 된다. 이를 단계별로 그 특색을 살펴보면 다음과 같다.

1) 支給提示는 어음의 특수성에 비추어 민법의 일반원칙을 변경하여 어음法에서 특별히 규정한 것이다.

2) 支給은 民法上의 변제이나, 어음의 특수성에 맞도록 民法의 일반원칙을 변경하여 어음法에 이에 관한 상세한 규정을 두고 있다. 이 중에서 특별히 문제되는 것은 어음의 피지급성과 유통보호를 위하여 支給人의 調査義務를 경감하고 있는 점이다.

3) 遡求는 民法上 하자담보책임과 같은 정신으로 입법화된 것인데,[3] 어음

---

1) 이는 引受 안 된 換어음의 所持人 또는 手票의 소지인이 支給人에 대하여 갖는 權限이다.
2) 同旨: 鄭(熙), 215면.
3) 同旨: 李(範), 345면.

法은 이 권리의 행사의 전제가 되는 遡求權保全節次에 관하여 상세한 규정을 두고 있다.

4) 어음法은 어음의 피지급성과 유통보호를 위하여 어음채무를 특히 엄격하게 규정하고 있는데, 이것을 어음嚴正(rigor cambialis, Wechselstrenge)이라고 한다. 이러한 어음엄정은 形式的 어음엄정과 實質的 어음엄정으로 나뉘어진다. 形式的 어음엄정이란 특히 어음에는 이에 특유한 간이 · 신속한 어음소송[1]이 인정되어 있는 것을 말하고, 實質的 어음엄정이란 특히 어음채무자에게 (民法上 채무자에 비하여) 엄격한 책임을 부담시키는 것을 말한다. 그런데 形式的 어음엄정에 관한 어음소송에 관하여 우리 나라에서는 특별히 규정하고 있지 않으며,[2] 민사소송법 등에서 어음소송에 관하여 약간의 특칙을 두고 있을 뿐이다.[3] 實質的 어음엄정에 관하여는 어음채무의 無因性(抽象性) · 어음抗辯의 切斷 등이 있는데, 어음채무의 無因性(抽象性)에 대하여는 이미 설명했으므로 이곳에서는 특히 어음抗辯의 切斷이 문제된다. 따라서 어음엄정과 관련해서는 어음抗辯만을 설명하겠다.

이하에서는 어음상의 권리가 현실화되는 순서에 따라 支給提示, 支給, 遡求 및 어음抗辯의 순으로 설명하겠다.

---

1) 어음訴訟의 특색은 증거방법을 書證 또는 當事者本人訊問 등 쉽게 조사할 수 있는 것에 한정하여 심리의 신속을 꾀하고, 勝訴判決에는 반드시 假執行宣告를 붙여 권리의 실현을 강화하며, 원칙적으로 上訴를 허용하지 않는 것 등이다[鄭(東), 163면].

2) 그러나 獨逸 民事訴訟法에서는 제 5 편에서 어음訴訟制度를 두고 있으며, 日本에서도 1964년에 民事訴訟法의 일부를 개정하여 제 5 편의 2를 신설하여 어음訴訟制度를 두고 있다(1965. 1. 1부터 시행).

3) 예컨대, 民事訴訟法 제213조 1항은 어음(手票)金의 청구에 관한 假執行의 宣告에서 단서를 두어 「擔保를 제공하게 하지 아니하고 假執行의 宣告를 하여야 한다」고 규정하고 있다. 또한 어음金請求事件을 單獨判事의 事物管轄로 하고 있다(民事訴訟의 事物管轄에 관한 規則 제 2 조 1호 단서). 또한 公證人은 어음(手票)에 부착하여 強制執行을 認諾하는 취지를 기재한 公正證書를 작성할 수 있는데(이는 원래 1970. 12. 31 제정된 간이절차에 의한 민사분쟁사건처리특례법 제 4 조에 규정되었으나, 1985. 9. 14에 公證人法이 개정되어 同法 제56조의 2에서 규정되고 있다), 이는 公證된 어음(手票)債務者에 대하여는 債務名義로 보게 되어(공증인법 56조의 2 4항), 執行證書가 된다(民執 56조 4호 참조). 그러나 公證人이 作成한 어음(手票)公正證書는 債務名義로서 執行力은 있으나 確定判決과 같은 旣判力은 없다. 따라서 어음(手票)債權이 民法 제165조 2항 소정의 債權으로서 10年의 소멸시효에 걸린다고 할 수 없다[大判 1992. 4. 14, 92 다 169(公報 921, 1594)].

제2절 支給提示

제1 支給提示의 意義

(1) 支給提示(presentment for payment; Vorlegung od. Präsentation zur Zahlung)란 「어음소지인이 지급을 청구하기 위하여 支給人(환어음 및 수표)·引受人(약속어음의 경우는 발행인)·支給保證人(手票) 또는 支給擔當者에게, 支給場所 또는 지급지에 있어서의 지급인의 營業所·住所 또는 居所에서(支給場所의 기재가 없는 경우), 完成어음 자체를 提示하는 것」을 말한다. 어음은 그 성질상 어음소지인(어음상의 권리자)이 항상 변동되기 때문에 어음소지인이 지급인 등에게 먼저 지급을 청구하여야 하고(推尋債務), 또 자기가 권리자라는 것을 증명하는 수단으로 어음 자체를 제시하여야 한다[1](提示證券性). 따라서 支給提示는 지급의 전제요건이 되어 있고 또 지급과 불가분의 관계를 가지고 있다.

그러나 어음이 이미 채무자의 점유에 귀속하는 경우에는 어음소지인은 어음을 제시하지 않고도 어음상의 권리를 행사할 수 있다.

우리 大法院判例도 이와 같은 취지에서 다음과 같이 판시하고 있다.

[어음채무자가 어음을 점유하고 있는 경우 어음소지인은 어음을 제시하지 않고도 어음상의 권리를 행사할 수 있다고 본 判例]

어음은 제시증권·상환증권이므로(어 38조, 39조) 어음을 소지하지 않으면 어음상의 권리를 행사할 수 없는 것이 원칙이지만, 이와 같이 어음상의 권리 행사에 어음의 소지가 요구되는 것은 어음채무자에게 채권자를 확지시키고 또 채무자로 하여금 이중지급의 위험을 회피·저지할 수 있게 하는 데 그 취지가 있는 것이므로, 어음이 어떤 이유로 이미 채무자의 점유에 귀속하는 경우에는 위와 같은 점을 고려할 필요가 없어 어음의 소지는 채무자에 대한 권리행사의 요건이 되지 아니하고, 채무자는 상환이행의 항변을 하지 못한다[大判 2001.6.1, 99 다 60948(公報 2001, 1497)].

이러한 지급제시는 크게 主債務者(환어음의 인수인 또는 약속어음의 발행인)에 대한 지급제시(어음金支給請求權을 행사하기 위한 지급제시)와 단순한 支給人(引受되지 않은 환어음의 지급인 또는 支給保證되지 않은 수표의 지급인)에 대한 지급제시(어음金受領權限을 행사하기 위한 지급제시)의 두 가지로 나뉘어지는데,[2] 각각에 대하여는 후술하는 바와 같이 그 효력이

---

1) 同旨: 註釋, 381면.

2) 支給保證된 手票의 支給人에 대한 지급제시는 支給提示期間內에 지급제시를 하여야 支給保證人에 대한 權利도 보전된다는 점에서(手 55조 1항) 主債務者에 대한 지급제시와 구별

다르다.

(2) 支給提示는 引受提示와 유사한 점도 있으나, 다음과 같은 점에서 구별되고 있다.

1) 인수제시는 「換어음」에만 있는 제도이나, 지급제시는 換어음 · 約束어음 및 手票에 공통된 제도이다.

2) 인수제시인은 어음소지인 또는 어음의 「단순한 점유자」이나(어 21조), 지급제시인은 어음소지인뿐이며 어음의 단순한 점유자는 지급제시를 할 수 없다(通說)[1](어 38조 1항 · 77조 1항 3호, 手 29조).

3) 어음소지인이 인수제시를 할 것인가의 여부는 원칙적으로 「어음소지인의 自由」이고 어음소지인이 이를 하지 아니하여도 법률상 불이익을 받지 아니하나(引受提示自由의 原則)(어 21조), 어음소지인은 (지급을 받기 위하여 또는 소구권을 보전하기 위하여) 지급제시를 반드시 하여야 한다(提示證券性)(어 38조 1항 · 77조 1항 3호, 手 29조).

4) 어음소지인이 인수제시를 한 경우에 지급인은 「인수할 것인가의 여부를 自由」로 결정할 수 있고 또 이를 위하여 「熟慮期間」(어 24조)도 인정되나, 어음소지인이 지급제시를 한 경우에는 인수인(약속어음의 경우는 발행인)은 지급할 채무를 부담하며(인수되지 않은 환어음 또는 지급보증되지 않은 수표의 경우에는 지급인은 발행인과의 자금관계에서 어음(수표)금을 지급하여야 할 채무를 부담함) 또 즉시 지급하여야 하므로 熟慮期間이 인정되지 않는다.

5) 인수제시에 의하여 지급인이 하는 인수는 「어음행위」로서 지급인이 (主債務者로서) 어음채무를 부담하나, 지급제시에 의하여 지급인이 하는 지급은 民法上 변제에 해당하는 것으로서 법률행위가 아니고[2] 또 어음채무를 소멸시키는 것이다.

제 2 支給提示의 當事者

1. 提 示 人

지급제시인은 원칙적으로 形式的 資格이 있는 어음소지인이고,[3] 예외적으

되고, 支給提示期間內에 지급제시하면 支給保證人에 대하여 手票金支給請求權(手票金受領權限이 아님)을 취득하는 점에서 단순한 支給人에 대한 지급제시와 구별되고 있다. 그러나 이러한 支給保證人에 대한 지급제시는 일반적인 경우는 아니다.

1) 徐·鄭, 224면; 鄭(熙), 219면; 鄭(東), 413면 外.

2) 郭, (債總) 391면(辨濟는 法律行爲가 아니라는 데에 우리 나라의 學說은 일치되어 있다고 한다).

3) 記名式 또는 指示式 어음(手票)의 경우에는 背書의 連續이 있는 어음(手票)의 최후의 被

로 形式的 自格이 없는 어음소지인인 경우에는 그가 實質的 權利者임을 입증한 경우에 한하여 지급제시를 할 수 있다. 또한 이들의 代理人이나 使者도 당연히 지급제시를 할 수 있으며(通說),[1] 거절증서의 작성을 위임받은 公證人이나 執行官도 지급제시를 할 수 있다.[2]

그러나 인수제시와는 달리 어음의 「단순한 점유자」는 지급제시를 할 수 없다(通說).[3] 왜냐하면 인수제시에 의한 인수의 효력은 정당한 어음소지인에 발생하나, 지급제시에 의한 지급은 지급제시인에게 이행되면 어음채무가 소멸하기 때문에 지급제시인은 (원칙적으로) 形式的 資格이 있는 어음소지인에 한하고 단순한 어음의 점유자는 지급제시인이 될 수 없다.[4]

2. 被提示人

지급제시의 상대방(被提示人)은 환어음의 경우는 지급인 또는 인수인, 약속어음의 경우는 발행인, 수표의 경우는 지급인 또는 지급보증인이다. 이들을 위한 지급담당자 또는 지급장소의 기재가 있는 경우에는 그 지급담당자 또는 지급장소에서 지급제시를 하여야 하는데(第3者方支給 어음의 경우)(어 4조·27조·77조 2항, 手 8조), 우리 大法院判例도 이와 同旨로 다음과 같이 판시하고 있다.

[어음에 第3者方支給文句의 기재가 있으면, 그 제3자에게 지급제시를 하여야 한다고 본 判例]

어음에 제3자방지급문구가 기재되어 있고 또 그것이 지급담당자를 기재한 것이라면, 지급을 위한 제시는 지급담당자의 영업소 또는 주소에서 지급담당자에게 하여야 한다[大判 1988. 8. 9, 86 다카 1858(公報 832, 1207)].

그러나 지급담당자 등의 기재가 없는 경우에는 지급인 등의 營業所·住所 또는 居所에서 지급제시를 하여야 한다(民 516조, 524조).

환어음의 인수인 또는 약속어음의 발행인이 數人인 경우에는 이러한 共同引受人 또는 共同發行人은 連帶債務를 부담하는 것이 아니라 合同責任을 부담하여 각자가 독립적으로 어음금 전액에 대하여 지급의무를 부담하는 것이므로,

---

背書人이고, 所持人出給式手票 또는 최후의 背書가 白地式인 경우에는 어음(手票)의 단순한 所持人(占有者)이다.

1) 徐·鄭, 224면; 鄭(熙), 219면; 鄭(東), 413면 外.
2) 同旨: 日大判 1921. 6. 27(民錄 27, 1252).
3) 徐·鄭, 224면; 鄭(熙), 219면; 鄭(東), 413면; 註釋, 382면 外.
4) 同旨: 註釋, 382면.

어음소지인은 共同引受人 또는 共同發行人의 전원에 대하여 지급제시를 하여야 소구권을 보전할 수 있다고 본다.[1]

제 3 支給提示期間

支給提示期間(Vorlegungsfrist)은 어음의 지급제시기간과 수표의 지급제시기간으로 분류할 수 있고, 어음의 지급제시기간은 主債務者에 대한 지급제시기간과 遡求權保全을 위한 지급제시기간으로 분류할 수 있다(수표의 경우는 주채무자가 없으므로 이러한 구별이 있을 수 없다). 단순히 지급제시기간이라고 하면 보통 遡求權保全을 위한 지급제시기간을 의미한다.

이러한 지급제시기간은 제척기간이므로 중단·정지 등이 없고, 지급제시는 지급제시기간중의 거래일에 한하여 할 수 있는데 거래일에는 영업시간 내에 한하여 할 수 있다[2](商 63조 참조).

1. 어음의 支給提示期間

(1) 主債務者에 대한 支給提示期間

환어음의 인수인 또는 약속어음의 발행인과 같은 主債務者에 대하여 어음소지인이 어음상의 권리를 행사하기 위한 지급제시기간은 「만기의 날로부터 3년간」이다(어 70조 1항, 77조 1항 8호).

이러한 지급제시기간의 계산에 있어서 初日은 산입되지 아니하며(어 73조, 77조 1항 9호), 그 기간의 말일이 法定休日인 때에는 이에 이은 제 1 의 거래일까지 기간이 연장되나 기간중의 休日은 그 기간에 산입된다(어 72조 2항, 77조 1항 9호). 여기에서 去來日이라 함은 法定休日 이외의 날을 말하는데, 法定休日이란 국경일[3]·공휴일[4]·일요

1) 同旨: 鄭(東), 413면; 註釋, 383면; 崔(基), 473면.

反對: 日大判 1904. 12. 6(民錄 10, 1557)(共同發行人은 連帶債務者이므로, 그 중 1人에 대하여만 支給提示하면 遡求權을 保全할 수 있다고 한다); 協約 제55조 (b)호(約束어음의 發行人의 경우).

2) 同旨: 鄭(東), 414면; 註釋, 353면; B.E.A. §45(3).

3) 이에 대하여는 「국경일에 관한 법률」(제정: 1949. 10. 1, 법 53호, 개정: 2005. 12. 29, 법 7771호)이 있는데, 이에 의하면 국경일은 3·1절(3월 1일)·제헌절(7월 7일)·광복절(8월 15일)·개천절(10월 3일)·한글날(10월 9일)이다.

4) 이에 대하여는 「관공서의 공휴일에 관한 규정」(제정: 1990. 11. 5, 대통령령 13155호, 개정: 2005. 6. 30, 대통령령 18893호)이 있는데, 이에 의하면 공휴일은 일요일·국경일 중 3·1절·광복절 및 개천절·1월 1일·설날 전날·설날·설날 다음날·석가탄신일(음력 4월 8일)·5월 5일(어린이날)·6월 6일(현충일)·추석 전날·추석·추석 다음날·12월 25일(기독탄신일)·기타 정부에서 수시 지정하는 날이다. 이 때 '기타 정부에서 수시 지정하는 날'이란 국회의원 선거일·대통령 선거일 등과 같이 정부에서 수시로 정하는 임시공휴일을

일 · 기타의 일반휴일을 말한다(어 81조). 기타의 一般休日이란 지방휴일 또는 관습적 휴일[1]을 말하는데, 어음거래의 안전을 위하여 明定되어야 하고,[2] 은혜일[3]은 법률상이거나 재판상임을 불문하고 인정되지 아니한다(어 74조, 77조 1항 9호).

(2) 遡求權保全을 위한 支給提示期間

1) 確定日出給어음 · 發行日字後定期出給어음 · 一覽後定期出給어음의 경우에는, 「지급을 할 날 또는 이에 이은 2거래일 내」이다(어 38조 1항, 77조 1항 3호). 이 때에 「지급을 할 날」이란 법률상 지급을 하여야 할 날로서 만기가 거래일인 경우에는 만기와 일치하나, 만기가 법정휴일인 경우에는 이에 이은 제1의 거래일이다(어 72조 1항 1문, 77조 1항 9호). 그 밖에 거래일의 의미는 위에서 본 바와 같다.

2) 一覽出給어음의 경우에는 「발행일자(發行人이 일정한 期日前에 支給提示를 금한 경우에는 그 期日)로부터 1년 내」이다(어 34조 1항 · 2항, 77조 1항 2호). 發行人은 이 기간을 단축 또는 연장할 수 있고, 背書人은 이 기간을 단축할 수 있다(어 34조 1항 후단, 77조 1항 2호). 이 기간의 계산에 관하여는 위에서 본 바와 같다.

2. 手票의 支給提示期間

수표의 지급제시기간은 지급보증인에 대하여 수표소지인이 수표상의 권리를 행사하기 위한 것이든(手 55조 2항) 소구권보전을 위한 것이든 동일한데, 이는 다음과 같다(手 29조 1항 · 2항 · 3항). 즉 國內手票는 10일(手 29조 1항), 外國手票는 同一洲가 20일이고 다른 洲는 70일이다(手 29조 2항 · 3항).

은행의 自己앞手票의 경우에도 국내수표이면 지급제시기간이 역시 10일이라는 취지의 다음과 같은 大法院判例가 있다.

[은행의 自己앞手票의 경우에도 지급제시기간이 10일이라고 본 判例]

발행인이 자기앞으로 발행한 수표도 역시 수표법 제29조 1항에 의하여 10일 내에 지급을 위하여 이를 제시하여야 한다[大判 1959. 10. 29, 4292 民上 440(敎材, 判決例 [459])].

수표의 지급제기기간은 어음과는 달리 당사자가 임의로 伸縮할 수 없다. 수표의 지급제시기간의 계산에 관하여도 수표의 발행일은 初日에 산입하지 아

말한다(국무회의에서 제주도 주민투표일을 임시공휴일로 지정한 경우, 제주도에 한하여 그 주민투표일은 이러한 임시공휴일에 해당한다고 본다).

1) 토요일 휴무는 근로기준법상 단체협약에 의한 것인데, 이는 이러한 관습적 휴일로서 기타의 일반휴일이라고 본다.

2) 同旨: 徐·鄭, 225면; 註釋, 383면.

3) 恩惠日이란 어음債務者를 위하여 恩惠로써 지급유예를 주는 기간을 말한다[鄭(熙), 220면].

니하고(手 61조), 수표가 실제로 발행된 날이 수표에 기재된 발행일과 다른 경우에는 수표에 기재된 발행일을 기준으로(手 29조 4항) 지급제시기간을 계산한다.

우리 大法院判例도 이와 同旨로 다음과 같이 판시하고 있다.

[수표의 지급제시기간은 수표상에 기재된 發行日을 기준으로 하는데, 初日은 산입하지 않는다고 본 判例]

수표법 제29조 4항의 규정은 수표가 실제로 발행된 날과 수표에 발행일로 기재된 날이 서로 다른 경우에 그 수표의 지급제시기간을 산정함에 있어서 수표에 기재된 발행일을 기준으로 한다는 원칙을 밝힌 것으로 기간의 계산은 위 수표법 제61조의 일반 원칙적 규정에 따라 수표에 발행일로 기재된 날은 초일에 산입하지 아니하고 그 다음날로부터 기산한다고 풀이할 것이다[大判 1982. 4. 13, 81 다 1000, 81 다카 552(教材, 判決例 [541])].

제 4 支給提示의 場所 및 方法

1. 支給提示의 場所

(1) 어음에 支給場所(또는 支給當事者)의 기재가 있는 경우

1) 지급장소가 支給地內의 장소로서 적법하게 기재된 경우에는 그 지급장소에서 지급제시하여야 하고, 그 지급장소 이외에서 지급제시하여도 지급제시로서의 효력이 없다.[1)] 따라서 지급장소로서 第3者方支給文言이 기재된 경우에는(어 4조·27조·77조 2항, 手 8조) 언제나 그 第3者方에서 지급제시하여야 한다. 그러나 어음에 기재된 지급장소는 지급제시기간 내에 지급제시한 경우에만 그 효력이 있으므로, 이 기간이 경과한 후에는 어음소지인은 지급인의 영업소·주소 또는 거소에서 적법하게 지급제시를 할 수 있다.[2)]

2) 지급장소가 支給地外의 장소로 기재된 경우에는 앞에서 본 바와 같이 그 지급장소의 기재는 무효가 되는 것이므로,[3)] 어음소지인이 그 지급장소에서 지급제시하는 것은 지급제시로서의 효력이 없다.[4)] 따라서 이 때에 어음소지인은 지급지 내의 지급인의 영업소·주소 또는 거소에서 지급제시하여야 하고,[5)] 지급지 내에서 지급인의 영업소·주소 또는 거소를 발견할 수 없는 때에는 지

1) 同旨: 鄭(東), 414면; 註釋, 384면.
2) 同旨: 鄭(東), 415면; 蔡, 249면; 註釋, 384면.
3) 同旨: 大判 1959. 8. 27, 4292 民再抗 120(判總 11-2, 1030).
4) 同旨: 日大判 1924. 12. 5(教材, 判決例 [244]).
反對: 註釋, 384면(支給人 및 그 어음의 背書人에게는 지급제시로서 유효하다고 한다).
5) 同旨: 鄭(東), 415면; 註釋, 384면.

급지 내에서 지급거절증서를 작성할 수밖에 없다.[1]

(2) 어음에 支給場所(또는 支給擔當者)의 기재가 없는 경우

어음에 지급장소의 기재가 없는 경우에는 지급지 내의 지급인의 영업소·주소 또는 거소에서 지급제시를 하여야 한다[2](民 516조, 524조). 그러나 지급지 내에서 지급인의 영업소·주소 또는 거소를 발견할 수 없고 지급지 외에서 지급인의 영업소·주소 또는 거소를 발견한 때에는, 지급지 외의 지급인의 영업소 등에서 지급제시를 할 것이 아니라 지급지 내에서 지급거절증서를 작성하여야 한다.[3]

(3) 당사자간의 合意에 의하여 支給場所의 변경이 있는 경우

어음에 기재된 지급장소(그 지급장소가 支給地內이든 支給地外이든 불문함) 이외의 장소에서 지급제시를 할 것을 지급인과 어음소지인간에 합의한 경우, 그 장소에서 지급제시한 것이 유효한가의 문제가 있다. 이에 대하여 지급장소는 어음소지인과 지급인간에만 이해관계를 미치는 사항이라는 이유로 이를 肯定하는 견해와,[4] 어음의 요식증권성에서 이를 否定하는 견해[5]로 나뉘어 있다.

생각건대 지급장소는 어음요건이 아니므로 어음상에 기재된 지급장소 이외의 장소에서 지급하기로 합의한 것이 어음의 요식증권성에 반한다고 볼 수도 없고, 또 배서인 기타 어음채무자의 이익을 해하는 것도 아니므로, 그 지급장소가 支給地內의 장소이면 유효하다고 본다(肯定說에 찬성). 이 때 지급인이 지급거절을 하는 경우 지급거절증서의 작성장소는 어음상에 기재된 지급장소가 아니라 현실로 지급제시를 한 장소이다(拒令 8조 참조).

(4) 어음交換所에서의 支給提示

어음法은 어음交換所에서의 제시는 지급제시로서 유효함을 명백히 규정하고 있다(어 38조 2항·77조 1항 3호, 手 31조 1항). 이러한 어음交換所에서의 지급제시는 어음交換所가 어음상에 지급장소(또는 지급담당자)로서 기재되지 않은 경우에도, 또 지급지 외에 있는 경우에도 언제나 유효하다.[6] 어음소지인은 지급장소(手票인 경우에는 支給人)인 은행

1) 同旨: 註釋, 384면.

2) 이 때 어음상에 기재된 지급지 내의 지급인의 영업소·주소 또는 거소가 지급지 내의 현재의 영업소·주소 또는 거소와 틀린 경우에는, 물론 현재의 영업소·주소 또는 거소에서 지급제시를 하여야 한다.

3) 同旨: 鄭(東), 415면; 崔(基), 473면; 註釋, 384면.

4) 徐·鄭, 226면; 鄭(東), 415면; 崔(基), 475면. 同旨: 日大判 1940. 1. 29(教材 判決例 [367]).

5) 註釋, 385면.

6) 同旨: 註釋, 385면.

에 직접 가서 지급제시를 할 수도 있으나(窓口提示),[1] 자기의 거래은행을 통하여 이러한 지급(담당)은행에 지급제시를 하는 것이 일반적이다(交換提示).[2] 이러한 어음交換所는 法務部長官이 지정한다(어 83조, 手 69조).

어음소지인이 교환제시를 하는 경우 자기의 거래은행(추심을 위임받은 금융기관, 제시금융기관)에 어음을 입금하면 제시금융기관이 어음의 기재사항을 정보처리시스템에 의하여 전자적 정보의 형태로 작성한 후 그 정보를 어음교환소에 송신하는데, 이 경우 이러한 정보가 그 어음교환소의 정보처리시스템에 입력된 때에 어음교환소에서의 지급제시가 이루어진 것으로 본다(어 38조 3항 · 77조 1항 3호, 手 31조 2항). 이는 어음(수표)정보의 전자적 송·수신에 대하여 어음(수표)법상 지급제시의 효력을 부여한 것인데, 이를 위하여 2007. 5. 17에 어음법(법 8441호) 및 수표법(법 8440호)이 개정되었다(시행일자는 2007. 11. 18임).

2. 支給提示의 方法

지급제시를 함에는 완전한 어음으로써, 원칙적으로 상대방(被提示人)의 면전에서, 어음 자체를 제시하여야 한다. 지급인이 지급을 거절할 것이 명백한 경우에도 어음소지인은 이러한 방법으로 지급제시를 하여야 한다. 이를 좀 더 상세히 살펴보면 다음과 같다.

1) 지급제시에는 「완전한 어음」으로써 하여야 하므로 白地어음으로써 한 지급제시는 그 효력이 없다.

우리 나라의 判例에서도 이미 앞에서 본 바와 같이 이와 同旨로 다음과 같이 판시하고 있다.

[受取人 白地의 어음의 지급제시는 효력이 없다고 본 判例]

수취인란이 백지인 채로 한 지급제시는 무효이다[大判 1971. 1. 26, 70 다 602(教材, 判決例 [95])].

同旨: 大判 1986. 9. 9, 85 다카 2011(公報 786, 25)[이 판결에 대한 평석으로는 鄭燦亨, "어음要件의 一部가 記載欠缺된 어음의 지급제시의 효력," 「判例月報」, 제194호(1986. 11), 38~46면]; 日最高判 1958. 3. 7(教材, 判決例 [97]).

그러나 發行地의 기재 없는 어음의 경우, 發行地는 그 기능에서 어음행위의 준거법을 추정하는 효력밖에 없는 점에서 볼 때 (국내에서 발행된 것이 확실

1) 銀行은 過失支給의 위험을 피하기 위하여 가능한 한 窓口支給을 피하고 있다.

2) 어음소지인은 交換提示를 위하여 어음에 (숨은) 추심위임배서를 하여 거래은행에 추심을 위임하든가 또는 양도배서를 하여 거래은행에 있는 자기의 예금구좌에 입금시킨다.

하면) 발행지 및 발행인의 명칭에 부기한 지의 기재가 없는 어음을 유효로 본다면, 그러한 어음에 의한 지급제시도 유효하다(이에 관하여는 白地어음에서 상술함).

2) 지급제시는 원칙적으로 「被提示人의 면전」에서 하여야 하는데, 다음과 같은 경우에는 예외적으로 被提示人의 면전에서 하지 않은 경우에도 지급제시가 있다고 볼 수 있다.

① 어음소지인이 지급제시기간 내에 지급장소 또는 지급인의 영업소 · 주소 또는 거소에 지급제시를 위하여 어음을 가지고 갔으나, 지급인이 不在하여 지급인의 면전에서 현실로 지급제시를 할 수 없었던 경우에는 지급제시가 있었다고 볼 수 있다.[1)]

② 지급지 내에 지급인의 영업소 · 주소 또는 거소가 없어서 지급제시를 할 수 없었던 경우에도, 적법한 지급제시가 있었던 것으로 본다.[2)]

③ 지급담당자가 어음소지인이 된 경우에는, 만기에 어음을 소지하고 있는 것 자체로 적법한 지급제시가 있은 것으로 된다.[3)]

3) 지급제시에는 원칙적으로 「어음 자체」로써 하여야 하므로, 등본 등에 의한 제시는 적법한 지급제시로서의 효력이 없다. 그러나 예외적으로 재판상의 청구에는 어음 자체로써 제시하지 않더라도 訴狀 또는 支給命令의 송달이 있은 때에 적법한 지급제시가 있은 것으로 본다.

우리 大法院判例도 이와 同旨로 다음과 같이 판시하고 있다.

[어음금의 裁判上 請求에는 어음을 제시할 필요가 없다고 본 判例]

어음금을 재판상 청구하는 경우에는 同청구를 위하여 어음을 채무자에게 제시한 필요가 없고 재판상 同청구가 인정되는 때에는 訴狀의 송달이 어음제시와 동일한 효력을 가진다고 봄이 정당한 것이다[大判 1958. 12. 26, 4291 民上 38(教材, 判決例 [358])].

同旨: 大判 1959. 2. 19, 4290 民上 588(教材, 判決例 [357]) 外.

또한 어음을 상실(분실 · 도난)한 경우에도 公示催告에 의한 除權判決을 취득하여 어음상의 권리를 행사할 수 있다(民訴 492조~497조).

---

1) 同旨: 徐·鄭, 227면; 鄭(熙), 223면; 鄭(東), 417~418면; 蔡, 255면; 日大判 1932. 2. 26(民集 11-3, 218); 日最高判 1958. 9. 12(ジュリスト 164, 383).

2) 同旨: 徐·鄭, 227면; 註釋, 386면.

3) 同旨: 日大判 1938. 12. 19(民集 17, 2670); 日最高判 1964. 3. 19(民集 8-3, 711).

제 5 支給提示의 效力

1. 主債務者에 대한 支結提示의 效力

1) 환어음의 인수인 또는 약속어음의 발행인과 같은 主債務者에 대한 지급제시기간은 「만기의 날로부터 3년간」(시효기간)이므로(어 78조 1항, 77조 1항 8호), 이 기간 내에 지급제시를 하면 주채무자에 대한 어음금지급청구권을 보전할 수 있다.

우리 大法院判例도 이와 同旨로 다음과 같이 판시하고 있다.

[約束어음의 發行人의 어음상 채무에 관한 判例]

약속어음의 발행인은 환어음의 인수인과 같이 어음금액을 절대적으로 지급할 의무를 부담하는 자이고 상환의무자가 아니므로, 어음소지인이 발행인에 대하여 어음법 제77조 1항 3호가 준용하는 같은 법 제38조에 의한 (소구권보전을 위한—저자註) 지급제시기간 내에 지급제시를 하지 않았다 하여도 (시효기간 내에는—저자註) 어음금액을 청구할 수 있는 것이다. 따라서 어음법 제38조는 약속어음의 발행인에게는 적용되는 것이 아니다[大判 1971. 7. 20, 71 다 1070(教材, 判決例 [355])].

同旨: 大判 1988. 8. 9, 86 다카 1858(公報 832, 1207).

만일 이 기간을 경과하면 주채무자에 대한 어음상의 권리는 시효소멸한다.

2) 위에서 본 바와 같이 주채무자에 대한 지급제시기간은 「만기의 날로부터 3년간」이므로, 주채무자가 어음소지인에 대하여 지체책임을 지는 것도 어음의 제시증권성과 관련하여 볼 때 만기의 익일이 아니라 「지급제시일(裁判上의 청구에는 訴狀 또는 支給命令의 송달일)의 익일」이다(商 65조, 民 517조).

우리 大法院判例도 이미 앞에서 본 바와 같이 이와 同旨로 다음과 같이 판시하고 있다.

[어음의 주채무자는 지급제시일(소장송달일) 익일부터 지체책임을 진다고 본 判例]

본건에 있어서 어음의 주채무자인 Y는 어음소지인인 X에 대하여 위의 어음금 및 이에 대한 본건 소장송달의 익일인 1959. 5. 4부터 완제에 이르기까지 상법소정 연 6分의 비율에 의한 지연손해금만을 지급할 의무가 있음에도 불구하고, 어음의 지급기일의 익일인 1958. 12. 7부터 지연이자의 지급을 명한 원판결 및 제 1 심판결은 파기 또는 취소를 면치 못할 것이므로 이에 관한 논지는 이유 있다[大判 1960. 6. 9, 4292 民上 778(教材, 判決例 [359])].

同旨: 大判 1960. 11. 17, 4293 民上 102(教材, 判決例 [360]); 同 1964. 11.

24, 64 다 1026(教材, 判決例 [356])(재판상의 청구에서는 소장제출일이 아니라 소장송달의 익일부터 지연손해금이 계산된다고 한다).

이와 같이 주채무자에게 지체책임을 지우기 위한 요건으로서의 지급제시의 증명방법에는 아무런 제한이 없다.

2. 遡求權保全을 위한 支給提示의 效力

(1) 어음소지인이 소구권을 보전하기 위하여는 「遡求權保全을 위한 지급제시기간 내」(어 38조 1항, 34조 1항·2항, 77조 1항 2호~3호, 手 29조 1항·2항·3항)에 지급제시를 하여야 한다. 또한 이 기간내에 적법한 지급제시가 있었다는 사실은 「支給拒絶證書」에 의하여 증명되지 않으면 안 된다(어 44조 1항·77조 1항 4호, 手 39조). 다만 지급거절증서의 작성이 면제된 경우에는 그러하지 아니하다(어 46조 2항·3항, 77조 1항 4호, 手 42조 2항·3항).

(2) 만일 이 기간 내에 지급제시를 하지 않으면 다음과 같은 효력이 있다.

1) 어음의 경우　① 어음소지인은 소구의무자에 대한 遡求權을 상실한다(어 53조, 77조 1항 4호).

② 환어음에서 引受하지 않은 支給人은 발행인의 계산으로 지급할 수 없다. 이 때 지급인이 지급제시기간 경과 후에 발행인의 계산으로 지급하는 것은 만기에 지급하여 줄 것을 지급인에게 위탁한 발행인의 의사와 다르기 때문이다.[1)]

③ 어음채무자는 어음소지인의 비용과 위험부담으로 어음금액을 供託할 수 있다[2)](어 42조, 77조 1항 3호).

2) 手票의 경우　① 수표소지인이 소구의무자에 대한 遡求權을 상실하는 점은(手 39조) 어음과 같다. 그런데 이 외에 수표소지인은 支給保證人에 대한 권리도 상실한다(手 55조 1항). 이 점에서 수표의 支給保證人은 어음의 主債務者와 구별되고 최종의 遡求義務者와 같은 지위에 있다.

② 수표의 지급인은 지급위탁의 취소가 없는 한 지급제시기간 경과 후에도 발행인의 계산으로 지급할 수 있는 점도(手 32조 2항), 인수되지 않은 환어음의 경우와 다른 점이다. 수표채무자에게는 수표금액을 供託할 권리를 인정하지 않은

---

1) 同旨: 鄭(熙), 222면.

2) 이 때 引受하지 않는 支給人도 供託할 수 있다고 해석하는 見解도 있으나[鄭(東), 419면; 崔(基), 486면], 引受하지 않은 支給人은 어음債務者가 아닐 뿐만 아니라 支給提示期間 경과 후에는 發行人의 계산으로 지급할 수 없기 때문에 供託權을 인정할 필요가 없다고 본다(同旨: 蔡, 257면).

점도 어음의 경우와 다른 점이다.

③ 수표에는 주채무자가 없고 소구권은 지급제시기간의 경과로 소멸되므로, 지급제시기간의 경과로 利得償還請求權이 解除條件附(또는 停止條件附)로 발생하는 점도(手 63조) 어음의 경우와 다른 점이다.

제 6 支給提示의 免除

지급제시는 주채무자에 대하여는 지체책임을 묻기 위하여 또 소구의무자에 대하여는 소구권을 보전하기 위하여(수표의 지급보증인에 대하여는 지급청구권을 보전하기 위하여) 현실적으로 하여야 하는 것이 원칙이다. 그러나 일정한 경우에는 어음法의 규정 등에 의하여 지급제시가 있은 것과 동일한 효력이 인정되는 경우가 있고, 당사자간에 지급제시면제의 특약을 하는 경우가 있다.

1. 支給提示가 있은 것과 동일한 效力이 인정되는 경우

1) 재판상 어음금을 청구하는 경우에는 이미 설명한 바와 같이 訴狀 또는 支給命令의 송달을 지급제시와 동일한 효력이 있는 것으로 본다(通說·判例).

2) 인수거절증서를 작성한 경우에는 지급제시(및 지급거절증서의 작성)를 요하지 않고(어 44조 4항), 소구권을 행사할 수 있다.

3) 어음의 경우 不可抗力이 만기로부터 30일을 넘어 계속하거나(어 54조 4항, 77조 1항 4호), 수표의 경우에는 수표소지인이 자기의 배서인에 대하여 不可抗力을 통지한 날로부터 15일을 넘어 계속하는 경우에는(手 47조 4항), 지급제시(및 지급거절증서를 작성)를 요하지 않고 소구권을 행사할 수 있다.

4) 지급지 내에 지급인의 영업소·주소 또는 거소를 발견할 수 없거나 지급인을 발견할 수 없을 때에는, 지급제시를 요하지 않고(그러나 지급거절증서는 작성하여) 소구권을 행사할 수 있다(通說).

2. 支給提示免除의 特約이 있는 경우

1) 어음의 지급인 등과 어음소지인간에 支給提示免除의 특약을 하는 것은, 어음의 제시증권성(어 38조 1항·77조 1항 3호, 手 29조) 및 상환증권성(어 39조 1항·77조 1항 3호, 手 34조 1항)에 반하는 점에서 의문이 있기는 하나, 당사자간에서는 유효하다고 본다. 또한 지급인 등과 어음소지인간의 지급제시유예 내지 지급제시기간연장의 특약도 이와 동일

하게 당사자간에서만 유효하다고 본다.

2) 소구의무자와 어음소지인간에 지급제시면제의 특약을 하는 것은 당사자간에서만 유효하다고 본다(通說).[1)]

우리 下級審判例도 이와 同旨로 다음과 같이 판시하고 있다.

[支給提示免除의 특약은 당사자간에는 有效하다고 본 判例]

약속어음의 배서인과 소지인간에 한 지급제시의무 면제의 특약은 당사자 사이에는 유효하다 할 것이니 배서인은 위 약속어음의 정당한 소지인에 대하여 위 어음금의 지급의무를 면한 수 없다 할 것이다[서울民事地判 1971. 11. 3, 71 가합 4540(敎材, 判決例 [370])].

또한 소구의무자와 어음소지인간의 지급제시유예 내지 지급제시기간연장의 특약도 이와 동일하게 당사자간에서는 유효하다고 본다. 따라서 이러한 특약에 의하여 기한후배서를 한 자도 소구의무를 부담할 수 있다.[2)]

제 3 절 支　　給

제 1 意　　義

어음관계는 支給(payment; Zahlung)에 의하여 소멸되는데, 이러한 지급이라는 말은 협의와 광의로 사용되고 있다.

1. 狹義의 어음의 支給

협의의 어음의 지급이란「환어음의 지급인 또는 인수인, 약속어음의 발행인 및 수표의 지급인(및 이들을 위한 지급담당자)이 하는 지급」을 말한다. 단순히 지급이라고 하면 이러한 협의의 지급을 의미한다. 이러한 지급으로 인하여 어음관계는 완전히 소멸된다.

협의의 지급 중 환어음의 인수인 또는 약속어음의 발행인과 같은 어음채무자가 하는 지급은 민법상 변제에 해당하지만, 어음채무자가 아닌 환어음 또는 수표의 지급인이 하는 지급은 민법상 변제에 해당하지 않는다.[3)] 어음채무

1) 鄭(東), 419면; 註釋, 382면; 徐(廷), 198면; 姜, 383면; 姜, (어) 447면 外.
2) 同旨: 註釋, 382면.
3) 同旨: 註釋, 380면.

자가 아닌 지급인 또는 지급담당자의 지급은 실질관계에서는 별문제로 하고 어음소지인과의 관계에서만 보면 임의의 지급이다.

2. 廣義의 어음의 支給

광의의 어음의 지급이란 위와 같은 협의의 지급 이외에, 소구의무자의 지급(상환), 보증인의 지급, 소구의무자의 지급을 저지하기 위한 예비지급인·참가인수인 또는 제 3 자의 지급 등을 포함한다. 그러나 이러한 지급은 어음관계를 완전하게 소멸시키지는 못하고, 지급한 자의 구상을 위하여 어음관계가 잔존하게 된다.

제 2 支給의 時期

지급의 시기에 대하여는 만기가 있는 어음과 만기가 없는 수표로 나누고, 어음의 경우는 다시 만기 전의 지급·만기에 있어서의 지급·만기 후의 지급 등으로 나누어서 설명하겠다.

1. 어음의 경우

(1) 滿期前의 支給

1) 民法의 일반원칙에 의하면 期限(滿期)은 채무자의 이익을 위한 것으로 추정되므로(民153조 1항) 채무자는 원칙적으로 이 이익을 포기하고(民153조 2항) 期限(滿期) 前에 변제(지급)를 할 수 있는데(民 468조), 어음은 만기에 이르기까지 강력한 유통력을 가지고 또 어음소지인은 만기까지 어음을 유통시키는 데에 대하여 이익을 가지고 있으므로 (환어음의 인수인 또는 약속어음의 발행인과 같은) 어음채무자(또는 지급인)는 만기 전에는 원칙적으로 지급을 할 수 없고(어 40조 2항, 77조 1항 3호) 또한 어음소지인도 만기 전에는 그 지급을 받을 의무가 없다(어 40조 1항, 77조 1항 3호).

어음의 지급인은 어음소지인의 동의가 있으면 만기 전에도 유효하게 지급할 수 있으나, 이 때에는 전적으로 지급인의 위험부담으로 지급하는 것이고 만기에 지급하는 지급인에 대한 보호가 인정되지 않는다(어 40조 2항, 77조 1항 3호). 즉, 지급인이 形式的 資格을 가진 어음소지인에게 지급하고 또 어음소지인의 實質的 資格에 대하여 사기 또는 중과실이 없더라도 지급인은 면책되지 못한다. 또 지급위탁이 취소된 경우에는 발행인에 대하여 자금관계상 상환을 청구하지 못한다.

또 만기 전에 어음금의 지급을 청구하는 소는 이른바 장래의 이행의 소로서 가능한데, 이것은 만기에 지급을 청구할 수 있는 판결을 받는 것뿐이고 어음의 제시증권성과 상환증권성에 영향을 미치는 것은 아니다.[1)]

2) 만기 전의 지급이라도 만기 전의 소구가 인정되어 지급하는 경우(어 43조 단서, 77조 1항 4호)에는 만기에 있어서의 지급과 동일하다(通說).[2)]

(2) **滿期에 있어서의 支給**

어음은 원래 만기에 지급될 것이 예정되어 있는 증권이므로 만기는 지급인이 지급을 할 수 있는 시기일 뿐만 아니라, 어음소지인이 지급을 청구할 수 있는 시기이기도 하다. 따라서 만기와 어음의 지급과는 불가분의 관계를 갖고 있다.

1) 어음금을 지급할 시기인 만기는 만기일(1일)만을 의미하는 것이 아니라, 앞에서 이미 설명한 「지급제시기간」을 의미한다. 이것은 어음소지인을 보호하기 위한 것이다. 따라서 지급제시기간 내에 지급제시를 하였음에도 불구하고 主債務者가 지급하지 않은 경우에는, 만기에 지급제시를 하였음에도 불구하고 지급하지 않은 경우와 같으므로 어음소지인은 어음채무자에게 滿期 이후(滿期 당일 포함)의 연 6分의 이율에 의한 지연이자를 청구할 수 있다(어 48조 1항 2호, 77조 1항 4호).

2) 만기에 지급하는 지급인은 어음法에 의하여 善意支給에 대하여 특별한 보호를 받는다(어 40조 3항, 77조 1항 3호). 즉, 어음소지인이 無權利者 등인 경우에도 이에 대하여 지급인이 사기 또는 중과실이 없고 또 어음소지인이 形式的 資格을 갖추고 있으면 지급인은 그러한 어음소지인에게 지급함으로써 면책된다(이에 대하여는 뒤에서 상술함). 환어음의 인수인 또는 지급인이 만기에 지급하는 경우에는 자금관계상 당연히 발행인의 계산으로 지급한다.

3) 만기에 지급할 債務가 있는 어음채무자(환어음의 引受人 또는 약속어음의 發行人)는 어음소지인이 만기(지급제시기간 내)에 지급제시를 하지 않는 경우에는, 어음소지인의 비용과 위험부담으로 어음금액을 관할관서에 供託하고 어음채무를 면할 수 있다(어 42조, 77조 1항 3호).

(3) **滿期後**(支給提示期間 경과 후)**의 支給**

만기 후의 지급이란 지급제시기간(또는 지급거절증서작성기간)[3)] 경과 후의 지급을 말하는데, 환어음의 단순한 지급인과 같이 어음채무를 부담하지 않는

---

1) 同旨: 鄭(熙), 264~265면; 註釋, 392면.

2) 鄭(熙), 264면; 註釋, 392면 外.

3) 이를 支給提示期間과 비교하면 「支給을 할 날」이 포함되지 않을 뿐, 그 終期는 支給提示期間과 같다(어 44조 3항, 77조 1항 4호).

자가 지급한 경우와 환어음의 인수인 또는 약속어음의 발행인과 같이 어음의 주채무자가 지급한 경우는 구별되고 있다.

1) 환어음의 단순한 支給人이 만기 후에 지급하는 것은 발행인의 지급위탁의 취지와 다르므로, 지급인은 지급의 결과를 자금관계상 발행인의 계산으로 돌릴 수 없다. 따라서 환어음의 경우에 발행인은 만기 후에는 지급위탁을 철회(취소)할 필요가 없다[1](手票의 경우와 구별되는 점). 또한 환어음의 지급인이 만기 후에 지급하는 경우에는 만기에 지급하는 경우에 인정되는 善意支給에 따른 보호(어 40조 3항, 77조 1항 3호)도 받지 못한다. 그러므로 환어음의 지급인이 만기 후에 지급하는 것은 民法上 제 3 자의 변제(民 469조)로서의 효력밖에 없다.[2]

2) 어음의 主債務者는 만기 후에도 시효기간 내에는 어음금을 지급할 채무를 부담하는 것이므로, 만기 후의 지급의 경우에도 만기에 지급하는 경우와 같이 善意支給에 따른 보호를 받는다(어 40조 3항, 77조 1항 3호). 또한 환어음의 인수인은 지급의 결과를 자금관계상 발행인의 계산으로 돌릴 수 있다.[3]

(4) 支給의 猶豫(또는 延期)

어음의 지급은 당사자의 意思 또는 法令의 규정에 의하여 다음과 같이 유예되는 경우가 있다.

1) **當事者의 意思에 의하는 경우** 당사자간의 합의에 의하여 지급을 유예하는 경우는 다음과 같은 것들이 있다.

① 舊어음에 갈음하여 만기만을 변경(연기)한 新어음을 발행하는 경우가 있다. 이것을 어음의 「改書」라고 하고, 발행된 新어음을 延期어음이라고 한다. 이러한 改書에는 두 가지의 방법이 있는데, 하나는 어음소지인이 舊어음을 반환하는 것과 상환으로 新어음을 소지하는 경우이고,[4] 다른 하나는 어음소지인이 舊어음을 반환하지 않고 新·舊어음을 모두 소지하는 경우이다. 어떤 경우이든 舊어음상에 존재하는 인적 항변이나 담보 등은 新어음을 위하여도 그대로 존속한다고 볼 수 있다.[5]

이와 同旨의 다음과 같은 大法院判例가 있다.

---

1) 同旨: 鄭(熙), 265면; 註釋, 396면.
2) 同旨: 註釋, 396면.
3) 同旨: 鄭(熙), 265면; 蔡, 245면.
4) 이 때에 舊어음상의 권리는 代物辨濟의 法理(民 466조)에 의하여 소멸하고 新어음상의 권리만이 존재한다.
5) 同旨: 註釋, 398면.

[어음改書의 경우 구어음상의 채무는 소멸하나, 구어음상의 채무에 대한 담보나 민사상 보증은 신어음상의 채무에 대하여도 존속한다고 본 判例]

단순히 어음상 채무의 만기를 연기하기 위한 당사자 사이의 어음개서계약에 따라 구어음을 회수하고 신어음을 발행하여 교부하는 경우 구어음상의 채무는 소멸한다고 할 것이지만 구어음상의 채무와 신어음상의 채무가 실질적으로 동일한 때에는, 특별한 사정이 없는 한, 구어음상의 채무에 대한 담보나 민사상 보증은 신어음상의 채무에 대하여도 그대로 존속한다[大判 2003. 10. 24, 2001 다 61456(公報 2003, 2233)].

② 어음관계자의 동의를 받아 만기를 변경하는 경우가 있다. 이 때 어음관계자 전원의 동의를 받아 만기를 변경한 경우에는 舊어음을 회수하고 新어음을 발행하는 改書의 경우와 같고, 어음관계자의 일부가 동의하지 않은 경우는 동의하지 않은 자에 대하여는 어음의 變造가 되므로 그에게 어음상의 권리를 행사하기 위하여는 변경 전의 만기를 기준으로 한다.

③ 어음소지인과 특정한 어음채무자(또는 지급인)간에 지급유예의 특약을 하는 경우가 있다. 이러한 특약은 어음관계에는 아무런 영향을 미치지 않고, 당사자간에서만 어음 외에서 그 효력이 발생하여 인적 항변사유가 됨에 불과하다(通說).[1] 이러한 지급유예의 특약이 있는 경우에 당사자간의 어음상의 권리의 시효는 유예기간이 종료한 때부터 진행한다고 볼 수 있다.[2]

2) 法令의 규정에 의하는 경우 전쟁 · 지진 · 홍수 · 공황 · 기타 전국 또는 어느 지방에 사변이 발생하여 법령에 의하여 어음채무의 지급이 유예되는 경우가 있다. 이것을 어음支給猶豫(Wechselmoratorium)라고 하는데, 이에는 만기 자체를 연장하는 경우와[3] 만기 자체에는 변경이 없고 단순히 제시기간과 거절증서작성기간만을 연장하는 경우가 있다. 우리 어음法은 이러한 경우에 遡求權保全節次에 관하여 후자, 즉 제시기간 및 거절증서작성기간이 연장됨을 규정하고 있다(어 54조, 77조 1항 5호).

2. 手票의 경우

수표는 만기가 없고 언제나 일람출급이므로(手 28조 1항) 만기 전의 지급이란 있을 수 없다. 先日字手票의 경우에 발행일자 이전에 지급제시된 경우에는 그 제시된 날에 지급하여야 하므로(手 28조 2항) 수표의 一覽出給性에는 변함이 없다. 따라

1) 徐·鄭, 228면; 鄭(熙), 265면; 鄭(東), 412면; 蔡, 244면; 註釋, 396~397면 外.
2) 同旨: 鄭(東), 412면; 註釋, 397면; 日最高判 1980. 5. 30(民集 34-3, 521면).
3) 이의 例로는 日本에서 1923년 關東大地震時에 支給猶豫令이 발동된 바가 있다.

서 수표의 경우는 지급제시기간 내의 지급과 지급제시기간 경과 후의 지급으로 나누어 볼 수 있는데, 전자의 경우는 어음에서 만기(지급제시기간 내)에 있어서의 지급에 해당하고, 후자의 경우는 만기 후(지급제시기간 경과 후)의 지급에 해당한다.

(1) 支給提示期間內의 지급

1) 지급제시기간 내에 수표금을 지급하는 경우는 이미 설명한 만기에 있어서 어음금을 지급하는 경우와 같다. 따라서 지급인은 善意支給에 따른 보호를 받고(手 35조), 지급인은 지급의 결과를 發行人의 계산으로 돌릴 수 있다. 이 때 수표가 지급증권인 성질에서 發行人은 지급제시기간 내에는 지급위탁의 취소를 할 수 없도록 하였다(手 32조 1항)(환어음과 구별되는 점).

이와 관련하여 다음과 같은 大法院判例가 있다.

[지급제시기간 내의 지급위탁의 취소가 아니라고 본 判例]

수표의 지급인 겸 약속어음의 지급담당자인 은행에게 발행인이 당좌예금인출요청을 하면서 아울러 위 약속어음결제자금의 입금연장요청을 한 경우, 위 예금인출요청행위를 수표법 제32조에 정한 지급제시기간 내의 지급위탁의 취소라거나 이 사건 당좌계정약정에 정한 지급정지의뢰라고 할 수 없다[大判 1993. 8. 24, 92 다 35424(公報 954, 2579)].

2) 수표에는 언제나 주채무자가 없고[1] 또 수표의 지급인은 지급제시기간 경과 후에도 (지급위탁의 취소가 없는 한) 지급할 수 있으므로(手 32조 2항), 수표소지인이 지급제시기간 내에 지급제시를 하지 않았다고 하여 수표금을 供託할 수 있는 제도는 없다(어 42조, 77조 1항 3호와 비교)(어음과 구별되는 점).

(2) 支給提示期間 경과 후의 지급

지급제시기간 경과 후에 수표금을 지급하는 경우는 이미 설명한 만기 후에 어음금을 지급하는 경우와 같은데, 다음의 점에서 어음의 경우와 구별되고 있다.

1) 수표의 지급인은 지급제시기간 경과 후에도 (지급위탁의 취소가 없는 한) 發行人의 계산으로 지급할 수 있다(手 32조 2항). 따라서 환어음의 경우와는 달리 發行人이 資金關係를 소멸시키기 위하여는 반드시 지급제시기간 경과 후에 지급위탁을 취소(철회)하여야 한다.

2) 수표에는 언제나 主債務者가 없으므로 지급제시기간 경과 후에도 어음

---

1) 同旨: 鄭(熙), 265면.

의 경우와 같이 지급채무를 부담하는 수표채무자란 있을 수 없다. 지급인이 支給保證을 한 경우에도 지급보증인의 지급채무는 지급제시기간의 경과로 소멸하므로(手 55조 1항) 이러한 점은 변함이 없다(換어음의 引受人과 구별되는 점).

(3) 支給의 猶豫(또는 延期)

1) 수표의 경우는 만기가 없고 또 수표소지인은 지급제시기간 경과 후에도 (지급위탁의 취소가 없는 한) 지급받을 수 있으므로, 어음에서와 같은 改書·만기의 변경(연장) 또는 지급인과 수표소지인간의 지급유예의 특약 등이 있을 수 없다. 그러나 소구의무자와 수표소지인간에 지급제시기간의 연장의 특약을 할 수 있는데, 이것은 수표관계에는 영향이 없고 당사자간에서만 수표 외에서 인적 항변사유가 됨에 불과하다.

2) 법령에 의해서는 어음과 같은 만기 자체를 유예하는 것은 있을 수 없고, 지급제시기간과 지급거절증서작성기간을 연장하는 경우만이 있다. 우리 手票法은 이 경우에 遡求權保全節次에 관하여 지급제시기간 및 지급거절증서작성기간이 연장됨을 규정하고 있다(手 47조).

제 3 支給의 方法

1. 支給의 目的物

지급의 목적물은 일정액의 金錢인데, 어떠한 通貨로써 지급하여야 하는가에 관하여는 다음과 같이 나누어서 고찰할 수 있다.

(1) 內國通貨로써 어음金額을 지정한 경우

어음금액을 「일백만원」 또는 「오천만원」 등으로 표시한 경우인데, 이 때에는 지급인의 선택에 따라서 각종의 통화(예컨대, 1,000원권, 10,000원권 등)로써 지급할 수 있다[1](民 377조 1항 참조). 그러나 강제통용력이 없는 화폐에 관하여는 소지인은 수령을 거부할 수 있다(民 377조 2항 참조). 또한 일정한 통화(예컨대, 10,000원권 등)로만 지급하는 취지를 기재할 수 없다.[2]

---

1) 여기에서 貨幣의 종류라 함은 그 성질에 기하여 분류한 貨幣의 종류, 즉 本位貨幣 · 補助貨幣 또는 不換貨幣 · 兌換貨幣 등을 가리키는 것이 아니라, 貨弊의 券種(5,000원권 · 10,000원권 등)이나 紙幣 또는 鑄貨 등을 지칭하는 것이다. 왜냐하면 현재 우리 나라에서는 모든 通貨가 強制通用力 있는 法貨인 不換紙幣 · 韓國銀行券 또는 鑄貨로 단일화되어 있기 때문이다.

2) 왜냐하면 이 때에는 지급에 條件을 붙인 것이 되어 어음 자체가 無效가 된다.

(2) **外國通貨**(ausländische Währung)**로써 어음金額을 지정한 경우**

이 경우에도 內國通貨(Landeswährung)로써 지급할 수 있는 것을 원칙으로 한다(어 41조 1항·77조 1항 3호, 手 36조 1항, 民 377조). 그러나 이 경우에는 兩貨幣 사이의 換算率과 時期에 관하여 문제가 생긴다. 이 경우에 換算率은 발행인이 어음상에 특별한 환산율을 정하지 않는 한 지급지의 관습에 따라서 이것을 정한다(어 41조 2항·77조 1항 3호, 手 36조 2항). 즉, 보통은 환시세에 의하여 정한다. 그리고 환시세는 원칙으로 만기일(滿期가 휴일인 때에는 이에 이은 제1의 거래일)(手票의 경우에는 支給의 날)에 있어서의 시세에 의한다(어 41조 1항 1문·77조 1항 3호, 手 36조 1항 1문). 그러나 채무자가 지급을 지연한 때에는 소지인은 그 선택에 따라서 滿期日(手票의 경우에는 提示日) 또는 支給日의 환시세에 의하여 환산하여야 한다(어 41조 1항 2문·77조 1항 3호, 手 36조 1항 2문). 그렇지 아니하면 채무자가 시세의 변동을 이용하기 위하여 고의로 지급을 지연하는 폐단이 생기는 까닭이다. 또 어음의 경우에는 소지인이 고의로 지급제시를 지연시키는 경우에 채무자는 어음금액을 供託하여 그 책임을 면할 수 있다(어 42조, 77조 1항 3호).

(3) **外國通貨現實支給文言이 있는 경우**

이것은 어음에 특종의 통화, 예컨대 美弗貨로써 지급하여야 한다는 취지가 기재된 경우이다. 이러한 外國通貨現實支給文言(stipulation for effective payment in foreign currency; Effektivermerk)이 기재되었을 때에는, (2)의 방법에 따를 수 없고 기재된 통화로써 현실로 지급하여야 할 것이다. 이러한 기재는 본래 지급방법을 한정하는 것이므로, 지급위탁(약속)의 단순성에 반하여 어음을 무효로 할 것이나, 어음法은 특별히 유효하다고 규정하였다[1](어 41조 4항·77조 1항 3호, 手 36조 3항).

(4) **同名異價의 貨幣의 표시가 있는 경우**

발행국과 지급국에 있어서 同名異價의 화폐가 있는 경우에 어음의 금액을 그 통화로써 정한 때에는 지급지의 통화에 의하여 정한 것으로 추정한다[2](어 41조 4항·77조 1항 3호, 手 36조 4항).

2. 一部支給

1) 어음금액의 일부지급도 유효하고, 소지인은 이것을 거절하지 못한다(어 39조 2항·77조 1항 3호, 手 34조 2항). 一部支給(Teilzahlung)은 환어음의 경우에는 일부인수가 있었던 경우뿐만 아니라 전부인수가 있었던 경우에도 허용된다. 一部支給을 인정하는 이

1) 이러한 규정은 一國의 貨幣政策 또는 換政策을 수행하는 데에 장해가 되어서는 아니 되므로, 제네바 統一條約은 각 締約國에 이 규정의 留保를 허용하였다(條約 第2附屬書 7조).

2) 예컨대, 프랑스·벨기에·스위스 등의 프랑, 北美合衆國과 멕시코에서의 달러貨 같은 경우이다.

유는, 어음금액은 나뉘어지며, 또 일부지급을 인정하여도 어음소지인의 이익을 해하지 아니하고, 또 소구의무자에게는 부담액이 경감되어서 유리하기 때문이다.

2) 一部支給이 있은 때에는, 어음소지인은 잔액에 대하여 遡求權을 행사할 수 있는데, 이를 위하여 어음소지인은 어음을 현실로 소지할 필요가 있으므로 일부지급을 하는 어음의 지급인은 어음소지인에 대하여 어음의 교부를 청구할 수 없고 다만 일부지급한 뜻을 어음에 기재하고 영수증을 교부할 것을 청구할 수 있을 뿐이다(어 39조 3항 · 77조 1항 3호, 手 34조 3항). 어음소지인이 일부지급을 받고 이를 어음상에 기재하면 이는 物的 抗辯事由(證券上의 抗辯)가 되지만, 이를 어음상에 기재하지 아니하면 이는 人的 抗辯事由가 된다.[1)]

3) 어음소지인이 일부지급의 수령을 거부하면 어음소지인은 그 부분에 대하여 소구권을 상실한다(通說).[2)] 그러나 지급제시기간 경과 후에는 어음소지인은 소구권을 모두 상실하고 있으므로, 어음소지인은 일부지급을 거절할 수 있다(通說).[3)]

3. 相換證券性

1) 어음의 지급인은 (전부) 지급을 할 때에 어음소지인에 대하여 어음에 영수를 증명하는 기재를 하여 교부할 것을 청구할 수 있다(어 39조 1항 · 77조 1항 3호, 手 34조 1항). 이것은 어음소지인이 어음에 영수문언을 기재할 것과 지급인은 어음과 상환으로만 지급할 수 있음을 의미한다. 이와 같은 領受文言의 기재와 상환성은 현실의 지급뿐만 아니라 상계 · 면제 등에 의하여 어음상의 권리가 소멸되는 경우에도 적용되고, 또한 강제집행에 의하여 지급하는 경우에도 적용된다.

우리 大法院判例도 이와 同旨로 다음과 같이 판시하고 있다.

[어음의 相換證券性은 強制執行에 의한 경우에도 적용된다고 본 判例]

어음의 상환증권성은 임의변제의 경우뿐 아니라 강제집행에 의한 경우에도 필요하다[大判 1991. 12. 24, 90 다카 28405(公報 915, 757)].

2) 領受文言은 단순한 지급증명에 불과하고 어음소지인이 지급인에 대하여 배서양도의 성질을 갖는 것은 아니다. 영수문언은 보통 최후의 배서에 연속하여 어음 또는 附箋에 기재되는데, 어음法에 이에 대한 특별한 방식은 규정되어 있지 않다.

---

1) 同旨: 鄭(東), 422면; 蔡, 257면; 註釋, 389면.
2) 徐·鄭, 234면; 鄭(東), 422면 外.
3) 徐·鄭, 234면; 鄭(東), 422면; 註釋, 389면 外.

3) 어음의 相換性은 어음소지인이 지급인에게 어음을 반환하게 하여 지급인이 이중지급의 위험을 피하게 하고, 또 환어음 또는 수표에서는 지급인이 발행인과의 자금관계상 어음 또는 수표를 교부할 필요가 있는 경우에 대비하기 위한 것이다. 만일 지급인이 어음과 상환하지 않고 어음금을 지급한 경우에는, 이는 당사자간의 人的 抗辯事由에 불과하고 어음상의 권리가 소멸하지 않으므로 이를 모르고 어음을 취득한 제 3 자에 대하여 지급인은 다시 지급을 하여야 한다(通說).[1]

우리 大法院判例도 이와 同旨로 다음과 같이 판시하고 있다.

[약속어음과 相換하지 않고 어음금을 지급하여도 그 어음의 소지인에게 대항하지 못한다고 본 判例]

약속어음 발행인이 본건 약속어음채무를 어음소지인이 아닌 제 3 자에게 변제하였다 하여도 약속어음과 교환하지 않고 변제한 것이라면 그 약속어음의 소지인에게 대항할 수 없음이 어음의 제시증권인 성질상 명백하다. 이와 같은 법리는 약속어음의 현재의 소지인이 만기 후에 배서양도를 받았다 하여 조금도 변동이 있을 수 없는 것이다[大判 1962. 7. 19, 62 다 181(判總 11-2, 1001)].

同旨: 大判 1970. 10. 23, 70 다 2042(大集 18 ③ 民 227) 外.

제 4 支給人의 調査義務[2]

1. 序 言

1) 民法의 일반원칙에 의하여, 원래 채무는 진정한 권리자 또는 그 자로부터 권리행사의 권한을 부여받은 자에게 변제하여야 하고, 이 이외의 자에 대한 변제는 民法上 예외규정인 債權의 準占有者에 대한 변제(民 470조), 領收證所持者에 대한 변제(民 471조) 등이 아닌 한, 채권자가 이익을 받은 한도에서만 그 효력이 있게 된다(民 472조). 그런데 이러한 民法의 일반원칙을 어음에도 그대로 적용한다면, 어음상의 지급인은 지급시마다 어음소지인이 진정한 권리자인지 여부를 조사하여 지급하여야 한다. 그런데 이렇게 되면 어음거래의 원활한 유통과 신속한 결제가 저해받게 되어 어음의 목적에 반하게 된다. 따라서 어음法은 위와

---

1) 徐·鄭, 112면; 徐(廷), 179면; 蔡, 257면 外.
反對: 鄭(東), 423면(이 경우에 어음상의 權利는 소멸하고, 이른바 어음債務의 有效性의 抗辯이 성립된다고 한다).

2) 이에 관한 상세는 鄭燦亨, "어음 · 手票의 支給人의 調査義務," 「論文集」(忠北大), 제22집, 1981. 12, 301~319면 참조.

같이 지급인의 책임을 경감하는 별도의 규정을 두게 된 것이다. 즉, 어음法 제40조 3항은 民法上 예외규정(民 470조, 471조)보다도 더욱 지급인을 보호하는 방향으로 강화하여 규정하고 있다.[1)]

2) 지급인의 조사의무에 대하여, 어음法 제40조 3항(어 77조 1항 3호에 의하여 約束어음에 준용)은 「만기에 지급하는 지급인은 사기 또는 중대한 과실이 없으면 그 책임을 면한다. 이 경우에 지급인(어음법 제38조 제 3 항에 따른 지급제시의 경우에는 지급인 등의 위임이 있는 경우, 제시금융기관임〈어 40조 4항〉)은 배서의 연속의 整否를 조사할 의무가 있으나 배서인의 기명날인 또는 서명을 조사할 의무는 없다」고 규정하고 있고, 手票法 제35조는 「배서로 양도할 수 있는 수표의 지급인(수표법 제31조 제 2 항에 따른 지급제시의 경우에는 지급인의 위임이 있는 경우, 제시은행임〈手 35조 2항〉)은 배서의 연속의 整否를 조사할 의무가 있으나 배서인의 기명날인 또는 서명을 조사할 의무는 없다」고 규정하고 있다. 또한 民法上 지시채권의 채무자의 조사권리의무에 관한 民法 제518조(民 514조에 의하여 無記名債權에 준용)는 「채무자는 배서의 연속여부를 조사할 의무가 있으며, 배서인의 서명 또는 날인의 진위나 소지인의 진위를 조사할 권리는 있으나 의무는 없다. 그러나 채무자가 변제하는 때에 소지인이 권리자 아님을 알았거나 중대한 과실로 알지 못한 때에는 그 변제는 무효로 한다」고 규정하고 있다. 이렇게 볼 때 어음法 제40조 3항을 手票法 제35조 및 民法 제518조와 비교하여 보면, 手票法 제35조에서는 어음法 제40조 3항 1문의 규정이 없고, 民法 제518조는 배서인의 서명 또는 날인 등의 진위에 대한 「調査權」을 인정하고 있으며 또한 지급인이 면책되지 않는 주관적 요소가 사기 또는 중과실이 아니라 「惡意 또는 重過失」로 규정되어 있는 점이다.

2. 形式的 資格의 調査(調査義務의 內容)

1) 조사의무의 내용은 소지인의 形式的 資格에 관한 사항인데, 이에 대하여 어음法 제40조 3항(어 77조 1항 3호, 手 35조)은 「배서의 연속의 整否」라고 규정하고 있다. 그런데 이 의무는 보통의 경우와 같이 절대적인 것으로 의무자가 불이행시에 제재를 받는 그러한 의무는 아니고, 지급인이 스스로 위험을 회피하기 위한 자위적이고 간접적인 의무라고 본다.[2)] 소지인출급식수표 또는 최후의 배서가 백

1) 鄭(熙), 268면은 「어음法은 民法에 있어서의 예외규정을 어음채권의 변제에 있어서는 일반적 원칙으로 하여 지급을 할 자의 調査義務를 경감하였다」고 설명하나, 어음法의 규정을 民法의 예외규정과 비교하여 보면 어음法은 民法의 예외규정을 支給人을 보호하는 방향으로 강화하여 규정하고 있음을 알 수 있다.

2) 同旨: 鄭燦亨, 前揭 論文集(忠北大)(제22집), 304면; 安東燮, "支給人의 調査義務," 「考試界」, 1980. 7, 85면; 李範燦, "어음의 善意支給," 「考試界」, 1968. 11, 47면.

지식배서인 어음(수표)의 소지인은 어음(수표)의 단순한 所持만으로 形式的 資格을 부여받는다. 따라서 이러한 어음(수표)의 경우에는 어음소지인의 形式的 資格보다도 오히려 僞造·變造의 조사에 중점이 두어진다.[1]

2) 지급인의 조사의무의 내용이 法文上으로는 「배서의 연속의 整否」뿐이나, 이외에 「어음의 방식의 적합여부」 및 「자기의 기명날인 또는 서명의 眞否」도 당연히 지급인의 조사의무의 내용에 포함된다고 보는 것이 通說이다.[2]

생각건대 어음의 「방식의 적합여부」나 「자기의 기명날인 또는 서명의 眞否」 등은 어음소지인의 形式的 資格에 관한 사항으로 볼 수 없어, 어음法 제40조 3항 2문의 形式的 資格의 조사의무의 내용으로 볼 수는 없고 어음法 제40조 3항 1문의 實質的 資格에 관한 사항으로 보아야 할 것이다.[3] 따라서 어음요건의 흠결 등이 지급인에게 인식될 수 있음에도 불구하고 지급인이 지급한 경우에는, 지급인은 어음法 제40조 3항 2문의 調査義務 불이행에 의한 책임을 부담한다기보다는 어음法 제40조 3항 1문의 重過失에 의한 책임을 부담한다고 보아야 할 것이다.[4]

3) 배서가 형식적으로 연속하지 않은 어음소지인인 實質的 權利者는 어음상의 권리를 행사할 수 없는가. 이 때 그러한 어음소지인은 자기가 實質的 權利者임을 입증하여 어음상의 권리를 행사할 수 있는데,[5] 이 때 지급인은 어음소지인이 실질적 권리를 입증하여도 자기의 위험부담하에서만 지급할 수 있다(通說).[6] 따라서 배서가 연속하지 않은 어음을 소지인이 實質的 權利를 입증하여 지급하는 경우에도, 지급인에게는 어음法 제40조 3항이 적용되지 않는다.[7]

3. 實質的 資格의 調査

(1) 實質的 資格의 調査權 認定與否

앞에서 본 바와 같이 어음法 제40조 3항은 民法 제518조와는 달리 어음소지인의 實質的 資格에 대한 지급인의 조사권에 대하여 규정하고 있지 않고,

---

1) 同旨: 鄭(熙), 269면.
2) 鄭(熙), 268면; 鄭(東), 423면; 孫(珠), 317면; 梁(承), 357면; 徐(廷), 208면; 李(範), 341면; 崔(基), 480면 外.
3) 이에 관한 상세한 이유는 鄭燦亨, 前揭 論文集(忠北大)(제22집), 304~305면.
4) 同旨: Baumbach/Hefermehl, WG Art. 40 Rdn. 4.
5) 同旨: 大判 1969. 12. 9, 69 다 995(判總 11-2, 990-1; 教材, 判決例 [322]).
6) 徐·鄭, 230면; 鄭(熙), 268면; 孫(珠), 318면; 梁(承), 359면; 鄭(東), 424면 外.
7) 鄭燦亨, 前揭 論文集(忠北大)(제22집), 307면.
反對: 蔡, 298면.

이에 대하여 학설은 肯定說(多數說)과 否定說(少數說)로 나뉘어 있다.

1) 肯定說에서는, 지급인이 어음소지인의 實質的 資格의 調査權을 갖는지에 관하여 어음法上의 명문규정은 없으나 지급인이 자기의 위험하에 이를 조사할 수 있는 권리가 있음은 이론상 의문의 여지가 없을 뿐만 아니라, 일반유가증권에 관하여 商法은 이미 이에 관한 民法規定이 적용됨을 명언하고 있으므로(商 65조, 民 518조 · 524조) 어음과 같은 유가증권에는 당연히 같은 취지로 해석하여야 한다고 한다.[1] 이 說에서는 지급인은 조사한 결과 어음소지인이 無權利者인 것이 판명된 경우에는 그 지급을 거절할 수 있음은 물론이지만, 이에 반하여 조사하여도 어음소지인이 實質的 權利者가 아닌 것을 입증하지 못할 경우에는 지급인은 지급제시를 받은 때로부터 지체의 책임을 면할 수 없다고 해석한다.[2]

우리 大法院判例는 肯定說에 의하여 다음과 같이 판시하고 있다.

[수표의 지급인은 實質的 資格의 調査權이 있다고 본 判例]

수표법 제35조의 취지에 의하면, 수표지급인인 은행이 수표상 배서인의 기명날인 또는 서명, 혹은 수표소지인이 적법한 원인에 기하여 수표를 취득하였는지 등 실권리관계를 조사할 의무는 없다고 할 것이지만, 수표금 지급사무를 처리하는 은행에게 선량한 관리자로서의 주의를 기울여 그 사무를 처리할 의무가 있다고 할 것인 이상, 통상적인 거래기준이나 경험에 비추어 당해 수표가 분실 혹은 도난 · 횡령되었을 가능성이 예상되거나 또는 수표소지인이 수표를 부정한 방법으로 취득하였다고 의심할 만한 특별한 사정이 존재하는 때에는 그 실질적 자격에 대한 조사의무를 진다.

따라서 고액 수표의 전액 현금지급요청은 정상적인 자기앞수표 소지인이라면 매우 이례적인 것이어서 그 수표가 혹시 분실 · 도난 · 횡령된 것이거나 혹은 수표제시자가 그 수표를 부정한 방법으로 취득하였다고 의심할 만한 사유가 있었다고 할 것이므로, 초면의 내방객으로부터 고액의 현금 지급을 요청받은 은행으로서는 마땅히 발행지점에 그 수표의 발행경위와 발행의뢰인 등을 확인하고 발행의뢰인 또는 발행지점을 통하여 그 수표를 사용하거나 타에 양도한 경위 등에 관하여 파악하려는 노력을 기울여 보았어야 함에도 불구하고 단지 사고수표인지 여부와 실명 여부만을 확인하여 고액의 현금을 지급한 것은 수표금 지급에 있어서의 지급인으로서의 주의의무를 다하였다고 할 수 없다[大判 2002. 2. 26, 2000 다 71494 · 71500(公報 2002, 794)].

---

1) 孫(珠), 318면; 朴元善, "어음 · 手票의 支給人의 調査義務," 「司法行政」, 1964. 2, 43면; 徐(廷), 208면. 同旨: 鄭(熙), 269면(支給人은 어음所持人이 實質的 無權利者임을 입증하여 지급을 거절할 수 있다고 한다).

2) 鄭(熙), 269면; 孫(珠), 319면.

2) 否定說에서는, 지급인에게 실질적 자격의 조사권을 인정하면 지급인이 조사권을 남용하여 부당하게 지급이 지체될 우려가 있으며,[1] 또한 조사권을 인정하는 民法 제518조의 규정은 어음 이외의 일반지시증권에 있어서도 그 적용여부가 의문시되는 규정이므로 同규정을 어음에 적용 내지 준용하는 것은 부당하다고 하여, 어음소지인의 實質的 資格에 대한 調査權을 부정한다.[2]

생각건대, 지급인은 어음의 배서가 연속하는 경우에도 어음소지인의 實質的 資格에 관하여 「詐欺 또는 重過失」이 없어야 면책을 받게 되는데, 지급인이 이러한 「詐欺 또는 重過失」이 되지 않기 위하여는 필요한 경우에(예컨대, 어음所持人에게 無權利者라고 의심할 만한 사유가 있는 경우에) 어음소지인의 實質的 資格에 관하여 필요한 사항을 조사하여야 할 것이고, 이러한 조사를 하지 않고 지급하면 지급인은 「重過失」에 의한 지급을 한 것이 되어 免責받지 못할 것이다. 그런데 이 때 지급인에게 調査權이 없다면 지급인은 무엇에 근거하여 어음소지인의 實質的 資格에 관하여 조사할 수 있겠는가. 따라서 조사권을 肯定하는 견해에 찬성한다(民 518조 적용 또는 유추적용). 그러나 이러한 지급인의 調査權은 자기의 위험하에서 주어진다고 보아야 할 것이므로, 조사기간중 지급인은 원칙적으로 지연책임을 지지 않으나 소지인이 권리자이면 지급제시를 받은 때로부터 지체 책임을 부담한다고 보아야 할 것이다.[3]

(2) 實質的 資格에 대한 支給人의 「詐欺 또는 重過失」

1) 지급인은 어음소지인의 實質的 資格에 관하여 조사할 義務는 없으나 조사할 權利는 있으므로, 어음소지인의 實質的 資格에 관하여 지급인에게 「詐欺 또는 重大한 過失」이 있으면 지급인은 免責되지 않는다. 우리 어음法 제40조 3항은 지급인이 면책되지 않는 주관적 요소로서 「詐欺 또는 重過失」이라고 규정하고 있는 점은, 어음法 제10조 및 제16조 2항이 「惡意 또는 重過失」이라고 규정하고 있는 점 및 어음法 제17조가 「害할 것을 알고」라고 규정하고 있는 점과 구별되고 있다. 또한 民法 제518조가 「惡意 또는 重過失」이라고 규정하고 있는 점과도 구별된다.[4] 어음法 제40조 3항이 同法 제16조 2항과는 달리 「惡意」 대신에 「詐欺」라고 규정한 이유는, 어음法 제16조 2항의 善意取得

1) 李(範), 前揭 考試界(1968. 11), 47면.
2) 徐廷甲, "支給에 있어서의 調査와 免責," 「月刊考試」, 1979. 3, 44면.
3) 鄭燦亨, 前揭 論文集(忠北大)(제22집), 308면.
4) 참고로 獨逸 어음法 제40조 3항도 우리 어음法 제40조 3항과 같이 「詐欺 또는 重過失」로 규정하고 있으나, 日本 어음法 제40조 3항은 「惡意 또는 重過失」이라고 규정하고 있다. 그런데 日本의 通說은 이 때의 惡意를 詐欺라고 해석하고 있으므로(詐欺說)[田中(誠), 213면; 伊澤, 458면 外], 결과는 우리와 동일하다.

의 경우에는 그 어음을 취득하느냐 않느냐는 양수인의 自由이므로 양도인이 實質的 資格이 없다는 것을 알고 있는(惡意) 경우에는 그 자로부터 양수하지 않으면 되는 데 대하여, 어음法 제40조 3항의 지급의 경우에는 지급인에게 形式的 資格者에 대한 지급이 強要되기 때문에 惡意와 구별하여 詐欺라고 규정한 것이다.[1)]

어음법 제40조 3항 1문의 「詐欺 또는 重過失」의 개념에서 詐欺란 「어음소지인(제시자)에게 변제수령의 권한이 없음을 아는 것만으로는 부족하고, 소송법상 이러한 사실을 입증할 확실한 證據方法이 있는데도 불구하고 지급하는 경우」이고, 重過失이란 「지급인이 보통의 조사를 하기만 하면 어음소지인이 무권리자이고 또 그 무권리자임을 입증할 수단을 확실히 획득하였을 터인데, 이 조사를 하지 않았기 때문에 무권리자인 줄을 모르고 지급한 경우」이다(通說).[2)]

2) 앞에서 본 바와 같이 手票法 제35조는 지급인의 수표소지인에 대한 形式的 資格의 調査義務에 대해서만 규정하고 있을 뿐, 지급인의 수표소지인에 대한 實質的 資格에 관한 「詐欺 또는 重過失」에 대하여는 규정하고 있지 않다. 즉, 어음法 제40조 3항 1문의 규정이 手票法 제35조에는 없다.[3)] 따라서 수표의 지급인이 면책을 받기 위하여는 어느 정도의 注意로써 지급하여야 하느냐에 대하여, 「惡意 또는 重過失」이 없어야 한다는 견해(民 518조)와 「詐欺 또는 重過失」이 없어야 한다는 견해(어 40조 3항 1문)로 나뉘어 있다. (i) 「惡意 또는 重過失」이 없어야 한다는 견해에서는, 「수표지급인의 注意의 정도는 民法의 일반원칙에 의하여 정하여질 수밖에 없는데, 이렇게 되면 수표거래의 유통에 크게 지장을 받게 되므로 지급인인 은행에 故意(惡意) 또는 重過失이 있는 경우에만 그 책임을 인정해야 할 것이다. 다만 수표채무자(예컨대, 遡求義務者)는 어음채무자와 같이 지급이 강제되는 지위에 있으므로 어음法 제40조 3항 1문에 따른 詐欺 또는 重過失이 있는 경우에만 그 책임이 있다」고 설명한다.[4)] (ii) 이에 반하여 「詐欺 또는 重過失」이 없어야 한다는 견해에서는, 「어음法 제40조 3항 1문이 어음상의 채무자가 아닌 未引受의 환어음의 지급인에게도 적용된다고 보는 이상,

---

1) 同旨: 徐(廷), 210면; 李(範), 前揭 考試界(1968. 11), 309면.

2) 同旨: 徐·鄭, 231면; 鄭(熙), 269면; 鄭(東), 425면; 孫(珠), 319면; 蔡, 299면; 李(基), 334면 外.

3) 그 理由는 手票의 支給人은 手票上의 義務者가 아니기 때문에 「……그 責任을 免한다」라는 표현이 적당하지 않으므로 그러한 規定을 두지 않았다고 한다[徐(廷), 301면; 註釋, 622면].

4) Baumbach/Hefermehl, SchG Art. 35 Rdn. 1.

수표의 지급인에게도 同규정을 유추하여 동일하게 해석하여야 한다」고 설명한다(通說).[1)]

생각건대 어음法 제40조 3항 1문의 「支給人」의 범위에 어음채무자 아닌 지급인과 지급담당자를 포함하여 해석하는 이상(通說), 어음法 제40조 3항 1문과 같은 규정이 手票法 제35조에 없는 것은 立法上 과오이며, 解釋上 당연히 同규정을 유추적용하여야 한다고 본다.[2)]

4. 治癒되는 瑕疵의 範圍

어음法 제40조 3항에 의하여 지급인에게 詐欺 또는 重過失이 없어 지급인이 免責되는 경우에, 이에 의하여 치유되는 瑕疵는 소지인의 「無權利」라는 瑕疵만이냐 또는 「無權利 이외의 瑕疵」(예컨대 所持人의 受領能力의 欠缺·代理權의 欠缺·同一性의 欠缺 등)도 치유되는가라는 문제가 있다. 이에 대하여 우리 나라의 學說은 일반적으로 명확한 언급이 없고, 다만 어음소지인의 實質的 資格의 조사와 같이 어음소지인의 代理權의 欠缺·同一性의 欠缺 등에 대하여도 지급인은 조사할 義務가 없다든가,[3)] 또는 조사할 權利義務가 없다고만 설명하고 있다.[4)]

생각건대 이러한 사항에 대하여 지급인은 調査義務는 없다고 하더라도 調査權은 있다고 생각하며, 이에 기하여 필요한 조사를 한 후에도 지급인에게 詐欺 또는 重過失이 없다면, 소지인에게 존재하였던 「無權利 이외의 瑕疵」도 치유된다고 보는 것이 어음의 유통보호와 지급인의 보호를 위하여 타당하다고 생각한다.[5)]

5. 適用範圍

(1) 人的 範圍

어음法 제40조 3항 1문은 「만기에 지급하는 支給人은 ……그 責任을 면한다」고 규정하여, 규정의 문언상 어음채무를 부담하고 있는 지급인(환어음의 경우는 引受人, 약속어음

---

1) 徐·鄭, 308면 ; 鄭(熙), 269면 ; 孫(珠), 426면 ; 鄭(東), 527면 ; 李(基), 458면 ; 註釋, 695면 外.
2) 鄭燦亨, 前揭 論文集(忠北大)(제22집), 317~318면.
3) 鄭(熙), 268면 ; 李(範), 341면 ; 崔(基), 480면 ; 蔡, 299면 外.
4) 徐·鄭, 230면 ; 孫(珠), 318면 ; 註釋, 393면.
5) 鄭燦亨, 前揭 論文集(忠北大)(제22집), 312면. 同旨 : 鄭(東), 425면 ; 李(基), 333면 ; 鈴木·大隅, 講座(4), 134~135면 ; Baumbach/Hefermehl, WG Art. 40 Rdn. 7 ; Jacobi, S. 130 ff.

(의 경우는 發行人)에 한정되는 것 같으나, 단순한 지급인 및 지급담당자에게도 확장적용되어야 할 것이며(通說),[1] 또한 상환의무자에게도 유추적용되어야 할 것이다.[2]

⑵ **時的 範圍**

1) 어음法 제40조 3항 1문은 「滿期」라고 규정하고 있으나, 이 의미는 만기일에 하는 지급을 뜻하는 것이 아니라 「支給提示期間內」에 하는 지급을 뜻한다.[3]

2) 滿期前의 지급은 어음法 제40조 2항이 규정하고 있는 바와 같이 「지급인의 위험부담으로만」 지급할 수 있으므로(任意支給) 어음法 제40조 3항이 적용되지 않음은 명백하다. 그러나 滿期前의 지급이라도 滿期前 遡求要件(어 43조, 77조 1항 4호)이 갖추어진 경우에는 滿期支給과 동일하게 보아야 할 것이다.[4]

3) 滿期後의 지급, 즉 「지급제시기간 경과 후」의 지급이라도 어음채무자(환어음의 引受人, 약속어음의 發行人, 償還義務者)의 지급은 滿期支給과 동일하게 보아야 할 것이다. 그러나 어음채무자가 아닌 지급인(인수되지 않은 환어음의 支給人)이 만기 후에 지급하는 것은 지급위탁의 취지에 반하므로 별도의 특약이 없는 한 만기지급과 동일하게 볼 수 없다. 만일 이 때 그러한 지급인이 만기 후에 지급하면 民法上의 「제 3 자의 변제」(民 469조)로서의 효력만이 있을 뿐이다.[5] 그러나 수표의 지급인은 지급제시기간 경과 후에도 (지급위탁의 취소가 없는 한) 발행인의 계산으로 지급할 수 있으므로(手 32조 2항), 지급제시기간 경과 후의 지급도 同기간 경과 전의 지급과 동일하게 볼 수 있다.

⑶ **背書禁止어음**

背書禁止어음이 양도되지 않아 受取人이 지급제시한 경우에 어음法 제40조 3항이 적용됨은 명백하다. 그러나 同어음이 양도된 경우에 同어음의 所持人에게 지급하는 지급인에게는 어음法 제40조 3항이 적용되지 않는다고 본다.[6] 왜냐하면 同어음의 소지인은 背書(또는 交付)에 의하여 어음을 양수한 자가 아니기 때문이다(어 11조 2항 · 77조 1항 1문, 手 14조 2항).

---

1) 鄭(熙), 270면(‘滿期에 支給하는 者’로 하여야 한다고 설명한다); 孫(珠), 320면; 鄭(東), 544면 外.
2) 同旨: Baumbach/Hefermehl, WG Art. 40 Rdn. 3.
3) 同旨: 註釋, 392면.
4) 同旨: 鈴木 · 大隅, 講座(4), 146면.
5) 同旨: 李(範), 前揭論文, 51면; 喜多了祐, “支拂人の調査義務,” 「手形法 · 小切手法講座 4」(鈴木竹雄 · 大隅健一郎編集)(東京: 有斐閣, 1965), 144면.
6) 鄭燦亨, 前揭 論文集(忠北大)(제22집), 315면. 同旨: 李(範), 前揭論文, 51면.
反對: 鈴木 · 大隅, 講座(4), 148～149면.

6. 僞造 · 變造된 어음(手票)의 支給人의 責任[1]

지급인이 僞造 · 變造된 어음을 지급한 경우에도 어음法 제40조 3항 1문(어 77조 1항 3호, 手票의 경우에도 어음法 40조 3항 1문이 유추적용됨)에 의하여 지급인이 면책되는지 여부가 문제되는데, 이에 관하여는 總論 중 어음의 僞造 · 變造에 관한 부분에서 이미 설명하였으므로 이곳에서는 결론만을 간단히 재론하기로 한다.

1) 僞造 · 變造된 어음의 지급에도 어음法 제40조 3항 1문이 적용되는지 여부에 대하여 이를 肯定하는 견해도 있으나,[2] 어음法 제40조 3항 1문은 어음 자체는 진정한데 同어음의 무권리자 등에게 지급한 경우의 지급인의 면책에 관한 규정이므로 不眞正한(僞造 · 變造의) 어음의 정당한 권리자에게 지급인이 지급한 경우에는 어음法 제40조 3항 1문이 적용되지 않는다고 본다.[3]

2) 그러면 지급인이 僞造 · 變造된 어음을 지급한 경우에는 무엇에 근거하여(根據 法源) 어느 정도의 注意로써 지급하여야(注意의 程度) 지급인이 면책되는가가 문제된다. 이 때의 「免責」의 의미는 資金關係(또는 準資金關係)에서 지급인이 면책되는 것으로 보아야 할 것이다.

① 지급인이 면책될 수 있는 法源으로는 제 1 차적으로 당사자간의 免責約款(만일 이에 관한 特別法規가 있으면 그러한 特別法規)에 의하고, 제 2 차적으로 이러한 면책약관이 없으면 商慣習에 의한다.[4] 그런데 이러한 면책약관도 없고 또한 상관습도 없는 경우(이는 특히 支給人 또는 支給擔當者가 銀行이 아닌 경우에 발생한다)에는 지급인은 무엇에 근거하여 면책될 수 있는가. 이 때에는 제 3 차적으로 民法 제470조(債權의 準占有者에 대한 辨濟)에 의하여야 한다고 보는데, 이렇게 해석하는 것이 商法 제 1 조(商法에 규정이 없으면 商慣習法에 의하고 商慣習法이 없으면 民法의 규정에 의한다)에도 부응하는 해석이라고 본다.[5]

② 지급인의 注意의 程度는 위 각각의 면책약관 · 상관습 · 民法 제470조에 의하되, 일반적으로는 지급인에게 위조 · 변조된 어음이라는 점에 대하여

---

1) 이에 관한 상세는 鄭燦亨, "僞造 · 變造된 어음 · 手票를 支給한 支給人의 責任," 「論文集」(警察大), 第 4 輯(1985), 343～375면 참조.

2) 朴(元), 566면; 李(範), 343면.

3) 同旨: 鄭(熙), 270면; 鄭(東), 426면; 徐(廷), 211면; 蔡, 301면; 李楨漢, "判例를 中心으로 본 어음의 僞造에 관한 研究," 「法學博士學位論文」(延世大, 1978. 2), 151～157면.

4) 同旨: 大判 1971. 3. 9, 70 다 2895(判總 11-2, 1060-10)(僞造手票에 의한 변제가 유효로 되는 것은 特別法規 · 免責約款 또는 商慣習이 있는 경우에 한한다)[이 判決에 대한 評釋으로는 孫珠瓚, "僞造手票支給의 效力," 「司法行政」, 1972. 7, 6～10면; 鄭燦亨, 前揭 論文集(警察大)(제 4 집), 360면]; 서울高判 1972. 12. 15, 71 다 741(判總 11-2, 1062-16)(去來慣習에 의하여 은행의 僞造된 國庫手票의 지급을 유효라고 판시함).

5) 鄭燦亨, 前揭 論文集(警察大)(제 4 집), 360면.

故意·過失이 없어야 한다고 본다.[1]

③ 지급인이 면책약관 등에 의하여 그 지급에 필요한 주의의무를 다하여 위조·변조된 어음을 지급한 경우에(즉, 고의·과실이 없는 경우)는 지급인은 발행인의 과실(귀책사유)의 유무에 불문하고 면책된다고 본다. 이 때에 發行人에게 過失이 있는 경우에는 면책약관 등을 거론하지 않더라도 발행인이 책임을 부담하는 것은 당연하므로 면책약관 등의 의미가 적으나, 發行人에게 過失이 없는 경우에는 同면책약관 등에 의하여 지급인이 면책되므로 同면책약관 등의 의미가 크다고 볼 수 있다. 이렇게 보면 결과적으로 發行人負擔說[2]과 같으나 이론의 전개에서는 다르게 된다. 즉, 이 경우에 지급인이 면책되고 발행인이 그 손실을 부담하는 것은 면책약관 등이 적용되는 결과로서 당연한데 다시 發行人負擔說을 논의하는 것은 무의미한 것으로 본다. 이에 반하여 支給人負擔說을 취하는 견해[3]는 지급인은 면책약관 등에 의하여 이미 면책되었는데, 다시 책임을 부담시키는 결과가 되어 그 자체 모순이라고 본다.[4]

위와 같이 지급인에게 고의·과실이 없어 발행인(피위조자)이 책임을 부담한다는 의미는 자금관계(또는 준자금관계)에서 지급인에 대한 것이지 어음소지인에 대한 것이 아니므로, 이로 인하여 被僞造者 또는 變造前에 기명날인 또는 서명한 자가 어음상의 책임을 지는 결과가 되는 것은 결코 아니다. 따라서 이러한 發行人은 어음소지인에 대하여 不當利得의 法理에 의하여 지급받은 금액의 반환청구권이 있다.[5]

그러나 支給人이 同면책약관 등에 의하여 고의·과실이 있는 경우에는, 發行人에게 과실이 없는 때에는 支給人이 책임을 부담하는 것은 당연하고, 支給人의 과실이 發行人의 과실과 경합하는 때에는 원칙적으로 支給人의 책임으로 하고 發行人의 과실에 대하여는 過失相計(民 396조)를 하는 것이 타당하다고 본다.[6]

1) 同旨: 鄭(熙), 270면; 大判 1975. 3. 2, 74 다 53(判總 11-2, 1062-18) 外.
2) 朴, 566면; 大判 1977. 4. 12, 76 다 2873(敎材, 判決例 [463]).
3) 鄭(熙), 271면; 鄭(東), 426면; 徐(廷), 211면.
4) 鄭燦亨, 前揭 論文集(警察大)(제 4 집), 356면.
5) 同旨: 大判 1992. 7. 28, 92 다 18535(公報 929, 1650)(背書僞造가 있는 約束어음에 관한 경우임).
6) 鄭燦亨, 前揭 論文集(警察大)(제 4 집), 361면 및 같은 면 註 63.
그러나 徐廷甲, "手票支給人의 地位," 「月刊考試」, 1977. 3, 55면은 이와 반대로 「發行人責任負擔으로 하고 支給人의 過失에 따라 過失相計한다」고 한다.

제 4 절 遡求(償還請求)

제 1 遡求의 意義

1. 遡求의 概念

1) 遡求(recourse; Rückgriff)는 償還請求라고도 하는데, 「어음이 滿期(手票의 경우는 支給提示期間內)에 지급거절되었거나, 또는 滿期前에 인수거절(환어음에 한함) 또는 지급가능성이 현저하게 감소되었을 때에 어음소지인이 전자에 대하여 어음금액 기타 비용을 청구하는 것」을 말한다. 어음은 만기에 지급될 것을 예상하여 유통되고 또 어음소지인은 대가를 지급하고 이를 취득하는 것은 일반적인데, 만기에 지급거절되거나 또 지급가능성이 현저하게 감소된 때에는 어음소지인의 이러한 기대와 대가를 상실시켜 어음소지인의 이익을 현저하게 침해하게 된다. 따라서 이러한 어음소지인의 이익을 보호하기 위하여 民法上 賣渡人의 瑕疵擔保責任과 같은 정신으로 실질관계를 어음관계에 반영하여 어음法에서 규정한 것이 遡求制度이다.

2) 어음(手票)法은 환어음의 경우에는 發行人·背書人 등이 인수와 지급을 담보하는 것으로 규정하고(어 9조, 15조), 약속어음의 경우에는 背書人 등이 지급을 담보하는 것으로 규정하고[1](어 77조 1항 1호·4호), 수표의 경우에는 發行人·背書人 등이 지급을 담보하는 것으로 규정하고 있다(手 12조, 18조). 이러한 法定擔保責任에 기하여 어음소지인이 담보책임의 이행을 청구하는 것이 遡求이며, 그 이행을 청구할 수 있는 어음상의 권리를 遡求權 또는 償還請求權이라고 한다.

3) 어음의 主債務者와 遡求義務者는 어음소지인에 대하여 合同責任을 부담하지만(어 47조 1항, 77조 1항 4호), 遡求義務는 主債務에 대하여 종된 성질을 가지며 또 遡求義務者가 主債務者에 대하여 어음상의 권리를 행사하고자 하면 완전한 어음을 반환하여야 하므로(어 50조, 77조 1항 4호), 主債務가 지급·상계·시효 등으로 소멸하면 遡求義務도 소멸한다(우리 나라의 定說). 따라서 遡求義務者는 主債務가 소멸하였다는 것을 자신의 항변으로 주장할 수 있다.

4) 어음금 지급채무에 대한 민사상 保證人과 遡求義務者와의 관계는 모두

---

1) 그러나 學說에 의하여 約束어음의 背書人 등에 대하여도 일정한 경우에는 引受擔保責任이 인정되고 있는데, 이에 관하여는 뒤에서 상술한다.

어음금 지급채무에 대하여 담보책임을 지고, 민사상 保證人이 어음소지인에 대하여 변제를 하면 어음소지인의 권리를 法定代位하므로(民 481조, 482조) 어음소지인의 遡求權을 대위하여 행사할 수 있다.

우리 大法院判例도 이와 같은 취지에서 다음과 같이 판시하고 있다.

[어음채무의 민사상 保證人이 어음소지인의 遡求權을 法定代位하여 행사할 수 있다고 본 判例]

민법 제485조는 법정대위권자가 있는 경우에 채권자의 고의나 과실로 담보가 상실되거나 감소된 때에는 대위권자는 그 상실 또는 감소로 인하여 상환을 받을 수 없는 한도에서 그 책임을 면한다고 규정하고 있는바, 약속어음의 소지인이 배서인에 대하여 가지는 소구권은 약속어음이 지급거절된 경우 어음금 지급에 대한 배서인의 담보책임의 이행을 구하는 권리이므로 소구권은 어음금 지급채무에 대한 담보라고 할 수 있고, 어음금 지급채무에 대한 민사상 보증인이 변제를 하게 되면 민법 제481조 · 제482조에 따라 채권자인 소지인을 대위하여 담보에 관한 권리인 소구권을 행사할 수 있으며, 만일 채권자의 고의나 과실로 소구권이 상실되면 특별한 사정이 없는 한 그로 인하여 상환받을 수 없는 한도에서 위 보증인은 보증책임을 면하게 된다[大判 2003. 1. 24, 2000 다 37937(公報 2003, 691)].

2. 遡求에 관한 立法主義

(1) 二權主義

인수거절시에는 擔保請求權을 인정하고, 지급거절시에는 償還請求權을 인정하는 立法主義이다. 이 立法主義는 인수거절과 지급거절을 구별하여 인수는 거절하여도 만기에 지급을 하는 일도 있다는 점을 고려한 것이지만, 인수거절이 있으면 보통 지급거절도 있게 되는 거래의 실제와 일치하지 않게 되어 불편하다. 이 立法主義는 과거의 獨逸法系의 입법으로서 獨逸 · 이탈리아 · 日本의 舊法 등이 채택하고 있었다.

(2) 一權主義

지급거절시는 물론이고 인수거절시에도 償還請求權만을 인정하는 立法主義이다. 이러한 立法主義를 滿期前償還主義라고도 하는데, 英美法 및 제네바統一어음法 등에서 채택하고 있다. 이 立法主義는 어음거래에도 부합하고 또 편리하기 때문에 우리 나라의 어음法도 一權主義를 채택하고 있다.

(3) 選擇主義

지급거절시에는 償還請求權을 인정하지만, 인수거절시에는 擔保請求權과

償還請求權 중의 하나를 선택권자에게 선택시키는 立法主義이다. 이 선택권은 遡求權者에게 부여되기도 하고 遡求義務者에게 부여되기도 하는데, 遡求權者에게 부여되는 立法例로는 스칸디나비아舊法·中南美諸國의 舊法이 있고, 遡求義務者에게 부여되는 立法例로는 프랑스舊法 등이 있다. 이 立法主義는 遡求權者 또는 遡求義務者에게 편리한 것 같으나, 法制를 복잡하게 하여 도리어 실제상 불편하다.

제 2 遡求의 當事者

1. 遡求權者

1) 제 1 차적으로는 최후의 정당한 어음所持人이다(어 43조·77조 1항 4호, 手 39조). 이와 관련된 다음과 같은 大法院判例가 있다.

[當座手票를 預入받은 은행도 遡求權者라고 본 判例]

당좌수표를 예입받은 수입은행도 同수표가 부도가 난 경우에는 소구권자가 된다[大判 1987. 5. 26, 86 다카 1559(公報 804, 1056)] [이 판결은 他店券의 入金의 법적 성질을 讓渡說로 본 것을 전제로 한다—저자註].

2) 제 2 차적으로는 소구의무를 이행하고 어음을 환수하여 새로이 어음所持人이 된 자이다(어 47조 3항·49조·77조 1항 4호, 手 43조 3항·45조). 遡求義務者를 위한 保證人이 보증채무를 이행한 경우(어 32조 3항·77조 3항, 手 27조 3항), 參加支給人이 소구의무를 이행한 경우(어 63조 1항, 77조 1항 5호), 代理權이 없는 자가 일정한 소구의무자를 위하여 기명날인 또는 서명하고 소구의무를 이행한 경우(어 8조·77조 2항, 手 11조) 등도 이에 포함된다.

2. 遡求義務者

1) 환어음·약속어음 및 수표의 각 遡求義務者는 다음과 같다.

① 환어음의 경우는 發行人·背書人 및 이들을 위한 保證人이다. 환어음의 引受人은 주채무자이지 소구의무자가 아니다. 환어음의 發行人은 어떠한 경우에도 (支給拒絶로 인한) 遡求義務를 면할 수 없지만(어 9조 2항 2문), 背書人의 경우에는 자기의 의사에 기하여(無擔保背書 등) 또는 배서의 성질에서(推尋委任背書·期限後背書 등) 소구의무를 면할 수 있다. 遡求義務者의 無權代理人도 소구의무를 부담한다(어 8조 1문).

② 약속어음의 경우는 背書人 및 이를 위한 保證人이다. 약속어음의 發行

人은 주채무자이지 소구의무자가 아니다. 遡求義務者의 無權代理人도 소구의무를 부담한다(어 77조 2항, 8조 1문).

③ 수표의 경우는 환어음의 경우와 같이 發行人·背書人 및 이들을 위한 保證人이다. 수표의 支給人이 지급보증을 한 경우에는 환어음의 引受人과는 달리 主債務者가 되는 것이 아니라 최종의 遡求義務者와 같은 지위에 있다(手 55조 1항 참조). 수표의 경우에도 遡求義務者의 無權代理人은 소구의무를 부담한다(手 11조 1문).

2) 위의 각 遡求義務者는 主債務者(환어음의 引受人 또는 약속어음의 發行人)와 함께 어음소지인에 대하여 合同하여(jointly and severally) 어음채무를 부담한다(어 47조 1항·77조 1항 4호, 手 43조 1항), 이것을 어음債務者의 合同責任(Gesamtschuld)이라고 하는데, 이는 民法上의 連帶責任과 다르다(이에 관하여는 總論 어음행위의 특성 중 協同性의 부분을 참조).

제 3 遡求要件

1. 序 言

어음法은 환어음에 관하여 「滿期前의 遡求」(어 43조 단서, 44조)와 「滿期後의 遡求」(어 43조 본문, 44조)를 규정하고 있고, 약속어음에 관하여는 「滿期後의 遡求」(支給拒絶로 인한 遡求)(어 77조 1항 4호)에 대하여만 규정하고 있다. 따라서 약속어음에 대하여는 「滿期前의 遡求」가 인정되는지 여부가 문제된다. 手票法도 수표의 소구에 대하여 규정하고 있는데, 수표에는 만기가 없고 언제나 일람출급인 성질상(手 28조 1항), 수표에는 「滿期前의 遡求」와 「滿期後의 遡求」의 구별은 있을 수 없으므로 「支給拒絶로 인한 遡求」(어음의 滿期後의 遡求에 해당)에 대하여만 규정하고 있다.

따라서 이하에서는 어음의 소구요건과 수표의 소구요건을 구별하여 살펴보고, 어음의 소구요건에서는 「滿期前의 遡求要件」과 「滿期後의 遡求要件」으로 나누어 살펴보겠다. 또한 소구요건과 밀접히 관련된 不可抗力과 拒絶證書에 대하여 함께 살펴보겠다.

2. 어음의 遡求要件

(1) 滿期前의 遡求要件

1) 換 어 음

(가) 實質的 要件

(ㄱ) 引受의 전부 또는 일부의 拒絶(어 43조 1호) 어음소지인이 만기 전에 「引

受提示」를 하였으나, 지급인이 「引受의 전부 또는 일부를 거절」한 경우이다.

① 引受提示는 인수거절로 인한 소구에 필요하지만, 이것을 게을리하여도 지급거절로 인한 소구권까지 잃는 것은 아니다. 따라서 인수제시를 하지 않아 인수거절로 인한 만기 전의 소구권을 행사할 수는 없으나, 만기에 지급제시하여 지급거절이 된 경우에는 지급거절로 인한 만기 후의 소구권을 당연히 행사할 수 있다. 그러나 引受提示命令이 있는 어음(어 22조 1항·4항)과 一覽後定期出給어음(어 23조)에서는 반드시 인수제시를 하여야 하므로, 소정의 기간 내에 인수제시를 하지 않으면 모든 소구권을 상실한다(어 53조 1항 1호·2항).

② 지급인의 引受拒絶은 적극적인 거절의 경우뿐만 아니라, 不單純引受(어 26조 2항)·지급인이 소재불명 또는 부재의 경우·지급인이 사망하고 그 상속인이 불명한 경우·어음의 반환 전의 인수말소(어 29조 1항) 등을 포함한다. 예비지급인의 기재가 있는 경우에는 그의 인수거절도 있어야 한다(어 56조 2항). 또 지급인이 수인인 경우에는 그 중 1인의 인수거절만으로도 소구원인이 된다고 본다(通說).[1]

인수의 일부거절이 있는 경우에는 그 부분에 한하여 소구할 수 있다. 引受提示禁止文言이 기재된 어음의 경우(어 22조 2항·3항) 어음소지인이 이에 반하여 인수제시를 하고 따라서 인수가 거절된 경우에는 소구원인이 되지 않는다.

(ㄴ) 支給人 또는 引受人의 破産(어 43조 2호 전단), 引受提示禁止어음의 경우는 發行人의 破産(어 43조 3호) 支給人 또는 引受人 등의 자력이 불확실하게 된 경우로서, 이 때의 破産은 어음발행 후의 것만을 의미하는 것이 아니라 어음발행의 전후를 불문하고, 파산절차가 종료되지 않은 것을 의미한다(通說).[2] 어음발행 후의 破産의 경우에는 파산선고의 결정이 있으면 소구원인이 되는 것이지, 파산절차가 소구권행사시까지 계속되어야 하는 것은 아니다(通說).[3] 引受하지 않은 지급인의 破産을 소구원인으로 하는 것은 어음소지인이 만기에 지급인으로부터 지급받을 것을 기대하고 어음을 취득하기 때문이다.

引受提示禁止어음의 경우에는 發行人의 신용만으로 유통되기 때문에 發行人의 破産을 소구원인으로 하고 있으며, 支給人의 破産은 소구원인이 아니다. 이 때에도 豫備支給人이 있는 경우에는 豫備支給人의 引受拒絶까지 있어야 소

1) 鄭(熙), 230면; 鄭(東), 274면; 蔡, 265면; 崔(基), 507면 外.
反對: 徐·鄭, 239면(支給人 전원의 引受拒絶만이 遡求原因이 된다고 보는 見解).

2) 徐·鄭, 239면; 鄭(熙), 230면; 孫(珠), 331면; 鄭(東), 432~433면 外.
이에 반하여 어음발행 후의 破産만을 의미한다고 보는 見解로는 田中(耕), 460면; 田中(誠), 756면.

3) 鄭(熙), 230~231면; 鄭(東), 433면; 孫(珠), 331면; 崔(基), 510면 外.

구원인이 된다(어 56조 2항).

어음法에 명문의 규정은 없으나 債務者回生節次 등이 개시된 때에도(破 49조) 破産에 준하여 소구원인이 된다고 본다(獨어 44조 6항 참조)(通說).[1]

이 때에는 法院의 破産決定書에 의하여 파산의 사실이 객관적으로 입증되므로, 소구원인에 대한 입증책임이 특별히 문제될 것이 없다(通說).[2]

(ㄷ) **支給人 또는 引受人의 支給停止 또는 그 재산에 대한 強制執行不奏效**(어 43조 2호 후단) 이러한 경우도 만기에 지급될 것이 불확실하므로 만기 전의 소구원인으로 하였다. 이 경우에도 豫備支給人이 있는 경우에는 그의 참가인수거절까지 있어야 소구원인이 된다(어 56조 2항). 여기에서의 「支給停止」란 채무자회생 및 파산에 관한 법률상의 지급정지(破 305조 2항)를 표준으로 결정하는데, 채무자의 지급불능을 외부에서 인식할 수 있는 경우를 말한다.[3] 따라서 채무자가 이행기가 도래한 금전채무를 이행하지 못하는 경우나,[4] 또는 채무자가 발행한 銀行渡어음이 자금부족으로 지급거절된 경우 등이 이에 속한다.

우리 大法院判例도 이와 同旨로 다음과 같이 판시하고 있다.

[약속어음의 발행인의 다른 약속어음이 모두 부도가 된 경우에는 滿期前 遡求가 가능하다고 본 判例]

약속어음 발행인의 다른 약속어음이 모두 부도가 된 상황이라면 이 사건 약속어음도 만기에 지급거절될 것이 예상되므로 만기 전에 소구권을 행사할 수 있다[大判 1984. 7. 10, 84 다카 424 · 425(公報 736, 1422)].

이러한 支給停止의 사실은 일반에게 알려지지 않아도 소구의 당사자에게만 알려져도 충분하다.[5] 「強制執行不奏效」는 어음소지인의 강제집행뿐만 아니라 어떠한 채권자에 의한 강제집행이라도 상관이 없는데, 이에 의한 실효를 얻지 못한 사실만 있으면 충분하다.

引受提示禁止어음의 경우에는 發行人의 破産만을 소구원인으로 하고 發行人의 支給停止 또는 強制執行不奏效를 소구원인으로 하고 있지 않은데, 이것은 發行人의 경우는 破産의 경우를 제외하고는 그 이외의 사항은 거절증서 등과

1) 徐·鄭, 239면 ; 鄭(熙), 230면 ; 鄭(東), 433면 ; 註釋, 406면 ; 孫(珠), 331면 ; 姜, 628면 ; 蔡, 266면 外.
2) 徐·鄭, 241면 ; 鄭(熙), 231면 外.
3) 同旨 : 鄭(東), 433면.
4) RGZ 100, 65.
5) 同旨 : 鄭(東), 433면 ; RGZ 132, 283.

같은 공적인 입증방법을 작성할 수 없기 때문이다.[1]

이러한 소구원인도 破産의 경우와 같이 그러한 원인사실의 발생으로 인하여 소구권이 발생하면 족하고, 그 원인사실이 소구권행사시까지 존속하여야 하는 것은 아니다. 왜냐하면 그러한 원인사실의 발생 자체만으로 지급에 대한 불안감을 충분히 가지게 되므로 소구권을 인정해야 되기 때문이다(通說).[2]

支給停止 또는 強制執行不奏效의 소구원인에 대한 입증책임은 遡求權者(原告)가 부담하며, 소구의무자의 청구가 있으면 이 사실을 입증할 증거서류를 교부하여야 한다. 이 때에 소구권자는 지급거절증서의 작성(어 44조 5항)만으로 지급인 또는 인수인의 支給停止 또는 強制執行不奏效로 인한 자력불확실이 충분히 입증되었다고 볼 수는 없다(通說).[3]

(나) **形式的 要件** ① 인수의 전부 또는 일부의 거절이 소구원인인 경우에는, 어음소지인은 지급인이 인수거절한 사실을 공정증서인 「引受拒絶證書」에 의하여 입증하여야 한다(어 44조 1항). 인수거절의 증명방법으로 引受拒絶證書가 작성되어야 하고, 이것이 작성되지 않는 한 다른 방법으로 인수거절의 사실이 증명되더라도 소구권을 행사할 수 없다.

引受拒絶證書는 인수제시기간 내[4]에 작성되어야 하는데, 이 기간의 말일에 한 인수제시에 대하여 지급인이 熟慮期間을 요구한 때에는 인수거절증서는 그 익일에 작성될 수 있다(어 44조 2항). 어음소지인은 인수제시기간 내에는 몇 번이라도 인수제시를 할 수 있으므로, 한 번 인수거절이 되었다고 하여 바로 인수거절증서를 작성하여야 하는 것은 아니다.[5]

인수거절증서가 작성된 때에는 어음소지인은 만기 후의 소구를 위하여 만기가 도래한 후에 다시 지급제시를 하고 지급거절증서를 작성시킬 필요가 없다(어 44조 4항).

② 支給人 또는 引受人의 破産(引受提示禁止어음의 경우는 發行人의 破産)이 소구원인인 경우에는, 거절증서의 작성을 요하지 아니하고 「破産決定書」(破 310조)를 제출하면 된다(어 44조 6항). 또

1) 同旨: 鄭(熙), 231면; 註釋, 406면.

2) 徐·鄭, 240면; 鄭(熙), 230~231면; 金(容), 201면; 崔(基), 509~510면 外.

3) 徐·鄭, 240면; 鄭(熙), 231면 外.

4) 引受提示期間은 確定日出給 · 發行日字後定期出給의 어음의 경우는 발행일로부터 만기의 전일까지이고(어 21조), 一覽後定期出給의 어음의 경우는 원칙적으로 발행일로부터 1년이다(어 23조 1항). 一覽出給어음의 경우는 제시된 때 만기가 되므로(어 34조 1항 1문), 支給提示期間만이 문제된다(어 34조 1항 2문 · 3문).

5) 同旨: 徐·鄭, 241면.

債務者回生節次의 개시결정이 있은 경우에는 債務者回生節次開始決定書(破 49조 2항)를 제출하면 된다(通說).[1]

③ 支給人 또는 引受人의 支給停止 · 強制執行不奏效가 소구원인인 경우에는, 만기 전임에도 불구하고 어음소지인은 (일단 지급제시를 한 후) 「支給拒絶證書」를 작성하여야 (만기 전의) 소구권을 행사할 수 있다(어 44조 5항). 이 때의 지급거절증서는 어음의 미지급사실을 공증하는 것이지 자력불확실의 사실까지 공증하는 것은 아니다.[2] 따라서 어음소지인은 자력불확실의 사실에 대하여 입증하여야 (만기 전의) 소구권을 행사할 수 있다(어 44조 5항).[3]

2) **約束어음** 어음法은 약속어음에 대하여는 支給拒絶로 인한 遡求에 관한 환어음의 규정만을 준용하고 있으므로(어 77조 1항 4호), 「滿期前의 遡求」가 약속어음에도 인정되는지 여부가 문제된다.

① 약속어음에는 인수제도가 없으므로 引受拒絶로 인한 滿期前의 遡求가 있을 수 없다는 것은 당연하다.

② 약속어음의 경우에도 만기 전에 發行人이 破産(和議節次 또는 會社整理節次를 포함함)한 경우에는, 만기에 지급이 거절될 것이 확실하므로 해석상 당연히 滿期前의 遡求를 인정해야 할 것이다(通說).[4]

우리 大法院判例도 이와 同旨로 다음과 같이 판시하고 있다.

[約束어음의 경우에도 발행인의 파산을 만기 전 遡求原因으로 본 判例]

약속어음에 있어서도 발행인의 파산 등의 사유로 말미암아 만기에 지급거절이 될 것이 예상되는 경우에는 만기 전의 소구가 가능하다고 보아야 할 것이다[大判 1984. 7. 10, 84 다카 424 · 425(教材, 判決例 [533])].

③ 약속어음의 경우에 만기 전에 發行人이 支給停止를 받거나 발행인의 재산에 대한 強制執行이 奏效하지 아니하거나, 또는 발행인명의의 다른 어음이 不渡가 되는 등으로 인하여 發行人의 資力에 불확실한 사정이 있는 경우 등에는, 어음소지인이 그 발행인에게 지급제시를 하고 지급거절증서를 작성하면 이는 지급거절로 인한 소구가 되어 법규상으로도 당연히 滿期前의 遡求가 가능

1) 徐·鄭, 241면; 鄭(熙), 232면; 孫(珠), 333면; 鄭(東), 434면; 崔(基), 511면; 蔡, 268면; 李(基), 342면 外.

2) 同旨: 鄭(熙), 232면.

3) 同旨: 徐·鄭, 240면.

4) 鄭(熙), 229면; 鄭(東), 433면; 蔡, 266면; 教材, 404면, 406면 外.

하다고 본다(通說).[1] 왜냐하면 어음法 제77조 1항 4호의「支給拒絶로 인한 遡求」의 의미를 반드시 만기 후에 있어서의 지급거절로 인한 소구만을 의미하는 것으로 해석할 필요는 없고, 만기 전이건 만기 후이건 지급거절로 인한 소구를 의미하는 것으로 해석할 수도 있기 때문이다.

우리 大法院判例도 이와 同旨로 다음과 같이 판시하고 있다.

[約束어음의 경우에도 발행인의 지급정지 기타 그 자력을 불확실하게 하는 사유가 있는 때에는 滿期前의 遡求가 가능하다고 본 判例]

어음법은 약속어음의 경우에 만기에 있어서의 지급거절에 의한 소구만을 인정하고 환어음의 경우와 같은 만기전소구에 관한 규정을 두고 있지 않으나, 약속어음에 있어서도 발행인의 파산이나 지급정지 기타 그 자력을 불확실케 하는 사유로 말미암아 만기에 지급거절이 될 것이 예상되는 경우에는 만기 전의 소구가 가능하다고 보아야 할 것이다. …… 원심은 발행인 명의의 다른 약속어음들이 거래은행으로부터 모두 부도가 되자 원고는 본건어음을 지급기일 전인 1982. 5. 10경 지급장소에서 본건어음을 지급제시하였으나 지급거절이 된 사실을 인정하고 있다. 원심이 인정한 바와 같이 위 발행인 명의의 다른 약속어음이 모두 부도가 된 상황이라면 특별한 사정이 없는 한 이 사건 각 약속어음도 각 만기에 지급거절이 될 것이 예상된다고 하겠으므로 그 소지인인 원고는 만기 전이라고 할지라도 일단 지급제시를 한 후 배서인 피고에게 소구권을 행사할 수 있다고 할 것이다[大判 1984. 7. 10, 84 다카 424·425(敎材, 判決例 [533])].

同旨: 大判 1992. 5. 26, 92 다 6471(公報 924, 2016)(약속어음소지인이 그 약속어음을 만기 2일 전에 지급제시를 한 것이라면 특별한 사정이 없는 한 만기 전에 소구권을 행사하기 위한 것이라고 볼 수 있다); 同 1993. 12. 28, 93 다 35254(公報 962, 526)(약속어음에 있어서도 발행인의 파산이나 지급정지 기타 그 자력을 불확실하게 하는 사유로 말미암아 만기에 지급거절이 될 것이 예상되는 경우에는 만기 전의 소구가 가능하다).

(2) 滿期後의 遡求要件(換어음 · 約束어음)

1) 實質的 要件 어음소지인이 지급제시기간 내에 적법하게「支給提示」를 하였으나, 환어음의 지급인(인수인) · 약속어음의 발행인 또는 이들의 지급담당자가「支給拒絶」을 하여야 한다(어 43조 본문, 77조 1항 4호).

(가) 支給提示 어음소지인은 지급제시기간 내에 적법하게 지급제시를 하여야 한다. 만일 어음소지인이 지급제시기간 내에 지급제시를 하지 않으면

1) 鄭(熙), 229면; 鄭(東), 433면; 敎材, 404면, 406면 外.

소구권을 상실한다(어 53조 1항 1호 전단·2호, 77조 1항 4호)(支給提示에 관하여는 이미 상세하게 설명한 바 있으므로 그 설명을 참고하기 바란다).

우리 大法院判例도 이와 같은 취지에서 다음과 같이 판시하고 있다.

[만기후배서의 피배서인도 적법한 지급제시기간 내에 지급제시를 하여야 소구권이 보전된다고 본 判例]

만기 전의 배서와 동일한 효력을 갖는 만기후배서의 피배서인이 어음의 최종소지인의 지위에서 어음의 배서인 등 소구의무자에 대한 소구권을 보전하기 위하여는 그에게 만기후배서를 한 배서인이 지급제시를 하였는지 여부와 관계없이 다시 스스로 적법한 지급제시기간 내에 지급제시를 하여야 한다. 만일 만기후배서의 피배서인이 배서인이 지급제시하여 지급거절된 사실을 알고 있었다면, 그 배서인이 지급제시함으로써 보전한 소구권을 지명채권 양도와 같은 효력으로 승계하였음을 주장하여 이를 행사할 수 있다[大判 2000. 1. 28, 99 다 44250(公報 2000, 571)].

예비지급인 또는 참가인수인 등이 존재하는 경우에는 그들의 전원에 대하여 지급제시기간 翌日까지 지급제시를 하여야 한다(어 60조 1항).

지급거절증서작성면제의 경우에도 지급제시는 면제되지 않는다(어 46조 2항 1문, 77조 1항 4호). 그러나 引受拒絶證書를 작성한 경우(어 44조 1항) 또는 不可抗力이 만기(一覽出給 또는 一覽後定期出給의 어음의 경우에는 어음所持人이 背書人에게 통지를 한 날)로부터 30日을 넘어 계속하는 경우(어 54조 4항 · 5항, 77조 1항 4호)에는 지급제시가 면제된다. 그러나 지급인 등이 미리 지급거절의 의사를 표시한 경우와 같이 만기에 지급거절될 것이 확실한 경우에도 어음소지인은 반드시 지급제시를 하여야 한다.[1] 지급제시면제의 특약은 어음상의 효력은 없고, 그 특약의 당사자간의 인적 항변사유가 됨에 불과하다.[2]

(나) 支給拒絶 지급거절이란 지급인 등이 적극적으로 지급을 거절한 경우뿐만 아니라, 지급인 등의 부재 · 소재불명 또는 이들이 사망하고 상속인이 불명한 경우 등과 같이 소극적인 사유로 인하여 어음소지인이 지급받을 수 없는 경우를 포함한다(拒令 3조 1항 2호 참조).

우리 大法院判例도 이와 同旨로 다음과 같이 판시하고 있다.

[정리채권자로 확정된 어음소지인의 소구권행사를 인정한 判例]

정리채권자로 확정된 어음소지인이 어음배서인에 대한 약속어음금 청구소송에서 승소한다고 하여 이중으로 권리를 취득하게 된다고 할 수는 없고 또 어음소지인이 정리채권신고기간 이후에 배서인에 대한 약속어음금 청구소송을 제기

1) 同旨: 鄭(熙), 233면; 鄭(東), 431면.

2) 同旨: 註釋, 405면.

하였다고 하여 신의칙에 반한다고 볼 수도 없다[大判 1998. 3. 13, 98 다 1157(公報 1998, 1062)].

어음소지인은 일부의 지급을 거절하지 못하므로(어 39조 2항, 77조 1항 3호), 지급인 등이 일부지급을 하는 경우에는 그 잔액에 대하여만 지급거절로 인한 소구권을 행사할 수 있다.

數人의 지급인 등이 있는 경우에는 그 전원이 지급거절을 하여야 어음소지인은 소구권을 행사할 수 있다(通說).[1] 왜냐하면 소구의무자는 그 지급인 중의 어느 한 사람이 지급할 것을 담보한 것이라고 볼 수 있기 때문이다. 또한 예비지급인 · 참가인수인 등이 존재하는 경우에는, 이들의 지급거절까지 있어야 어음소지인은 소구권을 행사할 수 있다(어 60조 1항, 77조 1항 5호).

2) **形式的 要件** 지급인 등의 지급거절의 사실은 공정증서인 「支給拒絕證書」에 의하여 증명되어야 한다(어 44조 1항, 77조 1항 4호). 그 이유는 지급거절은 소구의무자 이외의 자(환어음의 경우는 支給人 또는 引受人, 약속어음의 경우는 發行人 등)로부터 생긴 사실이므로 어음소지인을 위하여는 간이 · 신속한 증명방법이 되고, 소구의무자를 위하여는 공적인 증명방법이므로 확실하고 신뢰할 수 있기 때문이다.[2]

지급거절증서의 작성기간은 확정일출급어음 발행일자후정기출급어음 · 일람후정기출급어음의 경우에는 「지급을 할 날에 이은 2거래일 내」이고,[3] 일람출급어음의 경우에는 어음法 제34조에서 정하는 「지급제시기간 내」(원칙적으로 1년)이다(어 44조 3항, 77조 1항 4호).[4]

지급거절증서를 작성할 필요가 없는 경우는, (i) 同증서의 작성이 免除된 경우(어 46조, 47조 1항 4호), (ii) 引受拒絕證書를 작성한 경우(어 44조 4항), (iii) 不可抗力에 의하여 同증서의 작성이 30日을 초과하여 방해되었을 때이다(어 54조 4항 · 5항, 77조 1항 5호).

예비지급인 · 참가인수인 등이 존재하는 경우에는 지급제시기간의 익일까지 필요가 있는 경우에는 참가지급거절증서를 작성하여야 한다(어 60조 1항, 77조 1항 5호).

---

1) 徐·鄭, 242면; 鄭(熙), 232면; 鄭(東), 432면; 蔡, 268면; 註釋, 405면 外.

2) 同旨: 鄭(東), 432면.

3) 舊어음法은 「支給을 할 날 또는 이에 이은 2去來日內」라고 규정하였으나, 우리 어음法은 統一條約에 따라 이렇게 규정하고 있는 것이다. 따라서 「지급을 할 날」에는 拒絕證書의 작성이 허용되지 않는다[同旨: 徐·鄭, 242면; 註釋, 408면; 註어, 423면].

4) 同旨: 徐·鄭, 242면; 註釋(II), 190면.

3. 手票의 遡求要件

(1) 實質的 要件

수표소지인이 지급제시기간 내에 적법한 「支給提示」를 하였으나, 지급인이 「支給拒絶」을 하여야 한다(手 39조). 수표에 있어서는 지급거절만이 소구원인이 된다.

(2) 形式的 要件

지급거절의 증명방법으로 「支給拒絶證書」가 작성되어야 하는 점(手 39조 1호)은 어음의 경우와 같다. 그러나 다음의 점에서는 어음과 구별되고 있다.

1) 지급거절의 증명방법이 지급거절증서 외에 「支給人(수표법 제31조 제 2 항의 경우에는 지급인의 위임을 받은 제시은행)의 宣言」 및 「어음交換所의 宣言」이 추가되어 있다(手 39조 2호 · 3호). 지급인의 선언 및 어음교환소의 선언도 소구의무자의 거절증서작성면제가 있으면 이를 작성할 필요가 없다(手 42조).

2) 不可抗力에 의하여 소구권보전절차(지급제시 및 지급거절증서작성)를 면제받는 경우는, 그 不可抗力이 수표소지인이 배서인에게 통지를 한 날로부터 「15일」을 넘어 계속하는 때이다(手 47조 4항).

3) 지급거절증서의 작성기간은 원칙적으로 지급제시기간 내이나, 예외적으로 제시기간의 말일에 제시한 경우에는 이에 이은 「제 1 의 거래일」에 작성시킬 수 있다(手 40조).

4. 不可抗力

(1) 序　　言

소구절차는 일정기간내, 특히 지급제시는 3일 내에 하여야 하고 지급거절증서의 작성은 2일 내의 단기간 내에 하여야 하는 것이므로, 이 단기간 내에 不可抗力으로 인하여 이 절차를 이행하지 못하는 일이 있다. 이러한 경우에도 과거의 獨逸法系의 입법은 不可抗力의 사정을 고려하지 아니하고 항상 遡求權을 상실시키는 데 반하여(債權者危險負擔主義), 英美法系와 프랑스法系의 입법은 不可抗力이 그친 후에 이 절차를 밟을 수 있다고 한다(債務者危險負擔主義). 후자의 경우에는, 다시 不可抗力의 종료 후에는 소구절차를 요하지 아니하고 바로 소구권을 행사시킬 것인가(保全節次免除主義), 또는 불가항력의 종료를 기다려서 소구절차를 밟도록 할 것인가(保全節次期間延長主義)가 입법상의 문제이다. 統一어음法은 英美法系와 프랑스法系에 따라서 債務者危險負擔主義를 채용하여 保全節次期間延長主義와 保全節次免除主義를 병용하였다(어 54조·77조 1항 4호, 手 47조).

(2) **不可抗力의 意義**

여기에서 不可抗力(force majeure; höere Gewalt; vis major)이라 함은 法文에는 「피할 수 없는 장애」로 규정하고 있는데, 이것은 불가피한 일반적 장애를 의미한다(어 54조 1항·77조 1항 4호, 手 47조 1항). 일반적 장애라 함은, 예컨대 전쟁·내란·지진·홍수·유행병·기타 천재적 사변으로 인한 거래의 정지, 교통단절 등이 대표적인 것이지만, 파업으로 인한 거절증서작성기관의 직무휴지, 교통기관의 마비 등 인위적 사유로 인한 경우도 있을 수 있다. 그러나 어음소지인 또는 그로부터 어음의 제시 또는 거절증서작성의 위임을 받은 사람에 관한 단순한 인적 사유, 예컨대 소지인의 急死·수임인의 急病 등은 불가항력이 되지 아니한다[1] (어 54조 6항·77조 1항 4호, 手 47조 5항).

또한 여기의 不可抗力 중에는 一國의 法令에 의한 禁制를 포함한다(어 54조 1항·77조 1항 4호, 手 47조 1항). 이것은 어음이 국제적 유통증권이라는 성격에 비추어 一國에 있어서의 支給猶豫令(moratorium)이 他國을 구속할 수 없는 불편을 완화하고자 하는 것으로서, 지급지의 支給猶豫令으로 인하여 소정의 기간 내에 보전절차를 취할 수 없어도 他國에 있는 遡求義務者의 책임면제가 생기지 않게 할 필요에 따른 것이다.

이 때의 不可抗力은 어음상의 권리보전절차를 할 기간의 終期에 존재하여야 한다(通說).[2]

(3) **不可抗力이 權利保全節次에 미치는 영향**

1) 期間의 延長 또는 保全節次의 免除 ① 不可抗力이 존재한 때에는 원칙으로 權利保全節次期間은 연장되어(어 54조 1항·77조 1항 4호, 手 47조 1항), 소지인은 불가항력이 그친 뒤에 지체 없이 인수제시 또는 지급제시를 하고 필요하면 거절증서를 작성하여 소구할 수 있다(어 54조 3항·77조 1항 4호, 手 47조 3항). 만기에는 영향을 미치지 아니하므로 시효기간의 기산점(어 70조 1항, 77조 1항 8호), 법정이자의 발생(어 48조 1항 2호, 77조 1항 4호) 등에는 영향이 없다.

② 그러나 기간연장의 예외로서 不可抗力이 만기로부터 30일을 넘어서

1) 法律上 일반적으로 不可抗力의 意義를 결정하는 표준으로서 主觀說·客觀說·折衷說의 3설이 있는데, 어음法에서의 不可抗力은 不變期間의 不遵守에서 생기는 不利益을 면하게 하는 것이므로 그 의의는 원래 主觀說에 의하여 결정되어야 할 것이다. 그런데 어음法은 단순한 人的 事由는 不可抗力을 구성하는 것이 아니라고 규정하고 있으므로 主觀說에 다소 수정을 가한 것이다[徐·鄭, 245면 註 1].

2) 徐·鄭, 245면; 鄭(熙), 236면; 鄭(東), 436면; 孫(珠), 341면 外.

계속할 때에는 어음의 제시와 거절증서의 작성 없이 소구권을 행사할 수 있다(어 54조 4항, 77조 1항 4호). 이 때 一覽出給어음과 一覽後定期出給어음과 같이 제시에 의하여 비로소 만기가 정하여지는 어음에 있어서는 제시기간 내라도 소지인이 배서인에게 불가항력의 통지를 발송한 날로부터 30일을 기산한다(어 54조 5항 1문, 77조 1항 4호). 다시 말하면 通知日이 一覽日과 동일시되어, 一覽出給어음의 경우에는 通知日로부터 30일을 경과하면 소구할 수 있고, 一覽後定期出給어음의 경우에는 30일의 기간에 어음에 기재한 一覽後의 期間이 가산되어 그 기간의 경과 후에 비로소 소구할 수 있다(어 54조 5항 2문, 77조 1항 4호).

수표의 경우에는 소지인이 자기의 배서인에게 불가항력을 통지한 날로부터 15일을 넘어 不可抗力이 계속하는 때에는, 제시기간 경과 전에 그 통지를 한 경우에도 수표의 제시 또는 거절증서나 이와 동일한 효력이 있는 선언 없이 소구권을 행사할 수 있다(手 47조 4항).

2) 所持人의 通知義務 不可抗力이 존재하는 경우에 어음소지인은 이것을 자기의 背書人에게 통지하고, 어음 또는 補箋에 이 통지한 뜻을 기재하고 日字를 부기하여 기명날인 또는 서명하여야 하며, 후자로부터 통지를 받은 사람은 또 다시 자기의 전자에게 통지하여야 한다(어 54조 2항 1문 · 77조 1항 4호, 手 47조 2항 1문). 通知義務의 목적은 전자에게 不可抗力의 존재에 관하여 反證을 할 기회를 부여하고자 하는 것과, 거절의 경우를 예상하여 전자를 소구에 대비시키고자 하는 데에 있다. 이 通知節次의 상세한 것은 뒤에 설명하는 遡求通知의 예에 따른다(어 54조 2항 2문 · 77조 1항 4호, 手 47조 2항 2문).

5. 拒絶證書

(1) 意 義

1) 拒絶證書는 어음상의 권리의 行使 및 保全에 필요한 행위를 한 것과 그 결과를 증명하는 證明證書로서, 公正證書이고 要式證書이다.

2) 어음法이 규정하고 있는 거절증서 중 가장 중요한 것은 引受拒絶證書(換어음에 만 해당)와 支給拒絶證書인데(어 44조 1항 · 77조 1항 4호, 手 39조 1항),[1] 어음法은 拒絶證書를 작성함을 요한다고만 규정하고 그 밖의 점은 모두 拒絶證書令(1970. 4. 15, 大統領令 제4919호)이 규정하는

---

1) 어음法은 이 밖에 引受提示日字 또는 引受日字의 기재를 거절한 경우(어 25조 2항, 78조 2항), 複本交付拒絶의 경우(어 66조 2항), 謄本의 정당한 소지인에 대한 原本返還拒絶의 경우(어 68조 2항) 등에 대하여도 拒絶證書의 작성에 관하여 규정하고 있다.

바에 미루고 있다(어 84조, 手 70조).

(2) 作成節次

1) 拒絶證書令에 의한 거절증서의 작성절차는 다음과 같다.

① 작성기관은 公證人 또는 執行官이다(拒令 2조).

② 기재사항은, (i) 거절자 및 피거절자의 성명이나 명칭, (ii) 거절자에 대하여 청구를 한 뜻 및 거절자가 그 청구에 응하지 아니하였거나 거절자의 면회를 할 수 없었던 것 또는 청구를 할 장소를 알 수 없었던 뜻, (iii) 청구를 하였거나 이를 할 수 없었던 장소 및 연월일, (iv) 거절증서작성의 장소 및 연월일, (v) 법정장소 이외의 곳에서 거절증서를 작성하는 때에는 거절자가 이를 승낙한 것 등이다(要式證券性)(拒令 3조 1항).

③ 작성용지는 어음 또는 이에 결합한 附箋이다(拒令 4조 1항). 어음에 이를 작성하는 경우에는 어음의 裏面에 기재한 사항에 계속하여 이를 작성하고, 附箋에 할 경우에는 公證人 또는 執行官이 그 接目에 間印을 하여야 한다(拒令 4조 2항).

④ 작성장소는 원칙적으로 「청구를 한 장소」이며, 예외적으로 일정한 사정이 있는 경우에는 「다른 장소」에서 작성할 수 있다(拒令 8조).

2) 수표의 소구의 형식적 요건으로서 지급거절의 증명방법으로는 「支給拒絶證書」(手 39조 1호) 외에, 「手票에 제시의 날을 기재하고 日字를 부기한 支給人(수표법 제31조 제 2 항의 경우에는 지급인의 위임을 받은 제시은행)의 宣言」(手 39조 2호)과 「적법한 시기에 수표를 제시하였으나 지급이 없었던 뜻을 증명하고 日字를 부기한 어음交換所의 宣言」(手 39조 3호)이 추가되어 있다(어음과 구별되는 점). 그런데 이 때의 支給人의 宣言이나 어음交換所의 宣言의 작성방법에 대하여는 手票法에 특별한 규정이 없다. 따라서 이는 學說 · 判例에 의할 수밖에 없는데, 이를 살펴보면 다음과 같다.

① 支給人의 宣言은 반드시 수표 자체[1]에 하여야 하고, 附箋에 할 수 없다.[2] 따라서 附箋에 기재한 지급인의 선언은 무효라고 본다. 왜냐하면 수표는 요식증권이므로 수표의 附箋에 할 수 있는 수표상의 의사표시는 반드시 手票法에 규정되어 있는 경우에만 가능한데(예컨대 背書에 관하여는 手 16조 1항, 保證에 관하여는 手 26조 1항에 각각 규정되어 있음), 「支給人의 宣言」은 手票法 제39조 2호에 의하여 附箋에 할 수 있음이 규정되어 있지

1) 手票 자체인 이상 手票 裏面에 기재하여도 무방하다[同旨: 田中(誠), (下) 862면; 日最高判 1956. 9. 28 등].

2) 그러나 어음交換業務規約 施行細則에서는 手票를 부도반환하는 경우에는 手票의 앞면에 일정한 사항을 기재하여 支給銀行이 부도표시하도록 규정하고, 約束어음 · 換어음 및 기타 證書를 부도반환하는 경우에는 앞면 또는 그 증권의 附箋에 일정한 사항을 기재하고 支給擔當銀行이 부도표시하도록 규정하고 있다(어음교환업무규약 시행세칙 제83조 1항).

않기 때문이다.[1)]

우리 大法院判例도 이와 同旨에서 다음과 같이 판시하고 있다.

[附箋에 한 지급인의 支給拒絶宣言을 無效로 본 判例]

수표의 소지인이 적법한 기간 내에 지급을 위한 제시를 하였으나 그 지급을 받지 못한 경우에 소구권을 행사하기 위하여 그 지급거절을 증명하는 방법의 하나로 갖추어야 할 지급인의 지급거절선언은 수표법 제39조 2호의 규정상 수표 자체에 기재한 것이어야 하므로, 수표가 아닌 지편에 기재한 지급인의 지급거절선언은 비록 그 지편을 수표에 부착시키고 부착부분에 간인을 하였다 하더라도 수표 자체에 기재한 것이 아니어서 수표법 제39조 2호 소정의 지급거절선언에 해당하는 것으로는 볼 수 없다 할 것이다. 따라서 같은 취지의 원심판단은 정당하다[大判 1982. 6. 8, 81 다 107 (敎材, 判決例 [543])].[2)]

참고로 수표(어음)의 거절증서는 수표(어음) 자체에 할 수도 있고(裏面에 기재한 사항에 계속하여 작성함), 附箋(公證人 또는 執行官이 그 接目에 間印하여)에 할 수도 있다(拒令 4조 2항). 또한 이 때에 거절증서를 附箋에 작성하는 것은 어음(수표)의 裏面에 여백이 없는 경우에 한하지 않고, 또 이 경우 반드시 裏面의 기재에 접속하여 첨부하지 않아도 된다.[3)]

② 어음交換所의 宣言은 手票法이 支給人의 宣言과는 달리 수표에 기재할 것을 요구하고 있지 않으므로(手 39조 3호), 수표 자체에 할 필요는 없고 附箋에 하여도 무방하다고 본다.[4)] 또한 어음交換所의 宣言에는 支給人의 宣言에서와는 달리 提示日字를 기재할 필요도 없다.

어음交換所에서의 수표의 제시는 지급제시의 효력이 있는 점(手 31조)과 관련하여 어음交換所의 宣言을 지급거절증서와 같은 증명력을 인정한 것이지만(手 39조 3호), 실제로 어음交換所의 宣言에 의하여 수표가 부도처리되는 경우는 거의 없고 대부분은 支給銀行의 宣言에 의하여 부도처리되고 있다.

(3) 拒絶證書作成免除

1) 認定理由 소구의 형식적 요건의 하나인 거절증서의 작성은 주로 소구의무자를 위하여 인수거절 또는 지급거절의 사실을 명확하게 할 목적이므

1) 鄭(燦), (事例) 415면. 同旨(無效說): 石井照久, 「商法(下)(保險法 · 有價證券法)」, 264면; 田中(誠), (下) 861~862면.

反對(有效說): 竹田, 259면; 鈴木, 369면; 伊澤, 571면.

2) 同旨(無效說): 日大判 1915. 12. 7; 日東京控判 1917. 4. 25; 日東京控判 1925. 10. 21; 日大阪地判 1913. 9. 5 등.

3) 同旨: 日大判 1925. 12. 24(敎材, 判決例 [393]).

4) 同旨: 註釋, 633면; 田中(誠), (下) 862면.

로, 소구의무자는 이 이익을 임의로 포기하여 다른 간편한 증거방법으로써 만족할 수 있다. 이것을 拒絶證書作成免除(無費用償還)라고 하는데, 이로써 소구의무자는 거절증서작성비용의 부담을 면할 수 있고 또 인수거절 또는 지급거절의 사실이 공표되는 것을 방지하는 실익을 가진다. 그러므로 실제 거래에서도 이 제도는 많이 이용되고 있고, 어음法에서도 이를 명문으로 인정하고 있다(어 46조 · 77조 1항 4호, 手 42조).

2) **免除權者** 거절증서의 작성을 면제할 수 있는 자는 遡求義務者이다(어 46조 1항 · 77조 1항 4호, 手 42조 1항). 어음의 경우 參加引受人(어 58조) 또는 參加支給人(어 63조, 77조 1항 5호)은 소구의무자를 위하여 채무를 이행하는 자이므로, 이들 및 이들을 위한 保證人도 거절증서의 작성을 면제할 수 있다고 본다(通說).[1]

환어음의 引受人 및 약속어음의 發行人은 主債務者이므로 거절증서의 작성을 면제할 수 없다고 본다.[2]

3) **免除의 方法** 면제의 방법은 면제권자가 (i)「無費用償還」·「拒絶證書不要」의 문자 또는 이와 동일한 의의가 있는 문언(拒絶證書作成免除의 의사표시)을 어음에 기재하고, (ii) 기명날인 또는 서명하여야 한다(어 46조 1항 · 77조 1항 4호, 手 42조 1항).

①「拒絶證書不要」등의 문언은 보통 어음상에 인쇄되어 있는데, 환어음에 단순히「拒絶證書不要」의 문언만이 기재된 경우에는 인수거절증서 및 지급거절증서의 작성이 면제된 것으로 본다(通說).[3]

② 거절증서작성면제를 위하여는 免除權者의 記名捺印 또는 署名이 있어야 한다. 그런데 어음의 배서란에「拒絶證書不要」의 문언이 인쇄되어 있는 경우에는 배서의 기명날인 또는 서명만 있으면 이 기명날인 또는 서명은 거절증서작성면제의 기명날인 또는 서명도 겸한다.

우리 大法院判例도 이와 同旨로 다음과 같이 판시하고 있다.

[拒絶證書不要의 文言이 인쇄되어 있는 배서란에 정당한 背書가 있으면 拒絶證書不要의 의사라고 본 判例]

어음법 제77조 1항 4호에 의하여 약속어음에 준용된 어음법 제46조의 규정

1) 徐·鄭, 246~247면; 鄭(熙), 237면; 註釋, 417면 外.

2) 同旨: 徐·鄭, 246~247면; 鄭(熙), 237면; 鄭(東), 434면; 日大判 1924. 3. 7(民集 3, 91). 反對(約束어음의 發行人은 拒絶證書의 작성을 免除할 수 있다고 보는 見解): 孫(珠), 343면; 崔(基), 521면; 姜, 423면; 姜, (어) 487면; 蔡, 282면; 註釋, 417면.

3) 徐·鄭, 247면; 鄭(熙), 238면; 孫(珠), 344면; 鄭(東), 435면 外.
이에 反하여 모든 종류의 拒絶證書가 作成免除의 대상에 포함될 수 있다고 보는 見解도 있다(註釋, 417~418면).

은 그 기재자의 서명(기명날인 또는 서명 — 저자註)이 없는 경우에는 그 기재자를 판단하기가 어렵고 따라서 그 기재의 효력을 정하기가 어렵기 때문이다. 그러나 위의 서명은 반드시 무비용상환문구 자체에 서명을 하여야 한다는 의미가 아니고 배서인이 배서를 하는 문구중에 무비용상환의 문구를 기재하고 배서서명만을 하였을 경우에도 적법한 무비용상환문구의 기재가 있는 것으로 볼 수 있고, 반드시 배서서명 이외에 별도로 무비용상환문구에 배서인의 서명을 필요로 하는 것이 아니라고 해석하여야 할 것인바, 본건에 있어서 Y는 본건 약속어음을 배서함에 있어서 배서인으로서 서명날인하였고 부기로서 지급거절증서의 작성을 면제함이라고 기재되어 있음이 명백하므로 「지급거절증서작성면제」의 문구에 서명이 없다고 하더라도 본건 어음의 소지인인 X에 대한 Y의 거절증서작성의무면제의 효과에는 아무 영향이 없다고 할 것이다[大判 1962. 6. 14, 62 다 171(教材, 判決例 [392])].

同旨: 大判 1959. 12. 22, 4291 民上 870(教材, 判決例 [390])(지급거절증서작성의무면제의 기재가 부동문자로 인쇄되어 있을지라도 그 기재는 단지 예문에 불과한 것이 아니고, 그 란의 배서가 성립에 다툼이 없는 이상 거절증서 작성의무면제의 기재도 진정으로 성립한 것이다).

③ 거절증서작성은 소구의무자의 이익을 위하여 인정된 것이고 어음거래의 안전을 위하여 인정된 것이 아니므로, 소구의무자와 어음소지인간에 별개의 서면이나 구두로 한 경우에도 유효하다. 다만 어음 외에서 당사자간에 한 이러한 거절증서작성면제의 특약은 어음상의 효력은 없고 당사자간에서만 유효하다 할 것이다(通說).[1] 따라서 이렇게 거절증서작성을 면제한 자는 이러한 사실을 모르고 거절증서를 작성한 선의의 제 3 자에 대하여 대항할 수 없다(어음의 文言證券性).

4) 免除의 效力 ① 어음소지인은 거절증서를 작성하지 않고도 소구권을 행사할 수 있다. 환어음 또는 수표의 發行人이 거절증서작성면제의 문언을 기재한 경우에는 모든 遡求義務者에 대하여 그 효력이 미치므로(同어음은 拒絶證書作成禁止어음이 된다), 어음소지인은 모든 경우에 거절증서를 작성할 필요가 없고 그가 임의로 거절증서를 작성한 때에는 그 비용은 어음소지인의 부담이 된다(어 46조 3항 1문 전단 · 2문 전단, 42조 3항 1문 전단 · 2문 전단). 그러나 背書人 또는 保證人이 거절증서작성면제의 문언을 기재한 경우에는 그 소구의무자에 대하여만 효력이 미치므로, 어음소지인은 다른 소구의무자에 대하여 소구권을 행사하기 위하여는 거절증서를 작성하여야 하고 또 이러

1) 徐·鄭, 247면; 鄭(熙), 237~238면; 孫(珠), 343면; 鄭(東), 435면; 蔡, 282면 外. 同旨: 日大判 1926. 3. 25(教材, 判決例 [397])(당사자간에 구두로써 拒絶證書作成을 免除한 사실을 인정하여 어음所持人은 그 背書人에 대하여도 遡求權을 행사할 수 있다고 함); 스위스 Zürich 控判 1962. 6. 27(教材, 判決例 [403])(拒絶證書의 作成免除는 일정한 서면형식을 필요로 하나, 어음外에서 契約에 의하여 합의할 수도 있다).

한 거절증서의 작성비용은 모든 소구의무자가 공동으로 부담하기 때문에 거절증서작성면제의 문언을 기재한 背書人 또는 保證人도 같이 그 비용을 부담한다(어 46조 3항 1문 후단·2문 후단, 77조 1항 4호, 手 42조 3항 1문 후단·2문 후단).

② 거절증서작성면제의 문언이 있더라도 어음소지인에 대하여 법정기간 내의 提示 및 遡求通知의 의무까지 면제한 것은 아니나(어 46조 2항 1문·77조 1항 4호, 手 42조 2항 1문), 어음소지인이 법정기간 내에 적법한 제시 및 소구통지를 한 것을 추정하는 효력은 있다. 왜냐하면 提示는 거절증서에 의하여 증명되고, 遡求通知는 거절증서 작성일을 기준으로 통지기간이 계산되기 때문에 거절증서의 작성 없이는 법정기간 내에 제시 또는 소구통지가 있었는가를 증명할 수 없기 때문이다. 따라서 이 때 어음소지인이 법정기간 내에 적법한 제시 및 소구통지를 하지 않았음은 이를 주장하는 자(遡求義務者)가 입증하여야 한다(어 46조 2항 2문·77조 1항 4호, 手 42조 2항 2문).

우리 大法院判例도 이와 同旨로 다음과 같이 판시하고 있다.

[拒絶證書作成免除가 있는 경우에 적법한 제시가 없었다는 사실은 이를 원용하는 자가 입증책임이 있다고 본 判例]

약속어음의 소지인은 특단의 사정이 없는 한 법정기간 내에 발행인에게 지급제시를 하는 등 적법한 지급제시를 한 경우에만 그 배서인에 대한 소구권을 행사할 수 있으되, 그 어음배서인이 지급거절증서작성을 면제한 경우에는 그 어음소지인은 적법한 지급제시를 한 것으로 추정되고 그러한 적법한 지급제시가 없었다는 사실은 이를 원용하는 자에게 그 주장 및 입증책임이 있다 할 것이고, 어음배서인에 대한 지급제시는 적법한 지급제시의 요건이 아니므로 어음소지인이 그 배서인에게 지급제시를 하지 아니하였다고 자인하더라도 이로써 적법한 지급제시가 없었던 것으로 판단되어 소구권이 상실된 것이라고 할 수 없다[大判 1984. 4. 10, 83 다카 1411 (教材, 判決例 [534])].

同旨: 大判 1969. 3. 31, 68 다 1182(判總 11-2, 1017); 同 1964. 6. 23; 63 다 1171(判總 11-2, 1036).

제 4 遡求의 通知

1. 意義와 立法例

(1) 意 義

遡求의 通知(notice of dishonour; Notifikation, Notanzeige)는 償還請求의 通知 또는 拒絶의 通知라고도 한다. 소구권의 행사는 소지인의 전자에게는 예기

하지 아니하던 異狀的 경과이므로, 소구권자는 전자에 대하여 소구원인의 발생을 통지하고 소구의무자는 이 통지에 의하여 상환의 준비를 할 필요와 빨리 상환하여 상환금액의 증가를 방지할 필요가 있는데, 이러한 요청에 응하는 제도가 遡求通知의 제도이다.

(2) 立 法 例

소구통지의 입법례는 英美法系와 統一法系가 상이하다. 즉, 英美法系는 국내어음에 관하여 거절증서의 작성을 소구권보전의 요건으로 하지 아니하고, 오히려 이 遡求通知를 중시하여 이 통지를 소구요건으로 하고 있다[1](嚴格主義, strenges Notifikations-system). 그러나 統一法系는 拒絶證書를 중시하여 이것을 소구권보전의 요건으로 하므로, 소구통지를 비교적 경시하여 소지인의 단순한 의무로서 통지할 것을 명하고 있다(通知義務主義, System der Notifikationspflicht). 원래 소구의 통지의무는 어음소지인이 어음관계상 부담하는 유일한 의무로서 형평의 요구에 기하여 인정된 것이다.

2. 通知를 요하는 경우

1) 引受拒絶(환어음에 한함) 또는 支給拒絶의 경우이다(어 45조 1항 1문 · 77조 1항 4호, 手 41조 1항 1문). 또 어음法上 규정은 없어도 지급인의 支給停止 또는 強制執行의 不奏效의 경우에도, 소지인은 지급제시와 거절증서작성을 요하므로(어 44조 5항, 77조 1항 4호) 역시 통지를 요한다고 본다.[2]

2) 이에 반하여 支給人(引受人) 또는 引受提示禁止어음의 發行人이 破產·債務者回生節次가 개시된 경우에는, 이러한 사항이 공고되므로(破 313조, 51조) 통지를 요하지 아니한다(通說).[3] 또한 참가에 의하여 소구가 저지된 경우에도 통지할 필요가 없다.[4]

당사자간에 통지면제의 특약을 하였을 경우에도 그 당사자 사이에서만 통지를 생략할 수 있다(通說).[5]

3. 通知의 當事者

1) 통지의무자는 「최후의 어음所持人」과 후자로부터 통지를 받은 「背書

1) B.E.A. §48; U.C.C. §3-503(a).
2) 同旨: 徐·鄭, 249면; 鄭(東), 437면; 蔡, 276면.
3) 徐·鄭, 249면; 鄭(熙), 239면; 鄭(東), 437면 外.
4) 同旨: 鄭(熙), 239면.
5) 徐·鄭, 249면; 鄭(熙), 239면; 鄭(東), 437면; 孫(珠), 350면 外.

人」이다. 통지는 최후의 어음소지인으로부터 각 배서인의 직접의 전자를 거쳐 순차로 발행인(환어음 또는 수표) 또는 수취인(약속어음)에 이르는 것이 원칙이지만(어 45조 1항·77조 1항 4호, 手 41조 1항)(順次通知主義), 배서인이 그 처소를 기재하지 아니하거나 그 기재가 분명하지 아니한 경우에는 예외적으로 그 배서인의 직접의 전자에게 통지하면 된다(어 45조 3항·77조 1항 4호, 手 41조 3항). 無擔保背書人이 있는 경우에도 그의 직접의 전자에게 통지하면 된다. 그러나 자기의 처소를 기재하지 아니한 배서인 또는 무담보배서인 등이 통지를 받은 때에는 다시 자기의 전자에게 통지할 의무를 부담한다.[1)]

또 환어음 또는 수표의 소지인은 자기의 직접의 전자 외에 직접으로 發行人에게도 통지하여야 한다(어 45조 1항 1문·77조 1항 4호, 手 41조 1항 1문). 왜냐하면 순차로 통지하면 發行人에 이르기까지에 장기간을 요하여 發行人이 적당한 조치를 취할 기회를 상실할 염려가 있는 까닭이다.

통지의무자는 자기의 전자(및 발행인)에 대하여 통지할 의무를 부담하는 이외에, 자기의 전자의 保證人이 있는 경우에는 그에게도 동시에 동일내용의 통지를 하여야 할 의무를 부담한다(어 45조 2항·77조 1항 4항, 手 41조 2항).

2) 통지받을 권리자(통지의 상대방)는 「遡求義務者」이다. 즉, 發行人(환어음 또는 수표에 한함)·背書人 및 이들을 위한 保證人이다. 이 때 통지받은 背書人은 자기의 전자에 대하여 다시 통지할 의무를 부담하는데, 發行人 및 이의 保證人은 다시 통지할 의무를 부담하지 않는다.[2)]

4. 通知期間

1) 어음소지인은 「거절증서작성일에 이은 4거래일 내」에 통지하여야 하고, 거절증서작성면제의 경우에는 「제시일에 이은 4거래일 내」에 통지하여야 한다(어 45조 1항 1문·77조 1항 4호, 手 41조 1항 1문).

2) 배서인은 「통지를 받은 날에 이은 2거래일 내」에 통지하여야 한다(어 45조 1항 2문·77조 1항 4호, 手 41조 1항 2문).

3) 위의 통지기간과 관련하여 통지는 그 기간 내에 도달하여야 한다고 보는 견해[3)](到達主義)와 통지는 그 기간 내에 발송하기만 하면 충분하다고 보는 견해[4)](發言主義)로 나뉘어 있다. 생각건대 어음法 제45조 5항(어 77조 1항 4호, 手 41조 5항)의 취지에서 보

---

1) 同旨: 鄭(東), 437면; 蔡, 276면.
2) 同旨: 鄭(東), 438면.
3) 徐·鄭, 250면.
4) 鄭(熙), 240면; 孫(珠), 351면; 鄭(東), 438면; 蔡, 277면.

나, 또 도달주의는 통지받을 상대방의 주소에 따라 통지기간이 좌우되어 불합리하고 또 단기간의 통지기간과 관련하여 볼 때 통지의무자에게 너무나 가혹하므로, 發信主義가 타당하다고 본다.

4) 통지의 유무에 관하여 분쟁이 있는 경우에는 通知義務者에게 입증책임이 있다. 따라서 통지의무자는 적법한 기간 내에 통지를 하였음을 입증하여야 한다(어 45조 5항 1문 · 77조 1항 4호, 手 41조 5항 1문). 그러나 통지받을 권리자가 거절증서작성을 면제한 경우에는 적법한 기간 내에 통지한 것으로 추정되므로 이 기간의 불준수는 이를 원용하는 자(遡求義務者)가 입증하여야 하고(어 46조 2항 2문 · 77조 1항 4호, 手 42조 2항 2문), 또 통지기간 내에 통지의 서신을 우편으로 부친 때에는 그 기간을 준수한 것으로 간주한다(어 45조 5항 2문 · 77조 1항 4호, 手 41조 5항 2문). 이 때 우편으로 이러한 서신을 부치는 경우에는 단순한 등기우편으로는 부족하고 내용증명 우편 또는 이와 유사한 것으로 하여야 한다.[1)]

5. 通知의 內容과 方法

(1) 通知의 內容

어음소지인이 통지할 내용에 대하여 어음法은 아무런 규정을 두고 있지 않지만, 인수거절 또는 지급거절이 있었다는 사실을 알리는 정도의 내용이면 된다. 그러나 통지를 받은 각 배서인은 「후자인 통지자 전원의 명칭」과 「그 처소」를 표시하고, 자기가 받은 통지의 내용을 자기의 전자인 배서인에게 통지하여야 한다(어 45조 1항 2문 · 77조 1항 4호, 手 41조 1항 2문). 그 이유는 이것에 의하여 전자에게 어음의 소재를 알리고 또 그 환수의 기회를 부여하고자 하기 때문이다.

(2) 通知의 方法

통지의 방법에는 제한이 없으므로 어떠한 방법에 의하여도 할 수 있는데, 구두 또는 서면에 의해서도 할 수 있고 단순히 어음의 반환에 의해서도 할 수 있다(어 45조 4항 · 77조 1항 4호, 手 41조 4항).

6. 通知懈怠의 效力

1) 통지는 소구권행사의 요건이 아니므로 어음소지인 등이 적법한 기간 내에 통지를 하지 아니하였다고 하더라도 遡求權을 잃지 아니한다(어 45조 6항 본문 · 77조 1항 4호, 手 41조 6항 본문). 왜냐하면 어음소지인 등에게 통지의무를 지우는 것은 소구의무자가 소구에 응할 준비 등을 할 수 있도록 하는 데에 그 목적이 있는 것이므로, 이러

1) 同旨: 鄭(熙), 241면.

한 점에서 보면 통지를 하지 않았다고 하여 어음소지인 등의 소구권을 상실시키는 것은 너무 가혹하기 때문이다.[1)]

2) 그러나 어음소지인 등이 통지를 하지 않음으로 인하여 소구의무자에게 손해가 생긴 때에는 어음소지인 등은 어음금액의 범위 내에서 소구의무자에게 그 손해를 배상할 책임이 있다(어 45조 6항 단서 · 77조 1항 4호, 手 41조 6항 단서). 이 때 소구의무자가 통지를 게을리함으로 인하여 입은 손해란, 통지가 없었기 때문에 증대된 소구금액, 통지가 없었기 때문에 갑자기 소구금액을 준비하는 데 따른 비용 등을 의미한다.[2)]

이 때 손해배상액을 어음금액의 범위 내로 한정하는 이유는 통지를 게을리함으로 인하여 어음금액 이상의 손해를 배상할 위험이 있는 때에는 어음의 이용이 회피될 것이기 때문이다.

통지면제의 특약을 당사자간에 어음 외에서 하면 그 당사자만이 면제자에 대하여 통지를 게을리함에 따른 손해배상책임이 없으나, 이를 어음상에 기재하면 면제자의 후자 전원은 면제자에 대하여 통지를 게을리함에 따른 손해배상책임이 없다. 이러한 손해배상청구권은 어음상의 권리가 아니므로, 통지면제를 어음상에 기재하여 면제자의 후자 전원이 이 책임을 면하는 것도 어음상의 효력에 의한 것으로 볼 수는 없다.[3)]

제 5 遡求金額

소구제도의 목적은 소지인이 만기에 어음의 지급을 받은 것과 동일한 경제적 효과를 얻도록 하는 데에 있으므로, 소지인이 인수 또는 지급이 없었기 때문에 받은 모든 것을 배상하여야 하는 것이다. 그러나 이와 같이 각 경우에 개별적으로 遡求金額을 정하는 것은 어음유통의 원활을 해하고 소구관계를 복잡하게 하므로, 어음法은 遡求金額을 일정하게 규정하고 있다(어 48조 · 49조 · 77조 1항 4호, 手 44조 · 45조). 어음法은 遡求金額에 대하여 어음소지인이 遡求하는 경우와 어음을 환수한 자가 再遡求하는 경우를 나누어 각각 달리 규정하고 있다.

1) 同旨: 註釋, 414면.
2) 同旨: 註釋, 415면.
3) 同旨: 鄭(熙), 241면.
反對: 鈴木, 341면 이하.

1. 어음所持人의 遡求金額

(1) 滿期後의 遡求金額

어음소지인의 滿期後의 遡求金額은 다음과 같다(어 48조 1항, 77조 1항 4호). 수표의 경우는 만기가 없기 때문에 滿期前의 遡求金額이란 있을 수 없고, 언제나 (어음에서의) 滿期後의 遡求金額만이 있다(手 44조).

1) 支給되지 아니한 어음金額과 利子의 기재가 있으면 그 利子 전부거절의 경우에는 어음금액의 전액에 대하여, 일부인수 또는 일부지급의 경우에는 그 잔액에 대하여 청구할 수 있다(어 48조 1항 1호, 77조 1항 4호). 여기에서의 이자란 一覽出給 또는 一覽後定期出給어음에서 이율과 함께 이자가 부기된 경우에 그 기재에 따라 계산된 만기까지의 이자를 말한다(어 5조 1항·2항, 77조 2항). 確定日出給 또는 發行日字後定期出給어음에서는 이자가 어음금액에 포함되므로 여기에서의 이자에는 해당하지 않는다(어 5조 2항 2문, 77조 2항). 그리고 수표의 경우에는 약정이자가 있을 수 없으므로 언제나 지급되지 아니한 수표금액이다(手 44조 1호).

2) 年 6分의 利率에 의한 滿期(手票의 경우는 提示日) **이후의 利子**(어 48조 1항 2호·77조 1항 4호, 手 44조 2호) 어음의 경우는 만기 당일을 포함하여 만기 이후의 이자를 의미하는데, 이 이자는 지급제시기간 내에 지급제시만 하면 만기일에 지급제시를 하지 않았어도 청구할 수 있으므로 지연이자가 아니라 法定利子이다(通說).[1] 수표의 경우는 만기가 없으므로 提示日 이후의 연 6分의 이율에 의한 法定利子를 청구할 수 있다(手 44조 2호). 이 경우에 法定利子의 기산일을 提示日로 본다고 하더라도,[2] 어음의 경우와 균형을 이루기 위하여는 提示日을 포함시켜야 할 것으로 본다(手 61조와 비교).

3) 拒絶證書作成費用(手票의 경우는 이와 동일한 효력이 있는 宣言의 作成費用을 포함) · **通知費用과 기타의 費用**(어 48조 1항 3호·77조 1항 4호, 手 44조 3호) 「拒絶證書作成費用」은 공증인수수료규칙 등에 정하여져 있다. 「通知費用」이란 소구의 통지비용(어 45조·77조 1항 4호, 手 41조), 불가항력의 통지비용(어 54조 2항·77조 1항 4호, 手 47조), 참가의 통지비용(어 55조 4항, 77조 1항 5호) 등을 의미한다. 「기타의 費用」이란 소구의무자에 대한 최고비용·逆어음의 비용 등과 같이 소구권의 행사·보전에 필요한 비용을 의미하는데, 이에는 소송비용은 포함되지 않고 또 이자가 가산되지 않

---

1) 徐·鄭, 251면; 鄭(熙), 242면; 鄭(東), 439면; 註釋, 421~422면 外. 同旨判例: 大判 1965. 9. 7, 65 다 1139; 日最高判 1960. 10. 25(民集 14-12, 2755).

2) 同旨: 鄭(熙), 242면.

는다.

(2) 滿期前의 遡求金額

수표는 만기가 없으므로 滿期前의 遡求金額이란 있을 수 없고 어음에만 있는데, 이를 滿期後의 遡求金額과 비교하여 보면 다음과 같다.

1) **引受**(환어음에 한함) **또는 支給되지 아니한 어음金額** 確定日出給 또는 發行日字後定期出給어음에서는 만기까지의 이자가 어음금액에 포함되어 있으므로 지급받는 날로부터 만기까지의 이자를 할인에 의하여 어음금액에서 공제한다(어 48조 2항 1문, 77조 1항 4호). 할인율에는 공정할인율과 시중할인율이 있는데, 시중할인율에 의하는 경우에는 이의 결정과 관련하여 분쟁이 발생하기 쉬우므로 어음法은 공정할인율(銀行率)에 의하도록 규정하고 있으며, 이 공정할인율은 어음소지인의 주소지에서 소구하는 날의 공정할인율에 의하도록 규정하고 있다(어 48조 2항 2문, 77조 1항 4호).

一覽出給 또는 一覽後定期出給어음에서 利子附인 경우에는(어 5조 1항 · 2항, 77조 2항) 그 기재에 따라 (특정한 기산일을 기재하지 아니한 때에는) 어음발행 당일로부터 지급하는 날까지의 이자가 가산된다(어 5조 3항, 77조 2항). 따라서 이 때에는 確定日出給 또는 確定日字後定期出給어음에서와 같이 중간이자의 할인의 문제는 있을 수 없다.

2) **法定利子** 滿期前의 遡求이므로 만기 이후의 法定利子가 가산될 여지가 없다.

3) **拒絶證書作成費用 · 通知費用과 기타의 費用** 滿期後의 遡求의 경우와 같다.

2. 再遡求金額

어음을 還受한 자가 그 전자에 대하여 再遡求할 수 있는 금액은 다음과 같다(어 49조 · 77조 1항 4호, 手 45조).

1) 지급한 總金額

2) 위 금액에 대하여 연 6分의 이율로 계산된 지급일 이후의 利子

3) 기타 지급한 費用

제 6 遡求의 方法

1. 遡求權者의 遡求方法

(1) 遡求의 順序

소구권자는 소구의무자의 채무부담의 순서에 상관 없이 소구권을 행사할 수 있으며(順次的 遡求 또는 跳躍的 遡求)(어 47조 2항 전단·77조 1항 4호, 手 43조 2항 전단), 또 특정한 소구의무자에게 청구하였다고 하여도 다른 자에 대한 소구권에 영향을 미치지 아니하므로 언제든지 다른 자에 대하여 다시 소구권을 행사할 수 있다(變更權)(어 47조 4항 1문·77조 1항 4호, 手 43조 4항 1문). 따라서 이미 청구를 받은 자의 후자에 대하여도 다시 소구권을 행사할 수 있다(어 47조 4항 2문·77조 1항 4호, 手 43조 4항 2문).

被請求者의 數에도 제한이 없으므로 소구의무자의 1인, 수 인 또는 전원에 대하여 동시에 청구할 수 있다(어 47조 2항 후단·77조 1항 4호, 手 43조 2항 후단). 이러한 소구권의 행사를 訴로써 주장함에는 1개의 訴로 할 수도 있고, 별개의 訴로 할 수도 있다.[1]

(2) 逆어음의 發行

1) 逆어음의 意義 어음法은 소구의 방법으로 소구권자에게 逆어음(redraft; Rückwechsel)의 발행을 인정하고 있다. 즉, 어음소지인 또는 소구의무를 이행한 배서인은 그 전자의 1인을 지급인으로 한 새로운 환어음을 발행하여 소구할 수 있는데, 이를 逆어음이라고 한다(어 52조, 77조 1항 4호). 약속어음의 소지인 등이 배서인 등에게 소구하는 경우에도 환어음인 逆어음을 이용할 수 있다.

이러한 逆어음은 소구권자의 주소와 소구의무자의 주소가 아주 멀리 떨어진 경우(예컨대, 서울과 뉴욕인 경우)에 환시세의 영향으로 인한 부당한 결과를 방지하고, 또 할인을 통한 지급의 시간적 장애를 극복하기 위하여 인정되고 있다. 그러나 실제로 이 제도는 거의 이용되고 있지 않다.[2]

2) 逆어음의 發行要件 逆어음은 소구의무자의 1인을 지급인으로 한 一覽出給의 환어음이므로 보통의 환어음과 다를 바가 없으나, 다만 그 이용의 목적으로 인하여 그 발행에 있어서 다음과 같은 일정한 제한을 받는다.

① 逆어음의 발행이 禁止되지 않아야 한다. 逆어음에 의한 소구방법은 소구권자에 편리하기는 하나, 이로 인하여 소구금액이 증대되기 때문에 소구의무

---

1) 同旨: 鄭(熙), 243면.
2) 同旨: 註釋, 429면.

자는 本어음에 逆어음의 발행을 禁止할 수 있는데, 이 때에는 逆어음을 발행할 수 없다(어 52조 1항, 77조 1항 4호). 환어음의 發行人이 逆어음發行禁止의 문언을 기재하면 모든 소구의무자에 대하여 그 효력이 있으나, 배서인이 이를 기재한 경우에는 그 배서인에 대하여만 효력이 생긴다.[1)]

② 발행인은 遡求權者이다(어 52조 1항, 77조 1항 4호).

③ 지급인은 遡求義務者인데, 소구의무자가 복수인 경우에는 소구권자는 그 중의 1인을 임의로 정하여 지급인으로 할 수 있다(어 52조 1항, 77조 1항 4호).

④ 만기는 언제나 一覽出給이다(어 52조 1항, 77조 1항 4호). 일람출급 이외의 만기를 인정하는 경우에는 소구의무자의 부담을 너무나 가중시키기 때문에 일람출급 이외의 만기는 인정되지 않는다.

⑤ 지급지는 지급인인 遡求義務者의 住所地이다(어 52조 1항, 77조 1항 4호). 어떠한 경우에도 第3者方支給文言의 기재는 허용되지 않는다(通說).[2)]

⑥ 수취인은 제한이 없으나, 은행으로부터 할인을 받는 경우에는 보통 銀行이다.

⑦ 발행지는 어음소지인이 소구하는 경우에는 本어음의 支給地이고, 再遡求의 경우에는 再遡求權者의 住所地이다(어 52조 1항, 77조 1항 4호).

⑧ 어음금액은 소구금액 이외에 중개료 및 인지세를 포함한다(어 52조 2항, 77조 1항 4호). 이러한 어음금액은 어음소지인이 소구하는 경우에는 本어음의 지급지에서 그 전자(지급인)의 주소지에 대하여 발행하는 일람출급어음의 환시세에 의하고, 再遡求의 경우에는 재소구권자의 주소지에서 그 전자(지급인)의 주소지에 대하여 발행하는 일람출급어음의 환시세에 의하여 정한다(어 52조 3항, 77조 1항 4호).

3) 逆어음의 讓渡 逆어음의 소지인이 逆어음을 양도하는 경우에는, 逆어음과 함께 本어음 · 거절증서 등도 양도하여야 한다.

4) 逆어음의 支給 逆어음의 지급인이 同어음의 소지인에게 지급한 경우에는 本어음에 대하여 소구의무를 이행한 것이 된다(어 52조 1항, 77조 1항 4호). 이 때 逆어음의 지급인이 지급하는 경우에는 지급 후에 다시 本어음에 의하여 소구를 받을 염려가 있으므로, 逆어음 및 本어음과의 相換으로만 지급할 수 있다. 逆어음의 지급인이 지급하지 않는 경우에는 同어음의 所持人은 本어음에 의하여 소구할 수밖에 없는데, 이 때에는 逆어음의 發行費用이 소구금액에 추가된다.

---

1) 同旨: 註釋, 430면; 蔡, 278면.

2) 鄭(東), 440면; 蔡, 279면; 註釋, 429면 外.

2. 遡求義務者의 履行方法

(1) 履行의 方法

소구의무의 이행은 금전채무이행의 일반원칙과 같이 지급(변제) · 상계 · 기타의 방법으로 할 수 있다. 그런데 일부상환은 일부지급(어 39조 2항 · 77조 1항 3호, 手 34조 2항)과는 달리 소구권자가 이를 거절할 수 있다(通說).[1] 일부지급이 있은 후에 그 잔액에 대하여 상환청구를 하는 것은 전부상환이지 일부상환이 아니다.[2]

(2) 어음 · 기타 書類의 交付請求權

1) 일반적인 경우 소구의무자는 지급과 相換하여 어음 · 거절증서(手票의 경우는 이와 동일한 효력이 있는 宣言을 포함함) 및 영수를 증명하는 계산서의 교부를 청구할 수 있다(어 50조 1항 · 77조 1항 4호, 手 46조 1항).

① 소구의무자가 「어음」의 교부를 청구할 수 있게 한 것은 이중으로 상환청구를 받을 위험을 방지하고, 그가 다시 主債務者 또는 전자인 遡求義務者에 대하여 어음상의 권리를 행사할 수 있도록 하기 위해서이다. 따라서 支給人 또는 主債務者가 어음의 교부를 청구하는 것과는 다른 의미를 가지고 있다.[3] 소구의무자가 어음과 相換하지 않고 소구의무를 이행한 경우에는, 당사자간에 人的 抗辯事由가 됨에 불과하므로 어음상의 권리가 당연히 소멸되었다고 볼 수는 없다. 또 이 때 소구의무자가 환수하는 어음은 건전한 어음이어야 한다. 따라서 주채무자에 대한 어음상의 권리가 시효소멸 등으로 소멸한 어음이어서는 안 된다. 이러한 경우에는 소구의무자가 주채무자에 대하여 어음상의 권리를 행사할 수 없기 때문에 소구의무자에 대한 소구권도 종된 권리로서 시효소멸한 것으로 본다.

② 소구의무자가 「拒絶證書」의 교부를 청구할 수 있게 한 것은 再遡求의 形式的 要件을 구비하기 위해서이다. 그런데 거절증서작성면제의 경우는 이의 교부를 청구할 수 없고, 거절증서작성면제가 아니어서 거절증서가 작성되었는데 이것이 멸실된 경우에는 同謄本의 교부를 청구할 수 있다(拒令 9조 2항).

③ 소구의무자가 「計算書」의 교부를 청구할 수 있게 한 것은 소구금액을 지급한 것을 증명하여 이중소구의 위험을 방지하기 위한 것이다. 이 때의 계산서는 단순히 소구금액의 계산을 분명히 할 목적으로 작성되는 서류로서 각 소

1) 徐·鄭, 253면; 鄭(熙), 244면; 鄭(東), 440면; 註釋, 428면.
2) 同旨: 註釋, 428면.
3) 同旨: 註釋, 426면.

구권자가 별개로 작성하고, 어음 및 거절증서와 같이 어음에 부수하여 유통되는 것이 아니다.

2) **一部引受의 경우** 환어음에서 一部引受 후 인수되지 않은 잔액에 대하여 소구하는 경우에, 소구의무자는 어음의 교부를 청구할 수는 없으나 어음상에 그 지급한 뜻을 기재할 것과 영수증의 교부를 청구할 수 있고(어 51조 1문), 또 그가 再遡求를 할 수 있도록 어음의 證明謄本과 拒絶證書의 교부를 청구할 수 있다(어 51조 2문). 이로 인하여 소구의무자는 이중소구를 받지 않으면서 또 자기의 전자에 대하여 再遡求를 할 수 있으며, 한편 어음소지인은 어음을 소지하고 있으므로 만기에 인수된 어음금액을 인수인에 대하여 청구할 수 있다.

3) **一部支給의 경우** 一部支給의 경우에 지급인(약속어음의 경우는 발행인)은 어음소지인에 대하여 그 지급한 뜻을 어음에 기재하고 영수증을 교부할 것을 청구할 수 있을 뿐이므로(어 39조 3항·77조 1항 3호, 手 34조 3항), 어음소지인은 여전히 자기가 소지하고 있는 어음으로써 지급되지 않은 잔액에 대하여 소구권을 행사할 수 있다. 이 때에 어음소지인이 소구하는 것은 보통의 소구와 같으므로, 소구의무자는 소구권자(어음소지인)에 대하여 지급과 相換으로 어음·拒絶證書 및 영수를 증명하는 計算書의 교부를 청구할 수 있다(어 50조 1항·77조 1항 4호, 手 46조 1항).

4) **어음喪失의 경우** 어음소지인이 어음을 상실한 경우에는 公示催告에 의한 除權判決에 의하여 어음상의 권리를 행사할 수 있으므로(民訴 497조), 소구의무자는 어음이 없어도 소구의무를 이행할 수 있다. 그러나 소구의무자는 除權判決의 正本의 교부를 청구할 수 있으며, 이를 가지고 그는 다시 再遡求할 수 있다. 만일 어음소지인 등이 거절증서를 상실하면 그 謄本으로써 갈음할 수 있으며(拒令 9조), 計算書를 상실하면 재작성하면 된다.

(3) 背書抹消權

소구의무자가 소구의무를 이행하고 어음을 환수한 경우에는 자기와 후자의 배서를 말소할 수 있는데(어 50조 2항·77조 1항 4호, 手 46조 2항), 이렇게 함으로써 그는 자기의 의무가 소멸되었음을 어음상에 나타내고 다시 어음상의 권리자로서 형식적 자격을 취득하게 된다. 소구의무자가 이와 같이 배서를 말소하면 다시 소구받을 염려가 없고, 또 어음소지인으로서 形式的 資格을 회복하여 특별한 증명 없이도 당연히 소구권을 행사할 수 있으므로 아주 편리하다.

(4) 償 還 權

1) 民法上의 채무자가 변제기 이후에는 스스로 변제제공을 하여 채무불이

행의 책임을 면할 수 있는 것과 같이, 소구의무자도 소구의무가 발생한 이후에는 스스로(즉, 적극적으로) 자기의 채무를 이행하여 소구의무를 면할 수 있다고 보는데 이를 償還權(Einlösungsrecht)이라고 한다(通說).[1]

소구의무자에게 이와 같은 상환권을 인정하는 이유는 소구의 과정을 될 수 있는 대로 단축하여 소구금액의 증대를 방지하고, 또 전자가 자력이 있는 동안 일찍 재소구를 하고자 하는 경우에 실익이 있기 때문이다.

2) 이와 같이 소구의무자에게 상환권을 인정하는 경우 소구의무자가 상환권을 행사하는 경우에는, 어음소지인 등은 이를 거절할 수 없고 이를 거절하게 되면 수령지체가 된다고 본다.[2] 수인의 소구의무자가 상환권을 행사하는 경우에 어음소지인 등은 가장 많은 소구의무자의 의무를 면하게 하는 자의 이행에 응하여야 한다(通說).[3]

제 7 再 遡 求

1. 意 義

再遡求(Einlösungsrückgriff od. Remboursregress)라 함은 「어음소지인 또는 자기의 후자에 대하여 소구의무를 이행하고 어음을 환수한 자가 다시 자기의 전자에 대하여 소구하는 것」을 말한다.

2. 再遡求權의 法的 性質

소구의무를 이행하고 어음을 환수한 자가 취득하는 再遡求權의 법적 성질에 대하여, 다음과 같이 權利回復說과 權利再取得說로 나뉘어 있다.

(1) 權利回復說

이 說에 의하면 재소구권자의 재소구권은 자기가 배서 이전에 가지고 있었던 어음상의 권리가 회복된 것이라고 한다.[4] 따라서 이 說에서는 배서에 의하여 어음상의 권리가 절대적으로 상실되는 것이 아니라 어음의 환수를 해제조건으로 하여 이전되는 것이므로, 배서인이 어음을 환수하면 해제조건이 성취되어 당연히 어음상의 권리를 회복하는 것이라고 설명한다.

---

1) 鄭(熙), 246면; 鄭(東), 442면; 崔(基), 548면; 註釋, 425면 外.
2) 同旨: 鄭(東), 442~443면; 崔(基), 548면.
3) 鄭(熙), 246면; 鄭(東), 433면; 崔(基), 548면; 蔡, 280면; 註釋, 425면 外.
4) 徐·鄭, 244면.

이 說에 의하면 재소구권자는 자기의 전자로부터는 원래의 인적 항변사유로써 당연히 대항을 받게 되나, 후자의 인적 항변사유는 이전되지 않으므로 그의 선의 · 악의를 불문하고 대항받지 않는다.

(2) **權利再取得說**

이 說에 의하면 재소구권자의 재소구권은 法律의 규정에 의한 어음상의 권리의 재취득이라고 한다.[1] 따라서 이 說에서는 배서에 의하여 어음상의 권리가 확정적으로 피배서인에게 이전되는 것이므로, 배서인이 어음을 환수하면 法律의 규정에 의한 어음채권의 양수에 의하여 어음상의 권리를 再取得하는 것이라고 설명한다.

이 說에 의하면 재소구권자는 자기의 전자로부터는 원래의 인적 항변사유로써 대항을 받지 않게 되고(자기의 후자가 善意인 경우), 후자의 인적 항변사유는 그가 악의이면 대항을 받는다고 해석할 수 있다.[2] 그러나 이 說을 취하면서도 이에 대하여는 權利回復說과 같이 해석하는 견해가 있다. 즉, 전자와의 관계에서는 원래 인적 관계에 기한 사유를 내용으로 하고 있기 때문에 그 사유로써 대항받을 수 있고, 후자와의 관계에서는 어음을 환수하는 것이 소구의무의 이행에 의한 강제적 취득이므로 후자의 인적 항변사유는 승계되지 않는다고 한다.[3]

생각건대 再遡求權의 법적 성질은 背書의 법적 성질과 관련되는데, 背書의 법적 성질을 債權讓渡라고 보는 한 權利再取得說이 타당하다고 본다. 權利再取得說에 의하는 경우에만 환어음의 인수 전에 어음을 양도한 발행인 또는 배서인이 소구의무를 이행한 경우에 인수인에 대하여 어음금지급청구권을 갖는다는 점, 재소구권의 소멸시효는 소구의무자가 어음을 환수한 때로부터 진행하는 점(어 70조 3항 · 77조 1항 8호, 手 51조 2항) 등을 모순 없이 설명할 수 있다.[4] 그러나 權利再取得說을 취하는 경우에도 人的 抗辯事由는 權利回復說과 같이 해석하는 것이 타당하다고 본다.

---

1) 鄭(東), 444면; 孫(珠), 338면; 蔡, 272면; 李(哲), 426면.
2) 鈴木, 234면; 大隅 · 河木, 319면; 日大阪地判 1960. 1. 22(下裁民集 11-1, 93)(後者의 人的 抗辯事由에 대하여).
3) 鄭(東), 444~445면; 大隅, 144면; 石井, 277면.
4) 同旨: 鄭(東), 445면.

3. 再遡求의 要件

(1) 實質的 要件

소구의무자가 소구권자에게 소구의무를 유효하게 이행하여야 한다.

1) 遡求義務者가 아닌 자(예컨대 無擔保背書人, 白地式背書에 의하여 어음을 양수한 자가 단순한 交付만에 의하여 어음을 양도한 경우 등)는 비록 그가 어음소지인에 대하여 소구에 응하였다고 하더라도 재소구권을 취득하지 못한다[1](어 47조 3항, 50조 참조).

이와 관련한 다음과 같은 우리 大法院判例가 있다.

[백지식 배서에 의하여 어음을 양수한 자가 단순한 교부만에 의하여 어음을 양도한 경우 그의 再遡求權에 관한 判例]

백지식 배서에 의하여 어음을 양수한 다음 단순히 교부에 의하여 이를 타인에게 양도한 자가 소지인의 소구에 응하여 상환을 하고 어음을 환수한 경우, 그 전의 배서인에 대하여 당연히 재소구권을 취득하는 것이 아님은 원심이 판시한 바와 같다고 하더라도, 그 상환을 받은 소지인이 그 전의 배서인에 대하여 가지는 소구권을 민법상의 지명채권 양도의 방법에 따라 취득하여 행사할 수 있는 것으로 보아야 하고, 다만 그 소구의무자는 이에 대하여 양도인에 대한 모든 인적 항변으로도 대항할 수 있을 뿐이라고 할 것이다[大判 1998. 8. 21, 98 다 19448(公報 1998, 2299)].

2) 소구의무자라도 遡求權者에게 유효하게 소구의무를 이행하여야 하므로, 無權利者 등에게 소구의무를 이행하고 어음을 환수하여도 재소구권을 취득하지 못한다.

이와 관련한 다음과 같은 우리 大法院判例가 있다.

[再遡求權을 인정한 判例]

甲이 乙에게 약속어음을 발행하고 乙이 지급거절증서 작성의무를 면제하여 丙에게 배서하고 丙이 同어음을 지급거절증서 작성의무를 면제하지 아니하고 丁에게 배서양도하였는데, 丙이 丁의 거절증서 작성 없이 그 소구의무에 응하였다 하더라도 (丁은 무권리자가 아니므로 — 저자註) 丙은 乙에게 재소구권을 행사할 수 있다[大判 1999. 10. 26, 90 다카 9435(公報 886, 2393)][이 판결에 찬성하는 評釋으로는 鄭燦亨, "어음의 再遡求權," 「法律新聞」, 제2028호(1991. 5. 13), 15면이 있고, 반대하는 평석으로는 崔基元, "어음의 再遡求權과 背書의 抹消權," 「法律新聞」, 제2012호, 11면이 있다].

---

1) 同旨: 鄭(東), 446면; 崔(基), 525~526면; 蔡, 272면; 日大判 1919. 11. 1(民錄 25, 1943); BGH WM 1976, 75.
反對: Zöllner, S. 118; RGZ 77, 187.

무권리자가 권리자로서 形式的 資格을 구비하고 있고 소구의무자가 惡意 또는 重過失이 없이 소구의무를 이행한 경우에는, 소구의무자는 재소구권을 취득한다고 본다.[1]

(2) 形式的 要件

소구의무자는 유효한 어음 · 拒絶證書(수표의 경우는 이와 동일한 효력이 있는 宣言을 포함) 및 영수를 증명하는 기재를 한 計算書를 소구권자로부터 교부받아 소지하고 있어야 한다(어 50조 1항 · 77조 1항 4호, 手 46조 1항). 왜냐하면 소구의무자가 이러한 서류들을 자기의 전자에게 교부하여야 재소구권을 행사할 수 있기 때문이다. 이 때 소구의무자(재소구권자)는 배서가 연속한 어음의 최후의 소지인임을 요하지 않는다. 그러나 그는 자기와 후자의 배서를 말소하여 형식적 자격을 구비할 수도 있다(어 50조 2항 · 77조 1항 4호, 手 46조 2항). 소구의무자가 이와 같이 자기와 후자의 배서를 말소하여 형식적 자격을 구비하지 않은 경우에도, 그가 어음 및 거절증서 등을 소지하고 있으면 재소구권자로 추정을 받는다고 본다(通說).[2]

4. 再遡求權의 行使

재소구권자가 자기의 전자에 대하여 재소구권을 행사하는 경우에도 보통의 소구권자가 소구권을 행사하는 경우와 같이 도약적 소구 및 변경권이 인정된다(어 47조 3항 · 77조 1항 4호, 手 43조 3항).

5. 再遡求金額

이에 대하여는 이미 설명한 바와 같다. 즉, 지급한 총금액에 연 6分의 이율에 의한 法定利子를 가산하고, 그 밖에 지출한 費用이 있으면 이를 가산한다(어 49조 · 77조 1항 4호, 手 45조).

제 8 換어음 · 約束어음 및 手票의 遡求의 差異點

1. 換어음의 遡求와 約束어음의 遡求

환어음의 소구에 대하여는 「滿期前의 遡求」(어 43조 단서, 44조)와 「滿期後의 遡求」(어 43조 본문, 44조)에 대하여 각각 규정하고 있으나, 약속어음에 대하여는 「滿期後의 遡

1) 同旨: 鄭(東), 447면.
2) 鄭(熙), 234면; 鄭(東), 447면; 蔡, 273면; 註釋, 424면 外.

求」(支給拒絶로 인한 遡求)에 대하여만 규정하고 있다(어 77조 1항 4호). 그러나 약속어음의 경우에도 (인수거절로 인한 滿期前의 遡求는 그 성질상 있을 수 없으나) 자력불확실 등을 원인으로 한 滿期前의 遡求는 가능하다고 보는 것이 通說 · 判例라는 점에 대하여는 이미 설명하였다.

2. 換어음의 遡求와 手票의 遡求

1) 수표는 만기가 없고 언제나 일람출급이므로 환어음에서와 같이 滿期前의 遡求란 있을 수 없고, 支給拒絶로 인한 遡求(환어음의 滿期後의 遡求에 해당)만이 있다. 따라서 환어음의 滿期前의 遡求原因은 수표에는 전혀 해당되지 않는다(어 43조, 手 39조).

2) 소구의 형식적 요건에서 지급거절의 증명방법으로 환어음에서는 拒絶證書만이 인정되나, 수표에서는 이외에 支給人(수표법 제31조 제 2 항의 경우에는 지급인의 위임을 받은 제시은행)의 宣言과 어음交換所의 宣言이 추가되어 있다(어 44조 1항, 手 39조).

3) 支給拒絶證書(手票의 경우는 이와 동일한 효력이 있는 宣言을 포함)의 작성기간에서 환어음의 경우는 제시기간의 말일에 제시한 경우에도 지급거절증서를 제시기간 내에 작성하여야 하나(어 44조 3항), 수표의 경우에는 제시기간의 말일에 제시한 경우에는 이에 이은 제 1 의 거래일까지 그 작성기간이 연장된다(手 40조 2항).

4) 不可抗力에 의하여 보전절차(지급제시 및 거절증서작성)가 免除되는 경우는 환어음은 不可抗力이 만기로부터 30일을 넘어 계속됨을 요하나(어 54조 4항), 수표는 不可抗力이 (소지인이 배서인에게) 통지를 한 날로부터 15일을 넘어 계속됨을 요한다(手 47조 4항).

5) 소구금액에서 환어음의 경우는 約定利子의 기재가 있으면 그 이자를 포함하나(어 48조 1항 1호), 수표의 경우는 이자의 약정은 무익적 기재사항이므로(手 7조) 約定利子가 포함될 여지가 없다(手 44조 1호). 또한 지급되지 아니한 어음(수표)금액의 法定利子의 기산점은 환어음의 경우는 만기(만기일을 포함)이나(어 48조 1항 2호), 수표의 경우는 지급제시일(提示日을 포함)이다(手 44조 2호).

6) 逆어음에 의한 소구방법에서 환어음의 경우는 인정되나(어 52조), 수표의 경우는 인정되지 않는다.

7) 遡求權의 時效期間에서 환어음의 경우는 1년(재소구권은 6월)이나(어 70조 2항 · 3항), 수표의 경우는 6월(재소구권도 6월)이다(手 51조 1항 · 2항).

제 5 절 어음抗辯[1)]

제 1 어음抗辯의 意義

1. 어음抗辯의 槪念

어음抗辯(defense; Einwendung od. Einrede)이라 함은 「어음채무자가 어음소지인에 대하여 어음상의 권리의 행사를 거절하기 위하여 제출할 수 있는 모든 항변」을 말한다. 이를 分說하면 다음과 같다.

1) 어음항변은 「어음債務者」가 제출하는 것으로서, 어음채무자가 아닌 환어음의 지급인 · 지급담당자, 수표의 지급은행이 소지인에게 형식적 자격 또는 실질적 자격이 없다는 이유로 또는 어음(수표)자금이 없다는 이유로 지급을 거절하는 것은 어음항변이 아니다.[2)]

2) 어음항변은, (i) 상대방에 청구권이 있다는 것을 전제로 하여 그 이행을 거절하는 좁은 의미의 抗辯(Einrede)(民 437조, 536조)뿐만 아니라, (ii) 상대방의 청구권 자체를 부정하는 넓은 의미의 抗辯(Einwendung)을 포함한다.[3)]

3) 어음항변권은 形成權의 일종이다.[4)]

2. 抗辯制限의 目的

民法上 채권양도의 일반원칙에 의하면 양수인은 양도인이 갖는 권리 이상을 취득하지 못하므로 채무자는 양도인에 대한 모든 항변사유로써 양수인에게 대항할 수 있다(民 451조 2항). 이러한 民法上의 일반원칙을 어음의 경우에도 그대로 적용한다면 어음의 양수인의 권리는 매우 불안정하게 되어 어음의 유통은 매우 침해받게 된다. 따라서 어음法은 어음에 특유한 간편한 양도방법인 背書(또는 交付)를 인정함과 동시에, 어음채무자의 양도인(배서인)에 대한 인적 항변을 제한하여 어음의 유통을 보호하고 피지급성을 확보하고 있다. 그러므로 어

---

1) 어음抗辯에 관하여는 鄭燦亨, "어음抗辯,"「考試硏究」, 제213호(1991. 12), 72~83면 참조.

2) 同旨: 徐廷甲, "어음抗辯의 制限,"「考試硏究」, 1981. 9, 34면.

3) 同旨: 徐·鄭, 108면; 鄭(東), 163면; 李(基), 263면; 蔡, 301면 外.

Einrede(訴訟法上의 抗辯, 實體法上의 抗辯權, 權利抗辯)와 Einwendung(實體法上의 抗辯, 事實抗辯)에 관한 상세는 김상일, "抗辯(Einwendung)과 抗辯權(Einrede),"「比較私法」, 제 8 권 1호(上)(2001. 6), 121~174면 참조.

4) 同旨: 鄭(熙), 251면.

음法은 「어음에 의하여 청구를 받은 자는 발행인 또는 종전의 소지인에 대한 인적 관계로 인한 항변으로써 소지인에게 대항하지 못한다」고 규정하여(어 17조 본문 · 77조 1항 1호, 手 22조 본문), 人的 抗辯을 切斷시키고 있다. 이와 같은 人的 抗辯의 切斷은 배서의 權利移轉的 效力과 결합하여 양수인(피배서인)이 양도인(배서인)의 권리 이상을 취득하게 하는데, 이것을 背書의 權利強化的(또는 權利淨化的) 移轉力이라고 한다. 또한 이러한 人的 抗辯의 切斷은 이미 설명한 善意取得 및 善意支給과 함께 어음의 유통성과 피지급성을 강력히 보호하고 있다.

3. 抗辯制限의 根據

위와 같이 어음法은 어음채무자가 양도인에 대하여 주장할 수 있는 인적 항변사유로써 양수인에 대하여 주장할 수 없도록 규정하고 있는데, 이러한 인적 항변의 제한의 근거가 무엇이냐에 대하여 學說은 여러 가지로 나뉘어 있다. 즉 (i) 어음의 文言性 또는 無因性에서 그 근거를 구하는 견해,[1] (ii) 어음에 표창된 權利外觀을 믿고 거래한 자를 보호하기 위하여 法이 정책적으로 특히 인정한 제도라고 하여 權利外觀理論에서 그 근거를 구하는 견해(通說),[2] (iii) 어음상의 권리는 각 소지인이 독립하여 취득하는 것이므로 인적 항변은 승계될 여지가 없다고 하여 어음行爲의 獨立性에서 그 근거를 구하는 견해[3] 등이 있다.

생각건대 民法의 일반원칙과 비교하여 볼 때 人的 抗辯의 制限에 관한 어음法의 규정은 權利外觀의 法理에 근거하여 어음의 유통성을 보호하기 위하여 民法에 대한 예외로서 정책적으로 규정된 것이라고 볼 수 있다. 따라서 (ii)의 견해인 通說에 찬성한다.

---

1) 徐·鄭, 108~109면.

2) 鄭(熙), 252~253면; 鄭(東), 165면; 孫(珠), 134면; 崔(基), 550면; 都濟文, "어음(手票)抗辯에 관한 一考(抗辯의 分類, 善意取得과의 관계, 英美法上의 관련규정)," 「經營法律」(한국경영법률학회), 제12집(2001), 281면 外.

3) 高窪利一, 「手形 · 小切手法通論」, 1982, 331~332면. 同旨: 小橋一郎, 「手形行爲論」, 269~272면. 이 見解에서는 人的 抗辯의 制限은 당연한 것이므로 어음法은 당연한 法理를 규정한 것에 불과하다고 한다.

제 2 어음抗辯의 分類[1)]

1. 序 言

어음抗辯의 分類에 대하여, 우리 나라의 通說은 크게 物的 抗辯과 人的 抗辯으로 분류하고 있다. 그런데 이러한 우리 나라의 通說을 비판하면서 이른바 新抗辯理論이라 하여 어음抗辯의 새로운 分類方法을 주장하는 견해가 있다(少數說).[2)] 이 少數說은, 融通어음의 抗辯, 交付欠缺의 抗辯, 意思表示의 瑕疵·欠缺의 抗辯, 白地어음의 不當補充의 抗辯 등은 通說이 말하는 物的 抗辯과 人的 抗辯의 어느 것에도 속하지 않는 항변들로서 通說의 二分法은 이를 설명할 수 없다는 점에서 출발하여,[3)] 通說을 비판하면서 새로운 어음抗辯의 분류를 시도하고 있다. 또한 少數說 중에는 物的 抗辯과 어음법 제17조를 제외한 人的 抗辯은 민법의 일반원칙에 의하여 주장할 수 있는 항변으로 어음법상 전혀 분류의 의미가 없고 또한 불필요한 것이라고 하며, 어음抗辯論은 오로지 어음법 제17조의 적용범위에 관한 논의로 제한되어야 한다는 견해도 있다.[4)]

생각건대 新抗辯理論인 새로운 분류방법은 항변절단여부의 근거를 대지 못하면서, 어떤 항변은 동일유형의 것인데도 상이한 분류기준을 적용하여 다수의 항변으로 분류하여 불필요하게 문제를 복잡하게 하고 어음항변의 이해에 혼란만 가중시키는 점이 있다.[5)] 어음항변의 문제의 고찰에 있어서 무엇보다도 중요한 것은 理論構成의 상위가 아니라, 어떠한 항변이 모든 어음소지인에 대하여 대항할 수 있으며 또 어떠한 항변이 특정한 소지인에 대해서만 대항할 수 있는가를 확정하는 일이라고 본다.[6)] 따라서 「절단될 수 있는 항변」을 人的

1) 이에 관한 상세는 鄭燦亨, "어음(手票)抗辯의 分類," 「商事法論集」(無礙徐燉玨敎授停年紀念)(서울: 法文社, 1986), 437~464면 참조.

2) 鄭(東), 171면 이하(同敎授는 獨逸의 Canaris 교수의 분류방법을 따르고 있는데, Canaris 교수의 「直接的 抗辯」을 제외하고 五分法에 따라 분류하고 있다); 同, "어음抗辯의 二分法에 대한 反省(이른바 新抗辯理論과 관련하여)," 「商事法의 現代的 課題」(椿江孫珠瓚博士華甲紀念)(博英社, 1984. 7), 481~498면; 鄭(熙), 253면 이하(종래의 二分法의 입장을 변경하여 三分法에 따라서 어음抗辯을 분류하고 있다).

3) 왜냐하면 이러한 人的 抗辯을 주장할 수 있기 위하여는 어음취득자가 「惡意 또는 重過失」이어야 하는데, 어음法 제17조의 人的 抗辯을 주장할 수 있기 위하여는 어음취득자가 「어음債務者를 害할 것을 알고」 어음을 취득해야 하기 때문이다.

4) 蔡利植, "어음抗辯論은 과연 필요한가?" 「21世紀韓國商事法의 進路」(乃東禹洪九博士 停年紀念論文集), 2002, 569~578면.

5) 同旨: 鄭(熙), 254면.

6) 同旨: 金泰柱, "어음抗辯에 관한 硏究," 「法學博士學位論文」(慶北大, 1974. 8), 12면.

抗辯으로 분류하고, 「절단될 수 없는 항변」을 物的 抗辯으로 일응 분류할 수 있다고 본다(이러한 점에서는 通說인 二分法에 찬성함). 그러나 이 때의 人的 抗辯에는 어음法 제17조가 적용되는 人的 抗辯에 한하지 않고, 그 이외의 切斷될 수 있는 抗辯(예컨대 交付欠缺의 抗辯, 意思表示의 瑕疵 · 欠缺의 抗辯, 白地어음의 不當補充의 抗辯 등)도 여기의 人的 抗辯에 포함된다고 본다(이러한 점에서는 通說에 반대함).[1] 따라서 어음抗辯을 (通說과 같이) 物的 抗辯(切斷不能의 抗辯)과 人的 抗辯(切斷可能의 抗辯)으로 크게 분류하고, 物的 抗辯은 편의상 證券上의 抗辯과 非證券上의 抗辯으로 나누어 보며, 人的 抗辯은 어음法 제17조가 적용되는 人的 抗辯과 어음法 제17조가 적용되지 않는 人的 抗辯으로 나누어 보겠다.[2] 이하에서는 위와 같은 항변의 분류에 따라 개별적인 항변사유에 대하여 살펴보겠다.[3] 다만 融通어음의 항변은 특수한 면이 있으므로 별도로 설명하겠다.

2. 物的 抗辯(切斷不能의 抗辯 또는 絶對的 抗辯)

(1) 證券上의 抗辯(어음의 기재로부터 발생하는 抗辯)

증권의 기재에 의하여 알 수 있는 항변이며 증권상의 기재내용에 따른 항변이므로 內容上의 抗辯이라고도 한다. 이러한 항변은 어음면상 명백하게 나타나 있기 때문에 이를 物的 抗辯事由로 하더라도 어음의 유통을 해한다고 볼 수 없다. 이러한 證券上의 抗辯에 속하는 것으로는 다음과 같은 것이 있다.

1) 基本어음의 要件欠缺의 抗辯(어 2조 1항 · 76조 1항, 手 2조 1항) 白地어음의 未補充의 항변과는 그 외형상 같으나 내용상 구별된다. 어음채무자는 요건흠결의 어음에 대하여는 어음 자체가 무효이므로 어음채무가 없음을 항변할 수 있으나, 未補充의 어음에 대하여는 백지보충을 정지조건으로 어음채무의 이행을 거절할 수 있을 뿐이다. 그러나 어음채무자가 누구에 대하여도 어음채무의 이행을 거절할 수 있는 점에서는 같다.

2) 消滅時效完成의 抗辯(어 70조 · 77조 1항 8호, 手 51조) 소멸시효완성의 항변은 物的 抗辯事由인데, 우리 大法院判例도 이와 同旨로 다음과 같이 판시하고 있다.

---

1) 同旨: 洪裕碩, "어음抗辯에 관한 硏究(權利外觀理論을 中心으로)," 「法學博士學位論文」(東國大, 1985. 8), 55면 이하.

2) 同旨: 都濟文, 前揭論文(經營法律 제12집), 291~299면(다만 물적 항변을 절대적 항변으로 인적 항변을 상대적 항변으로 부르고, 절대적 항변은 증권상의 항변과 일반원칙의 항변으로 분류하고, 상대적 항변은 항변의 사유가 채무자와 양도인 사이의 원인행위에 있는 인적 관계항변〈원인관계항변〉과 어음행위에 있는 어음관계항변으로 분류하고 있다).

3) 개별적인 抗辯事由가 각각 어디에 속하는지는(즉, 人的 抗辯事由 또는 物的 抗辯事由) 어음法에 규정이 없고, 學說 · 判例에 맡겨져 있다.

[消滅時效의 抗辯을 物的 抗辯事由로 본 判例]

어음상 채무는 시효의 완성으로 소멸된 것이므로 그 원용을 필요로 할 것 없이 당연히 소멸된 것으로 원심은 판단하였어야 할 것이다[大判 1962. 10. 11, 62 다 446(民判集 3의 上, 766)].

따라서 어음채무자는 소멸시효가 완성한 어음의 취득자에 대하여는 그가 무권리자임을 항변할 수 있고,[1] 어음을 취득한 후에 소멸시효가 완성한 어음소지인에 대하여는 어음상의 권리가 없음을 항변할 수는 있으나 利得償還債務는 (그 요건을 구비하는 한) 부담한다.

3) 滿期未到來의 抗辯 어음채무자는 만기를 정한 어음의 성질에서 만기 전에는 지급할 의무가 없고, 또 어음소지인도 만기 전에는 그 지급을 받을 의무가 없다(어 40조 1항, 77조 1항 3호). 어음채무자는 만기 전에 지급할 의무는 없으나 지급할 권리는 있는데, 이 때에는 순전히 어음채무자의 위험부담으로 지급하는 것이다(어 40조 2항, 77조 1항 3호). 그러나 만기 전의 소구요건(어 43조 단서, 44조)이 구비된 경우에는 소구의무자인 어음채무자는 만기 미도래의 항변을 주장할 수 없음은 당연하다.

4) 背書不連續의 抗辯(어 16조 1항 · 77조 1항 1호, 手 19조) 배서의 연속이 흠결된 어음소지인에 대하여 어음채무자는 形式的 資格이 없음을 이유로 어음채무의 이행을 거절할 수 있으나, 그가 實質的 權利者임을 입증하면 어음채무를 이행할 수 있다(通說).[2]

우리 大法院判例도 앞에서 본 바와 같이 이와 同旨로 판시하고 있는데, 이는 다음과 같다.

[背書의 連續이 끊긴 경우에도 實質的 關係를 입증하면 어음상의 권리행사를 할 수 있다고 본 判例]

원심이 어음에 있어 배서의 연속이 끊긴 경우에 딴 방법으로 그 중단된 부분에 관한 실질적 관계가 있음을 증명한 소지인이 한 어음상의 권리행사는 적법하다고 보아 이 사건의 X가 소지하는 약속어음에는 배서의 연속이 끊겼지만 X가 그 부분에 판시와 같은 실질관계가 있다고 보인다고 해서 X의 본건 청구는 적법하다는 취지로 판단한 원심조치는 정당하다[大判 1969. 12. 9, 69 다 995(判總 11-2, 990-1)].

---

1) 이 때에 어음취득자는 어음상의 權利를 취득하지 못하고 그가 利得償還請求權을 취득하는지 여부는 利得償還請求權의 法的 性質을 어떻게 보느냐에 달려 있는데, 利得償還請求權의 법적 성질을 指名債權으로 보면(通說 · 判例) 指名債權讓渡方法에 의하여 同權利를 취득했다고 볼 수 없다.

2) 鄭(燦), (事例) 309면, 380면; 徐·鄭, 194~195면 外.

그러나 이 때에 어음채무자는 자기의 위험부담으로만 지급할 수 있다(通說).[1)]

5) **어음面上 명백한 支給畢 또는 一部支給의 抗辯**(어 39조 1항·3항, 77조 1항 3호, 手 34조 1항·3항) 全部支給의 경우에는 어음소지인은 어음에 영수를 증명하는 기재를 하여 어음을 교부하여야 하며(어 39조 1항·77조 1항 3호, 手 34조 1항), 一部支給의 경우에는 어음소지인은 어음에 그 지급한 뜻을 기재하고 영수증을 교부하여야 하는데(어 39조 3항·77조 1항 3호, 手 34조 3항), 이렇게 지급의 사실이 어음면상 기재되면 어음채무자는 이를 누구에 대하여도 대항할 수 있다.

이와 관련하여 어음금의 지급이 동시에 원인채무의 소멸의 항변사유가 된다는 취지의 다음과 같은 우리 大法院判例가 있다.

[어음금의 지급이 原因債務의 소멸의 항변사유가 된다는 判例]

원인채권에 대한 압류의 효력이 발생하기 전에 원인채권의 지급을 위하여 약속어음을 발행하고 그것이 제3자에게 배서양도된 경우에, 그 어음의 소지인에 대한 어음금의 지급이 원인채권에 대한 압류의 효력이 발생한 후에 이루어졌다 하더라도 어음채무자는 그 어음금의 지급에 의하여 원인채권이 소멸하였다는 것을 압류채권자에게 대항할 수 있다[大判 1994. 3. 25, 94 다 2374(公報 968, 1334)].

그러나 이러한 지급의 사실이 어음면상 기재되지 않고 어음이 유통되게 되면 이는 인적 항변사유에 불과하다.

6) **無擔保文言이 있다는 抗辯**(어 9조 2항·15조 1항·77조 1항 1호, 手 18조 1항) 등 발행인(환어음에 한함) 또는 배서인이 어음상에 무담보문언을 기재하면 누구에 대하여도 소구의무를 부담하지 않음을 항변할 수 있다(환어음의 발행인은 인수무담보의 문언만 해당함).

⑵ **非證券上의 抗辯**[2)](어음行爲의 效力에 관한 抗辯)

어음면에서는 알 수 없으나 어음채무자를 보호하기 위하여 인정된 항변이다. 人的 抗辯은 어음소지인을 보호하나 非證券上의 抗辯은 어음채무자를 보호하게 되어, 양자의 이익보호에 형평을 기하고 있다. 이러한 非證券上의 抗辯에 속하는 것으로는 다음과 같은 것이 있다.

1) **意思無能力·行爲無能力의 抗辯** 무능력자를 보호하기 위하여 이를 물적 항변사유로 하는 것은 부득이하다. 따라서 意思無能力者가 어음행위를

1) 徐·鄭, 230면; 鄭(熙), 268면; 鄭(東), 424면 外.

2) 鄭(熙), 255~256면은 이를 非證券的 有效性의 抗辯 중에서 「歸責事由가 없는 有效性抗辯」이라고 하고, 鄭(東), 174~175면은 이를 「歸責可能性에 관한 抗辯」이라고 하고, 崔(基), 557면은 이를 非證券的인 效力에 관한 抗辯 중에서 「絶對的 抗辯」이라고 한다.

한 경우에는 누구에 대하여도 그의 어음행위가 무효이므로 어음채무를 부담하지 않음을 항변할 수 있고,[1] 行爲無能力者가 어음행위를 한 경우에는 자기의 어음행위를 취소하여 어음채무를 부담하지 않음을 항변할 수 있다(民 5조 2항, 10조, 13조). 그러나 行爲無能力者(禁治產者는 제외)라도 법정대리인의 同意를 얻었거나(民 5조 1항 본문, 10조), 법정대리인으로부터 범위를 정하여 처분을 許諾받은 재산에 대하여 어음행위를 하는 경우(民 6조, 10조) 등과 같이 民法·商法 등의 규정에 의하여 완전한 行爲能力者와 동일하게 취급받는 경우에는 물론 자기의 어음행위를 취소하여 어음채무를 면할 수 없다[2](民 8조 1항·10조·17조·117조·826조의 2·1061조·1062조, 商 7조, 勤基法 67조·68조).

2) **僞造·變造의 抗辯**(어 69조·77조 1항 7호, 手 50조) 被僞造者·變造前에 기명날인 또는 서명한 자는 원칙적으로 누구에 대하여도 위조·변조의 사실을 가지고 항변할 수 있다. 그러나 예외적으로 表見責任의 法理가 유추적용될 수 있는 경우나 民法 제756조의 使用者賠償責任의 法理가 적용되는 경우에는 위조·변조의 항변을 주장할 수 없다(通說·判例).

3) **無權代理의 抗辯**(民 130조) 表見代理의 法理가 적용될 수 없는 협의의 無權代理의 경우에 追認하지 않은 本人은 누구에 대하여도 어음채무를 부담하지 않음을 항변할 수 있다.

4) **除權判決의 抗辯**(民訴 496조) 어음에 관하여 除權判決이 선고되면 제권판결의 消極的 效力에 의하여 제권판결된 어음은 제권판결시부터 장래에 향하여 무효가 된다(民訴 496조). 따라서 제권판결 후에 어음을 취득하는 자는 어음상의 권리를 善意取得할 수도 없고,[3] 어음채무자는 除權判決의 항변을 누구에게나 주장할 수 있다(通說).

우리 大法院判例도 이와 同旨로 다음과 같이 판시하고 있다.

[手票(어음)의 **除權判決을 物的 抗辯事由로 본 判例**]

수표에 관하여 제권판결이 있으면 제권판결의 소극적 효력으로서 그 수표는 수표로서의 효력을 상실하고, 따라서 수표소지인은 그 수표를 제시하여 권리를 행사할 수 없다 할 것이고, 또 적법한 수표의 소지인임을 전제로 한 이득상환청구권도 발생할 수 없다 함은 본원판결(1965. 4. 20 선고, 65 다 1883 판결; 1965. 7. 27 선고, 65 다 1002 판결)로 하는 바이므

1) 鄭(燦), (事例) 36면 참조.

2) 鄭(燦), (事例) 36~39면 참조.

3) 참고로 伊太利의 일부 判例는 除權判決後에도 어음의 善意取得을 인정하고 있다[伊判決 1952. 10. 11, Cass. (I civ.) F. pad. 52 I 1281; 同 1953. 7. 2, Cass. (I civ.) F. pad. 53 I 1147].

로, 원판결은 제권판결의 효력에 관한 법리를 오해한 잘못이 있다 아니할 수 없다[大判 1967. 6. 13, 67 다 541 · 542(大集 15 ② 民 60)].

同旨: 大判 1967. 9. 26, 67 다 1731(大集 15 ③ 民 157)(수표의 정당소지인이라 하더라도 제권판결이 불복신청에 의하여 취소되지 않는 한 동 제권판결의 효력에는 영향이 없다).

5) **供託의 抗辯**(어 42조, 77조 1항 3호) 어음채무자는 어음소지인이 지급제시기간 내에 어음의 지급제시를 하지 않는 때에는 어음소지인의 비용과 위험부담으로 어음금액을 供託할 수 있으므로(어 42조, 77조 1항 3호), 이렇게 어음채무자가 어음금액을 供託한 때에는 누구에 대하여도 이를 항변할 수 있다.

6) **法令違反의 抗辯** 법령위반의 어음행위에 대하여 우리 나라의 判例는 어떤 경우는 이를 物的 抗辯으로 판시하고, 어떤 경우는 이를 人的 抗辯으로 판시하고 있다. 이 때에 法令에 위반하는 것은 어음행위 자체가 아니라 그의 원인행위를 말하고, 또한 위반되는 법령의 규정은 效力規定임을 전제로 한다. 왜냐하면 同法令이 團束規定이면 同법령 위반의 원인행위의 사법상 효력이 유효하므로 어음행위자는 누구에 대하여도 어음행위의 무효를 주장할 수 없어 이는 어음항변과 무관하기 때문이다.

우리 大法院判例도 이와 同旨로 다음과 같이 판시하고 있다.

[團束規定에 위반한 어음행위를 有效로 본 判例]

융통어음의 할인을 금하는 상호신용금고 업무운용준칙이나 상호신용금고의 대출 및 어음할인규정의 각 규정은 모두 단속규정이므로, 그 규정에 위반하였다고 하여 약속어음 취득의 私法的 效力까지 부인할 수 없다[大判 1995. 9. 15, 94 다 54856(公報 1002, 3377)].

同旨: 大判 1975. 4. 22, 72 다 2161(判總 11-2, 1364-21-6~7)(외국환관리법은 단속법규이므로 이에 위반한 어음행위는 언제나 유효하다); 同 1980. 11. 25, 80 다 1655(月報 129, 68~69)(외국환관리법은 단속법규이므로 이에 위반한 어음행위는 언제나 유효하다); 同 1989. 9. 12, 88 다카 2233 · 2240(新聞 1879, 6)(보험업법 제19조, 동법시행령 제14조, 재정경제원장관의 재산운용준칙 제37조 등의 규정에 위반한 재산운용행위 자체는 그 사법상의 효력에 아무런 영향이 없으므로〈단속규정〉, 이러한 법령에 위반하여 어음을 발행한 자는 누구에 대하여도 법령위반의 항변을 주장할 수 없다).

따라서 同법령의 규정이 효력규정으로서 同법령 위반의 원인행위의 사법상 효력이 무효임을 전제로 하여, 이 무효를 직접 상대방에 대하여만 주장할 수 있으면 이는 人的 抗辯事由가 되는 것이요, 이 무효를 누구에 대하여도 주장할 수 있으면 이는 物的 抗辯事由가 되는 것이다.

우리 大法院이 法令違反의 抗辯을 物的 抗辯事由로서 판시한 것으로는 다음과 같은 것들이 있다.

[農業協同組合法의 위반을 物的 抗辯事由로 본 判例]

농업협동조합법(1980. 12. 31, 법 제3300호로 개정되기 전의 법률) 제125조 3항의 규정에 의하면 특수농업협동조합은 그 목적달성을 위하여 중앙회 또는 군조합으로부터만 자금을 차입할 수 있고 다른 기관이나 개인으로부터는 차입할 수 없도록 되어 있으므로 위 Y가 이 사건 어음을 발행한 행위는 차입에 속하는 채무부담행위로서 무효라고 할 것이다[大判 1982. 6. 8, 82 다 150 (敎材, 判決例 [510])].

同旨: 大判 1986. 6. 24, 86 다 133(公報 781, 29; 月報 191, 108)(특수농업협동조합의 상무가 개인으로부터 차입하기 위하여 조합명의로 수표발행행위를 한 것은 무효라고 판시함).

[朝鮮水利組合令의 위반을 物的 抗辯事由로 본 判例]

본건 수표발행행위가 조선수리조합령 제39조 4호, 5호에 해당하고 도지사의 허가가 없었다면 이는 무효의 행위이어서 이에 관한 항변은 소위 물적 항변으로 상대방의 선의·악의를 불문하고 대항할 수 있다고 할 것이다[大判 1962. 4. 18, 4294 民上 1270(敎材, 判決例 [143])].

[土地改良事業法의 위반을 物的 抗辯事由로 본 判例]

토지개량조합이 수표를 발행하는 것은 토지개량사업법 제30조 3호 소정사유에 해당한다고 봄이 상당할 것이며, 따라서 토지개량조합협의회의 의결을 요하는 사항이라 할 것이고, 같은 법 부칙 제10항에 의하여 도지사의 승인 없이 발행된 이와 같은 수표는 무효인 것이어서 토지개량조합은 아무런 수표채무를 부담하지 아니한다고 할 것이고, 그 수표소지인의 위와 같은 사유에 관한 선의·악의 여하에 불구하고 토지개량조합은 그 수표발행의 무효를 주장할 수 있다고 할 것이다[大判 1965. 7. 20, 66 다 992(敎材, 判決例 [144])].

[相互信用金庫法의 위반을 物的 抗辯事由로 본 判例]

상호신용금고법 제 1 조의 입법목적으로 볼 때 동법 제17조 1항 및 2항의 차입 등 채무부담제한에 관한 규정은 상호신용금고의 경영자의 무분별하고 방만한 채무부담행위로 인한 자본구조의 악화로 부실화됨으로써 그 업무수행에 차질을 초래하고 신용질서를 어지럽게 하여 서민거래자의 이익을 침해하는 사례가 발생함을 미리 방지하려는 데에 그 입법취지가 있으므로 동 규정은 효력법규로서 이에 위반한 채무부담행위는 무효이다. 본건에서 Y가 채무보증을 위하여

한 어음배서도 상호신용금고법 제17조에서 말하는 차입 등 채무부담행위에 해당하는 것으로서 위 차입제한규정을 효력법규라고 보는 이상 타인의 채무보증을 위한 Y의 위 어음배서는 무효라고 볼 수밖에 없을 것이다[大判 1985.11.26, 85 다카 122(新聞 1617, 6)].1)

[새마을金庫法의 위반을 物的 抗辯事由로 본 判例]

원심은 B(Y새마을금고 이사장)가 A로부터 자기 개인목적으로 사용할 자금차입을 위하여 발행한 약속어음을 Y(새마을금고)가 이사회결의 없이 새마을금고법에 위반하여 A에게 배서·양도한 것은 당연무효라고는 할 수 없다고 하여 Y의 항변을 배척하였다. 살피건대 Y새마을금고는 새마을금고법에 의하여 설립된 비영리법인으로서, 동법 제13조 3항 3호에는 소요자금의 차입에는 이사회의 의결을 얻어야 한다고 규정하고 있고, 동법 제16조 1항 1호에는 금고의 신용사업으로는 회원으로부터의 예탁금, 적금의 수입 및 회원에 대한 자금의 대출로 한정하고 있는 점 및 동법 제7조 1항 내지 3항의 회원의 자격 및 출자에 관한 규정, 동조 제9항·제10항의 금고의 자본금은 회원이 납입한 출자금의 총액으로 하고 회원의 책임은 그 납입출자액을 한도로 한다는 규정과 또 동법 제1조의 목적에 비추어 볼 때, 이사회의 의결 없이 한 비조합원으로부터의 자금차입이나 약속어음 배서행위는 무효라고 해석함이 상당할 것이다. 그렇다면 원심이 이사회의 결의가 없는 자금차입도 무효라고 할 수 없다는 판단은 결국 새마을금고의 이사장(B)의 비회원(A)으로부터의 자금차입 및 약속어음 배서행위의 효력에 관하여 법리를 오해하고 심리의 미진한 잘못이 있어 이를 파기한다[大判 1985.2.26, 84 다카 527(公報 750, 10)].

3. 人的 抗辯(切斷可能의 抗辯 또는 相對的 抗辯)

(1) 어음法 제17조에 해당하는 人的 抗辯

1) 原因關係의 不存在·無效·取消 또는 解除의 抗辯 예컨대 Y는 A의 B에 대한 채무의 보증목적으로 약속어음을 B에게 발행하였는데 그 후 A가 B에 대한 차입금을 이행하지 않아 Y가 B에게 보증채무를 이행하였는데 Y가 同어음을 반환받지 않고 있는 동안에 同어음이 유통되어 선의의 제3자인 X가 同어음을 취득하여 어음금을 청구한 사안에서, 우리 大法院判例는 다음과

1) 참고로 이 判決에서 少數意見은 「相互信用金庫法 제17조 2항의 규정은 相互信用金庫의 金融業務의 건실한 경영을 확보하고 계원 및 부금자 등의 利益保護를 도모하기 위한 내부적인 制約規定으로 團束規定이라 할 것이고, 위 규정에 반하는 借入行爲의 私法上의 效力을 부인하는 것은 아니라 해석할 것이다」라고 하여, 多數意見에 반대하고 있다. 또한 大法院은 相互信用金庫法 제17조(채무부담제한)와는 달리 同法 제12조(同一人에 대한 一定額을 넘는 대출 등을 원칙적으로 금지함)는 團束規定이라고 판시하고 있다[大判 1987.12.12, 87 다카 1458(公報 818, 326)].

같이 이를 어음법 제17조에 해당하는 人的 抗辯事由로 보았다.

[原因關係不存在의 항변을 어음法 제17조의 人的 抗辯事由로 본 判例]

어음행위는 무인행위로서 어음수수의 원인관계로부터 분리하여 다루어져야 하고 어음은 원인관계와 상관없이 일정한 어음상의 권리를 표창하는 증권이라고 할 것인바, 원심이 이 사건 약속어음이 빈 껍데기에 불과하다고 하여 어음소지인 약속어음금 청구가 바로 신의성실의 원칙에 어긋나는 것으로서 권리의 남용에 해당한다고 하였음은 어음배서에 있어서의 무인성의 법리를 오해하였을 뿐만 아니라 어음법에 있어서의 신의성실의 원칙 내지 권리남용의 법리를 오해한 위법이 있다[大判 1984. 1. 24, 82 다카 1405(敎材, 判決例 [509])].

同旨: 大判 1989. 10. 24, 89 다카 1398(公報 862, 1763)(약속어음의 발행인과 수취인이 약정하여 광업소 근로자에 대한 노임체불사실이 있을 때에는 어음상의 권리를 행사하기로 한 경우에는, 그러한 사정은 어음의 원인관계에 기한 인적 항변사유에 불과하고 어음상의 권리는 일단 유효하게 성립되었다고 보아야 할 것이다).

2) 原因關係가 公序良俗 기타 社會秩序에 反하는 抗辯(民 103조, 104조) 이에 대하여 우리 나라의 通說은, 어음행위는 금전지급의 무인행위이고 정형적 행위이므로 그 자체는 民法 제103조가 적용될 여지가 없고 다만 원인관계에 대해서만 民法 제103조가 적용되는데 이것은 人的 抗辯(어음 17조 · 77조 1항 1호, 手 22조)으로서 어음행위에 반영될 뿐이지 어음행위 자체가 無效(物的 抗辯)가 되는 것은 아니라고 하는데,[1] 타당하다고 본다.

우리 나라의 判例도 원인관계가 民法 제103조에 해당하는 것은 어음法 제17조의 人的 抗辯事由에 해당한다는 취지로 다음과 같이 판시하고 있다.

[賭博에 관한 債務確保의 목적으로 발행된 어음을 어음法 제17조의 人的 抗辯事由로 본 判例]

도박에 관한 채무확보의 목적으로서 어음이 발행되었던 까닭에 무효라고 하는 것과 같은 원인관계에 의한 항변은 그 사유가 발생하는 당사자간에 있어서만 이를 주장할 수 있는 것이다[朝高判 1940. 4. 2 (判總 11-2, 993)].

同旨: 朝高判 1923. 10. 2(判總 11-2, 971)(어음행위에 있어서는 그의 자금관

---

1) 徐·鄭, 71면; 鄭(熙), 68~69면; 孫(珠), 52~53면 外.

反對: 鄭(東), 95면[善良한 風俗의 違反(民 103조)이나 暴利行爲(民 104조)가 어음行爲 자체에까지 관련된 경우에는 그 어음行爲를 無效(物的 抗辯)로 하여야 하므로, 예컨대 어음騎乘이나 현저하게 不公正한 행위와 일체가 되어 어음이 발행된 경우에는 物的 抗辯事由가 된다고 한다]; BGH WM 1960, 1381; 同 1973, 66; 同 1974, 774.

계 및 원인관계의 여하를 불문하며 그의 원인관계가 공서양속에 반하여도 이로써 곧 어음행위 그 자체는 무효가 되는 것이 아니다).

3) 法令違反의 抗辯 우리 大法院判例는 과거 利子制限法(이 법은 1997년에 폐지됨)의 위반의 항변을 다음과 같이 어음法 제17조에 해당하는 人的 抗辯事由로 판시하였다.

[利子制限法의 위반의 항변을 어음法 제17조에 해당하는 人的 抗辯事由로 본 判例]

X가 본건 약속어음을 논지가 말하는 바와 같이 그 금액중에 利息制限令의 제한을 넘은 이자금이 들어 있음을 알고 Y 등을 해칠 악의로써 취득한 것이라 하는 점은 Y들이 그 입증책임을 져야 하는 것인데 논지가 말하는 증인의 증언에 의할지라도 이러한 점을 확실히 밝힐 만한 자료가 되지 못하고 따라서 원심이 이 점에 관한 증거가 없다고 하여 Y들이 본건 약속어음의 발행인으로서 A에게 대하여 가지고 있는 항변사유를 양수인인 X에게 대항할 수 없다고 판단한 것은 적법하다[大判 1962. 9. 20, 62 다 383(教材, 判決例 [141])].[1)]

4) 어음과 相換하지 아니한 支給, 免除, 相計 등의 抗辯(어 39조 1항 · 77조 1항 3호, 手 34조 1항) 어음의 지급인은 어음소지인에 대하여 어음에 영수를 증명하는 기재를 하여 어음의 교부를 청구할 수 있는데(相換證券性), 어음의 지급인이 어음의 환수를 받지 않고 지급하고 또 어음에 영수를 증명하는 기재도 되어 있지 않고 어음이 유통된 경우에는 어음상의 권리는 소멸하지 않으므로 어음의 지급인은 지급의 항변을 당사자간에서만 人的 抗辯으로 주장할 수 있을 뿐이다.[2)] 그 결과 이러한 어음을 지급제시기간 내에 취득한 선의의 제 3 자는 지급인에게 어음금의 지급을 청구할 수 있다.[3)] 그러나 지급인이 어음의 환수를 받지 않았더라도 어음에 영수를 증명하는 기재가 있는 경우에는 지급의 사실이 어음면상 명백하므로 어음채무자는 이를 物的 抗辯으로 주장할 수 있다.[4)]

---

1) 崔(基), 557면은 이를 非證券的인 效力에 관한 抗辯 중에서 相對的 抗辯(어음法 제17조에 해당하지 않는 人的 抗辯)으로 분류하고 있다.

2) 換어음(手票)의 支給人 또는 約束어음의 發行人 등이 어음과 相換하지 않고 支給 · 免除 · 相計 등을 한 경우에는 이를 모르고 同어음을 취득한 어음所持人에 대하여는 二重支給을 하여야 하므로 이 때에는 어음法 제17조에 해당하는 人的 抗辯이 되나, 背書人 등이 어음所持人에게 遡求義務를 이행하면서 어음을 還受하지 않은 것을 奇貨로 同어음의 소지인이 다시 換어음의 지급인 등에게 어음金을 청구하는 경우에는 換어음의 지급인 등은 權利濫用의 法理에 의하여 抗辯을 주장할 수 있다.

3) 同旨: 註釋, 388면.

4) 同旨: 註釋, 389면.

5) 어음金의 支給延期(改書)의 抗辯[1] 당사자간에 지급유예의 특약을 하거나 또는 만기를 改書한 新어음을 발행하고 舊어음을 회수하지 않아서 舊어음이 유통된 경우에는 어음채무자는 선의의 어음소지인에 대하여 지급연기의 항변을 주장할 수 없다.

6) 對價 또는 割引金 未交付의 抗辯 예컨대 어음의 발행인 또는 배서인이 어음금액에 상당한 금액의 대부 또는 할인을 받을 것을 조건으로 어음을 발행 또는 배서를 하였으나 이러한 대가(대부) 또는 할인금을 받지 못하고 어음이 유통된 경우에 발행인 또는 배서인은 선의의 어음소지인에 대하여 대가 또는 할인금을 교부받지 못했다는 항변을 주장할 수 없다.

7) 어음外의 特約의 抗辯 예컨대 특정채권의 담보용으로만 사용한다는 조건으로 약속어음을 발행한 자는 그 피담보채권이 모두 소멸한 경우에 직접 상대방에 대하여는 어음채무를 이행할 수 없음을 항변할 수 있으나, 同어음이 유통되어 이를 모르고 취득한 어음소지인에 대하여는 위의 항변을 주장할 수 없다.

우리 大法院判例도 이와 同旨에서 다음과 같이 판시하고 있다.

[어음을 擔保用으로만 사용한다는 어음外의 特約을 어음法 제17조의 人的 抗辯事由로 본 判例]

어음을 담보로만 사용하기로 하는 특약이 있음을 알면서 취득하였다고 볼 수 없으므로, 어음채무자는 어음소지인에 대하여 어음금을 지급할 책임을 부담한다 [大判 1992. 4. 24, 91 다 25444(公報 922, 1672)].

同旨: 大判 1987. 12. 22, 86 다카 2769(公報 818, 15)(직접 상대방인 어음所持人에 대하여만 抗辯할 수 있다고 판시함).

8) 숨은 推尋委任背書의 抗辯 등 숨은 推尋委任背書의 법적 성질에 대하여 信託讓渡說(信託背書說)을 따르는 한 당사자간의 추심위임의 합의는 단지 人的 抗辯事由가 됨에 그친다(通說).[2]

우리 大法院判例도 이와 同旨로 판시하고 있는 점은 이미 앞에서 설명한 바와 같다.[3]

---

1) 鄭(東), 176면은 어음改書의 抗辯을 融通어음의 항변과 같이 「切斷이 불필요한 抗辯」으로 분류하고 있다.

2) 徐·鄭, 205～206면; 鄭(熙), 197면; 孫(珠), 270면; 梁·朴, 747면; 梁(承), 180면 外.

3) 大判 1960. 8. 18, 4292 民上 851(教材, 判決例 [344]). 同旨: 서울高判 1972. 2. 18, 68 나 2170(教材, 判決例 [345]).

(2) 어음法 제17조에 해당하지 않는 人的 抗辯[1)]

1) 交付欠缺의 抗辯 어음理論에 관하여 權利外觀說에 의하여 보충된 發行說(通說)[2)] 또는 權利外觀說[3)]에 의하면 어음행위자는 交付欠缺의 抗辯(어음行爲者의 意思에 기하지 않고 어음이 交付되었다는 抗辯)을 善意의 어음취득자에 대하여는 주장할 수 없고(왜냐하면 어음에 記名捺印 또는 署名하여 外觀을 야기한 점에 대하여 歸責事由가 있기 때문임), 「惡意 또는 重過失」로 인하여 어음을 취득한 자에 대하여만 주장할 수 있다. 이렇게 보면 어음취득자에게 「惡意 또는 重過失」이 있으면 어음채무자를 「害할 意思」까지 없어도 交付欠缺의 抗辯을 주장할 수 있으므로, 이것은 어음法 제17조에 해당하지 않는 人的 抗辯이다.[4)]

2) 意思의 欠缺 또는 意思表示의 瑕疵의 抗辯(民 107조~110조) 民法上 意思의 欠缺(非眞意表示 · 虛僞表示 · 錯誤) 또는 意思表示의 瑕疵(詐欺 · 强迫에 의한 意思表示)에 관한 규정은 어음행위에도 적용되나(通說),[5)] 다만 이러한 民法의 규정은 어음행위에 그대로 적용된다고는 볼 수 없고 어음의 유통보호와 관련하여 수정적용되어야 한다고 본다. 따라서 어음행위의 意思에 欠缺이 있거나 意思表示의 瑕疵가 있는 경우에 이의 무효 또는 취소를 「善意의 제 3 자에게 대항하지 못한다」는 의미는 제 3 자에게 「惡意 또는 過失」이 있는 경우에는 대항할 수 있다는 의미로 해석할 수는 없고, 어음法 제10조 단서 또는 제16조 2항 단서와 같이 제 3 자에게 「惡意 또는 重過失」이 있으면 대항할 수 있다는 의미로 해석하여야 할 것이다.[6)] 이렇게 보면 어음취득자에게 어음法 제17조에 따라 어음채무자를 「害할 의사」까지는 없어도 「惡意 또는 重過失」이 있으면 어음채무자는 이의 항변을 주장할 수 있으므로, 이는 어음法 제17조에 해당하지 않는 人的 抗辯이다.

3) 白地어음의 補充權濫用의 抗辯(어 10조 · 77조 2항, 手 13조) 백지어음행위자는 보충권이 남용되었다는 항변을 선의의 어음취득자에 대하여는 주장할 수 없고, 「惡意 또는 重過失」로 인하여 어음을 취득한 자에 대하여만 주장할 수 있다(어 10조 · 77조 2항,

---

1) 鄭(熙), 256면은 이를 非證券的 有效性의 抗辯 중에서 「歸責事由가 있는 有效性抗辯」이라고 하고, 鄭(東), 175면은 이를 「어음의 效力에 관한 抗辯(또는 어음債務의 有效性에 관한 抗辯)」이라고 하며, 崔(基), 557면은 이를 非證券的인 효력에 관한 抗辯 중에서 「相對的 抗辯」이라고 한다.

2) 徐·鄭, 178면; 鄭(熙), 71~72면; 孫(珠), 131면 外.

3) 鄭(東), 79면(權利外觀說에 의하여 보충된 交付契約說이라고 하나, 權利外觀說의 개념에서 볼 때 權利外觀說과 같다고 본다); 崔(基), 139면.

4) 그러나 交付契約說에 의하면 物的 抗辯事由와 같고, 創造說에 의하면 어음抗辯과 무관하게 된다.

5) 徐·鄭, 71~72면; 鄭(熙), 68면 外.

6) 鄭(燦), (事例) 35~36면.

(手 13조). 이 때에도 백지어음행위자가 보충권남용의 항변을 주장하기 위하여는 어음취득자에게 어음채무자를 「害할 의사」까지 있음을 요구하는 것이 아니므로, 이의 항변도 어음法 제17조에 해당하지 않는 人的 抗辯이다.

4) 民法 제124조, 商法 제398조(商 199조, 269조, 564조) **違反의 抗辯** 대리인이 원인관계에서 본인의 허락 없이 본인을 위하여 자기와 법률행위를 하거나(自己契約) 또는 동일한 법률행위에 관하여 당사자 쌍방을 대리하고(雙方代理) 이와 관련하여 어음행위를 하였는데 同어음이 전전유통된 경우에, 어음채무자인 본인은 선의의 어음취득자에 대하여는 이의 항변을 주장할 수 없으나 惡意 또는 重過失로 인하여 어음을 취득한 자에 대하여는 이의 항변을 주장할 수 있다.[1] 이렇게 보면 民法 제124조 위반의 항변을 주장할 수 있는 것도 어음취득자에게 「惡意 또는 重過失」만 있으면 충분하고 어음채무자를 「害할 의사」까지 있음을 요하는 것이 아니므로 어음法 제17조에 해당하지 않는 人的 抗辯이다.

주식회사의 경우 이사는 이사회의 승인이 있는 때에 한하여 자기 또는 제 3 자의 계산으로 회사와 거래를 할 수 있는데(商 398조),[2] 이사가 원인관계에서 이사회의 승인 없이 이러한 거래를 하고 이와 관련하여 어음행위를 하였는데, 同어음이 전전유통된 경우에 회사는 어음소지인에 대하여 어떠한 항변을 주장할 수 있는가의 문제가 있다. 이에 대하여 商法 제398조를 效力規定으로 보고 同條 위반을 무효로 보는 無效說에 의하면 物的 抗辯事由가 되고,[3] 商法 제398조를 團束規定으로 보고 同條 위반의 효력을 유효로 보는 有效說에 의하면 누구에 대하여도 항변을 주장할 수 없으므로 어음抗辯과 무관하며,[4] 同條 위반의 효력에 대하여 相對的 無效說(通說)[5]에 의하면 선의의 어음소지인에 대하여는 항변을 주장할 수 없고 「惡意 또는 重過失」의 어음소지인에 대하여만 항변을 주장할 수 있으므로 어음法 제17조에 해당하지 않는 人的 抗辯이다. 우리 大法院判例는 앞에서(어음行爲의 代理) 이미 설명한 바와 같이 일관하여 相對的

1) 同旨: 註釋, 302면. 그러나 自已契約 또는 雙方代理임은 어음으로부터 알 수 있고 또 民法 제124조는 強行法規라는 점에서 이를 物的 抗辯으로 볼 수 있는 여지는 있다고 본다.

2) 人的 會社의 경우에는 다른 社員의 過半數의 결의가 있어야 하고(商 199조, 269조), 有限會社의 경우에는 監事(監事가 있는 경우) 또는 社員總會(監事가 없는 경우)의 승인이 있어야 한다(商 564조 3항).

3) 徐·鄭, (上) 445면.

4) 朴·李, 303면; 徐(廷), (上) 286면; 梁·朴, 383면; 梁(承), 122면.

5) 鄭(燦), (上) 856~857면; 鄭(燦), (會) 625면; 李(院), (上) 455면; 鄭(茂), (上) 465면; 鄭(東), (會) 444면; 孫(珠), (上) 800~801면(종래 無效說을 改說함) 外.

無效說을 따르고 있다.[1] 생각건대 商法 제398조의 위반의 효력에 대하여 相對的 無效說이 타당하다고 생각하므로, 원인관계가 商法 제398조에 위반하는 어음행위에 대하여 어음채무자는 善意의 어음소지인에 대하여는 항변을 주장할 수 없으나 「惡意 또는 重過失」의 어음소지인에 대하여는 항변을 주장할 수 있다고 본다. 따라서 商法 제398조 위반의 抗辯은 어음法 제17조에 해당하지 않는 人的 抗辯으로 본다.

4. 融通어음의 抗辯[2]

(1) 融通어음의 抗辯에 대하여 우리 나라의 通說은 어음法 제17조에 해당하는 人的 抗辯으로 보고, 融通어음이 제 3 자에게 양도된 경우에 제 3 자가 그러한 사정을 알았더라도 그것은 어음法 제17조의 「어음債務者를 害할 것을 알고」 취득한 것이라고 볼 수 없으므로 어음채무자는 지급을 거절할 수 없다고 설명하고 있다.[3] 이에 대하여 少數說은 通說을 비판하면서 融通어음의 抗辯은 제 3 자에 대한 관계에서는 항변의 절단이 예정되어 있지 않으므로 「切斷이 불필요한 抗辯」이라거나,[4] 또는 融通어음의 抗辯은 好意合意라는 어음 외의 특약에 의하여 생기는 합의당사자의 인적 관계로 인한 항변이므로 어음法 제17조 본문에 의하여 절단되는 항변임에 틀림이 없으나 同條 단서가 적용되지 않는 점에서 「人的 抗辯이라고 할 수 없다」고 설명한다.[5]

融通어음의 抗辯에 대하여 우리 나라의 判例는 通說과 같이 어음法 제17조의 人的 抗辯으로 보면서 어음취득자가 融通어음임을 알고 취득한 경우에도 어음法 제17조의 「債務者를 害할 것을 알고」 취득한 경우가 아니라고 하여 人的 抗辯의 切斷을 인정하고 있는데, 이는 다음과 같다.

[融通어음을 발행한 자는 惡意의 제 3 자에 대하여도 대가 없이 발행한 融通어음이라는 항변을 주장할 수 없다고 본 判例]

융통어음을 발행한 자는 피융통자에 대하여 어음상의 책임을 부담하지 아니하지만, 그 어음을 양수한 제 3 자에 대하여는 달리 특별한 사정이 없는 한 그의

1) 大判 1984. 12. 11, 84 다카 1591(新聞 1577, 7) 外(우리 나라 大法院의 일관된 判例임).

2) 이에 관한 상세는 鄭燦亨, "融通어음의 抗辯," 「企業과 法」(度岩 金敎昌 辯護士 華甲紀念論文集)(서울: 韓國司法行政學會, 1997), 663~690면 참조.

3) 徐·鄭, 110~111면; 李(範), 294면; 梁(承), 180면; 崔(基), 567면; 鄭(茂), 350면; 蔡, 322면 外.

4) 鄭(東), 176면; 姜, (어) 179면.

5) 鄭(熙), 258면.

선·악의를 묻지 아니하고 대가 없이 발행한 융통어음이었다는 항변으로 대항할 수 없다[大判 1995. 9. 15, 94 다 54856(公報 1002, 3377)].

同旨: 大判 1968. 8. 31, 65 다 1217(教材, 判決例 [132])(타인의 금융 또는 채무담보를 위하여 약속어음〈이른바 융통어음〉을 발행한 자는 피융통자에 대하여 어음상의 책임을 부담하지 아니함은 명백하나 이러한 사유는 피융통자에 대하여서만 대항할 수 있는 것이라 할 것이고, 그 어음을 양수한 제 3 자에 대하여는 어음상의 채무를 부담할 의사로써 발행한 것이므로 그 제 3 자가 선의이건 또는 악의이건 간에 그 취득이 기한후배서에 의한 것이었다 하더라도 대가관계 없이 발행된 융통어음이었다는 항변으로〈인적 항변〉 대항할 수 없다); 同 1957. 3. 21, 4290 民上 20(教材, 判決例 [131]); 同 1979. 10. 30, 79 다 479(判總 11-2, 994-10); 同 1995. 1. 20, 94 다 50489(公報 986, 896)(타인의 금융 또는 채무담보를 위하여 약속어음〈소위 융통어음〉을 발행한 자는 피융통자에 대하여 어음상의 책임을 부담하지 아니하지만, 그 어음을 양수한 제 3 자에 대하여는 그의 선의·악의를 묻지 아니하고 대가 없이 발행된 융통어음이었다는 항변으로 대항할 수는 없다).

생각건대 어음채무자가 어음취득자의 전자에 대하여 주장할 수 있는 항변사유를 어음취득자가 알고 있는 것은, 어음法 제17조 본문이 적용되지 않는 人的 抗辯의 不切斷事由, 즉 어음法 제17조 단서에 해당하는 人的 抗辯의 不切斷事由에 해당되는 것이다(즉, 어음債務者를 害할 것을 알고 어음을 취득한 것에 해당한다).[1] 그런데 融通어음에 관해서는 어음취득자가 이러한 사실을 알고 있는 경우에도 어음채무자는 이를 항변할 수 없으므로, 融通어음의 抗辯은 당사자간에서만 주장할 수 있고 어떠한 경우에도 제 3 자에 대하여는 주장할 수 없는 항변이라는 점(즉 人的 抗辯이 切斷되지 않는 사유로서 어음取得者의 惡意 또는 債務者를 害하는 意思란 처음부터 존재할 수 없는 점)에서 볼 때, 이를 일반적인 어음抗辯의 一類型으로 분류하지 않는 것이 타당하다고 본다.[2] 즉, 어음채무자는 融通어음의 抗辯을 직접 상대방이 아닌 어음취득자에 대하여는 그의 善意·惡意를 불문하고 또 期限後背書인지 여부를 불문하고 언제나 주장할 수 없으므로(다시 말하면 언제나 切斷되는 항변이므로), 일반적인 어음抗辯(物的 抗辯 또는 人的 抗辯)의 어디에도 속하지 않는다고 본다.

어음채무자가 융통어음의 항변을 被融通者에 대하여 주장하는 경우 융통어음이라는 점에 대한 입증책임은 융통어음의 발행자가 부담한다.

---

1) 同旨: 日大判 1941. 1. 27(教材, 判決例 [125]); 日最高判 1955. 5. 31(教材, 判決例 [128]).

2) 鄭(燦), (事例) 447～448면; 同, 前揭 徐燉珏教授停年紀念論文集, 457～458면. 同旨: 都濟文, 前揭論文(經營法律 제12집), 301～302면.

우리 大法院判例도 이와 같은 취지에서 다음과 같이 판시하고 있다.

[융통어음의 발행자가 피융통자에 대하여 융통어음이라는 점에 대한 입증책임을 부담한다고 본 判例]

융통어음의 발행자는 피융통자로부터 그 어음을 양수한 제 3 자에 대하여는 선의이거나 악의이거나, 또한 그 취득이 기한후배서에 의한 것이라 하더라도 대가 없이 발행된 융통어음이라는 항변으로 대항할 수 없으나, 피융통자에 대하여는 어음상의 책임을 부담하지 아니한다 할 것이고(대법원 1979. 10. 30 선고, 79 다 479 판결; 1995. 1. 20 선고, 94 다 50489 판결; 1995. 9. 15 선고, 94 다 54856 판결; 1996. 5. 14 선고, 96 다 3449 판결 등 참조), 약속어음금 청구에 있어 어음의 발행인이 그 어음이 융통어음이므로 피융통자에 대하여 어음상의 책임을 부담하지 아니한다고 항변하는 경우 융통어음이라는 점에 대한 입증책임은 어음의 발행자가 부담한다고 할 것이다[大判 2001. 8. 24, 2001 다 28176(公報 2001, 2068)].

(2) 만일 B(被融通者)가 C(제 3 자)로부터 資金을 융통받기 위하여 A(融通者)가 발행한 融通어음을 양도하였는데 C가 B에게 자금을 공급하지도 않고 융통어음의 발행인인 A에게 어음상의 권리를 행사한다면, A는 당연히 C에 대하여 어음채무의 이행을 거절할 수 있다고 보아야 할 것이다. 그런데 이 때 A가 C에 대하여 어음채무의 이행을 거절할 수 있는 항변의 성질이 무엇인가가 문제된다. 이러한 항변은 A와 B간의 융통계약에 위반하고 또 C가 이러한 사정을 알고 融通어음을 취득하였기 때문에 A가 C에 대하여 이러한 항변을 주장할 수 있다고도 생각할 수 있겠으나, 이는 원래 B가 C에 대하여 원인관계상 대가가 없다고 주장할 수 있는 항변이다. 그런데 A는 후자인 B의 항변을 원용할 수 없다(인적 항변의 개별성). 그렇다고 이 때 C의 어음상의 권리행사를 인정하면 이는 불합리하게 된다. 따라서 C가 A에 대하여 어음상의 권리를 행사하면 A는 C에 대하여 信義則에 반한다거나 또는 權利濫用이 된다는 점 등을 들어 그 이행을 거절할 수 있다고 본다. 따라서 이러한 항변은 어음항변도 아니고 또 융통어음의 항변도 아닌 민법상 一般惡意의 抗辯(exceptio doli generalis)의 하나라고 본다.[1]

---

1) 鄭燦亨, 前揭「企業과 法」, 677～678면. 그러나 金敎昌, “융통어음에 관한 融通契約상의 항변들,” 「商事法硏究」(한국상사법학회편), 제15권 2호(1996), 235면은 이를 ‘資金 供與前의 抗辯’이라고 부르고, 趙承坤, “惡意의 抗辯,” 「어음 · 手票法에 관한 諸問題(上)」, 502면은 이를 ‘融通어음 無償取得의 抗辯’이라고 부르면서 融通어음의 抗辯의 일종으로 설명하고 있는데, 이는 타당하지 않다고 본다. 또한 이 항변을 융통계약상 A가 아직 C에게 어음상의 의무를 부담하기 이전의 상태에서 C가 A에게 어음상의 권리를 행사하여 A가 그 지급을 거절하는 것이므로 ‘原因關係 不成立의 抗辯’에 속한다고 설명하는 견해가 있는데[金敎昌, 前

이와 관련하여 B가 만일 融通어음을 C에게 증여 등을 할 목적으로 無償讓渡한 경우에 C가 A에게 어음상의 권리를 행사하면 A는 C에 대하여 항변을 주장할 수 있는가. 이에 대하여도 信義則違反 또는 權利濫用 등의 法理에 의하여 A는 C에 대하여 항변을 주장할 수 있다고도 볼 수 있겠으나,[1] 이 경우에는 B가 C에 대하여 원인관계상의 대가가 없다고 항변할 수 없는 경우로서 위의 경우와는 다르다고 본다. 따라서 B가 C에게 융통어음을 무상양도한 것이 A와 B 사이의 융통계약에 위반되고 또 C가 이러한 사정을 알고 동 어음을 취득한 경우 등 특별한 사정이 없는 한, A는 C에게 信義則違反 등을 들어 어음채무의 이행을 거절할 수 없다고 본다.

(3) 위 (2)의 例에서 만일 B가 융통계약에 위반하고 또 이러한 사정을 알면서 C가 동 어음을 취득한 경우에 A는 C에 대하여 어음채무를 이행하여야 하는가. 다시 말하면 이는 B가 융통계약에 위반하여 A에게 어음금의 지급자금을 제공하지 않고 또 C가 이러한 사정을 알고 동 어음을 취득하여 만기에 동 어음이 지급되지 않을 것이 확실하다는 것을 인식하고 있는 경우까지 A가 C에게 어음금을 지급하여야 하는지의 문제이다. 이에 대하여 피융통자(B)에게 존재하는 특별한 사정 그 자체에 융통계약위반이라는 인적 항변사유의 발생을 인정하고 이에 대한 惡意의 抗辯을 인정하여 A는 C에게 어음채무의 이행을 거절할 수 있다고 보는 견해도 있다.[2] 그러나 融通어음의 抗辯(이는 A가 B에게 신용을 줄 목적으로 대가관계 없이 約束어음을 발행한 것이라는 항변으로 융통계약의 내용에 좇은 항변임)과 融通契約違反의 抗辯(B가 A에게 융통어음의 발행에 따른 자금을 공급하지 않아 A가 만기에 지급거절하는 抗辯)은 구별되는 것이므로 융통계약위반의 항변을 융통어음 자체의 항변과는 구별하여, A는 C에 대하여 信議則違反 또는 權利濫用의 法理(一般惡意의 抗辯)에 의하여 어음금의 지급을 거절할 수 있는 것으로 보는 것이 타당하지 않을까 생각한다.[3]

揭「商事法硏究」, 236면], 이는 융통계약위반의 항변과 융통어음 자체의 항변은 그 내용이 같지 않다는 점에서 보거나 또한 어음채무의 발생시기를 원인관계와 결부시킬 수 없다는 점(어음행위의 무인성) 등에서 볼 때 타당하지 않다고 본다.

1) 日廣島高裁岡山支判 1964. 6. 15(高民集 17권 5호, 282면).

2) 北澤正啓, 「ジュリスト」, 제257호, 132면.

3) 鄭燦亨, 前揭 「企業과 法」, 679면(一般惡意의 抗辯에 의하여 어음금의 지급을 거절할 수 있는 것으로 보는 것이 타당하다). 同旨: 梁碩完, "融通어음에 관한 硏究," 「法學博士學位論文」(高麗大, 1993. 8), 91~92면; 河本一郎, "手形法における惡意の抗辯," 「民商法雜誌」, 제36권 4호, 55면; 大隅健一郎, "融通手形の抗辯," 「法律時報」, 제34권 10호, 77면.

이를 어음법 제17조 단서의 악의의 항변으로 보는 견해도 있으나(최준선, "융통어음의 항

이에 대하여 우리 大法院判例는 被融通者(B)가 融通者(A)에게 담보로 발행한 어음이 不渡된 사정(융통계약위반의 사정)을 알면서 어음을 취득한 자(C)에 대하여 融通者(A)는 이의 항변을 주장하여 어음채무의 이행을 거절할 수 있다는 취지로 다음과 같이 판시하고 있다. 다만 이러한 항변을 어떻게 보는가에 대하여 어떤 判例는 명확하게 설명하고 있지 않으나, 어떤 판례는 명백히 融通어음의 抗辯의 일종으로 설명하고 있는데, 이는 위에서 본 바와 같이 融通어음 자체의 抗辯과는 구별된다고 본다.

[피융통자(B)가 융통자(A)에게 담보로 발행한 어음이 부도된 사정을 제 3 자(C)가 몰랐다고 하여 A의 항변을 배척한 判例]

A는 1988. 2. 17 B에게 만기가 같은 해 5. 16인 융통어음(약속어음)을 발행하였는데 B는 A에게 같은 금액인 자기발행의 약속어음을 담보로 제출하였고, B가 이 융통어음을 지급거절증서 작성의무를 면제한 채 C은행에게 배서양도하여 C은행이 이 융통어음을 지급기일에 지급제시하였으나 A는 B로부터 담보로 받은 어음이 부도되어 지급거절을 하여, C은행이 이 융통어음을 지급거절증서 작성기간 후에 D에게 배서양도한 경우, C은행은 기한후 배서인이라 할 것이나, A주장과 같이 B의 자금융통을 위하여 위 어음의 액면금과 같은 금액의 B발행의 약속어음을 담보로 받고 이 사건 어음(A가 발행한 어음 — 저자註)을 이른바 융통어음으로 발행하였고 그 후 위 담보어음이 지급거절되었다는 사실을 알고 있었다는 점에 관하여는 아무런 주장 · 입증이 없으므로, A는 이 사건 어음이 대가관계 없이 발행된 융통어음이고 그 담보어음이 부도가 났다는 사유를 가지고 배서인인 C은행에게 대항할 수가 없는 것은 명백하고, 따라서 위 C은행의 지위를 승계한 피배서인인 D에 대하여서도 그 선의 · 악의를 묻지 아니하고 위 사유를 가지고 대항할 수 없다고 풀이하여야 한다. 그렇다면 A의 위 주장을 배척하고 D의 이 사건 어음금청구를 인용한 원심의 판단은 결국 옳고, 여기에는 소론과 같은 석명권불행사 및 심리미진으로 인한 판단유탈의 위법이 없으므로 논지는 이유 없다[大判 1990. 4. 25, 89 다카 20740].

同旨: 大判 1994. 5. 10, 93 다 58721(公報 970, 1660)(타인의 금융 또는 채무담보를 위하여 약속어음〈소위 융통어음〉을 발행한 자는 피융통자에 대하여 어음상의 책임을 부담하지 아니하나, 그 어음을 양수한 제 3 자에 대하여는 선의이거나 악의이거나, 또한 취득이 기한후배서에 의한 것이었다 하더라도 대가 없

변과 악의의 항변," 「判例月報」, 제297호〈1995. 6〉, 29~30면), 융통어음의 성질상 융통자는 피융통자에 대하여 언제나 어음채무를 부담하지 않는 점에서 원인관계의 취소 등으로 어음채무를 부담하지 않는 일반적인 어음유통에서의 인적 항변과는 구별되므로 이를 어음법상의 악의의 항변보다는 민법상의 일반악의의 항변(신의칙위반 또는 권리남용의 법리)에서 구하는 것이 더 타당하다고 본다.

이 발행된 융통어음이었다는 항변으로 대항할 수 없다 할 것이나〈당원 1979. 10. 30 선고, 79 다 479 판결 참조〉, 다만 피융통자가 융통어음과 교환하여 그 액면금과 같은 금액의 약속어음을 융통자에게 담보로 교부한 경우에 있어서는 융통어음을 양수한 제 3 자가 그 어음이 융통어음으로 발행되었고 이와 교환으로 교부된 담보어음이 지급거절되었다는 사정을 알고 있었다면, 융통어음의 발행자는 그 제 3 자에 대하여 융통어음의 항변으로 대항할 수 있다고 할 것이다〈당원 1990. 4. 25 선고, 89 다카 20740 판결 참조〉. 이 사건 어음의 종전 소지인인 C상호신용금고가 이 사건 어음이 융통어음이고 이와 교환하여 발행된 담보어음이 지급거절되었다는 사정을 알고 있었다는 아무런 자료를 찾아볼 수 없으므로 A는 위와 같은 사정을 들어 C상호신용금고에 대항할 수 없다. 따라서 A의 소위 융통어음의 항변은 절단되었다고 할 것이고, C상호신용금고로부터 이 사건 어음을 양수한 D가 위와 같은 사정을 알고 있었다고 하더라도 A는 위와 같은 사유를 들어 D에 대하여도 대항할 수 없다고 할 것이다); 同 1995. 1. 20, 94 다 50489(公報 986, 896)(타인의 금융 또는 채무담보를 위하여 약속어음〈소위 융통어음〉을 발행한 자는 피융통자에 대하여 어음상의 책임을 부담하지 아니하지만, 그 어음을 양수한 제 3 자에 대하여는 그의 선의·악의를 묻지 아니하고 대가 없이 발행된 융통어음이었다는 항변으로 대항할 수는 없다〈당원 1994. 5. 10 선고, 93 다 58721 판결 및 1979. 10. 30 선고, 79 다 479 판결 참조〉. 다만 피융통자가 융통어음과 교환하여 그 액면금과 같은 금액의 약속어음을 융통자에게 담보로 교부한 경우에 있어서는 융통어음을 양수한 제 3 자가 양수 당시 그 어음이 융통어음으로 발행되었고 이와 교환으로 교부된 담보어음이 지급거절되었다는 사정을 알고 있었다면, 융통어음의 발행자는 그 제 3 자에 대하여도 융통어음의 항변으로 대항할 수 있다고 할 것이다〈위 93 다 58721 판결 및 당원 1990. 4. 25 선고, 89 다카 20740 판결 참조〉. 이 사건에서 어음상에는 C상호신용금고의 배서가 말소되어 있기는 하나, 기록상 D의 전자로서 이 사건 어음의 종전소지인인 C상호신용금고가 양수 당시 이 사건 어음이 융통어음이고 이와 교환으로 발행된 담보어음 등이 지급거절되었다는 사정을 알고 있었다는 아무런 자료를 찾아볼 수 없으므로 A의 융통어음항변은 절단되어 A는 위와 같은 사정을 들어 C상호신용금고에게 대항할 수는 없다. 따라서 C상호신용금고로부터 이 사건 어음을 양수한 D가 위와 같은 사정을 알고 있었더라고 하더라도 A는 위와 같은 사유를 들어 D에 대하여도 대항할 수 없다고 할 것이다).

(4) 위 (2)의 예에서 만일 A와 B 사이의 융통계약이 소멸되거나 종료되고 이러한 사정을 알고 있는 C 등이 A에게 어음상의 권리를 행사하면 A는 抗辯을 주장할 수 있으며, 주장할 수 있다면 이러한 항변은 融通어음의 抗辯인지 여부가 문제된다. 이는 위 (2)에서 본 抗辯과 유사하다고 본다. 따라서 A는 C에 대하여 信義則違反 또는 權利濫用의 法理에 의하여 어음금의 지급을 거절

할 수 있다고 본다. 따라서 이는 融通어음의 자체의 抗辯은 아니다.[1)]

이러한 점에서 볼 때, 예컨대 C가 B의 명의로 수출업을 하는 경우에 B가 선적기일 내에 상품을 선적하는 것을 담보하기 위하여 C가 B로부터 A가 발행한 융통어음을 담보로 받았는데 B가 선적기일 내에 상품을 선적하였다면, 이는 융통계약이 소멸된 경우에 해당할 것이다. 그런데 이 때 C가 이러한 融通어음을 가지고 있는 것을 기화로 A에게 어음금을 청구한다면 A는 C에 대하여 信義則違反 또는 權利濫用으로 그의 어음금의 지급을 거절할 수 있다고 본다. 이에 대하여 우리 大法院도 이와 同旨의 결과로 다음과 같이 판시하고 있다.

[融通者의 제 3 자에 대한 항변을 인정한 判例]

약속어음의 발행인인 A가 특정채권 담보용으로만 사용한다는 조건으로 약속어음을 발행하고 어음소지인인 C 역시 그러한 사정을 알면서 특정채무의 담보용으로만 사용한다는 조건으로 수취인인 B로부터 약속어음을 배서양도받은 경우, 위 약속어음으로 담보된 채무가 모두 이행되어 피담보채권이 모두 소멸되었다면 어음소지인 C는 특단의 사정이 없는 한 배서인 B에게 그 어음을 반환할 의무가 있을 뿐 발행인 A에게 어음상의 권리를 행사할 수는 없다 할 것이고, 이러한 사유는 발행인인 A도 소지인인 C에게 대항할 수 있는 항변사유가 된다 할 것인바, 같은 취지에서 원심이 이 사건 약속어음을 A가 앞서 본 내국신용장 2매의 先네고용 先인수증 발급에 따른 채무의 담보용으로만 사용한다는 조건으로 발행한 것이고, C 역시 그러한 발행조건을 알면서 역시 같은 조건으로 사용한다는 의사로 담보제공받은 것인데 그 후 위 약속어음으로 담보된 채무가 모두 이행되어 그 담보목적이 소멸되었으므로 C는 이 사건 약속어음상의 권리를 행사할 수 없다고 판시한 조치는 정당하고 거기에 소론과 같은 법리를 오해한 위법이 있다 할 수 없다[大判 1987. 12. 22, 86 다카 2769].

또 B는 A가 발행한 融通어음을 C에게 배서양도하고 자금융통을 받은 후 상환하고 그 어음을 환수하여 다시 D에게 지급거절증서 작성기간 경과 후에 배서양도를 하였다면 A는 D에 대하여 어음금을 지급할 책임을 부담하는지 여부가 문제된다. 이 때 D는 일반적으로 융통계약이 종료된 후에 이러한 사정을

1) 鄭燦亨, 前揭「企業과 法」, 684면.
그런데 이 항변을 '融通契約 終了後 抗辯'으로 부르고 이는 人的 抗辯의 하나로써 그 중에서 原因關係 終了의 항변으로 설명하는 견해가 있으나[金敎昌, 前揭「商事法硏究」, 238~239면], 원인관계의 내용에 따라 새로운 형태의 항변으로 분류하는 것도 적절하지 않고 또 이는 위에서 본 바와 같이 融通어음 자체와 관련한 순수한 (人的) 抗辯事由는 아니라는 점 등에서 이러한 설명은 타당하지 않다고 본다(鄭燦亨, 前揭「企業과 法」, 684면).

알고 어음을 취득한 자에 해당할 것이므로(D는 지급거절증서 작성기간 경과 후, 즉 기한후배서에 의하여 어음을 취득한 자이므로 이러한 사정을 알고 어음을 취득한 자와 동일함), A는 D에 대하여 信義則違反 또는 權利濫用의 法理에 의하여 어음금의 지급을 거절할 수 있다고 본다.[1)]

우리 大法院判例도 이와 같은 취지에서 다음과 같이 판시하고 있다.

[融通者의 제 3 자에 대한 항변을 인정한 判例]

융통인이 피융통인에게 신용을 제공할 목적으로 수표에 배서한 경우, 특별한 사정이 없는 한 융통인과 피융통인 사이에 당해 수표에 의하여 자금융통의 목적을 달성한 때는 피융통인이 융통인에게 지급자금을 제공하든가 혹은 당해 수표를 회수하여 융통인의 배서를 말소하기로 합의한 것이라고 보아야 할 것이므로, 피융통인이 당해 수표를 사용하여 금융의 목적을 달성한 다음 이를 반환받은 때에는 위 합의의 효력에 의하여 피융통인은 융통인에 대하여 융통인의 배서를 말소할 의무를 부담하고, 이것을 다시 금융의 목적을 위하여 제 3 자에게 양도하여서는 아니 된다고 할 것이다. 그럼에도 불구하고, 피융통인이 이를 다시 제 3 자에게 사용한 경우, 융통인이 당해 수표가 융통수표이었고, 제 3 자가 그것이 이미 사용되어 그 목적을 달성한 이후 다시 사용되는 것이라는 점에 관하여 알고 있었다는 것을 입증하면, 융통인이 피융통인에 대하여 그 재사용을 허락하였다고 볼 만한 사정이 없는 한, 융통인은 위 융통수표 재도사용의 항변으로 제 3 자에 대하여 대항할 수 있다[大判 2001. 12. 11, 2000 다 38596(公報 2002, 253)].

(5) 위 (2)의 예에서 B의 민법상 보증인인 D가 C에게 B의 채무를 이행하면 D는 B에 대하여 求償權을 가질 뿐만 아니라(民 441조 이하), 辨濟者의 法定代位의 法理에 의하여 당연히 채권자(C)를 代位하므로(民 481조) C를 위한 인적 보증인·물상보증인에 대한 권리도 代位한다. 이와 같이 B의 민법상 保證人인 D가 C에게 B의 채무를 이행하여 辨濟者의 法定代位에 의하여 C가 갖고 있는 融通어음상의 권리를 취득한 경우에 D는 이 融通어음의 발행인인 A에 대하여 어음금의 전액을 청구할 수 있는지 여부가 문제된다. 이는 먼저 D가 어음상의 권리를 취득하는지 여부가 문제되고, D가 어음상의 권리를 취득한다면 A와 D 사이에는 求償關係가 있는지 여부 및 있다면 A는 D에 대하여 어음관계에서 이의 항변을 주장할 수 있는지 여부가 문제된다. 따라서 이하에서는 이에 관한 문제를 차례로 간단히 검토하여 보겠다.[2)]

---

1) 鄭燦亨, 前揭「企業과 法」, 685면.

2) 이에 관한 상세는 鄭燦亨, 前揭「企業과 法」, 687~689면 참조.

1) B의 보증인인 D가 C에게 B의 채무를 이행하고 변제자의 法定代位에 의하여 A가 발행한 融通어음을 취득한 것을 피융통자인 B가 C에게 자기의 채무를 이행하고 A가 발행한 融通어음을 환수한 경우와 동일시할 수는 없는 점(따라서 D의 변제를 A의 어음금지급과 동일시할 수 없는 점에서 어음채권이 소멸한다고 볼 수는 없음), D가 C의 어음상의 권리를 취득하는 것은 변제자의 法定代位라는 민법 제481조에 의하여 취득하는 것이므로(즉 이것은 법률의 규정에 의한 권리의 취득이므로) 어음의 유통에서 요구되는 양도방법을 반드시 갖추어야 한다고 볼 수 없는 점(따라서 D가 어음의 유효한 양도방법에 의하여 어음을 취득한 경우에만 어음상의 권리를 취득한다고 볼 수도 없음) 등에서 볼 때, 法定代位에 의하여 D의 어음상의 권리의 취득을 인정하는 것이 타당하다고 본다. 그런데 이때 D가 C로부터 어음의 유효한 양도방법에 의하여 어음을 양수하지 않으면 D는 代位辨濟한 사실에 의하여 그의 실질적 권리를 입증하여야 어음상의 권리를 행사할 수 있는 불리한 점은 있다.1)

2) D가 어음상의 권리자로서 A에 대하여 어음상의 권리를 행사하는 경우에 A는 D에 대하여 融通어음의 항변을 주장할 수 있는가, 만일 A가 C에 대하여 民法上 保證人으로서의 책임까지 지게 되면 A는 D에 대하여 원인관계상 D의 A에 대한 求償權의 범위 내에서만(民 482조 1항) 어음채무를 이행하겠다는 항변을 제출할 수 있을 것이나(이는 融通어음의 항변과는 무관함), A가 C에 대하여 민법상 保證人으로서의 책임을 지지 않고 어음채무만을 지게 되면 A와 D는 각각 부담하는 채무의 성질이 다르므로 A와 D간의 구상관계는 특단의 사유가 없는 한 없다고 본다.

우리 大法院判例도 이와 同旨에서 다음과 같이 판시하고 있다.

[융통어음의 발행인은 민사상의 보증인이 될 수 없으므로 피융통자의 물상보증인 등과 공동보증인임을 전제로 구상권이 성립하지 않는다고 본 判例]

融通어음의 발행인인 A는 민사상 보증인이 될 수 없으므로 피융통자인 B의 연대보증인 겸 물상보증인인 D 등과 더불어 공동보증인임을 전제로 한 구상권은 성립할 여지가 없음에도 불구하고 원심이 위 구상권이 있음을 전제로 하여 위 구상채권을 양수한 D는 할인어음금액인 200만원의 1/3임이 명백한 666,667원 및 이에 대한 이자를 구할 수 있다고 판시한 것은 융통어음 발행인의 책임에 관한 법리를 오해하고 나아가 아무런 증거 없이 보증책임을 인정한 것도 위법하다[大判 1974. 7. 16, 74 다 431].2)

---

1) 鄭燦亨, 前揭「企業과 法」, 688면.

2) 反對: 金敎昌, 前揭「商事法硏究」, 243면; 同, "融通어음에 관한 融通者와 保證人間의 求償關係,"「判例月報」, 제317호(1997. 2), 20면(A와 D 사이의 구상관계는 A를 담보제공자

이렇게 보면 A는 D에 대하여 D가 A에 대하여 구상할 수 있는 범위에서만 책임을 진다는 항변을 주장할 수 있는 것이 아니라 D는 A에 대하여 일체의 구상권이 없다는 항변을 주장할 수 있는 것으로 보고,[1] 또한 A가 C에게 어음금을 지급한 경우에도 A는 D에 대하여 구상권을 행사할 수 없다고 본다.[2]

우리 大法院判例도 이와 같은 취지에서 다음과 같이 판시하고 있다.

[융통어음의 발행인은 제 3 자(융통어음의 배서인 겸 채무자)에 대하여 구상권을 갖지 않는다고 본 判例]

甲회사의 대표이사가 乙회사의 대표이사와의 사이에 서로 상대방의 자금융통의 편의를 위하여 필요할 때마다 원인관계 없이 각 자기회사 명의의 약속어음을 발행하여 상대방이 이를 할인하여 쓰도록 교부하여 주되 그 각 약속어음에 대하여는 이를 할인하여 쓴 측에서 책임지고 결제하기로 하는 약정에 따라 乙회사 대표이사에게 빌려준 약속어음을 丙이 乙회사 대표이사의 지시에 따라 상호신용금고로부터 할인함에 있어, 상호신용금고가 어음할인대상자를 금고의 契賦金會員으로 제한하고 있고 어음할인시에는 일반대출서류 이외에 의뢰인이 배서한 어음과 어음거래용 약정서를 각 징구하는 관계상 乙회사의 제 1 배서에 이어 그 약속어음의 제 2 배서인란에 배서한 것이라면, 甲회사가 상호신용금고에게 약속어음금을 지급한 것은 그 약속어음의 발행인으로서 자신의 채무를 변제한 것에 불과하고, 丙은 甲회사에 대한 관계에서 약속어음의 발행인과 배서인의 관계에 지나지 않으므로, 발행인인 甲회사가 약속어음금을 지급하였다고 하여도 배서인인 丙에게 그 구상을 청구할 수 없음이 분명하고, 丙과 상호신용금고와의 어음할인대출금 채무관계에 있어서는 丙이 채무자일 뿐 甲은 그 주채무자나 공동채무자 또는 보증인의 지위에 있는 것도 아니므로, 甲회사의 상호신용금고에 대한 약속어음금의 지급으로 인하여 丙의 상호신용금고에 대한 대출금채무가 소멸하는 관계에 있어서 그 변제금의 상환청구권을 갖는다고 할 수는 없고 달리 甲회사에게 丙에 대하며 구상권을 행사할 수 있음을 인정할 만한 근거를 찾아볼 수 없다[大判 1994. 12. 9, 93 다 31672].

同旨: 1999. 10. 22, 98 다 51398(公報 1999, 2412)(융통어음을 발행한 융통자는 피융통자 이외의 제 3 자에 대한 관계에서 어음금채무를 부담하는 데 그치고 융통어음의 발행으로 인하여 피융통자의 보증인이 되는 것은 아니므로, 융통

의 한 사람으로 보고 A와 D는 서로 동 순위에서 그 인원수에 비례하여, 즉 균등한 비율로 구상권을 갖는다고 한다).

1) 鄭燦亨, 前揭「企業과 法」, 689면.

反對: 金敎昌, 前揭「判例月報」, 21면(A에게 D보다 앞서는 책임을 지워야 할 경우 이외에는 D는 A의 부담부분에 한하여만 C로부터 어음상의 권리를 법정대위에 의하여 이전받아 행사할 수 있다고 한다).

2) 鄭燦亨, 前揭「企業과 法」, 689면.

자가 스스로 융통어음의 어음금을 지급하였다 하더라도 이는 어디까지나 융통어음의 발행인으로서 자신의 어음금채무를 이행한 것에 불과하고, 피융통자의 보증인의 지위에서 피융통자의 채무를 대신 변제한 것으로는 볼 수 없다).

또한 A는 B에게 대항할 수 있는 融通契約上의 抗辯을 D에게 주장할 수 있는지 여부의 문제가 있는데, 앞에서 본 바와 같이 A는 이러한 항변을 被融通者인 B에 대하여만 주장할 수 있지 B 이후의 어음취득자에 대하여는 주장할 수 없으므로 D에 대하여도 이러한 抗辯을 주장할 수 없다고 본다. 그런데 D가 B의 保證人으로서 融通契約의 내용 및 이의 위반을 알면서(D는 B의 채무를 이행한 자이므로 融通어음이 발행된 사실을 알고 있었다면 이의 위반의 사실도 당연히 알고 있다고 보아야 할 것임) A에게 어음상의 권리를 주장하는 것은 信義則違反 또는 權利濫用이 되어 인정되지 않는다고 보아야 할 것이다.[1)]

제 3 惡意의 抗辯

1. 序 言

1) 惡意의 抗辯(Einrede der Arglist)은 人的 抗辯(切斷될 수 있는 抗辯)에서만 존재하는데, 人的 抗辯은 위에서 본 바와 같이 「어음法 제17조가 적용되는 人的 抗辯」과 「어음法 제17조가 적용되지 않는 人的 抗辯」으로 분류되므로, 각각에 대하여 惡意의 抗辯이 존재한다.[2)] 즉, 어음法 제17조가 적용되는 人的 抗辯의 경우에는 동조 단서에 규정된 바와 같이 어음소지인이 어음채무자를 「害할 것을 알고」 어음을 취득한 경우에 어음채무자는 惡意의 抗辯을 주장할 수 있고, 어음法 제17조가 적용되지 않는 人的 抗辯의 경우에는 어음소지인이 어음채무자의 (양도인에 대한) 인적 항변사유에 대하여 「惡意 또는 重過失」로 인하여 어음을 취득한 경우에 어음채무자는 惡意의 抗辯을 주장할 수 있다.

이러한 惡意의 抗辯은 어음채무자가 (어음소지인의) 전자에 대한 인적 항변사유로써 어음소지인에 대항할 수 있다는 의미이므로, 어음소지인의 권리행사가 信義誠實의 原則에 반하거나 또는 權利濫用이 되어 인정될 수 없다고 하는 것과 같은 一般惡意의 抗辯(exceptio doli generalis)과는 구별된다.[3)]

2) 어음法이 人的 抗辯의 切斷을 인정한 이유는 위에서 본 바와 같이 어

1) 鄭燦亨, 前揭 「企業과 法」, 689면.
2) 同旨: 鄭(東), 178~181면.
3) 同旨: 鄭(東), 178면; 註釋, 306면.

음의 유통보호를 위하여 어음에 표창된 권리외관을 믿고 거래한 자를 정책적으로 보호하고자 하는 것이므로, 이러한 보호를 받을 가치가 있는 자는 善意의 어음취득자에 한한다. 따라서 이미 人的 抗辯事由가 존재함을 알면서 어음을 취득한 자는 그가 어음 고유의 유통방법에 의하여 어음을 취득한 경우에도 人的 抗辯의 切斷의 이익을 줄 필요가 없으므로, 여기에 惡意의 抗辯이 인정되는 이유가 있다.

人的 抗辯을 制限(切斷)하는 근거를 權利外觀의 法理에서 선의의 어음소지인을 보호하여 어음의 유통보호를 기하고자 法이 정책적으로 인정한 것이라고 보면(通說), 惡意의 抗辯은 (어음소지인의) 전자에 대한 어음채무자의 어음항변이 어음소지인에 대하여도 그대로 승계되는 점에서 당연한 것(즉, 原則으로의 복귀)이라고 볼 수 있다.

2. 惡意의 內容

(1) 어음法 제17조가 적용되는 人的 抗辯의 경우

1) 人的 抗辯이 切斷되지 않는 요건으로서의 어음소지인의 惡意를 어떻게 규정할 것인가에 대하여 제네바 統一어음法會議에서는 共謀說[1] · 單純認識說[2] 및 害意說[3]의 세 가지의 입장이 있었는데, 제네바 統一어음法은 害意說에 따라 입법이 되었고, 우리 어음法도 이에 따른 것이다. 따라서 엄격하게 보면 惡意의 抗辯이 아니라, 「害意의 抗辯」으로 부르는 것이 보다 더 정확할 것이다.[4]

人的 抗辯이 切斷되지 않는 요건으로서의 惡意의 抗辯은 그 규정형식에서, 善意取得이 될 수 없는 어음取得者의 主觀的 要件(어 16조 2항 · 77조 1항 1호, 手 21조) 및 支給人(또는 어음債務者)이 免責될 수 없는 主觀的 要件(어 40조 3항 · 77조 1항 3호, 手 35조)과 구별된다.

2) 惡意의 抗辯에 대하여 害意說에 따라 입법이 된 어음法 제17조 단서의

---

1) 惡意의 내용을 가장 좁게 하여 어음所持人과 前者와의 사이에 「어음債務者를 害할 意思로써 하는 共謀」(fraudulent undertaking; arglistige Zusammenwirkung)를 요한다고 하는 입장으로, 헤이그 어음法統一規則 및 英國 換어음法의 입장이다[B.E.A. §29 ③].

2) 惡意의 내용을 가장 넓게 하여 어음所持人이 「抗辯의 존재를 아는 것」(bad faith; bloße Kenntnis)으로 충분하다고 하는 입장으로, 제네바 統一어음法의 專門委員會에서 주장되었고, 日本이 統一어음法을 채택하기 이전에 學說과 判例에서 채용하였던 입장이다.

3) 抗辯의 존재를 認識하는 것만으로는 부족하고 또 詐欺的 共謀까지는 요하지 않는다는 절충적 입장으로, 「어음所持人이 어음을 취득함으로써 抗辯이 切斷되고 따라서 어음債務者가 害를 입는다는 것을 아는 것」(knowingly to the detriment of the debtor; Schädigungsbewußtsein)이라고 하는 입장이다.

4) 同旨: 鄭(東), 179면.

「債務者를 害할 것을 알고」의 의미가 무엇인가가 문제된다. 이에 대하여 우리나라의 學說은 일반적으로 害意를 惡意와 구별하여 다음과 같이 설명한다. 예컨대 상품의 매매에 있어서 매도인이 매수인으로부터 약속어음을 발행받아 同어음을 제 3 자에게 배서양도하는 경우에, 제 3 자(피배서인)가 매매목적물인 상품에 하자가 있어 매수인(발행인)이 매도인(수취인 겸 배서인)에게 이의 항변을 주장할 수 있을 것을 알았지만(惡意), 그러한 항변사유는 매도인과 매수인 사이에서 잘 해결된 줄로 믿고 배서를 받은 경우 등에는 「害意」가 존재하지 않는다고 한다.[1] 그러나 이 때에도 제 3 자(피배서인)가 그러한 항변사유가 매매당사자 사이에서 잘 해결될 수 없을 것을 알고 자기가 어음을 취득함으로 인하여 매수인은 매도인에 대한 인적 항변을 주장할 수 없어 손해를 받으리라는 것을 예견하고 同어음을 취득한 경우에는 「害意」가 된다고 한다.

우리 大法院判例도 害意를 惡意와 구별하여 다음과 같이 판시하고 있다.

[惡意의 抗辯을 부정한 判例]

어음법 제17조 단서에서 규정하는 채무자를 해할 것을 알고 어음을 취득하였을 때라 함은 단지 항변사유의 존재를 아는 것만으로는 부족하고 자기가 어음을 취득함으로써 항변이 절단되고 채무자가 손해를 입게 될 사정이 객관적으로 존재한다는 사실까지도 충분히 알아야 한다고 할 것이다. 그런데 이 사건에 있어서 원심이 인정한 바와 같이 약속어음의 발행인인 Y의 통지사실이 인정되지 않으며, 나아가 어음소지인인 X가 이 사건 어음을 할인하여 그 대금을 A의 당좌구좌에 입금하여 준 이후에도 1992. 12. 1까지 A와의 어음할인거래가 계속된 점에 비추어, A가 이 사건 어음할인대금을 임의로 사용하였다 하더라도, 그러한 점만으로는 X가 Y를 해할 것을 알고 어음을 취득하였다고 보기는 어렵다고 할 것이므로 원심이 Y의 악의의 항변을 배척한 조치는 정당하다고 할 것이다. 다만 원심이 X와 A가 공모하여 이 건 어음 할인대금을 임의로 사용하였다고 볼 증거가 없으니 X가 이 사건 어음의 할인 당시 Y를 해할 의사가 있었다고 보기 어렵다고 판시하여 마치 X와 A와의 사이에 공모가 있어야만 악의로 인정되는 취지로 설시한 것은 잘못이라고 할 것이나 이는 부가적인 설시에 불과함이 명백하므로, 따라서 원심판결에 어음법 제17조 단서의 채무자를 해할 의사에 관한 법리를 오해한 위법 등이 있다는 논지는 받아들일 수 없다[大判 1996. 5. 28, 96 다 7120(公報 1996, 1995)][이 判決에 대한 評釋으로는 鄭燦亨, 前揭 商事法研究(제16권 1호), 328~329면 참조].

同旨: 大判 1998. 2. 13, 97 다 48319(公報 1998, 754)(수표법 제22조 단서에서 규정하는 '채무자를 해할 것을 알고 수표를 취득한 때'라 함은 단지 항변사

1) 徐·鄭, 114~115면; 鄭(熙), 259면; 梁(承), 183면; 鄭(東), 180면 外.

유의 존재를 아는 것만으로는 부족하고 자기가 수표를 취득함으로써 항변이 절단되고 채무자가 손해를 입게 될 사정이 객관적으로 존재한다는 사실까지도 충분히 알아야 하는 것인바, 발행인이 수표에 횡선을 긋고, 수표 표면 좌측상단에 '제누디세'라는 자신의 상호와 '기일엄수'라는 기재를 하였다는 사정만으로 소지인이 발행인의 인적 항변을 충분히 알았다고 볼 수 없다).

[惡意의 抗辯을 긍정한 判例]

이른바 악의의 항변이라 함은 항변사유의 존재를 인식하는 것만으로는 부족하고 자기가 어음을 취득함으로써 항변이 절단되고 채무자가 해를 입는 사실까지도 알아야 한다. 따라서 Y가 A에게 할인의 목적으로 어음을 교부하고 X가 그 사실을 알면서 A의 어음할인 부탁에 따라 그 어음을 취득한 후 A의 대출금 채무에 대한 담보로 처리한 경우, 그 어음은 아무런 원인관계〈대가관계—저자註〉 없이 X에게 교부된 것이므로 Y로서는 이러한 원인관계에 대한 인적 항변으로 X에게 대항할 수 있다[大判 1996. 5. 14, 96 다 3449(公報 1996, 1852)][이 判決에 대한 評釋으로는 鄭燦亨, 前揭 商事法硏究(제16권 1호), 332~334면 참조].

同旨: 大判 2003. 1. 10, 2002 다 46508(公報 2003, 625)(어음에 의하여 청구를 받은 자는 종전의 소지인에 대한 인적 관계로 인한 항변으로써 소지인에게 대항하지 못하는 것이 원칙이지만, 이와 같이 인적 항변을 제한하는 법의 취지는 어음거래의 안전을 위하여 어음취득자의 이익을 보호하기 위한 것이므로 자기에 대한 배서의 원인관계가 흠결됨으로써 어음소지인이 그 어음을 소지할 정당한 권원이 없어지고 어음금의 지급을 구할 경제적 이익이 없게 된 경우에는 인적 항변 절단의 이익을 향유할 지위에 있지 아니하다고 보아야 할 것이다. 따라서 어음의 배서인이 발행인으로부터 지급받은 어음금 중 일부를 어음소지인에게 지급한 경우, 어음소지인은 배서인과 사이에 소멸된 어음금에 대하여는 지급을 구할 경제적 이익이 없게 되어 인적 항변 절단의 이익을 향유할 지위에 있지 아니하므로 어음의 발행인은 그 범위 내에서 배서인에 대한 인적 항변으로써 소지인에게 대항하여 그 부분 어음금의 지급을 거절할 수 있다).

생각건대 害意와 惡意는 일반적으로 쉽게 구별되지 않는다. 따라서 어음소지인이 어음채무자의 전자(양도인)에 대한 인적 항변의 존재를 알면서(惡意) 어음을 취득한 경우에는 특별한 사정이 없는 한 어음채무자를 해할 것을 알고(害意) 어음을 취득한 것으로 보아야 할 것이다.[1)]

---

1) 同旨: 鄭(東), 180면; 日大判 1941. 1. 27(敎材, 判決例 [125])(어음所持人이 어음을 양수함에 있어 어음債務者의 전자에 대한 人的 關係로 인한 抗辯이 존재함을 知悉하고 있을 때에는 특별한 사정이 없는 한 어음債務者를 害함을 알고 어음을 취득한 것에 해당한다); 同 1944. 6. 23(敎材, 判決例 [127])(어음所持人이 石炭賣買契約의 保證金이라고 詐欺당한 어음임을 豫知하고 이를 취득하였다면 비록 취득 당시에는 그 계약이 아직 詐欺를 이유로 취소

그러나 어음소지인이 항변의 존재를 모르는 데 대하여「重過失」이 있는 경우에는, 어음法 제17조 단서의 害意가 될 수 없다(通說).[1]

우리 大法院判例도 이와 同旨에서 다음과 같이 판시하고 있다.

[어음소지인에게 重大한 過失이 있는 경우에도 害意가 없다고 하여 惡意의 抗辯을 부정한 判例]

원심이 X가 A로부터 이 사건 어음을 배서양도받았을 당시 이 사건 어음이 Y에게 돌려주어야 하는 어음인 사정을 알면서 이를 취득하였음을 인정할 만한 아무런 증거가 없다고 본 조치도 정당하며, 또한 어음채무자는 어음소지인이 그 채무자를 해할 것을 알고 어음을 취득한 경우가 아닌 한 소지인이 중대한 과실로 그러한 사실을 몰랐다고 하더라도 종전 소지인에 대한 인적 항변으로써 소지인에게 대항할 수 없는 것이므로, 설사 X가 A로부터 이 사건 어음을 배서양도 받았을 당시 중대한 과실로 이 사건 어음이 Y에게 돌려주어야 하는 어음인 사정을 몰랐다고 하더라도, Y로서는 이러한 사정을 들어 X의 이 사건 어음금 청구를 거부할 수는 없는 것이다[大判 1996. 3. 22, 95 다 56033(公報 1996, 1355)][이 判決에 대한 評釋으로는 鄭燦亨, 前揭 商事法硏究(제16권 1호), 330면 참조].

이 점이 다음에서 보는 어음法 제17조가 적용되지 않는 人的 抗辯의 경우의 惡意의 抗辯에서「惡意」의 내용과 구별된다.

(2) 어음法 제17조가 적용되지 않는 人的 抗辯의 경우

어음法 제17조가 적용되지 않는 人的 抗辯의 경우에는 그 人的 抗辯이 切斷되기 위하여는 이미 본 바와 같이 어음소지인에게 항변의 존재에 대하여「惡意 또는 重過失」이 없어야 한다. 따라서 어음소지인이 交付欠缺 · 意思의 欠缺 또는 瑕疵 · 白地補充의 濫用 등으로 인한 항변의 존재를 알고 있거나(惡意) 또는 어음거래상 요구되는 주의를 현저하게 결하여(重過失) 항변의 존재를 알지 못한 경우에는 어음채무자는 惡意의 抗辯을 주장할 수 있다.[2]

되지 않았다고 하더라도 어음債務者는 어음所持人에 대하여 어음法 제17조 但書의 惡意의 抗辯으로써 대항할 수 있다); 日最高判 1955. 5. 31(敎材, 判決例 [128])(木材賣買代金債務의 지급확보를 위하여 買受人이 賣渡人에게 발행한 約束어음을 제 3 자〈어음所持人〉가 賣渡人으로부터 背書讓渡받으면서 위 賣買가 賣渡人의 불이행으로 결국 解消될 것이라는 것을 熟知하면서 감히 賣渡人으로부터 위 어음을 背書讓渡받은 것은 어음法 제17조 但書에 해당한다).

1) 鄭(東), 180면; 崔(基), 573면; 註釋, 308면 外. 同旨: 佛上告判 1964. 6. 29(敎材, 判決例 [123]).

反對: 山尾時三,「新手形法」, 42면(어음法 제16조 2항과 관련하여 重過失로 인하여 알지 못한 경우도 이에 포함된다고 한다).

2) 따라서 이를「惡意 또는 重過失의 抗辯」이라고 하고, 어음法 제17조 단서의 항변을「害意의 抗辯」이라고 하여, 양자를 그 명칭에서 구별하여 부르는 견해도 있다[鄭(東), 180면 註 6].

앞에서 본 바와 같이 여기에서의 惡意와 어음法 제17조 단서에서의 害意는 크게 구별되지 않는다고 보면, 重過失이 포함된다는 점에서 양자는 근본적으로 구별된다.

3. 惡意의 存在時期

어음소지인의 항변사유에 대한 惡意의 유무를 결정하는 시기는 어음의 「取得時」이다(通說).[1] 따라서 어음소지인이 이미 발생한 항변사유에 대하여 어음취득시에는 몰랐으나(善意) 그 후에 안 경우에는(惡意) 어음채무자는 그러한 어음소지인에 대하여 惡意의 抗辯을 주장할 수 없다.[2] 왜냐하면 이러한 경우에 惡意의 抗辯을 인정하게 되면(즉, 抗辯의 切斷을 인정하지 않게 되면) 어음소지인에게 너무 가혹하고 또 어음의 유통이 저해되기 때문이다. 또한 어음소지인이 어음취득시에는 존재하지 않았으나 어음취득 후에 발생한 항변사유에 대하여는, 어음취득시를 기준으로 볼 때 惡意가 될 수 있는 여지가 전혀 없으므로 어음채무자는 이로써 惡意의 抗辯을 주장할 수 없다.

우리 大法院判例도 이와 같은 취지로 期限後背書에서 다음과 같이 판시하고 있다.

[背書後 발생한 背書人에 대한 抗辯事由로써는 被背書人에게 대항할 수 없다고 본 判例]

기한후배서에서 배서후 비로소 발생한 배서인에 대한 항변사유까지도 피배서인에 대하여 이를 주장할 수 있는 것은 아니다[大判 1982. 4. 13, 81 다카 353(敎材, 判決例 [525])].

어음의 취득시를 기준으로 어음소지인의 항변사유의 존재에 대한 惡意의 유무를 결정한다고 하여 어음의 취득시에 항변사유가 이미 존재하고 있어야 한다는 의미는 아니다. 왜냐하면 이미 앞에서 본 바와 같이 어음소지인의 惡意의 내용은, 어음취득시까지 이미 발생한 항변사유를 알고 있는 것만을 의미하는 것이 아니라 어음상의 권리를 행사할 때까지 발생할 것이 예상되어 이 때에 어음채무자가 항변을 주장할 것을 인식하고 있는 것을 포함하기 때문이다.[3]

1) 鄭(熙), 260면; 梁(承), 184면; 鄭(東), 180면; 蔡, 317면; 註釋, 308면 外.
2) 同旨: 註釋, 308면; 佛上告判 1964. 6. 29(敎材, 判決例 [123]). 이러한 例로는 어음의 취득 후에 原因關係가 소멸된 것을 안 경우나, 어음을 改書한 경우에 改書前의 舊어음을 善意로 취득했으나 그 후에 抗辯事由의 존재를 알고 改書어음을 취득한 경우 등이 있다.
3) 同旨: 日大判 1944. 6. 23(敎材, 判決例 [127]); 日最高判 1955. 5. 31(敎材, 判決例 [128]).

따라서 항변사유는 어음의 취득시까지 존재해야 하는 것이 아니라, 만기 또는 어음상의 권리의 행사시까지 존재하면 된다(通說).[1]

4. 惡意의 立證責任

어음소지인의 惡意에 대한 입증책임은 어음債務者에게 있다(通說[2]·判例[3]).

5. 惡意의 抗辯이 적용되지 않는 경우

1) 어음소지인이 자기의 前前者에 대한 항변의 존재를 알고 어음을 취득하였으나 양도인인 자기의 前者가 그러한 항변의 존재를 모르고(善意) 어음을 취득한 경우에는 어음소지인의 전자에 의하여 이미 인적 항변이 절단되고 또 어음소지인은 양도인의 그러한 권리를 승계취득하므로 어음소지인이 惡意인 경우에도 어음채무자의 惡意의 抗辯은 인정되지 않는다.[4]

우리 大法院判例도 이와 同旨로 다음과 같이 판시하고 있다.

[背書人이 善意이기 때문에 人的 抗辯이 切斷되면 그의 被背書人이 惡意인 경우에도 惡意의 抗辯이 적용되지 않는다고 본 判例]

어음채무자는 기한후배서의 피배서인에 대하여는 그 배서의 배서인에 대한 인적 항변으로써 대항할 수 있지만, 특단의 사정이 없는 한 그 배서인의 전자에 대한 항변사유로써는 피배서인에게 대항할 수 없는 것이다. 따라서 배서인이 어음취득 당시 선의였기 때문에 배서인에게 대항할 수 없었던 사유에 대하여는 피배서인이 비록 어음취득 당시 그 사유를 알고 있었다 하여도 그것으로써 피배서인에 대항할 수는 없다[大判 1990. 4. 25, 89 다카 20740(公報 874, 1144)].

同旨: 大判 1994. 5. 10, 93 다 58721(公報 970, 1660)(어음상 배서인으로서 나타나고 있지는 않지만 현재의 어음소지인에게 어음을 양도한 자가 어음취득 당시 선의였기 때문에 그에게 대항할 수 없었던 사유에 대하여는 현재의 어음소지인이 비록 어음취득 당시 그 사유를 알고 있었다고 하여 그것으로써 현재의 어음소지인에게 대항할 수는 없고, 이는 현재의 어음소지인이 지급거절증서 작성 후 또는 지급거절증서작성기간 경과 후에 어음을 양도받았다고 하여도 마찬가지이다); 同 1995. 1. 20, 94 다 50489(公報 986, 896)(현재의 어음소지인에게

---

1) 同旨: 鄭(熙), 181면; 鄭(東), 181면; 註釋, 308면 外.
2) 鄭(熙), 260면; 鄭(東), 181면; 蔡, 317면 外.
3) 大判 1962. 9. 30, 62 다 383(敎材, 判決例 [141]) 外.
4) 同旨: 鄭(熙), 259면; 鄭(東), 181면.
이 原則을 英美에서는 shelter rule(掩蔽物의 法則)이라고 한다[U.C.C. §3-203(b); B.E.A. §29(3)].

어음을 양도한 자가 어음취득 당시 선의였기 때문에 그에게 대항할 수 없었던 사유에 대하여는 현재의 어음소지인이 비록 어음취득 당시 그 사유를 알고 있었다고 하여 그것으로써 현재의 어음소지인에게 대항할 수는 없다 할 것이다); 同 2001. 4. 24, 2001 다 5272(公報 2001, 1209)(백지식 배서에 의하여 어음을 양수한 사람은 백지를 보충하지 아니하고 인도에 의하여 어음을 양도하면 배서인으로서의 소구의무를 부담하지 아니하지만 현재의 어음소지인의 앞사람으로서 권리를 양도한 어음상의 권리자였다는 지위에는 변함이 없으므로, 어음상 배서인으로 나타나 있지는 않지만 현재의 어음소지인에게 어음을 양도한 사람이 어음취득 당시 선의였기 때문에 그에게 대항할 수 없었던 사유에 대하여는 현재의 어음소지인이 비록 어음취득 당시 그 사유를 알고 있었다고 하여 그것으로써 현재의 어음소지인에게 대항할 수 없고, 현재의 어음소지인이 지급거절증서 작성 후 또는 지급거절증서작성기간 경과 후에 어음을 양도받았다고 하더라도 마찬가지이다).

그러나 어음소지인이 이미 어음채무자로부터 惡意의 抗辯으로 대항을 받고 있는 경우에는, 그가 비록 선의의 어음취득자(양도인)로부터 還背書를 받았더라도 惡意의 抗辯으로 대항을 받게 됨은 還背書의 성질에서 당연하다.

2) 非어음法的 流通方法(예컨대, 상속·합병·경매 등)에 의하여 어음이 유통되는 경우에는 인적 항변의 절단이 인정되지 않으므로 어음채무자는 언제나 어음소지인에 대하여 前者의 인적 항변을 주장할 수 있다. 따라서 이 때에는 어음소지인의 善意·惡意를 불문하고 어음채무자에게 언제나 惡意의 抗辯이 인정되거나 또는 物的 抗辯이 인정되는 것과 동일한 결과가 된다. 그러나 이는 어음抗辯과는 무관하고 民法의 일반원칙에 의한 결과이다.

3) 어음法的 유통방법에 의하여 어음이 유통된 경우에도 다음과 같이 어음抗辯과 무관한 경우가 있다.

① 유통의 예정기간을 경과한 후의 배서인 期限後背書의 경우에는 지명채권양도의 효력만이 있기 때문에(어 20조 1항 단서·77조 1항 1호, 手 24조 1항), 어음抗辯과 무관하다. 이 경우에는 人的 抗辯이 언제나 절단되지 않는 결과와 같다.

② 融通어음이 어음法的 유통방법에 의하여 유통된 경우에도 어음채무자(융통의 목적으로 어음행위를 한 자)는 직접 상대방 이외의 자에 대하여는 그의 善意·惡意를 불문하고 언제나 融通어음이라는 항변을 주장할 수 없으므로, 이것도 어음抗辯과 무관하다. 이 경우에는 人的 抗辯이 언제나 절단되는 결과와 같다.

③ 推尋委任背書(공연한 推尋委任背書 및 숨은 推尋委任背書를 의미하는데, 숨은 推尋委任背書의 경우는 어음채무자가 이를 입증한 경우)의 경우에는 被背

書人에게 고유한 경제적 이익이 없기 때문에 어음채무자는 推尋委任背書의 被背書人에 대하여 그의 善意·惡意를 불문하고 背書人에 대한 모든 抗辯事由로써 대항할 수 있으므로, 이것도 어음抗辯과 무관하다. 이 경우에는 人的 抗辯이 언제나 절단되지 않는 결과와 같다.

4) 어음소지인이 無權利者라는 항변은 모든 어음채무자가 특정한 어음소지인에 대해서만 (항변의 존재에 관하여 그의 선의·악의를 불문하고) 주장할 수 있는 항변으로, 특정한 어음채무자가 모든 어음소지인에 대하여(인적 항변의 경우에는 惡意의 抗辯이 인정되는 범위에서) 주장할 수 있는 어음抗辯과는 구별된다. 그러나 어음抗辯은 넓은 의미에서 상대방의 청구권 자체를 부인하는 항변(Einwendung)을 포함하므로, 이러한 점에서 보면 어음소지인의 무권리의 항변도 어음항변에 포함될 수 있겠다. 그러나 이러한 항변사유는 특정한 어음소지인에게만 존재하는 항변사유이고 다시 제 3 자에게 이전될 수 없는 항변사유이므로(그러나 權利取得의 면에서 제 3 자의 善意·惡意에 따라 어음상의 권리의 善意取得與否가 결정되는 점은 별도의 문제임), 이 때에 惡意의 抗辯은 존재하지 않는다고 본다. 제 3 자가 無權利者로부터 惡意로 어음을 취득하는 경우에는 그가 善意取得을 하지 못하여(즉, 無權利者이므로) 어음채무자로부터 무권리의 항변의 대항을 받기 때문에 어음채무자로부터 어음금을 지급받지 못하는 것이지, 惡意의 抗辯이 적용되기 때문에 어음채무자로부터 어음금을 지급받지 못하는 것은 아니다.

5) 代理人이 자기 또는 제 3 자의 이익을 위하여(즉, 代理權을 濫用하여) 자기의 權限範圍內에서 어음행위를 한 경우(예컨대, 회사의 경리담당 상무이사가 그의 권한범위 내에서 약속어음을 발행하여 자기 개인의 차입금을 상환하기 위하여 貸主에게 교부하고 그가 다시 제 3 자에게 배서양도한 경우)에, 어음소지인(제 3 자)이 代理權의 濫用에 대하여 알고 있으면(惡意이면) 본인은 이를 입증하여 제 3 자에 대하여 어음채무의 이행을 거절할 수 있는데, 이것은 (貸主가 惡意인 것을 전제로 하여) 제 3 자인 어음소지인에게 惡意의 抗辯이 적용되기 때문이라기보다는 그러한 어음소지인이 어음금의 지급을 청구하는 것은 權利濫用 내지 信義則에 반하기 때문이라고 보아야 할 것이다(權利濫用說).[1)]

우리 大法院判例도 이와 同旨에서 다음과 같이 판시하고 있다.

---

1) 同旨: 鄭(東), 184~185면; 註釋, 310면.

이에 대하여 民法 제107조 단서를 유추적용하여 本人이 어음상의 責任을 지지 않는다는 見解(心理留保說)로는 大判 1988. 8. 9, 86 다카 1858(대표이사의 행위가 대표권한의 범위내의 행위라 하더라도 회사의 이익 때문이 아니고 자기 또는 제 3 자의 개인적인 이익을 도모할 목적으로 그 권한을 행사한 경우에, 상대방이 대표이사의 진의를 알았거나 알 수 있었을 때에는 회사에 대하여 무효가 된다); 日最高判 1969. 4. 3(民集 23-4, 737).

[代表權의 濫用에 대하여 상대방이 알고 있었다면 회사는 權利濫用의 法理(信義則)에 의하여 항변할 수 있는데, 상대방의 악의를 입증하지 못하여 회사의 책임을 인정한 判例]

주식회사의 대표이사가 그 대표권의 범위 내에서 한 행위는 설사 대표이사가 회사의 영리목적과 관계 없이 자기 또는 제3자의 이익을 도모할 목적으로 그 권한을 남용한 것이라 할지라도 일응 회사의 행위로서 유효하고, 다만 그 행위의 상대방이 그와 같은 정을 알았던 경우에는 그로 인하여 취득한 권리를 회사에 대하여 주장하는 것이 신의칙에 반하므로 회사는 상대방의 악의를 입증하여 그 행위의 효과를 부인할 수 있을 뿐이라고 함이 상당하다.

원심판결 이유에 의하면, 원심은 Y회사의 대표이사인 A가 이 사건 어음에 위와 같이 배서한 것은 오로시 B회사의 자금조달의 편의를 돌보아 주기 위하여 대표이사로서의 권한을 남용한 행위에는 해당하나 거래의 상대방인 X가 그러한 사정을 알았거나 중대한 과실로 알지 못하였음을 인정할 증거가 없으므로 X에 대한 관계에서 위 배서의 효력을 부인할 수 없다고 판단하고 있는바, 원심의 위와 같은 판단 중 대표이사가 그 권한을 남용하여 한 행위임을 거래의 상대방이 중대한 과실로 알지 못하였을 때에도 회사가 상대방에 대하여 그 행위의 효력을 부인할 수 있는 것처럼 설시한 부분은 잘못이라 하겠으나, A가 대표이사의 권한을 남용하여 이 사건 어음에 배서행위를 하였음을 X가 알고 있었다는 점에 부합하는 듯한 Y제출의 일부증거를 배척함으로써 이 점에 대한 Y의 입증이 없는 것으로 판단한 부분은 기록에 비추어 검토하건대 정당한 것으로 수긍되고, 거기에 조리와 경험칙에 반하여 사실을 인정한 잘못이 있다고 할 수 없으므로 원심판단은 결과적으로 정당하고 논지는 이유 없다[大判 1987. 10. 13, 86 다카 1522].

이렇게 보면 위와 같은 代理權濫用의 항변은 어음抗辯(人的 抗辯)에서 절단되지 않는 惡意의 抗辯이 아니라, 民法上의 一般惡意의 抗辯이라고 볼 수 있다.

제 4 第 3 者의 抗辯

1. 意 義

어음채무자가 자기의 직접의 상대방에 대한 (人的) 抗辯事由로써 상대방으로부터 어음을 취득한 어음소지인에 대하여도 항변을 주장할 수 있는가의 문제가 惡意의 抗辯인데(어음상의 권리자를 중심으로 한), 이와는 반대로 어음抗辯의 당사자가 아닌 어음채무자가 다른 어음채무자에 관하여 생긴 抗辯事由로써 어음소지인에 대하여 항변을 주장할 수 있는가의 문제가 있는데 이것이 제 3 자의 抗辯이다. 제 3 자의 抗辯에 대하여 우리 나라에서는 어음法에 규정이 없고, 이는 學說 · 判例에 맡겨져 있다.[1] 제 3 자의 抗辯에는 「後者의 抗辯」과 「前者의 抗辯」이 있다. 예컨대 甲이 약속어음을 발행하여 乙에게 교부하고 乙이 同어음을 丙에게 배서양도하여 丙이 현재의 어음소지인이 된 경우에 甲이 甲乙간의 人的 抗辯事由로써 丙에게 대항할 수 있는 것을 「惡意의 抗辯」이라고 하고, 甲이 乙丙간의 人的 抗辯事由로써 丙에게 대항할 수 있는 것을 「後者의 抗辯」이라고 하고, 乙이 甲丙간의 人的 抗辯事由로써 丙에게 대항할 수 있는 것을 「前者의 抗辯」이라고 한다.

後者의 抗辯에 해당하는 경우는, 위의 예에서 (i) 乙丙간의 원인관계가 소멸하거나 부존재한 경우, (ii) 乙丙간의 원인관계가 불법하거나 위법한 경우, (iii) 乙이 어음과 상환하지 않고 丙에게 어음금을 지급 · 상계 · 면제 등을 한 경우가 있다.

또한 前者의 抗辯에 해당하는 경우는, 위의 예에서 (i) 甲의 어음채무가 지급 · 소멸시효 등으로 소멸하거나 지급유예의 특약이 있는 경우에 乙이 丙에 대하여 이의 항변을 원용할 수 있는지 여부(遡求義務者의 主債務者의 항변원용), (ii) 甲의 어음保證人(甲′)이 甲의 어음채무의 소멸 · 부존재 · 무효 · 취소 등의 항변을 어음소지인(丙)에게 원용할 수 있는지 여부(保證人의 被保證人의 抗辯援用) 등이다.

2. 第 3 者의 抗辯의 認定根據

위와 같은 경우에 제 3 자의 抗辯을 인정할 것인지, 인정한다면 무엇에 근거하여 인정할 것인지에 대하여 다음과 같은 세 가지의 견해가 있다.

(1) 人的 抗辯의 個別性論

이 견해에서는 어음행위의 無因性(抽象性)을 전제로 하여, 어음채무자의 인적 항변은 각 어음행위자가 자기의 원인관계에 기하여 주장하는 것이므로 직접당사자간에서만 인적 항변으로써 대항할 수 있고, 타인의 인적 항변을 원용할 수는 없다고 한다.[2] 따라서 이 견해에 의하면 위의 예에서 後者의 抗辯

1) 鄭(東), 183면은 「제 3 자의 抗辯은 어음의 流通性을 害하지 않는 경우에 한하여 극히 例外的으로 인정되어야 한다」고 한다.

美國의 統一商法典은 일정한 제한적 범위 내에서 제 3 자의 抗辯을 인정하고 있다[U.C.C. §3-305(c)].

2) 日大判 1941. 1. 27(民集 20, 25); 日大阪高判 1961. 12. 27(下民 12-12, 3240).

의 경우, 甲은 丙에 대하여 乙과 丙간의 원인관계가 소멸되었음을 주장할 수 없어, 甲은 丙에게 어음상의 책임을 부담한다.

(2) 權利濫用論

이 견해에서도 어음행위의 無因性(抽象性)을 전제로 하나, 다만 어음소지인이 어음을 소지할 하등의 정당한 권한이 없어 어음상의 권리를 행사할 실질적 이유가 없음에도 불구하고 어음을 반환하지 않고 자기가 어음을 소지하고 있는 것을 기화로 자기의 형식적 권리를 이용하여 어음채무자에게 어음상의 권리를 행사하는 것은 權利濫用에 해당되어 어음채무자는 (어음法 제17조 단서의 취지에 따라서) 어음소지인에게 어음금의 지급을 거절할 수 있다고 한다.[1] 따라서 이 견해에 의하면 위의 예에서 後者의 抗辯의 경우, 丙은 乙에게 어음을 반환하여야 하는 형식적 권리자로서 그가 乙에게 어음을 반환하지 않고 어음을 소지하고 있는 것을 기화로 甲에게 어음상의 권리를 행사하는 것은 權利濫用이 되어, 甲은 丙에게 어음상의 책임을 부담하지 않는다.[2]

(3) 有 因 論

이 견해는 어음이론 중 修正創造說에 의하여 어음소지인(丙)의 권리행사를 저지하고자 하는 것이다. 따라서 이 견해에 의하면 어음행위는 어음의 作成과 交付라는 2단계의 행위로 이루어지는데, 제 1 단계의 어음의 作成行爲는 어음채무부담행위로서 어음행위자의 단독행위에 의하여 일방적으로 이루어지는 무인행위이나, 제 2 단계의 어음의 交付行爲는 어음권리이전행위로서 어음행위자와 상대방 사이의 계약으로 이루어지는 유인행위이므로, 제 3 자의 항변사유에 해당하는 경우에는 어음소지인은 무권리자로서 어음상의 권리를 행사할 수 없다고 한다.[3] 즉, 위의 예에서 後者의 抗辯의 경우, 乙의 丙에 대한 어음의 交付는 有因行爲인데 乙과 丙간의 원인관계가 소멸되었으므로 丙은 同어음상의 권리의 무권리자가 되므로 甲은 丙이 어음상의 권리의 무권리자임을 주장하여 어음상의 책임을 부담하지 않는다.

1) 日廣島高判 1956. 12. 18(下民 7-12, 3699)(이에 관한 최초의 判例임); 日最高判 1968. 12. 25(民集 22-13, 3548); 同 1970. 3. 31(民集 24-3, 182)(장래 발생될 채무의 擔保를 위하여 발행된 어음에 발행인을 위하여 어음保證을 한 자에 대하여, 발행의 原因債務의 不發生이 확정된 후에 受取人이 어음금의 지급을 청구한 사안에서, 權利濫用의 法理에 의하여 受取人의 청구를 배척하였다).

2) 同旨: 鄭(熙), 69면(丙이 乙의 다른 擔保物을 실행하여 乙과 丙간의 原因關係가 소멸된 경우); 鄭(東), 181~182면; 蔡, 320~321면.

3) 鈴木, 143면; 前田, 32면; 日大阪高判 1962. 11. 27(下民 13-11, 2367); 同 1959. 8. 3(高民 12-10, 455).

[私 見]

생각건대 人的 抗辯의 個別性論은 어음행위의 無因性(抽象性)을 너무 강조 내지 확대하여 어음을 반환해야 하는 실질적 무권리자에게 어음채무를 이행하도록 하고 있어 부당한 결과가 되어 찬성할 수 없고, 有因論은 無因性에 기초를 두고 있는 統一法의 어음행위의 해석에서 볼 때 무리이며 또 하나의 어음행위를 二元的으로 구분하여 설명하는 것도 부자연스럽기 때문에 찬성할 수 없다.[1] 따라서 權利濫用論에 찬성한다.[2] 그러므로 이러한 제 3 자의 抗辯은 어음抗辯은 아니고 民法의 一般原則에 의한 것이다.

3. 後者의 抗辯

權利濫用論에 의하여 위 예의 後者의 抗辯을 다시 정리하면 다음과 같다.

(1) 乙丙간의 原因關係가 소멸하거나 不存在한 경우[위의 例 (i)의 경우]

丙이 甲에게 어음상의 권리를 행사하는 것은 權利濫用이 되어 甲은 丙에게 이의 항변을 주장하여 어음상의 책임을 부담하지 않는다.

(2) 乙丙간의 原因關係가 違法 또는 不法한 경우[위의 例 (ii)의 경우]

乙이 丙에게 同어음을 도박채무의 지급확보조로 배서양도하였는데 丙이 甲에게 어음금지급을 청구하는 것은[3] 乙丙간의 원인관계가 소멸된 후에 丙이 어음금의 지급을 청구하는 경우[위의 例 (i)의 경우]보다도 오히려 적극적으로 불법목적을 실현하고자 하는 점에서 더욱 강력한 權利濫用이 되기 때문에 甲은 丙에게 이의 항변을 주장하여 어음상의 책임을 부담하지 않는다.[4] 다만 이 때에는 民法 제746조(불법원인급여)와 관련하여 乙이 丙에 대하여 어음을 반환청구할 수 있는지 여부가 문제된다. 이에 대하여 (i) 乙의 丙에 대한 어음의 양도를 民

---

1) 同旨: 鄭(東), 78면.

2) 鄭(燦), (事例) 425~427면.

3) 만일 甲乙간의 어음行爲의 原因關係가 違法하고 乙丙간의 어음行爲의 原因關係가 適法한 경우에는 人的 抗辯의 문제로서(通說 · 判例), 丙이 甲乙간의 어음行爲의 原因關係가 違法임을 알고(惡意) 어음을 취득한 경우에는 惡意의 抗辯으로 甲은 丙에게 어음금의 지급을 거절할 수 있으나(어 17조 단서 · 77조 1항 1호, 手 22조 단서), 그렇지 않은 경우에는 人的 抗辯이 切斷되어 甲은 丙에게 어음금을 지급해야 한다[이에 관한 상세는 鄭(燦), (事例) 427~429면].

4) 鄭(燦), (事例) 430면. 同旨: 梁(承), 189면; 蔡, 320~321면; 姜, (어) 187면; 日大判 1922. 12. 28(新聞 2084, 21); 日東京控判 1940. 5. 30(新聞 4580, 5). 이러한 判決에서는 丙의 甲에 대한 어음상의 권리의 행사를 訴訟上 인정하면 이는 法院이 反社會秩序의 法律行爲의 실현에 협력한 결과가 되어 부당하므로, 丙의 어음상의 권리행사를 부인하고 丙이 甲에게 어음금의 지급을 청구하는 것은 公序良俗에 반한다고 하여 丙의 청구를 棄却하고 있다.

法 제746조의 「給與」로 보아 乙의 丙에 대한 어음반환청구를 인정할 수 없다는 견해도 있으나,[1] (ii) 乙의 丙에 대한 어음의 양도는 사실상 종국적 이익을 귀속시키는 民法 제746조의 「給與」는 아니므로 乙의 丙에 대한 어음반환청구를 인정하여야 할 것으로 본다.[2] 따라서 丙은 乙에 대하여 어음을 반환하여야 하고, 甲에 대하여 어음상의 권리를 행사할 수 없게 된다.

(3) 乙이 어음과 相換하지 않고 丙에게 어음金을 支給·相計·免除 등을 한 경우[위의 例 (iii)의 경우]

丙이 乙에게 소구권을 행사하여 어음금을 지급받고 乙이 어음을 환수하지 않아서 丙이 同어음을 소지하고 있는 것을 기화로 丙이 다시 甲에 대하여 어음금을 지급청구하는 것은 명백히 權利濫用이 되어 인정될 수 없다고 하겠다. 또한 이 때에 어음채무자(甲 또는 乙)와 어음소지인(丙) 사이에서는 어음금의 지급으로 인하여 어음관계가 종료되어 어음상의 권리·의무가 소멸되었으므로 甲은 丙에 대하여 이의 항변(丙은 어음상의 권리의 무권리자라는 항변으로서, 甲 자신의 항변)을 주장할 수도 있다고 본다.

4. 前者의 抗辯

權利濫用論에 의하여 위의 예에서 前者의 抗辯을 다시 정리하면 다음과 같다.

(1) 遡求義務者(乙)가 主債務者(甲)의 抗辯을 원용할 수 있는지 與否[위의 例 (i)의 경우]

丙이 甲으로부터 어음금을 지급받고 乙에 대하여 다시 소구권을 행사하는 경우에는, 乙은 丙에 대하여 權利濫用의 法理에 의하여 항변할 수도 있으나, 어음금의 지급으로 인하여 어음상의 권리·의무가 소멸되었음을 抗辯(丙이 어음상의 권리의 무권리자라는 항변으로서 乙 자신의 항변)할 수도 있다고 본다.[3] 그러나 어음의 相換證券性(어 39조 1항·77조 1항 3호, 手 34조 1항)과 遡求權을 행사하기 위하여는 소구요건을 구비하여야 하는 점(어 43조·44조·77조 1항 4호, 手 39조)등에서 볼 때, 丙이 甲으로부터 지급받고 乙에 대하여 다시 소구권을 행사하는 경우란 거의 있을 수 없다.

---

1) 日最高判 1970. 10. 21(民集 24-11, 1560).

2) 鄭(燦), (事例) 431면.

3) 同旨: 梁(承), 188면; 鄭(東), 448면(主債務가 支給·相計 등에 의하여 어음의 목적이 달성된 경우에는 遡求義務도 따라서 소멸하고, 主債務가 消滅時效로 인하여 소멸한 경우에는 從되는 債務인 遡求義務도 소멸하는 것이다. 어음抗辯의 個別性과 어음債務의 獨立性에 비추어 遡求義務者가 主債務者의 抗辯을 원용하는 것은 원칙적으로 인정될 수 없으나, 支給猶豫의 特約의 抗辯은 本文에서와 같은 이유로 예외적으로 인정된다).

(2) **保證人(甲′)이 被保證人(甲)의 抗辯을 원용할 수 있는지 與否**[위의 例 (ii)의 경우]

이에 대하여는 다음과 같은 두 가지의 경우가 있다.

1) 甲의 어음채무가 지급 · 상계 · 면제 · 소멸시효 등으로 인하여 소멸하였음에도 불구하고 丙이 보증인인 甲′에게 어음상의 권리를 행사하는 경우에는, 甲′는 權利濫用의 法理에 의하여 항변을 주장할 수 있으나, 보증채무의 附從性으로 인하여 甲′의 어음보증채무도 소멸하므로(通說),[1] 甲′는 이를 자신의 항변으로서 자기의 어음채무가 소멸하였음을 항변할 수도 있다.

2) 甲乙간의 원인관계가 무효 · 취소가 되고 丙이 이러한 사실을 알고 어음을 취득한 경우에 甲은 丙에 대하여 惡意의 抗辯을 주장할 수 있는데, 甲′(어음保證人)는 이러한 甲의 항변을 원용할 수 있는지 여부가 문제된다. 이것은 특히 보증채무의 獨立性(어 32조 2항 · 77조 3항, 手 27조 2항)과 관련하여 문제된다. 이 때에 丙이 甲′에게 어음보증채무의 이행을 청구하는 것은 信義則에 반하거나 또는 權利濫用에 해당하는 것이 되어 甲′는 (어음보증채무를 부담하기는 하나〈어음보증의 독립성〉) 丙에게 어음보증채무의 이행을 거절할 수 있다.

우리 大法院判例도 이와 同旨로 다음과 같이 판시하고 있다.

> **[약속어음의 발행인이 수취인에 대하여 원인채무가 없음에도 불구하고 수취인이 발행인의 어음보증인에 대하여 어음상의 권리를 행사하는 것은 권리남용이라고 본 判例]**
>
> 장래의 채무를 담보하기 위하여 발행된 어음에 발행인을 위하여 어음보증이 되어 있는 약속어음을 수취한 사람은 어음을 발행한 원인관계상의 채무가 존속하지 않기로 확정된 때에는 특별한 사정이 없는 한 그 때부터는 어음발행인에 대해서뿐만 아니라 어음보증인에 대해서도 어음상의 권리를 행사할 실질적인 이유가 없어졌다 할 것이므로 어음이 자기 수중에 있음에 기화로 하여 어음보증인으로부터 어음금을 받으려고 하는 것은 신의성실의 원칙에 비추어 부당한 것으로서 권리의 남용이라 할 것이고, 어음보증인은 수취인에 대하여 어음금의 지급을 거절한 수 있다고 할 것이니, 위 수취인으로부터 배서양도를 받은 어음소지인이 어음법 제17조 단서의 요건에 해당되는 때에는 어음보증인은 그러한 악의의 소지인에 대하여도 권리남용의 항변으로 대항할 수 있다[大判 1988. 8. 9, 86 다카 1858(公報 832, 1207)].

그러나 甲이 원인관계상 갖고 있는 취소권 · 해제권 · 상계권 등을 甲이 스

1) 徐·鄭, 222면; 孫(珠), 297면; 鄭(東), 342면 外.

스로 행사하고 있지 않는 동안에 甲'가 이를 원용하는 것은 어음보증의 獨立性에서 인정되지 않는다.[1]

5. 二重無權의 抗辯

甲乙간의 원인관계 및 乙丙간의 원인관계가 모두 소멸되었음에도 불구하고 丙이 甲에게 어음금지급청구를 한 경우에는 甲은 자신의 항변으로써 丙에게 대항할 수 있는데, 이것을 二重無權(Doppelmangel)의 抗辯이라고 한다.[2]

二重無權의 抗辯은 자신의 항변(甲乙간의 원인관계의 소멸)을 주장하는 점에서 惡意의 抗辯과 유사하나, 丙이 이에 대하여 악의이기 때문에 대항할 수 있는 것이 아니라 그에게 독립된 경제적 이익이 없기 때문에 대항할 수 있는 점에서 惡意의 抗辯과 구별된다. 또한 二重無權의 抗辯은 乙丙간의 원인관계가 소멸되어 丙에게 독립된 경제적 이익이 없는 점에서 後者의 抗辯과 유사하나,[3] 甲 자신의 항변으로 주장하는 점에서 後者의 抗辯과 구별된다.[4] 또한 二重無權의 抗辯은 어음소지인(丙) 자신에 관한 사유로 인한 항변인 점에서 無權利의 抗辯과 유사하나, 無權利의 抗辯은 어음소지인이 어음상의 무권리자라는 항변이나 二重無權의 抗辯은 어음소지인이 어음상의 무권리자라는 것은 아니고 다만 원인관계의 소멸로 인하여 어음을 보유할 정당한 이익이 없다는 항변인 점에서 無權利의 抗辯과 구별된다.

제 5 抗辯의 制限과 善意取得과의 관계

이에 관하여는 이미 善意取得의 효과에서 설명한 바와 같다. 즉, 양자는 모두 어음소지인을 보호하여 어음의 유통을 강화하기 위한 제도인 점에서는 공통하나, 우리 나라의 立法 및 解釋에서는 양자를 구별하고 있다.[5] 따라서 어음항변이 부착된 어음을 善意取得할 수 있다(通說).[6]

1) 同旨: 鄭(東), 346면.
2) 同旨: 鄭(東), 184면; 蔡, 321면; Ulmer, S. 247.
3) 高窪利一, 「手形 · 小切手法通論」, 1982, 379면(二重無權의 抗辯을 後者의 抗辯의 일종으로 봄).
4) 同旨: 鄭(東), 184면. 이에 관한 상세는 宋鎭賢, "後者의 抗辯과 二重無權의 抗辯," 「어음 · 手票法에 관한 諸問題(上)」(裁判資料 30)(法院行政處, 1986), 453면, 486면 이하 참조.
5) 그러나 英美法에서는 善意取得者는 대체로 抗辯이 切斷된 어음을 취득하는 것으로 규정하고 있다[U.C.C. §3-305(b); B.E.A. §38(2)].
6) 徐·鄭, 107면; 梁·朴, 659면; 徐(廷), 185면; 李(基), 277면 外.

善意取得은 「權利의 歸屬」에 관한 문제로서 이에 의하여 희생되는 자는 진정한 권리자이고 그 주관적 요건은 「惡意 또는 重過失」이 없어야 하며 취득하는 권리는 「原始取得」이나, 抗辯의 制限은 「債務의 存在(範圍)」에 관한 문제로서 이에 의하여 희생되는 자는 어음채무자이고 그 주관적 요건은 「債務者를 害할 것을 아는 것」(어음法 제17조가 적용되지 않는 人的抗辯의 경우에는 惡意 또는 重過失)이 없어야 하며 항변이 절단된 권리는 「承繼取得」된다는 점 등에서 양자는 구별된다.

제5장 어음上의 權利의 消滅

제1절 總 說

어음상의 권리도 (金錢)債權이므로 그 소멸원인에는 民法上 일반채권과 같은 일반적 소멸원인과 어음에 특유한 소멸원인이 있다. 또한 어음상의 권리가 소멸한 후에 어음소지인을 보호하기 위한 제도로서 어음법상의 권리인 利得償還請求權이 인정되어 있다.

제1 一般的 消滅原因

어음상의 권리도 民法上 일반채권의 소멸원인에 의하여 소멸하는데, 民法上 일반채권의 각각의 소멸원인에 따라 어음상의 권리가 소멸되는 관계를 간단히 살펴보면 다음과 같다.

1. 辨 濟(民 460조~486조)

民法上 일반채권의 대표적인 소멸원인인 변제는 어음法에서 「支給」으로 규정하고 있는데, 어음의 경우에도 가장 대표적인 소멸원인이 지급이다. 어음法에는 지급에 관하여 비교적 상세한 규정을 두고 있는데, 이러한 범위에서 民法의 변제에 관한 규정이 적용될 여지가 없다. 이러한 支給에 관하여는 어음상의 권리의 행사에서 이미 상세하게 설명하였다.

어음의 支給이 民法上 일반채권의 변제와 가장 근본적으로 구별되는 점은 지급제시를 요하는 점(提示證券性)(어 38조·77조 1항 3호, 手 29조·31조), (전부) 지급을 한 경우에는 어음에 영수를 증명하는 기재를 하게 하여 어음을 환수해야 하는 점(相換證券性)(어 39조 1항·77조 1항 3호, 手 34조 1항) 등이라고 볼 수 있다.

어음채무는 金錢債務이기 때문에 그 성질상 代物辨濟(民 466조)는 있을 수 없다고 본다.

2. 供 託(民 487조~491조)

어음의 경우에는 어음소지인이 지급제시기간 내에 지급제시를 하지 않은 때에는 각 어음채무자는 어음소지인의 비용과 위험부담으로 어음금액을 관할관서에 공탁할 수 있음을 어음法은 명문으로 규정하고 있다(어 42조, 77조 1항 3호). 따라서 이 규정에 의하여 환어음의 인수인과 약속어음의 발행인과 같은 主債務者 및 이들의 保證人은 지급제시기간 경과 후에 어음금을 供託함으로써 어음채무를 면할 수 있다. 어음法 제42조는 「각 債務者」라고 규정하고 있으나, 遡求義務者는 지급제시기간 내에 지급제시가 없으면 소구의무를 면하므로(어 53조, 77조 1항 4호) 어음法 제42조에 의한 供託의 문제는 생기지 아니한다.[1)]

수표의 경우에는 主債務者가 없으므로 어음법 제42조와 같이 供託을 인정하는 규정이 없다.[2)]

어음法 제42조는 어음의 주채무자가 지급제시기간 경과 후에 民法上 供託의 요건을 구비하지 않은 경우에도 임의로 供託을 하여 어음채무를 면할 수 있다는 규정으로 어음의 주채무자를 위한 특별규정이라고 볼 수 있다. 따라서 환어음의 인수하지 않은 지급인·수표의 지급인·소구의무자 등이 民法上 供託의 요건(民 487조)을 구비한 경우에는 供託을 부정할 것이 아니라 긍정하여야 할 것으로 본다.[3)]

3. 相 計(民 492조~499조)

예컨대, 甲이 乙에 대하여 어음채권을 가지고 있는데 동시에 금전채무를 부담하고 있는 경우에 甲이 어음채권을 자동채권으로 하고 乙의 금전채권을 수동채권으로 하여 相計를 함에 있어서는 어음의 提示證券性 및 相換證券性과 관련하여 甲이 乙에게 어음을 제시하고 교부하여야 하는지 여부가 문제된다.

---

1) 同旨: 註釋, 400면.
2) 同旨: 鄭(熙), 265면.
3) 同旨: 註釋, 400~401면.

이 때에 裁判外의 相計의 경우에는 어음채무자(乙)의 이익을 보호하기 위하여,[1] 원칙적으로 어음채권자(甲)의 어음의 제시 및 교부가 있어야 相計의 효력이 발생한다고 본다(通說).[2]

우리 大法院判例도 이와 同旨에서 다음과 같이 판시하고 있다.

[어음채권자가 相計에 의하여 어음상의 권리를 행사하는 경우에도 어음의 제시와 교부가 있어야 한다고 본 判例]

어떤 채무자가 어음채권을 자동채권으로 하여 상계를 주장하려면 어음의 교부가 있어야 하느냐에 관하여서는 법률에 명문규정이 없고 상계는 의사표시만으로 이루어지는 법리라는 데서 문제가 없지 않지만 어음법은 어음채무자의 이중지급의 위험을 막으려는 취지에서 어음을 상환증권으로 함으로써 어음채권자의 권리를 규정한 점(어음법 39조, 77조)으로 보아 어음채무자가 어음채권자에 대하여 부담하는 채무와 어음채권과를 상계하려면 위 조문을 준용하여 어음의 교부가 필요불가결하다고 해석하여야 된다고 하겠다. 왜냐하면 상계의 경우에 어음채무가 소멸됨이 지급의 경우와 같아 이중지급의 위험이 따름이 동일하기 때문이다. 그렇다면 위 법리로 미루어 어음채무자의 승낙이 없는 이상 어음채권자가 어음채권을 자동채권으로 상계의 의사표시를 함에 어음의 교부가 없으면 상계의 효력이 아니 생긴다고 할 것이다.

이 사건에서 보면 원심이 X가 본건 매매의 중도금액에 해당되는 설시 약속어음금으로 그의 중도금 지급채무와 상계의 의사표시를 하면서 그 어음의 교부를 아니하였으니 상계의 효력이 발생하지 않았다는 취지로 판단한 조치는 위 법리에 따른 바로 인정되어 옳게 시인되며, Y 자신의 발행한 어음과 어음소지인을 알고 있으므로 제시가 없어도 같은 효과가 발생하니 상계를 유효한 것으로 보아야 한다는 취지로 원판결의 법률판단을 비난하는 논지는 이유 없다[大判 1976. 4. 27 75 다 739 (大集 24 ① 民 264)].

그러나 예외적으로 (i) 甲의 어음채권이 乙의 금전채권보다 많은 경우에는 甲이 나머지에 대하여 다시 어음채권을 행사하여야 하기 때문에 어음을 교부할 필요가 없으며, (ii) 乙이 어음의 교부를 받는 것을 포기한 때에는 甲은 乙에게 어음을 교부할 필요가 없다.

裁判上의 相計의 경우에는 어음채권의 권리자와 상계로 인한 어음채무의 소멸이 객관적으로 증명되므로 어음의 제시와 교부가 필요하지 않다고 본다.[3]

1) 왜냐하면 어음의 提示가 있어야 乙은 相計者를 알 수 있고, 어음의 交付가 있어야 乙은 二重支給의 위험을 부담하지 않을 뿐만 아니라 자기의 전자가 있는 경우에는 그에 대하여 다시 어음상의 權利를 행사할 수 있는 利益이 있기 때문이다.

2) 鄭(東), 187면 外.

3) 同旨: 鄭(東), 187면.

4. 更 改(民 500조~505조)

당사자간의 계약으로 어음채무의 중요부분을 변경하거나(民 500조)(예컨대, 어음채무를 증여 등으로 변경하는 경우), 어음채무자를 변경하는 경우에는(民 501조) 舊어음채무는 소멸한다. 그런데 이 때에 新채무를 위하여 어음을 다시 발행하고 舊어음을 회수하지 않은 경우에는, 어음채무자는 舊어음을 선의로 취득한 자에 대하여 舊어음에 의한 어음채무를 부담하므로(人的 抗辯의 切斷) 이러한 범위 내에서 어음채무는 소멸하지 않는다.

5. 免 除(民 506조)

주채무자의 어음채무가 면제된 경우에는 소구의무자의 어음채무도 면제되나, 소구의무자의 어음채무가 면제된 경우에는 그 자와 후자의 어음채무만이 면제된다.[1)]

6. 混 同(民 507조)

어음행위의 특성 중의 하나로 協同的 性質이 있고 또 어음당사자는 매우 추상적인 존재이므로 어음法에서는 어음당사자 자격의 겸병[2)](어 3조, 手 6조) 및 환배서(어 11조 3항 · 77조 1항 1호, 手 14조 3항)를 명문으로 인정하고 있다. 따라서 어음채무자와 어음채권자가 同一人이 있을 수 있으며, 이러한 자는 다시 어음을 제 3 자에게 背書讓渡하여 어음채무자와 어음채권자의 지위를 분리할 수 있다. 그러므로 어음채무는 民法上 混同의 법리에 의하여 소멸되지 않는다.[3)]

제 2 어음에 특유한 消滅原因

어음에 특유한 어음상의 권리의 소멸원인으로는 (i) 遡求權保全節次의 欠缺(어 53조 · 77조 1항 4호, 手 39조), (ii) 어음소지인의 一部支給의 拒絶(어 39조 2항 · 77조 1항 3호, 手 34조), (iii) 어음소지인의 거절할 수 있는 參加引受의 承諾(被參加人과 그 후자에 대하여 滿期前에 행사할 수 있는 遡求權이 소멸함)(어 56조 3항, 77조 1항 5호),

---

1) 同旨: 鄭(東), 188면. 英國 換어음法은 免除를 어음상의 권리의 消滅事由로서 명문으로 규정하고 있다(B.E.A. §61).

2) 學說上 換어음(手票)에서는 發行人 · 受取人 · 支給人의 3당사자의 資格兼併도 인정되며, 約束어음에서는 發行人과 受取人의 2당사자의 資格兼併도 인정된다(通說).

3) 그러나 英國 換어음法은 混同을 어음상의 權利의 消滅事由로서 규정하고 있다(B.E.A. § 61).

(iv) 어음소지인의 參加支給의 拒絶(그 지급으로 인하여 의무를 면할 수 있었던 자에 대한 遡求權이 소멸함)(어 61조, 77조 1항 5호), (v) 參加支給이 경합하는 경우 자기에게 우선하는 참가지급의 신고인이 있음을 알면서 한 참가지급(자기에게 우선하는 參加支給이 있었다면 의무를 면할 수 있었던 자에 대한 遡求權이 소멸함)(어 63조 3항, 77조 1항 5호). (vi) 消滅時效(어 70조 · 77조 1항 8호, 手 51조) 등이 있다.

이러한 어음에 특유한 소멸원인에 대하여는 각각 해당되는 곳에서 설명되고 있으므로, 이곳에서는 어음의 소멸시효에 대해서만 설명한다. 또한 어음상의 권리가 遡求權保全節次의 欠缺 또는 消滅時效로 인하여 소멸한 경우에 발생하는 利得償還請求權도 어음상의 권리가 어음에 특유한 소멸원인으로 인하여 소멸하는 점과 관련되므로 이곳에서 설명하고, 마지막으로 어음상의 권리의 소멸과 관련하여 어음의 抹消 · 毁損 · 喪失에 대하여 설명한다.

제 2 절 어음時效

제 1 序 言

어음채무는 일반채무에 비하여 엄격하므로 이를 완화할 필요가 있고 또 어음거래는 신속한 결제를 요하므로 어음채무에 대하여는 특히 단기의 소멸시효가 인정되어 있다. 즉, 어음채무의 소멸시효는 상사채무의 소멸시효(商 64조)보다 더 단기로 규정되어 있다(어 70조 · 77조 1항 8호, 手 51조 · 58조).

어음法은 어음時效(Wechselverjährung)에 관하여 時效期間(어 70조 · 77조 1항 8호, 手 51조 · 58조) · 時效의 始期(어 70조 · 77조 1항 8호, 手 51조 · 58조) 및 時效의 中斷(어 71조 · 77조 1항 8호 · 80조, 手 52조 · 64조)에 대해서만 특칙을 두고 있을 뿐이므로, 그 이외의 사항에 대하여는 民法의 時效에 관한 규정에 의한다.

제 2 時效期間 및 始期

1. 어음의 時效期間 및 始期

어음의 時效期間 및 始期에 대하여는 어음소지인의 주채무자에 대한 청구권, 어음소지인의 상환(소구)의무자에 대한 상환청구권(소구권) 및 상환자의 그 전자에 대한 청구권으로 나뉘어 규정되어 있다.

그러나 어음상의 권리가 확정판결에 의하여 확정된 때에는 아래의 시효기간과 관계 없이 그 때부터 10년이 경과하여야 소멸시효가 완성한다(民 165조 1항).

(1) 어음所持人의 主債務者에 대한 請求權(3년)

환어음의 인수인 또는 약속어음의 발행인에 대한 어음소지인의 어음상의 청구권은 「만기의 날」로부터 「3년」이 경과하면 소멸시효가 완성한다(어 70조 1항, 77조 1항 8호, 78조 1항). 주채무자의 보증인 및 무권대리인 등에 대한 어음소지인의 어음상의 권리의 소멸시효도 같다.

시효기간의 산정에 있어서 「만기의 날」[1](初日)은 산입되지 아니한다(어 73조·77조 1항 9호, 手 61조). 「만기의 날」을 시효기간의 始期(初日)로 하는 점에 있어서는 만기의 날이 휴일인지 여부, 만기의 날에 지급제시를 하였는지 여부, 만기의 날까지 백지어음이 보충되었는지 여부, 만기 전의 소구가 가능한지 여부 등을 불문한다.

당사자간에 지급유예의 특약을 하고 만기를 변경한 경우에는 그 변경된 만기가 시효기간의 시기가 된다. 그러나 당사자간에 지급유예의 특약을 하고도 어음면상의 만기를 변경하지 않은 경우에는 의문이나, 그 당사자간에는 지급유예의 기간중에는 시효가 진행되지 않는다고 보아야 할 것이다.[2]

약속어음이 수취인 겸 소지인의 발행인에 대한 장래 발생할 구상채권을 담보하기 위하여 발행된 경우에는, 이 소지인의 발행인에 대한 약속어음상 청구권의 소멸시효의 기산점은 「구상채권이 현실적으로 발생한 때」이다. 우리 大法院判例도 이와 同旨로 다음과 같이 판시하고 있다.

---

1) 「滿期의 날」은 確定日出給·發行日字後定期支給어음에서는 특정일로 확정되기 때문에 문제가 없으나, 一覽出給어음·一覽後定期出給어음에서는 支給提示 또는 引受提示를 언제 하느냐에 따라 만기가 확정되므로 이와 관련하여 주의할 필요가 있다. 즉 一覽出給어음의 경우에는 提示日이 만기이므로(어 34조 1항 1문, 77조 1항 2호) 提示日이 時效期間의 始期가 되나, 만일 어음소지인이 支給提示期間內에 지급제시를 하지 않으면 지급제시기간의 말일(원칙적으로 발행일로부터 1년)을 만기로 해석하게 되므로 支給提示期間의 말일이 時效期間의 始期가 된다(어 35조 2항 유추해석). 一覽後定期出給의 어음은 引受日字 또는 拒絶證書日字로부터 일정기간이 경과한 후가 만기이므로(어 35조 1항, 77조 1항 2호) 이 때가 時效期間의 始期가 되나, 만일 이러한 日字가 없는 경우에는 (引受提示를 하였는지 여부를 불문하고) 引受提示期間의 말일(원칙적으로 발행일로부터 1년)에 引受한 것으로 보기 때문에(어 35조 2항, 77조 1항 2호) 이 때로부터 일정기간이 경과한 후(만기)가 時效期間의 始期가 된다.

2) 同旨: 註釋, 466면.
反對: 大隅·河本, 379면.

[약속어음의 발행인에 대한 청구권의 소멸시효기간의 기산점을 '구상채권이 현실적으로 발행한 때'라고 본 判例]

발행인에 대한 약속어음상의 청구권의 소멸시효는 만기의 날로부터 진행하는 것이 원칙이나, 그 약속어음이 수취인 겸 소지인의 발행인에 대한 장래 발생할 구상채권을 담보하기 위하여 발행된 것이라면, 소지인은 발행인에 대하여 구상채권이 발생하지 않은 기간 중에는 약속어음상의 청구권을 행사할 수 없고, 구상채권이 현실로 발생한 때에 비로소 이를 행사할 수 있게 되는 것이므로, 그 약속어음의 소지인의 발행인에 대한 약속어음상의 청구권의 소멸시효는 위 구상채권이 현실적으로 발생하여 그 약속어음상의 청구권을 행사하는 것이 법률적으로 가능하게 된 때부터 진행된다고 봄이 상당하고 이러한 결과가 민법 제184조 제 2 항의 규정에 반하여 소멸시효를 가중하는 것이라고 할 수는 없다[大判 2004. 12. 10, 2003 다 33769(公報 2005, 96)].

(2) 어음所持人의 償還義務者에 대한 償還請求權(1년)

어음소지인의 상환의무자에 대한 상환청구권은 「거절증서작성일자」 또는 「만기의 날」(거절증서작성면제의 경우)로부터 「1년」이 경과하면 소멸시효가 완성한다(어 70조 2항, 77조 1항 8호). 이것은 滿期前의 遡求이든 滿期後의 遡求이든 같다.

우리 大法院判例도 이와 같은 취지에서 다음과 같이 판시하고 있다.

[어음법 제70조 2항은 만기 전·후를 불문하고 또한 환어음 및 약속어음의 소구권에 모두 적용된다고 본 判例]

어음법은 환어음의 경우 만기 전 소구와 만기 후 소구에 관한 규정을 모두 두고 있고, 환어음 소지인의 배서인 · 발행인에 대한 청구권의 소멸시효에 관한 어음법 제70조 2항은 "소지인의 배서인과 발행인에 대한 청구권은 적법한 기간 내에 작성시킨 거절증서의 일자로부터, 무비용상환의 문언이 기재된 경우에는 만기의 날로부터 1년간 행사하지 아니하면 소멸시효가 완성한다"라고만 규정하고 있을 뿐 만기 후 소구권의 행사의 경우에만 위 조항을 적용한다고는 규정하고 있지 아니하고 있으므로 위 규정은 환어음의 만기 전의 소구권의 행사의 경우에도 당연히 적용된다고 보아야 할 것이고, 한편 어음법상 약속어음에 관하여는 환어음의 경우와 같은 만기 전 소구에 관한 규정을 두고 있지 않으나 약속어음에 있어서도 발행인의 파산이나 지급정지 기타 그 자력을 불확실하게 하는 사유로 말미암아 만기에 지급거절이 될 것이 예상되는 경우에는 만기 전의 소구가 가능하다고 할 것이므로 만기 전의 소구가 가능한 약속어음의 경우에도 역시 만기 전·후의 소구권 행사 여부를 불문하고 그 소멸시효에 관하여는 모두 어음법 제77조 1항 8호에 의하여 준용되는 같은 법 제70조 2항이 적용된다고 해석하여야 한다[大判 2003. 3. 14, 2002 다 62555(公報 2003, 985)].

이것은 또한 어음소지인이 상환의무자의 보증인 · 참가인수인 및 무권대리인 등에 대하여 상환청구권을 행사하는 경우에도 같다.

적법한 시기에 작성한 수 개의 거절증서가 있는 경우에는(어 56조 2항, 60조, 66조 2항, 77조 1항 5호) 최후에 작성한 거절증서작성일자가 시효기간의 시기가 된다(通說).[1]

(3) **償還者의 그 전자에 대한 償還請求權**(6월)

상환자의 그 전자에 대한 청구권은 그가 어음을 「환수한 날」 또는 「제소된 날」로부터 「6월」이 경과하면 소멸시효가 완성한다(어 70조 3항, 77조 1항 8호). 상환자가 그 전자의 보증인 · 참가인수인 및 무권대리인에 대하여 상환청구권을 행사하는 경우에도 같다. 참가지급인이 피참가인 및 그의 어음채무자에 대하여 청구권을 행사하는 경우에도 같다(어 63조 1항, 77조 1항 5호).

一部引受에 의하여 인수되지 않은 어음금액을 지급한 상환의무자는 어음을 환수하지 못하므로(어 51조) 그가 전자에 대하여 청구권을 행사함에는 지급으로 인하여 시효가 개시되지 않는다.[2]

어음을 「환수한 날」이라 함은 상환한 날과 구별되며, 어음을 환수하게 된 원인은 그가 현실로 상환한 경우이든 相計 · 更改 등으로 인한 경우이든 불문한다.[3] 「제소된 날」이라 함은 후자로부터 소의 제기를 받고 소장을 송달받은 날을 말하며, 지급명령의 송달이나 파산채권의 신고 등과 같은 소 이외의 재판상의 청구는 이에 포함되지 않는다.[4]

2. 手票의 時效期間 및 始期

수표에는 주채무자가 없으므로 주채무자에 대한 청구권의 시효는 없고, 그 대신 支給保證人에 대한 청구권의 시효가 별도로 규정되어 있다.

그러나 수표상의 권리가 확정판결에 의하여 확정된 때에는 아래의 시효기간과 관계 없이 그 때부터 10년이 경과하여야 소멸시효가 완성한다(民 165조 1항).

(1) **手票所持人의 支給保證人에 대한 請求權**(1년)

수표소지인의 지급보증인에 대한 청구권은 「지급제시기간 경과일」로부터

1) 同旨: 鄭(熙), 189면; 鄭(東), 189면; 蔡, 328면; 註釋, 466면 外.
2) 同旨: 鄭(熙), 279면.
3) 同旨: 註釋, 466면.
4) 同旨: 註釋, 466~467면.

「1년」이 경과하면 소멸시효가 완성한다(手 58조). 이 시효는 수표소지인이 지급제시기간 내에 지급제시를 하고 거절증서 또는 이와 동일한 효력이 있는 선언의 작성을 전제로 한다. 만일 지급제시기간 내에 지급제시를 하지 않았거나 또는 거절증서나 이와 동일한 효력이 있는 선언의 작성이 없는 경우에는 지급보증인의 채무가 없는 것이므로(手 55조) 지급보증인에 대한 청구권의 시효는 있을 수 없다.

(2) **手票所持人의 償還義務者에 대한 償還請求權**(6월)

수표소지인의 발행인 · 배서인 · 기타의 채무자(이들을 위한 보증인 등)와 같은 상환의무자에 대한 상환청구권(소구권)은 「지급제시기간 경과일」로부터 「6월」이 경과하면 소멸시효가 완성한다(手 51조 1항). 수표소지인의 상환의무자에 대한 상환청구권의 이 시효도 수표소지인이 지급제시기간 내에 지급제시를 하고 거절증서 또는 이와 동일한 효력이 있는 선언의 작성을 전제로 한다(手 39조). 만일 수표소지인이 지급제시기간 내에 지급제시를 하지 않았거나 거절증서 등을 작성하지 않은 경우에는 상환청구권 자체가 발생하지 않으므로, 同청구권에 대한 시효는 있을 수 없다.

지급제시기간의 말일이 휴일인 때에는 이에 이은 제 1 의 거래일까지 지급제시기간이 연장되므로(手 60조), 이에 따라 시효기간의 始期도 연장된다. 수표의 시효기간의 산정에 있어서도 初日을 산입하지 아니한다(手 61조).

(3) **償還者의 그 전자에 대한 償還請求權**(6월)

상환자의 그 전자에 대한 상환청구권은 그가 수표를 「환수한 날」 또는 「제소된 날」로부터 「6월」이 경과하면 소멸시효가 완성한다(手 51조 2항). 이는 時效期間과 그 始期에 있어서 어음의 경우와 같다.

제 3 時效中斷

1. 中斷事由

어음시효의 중단사유에 대하여 어음法은 訴訟告知로 인한 시효중단에 관하여만 규정하고 있을 뿐(어 80조, 手 64조), 그 외에는 모두 民法의 규정에 의한다(民 168조 이하). 따라서 어음의 時效中斷事由에는 (i) 請求(民 168조 1호), (ii) 押留 또는 假押留 · 假處分(民 168조 2호), (iii) 承認(民 168조 3호) 및 (iv) 訴訟告知(어 80조, 手 64조)가 있는데, 이하에서 각각에 대하여 간단히 살펴본다.

(1) 請 求

시효중단사유로서의 청구에는 裁判上의 請求[1]와 裁判外의 請求가 있다. 이 때 이러한 청구에 어음의 提示를 요하느냐의 문제가 있는데, 이에 대하여 우리 大法院判例는 다음과 같이 裁判上의 請求에는 어음(完成어음)의 제시를 요하지 않으나, 裁判外의 請求에는 어음(完成어음)의 제시를 요한다고 판시하고 있다.

[어음상의 권리의 裁判外의 請求에는 어음(完成어음)을 提示하여야 時效中斷의 효력이 있다고 본 判例]

본건에서 X는 Y가 어음채무의 존재를 시인하였을 뿐 아니라 X가 본건 소송을 제기하기 직전까지 계속하여 Y에게 이 어음금을 청구하였으므로 이 어음채권의 시효는 이 때에 중단된 것으로 보아야 한다고 주장한다. 그러나 Y가 X에게 본건 어음채무를 시인하였거나 또는 X가 이 소송을 제기하기 직전까지 이 어음상의 권리를 행사할 당시에는 이 어음에 이른바 수취인이 X명의로 보충되어 있지 않았었으니 X는 이 어음의 소지인으로서 그 권리행사를 할 수 없는 처지에 있었다 할 것이요, 따라서 이 어음채무의 승인이나 이 어음소지인에 의한 권리행사로 말미암은 시효중단의 효력은 전혀 생길 여지가 없다 할 것이다[大判 1962. 12. 20, 62 다 680(敎材, 判決例 [160])].

[어음상의 권리의 裁判上의 청구에는 어음을 提示하지 아니하더라도 時效中斷이 있다고 본 判例]

원심은 시효완성 후의 수취인란 보충의 본건 어음은 효력이 없다 하여 X의 청구를 기각하였음이 명백하다. 그러나 백지배서로서 된 어음의 소지인은 그 백지부분을 보충하고 아니하고는 자유일 뿐 아니라 보충한다 하더라도 그 시기에 있어서 아무 제한이 없다 할 것이며 어음상의 권리에 의한 재판상의 청구에 있어서는 어음을 제시하지 아니하더라도 재판상의 청구로서 시효가 중단된다고 해석하여야 함에도 불구하고 시효완성 전에 제소됨으로써 시효가 중단되었음이 명백한 본건에 있어서 시효완성 후의 보충은 무효라고 판단하였음은 그 법리를 오해한 위법이 있다[大判 1962. 1. 31, 4294 民上 110·111(敎材, 判決例 [105])].

그러나 시효중단사유로서의 請求는 권리 위에 잠자고 있지 않음을 표시하는 사실이 있으면 족하므로, 어음시효의 중단의 효력을 발생시키는 청구는 裁判上의 請求나 裁判外의 請求를 불문하고 어음(完成어음)의 提示(및 所持)가

1) 이 때 어음割引의 原因債權에 관하여 訴를 제기한 것만으로는 그 割引된 어음상의 權利 그 자체를 행사한 것으로 볼 수 없으므로 어음債權에 관한 소멸시효 중단사유인 裁判上 請求에 해당하지 않는다[大判 1994. 12. 2, 93 다 59922(公報 984, 426)].

필요 없다고 본다(通說).[1]

재판상의 청구에서 청구원인을 변경한 경우, 처음의 소제기는 그 후의 청구원인에 대하여 시효중단의 효력이 없는데, 우리 大法院判例도 이와 同旨로 다음과 같이 판시하고 있다.

[裁判上의 請求에서 請求原因을 변경한 경우, 처음의 訴提起는 그 후의 請求原因에 대하여 時效中斷의 효력이 없다고 본 判例]

약속어음의 소지인이 피고에 대하여 처음에는 배서인으로서 어음금의 지급을 구하는 訴를 제기하다가 그 후 발행인의 상속인으로서 어음금 중 상속비율에 해당하는 금액의 지급을 구하는 것으로 청구원인을 변경한 경우, 처음의 소제기는 그 후의 청구원인에 대하여 시효중단의 효력이 없다[大判 1993. 3. 23, 92 다 50942(公報 944, 1274)].

(2) 押留 또는 假押留 · 假處分

어음상의 권리의 실현을 위하여 어음채무자의 재산에 대하여 押留(債務名義에 기하여 행하는 強制執行)(民執 24조, 56조, 188조 이하) 또는 假押留 · 假執行(強制執行을 보전하는 수단)(民執 276조 이하, 300조 이하)을 하는 경우에는 시효중단이 된다.[2] 押留 · 假押留 · 假處分은 재판상의 청구와 같이 법원에 의한 행위이기 때문에 시효중단의 효력이 있는 押留 · 假押留 · 假處分에도 어음의 提示(및 所持)가 필요없다고 본다.

(3) 承 認

어음채무자가 시효완성 전에 하는 承認도 시효중단사유가 되는데, 이 때에도 請求의 경우와 같이 어음소지인의 어음의 提示(및 所持)를 필요로 하지 않

---

1) 鄭(燦), (事例) 455면; 徐·鄭, 118면; 鄭(熙), 280면; 孫(珠), 144면; 鄭(東), 190면; 蔡, 331면; 李(基), 389~390면; 註釋, 469~470면; 註어, 509~510면 外. 同旨: 日最高判 1963. 1. 30(教材, 判決例 [156])(어음債權에 관하여 債務者를 遲滯에 빠지게 하기 위한 請求에는 어음의 提示를 필요로 하지만, 단순히 時效中斷을 위한 請求의 일종인 催告에 관하여는 반드시 어음의 提示를 수반하는 것을 요하지 않는다).

反對: 李(範), 321면(白地어음에 의한 裁判上의 請求에는 時效中斷의 效力이 없다고 하여, 上揭大判 1962. 1. 31, 4294 民上 110 · 111과도 반대의 입장을 취하고 있다); 崔(基), 359면(白地어음을 보충하지 않고 訴를 제기한 경우에는 원칙적으로 시효중단의 효력이 생기지 않는데, 다만 白地인 어음要件이 受取人 또는 확정일출급어음의 發行日과 같이 어음상의 권리의무의 내용과 무관한 때에는 時效中斷의 효력을 인정할 수 있다고 한다. 그러나 同教授, 같은 책, 621면은 어음상의 권리자가 어음을 소지하지 않고 어음채무자에 대하여 재판상 또는 재판 외의 청구를 한 경우에도 시효중단의 효력이 생긴다고 하여, 무슨 뜻인지 매우 모호하다).

2) 押留 · 假押留 · 假處分은 반드시 裁判上의 請求를 전제로 하지 않고, 判決이 있는 경우라도 다시 새로이 時效가 진행하므로 이들을 별도로 時效中斷事由로 할 필요가 있다[郭, (總則) 532면].

는다고 본다(通說).[1]

우리 大法院判例도 이와 同旨로 다음과 같이 판시하고 있다.

[어음時效 中斷事由로서의 承認에는 반드시 어음상에 표시함을 요하지 않는다고 본 判例]

어음시효 중단사유로서의 승인은 어음채무자가 어음소지인에 대하여 그 권리가 존재함을 인식하고 있다는 뜻을 표시함으로써 족하고, 반드시 기존어음에 개서하거나 새로운 어음의 발행·교부함을 요하지 아니하며 또한 채무승인에 관한 문서가 작성됨을 요하지 않는다[大判 1990. 11. 27, 90 다카 21541(公報 888, 218)].

同旨: 大判 2000. 4. 25, 98 다 63193(公報 2000, 1258)(소멸시효 중단사유로서의 승인은 시효이익을 받을 당사자인 채무자가 소멸시효의 완성으로 권리를 상실하게 될 자 또는 그 대리인에 대하여 그 권리가 존재함을 인식하고 있다는 뜻을 표시함으로써 성립한다고 할 것이며, 그 표시의 방법은 아무런 형식을 요구하지 아니하고, 또한 명시적이건 묵시적이건 불문한다); 同 1995. 9. 29, 95 다 30178; 同 1998. 11. 13, 98 다 38661.

따라서 白地어음에 의한 承認[2] 또는 喪失어음에 대한 除權判決前의 承認[3]에도 시효중단의 효력이 있다고 본다.

시효완성 후에 어음채무자가 어음채무를 承認하는 것은 시효중단사유가 될 수 없고 시효이익을 포기한 것으로 볼 수 있다.[4]

(4) 訴訟告知

1) 訴訟告知로 인한 시효중단사유는 어음에 특유한 시효중단사유이다. 환어음 또는 수표의 경우에는 배서인의 다른 배서인[5]과 발행인에 대한 청구권과 약속어음의 경우에는 배서인의 그 전자에 대한 청구권(재소구권)은 (그가 어음을 환수한 날 또는) 그가 제소된 경우에는 소장의 송달을 받은 날로부터 소멸

1) 鄭(熙), 280면; 鄭(東), 191면; 李(基), 390면; 註釋, 470면 外. 同旨: 日大判 1929. 12. 21(教材, 判決例 [158]); 同 1915. 9. 14(教材, 判決例 [157]).

2) 鄭(燦), (事例) 455면. 同旨: 註釋, 470면.
反對: 大判 1962. 12. 20, 62 다 680(教材, 判決例 [160]).

3) 同旨: 鄭(東), 191면; 李(基) 390면; 蔡, 331면; 註釋, 470면; 日大判 1930. 5. 10(教材, 判決例 [159]); 同 1930. 5. 10(教材, 判決例 [159])(約束어음의 喪失로 인하여 어음을 提示하지 못하는 경우 除權判決前에 어음債務者가 어음債務를 承認한 때에는 時效中斷의 效力이 있다고 함).

4) 同旨: 註釋, 470면; 日大判 1911. 10. 10(民錄 17, 552).

5) 이 때 '다른 背書人'을 「전자인 背書人(再遡求權) 및 引受人(어음金支給請求權)을 의미한다」고 보는 見解도 있으나(註釋, 466면), 法文上으로 보아 이와 같이 해석하는 것은 무리라고 본다. 따라서 어음법 제80조 1항의 해석에서 약속어음의 발행인도 제외된다고 본다.

시효가 진행하므로(6월이 경과하면 소멸시효가 완성함)(어 70조 3항·77조 1항 8호, 手 51조 2항), 그가 전자에 대하여 訴訟告知를 함으로 인하여 시효중단의 효력이 발생하게 하고 있다[1](어 80조 1항, 手 64조 1항). 이렇게 訴訟告知를 시효중단사유로 규정한 이유는, 배서인이 어음소지인으로부터 제소를 받아 그의 채무는 시효중단이 되었음에도 불구하고 그 전자에 대한 권리의 소멸시효는 진행하여 그가 아직 어음을 환수하지 못하여 자기의 전자에 대한 어음상의 권리를 행사할 수 없음에도 불구하고 소송절차의 진행중에 자기의 전자에 대한 권리의 소멸시효가 완성하는 것을 방지할 필요가 있기 때문이다.[2]

2) 배서인의 訴訟告知로 인하여 중단된 시효는 재판이 확정된 때로부터 다시 진행을 개시한다(어 80조 2항, 手 64조 2항). 따라서 재판확정시부터 6月의 경과로 배서인의 그 전자에 대한 권리(재소구권)는 소멸시효가 완성한다. 그러므로 재판이 확정된 경우에는 배서인은 6월 전에 어음을 환수하여 그 전자에 대하여 어음상의 권리를 행사하든가 또는 일반원칙에 의한 시효중단을 하여야 한다(民 168조 이하).

2. 效力範圍

시효중단의 효력범위는 그 중단사유가 생긴 자에 대해서만 효력이 생긴다(어 71조·77조 1항 8호, 手 52조). 그 이유는 어음行爲는 각각 독립하여 존재하기 때문이다. 따라서 共同發行人의 1인에 대하여 한 시효중단은 다른 발행인에게 영향을 미치지 않으며, 주채무자에 대한 시효중단은 그의 보증인 또는 다른 소구의무자에 대하여 영향을 미치지 않는다. 그러나 보증인 또는 소구의무자에 대하여는 시효중단을 하였으나 주채무자에 대하여는 시효중단을 하지 않아 주채무자에 대한 권리가 먼저 시효소멸한 경우에는 보증인에 대한 권리(부종성의 결과) 및 소구의무자에 대한 권리(이에 대하여는 후술함)도 소멸한다고 본다.

제 4 각 時效간의 關係

1. 遡求義務 등의 時效消滅이 主債務에 미치는 영향

각 어음채무자에 대한 시효는 각각 독립하여 효력을 발생하므로 소구의무

1) 約束어음 및 引受된 換어음이 引受되지 않은 換어음 또는 手票의 경우와 다른 점은, 전자인 背書人에 대하여 訴訟告知를 하지 않아 그에 대한 再遡求權이 6월의 경과로 時效消滅되더라도 主債務者에 대한 請求權의 時效期間은 3년이므로 主債務者에 대하여 어음상의 權利를 행사할 수 있는 점이다.

2) 同旨: 註釋, 466면.

자·보증인 등에 대한 권리가 먼저 시효소멸하여도 주채무자에 대한 권리에 영향을 미치지 않는다.

2. 主債務의 時效消滅이 遡求義務 등에 미치는 영향

주채무가 시효소멸한 경우에 소구의무 등도 소멸하는지 여부에 대하여, 어음채무의 독립성을 강조하여 이의 소멸을 부정하는 否定說(日本의 少數說)[1]과 소구의무 등의 종속성(부종성)을 강조하고 소구권을 행사하기 위하여는 유효한 어음을 반환하여야 한다는 점(어 50조 1항·77조 1항 4호, 手 46조 1항) 등에서 이의 소멸을 긍정하는 肯定說(通說)[2]이 있다.

생각건대 否定說도 일리는 있으나, 소구의무를 인정한 원래의 취지에서 볼 때 肯定說이 타당하다고 본다.[3] 주채무가 시효소멸된 경우에 주채무의 보증채무도 소멸하는 것은 附從性의 법리에서 당연하다. 이렇게 보면 주채무가 시효소멸하면 다른 어음채무는 모두 소멸되므로 어음소지인은 利得償還請求權만을 갖는다고 볼 수 있다. 이러한 시효소멸의 항변은 物的 抗辯(證券上의 抗辯)으로 어음채무자는 누구에 대하여도 대항할 수 있다.

제3절 利得償還請求權[4]

제1 意 義

1. 認定理由

어음채무자의 책임의 嚴格性(無因證券性 등으로 인한)을 완화하기 위하여 어음法은 어음상의 권리의 소멸원인으로 短期消滅時效와 遡求權保全節次의 欠缺을 규정하고 있다. 그 결과 어음채무자가 어음채무를 면하는 데도 불구하고 原因關係上의

1) 伊澤, 223면.

2) 鄭(熙), 281~282면; 徐·鄭, 119면; 梁(承), 196면; 鄭(東), 192면; 孫(珠), 144면; 崔(基), 622면; 姜, 175면; 姜, (어) 201면; 李(基), 392면; 蔡, 330면; 註釋, 467면 外.

3) 鄭(燦), (事例) 452면.

4) 利得償還請求權에 관한 상세한 論文으로는 鄭燦亨, "利得償還請求權,"「法學碩士學位論文」(서울大, 1977. 2); 同, "어음法上의 利得償還請求權,"「月刊考試」, 제242호(1994. 3), 81~94면; 梁承圭, "利得償還請求權,"「法學」(서울大), 제12권 1호(1971. 6), 101면 이하; 吳炳善, "利得償還請求權,"「司法論集」, 제7집, 305면 이하; 朴贊雨, "어음·手票의 利得償還請求權에 관한 硏究,"「法學博士學位論文」(延世大, 1998. 2) 등이 있다.

對價나 어음資金을 계속 보유하게 되는 불공정한 일이 있다. 이에 어음法은 實質關係를 고려하여 어음채무자가 이익을 받은 한도에서 소지인에게 상환하게 하는 제도를 두었는데, 이것이 利得償還請求權(Bereicherungsanspruch)이다. 이것은 어음法이 形式性을 중시한 데서 생기는 實質上의 불공평을 제거하기 위하여 어음소지인에게 인정된 권리로, 어음法上의 權利이며 獨法系 어음法에 특유한 제도이다.

제네바 어음法統一條約 제 1 부속서에는 이득상환청구권에 대하여 아무런 규정이 없고, 同 제 2 부속서는 이득상환청구권에 관하여 각국의 國內法에 일임하고 있다(同 15조). 이에 따라 우리 나라는 獨逸 · 日本 등의 獨逸法系 국가[1]들과 같이 어음 · 手票法에 각각 利得償還請求權制度를 규정하게 된 것이다.[2] 그러나 英美法에서는 어음소지인에게 자기의 전자의 모든 양도인에 대하여 擔保責任(transfer warranties)을 물을 수 있도록 하여 어음소지인을 보호하고,[3] 특별히 어음소지인에게 이득상환청구권을 인정하지 않고 있다.[4] 프랑스法에 있어서는 商法 중에 어음資金에 관한 규정이 있어서(프랑스 商 116조), 어음상의 권리를 상실하더라도 자금상의 권리를 행사할 수 있기 때문에 이득상환청구권을 특히 필요를 하지 않는다.[5] 伊太利法의 해석에서도 資金關係上의 權利를 제한적이기는 하나 인정하고 있다.

2. 概 念

이득상환청구권은 위에서 본 바와 같은 이유로 어음法과 手票法에서 각각 규정되고 있는데, 어음法 제79조는 「환어음 또는 약속어음에서 생긴 권리가

---

1) 獨逸과 日本은 統一法을 채용하기 전부터 利得償還請求權制度를 규정하고 있었다[田中(誠) 外(共編), 「手形法 コンメンタール」, 1971, 1092면].

2) 우리 어음 · 手票法의 利得償還請求權에 관한 규정은 日本의 그것과는 동일하고, 獨逸의 것과는 약간 상이하다. 이에 관하여는 鄭燦亨, 前揭 碩士學位論文, 8~17면 참조.

3) B. E. A. §§55(2), 58(3); U. C. C. §3-416; 協約 45조.

4) 美國 統一商法典은 1990년 改正에 의하여 어음소지인의 어음채무자에 대한 出訴期間에 관하여 특별히 규정하고 있으나(U.C.C. §3-118), 이 기간은 統一어음法上 어음상 권리의 時效期間보다 훨씬 長期이다. 또한 美國 統一商法典上 환어음의 發行人은 銀行이 同어음을 引受한 경우에는 언제 또 누가 引受하였는지를 불문하고 免責되고[U.C.C. §3-414(c)], 또 수표가 발행일자 후 30일 내에 지급제시가 되지 않거나 또는 추심을 위하여 예치은행에 교부되지 않으면 지급은행은 30일 경과 후 수표를 지급하지 않고 지급정지를 할 수 있는데 이 때 手票의 發行人은 支給人에 대하여 자금관계상 가지는 권리를 수표상의 권리자에게 양도함으로써 수표상의 채무를 면하므로[U.C.C. §3-414(f)], 이러한 경우에는 發行人의 利得을 문제삼을 여지도 없다.

5) 徐·鄭, 124면; 李(基), 392~393면; 蔡, 345면; 鈴木 · 大隅(5), 128면 註 1.

節次의 欠缺로 인하여 소멸한 때나 그 消滅時效가 완성한 때라도 소지인은 發行人 · 引受人 또는 背書人에 대하여 그가 받은 利益의 한도 내에서 상환을 청구할 수 있다」고 규정하고 있고, 手票法 제63조는 「수표에서 생긴 권리가 節次의 欠缺로 인하여 소멸한 때나 그 消滅時效가 완성한 때라도 소지인은 發行人 · 背書人 또는 支給保證을 한 支給人에 대하여 그가 받은 利益의 한도 내에서 상환을 청구할 수 있다」고 규정하고 있다.

따라서 환어음의 발행인이 원인관계에서 대가를 받고 어음을 발행하였는데 아직 지급인(인수인)에게 자금을 공급하기 전에 어음소지인의 어음상의 권리가 節次의 欠缺 또는 時效로 소멸한 경우, 약속어음 또는 수표의 발행인이 매매대금의 지급조로 약속어음 또는 수표를 발행하였는데 同어음(수표)의 소지인이 節次의 欠缺 또는 時效로 인하여 어음(수표)상의 권리를 상실한 경우 등에는, 각 어음(수표)소지인은 發行人에 대하여 이득상환청구권을 행사할 수 있다.

제 2 法的 性質

이득상환청구권의 법적 성질에 대하여 여러 가지로 나뉘어 있는데, 이의 법적 성질을 무엇으로 보느냐에 따라 그 權利의 讓渡方法 · 行使方法 · 擔保權의 移轉 · 時效期間 등에서 차이가 있다. 이득상환청구권의 법적 성질을 어떻게 볼 것인가에 대하여는 크게 민법상의 권리와 관련하여 파악하려는 指名債權說과 어음상의 권리와 관련하여 파악하려는 殘存物說로 나뉘어 있다.

1. 指名債權說

이득상환청구권은 형평의 관념에서 法이 특히 인정한 특별한 청구권으로서 民法上 指名債權의 일종이라고 한다. 이 견해가 우리 나라의 通說이며,[1] 다음과 같이 우리 大法院의 일관된 판례의 입장이다.

[利得償還請求權의 법적 성질을 指名債權으로 본 判例]

이득상환청구권은 법률의 직접 규정에 의하여 어음의 효력이 소멸 당시의 소지인에게 부여된 지명채권에 속한다[大判 1970. 3. 10, 69 다 1370 (大集 18 ① 民 191)].

同旨: 1972. 5. 9, 70 다 2994(判總 9-1, 1074-3)(이득상환청구권은 법률의

1) 徐·鄭, 125면; 鄭(東), 195면; 崔(基), 631면; 蔡, 347면; 姜, (어) 213면 外.

직접 규정에 의하여 수표의 효력이 소멸 당시의 소지인에게 부여된 지명채권에 속하므로 지명채권양도방법에 의하여 양도할 수 있다) 外.

이득상환청구권을 민법상의 권리와 관련하여 파악하는 다른 견해로 이득상환청구권을 民法上 損害賠償請求權 또는 不當利得返還請求權으로 파악하는 견해가 있다.[1] 그러나 이득상환청구권은 어음債務者의 債務不履行(民 390条)이나 不法行爲(民 750条)로 인하여 발생하는 것이 아니고 오히려 어음채권자(어음소지인)가 권리행사를 게을리함으로 인하여 발생하는 것이므로 民法上 이러한 損害賠償請求權이 될 수 없고, 또한 어음채무자의 이득이 「법률상 원인 없이」 발생한 것도 아니며 「어음채권자의 재산 또는 노무로 인하여」 발생한 것도 아니므로 民法上 不當利得返還請求權(民 741条)이 될 수 없다고 본다.

2. 殘存物說

이득상환청구권은 실질관계상 어음상의 권리와 연결되어 있고, 또 어음채무자가 실질관계상 취득한 이득이 아직도 남아 있다는 것을 전제로 하여 어음상의 권리의 소멸로 인한 실질관계상의 불균형을 시정하기 위하여 인정된 제도임을 감안한다면, 이것은 소멸한 어음상의 권리의 殘存物(Residium od Überbleibsel)이라고 할 수 있으며 이러한 의미에서 특별한 請求權이라고 한다. 이 견해는 우리 나라에서는 少數說이나,[2] 獨逸에서는 通說이다.[3]

이득상환청구권을 어음상의 권리와 관련하여 파악하는 다른 견해로 變形物說이 있다. 이러한 變形物說에 의하면 「이득상환청구권은 어음상의 권리와 비교하여 볼 때 모든 어음채무자에 대하여 청구할 수 있는 권리가 아니라 실질관계상 이득을 본 어음채무자에 대하여만 그 이득의 반환을 청구할 수 있게 되었다는 의미에서 어음상의 권리가 변형한 것이며, 어음상의 권리가 양적 또는 조건적으로 제한된 동질 내지 유사한 다른 권리로 변형하여 성립된 것」이라고 한다.[4] 그러나 이러한 變形物說을 殘存物說과 비교하여 볼 때 그 표현만

1) 朴贊雨, 前揭 博士學位論文, 35면(이득상환청구권을 민법상의 부당이득반환청구권의 특수한 유형으로 봄); 同, "利得償還請求權의 法的 性質,"「商事法硏究」, 제20권 1호(2001), 100~101면; 日大判 1905. 11. 25(金判總〈下〉, 443)(이득상환청구권을 不當利得返還請求權으로 파악함); Hueck/Canaris, S. 156 f.(이득상환청구권을 民法上 不當利得返還請求權의 특수형태로 파악함).

2) 鄭(熙), 286면.

3) Ulmer, S. 271 f.; Baumbach/Hefermehl, Art. 89 Rdn. 1 外.

4) 鈴木, 309~310면 및 311면 註 5; 鈴木 · 大隅, 講座(5), 131면 및 132면 註 5(殘存物說과

다르지 그 내용은 본질적으로 殘存物說과 동일 또는 유사하게 볼 수 있으므로, 變形物說을 넓은 의미의 殘存物說에 포함시키는 것이 간명하다고 본다.

[私 見]

생각건대 이득상환청구권은 어음상의 권리와 관련성이 있음은 사실이나 「어음행위와는 無關하게 발생하고 또 어음상의 권리가 소멸한 후에 발생하므로 어음상의 권리와 동질 또는 유사한 권리가 될 수 없다는 점」에서 볼 때, 이득상환청구권을 어음상의 권리와 관련하여 어음상의 권리의 殘存物(또는 變形物)로 볼 수는 없고 民法上의 권리와 관련하여 파악할 수밖에 없다. 民法上의 권리와 관련하여 보는 경우에도 이를 위에서 본 바와 같이 民法上 損害賠償請求權이나 不當利得返還請求權으로 볼 수는 없으므로 (어음)法이 특별히 인정하는 일종의 指名債權이라고 보는 것이 가장 무난하다고 본다.[1] 殘存物說(또는 變形物說)은 이득상환청구권을 어음상의 권리와 관련하여 실질적으로 파악하고 있으나, 이득상환청구권은 어음상의 권리가 소멸한 후에 발생하는 권리라는 점, 또 殘存物說(또는 變形物說)에 의하면 어음상의 권리가 소멸된 후의 어음은 이득상환청구권을 표창하는 有價證券으로서 다시 기능하게 되어 어음상의 권리의 소멸 전후에 큰 차이가 없게 되는데 이것은 어음法이 遡求權保全節次 또는 단기의 消滅時效期間을 둔 입법목적에 너무나 반하는 점 등에서 볼 때 타당하지 않다고 본다.[2]

제3 當 事 者

1. 權 利 者

1) 이득상환청구권자는 「어음상의 권리가 절차의 欠缺 또는 時效로 인하여 소멸할 당시의 정당한 어음소지인」이다. 이 때의 어음소지인은 어음상의

동일시함); 田中誠二·山村忠平·堀口亘(共編), 「手形法 コンメンタール」(東京: 勁草書房, 1971), 1095면(殘存物說과 구별함); 日大判 1931. 12. 1(基判 936), 日最高判 1967. 3. 31(金法 463, 31) 外.

梁承圭, 前揭 法學, 101면 및 梁·朴, 707면은 기본적으로 指名債權說의 입장이면서 「어음·手票上의 權利가 꼴바꿈을 한 특수한 權利로서의 指名債權에 속하는 것이다」고 설명한다. 그러나 梁(承), 202면은 「利得償還請求權은 어음상의 權利의 變形이라 할 수 있으므로 어음상의 權利의 殘存物 내지는 變形物로 보는 것이 옳을 것이다」고 한다.

1) 鄭燦亨, 前揭 碩士學位論文, 32~35면.

2) 同旨: 鄭(東), 195면; 崔(基), 630~631면; 李(基), 394면.

권리를 연속하는 배서에 의하여 취득하거나, 상속 등에 의하여 취득하거나, 배서인이 상환을 하고 어음을 환수하여 취득하는 자 등으로 어음상의 권리가 소멸할 당시에 어음상의 권리를 행사할 수 있었던 자이다. 어음상의 권리의 소멸 당시에는 실질적인 어음상의 권리자가 그가 소지한 어음이 배서의 연속이 결여되어 형식적으로 어음상의 무권리자가 된 경우에는, 그러한 實質的 權利者는 자기가 실질적 권리자임을 입증하여 어음상의 권리를 행사할 수 있으므로(通說·判例) 이득상환청구권을 취득한다고 본다.[1] 또한 期限後背書에 의하여 어음상의 권리를 양수한 자도 어음상의 권리의 소멸 당시 어음을 소지하고 있으면 물론 이득상환청구권자이다(通說).[2] 入質背書(어조 19조, 1항 77 1호)의 被背書人은 그에게 독립적·경제적 이익이 있으므로 그가 질권의 목적으로 취득한 어음상의 권리가 시효기간의 경과 또는 절차의 흠결로 소멸하면 어음法의 규정에 의하여 이득상환청구권을 취득한다고 보고, 공연한 推尋委任背書의 被背書人은 그가 행사할 수 있는 권리에 이득상환청구권이 포함되는 것으로 해석되므로 推尋委任背書人을 위하여 이득상환청구권을 행사할 수 있으며, 숨은 推尋委任背書의 被背書人은 信託讓渡說에 의하면 원칙적으로 어음상의 권리를 취득하므로 이득상환청구권을 취득한다고 본다.[3]

그러나 白地어음의 소지인이 백지보충권의 행사기간까지 백지보충권을 행사하지 않은 경우에는 어음상의 권리를 취득하지 못하므로 同어음이 시효기간의 경과 또는 절차의 흠결이 있더라도 同어음의 소지인은 이득상환청구권을 취득하지 못한다(通說).[4] 우리 大法院判例도 이와 同旨에서 다음과 같이 판시하고 있다.

[白地어음의 소지인은 利得償還請求權을 취득하지 못한다고 본 判例]

어음상의 권리가 시효로 인하여 소멸하고 채무자가 이로 인하여 이득을 보고 있는 경우에도, 시효기간까지 소지인이 수취인으로서 보충권을 행사하고 있지 않은 때에는 그 소지인은 어음에서 생긴 권리의 소멸 당시에 아직 어음상의 권리를 가지고 있지 않았다 할 것이므로 이득상환청구권을 행사할 수 없다[大判 1962. 12. 20, 62 다 680(判總 11-2, 1042-2)].

---

1) 同旨: 註釋, 511면; 李範燦, "利得償還請求權,"「考試界」, 1970. 3, 31면; 崔(基), 632면. 反對: 朴(元), 517면; 日大判 1930. 9. 17.

2) 同旨: 鄭(熙), 290면; 梁·朴, 709면; 梁(承), 206면; 註釋, 511면 外.

3) 同旨: 註釋, 511면(入質背書에 대하여); 徐(廷), 245면(숨은 推尋委任背書에 대하여).

4) 鄭(東), 200면; 孫(珠), 154면; 徐(廷), 244면; 註釋, 508면, 656면 外.
反對: 梁承圭, 前揭 法學, 102~103면; 梁·朴, 709면; 李範燦, 前揭 考試界(1970. 3), 32면; 鄭燦亨, 前揭 碩士學位論文, 42면은 本文과 같이 見解를 바꾼다.

2) 어음상의 권리가 소멸할 당시에 어음상의 권리를 행사할 수 없었던 자라도 利得償還請求權者로부터 同權利를 讓受한 者는 이득상환청구권을 행사할 수 있음은 물론이다. 이 때의 이득상환청구권의 양수는 상속 · 합병 등과 같은 包括承繼에 의하여 양수할 수도 있고, 利得償還請求權의 讓渡方法에 의하여 양수할 수도 있다.

이득상환청구권의 양도방법에 의한 양수는 同권리의 법적 성질을 무엇으로 보느냐에 따라 다른데, 同권리의 법적 성질을 指名債權으로 보면 指名債權의 讓渡方法에 따라서 양수하여야 하므로 채무자에 대한 對抗要件(通知 또는 承諾)을 갖추어야 한다(通說·判例). 그런데 이득상환청구권의 법적 성질을 指名債權으로 보는 判例에서는「은행발행의 自己앞手票」에 한하여 예외적으로 手票의 讓渡方法에 의하여 이득상환청구권이 양도된다고 한다[1](이에 관하여는 뒤의 自己앞手票의 利得償還請求權의 양도방법에서 상술함). 그러나 이득상환청구권의 법적 성질을 어음상의 권리의 殘存物로 보는 설에 의하면 民法上 對抗要件을 갖추지 않아도 어음의 讓渡方法만으로 이득상환청구권이 양도된다고 한다(少數說).[2]

3) 이득상환청구권의 취득에 證券(또는 除權判決)의 所持를 요하는가에 대하여 不要說[3]과 必要說[4]로 나뉘어 있는데, 不要說이 타당하다고 본다. 必要說은 어음法 제79조(手63조)의 조문에 충실한 해석이나, 同條에서「所持人」이란 반드시 증권을 현실로 소지하고 있는 자만을 의미한다고 볼 수 없으며, 또 이득상환청구권의 법적 성질을 指名債權으로 보는 한 不要說이 타당하다고 본다.[5] 따라서 不要說에 의하는 한 어음상의 권리가 존속하는 동안 어음을 도난당한 자는 어음상의 권리의 善意取得者가 없는 한 어음상의 권리가 節次의 欠缺 또는 時效로 소멸한 경우에는 除權判決을 받지 않더라도 이득상환청구권을 취득한다.

2. 義務者

1) 利得償還義務者는 어음의 경우는 發行人 · 背書人 및 引受人(환어음에 한함)이고, 수표의 경우는 發行人 · 背書人 및 支給保證人이다. 따라서 인수하지 않은 支給人이나 支給擔當者가 이득상환의무자가 될 수 없음은 당연하다.

---

1) 大判 1976. 1. 13, 70 다 2462(大集 24 ① 民 1) 이후의 判例의 입장.
2) 鄭(熙), 290면.
3) 日最高判 1959. 6. 9(金法 551, 120).
4) 日大判 1930. 9. 17.
5) 鄭(燦), 前揭 碩士學位論文, 59～60면.

그런데 이득상환의무자의 어음保證人이나 參加引受人도 이득상환의무자가 절대로 될 수 없는지에 대하여는 의문이 있다. 이에 대하여 이러한 자는 이득상환의무자가 될 수 있다는 견해도 있으나,[1] 우리 나라의 通說은 이득상환의무자가 될 수 없다고 한다.[2] 생각건대 어음保證人 또는 參加引受人은 현행 어음法·手票法의 解釋으로는 이득상환의무자가 될 수 없으나, 立法論上은 이득상환의무자에 포함시킬 수 있다고 본다.

2) 이득상환의무자는 보통 發行人(및 환어음의 경우는 引受人, 手票의 경우는 支給保證人)인데, 背書人이 이득상환의무자가 되는 경우는 보통의 讓渡背書에서는 발생하지 않고 형식적으로는 背書人이지만 실질적으로 發行人과 같은 지위에 있는 경우에 발생한다.[3] 예컨대 어음의 發行人이 背書人의 어음채무를 보증하는 의미로 어음을 발행하고 同어음의 受取人 겸 背書人이 同어음을 제 3 자에게 배서하여 대가를 취득한 경우에는, 發行人은 이득을 얻지 못하고 背書人이 이득을 얻었으므로 이득상환의무자는 發行人이 아니라 背書人이다. 따라서 背書人이 보통의 讓渡背書에서 전자에게 지급한 대가와 배서에 의하여 후자로부터 받은 대가와의 차액은 이득상환청구권의 대상인 이득이 아니므로, 그러한 背書人은 이득상환의무자가 아니다.

제 4 發生要件

1. 어음上의 權利가 有效하게 존재하고 있었을 것

어음소지인은 形式的으로나 實質的으로나 완전한 어음상의 권리를 취득하고 있었어야 한다. 따라서 不完全어음의 소지인이나, 未完成어음(白地어음)의 소지인은 이득상환청구권을 취득할 수 없다고 본다(通說).[4] 우리 大法院判例도 白地어음의 소지인은 이득상환청구권을 취득하지 못한다는 취지로 판시하고 있는 점은 앞에서 본 바와 같다.[5]

---

1) 鈴木·大隅, 講座, 139면; 日大阪地判 1970. 2. 20; Michaelis, *Wechselrecht,* 1932, Art. 83 Anm. 5.

2) 鄭(熙), 291면; 梁(承), 207면; 鄭(東), 202면; 蔡, 353면; 註釋, 511면 外.

3) 獨逸의 어음法은 背書人을 利得償還義務者로 규정하고 있지 않다(Art. 89).

4) 鄭(東), 195면; 徐(廷), 244면; 李(基), 400면; 註釋, 508면, 656면 外.
反對: 梁(承), 前揭 法學, 102~103면; 梁(承), 203면; 李(範), 302면; 蔡, 347면.

5) 大判 1962. 12. 20, 62 다 680(判總 11-2, 1042-2).

2. 어음上의 權利가 節次의 欠缺 또는 時效로 인하여 消滅하였을 것

어음상의 권리가 「節次의 欠缺」 또는 「時效」로 인하여 소멸한 경우에만 이득상환청구권이 발생하고, 그 이외의 사유(예컨대, 채무의 면제 · 지급 등)로 인하여 소멸한 경우에는 이득상환청구권이 생기지 않는다. 「節次의 欠缺」로 인하여 어음상의 권리가 소멸하는 경우란 소구권을 보전하기 위한 실질적 요건 및 형식적 요건을 흠결한 경우를 의미한다. 따라서 주채무자에 대하여는 절차의 흠결로 인하여 이득상환청구권이 발생하는 경우는 없다. 「時效」로 인하여 어음상의 권리가 소멸하는 경우란 각 어음채무자에 대한 어음상의 권리의 시효기간(어 70조 · 77조 1항 8호, 手 51조 · 58조)이 경과함을 의미한다. 어음상의 권리가 節次의 欠缺 또는 時效로 인하여 소멸함에는 어음소지인의 過失有無를 불문한다.[1)]

3. 어음所持人은 다른 救濟手段을 갖지 아니할 것

어음소지인은 다른 어음채무자에 대하여 어느 정도의 다른 구제수단을 갖지 않아야 하느냐에 대하여 다음과 같이 3개의 견해가 있다.

1) 첫째는 어음소지인이 모든 어음채무자에 대한 관계에서 어음상의 권리가 소멸되었음은 물론, 他에 民法上의 구제수단까지 갖지 아니하는 경우에 한하여 이득상환청구권이 발생한다는 견해가 있다.[2)]

우리 大法院判例는 일관하여 이 견해에서 다음과 같이 판시하고 있다.

[利得償還請求權이 발생하기 위하여는 어음소지인이 어음상의 권리가 전부 소멸되었음은 물론 민법상의 구제수단까지 없어야 한다고 본 判例]

이득상환청구권을 인정하는 것은 그 소지인이 어음법상 또는 민법상의 다른 구제방법이 없는 경우에 발행인으로 하여금 이득을 취득케 하는 것은 불공평하다는 데서 나온 것인데 본건에서 원고(소지인)는 특단의 사유가 없는 한 同약속어음상의 권리와 소비대차로 인한 채권을 병유하고 있고 또 소비대차로 인한 민법상의 채권을 행사할 수 있는 이상 이득상환청구권을 행사할 수는 없는 것이다(이 판결은 이득상환청구권의 발생요건에 관한 리딩 케이스이다 ── 저자註) [大判 1959. 9. 10, 4291 民上 717(大集 7 民 213)].

同旨: 어음에 관한 判例로는 1963. 5. 15, 63 다 155(大集 11 ① 民 320); 同 1970. 3. 10, 69 다 1370(大集 18 ① 民 191) 등이 있고, 수표에 관한 판례로는 大

---

1) 同旨: 鄭(東), 196면; 梁(承), 204면.

2) 朴(元), 515~516면; 李(哲), 193면.

判 1962. 2. 15, 4294 民上 1065(카드 7225); 同 1964. 12. 15, 64 다 1030(大集 12 ② 民 200), 同 1965. 4. 13, 64 다 1112(카드 1819); 同 1965. 12. 28, 65 다 2163 (카드 1515); 同 1965. 8. 31, 65 다 1447(카드 1796) 등이 있다.

2) 둘째는 어음소지인이 모든 어음채무자에 대한 관계에서 어음상의 권리가 소멸되면, 他에 民法上의 구제수단을 갖고 있더라도 이득상환청구권이 발생한다는 견해가 있다.[1]

3) 셋째는 어음소지인이 이득상환청구를 하는 상대방에 대한 관계에서 어음상의 권리가 소멸하기만 하면, 他에 民法上의 구제수단을 갖고 있음은 물론 다른 어음채무자에 대한 관계에서 어음상의 권리가 존재하는 경우에도 이득상환청구권이 발생한다는 견해가 있다.[2] 이 견해는 그 근거를 다른 어음채무자가 무자력인 경우에 어음소지인을 보호할 필요가 있다는 점, 상환의무자가 반드시 소지인의 손실에서 이득한 것을 요하지 아니하는 점(民 741조 대조) 등에서 구하고 있다.[3]

생각건대 첫째의 견해는 이득상환청구권이 어음상의 권리에 기초를 두고 있다는 점을 너무 소홀히 하고 또 어음소지인(채권자)에게 너무 가혹하다는 점 등에서 타당하지 않으며, 셋째의 견해는 어음상의 권리가 소멸되기 전후에 있어서 어음소지인의 권리에 큰 차이가 없게 되어 (어음상의 권리가 소멸된 후에 비로소 발생하는 권리인) 이득상환청구권의 인정취지에 어긋나고 또 어음소지인을 불필요하게 너무 과보호하는 점 등에서 타당하지 않다고 본다. 따라서 둘째의 견해가 가장 타당하다고 본다.[4] 그러므로 어음소지인은 모든 어음채무자에 대한 어음상의 권리가 소멸하기만 하면 이득상환청구권을 행사할 수 있는데, 다만 형식상 다른 어음채무자에 대하여 어음상의 권리가 있다고 하더라도 그가 무자력이어서 실질상 어음상의 권리를 행사할 수 없다면 그에 대한 어음상의

1) 鄭(熙), 289면; 鄭(東), 197면; 崔(基), 638~639면; 金(容), 278면; 徐(廷), 247면; 姜, (어) 220면; 李(基), 401면; 蔡, 350면. 同旨: 日大判 1928. 1. 9(基判 926)(利得償還請求權이 생기는 데에는 다른 모든 어음債務者에 대한 관계에서 어음상의 權利가 소멸되었음을 요하므로 換어음의 所持人이 그 發行人에 대하여 時效의 완성 또는 節次의 欠缺로 인하여 어음상의 권리를 잃더라도 그 어음에 引受人이 있는 때에는 그에 대하여 어음상의 권리를 행사할 수 있으므로 소지인은 發行人에 대하여 利得償還請求權을 갖지 않고, 다만 引受人이 無資力한 경우에만 위 請求權을 갖는다); 同 1931. 11. 1(鈴木 · 大隅, 講座 151면 註 14)(어음所持人이 背書人에 대하여 原因債權을 가지고 있음에도 불구하고 發行人에 대하여 利得償還請求權을 가진다고 함).

2) 徐·鄭, 127~128면; 孫(珠), 154~155면; 梁·朴, 708면; 梁(承), 205면; 李(範), 302면.

3) 徐·鄭, 127~128면. 이에 대한 批判으로는 鄭燦亨, 前揭 碩士學位論文, 83면 참조.

4) 鄭燦亨, 前揭 碩士學位論文, 81~83면; 鄭(燦), (事例) 458면.

권리도 소멸하였다고 의제하여 이득상환청구권을 인정하여야 할 것으로 본다.[1]

4. 어음債務者가 利得하였을 것

1) 어음채무자의 이득이란 어음채무자가 어음채무를 면한 것을 의미하는 것이 아니라, 實質關係에서 현실로 발생한 재산상의 利益을 의미한다. 이러한 利益은 적극적으로 대가 또는 자금을 취득한 경우뿐만 아니라, 소극적으로 기존채무를 면한 경우 등을 포함한다. 구체적으로 보면 약속어음 및 수표의 發行人의 경우는 원인관계상 수취인으로부터 받은 대가가 이득이 되며, 환어음의 發行人의 경우는 원인관계상 수취인으로부터 대가를 받고 자금관계상 인수인에게는 자금을 공급하지 않으면 이득이 발생한다. 환어음의 引受人 및 수표의 支給保證人의 경우는 자금관계상 발행인으로부터 자금을 공급받고 발행인도 원인관계상 대가를 결정적으로 취득하는 경우에 이득이 발생한다. 환어음 · 약속어음 및 수표의 背書人의 경우는 후자인 피배서인으로부터 원인관계상 대가를 얻은 것만으로는 부족하고, 배서인이 어음자금의 제공의무자이거나 또는 전자에 대하여 대가를 지급하지 않았어야 이득이 발생한다.[2] 이와 같이 어음채무자의 利得有無는 어음의 實質關係와 밀접히 관련되어 있다.

어음채무자의 이득과 관련하여 우리 大法院判例에 나타난 것을 보면 다음과 같은 것들이 있다.

[銀行發行의 自己앞手票의 경우에는 銀行이 手票金額만큼 利得한 것으로 推定한다고 본 判例]

은행발행의 자기앞수표의 경우에는 은행이 수표금액만큼 이득을 한 것으로 추정한다[大判 1961. 7. 31, 4293 民上 841(教材, 判決例 [181])].

[原因關係에 있는 債務의 지급을 위하여 約束어음을 발행한 자는 原因債務도 소멸하여야 利得한 것으로 본다는 判例]

원인관계에 있는 채권의 지급을 위하여 약속어음을 발행한 경우에는 그 약속어음이 전전유통되어 최후의 어음소지인이 시효기간의 경과 등으로 어음상의 권리를 상실한 경우라도 발행인의 원인채무는 그대로 존속하는 것이므로, 발행인은 어음금액 상당의 이득을 얻고 있다고 할 수 없다[大判 1993. 7. 13, 93 다 10897(公報 952, 2271)].

同旨: 大判 1992. 3. 31, 91 다 40443(公報 920, 1417); 同 1993. 3. 23, 92 다

1) 同旨: 鄭(熙), 287면; 前揭 日大判 1928. 1. 9.

2) 이에 관한 상세는 鄭燦亨, 前揭 碩士學位論文, 89~121면 참조.

50942(公報 944, 1275); 同 1993. 10. 22, 93 다 26991(公報 958, 3154)(이 판결에 반대하는 취지의 評釋으로는 崔基元, 「法律新聞」, 제2295호, 51면).

[보증채무의 담보조로 발행하거나 배서한 어음이 시효소멸되어도 (그 보증인에게는 이득이 없으므로) 이득상환청구권이 발생하지 않는다고 본 判例]

원인관계상의 채무를 담보하기 위하여 어음이 발행되거나 배서된 경우에는 어음채권이 시효로 소멸되었다고 하여도 발행인 또는 배서인에 대하여 이득상환청구권은 발생하지 않는다고 할 것인바, 이러한 이치는 그 원인관계상의 채권 또한 시효 등의 원인으로 소멸되고 그 시기가 어음채무의 소멸시기 이전이든지 이후이든지 관계없이 마찬가지라고 보는 것이 당원의 견해이다(대법원 1993. 10. 22 선고, 93 다 26991 판결; 대법원 1992. 3. 31 선고, 91 다 40443 판결; 대법원 1963. 5. 15 선고, 63 다 155 판결 등 참조).

따라서 위 판례의 법리에 의하면, 원심 인정대로 피고의 위 어음에의 배서가 피고의 원고에 대한 보증채무의 담보를 위한 것이라면, 피고의 배서인으로서의 어음채무가 시효로 소멸되었다고 하여도 피고에 대한 이득상환청구권은 발생하지 않는다고 할 것이다[大判 2000. 5. 26, 2000 다 10376(公報 2000, 1518)].

어음채무자의 이득은 民法上 부당이득과는 달리 이득이 현존할 필요가 없고, 어음채무자가 일단 이득을 한 이상 그 후에 다른 사정에 의하여 그 이득을 상실하여도 무방하다(通說).[1]

2) 어음소지인의 損害는 요건이 아니다.[2] 따라서 어음소지인은 어음의 취득에 있어서 대가를 제공하지 않았거나 또는 기타의 손해를 입지 않아도 무방하다.

우리 나라의 判例도 이와 同旨에서 다음과 같이 판시하고 있다.

[어음所持人의 損害는 利得償還請求權의 發生要件이 아니라고 본 判例]

어음법 제79조의 이득상환청구권을 행사함에는 소지인에 있어서 어음취득에 대하여 대가를 제공하고 손실을 입었다는 것을 필요로 하지 않는다[朝高判 1933. 2. 3 (判總 11-2, 1041)].

---

1) 徐·鄭, 129면; 梁·朴, 708면; 梁(承), 205면; 鄭(東), 198면; 崔(基), 646면; 蔡, 352면; 註釋, 510면 外.

2) 獨逸 어음法은 어음所持人의 損害를 요건으로 규정하고 있다(§89 ①). 그러나 이의 해석은 「어음상의 權利가 소멸함으로 인하여 어음金支給의 기대를 상실하는 것」(抽象的 損害說)으로 해석하기 때문에, 결과에 있어서는 우리의 경우와 같다[鄭燦亨, 前揭 碩士學位論文, 123~124면. 同旨: 鄭(東), 198면].

제 5 讓 渡

이득상환청구권의 양도에서는 同권리의 법적 성질을 무엇으로 보느냐에 따라 다음과 같이 그 讓渡方法, 善意取得 및 擔保移轉 등이 달리 설명된다.

1. 讓渡方法

(1) 指名債權說(通說·判例)

이득상환청구권의 법적 성질을 指名債權으로 보는 견해에 의하면 同권리의 양도방법도 「指名債權의 양도방법」에 의하여야 한다고 한다. 따라서 이득상환청구권을 양도한 경우에는 별도의 채권양도의 對抗要件인 채무자에 대한 通知 또는 채무자의 承諾이 있어야 채무자 및 기타 제 3 자에게 대항할 수 있다고 한다(民 450조)(通說).[1] 또한 이 견해에서는 이득상환청구권의 양도에 證券의 交付를 요하지 않는다고 한다(不要說).[2] 앞에서 본 바와 같이 本書는 이득상환청구권의 법적 성질을 指名債權으로 보기 때문에 同권리의 양도도 指名債權의 양도방법에 의하여야 한다고 본다.[3]

따라서 이러한 指名債權說에 의하면 어음상의 권리가 소멸되고 이득상환청구권이 발생한 후에 증권상에 한 배서(또는 교부)는 어음상의 권리의 양도로서의 효력은 없으나, 이득상환청구권의 양도의 합의가 있었던 것으로 인정할 수 있으므로, 당사자간에는 同권리의 양도의 효력이 있으나 다만 채무자 기타 제 3 자에게 대항할 수 없을 뿐이라고 보아야 할 것이다.[4]

우리 大法院判例도 通說과 같이 이득상환청구권(은행발행의 자기앞수표에서 발생한 이득상환청구권은 제외)은 指名債權의 양도방법에 의하여 양도된다고 일관하여 다음과 같이 판시하고 있다.

[어음에서 발생한 利得償還請求權의 양도방법에 관한 判例]

어음法 제79조의 이득상환청구권은 지명채권이므로 지명채권의 양도방법에 의하여 양도될 수 있는 것이고, (약속)어음상의 권리가 소멸된 이후에 배서양도

---

1) 徐·鄭, 125면; 李(範), 304면; 崔(基), 651면; 梁·朴, 710면; 蔡, 354면 外.

2) 李(範), 304면; 崔(基), 651면. 同旨: 日大判 1930. 7. 4(金判總, 445)(所持人이 일단 利得償還請求權을 취득한 이상 그 후 該어음의 所持를 喪失하여도 이로 인하여 당연히 同請求權을 상실하는 것이 아님은 물론, 同請求權의 行使 또는 讓渡에 있어 어음의 所持를 요해야 할 것이 아니다).

反對: 鈴木 · 大隅, 161면 및 162면 註 6.

3) 鄭(燦), (事例) 460면.

4) 同旨: 敎材, 202면(判決例 [183]에 대한 評釋) 및 같은 면 註 1; 崔(基), 651면.

만으로서는 양도의 효력이 없다 할 것이다[大判 1970. 3. 10, 69 다 1370 (大集 18 ① 民 191)].

[手票에서 발생한 利得償還請求權의 양도방법에 관한 判例]

수표법 제63조에 의한 이득상환청구권은 지명채권이므로 동 이득상환청구권의 양도는 수표의 인도로서 양도될 수 없고 일반지명채권의 양도방식에 의하여야 하므로, 민법 제450조에 의한 양도통지가 없으면 채무자 기타 제3자에게 대항할 수 없는 것이다[大判 1959. 8. 27, 4291 民 449(大集 7 民 197)].

그러나 銀行發行의 自已앞手票에서 발생한 利得償還請求權은 手票의 양도방법에 의하여 양도된다고 다음과 같이 판시하고 있다.

[銀行發行의 自己앞手票에서 발생한 利得償還請求權의 양도방법]

은행발행의 자기앞수표에서 발생하는 이득상환청구권에 한하여 수표의 양도방법에 의하여 이득상환청구권이 양도된다[大判 1976. 1. 13, 70 다 2462(大集 24 ① 民 1)].

(2) 殘存物說(少數說)

이득상환청구권의 법적 성질을 殘存物로 보는 견해에 의하면 同권리는 「어음(증권)의 交付」만으로 양도된다고 한다.[1] 이 견해는 이득상환청구권의 양도(및 행사)에 증권의 交付(所持)를 반드시 요하는 것으로 보기 때문에 어음이 이미 양도인의 수중을 떠난 경우에는 양도인에 대한 채무이행은 있을 수 없다고 한다.[2]

2. 善意取得

(1) 指名債權說(通說·判例)

이득상환청구권의 법적 성질을 지명채권으로 보면 指名債權은 善意取得이 될 수 없으므로 이득상환청구권의 善意取得은 있을 수 없다. 따라서 이득상환청구권의 양도인이 無權利者이면 양수인이 아무리 善意·無重過失이라 하더라도 이득상환청구권을 善意取得하지 못하여 양수인은 채무자에 대하여 이득상환청구권을 行使하지 못한다.

우리 大法院判例도 이와 同旨로 다음과 같이 판시하고 있다.

---

1) 鄭(熙), 291면('어음의 讓渡方法'이 아니라 '어음의 交付'라고 한다).

2) 鄭(熙), 292면. 同旨: 梁·朴, 710면(指名債權說의 입장이면서 利得償還請求權의 讓渡에 證券의 交付를 요한다 한다); 梁(承), 208면.

[利得償還請求權은 善意取得이 되지 않는다고 본 判例]

본건 수표는 소매치기당한 수표로서 소매치기당할 당시에 이미 지급제시기간이 경과되었음이 분명하므로 수표상의 권리가 소멸되고 이득상환청구권이 발생하여 있었으나 수표소지인은 同청구권을 적법한 절차에 의하여 양수한 것이 아님이 분명하고 또 이득상환청구권은 선의취득의 대상이 될 수 없다 할 것이니 이와 같은 취지로 판단하여 수표소지인의 청구를 배척한 원심의 조치는 정당하다[大判 1980. 5. 13, 80 다 537 (教材, 判決例 [476])].

(2) 殘存物說(少數說)

이득상환청구권의 법적 성질을 어음상의 권리의 殘存物로 보면, 어음상의 권리와 같이 이득상환청구권은 善意取得의 대상이 될 수 있을 것이다. 따라서 殘存物說에 의하면 이득상환청구권을 無權利者인 양도인으로부터 善意·無重過失로 취득한 양수인은 이득상환청구권을 善意取得하여 同권리를 行使할 수 있다고 볼 수 있을 것이다.

그러나 이렇게 되면 어음상의 권리와 어음상의 권리가 소멸된 후에 발생하는 이득상환청구권은 결과적으로 동일하게 되어, 어음상의 권리의 행사기간을 둔 입법목적에 반하게 되고 또 지나치게 어음채무자를 희생시키는 결과가 되어 형평에 반하여 부당하다고 생각한다.[1)]

3. 擔保移轉

(1) 指名債權說(通說·判例)

이득상환청구권의 법적 성질을 指名債權으로 보면 어음상의 권리와 同권리가 소멸된 후에 발생하는 이득상환청구권은 그 권리의 성질이 다르므로, 어음상의 권리를 위하여 존재하는 保證 또는 擔保는 당사자간의 특약이 없는 한 이득상환청구권을 담보하지 않는다고 본다.[2)] 따라서 이득상환청구권을 양수한 자는 특약이 없는 한 어음상의 권리를 위하여 존재하는 保證人에 대한 권리 및 物上擔保權을 취득하지 못한다.

(2) 殘存物說(少數說)

이득상환청구권의 법적 성질을 어음상의 권리의 殘存物로 보면 어음상의 권리와 이득상환청구권은 그 권리의 성질이 같으므로, 어음상의 권리를 위하여

1) 鄭(燦), (事例) 467면.
2) 同旨: 徐·鄭, 125면; 蔡, 346면.

존재하는 保證 또는 擔保는 당사자간의 특약이 없더라도 이득상환청구권을 담보한다고 볼 수 있다. 따라서 이득상환청구권을 양수한 자는 특약이 없더라도 어음상의 권리를 위하여 존재하는 保證人에 대한 권리 및 物上擔保權을 취득하게 된다.

그러나 이것은 「어음상의 권리」를 담보하기 위하여 保證人이 된 자 또는 物上擔保를 제공한 자의 일반적인 의사에 반할 뿐만 아니라 그들에게 너무 가혹하기 때문에 타당하지 않다고 본다.

제 6 行 使

1. 證券의 所持問題

이득상환청구권의 행사에 증권의 所持를 요하는가에 대하여 不要說과 必要說로 나뉘어 있다. 이것은 이득상환청구권의 법적 성질을 무엇으로 보느냐와 관련되는데, 同권리를 指名債權으로 보는 견해에서는 不要說의 입장에서 설명하고(通說),[1] 同권리를 어음상의 권리의 殘存物(또는 變形物)로 보는 견해에서는 必要說의 입장에서 설명한다(少數說).[2] 앞에서 본 바와 같이 本書는 이득상환청구권의 법적 성질을 指名債權으로 보기 때문에 不要說이 타당하다고 본다. 따라서 어음상의 권리가 존속하는 동안 어음을 도난 등으로 인하여 상실한 자는 어음상의 권리가 節次의 欠缺 또는 時效로 소멸하면 어음을 所持하고 있지 않아도 이득상환청구권을 취득하며(이에 관하여는 이미 설명함) 또 同권리를 行使할 수 있다고 본다. 그러나 어음상의 권리의 善意取得者가 있는 경우에는 어음喪失者는 이에 대응하여 어음상의 권리를 잃게 되므로 이득상환청구권도 취득하지 못한다. 따라서 증권 없이 이득상환청구권을 취득하여 同권리를 행사하고자 하는 자는 자기가 정당한 이득상환청구권자이며 他에 어음상의 권리의 善意取得者가 없음을 입증하여야 하는데, 이의 입증방법은 일반적 증명방법으로도 가능하나 除權判決은 이의 확실한 입증방법이 될 것이다.[3]

---

1) 徐(燉), "利得償還請求權과 證券의 所持," 「法政」, 1968. 1, 23면; 鄭(東), 203~204면; 李(範), 303면; 孫(珠), 162면; 崔(基), 648~649면; 蔡, 353면 外.

2) 鄭(熙), 293면; 梁·朴, 710면(指名債權說을 취하면서 必要說을 취함); 梁(承), 207면.

3) 鄭燦亨, 前揭 碩士學位論文, 133~135면.

2. 債務의 履行地

이득상환청구권을 指名債權으로 보면 民法의 일반원칙에 따라서 채권자의 현주소 또는 현영업소에서 지급해야 하는 持參債務(民 467조 2항)로 생각할 수 있다. 그러나 이렇게 되면 이득상환의무자는 이득상환청구권자가 누구인지 알 수 없는 경우가 발생하고 또 어음상의 채무를 이행하는 경우보다 더 불리한 지위에 있기 때문에 指名債權說에서도 이득상환채무는 推尋債務(民 516조)라고 하는 점에 대하여 學說은 일치하고 있다.

3. 立證責任

이득상환청구권자(원고)는 同권리의 발생요건의 전부를 충족하였고 또 이득상환의무자가 어떠한 한도로 이득하였는가를 입증하여야 한다(通說).[1]

우리 大法院判例도 이와 同旨로 다음과 같이 판시하고 있다.

[어음債務者의 利得 및 그 限度는 이득상환청구권자가 입증책임을 부담한다고 본 判例]

어음채무자에게 어음법 제79조 소정의 '받은 이익'이 있음과 그 한도에 관하여는 어음소지인인 이득상환청구권자가 이를 주장·입증하여야 한다[大判 1994. 2. 25, 93 다 50147(公報 966, 1097)].

同旨: 서울高判 1962. 12. 31, 62 다 167(判總 11-2, 1072). 日大判 1917. 7. 5 (金判總, 454).

그러나 앞에서 본 바와 같이 우리 大法院判例는 은행발행의 自己앞手票에 대하여는 발행은행은 수표금액만큼 이득을 본 것으로 추정하므로, 이 때에는 수표소지인(이득상환청구권자)이 발행인의 이득을 입증할 책임이 없고 수표발행은행이 이득이 없다는 것을 입증하여야 한다.[2]

4. 債務者의 抗辯

이득상환의무자는 이득상환청구권자로부터 이득상환의 청구를 받는 경우

---

1) 徐·鄭, 129면; 鄭(熙), 292～293면; 鄭(東), 202～203면; 崔(基), 649면; 梁·朴, 709면; 梁(承), 207면; 李(範), 303면 外.

2) 同旨: 大判 1961. 7. 31, 4293 民上 841(大集 9 民 41); 同 1961. 12. 21, 4294 民上 324 (大集 9 民 130). 이 두 判決에서 原審은 立證責任을 原告에게 부과하고 被告의 이득에 관하여 하등의 입증이 없다고 原告敗訴判決을 하였으나, 大法院은 원고에게 立證責任이 없다는 점을 들어 원심을 파기환송하였다.

에 어음채무자로서 어음소지인에게 대항할 수 있었던 모든 항변사유로써 이득상환청구권자에게 대항할 수 있다(通說).[1] 이는 이득상환청구권의 법적 성질에 대하여 殘存物說을 취하는 입장에서는 당연한 법리이나, 指名債權說을 취하는 입장에서도 이득상환의무자는 자기와 무관한 사유로 어음상의 권리가 소멸되었다는 이유로 종전보다 더 불리한 지위에 서야 하는 것이 아니므로 위와 같이 해석한다.

또한 이득상환청구권의 법적 성질을 指名債權으로 보면 同권리가 양도되더라도 이득상환의무자의 이러한 항변은 절단되지 않으므로 모든 이득상환청구권자에게 대항할 수 있고,[2] 또 이득상환의무자는 이득상환청구권자에게 어음상의 권리가 소멸된 증권과 상환으로만 지급하겠다는 항변을 제출할 수 없다.[3]

제 7 消 滅

1. 一般的 消滅原因

이득상환청구권의 법적 성질을 指名債權으로 보면 民法上 일반채권의 소멸원인과 동일한 원인으로 소멸한다. 즉, 이득상환청구권은 辨濟(支給)(民 460조), 代物辨濟(民 466조), 供託(民 487조), 相計(民 492조), 更改(民 500조), 免除(民 506조), 混同(民 507조) 등으로 인하여 소멸한다. 그러나 殘存物說에 의하면 辨濟(支給) 및 供託에 民法上의 규정이 적용되지 않고 어음法상의 규정이 (유추)적용될 수 있는지 여부, 代物辨濟가 가능한지 여부, 混同으로 인하여 이득상환청구권이 소멸될 수 있을지 여부 등에 대하여 의문이 남게 된다.

2. 消滅時效

이득상환청구권의 법적 성질을 어떻게 보느냐에 따라 時效期間에 관하여 견해가 나뉘어 있고,[4] 수표상의 권리를 어떻게 보느냐에 따라 수표의 이득상환청구권의 時效期間의 起算點(發生時期)이 달리 설명되고 있다.

---

1) 徐·鄭, 127면; 鄭(熙), 293면; 鄭(東), 203면; 崔(基), 650면 外.

2) 同旨: 註釋, 513면.

3) 同旨: 日大阪高判 1954. 6. 17(基判 949).

4) 참고로 獨逸어음法 제89조 1항 2문은 「어음상의 權利가 소멸한 때로부터 3年의 경과로 消滅時效가 완성한다」고 규정하고, 獨逸手票法 제58조 2항은 「手票의 발행 후 1년의 경과로 消滅時效가 완성한다」고 규정하여, 時效期間과 起算點에 대하여 명문의 규정을 두고 있다.

(1) **時效期間**

이득상환청구권의 시효기간에 대하여는 10年說, 5年說, 10年 또는 5年說, 3年(手票의 경우는 1년)說로 나뉘어 있다.

1) **指名債權說**(10년설) 이득상환청구권의 법적 성질을 指名債權으로 보는 견해에서는 이득상환청구권의 시효기간은 民法上 일반채권의 시효기간(民 162조 1항)과 같이 10년이라고 한다(通說).[1]

우리 나라의 判例도 이와 同旨로 다음과 같이 판시하고 있다.

[利得償還請求權의 消滅時效期間을 10년으로 본 判例]

이득상환청구권의 소멸시효기간은 어음수수의 기본관계가 상행위로부터 생기었느냐 아니냐를 불문하고 어음상의 권리가 소멸한 때로부터 기산하여 10년이다[朝高判 1927. 5. 13 (判總 11-2, 1041)].[2]

앞에서 본 바와 같이 이득상환청구권의 법적 성질을 指名債權으로 보는 이상, 장기인 감은 있으나 解釋論上은 일반채권과 같이 10년으로 볼 수밖에 없다고 본다.[3] 그러나 立法論上은 獨逸의 어음法과 같이 이에 관하여 단기의 시효기간을 어음法에서 명문로 규정하는 것이 좋을 것으로 본다.[4]

이득상환청구권의 법적 성질을 指名債權으로 보면서 同청구권의 소멸시효기간을 同권리를 발생시킨 어음상의 권리의 원인채권의 시효기간과 같게 보는 견해가 있다. 즉, 이 견해에 의하면 원인채권이 민사채권이면 이득상환청구권의 시효기간은 10년이고, 원인채권이 상사채권이면 이득상환청구권의 시효기간은 5년이라는 것이다.[5] 그러나 이득상환청구권은 어음상의 권리 및 그의 원인채권과도 별개이므로, 이득상환청구권을 그와 아무런 관련도 없는 어음상의 권리의 원인채권과 관련시켜 설명하는 것은 부당하다고 본다.

2) **殘存物說**(어음의 경우는 3년, 수표의 경우는 1년) 이득상환청구권

---

1) 徐·鄭, 125면; 李(範), 303면; 鄭(東), 199면; 孫(珠), 161면; 徐(廷), 244면; 姜, 193면; 蔡, 346면 外.

2) 同旨: 日大判 1912. 4. 17(基判 938); 同 1921. 2. 16(金法 491, 17).

3) 鄭(燦), (事例) 459면; 鄭燦亨, 前揭 碩士學位論文, 165면.

4) 同旨: 鄭(熙), 290면 註 1; 鄭(東), 199~200면.

5) 梁·朴, 710면(利得償還請求權의 법적 성질을 指名債權으로 보면서 同權利의 時效期間에 대하여는 이와 같이 설명한다); 梁(承), 208면.

이 밖에 日本의 判例 중에는 利得償還請求權의 소멸시효기간을 商事債權의 時效期間(商 64조)에 準하여 5년으로 보는 見解도 있으나[日最高判 1967. 3. 31(金法 473, 31)], 어음行爲가 商行爲가 아니라는 점(舊商 501조 4호와 비교) 등에서도 이 見解는 그 근거가 없을 뿐만 아니라 우리 나라에서는 이러한 見解를 취하는 분도 없다.

의 법적 성질을 어음상의 권리의 殘存物로 보는 견해에서는 어음에서 발생하는 이득상환청구권의 시효기간은 어음채권의 그것과 같이 3년이요, 수표에서 발생하는 이득상환청구권의 시효기간은 수표채권의 최장시효기간(手 58조)과 같이 1년이라고 한다.[1] 그러나 이 견해는 어음과 관련된 법률관계를 신속하게 해결할 수 있는 점에서 立法論으로 보아서는 가장 합리적인 견해이나, 이득상환청구권의 법적 성질을 指名債權으로 보는 입장에서는 그 근거가 없으므로 解釋論上 이 견해를 취할 수 없다.

(2) **起 算 點**

이득상환청구권의 시효기간의 기산점은 어음상의 권리가 (節次의 欠缺 또는 時效로 인하여) 消滅한 때(즉, 이득상환청구권이 발생한 때)이다.[2]

1) 어음의 경우에는 節次의 欠缺로 인하여 이득상환청구권이 발생한 때에는 「支給提示期間의 익일」이고, 시효로 인하여 이득상환청구권이 발생한 때에는 어음상의 권리의 「時效期間의 익일」이다.[3] 따라서 어음의 경우 이러한 점은 비교적 명확하게 나타나므로 이에 관하여는 거의 문제가 되지 않는다.

2) 수표의 경우에는 수표상의 권리를 어떻게 보느냐에 따라 이득상환청구권의 발생시점이 달라진다. 즉, 解除條件說(通說·判例)에서는 「支給提示期間의 익일」에 발생하나,[4] 停止條件說(少數說)에서는 「支給委託을 취소한 날 또는 支給을 거절한 날의 익일」에 발생한다[5](이에 관하여는 뒤에서 상세히 설명함). 따라서 이득상환청구권의 시효기간의 기산점도 이 때이다.

제 8 手票의 利得償還請求權의 特徵

수표에서 발생하는 이득상환청구권이 어음의 경우와 다른 특징은 이득상환청구권의 發生時期와 은행발행의 自己앞手票의 利得償還請求權에 있다.

---

1) 鄭(熙), 289~290면.

2) 참고로 獨逸 어음法 제89조 1항 2문은 어음의 경우 利得償還請求權의 起算點을 「어음상의 權利가 소멸한 때」로 규정하고, 獨逸 手票法 제58조 2항은 手票의 경우 利得償還請求權의 起算點을 「手票를 發行한 때」로 규정하고 있다.

3) 鄭(燦), (事例) 459~460면. 同旨: 崔(基), 653면.

4) 鄭(熙), 289면; 鄭(東), 198~199면; 大判 1972.5.9, 70 다 2994(教材, 判決例 [489]) (수표소지인이 提示期間內에 提示를 하지 아니한 때에는 前者에 대한 遡求權을 상실하고 소지인은 利得償還請求를 할 수 있을 뿐이다) 外 多數判例.

5) 梁(承), 210면; 同, 前揭 法學, 101면 이하.

1. 手票의 利得償還請求權의 發生時期

수표의 이득상환청구권은 「수표에서 생긴 권리」(수표상의 권리)가 소멸한 때에 발생하는데(手 63조), 수표상의 권리를 어떻게 보느냐에 따라 수표상의 권리의 소멸시기가 달라지고 또한 수표의 이득상환청구권의 발생시기가 달라진다. 따라서 이하에서는 수표상의 권리의 의의를 먼저 살펴본 후에 수표의 이득상환청구권의 발행시기에 대하여 설명하겠다.

(1) 「手票上의 權利」의 意義

수표는 어음과는 달리 주채무자가 없고,[1] 수표에 지급보증인이 있는 경우에도 지급보증인은 어음의 주채무자와는 달리 지급제시기간 내에 지급제시가 있었음을 조건으로 지급채무를 부담한다. 따라서 수표소지인은 지급제시기간 내에는 소구권(지급보증인이 있는 때에는 지급보증인에 대한 지급청구권을 포함)만을 갖게 된다. 또한 수표소지인은 지급제시기간 경과 후에도 지급위탁의 취소가 없는 때에는 지급인으로부터 지급받을 수 있는데[2](手票金受領權限), 이 권한이 수표상의 권리에 포함되는지 여부에 대하여는 肯定說(少數說)[3]과 否定說(通說)[4]로 나뉘어 있다.

우리 大法院判例는 否定說의 입장에서 다음과 같이 판시하고 있다.

[手票上의 權利는 遡求權만이라고 본 判例]

이득상환청구권은 수표상의 권리의 실권 당시 수표소지인에게만 있는 것으로서, 실권원인 중의 하나는 수표법 제29조의 규정에 의하여 10일 이내에 지급을 위한 제시가 있어야 함에도 불구하고 그 제시가 없을 시는 동법 제63조 규정의

---

1) 約束어음의 경우는 發行人, 換어음의 경우는 引受人이 主債務者이다.

2) 이 점이 換어음과 구별되고 있다. 즉, 換어음에서 支給人은 지급제시기간 경과 후에는 發行人의 계산으로 지급할 수 없다[同旨: 鄭(熙), 222면 外].

3) 梁(承), 209면; 同, "提示期間經過後의 手票의 讓渡의 效力,"「法律新聞」, 제1143호(1976. 2. 9), 8면; 同, "提示期間經過後의 手票의 讓渡의 效力,"「法政」, 1976. 7, 31~32면(手票法이 法定提示期間을 정한 목적은 所持人으로 하여금 신속히 支給提示를 하도록 하고 그로써 手票債務者의 위험을 덜어 주기 위한 것으로, 그 提示期間 안에 제시하지 않으면 前者에 대한 遡求權과 支給保證人에 대한 權利를 잃게 되기는 하나, 手票法 제32조 2항에 의하여 支給委託의 取消가 없는 때에는 支給人은 제시기간 경과 후에도 지급할 수 있으므로 제시기간 경과 후의 手票讓受人이 支給人으로부터 手票金을 受領하는 것은 그의 정당한 權原에 기인한 것으로 보아야 하기 때문에 手票의 지급을 받을 수 있는 權限, 즉 手票金受領權限도 手票上의 權利에 포함시키는 것이 거래의 관념상 옳다).

4) 鄭熙喆, "提示期間經過後의 手票去來의 實情,"「法律新聞」, 제1173호(1976. 9. 27), 8면(手票金受領權限은 지급하면 받는 권한뿐이다. 手票에서는 지급제시기간 내에 支給拒絶이 있으면 遡求權의 문제가 생길 것이요, 지급제시기간 경과 후에 지급거절이 있으면 利得償還請求權의 문제가 생기는 것 뿐인데, 受領權限의 소멸이란 표현이나 受領權限을 手票上의 權利로 보는 것이나 모두 非論理的이다); 鄭(東), 198~199면; 蔡, 347~348면 外.

소위 「절차의 흠결」에 해당되어 수표상의 권리는 소멸되고 이득상환청구권만이 있게 된다[大判 1960.6.9, 4292 民上 758(大集 8 民 76)].

同旨: 大判 1964.7.14, 64 다 63(大集 12 ② 民 23); 同 1964.12.15, 64 다 1030(教材, 判決例 [175]) 外.

생각건대 「手票金受領權限」은 지급하면 받는 권한뿐이고 訴訟上 청구할 수 있는 권리가 아니므로 「手票上의 權利」로 볼 수는 없다. 또 수표금수령권한은 제시기간 후에만 발생하는 것이 아니라 제시기간 전에도 존재하는 것인데, 만일 同권한을 권리로 인정하면, 제시기간 전에는 두 개의 수표상의 권리가 존재하게 되거나, 또는 두 개를 수표상의 권리의 한 개념에 포함시키면 제시기간 전후에 수표상의 권리의 개념에 차이가 있게 되어 모순된다. 또 手票法 제63조는 수표상의 권리의 개념에 수표금수령권한까지 포함시켜 그것이 소멸하는 경우까지를 예정하고 있다고도 볼 수 없다. 따라서 수표상의 권리는 「遡求權」(支給保證人이 있는 경우에는 지급보증인에 대한 支給請求權을 포함)만을 의미하는 것으로 보아야 할 것이다.

(2) 手票의 利得償還請求權의 發生時期

1) 停止條件說(少數說) 수표상의 권리를 遡求權뿐만 아니라 手票金受領權限도 포함시키는 肯定說(少數說)에 의하면, 手票法 제63조의 「수표에서 생긴 권리가 …… 소멸한 때」란 수표의 지급제시기간이 경과함으로써 수표상의 권리가 당연히 소멸하는 것이 아니라, 수표소지인의 지급제시에 대하여 '지급거절'이 있거나 또는 제시기간이 지난 후에 발행인이 '지급위탁을 취소'한 때에 비로소 수표상의 권리가 소멸한다고 해석하고, 이 때에 이득상환청구권이 발생한다고 설명한다.[1]

2) 解除條件說(通說·判例) 수표상의 권리를 遡求權만으로 보는 견해(通說·判例)에 의하면, 수표상의 권리는 지급제시기간이 경과하면 확정적으로 소멸하는 것이고 따라서 이득상환청구권의 발생요건으로서의 이득의 유무도 '지급제시기간 경과시'를 기준으로 하여 그 때에 이득이 있으면 이득상환청구권이 발생하나, 그 후 지급위탁의 취소가 없었기 때문에 지급인에 의한 유효한 지급이 이루어진 때에는 발행인의 이득은 그 때 소멸하여 일단 발생한 발행인의 이득상환의무도 소멸한다고 설명한다.[2]

우리 大法院判例도 앞에서 본 바와 같이 이 입장에서 다음과 같이 판시하

1) 梁(承), 210면; 同, 前揭 法學, 105면; 同, 前揭 新聞, 8면; 同, 前揭 法政, 33면.
2) 鄭(熙), 289면; 鄭(東), 198~199면; 蔡, 347~348면 外.

고 있다.

[手票의 利得償還請求權의 發生時期에 대하여 解除條件說을 취한 判例]

이득상환청구권은 수표상의 권리의 실권 당시 수표소지인에게만 있는 것으로서, 실권원인 중의 하나는 수표법 제29조의 규정에 의하여 10일 이내에 지급을 위한 제시가 있어야 함에도 불구하고 그 제시가 없을 시는 동법 제63조 규정의 소위 '절차의 흠결'에 해당되어 수표상의 권리는 소멸되고 이득상한청구권만이 있게 된다[大判 1960. 6. 9, 4292 民上 758(大集 8 民 76)].

同旨: 大判 1964. 7. 14, 64 다 63(大集 12 ② 民 23); 同 1964. 12. 15, 64 다 1030(教材, 判決例 [175]) 外.

생각건대 수표상의 권리를 「遡求權」만으로 보는 점에서 解除條件說에 찬성한다.[1] 따라서 수표의 지급제시기간의 경과로 수표상의 권리(소구권)는 확정적으로 소멸하고 이득상환청구권이 발생하는데, 이는 지급제시기간의 경과 후 수표소지인이 手票法 제32조 2항에 의하여 수표금수령권한을 취득하는 것과 별개의 문제이다. 그러므로 수표소지인이 同권한에 의하여 지급제시기간 경과 후 수표금을 지급받으면 수표채무자의 이득은 소멸하게 되어, 일단 발생한 이득상환청구권은 소멸하게 된다. 또한 手票法 제24조 1항 후단의 期限後背書의 效力은 手票金受領權限에만 그 효력이 있다고 보기 때문에, 이득상환청구권의 양도에 同규정을 근거로 삼을 수는 없다고 본다.[2]

2. 自己앞手票의 利得償還請求權

(1) 立證責任의 轉換

앞에서 본 바와 같이 우리 大法院判例는 自己앞手票의 발행은행은 수표금액만큼 이득을 한 것으로 추정하고 있으므로,[3] 自己앞手票의 소지인은 발행은행의 이득을 입증하지 않더라도 발행은행에 대하여 이득상환청구권을 행사할 수 있게 된다.

(2) 讓渡方法

우리 大法院判例는 1976. 1. 13의 全員合議體判決에서 과거의 判例를 변경하여 은행발행의 自己앞手票에서 발생하는 이득상환청구권은 手票의 讓渡方法

---

1) 鄭燦亨, 前揭 碩士學位論文, 183~184면.
2) 同旨: 鄭(熙), 前揭 法律新聞, 8면.
3) 大判 1961. 7. 31, 4293 民上 841(教材, 判決例 [181]).

에 의하여 양도될 수 있다고 다음과 같이 판시하고 있다.[1)]

[銀行發行의 自己앞手票에서 발생한 利得償還請求權은 手票의 讓渡方法에 의하여 양도된다고 한 判例]

은행 또는 기타 금융기관이 발행한 자기앞수표(이하 단순히 '은행의 자기앞수표'라고 약칭한다)는 제시기간 내에서는 물론이거니와 제시기간 후에도 발행은행에서 또는 그 외의 금융기관에서 쉽게 지급받을 수 있다는 거래상의 확신에 의해서 현금과 같이 널리 유통되고 있으므로, 이와 같은 거래의 실정에 비추어 볼 때 수표소지인이 수표법상의 보전절차를 취함이 없이 제시기간을 도과하여 수표상의 권리가 소멸된 수표를 양도하는 행위는 수표금액의 지급수령권한과 아울러 특별한 사정이 없으면은 수표상의 권리의 소멸로 인해서 소지인에게 발생한 이득상환청구권까지도 이를 양도하는 동시에 그에 수반해서 이득을 한 발행인인 은행에 대하여 소지인을 대신해서 그 양도에 관한 통지를 할 수 있는 권능을 부여하는 것이다[大判 1976. 1. 13, 70 다 2462(大集 24 ① 民 1)].

따라서 이러한 大法院判例에 의하면 自己앞手票에서 발생한 이득상환청구권의 양도방법과 어음 및 自己앞手票 이외의 수표에서 발생한 이득상환청구권의 양도방법이 다르게 되어, 이득상환청구권의 양도방법이 二元化되어 있다.

생각건대 우리 나라의 大法院이 (은행발행의) 自己앞手票에 대하여 「지급인의 소지인에 대한 법률상 당연한 지급의무 없음에 관한 법리는 (은행발행의) 自己앞手票에도 동일하다」고 하면서,[2)] 이득상환청구권의 양도에 관해서는 일반수표와 은행발행의 自己앞手票를 구별하여 다루고 있는 것은 아무래도 이론의 일관성을 결여하고 있다고 본다. 또 은행발행의 自己앞手票에서 발생한 이득상환청구권의 양도는 수표상의 권리의 양도방법과 같다는(적어도 결과적으로는) 근거를 「거래의 실정」과 「당사자의 의사해석」에서 찾고 있는데 이러한 근거도 충분히 설득력이 없다는 점에서, 은행발행의 自己앞手票에 대하여 一般手票와 구별하여 그의 이득상환청구권의 양도방법에 차이를 두는 변경된 判例의 입장에는 찬성할 수 없다.[3)]

---

1) 判例는 利得償還請求權의 법적 성질을 指名債權으로 보므로, 銀行發行의 自己앞手票에서 발생하는 利得償還請求權은 同手票의 讓渡方法에 의하여 양도되는데 이에 의하여 指名債權讓渡의 對抗要件인 「通知權能」도 함께 이전된다고 설명한다. 즉, 銀行發行의 自己앞手票에서 발생하는 利得償還請求權의 양도방법을 手票의 양도방법과 指名債權讓渡方法의 입장에서 다시 理論構成하고 있다.

2) 大判 1959. 11. 26, 4292 民上 359(大集 7 民 322).

3) 이에 관한 상세는 鄭燦亨, 前揭 碩士學位論文, 204~212면; 同, 前揭 商事法研究(제10집), 290~291면.

제 4 절 어음의 抹消 · 毁損 · 喪失

제 1 어음의 抹消

1. 意 義

어음의 抹消(Ausstreichen)라 함은 「어음의 기명날인 또는 서명 및 기타의 기재사항을 도말 · 삭제 · 첨부 등의 방법에 의하여 제거하는 것」을 말한다. 이러한 말소에 의하여 어음이라고 인정할 수 없게 된 경우에는 어음의 喪失(滅失)이 되고, 권한이 없는 자가 한 말소는 變造가 된다.

2. 效 力

(1) 抹消前에 記名捺印 또는 署名한 者의 어음上의 責任

말소에 의하여 어음요건이 흠결된 경우에는 어음의 요식성과 관련하여 볼 때 말소 전에 기명날인 또는 서명한 자도 어음상의 책임을 면하는 것 같으나, 어음의 요식성은 어음상의 권리의 성립시에 필요한 것이지 그 존속을 위하여 반드시 필요한 것이 아니므로 일단 유효하게 성립한 어음채무자의 어음상의 책임은 어음의 말소에 의하여 소멸되지 않는다고 본다(通說).[1] 이것은 어음變造의 경우(말소할 권한이 없는 자가 말소한 경우)에 變造前의 기명날인자 또는 서명자는 變造前의 문언에 따라 어음상의 책임을 부담하는 점(어 69조 · 77조 1항 7호, 手 50조)과 같다고 본다.

어음法은 권한이 없는 자가 말소한 경우(變造)에 대하여만 규정하고 있는데, 권한이 있는 자가 말소한 경우(變更)에도 抹消前에 기명날인 또는 서명한 자의 어음상의 책임은 동일하게 보아야 할 것이다. 그런데 권한이 있는 자가 말소하는 경우 抹消前에 기명날인 또는 서명한 자의 어음상의 책임이 실제로 문제되는 경우는 거의 없다.

(2) 抹消後에 記名捺印 또는 署名한 者의 어음上의 責任

권한이 있는 자의 말소이든 권한이 없는 자의 말소이든 어음문언이 말소된 후의 어음에 기명날인 또는 서명한 자는 抹消後의 어음문언에 따라 어음상의 책임을 부담한다. 어음法은 권한이 없는 자의 말소(變造)에 대하여만 규정하고 있

1) 徐·鄭, 120면; 鄭(熙), 282면; 鄭(東), 206면; 孫(珠), 145면; 崔(基), 624면; 梁·朴, 704면; 梁(承), 197면; 金(容), 226면 外.

는데(어 69조·77조 1항 7호, 手 50조), 권한이 있는 자의 말소(變更)의 경우에도 같다.

말소에 의하여 어음요건이 흠결된 경우에는 抹消後의 어음에 기명날인 또는 서명한 자는 어음상의 책임을 부담하지 않는다.

(3) 抹消한 者의 權利·義務

어음소지인(권리자)이 고의로 어음요건을 말소한 경우에는 그것에 의하여 어음채무의 면제 또는 어음상의 권리의 포기가 있었다고 볼 수 있으므로, 어음소지인의 어음상의 권리는 소멸한다고 볼 수 있다.[1)]

말소한 자가 어음상에 기명날인 또는 서명을 한 경우에는 抹消後의 어음문언에 따라서 어음상의 책임을 부담한다. 말소한 자가 어음상에 기명날인 또는 서명을 하지 않은 경우에는 어음의 文言證券性과 관련하여 원칙적으로 어음상의 책임을 부담하지 않는다. 그러나 권한 없이 어음문언을 말소하면서 어음상에 기명날인 또는 서명을 하지 않은 자(變造者)의 어음상의 책임에 대하여는 僞造者의 어음상의 책임과 같이 肯定說(少數說)과 否定說(通說)로 나뉘어 있는데, 어음法 제 8 조를 유추적용하고 또 변조를 방지하기 위하여 어음상의 책임을 인정하는 肯定說이 타당하다고 본다.[2)]

3. 背書의 抹消

어음法은 배서의 말소에 대하여는 일정한 경우에 명문의 규정을 두고 있는데(어 16조 1항·77조 1항 1호, 手 19조; 어 50조 2항·77조 1항 4호, 手 46조 2항), 이러한 배서의 말소에는 다음과 같은 문제가 있다.

(1) 背書의 抹消와 背書의 連續

말소된 배서는 배서의 연속에 관하여는 이를 기재하지 아니한 것으로 본다(어 16조 1항 3문·77조 1항 1호, 手 19조 3문). 이것은 권한이 있는 자의 말소이든 권한이 없는 자의 말소이든 불문하고, 말소한 자의 과실유무를 불문하며, 거절증서작성기간 경과 전후를 불문한다.[3)]

우리 大法院判例도 이와 同旨로 다음과 같이 판시하고 있다.

[背書의 말소는 지급거절증서 작성기간 경과 전후를 불문하고 유효하다고 본 判例]

어음의 말소한 배서는 배서의 연속에 관하여는 그 말소가 지급거절증서 작성

1) 同旨: 徐·鄭, 121면; B. E. A. §63.
2) 鄭(燦), (事例) 117면.
3) 同旨: 鄭(熙), 283면; 鄭(東), 206~207면.

기간 경과 전후에 불구하고 처음부터 없는 것으로 간주된다[大判 1964. 5. 12, 63 다 55(大集 12 ① 民 67)].

따라서 이와 같이 말소된 배서에 의하여는 배서가 連續되기도 하고 中斷되기도 한다.

⑵ 被背書人의 抹消

기명식배서에서 피배서인의 명칭만을 말소한 경우에 이의 효과에 대하여는 全部抹消說(多數說)[1]과 白地式背書說(少數說)[2]로 나뉘어 있음은 이미 앞에서 본 바와 같다. 생각건대 어음관계자의 이익을 위해서나 또는 어음行爲有效解釋의 원칙에서 볼 때, 白地式背書說이 타당하다고 본다.[3]

⑶ 어음을 還受한 背書人의 背書抹消權

어음을 환배서에 의하여 환수한 배서인은 자기와 후자의 배서를 말소할 권리를 갖는데(어 50조 2항 · 77조 1항 4호, 手 46조 2항), 이것은 자기의 배서가 남용되어 이중지급이 강요되는 것을 방지하기 위하여 어음法에 의하여 특별히 주어진 권리이다.[4]

⑷ 還背書에 갈음하는 背書의 抹消(消極的 背書)

어음소지인이 어음에 환배서를 하여 어음상의 권리를 양도하는 대신에 종전에 배서인이었던 자의 배서와 그 후의 배서를 말소하여 그 자에게 단순히 어음을 교부함으로써 어음상의 권리를 양도하는 방법이 있는데, 이러한 방법에 의한 어음상의 권리의 양도는 어음法에 규정되어 있지는 않으나 당사자에게 편리하고 또 제 3 자에게 손해를 주는 것도 아니므로 그 有效性이 인정된다(通說).[5] 이 경우의 배서의 말소를 권리이전적 효력이 있는 배서와 동일하게 볼 수는 없고, 실질과 형식을 일치시키는 단순한 개성이 없는 행위라고 볼 수 있다.[6]

제 2 어음의 毁損

1. 意 義

어음의 毁損(Abreißung)이라 함은 「절단 · 마멸 기타의 방법에 의하여 어음

1) 鄭(熙), 283면; 鄭(東), 207면 外.
2) 註어, 252면.
3) 鄭(燦), (事例) 308면.
4) 同旨: 鄭(熙), 283면; 鄭(東), 207면.
5) 徐·鄭, 121면; 鄭(熙), 283면; 鄭(東), 207면; 孫(珠), 145~146면; 蔡, 337면 外. 同旨: 日大判 1933. 11. 20(民集 12-24, 2718).
6) 同旨: 鄭(熙), 284면.

증권의 일부에 물리적 파손을 일으키는 것」을 말한다. 어음의 毁損도 그로 인하여 어음이라고 인정할 수 없게 된 경우에는 어음의 喪失(滅失)이 된다.

2. 效 力

어음의 毁損이 어음상의 기명날인 또는 서명자에 대하여 미치는 영향은 어음의 抹消의 경우와 같다. 다만 어음의 毁損의 경우에는 어음의 말소에서 배서의 말소와 같은 특별한 규정(어 16조 1항·77조 1항 1호, 手 19조; 어 50조 2항·77조 1항 4호, 手 46조 2항)이 없으므로, 어음背書의 毁損에 대하여는 어음抹消의 일반원칙에 의하여 결정한다.

제 3 어음의 喪失

1. 意 義

어음의 喪失이라 함은 絶對的 喪失(物理的 滅失), 相對的 喪失(紛失, 盜難 등) 및 어음의 동일성을 해할 정도의 말소·훼손 등을 포함하는 개념이다. 어음은 권리를 표창하는 수단이지, 권리 그 자체는 아니므로 어음을 상실하더라도 권리 그 자체를 상실하는 것은 아니다.[1] 그러나 어음상의 권리자는 어음을 상실함으로써 어음상의 권리를 행사할 수 없게 되는 동시에(提示證券性·相換證券性) 그 어음이 선의의 제 3 자에게 취득되어 어음상의 권리를 상실할 우려가 있게 된다. 그러므로 法은 이를 구제하는 수단으로서 公示催告에 의한 除權判決의 제도를 인정하고 있다[2](民訴 475조 이하).

2. 公示催告節次

(1) 公示催告의 意義

公示催告라 함은 「불특정 또는 행방불명된 상대방에 대하여 일정한 기간 내에 신고를 하지 않으면 실권한다고 경고를 하면서 그 권리의 신고를 최고하

1) 그러나 權利者가 고의로 어음요건을 말소한 때에는 權利의 抛棄 또는 債務의 免除가 있었다고 할 수 있으므로 어음상의 권리는 소멸한다[同旨: 徐·鄭, 121면].

2) 英美에서는 證券의 喪失者에게 損失補償金 또는 保證金을 제공시키고 권리를 行使할 수 있도록 한다(U. C. C. §3-309; B. E. A. §§69, 70).

이에 관한 英美制度 및 國際換어음 및 國際約束어음상의 규정을 간단히 소개하고 立法論上 어음法에 이에 관한 규정을 두어야 한다는 見解를 밝힌 것으로는 鄭燦亨, "어음(手票)을 喪失한 어음所持人의 救濟措置," 「法政考試」, 1996. 4, 11~15면; 同, "어음喪失者의 救濟措置와 어음發行人의 事故申告擔保金," 「現代法學의 理論」(佑齊李鳴九博士華甲紀念論文集〈Ⅲ〉)(考試硏究社, 1996), 437~440면, 463~464면.

는 법원의 공고」를 말한다(民訴 495조).[1] 公示催告는 민법상 실종선언 등을 하기 위하여도 필요한 것이지만(民 27조), 어음의 분실 등에 하는 公示催告는 특정한 어음이 상실된 것이고 소정의 기간 내에 이해관계인이 신고하지 않으면 그 증권을 무효로 한다는 공고이다.

(2) 對　　象

도난 · 분실 또는 멸실된 증권(民 521조), 상법에 무효로 할 수 있음을 규정한 증서(民訴 492조 1항, 商 360조), 또한 기타 법률상 공시최고를 許하는 다른 증서이다(民訴 492조 2항). 따라서 증권을 사취당한 경우나 자기의 잘못으로 騙取당한 경우에는, 公示催告의 대상이 되지 않는다. 또한 증권의 소지를 상실한 자라도 그가 증권의 현소지인을 알고 있는 경우에는, 그에게 증권의 반환을 청구하여야 하고 이에 대한 公示催告는 허용되지 않는다.

우리 大法院判例도 이와 同旨에서 다음과 같이 판시하고 있다.

[手票를 詐取당한 것은 公示催告의 申請原因이 되지 못한다고 본 判例]

수표를 사취당한 후 반환받지 못하고 있는 점을 공시최고의 신청원인으로 하여 제권판결을 받은 것은 민사소송법 제490조 2항 1호 소정 법률상 공시최고절차를 허가하지 아니할 경우에 해당하여 불복사유가 된다[大判 1974. 4. 9, 73 다 1630 (教材, 判決例 [119])].

同旨: 大判 1991. 2. 26, 70 다 17620(公報 894, 1080)(소위 약속어음을 '네다바이'당한 경우에는 이는 공시최고신청사유에 해당하지 아니한다. 따라서 만일 신청인이 이를 이유로 공시최고신청을 하여 제권판결을 받았다면 이는 민사소송법 제490조 2항 1호의 불복사유에 해당된다); 同 2004. 11. 11, 2004 다 4645(公報 2004, 2003)(증권 또는 증서의 전 소지인이 자기의 의사에 기하지 아니하고 증권 등의 소지를 상실하였다 하더라도 그 후 증권 등을 특정인이 소지하고 있음이 판명된 경우에는 전 소지인은 현 소지인에 대하여 반환을 청구하여야 하고, 이에 대한 공시최고는 허용되지 않는다 할 것이고, 전 소지인이 증권 등의 소지인을 알면서도 소재를 모르는 것처럼 공시최고기일에 출석하여 신청의 원인과 제권판결을 구하는 취지를 진술하여 공시최고법원을 기망하고, 이에 속은 공시최고법원으로부터 제권판결을 받았다면 이는 민사소송법 제490조 제 2 항 제 7 호 소정의 '거짓 또는 부정한 방법으로 제권판결을 받은 때'에 해당한다).

[手票를 騙取당한 자가 公示催告申請을 하여 除權判決을 받은 경우에는 정당한 수표소지인에 대하여 不法行爲로 인한 손해배상책임을 부담한다고 본 判例]

Y가 수표를 자기의 의사에 기하여 편취당하여 수표의 무효선고를 청구하는

---

1) 民訴 495조: 公示催告에는 公示催告期日까지 權利 또는 請求의 申告를 할 것과 證書를 제출할 것을 催告하고, 이를 懈怠하면 失權으로 證書無效의 宣告가 있을 것을 警告하여야 한다.

공시최고신청을 할 수 없음에도 불구하고 이를 분실하였다는 허위의 주장사실을 내세워 법원에 공시최고신청을 하고 나아가 X가 수표의 소지인임을 알면서도 그 소재를 모르는 것처럼 공시최고기일에 출석, 그 신청의 원인과 제권판결을 구하는 취지를 진술하여 공시최고법원을 기망하고 이에 속은 법원으로부터 선고와 동시에 형식적 확정력이 생기는 제권판결을 얻었다면, 그 제권판결의 소극적 효과로서 X가 소지하고 있는 수표는 무효가 되어 X는 그 수표상의 권리를 행사할 수 없게 되고 적법한 수표소지인임을 전제로 한 이득상환청구권도 발생하지 않게 된 손해를 입었다고 할 것이므로 Y는 X에게 불법행위로 인한 손해배상책임이 있다[大判 1989. 6. 13, 88 다카 7962(公報 853, 1057)].

同旨: 서울民事地判 1990. 6. 14, 89 가합 18042(新聞 1952, 11)(약속어음을 자신의 잘못으로 편취당한 자가 분실했다고 허위로 공시최고신청을 해 제권판결을 받아냈다면 그 어음이 무효로 되어 어음소지인이 입은 손해에 대해 불법행위로 인한 손해배상책임을 져야 한다).

[약속어음을 상실한 자가 현소지인을 알고 있음에도 불구하고 公示催告申請을 하여 除權判決을 받았다면 그는 현소지인에 대하여 不法行爲로 인한 손해배상책임을 부담한다고 본 判例]

약속어음의 전소지인이 자기의 의사에 기하지 아니하고 그 약속어음의 소지를 상실하였다고 하더라도 그 후 그 약속어음을 특정인이 소지하고 있음이 판명된 경우에는 전소지인은 현소지인에 대하여 그 반환을 청구하여야 하고, 이에 대한 공시최고는 허용되지 아니하고, 전소지인이 그 약속어음의 소지인을 알면서도 그 소재를 모르는 것처럼 공시최고기일에 출석하여 그 신청의 원인과 제권판결을 구하는 취지를 진술하여 공시최고법원을 기망하고 이에 속은 공시최고법원으로부터 제권판결을 얻었다면, 그 제권판결의 소극적 효과로서 그 약속어음은 무효가 되어 그 정당한 소지인은 그 약속어음상의 권리를 행사할 수 없게 되고 적법한 소지인임을 전제로 한 이득상환청구권도 발생하지 않게 된 손해를 입었다고 할 것이므로, 전소지인은 그 약속어음의 정당한 소지인에게 불법행위로 인한 손해를 배상할 책임이 있다[大判 1995. 2. 3, 93 다 52334(公報 987, 1144)].

同旨: 大判 1997. 7. 25, 97 다 16985(公報 1997, 2708)(증권 또는 증서의 전소지인이 자기의 의사에 기하지 아니하고 증권 등의 소지를 상실하였다 하더라도 그 후 증권 등을 특정인이 소지하고 있음이 판명된 경우에는 전소지인은 현소지인에 대하여 그 반환을 청구하여야 하고, 이에 대한 공시최고는 허용되지 않는다 할 것이고, 전소지인이 그 증권 등의 소지인을 알면서도 그 소재를 모르는 것처럼 공시최고기일에 출석하여 그 신청의 원인과 제권판결을 구하는 취지를 진술하여 공시최고법원을 기망하고, 이에 속은 공시최고법원으로부터 제권판결을 받았다면 이는 민사소송법 제490조 2항 7호 소정의 '사위 또는 부정한 방법으로 제권판결을 받은 때'에 해당한다고 보아야 할 것이다〈대법원 1995.2.3 선고, 93 다 52334 판결 참조〉); 同 1999.5.14, 99 다 6463(公報 1999, 1164)(증서의 전소지인이 자기의 의사에 기하지 아니하고 증서의 소지를 상실하였다고 하더라도 그 후 그 증서를 특정인이 소지하고 있음이 판명된 경우에는 전소지인은 현소지인에 대하여 그 반환을 청구하여야 하고, 이에 대한 공시최고는 허용되지 아니한다 할 것이며, 전소지인이 그 증서의 소지인을 알면서도 소재를 모르는 것처럼 공시최고기일에 출석하여 그 신청의 원인과 제권판결을 구하는 취지를 진술하여 공시최고법원을 기망하고, 이에 속은 공시최고법원으로부터 제권판결을 받았다면, 그 제권판결의 소극적 효과로서 그 증서는 무효가 되어 그 정당한 소지인은 증서상의 권리를 행사할 수 없게 되고 적법한 소지인임을 전제로 한 이득상환청구권도 발생하지 아니하게 된 손해를 입었다고 할 것이므로 전소지인은 그 증서의 정당한 소지인에게 불법행위로 인한 손해를 배상할 책임이 있는 것이고〈대법원 1995.2.3 선고, 93 다 52334 판결; 同 1989.6.13 선고, 88 다카 7962 판결 등 참조〉, 정당한 소지인이 제권판결을 받은 전소지인을 상대로 한 제권판결불복의 소에서 패소하였다고 하여 달리 볼 것이 아니다. 또한 전소지인이 그 공시최고과정에서 정당한 소지인에게 자기가 공시최고절차를 밟고 있다는 사실과 그 사건번호를 알려 주었다고 하더라도, 결국 위와 같은 방법으로 제권판결을 받아냄으로써 정당한 소지인의 증서상의 권리를 침해한 이상, 그러한 사정은 과실상계의 사유가 될 뿐 불법행위의 성립 여부를 좌우할 사정이 되지는 못한다고 할 것이다).

이러한 경우에 공시최고신청인이 除權判決을 받은 경우에도 어음소지인은 공시최고신청인이 법률상 공시최고를 허가하지 아니할 경우이거나(民訴 490조 2항 1호) 또는 거짓이나 부정한 방법으로 除權判決을 받은 때(民訴 490조 2항 7호)임을 주장하여 그 제권판결에 대한 不服의 訴를 제기하여 그 除權判決을 취소할 수 있다.

(3) **申請權者**

無記名證券 또는 背書로 이전할 수 있거나 略式背書가 있는 경우에는「最終所持人」, 기타 證書에 관하여는 그 증서에 의하여「權利를 주장할 수 있는 자」이다(民訴 493조). 약속어음의 發行人도 그 어음상의 채무를 면하기 위하여 어음의 도난·분실 등을 이유로 公示催告의 신청을 할 수 있고, 이로 인하여 除權判決이 선고된 경우에는 發行人이 아닌 어음所持人이 除權判決을 받은 것과 같이 그 어음은 어음으로서의 효력을 상실한다.

우리 大法院判例도 이와 同旨로 다음과 같이 판시하고 있다.

[약속어음의 發行人도 公示催告의 申請權者가 될 수 있다고 본 判例]

약속어음에 관하여 제권판결이 선고되면 제권판결의 소극적 효력으로서 그 약속어음은 약속어음으로서의 효력을 상실하게 되어 약속어음의 정당한 소지인이라고 할지라도 그 약속어음상의 권리를 행사할 수 없게 되는 것이므로, 일단 제권판결이 선고된 이상 약속어음상의 실질적 권리자라고 하더라도 제권판결의 효력을 소멸시키기 위하여 제권판결에 대한 불복의 소를 제기하여 취소판결을 받지 않는 한 그 약속어음상의 권리를 주장할 수 없다. 또한 이러한 점은 약속어음의 발행인의 신청에 의하여 제권판결이 선고된 경우에도 동일하다[大判 1990. 4. 27, 89 다카 16215(公報 874, 1161)].

참고: 大判 2003. 12. 26, 2003 도 4914(수표를 스스로 교부하고서도 공시최고신청을 하여 제권판결을 선고받아 확정되었다면 그 제권판결의 적극적 효력에 의하여 피고인〈제권판결을 받은 자〉은 수표상 채무자인 은행에 대하여 수표를 소지하지 않고도 수표상의 권리를 행사할 수 있는 지위를 취득하였다고 할 것이므로, 이로써 사기죄에 있어서의 재산상 이익을 취득한 것으로 보기에 충분하다고 할 것이고, 이는 제권판결이 그 신청인에게 수표상의 권리를 행사할 수 있는 형식적 자격을 인정하는 데 그치고, 그를 실질적인 권리자로 확정하는 것이 아니라는 점만으로 달리 볼 수 없다).

⑷ 申請場所

증권에 표시된 이행지(지급지)의 지방법원의 전속관할(民訴 476조 2항 본문 · 3항)이다.

⑸ 申請節次

일정한 증거절차를 거쳐(民訴 494조)[1] 공시최고의 신청을 하는데, 이 신청에는 신청의 원인과 제권판결을 구하는 취지를 명시하여 서면으로 하여야 한다(民訴 477조 1항 · 2항).

⑹ 決 定

공시최고법원은 「결정」으로 許否에 대한 재판을 하고(民訴 478조 1항), 許한 때에는 신청인 · 신고최고 및 실권경고 · 공시최고기일을 표시하여(民訴 479조) 3月 이상의 기간 동안(民訴 481조) 대법원 규칙이 정하는 바에 따라 공고하여야 한다(民訴 480조).

3. 除權判決

⑴ 節 次

법원은 소정의 절차를 밟은 후(民訴 483조~486조), 그 신청인의 제권판결의 신청이 이유 있다고 인정한 때에는 제권판결을 선고하고(民訴 487조 1항), 그 요지를 대법원규칙이 정하는 바에 따라 공고할 수 있다(民訴 489조 본문). 법원은 신청이유로 내세운 권

1) 民訴 494조(申請事由의 疎明): (i) 證書의 謄本을 제출하거나 證書의 존재 및 중요한 趣旨를 충분히 알 수 있게 함에 필요한 사항을 제시하는 일. (ii) 증서의 盜難, 紛失, 滅失 등에 관한 사실과 기타 公示催告節次를 신청할 수 있는 원인 등을 疎明하는 일.

리 또는 청구를 다투는 申告가 있는 때에는 그 권리에 대한 재판이 확정될 때까지 공시최고절차를 중지하거나 신고한 권리를 유보하고 제권판결을 선고하여야 한다(民訴 485조). 또한 공시최고기일이 끝난 뒤에도 제권판결에 앞서 권리 또는 청구의 신고를 한 자는 그 권리를 잃지 아니한다(民訴 482조).

(2) 效 力

1) 消極的 效力으로 상실된 증권은 제권판결시부터 장래에 향하여 무효가 된다(民訴 496조). 따라서 그 이후에는 증권의 정당한 소지인이라 할지라도 그 증권상의 권리를 行使할 수 없고, 또 善意取得을 할 수도 없다[1](따라서 除權判決은 物的 抗辯事由가 된다).

우리 大法院判例도 이와 同旨에서 다음과 같이 판시하고 있다.

[除權判決의 消極的 效力으로서 그 어음소지인은 어음상의 권리를 행사할 수 없다고 본 判例]

제권판결의 효력은 공시최고신청인이 실질상의 권리자임을 확정하는 것은 아니나, 그의 소극적 효력으로서 약속어음으로서의 효력이 상실되는 것이므로 동 어음의 소지인은 무효로 된 어음을 유효한 어음이라고 주장하여 어음금청구를 할 수 없다[大判 1993. 11. 9, 93 다 32934(公報 959, 81)].

同旨: 大判 1976. 6. 22, 75 다 1010(教材, 判決例 [460]).

2) 積極的 效力으로 증권의 상실자는 증권채무자에 대하여 증권 없이도 권리를 주장할 수 있다(民訴 497조). 여기에서 「권리를 주장할 수 있다」는 뜻은 증권의 實質的 權利者임을 창설하거나 확인하는 것이 아니라, 증권을 점유하고 있는 데 대하여 부여된 形式的 資格을 除權判決이 회복시켜 준다는 의미이다.

우리 大法院判例도 이와 同旨에서 다음과 같이 판시하고 있다.

[除權判決의 積極的 效力으로서 신청인에게 形式的 資格만을 회복시켜 준다고 본 判例]

약속어음에 관한 제권판결의 효력은 판결 이후에 있어서 당해 어음을 무효로 하고 공시최고 신청인에게 어음을 소지함과 동일한 지위를 회복시키는 것에 그치는 것이고 공시최고 신청인이 실질상의 권리자임을 확정하는 것이 아니다. 따라서 취득자가 소지하고 있는 약속어음은 제권판결의 소극적 효과로서 약속어음

---

1) 同旨: 鄭(熙), 21면(證券이 그 후 善意取得되더라도 그 자는 除權判決前에 존재한 증권상의 권리를 취득할 수 없다고 한다).

反對: 伊 上告判 1952. 10. 24(教材, 判決例 [118])(除權判決로 인하여 이미 지급을 하였다 하더라도 그 判決이나 支給畢을 이유로 증권의 善意取得者의 권리를 해하지 못한다. 뿐만 아니라 그 判決이 官報에 게재되었다고 하여 모든 제3자에게 그 無效가 알려졌다고 할 수 없으며, 또 그것 때문에 善意取得이 방해받는 것이 아니다).

으로서의 효력이 상실되는 것이므로 약속어음의 소지인은 무효로 된 어음을 유효한 어음이라고 주장하여 어음금을 청구할 수 없는 것이고 이러한 이치는 공시최고의 신청인이 발행인인 경우와 발행인이 아닌 소지인(어음상의 권리자)인 경우에 따라 구별되어 해석되어야 할 아무런 합리적인 근거가 없다. 또한 어음소지인이 공시최고 전에 선의취득하였더라도 달리 볼 것이 아니다[大判 1994. 10. 11, 94 다 18614(公報 980, 2959)].

同旨: 大判 1965. 7. 27, 65 다 1002(判總 15, 1089)(수표상실에 관한 제권판결의 효력은 그 판결 후에 있어 당해 수표를 무효로 하는 것이고 공시최고 신청시에 소급하여 무효로 하는 것이 아니고 또 신청인에게 수표를 소지함과 동일한 지위를 회복시키는 것이 그치고 그 신청인이 실질상의 권리자임을 확정하는 것도 아니다); 同 1965. 11. 30, 65 다 1926(카드 1527); 同 1965. 4. 20, 65 다 1883; 同 1967. 6. 13, 67 다 541 · 542; 同 1969. 12. 23, 68 다 2186; 同 1977. 4. 22, 76 다 673; 同 1976. 6. 22, 75 다 1010; 同 1979. 3. 13, 79 다 4(이상 判總 15, 1089-1091); 同 1993. 11. 9, 93 다 32934(公報 959, 81)(약속어음에 관한 제권판결의 효력은 공시최고신청인이 실질상의 권리자임을 확정하는 것은 아니나, 취득자가 소지하고 있는 약속어음은 제권판결의 소극적 효과로서 약속어음으로서의 효력이 상실되는 것이므로 약속어음의 소지인은 무효로 된 어음을 유효한 어음이라고 주장하여 어음금청구를 할 수 없다).

(3) 善意取得者와 除權判決取得者와의 權利優先關係

제권판결 전에 어음상의 권리를 선의취득한 자는 공시최고신청인의 권리를 다투는 자로 당연히 공시최고내용 및 실권경고에 따라 법원에 권리의 신고나 청구를 하여야 하는데[1](民訴 479조, 495조), 이를 하지 않아서 公示催告申請人이 除權判決을 받게 되면 除權判決의 積極的 效力과 관련하여 누구의 권리가 우선하는가의 문제가 있다.

이에 대하여 학설은 善意取得者優先說[2]과 除權判決取得者優先說[3]로 나뉘어 있다. (i) 善意取得者優先說은 그 이유에 대하여 제권판결절차는 소송절차가 아니고 비송사건절차이므로 실질적 권리를 제한할 수 없다는 점, 민사소송

1) 이를 하게 되면 法院은 그 사정에 의하여 그 權利에 관한 判決의 확정까지 公示催告節次를 중지하거나 신고한 權利를 留保하고 除權判決을 하여야 한다(民訴 485조).

2) 鄭(熙), 21면(어음 · 手票에 대하여 善意取得者優先說을 취하고 있는데, 다만 선의취득자가 善意 · 無重過失을 입증하여야 한다고 한다); 鄭(熙), (上) 421면(株券에 대하여 善意取得者優先說을 취함); 鄭(東), 210면; 崔(基), 51～52면(어음 · 手票에 관하여는 善意取得者優先說을 취하고, 株券에 관하여는 除權判決取得者優先說을 취함); 安東燮, "除權判決과 善意取得과의 관계," 「考試研究」, 1981. 6, 108～110면.

3) 徐(廷), 233면; 李(範), 292면; 李英燮(編輯代表), 「學說判例 註釋民事訴訟法」(韓國司法行政學會, 1972), 923～924면.

법 제485조에 의해서도 실질적 권리의 귀속관계는 일반소송절차에 위임하고 있으며 또 선의취득자가 공시최고의 유무를 아는 것은 매우 어려울 뿐만 아니라 공시최고는 주지방법으로서도 매우 불완전하여 악의 · 중과실을 擬制할 수 없다는 점, 선의취득자의 권리를 부인하면 증권을 타에 양도한 자 등이 제권판결을 받아 불법수단으로 악용할 우려가 있다는 점, 선의취득자에게 권리를 인정하는 것이 거래의 안전을 위한다는 점 등을 들고 있다. (ii) 이에 반하여 除權判決取得者優先說은 그 이유에 대하여 증권을 상실한 본래의 권리자는 무권리자가 아니기 때문에 제권판결을 얻으면 권리를 행사할 수 있고 따라서 선의취득자의 권리는 부정되는 점, 어음法 제16조 2항(手 21조)에 의하여 선의취득자는 「어음을 반환할 의무가 없는데」 제권판결취득자가 「증권을 반환받은 것과 동일한 효과가 인정되어」 이로 인하여 선의취득자의 권리는 예외적으로 부정되는 점, 공시최고절차는 비록 완벽한 것은 아니지만 권리신고를 게을리한 선의취득자보다는 상당한 비용과 시일을 소비한 공시최고신청인을 더 보호할 필요가 있다는 점 등을 들고 있다.[1]

우리 大法院判例는 위의 除權判決의 效力에서 본 바와 같이 除權判決의 積極的 效力에 관한 해석(形式的 資格의 회복)에도 충실하면서 결과적으로는 除權判決을 취득한 자를 우선하는 판결을 하고 있다.[2] 즉, 善意取得者는 그가 권리의 신고를 하였음에도 불구하고 공시최고신청인이 제권판결을 받은 경우나(民訴 490조 2항 6호) 또는 공시최고신청인이 거짓이나 부정한 방법으로 제권판결을 받은 경우(民訴 490조 2항 7호)를 제외하고는 다른 특단의 사유가 없는 한(民訴 490조 2항 1~5호 · 8호),[3] 제권판결에 대한 불복소송의 제기사유에 해당되지 못하여 불복소송에 의한 제권판결의 취소는 불가능하게 되어 그 권리행사를 할 수 있는 길이 봉쇄되어 있다. 또한 선의취득자의 「권리의 신고」로 볼 수 있는 경우를 가능한 한 제한하여

---

1) 이에 관한 상세는 鄭(燦), (事例) 202~204면 참조.

2) 그러나 鄭(東), 210면은 「우리 大法院判例는 善意取得者優先說을 취함을 명백히 하고 있다」고 한다.

3) 除權判決에 대한 不服의 訴의 사유는 다음과 같다(民訴 490조 2항).

1. 法律上 공시최고절차를 허가하지 아니할 경우일 때
2. 公示催告의 公告를 하지 아니하였거나 법령이 정한 방법으로 公告를 하지 아니한 때
3. 公示催告期間을 지키지 아니한 때
4. 판결한 判事가 법률에 따라 직무집행에서 除斥된 때
5. 전속관할에 관한 규정에 어긋난 때
6. 權利 또는 請求의 申告가 있음에도 불구하고 법률에 어긋나는 判決을 한 때
7. 거짓 또는 不正한 방법으로 除權判決을 받은 때
8. 제451조 1항 4호 내지 8호의 재심사유가 있는 때

다음과 같이 판시함으로써 除權判決의 效力을 최대한 유지시키고 있다.

[手票의 지급은행에 支給提示를 하거나 手票支給請求訴訟을 제기한 것이 公示催告法院에 대한 權利의 申告로 볼 수 없다고 본 判例]

수표의 정당한 소지인이 지급은행에 지급제시를 하거나 그 수표금지급청구소송을 제기하였다고 하여도, 이것은 공시최고법원에 대한 권리의 신고나 청구로 볼 수 없다[大判 1976. 6. 22, 75 다 1010 (敎材, 判決例 [460])].

[手票의 정당한 소지인이 있음을 알면서 除權判決을 신청하였다고 하여 그 除權判決이 당연 무효가 아니라고 본 判例]

제권판결신청인이 수표의 정당소지인이 따로 있음을 알면서 그 신청을 하였다고 하더라도, 일단 제권판결이 선고된 이상 同제권판결이 당연무효로 되는 것은 아니고 취소되지 않는 한, 정당소지인은 그 수표상의 권리를 행사하여 그 수표금을 청구하지 못한다[大判 1967. 9. 26, 67 다 1731(判總 15, 1091)].

그러나 제권판결이 취소되고 공시최고신청을 기각하는 내용의 판결이 확정되면 어음所持人(善意取得者)은 물론 어음상의 권리를 행사할 수 있다. 우리 大法院判例도 이와 同旨로 다음과 같이 판시하고 있다.

[除權判決이 취소되면 어음소지인은 어음상의 권리를 행사할 수 있다고 본 判例]

제권판결로 말미암아 어음의 효력이 상실되었다는 이유로 약속어음금 청구를 기각한 원심판결이 선고된 후에 그 제권판결을 취소하고 어음에 대한 공시최고신청을 기각하는 내용의 판결이 선고되어 확정되었다면, 원심판결은 민사소송법 제451조 1항 8호에 해당되어 상고이유가 된다[大判 1991. 11. 12, 91 다 25727(公報 911, 100)].

생각건대 선의취득자가 공시최고의 사실을 알면서 권리의 신고를 하지 않은 경우에는 선의취득자에게 실질적 권리를 인정할 필요가 없다고 본다. 그러나 선의취득자가 과실로 그 사실을 알지 못한 경우에는 증권의 유통보호상 그에게 실질적 권리를 인정하여야 할 것이다. 이 때 선의취득자의 공시최고에 대한 惡意의 立證責任을 주장자(지급인 또는 증권상실자)에게 부담시키면 증권의 유통도 보호하면서, 선의취득제도를 남용하는 자도 규제될 것으로 생각한다.[1] 참고로 善意取得者優先說 중에는 「선의취득자 가운데 제권판결 선고 전에 적법하게 권리를 행사(예컨대, 은행에 적법한 지급제시를 한 수표소지인, 제권판결 전에 약속어음의 발행인에게 어음금의 지급을 청구한 어음소지인 등)한 자만 제권판결취득자에 우선하고, 그렇지 아니한 선의취득자는 제권판결에 의하여 그 권리를 상실하게 된

1) 鄭(燦), (事例) 204~205면.

다」고 하는 견해(制限的 善意取得者保護說)도 있으나,[1] 위에서 본 바와 같이 오히려 반대로 해석하여야 할 것으로 본다.

(4) 證券의 再發行

어음을 상실하여 공시최고에 의한 제권판결을 받은 자가 어음의 발행인에 대하여 어음의 再發行을 청구할 수 있는가의 문제가 있다. 株券의 경우에는 이를 인정하는 명문규정이 商法에 있어 의문의 여지가 없으나(商 360조 2항), 어음의 경우에는 어디에도 이에 관한 규정이 없어 의문이다.

이에 대하여 再發行을 인정하여도 특별한 불합리가 없고 오히려 편리하다는 이유로 어음의 再發行을 긍정하는 견해도 있으나,[2] 어음은 株券과는 달리 계속적인 권리관계를 표창하는 것이 아니고 금전의 지급이라는 1회적인 권리관계를 표창하는 것인데 일반적으로 제권판결에 의하여 어음상실자는 충분히 이러한 목적을 달성할 수 있고 또 실제상 再發行을 요청할 실익도 없으므로 원칙적으로 再發行을 부정하는 견해가 타당하다고 본다.[3] 그러나 白地어음의 경우에는 白地를 보충하기 위하여 白地어음을 再發行받을 실익이 충분히 있으므로, 白地어음의 喪失者는 예외적으로 白地어음의 再發行을 청구할 수 있다고 본다.[4]

(5) 白地어음과 除權判決

白地어음에 관한 부분에서 이미 설명한 바와 같이 白地어음에 대하여도 公示催告에 의한 除權判決이 인정되는데(通說), 다만 除權判決의 效力과 관련하여 문제가 있다. 즉, 除權判決의 消極的 效力에 의하여 제권판결 후에 상실된 백지어음을 善意取得할 수 없는 점에 대하여는 의문의 여지가 없으나, 除權判決의 積極的 效力에 의하여 제권판결취득자가 어떻게 백지를 보충하여 권리주장을 할 수 있겠는가에 대하여는 문제가 있다. 이 때에 제권판결취득자는 除權判決文에 그의 보충의 의사를 명기한 서면을 첨부받아 어음상의 권리를 행사하든가[5] 또는 白地어음을 再發行받아 이에 보충하여 어음상의 권리를 행사할 수

---

1) 朴禹東, "除權判決取得者와 善意取得者와의 關係," 「法曹」, 제26권 8호, 76면.
2) 鄭(東), 211면(따라서 商法 제360조 2항은 例外規定이 아니라, 例示規定이라고 한다); 서울民事地判 1985. 4. 9, 84 나 2112; 英國 換어음法은 어음喪失者의 어음의 再發行請求權을 명문으로 인정하고 있다(B.E.A. §69).
3) 同旨: 孫(珠), 151면; 崔(基), 53면; 日最高判 1976. 4. 8(教材, 判決例 [81]).
4) 同旨: 註釋, 234면; 日最高判 1970. 2. 17(週判, 207, 17).
反對: 日最高判 1976. 4. 8(教材, 判決例 [81]).
5) 鄭(燦), (事例) 207면. 同旨: 姜, 310면; 李(基), 381면; 註釋, 234면.

밖에 없다고 본다.[1)]

그러나 우리 大法院判例는 白地어음에 관한 부분에서 본 바와 같이 제권판결을 취득한 자는 백지부분에 대하여 어음 외의 의사표시에 의하여 보충권을 행사하고 그 어음금의 지급을 구할 수 있다고 판시하고 있다.[2)]

1) 鄭(燦), (事例) 207면. 同旨: 鄭(東), 215면; 李(基), 381면; 註釋, 234면; 金泰柱, "白地어음," 「商事法論集」(無碍徐燉珏博士停年紀念), 1986, 413면, 428면.

2) 大判 1998. 9. 4, 97 다 57573(公報 1998, 2392).

제6장 기타의 制度

제1절 어음保證[1)]

제1 意 義

1. 槪 念

어음保證(aval; Wechselbürgschaft)이라 함은 「어음채무를 담보할 목적으로 하는 부속적 어음행위」이다. 이를 分說하면 다음과 같다.

1) 어음보증은 인적 담보를 부가하는 것이고, 주채무의 존재를 전제로 하므로 「從된 債務」이다.[2)]

2) 어음보증은 광의로는 어음채무의 담보를 위하여 하는 「모든 保證行爲」로서 어음 외의 실질관계에서 특정한 어음채무자를 위하여 하는 보증을 포함하나, 일반적으로는 어음상에 「어음행위」로서 하는 협의의 어음보증만을 의미한다.

3) 어음보증은 「어음채무」를 담보하기 위한 것이므로, 원인채무를 담보하기 위하여 하는 어음행위는 어음보증이 아니다. 즉, 借主의 차용금반환채무를 담보하기 위하여 제3자가 貸主에게 약속어음을 발행하는 어음행위는 어음보증이 될 수 없는 것이다.

우리 大法院判例도 이와 同旨에서 다음과 같이 판시하고 있다.

---

1) 이에 관한 상세는 鄭燦亨, "어음(手票)保證," 「現代商法의 課題와 展望」(松淵梁承圭教授華甲紀念)(서울: 三知院, 1994), 449~479면 참조.

2) 따라서 主債務가 존재하지 않는 경우에는 어음保證도 무효이다. 예컨대, 無擔保背書人을 위한 어음保證은 무효이다[同旨: 徐·鄭, 218면].

[어음保證이 아니라 民法上 保證이라고 본 判例]

A회사가 발행하여 B회사에게 교부한 약속어음과 B회사가 A회사에게 교부한 C회사 발행의 약속어음이 서로 對價關係에 있는 것으로서 어음교환이 행하여진 경우, 그 원인관계에서 A·B회사 사이에 각각 상대방에게 교부한 어음에 대하여 지급기일에 그 지급을 담보하기로 하는 어음금 지급보증의 특약은 어음법상의 어음보증이 아니라 민법상의 보증이다[大判 1994. 8. 12, 94 다 14186(公報 976, 2297)].

4) 어음보증은 어음法上「어음保證으로서의 方式」을 갖추어야 하므로, 어음채무를 담보하기 위하여 한 어음행위라도 어음보증의 방식을 갖추지 않은 숨은 어음보증 또는 공동어음행위는 어음보증이 아니다. 즉, 타인의 어음채무를 담보할 목적으로 어음상에 發行 · 背書 · 引受 등의 어음행위를 하는 자는 숨은 어음保證人으로서 어음의 發行人 · 背書人 · 引受人 등의 어음상의 책임을 부담하는 것이지,[1] 어음보증인으로서 책임을 부담하는 것이 아니다. 이러한 점은 타인의 어음채무를 담보하기 위하여 共同어음行爲를 하는 자의 경우에도 동일한데, 共同어음行爲의 경우에는 共同어음行爲者가 부담하는 어음채무에 主從의 구별이 없는 점에서도 어음보증과 구별된다.[2]

어음保證制度는 어음의 不信用을 나타내는 것이 되므로 실제로 사인간에는 어음保證이 거의 이용되지 않고, 이 대신에 숨은 어음保證 또는 共同어음行爲가 많이 이용되고 있다. 이 때 이러한 어음행위자가 실질관계에서 보증목적으로 어음행위를 하였음은 직접의 당사자간에서만 주장할 수 있는 인적 항변사유가 됨에 불과하다.[3]

2. 法的 性質

어음保證의 법적 성질에 대하여 單獨行爲說(通說)[4]과 契約說(少數說)[5]로 나뉘어 있다.

우리 大法院判例는 單獨行爲說의 입장에서 다음과 같이 판시하고 있다.

---

1) 그러나 이러한 者들이 實質關係上의 債務를 보증할 목적으로 어음行爲를 하는 것임을 상대방에게 표시하고 어음行爲를 하는 경우에는 어음상의 책임을 부담하는 외에, 民法上 保證人으로서의 責任도 부담하게 된다[어음의 實質關係에 관한 설명 참조].

2) 同旨: 徐·鄭, 219면; 註釋, 361면; 鄭(東), 336면.

3) 同旨: 註釋, 361면.

4) 徐·鄭, 219면; 孫(珠), 293면; 姜, 438면; 姜, (어) 420면; 蔡, 216면; 註釋, 360면 外.

5) 鄭(東), 336면.

[어음保證을 單獨行爲로 본 判例]

약속어음의 지급보증은 발행인을 위하여 그 어음금 채무를 담보할 목적으로 하는 보증인의 단독행위이므로 그 행위의 구체적·실질적인 상대방은 어음의 제 3 취득자가 아니라 발행인이라 할 것이다[大判 1986. 9. 9, 84 다카 2310(公報 787, 1370)].

(i) 單獨行爲說은 어음보증은 보증인이 되고자 하는 자가 어음에 보증의 기명날인 또는 서명을 하는 것만으로 할 수 있는 점(單獨行爲)에서 民法上의 保證(契約)과 구별된다고 한다. (ii) 이에 반하여 契約說은 어음保證도 어음행위이고 어음행위는 원칙적으로 어음을 상대방에게 교부하고 상대방이 승낙의 의사를 가지고 이를 수령함으로써 그 효력이 발생하는 것이므로(어음理論 중 원칙적으로 交付契約說을 취하는 입장에서) 契約이라고 한다.

생각건대 어음보증(어음인수의 경우도 동일함)도 어음행위이므로 어음행위의 효력발생시기(어음이론)에 대하여 權利外觀說에 의하여 보충된 發行說(折衷說)을 취하는 경우에는 이와 동일하게 해석하여야 하고, 어음보증을 별도로 單獨行爲 또는 契約의 어느 일방에 의해서만 설명할 수는 없다고 본다.

3. 어음保證과 民法上의 保證과의 差異

어음保證을 民法上의 保證과 비교하면 다음과 같은 점에서 많은 차이가 있다. 어음債務는 民法上의 保證에 의해서도 담보될 수 있으나, 다음과 같은 차이점에서 볼 때 어음保證이 훨씬 유리하다는 점을 알 수 있다.

1) 민법상의 보증은 명백한 契約이지만, 어음보증은 민법상의 보증과 같은 契約은 아니다(앞에서 본 어음보증의 법적 성질 참조).

2) 민법상의 보증은 대인적 관계에서 반드시 특정한 主債務者를 필요로 하고 主債務者가 불분명한 경우에는 보증이 성립하지 않지만, 어음보증은 對어음的 관계이므로 主債務者가 불분명한 경우에도 어음보증은 성립하는데 이 때에는 발행인이 주채무자인 것으로 간주된다(어 31조 4항·77조 3항, 手 26조 4항).

3) 민법상의 보증은 主債務의 성립을 보증채무의 성립요건으로 하지만(附從性), 어음보증은 主債務가 방식의 하자 이외의 사유로 무효인 경우에도 유효하게 성립한다(어음行爲獨立의 원칙)(어 32조 2항·77조 3항, 手 27조 2항).

4) 민법상의 보증은 方式의 제한이 없으나, 어음보증은 方式의 제한이 있다(要式行爲)(어 31조·77조 3항, 手 26조).

5) 민법상의 보증인은 특정한 相對方(債權者)에 대하여만 책임을 지나, 어음보증인은 불특정한 어음所持人(어음債權者)에 대하여 책임을 진다.

6) 민법상의 보증인은 催告·檢索의 抗辯權을 가지나(民 437조), 어음보증인은 피보증인과 동일한 책임을 지므로 민법상의 보증인과 같은 催告·檢索의 抗辯權을 갖지 못한다(어 32조 1항·77조 3항, 手 27조 1항).

7) 민법상의 보증인은 主債務者의 모든 항변사유로써 채권자에게 대항할 수 있으나(民 433조), 어음보증인은 主債務者의 모든 항변사유로써 어음소지인에게 대항할 수 있는 것은 아니다(어음保證債務의 獨立性과 관련하여 후술함)(어 32조 2항·77조 3항, 手 27조 2항 참조).

8) 민법상의 공동보증인은 分別의 利益이 있으나(民 439조), 공동의 어음보증인은 分別의 利益이 없고 어음채무의 전액에 대하여 合同責任을 부담한다(通說)(어 47조·77조 1항 4호, 手 43조).[1]

9) 민법상의 보증채무의 소멸시효기간은 10년이나(民 162조 1항), 어음보증채무의 소멸시효기간은 어음채무에 따라 3년(어 70조 1항, 77조 1항 8호)·1년(어 70조 2항, 77조 1항 8호) 또는 6월(어 70조 3항·77조 1항 8호, 手 51조 1항·2항)이다.

4. 어음保證과 手票保證과의 差異

手票保證은 어음保證과 대체로 같으나, 다만 「支給人」이 보증인이 될 수 없다는 점에서 어음보증과 구별된다[2](手 25조 2항).

가계수표의 경우 수표보증카드제도에 의하여 지급인(은행)이 수표금의 지급을 보증하는 제도가 있는데, 이것은 지급인이 수표상에 하는 수표보증이 아니라 수표 외에서 하는 민법상의 보증이므로, 지급인이 수표보증인이 될 수 없다는 手票法의 규정에 위반되지 않는다[3](이에 관하여는 후술함).

---

1) 徐·鄭, 222면; 孫(珠), 302면; 鄭(東), 343면; 崔(基), 583면 外.

2) 이것은 手票保證이 換어음保證과 구별되는 점인데, 그 이유는 手票의 支給人에 대하여 배서를 인정하지 않는 점(手 15조 3항)과 支給人의 引受를 금지한 취지를 살려(手 4조) 手票의 信用證券化를 방지하기 위해서이다. 手票의 支給人은 手票保證 대신에 支給保證을 할 수 있다(手 53조~58조). 그런데 手票의 支給保證은 手票保證과는 구별된다. 즉, 手票의 支給保證은 타인의 手票債務의 존부에 불구하고 支給人이 지급을 약속하는 手票行爲이나(이 점에서는 引受와 유사함), 手票保證은 타인의 手票債務의 존재를 전제로 하여 이것을 보증하는 手票行爲인 점에서 양자는 구별된다[同旨: 徐·鄭, 302면].

3) 同旨: 鄭(熙), 295~296면; 大判 1987.8.18, 86 다카 1696(公報 809, 1452) 外.

제 2 當 事 者

1. 어음保證人

어음보증인이 될 수 있는 자격에는 아무런 제한이 없다. 따라서 어음관계에 관여하지 않은 「제 3 자」는 물론이고, 이미 어음상에 기명날인 또는 서명을 하여 「어음채무자」가 된 자도 어음보증인이 될 수 있다(어 30조 2항, 77조 3항). 그러나 수표의 경우에는 이미 앞에서 본 바와 같이 지급인은 수표보증인이 될 수 없다(手 25조 2항). 어음보증인의 자격에 아무런 제한이 없다고 하여도 主債務者가 어음보증인이 되거나 또는 어음관계에서 전자가 후자를 위하여 어음보증인이 되는 것은 무의미하다. 왜냐하면 이러한 자는 이미 어음채무를 부담하고 있기 때문이다.

2. 被保證人

피보증인이 될 수 있는 자는 「어음채무자」이다. 따라서 환어음의 경우는 發行人 · 背書人 · 引受人 및 參加引受人이고, 약속어음의 경우는 發行人 및 背書人이며, 수표의 경우는 發行人 및 背書人이다. 어음채무자가 아닌 자를 위하여 하는 어음보증은 무효이다(通說).[1] 따라서 환어음의 지급인, 지급담당자, 무담보배서인 등을 위한 어음보증은 무효이다.

제 3 方 式

1. 記載事項

어음보증도 다른 어음행위와 같이 要式行爲이므로, 어음보증에는 「保證文言」 및 「被保證人」을 기재하고 「保證人이 기명날인 또는 서명」을 하여야 한다. 피보증인의 기재유무에 따라 다음과 같이 正式保證과 略式保證으로 나뉘어진다.

(1) 正式保證

1) 어음보증인이 어음상에 (i) 보증 또는 이와 동일한 의의가 있는 문언(保證文言) 및 (ii) 被保證人을 표시하고, (iii) 記名捺印 또는 署名을 한 경우를

1) 徐·鄭, 220면; 鄭(熙), 296면; 鄭(東), 337면; 孫(珠), 294면; 崔(基), 586면; 蔡, 217면 外.

正式保證이라고 한다(어 31조 2항 · 4항 1문, 77조 3항, 手 26조 2항 · 4항 1문).

2) 어음보증인은 이외에도 어음보증을 함에 있어서 拒絶證書作成免除(어 46조 1항 · 77조 1항 4호, 手 42조 1항), 豫備支給人(어 55조 1항, 77조 1항 5호) 등을 기재할 수 있다.

(2) 略式保證

1) 어음보증인이 피보증인을 표시하지 않고 어음상에 「保證文言」만을 기재하고 「記名捺印 또는 署名」하거나(어 31조 4항 2문 · 77조 3항, 手 26조 4항 2문), 또는 보증문언도 기재하지 않고 단순히 「記名捺印 또는 署名」만을 한 경우(簡略略式保證)(어 31조 3항 1문 · 77조 3항, 手 26조 3항 1문)를 略式保證이라고 한다. 이와 같이 略式保證이라도 반드시 보증인의 記名捺印 또는 署名이 있어야 한다. 따라서 어음보증인이 어음상에 어음보증인으로서 기명날인 또는 서명을 하지 않고, 단순히 保證한다고 진술한 데 불과한 경우에는 어음保證人이라고 볼 수 없다.

우리 大法院判例도 手票保證에서 이와 同旨로 판시하고 있다.

[수표법 소정의 방식에 의하지 않은 手票保證은 효력이 없다고 본 判例]

手票保證은 반드시 수표법 제26조 소정 방식에 의하여야 할 것이며 그 방식에 의하지 아니하고 단지 진술한 데 불과한 경우에는 이를 수표법상의 보증이라 할 수 없으므로 위의 기타채무자에 해당된다 할 수 없다[大判 1964. 9. 8, 64 다 369(判總 11-2, 1057)].

同旨: 大判 1967. 3. 28, 66 다 2376(判總 11-2, 1059-26-1)(手票保證에 관한 판결임).

2) 略式保證 중에서 保證文言은 있으나 被保證人만의 기재가 없는 略式保證은 어음表面 또는 어음裏面의 어디에도 할 수 있는데, 다만 이 때에는 發行人을 被保證人으로 본다(어 31조 4항 2문 · 77조 3항, 手 26조 4항 2문). 어음法上 「…… 發行人을 위하여 보증한 것으로 본다」는 의미에 대하여, 이를 推定規定 내지 解釋規定으로 보고 어음보증인이 다른 어음채무자를 위하여 보증한 것이라는 것을 입증할 수 있다는 견해도 있으나,[1] 법문의 규정형식으로 보나 또한 어음거래의 안전을 위하여야 한다는 점에서 볼 때 이를 擬制規定으로 보아 어음보증인의 反證을 허용하지 않는 것이 타당하다고 본다.[2]

3) 略式保證 중에서 保證文言도 기재하지 않고 단순히 어음보증인의 記名捺印 또는 署名만을 하는 簡略略式保證은 어음表面에만 할 수 있는데(어 31조 3항 1문 · 77조 3항, 手 26조 3항 1문), 이 때에는 發行人을 被保證人으로 본다(어 31조 4항 2문 · 77조 3항, 手 26조 4항 2문). 이러한 簡

1) Baumbach/Hefermehl, WG Art. 31 Rdn. 8.
2) 同旨: 鄭(東), 338면; 蔡, 218면.

略略式保證은 「어음表面」에만 할 수 있으므로, 어음裏面에 한 단순한 기명날인 또는 서명은 어음보증이 될 수 없고 簡略白地式背書가 될 뿐이다(어 13조 2항 2문·77조 1항 1호, 手 16조 2항 2문).

우리 大法院判例도 이와 同旨에서 다음과 같이 판시하고 있다.

[어음裏面에 한 記名捺印만으로는 어음保證이 될 수 없다고 본 判例]

어음裏面에 배서인으로서 기명날인한 경우에는 어음보증의 요건을 구비하지 못하여 보증의 효력이 없다[大判 1974. 9. 25, 74 다 507 (判總 11-2, 1038-23)].

어음表面에 한 단순한 기명날인 또는 서명이라도 發行人의 단순한 기명날인 또는 서명은 白地發行이 되고 (환어음의) 支給人[1]의 단순한 기명날인 또는 서명은 白地引受가 되므로, 發行人 또는 支給人 이외의 자의 기명날인 또는 서명만이 어음保證이 될 수 있다(어 31조 3항 단서·77조 3항, 手 26조 3항 단서).

4) 어음表面의 발행인란에 수 개의 기명날인 또는 서명이 있는 경우에 이를 전부 共同發行으로 볼 것인가 또는 그 중 일부의 기명날인 또는 서명을 발행인을 위한 어음保證으로 볼 수 있을 것인가에 대하여 의문이 있다.

이에 대하여는 이미 설명한 바와 같이 (i) 첫번째의 기명날인 또는 서명은 언제나 發行의 기명날인 또는 서명이 되지만 두 번째 이하의 기명날인 또는 서명은 제반사정(기명날인 또는 서명의 배치와 문자의 크기, 지급장소인 은행과 당좌거래를 하고 있는지 여부, 어음 외의 사정에 의하여 추측할 수 있는 당사자의 의사 등)에 의하여 어음保證의 기명날인 또는 서명이 될 수 있다는 견해가 있다.[2]

우리 大法院判例도 이와 같은 취지에서 다음과 같이 판시하고 있다.

[약속어음 발행인과 나란히 捺印만을 하고 그 후에 記名을 보충한 경우에 이를 어음保證으로 본 判例]

약속어음채무를 보증하는 취지로 어음표면에 발행인과 나란히 날인만을 하고 그 기명보충권을 지급기일 후에 행사하였다 하여 어음보증의 효력이 발생할 수 없다고 할 수 없다[大判 1969. 7. 8, 69 다 666 (判總 11-2, 980-11)].

(ii) 그러나 어음행위는 어음상의 기재만에 의하여 객관적으로 해석해야 하

---

1) 手票의 支給人이 手票表面에 단순한 記名捺印 또는 署名을 한 경우에는 手票에는 引受制度가 없고(手 4조) 또 手票의 支給人은 保證人이 될 수 없는 점(手 25조 2항)에서 支給保證이 될 수밖에 없는데, 이러한 경우 수표법상 支給保證이 될 수 있겠는지 여부는 支給保證의 方式(手 53조 2항)에서 볼 때 의문이다.

2) 註釋, 366면; 日東京地判 1939. 3. 3(新聞 243, 14)(두 번째 이하의 記名捺印 또는 署名을 어음保證으로 판시함).

는 점에서 볼 때 이를 共同發行으로 보고 각 기명날인자 또는 서명자는 合同責任을 부담한다고 보아야 할 것이다.[1)]

2. 記載場所

어음保證은 어음 자체, 그 謄本(어음의 경우에만 인정됨) 또는 補箋에 하여야 한다(어 31조 1항·77조 3항, 手 26조 1항; 어 67조 3항·77조 1항 6호).

제 4 時 期

어음보증의 시기에 대하여 어음法에는 아무런 규정이 없으므로 해석에 의할 수밖에 없다.

1) 어음채무가 존속하는 동안에는 언제든지 어음보증이 가능하다. 따라서 어음이 지급제시기간이 경과하였으나 소멸시효가 완성하기 전에는 遡求義務者를 위한 어음보증은 불가능하나, 主債務者를 위한 어음보증은 가능하다. 그러나 어음채무가 보전절차의 흠결 및 소멸시효의 완성으로 소멸한 때에는(즉 어음債務는 전부 소멸하고 利得償還債務만이 존재하는 때에는), 어음보증의 대상이 없으므로 어음보증은 성립할 여지가 없다(通說).[2)]

2) 어음보증은 원칙적으로 어음채무가 성립한 후에만 가능하나, 예외적으로 어음채무가 성립하기 전에도 가능하다고 본다.[3)] 이 때에는 어음채무가 후에 성립하였을 때 어음보증의 효력이 발생한다고 본다.[4)]

제 5 內 容

1. 一部保證

1) 어음보증은 피보증인의 어음채무의 全部에 대하여 하는 것이 원칙이나, 예외적으로 피보증인의 어음채무의 一部에 대하여도 가능하다(어 30조 1항·77조 3항, 手 25조 1항).

---

1) 同旨: 鄭(東), 279~281면.

2) 徐·鄭, 221면; 孫(珠), 296면; 梁(承), 327면; 鄭(東), 341면 外.
反對: 鄭(熙), 297면(어음債務의 獨立性의 입장에서 보아 소멸된 어음債務의 保證이 이론상 전연 불가능한 것이 아니며, 또 전연 무의미하다고 할 수도 없다고 한다).

3) 同旨: 徐·鄭, 218면; 註釋, 362면.

4) 同旨: 徐·鄭, 218면.

이것은 引受의 경우와 같으나(어 26조 1항 단서), 背書의 경우와는 구별되는 점이다(어 12조 2항 · 77조 1항 1호, 手 15조 2항). 一部保證을 인정하는 이유는 이것을 전연 무효로 하는 것보다 유효로 하는 것이 어음소지인의 이익이 되기 때문이다.[1)]

2) 一部保證의 경우에는 반드시 保證金額을 기재하여야 하는데, 保證金額의 기재가 없으면 全部保證이라고 해석하여야 할 것이다.[2)]

2. 條件附어음保證

어음보증인이 어음보증을 하면서 어음면상 「右記金額의 지급을 支給期日까지 보증함」이라고 기재한 경우와 같이 條件附保證을 한 경우에, 그 條件 및 어음保證의 效力을 어떻게 볼 것인가에 대하여 어음행위의 單純性과 관련하여 다음과 같이 견해가 나뉘어 있다. 즉 (i) 어음행위는 특단의 명문규정이 없는 한 條件에 친하지 않는 행위로서 일반원칙에 따라 條件은 보증의 목적을 해하므로 有害的 記載事項으로 그러한 어음보증행위는 전부 무효라고 하는 견해(有害的 記載事項說),[3)] (ii) 어음의 신용을 높이고 유통성을 강화하기 위하여 보증의 효력은 인정하되 背書의 無條件性을 감안하여 그 조건을 無益的 記載事項으로 보고 무조건의 어음보증으로 취급하는 견해(無益的 記載事項說),[4)] (iii) 보증에 붙인 조건을 無益的 記載事項으로 보면 보증인의 명시의 의사에 반할 뿐만 아니라 保證人에게 引受人의 책임보다 더 엄격한 책임을 인정하게 되어 부당하고, 有害的 記載事項으로 보면 보증인의 책임을 면제하게 되는 결과가 되어 어음소지인의 이익을 해하게 되어 부당하므로 이러한 조건을 條件附引受(어 26조 2항 단서)와 같이 保證人에 대하여는 有益的 記載事項으로 보는 견해(有益的 記載事項)[5)]가 있다.

---

1) 同旨: 註釋, 362면.

2) 同旨: 鄭(東), 339면; 註釋, 362면.

3) 田中(誠), 385면; 服部, 163면.

獨逸에서는 條件附保證을 원칙으로 無效로 보나(有害的 記載事項), 일정한 경우에는 無益的 記載事項 또는 有益的 記載事項으로 보는 다음의 見解가 있다. 즉 (i) 條件附保證文言은 發行人이나 引受人을 위해서는 인정되지 않으나(어 1조 2호, 26조)(有害的 記載事項) 背書人을 위해서는 기재하지 아니한 것으로 본다(어 12조)(無益的 記載事項)는 見解(Baumbach/Hefermehl, WG Art. 31 Rdn. 2)와, (ii) 條件附어음保證은 인정되지 않으나(有害的 記載事項) 어음法 제30조에서 명문으로 규정하고 있는 바와 같은 어음금액의 一部支給의 保證 및 기타의 制限(Beschränkungen), 예컨대 保證人은 主債務者보다 나중에 지급한다는 것과 같은 制限은 인정된다(有益的 記載事項)는 見解(Jacobi, S. 675)가 있다.

4) 孫(珠), 296면; 朴(元), 559면.

순수한 條件은 無益的 記載事項이나 制限保證은 有效라고 보는 見解로는 鄭(熙), 297면; 同, "어음行爲의 無條件性(어음保證과 관련하여)," 「考試界」, 1985. 11, 128~137면.

5) 鄭(東), 340면; 梁(承), 327면; 蔡, 219면; 李(基), 357면; 註釋, 362면; 註어, 360면;

이에 관하여 우리 大法院判例는 다음과 같이 有益的 記載事項說에 따라서 판시하고 있다.

[條件附어음保證을 有益的 記載事項이라고 본 判例]

어음법상 보증의 경우에는 발행 및 배서의 경우와 같이 단순성을 요하는 명문의 규정이 없을 뿐 아니라, 주된 채무를 전제로 하는 부수적 채무부담행위인 점에서 보증과 유사한 환어음의 인수에 조건을 붙인 경우에는 일단 인수거절로 보되 인수인으로 하여금 인수의 문언에 따라 책임을 지도록 함으로써 불단순인수를 인정하고 있음에 비추어 볼 때, 어음보증에 대하여 환어음의 인수의 경우보다 더 엄격하게 단순성을 요구함은 균형을 잃은 해석이라고 하겠고 또 조건부보증을 유효로 본다고 하여 어음거래의 안전성이 저해되는 것도 아니므로, 조건을 붙인 불단순보증은 그 조건부보증문언대로 보증인의 책임이 발생한다고 보는 것이 타당하다[大判 1986. 3. 11, 85 다카 1600(公報 775, 41)].[1)]

생각건대 어음의 보증에 붙인 條件이나 制限을 有益的 記載事項으로 보는 有益的 記載事項說에 찬성하는데, 그 이유는 다음과 같다. (i) 保證은 부속적 어음행위로 기본적 어음행위인 發行과는 구별된다고 생각한다. 따라서 條件附保證을 條件附發行의 경우와 같이 해석하여 그것도 명문의 규정이 없음에도 불구하고 保證 자체를 무효로 볼 수는 없다. 또 이를 무효로 하면 보증인의 의사에도 반하고 소지인의 이익을 해치게 된다. (ii) 또한 保證과 背書는 같은 부속적 어음행위이나 그 성질이 엄격히 구별되는 것이므로 條件附保證을 어음법 제12조 1항의 규정과 같이 無益的 記載事項으로 해석할 수는 없다. 왜냐하면 保證은 채무부담의 의사표시이고 背書는 권리양도(적어도 제1차적으로는)의 의사표시이기 때문이다. 이는 어음法에서도 一部背書는 무효로 규정하면서도(어 12조 2항) 一部保證은 유효로 규정하고 있는 점(어 30조 1항)에서도 알 수 있다. (iii) 따라서 保證은 引受와 같이 적어도 채무부담을 목적으로 하는 부속적 어음행위라는 점에서는 그 성격이 유사한데(물론 다른 점에서는 차이가 있으나), 不單純引受(어 26조 2항)에서 인수인의 책임을 인정하고 있으므로 不單純保證에서도 同규정을 유추적용하여 보증인의 책임을 인정

李院錫, "어음의 保證制度," 「考試界」, 1978. 7, 104면; 鈴木 · 大隅, 講座(4), 45면; 前田, 293면; 石井·鴻, 291면.

1) 同旨: [프랑스 判例] Cass.(Com.) (Casset/Jacquin) 1971. 12. 14, Bull. cass. 71 Ⅳ 285 (어음保證人이 自己의 署名에 '…… 의 나의 편지에 따라서만 保證으로서 유효함'이라는 문언을 추가한 경우에, 어음所持人에 대한 어음保證人의 責任은 이 문언의 내용에 따라서 결정된다고 판시함).

反對: 日東京地判 1953. 2. 18(下民 4月 2日, 225)(有害的 記載事項으로 판시함).

하여야 한다고 본다. 그런데 이렇게 보면 保證人은 被保證人과 동일한 책임을 부담한다는 규정(어 32조 1항)과 상위되는 것 같은데, 이는 同규정의 의미를 保證人과 被保證人의 책임은 그 內容에서 동일하면 족하고 範圍에서까지 동일함을 요하는 것은 아니라고 보면 상충되지 않을 것이다. 즉 범위에서 保證人의 책임은 被保證人의 그것보다 넓을 수는 없으나 좁을 수는 있다고 해석하면, 어음保證에 붙인 條件을 有益的 記載事項으로 보는 견해와 일치하는 해석이 될 것이다.[1)]

제6 效　　力[2)]

1. 어음保證人의 어음所持人에 대한 責任

어음保證人은 한편으로는 被保證人과 동일한 책임을 부담하지만(附從性)(어 32조 1항·77조 3항, 手 27조 1항), 다른 한편으로는 被保證人의 채무가 그 방식에 하자가 있는 경우 외에는 어떠한 사유로 인하여 무효가 된 때에도 그 책임을 부담한다(獨立性)(어 32조 2항·77조 3항, 手 27조 2항). 어음보증인의 책임의 獨立性은 民法上 보증인의 책임에는 없는 것으로서(民 433조~437조), 어음보증인의 책임은 이와 같은 어음보증채무의 附從性과 獨立性을 어떻게 적절히 조화하여 해석하느냐에 달려 있다.

⑴ 附 從 性

1) 어음보증인의 책임도 보증책임이므로 民法上 보증채무와 같이 附從性과 隨伴性을 갖는다(通說).[3)] 따라서 被保證債務가 부존재하거나 지급·상계·면제·소멸시효 등으로 소멸한 때에는 어음保證債務도 부존재하거나 소멸하게 되고(附從性), 被保證人에 대한 어음상의 권리가 이전하면 어음保證人에 대한 어음상의 권리도 원칙적으로 이전한다[4)](隨伴性). 어음보증인의 책임이 이와 같이 附從

1) 이에 관한 상세는 鄭燦亨, "條件附어음保證(判例硏究)," 「法律新聞」, 제1609호(1985. 10. 21), 12면 참조.

2) 이에 관한 상세는 鄭燦亨, "어음(手票)保證의 效力," 「月刊考試」, 제236호(1993. 9), 136~148면을 참조하고, 背書禁止어음에 있어서의 어음保證의 效力에 관한 사례해설에 관하여는 鄭燦亨, "背書禁止어음과 어음保證(商事事例硏究)," 「法律新聞」, 제1917호(1990. 3. 8), 11면 참조.

3) 徐·鄭, 218면; 鄭(熙), 293면; 鄭(東), 341면; 蔡, 220면; 註釋, 359면 外.
이에 反하여 어음保證人의 責任의 獨立性을 강조하여 어음保證債務의 附從性(從屬性)을 否認하는 견해도 있다(Hueck/Canaris, §13 I 5).

4) 어음保證人의 責任의 隨伴性은 어음保證(어음行爲)의 성질에서 당연하고, 굳이 民法上의 保證의 성질에서 오는 것이라고 볼 필요가 없다. 즉, 어음保證人은 被保證人의 상대방에 대해서만 保證責任을 부담할 의사로써 어음保證을 하는 것이 아니라, 모든 정당한 어음所持人

性을 갖는다고 하더라도 이것은 다음에서 보는 바와 같이 獨立性에 의하여 많이 약화되어 있으므로, 어음보증의 附從性은 民法上 보증의 附從性과는 다른 개념이다.[1)]

2) 어음보증인의 책임이 附從性이 있는 결과 어음보증인의 책임의 性質과 範圍도 원칙적으로 被保證人의 그것과 같다. 어음法은 이 점을 명백히 하여 「보증인은 보증된 자와 동일한 책임을 진다」고 규정하고 있다(어 32조 1항 · 77조 3항, 手 27조 1항). 따라서 어음보증인의 책임은 피보증인이 發行人인가, 背書人인가, 또는 引受人인가 등에 따라 그 책임의 성질과 범위가 결정된다. 어음보증인의 책임의 이러한 附從性의 결과 어음소지인이 피보증인에 대하여 소구권보전절차 또는 시효중단절차를 취하면, 어음보증인에 대하여 다시 그러한 절차를 취하지 않더라도 어음보증인에 대한 어음소지인의 권리는 보전된다.

우리 大法院判例도 이와 同旨로 다음과 같이 판시하고 있다.

[약속어음의 발행인의 어음보증인에 대하여도 지급제시기간 내에 지급제시를 하지 않았어도 시효기간 내에는 어음금을 청구할 수 있다고 본 判例]

약속어음의 발행인은 주채무자이므로 그에게 (지급제시기간 내에 ― 저자註) 지급제시를 하지 아니하였다 하여도 어음금을 청구할 수 있는 것이며, 발행인을 위한 어음보증인도 피보증인(발행인)과 동일한 어음상의 책임을 지는 것이므로 이러한 어음보증인에게도 어음소지인은 (지급제시기간 내에 ― 저자註) 지급제시 없이 어음금을 지급청구할 수 있다[同旨: 大判 1988. 8. 9, 86 다카 1858(公報 832, 1207)].

同旨: 大判 1989. 10. 24, 88 다카 20774(月報 233, 74)(배서금지약속어음의 양도의 경우에 어음소지인이 주채무자인 발행인〈피보증인〉에 대하여 그 대항요건을 갖추었으면 어음보증인에 대하여 별도의 대항요건〈통지 또는 승낙〉을 갖추지 아니하였어도 주된 채권양도의 효력으로써 어음보증인에 대하여 이를 주장할 수 있다고 할 것이다); 서울民事地判 1987. 12. 4, 87 가단 4804(新聞 1716, 8)(피보증인〈약속어음의 발행인〉이 어음변조에 승낙했다면 변조 전에 보증한 어음보증인은 〈그가 별도로 승낙을 하지 않았다 하더라도 ― 저자註〉 변조 후의 어음문언에 따라 책임을 진다)[그러나 이 判決은 피보증인(약속어음의 발행인)이 어음보증인의 동의 없이 수취인 등을 변경한 경우에는 어음보증인에 대한 관계에서는 「변조」가 되어 어음보증인은 변조 전의 문언에 따라서만 그 책임을 진다는 大法院判例(大判 1981. 11. 24, 80 다 2345 〈敎材, 判決例 [495]〉 外)에 반하여 부당하다고 본다 ― 저자註].

에 대하여 保證責任을 부담할 의사로써 어음保證을 하는 것이다. 이것은 어음保證의 被保證人은 民法上 保證의 被保證人과는 달리 모든 정당한 어음所持人에 대하여 어음상의 責任을 부담하는 점에서 附從性의 한 형태라고도 볼 수 있다.

1) 同旨: 鄭(東), 342면; 李(基), 360면; 蔡, 221면.

(2) 獨 立 性

어음보증인의 책임은 피보증채무가 그 방식에 하자가 있는 경우 외에는 어떠한 사유로 인하여 무효가 된 때에도 그 효력이 있다(어 32조 2항 · 77조 3항, 手 27조 2항). 즉, 피보증채무가 실질적으로 무효이어서 피보증인이 어음채무를 부담하지 않는 경우(예컨대 의사무능력자의 기명날인, 위조의 기명날인 등)에도 어음보증인은 (그러한 사실을 알았든 몰랐든 불문하고) 어음상의 책임을 부담하는 것이다. 따라서 이것은 어음行爲獨立의 원칙이 어음保證에도 적용되는 점을 어음法이 분명히 규정하고 있는 것이다. 그러므로 어음보증인의 책임은 어음소지인과의 관계에서는 피보증인의 책임과는 별개로서 어음보증인은 피보증인과 함께 어음소지인에 대하여 合同責任을 부담하므로(어 47조 1항 · 77조 1항 4호, 手 43조 1항), 어음보증인은 民法上의 보증인과는 달리 어음소지인에 대하여 催告 · 檢索의 抗辯(民 437조)을 주장할 수 없고 어음금을 지급하여야 하며, 한편 어음소지인은 어음보증인과 피보증인의 1인 또는 전원에 대하여 어음금의 지급을 청구할 수 있다(어 47조 2항 · 77조 1항 4호, 手 43조 2항). 또한 동일한 어음채무에 관하여 수인의 어음보증인이 있는 경우에도 民法上의 공동보증인과는 달리 보증인 상호간에 分別의 利益(民 439조)이 없고, 각자는 어음금 전액에 대하여 合同責任을 부담한다(어 47조 1항 · 77조 1항 4호, 手 43조 1항).

(3) 綜 合

어음보증인의 책임은 위에서 본 바와 같이 附從性과 獨立性이 있어 이것은 상호 상충되는데, 이 양자를 어떻게 조화하여 해석할 것인가가 문제된다. 이의 이해를 위하여 다음의 예에서 구체적으로 살펴본다. 즉 A가 B로부터 상품을 구입하고 그 대금지급조로 약속어음을 발행하여 Y로부터 어음보증을 받아 B에게 교부하고 B는 다시 同어음을 X에게 배서양도한 경우에, 어음보증인인 Y의 B 또는 X에 대한 어음상의 책임이 어떠한가를 살펴본다.

1) Y의 B에 대한 어음上의 責任 A가 피위조자 또는 의사무능력자(행위무능력자인 경우에는 자기의 어음행위를 취소한 후)로서 A가 어음보증 당시에 어음채무를 부담하지 않는 경우(A의 物的 抗辯事由) 또는 Y가 A를 위하여 어음보증을 한 후에 A·B간의 매매계약이 해제된 경우(A의 인적 항변사유)에 Y는 B에 대하여 어음보증채무를 이행하여야 하는가. 이 때 어음보증의 附從性을 강조하면 Y는 어음보증채무의 이행을 거절할 수 있는 것으로 생각되고, 獨立性을 강조하면 Y는 어음보증채무를 이행하여야 하는 것으로 생각된다.

① A가 피위조자 등으로 인하여 어음채무를 부담하지 않는 경우에도, 즉

피보증채무가 실질적으로 부존재한 경우에도 Y의 어음보증채무는 유효하게 성립한다(어음保證의 獨立性). Y가 어음保證을 한 후에 A·B간의 매매계약이 해제된 경우에는 어음보증의 獨立性을 거론하지 않더라도 당연히 어음보증채무는 유효하게 성립한다. 이와 같이 어음보증채무가 유효하게 성립하는 것은 B가 惡意인 경우에도 동일하다(어음行爲獨立의 원칙이 惡意의 어음취득자에게도 적용되는 점). 다만 이 때 B가 이러한 사실을 알고 있으면서(惡意) 어음보증채무의 이행을 청구하는 것은 權利濫用이 되기 때문에 Y는 어음보증채무의 이행을 거절할 수 있다고 본다.[1)]

우리 大法院判例도 앞에서(어음抗辯) 본 바와 같이 이와 同旨에서 다음과 같이 판시하고 있다.

> [약속어음의 발행인이 수취인에 대하여 원인채무가 없음에도 불구하고 수취인이 발행인의 어음보증인에 대하여 어음상의 권리를 행사하는 것은 권리남용이라고 본 判例]
>
> 장래의 채무를 담보하기 위하여 발행된 약속어음에 발행인을 위하여 어음보증이 되어 있는 약속어음을 수취한 사람은 어음을 발행한 원인관계상의 채무가 존속하지 않기로 확정된 때에는 특별한 사정이 없는 한 그 때부터는 어음발행인에 대해서뿐만 아니라 어음보증인에 대해서도 어음상의 권리를 행사할 실질적인 이유가 없어졌다 할 것이므로, 어음이 자기의 수중에 있음을 기화로 어음보증인으로부터 어음금을 받으려고 하는 것은 신의성실의 원칙에 비추어 부당한 것으로서 권리의 남용이라 할 것이고, 어음보증인은 수취인에 대하여 어음금을 거절할 수 있다고 할 것이니, 위 수취인으로부터 배서양도를 받은 어음소지인이 어음법 제17조 단서의 요건에 해당되는 때에는 어음보증인은 그러한 악의의 소지인에 대하여도 권리남용의 항변으로 대항할 수 있다[大判 1988. 8. 9, 86 다카 1858(公報 832, 1207)][이 판결에 대한 同旨의 평석으로는 鄭東潤, "어음保證人의 被保證人의 人的 抗辯援用,"「法律新聞」, 제1802호, 15면].

② 그러나 앞에서 본 바와 같이 A의 B에 대한 어음채무가 지급·상계·면제·소멸시효 등으로 소멸한 경우에는 어음보증채무의 附從性에 의하여 Y의 어음보증채무도 소멸하므로 Y는 B에 대하여 어음보증채무가 없음을 항변할 수 있다(어음保證의 附從性). 그러나 A가 B에 대하여 매매계약을 해제할 수 있음에도 불구하고 해제하지 않고 있는 동안에는 Y는 B에 대하여 어음보증채무의 이행을 거절할 수 없다고 본다[2)](어음保證의 獨立性)(民法上 保證과의 차이: 民 435조).

---

1) 鄭燦亨, "背書禁止어음과 어음保證,"「法律新聞」, 제1917호(1990. 3. 8), 11면; 同, 前揭論文集(現代商法의 課題와 展望), 472~473면. 同旨: 鄭(熙), 298면; 鄭(東), 345면(第3者의 抗辯의 하나라고 함).

2) 同旨: 鄭(東), 345면.

2) Y의 X에 대한 어음上의 責任 ① A·B간의 매매계약이 해제된 후에 B가 X에게 배서양도한 경우에는(A의 人的 抗辯事由), X가 그러한 사실을 알고 어음을 양수한 경우 외에는 A는 X에 대하여 어음상의 책임을 부담한다(어 77조 1항 1호, 17조). 따라서 어음보증인인 Y도 피보증인 A와 같이 X가 매매계약이 해제된 사실을 알고 어음을 양수한 경우 외에는 X에 대하여 당연히 어음상의 책임을 부담한다. 그러나 X가 이러한 사실을 알고 어음을 양수한 경우에는 Y의 어음보증채무는 성립하나(어음保證債務의 獨立性과 어음行爲獨立의 원칙이 惡意의 어음취득자에게도 적용되는 점에서), 이 때 X가 이러한 사실을 알고(惡意) Y에게 어음보증채무의 이행을 청구하는 것은 權利濫用에 해당되므로 Y는 X에 대하여 어음보증채무의 이행을 거절할 수 있다고 본다.[1] 우리 大法院判例도 이와 同旨로 판시하고 있음은 앞에서 본 바와 같다.[2]

이와 같은 점은 A의 B에 대한 어음채무가 지급·상계·면제 등으로 인하여 소멸하였음에도 불구하고 A가 B로부터 어음을 환수하지도 않고 어음면상 영수의 표시도 하지 않고 있는 동안에(A의 人的 抗辯事由), 그 어음이 X에게 양도되고 이러한 사실을 알고 있는(惡意의) X가 Y에게 어음금의 지급을 청구한 경우에도 동일하다고 본다. 그러나 A·B간의 매매계약이 B가 어음을 X에게 양도한 후에 해제된 경우에는 X가 그 후에 이러한 사실을 알았다 하더라도 A는 X에 대하여 惡意의 抗辯을 주장할 수 없으므로,[3] Y도 惡意인 X에 대하여 어음보증채무의 이행을 거절할 수 없다고 본다.

② A의 어음발행이 僞造의 어음행위이거나 또는 意思無能力者(行爲無能力者인 경우에는 자기의 어음행위를 취소한 후)의 어음행위로서 무효인 경우에는, A는 B에 대하여는 물론이고 X에 대하여도 (그가 善意이든 惡意이든 불문하고) 자기의 어음행위가 무효임을 주장하여 어음채무를 부담하지 않는다(物的 抗辯事由 중 非證券上의 抗辯). 그런데 A의 어음보증인인 Y는 X에 대하여 어음보증채무를 부담하는가. 이 경우에도 Y의 X(및 B)에 대한 어음보증채무는 유효하게 성립하나(어음保證의 獨立性), X가 被保證人(A)의 어음행위가 무효인 사정을 알면서(즉, 惡意이면서) Y에 대하여 어음보증채무의 이행을 청구

1) 鄭燦亨, 前揭 法律新聞, 11면; 同, 前揭 論文集(現代商法의 課題와 展望), 474면.

2) 大判 1988.8.9, 86 다카 1858(公報 832, 1207)(그 수취인으로부터 同어음을 背書讓渡받은 어음소지인이 어음法 제17조 단서의 요건에 해당되는 때에는 어음保證人은 그러한 惡意의 어음소지인에 대하여도 權利濫用의 抗辯으로 대항할 수 있다).

3) 同旨: 大判 1982.4.13, 81 다카 353(教材, 判決例 [525])(背書 당시에 이미 발생한 背書人에 대한 항변사유로써 被背書人에 대하여도 대항할 수 있는 것이지, 背書後에 비로소 발생한 背書人에 대한 항변사유로써도 被背書人에 대하여 이를 주장할 수 있다는 것은 아니라고 판시함).

하는 것은 權利濫用이 되어 Y는 X에게 어음보증채무의 이행을 거절할 수 있다고 본다.[1] 그러나 기본어음의 요건흠결 · 피보증채무의 소멸시효완성 · 만기미도래 · 배서불연속 · 어음면상 명백한 지급필 등과 같이 어음상에 나타난 物的 抗辯事由(物的 抗辯事由 중 證券上의 抗辯)로 인하여 A의 피보증채무가 부존재(무효)한 경우에는 Y의 어음보증채무는 성립하지 않으므로(어음保證의 附從性)(어 32조 2항 반대해석 · 77조 3항, 手 27조 2항 반대해석) Y는 누구에 대하여도 어음보증채무의 이행을 거절할 수 있다.

어음보증인의 책임을 피보증인의 항변사유에 따라 圖示하면 다음과 같다.

<table>
<tr><td colspan="2">어음保證人과 어음所持人과의 관계
抗辯事由</td><td>保證人과 被保證人의 직접 상대방(惡意)과의 관계
(Y·B간의 관계)</td><td>保證人과 被保證人의 직접 상대방 이외의 자(惡意)와의 관계
(Y·X간의 관계)</td></tr>
<tr><td rowspan="2">人的 抗辯事由</td><td>원인관계의 부존재, 무효, 취소</td><td>보증채무의 이행거절가능(權利濫用)</td><td>보증채무의 이행거절가능(權利濫用)</td></tr>
<tr><td>기타의 인적 항변(원인관계상 가지는 취소권 · 해제권 · 상계권 등)</td><td>보증채무의 이행거절불가(獨立性)
(民 433조~435조 비교)</td><td>보증채무의 이행거절불가(獨立性)
(民 433조~435조 비교)</td></tr>
<tr><td rowspan="2">物的 抗辯事由</td><td>증권상의 항변</td><td>보증채무의 불성립(모든 자에 대한 이행거절가능)</td><td>보증채무의 불성립(모든 자에 대한 이행거절가능)</td></tr>
<tr><td>비증권상의 항변</td><td>보증채무의 이행거절가능(權利濫用)</td><td>보증채무의 이행거절가능(權利濫用)</td></tr>
</table>

2. 어음保證人의 求償權

(1) 被保證債務의 소멸

어음보증인이 어음채무를 이행[2]하면 자기의 保證債務도 소멸하지만, 이와 동시에 被保證債務도 소멸한다.

(2) 어음法上 求償權의 취득

어음보증인이 보증채무를 이행하면 被保證債務가 소멸하는 결과로 인하여,

1) 同旨: 鄭燦亨, 前揭 論文集(現代商法의 課題와 展望), 475면. 鄭燦亨, 前揭論文(月刊考試, 1993. 9), 144~145면은 本文과 같이 변경한다.

2) 이 때의 履行은 어음金의 支給(辨濟) · 相計 · 更改 등으로 인한 어음채무의 소멸을 의미한다.

보증채무를 이행한 어음보증인은 被保證人 및 그의 전자인 어음債務者(主債務者를 포함)에 대하여 어음상의 권리를 취득한다(어 32조 3항·77조 3항, 手 27조 3항). 이것이 어음法上 인정된 어음보증인의 求償權(Rückgriffsanspruch)이다. 따라서 환어음의 發行人을 위한 어음보증인은 發行人 및 引受人에 대하여 구상권을 취득하고, 약속어음 및 수표의 發行人을 위한 어음보증인은 發行人에 대해서만 구상권을 취득하고, 背書人을 위한 어음보증인은 그 背書人 및 그의 전자인 모든 어음債務者에 대하여 구상권을 취득한다.

어음보증인은 위와 같이 어음法上 인정된 구상권을 취득하는 외에, 어음외의 실질관계에서 발생하는 民法上 보증인의 구상권(民 441조~446조)도 취득한다(通說).[1] 따라서 어음보증인은 어음法上의 구상권과 民法上의 구상권 중 어느 것을 선택하여 행사할 수 있다.[2]

(3) 어음法上 求償權의 행사

어음法上 구상권의 행사는 그 구상권 취득의 법적 성질을 무엇으로 보느냐에 따라 달라진다. 즉 이에 대하여 (i) 어음보증인이 어음法上 구상권을 취득하는 것은 어음소지인의 권리를 承繼取得하는 것이라고 보는 견해(承繼取得說)(少數說)도 있으나,[3] (ii) 어음보증인이 어음法上 구상권을 취득하는 것은 法律의 규정에 의하여 독립적·원시적으로 취득하는 것이지 어음소지인의 권리를 승계취득하는 것이 아니라고 보는 견해(法定取得說)(通說)[4]가 타당하다고 본다.[5] 따라서 이와 같이 보면 어음채무자는 원칙적으로 어음소지인에 대하여 가지고 있는 인적 항변사유로써 구상권을 행사하는 어음보증인에게 대항할 수 없다. 그러나 어음보증인이 어음채무자의 어음소지인에 대한 인적 항변사유를 알고 보증채무를 이행한 경우에는 예외적으로 어음채무자는 어음보증인에 대하여 惡意의 抗辯(어 17 단서·77조 1항 1호, 手 22조 단서의 유추적용)을 주장할 수 있다고 본다(通說).[6]

1) 徐·鄭, 223면; 鄭(熙), 299면; 鄭(東), 347면 外.
2) 同旨: 徐·鄭, 223면; 鄭(東), 347면; 梁(承), 329면.
3) 孫(珠), 303면; 徐(廷), 236면; 金(容), 348면; 蔡, 222면; 姜, (어) 432면.
4) 鄭(熙), 299면; 徐·鄭, 223면 外.
참고로 再遡求權의 취득에 대하여는 「어음所持人이 가지고 있던 權利를 承繼取得하는 것이 아니라, 다시 어음상의 權利者인 지위를 回復하는 것이다」고 하거나(權利復活說)[徐·鄭, 244면], 또는 「法律의 규정에 의하여 어음債權을 再取得하는 것이다」라고 설명하지(權利再取得說)[鄭(東), 444면], 이를 단순한 承繼取得으로 보는 見解는 없다.
5) 왜냐하면 承繼取得說은 어음保證人의 保證債務의 이행을 권장하기 위하여 어음保證人에게 특별히 求償權을 인정하고 있는 어음法 제32조 3항의 취지에 반하기 때문이다.
6) 徐·鄭, 223면; 鄭(熙), 299면; 蔡, 223면 外.

또한 어음보증인이 구상권을 취득하는 것은 法定取得이므로 어음보증인은 어음의 교부를 받지 않더라도 어음금을 지급하기만 하면 이 권리를 당연히 취득하며, 어음보증인은 이 권리에 기하여 어음의 교부를 청구할 수 있고 또 이렇게 교부받은 어음에 의하여 자기의 어음채무자에 대하여 구상권을 행사할 수 있다. 그러나 피보증채무를 위하여 설정된 擔保權은 어음보증인에게 이전되지 않는다.[1]

(4) 一部保證의 경우

어음보증인이 어음금액의 一部에 대하여 보증하고 그 보증채무를 이행한 경우에는 그 이행한 부분에 한하여 피보증인 및 그의 전자에 대하여 구상권을 취득하고, 잔액에 대한 어음상의 권리는 여전히 어음소지인에게 귀속한다. 이러한 일부보증인은 어음소지인에 대하여 그 지급한 뜻을 어음에 기재하고 영수증을 교부할 것을 청구할 수 있으며(어 39조 3항 유추적용), 또한 그의 구상권을 행사하기 위하여 어음소지인에게 어음의 증명등본을 청구할 수 있다고 본다(어 51조 2문 유추적용).

一部保證人이 위와 같이 어음소지인에게 보증한 어음금액의 일부를 지급하고 어음소지인으로부터 어음의 증명등본을 교부받은 경우에는, 同증명등본을 가지고 자기의 어음채무자(피보증인 또는 그의 전자인 어음채무자)로부터 구상권을 행사할 수 있다고 본다.[2] 이와 같은 점은 一部引受의 경우에 인수되지 않은 잔액을 지급한 소구의무자가 자기의 전자에 대하여 어음의 증명등본으로써 再遡求하는 경우와 동일하게 볼 수 있다. 이 외에 一部保證人은 자기의 어음채무자(피보증인 또는 그의 전자인 어음채무자)가 어음소지인에게 어음금의 잔액을 지급하고 어음을 환수하기를 기다려 자기가 지급한 어음금액의 일부에 대하여 구상권을 행사하든가, 또는 一部保證人이 스스로 어음금의 전액을 지급하고 어음소지인으로부터 어음을 환수하여 자기의 어음채무자로부터 어음금의 전액에 대하여 구상권을 행사할 수도 있다(通說).[3]

(5) 共同保證의 경우

동일한 어음채무를 위하여 수 인이 共同의 어음보증을 한 경우에는 앞에

反對: 日最高判 1955. 9. 22(民集 9, 1313)(어음債務者의 어음保證人에 대한 惡意의 抗辯을 인정하지 않는다).

1) 그러나 承繼取得說에 의하면 어음保證人이 어음法上의 求償權을 취득하기 위하여는 어음의 交付가 필요하고, 또 被保證債務를 위하여 설정한 擔保權은 당연히 어음保證人에게 이전된다고 한다. 그러나 承繼取得說에서도 어음채무자가 어음소지인에 대하여 가지고 있는 人的 抗辯事由는 法定取得說의 경우와 같이 원칙적으로 절단된다고 한다. 왜냐하면 어음保證人의 이러한 求償權의 취득은 任意取得이 아니라 保證義務의 이행에 기한 취득이기 때문이다.

2) 同旨: 鄭(東), 348면; 崔(基), 601면; 蔡, 223면.

3) 鄭(熙), 300면; 孫(珠), 304면; 鄭(東), 347～348면; 蔡, 223면; 註釋, 369면 外.

서 본 바와 같이 공동보증인간에 分別의 利益(民 439조)이 없고 공동보증인은 合同責任(어 47조 1항 · 77조 1항 4호, 手 43조 1항)을 부담하므로, 공동보증인은 각자 어음금의 전액에 대하여 지급할 책임을 부담한다(民法上 共同保證과의 차이). 따라서 어음보증에서 공동보증인 중의 1인이 그 보증채무를 이행한 때에는 어음法上으로는 다른 공동보증인에 대한 구상권이 없고, 民法의 일반원칙에 의하여 다른 공동보증인에 대한 구상권이 발생할 뿐이다(民 448조 2항, 425조).

제 2 절 어음參加(어음에 특유한 制度)

제 1 總 說

1. 參加의 意義

1) 參加(intervention, intervention for honour; Ehreneintritt)라 함은 「遡求를 저지하기 위하여 제 3 자가 어음관계에 가입하는 것」이다. 어음의 引受가 거절되거나 또는 支給이 거절되었을 때에 어음소지인은 앞에서 말한 遡求制度에 의하여 보호된다. 그러나 이 제도는 다른 어음관계자에게는 그 신용을 훼손하는 것이고, 또 완만한 소구절차의 진행중에 차차 상환금액이 증대하며, 때로는 자기의 전자가 무자력하게 되어 再遡求의 기회를 상실하는 등 불리한 점이 많다. 그러므로 이러한 경우에 제 3 자가 어음관계에 가입하여 引受 또는 支給을 하여서 遡求權의 행사를 저지하는 방법이 인정되어 있다. 이것이 參加制度이다. 즉, 參加는 어음의 불명예로운 상태(Nichthonorierung)에서 어음의 명예를 회복하는 것이므로, 參加引受 또는 參加支給을 榮譽引受 또는 榮譽支給이라고도 한다.[1)]

어음參加는 제 3 자가 어음관계에 가입하여 어음의 신용을 유지하는 점에서는 어음保證과 비슷하지만, 어음保證이 예방조치인데 반하여 어음參加는 사후조치라는 점에서 양자는 서로 다르다.

2) 이러한 參加制度는 수표에는 없고 어음에 특유한 제도이다. 그런데 약속어음에 대하여 어음法은 參加支給에 관한 규정만을 준용하고(어 77조 1항 5호) 參加引

---

1) 우리 나라에서 參加制度는 실제거래에 있어서 거의 이용되고 있지 아니하나, 獨逸에서는 參加支給이 많이 이용되고 있다고 한다(Hueck/Canaris〈11. Aufl.〉, §13 I 2 b).

受에 관한 규정을 준용하고 있지 않다. 따라서 약속어음에 관하여 參加引受를 인정할 것인가에 대하여 의문이 있다. 이에 대하여 약속어음에는 인수제도가 없는 점과 어음法이 참가인수에 관한 규정을 준용하고 있지 아니하는 점을 이유로 하여 약속어음에는 참가인수제도를 부정하는 否定說(少數說)도 있으나,[1] 참가인수는 인수거절의 경우뿐만 아니라 소지인이 만기 전에 소구할 수 있는 모든 경우에 그것을 저지하기 위하여 할 수 있는 것이므로 약속어음에도 참가인수제도를 긍정하는 肯定說(通說)[2]이 타당하다고 본다. 따라서 앞에서 설명한 바와 같이 인수거절 이외의 만기 전의 소구를 인정하는 한, 약속어음에 대하여도 참가인수제도를 긍정하여야 할 것이다. 다만 약속어음에 참가인수제도를 인정하는 경우에도 어음法 제57조 3문의 규정에 의하여 피참가인의 표시가 없는 경우에는 발행인을 위하여 참가인수를 한 것으로 의제할 것이 아니라, 제 1 의 背書人을 위하여 한 것이라고 보아야 한다. 왜냐하면 약속어음의 발행인은 소구의무자가 아니기 때문이다.

2. 參加의 種類

참가에는 參加引受와 參加支給이 있다. 參加引受는 만기 전의 소구를 저지하기 위하여 제 3 자가 참가하여 소구의무를 인수하는 경우이고, 參加支給은 만기 전이든 만기 후이든 불문하고 소구를 저지하여 제 3 자가 참가하여 지급하는 경우이다. 따라서 參加引受는 만기 전의 소구요건이 구비된 때로부터 만기까지의 사이에 할 수 있고(어 56조 1항), 參加支給은 만기 전 또는 만기 후의 소구요건이 구비된 때로부터 지급거절증서를 작성시킬 수 있는 최종일의 익일까지 할 수 있다(어 59조 3항, 77조 1항 5호).

3. 參加의 當事者

(1) 參 加 人

참가를 하는 자를 參加人(intervenant; Honorant, Intervenient)이라고 하고, 참가의 종류에 따라 參加引受人과 參加支給人이 있다. 또 참가는 어음의 기재상 참가할 것이라고 예정된 자가 하는 경우와 그렇지 아니한 순수한 제 3 자가 하는 경우가 있다. 전자를 「豫備支給人」(referee in case of need; Notadresse,

1) 朴(元), 595면; 姜, 449면; 梁(承), 342면.

2) 徐·鄭, 283면; 鄭(熙), 303면; 鄭(東), 450면; 孫(珠), 386면; 崔(基), 602면; 李(範), 358면; 鄭(茂), 514면; 金(容), 382면; 李(基), 411면; 蔡, 287면; 姜, (어) 519면 外.

Notadressat)이라고 하며, 후자를 「협의의 參加人」 또는 「고유의 參加人」이라고 한다.

1) **豫備支給人** 예비지급인을 기재하는 목적은 앞에서 설명한 바와 같이 인수거절 또는 지급거절의 경우에 소구를 방지하기 위한 것이다. 예비지급인을 지정할 수 있는 자는 發行人(환어음의 경우) · 背書人(無擔保背書人은 제외) 또는 保證人(遡求義務者를 위한 保證人)이다(어 55조 1항, 77조 1항 5호). 환어음의 支給人 또는 引受人과 약속어음의 發行人은 소구의무자가 아니므로 참가인을 지정할 수 없다.

예비지급인이 될 수 있는 자는 어음에 관계없는 제 3 자는 물론, 인수를 하지 아니한 支給人[1] · 支給擔當者 · 發行人(환어음의 경우) 및 背書人 등이다(어 55조 3항, 77조 1항 5호). 그러나 환어음의 引受人 및 약속어음의 發行人은 그 성질상 참가인이 될 수 없다(어 55조 3항, 77조 1항 5호). 예비지급인은 지급지 내에 주소를 가지는 자이어야 하는 것은 아니지만, 지급지 외에 주소를 가지는 자를 예비지급인으로 지정하여도 그 기재에 따르는 특별한 효과가 발생하지 아니하므로, 실제는 지급지에 주소를 가지는 자를 지정하게 된다(어 56조 2항, 60조 1항).

2) **狹義의 參加人** 협의의 참가인일 수 있는 자는 예비지급인으로 어음상에 기재되지 않은 제 3 자 · 支給人 · 發行人(환어음의 경우) · 背書人 · 保證人(遡求義務者를 위한 保證人) 등이다. 그러나 환어음의 引受人과 약속어음의 發行人 및 그 保證人은 참가인이 될 수 없다. 왜냐하면 주채무자가 참가인이라는 것은 무의미하기 때문이다.

(2) 被參加人

모든 遡求義務者와 그 保證人은 피참가인(Honorat, Geehrter)이 될 수 있다(어 55조 2항, 77조 1항 4호). 따라서 환어음의 引受人 · 支給人, 약속어음의 發行人, 無擔保背書人 등은 소구의무자가 아니므로 피참가인이 되지 못한다.[2]

4. 參加의 通知

참가인은 피참가인에 대하여 참가일로부터 2거래일 내에 그 참가의 통지를 하여야 한다(어 55조 4항 1문, 77조 1항 5호). 왜냐하면 피참가인은 참가인의 구상(어 63조 1항, 77조 1항 5호)을 피하기 위하여 자진해서 소지인에 대하여 상환을 하고(어 58조 2항) 다시 자기의 전

1) 引受를 하지 않은 支給人은 支給人의 자격에서는 引受 또는 支給을 거절하여도 豫備支給人을 지정한 자를 위하여는 參加引受 또는 參加支給을 할 수 있으므로, 그러한 支給人은 豫備支給人으로 지정될 수 있다.

2) 따라서 換어음의 引受人 · 約束어음의 發行人을 위한 參加引受는 무효이고, 이들을 위한 參加支給은 主債務의 지급이 된다[同旨: 鄭(熙), 302면; 鄭(東), 451~452면; 蔡, 287면].

자에 대하여 소구를 할 수 있게 하거나, 혹은 피참가인에 대하여 상환의 준비를 할 수 있게 하기 위한 것이다. 또한 환어음의 발행인이 피참가인인 경우에는 무자력인 지급인에게 자금을 제공시키지 않게 하고, 이미 제공한 자금을 속히 찾아오게 하기 위한 목적도 있다. 따라서 단순히 인수거절 또는 지급거절의 사실만을 통지하여서는 불충분하다.

통지기간을 준수하지 아니한 경우에 과실로 인한 손해가 발생한 때에는 참가인은 어음금액의 한도 내에서 그 배상책임을 부담한다(어 55조 4항 2문, 77조 1항 5호).

제 2 參加引受

1. 參加引受의 意義와 性質

1) 參加引受(acceptance by intervention for honour; Ehrenannahme)라 함은 「滿期前의 遡求를 저지하기 위하여 어음을 지급할 것을 약속하는 어음행위」를 말한다. 參加引受를 할 수 있는 자는 앞에서 본 바와 같이 참가인이 될 수 있는 자(제 3 자 · 지급인 · 발행인〈환어음〉 · 배서인 · 보증인〈소구의무자를 위한〉)이다. 주의할 점은 引受人은 참가인이 될 수 없으나, 인수를 하지 않은 支給人은 참가인수인이 될 수 있다. 이 때에 이러한 支給人은 피참가인의 후자에 대해서만 어음채무를 부담한다. 약속어음에 관하여도 앞에서 본 바와 같이 參加引受가 인정된다.

2) 참가인수의 법적 성질에 관하여 과거에는 보통의 引受의 일종이라는 說도 있었으나,[1] 遡求義務의 인수라고 해석하는 것이 타당하다(通說).[2] 왜냐하면 참가인수인은 피참가인과 동일한 의무를 부담하는데(어 58조 1항) 피참가인은 소구의무자에 한정되는 것이므로(어 55조 2항), 참가인수인의 의무도 또한 소구의무를 인수하는 데에 지나지 않기 때문이다. 따라서 참가인수인의 채무는 인수인의 그것과 구별된다. 즉, 참가인수인의 채무의 소멸시효기간은 인수인의 그것과 달라서 3년이 아니라 피참가인의 그것과 동일하고, 참가인수인은 이득상환의무자도 아니며(어 79조), 참가인수인의 파산은 소구원인(어 43조)이 되지 아니한다.[3]

---

1) 1932년 이전의 日本의 舊法下에서는 通說이었다(伊澤, 505면 참조).

2) 鄭(熙), 303면; 鄭(東), 453면; 徐(廷), 277면; 孫(珠), 362면; 梁(承), 341면; 李(基), 363면; 蔡, 287면 外.

3) 이 밖에 參加引受人의 債務가 引受人의 그것과 구별되는 점으로는, ① 參加引受人의 義務는 條件的인 것으로 支給人이 지급하지 아니하는 경우에만 支給義務를 지는 점, ② 參加引受人은 被參加人의 후자에 대하여서만 義務를 지는 점, ③ 參加引受人은 遡求權保全節次의 欠缺로 인하여 免責되는 점, ④ 參加引受가 있어도 어음所持人은 被參加人의 전자에 대하여

2. 參加引受의 要件

참가인수는 만기 전에 소구권을 행사할 수 있는 모든 경우에 할 수 있다(어 56조 1항). 따라서 참가인수를 하기 위하여는 실질적으로 만기 전에 遡求原因이 발생하여야 하고, 형식적으로 (거절증서의 작성면제의 경우를 제외하고는) 거절의 사실이 引受(支給)拒絶證書에 의하여 증명됨을 요한다.

參加引受가 만기 전에 遡求權을 행사할 수 있는 경우에 인정되는 점에서, 引受提示禁止어음(어 22조 2항)에 관하여는 참가인수가 인정되지 아니한다(어 56조 1항).

3. 參加引受의 方式

1) 참가인수는 어음 자체에 「參加引受文句」를 기재하고, 참가인수인이 「記名捺印 또는 署名」하여야 한다(어 57조 1문). 보통의 引受는 단순히 인수인(지급인)의 기명날인 또는 서명만으로써 할 수 있어도, 參加引受는 참가인수인의 기명날인 또는 서명만으로써는 불충분하고 「被參加人」을 표시하여야 한다(어 57조 2문). 그러나 被參加人의 표시가 없어도 무효가 되는 것은 아니고, 환어음의 경우는 發行人(약속어음의 경우는 제 1 배서인)을 위하여 참가인수한 것으로 본다(어 57조 3문). 예비지급인의 참가인수는 그 지정자를 위하여 한 것이라고 보아야 한다.

2) 法文에 의하면 謄本 또는 補箋에 하는 것이 허용되지 아니하지만, 참가인수는 背書人 또는 保證人을 위하여도 하는 것이므로 謄本 또는 補箋에 기재하는 것도 허용된다고 본다(通說).[1]

3) 참가인수도 그 성질상 인수와 같이 단순하여야 하지만, 一部引受가 있었던 경우에는 그 잔액에 대하여만 참가인수가 인정된다. 그러나 一部參加引受는 허용되지 않는다[2](어 59조 2항 참조).

4) 참가인수인은 인수인의 경우와는 달리 참가인수를 함에 있어서 지급담당자(제 3 자) 또는 지급장소를 기재할 수 없으므로(어 27조 참조), 참가인수인의 지급장소는 그의 주소가 된다.[3]

는 여전히 滿期前의 遡求를 할 수 있는 점, ⑤ 參加引受人이 지급을 한 때에는 被參加人과 그 債務者에 대하여 어음상의 權利를 취득하는 점 등이다.

1) 鄭(熙), 303면; 孫(珠), 365면; 梁(承), 342면; 李(範), 350면; 金(容), 305면.
反對(少數說): 徐(廷), 278면; 朴(元), 487면; 蔡, 289면.

2) 同旨: 梁(承), 342면; 鄭(東), 454면; 蔡, 289면.
反對: B.E.A. §65(2).

3) 同旨: 鄭(東), 454면.

4. 參加引受의 選擇

(1) 參加引受의 承諾과 拒絶

어음소지인은 원칙적으로 참가인수를 거절할 수 있다(어 56조 3항 1문). 왜냐하면 어음소지인이 자기가 신용할 수 없는 제 3 자의 참가로 인하여 소구권을 상실하는 것은 부당하기 때문이다.

그러나 지급지에 주소를 가지는 豫備支給人의 기재가 있는 경우에는 이러한 예비지급인의 참가는 거절하지 못한다. 왜냐하면 어음소지인은 이러한 예비지급인이 참가하는 일이 있을 것을 알고서 어음을 취득하였기 때문이다. 또 이 경우에 어음소지인은 먼저 그 예비지급인에게 어음을 제시하여 참가인수를 청구한 후가 아니면, 예비지급인을 기재한 자와 그 후자에 대한 만기 전의 소구권을 상실한다(어 56조 2항). 예비지급인이 수 인인 경우에는 그 전원에 대하여 위의 인수제시를 하여야 하는데, 인수제시기간은 만기일까지이다.

(2) 參加引受의 競合

피참가인을 달리하는 협의의 참가인수인이 경합하는 경우에, 예컨대 어음소지인이 발행인을 위한 참가인수를 승낙한 때에는 그 후자를 위하는 참가인수를 승낙할 수 없게 된다. 왜냐하면 어음소지인은 그 후자에 대한 만기 전의 소구권을 상실하기 때문이다(어 56조 3항 2문). 이에 반하여 예컨대 어음소지인이 최후의 배서인을 위한 참가인수를 승낙한 때에는 그 후에 그 전자(예컨대 발행인)를 위한 참가인수를 승낙하는 것은 상관없다. 그러므로 어음소지인이 소구의무자 전원을 위한 참가인수를 승낙하고자 하면 먼저 최후의 배서인을 위한 참가인수를 승낙하여 순차로 발행인을 위한 참가인수를 승낙하도록 하여야 한다.

예비지급인의 참가인수와 예비지급인이 아닌 자(협의의 참가인)의 참가인수가 경합하는 경우에는, 어음소지인은 예비지급인의 참가인수를 선택하여야 한다고 본다.[1)]

---

1) 同旨: 鄭(熙), 304면; 梁(承), 343면.

이에 대하여 同地豫備支給人만이 어음法上 특별한 효력이 인정되어 있다는 점에서(어 56조 2항, 60조 1항), 同地豫備支給人의 參加引受와 그 밖의 參加引受가 경합하는 경우에는 同地豫備支給人의 參加引受를 선택하여야 하나, 그 밖의 參加引受가 경합하는 경우(예컨대, 他地豫備支給人과 협의의 參加人)에는 어음소지인은 그 중의 누구를 선택할 수도 있고 또 이들 전원의 참가인수를 거절할 수도 있다는 見解가 있다[鄭(東), 455면; 孫(珠), 364면; 李(基), 364면].

5. 參加引受의 效力

(1) 參加引受人의 의무

참가인수인은 어음소지인과 피참가인의 후자에 대하여 피참가인과 동일한 의무를 부담한다(어 58조 1항). 참가인수인의 의무는 피참가인의 의무 즉 소구의무자로서의 의무이므로, 이에 대하여 권리를 주장하는 데에는 먼저 지급인에게 「支給提示」를 하여야 하고 지급거절시에는 지급거절증서작성 등의 「遡求權保全節次」(어 38조, 43조, 44조 1항·3항)를 밟아야 한다. 어음소지인이 이러한 절차를 밟지 않으면 그는 참가인수인에 대한 권리를 상실한다. 어음소지인이 引受拒絶證書를 작성하였더라도 이는 참가인수에 의하여 실효되는 것이므로, 어음소지인은 참가인수인에 대한 권리를 보전하기 위하여 위의 절차를 밟아야 한다(어 44조 4항의 적용배제).

또한 만기에 지급거절이 있는 경우에는 어음소지인은 지급거절증서 작성기일의 익일까지 지급지에 주소가 있는 참가인수인에 대하여 「參加支給을 위한 어음제시」를 하고 필요한 때에는 「參加支給拒絶證書」를 작성하여 두지 아니하면 피참가인과 그 후자에 대한 권리를 상실하며(어 60조), 그 결과 참가인수인에 대한 권리도 상실한다. 그러나 피참가인의 의무가 실질적 이유로 인하여 무효인 때라도 어음行爲獨立의 원칙상 참가인수인이 어음채무를 부담하는 것은 물론이다(通說).[1]

(2) 遡求權의 소멸

참가인수가 있은 때에 어음소지인은 피참가인과 그 후자에 대하여 만기전의 소구권을 상실한다(어 56조 3항 2문). 즉, 참가인수로 인하여 피참가인과 그 후자는 소구의무를 면하게 된다. 그러나 피참가인의 전자는 참가인수가 있어도 소구의무를 면할 수 없고, 피참가인도 만기 전에만 소구의무를 면하는 것이므로 참가인수인이 뒤에 참가지급을 하는 때에는 참가인수인에 대하여 상환을 하여야 한다. 그러므로 어음法은 피참가인과 그 전자는 참가인수에 불구하고 소구금액을 지급하고 어음을 환수할 수 있다고 규정하고 있다(어 58조 2항).

(3) 參加引受人과 被參加人과의 관계

참가인수인과 피참가인간에는 참가인수로 인하여 직접 아무런 어음상의 관계가 발생하지 아니한다. 참가인수인이 피참가인의 위임에 의하여 참가인수를 하였을 경우에는 委任의 관계가, 그렇지 아니한 경우에는 事務管理의 관계

1) 鄭(熙), 305면; 梁(承), 344면; 鄭(東), 456면; 蔡, 291면; 李(基), 365면 外.

가 인정될 수 있을 뿐이다. 다만 참가인수인이 참가지급을 한 때에는 피참가인 등에 대하여 어음法 제63조 1항에 의한 어음상의 권리를 취득한다.

제 3 參加支給

1. 參加支給의 意義와 性質

1) 參加支給(payment by intervention for honour; Ehrenzahlung; paiement par intervention)이라 함은 「滿期前 또는 滿期後의 遡求를 저지할 목적으로써 하는 지급」이다. 참가지급을 할 수 있는 자는 앞에서 본 바와 같이 참가인이 될 수 있는 자(제 3 자 · 지급인[1] · 발행인〈환어음〉 · 배서인 · 보증인〈소구의무자를 위한〉)이다.

2) 참가지급도 지급의 일종이지만 이것은 본래의 지급인이 지급을 하지 아니하는 경우에 제 2 차적으로 지급하는 것이며, 그 결과는 단순히 피참가인의 후자의 의무를 소멸시키는 데에 지나지 못하다는 점에서 본래의 지급과 다르다. 따라서 참가지급의 성질은 본래의 어음의 支給은 아니고, 遡求權의 행사를 저지하기 위하여 하는 辨濟 또는 辨濟에 유사한 행위라고 볼 수 있다.[2] 또한 참가지급은 어음상의 기명날인 또는 서명을 요하지 아니하므로 참가인수와 같은 어음행위가 아니다.

2. 參加支給의 要件

참가지급은 만기 전 또는 만기 후에 소구권을 행사할 수 있는 모든 경우에 할 수 있다(어 59조 1항). 따라서 참가지급을 하기 위하여는 실질적으로 만기 전 또는 만기 후의 遡求原因이 발생하여야 하고, 형식적으로 (거절증서작성면제와 파산의 경우를 제외하고는) 지급거절의 사실이 拒絶證書에 의하여 입증되어야 한다(어 43조~44조, 77조 1항 4호).

3. 參加支給人과 參加支給의 競合

참가지급인이 될 수 있는 자는 참가인수인 · 예비지급인 또는 제 3 자이고,

---

1) 引受人은 參加支給人이 될 수 없으나, 引受를 하지 않은 支給人은 參加支給人이 될 수 있다. 이 때 이러한 支給人은 發行人을 위하여는 지급을 거절하여도 被參加人을 위하여는 지급하는 것이 된다.

反對: 鄭(東), 457면(그러나 同敎授, 451면은 인수하지 않은 지급인도 참가인이 될 수 있다고 한다).

2) 同旨: 鄭(熙), 306면; 梁(承), 364면; 鄭(東), 457면; 李(基), 366면.

환어음의 인수인(약속어음의 발행인)은 참가지급인이 될 수 없다(어 55조 3항).

⑴ 參加引受人 또는 豫備支給人의 參加支給

지급지에 주소를 가지는 참가인수인 또는 예비지급인이 있는 경우에 어음소지인은 이러한 자의 전원에게 어음을 제시하고, 또 필요한 때에는 거절증서를 작성시킬 수 있는 최종일의 익일까지에 지급거절증서를 작성시켜야 한다. 만일 이러한 절차를 밟지 않은 경우에는 예비지급인을 기재한 자와 그 후의 배서인은 의무를 면하게 된다(어 60조). 그 결과 참가인수인에 대한 권리도 상실한다.

⑵ 제 3 자의 參加支給

위에서 설명한 참가인수인 또는 예비지급인이 없는 경우에는 어음소지인은 곧 소구할 수 있다. 그러나 어음소지인은 순수한 제 3 자가 참가지급을 하려고 할 때에는 참가인수의 경우와 달라서 이것을 거절하지 못한다. 만약 이것을 거절하면 그 참가지급으로 인하여 의무를 면할 수 있었던 자에 대한 소구권을 잃는다(어 61조). 왜냐하면 참가지급의 경우에는 현실로 지급하는 것이므로 참가인의 이러한 개인적 요소를 중요시할 필요가 없기 때문이다.

⑶ 參加支給의 경합

상이한 피참가인을 위하여 수 인의 참가지급 희망자가 있는 경우에는 참가지급 희망자가 참가인수인 또는 예비지급인이든 또는 순수한 제 3 자이든 불문하고, 가장 다수의 의무를 면하게 하는 자가 우선한다(어 63조 3항 1문). 예컨대 환어음의 발행인을 피참가인으로 하는 참가지급인과 배서인을 피참가인으로 하는 참가지급인 사이에서는 전자가 우선하는 것이다. 이 원칙의 순위에 위반한 참가지급도 참가지급 자체는 유효하지만, 자기보다도 선순위에 있는 참가지급인이 있는 것을 알면서 자진하여 참가지급한 참가지급인은 선순위의 참가지급인이 참가지급을 하면 의무를 면할 수 있었던 자에 대한 소구권을 잃는다(어 63조 3항 2문). 그러나 어음소지인은 누구의 참가지급을 수령하여도 무방하다.[1)]

4. 參加支給의 方式·金額 및 時期

⑴ 方 式

참가지급은 이것을 영수한 어음소지인이 어음상에 영수하였다는 취지를 기재하고, 또 피참가인을 표시하는 방법으로 한다(어 62조 1항 1문). 피참가인의 표시가 없는 참가지급은 가장 많은 사람을 면책시키기 위하여 환어음의 경우는 發行

1) 同旨: 鄭(熙), 307면; 鄭(東), 458면; 李(基), 367면.

人(約束어음의 경우는 제 1 배서인)을 위한 것으로 본다(어 62조 1항 2문).

또 어음소지인은 이 어음 및 (거절증서를 작성시킨 때에는) 거절증서를 참가지급인에게 교부하여야 한다(어 62조 2항). 이것은 참가지급인이 소구권을 행사하기 위하여 필요하기 때문이다.

(2) 金 額

참가지급인은 피참가인이 지급할 의무가 있는 금액의 전부를 지급하여야 한다(어 59조 2항). 피참가인은 소구의무자이므로 참가지급의 금액은 이미 설명한 소구금액, 즉 어음금액·만기 이후의 법정이자와 기타의 비용 등이다(어 48조 1항). 이 금액의 지급은 전액을 지급하여야 하고, 지급의 경우와는 달리(어 39조 2항) 피참가인이 지급할 금액의 일부만의 지급 즉 一部參加支給은 허용되지 아니한다(어 59조 2항). 만일 어음소지인이 일부참가지급을 수령하는 경우에도 이것은 소구권을 저지하기 위한 參加支給의 목적을 달성할 수 없을 뿐만 아니라, 그러한 일부참가지급인은 어음상의 권리(어 63조 1항 1문)를 취득하지 못하고 다만 그로 인하여 면책된 자에 대하여 민법상의 청구권을 행사할 수 있을 뿐이다.[1)]

(3) 時 期

참가인수인은 원칙적으로 지급거절증서 작성기간의 익일까지 참가지급을 하여야 하나(어 60조 1항), 어음소지인이 참가인수인에 대하여 보전절차(참가지급을 위한 지급제시 및 참가지급거절증서의 작성)(어 60조 1항)를 취한 경우에는 참가인수인은 거절증서 작성기간의 익일이 경과하여도 지급의무를 면하는 것이 아니므로(어 60조 2항, 58조 1항 참조) 피참가인이 지급할 때까지는 언제나 참가지급을 할 수 있다고 본다.[2)]

그러나 예비지급인 기타 제 3 자의 참가지급은 만기의 전후를 묻지 않고 할 수 있으나, 지급거절증서 작성기간의 익일까지는 하여야 한다(어 59조 3항, 60조 1항).

5. 參加支給의 效力

(1) 어음所持人의 어음上의 權利消滅

참가지급으로 인하여 어음소지인의 어음상의 권리는 모든 어음채무자에 대한 관계에서 소멸한다.

(2) 免責的 效力

피참가인의 후자는 소구의무를 면한다(어 63조 2항). 그러나 피참가인은 의무를

1) 同旨: 鄭(東), 458면.

2) 同旨: 鄭(熙), 307면; 孫(珠), 368~369면; 梁(承), 366면; 鄭(東), 458면; 李(基), 367면.

면하지 못하고 참가지급인에 대하여 의무를 부담한다(어 63조 1항 본문).

(3) 參加支給人의 어음上의 權利의 取得

참가지급인은 피참가인 및 그 전자와 인수인에 대하여 어음으로부터 생기는 권리를 취득한다(어 63조 1항 본문). 그러나 다시 어음에 배서하지 못한다(어 63조 1항 단서). 이 권리취득은 어음소지인의 권리를 승계 또는 대위하는 것이 아니라, 어음소지인의 피참가인에 대한 항변이 부착하지 아니한 독립된 권리를 法律의 규정에 의하여 原始取得하는 것으로서 마치 어음보증인의 권리취득(어 32조 3항)과 같다(通說).[1]

(4) 一般私法上의 補償請求權의 取得

참가지급인은 위에 설명한 어음상의 권리를 취득하는 외에, 피참가인 등에 대하여 一般私法上의 관계에 기한 補償請求權을 가질 수 있다. 따라서 참가지급인은 이 두 가지의 권리를 선택하여 행사할 수 있다.

제 3 절 複本과 謄本

제 1 複本(換어음 · 手票에 특유한 制度)

1. 複本의 意義

複本(bill in a set; Wechselduplikate; pluralité d'exemplaires; duplicata)이라 함은「한 개의 어음상의 권리를 표창하는 여러 통의 증권」을 말하는데(어 64조 1항, 手 48조), 환어음 및 수표에만 있는 특유한 제도이다. 약속어음에는 복본제도가 인정되지 않는다. 복본의 각 통은 평등한 지위를 가지는 완전한 증권이고, 그 사이에 正副 · 主從의 관계는 없고 복본 중 어느 한 통만으로도 어음상의 권리를 행사할 수 있다. 그러나 각 복본은 동일한 어음관계를 표창하는 것이므로, 어느 한 통으로 권리를 행사(배서에 의한 권리의 양도, 지급에 의한 권리의 소멸 등)하면 다른 복본도 그 효력을 상실한다. 복본이 있는 경우에는 증권은 복수이지만 권리관계는 하나라는 점에서, 이것은 권리 즉 증권이요, 증권 즉 권리의 관계에 있는 보통의 완전유가증권법상의 일대변칙이라고 할 수 있다.

1) 鄭(熙), 308면; 孫(珠), 370면; 梁(承), 367면; 鄭(東), 459면 外.

2. 複本制度의 存在理由

(1) 換어음의 경우

1) 첫째, 복본은 원격지 특히 해외에 어음을 안전하고 확실하게 송부하는 수단으로 이용된다. 즉, 해난 기타의 원인으로 인한 도중의 분실·멸실 또는 연착에 대비하여, 동일한 내용의 여러 통의 복본을 발행하여 경유지를 달리하거나 또는 때를 달리하여 개별적으로 송부하면 더 확실하게 예정한 시기에 목적지에 송부할 수 있다. 해운이 범선으로 행하여졌던 시기에는 이러한 복본이 불가결한 제도이었는데, 복본은 오늘날에도 해외무역의 어음에서 널리 이용되고 있다.

2) 둘째, 복본은 타지에 있는 지급인에 대하여 인수를 위하여 어음을 지급지에 송부하는 경우에는 한 통은 이것에 이용하고, 다른 한 통으로써 배서양도하는 데에 이용한다. 이것은 어음의 강력한 유통증권성에 비추어 인수를 위하여 어음을 타지에 송부한 경우에 그 반환이 있을 때까지의 어음유통의 편의를 꾀한 것인데, 오늘날에 있어서도 복본의 이러한 이용은 해외거래에서 의미가 있다.

(2) 手票의 경우

수표에는 인수제도가 없기 때문에 인수를 위한 복본제도의 존재이유는 없다. 그러나 특히 국제적으로 유통되는 수표의 경우에는 수표의 송부 도중에 발생하는 분실·멸실 또는 연착에 대비하여 복본제도를 인정할 필요가 있는 것이다.[1] 이러한 존재이유로 인하여 수표의 복본은 원격지에서 유통되는 수표에 대해서만 인정되는데(手 48조), 이 경우에도 所持人出給式手票에 대해서는 인정되지 않는다(手 48조). 환어음의 경우와는 달리 手票所持人은 複本交付請求權이 없다(어 64조 3항 참조). 왜냐하면 수표의 복본은 수표소지인의 유통상의 편의를 위하여 인정된 것이 아닌 까닭이다.[2]

---

1) 手票의 複本制度에 관하여는 (종래) 立法例가 구구하였다. 예컨대 英國法은 널리 이것을 인정하고[B.E.A. §71(1)], 獨逸法은 과거에 記名의 外國出給手票에 관하여서만 이것을 인정하였으며, 오스트리아·日本 등은 과거에 전혀 수표의 複本을 인정하지 아니하였다. 그러나 제네바 統一手票法은 手票의 國際的 性質에 기하여 원격지에 보내는 도중의 분실위험을 방지하기 위하여 대체로 獨逸法에 따라서 일정한 경우에 한하여 複本制度를 인정하였다[同旨: 徐·鄭, 316~317면].

2) 同旨: 鄭(熙), 309면.

3. 複本의 發行

(1) 換어음의 경우

1) 複本의 方式 복본을 발행하는 자는 「發行人」이다. 복본의 각 통은 동일한 어음관계를 표창하는 것이므로 기재내용은 동일하여야 한다. 언뜻 보아 명료한 오자 · 탈자로 인한 상위는 별문제이지만, 기재내용이 다를 때에는 각 통은 독립한 단일어음(Solawechsel)이라고 보여질 위험성이 있다.[1] 복본의 표시로서는 「複本」이라는 기재 또는 발행 복본수의 기재를 요하지 아니하며, 다만 그 증권의 문언 중에 「番號」를 붙일 것을 요구하고 이것이 없는 때에는 각 통은 각각 단일어음으로 본다(어 64조 2항). 인지는 복본의 한 통에만 첨부하면 된다.

2) 複本交付請求權 어음소지인은 어느 때라도 자기 비용으로써 복본의 교부를 청구할 수 있다. 그러나 발행인이 한 통만으로 발행한다는 뜻을 어음에 기재한 경우를 제외한다(어 64조 3항 1문). 수취인이 아닌 어음소지인이 청구하는 경우에는 자기의 직접 배서인에 대하여 청구하고, 그 배서인은 자기의 배서인에 대하여 또 다시 절차를 밟아 순차적으로 발행인에 미친다(어 64조 3항 2문). 이와 같이 발행인이 元어음과 같이 복본작성의 청구를 받은 때에는 이것을 작성하여 수취인에게 교부하고, 수취인은 새로운 복본에 배서를 재기하여 이것을 자기의 피배서인에게 교부하며, 피배서인은 또 이것에 배서를 재기하여 이것을 청구자인 어음소지인에게 교부한다(어 64조 3항 3문). 복본의 수 및 복본청구시기에는 제한이 없다. 따라서 어음상의 권리가 절차의 흠결 또는 시효로 소멸한 후에도 이득상환청구권을 행사하기 위하여 어음이 필요한 경우에는 어음소지인은 복본교부청구권이 있다고 본다.[2]

어음소지인의 이러한 복본교부청구권은 어음상의 권리가 아니고 「어음法上의 權利」이다. 또한 어음소지인은 이러한 복본청구를 위하여 元어음을 제시하여야 하는 것은 아니나, 元어음이 없으면 발행된 복본에 번호를 붙일 수 없으므로 실제로 元어음을 상실하면 복본교부청구권을 행사할 수 없게 된다(通說).[3]

---

1) 同旨: 孫(珠), 373면; 鄭(東), 462면; 李(基), 384면.

2) 同旨: 鄭(熙), 310면; 崔(基), 612면; 註釋, 451면.
反對: 鄭(茂), 498면.

3) 鄭(熙), 310면; 鄭(東), 462면; 孫(珠), 372면; 崔(基), 612면; 李(基), 384면; 註釋, 451면 外.

(2) 手票의 경우

1) 複本의 方式 수표의 경우에도 복본을 발행하는 자는「發行人」이고, 각 복본에는 그 증권의 본문 중에 번호를 붙여야 하며, 이러한 번호가 없는 때에는 각 복본은 독립된 수표라고 보는 점(手 48조 2문 · 3문)은 환어음의 경우와 같다.

2) 發行의 要件 수표의 복본은 그 존재이유에서 본 바와 같이 수표소지인의 유통상의 편의를 위하여 인정된 것이 아니므로, 환어음의 경우와는 달리 수표소지인에게 복본교부청구권이 인정되지 않고, 그 대신 복본의 발행에 다음과 같은 요건이 있다.

㈎ **遠 隔 性** 분실 등의 위험이 있는 경우에는 발행지와 지급지가 원거리인 경우이므로 복본에는 원격성이 필요하다. 어떠한 경우에 원격성이 있는가는 外國出給手票에만 한하지 아니한다. 즉, (i) 일국(예컨대 한국)에서 발행하여 타국(예컨대 미국)에서 지급할 수표, (ii) 일국에서 발행하여 그 해외영토에서 지급할 수표, (iii) 일국의 해외영토에서 발행하여 그 본국에서 지급할 수표, (iv) 일국의 동일 해외영토에서 발행하고 지급할 수표, (v) 일국의 一海外領土에서 발행하여 그 나라의 다른 해외영토에서 지급할 수표인 경우에는, 원격성이 있어 복본을 발행할 수 있다(手 48조 1문).

㈏ **非所持人出給式手票** 복본은 記名式 또는 指示式手票에만 허용되고, 소지인출급식수표에는 허용되지 아니한다(手 48조 1문). 왜냐하면 소지인출급식수표의 복본 각 통이 따로따로 양도된 경우에 그 양도인을 알 수 없으므로, 결국 발행인에게 그 각 통에 대하여 책임을 부담시키게 되는 까닭이다.

4. 複本의 效力

(1) **原則**(複本一體의 원칙)

복본의 각 통은 동일한 권리관계를 표창하고 동일한 어음목적을 달성하기 위한 수 통이므로, 증권은 복수라도 권리관계는 하나이다. 그러므로 복본의 한 통에 引受가 있으면 어음소지인은 나머지 복본에 의하여 또 다시 인수를 구할 수 없고, 한 통에 관하여 어음의 支給이 있으면 그 지급복본에「이 복본의 지급으로 인하여 다른 복본은 무효로 된다」는 뜻의 이른바「破毁文句」(Kassationsklausel, kassatorische Klausel)의 기재 유무에 불구하고 다른 복본은 당연히 무효로 된다(어 65조 1항 본문, 手 49조 1항). 또 발행인(환어음) · 배서인은 복본 각 통에 기명날인 또는 서명을 하고 있으나, 어느 한 통에 관하여 상환의무를 이행하면 나머지 복본에 관하여는 당연히 그 책임을 면한다.

(2) **例外**(각 複本의 獨立性)

복본은 각각 완전한 어음증권으로서 어음상의 권리의 행사는 어느 한 통에 의하여 하면 나머지 복본이 무효로 되는 것은 이미 설명한 바이지만, 각 복본은 어음증권으로서 완전하다는 점에서 복본의 이용을 잘못하여 각 통이 독립화하는 점도 있다. 이는 複本一體의 원칙에 대한 예외가 된다.

1) **引受의 경우** ① 환어음의 지급인은 복본의 한 통에 대하여만 인수하면 되고 두 통 이상에 인수하여서는 아니 되는 것이지만, 만약 잘못하여 여러 통에 인수하여 그 각 통이 별개로 유통된 경우에는 2중 3중의 인수책임을 부담하여야 한다(어 65조 1항 단서). 그러나 여러 통이 동일한 어음소지인의 수중에 있거나 어음소지인이 악의인 경우에는 複本一體의 원칙이 적용되어 인수인은 1통에 대해서만 인수책임을 부담한다.[1] 만일 지급인이 수 통의 어음에 인수하면서 제 2 호 이하의 복본에 대하여 條件(예컨대, 제 1 호 복본이 지급되면 지급하지 않음)을 붙인 경우에는, 그러한 條件附引受는 인수 자체가 무효이므로 지급인은 2중지급의 위험을 부담하지 않게 된다.[2]

② 환어음의 지급인이 복본의 한 통에 인수한 경우에 지급은 그 인수된 복본에 대하여 하여야 하는데, 만약 지급인이 인수되지 않은 복본에 대하여 지급을 하고 다른 인수된 복본을 남긴 때에는 지급인은 2중지급의 책임을 부담하여야 한다(어 65조 1항 단서). 이러한 인수인도 악의의 어음소지인에 대하여는 그 책임을 부담하지 않는다.

2) **背書의 경우** 복본은 원래 합일적으로 동일인으로부터 동일인에게 유통되어야 하지만, 복본소지인이 고의 또는 과실로 각 통을 각각 다른 사람에게 배서양도한 때에는 그 배서인은 반환을 받지 아니한 각 통에 대하여 배서인으로서의 어음상의 책임을 부담하여야 하고, 또 그 후에 이러한 복본에 배서한 사람은 그 배서한 복본에 대하여 각각 책임을 부담하게 된다(어 62조 2항). 이 때에 「반환받지 아니한 각 통」이라 함은 배서인 자신이 반환받지 않은 것을 의미하는 것이 아니라, 지급인이 반환받지 않은 것을 의미한다.[3] 복본소지인이 각 복본을 다른 사람에게 양도하는 경우에도 배서를 하지 않고 단순히 교부만

1) 同旨: 鄭(東), 463면; 蔡, 341면; 李(基), 384면.
2) 同旨: 鄭(東), 463면.
3) 同旨: 鄭(東), 463~464면.

에 의하여 양도하는 경우(예컨대, 전자로부터 백지식배서를 받은 경우)에는 양도인은 어음상의 책임을 부담할 여지가 없고, 배서인이 피배서인에 대하여는 복본 전부를 합일적으로 배서양도하였는데 그 피배서인이 수 인에게 각각 배서양도한 경우에는 배서인은 복본의 한 통과 상환하여 소구의무를 이행하더라도 소구의무를 면한다고 본다.[1)]

5. 引受를 위한 複本의 送付

인수하기 위하여 복본의 한 통을 격지에 송부하고(送付複本, Versandtexemplar), 다른 한 통으로써 배서양도에 이용할 수 있는 것은(流通複本, Umlaufsexemplar) 이미 위에서 본 바와 같다. 이 경우에는 유통복본에 송부복본의 소지인(Verwahrer)을 기재하여야 하고(어 66조 1항 1문), 이 기재가 있는 유통복본의 소지인은 송부복본의 소지인에 대하여 그 반환을 청구할 수 있으며, 송부복본의 소지인은 이 유통복본의 정당한 소지인에 대하여 그가 소지하는 복본을 교부하여야 한다(어 66조 1항 2문).

만약 송부복본의 소지인이 그 교부를 거절하는 때에는, 유통복본의 소지인은 拒絶證書(複本返還拒絶證書)에 의하여 (i) 송부복본을 청구하여도 교부되지 아니하였다는 것과 (ii) 유통복본으로써 인수 또는 지급을 받을 수 없다는 것을 증명하여, 소구권을 행사할 수 있다[2)](어 66조 2항). 송부복본소지인의 기재가 없는 때에는, 유통복본소지인은 유통복본에 의하여 인수 또는 지급의 청구를 하여 소구권보전절차를 취하면 복본반환거절증서를 작성하지 아니하여도 곧 소구할 수 있다.

제 2 謄本(어음에 특유한 制度)

1. 謄本의 意義

1) 謄本(copy; Wechselabschrift, Kopie; copie)이라 함은 「어음原本을 등사한 것」이다. 이러한 등본 자체는 복본과 같은 어음의 효력이 없고, 다만 그 위에 유효하게 背書 또는 保證을 할 수 있을 뿐이다. 등본은 복본과 같이 어음복제(Wechselvervielfeltigung)의 한 경우에 속하고, 이것은 환어음뿐만 아니라 약속어음에도 존재하는 제도이다(어 67조~68조, 77조 1항 6호). 그러나 수표에는 등본제도가 없다.

---

1) 同旨: 鄭(熙), 311면.

2) 이러한 2종의 拒絶證書는 1개의 증서로써 작성할 수도 있다(拒令 7조).

2) 謄本은 다음과 같은 점에서 複本과 구별되고 있다.[1)]

① 등본은 모든 어음소지인이 작성할 수 있으나, 복본은 발행인만이 작성할 수 있다.

② 등본은 背書 · 保證만을 위하여 이용될 수 있으나, 복본은 완전한 어음으로 모든 어음행위에 이용될 수 있다.

③ 등본은 환어음 및 약속어음에서 인정되나, 복본은 환어음 및 수표에서 인정된다.

④ 등본의 경우에는 원본에 차단문언을 기재하여 원본에 한 배서를 무효로 할 수 있으나(어 68조 3항), 복본의 경우에는 이러한 제한이 없다.

2. 謄本의 存在理由

謄本은 다음과 같은 이유로 존재한다.

1) 첫째로, 등본제도는 어음의 유통을 조장하기 위하여 인정된다. 예컨대 환어음의 소지인이 인수를 위하여 어음을 원격지에 송부하였을 때에 복본발행의 번잡을 피하여 등본에 의하여 배서양도하고자 하는 경우에 이용된다.

2) 둘째로, 어음原本(Urschrift, Originalwechsel)의 상실의 위험을 피하기 위하여 이용된다. 즉, 어음원본을 엄중하게 보관하고 등본에 의하여 배서 또는 보증을 하는 편법으로 인정된 것이다. 약속어음의 등본은 이 목적을 위하여만 이용된다.

3. 謄本의 發行

등본은 복본과 달라서 「어음所持人」이 임의로 작성할 수 있다(어 67조 1항, 77조 1항 6호). 등본에는 배서 기타 원본에 기재한 모든 사항을 정확하게 再記하고, 그 말미를 표시하는 기재를 하여야 한다(어 67조 2항, 77조 1항 6호). 이와 같이 말미를 표시하는 기재를 경계문언(Trennungsvermerk)이라고 하는데, 보통 「이상 등사함」 등으로 표시한다. 이러한 경계문언은 그 증서가 등본임을 표시하고 또한 등본상에 하는 새로운 어음행위와 구별하기 위하여 필요하다(어 67조 2항).

또 등본에는 원본의 소지인(Verwahrer, Antreffungsvermerk)을 기재하여야 하나(어 68조 1항 1문, 77조 1항 6호), 이것은 등본의 유효요건은 아니다.

---

1) 同旨: 鄭(東), 465면.

4. 謄本의 效力

등본은 복본과 달라서 그 자체로는 어음이 아니므로, 이것에 의하여 인수·참가인수[1] 또는 지급을 청구하지 못한다. 어음상의 권리를 행사하는 데에는 반드시 원본을 제시하여야 한다. 따라서 등본에는 원본과 동일한 방법에 의하여 또 동일한 효력으로 背書 또는 保證을 할 수 있을 뿐이다(어 67조 3항, 77조 1항 6호).

그뿐만 아니라 어음法은 등본작성 전에 한 최후의 배서의 뒤에 「이후의 배서는 등본에 한 것만이 효력이 있다」는 문언 또는 이와 동일한 의의가 있는 문언(遮斷文言)을 원본에 기재한 때에는, 그 후에는 등본에만 배서를 할 수 있고 원본에 기재한 그 후의 배서는 무효가 된다고 규정하고 있다(어 68조 3항, 77조 1항 6호). 그리고 이러한 배서를 금지하는 기재는 단순히 배서만을 금지하는 효력을 가지는 것이 아니라, 원본을 배서 이외의 방법에 의하여 양도하는 것을 금지하는 것이라고 볼 수 있다. 즉, 원본을 단순한 교부에 의하여 양도하거나 民法上 지명채권양도방법에 의하여 양도하는 것도 무효로 하는 효력이 있는 것이다(通說).[2] 왜냐하면 원본에 이와 같이 배서금지문언을 기재한 것은 이후에는 원본에 의한 양도를 금하고, 등본만에 의하여 양도할 수 있게 한 것이라고 해석할 수 있기 때문이다. 따라서 이후에는 원본에 의하여 어음상의 권리를 양도할 수 없고, 등본에 의하여 어음상의 권리를 배서양수한 자는 원본반환청구권이 있다고 본다(어 68조 1항 2문, 77조 1항 6호).

5. 原本返還請求權과 謄本所持人의 遡求權

(1) 原本所持人이 기재된 경우

등본에는 원본소지인을 기재하여야 하므로(어 68조 1항 1문), 예컨대 인수를 위하여 어음을 송부하고 원본소지인을 등본에 기재하여 등본을 배서양도한 경우에는, 등본의 정당한 소지인은 원본소지인에 대하여 그 반환을 청구할 수 있다(어 68조 1항 2문, 77조 1항 6호). 원본소지인이 원본의 반환을 거절한 때에는 등본소지인은 拒絶證書(原本返還拒絶證書)에 의하여 원본이 교부되지 않았음을 증명하여, 등본에 배서 또는 보증을 한 자에 대하여 소구권을 행사할 수 있다(어 68조 2항, 77조 1항 6호). 이 경

1) 그러나 背書나 保證을 謄本上에 한 때에는 參加引受도 謄本上에 할 수 있다는 見解가 있다[鄭(熙), 313면; 梁(承), 399면].

2) 鄭(熙), 315면; 鄭(東), 467면; 李(基), 387면; 蔡, 344면 外.

우에는 복본반환청구의 경우와 달라서 등본만으로써 인수 또는 지급을 청구할 수 없으므로, 지급인에 대한 인수 또는 지급의 제시 및 인수 또는 지급거절증서의 작성을 요하지 아니하고 소구할 수 있으나, 등본에 기명날인 또는 서명한 배서인 또는 보증인에 대하여서만 소구할 수 있다.

(2) **原本所持人이 기재되지 않은 경우**

등본에 원본소지인의 기재가 없는 경우에도 원본반환거절증서를 작성하여야 등본에 배서 또는 보증을 한 자에 대하여 소구할 수 있는가에 대하여는 學說이 나뉘어져 있다. 즉, (i) 이러한 등본소지인에게는 원본반환청구권이 없고 따라서 등본상의 기명날인자 또는 서명자에 대하여 소구권을 행사할 수 없다는 견해(遡求權否定說),[1] (ii) 이 경우에도 등본소지인은 원본반환청구권을 가지나 등본소지인을 보호하기 위하여 그는 원본반환거절증서를 작성하지 아니하고도 소구권을 행사할 수 있다는 견해(遡求權全面肯定說),[2] (iii) 이 경우에 등본소지인은 원본반환청구권을 가지고 따라서 등본소지인이 원본소지인을 탐지하여 원본반환거절증서를 작성한 경우에만 소구권을 행사할 수 있다는 견해(遡求權一部肯定說)(通說)[3] 등이 있다.

생각건대 등본소지인은 정당한 어음상의 권리자이므로 원본반환청구권을 긍정하여야 하고, 원본반환청구권을 긍정하는 이상 원본소지인이 등본상에 기재된 경우와 같게 해석하여야 할 것이므로 등본소지인은 원본반환거절증서를 작성한 경우에만 소구권을 행사할 수 있다고 본다(어 68조 2항 유추적용). 따라서 通說에 찬성한다.

1) Baumbach/Hefermehl, WG Art. 68 Rdn. 1; 松本, 443면; 田中(耕), 551면.

2) 金(容), 374면.

3) 鄭(熙), 314면; 徐·鄭, 270면; 梁(承), 400면; 鄭(東), 468면; 崔(基), 615면; 孫(珠), 378면; 姜, 645면; 李(基), 387면; 蔡, 345면 外.

제 7 장 手票에 특유한 制度

제 1 절 特殊한 手票

手票法上 인정된 특수한 수표로는 自己앞手票(手 6조 3항), 橫線手票(手 37조~38조) 및 先日字手票(手 28조 2항) 등이 있다. 경제상의 수표의 분류에는 當座手票, 家計手票, 保證手票, 送金手票, 郵便手票, 旅行者手票 등이 있다. 手票法上 특수한 수표 중에서 自己앞手票에 대하여는 이미 앞에서 설명하였으므로 이곳에서는 橫線手票와 先日字手票에 대해서만 설명하겠다. 또한 경제상의 수표의 분류에 대하여는 어음·수표의 분류에서 이미 간단히 설명한 바 있으므로 이곳에서는 반복하지 않겠으나, 家計手票는 그의 保證카드(수표카드)와 관련하여 특수한 점이 있으므로 이곳에서는 이에 대하여만 설명하겠다.

제 1 橫線手票

1. 意義와 存在理由

수표는 일람출급이고 또한 소지인출급식이 일반적이므로, 이것을 분실하거나 절취당한 경우에는 악의의 소지인이 지급을 받을 위험이 대단히 많다. 이러한 위험을 방지하고자 안출된 제도에는 英國에서 장기간 내려온 관습에 기원을 둔 橫線手票(crossed cheque)[1)]와 獨逸에서 창안된 計算手票(Verrechnungs-scheck)가 있다. 전자는 수표면상에 2개의 평행선을 긋는 것이므로 이 명칭이 따르게 되었고, 이것에 의하여 수표의 제시인을 은행 또는 지급인의 거래처에

1) B.E.A. §§76~81.

한정하여 절취자나 습득자가 수표의 지급을 받는 것을 방지하고자 하는 것이다. 이에 반하여 후자는 수표면에 「계산을 위하여」(payable in account; nur zur Verrechnung; à porter en compte) 또는 이와 동일한 의의가 있는 문언을 기재하는 것이므로 그 명칭이 생겼고, 이것에 의하여 수표의 지급을 어음교환 · 이체 등의 기장계산방법에 한정하여 현금지급을 금함으로써 같은 목적을 달성하고자 하는 것이다.

제네바統一手票法은 양 제도를 병용하고 있으나, 留保條項(제1조약 제2부속서 제18조 1항)에 의하여 그 하나만을 채용하는 것을 허용하고 있다. 이에 따라 우리 나라 手票法은 橫線制度만을 채용하고 있다(手 37조~38조). 다만 計算手票(cheque payable in account; Verrechnungsscheck; chèque à porter en compte)를 인정하는 외국에서 우리 나라를 지급지로 하는 계산수표가 발행된 경우에는, 계산수표를 인정하지 아니하는 우리 나라에서는 이것을 다음에서 설명하는 一般橫線手票와 같이 취급한다고 하였다(手 65조, 國私 59조 5호).

2. 種類와 方式

橫線手票(crossed cheque; gekreuzter Scheck; chèque barré)는 「수표의 표면에 2개의 평행선을 그은 수표」인데(手 37조 2항), 이것에는 一般橫線手票와 特定橫線手票의 2종이 있다. 전자는 평행선 내에 아무런 기재도 하지 아니하거나 또는 「銀行」 또는 이와 동일한 의의가 있는 문언을 기재한 수표를 말하고, 후자는 평행선 내에 「특정한 銀行名」을 기재한 수표를 말한다.

수표에 횡선을 그을 수 있는 자는 發行人 또는 所持人이다(手 37조 1항 1문). 일반횡선수표를 특정횡선수표로 변경할 수 있고 또한 횡선 없는 수표를 일반 또는 특정횡선수표로 변경할 수 있으나, 반대로 특정횡선수표를 一船橫線手票 또는 횡선 없는 수표로 변경할 수 없고 또한 일반횡선수표를 횡선 없는 수표로 변경하지 못한다(手 37조 4항). 횡선의 말소 또는 특정횡선에 있어서 지정된 銀行名의 말소는 말소를 하지 아니한 것으로 본다(手 37조 5항). 이것은 횡선수표를 절취하거나 습득한 자가 횡선을 말소하여 지급받는 것을 방지하여 수표지급에서 발생하는 분쟁을 피하기 위해서이다.

3. 效 力

횡선수표의 효력에는 支給制限과 取得制限이 있으며, 이러한 제한에 위반한 경우의 책임의 문제가 있다.

(1) 支給制限의 效力

1) 一般橫線手票의 경우 일반횡선수표의 지급인은 銀行·지급인의 去來處에 대하여서만 지급할 수 있다(手 38조 1항). 따라서 은행 또는 지급인의 거래처 이외의 자가 소지인인 때에는 銀行을 거치지 아니하면 지급을 받을 수 없다. 지급받을 수 있는 자를 銀行에만 한정하지 아니하고 지급인의 去來處를 포함시킨 것은, 신원이 분명한 거래처에 대한 지급이 횡선제도의 취지에 반하지 아니하고, 이것을 인정하지 아니할 때에는 지급은행의 거래처가 일반횡선수표를 지급받기 위하여 일일이 다른 은행을 거치게 되어 실제상 불편하기 때문이다.

그런데 여기에서의 「去來處」(customer, client; Kunde)의 의의는 명확하지 아니하나, 위와 같은 입법목적에서 볼 때 지급은행에 반드시 당좌거래가 있는 자에 한하는 것이 아니고, 다소 계속적인 거래관계가 있는 자이면 족하다고 해석한다. 예컨대 정기예금·보통예금 등을 하고 있는 자가 「去來處」에 포함됨은 물론, 단순히 은행으로부터 대부를 받기만 하고 있는 자도 「去來處」에 포함된다고 해석한다.[1] 그러나 횡선수표의 입금으로 인하여 비로소 지급은행과 거래가 개시된 자, 전날 소액의 예금을 한 데 지나지 않는 자, 예금구좌는 있으나 장기간 잔액이 없는 자, 예금은 있으나 그 신원이 확실하지 않은 자 등은 「去來處」라고 할 수 없다.[2]

2) 特定橫線手票의 경우 특정횡선수표의 지급인은 被指定銀行에 대하여서만 지급할 수 있는데, 지급인이 被指定銀行인 때에는 지급인은 자기의 去來處에 대하여서만 지급할 수 있다(手 38조 2항 본문). 그리고 被指定銀行은 자기가 현실로 지급을 받는 외에 추심위임배서를 하거나(指示式手票의 경우) 또는 수표의 裏面에 추심위임의 기재를 하여(所持人出給式) 다른 은행을 시켜서 수표금액을 추심할 수 있다(手 38조 2항 단서).

수 개의 특정횡선이 있는 경우에는 지급인은 원칙적으로 지급하지 못한다(手 38조 4항 본문). 왜냐하면 수 개의 특정횡선이 있는 수표의 경우에는 지급인은 어느

1) 同旨: 朴元善, 「手票·어음法」(韓國能率協會, 1967), 181～182면.
2) 同旨: 鄭(熙), 276면 註 2; 朴(元), 前揭 手票·어음法, 182면.

피지정은행에 대하여 지급할 것인가를 알 수 없을 뿐만 아니라, 부정취득자가 추심하기 위하여 다른 특정횡선을 부기하여 악용할 우려도 있기 때문이다. 그러나 예외적으로 어음交換所에서 추심하기 위하여 제 2 의 특정횡선을 하는 것은 상관없다(手 38조 4항 단서). 왜냐하면 피지정은행이 어음交換所에 가입하고 있지 않은 경우에 어음交換所에 가입한 다른 은행을 통하여 추심하는 방법을 남긴 것이다.

⑵ 取得制限의 效力

은행은 자기의 去來處 또는 다른 銀行으로부터만 횡선수표를 취득할 수 있고, 또 이 이외의 자를 위하여 횡선수표를 추심하지 못한다(手 38조 3항). 그 이유는 이렇게 제한하지 아니하면 횡선수표의 부정소지인은 그 수표를 은행에 양도하거나 또는 은행에 그 추심을 위임하여 용이하게 수표의 지급을 받거나 또는 지급을 받은 것과 동일한 목적을 달성할 수 있기 때문이다.

⑶ 制限違反의 效力

위에서 본 지급제한에 위반하여 횡선수표를 지급한 지급인 및 취득제한에 위반하여 횡선수표를 취득한 은행은 이로 인하여 발생한 손해에 대하여 수표금액의 한도 내에서 배상할 責任을 진다(手 38조 5항). 이 배상책임은 手票法上 특히 인정된 책임으로서 無過失責任이며, 民法上의 배상책임을 배제하는 것이 아니다. 따라서 위의 제한에 위반하여 발생한 손해액이 수표금액을 초과하는 때에는 피해자는 (채무불이행 또는 불법행위를 원인으로 한) 民法上의 손해배상을 청구할 수 있다(通說).[1)]

이와 관련하여 우리 大法院은 횡선부분이 잘리워 나간 수표를 지급한 은행에 대하여 다음과 같이 不法行爲責任을 인정하였다.

[橫線부분이 잘리워 나간 手票를 지급한 지급은행에 대하여 不法行爲責任을 인정한 判例]

횡선을 그은 부분이 잘리워 나간 고액의 본건 수표의 제시를 받은 은행원은 마땅히 사고수표일지 모르므로 일단 지급을 유보하거나 제시인이 횡선수표의 지급절차를 밟게 하든가 제시인의 신분을 파악한 다음 수표금을 지급할 의무가 있는데 이런 조치를 취하지 않고 수표금을 지급하여, 손해를 끼친 경우 지급은행은 사용자로서 배상책임이 있다[大判 1977. 8. 23, 77 다 344(教材, 判決例 [469])][이 判決에 대한 評釋으로는 徐廷甲, 「法律新聞」, 1980. 3. 24, 11면]

[위 판결은 수표법 제38조 5항에 의하여 지급은행의 손해배상책임을 인정한 판결이라기보다는, 지급은행은 수표법 제35조의 지급인의 조사의무를 다하지 못하

---

1) 徐·鄭, 314면; 鄭(熙), 277면; 梁(承), 447면; 鄭(東), 542면; 蔡, 325면; 李(基), 468면 外.

고 지급하여(중과실에 의한 지급) 지급의 효력이 없고 이의 결과 정당한 수표소지인에게 손해를 끼친 것이 되므로 이는 '지급은행의 은행원(피용자)이 사무집행에 관하여 정당한 수표소지인에게 가한 손해'로서 민법 제756조의 사용자배상책임을 지급은행에게 인정한 것으로 생각된다 — 저자註].

그러나 위의 제한에 위반하여 한 수표의 지급이나 취득이 무효가 되는 것은 아니다.[1] 또한 지급인의 이 책임은 手票法 제35조에 의한 유효지급 여부에 불문하고 발생하는 책임이다.

4. 橫線排除特約의 效力

횡선수표제도 및 이에 위반한 지급인의 손해배상책임 등은 모두 수표분실자 등의 이익을 보호하기 위한 것인데, 수표소지인이 이러한 이익을 포기하고 지급은행과 일반횡선의 배제의 특약을 하면 유효하게 해석하여야 할 것이다. 이와 같은 경우는 수표의 발행인이 도난·분실 등에 대비하여 수표용지의 전부에 횡선을 그어 놓았는데, 은행과의 거래가 없는 자에게 수표를 교부하여야 하는 경우 등에 발생한다. 이 때 횡선의 말소는 手票法에 의하여 효력이 없으므로(手 37조 5항), 수표발행인은 지급은행과 횡선배제의 특약을 하여 거래처가 아닌 수표소지인이 지급은행으로부터 즉시 수표금을 지급받을 수 있도록 한다. 이와 같이 당사자간에 手票法 제38조 5항의 배제의 특약을 하면 지급은행은 횡선수표를 은행 또는 거래처가 아닌 자에게 지급하고 이로 인하여 횡선을 그은 수표발행인 등에게 손해가 발생하여도, 지급은행은 手票法 제38조 5항에 의한 손해배상책임이 없다.[2]

제 2 先日字手票

1. 意義와 必要性

1) 先日字手票란 「발행의 일자를 현실의 발행일자보다 後日의 일자로 하는 수표」를 말한다. 이와 반대로 현실의 발행일자보다 先日의 일자가 기재된 수표를 後日字手票라 한다. 따라서 여기에서의 先日 또는 後日의 의미는 일상

---

1) 同旨: 鄭(東), 542면.

2) 同旨: 日東京高判 1951. 12. 22(教材, 判決例 [470])(一般橫線의 效力을 배제하는 特約을 한 때에는 銀行이 手票法 제38조 1항에 위반하여 지급하더라도 이 特約의 당사자인 受取人은 이 규정에 의하여 損害賠償을 청구하지 못한다); 日最高判 1954. 10. 29(時報 171, 169).

의 용어례와 어긋나는 것이나, 이는 하나의 법률용어가 되었다. 이러한 先日字手票는 延手票라고도 한다. 先日字手票는 실질적인 면에서 볼 때 특수한 수표의 하나가 될 수 있는 것이며, 형식적인 면에서 보면 보통의 수표이고 특수한 수표가 될 수 없다.

2) 선일자수표는 수표의 지급제시기간을 사실상 연장하고자 하는 경우, 발행 당시에는 자금이 없으나 수표에 기재한 발행일자까지는 자금이 마련될 수 있어 수표상의 발행일자까지의 기간 동안 단기신용을 얻고자 하는 경우, 자금은 있으나 지급은행에 지급할 이자를 경감하고자 하는 경우(당좌대월의 경우) 등에 이용된다.

2. 有效性

선일자수표는 수표의 形式的인 면(文言性과 抽象性)에서 보면 유효하나, 實質的인 면(一覽出給性)에서 보면 무효가 될 것 같다. 수표의 발행일자는 사실상 발행된 날과 일치하지 않아도 무방하고, 또 수표는 그 실질적인 내용과는 관계없이 수표상의 기재에 의하여 형식적으로 그 효력이 결정되는 것이므로, 선일자수표가 유효임은 당연하다. 따라서 手票法 제28조 2항은 先日字手票의 有效를 전제로 하여, 발행일자 전의 제시도 유효한 제시로서 지급인은 이를 지급하도록 하여 수표의 일람출급성을 관철하고 있다.[1] 이 때에 지급인이 지급을 하면 지급인은 그 경제적 효과를 발행인에게 돌릴 수 있고, 지급인이 지급을 거절하면 소지인은 전자에 대하여 소구할 수 있다(手 39조).

3. 法律關係

선일자수표의 법률관계는 지급인과 수표소지인(수취인 포함)과의 관계와 선일자 합의의 당사자인 발행인과 수취인간의 관계로 나누어서 고찰할 수 있다.

(1) 支給人과 手票所持人간의 관계

수표는 법률상 당연한 일람출급증권(手 28조 1항)이므로 수표소지인이 선일자수표의 발행일자 전에 지급제시하여도 그 지급제시는 유효하고, 지급인은 발행인의 계산으로 그 제시한 날에 이를 지급하여야 한다(手 28조 2항). 만일 수표소지인이 발행일자 전에 지급을 받을 수 없다면 이는 수표의 일람출급성에 반하고 또 수표를 신용증권화하는 결과가 되어 지급증권인 수표제도와 모순되는 것이다.

1) 그러나 美國法上 支給人은 원칙적으로 發行日字 이전에는 적법한 지급을 할 수 없다[U.C.C. §3-113(a)].

따라서 手票法은 선일자수표의 발행일자 전의 지급을 인정하고 있는 것이다.

그러므로 발행일자 전이라도 지급인이 지급을 거절하면 수표소지인은 즉시 전자에 대하여 소구권을 행사할 수 있다(手 39조). 또한 발행일자 전의 지급제시시에 발행인의 예금부족 등으로 그 지급이 거절되었다면 발행인은 不正手票團束法(2조 2항)에 의하여 처벌을 받음은 물론,[1] 手票法上 과태료의 처분을 받고(67조), 어음交換所規約에 의하여 거래정지처분도 받게 된다.

(2) 發行人과 受取人간의 관계

수취인이 선일자수표의 발행에 발행인과 합의한 경우에 수취인이 이러한 합의에 위반하여 同수표를 발행일자 전에 지급제시하거나 또는 同수표를 제 3 자에게 양도하고 제 3 자가 발행일자 전에 지급제시하여 부도가 되고, 따라서 발행인이 이로 인하여 손해를 입은 경우에 同수표의 발행인은 수취인에 대하여 합의위반(채무불이행)을 이유로 손해배상을 청구할 수 있는가. 이에 대하여 우리 나라의 通說은 그러한 합의는 발행인의 자금형편상 지급제시의 유예를 약정하는 것으로 이는 어음 외의 합의에 불과하고 당사자간에서만 효력이 있는 것으로서 手票法 제28조 2항의 강행규정을 변경하는 것이 아니므로, 수취인은 수표예약의 채무불이행으로서 손해배상책임이 있다고 한다.[2]

우리 大法院判例도 이와 同旨에서 다음과 같이 판시하고 있다.

[先日字手票의 發行日字前 지급제시를 禁하는 약정은 有效하고 지급제시기간내에 지급제시를 한 이상 추심은행은 수임인으로서 위임의 본지에 따른 위임사무를 처리한 것이라고 본 判例]

원심판결 이유에 의하면, 원심은 X가 Y은행 면목동지점과 당좌거래를 하던 중 1983. 10. 19 A가 발행한 (i) 액면 10,000,000원, 발행일자 1983. 10. 23, 지급지 제주시, 지급장소 주식회사 제일은행 제주지점으로 된 선일자 수표 1매와, 액면 10,000,000원, 발행일자 1983. 10. 31, 지급지 및 지급장소는 위와 같은 선일자수표 1매를 Y에게 추심의뢰를 하고 발행일자 전에 추심하지 말 것을 부탁한 사실, Y는 위 수표 2매를 각 발행일이 지난 그 해 11. 1 지급장소에서 각 지급제시를 하였으나 예금부족으로 지급거절이 되었는데 위 수표의 발행인인 A의

1) 同旨: 大判 1967. 5. 2, 67 도 117(刑判集 37, 7); 同 1974. 2. 12, 73 도 3445(公報 484, 7752).

2) 鄭(熙), 225면; 孫(珠), 421면; 梁(承), 431면; 鄭(東), 529~530면; 崔(基), 803면; 徐(廷), 293면; 蔡, 401면; 教材, 436면; U.C.C. §4-401 (c) 3문.

反對(先日字手票의 發行日字前에 제시를 禁하는 특약은 手票法 제28조 2항의 취지에서 무효라고 보는 見解): 鈴木, 363면(日本에서는 無效論이 多數說이라 함); 伊 Cass.(I civ.) 1952. 7. 13, F. it. 52 I 1357.

당좌거래은행인 위 B은행 제주지점에서는 그 해 10. 31까지 지급제시된 수표나 어음은 모두 결제된 사실을 확정한 다음, 발행일이 1983. 10. 31인 위 (ii)의 기재수표는 Y가 그 발행일자 다음 날에 지급제시를 하였으므로 추심을 위한 상당한 기간 내에 제시한 것으로서 위임의 본지에 따른 주의의무를 해태하였다고 볼 수 없으나, 발행일이 1983. 10. 23인 위 (i)의 기재수표는 Y가 1983. 11. 1에야 지급제시한 것으로서 비록 제시기간 내라고 할지라도 통상의 추심을 위한 상당한 기간을 도과하여 제시한 것이라고 하겠고 이로 인하여 부도처리가 된 것이므로 Y는 위 수표금 상당의 손해를 배상할 의무가 있다고 판단하였다.

그러나 수표소지인이 선일자수표의 추심을 위임하면서 발행일자 이전의 지급제시를 금하는 외에 별다른 조건을 붙이지 않았다면 그 위임을 받은 은행으로서는 그 수표의 지급제시기간 내에 지급을 위한 제시를 한 이상 수임인으로서 위임의 본지에 따라 위임사무를 처리한 것이라고 할 것이다. 이 사건에서와 같이 지급제시기간중 일찍 제시를 하였더라면 지급을 받을 수 있었는데 늦게 제시를 하였기 때문에 그 사이에 발행인의 자금사정이 악화되어 예금부족으로 지급거절이 되었다고 하여도, 추심위임을 받은 Y은행이 위와 같은 자금사정의 악화로 인한 예금부족을 예견하거나 예견할 수 있었음에도 불구하고 늦게 제시를 하였다는 등 특별한 사정이 있는 한 지급제시기간 내에 제시한 Y은행에게 수임인으로서 선량한 관리자의 주의를 게을리한 책임이 있다고 몰아 세울 수는 없다. 결국 위와 같은 원심판결은 수표의 추심위임에 있어서 수임인이 부담하는 선량한 관리자의 주의의무에 관한 법리를 오해한 것으로서 소송촉진 등에 관한 특례법 제12조 2항 소정의 파기사유인 중대한 법령위반에 해당한다고 하겠으니 이 점에 관한 논지는 이유 있다[大判 1985. 5. 28, 84 다카 2451(公報 756, 914)].

생각건대 발행인이 수취인에 대하여 民法上 채무불이행으로 인한 손해배상청구권이 있다고 하여 수표의 일람출급성에 반하는 것도 아니고, 또 手票法 제28조 2항은 수취인의 이러한 民事責任까지도 배제시키는 것으로 볼 수는 없으므로, 이러한 通說은 타당하다고 본다.

4. 發行日字의 의미

선일자수표는 手票法 제28조 2항에 의하여 발행일자 전에도 지급받을 수 있으므로, 선일자수표의 발행일자는 아무런 의미가 없는 것이 아니냐는 의문이 있을 수 있다. 그러나 선일자수표는 그 발행일자 이전에 지급제시가 허용된다는 점에 있어서는 발행일자가 의미가 없으나, 지급제시기간의 기산점(手 29조 4항)·시효의 기산점(手 51조 1항)과 支給委託取消期間의 기산점(手 32조 1항)을 정하는 표준이 된다는 점에서는 의미가 있다.

우리 大法院判例도 이와 同旨에서 다음과 같이 판시하고 있다.

[수표의 지급제시기간의 기산점은 수표에 기재된 發行日을 기준으로 한다고 본 判例]

수표법 제29조 4항의 규정은 수표가 실제로 발행된 날과 수표에 발행일로 기재된 날이 서로 다른 경우에 그 수표 제시기간을 산정함에 있어서 수표에 기재된 발행일을 기준으로 한다는 원칙을 밝힌 것으로 기간의 계산은 위 수표법 제61조의 일반원칙적 규정에 따라 수표에 발행일로 기재된 날은 초일로 산입하지 아니하고 그 다음 날부터 기산한다고 풀이할 것이다[大判 1982. 4. 13, 81 다 1000, 81 다카 552(大集 30 ① 民 141)].

[수표의 소구권의 소멸시효의 기산일에 관한 判例]

수표의 소구권의 소멸시효는 수표상의 발행일로부터 계산하여 법정제시기간 10일이 지난 다음 날부터 진행한다[大判 1963. 7. 25, 63 다 305(카드 No. 7481)].

제 3 家計手票와 手票카드[1)]

1. 序 言

家計手票는 當座手票와 같이 手票法에서 규정하는 전형적인 형식의 수표이다. 다만 家計手票는 (i) 사업자(기업)가 아닌 개인이 발행하고, (ii) 수표금액에 제한이 있는 점 등이 당좌수표와 구별되기는 하나, 그 법률적 성질은 당좌수표와 완전히 동일하다는 점은 이미 앞에서 본 바와 같다.

이와 같이 가계수표는 개인이 발행하므로 당좌수표보다 그 신용이 약하여 잘 이용되지 않을 염려가 있기 때문에 가계수표의 피지급성을 증대하기 위하여 가계수표의 지급인이 발행하는 가계수표보증카드(手票카드)의 제도가 있다. 수표의 피지급성을 증대하기 위한 手票法上의 제도로는 앞에서 본 바와 같이 支給保證制度(手 53조~58조)가 있으나, 이 제도는 우리 나라에서 현실적으로 이용되고 있지 않다. 따라서 우리 나라의 경우 가계수표에 대하여 수표의 피지급성을 증대하기 위하여 수표법 외의 民事法的 차원에서 인정된 제도가 수표카드제도이다.

이러한 수표카드는 수표의 이용을 증대시키기 위하여 1960년대 말경부터 유럽의 은행이 신용 있는 고객(거래처)에게 발급하여 준 것에서부터 시작되었는데, 1972년 1월 1일부터는 유럽手票카드制度(Eurocheque-Karte)가 확립되어

1) 이에 관한 상세는 鄭燦亨, "手票카드와 信用카드," 「考試界」, 1988. 10, 48~65면 참고.

현재 범유럽적으로 시행되고 있다.[1] 수표카드는 美國과 日本에서는 信用카드 制度의 광범위한 보급으로 인하여 거의 이용되고 있지 않으며, 유럽에서 많이 이용되고 있다.[2]

우리 나라에서 가계수표제도는 원래 1977. 4. 21에 가계당좌예금제도에서 비롯하였는데, 1981. 7. 1부터 가계종합예금제도로 발전하면서 가계수표보증카드가 등장하였다.[3] 그런데 오늘날 신용카드제도의 활발한 이용에 비하여 가계수표보증카드제도는 거의 이용되지 않고 있다. 따라서 1993. 11. 27부터는 가계수표보증카드와 병행하여 금융기관의 (정액)보증가계수표제도[4]가 실시되고 있는데(이는 그 법률적 성질이 수표카드와는 다르고, 수표법상 지급보증제도와 유사함), 그 이용도는 매우 미미하다.

2. 手票카드의 意義와 經濟的 機能

1) 수표는 지급인에 의한 인수 및 보증이 금지되어 있으므로(手 4조, 25조 2항), 수표소지인은 지급인(은행)이 지급을 거절한 경우에 지급인에 대하여는 手票金請求權이 없고 발행인에 대하여 遡求權을 행사할 수 있을 뿐이다. 따라서 수표지급은행이 신용 있는 거래처(수표발행인)에게 수표카드를 발급하여 주고, 그 거래처가 발행하는 수표의 수취인에 대하여 그 지급을 담보하여 수표의 피지급성을 높이고자 하는 것이 수표카드제도이다.[5] 우리 나라에서 과거에 이용되었던 가계수표 보증카드제도는 은행이 가계종합예금가입자(수표발행인)와 약정된 가계종합예금거래약정서(이 중 가계수표 보증카드약정)에 의하여 일정한 요건[6]이 갖추어진 가계수

---

1) Brok, §43 Ⅱ 1; Baumbach/Hefermehl, Anh. Art. 4 SchG. Rdn. I.

2) 獨逸에서는 手票카드가 1968년에 도입된 이래 급속히 보급되어 오늘날 일반적으로 支給手段으로 인식되고 있으며, 1984년 중반 현재 수표카드가 信用카드보다 훨씬 많이 이용되고 있다[Peter Beck, *Einwendungen bei Eurocheque und Kreditkarte*, 38 Bd.(Köln: Druck－＋Verlagshaus Wieland, 1986), S. 1].

3) 張亨龍, "家計手票의 支給保證," 「어음 · 手票法에 관한 諸問題(下)」(裁判資料 제31집), (法院行政處, 1986), 346면.

4) 보증가계수표제도는 제시된 가계수표가 ① 유효기간 이내에 발행된 수표이고, ② 신고된 성명 인감과 맞게 기명날인된 수표이며, ③ 수표상의 발행금액 · 주민등록번호 · 발행일 · 유효기간의 정정 없이 발행된 수표이며, ④ 보증문언에 위·변조가 없이 발행된 수표이고, ⑤ 발행일로부터 10일(제시기간) 안에 제시된 수표이면, 지급은행이 원칙적으로 지급을 보증하고 수표발행인의 지급자금이 부족한 경우에도 수표금을 지급한다는 제도이다(한국외환은행, 보증가계수표 거래약정서 5조).

5) 우리 나라에서는 家計當座預金加入者가 발행하는 家計手票의 被支給性을 높이기 위하여 은행이 同預金口座를 갖고 있는 고객에게 수표카드를 발행하여 주기 때문에, 手票카드를 보통 「家計手票保證카드」라고 부른다(한국은행, 금융기관 여수신이율 등에 관한 세칙〈1984. 7. 20 제정, 1999. 8. 19 개정〉 3조 6항 참조).

6) 家計手票發行人은 手票카드發行銀行이 교부한 수표용지를 사용하여 수취인의 면전에서

표에 한하여 그 지급을 담보하였다.

2) 위와 같은 지급은행의 수표카드에 의한 지급담보책임은 수표법상의 책임이 아니라 「民法上의 責任」이므로, 이는 手票法 제55조의 지급보증인으로서의 책임도 아니요 또 同法 제 4 조의 인수금지 및 同法 제25조 2항의 보증금지의 탈법행위도 아니다(通說).[1]

3) 手票카드는 다음과 같은 점에서 信用카드와 구별된다. 즉, (i) 수표카드는 독립하여 사용될 수 없고 항상 수표와 함께 사용될 수 있으나 신용카드는 그 자체만으로 독립하여 사용될 수 있는 점, (ii) 수표카드는 수표와 함께 누구에 대하여도 사용될 수 있으나 신용카드는 카드가맹점에 대하여만 사용될 수 있는 점, (iii) 수표카드의 경우에는 수표수취인과 은행과의 직접적인 계약관계가 없으나 신용카드의 경우에는 카드발행인과 카드가맹점간에 직접적인 계약관계(가맹점계약)가 체결되는 점 등에서 양자는 구별된다.

3. 手票카드의 有價證券性

수표카드는 유가증권이 아니고 證據證券이라고 하는 점에 대하여는 異見이 없다.[2] 그런데 무엇을 나타내는 증거증권이냐에 대하여는 지급은행의 담보책임의 법적 성질을 어떻게 보느냐에 따라 다른데, 후술하는 바와 같이 지급은행을 대리하여 수표수취인과 손해담보계약을 체결할 수 있는 대리권(이에 관하여는 후술함)을 증명하는 證據證券으로 본다.

4. 手票카드發行銀行(手票支給銀行)의 手票金支給責任의 法的 性質

1) 수표카드 발행은행(수표지급은행)이 수표카드에 의하여 발행된 수표의 수취인에 대하여 부담하는 수표금지급책임의 법적 성질이 무엇이냐에 대하여 문제가 된다. 지급은행의 이 책임은 手票上의 책임도 아니요 手票法上의 책임도 아니며, 民法上의 책임이라는 점은 이미 앞에서 본 바와 같다. 그렇다면 이 책임은 무엇에 근거하여 발생하는 책임이며 또 언제 발생하는가. 이에 대하여

수표카드를 제시하고, 수표카드상의 기재요건 및 서명인감과 합치하게 수표를 발행하여야 하고(이 때 발행된 手票裏面에는 반드시 수표카드번호가 기재되어야 함), 수표수취인은 적법한 支給提示期間內(手 29조)에 同手票를 지급제시하여야 한다.

1) 李(基), 488면 外. 同旨: Brox, S. 354, BGHZ 64, 81.
反對: 鄭(熙), 321면(家計手票의 手票카드에 의하여 支給銀行의 引受禁止 및 保證禁止의 手票法上의 규정이 脫法되는 결과가 된다고 한다).

2) 鄭(熙), 325면; 張亨龍, 前揭論文, 350면.

獨逸에서는 다음과 같이 크게 두 가지의 견해가 있다. 즉, (i) 첫째는 지급은행의 책임은 「損害擔保契約」(Garantievertrag)에 근거하여 발생한다고 보는 견해(通說)이다.[1] 이와 같이 지급은행의 책임을 손해담보계약에서 구하는 근거는 한편으로는 수표카드약관의 문언에서 구하고,[2] 다른 한편으로는 지급은행 자신의 이익에서 수표금을 지급하고자 하는 지급약속의 의미에서 구하고 있다.[3] 그런데 이 때 손해담보계약의 당사자는 지급은행과 수표수취인인데, 실제로는 수표카드소지인(수표발행인)이 지급은행을 대신하여 수표수취인과 손해담보계약을 체결한다. 따라서 지급은행을 대신하여 수표수취인과 손해담보계약을 체결하는 수표카드소지인(수표발행인)의 법적 지위가 문제된다. 이에 대하여 獨逸에서는 수표카드소지인(수표발행인)을 지급은행의 단순한 使者(Bote)로 보는 견해(少數說)도 있으나,[4] 通說은 수표카드소지인(수표발행인)을 지급은행의 「代理人」(Vertreter)으로 보고 있다.[5] 왜냐하면 수표카드소지인은 수표발행인으로서 수표금액 및 상대방을 임의로 선택할 수 있는 재량권이 있기 때문이다.[6] (ii) 둘째는 지급은행의 책임은 지급은행과 수표발행인간에 수표카드 교부시에 체결되는 제 3 자를 위한 계약(Vertrag zugunsten Dritter, BGB §328)으로서(獨逸 民法上 典型契約의 하나인) 「抽象的 支給約束」(abstraktes Schuldversprechen, BGB §780)에 근거하여 발생한다고 보는 견해(少數說)이다.[7] 이 때 「제 3 자」는 최초의 수표수취인만을 의미하느냐 또는 그 후의 모든 수표소지인을 포함하느냐에 대하여는 의문이 있으나, 「최초의 受取人」만을 의미한다고 한다.[8]

2) 우리 나라의 通說은 이에 대하여 獨逸의 通說에 따라서 지급은행은 수표수취인과의 **損害擔保契約**에 근거하여 수표금지급책임을 부담하는데, 이러한 계약은 수표발행인(수표카드소지인)이 지급은행을 **代理**하여 수표수취인과 체결한다고 설명한다.[9] 그러나 이러한 通說에 대하여 지급은행의 책임은 獨逸에서

1) Brox, §43 Ⅱ 1; Baumbach/Hefermehl, Anh. Art. 4 SchG. Rdn. 3; BGHZ 64, 81.
2) 유럽카드約款 제 4 조는 「金融機關은 유럽카드에 의하여 支給을 擔保한다……(In der eurocheque-Karte *garantiert* das Kreditinstitut die Zahlung……)」고 규정하고 있다.
3) Brox, §43 Ⅱ 1.
4) Damrau, Probleme der Scheckkarte, *BB* 1969, S. 201.
5) Brok, §43 Ⅱ 1; Baumbach/Hefermehl, Anh. Art. 4 SchG. Rdn. 4.
6) Brox, §43 Ⅱ 1.
7) Zöllner, §26 Ⅳ 1. 또한 同敎授는 같은 책 같은 면에서 「은행이 고객에게 手票카드 교부시에 代理權을 부여했다고 볼 수는 없으며, 오히려 (損害擔保契約說에서의) 고객(수표발행인)의 지위는 支給銀行의 使用者로 보는 것이 더 적절할 것이며, 이는 고객이 手票金額과 去來相對方을 선택하는 재량권과 상반하지 않는다. 그러나 本文(제 3 자를 위한 계약으로서 抽象的 支給約束)과 같이 해석하는 것이 가장 간단한 설명이다」고 한다.
8) Zöllner, §26 Ⅳ 1.
9) 鄭(熙), 323면; 梁(承), 427면; 姜, (어) 550면 등.

의 소수설과 같이 지급은행과 수표발행인간의 제 3 자를 위한 계약으로 추상적 지급약속에 근거하여 발생한다고 보는 견해도 있고,[1] 지급은행의 책임은 수표채무와 독립하는 채무가 아니라 수표채무에 부종하면서 수표 밖에서 수표채무를 연대보증하는 수표보증채무라고 하고 이러한 보증은 상대방 없는 단독행위로서 수표발행인이 지급은행을 대리하여 보증하는 것이라고 보는 아주 색다른 異見도 있다.[2]

생각건대 우리 나라에서 과거에 이용되었던 가계수표 보증카드 약정에 「…… 수표에 한하여 저희 은행이 그 지급을 보증합니다」라고 규정하고 있었고 또 지급은행의 수표카드에 의한 책임은 수표채무(소구의무)를 전제로 하므로 지급은행의 책임이 (연대)보증의 책임이 될 수 있다고 볼 수 있을런지 모르나, 지급은행의 수표카드에 의한 책임은 수표채무를 전제로 하여 발생하는 것이기는 하나 그것과는 독립된 책임으로서 民法上의 보증책임과는 달리 附從性·補充性이 없는 독특한 책임이다. 또한 지급은행의 책임은 지급은행과 수표발행인간의 제 3 자를 위한 계약으로서 抽象的 支給約束에 근거하여 발생한다고 보면 지급은행은 수표발행인에 대한 항변사유로써 수표수취인에게도 대항할 수 있게 되는데(BGB §334), 이것은 수표카드의 목적에 반한다는 점에서 타당하다고 볼 수 없다.[3] 따라서 우리 나라 및 獨逸의 通說과 같이 「損害擔保契約에 기한 責任」이라고 본다. 따라서 지급은행의 이러한 책임은 手票上 및 手票法上의 책임이 아닌 民法上의 책임이기는 하나, 民法上 保證責任도 아니다.

3) 이와 같이 지급은행의 수표카드에 의한 책임은 (損害擔保)契約에 의한 책임이므로, 지급은행은 계약의 당사자인 최초의 수표수취인 또는 그로부터 지명채권양도방식에 의하여 권리(수취인의 지급은행에 대한 수표카드에 의한 수표금지급청구권)를 양수한 자에 대하여만 책임을 부담한다. 그런데 수표카드에 의하여 발행된 수표의 裏面에는 수표카드의 번호가 기재되어 있기 때문에 그러한 수표를 수취인으로부터 양수한 자는 특별한 사정이 없는 한 수표상의 권리뿐만 아니라 수취인의 지급은행에 대한 수표카드에 의한 수표금지급청구권(지명채권)도 함께 양수한 것으로 볼 수 있으며,[4] 이 때 채권양도의 통지는 양수인이 지급은행에 수표를 제시한 때에 양

1) 李(基), 489면; 蔡, 394면.
2) 張亨龍, 前揭論文, 347~348면, 350~351면.
3) 同旨: Brox, §43 Ⅱ 1.
4) 同旨: 鄭(熙), 324~325면; 李(基), 490면; 서울高判 1984. 12. 11, 84 나 772.

도인을 대리하여 한 것으로 해석할 수 있을 것이다.[1] 이렇게 보면 지급은행은 수표카드에 의한 책임을 최초의 수표수취인뿐만 아니라, 그 후의 모든 (정당한) 수표양수인(소지인)에게도 부담하는 결과가 된다. 그러나 이 때 지명채권 양도의 효과로서 지급은행은 수표수취인에게 대항할 수 있는 항변사유로써 수표양수인에게 대항할 수 있다[2](民 451조 2항). 따라서 수표수취인 또는 수표양도인이 무권리자이면 그러한 수표의 양수인은 지급은행에 대하여 수표카드에 의한 수표금지급청구권을 취득하지 못한다. 다시 말하여 수표카드에 의하여 발행된 수표를 선의취득하여도 지급은행에 대한 수표금지급청구권을 선의취득할 수는 없다.

5. 支給銀行의 手票所持人에 대한 抗辯

1) 지급은행이 수표카드에 의하여 수표수취인에 대하여 부담하는 책임의 법적 성질을 損害擔保契約에 기한 책임으로 보면, 이 책임은 民法上의 책임이므로 수표발행의 자금관계·원인관계·수표의 교부흠결 등과 무관하다. 따라서 수표발행인(수표카드소지인)이 수표카드약정에 합치하여 수표를 발행한 경우에는 지급은행은 수표수취인에 대하여 자금관계의 흠결·원인관계의 흠결·수표의 교부흠결 등을 이유로 항변을 주장할 수 없다.[3] 만일 수표카드에 의하지 않고 수표가 발행된 경우에는 지급은행은 수표채무자가 아니라 수표발행인의 수임인에 불과하므로 지급은행에 있는 수표발행인의 예금구좌에 지급자금이 없거나(手 3조) 또는 수표발행인의 지급위탁취소가 있으면(手 32조 1항) 지급은행은 그러한 수표의 지급을 거절할 수 있다. 그러나 수표카드에 의하여 수표가 발행된 경우에는 지급은행은 그러한 수표의 수취인에 대하여 수표발행인에게 지급자금이 없다는 등의 이유로 지급을 거절할 수 없다.[4] 이로 인하여 그러한 수표의 피지급성은 높아지고 수표수취인의 지위는 강화된다. 그런데 수표카드에 의하여 발행된 수표의 수취인이 수표취득시에 수표발행인에게 수표자금이 없

---

1) 이는 手票의 양도에 의하여 利得償還請求權(指名債權)이 양도되는 法理와 동일하게 볼 수 있을 것이다(大判 1976. 1. 13, 70 다 2462 참조).

2) 同旨: 鄭(熙), 325면(그러나 手票카드制度의 목적에 비추어 대항할 수 있는 抗辯과 그렇지 않은 抗辯을 구별하여야 한다고 한다).

3) 同旨: 鄭(熙), 325면; 李(基), 491면; Brox, §43 Ⅲ 1 등.

4) 이 때 手票카드에 의하여 발행된 手票의 受取人은 手票 또는 手票法에 의하여 支給銀行에 대한 手票金支給請求權을 취득하는 것이 아니라, 民法上의 損害擔保契約에 의하여 手票金支給請求權을 취득하는 것이다[Brox, §43 Ⅲ 1].

음을 알면서 그러한 수표를 취득하여 지급은행에 대하여 수표금지급청구를 하는 것은 民法上 信義誠實의 원칙에 반하거나 權利濫用에 해당하여(民 2조, BGB 242조) 인정되지 않는다고 본다.[1] 이는 수표법상 수표채무자에게 인적 항변이 인정되는 점(手 22조 단서)과 유사하나, 그 법적 근거에서 차이가 있다고 보겠다.

2) 지급은행의 손해담보계약에 기한 수표금지급책임은 지급은행과 수표발행인간의 수표카드약정에서 규정된 요건을 충족한 경우에만 발생하므로, 이의 요건이 충족되지 않은 경우에는 지급은행은 모든 수표소지인에 대하여 그의 항변을 주장할 수 있다[2](손해담보약정 자체의 효력에 관한 항변). 즉, 지급은행은 수표와 수표카드상의 서명인감의 불일치, 수표의 장당 발행금액의 초과, 수표카드의 유효기간 경과 후의 수표발행일자의 기재, 수표의 지급제시기간 경과 후의 지급제시,[3] 수표이면에 수표카드번호를 기재하지 않거나 허위의 기재를 한 것 등의 항변을 수표수취인에 대하여 주장할 수 있다.

6. 手票카드의 喪失

1) 수표카드는 앞에서 본 바와 같이 유가증권이 아니므로, 이를 분실·도난 등으로 인하여 상실하여도 公示催告에 의한 除權判決의 대상이 될 수도 없고 또 善意取得이 될 수도 없다.[4]

2) 그러나 수표카드를 수표용지와 함께 상실하고 이를 습득하거나 절취한 자가 상실자의 기명날인 또는 서명을 위조하여 수표를 발행하고 또 수표카드를 제시한 경우에, 이를 믿고 수표를 취득한 수취인은 지급은행에 대하여 손해담보계약에 기한 수표금지급청구권이 있는가. 이에 대하여 獨逸의 통설·판례는 지급은행은 수표카드와 수표용지를 발행한 데에 따른 權利外觀責任(Rechtsscheinshaftung)을 부담해야 하므로 그러한 수표의 선의취득자에 대하여도 수표카드에 의한 손해담보계약이 체결된 것과 동일한 책임을 부담하여야 한다고 한다.[5] 우리 나라에서도 이러한 獨逸의 通說에 따르는 학설이 있다.[6]

생각건대 이러한 수표취득자는 수표 자체의 善意取得(手 21조)에 의하여 보호

1) 同旨: 李(基), 491면; Brox, §43 Ⅲ 1.
2) 同旨: Hueck/Canaris(1986), §21 Ⅱ 3.
3) 이는 달리 말하면 支給銀行은 手票發行人의 利得償還債務에 대하여는 損害擔保責任을 지지 않는다는 뜻이다.
4) 同旨: 鄭(熙), 325면.
5) Brox, §43 Ⅲ 2; Baumbach/Hefermehl, Anh. Art. 4 SchG. Rdn. 11; BGHZ 83, 28, 32.
6) 鄭(熙), 325~326면.

하면 충분하다고 보며, 존재하지도 않은 民法上의 損害擔保契約이 있는 것으로 의제하여 지급은행에 대한 수표카드에 기한 책임까지 인정하는 것은 수표카드에 의한 책임발생의 이론구성(民法上의 契約에 의한 책임) 및 수표카드의 본질(非有價證券性)에 비추어도 무리가 있을 뿐만 아니라 또 그렇게까지 할 실제상의 필요도 없다고 생각한다.[1] 이 경우에 설사 지급은행에 책임을 인정한다고 하여도 수표카드약정에 의하여 수표카드의 위조 · 변조 · 도용 등으로 인하여 발생한 손실은 원래의 카드소지인(카드상실자)이 부담하게 되어 지급은행의 위험부담은 없게 된다. 이렇게 보면 앞의 수표카드에 의한 책임을 설사 지급은행에 부담시킨다고 하더라도 종국적으로 그 손실을 부담하게 되는 자는 수표발행인으로 귀착하게 된다.

제 2 절 罰 則

수표가 支給拒絕(不渡)된 경우에 수표소지인은 手票法에 의하여「遡求權」을 행사할 수 있고(手 39조 이하) 또 수표발행인은 어음交換業務規約에 의하여「去來停止處分」을 받는 점(어음交換業務規約 18조)은 어음의 경우와 같다. 그러나 수표는 어음과는 달리 현금의 대용물(지급증권)로서 수표의 부도시에는 국민경제에 미치는 영향이 지대하므로 수표의 부도에 대하여는 手票法 및 不正手票團束法에서 벌칙규정을 두어 수표의 피지급성을 확보하고 있는데, 이는 어음의 경우와 다른 점이다.[2] 手票法에 의한 벌칙은 은행과 수표계약(당좌거래계약)이 없이 수표를 발행하거나 또는 수표가 제시된 때에 처분할 수 있는 자금이 없는 때에는(즉, 手票法 3조에 위반한 때에는) 수표발행인은 50만원 이하의 과태료의 처분을 받도록 하고 있다(手 67조, 罰金 등 臨時措置法 4조 3항). 不正手票團束法上 수표의 부도에 따른 벌칙은 형법의 문제이므로 그 설명을 생략한다.

---

1) 同旨: Hueck/Canaris, §21 Ⅱ 3d; L. G. Mönchengladbach, *WM* 1973, 797; L. G. Osnabrück, *WM* 1973, 223.

2) 또한 手票의 被支給性을 확보하기 위하여 手票法上 규정된 것으로는 ① 支給委託의 取消를 支給提示期間 경과 후에만 하도록 규정한 점(手 32조 1항), ② 手票發行人이 수표를 발행한 후에 死亡하거나 無能力者가 된 경우에도 그 手票의 효력에 영향을 미치지 않도록 한 점(手 33조), ③ 手票는 제시한 때에 發行人이 처분할 수 있는 자금이 있는 銀行을 支給人으로 하도록 한 점(手 3조) 등이 있는데, 이러한 점도 어음과 구별되는 점이다.

제 8 장 國際私法

제 1 절 總 說

제 1 國際私法의 必要性

어음은 수단적 성질과 기술적 성질을 갖고 있기 때문에 그 유통범위가 一國內에 국한되지 아니하고 국제적으로 유통되는 경우가 많다. 이렇게 어음이 국제적으로 유통되는 성질상 어음法은 국제적으로 통일화되어 가는 경향이 있다. 따라서 우리 어음法도 제네바統一條約에 따라 입법화된 것이다. 그런데 (i) 제네바統一어음法은 英美法系 국가가 채택하고 있지 않기 때문에 진정한 의미에서의 세계적 통일법이라고 볼 수 없는 점, (ii) 제네바統一어음法을 채택한 국가에서도 同法의 留保條項(제네바統一條約 제 2 부속서)에 의하여 각 국가의 입법이 상이하며, 또 입법이 동일한 사항에 대하여도 각 국가의 법률해석에서 상이한 면이 있는 점, (iii) 어음法은 어음관계 또는 어음거래의 전반에 대하여 규정하지 못하고 많은 부분은 民·商法에 의하여 보충되는데(예컨대, 어음能力·代理 등) 이 점에서 각 국가의 어음法의 적용에 있어서 많은 상이한 점이 있다. 따라서 국제적으로 유통되는 어음의 경우에는 각 국가의 법률의 저촉이 필연적으로 따르게 된다. 이에 대하여 우리 나라에서의 어음法은 어음에 관한 實體法만을 규정하고, 이에 관한 각 국가의 법률의 저촉에 관하여는 國際私法(제정: 1962. 1. 15, 법률 966호, 개정: 2001. 4. 7, 법률 6465호)에서 분리하여 규정하고 있다.

제 2 國際換어음 및 國際約束어음에 관한 UN協約과의 구별

어음에 관한 國際私法上의 규정을 國際어음法이라고 하고 이러한 國際어음法은 國際私法의 일부분을 구성한다고 하는데,[1] 이러한 의미의 國際어음法은 국내법이고 어음에 관한 실체법이 아니고 準據法만을 규정한다. 따라서 이러한 의미의 國際어음法은 1988년에 UNCITRAL에서 제정한「國際換어음 및 國際約束어음에 관한 UN協約」(United Nations Convention on International Bills of Exchange and International Promissory Notes)과는 완전히 구별되는 것이다. 위 UN협약에서 말하는「國際換어음」이란 "발행지 · 발행인의 명칭에 부기한 지 · 지급인의 명칭에 부기한 지 · 수취인의 명칭에 부기한 지 · 지급지 중 두 개 이상이 다른 국가에 속하는 경우로서, 표제 및 본문 중에 國際換어음(UNCITRAL 協約)이라고 기재된 것"을 말하며(同協約 1조 1항, 2조 1항),「國際約束어음」이란 "발행지 · 발행인의 명칭에 부기한 지 · 수취인의 명칭에 부기한 지 · 지급지 중 두 개 이상이 다른 국가에 속하는 경우로서, 표제 및 본문 중에 國際約束어음(UNCITRAL 協約)이라고 기재된 것"을 말한다(同協約 1조 2항, 2조 2항). 따라서 이러한 의미의 國際換어음 및 國際約束어음을 규율하는 UN協約은 어음에 관한 實體法이고, 위의 의미에서 국제적으로 유통되는 어음에 대하여는 어느 국가에서도 통일적으로 적용된다. 만일 우리 나라가 위의 UN協約에 가입하게 되면 國內에서 유통되는 어음에 대하여는 현재의 어음法이 적용되고, 위의 의미에서 國際的으로 유통되는 어음에 대하여는 위의 UN協約이 적용되어 어음에 관한 實體法은 二元化가 될 것이다. 위의 UN協約이 세계 모든 국가에서 채택된다면 국제적으로 유통되는 어음에 관한 법률문제는 현재보다 훨씬 더 간편하게 해결되겠으나, 그러한 UN協約이 어음에 관한 모든 점을 규정하고 있지 않으므로(예컨대, 어음能力 등) UN協約에서 규정하고 있지 않은 사항에 대하여 國際私法的인 문제는 여전히 남는다고 볼 수 있다.[2] 따라서 우리 나라가 위의 UN協約에 가입한다고 하더라도 同協約에서 규정하지 않은 사항에 대하여는 國際私法上의 규정이 여전히 적용되는 것이다.

1) 徐·鄭, 320면.
2) 同旨: 鄭(熙), 328면.

제 2 절 어음國際私法

제 1 어음行爲能力

1. 原則(本國法主義)

어음행위능력은 원칙적으로 어음행위자의 本國法에 의한다(國私 51조 1항 본문). 이 점은 일반행위능력의 준거법을 정하는 國際私法 제13조 1항과 같다. 만일 어음행위자가 수 개의 國籍을 갖고 있는 경우에는 그와 가장 밀접한 관련이 있는 국가의 법을 그 본국법으로 정하고(그러나 그 국적의 하나가 大韓民國일 때에는 大韓民國의 法을 本國法으로 함)(國私 3조 1항), 無國籍이거나 國籍을 알 수 없는 경우에는 常居所地法(常居所를 알 수 없는 때에는 그의 居所가 있는 국가의 법)(國私 3조 2항), 당사자가 지역에 따라 법을 달리하는 국가의 국적을 가지는 때에는 그 국가의 법 선택규정에 따라 지정되는 법에 의하고 그러한 규정이 없는 때에는 당사자와 가장 밀접한 관련이 있는 지역의 法(國私 3조 3항)에 의한다.

2. 例 外

⑴ 反 定

本國法이 다른 국가의 법에 의하여야 할 것으로 정한 때에는 그 다른 國家의 法을 적용한다(國私 51조 1항 단서). 이것은 국제사법상의 反定의 法則을 널리 인정한 것이다. 예컨대 獨逸에서 美國人이 어음행위를 한 경우에 그 美國人의 어음행위능력이 韓國에서 문제가 된 경우에, 그의 어음행위능력은 먼저 미국인의 본국법인 미국법이 적용되나, 미국의 국제사법은 상사계약에 있어서 당사자의 능력은 행위지법에 의하도록 규정하고 있으므로 결국 독일법에 의하여 미국인의 어음행위능력이 판단된다.

⑵ 行爲地法主義

본국법에 의하면 어음행위자가 무능력자일지라도 다른 국가에서 서명을 하고 그 國家의 法에 의하면 능력이 있는 때에는, 그러한 자는 어음상의 책임을 진다(國私 51조 2항). 이것은 본국법에 의하여 어음행위자가 능력자인가 아닌가를 조사하는 것은 매우 어려운 점과 행위지법에 의하여 능력자라고 믿고 거래한 제 3 자를 보호하기 위한 것이다.

제 2 어음行爲의 方式

1. 原則(行爲地法主義)

어음행위의 방식은 署名地法(行爲地法)에 의한다(國私 53조 1항 본문). 이것은 「장소는 행위를 지배한다」는 국제사법상의 대원칙의 하나의 표현이다. 따라서 예컨대 한국에서 환어음을 발행하고 미국에서 배서하고 영국에서 인수한 경우에는, 발행의 방식에 관하여는 韓國法을 적용하고 배서의 방식에 관하여는 美國法을 적용하고 인수의 방식에 관하여는 英國法을 적용한다. 여기에서의 행위지란 사실상의 행위지를 의미하고 어음면상의 행위지를 의미하지 않지만(通說), 어음면상의 행위지는 사실상의 행위지로 추정된다.[1]

2. 例 外

(1) 어음行爲獨立의 原則

행위지법에 의한 방식에 위반하여 어음행위가 무효인 경우에도 그 후에 다른 곳에서 한 어음행위가 행위지법에 의하여 적법한 때에는 전 행위의 무효는 후 행위의 효력에 영향을 미치지 않는다(國私 53조 2항). 이것은 어음소지인을 보호하기 위하여 국제사법에서도 어음行爲獨立의 원칙이 적용되는 것이라고 볼 수 있다.

(2) 韓國 國民간의 特則

한국 국민이 외국에서 한 어음행위가 그 행위지법에 의하여 무효라고 하더라도 한국법에 의하면 유효한 때에는, 다른 한국 국민에 대하여는 유효하다(國私 53조 3항).

제 3 어음行爲의 效力

1. 主債務者가 한 어음行爲의 效力(支給地法)

주채무자가 한 어음행위의 효력은 그 어음의 支給地의 法에 의한다(國私 54조 1항). 왜냐하면 지급지는 주채무자가 자유로이 그 의무의 이행지로 선정하였을 것이므로, 지급지의 법에 따라 의무를 이행하게 하는 것은 주채무자의 의사에 일치

1) 同旨: 徐·鄭, 322면.

하기 때문이다.[1]

참고로 환어음의 경우 인수하지 않은 지급인도 지급지의 법에 따라 지급하여야 한다고 본다(國私 56조 1항 후단 유추적용).

2. 主債務者 이외의 者의 어음行爲의 效力(行爲地法)

환어음의 발행 · 배서 · 보증 · 참가인수의 효력 및 약속어음의 배서 · 보증 등의 효력은 署名地法(行爲地法)에 의한다(國私 54조 2항).

3. 遡求權의 行使期間(發行地法)

소구권의 행사기간은 모든 소구의무자에 대하여 「發行地法」에 의한다(國私 54조 3항). 왜냐하면 소구권의 행사기간을 소구의무자의 행위지법(서명지법)에 의하게 하면, 각 소구의무자마다 소구권의 행사기간이 달라 매우 불편하기 때문이다.

제 4 實質關係에서의 權利取得

환어음의 소지인이 그 발행의 원인이 되는 채권을 취득하는지 여부는 그 어음의 「發行地法」에 의한다(國私 55조).

제 5 一部引受 · 一部支給

환어음의 인수를 어음금액의 일부에 제한하여 할 수 있는가, 환어음 또는 약속어음의 소지인에게 일부지급을 수락할 의무가 있는가에 대하여는 「支給地法」에 의한다(國私 56조 1항 · 2항). 어음행위의 효력에 관한 國際私法 제54조 이외에 이러한 규정을 둔 이유는, 어음행위로서 완전한 서명이 아니거나(일부인수의 경우) 또는 서명과 무관한 것(일부지급의 경우)이기 때문이다. 이 때에 지급지법을 준거법으로 한 이유는, 지급지가 인수인 또는 지급인의 의무의 이행과 밀접한 관계가 있으며, 어음의 주채무자의 의무의 이행도 지급지법에 의하도록 한 점(國私 54조 1항 전단)과 균형을 이루도록 하고자 하기 때문이다.[2] 一部引受 또는 一部支給으로 인하여 어음소지인

---

1) 同旨: 鄭(熙), 330~331면; 大判 2000. 6. 9, 98 다 35037(公報 2000, 1593)(신용장 거래에 부수하여 이루어지는 환어음 인수인의 어음법상 의무에 관한 준거법은 환어음의 지급지 소재지인 중국의 법이다).

2) 同旨: 鄭(熙), 332면.

이 소구권을 행사할 수 있는지 여부 및 행사할 수 있는 경우에는 어떠한 방법으로 행사할 것인지는 일부인수 · 일부지급의 준거법과 같이 「支給地法」에 의한다고 본다.[1]

제 6 어음上의 權利의 行使 또는 保全을 위한 方式

거절증서의 방식과 그 작성기간, 기타 어음상의 권리의 행사 또는 보전에 필요한 그 밖의 행위의 방식은 「拒絶證書를 작성하여야 할 곳의 法」 또는 「그 밖의 행위를 행하여야 하는 곳의 法」에 의한다(國私 57조). 어음소지인이 소구권을 보전하기 위한 실질적 요건에 관한 준거법에 대하여는 國際私法 제54조가 적용되나, 형식적 요건에 관한 준거법에 대하여는 國際私法 제57조가 적용된다.

거절증서의 분실 · 멸실 등의 경우에 어음소지인이 취하여야 할 절차에 관한 준거법도 國際私法 제57조에 의하여야 한다고 본다.[2]

제 7 어음의 喪失 또는 盜難

어음의 상실 또는 도난의 경우에 하여야 할 절차는 「支給地法」에 의한다(國私 58조). 어음채무는 원래 지급지에서 이행되므로 이러한 점과 균형을 이루어 지급에 관한 법률관계를 일률적으로 해결하기 위해서이다.

제 3 절 手票國際私法

1. 手票行爲能力

어음행위능력의 경우와 같다(國私 51조).

2. 手票行爲의 方式

원칙적으로 署名地法에 의하지만(어음의 경우와 같은 점), 支給地法에 의할 수 있다(國私 53조 1항 단서)

1) 同旨: 鄭(熙), 332면.
2) 同旨: 鄭(熙), 332면.

(어음의 경우 와 다른 점). 즉, 수표행위의 방식을 署名地法에 의할 것인가 또는 支給地法에 의할 것인가는 수표행위자의 선택에 달려 있다.

그러나 예외적으로 수표행위의 방식에도 手票行爲獨立의 원칙 및 한국 국민간의 특칙이 적용되는 점은 어음의 경우와 완전히 같다(國私 53조 2항 · 3항).

3. 手票行爲의 效力

어음의 경우와 같으나 수표에는 주채무자가 없기 때문에 수표행위의 효력은 언제나 「署名地法」(行爲地法)에 의한다(國私 54조 1항 후단).

4. 實質關係에서의 權利

실질관계에서 수표소지인이 수표자금에 대한 특별한 권리를 취득하는지 여부와 그 권리의 성질이 무엇인지에 대하여는 「支給地法」에 의한다(國私 59조 6호).

5. 一部支給

수표소지인이 일부지급을 청구할 수 있는지 여부와 일부지급을 수락할 의무가 있는지 여부는 「支給地法」에 의한다(國私 59조 4호).

6. 手票上의 權利의 行使 또는 保全을 위한 方式

발행인 · 배서인 기타 수표상의 채무자에 대한 소구권보전을 위하여 거절증서 또는 이와 동일한 효력을 가지는 선언을 필요로 하는지 여부에 관하여는 「支給地法」에 의하고(國私 59조 8호), 거절증서의 방식과 그 작성기간 기타 어음상의 권리의 행사 또는 보전에 필요한 그 밖의 행위의 방식은 「拒絶證書를 작성하여야 하는 곳의 法」 또는 「그 밖의 행위를 행하여야 하는 곳의 法」에 의한디(國私 57조).

7. 手票의 喪失 또는 盜難

수표의 상실 또는 도난의 경우에 행하여야 할 절차는 「支給地法」에 의한다(國私 58조). 이는 어음의 경우와 같다.

8. 기타의 사항

(1) 支給人의 資格(支給地法)

1) 原　　則　　수표의 지급인이 될 수 있는 자는「支給地法」에 의한다(國私 52조 1항).

2) 特　　則　　위의 원칙에 의하여 支給地法에 의하면 지급인이 될 수 없는 자를 지급인으로 하여 수표가 무효가 된 경우일지라도, 발행인 기타의 서명자가 지급지 외의 국가에서 서명을 하고 그 署名地法에 의하면 지급인의 자격에 관하여 支給地法과 같은 규정이 없는 경우에는 발행인 기타의 서명자는 유효하게 수표채무를 부담한다(國私 52조 2항).

(2) 橫線手票 · 計算手票

수표에 횡선을 표시할 수 있는지 여부와「계산을 위하여」의 문구 또는 이와 동일한 뜻이 있는 문구의 기재의 효력은「支給地法」에 의한다(國私 59조 5호 본문). 따라서 외국에서 발행하고 우리 나라에서 지급할 계산수표는 우리 수표법이 계산수표를 인정하지 않으므로「계산을 위하여」의 문구의 효력이 없게 된다. 따라서 우리 手票法 및 國際私法은 외국에서 발행되고 우리 나라에서 지급하여야 할 計算手票에 대하여는 一船橫線手票의 효력을 인정하고 있다(手 65조, 國私 59조 5호 단서).

(3) 그 밖에 支給地法에 의하는 사항

수표는 지급증권으로 支給地法에 의하는 경우가 많은데, 위에서 설명한 사항 이외에도 다음의 사항은 支給地法에 의한다(國私 59조).

1) 수표가 일람출급성을 요하는지 여부, 일람후정기출급으로 발행할 수 있는지 여부 및 선일자수표의 효력(이것은 모두 滿期에 관한 사항으로 支給에 관한 사항임)

2) 제시기간

3) 수표에 인수, 지급보증, 確認 또는 査證을 할 수 있는지 여부와 그 기재의 효력

4) 발행인이 수표의 지급위탁을 취소할 수 있는지 여부 또는 지급정지절차를 취할 수 있는지 여부

제 9 장 國際換어음 및 國際約束어음에 관한 UN協約[1)]

제 1 절 制定經緯

(1) 오늘날에 어음에 관한 법률문제를 규율하는 世界의 法系는 크게 統一法系와 英美法系로 대별될 수 있다. 統一法系의 어음法은 1930년 제네바에서 성립한 「換어음과 約束어음에 관하여 統一法을 제정하는 條約」(조약본문 11개 조문, 제 1 부속서로 統一어음法 78개조문, 제 2 부속서로 유보조항 23개 조문)에 따른 국가(同조약의 체약국 및 체약국이 아니면서 이에 따른 입법을 한 국가)의 어음法을 말한다.[2)] 그런데 英國과 美國은 이러한 제네바統一法에 참가하고 있지 않고 독자적인 英美法系의 어음法을 형성하고 있다. 따라서 英美法系의 어음法은 1882년의 英國의 換어음法[3)](Bills of Exchange Act 〈B.E.A.〉 1882) 및 1952년에 제정되고 1990년에 대폭 개정된 美國의 統一商法典[4)] 제 3 장(Uniform Commercial Code 〈U.C.C.〉

1) 國際換어음 및 國際約束어음에 관한 UN協約을 우리 어음法과 비교하여 설명한 것으로는 鄭燦亨, "國際換어음 및 國際約束어음에 관한 UN協約(上)," 「商去來法의 理論과 實際」(石影安東燮敎授華甲紀念), 1995. 9, 250~275면 및 同, "國際換어음 및 國際約束어음에 관한 UN協約(下)," 「商事法論叢(上)」(霽南姜渭斗博士華甲紀念), 1996. 2, 677~715면; 註釋(Ⅲ), 551~807면 참조.

2) 手票에 관하여는 1931년 제네바에서 성립한 「手票에 관하여 統一法을 제정하는 條約」(條約 本文 11개 條文, 第 1 附屬書로 統一手票法 57개 條文, 第 2 附屬書로 留保條項 31개 條文)에 따른 국가의 手票法을 말한다.

3) 英國 換어음法은 종래의 慣習法 · 特別法 · 判例 등을 Chalmers가 정리 · 체계화하여 法典化한 것으로 1882년에 제정되었는데, 그 후 수차에 걸쳐 개정되었다.

4) 美國에서는 원래 1896년에 Crawford가 기초한 統一流通證券法(Uniform Negotiable Instruments Law, U.N.I.L.)이 있었는데, 이 法은 英國의 換어음法을 기초로 한 것이었다. 그런데 이 法은 1930년대에 와서 미국의 새로운 경제환경에 맞지 않게 되었으므로 1940년대에 統一州法委員全國會議가 美國法曹協會의 협조를 얻어 統一商法典을 제정하여 1951년에 공포하였다. 이러한 統一商法典 제 3 장과 제 4 장은 서면의 증권에 기초한 규정으로서 현대의(특히 1950년대와 1980년대 사이에 발생한) 컴퓨터 기술보급에 따른 대량의 수표처리절차와 이에 관련한 책임문제의 해결에 적합하지 않게 되어, 1989년에는 電子資金移替에 관한

Article 3)과 이에 따른 국가(특히 英國, 다수의 自治領)의 어음法을 말한다.

이와 같이 오늘날 세계의 어음에 관한 규제는 크게 統一法系와 英美法系로 나뉘어 있어 이에 따라 각국의 어음法의 내용이 상이하고, 또 같은 統一法系 국가에서도 統一條約의 留保條項의 채용정도에 따라 어음法의 내용에 차이가 있게 되었다. 따라서 국제적으로 유통되는 어음에 있어서는 각국의 어음法의 내용이 상이하여 여러 가지의 불편과 복잡한 법률문제를 야기시켜 왔기 때문에 국제적으로 유통되는 어음은 어떤 합리적인 기준에 따라서 제정된 世界統一法에 의하여 규율될 것이 절실히 요청되었다.

(2) 이에 1966년에 창설된 UN國際去來法委員會(United Nations Commission on International Trade Law, UNCITRAL)의 제 1 차회의에서는 國際支給證券의 통일규칙을 제정할 것을 최우선적인 과제에 포함시킬 것을 결정하고, 私法統一을 위한 國際硏究所(International Institute for the Unification of Private Law, UNIDROIT)에 유통증권의 통일을 위한 작업을 의뢰하였는데, 同연구소는 어음법과 수표법의 통일에 관한 보고서를 제출하게 된 것이다. 이에 따라 그 후 UNCITRAL은 거의 매년 이에 관한 총회를 개최하였는데, 1981년에 제 1 차 國際換어음 및 國際約束어음協約案을 마련하고, 1982년에 각국 정부의 의견조회를 위하여 각 조문의 註釋과 함께 각국에 송부하였으며, 1984년 뉴욕에서 개최된 제17차 UNCITRAL총회에서는 도착된 답변을 중심으로 많은 논의가 있었다.[1] 이 총회에서는 協約 자체에 대한 찬반의 토론도 있었으나 협약의 필요성에 대하여는 다수의견이 이를 인정하여 協約案을 수정하기로 하고, 1986년 제19차 UNCITRAL總會에서는 개개의 문제점에 대하여 논의한 후 修正協約案이 제출되었고, 1987년 제20차 UNCITRAL總會에서는 제19차 총회에서의 修正協約案에 대한 검토를 끝내고 최종안을 확정한 후 同案을 UN總會에 제출하게 된 것이다.

(3) 이 최종안은 제네바統一어음法과 英美의 어음法을 절충한 것으로 볼 수 있는데, 제네바統一어음法에 있는 어음의 參加 · 複本 · 謄本 등의 제도는 없다. 또한 제네바統一어음法의 제 2 부속서 留保條項에 따라 우리 어음法이 규정한 利得償還請求權制度도 없다. 그러나 우리 어음法에 없는 喪失어음에 관하

규정(제 4 A장)을 신설하게 되었고, 이어서 1990년에는 제 3 장과 제 4 장을 대폭 개정하였다.

1) 이에 관한 贊反論議에 대한 간단한 소개로는 崔基元, "國際換어음 · 國際約束어음(上)," 「法律新聞」, 제1755호(1988. 6. 2), 10면 참조.

여는 상세한 규정을 두고 있다. 우리 나라가 이 協約을 비준하게 되면 어음法에 관한 한 二元化가 될 것이다. 즉, 國內에서 유통되는 어음에 대하여는 현재의 어음法이 적용될 것이나, 國際的으로 유통되는 어음에 대하여는 이 협약이 적용될 것이다.

(4) 國際手票協約案도 1981년에 작성되어 각국에 의견조회를 위하여 송부되었으나, 手票에 관하여는 統一法이 필요하지 않다는 의견이 지배적이었으므로, 1984년 제17차 UNCITRAL總會에서는 國際手票協約案의 작성을 위한 작업을 중단하기로 결의하게 되었다.[1)]

제 2 절 協約의 主要內容

제 1 適用範圍 및 어음要件

1. 適用範圍

1) 국제환어음은, (i) 발행지 (ii) 발행인의 서명에 부기한 지 (iii) 지급인의 명칭에 부기한 지 (iv) 수취인의 명칭에 부기한 지 (v) 지급지 중 2개 이상이 어음에 기재되고, 또 그 중 두 곳이 다른 국가에 속하며, 어음에 표제와 본문에 「國際換어음(UNCITRAL協約)」이라고 기재되어야 한다(協約 1조 1항, 2조 1항).

2) 국제약속어음은, (i) 발행지 (ii) 발행인의 서명에 부기한 지 (iii) 수취인의 명칭에 부기한 지 (iv) 지급지 중 2개 이상이 어음에 기재되고, 또 그 중 두 곳이 다른 국가에 속하며, 어음의 표제와 본문에 「國際約束어음(UNCITRAL協約)」이라고 기재되어야 한다(協約 1조 2항, 2조 2항).

2. 어음要件

(1) 換어음의 要件은 다음과 같다(協約 3조 1항).

1) 발행인이 지급인에게 수취인 또는 그 지시인에게 일정한 금액을 지급하도록 하는 무조건의 지급위탁

2) 만기는 일람출급 또는 확정기출급

3) 발행일

1) 崔(基), 前揭 法律新聞(1988. 6. 2), 10면.

4) 발행인의 서명

(2) **約束어음의 要件은 다음과 같다**(協約 3조 2항).

1) 발행인이 수취인 또는 그 지시인에게 일정한 금액을 지급한다는 무조건의 약속

2) 만기는 일람출급 또는 확정기출급

3) 발행일

4) 발행인의 서명

(3) **어음의 當事者**

환어음 및 약속어음의 발행인과 수취인은 복수인이어도 무방한데(協約 10조 1항·2항), 수취인이 복수인인 경우에 선택적인 기재이면 그들 중 누구에게나 지급할 수 있으나, 그 이외의 기재이면 그들 전부에게 지급하여야 한다(協約 10조 3항).

환어음의 발행인은 지급인을 겸할 수도 있고, 수취인을 겸할 수도 있다(協約 11조).

(4) **어음金額**

어음금액은, (i) 利子附 (ii) 定期分割支給 (iii) 定期分割支給의 경우에 할부금 중 1회의 이행지체가 있으면 전액에 대하여 만기가 도래한다는 약정이 있는 경우, (iv) 어음에 기재된 환율 또는 어음에 기재된 방법에 따라 결정되는 환율에 따라 어음금액이 지급되는 경우, (v) 어음에 기재된 통화와 다른 통화로 지급되는 경우에도 유효하다(協約 7조).

(5) **滿　期**

1) **一覽出給** (i) 어음에 一覽日, 要求時 또는 提示時에 지급할 뜻의 기재가 있거나 또는 이와 유사한 문언의 기재가 있는 경우, 또는 (ii) 支給時가 명시되지 않은 경우에는, 一覽出給으로 본다(協約 9조 1항). 만기 이후에 인수·배서 또는 보증된 확정기출급어음은 引受人·背書人 또는 保證人에 대한 관계에서는 一覽出給어음이다(協約 9조 2항).

2) **確定期出給** (i) 確定日出給·確定日字後定期出給 또는 發行日字後定期出給, (ii) 一覽後定期出給, (iii) 定期分割出給, 또는 (iv) 定期分割出給의 경우에 할부금 중 1회의 이행지체가 있으면 전액에 대하여 만기가 도래한다는 특약이 있는 경우에는, 確定期出給어음으로 본다(協約 9조 3항).

發行日字後定期出給어음의 만기는 발행일자로부터 기산한다(協約 9조 4항). 一覽後定期出給의 환어음의 만기는 引受日字로부터 기산하고, 인수거절의 경우에는 拒絶證書 作成日字 또는 拒絶日字(拒絶證書作成 免除의 경우)로부터 기산한다(協約 9조 5항). 一覽後定期

出給의 약속어음의 만기는 발행인이 어음상에 일람의 뜻을 기재하고 서명한 날로부터, 발행인이 서명을 거절한 때에는 제시한 날로부터 기산한다(協約 9조 7항).

(6) 署 名

발행인·기타 어음행위자의 署名은 自署·模寫 또는 기타 수단에 의하여 이와 동일한 외관을 나타내는 것을 말한다. 僞造署名이란 그러한 수단을 오용함으로 인한 서명을 말하는데, 여기에서의 서명은 이를 포함한다(協約 5조 (k)호).

제 2 白地어음의 補充

1. 白地어음의 要件

어음상에 國際換어음 또는 國際約束어음의 문언의 기재가 있고, 환어음의 경우에는 發行人 또는 引受人의 서명이 있고 약속어음의 경우에는 發行人의 서명이 있으나 그 밖의 어음요건의 기재가 없는 경우에는, 그러한 어음요건은 보충될 수 있고, 이렇게 보충된 어음은 완전한 환어음 또는 약속어음으로서 유효하다(協約 12조 1항).

2. 白地어음의 不當補充

白地어음이 권한 없이 또는 권한을 남용하여 보충된 경우에 어음상 서명자의 책임은 다음과 같다. (i) 보충 전에 어음에 서명한 자는 그러한 부당보충을 어음소지인에게 항변할 수 있다. 다만 그러한 어음소지인이 어음의 취득 당시에 부당보충이 있음을 알고 있는 경우에 한한다(協約 12조 2항 (a)호). (ii) 보충 후에 어음에 서명한 자는 보충된 후의 문언에 따라서 어음상의 책임을 진다(協約 12조 2항 (b)호).

제 3 讓 渡

1. 讓渡方法

1) 어음은 背書·交付에 의하여 양도되고, 최후의 배서가 白地式인 때에는 단순한 交付만에 의하여 양도된다(協約 13조).

2) 배서는 어음 또는 이에 결합한 補箋에 기재하고 署名하여야 한다(協約 14조 1항). 背書는 被背書人을 기재하여 할 수도 있고(特殊背書), 背書人의 署名만으로 또는 어음占有者에게 지급한다는 문언을 기재한 署名으로 할 수도 있다(白地背書)(協約 14조 2항). 支

給人 이외의 서명이 어음裏面에 있으면 背書(白地背書)로서 효력이 있다(協約 14조 3항).

3) 배서는 無條件이어야 하므로, 배서에 붙인 條件은 어음의 양도에 전혀 영향이 없고 그 당사자 및 피배서인 이후의 어음양수인에 대하여 무효이다(協約 18조). 또한 어음금액의 일부에 대한 배서는 배서로서 무효이다(協約 19조).

2. 所 持 人

1) 다음의 자는 어음의 所持人이다(協約 15조 1항).

① 受取人으로서 어음을 점유하고 있는 자는 소지인이다.

② 被背書人으로서 어음을 점유하고 있는 자 또는 최후의 배서가 白地式이거나 배서의 연속이 있는 경우에는 어음의 단순한 占有者는 僞造背書가 있거나 無權代理가 있어도 소지인이다.

2) 白地式背書 다음에 배서가 있는 경우에 그 배서를 한 자는 白地式背書에 의한 被背書人으로 본다(協約 15조 2항).

3) 어음을 無能力 · 詐欺 · 強迫 또는 錯誤에 의하여 취득하여 어음행위자가 항변을 주장할 수 있는 경우에도 그러한 사정은 소지인이 되는 데 영향이 없다(協約 15조 3항).

4) 발행인이 어음상에 양도금지 또는 이와 동일한 효력이 있는 문언을 기재한 때에는 同어음은 양도될 수 없고 추심목적을 위해서만 배서할 수 있다(協約 17조). 따라서 이러한 어음상에 한 배서는 (배서인이 추심목적을 기재하든 또는 기재하지 않든) 추심위임배서로 본다.

3. 推尋委任背書

1) 추심위임배서의 背書人은 그 후의 어음소지인에 대하여 어음상의 책임이 없다(協約 21조 2항).

2) 추심위임배서의 被背書人은, (i) 어음상의 모든 권리를 행사할 수 있고, (ii) 추심위임배서만을 할 수 있으며, (iii) 배서인에 대한 모든 항변사유로써 대항을 받는다(協約 21조 1항).

4. 入質背書

입질배서의 被背書人은, (i) 어음상의 모든 권리를 행사할 수 있고, (ii) 추심위임배서만을 할 수 있으며(이 때에는 그 후의 어음所持人에게 어음상의 책임을 지지 않음), (iii) 인적 항변의 대항을 받는다(協約 22조).

5. 還 背 書

어음소지인은 전자 또는 지급인에게 어음을 양도할 수 있는데, 양수인이 어음소지인이었던 경우에는 배서를 요하지 않으며, 이 경우 양수인은 그가 소지인의 자격을 갖는 데 방해가 되는 모든 배서를 말소할 수 있다(協約 23조).

6. 滿期後背書

만기후배서에 의하여 어음은 양도될 수 있는데, 다만 發行人 또는 引受人은 만기후배서를 할 수 없다(協約 24조).

7. 僞造背書 · 無權代理背書

1) 배서가 위조된 경우에 被僞造者 또는 위조 전의 署名者는, (i) 위조자, (ii) 위조자로부터 직접 어음을 양수한 자, (iii) 위조자 또는 그의 추심위임피배서인에게 어음금을 지급한 자에 대하여, 위조로 인하여 발생할 수 있는 모든 손해배상을 청구할 권리를 갖는다(協約 25조 1항).

이 때 僞造者의 推尋委任被背書人은 위조의 사실을 몰랐다면 책임이 없으며(協約 25조 2항), 僞造어음을 지급한 자도 그가 위조의 사실을 몰랐고 또 모르는 데 대하여 상당한 주의의무의 결여가 없는 이상 책임이 없다(協約 25조 3항).

2) 代理人이 권한 없이 배서한 경우에 本人 또는 同배서 이전에 署名한 자는, (i) 무권대리인, (ii) 무권대리인으로부터 직접 어음을 양수한 자, (iii) 무권대리인 또는 그의 추심위임피배서인에게 어음금을 지급한 자에 대하여, 무권대리로 인하여 발생할 수 있는 모든 손해배상을 청구할 권리를 갖는다(協約 26조 1항). 그 이외에 推尋委任被背書人 또는 支給人이 책임을 면하는 경우는 僞造의 경우와 같다(協約 26조 2항 · 3항).

제 4 어음上의 權利와 義務

1. 所持人과 보호받는 所持人[1]의 어음上의 權利

(1) 所持人의 어음上의 權利

1) 어음소지인은 어음상의 당사자[2](어음채무자)에 대하여 本協約에 의하여 그에게 부여된 모든 권리를 가지며 어음을 양도할 수 있다(協約 27条).

2) 어음채무자는 보호받는 所持人이 아닌 所持人에 대하여 다음의 항변을 주장할 수 있다(協約 28条 1항).

① 보호받는 소지인에게 대항할 수 있는 모든 항변.

② 어음수수의 당사자간의 기초적 거래관계에 기인하는 항변. 다만 어음소지인이 그러한 항변사유를 알고 어음을 취득했거나 또는 그가 詐欺 또는 竊取에 의하여 어음을 취득하거나 이와 관련되어 있는 경우에 한한다.

③ 자기가 어음상의 당사자가 된 상황으로부터 발생하는 항변. 다만 어음소지인이 그러한 항변사유를 알고 어음을 취득했거나 또는 그가 詐欺 또는 竊取에 의하여 어음을 취득하거나 이와 관련되어 있는 경우에 한한다.

④ 자기와 어음所持人간의 계약에 기한 訴에서 발생할 수 있는 항변.

⑤ 本協約에 의하여 주장할 수 있는 기타의 항변.

3) 보호받는 소지인이 아닌 소지인의 어음상의 권리는 어떠한 자가 주장할 수 있는 어음상의 유효한 請求權(claim)[3]에 의하여 제약을 받는다. 다만 어음소지인이 그러한 청구권을 알고 어음을 취득했거나 또는 그가 詐欺 또는 竊取에 의하여 어음을 취득하거나 이와 관련되어 있는 경우에 한한다(協約 28条 2항).

4) 지급제시기간이 경과된 후에 어음을 취득한 자는 양도인에 대하여 대항할 수 있는 모든 항변사유로써 대항을 받는다(協約 28条 3항).

5) 어음채무자는 보호받는 所持人이 아닌 어음所持人에 대하여 다음의 경우를 제외하고는 제 3 자가 어음상의 請求權을 갖고 있다는 사실을 항변사유로써 주장할 수 없다(協約 28条 4항).

---

1) 「보호받는 所持人」이란 우리 어음法上 善意取得者에 대응하는 개념이다.

2) 當事者란 發行人, 引受人, 背書人 또는 保證人과 같이 어음에 署名한 者를 의미한다[協約 5조 (i)호].

3) 이 請求權은 英美法에서 僞造背書가 있는 경우에 어음所持人이 어음상의 權利를 취득하지 못하므로, 僞造背書가 있기 직전의 어음所持人이 어음所有權에 기하여 갖는 請求權이다 [U.C.C. §3-404 참조].

① 제 3 자가 어음상의 請求權을 유효하게 주장한 경우.

② 어음소지인이 어음을 절취했거나, 수취인 또는 피배서인의 서명을 위조했거나, 또는 절취나 위조에 관여한 경우.

⑵ 보호받는 所持人의 어음上의 權利

1) 「보호받는 所持人」이란 그가 어음을 취득할 당시에 완전한 어음의 소지인이거나 또는 白地어음을 취득하여 적법하게 보충한 어음의 소지인으로서, 그가 어음소지인일 당시에 다음의 요건을 갖추어야 한다(協約 29조).

① 그가 어음상의 人的 抗辯事由를 알지 못하였을 것.

② 그가 어떠한 자로부터 대항받을 어음상의 유효한 請求權을 알지 못하였을 것.

③ 그가 어음이 인수거절 또는 지급거절로 인하여 부도가 된 사실을 알지 못하였을 것.

④ 지급제시기간 내에 어음을 취득하였을 것.

⑤ 그가 사기 또는 절취에 의하여 어음을 취득하지 않고 또 이에 관여되지 않았을 것.

2) 어음채무자는 보호받는 所持人에 대하여 다음의 경우를 제외하고는 여하한 항변을 주장할 수 없다(協約 30조 1항).

① 서명을 하지 않았다는 항변, 위조서명의 항변, 변조의 항변, 무권대리인에 의한 서명의 항변, 인수제시를 하여야 하는 환어음에서 이를 하지 않았다는 항변, 지급제시를 하지 않았다는 항변, 인수거절 또는 지급거절로 인하여 거절증서를 작성하여야 하는 경우에 이를 작성하지 않았다는 항변, 소멸시효경과의 항변.

② 어음수수의 당사자간의 기초적 거래관계에 기인한 항변 또는 어음소지인이 어음상의 서명을 받음에 있어서 기망적 행위를 한 점에 기인한 항변.

③ 무능력의 항변 또는 그의 서명이 어음채무자가 되는 사실을 모르고 서명하였다는 항변.

3) 보호받는 所持人의 어음상의 권리는 어떠한 자가 주장할 수 있는 어음상의 어떠한 請求權에 의해서도 제약을 받지 않는다. 다만 직접 당사자간의 원인관계에서 발생하는 유효한 請求權은 그러하지 아니하다(協約 30조 2항).

4) 보호받는 所持人이 어음을 양도하면 그가 갖고 있는 모든 어음상의 권리가 그 후의 양수인에게 이전된다(協約 31조 1항). 그러나 그 후의 양수인이 어음상의

청구권 또는 항변권의 대항을 받는 거래에 관여하거나, 이전에 所持人이었으나 보호받는 所持人이 아닌 경우에는 그러하지 아니하다(協約 31조 2항).

5) 모든 所持人은 반증이 없는 한 보호받는 所持人으로 추정된다(協約 32조).

2. 어음債務者의 義務

(1) 總 則

1) 어음상에 서명을 하지 않은 자는 어음채무를 부담하지 않으나, 어음상에 자기 이외의 명의로 서명을 한 자는 자기명의로 서명을 한 경우와 같이 어음채무를 부담한다(協約 34조).

2) 어음僞造의 경우 被僞造者는 어음상 채무를 부담하지 않으나, 위조서명을 追認하거나 또는 자기의 署名이라고 표시한 경우에는 자기가 스스로 서명을 한 경우와 같이 어음채무를 부담한다(協約 34조).

3) 어음變造의 경우 변조 후에 서명한 자는 변조 후의 문언에 따라 어음채무를 부담한다. 이 때 변조 전에 서명한 자는 원칙적으로 원문언에 따라 어음채무를 부담하나, 예외적으로 그가 스스로 변조하거나, 변조의 권한을 주거나, 또는 변조를 추인한 경우에는 변조된 문언에 따라 어음채무를 부담한다(協約 35조 1항). 어음상의 서명은 반증이 없는 한 변조 후에 서명한 것으로 추정하며(協約 35조 2항), 어음상의 문언을 누가 어떤 이유로 변경한 경우에도 권한 없이 한 경우에는 변조가 된다(協約 35조 3항).

4) 무권대리인 · 월권대리인 · 대리관계의 표시가 없는 대리인 또는 본인의 표시가 없는 대리인의 어음행위에 대하여는 그러한 대리인이 어음채무를 부담하고 본인은 어음채무를 부담하지 않는다(協約 36조 3항). 이러한 무권대리인 등이 어음채무를 이행한 경우에는 어음상의 권리를 취득한다(協約 36조 5항).

(2) 換어음의 發行人의 어음債務

환어음의 發行人은 환어음이 인수거절 또는 지급거절이 있고 또 필요한 경우 거절증서가 작성되면, 어음소지인 · 어음을 환수한 배서인 또는 그 배서인의 보증인에 대하여 어음금을 지급해야 한다(協約 38조 1항). 이 때 發行人은 환어음상에 명문으로 기재함으로써 인수담보책임 또는 지급담보책임을 배제하거나 제한할 수 있는데, 그러한 기재는 發行人에 대한 관계에서만 유효하고, 지급담보책임을 배제하거나 제한하는 기재는 다른 어음채무자가 어음상에 존재하는 경우에만 유효하다(協約 38조 2항).

⑶ 約束어음의 發行人의 어음債務

약속어음의 發行人은 어음소지인 또는 어음금을 지급하고 약속어음을 환수한 모든 어음채무자에 대하여 어음문언에 따라 어음금을 지급해야 한다(協約 39조 1항). 약속어음의 발행인은 어음상에 지급담보책임을 배제하거나 제한하는 문언을 기재할 수 없고, 그러한 문언을 기재하면 그것은 무효가 된다(協約 39조 2항).

⑷ 支給人 및 引受人의 어음債務

1) 支給人은 인수하기 전에는 어음채무를 부담하지 않는다(協約 40조 1항).

2) 引受人은 어음소지인 또는 어음금을 지급하고 환어음을 환수한 모든 어음채무자에 대하여 어음문언에 따라 어음금을 지급해야 한다(協約 40조 2항).

3) 引受는 지급인이 어음면상「引受」또는 이와 동일한 의의가 있는 문언을 기재하여 서명함으로써 하거나, 또는 단순한 지급인의 서명만으로써 할 수 있다(協約 41조 1항). 지급인은 어음의 表面 또는 裏面에 인수할 수 있다(協約 41조 2항).

白地引受도 가능하고 白地어음에도 引受할 수 있으며(協約 42조 1항), 滿期前後 또는 支給拒絶後에도 인수가 가능하다(協約 42조 2항). 인수는 單純하여야 하는데(unqualified), 지급인이 어음상에 조건을 기재하거나 환어음의 기재사항을 변경하여 인수한 경우에는 지급인은 그 조건이나 변경된 문언에 따라 인수인으로서의 어음채무를 부담하고 제 3 자와의 관계에서는 그 어음은 인수거절로 본다(協約 43조 1항·2항). 어음금액의 일부에 제한하여 한 인수도 不單純引受인데, 어음소지인이 그러한 인수를 인정하면 잔액에 대하여만 인수거절이 된다(協約 43조 3항). 그러나 지급지 또는 지급담당자를 변경하지 않는 범위 내에서 지급할 주소 또는 지급할 자를 특정하는 기재를 하는 것은 不單純引受가 아니다(協約 43조 4항).

⑸ 背書人의 어음債務

背書人은 인수거절(환어음의 경우) 또는 지급거절이 있고 또 필요한 경우 거절증서가 작성되면 어음소지인 또는 어음금을 지급하고 어음을 환수한 자기 이후의 배서인 또는 그 배서인의 보증인에 대하여 어음금을 지급해야 한다(協約 44조 1항). 背書人은 어음상에 명문으로 기재함으로써 이러한 어음채무를 排除 또는 制限할 수 있는데, 그러한 문언은 그 배서인에 대해서만 유효하다(協約 44조 2항).

⑹ 背書 또는 단순한 交付에 의한 讓渡人의 擔保責任

어음을 背書·交付 또는 단순한 交付만으로 양도하는 양도인은 양수인에 대하여, (i) 同어음에는 어떠한 위조서명 또는 무권서명이 없다는 점, (ii) 同어음은 변조되지 않았다는 점, (iii) 양도시에 양수인이 인수인 또는 발행인(환어음의 경우에는

(인수거절의 경우에만 해당되고, 약속어음의 경우에는 모든 경우에 해당됨)으로부터 지급받을 수 있는 권리에 어떤 하자가 있는 사실을 알지 못했다는 점을 표시한다(represent)(協約 45조 1항). 이러한 양도인의 담보책임은 양수인이 선의인 경우에만 발생하는데(協約 45조 2항), 양수인이 지급한 금액을 만기 전에도 어음과 相換으로 상환할 책임이다(協約 45조 3항).

(7) 어음保證人의 責任

1) 어음保證人은 어음소지인에 대하여 피보증인과 동일한 책임을 부담하며(協約 47조 1항), 일정한 경우 자기자신의 인적 항변과 피보증인의 인적 항변을 주장할 수 있다(協約 47조 3항 · 4항).

2) 어음保證人이 어음금을 지급하면 피보증인은 그 범위에서 어음채무를 면하고(協約 48조 1항), 어음보증인은 피보증인 및 그의 어음채무자로부터 지급한 어음금액을 상환할 수 있다(協約 48조 2항).

3) 어음保證은 어음채무를 부담하고 있거나 또는 부담하지 않는 자가, 어음 또는 補箋에,「保證」또는 이와 동일한 의의가 있는 문언을 기재하거나 또는 기재하지 않고, 被保證人을 기재하거나 또는 기재하지 않고, 서명함으로써 한다(協約 46조 1항~5항). 어음保證은 被保證人의 署名前에도 가능하고, 白地어음에도 가능하다(協約 46조 6항).

제 5 提示, 引受拒絶 · 支給拒絶 및 遡求

1. 引受提示 및 引受拒絶

(1) 引受提示

1) 어음소지인은 환어음을 인수제시할 수 있는데, (i) 발행인이 어음상에 引受提示文言을 기재한 경우, (ii) 一覽後定期出給의 환어음의 경우, (iii) 지급인의 주소지 또는 영업지 이외의 장소에서 지급되어야 할 어음(第3者方支給어음)의 경우(一覽出給어음을 제외함)에는 반드시 인수제시를 하여야 한다(協約 49조). 發行人은 一覽後定期出給어음 및 第3者方支給어음을 제외하고는 특정일 또는 특정한 사건 이전에는 인수를 금하는 문언을 기재할 수 있다(協約 50조 1항). 그런데 이에 불구하고 인수제시되어 인수가 거절된 경우에는 인수거절이 되지 않으나(協約 50조 2항), 인수가 된 경우에는 유효한 인수가 된다(協約 50조 3항).

2) 지급인이 사망 · 지급불능한 경우, 가설인이거나, 또는 인수인으로서 어음채무를 부담할 능력이 없는 경우, 법인 · 조합 · 사단 등으로서 해산한 경우

에는 인수제시가 면제된다(協約 52조 1항).

또한 確定日出給어음에서 피할 수 없는 사정으로 만기 전에 인수제시를 할 수 없거나, 一覽後定期出給어음에서 피할 수 없는 사정으로 1년간에 인수제시를 할 수 없는 경우에는 인수제시가 면제된다(協約 52조 2항).

3) 引受提示命令이 있는 환어음의 경우 인수제시가 없으면, 발행인 · 배서인 및 그들의 보증인은 어음채무를 면한다(協約 53조 1항). 그러나 引受不提示가 지급인의 보증인의 어음채무를 면제시키지는 않는다(協約 53조 2항).

(2) 引受拒絶

1) 지급인이 적법한 인수제시에 대하여 명백하게 인수를 거절하거나, 어음소지인이 상당한 주의를 하였음에도 인수를 받을 수 없거나 또는 本協約에 의하여 수권된 인수를 받을 수 없거나, 인수제시가 면제된 경우로서 사실상 인수되지 않은 경우에는, 인수거절로 인한 부도가 된다(協約 54조 1항).

2) 인수거절이 있으면 어음소지인은 즉시 발행인 · 배서인 및 그들의 보증인에 대하여 소구권을 행사할 수 있고(協約 54조 2항 (a)호 · (b)호), 지급인의 보증인에 대하여는 필요한 경우 거절증서를 작성하여 어음금의 지급을 청구할 수 있다(協約 54조 2항 (c)호).

3) 一覽出給어음을 인수제시하였으나 인수되지 않은 경우에는 인수거절로 인한 부도가 아니다(協約 54조 3항).

2. 支給提示 및 支給拒絶

(1) 支給提示

1) 어음소지인은 환어음의 경우는 지급인 또는 인수인에게, 약속어음의 경우는 발행인에게, 거래일의 영업시간 내에 지급제시를 하여야 한다(協約 55조 (a)호). 약속어음의 경우 발행인이 2인 이상이면 다른 문언이 없으면 그 중 1인에 대하여 지급제시를 할 수 있고(協約 55조 (b)호), 발행인 · 지급인 · 인수인이 사망하면 그들의 상속인 또는 재산관리인에게 지급제시할 수 있다(協約 55조 (c)호).

지급제시기간은 일람출급어음인 경우에는 발행일로부터 1년 내이고, 그 이외의 만기의 경우에는 만기일 또는 이에 이은 2거래일 내이다(協約 55조 (e)호 · (f)호).

2) 어음소지인에게 피할 수 없는 사정이 있는 경우에는 지급제시기간은 연장된다(協約 56조 1항). 그런데 (i) 발행인 · 배서인 또는 보증인이 어음상에 지급제시를 면제하였거나, (ii) 지급제시를 할 수 없는 피할 수 없는 사정이 지급제시기간 경과 후(一覽出給어음의 경우) 또는 만기 후(一覽出給어음 이외의 경우) 30일을 초과하여 계속하거나, (iii)

지급인 · 인수인 · 발행인이 파산 · 가설인 · 지급불능 등인 경우이거나, (iv) 지급제시할 장소를 알 수 없거나, (v) 인수거절증서가 작성된 경우에는 지급제시가 면제된다(協約 56조 2항 · 3항).

3) 적법한 지급제시가 없는 경우에는 발행인(환어음의 경우), 배서인 및 그들의 보증인은 어음채무를 면한다(協約 57조 1항). 그러나 支給不提示가 인수인 · 발행인(약속어음의 경우) · 그들의 보증인 또는 지급인의 보증인의 어음채무를 면제시키지는 않는다(協約 57조 2항).

(2) 支給拒絶

적법한 지급제시에 대하여 지급이 거절되거나, 어음소지인이 本協約에 의하여 수권된 지급을 받을 수 없거나, 지급제시가 면제된 경우로서 만기에 지급되지 않은 경우에는, 지급거절로 인한 부도가 된다(協約 58조 1항). 지급거절이 있는 경우에는 어음소지인은 발행인(換어음의 경우) · 배서인 및 그들의 보증인에 대하여 소구권을 행사할 수 있다(協約 58조 2항 · 3항).

3. 遡　求

引受拒絶 또는 支給拒絶의 경우에 어음소지인은 적법한 拒絶證書를 작성한 경우에만 소구권을 행사할 수 있다(協約 59조).

(1) 拒絶證書

1) 拒絶證書는 피거절자 · 거절장소 등을 기재하여, 거절된 장소에서 그 장소의 法에 의하여 정당한 권한이 있는 자에 의하여 작성되어야 한다(協約 60조 1항). 거절증서는 어음 또는 이에 결합한 補箋에 작성될 수도 있고, 또는 별도의 書面으로 작성될 수도 있다(協約 60조 2항).

어음상에 반드시 거절증서가 작성되어야 한다는 문언이 없으면, 거절증서는 支給人 · 引受人 또는 發行人이 어음상에 한 거절선언으로 대체될 수 있다(協約 60조 3항 · 4항).

2) 拒絶證書作成期間은 어음이 거절된 날 또는 이에 이은 4거래일이다(協約 61조).

3) 거절증서작성기간은 어음소지인에게 불가항력이 있는 경우에는 연장된다(協約 62조 1항). 또한 다음과 같은 경우에는 거절증서작성이 면제된다. 즉, (i) 發行人 · 背書人 또는 保證人이 명백하게 그 작성을 면제한 경우, (ii) 거절증서를 작성할 수 없는 피할 수 없는 사정이 거절일로부터 30일을 초과하여 계속하는 경우, (iii) 환어음의 발행인과 지급인(또는 인수인)이 同一人인 경우, (iv) 인수제시 또는 지급제시가 면제된 경우에는, 거절증서작성이 면제된다(協約 62조 2항).

4) 거절증서가 작성되어야 하는 경우에 이것이 작성되지 않으면, 發行人(換어음의 경우)·背書人 및 그들의 保證人은 어음채무를 면한다(協約 63조 1항). 그러나 거절증서의 不作成이 인수인·발행인(約束어음의 경우)·이들의 保證人 또는 支給人의 保證人의 어음채무를 면제시키지는 않는다(協約 63조 2항).

(2) 拒絶通知

1) 인수거절 또는 지급거절의 경우에 어음소지인은 發行人(환어음의 경우)과 최후의 背書人, 어음소지인이 그의 주소를 알 수 있는 그 밖의 모든 背書人과 保證人에게 거절통지를 하여야 하고(協約 64조 1항), 이렇게 통지받은 背書人 또는 保證人은 자기의 직전의 어음채무자로서 어음상 채무를 부담하고 있는 자에게 다시 거절통지를 하여야 한다(協約 64조 2항).

2) 거절통지의 방법에는 제한이 없고, 이의 입증책임은 통지를 하여야 할 자가 부담한다(協約 65조).

3) 거절통지는 어음소지인의 경우는 거절증서를 작성한 날 또는 이의 작성이 면제된 경우에는 거절한 날이고, 통지받은 배서인 등은 거절통지를 수령한 날로부터 2거래일 내에 하여야 한다(協約 66조).

4) 거절통지를 하여야 할 자에게 불가항력이 있는 경우에는 이 기간은 연장된다(協約 67조 2항). 發行人·背書人·保證人이 명백하게 거절통지를 면제하거나, 상당한 주의를 하여도 거절통지를 받을 수 없거나, 또는 환어음의 발행인과 지급인(인수인)이 同一人인 경우에는 거절통지가 면제된다(協約 67조 2항).

5) 거절통지를 하지 않은 자는 이로 인하여 발생할 수 있는 손해를 배상할 책임이 있는데, 이 금액은 遡求金額을 초과하지 못한다(協約 68조).

4. 支給할 金額

(1) 合同責任

어음소지인은 어음채무자 중의 1인·수 인 또는 전원에 대하여 그들의 책임부담의 순서에 불구하고 어음상의 권리를 행사할 수 있으며, 어음채무를 이행하고 어음을 환수한 자도 같다(協約 69조 1항). 어떤 어음채무자에 대한 지급청구는 다른 어음채무자(최후의 지급청구를 받은 자의 후자인지 여부에 불문하고)에 대한 지급청구에 영향이 없다(協約 69조 2항).

(2) 어음金額

어음소지인이 어음채무자로부터 지급받을 어음금액은 (i) 만기에는 어음상에 기재된 어음금액 및 이자문언의 기재가 있으면 이자, (ii) 만기 후에는 (i)의 금액과 만기 후의 이자문언이 있으면 이에 의한 약정이자(이자문언이 없으면 법정이자) 및 거절증서작성비용과 통지비용, (iii) 만기 전에는 이자문언의 기재가 있으면 어음금액에 지급시까지의 이자를 포함한 금액이고 이자문언의 기재가 없으면 어음금액에서 지급시부터 만기까지의 공정할인율에 의하여 할인된 금액을 공제한 금액에 거절증서작성비용과 통지비용을 추가한 금액이다(協約 70조 1항).

만기 후의 지급에서 법원은 이행지체로 인하여 어음소지인에게 발생한 손해를 배상하도록 하거나 추가손실을 보상하도록 할 수 있다(協約 70조 3항).

(3) 再遡求金額

어음채무의 전부 또는 일부를 이행한 자는 그의 어음채무자로부터 (i) 그가 지급한 총금액, (ii) 그가 지급한 날로부터 계산한 법정이자, 및 (iii) 그가 한 통지비용의 상환을 청구할 수 있다(協約 71조).

제 6 免 責

1. 支給에 의한 免責

(1) 免責有無

1) 어음채무자가 만기 · 만기 후 또는 (인수거절의 경우에는) 만기 전에 어음소지인에게 지급하거나, 또는 어음금을 지급하고 어음을 소지하고 있는 자기 이후의 어음채무자에게 지급한 때에는 어음채무를 면하다(協約 72조 1항).

2) 인수거절이 아님에도 불구하고 만기 전에 지급하는 자는 어음금을 수령하는 자 이외의 자에 대한 관계에서는 어음채무를 면하지 못한다(協約 72조 2항).

3) 어음채무자가 보호받는 소지인이 아닌 어음所持人이나 어음금을 지급하고 어음을 환수한 다른 어음채무자에게 어음금을 지급하고, 그 지급시에 어음所持人이나 어음채무자가 그 어음을 절취하였거나 또는 수취인이나 피배서인의 서명을 위조하였거나 또는 이러한 절취 또는 위조에 관여된 사실을 알고 있는 경우에는, 그 지급으로 인하여 어음채무를 면하지 못한다(協約 72조 3항).

4) 지급인 이외의 자가 어음금을 지급하고도 어음을 환수하지 못한 경우에는, 그는 어음채무를 면하게 되나 보호받는 所持人에 대하여는 이를 항변사유로써 대항할 수 없다(協約 72조 4항 (e)호).

(2) 支給方法

1) 어음소지인은 一部支給을 수령할 의무는 없으므로(協約 73조 1항), 그가 일부지

급을 거절하면 지급거절이 된다(協約 73조 2항). 그러나 어음소지인이 일부지급을 수령하면 환어음의 지급인의 保證人·引受人 또는 약속어음의 發行人은 그 범위에서 어음채무를 면하고, 그 어음은 지급되지 않은 어음금액에 대해서는 지급거절이 된다(協約 73조 3항).

2) 어음소지인은 어음이 지급제시된 장소 이외의 장소에서 어음금을 수령하는 것을 거절할 수 있다(協約 74조 1항). 이 경우에 어음이 지급제시된 장소에서 지급되지 않으면, 그 어음은 지급거절이 된다(協約 74조 2항).

3) 어음은 어음상에 어음금액으로 표시된 통화로 지급되어야 한다(協約 75조 1항). 어음금액이 정부간 기구 또는 2개국 이상의 합의에 의하여 설정된 구좌의 화폐단위(monetary unit of account)로 표시되고 그 화폐단위가 당사자간에 이전되는 경우에는, (그 어음이 지급통화를 특정하지 않는 한) 지급은 그 화폐단위의 이전으로 한다. 만일 그 화폐단위가 당사자간에 이전될 수 없으면 지급은 어음상에 표시된 통화로 하여야 하고, 어음상에 통화가 표시되지 않은 경우에는 지급지의 통화로 하여야 한다(協約 75조 2항). 발행인은 어음금액으로 표시된 통화 이외의 특정통화로 지급할 것을 어음상에 기재할 수 있는데, 이 때 그 어음은 그러한 특정통화로 지급되어야 하고, 지급할 금액은 원칙적으로 어음상에 기재된 환율에 따라 계산되어야 한다(協約 75조 3항).

4) 本協定의 어떠한 규정도 체약국이 그의 국내에서 적용하는 외국환관리규정 및 그가 가입한 국제협약의 규정을 포함하여 자국통화의 보호에 관한 규정의 시행에 영향을 미치지 않는다(協約 76조 1항).

2. 기타 어음債務者의 免責

어떤 어음채무자(전자—저자註)가 그의 어음채무의 전부 또는 일부를 면하면, 그 어음채무자에 대하여 어음상의 권리를 갖고 있는 다른 어음채무자(후자—저자註)도 그 범위에서 어음채무를 면한다(協約 77조 1항).

지급인이 어음금액의 전부 또는 일부를 어음소지인 또는 어음금을 지급하고 어음을 환수한 어느 어음채무자에게 지급하면, 그 범위에서 모든 어음채무자는 어음채무를 면한다. 그러나 지급인이 보호받는 소지인이 아닌 所持人 또는 어음금을 지급하고 어음을 환수한 어음채무자에게 지급하고, 그 지급시에 어음소지인이나 어음채무자가 그 어음을 절취하였거나 또는 수취인이나 피배서인의 서명을 위조하였거나 또는 이러한 절취 또는 위조에 관여된 사실을 알고 있는 경우에는, 그 지급으로 인하여 다른 어음채무자는 어음채무를 면하지 못한다(協約 77조 2항).

제 7 喪失어음

1. 어음을 喪失한 者의 地位

어음을 훼손 · 도난 또는 기타의 사유로 인하여 상실한 자는 어음소지인과 동일한 어음금지급청구권을 갖는다. 따라서 이 때 어음채무자는 어음금의 지급을 청구하는 자가 어음을 소지하고 있지 않음을 항변할 수 없다(協約 78조 1항).

그런데 이 때 상실어음의 지급을 청구하는 자는 어음채무자에게 서면으로 상실어음의 요건 중 중요사항(이를 위하여 상실어음의 사본을 제출할 수 있음), 그가 어음을 소지하고 있었더라면 어음채무자에 대하여 지급청구권을 가졌을 것이라는 사실 및 상실어음을 제출할 수 없는 사유를 진술하여야 한다(協約 78조 2항 (a)호). 또한 상실어음을 지급하는 자는 지급청구인에 대하여 상실어음의 지급으로 인하여 그가 입게 될 모든 손해를 보상받기 위하여 擔保提供을 요구할 수 있다(協約 78조 2항 (b)호). 이러한 담보의 성질과 기한은 당사자간의 합의에 의하여 정하여지고, 합의가 이루어지지 않는 경우에는 법원이 담보가 필요한지 여부와 필요한 경우에는 그의 성질과 기한을 정한다(協約 78조 2항 (c)호). 만일 담보가 제공될 수 없는 경우에는 법원은 지급할 자에 대하여 어음금액(소구금액)에 상당하는 금액을 法院 또는 다른 關聯機關이나 機構에 供託하도록 명할 수 있는데, 이 때에는 어음금이 지급청구인에게 지급된 것으로 본다(協約 78조 2항 (d)호).

2. 喪失어음을 지급한 者의 地位

상실어음을 지급한 자가 제 3 자로부터 다시 지급제시를 받은 경우에는, 어음금을 지급받은 자에게 이러한 사실을 통지하여야 한다(協約 79조 1항). 이러한 통지는 제시일 또는 이에 이은 2거래일 내에 하여야 하고, 어음을 제시한 자의 성명 · 제시일 및 제시장소를 진술하여야 한다(協約 79조 2항). 상실어음을 지급한 자가 이러한 통지를 하지 않으면 어음금을 지급받은 자가 그러한 통지가 없음으로 인하여 입을 모든 손해를 배상할 책임이 있는데, 이 손해배상책임은 소구금액을 초과하지 못한다(協約 79조 3항). 이러한 통지의무는 상실어음을 지급한 자에게 불가항력이 있는 경우에는 그 통지기간이 연장되고(協約 79조 4항), 이러한 사정이 통지기간의 최종일 이후 30일을 초과하여 계속되는 경우에는 통지의무가 면제된다(協約 79조 5항).

상실어음을 적법하게 지급한 자가 제 3 자로부터 다시 어음금의 지급청구를 받고 어음금을 지급하거나 어음의 상실로 인하여 그의 어음채무자에 대한 어음상의 권리를 잃게 된 경우에는, 擔保가 제공된 경우에는 이를 실행할 수 있고 또는 어음금이 供託된 경우에는 이를 청구할 수 있다(協約 80조 1항). 그러나 담보제공을 받은 어음채무자가 어음의 상실로 인하여 발생하는 손해를 입게 될 염려가 없는 경우에는, 담보제공자는 담보의 반환을 청구할 권리가 있다(協約 80조 2항).

상실어음을 지급한 자는 그가 어음을 소지하고 있었더라면 가지고 있을 권리와 동일한 권리를 가지고 있으므로(協約 83조 1항), 그는 어음요건에 관한 書面記述書가 있으면 이러한 권리를 행사할 수 있다(協約 83조 2항).

제 8 時 效

1) 어음상의 권리에 관한 訴權은 다음의 날로부터 4년을 경과하면 이를 행사하지 못한다(協約 84조 1항).

① 일람출급 약속어음의 發行人 또는 그의 保證人에 대하여는 발행일

② 확정기출급어음의 경우에는 환어음의 引受人 · 약속어음의 發行人 또는 그들의 保證人에 대하여는 만기일

③ 確定期出給 환어음의 지급인의 保證人에 대하여는 만기일, 인수거절의 경우에는 거절증서작성일자인데 거절증서작성면제의 경우에는 거절일자

④ 일람출급 환어음의 引受人 또는 그의 保證人에 대하여는 인수일자, 인수일자의 기재가 없으면 어음의 발행일

⑤ 일람출급 환어음의 지급인의 保證人에 대하여는 그가 어음에 서명한 날, 그러한 날이 없으면 어음의 발행일

⑥ 발행인(환어음의 경우) · 배서인 또는 그들의 보증인에 대해서는 인수거절 또는 지급거절로 인한 거절증서작성일자, 거절증서작성이 면제된 경우에는 거절일자

2) 재소구권자의 어음상 권리의 訴權은 그가 어음금을 지급한 날로부터 1년 내이다.

제 9 기타의 規定

1) 모든 국가는 1990년 6월 30일까지 뉴욕에 있는 유엔본부에서 本協約에 대하여 서명할 수 있고, 署名國家는 本協約을 비준 · 인수 또는 승인해야 한다(協約 86조 1항 · 2항).

2) 모든 국가는 서명 · 비준 · 인수 등을 할 때에 어음상에 기재된 발행지와 지급지가 모두 체약국인 경우에만 그 국가의 법원은 本協約을 적용하는 것을 선언할 수 있으며, 그 밖의 留保條項은 인정되지 않는다(協約 88조).

3) 本協約은 10번째 국가의 비준서 등이 제출된 날로부터 12개월이 경과한 다음 달의 최초일부터 시행된다(協約 89조 1항).

4) 締約國은 유엔사무총장에게 공식적인 서면통지를 함으로써 本協約을 폐기할 수 있는데(協約 90조 1항), 그 폐기의 효력은 통지가 접수된 날로부터 6개월이 경과한 다음달의 최초일부터 발생한다(協約 90조 2항 1문).

5) 本協約은 1988년 12월 9일에 뉴욕에서 성립되었다(協約 90조 2항 2문).

제 5 편 電子어음法

제 1 장 電子어음法의 制定沿革[1)]

1. 「전자어음의 발행 및 유통에 관한 법률안」(이하 '전자어음법안'으로 약칭함)이 2001년 11월 29일 의원입법으로 국회에 제출되었는데, 이러한 전자어음법안은 2001년 7월 31일에 제출된 「전자어음법의 제정에 관한 연구보고서」에 기초한 것이다.[2)] 위의 의원입법안인 전자어음법안은 이 연구보고서에 있는 「전자어음의 작성 및 유통에 관한 법률시안」[3)]의 내용을 (극히 일부의 사항에 대하여만 추가하거나 문언변경을 하여) 거의 그대로 반영하고 있다.

그런데 이러한 전자어음법안에 대하여 법무부는 (i) 국제적인 통일법 추세에 맞지 않고, (ii) 현행 어음법과의 법리적인 문제점이 있으며, (iii) 전자어음을 관리하는 중앙관리기구를 둘러싼 신용질서의 붕괴위험성 및 부작용으로 인한 비용증가의 우려가 있고, (iv) 법안의 실효성에도 의문이 있다는 등의 이유로, 이의 도입 여부는 학계와 실무계의 충분한 검토와 숙의를 거쳐 신중히 결정하여야 한다는 의견을 제시하였다.[4)] 또한 재정경제부도 이는 (i) 정부의 어음억제정책에 맞지 않고, (ii) 전자어음이 국내 현실에서 가능한 것인지에 대한 시뮬레이션이 필요하며, (iii) 선진국의 예에도 없다는 등의 이유를 들어 반대하였다.

이러한 이유인지는 몰라도 이후 전자어음법안에 관한 논의는 잠잠하였다.

---

1) 이에 관하여는 鄭燦亨, "전자어음법의 제정 필요한가?" 「高麗法學」(고려대학교 법학연구원), 제41호(2003. 10), 42~44면; 同, "電子어음法의 問題點에 관한 小考," 「인터넷법률」, 통권 제24호(2004. 7), 19~20면; 同, "전자어음의 발행 및 유통에 관한 법률의 문제점," 「金融法硏究」(韓國金融法學會), 제 1 권 1 호(2004), 105~108면 참조.

2) 이철송, 「전자어음법의 제정에 관한 연구」(연구보고서), 2001. 7. 31.

3) 이철송, 상게 연구보고서, 51~56면.

4) 저자도 법무부로부터 이러한 전자어음법안에 대한 검토의견을 요청받고 법무부와 같은 취지로 반대의견을 회신한 바 있다(2001. 12. 13).

2. 그 후 국회 법제사법위원회는 위의 전자어음법안을 부분적으로 손질하여(즉 전자어음의 등록 등에 관한 규정은 추가하고, 준용규정에 관한 규정은 삭제하며, 나머지는 약간의 문언수정만을 하여) 이 법안을 가지고 2003년 5월 23일에 국회 법제사법위원회 회의실에서 공청회를 개최하였다.[1]

이 공청회에서 전자어음법의 제정에 대하여 찬성하는 견해도 있었지만,[2] 이에 반대하는 견해도 많았다. 즉, 법무부는 전자어음은 기존 (종이)어음의 문제점(발행 남용, 연쇄부도, 위·변조 등)을 그대로 가지고 있을 뿐만 아니라, 분할배서를 허용하여 기존 (종이)어음의 문제점을 확대시키고, 또한 해킹 등으로 인한 혼란 등 새로운 문제점을 발생시킬 우려가 있다는 등의 이유로 법 제정의 필요성에 신중한 검토가 필요하다는 의견을 제시하였다.[3] 또한 재정경제부도 전자어음법안은 연쇄부도로 인한 기존 어음의 문제를 해결하지 못하고 오히려 확대할 가능성이 있고, 2000년 2월 재정경제부 · 금융감독위원회 · 한국은행 · 중소기업청이 공동으로 발표한 어음제도의 점진적 폐지를 골자로 하는 내용의 '어음제도 개선방안'에 정면으로 배치되고, 또한 최근 현금결제의 비중 증대 · 어음 대체제도의 확대 · 기업간 결제제도의 변화추세 등에서 볼 때 입법의 필요성이 크지 않다고 하여 반대하였다.[4] 또한 대법원에서도 이는 외국의 입법례가 매우 드문 선도적인 입법으로 예기치 못한 문제의 발생 등을 방지할 필요가 있고, 중앙관리기구의 시스템 장애 등이 발생하는 경우 이에 따른 많은 법률문제가 발생한다는 점 등에서 이의 입법에는 신중한 검토가 필요하다는 의견을 밝혔다.[5]

私見으로는 신용증권인 약속어음에 갈음하는 전자어음의 필요성이 우리 상거래에서 절실하며 또한 이러한 전자어음의 이용에 따른 당사자간의 편의성과 비용절감의 효과가 크게 나타날 것인지 의문인 점, 전자어음의 경우는 원본도 불확실하고 해킹 등의 위험이 크고 또한 대량으로 유통될 수 있어 위조·변조 등 많은 법률문제를 야기할 수 있는 점, 정부의 약속어음의 폐해를 축소하고자 하는 '어음제도개선방안'(기업구매자금대출제도 · 전자외상매출채권제도 · 기업구매전용카드제도 등)에 배치되는 점, 유가증권의 전자화의 문제는 약속어음에서 가장 시급한 것이 아니라 수표에 갈음하여 현재 일상생활에서 많이 이용되고 있는 전자자금이체에서 더 시급하며

1) 이 공청회에서 논의된 내용의 자료에 관하여는 국회 법제사법위원회, 「전자어음의 발행 및 유통에 관한 법률 제정에 관한 공청회」, 2003. 5. 23. 참조.

2) 신양호(한국전자거래협회), 전게 공청회자료, 8～17면; 이철송, 전게 공청회자료, 119～120면.

3) 조정환(법무부), 전게 공청회자료, 51～57면.

4) 변양호(재정경제부), 전게 공청회자료, 73～84면.

5) 민병훈(대법원), 전게 공청회자료, 105～108면.

또한 이는 주권 · 채권 등의 전자화와 함께 종합적으로 검토되어야 할 사항이라는 점 등에서 전자어음법의 조급한 입법에 반대하였다.[1]

3. 위의 전자어음법안은 위의 공청회 및 관계부처와의 협의를 거쳐 국회 법제사법위원회에서의 심의과정에서 대폭 수정되어 통과된 후, 2004년 3월 2일 제245회 국회(임시회) 제11차 본회의에서 통과되고, 2004년 3월 22일 법률 제7197호로 공포되었다. 동법의 시행을 위한 전자어음법시행령은 2004년 12월 31일 대통령령 제18637호로 공포되었다.

이러한 전자어음법은 외국의 입법례에서도 거의 없는 입법으로 우리 나라에서 처음으로 제정되었다고 볼 수 있는데,[2] 현행 어음법과도 상충되고 또한 약속어음에 대체되는 새로운 결제제도(예컨대 기업구매자금대출제도 · 전자외상매출채권담보대출제도 · 기업구매전용카드제도 등)와도 역행하는 제도이므로 앞으로 이의 해석과 적용에 있어서 매우 신중한 접근이 요망된다고 본다.[3]

4. 전자어음법은 그 후 2009년 1월 30일에 개정되었고(법 9364호, 시행 2009. 1. 30), 다시 동년 5월 8일에 개정되어(법 9651호, 시행 2009. 11. 9) 주식회사의 외부감사에 관한 법률 제 2 조에 따른 외부감사대상 주식회사(원칙적으로 직전 사업연도말 자산총액이 100억원 이상인 주식회사 및 주권상장법인〈동법시행령 제 2 조〉)는 약속어음을 발행할 경우 전자어음을 의무적으로 발행하여야 하고(電어 6조의 2) 이에 위반하는 경우 500만원 이하의 과태료를 부과하고 있다(電어 23조 2항 1호).

1) 반대이유에 관한 상세는 전게 고려법학(제41호), 52~58면; 同, 전게 인터넷법률(통권 제24호), 20~25면; 同, 전게 금융법연구(제 1 권 1호), 111~116면.

2) 同旨: 鄭(東), 475면.

3) 同旨: 鄭燦亨, 전게 인터넷법률(통권 제24호), 18면; 鄭(東), 475면.

제 2 장 電子어음法의 內容

제 1 절 電子어음의 意義와 法的 性質

제 1 電子어음의 意義

우리 전자어음법상 「전자어음」이란 '전자문서로 작성되고 전자어음관리기관에 등록된 약속어음'을 말한다(電어 2조 2호). 이 때 「전자문서」란 '정보처리시스템에 의하여 전자적 형태로 작성, 송신 · 수신 또는 저장된 정보'를 말하는데(電어 2조 1호, 전자거래기본법 2조 1호), 여기에서의 「정보처리시스템」이란 '전자문서의 작성, 송신 · 수신 또는 저장을 위하여 이용되는 정보처리능력을 가진 전자적 장치 또는 체계'를 말한다(전자거래기본법 2조 2호).

일반적으로 전자어음이라고 하면 전자문서로 작성되어 관리기관에 등록된 환어음과 약속어음을 말하는데,[1] 우리 전자어음법상 전자어음은 이 중에서 약속어음만을 의미한다. 따라서 이와 같이 환어음을 배제한다면 혼동의 우려가 있으므로 전자어음이라는 용어 대신에 전자약속어음 등으로 표현하는 것이 보다 더 정확하고 오인할 소지를 줄이는 것으로 본다.[2]

제 2 電子어음의 法的 性質

전자어음은 私權인 金錢債權을 포함하고 있으나 證券을 작성하지 않고 전

1) 鄭(東), 475～476면.
2) 鄭燦亨, 전게 인터넷법률(통권 제24호), 25면.

자어음관리기관에 등록되어 관리되며(電어 5조 1항, 16조 2항) 또한 전자어음의 배서 · 보증 또는 전자어음상의 권리행사는 전자문서로만 할 수 있으므로(電어 5조 4항), 이의 法的 性質은 (有價證券法上 전형적인) 有價證券으로 볼 수는 없고 帳簿證券理論에서의 帳簿證券 또는 電子的 權利表彰理論에서의 電子的 登錄證券이라고 볼 수 있다.[1] 이러한 점은 株券 또는 債券을 電子證券化한 電子證券制度(Electronic Securities System)와 동일하다고 본다. 다만 전자적 정보저장장치에 의한 권리의 표창이 전통적 권리표창방식과 동일한 것으로 인정될 수 있을 것인가에 대하여는 의문이 있으나, 오늘날 전자매체에 의하여 기억된 자료가 서면에 의하여 언제든지 일상언어로 재현될 수 있고 또한 정보통신기술의 발달에 따른 전산시스템의 안정성 및 보안성의 정도가 그 진정성을 확보하기에 충분하다면 전자적 등록을 새로운 권리표창의 하나의 방식으로 인정할 수도 있을 것이다. 이러한 점에서 볼 때 전자어음은 종래의 유가증권의 개념을 완전히 벗어난 전혀 다른 새로운 권리라고 보거나 종래의 유가증권에 적용되는 제 원칙이 모두 적용될 수 없다고 보는 것은 무리이고, 어디까지나 종래의 유가증권 개념의 연장선상에서 파악되어야 할 것으로 본다.[2] 따라서 전자어음에 대하여도 그 성질이 허용하는 한 종래의 유가증권에 관한 규정이 적용되는 것으로 보아야 할 것이다(電어 4조 참조). 또한 전자어음은 형법의 적용에 있어서는 유가증권으로 본다(電어 22조 4항).

제 2 절 電子어음의 發行

전자어음의 발행은 「전자어음에 필요적 기재사항을 기재하여 동 어음을 전자어음관리기관에 등록하고 수취인에게 교부하는 것」을 말하므로, 이하에서는 전자어음의 필요적 기재사항(전자어음요건)과 전자어음의 교부 및 등록에 대하여 설명하겠다.

---

1) 同旨: 鄭(東), 476면.

2) 전자증권의 법적 성질에 관한 상세는 鄭燦亨, "전자증권제도의 도입에 따른 법적 과제," 「상사법연구」(한국상사법학회), 제22권 3호(2003), 16~20면 참조.

제 1 電子어음의 必要的 記載事項(電子어음要件)

1. 전자어음의 필요적 기재사항은 다음과 같다.

① 전자어음의 본문 중에 그 어음의 작성에 사용하는 국어로 약속어음임을 표시하는 문자(電어 6조 1항 1호, 어 75조 1호) 이는 실물어음의 경우와 같다.

② 일정한 금액을 지급할 뜻의 무조건의 약속(電어 6조 1항 1호, 어 75조 2호) 이는 실물어음의 경우와 같다.

③ 만기의 표시(電어 6조 1항 1호, 어 75조 3호) 전자어음의 만기는 발행일로부터 1년을 초과할 수 없는데(電어 6조 5항), 이 점은 실물어음의 경우와 구별된다. 그러나 전자어음의 만기도 실물어음의 경우와 같이 일람출급, 일람후 정기출급, 발행일자후 정기출급 및 확정일출급이 모두 가능하다고 본다[1](어 77조 1항 2호, 33조).

④ 지급을 받을 자 또는 지급을 받을 자를 지시할 자의 명칭(電어 6조 1항 1호, 어 75조 5호) 이는 실물어음의 경우와 같다.

⑤ 발행일 및 발행지(電어 6조 1항 1호, 어 76조 6호) 이는 실물어음의 경우와 같다.

⑥ 전자어음의 지급을 청구할 금융기관(電어 6조 1항 2호) 이는 전자어음에만 있는 필요적 기재사항으로 실물어음의 경우와 구별된다. 실물어음에서 지급담당자 또는 지급장소(제 3 자방 지급문언)는 유익적 기재사항이다(어 77조 2항, 4조, 27조). 또한 실물어음의 경우는 「지급지」가 필요적 기재사항인데(어 75조 1항 4호), 전자어음의 경우는 지급지가 필요적 기재사항이 아니고 다만 전자어음의 지급을 청구할 금융기관이 있는 지역을 지급지로 간주하는 것으로 규정한 점(電어 6조 2항)도, 양자가 구별되는 점이다. 이 때의 금융기관이란 '은행법에 따른 금융기관 및 이에 준하는 업무를 수행하는 금융기관으로 은행법 제32조의 규정에 의한 당좌예금을 취급하는 금융기관'을 말한다(電어 2조 6호, 電어施 2조).

⑦ 전자어음의 동일성을 표시하는 정보(電어 6조 1항 3호) 이는 전자어음법에만 있는 필요적 기재사항으로 실물어음의 경우와 구별된다. 이 때 전자어음의 동일성을 표시하는 정보란 '어음의 번호 등 전자어음을 다른 전자어음과 구별하여 특정할 수 있는 정보'를 말한다.[2]

⑧ 사업자고유정보(電어 6조 1항 4호) 이는 전자어음법에만 있는 필요적 기재사항으로 실물어음의 경우와 구별된다. 이 때 사업자고유정보란 '전자어음과 관

1) 同旨: 鄭(東), 477면.
2) 同旨: 鄭(東), 477면.

련된 당사자의 상호나 사업자등록번호, 회원번호, 법인등록번호 또는 주민등록번호 등 사업자를 식별할 수 있는 정보'를 말한다(電어 2조 5호).

⑨ 발행인의 공인전자서명 　발행인이 전자어음에 공인전자서명을 한 경우에는 어음법 제75조 7호에 따른 기명날인 또는 서명을 한 것으로 본다(電어 6조 3항). 이는 실물어음의 경우와 구별되는 점이다. 이 때의 공인전자서명이란 '(i) 전자서명생성정보(전자서명을 생성하기 위하여 이용하는 전자적 정보)가 가입자에게 유일하게 속하고, (ii) 서명 당시 가입자가 전자서명생성정보를 지배·관리하며, (iii) 전자서명이 있은 후에 당해 전자서명에 대한 변경여부를 확인할 수 있고, (iv) 전자서명이 있은 후에 당해 전자문서의 변경여부를 확인할 수 있음의 요건을 갖추고, 공인인증서에 기초한 전자서명'을 말한다(電어 2조 3호, 전자서명법 2조 3호). 이 경우 공인인증서는 '전자서명법 제15조의 규정에 따라 공인인증기관이 발급하는 인증서'를 말하고(전자서명법 2조 8호), 전자서명이란 '서명자를 확인하고 서명자가 당해 전자문서에 서명을 하였음을 나타내는데 이용하기 위하여 당해 전자문서에 첨부되거나 논리적으로 결합된 전자적 형태의 정보'를 말한다(전자서명법 2조 2호).

2. 전자어음에서는 白地어음이 인정되지 않고(電어 6조 6항), 또한 실물어음에서와 같은 補充規定(어 76조)이 없다. 따라서 전자어음에서는 위의 전자어음요건의 일부를 기재하지 아니한 경우에는 백지어음으로 추정되거나 보충규정에 의하여 보충되는 경우는 없고 不完全어음으로서 無效어음으로 볼 수밖에 없다.[1)]

제 2 　電子어음의 交付

발행인이 수취인(수신자) 또는 그 대리인이 동 어음을 수신할 수 있는 정보처리시스템에 입력하여 송신하고, 수취인(수신자)이 동 어음을 수신할 정보처리시스템을 지정한 경우에는 지정된 정보처리시스템에 입력된 때이고(다만 동 어음이 지정된 정보처리시스템이 아닌 정보처리시스템에 입력된 경우에는 수신자가 이를 출력한 때를 말함), 수취인(수신자)이 동 어음을 수신할 정보처리시스템을 지정하지 아니한 경우에는 수취인(수신자)이 관리하는 정보처리시스템에 입력된 때에 전자어음을 발행한 것으로 본다(電어 6조 4항, 전자거래기본법 6조 1항·2항). 이는 실물어음의 경우 발행시기에 대하여 어음법에 규정이 없고 어음理論에 맡겨져 있는 것과 구별되는 점이다. 위의 전자어음법의 규정은 어음理論에서 發行說(交

1) 同旨: 鄭(東), 477면.

付時說)과 유사하다고 볼 수 있다.[1]

제 3 電子어음의 登錄

전자어음을 발행하려는 자는 그 전자어음을 전자어음관리기관(이하 '관리기관'이라 약칭함)에 등록하여야 한다(電어 5조 1항). 전자어음을 관리기관에 등록하여 발행하고자 하는 자는 전자어음에 기재된 전자어음의 지급을 청구할 금융기관(지급금융기관)(電어 6조 1항 2호)과 당해 지급금융기관을 第三者方(어 4조)으로 하기로 하는 계약(당좌예금계약)을 체결하여야 하고(電어施 5조 1항), 전자어음을 수령할 자(수취인)로 하여금 관리기관에 등록하도록 하여야 한다(수취인등록)(다만 전자어음을 수령할 자가 발행인등록을 한 경우에는 그러하지 아니하다)(電어施 6조 1항). 수취인등록사항은 전자어음을 수령할 자의 명칭 · 사업자등록번호 또는 주민등록번호 및 주소이고(電어施 6조 2항), 관리기관은 수취인등록을 거부하여서는 아니되며 수취인등록을 한 자가 관리기관의 정보조직을 이용하여 배서를 하거나 전자어음의 지급제시를 할 수 있도록 하여야 한다(電어施 6조 3항).

관리기관은 전자어음의 발행인등록 또는 수취인등록을 한 자 외의 자가 권한 없이 등록한 자의 명의를 이용하여 전자어음행위를 할 수 없도록 등록한 자가 등록의 종류에 따라 전자어음행위를 배타적으로 할 수 있는 장치를 제공하여야 하고(電어施 7조 1항), 또한 모든 전자어음행위가 자신이 관리하는 정보통신망(정보통신망이용촉진 및 정보보호 등에 관한 법률 제 2 조 1호의 규정에 의한 정보통신망을 말함)을 통하여 이루어지도록 하여야 하며 다른 정보통신서비스제공자(정보통신망 이용촉진 및 정보보호 등에 관한 법률 제 2 조 3호의 규정에 의한 정보통신서비스 제공자 및 동법 제18조 1항의 규정에 의한 전자문서 중개자를 말함)의 정보통신망을 통하여 이루어지거나 다른 정보통신서비스 제공자의 정보통신망을 경유한 후 관리기관의 정보통신망을 통하여 이루어지도록 하여서는 아니된다(電어施 7조 2항).

관리기관은 이용자가 사용할 전자어음에 관하여 동일한 양식을 정하여야 하고(電어施 8조 1항), 전자어음에는 복본 또는 사본의 제작이 불가능한 장치를 하여야 하며, 발행된 때에는 발행인의 정보처리조직에는 전자어음이 소멸하거나 전자어음에 이미 발행을 표시하는 문언이 기재되도록 하여야 한다(電어施 8조 2항).

관리기관은 전자어음 발행인에 대하여 신용평가기관 또는 당좌예금계약을 체결한 금융기관의 전자어음 발행한도에 관한 의견 및 발행인의 연간매출액 · 자본금 · 신용도 · 당좌거래실적 등을 종합하여 전자어음 발행한도를 제한할 수

---

1) 그러나 이를 交付契約說에 따른 것으로 해석하는 견해로는 鄭(東), 478면.

있다(電어 5조 2항, 電어施 5조 2항). 또한 관리기관은 전자어음의 발행인이 (i) 관리기관 또는 어음교환소로부터 거래정지처분(관리기관이 새로이 전자어음을 발행하고자 하는 자의 전자어음등록을 거부하거나 이미 등록한 발행인의 전자어음 발행을 금지하는 처분을 말함)을 받고 거래정지중에 있는 자, (ii) 전자어음법 또는 동법시행령과 어음법에 위반된 행위를 한 자, 또는 (iii) 그 밖에 금융기관과의 거래에 관하여 신용을 훼손하는 행위를 한 자로서 법무부령이 정한 자의 어느 하나에 해당하면 전자어음의 발행을 위한 등록을 거부할 수 있다(電어 5조 2항, 電어施 5조 3항).

제 3 절 電子어음의 背書

제 1 電子어음의 背書의 方式

전자어음에 배서를 하는 경우에는 전자어음에 배서의 뜻을 기재한 전자문서(배서전자문서)를 첨부하여야 하는데(電어 7조 1항), 이 배서전자문서에는 전자어음의 동일성을 표시하는 정보를 기재하고 배서인이 공인전자서명을 하여야 한다(電어 7조 2항·6항). 관리기관은 전자어음에 첨부할 이러한 배서전자문서를 전자어음과 일체가 된 문서로 하고 전자어음과 분리할 수 없도록 하여야 한다(電어施 8조 4항). 피배서인이 다시 배서를 하는 경우에는 전자어음에 이전에 작성된 배서전자문서를 첨부하고 위의 배서를 하여야 한다(電어 7조 4항).

이와 같이 전자어음에 대한 배서는 전자어음과는 별개의 배서전자문서에 하는 점과 이에 전자어음의 동일성을 표시하는 정보를 기재하고 배서인이 공인전자서명을 하여야 한다는 점이 실물어음의 배서의 방식(어 77조 1항 1호, 13조)과 구별된다.

제 2 背書된 電子어음의 交付

배서인은 전자어음과 배서전자문서를 전자거래기본법에 따라 피배서인에게 송신하고 또한 피배서인이 이를 수신한 때에 어음법 제13조 1항에 따른 배서 및 교부를 한 것으로 보는데(電어 7조 3항), 이는 발행의 경우와 같다.

관리기관에는 수취인이 등록되므로(電어施 6조) 이러한 수취인은 관리기관의 정보처리조직을 이용하여 배서를 하는데(電어施 6조 3항), 배서인이 이와 같이 전자어음을 배서한 때에는 배서인의 정보처리조직에는 전자어음이 소멸하거나 전자어음에 이미 배서되었음을 표시하는 문언이 기재되도록 하여야 한다(電어施 8조 2항).

제 3 背書의 回數制限

전자어음의 총 배서횟수는 20회를 초과할 수 없다(電어 7조 5항). 이것은 전자어음의 배서가 너무 많으면 이전의 배서의 眞正與否를 조사하는 것이 번거롭고 또한 시간이 많이 걸리게 되어 전자어음의 유통을 저해하기 때문인 것으로 추측되나,[1] 이러한 제한이 타당한지 또한 20회를 초과한 배서의 효력은 어떠한지 등은 의문이다.[2]

제 4 特殊背書

전자어음에 한 특수배서의 효력은 전자어음법에 특별히 규정하고 있지 않으므로 실물어음의 경우와 동일하게 볼 수밖에 없다[3](電어 4조).

제 4 절 電子어음의 保證

전자어음에 보증을 하는 자는 전자어음에 보증의 뜻을 기재한 전자문서(보증전자문서)를 그 전자어음에 첨부하여야 하고(電어 8조 1항), 이러한 보증전자문서에는 전자어음의 동일성을 표시하는 정보를 기재하고 보증인이 공인전자서명을 하여야 한다(電어 8조 2항, 6조 3항, 7조 2항). 관리기관은 전자어음에 첨부할 이러한 보증전자문서를 전자어음과 일체가 된 문서로 하고 전자어음과 분리할 수 없도록 하여야 한다(電어施 8조 4항).

보증된 전자어음의 교부는 전자어음의 발행의 경우와 같다(電어 8조 2항, 6조 4항).

---

1) 同旨: 鄭(東), 479면.
2) 鄭燦亨, 전게 인터넷법률(통권 제24호), 28면.
3) 同旨: 鄭(東), 479면.

제 5 절 電子어음의 支給

제 1 電子어음의 支給提示

1. 전자어음의 소지인이 전자어음 및 전자어음의 배서에 관한 전자문서를 첨부하여 지급청구의 뜻이 기재된 전자문서(지급제시전자문서)를 지급금융기관에 송신하고 동 금융기관이 이를 수신한 때에는 어음법 제38조 1항에서 규정한 지급을 위한 제시를 한 것으로 보는데, 다만 관리기관에 대한 전자어음의 제시는 지급을 위한 제시와 같은 효력이 있는데 관리기관이 운영하는 정보처리조직에 의하여 전자어음의 만기일 이전에 자동으로 지급제시되도록 할 수 있다(電어 9조 1항). 이러한 지급제시를 하는 소지인은 지급청구의 뜻이 기재된 전자문서에 어음금을 수령할 금융기관의 계좌를 기재하여야 한다(電어 9조 3항). 전자어음에 첨부할 이러한 지급제시전자문서는 전자어음과 일체가 된 문서로 하고 전자어음과 분리할 수 없도록 하여야 한다(電어施 8조 4항).

2. 전자어음의 지급제시전자문서의 송신과 수신의 시기는 발행의 경우와 같이 전자거래기본법에 의한다(電어 9조 2항).

3. 전자어음의 소지인이 지급제시를 위하여 전자어음을 지급금융기관에 송신하는 경우에는 전자어음의 소지인의 정보처리조직에서는 전자어음이 소멸하지 아니하고, 지급금융기관에 송부된 전자어음에는 지급제시를 위한 것임을 표시하는 문언이 기재되도록 하여야 한다(電어施 8조 3항).

제 2 電子어음의 支給

1. 전자어음의 지급제시를 받은 금융기관이 어음금을 지급할 때에는 관리기관에 지급사실을 통지하여야 하는데, 다만 관리기관에서 운영하는 정보처리조직에 의하여 지급이 완료된 경우에는 그러하지 아니하다(電어 9조 4항). 관리기관이 이와 같이 지급사실의 통지를 받거나 그의 정보처리조직에 의하여 지급이 완료된 경우에는 어음채무자가 동 어음을 환수한 것으로 본다(電어 10조).

2. 관리기관은 지급제시전자문서에 기재된 어음금을 수령하는 금융기관이 어음금을 수령하는 동시에 소지인이 보관하는 전자어음에 지급이 이루어졌음

을 표시하는 문언이 기재되도록 장치하여야 하고(電어施 9조 1항), 지급필 문언이 기재된 전자어음을 발행인에게 송신하여야 한다(電어施 9조 2항).

3. 전자어음의 경우에는 지급금융기관 또는 관리기관이 지급을 할 때에 전자어음의 소지인에 대하여 영수를 증명하는 기재를 하여 교부할 것을 청구할 수 없고(電어 11조, 어 39조 1항), 또한 일부지급이 허용되지 않는다(電어 11조 2항·3항, 어 39조). 따라서 전자어음의 소지인은 일부지급을 거절할 수 있다.

제 3 電子어음의 支給拒絶과 遡求

1. 支給拒絶

(1) 전자어음의 지급제시를 받은 금융기관이 지급거절을 할 때에는 전자문서(지급거절전자문서)로 하여야 하는데(電어 12조 1항), 이러한 지급거절전자문서는 지급제시를 위하여 송신되는 전자어음의 여백에 지급이 거절되었음을 표시하는 문언을 기재하는 방식으로 작성하거나 전자어음의 일부가 되는 별도의 문서로 작성하여야 한다(電어施 10조 1항). 관리기관은 이러한 별도의 지급거절전자문서를 전자어음과 일체가 된 문서로 하고 전자어음과 분리할 수 없도록 하여야 한다(電어施 8조 4항).

(2) 지급금융기관은 지급거절전자문서를 관리기관에 통보하고 그 기관이 문서 내용을 확인한 경우에는 그 전자문서를 어음법 제44조 1항에 따른 공정증서로 보는데(電어 12조 2항), 전자어음의 소지인이 지급거절전자문서를 수신한 날을 이러한 공정증서의 작성일로 본다(電어 12조 3항). 관리기관은 지급거절전자문서를 통보받은 경우에는 전자어음의 소지인이 적법하게 금융기관에 지급을 위한 제시를 하였는지를 확인하여야 하며, 지급거절을 확인한 경우에는 지급제시를 위한 전자어음의 여백에 지급거절을 확인하였음을 표시하는 문언을 기재한 후 동 전자어음을 즉시 소지인에게 송신하여야 한다(電어施 10조 2항). 관리기관은 이와 같이 지급거절된 지급제시용 전자어음을 소지인에게 송신한 때에는 소지인이 보관하는 전자어음의 원본이 소멸되도록 하여야 하는데, 이 경우 지급거절된 지급제시용 전자어음을 어음의 원본으로 본다(電어施 10조 3항).

2. 償還請求(遡求)

(1) 지급거절된 전자어음의 소지인은 전자어음과 배서전자문서 및 지급거절전자문서를 첨부하여 상환청구의 뜻을 기재한 전자문서(상환청구전자문서)를

상환의무자에게 송신하여 상환청구권을 행사한다(電어 13조 1항). 이 때 상환청구권을 행사하는 전자어음의 소지인은 상환청구전자문서에 어음금을 수령할 금융기관의 계좌를 기재하여야 한다(電어 13조 4항, 9조 3항). 또한 이 경우 전자어음에 첨부할 전자문서는 전자어음과 일체가 된 문서로 하고 전자어음과 분리할 수 없도록 하여야 한다(電어施 8조 4항).

(2) 상환의무자가 상환금액을 지급한 때에는 관리기관에 지급사실을 통지하여야 하는데(電어 13조 2항), 이러한 통지가 있으면 상환의무자가 전자어음을 환수한 것으로 본다(電어 13조 3항).

제 6 절 電子어음의 返還 · 受領拒否

제 1 電子어음의 返還

전자어음을 발행하거나 배서한 자가 착오 등을 이유로 전자어음을 반환받으려면 그 소지인으로 하여금 관리기관에 반환 의사를 통지하게 하여야 한다(電어 14조 1항). 이러한 통지를 하면 전자어음은 발행되거나 배서되지 아니한 것으로 보며, 관리기관은 동 전자어음의 발행 또는 배서에 관한 기록을 말소하여야 한다(電어 14조 2항). 이 때 전자어음의 소지인은 법무부령이 정하는 전자어음의 반환 양식을 기입하고 공인전자서명을 하여 관리기관에 통지한 경우 관리기관은 동 전자어음의 발행 또는 배서에 관한 기록을 말소하여야 한다(電어施 11조 1항).

전자어음법에 명문의 규정은 없으나 전자어음에 배서한 자도 동일하다고 본다.[1]

제 2 電子어음의 受領拒否

전자어음의 수신자는 전자어음의 수령을 거부하려면 관리기관에 수령 거부의사를 통지하여야 하는데, 수령 거부의사를 통지한 경우에는 수신자가 전자어음을 수령하지 아니한 것으로 보며 관리기관은 수신자가 청구할 경우 그 수신자가 전자어음의 수령을 거부한 사실을 증명하는 문서를 발급하여야 한다

1) 鄭(東), 482면.

(電어 14조 2항). 이 때 전자어음의 수신자가 법무부령이 정하는 전자어음의 수령거부 양식을 기입하고 공인전자서명을 하여 관리기관에 통지한 경우 수신자가 전자어음을 수령하지 아니한 것으로 보며, 이 경우 관리기관은 수신자의 신청이 있는 경우 그 수신자가 전자어음의 수령을 거부한 사실을 법무부령이 정하는 양식에 따라 발급한다(電어施 11조 2항).

제 7 절 電子어음管理機關

제 1 意 義

전자어음관리기관이란 '전자어음에 관한 사항을 처리하기 위하여 법무부장관의 지정을 받은 기관'을 말한다(電어 2조 4호, 3조).

이러한 관리기관의 지정요건은 다음과 같다.

(i) 기술능력에 있어서는 다음의 기술인력을 합한 수가 10인 이상이어야 한다.

㈎ 정보통신기사 · 정보처리기사 및 전자계산기조직응용기사 이상의 국가기술자격 또는 이와 같은 수준 이상의 자격이 있다고 지식경제부장관이 인정하는 자격을 갖춘 자 1인 이상

㈏ 지식경제부장관이 정하여 고시하는 정보보호 또는 정보통신운영 · 관리 분야에서 2년 이상 근무한 경력이 있는 1인 이상

㈐ 「정보통신망 이용촉진 및 정보보호 등에 관한 법률」 제52조에 따른 한국정보보호진흥원에서 실시하는 인증업무에 관한 시설 및 장비의 운영 · 비상복구대책 및 침해사고의 대응 등에 관한 교육과정을 이수한 자 1인 이상

㈑ 공인회계사 또는 금융업무나 신용분석업무에 3년 이상 종사한 자 1인 이상

(ii) 재정능력은 100억원 이상의 순자산(총자산에서 부채를 뺀 가액을 말한다)을 보유하여야 한다.

(iii) 시설 및 장비에 있어서는 다음의 시설 및 장비를 갖추어야 한다.

㈎ 이용자가 전자어음의 등록 · 발행 · 배서 · 보증 · 지급제시 · 지급 · 지급거절 및 지급거절증서의 확인 등 권리행사를 할 수 있는 시설 및 장비

(나) 전자어음의 소구(遡求)·반환 및 수령거부 등을 할 수 있는 시설 및 장비

(다) 전자어음의 송·수신일시를 확인하고 전자어음거래기록을 생성하고 보존할 수 있는 시설 및 장비

(라) 전자어음의 발행·유통 관련 시설 및 장비를 안전하게 운영하기 위하여 필요한 보호시설 및 장비

(마) 그 밖에 전자어음거래를 원활하고 안전하게 하기 위하여 법무부장관이 필요하다고 인정하여 고시한 시설 및 장비

(iv) 위 (iii)에 따른 시설 및 장비의 관리·운영 절차 및 방법을 정한 관리기관의 규정이 있어야 한다.

관리기관으로 지정받으려는 자는 (i) 법인의 정관, (ii) 안전성확보를 위한 기술능력·재정능력·시설 및 장비 그 밖의 필요한 사항(電어施 12조 2항)을 갖추었음을 확인할 수 있는 증빙서류(電어施 12조 2항), (iii) 사업계획서 및 (iv) 전자어음기술지원사업자와 시설 및 장비사용에 관한 계약을 체결한 경우(電어施 12조 4항) 계약사실 및 계약내용을 증명하는 서류를 첨부하여 법무부장관에게 지정신청을 하여야 하는데, 이에 관한 상세는 전자어음법시행령에서 규정하고 있다(電어施 4조).

제 2 管理機關의 義務

관리기관은 다음과 같은 의무를 부담한다.

1. 安全性確保義務

관리기관은 전자어음의 이용자가 관리기관의 정보처리조직을 이용하여 안전하게 전자어음을 거래할 수 있도록 하기 위하여 일정한 (i) 기술능력(정보통신기사·정보처리기사 및 전자계산기조직응용기사 이상의 국가기술자격을 갖춘 자 등이 10인 이상일 것), (ii) 재정능력(100억원 이상의 순자산) 및 (iii) 시설 및 장비(이용자가 전자어음의 등록·발행·배서·보증·지급제시·지급·지급거절 및 지급거절증서의 확인 등 권리행사를 할 수 있는 시설 및 장비 등)를 갖추어야 한다(電어 15조, 電어施 12조 1항·2항, 電어施 3조). 다만 위 (iii)의 시설 및 장비는 그에 관한 권리를 가진 자(전자어음 기술지원사업자)와 시설 및 장비사용계약을 체결할 수 있는데, 이 경우에는 관리기관이 이러한 시설 및 장비를 갖춘 것으로 본다(電어施 12조 4항).

2. 電子어음去來記錄의 生成 및 保存義務

(1) 관리기관은 (i) 전자어음의 발행 · 배서 · 보증 및 권리행사 등을 할 때에 그 기관의 전자정보처리조직을 통하여 이루어지도록 하는 조치, (ii) 전자어음별로 발행인과 배서인에 관한 기록 · 전자어음 소지인의 변동사항 및 그 전자어음의 권리행사에 관한 기록의 보존, (iii) 전자어음거래를 추적 · 검색하고 오류가 발생할 경우 그 오류를 확인 · 정정할 수 있는 기록의 생성 및 보존의 업무를 수행할 의무를 부담한다(電어 16조 1항).

(2) 전자어음 등록에 관한 문서는 발행인이 등록을 말소한 날부터 10년, 지급이 이루어진 전자어음은 지급된 날부터 5년(다만 발행인이 10년간 보존할 것을 요구한 경우에는 10년으로 하고, 발행인의 보존요구에 따라 보존함에 있어서 5년을 초과하는 보존에 따른 비용은 발행인이 부담함), 지급이 이루어지지 아니한 전자어음은 당해 전자어음에 관한 판결확정일까지의 기간(訴가 제기되지 아니한 경우에는 당해 전자어음을 발행한 날부터 3년) 보존하여야 한다(電어 16조 2항, 電어施 13조 1항).

(3) 관리기관은 위와 같이 보존하여야 할 기록을 위조 또는 변조가 불가능한 장치로 보존하여야 하고, 동일한 기록을 2 이상의 장소에 보존하여야 한다. 이 경우 하나의 기록은 타인에게 보존을 위탁할 수 있다(電어 16조 2항, 電어施 13조 2항).

3. 電子어음去來의 情報提供義務 등

(1) 관리기관은 전자어음을 소지한 자 또는 발행인의 허락을 얻은 자가 (i) 소지하는 전자어음의 진위, (ii) 소지하는 전자어음의 발행인이 최근 3년 이내에 지급거절을 한 사실이 있는지 여부, (iii) 발행인에 관한 정보로서 상법 · 자본시장과 금융투자업에 관한 법률 · 그 밖의 법령에 의하여 공시할 의무가 있는 정보를 요구한 때에는 이를 제공할 의무를 부담한다(電어 17조 1항, 電어施 14조 1항 · 2항). 이 때 전자어음 발행인의 허락을 얻은 자가 요청할 수 있는 정보는 전자어음 발행인이 관리기관에 통보한 범위 내의 정보로 한다(電어施 14조 3항).

관리기관은 전자어음 발행인이 거래정지처분을 받은 경우에는 그 사실을 발행인이 발행한 모든 전자어음의 이용자들에게 통보하여야 하고, 거래정지처분을 받은 발행자에 관한 사항을 관리기관의 홈페이지 등에 공시하여야 할 의무를 부담한다(電어施 14조 6항).

(2) 관리기관은 건전한 전자어음의 발행 · 유통과 선의의 거래자 보호를 위하여 (i) 전자어음의 발행인이 전자어음 · 어음 · 수표를 지급거절한 사실이 발

생한 경우, (ii) 전자어음의 발행인이 채무자회생절차개시신청 및 파산신청을 한 경우에는 법무부장관의 사전 승인을 받아 위의 사항 등을 공개할 수 있다(電어 17조 3항, 電어施 14조 5항).

또한 관리기관은 발행인이 동의한 경우 발행인의 전자어음 발행한도, 유통 중인 전자어음 발행총액 등의 정보를 소지인에게 제공할 수 있다(電어施 14조 4항).

또한 관리기관은 지급을 한 금융기관이나 발행인 등의 신청이 있는 경우에는 처리한 전자어음을 열람하게 하거나 그 사본을 제공할 수 있다(電어施 14조 7항).

(3) 전자어음거래와 관련하여 업무상 (i) 이용자의 신상에 관한 사항, (ii) 이용자의 거래계좌 및 전자어음거래의 내용과 실적에 관한 정보 또는 자료에 해당하는 사항을 알게 된 자는 이용자의 동의를 받지 아니하고 이를 타인에게 제공하거나 누설하여서는 아니 된다(電어 17조 2항 본문). 다만 금융실명거래 및 비밀보장에 관한 법률 제 4 조 1항 단서(법원의 제출명령 또는 법관이 발부한 영장에 의한 거래정보 등의 제공 등)에 따른 경우와 그 밖의 법률에 정한 경우에는 그러하지 아니하다(電어 17조 2항 단서).

4. 電子어음去來約款의 明示義務 등

(1) 관리기관은 전자어음을 등록할 때에 이용자에게 전자어음거래에 관한 약관을 구체적으로 밝히고, 이용자가 전자어음 이용을 위한 약정을 체결하기 전에 관리기관의 약관의 내용을 알 수 있도록 하여야 하며, 출력 및 복사가 가능하도록 하고 그 내용을 설명하여야 할 의무를 부담한다(電어 18조, 電어施 15조 1항). 관리기관은 이용자가 전자어음을 출력한 때에 이러한 전자어음거래약관을 확인할 수 있도록 하여야 한다(電어施 16조 2항).

(2) 이러한 전자어음거래약관의 교부와 설명은 전자문서로 할 수 있는데, 다만 이용자가 전자어음의 발행 등의 등록(電어施 5조, 6조)을 위한 전자문서를 작성함에 있어서 약관의 내용을 알 수 있도록 한 경우에는 약관의 교부와 설명이 있은 것으로 본다(電어施 15조 2항).

(3) 전자어음거래약관에는 (i) 관리기관이 이용자로부터 징수할 이용료, (ii) 전자어음의 발행등록에 관한 세부적인 사항 및 (iii) 이용자가 전자어음거래에서 입은 손해배상의 절차가 명시되어야 한다(電어施 15조 3항).

5. 紛爭處理義務

(1) 관리기관은 전자어음 이용자가 전자어음을 출력한 상태에서 전자어음거

래와 관련하여 이의를 전자문서로 제기할 수 있는 장치를 두어야 하며, 이 장치에 이의에 대한 처리기한 및 처리결과의 통지방법을 명시하여야 한다(電어 19조 1항, 電어施 16조 1항).

(2) 관리기관은 이용자들이 제기하는 정당한 의견이나 불만을 반영하고 이용자가 전자어음거래에서 입은 손해의 배상에 관한 사항을 심의하기 위하여 전자분쟁조정위원회를 설치·운영하여야 하는데(電어 19조, 電어施 16조 3항), 관리기관은 전자어음 등록시 이러한 절차를 명시하여야 한다(電어 19조 2항). 전자어음분쟁조정위원회의 구성 등에 관한 상세는 전자어음법시행령에서 규정하고 있다(電어施 17조).

제 3 管理機關의 監督 및 檢査

1. 監督 및 檢査

(1) 법무부장관은 관리기관에 대하여 전자어음법 또는 동법에 따른 명령을 준수하는지를 감독한다(電어 20조 1항).

(2) 법무부장관은 위의 감독을 위하여 필요하면 관리기관에 대하여 그 업무에 관한 보고를 하게 할 수 있다(電어 20조 2항 전단). 또한 법무부장관은 관리기관(관리기관이 전자어음기술지원사업자와 시설 및 사용계약을 체결한 경우에는 전자어음기술지원사업자를 관리기관으로 본다)의 기술능력·재정능력·시설 및 장비의 안전운영 여부 등에 관하여 2년마다 정기검사를 하여야 하고 법무부령이 정하는 사유가 발생한 경우에는 관리기관의 시설·장비·서류 그 밖의 물건에 대하여 수시검사를 할 수 있는데, 법무부장관은 이러한 검사업무를 금융위원회에 위탁할 수 있다(電어 20조 2항 후단, 電어施 18조 1항·2항). 법무부장관은 이러한 검사업무를 수행함에 있어서 (i) 관리기관이 지정요건을 유지하고 있는지 여부, (ii) 전자어음의 관리가 안전한지 여부, (iii) 발행인의 등록이 법령 및 약관이 정하는 바에 따라 이루어지고 있는지 여부, (iv) 관리기관이 이용자에게 부당한 부담을 과하는지 여부, (v) 전자어음의 이용상의 장애가 발생하고 있는지 여부, (vi) 관리기관이 법령에 따라 적법하게 이용자의 정보를 제공하고 있는지 여부 및 (vii) 관리기관이 전자어음 관련기록을 법령에 따라 적정하게 보존하고 있는지 여부를 중점적으로 검사하여야 한다(電어施 18조 3항).

(3) 법무부장관은 전자어음제도의 원활한 운영 및 이용자 보호 등을 위하여 필요하면 관리기관에 이용자의 전자어음거래정보 등 필요한 자료의 제출을 명할 수 있다(電어 20조 3항).

(4) 법무부장관은 관리기관이 전자어음법 또는 동법에 따른 명령을 위반하여 전자어음제도의 건전한 운영을 해치거나 이용자의 권익을 침해할 우려가 있다고 인정되는 경우에는 (i) 해당 위반행위의 시정명령, (ii) 관리기관에 대한 주의·경고 또는 그 임·직원에 대한 주의·경고 및 문책의 요구 또는 (iii) 관리기관의 임원의 해임권고 또는 직무정지의 요구의 조치를 할 수 있다(電어 20조 4항).

(5) 법무부장관은 전자어음제도의 운영과 관련하여 필요한 경우 금융위원회에 협의를 요청하거나, 감독·검사업무를 수행함에 있어 필요하면 지식경제부장관·금융위원회 및 한국은행총재 등에게 협력을 요청할 수 있다(電어 20조 5항, 電어施 19조).

2. 指定取消

(1) 법무부장관은 관리기관이 (i) 거짓이나 그 밖의 부정한 방법으로 지정받은 경우, (ii) 정당한 사유 없이 1년 이상 계속하여 영업을 하지 아니한 경우, (iii) 법인의 합병·파산·폐업 등으로 사실상 영업을 종료한 경우에는 그 지정을 취소할 수 있다(電어 21조 1항). 법무부장관이 이러한 지정을 취소하고자 하는 경우에는 청문을 하여야 하며, 지정을 취소한 경우에는 지체 없이 그 내용을 관보에 공고하고 컴퓨터통신 등을 이용하여 일반인에게 알려야 한다(電어 21조 3항).

(2) 관리기관은 지정이 취소된 경우에도 그 처분이 있기 전에 한 전자어음거래의 지급을 위한 업무를 계속하여 할 수 있다(電어 21조 2항).

제 8 절 罰則과 過怠料

전자어음에 의한 거래의 안전을 보호하고 이용자를 보호하기 위하여 전자어음법은 다음과 같은 罰則과 過怠料에 대하여 규정하고 있다.

제 1 罰 則

1. 指定을 받지 아니하고 電子어음管理業務를 한 자

법무부장관으로부터 전자어음관리기관으로 지정받지 아니하고 전자어음관리업무를 한 자는 5년 이하의 징역 또는 1억원 이하의 벌금의 처벌을 받는다(電어 22조 1항, 3조).

2. 登錄을 하지 아니하고 電子어음을 發行한 자

전자어음관리기관에 등록을 하지 아니하고 전자어음을 발행한 자는 3년 이하의 징역 또는 5천만원 이하의 벌금의 처벌을 받는다(電어 22조 2항 1호, 5조 1항).

3. 利用者의 同意를 얻지 아니하고 電子어음去來의 情報를 제공한 자

전자어음거래와 관련하여 업무상 이용자의 신상에 관한 사항이나 이용자의 거래계좌 및 전자어음거래의 내용과 실적에 관한 정보 또는 자료를 알게 된 자가 이용자의 동의를 받지 아니하고 이를 타인에게 제공하거나 누설한 경우에는 3년 이하의 징역 또는 5천만원 이하의 벌금의 처벌을 받는다(電어 22조 2항 2호, 17조 2항).

4. 檢査를 기피하거나 방해한 자

법무부장관은 관리기관에 대하여 그 업무에 관한 보고를 하게 하거나 관리기관의 전자어음관리업무에 관한 시설 · 장비 · 서류 그 밖의 물건을 검사할 수 있는데, 이러한 검사를 기피하거나 방해한 자는 1년 이하의 징역 또는 3천만원 이하의 벌금의 처벌을 받는다(電어 22조 3항, 20조 2항).

5. 電子어음의 僞造 등의 행위를 한 자

전자어음은 형법상 유가증권으로 보아 이를 위조 또는 변조 · 자격모용에 의한 작성 · 행사할 목적으로 허위전자어음의 작성 · 위조 또는 변조된 전자어음을 행사한 자 등은 형법상 해당 규정에 의한 처벌을 받는다(電어 22조 4항, 刑 214조~217조).

제 2 過 怠 料

1. 다음의 자에게는 1,000만원 이하의 과태료를 부과한다.

(1) 관리기관이 안전성 기준에 위반한 경우(電어 23조 1항 1호, 15조)

(2) 법무부장관이 관리기관에 이용자의 전자어음거래정보 등 필요한 자료의 제출을 명하였음에도 불구하고 관리기관이 정당한 사유 없이 자료를 제출하지 아니하거나 거짓된 자료를 제출한 경우(電어 23조 1항 2호, 20조 3항)

2. 다음의 자에게는 500만원 이하의 과태료를 부과한다.

(1) 전자어음 이용의무를 위반한 경우(電어 23조 2항 1호, 6조의 2)

(2) 관리기관이 전자어음거래의 보존의무에 위반한 경우(電어 23조 2항 2호, 16조 1항 2호 · 3호)

(3) 관리기관이 이용자의 신청에 대하여 정당한 사유 없이 결제정보를 제공하지 아니한 경우(電어 23조 2항 3호, 17조 1항)

(4) 관리기관이 이용자에 대한 전자어음거래약관의 설명의무에 위반한 경우(電어 23조 2항 4호, 18조 1항)

(5) 관리기관이 약관의 제정 또는 변경시 법무부장관의 승인을 받지 아니하거나 법무부장관에게 통보를 하지 아니한 경우(電어 23조 2항 5호, 18조 2항)

제 3 管理機關의 金融機關 간주

관리기관은 특정경제범죄 가중처벌 등에 관한 법률 제 2 조 1호에 따른 금융기관으로 본다(電어 24조).

제 6 편 새로운 支給手段

제 1 장 總 說

(1) 오늘날 지급수단으로는 現金, 手票, 信用카드 및 (電子)資金移替 등이 있다. 자금의 지급은 원래 채무자가 채권자에게 현금을 현실로 지급하는 것으로서, 이를 위하여는 債務者의 수중에 이용할 수 있는 현금이 있을 것과 債權者에게 이러한 현금을 현실로 인도할 것을 요구하고 있다. 그런데 채무자에게 이용할 수 있는 현금은 있으나 현금의 인도에 따른 불편과 위험을 방지하기 위하여 手票制度가 발생하게 된 것이다. 또한 債務者에게는 현재 이용할 수 있는 현금이 없으면서도 지급한 것과 동일한 효과를 발생시키고 또 현금의 지급에 따른 불편과 위험을 방지하는 효과를 발생시키면서 債權者에게는 즉시로 현금을 지급받은 것과 동일한 효과를 발생시키는 제도로서 信用카드가 발생하게 된 것이다.[1] 또한 債務者의 수중에 현금은 있으나 이를 현실로 債權者에게 인도하는 비용과 위험을 감경하기 위한 자금의 지급구조로서 資金移替가 발생하게 된 것이다.[2] 이러한 資金移替는 지급의뢰수단에 따라 書面資金移替(paper-based fund transfer)와 電子資金移替(electronic fund transfer)가 있는데(또한 그 내용에 따라 각각에 대하여 지급이체와 추심이체가 있음), 전자자금이체는 최신 컴퓨터 기술을 사용한 자금이체로서 서면자금이체에서 오는 많은 비용과 시간을 절약하고 있으며 오늘날 금융기관 상호간 또는 고객에 대한 지급업무의 중요한 부분을 차지하고 있다. 따라서 이하에서는 새로운 지급수단으로 최근 많이 이용되는 信用카드와 電子資金移替에

1) 信用카드는 債務者(카드會員)가 信用카드代金의 결제시까지 신용을 얻는 점에서는 어음과 같으나, 債權者(카드加盟店)가 카드發行人으로부터 즉시 대금을 지급받을 수 있는 점에서는 어음과 다르다.

2) 資金移替는 신용을 얻지 않고 支給手段으로만 이용되는 점에서 信用카드 및 어음과 다르고 手票와 같으나, 支給에 따른 비용과 시간을 훨씬 절약할 수 있는 점(특히 電子資金移替의 경우)에서 手票와 구별된다.

대하여 설명하겠다.

⑵ 그런데 기존의 民事法이나 어음法·手票法 등은 이와 같은 상황을 예상하지 못하고 證券에 의한 지급에만 적용될 수 있도록 규정하였기 때문에, 그러한 규정은 이와 같이 새로운 지급제도인 信用카드나 電子資金移替에 의한 지급제도에는 그 성질상 적용 또는 유추적용될 수 없다. 현재 우리 나라에서 이러한 새로운 지급제도를 규율하는 법규로서 特別法은 없고,[1] 은행 등이 일방적으로 제정한 약관뿐인데, 이러한 약관의 규정은 당사자간의 私法上의 法律關係를 규율하기에는 매우 불충분하다. 앞으로 이러한 새로운 지급제도를 규율하는 입법이 요망된다고 보겠다.

참고로 美國에서 信用카드에 관하여는 연방법인 消費者信用保護法(Consumer Credit Protection Act) 중에 信用카드에 관한 규정이 포함되어 있으며,[2] 電子資金移替에 관하여는 1987년에 「電子資金移替法」[3](Electronic Fund Transfer Act, EFTA)이 역시 消費者信用保護法 제 9 편(Title IX)으로 제정되었고,[4] 同法의 授權에 의하여 美國聯邦準備制度理事會는 규정 E(Regulation E)를 제정하였다.[5] 그 후 지급에 관한 법률문제를 통일적으로 규율하기 위하여 美國의 統一商法典이 1985년부터 1990년까지 대폭 개정되었다. 따라서 電子資金移替에 관한 사항을 규율하기 위하여 제 4 A장이 신설되어 1989년에 공포되었고, 이와 함께 流通證券에 의한 지급을 규율하는 법도 통일되고 또 현대화할 필요가 있어 제 3 장 및 제 4 장이 대폭 개정되어 1990년에 공포되었다.

---

1) 信用카드에 관하여는 처음에 「信用카드業法」(1987. 5. 30, 법률 제3928호)이 제정되었으나 이 법은 그 후 「與信專門金融業法」(1997. 8. 28, 법률 제5374호)에 흡수되었는데, 신용카드에 관한 이러한 法은 당사자간의 私法上의 法律關係를 규율하기 위한 법이 아니라 신용카드업자의 행정적 감독을 위한 법이다. 따라서 信用카드에 관하여도 당사자간의 私法上 法律關係를 규율하는 特別法은 없다고 볼 수 있다.

2) 15 U.S.C. §§1642-45(1982).

3) 이에 관한 全文飜譯으로는 鄭燦亨, "美國의 Eletronic Fund Transfer Act," 「商法學의 現代的 問題」(檀也徐廷甲博士古稀紀念論文集)(서울: 三英社, 1986. 2), 83~98면 참조.

4) 15 U.S.C. §§1693-1693 r(1982).

5) 이는 15 U.S.C. §1693 b에 근거한다.

제 2 장　信用카드[1]

제 1 절　序　　言

현금이 없이도 카드의 제시만으로 쉽게 상품 및 서비스를 제공받을 수 있는 信用카드(credit card; Kreditkarte)는 현재 그 이용이 급속도로 증가하고 있는데, 이는 보통 「플라스틱 머니」(plastic money) 또는 「제 3 의 통화」라고 불려지고 있다. 이러한 信用카드의 일반적인 보급은 우리 사회가 手票 및 電子資金移替制度(Electronic Fund Transfer System)[2]의 이용과 함께 「현금 없는 사회」로 나아가는 것을 의미하며,[3] 다른 한편 「신용사회」로 전환되고 있음을 의미한다.[4] 우리 나라에서도 信用카드의 이용이 급속도로 증대되고 있으나, 이와 관련된 私法上의 法律問題를 해결하는 立法 및 法理論의 정립은 아주 미흡한 실정이다. 信用카드에 관하여는 처음에 「信用카드業法」(1987. 5. 30, 法律 제3928호)에서 규율하고 그 후 同法은 「與信專門金融業法」(1997. 8. 28, 法律 제5374호)에 흡수되었는데, 이러한 法들은 신용카드업자에 대한 행정감독적인 성격을 갖고 있을 뿐 거래법적인 성격을 갖고 있지 않다. 따라서 신용카드거래에 관련된 당사자간의 사법상의 법률관계는 거의 카드발행회사가 제정한 約款(카드會員約款 및 加盟店約款)에 의하여 규율되고 있을 뿐이다.

---

1) 이에 관한 상세는 鄭燦亨, "手票카드와 信用카드," 「考試界」, 1988. 10, 48～65면; 同, "信用카드去來와 代金債務者의 抗辯," 「商事法研究」, 제 6 집(1988), 87～144면; 同, "信用카드와 抗辯," 「判例月報」, 제215호(1988. 8), 11～23면 참조.

2) 鄭燦亨, 前揭 商法學의 現代的 課題, 75～106면 참조.

3) Bergsten, "Credit Cards — A Prelude to the Cashless Society," 8 *B.C. Ind. & Com. L. Rev.* 485(1967).

4) 李銀榮, 「約款規制論」(서울: 博英社, 1984), 201면; 同, "크레디트 카드에 관한 法的 考察," 「法學」(서울대), 제28권 1호(1982. 3), 212～228면.

信用카드는 美國에서 최초로 발생하였는데, 그 기원은 1900년대 초에 美國의 백화점이 신용판매를 촉진하고 고객의 신원을 확인하기 위하여 발행한 「크레디트 코인」(Credit Coin)이다. 그 후 1914년에 최초로 석유회사에 의하여 信用카드가 발행되었고(兩當事者카드), 1950년에는 「다이너스 클럽」이 모든 목적을 위하여 이용될 수 있는 信用카드를 발행하였으며(三當事者카드), 1959년에는 美國의 兩大銀行인 「뱅크 오브 아메리카」(Bank of America)와 「체이스 맨하탄」(Chase Manhattan)이 일반시민들을 대상으로 하는 다목적 信用카드를 발행하게 되어 신용카드제도가 본격적인 발전을 하게 되었다.[1] 오늘날 이러한 美國의 信用카드는 전세계적으로 발행되고 있으며, 우리 나라에서도 이러한 美國의 信用카드制度가 1969년에 도입된 이래 그 후 급속한 신장을 하고 있다.[2]

제 2 절 信用카드의 種類 및 經濟的 機能

제 1 種 類

信用카드는 여러 가지 기준에 의하여 다음과 같이 분류할 수 있다.[3]

1) 카드거래의 當事者의 數를 기준으로 「兩當事者카드」·「三當事者카드」 및 「多當事者카드」로 분류할 수 있다.[4] 「兩當事者카드」는 카드발행인과 카드회원(카드소지인)의 두 당사자가 존재하고 이들 사이에 하나의 법률관계만이 성립하는 카드이고,[5] 「三當事者카드」는 카드발행인 · 카드회원 및 카드가맹점의 세 당사자가 존재하며 이들 사이에는 카드발행인과 카드회원간의 회원계약·

1) 미국의 信用카드에 대한 상세한 소개로는 金文煥, "크레디트 카드의 實態와 問題點," 「商法學의 現代的 課題」(檀也徐廷甲博士古稀紀念論文集)(서울: 三英社, 1986), 53~55면; 鄭東潤, "信用카드에 관련된 法律問題," 「法學論集」, 제23집(서울: 高麗大, 1985. 12), 214~216면 등 참조.

2) 同旨: 金文煥, 前揭論文, 55면.

3) 이에 관한 상세는 鄭東潤, 前揭論文, 217~220면; 金榮成, "크레디트 카드에 관한 法的考察," 「法學碩士學位論文」(서울大, 1982. 2), 9~11면 등 참조.

4) 金文煥, 前揭論文(商法學의 現代的 課題), 55면은 兩當事者카드를 「一方當事者카드」(Single-Party Card)로, 三當事者카드를 「雙方當事者카드」(Dual-Party Card)로, 多當事者카드를 「多方當事者카드」(Multi-Party Card)로 표현하고 있다.

5) 이러한 카드에 속하는 것에는 대부분의 백화점계 신용카드인데, 롯데백화점 신용카드와 신세계백화점 신용카드 등은 가맹점에 가입되어 있어 三當事者카드化되고 있다(金榮成, 前揭論文, 10면 註 18).

카드발행인과 카드가맹점간의 가맹점계약·카드회원과 카드가맹점간의 원인행위(기초거래)에 따른 계약이 각각 성립하는 카드이다.[1] 三當事者카드의 변형으로 「四當事者카드」가 있는데 이것은 三當事者카드에서의 카드발행인의 역할을 카드발행인과 은행이 분담하는 것뿐이며 이의 법률관계는 三當事者카드의 그것과 같고, 「多當事者카드」는 카드발행인이 복수의 은행으로 되어 있어 많은 가맹점에서 통용될 수 있는 카드인데 이의 법률관계도 기본적으로는 三當事者카드의 그것과 같다.[2]

2) 信用카드의 利用目的이 제한되어 있느냐의 여부에 따라 「制限目的(單一目的) 카드」와 「全目的(多目的) 카드」가 있다.[3]

3) 카드의 利用可能地域에 따라 「國內카드」와 「國際카드」가 있는데,[4] 國際카드를 國外에서 이용하기 위해서는 外國換去來法 등의 규제를 받는다.[5]

제 2 經濟的 機能

1) 신용카드거래는 거래의 당사자에 대하여, (i) 카드會員에 대하여는 현금대용 및 신용공여기능을 하고, (ii) 카드加盟店에 대하여는 현금거래에 따르는 위험성과 번잡함을 덜어주고 또 판매를 촉진시키는 기능을 하며, (iii) 카드發行會社는 가맹점으로부터 수수료를 받고 또 회원으로부터 회비를 받음으로써 수입을 올리는 기능을 하게 되는 장점을 갖고 있다.

2) 그러나 신용카드에 의한 거래는 현금거래보다 거래구조가 복잡하여 이에 관련된 인원 및 비용의 부담이 크며, 또 카드회원에게는 무분별하고 불건전한 소비생활을 조장하는 단점도 있다.[6]

---

1) 이러한 카드에 속하는 것에는 국내외의 카드발행회사가 발행하는 각종의 信用카드이다.

2) 우리 나라에서 현재 이용되고 있는 多當事者카드로는 국내외의 銀行系 카드로서 銀行信用카드(B.C.카드), 비자(VISA)카드 등이 있다.

3) 制限目的카드에 속하는 것으로는 백화점계 카드이고, 全目的카드에 속하는 것으로는 모든 가맹점에서 이용될 수 있는 것으로 국내외의 銀行系 카드와 (카드發行)專門會社系 카드이다.

4) 「비자」(VISA)카드·「마스터」(Master)카드·「다이너스 클럽」(Diners' Club)카드 등과 같은 外國系 카드는 국외에서도 이용될 수 있는 「國際카드」이나, 그 밖의 카드는 대부분 「國內카드」이다.

5) 그러나 1988. 7. 1부터는 「國際카드」를 國外에서 사용하는 경우 미리 사용한도에 대하여 外國換銀行의 認證을 받을 필요가 없고, 일정한 한도액을 초과하여 사용한 경우에만 사후관리를 받고 있다.

6) 이에 관한 상세는 李銀榮, 前揭書, 203~205면; 鄭東潤, 前揭論文, 220~222면; 金榮成, 前揭論文, 4~5면; 趙龍鎬, "크레디트 카드의 法律問題," 「司法論集」, 제17집, 156면 등 참조.

제 3 절 信用카드의 意義 및 信用카드去來의 構造

제 1 信用카드의 意義

1) 信用카드가 무엇이냐에 대하여 우리 나라의 與信專門金融業法 제 2 조 3호는 「信用카드라 함은 이를 제시함으로써 반복하여 물품의 구입 또는 용역의 제공을 받거나 총리령으로 정하는 사항을 결제할 수 있는 證票로서 신용카드업자(외국에서 신용카드업을 하는 자를 포함함)가 발행한 것」이라고 정의하고 있다.[1)]

2) 信用카드는 이와 유사한 「商業信用狀」(Letter of Credit, L/C), 「手票카드」, 「팩토링」(Factoring) 및 「POS」(Point of Sale Terminal System, 販賣店頭端末機)와 다음과 같은 점에서 구별되고 있다.[2)]

① 「商業信用狀」과 信用카드(가장 많이 이용되고 있는 三當事者카드의 경우)는 모두 신용상태가 불명한 매수인의 신용을 신용장개설은행 또는 카드발행인이 매도인에 대하여 대체하며, 三當事者 사이에 세 개의 契約이 성립하는 점에서는 유사하다. 그러나 商業信用狀에 의한 거래에 있어서는 당사자의 명백한 다른 의사표시가 없는 한 세 개의 계약에서 발생한 채무는 각각 독립적이며 또 信用狀去來의 獨立抽象的인 성격에서 매수인은 매도인에 대한 항변사유로써 신용장개설은행에 대항할 수 없다. 그러나 信用카드去來에 있어서 매수인이 매도인에 대한 항변사유로써 카드발행인에게 대항할 수 있는지 여부는 명백하지 않고 논의가 되고 있다(후술). 또한 商業信用狀은 일반적으로 상인에 의하여 이용되고 信用카드는 소비자에 의하여 이용되고 있는 점, 商業信用狀은 매 거래시마다 개설되나 信用카드는 유효기간 내에는 반복하여 사용될 수 있는 점 등도 양자가 구별되는

---

1) 한편 美國의 統一消費者信用法典은 信用카드에 대하여 다음과 같이 정의하고 있다. Uniform Consumer Credit Code §1. 301(17): "Credit card" means a card or device issued under an arrangement pursuant to which a card issuer gives to a cardholder the privilege of obtaining credit from the card issuer or other person in purchasing or leasing property or services, obtaining loans, or otherwise(信用카드란 카드發行人이 카드所持人〈카드會員 ── 필자註〉에게 그가 商品·서비스를 購入·賃借하거나, 貸出을 받거나 기타〈필요할 일〉에 있어서 카드發行人 또는 제 3 자로부터 신용을 받을 權限을 부여할 목적으로 당사자의 약정하에 발행된 카드 또는 기구를 의미한다).

2) 이에 관한 상세는 金榮成, 前揭論文, 6~9면; 明浩根, "크레디트 카드에 관한 法律問題小考," 「法學碩士學位論文」(國民大, 1983. 12), 14~16면; 金星泰, "크레디트 카드(信用카드)去來," 「考試界」, 1984. 11, 178~179면; 鄭東潤, 前揭論文, 224면 등 참조.

점이라고 볼 수 있다.

② 「手票카드」나 信用카드(銀行系 카드로서 三當事者카드의 경우)는 모두 三當事者간의 세 개의 契約關係가 있으며, 은행이 지급을 담보하는 점 등에서 유사하며, 모두 金融카드라고 불려지고 있다. 그러나 手票카드는 독립하여 사용될 수 없고 항상 수표와 함께 사용될 수 있으나 信用카드는 그 자체만으로 독립하여 사용될 수 있는 점, 手票카드의 경우에는 수표수취인과 은행과의 직접적인 계약관계가 없으나 信用카드의 경우에는 카드가맹점과 카드발행인간에 직접적으로 계속적인 契約關係(加盟店契約)가 체결되는 점 등에서 구별되고 있다.

③ 「팩토링」과 信用카드去來(특히 카드會員이 分割支給하는 거래의 경우)는 팩터(factor) 또는 카드發行人이 매도인의 외상채권을 매입하고 이를 매수인(고객 또는 카드회원)으로부터 추심하는 점은 유사하다. 그러나 팩토링에서 팩터는 매도인의 모든 외상채권을 매입하나 信用카드去來에서 카드발행인은 신용카드를 이용하여 발생한 채권만을 매입하는 점, 팩토링에서 팩터는 매수인과는 아무런 직접적인 계약관계가 없는데 信用카드去來에서 카드발행인은 매수인(회원)과 직접적인 계약관계(회원계약)가 있다는 점 등에서 양자는 구별되고 있다.

④ 「POS」는 전자자금이체제도에 의한 개인의 상품구입제도로서 최근 歐美先進國金融圈에서는 발전을 보이고 있으나, 「컴퓨터」의 개재라는 높은 고정비용요소 때문에 그 편리성에도 불구하고 사실상 폭넓게 이용되기 어려운 점을 갖고 있어 아직까지는 본격적인 발전단계에 이르지 못하고 있다. POS에 의한 거래는 카드소지인이 백화점이나 「슈퍼마켓」 같은 곳에 설치되어 있는 POS 단말기에 자기카드를 제시하여 「컴퓨터」로 하여금 카드의 진위·은행구좌의 잔액부족여부를 확인하게 하고 동시에 판매대금을 즉시 자동적으로 구좌이체토록 할 수 있는 제도인데, On-Line이 아닌 POS인 경우에는 POS회사를 통하여 은행에서 이체지급받게 된다. 이와 같은 POS는 카드 하나만으로 고객이 상품 등을 구입할 수 있다는 점에서는 信用카드와 완전히 동일하다. 그러나 POS에 의한 구좌이체는 信用카드의 경우와 같이 복잡하지 않고 간단히 처리되는 점, POS회사로부터는 카드회원에 대한 여신이 원칙적으로 일어나지 않는 점, POS에 의한 거래는 한정된 지역에서만 가능한 점 등에서 POS는 信用카드와 구별되고 있다.[1)]

---

1) 李相憲, "크레디트 카드," 「金融」(서울: 大韓金融團, 1977. 11), 42~43면.

제 2 信用카드去來의 構造

信用카드去來의 구조는 信用카드의 종류에 따라 상이한데, 이곳에서는 현재 가장 많이 이용되고 있는 三當事者카드를 중심으로 설명한다. 三當事者카드 중에는 카드발행인이 銀行인 경우(銀行系 카드)와 專門會社인 경우(專門會社系 카드)가 있는데, 銀行系 카드의 경우에는 銀行 자체 내에서 카드이용대금의 구좌이체가 이루어지나 專門會社系 카드의 경우에는 카드발행인(전문회사)의 거래은행을 통하여 카드이용대금의 구좌이체가 이루어지는 점에서만 차이가 있다. 그런데 이 때 카드발행인의 거래은행은 카드발행인과의 委任契約에 따라 카드이용대금 사무를 처리할 따름이고, 그러한 은행의 명의로 카드이용대금을 청구하거나 지급하는 것이 아니므로 카드거래의 당사자라 할 수 없다.[1] 또한 多當事者카드도 카드발행인이 수 인이라는 것뿐이지 기본적으로는 三當事者카드와 같으므로 이곳에서의 三當事者카드에 대한 설명은 多當事者카드에도 해당된다고 보겠다.

1) 먼저 카드發行人이 요구하는 일정한 요건을 충족하는 자는 카드會員規約에 따라 카드발급(입회)신청서를 제출하여 會員契約을 체결하고, 카드를 발급받은 후 會員[2]이 된다. 그런데 이 때 카드발급신청서에는 거의 예외 없이 連帶保證人을 기재하게 되어 있다. 회원은 크게 個人會員과 法人會員으로 분류되고,[3] 개인회원은 다시 本人會員과 家族會員으로 분류되는데, 會員規約에 의하여 本人會員과 家族會員은 신용카드에 관한 모든 행위에 대하여 상호 연대하여 책임을 지도록 되어 있다.[4]

2) 다음으로 카드發行人은 상품 또는 서비스를 판매 또는 제공하는 商店 등과 카드加盟店規約에 따라 加盟店契約을 체결한다. 이 때 카드가맹점은 가맹점규약에 의하여 카드회원이 유효한 카드를 제시하면 상품 또는 서비스를 신용으로 판매하거나 제공하여야 하고, 직접 현금을 요구하거나 카드회원을 일반고객과 다른 불리한 취급을 하지 못한다.[5]

3) 카드회원은 카드가맹점에 카드를 제시하고 매출전표에 카드상의 서명

1) 清水 巖, "クレジット・カード取引の法構造(1)," 「法律時報」, 1973. 11, 172면.
2) 「會員」이라는 용어는 會員契約에 團體性이 없기 때문에 정확한 것이 아니나(清水 巖, 前揭論文, 172면), 실무계에서는 거의 전부 「會員」이라는 용어를 쓰고 있다.
3) 金榮成, 前揭論文, 14~15면.
4) 國民카드會員規約 1조, 2조; B.C.카드會員規約 1조, 2조; VISA카드會員規約 1조, 2조 등.
5) VISA카드加盟店契約 4조 등.

과 동일한 서명을 함으로써 상품을 구입하거나 서비스를 제공받을 수 있다.[1] 한편 카드가맹점은 카드회원의 서명을 받은 매출전표를 카드발행인에게 송부하고 매출전표의 액면금액으로부터 미리 정하여진 일정한 비율의 수수료를 공제한 금액을 카드발행인으로부터 지급받는다. 이 때 銀行系 카드의 경우에는 카드발행인이 카드발행인에 설치되어 있는 카드가맹점의 예금구좌에 입금하여 주고, (카드발행)專門會社系 카드의 경우에는 전문회사의 거래은행이 전문회사의 요청에 의하여 자기에게 설치되어 있는 전문회사의 예금구좌에서 카드가맹점의 예금구좌로 해당 금액을 이체하여 준다.

4) 카드가맹점에 카드이용대금을 지급한 카드발행인은 매월 일정일까지의 카드회원별 카드이용대금을 계산하여 카드회원에게 위 금액에 해당하는 청구서를 보내고, 카드회원의 은행예금구좌로부터 자동이체하는 방법으로 카드이용대금을 추심함으로써 카드이용에 따른 대금결제를 종결한다.

제 4 절 信用카드의 有價證券性

信用카드는 有價證券인가. 유가증권의 의의에 대하여는 견해가 나뉘어 있으나,「財産權이 표창된 증권으로서 권리의 發生 · 移轉 · 行使의 전부 또는 일부에 증권의 所持를 필요로 하는 것」으로 본다면[2] 信用카드가 위의 요건에 해당하는지 여부에 따라서 有價證券性이 결정된다. 먼저 信用카드가 財産權을 표창하는가의 문제에 대하여, 信用카드는 권리 또는 재산권을 표창하는 증권은 아니고 다만 회원자격을 증명하는 證據證券에 불과하다.[3] 다음으로 信用카드는 원인관계인 회원계약과 독립하여 존재하는 無因證券도 아니고 또 회원의 권리가 신용카드의 발행에 의하여 비로소 창설되는 設權證券도 아니다.[4] 신용카드는 회원계약에 의하여 타인에게 양도(및 입질 · 대여)될 수 없고,[5] 또 회원

---

1) 國民카드會員規約 4조 2항; B.C.카드會員規約 5조; VISA카드會員規約 6조 1항 등.

2) 孫(珠), 7~8면 外. 그러나 有價證券의 요건으로서 증권의 所持가 어느 정도로 요구되는가에 관하여는 권리의 移轉 및 行使에 증권의 所持를 요한다는 說[梁·朴, 648면], 권리의 移轉에 증권의 所持를 요한다는 說[徐·鄭, (上) 166면] 및 권리의 行使에 증권의 所持를 요한다는 說[鄭(熙), 7~8면] 등이 있다.

3) 李銀榮, 前揭書, 206면; 鄭東潤, 前揭論文, 223면; 趙龍鎬, 前揭論文, 159면; 金榮成, 前揭論文, 12면.

4) 李銀榮, 前揭書, 206면; 金榮成, 前揭論文, 12면.

5) VISA카드會員規約 3조 2항; 國民카드會員規約 2조 1항; B.C.카드會員規約 3조 1항;

자격은 그 성질상 회원에 대한 신용조사를 바탕으로 하고 있으므로, 회원자격은 신용카드의 양도에 의해서는 물론 그 밖의 방법에 의해서도 원칙적으로 양도될 수 없고 일신전속성을 갖는다.[1] 그러나 카드회원이 그의 권리를 행사하기 위하여는 반드시 카드가맹점에 신용카드를 제시하여야 하는 **提示證券性**이 있으며(VISA카드會員規約 6조 1항 등), 카드가맹점은 외견상 유효한 카드소지인과 거래한 이상 그가 진정한 회원이 아니었더라도 이로 인한 책임을 부담하지 않는 **免責證券性**은 있다.[2] 그런데 신용카드의 면책증권성은 1회 사용한도액 및 1개월 사용한도액의 범위 내에서만 또 무과실의 경우에만 인정되므로, 制限的 免責證券性이라고 볼 수 있다.[3] 이 밖에 信用카드는 信用證券性이 있다고 보는 견해도 있다.[4]

참고로 신용카드의 법적 성질에 대하여 美國의 判例에서는 流通證券(negotiable instrument, 우리 나라의 有價證券에 대응될 수 있음)性을 肯定하는 判例[5]와 否定하는 判例[6]로 나뉘어 있다.

제 5 절 信用카드 利用代金의 支給關係의 法的 性質

1) 信用카드의 경우에는 카드회원이 카드가맹점으로부터 구입한(제공받은) 물건(용역)의 대금을 카드발행인이 카드회원을 대신하여 카드가맹점에게 지급하고 카드발행인은 이를 카드회원으로부터 구상하는데, 이러한 카드이용대금의 지급관계의 법적 성질을 어떻게 볼 것인가가 문제된다. 이에 대하여 美國에서는 商業信用狀說·債權讓渡說·外上債權買入說·支給人說·直接債務說 및 直接貸與說 등이 있고, 獨逸에서는 크게 支給指示說(損害擔保契約說)과 債權讓渡說이 있으며, 日本에서는 크게 債權讓渡說·替當支給說(이는 다시 履行引受說·債權引受說 및 保證說로 나뉘어지고, 債務引受說은 다시 免責的 債務引受說과 併存的 債務引受說로 나뉘어짐) 및 無名契約說이 있다.[7] 우리 나라에서는 신용카

롯데카드會員規約 3조 2항; 신세계카드會員規約 2조 2항 등.

1) 李銀榮, 前揭書, 206~207면; 金榮成, 前揭論文, 12면; 趙龍鎬, 前揭論文, 159면.

2) 李銀榮, 前揭書, 206~207면; 趙龍鎬, 前揭論文, 159면.

3) 李銀榮, 前揭書, 207면; 金榮成, 前揭論文, 12면; 趙龍鎬, 前揭論文, 159면 註 25.

4) 鄭東潤, 前揭論文, 224~225면.
反對: 金榮成, 前揭論文, 13면.

5) Wanamaker v. Megary, 24 Pa. Dist. 778(1925).

6) Lit. Bros. v. Haines, 98 NJL 658, 121 A. 131(1923); Gulf Refining Co. v. Plotnik, 24 Pa. D. & C. 147(C.P. 1935).

7) 이에 관한 상세한 소개로는 鄭燦亨, "信用카드去來와 代金債務者의 抗辯,"「商事法硏究」

드이용에 따른 대금지급관계의 법적 성질에 대하여 거의 일치하여 日本의 學說인 替當支給說 중 倂存的(重疊的) 債務引受說을 따르고 있다.[1] 따라서 카드발행인은 카드회원의 채무를 인수하였기 때문에 카드이용대금을 카드가맹점에게 지급할 채무를 부담한다고 한다. 그런데 이 때 카드발행인은 카드회원의 채무를 倂存的으로 인수하는 것이므로 카드가맹점은 카드회원에 대하여도 대금을 청구할 수 있으나, 카드가맹점규약상의 특약에 의하여 특별한 사유가 없는 한 카드회원에게는 대금을 청구하지 않는다고 한다.[2]

2) 생각건대 위에서 본 바와 같이 신용카드이용에 따른 대금지급의 법적 성질에 대하여 각국의 이론이 다양한데, 어느 이론에 의해서도 이를 충분히 설명할 수 없는 문제점이 있다.[3] 즉, 商業信用狀說과 外上債權買入說은 신용카드가 상업신용장 및 「팩토링」과 근본적으로 구별되는 점에서 문제가 있고(이미 설명한 信用카드와 商業信用狀 및 「팩토링」과의 구별 참조), 또 支給人說(또는 支給指示說)은 매출전표가 환어음과 근본적으로 구별되는 점에서 문제가 있다. 直接債務說, 直接貸與說은 카드회원이 카드이용에 따른 대금채무를 카드발행인에 대하여만 부담한다는 점에서 문제가 있다. 또 債權讓渡說과 免責的 債務引受說은 카드가맹점의 보호에서 문제가 있고(원인채권의 상실로 인하여), 履行引受說은 카드가맹점이 카드발행인에 대하여 대금지급채권을 갖지 못하는 점에서 근본적인 문제가 있고, 倂存的 債務引受說은 카드회원의 보호에서 문제가 있고(이중지급의 위험부담), 保證說은 카드발행인의 카드가맹점에 대한 채무가 단순하지 않고 원인채무(주채무)와 관련하여 부종성과 보충성이 있다는 점에서 문제가 있다.

또한 신용카드 이용에 따른 카드회원의 카드가맹점에 대한 대금지급채무(또는 카드가맹점의 카드회원에 대한 대금채권)는 (i) 카드발행인의 카드가맹점에 대한 債務(또는 카드가맹점의 카드발행인에 대한 債權)와 (ii) 카드회원의 카드발행인에 대한 債務(또는 카드발행인의 카드회원에 대한 債權)로 변경되는데, 위의 여러 이론은 이의 한 면에 대한 근거만을 제시하고 있다. 즉, 위 (i)에 대한 근거를 제시하는 이론으로는 商業信用狀說 · 支給人說(支給指示說) 및 替當支給說(履行引受說 · 免責的 債務引受說 · 倂存的 債務引受說 · 保證說)이 있고, 위 (ii)에 대한 근거를 제시하는 이론으로는 債權讓渡說 · 外上債權買入說 · 直接債務說 및 直接貸與說이 있다. 이렇게 보면

(韓國商事法學會編), 第 6 輯(1988), 94～104면 참조.

1) 鄭東潤, 前揭論文, 236면; 金文煥, 前揭論文, 68면; 李銀榮, 前揭書, 214～215면 등.

2) 鄭東潤, 前揭論文, 236면 등.

3) 각 理論에 대한 문제점의 제시로는 鄭東潤, 前揭論文, 234～236면; 金榮成, 前揭論文, 22～34면; 李信燮, "크레디트 카드에 관한 법률적 문제," 「裁判資料」, 제32집(법원행정처, 1986. 11), 244～247면 등 참조.

위의 어느 이론의 하나만을 가지고 위의 (i) 및 (ii)의 법률관계의 근거를 충분히 설명하고자 하는 것은 무리이며, 또 한 쪽면의 법률관계를 설명하기 위한 이론을 다른 쪽의 법률관계에서 맞지 않는다고 비판하는 것도 無用한 비판이라고 생각한다.

따라서 카드이용대금의 지급관계의 법적 성질은 一元的으로 설명될 수는 없고 二元的으로 설명될 수밖에 없다. 즉, (i) 카드회원의 카드발행인에 대한 代金支給義務의 근거는 카드會員規約의 내용에 의하여 타당한 법리를 찾아야 할 것이고, 카드발행인의 카드가맹점에 대한 代金支給義務의 근거는 카드加盟店規約의 내용에 의하여 타당한 법리를 찾아야 할 것이다[1](때로는 카드會員規約 및 카드加盟店規約의 내용을 종합적으로 검토하여 그에 상당하는 법리를 찾을 수도 있을 것이다). (ii) 만일 카드會員規約 및 카드加盟店規約의 내용(모순, 불명확 등의 이유로)으로부터 일정한 법리를 찾을 수 없는 경우에는 카드발행인의 카드가맹점에 대한 대금지급의무의 근거는 免責的 債務引受說에서 찾고, 카드회원의 카드발행인에 대한 대금지급의무의 근거는 債權讓渡說에서 찾아야 할 것으로 본다.[2] 카드발행인의 카드가맹점에 대한 대금지급의무의 근거를 「併存的」이 아니라 「免責的」 債務引受로 보는 이유는 카드회원의 카드발행인에 대한 지급의무의 근거를 債權讓渡說로 보는 것과 균형을 이루고자 하며,[3] 카드회원을 이중지급의 위험으로부터 보호하고자 하기 때문이다(併存的 債務引受說에 의하면 카드회원은 카드발행인 및 카드가맹점에게 채무를 부담하기 때문에 — 특히 카드발행인의 사전구상이 있는 경우 — 이중지급의 위험을 부담한다). 우리 나라의 카드규약은 대부분 이에 관하여 명확한 규정을 두고 있지 않고 규약작성자(카드발행인)의 이익보호를 위주로 작성되어 있으므로, 대부분의 카드거래와 대금지급관계의 법적 성질은 이와 같이 설명되어야 할 것으로 본다. 따라서 이에 관한 우리 나라의 通說에 반대한다.

제 6 절 信用카드 保證人의 責任

신용카드거래에서 카드회원이 카드발행인에게 신용카드의 발행을 청구함에 있어 카드발행인은 카드회원에 대하여 거의 예외 없이 連帶保證人을 세우도록 요구하고 있다. 그리고 이러한 연대보증인의 책임에 대하여 카드회원규약

1) 獨逸 및 日本에서는 이에 따라 모든 카드를 각각의 理論에 따라 분류하고 있다.
2) 同旨: 淸水 巖, 前揭論文(2), 297면.
3) 免責的 債務引受說에 의하여 카드회원은 카드가맹점에게 채무를 부담하지 않게 되고, 債權讓渡說에 의하여 카드가맹점은 카드회원에게 채권을 갖지 않게 되어 균형을 이루게 된다.

에 규정되어 있는데, 이러한 신용카드 보증인의 책임에 관하여 법률문제도 빈번하게 발생하고 있다. 신용카드 보증인에 대한 법률문제 중에는 특히 保證人의 責任限度와 責任의 存續期間이 문제되므로, 이하에서는 이를 중심으로 고찰한다.

신용카드 보증인은 신용카드거래에서 從된 當事者라고 말할 수 있으며(主된 當事者는 카드發行人·카드會員 및 카드加盟店임), 이러한 보증은 특별한 보증은 아니고 民法上의 保證으로서 장래에 발생할 채무에 대한 보증인 根保證이며(民 428조 2항), 繼續的 保證이라고 볼 수 있다.[1] 그런데 신용카드거래에서의 보증은 民法上의 根保證(또는 繼續的 保證)보다도 主債務의 발생범위가 광범위하고 또 그 발생여부가 불확실하다는 점에 특색이 있는데, 이 점에서 身元保證과 아주 유사하다고 볼 수 있다.[2]

제 1 信用카드 保證人의 責任限度

1. 카드會員의 月間 信用去來限度額 내에서만 責任負擔

(1) 카드會員規約에는 「카드會員의 連帶保證人은 카드발행인이 카드회원에게 허용하는 1회 사용한도 또는 월간 사용한도와 관계없이 실제로 카드회원이 카드의 사용과 관련하여 카드발행인에 대하여 지게 되는 모든 債務에 대하여 카드회원과 연대하여 책임을 부담한다」고 규정하고 있는 것도 있고(VISA카드 會員規約 23조 2항), 「카드회원의 연대보증인은 카드회원이 이 규약에 의하여 부담하는 채무액에 대하여 월간최고이용한도액의 범위 내에서 카드회원과 연대하여 책임을 진다」고 규정되어 있는 것도 있다(B.C.카드會員規約 17조 1항). 따라서 카드會員의 保證責任의 限度는 카드회원의 월간카드이용한도액의 범위로 제한되는지 여부가 문제된다.

이에 대하여 우리 大法院判例는 카드會員規約上 카드會員의 月間使用限度額이 명시되어 있는지 여부에 불문하고 信用카드 保證人은 카드會員의 月間信用去來限度額內에서만 보증책임을 부담한다고 다음과 같이 판시하고 있다.

[신용카드 보증인은 신용카드회원의 월간 신용거래한도 내에서만 보증책임을 부담한다고 본 判例]

신용카드보증인은 피보증인인 카드회원에 대하여 월간 신용카드이용한도액을 정한 경우에 피보증인의 그 신용거래한도 내에서만 그 대금채무의 이행을 보증

1) 同旨: 金敎昌, "信用카드 保證人의 責任," 「商事法硏究」(韓國商事法學會編), 第6輯, 30면.
2) 同旨: 金敎昌, 上揭論文, 42면.

한 것이라고 보아야 한다[大判 1986. 1. 28, 85 다카 1626(新聞 1626, 10)].

同旨: 大判 1986. 7. 8, 85 다카 1740(公報 783, 1039)(월간 거래한도액에 아무런 제한이 없는 경우에는 카드회원의 월간한도액을 확정한 다음 카드보증인의 보증한도를 가렸어야 한다).

생각건대 위의 大法院判例와 같이 카드保證人은 카드會員의 月間使用限度額 범위 내에서만 그 보증책임을 부담한다고 보는 것이 타당하다고 본다.[1] 따라서 만일 카드會員規約이 保證人의 책임을 카드회원의 월간 사용한도액에 무관하게 실제로 카드회원이 카드사용과 관련하여 카드발행인에 대하여 부담하는 모든 채무에 미친다고 규정하고 있다면, 그러한 규정은 公平의 理念과 信義則에 어긋나는 것이므로 무효라고 보거나[2] 또는 카드회원의 月間使用限度額 범위 내에서만 효력이 있다고 보아야 할 것이다.[3]

(2) 이와 관련하여 카드보증인은 카드회원이 카드를 정상적인 방법으로만 사용함으로써 발생하는 카드사용대금채무만을 연대보증하는 것인데, 우리 大法院判例도 이와 同旨로 다음과 같이 판시하고 있다.

[카드保證人은 카드會員이 카드를 정상적인 방법으로 사용하는 경우에만 보증책임을 진다고 본 判例]

신용카드회원규약에 정해진 연대보증인의 책임은 카드회원이 카드를 정상적인 방법으로만 사용함으로써 발생하는 카드사용대금채무만을 연대보증하는 것이고, 카드회원이 가맹점과의 공모로 허위의 매출표를 작성하여 원고로부터 허위의 매출대금을 지급받은 경우에 회원 본인이 부담하는 채무에 대해서까지 연대보증을 하는 것은 아니라고 해석함이 상당하다[大判 1995. 8. 22, 95 다 12040(公報 1995, 1001)].

2. 카드發行人의 歸責事由에 의한 保證責任의 減額

카드發行人은 카드會員의 신용에 관한 변화가 있는 경우에는 즉시 카드會員의 保證人에게 통지하여야 하는데, 이를 게을리한 경우에는 카드保證人의 責任限度가 감액된다.

---

1) 同旨: 金文煥, "크레디트 카드의 保證人責任,"「法律新聞」, 제1698호, 15면; 同, "크레디트 카드의 保證責任,"「法律新聞」, 제1606호, 12면.

2) 約款審査委員會는 1987. 9. 11 保證人의 責任限度는 카드회원의 信用去來限度를 초과할 수 없다는 전제 아래 그 이상의 責任을 지우고 있는 約款의 규정들을 無效라고 의결하였다[司法行政, 1987년 11월호, 93면 이하].

3) 同旨: 李信燮, "크레디트 카드에 관한 法律的 問題,"「法曹」, 1988년 3~5월호 참조; 蔡, 409면.

우리 大法院判例도 이와 同旨로 다음과 같이 판시하고 있다.

[카드發行人의 歸責事由로 인하여 카드保證人의 責任을 감액한 判例]

카드발행인이 카드회원과의 카드이용계약에 대한 해지권을 해태하고 그 거래정지사실을 카드보증인에게 통지하지 아니한 사정만으로는 카드보증인의 연대보증책임 전부를 면제할 정도는 아니나, 이와 같은 사정과 카드보증인들이 연대보증을 서게 된 경위 등을 참작하면 위 카드이용대금 지급채무 중 월간 카드이용한도액 내에서 5할을 감액한 금액을 카드보증인들이 지급할 금액으로 인정함이 신의칙 또는 공평의 원칙에 비추어 상당하다[大判 1989. 11. 28, 89 다카 8253(公報 864, 136)].

同旨: 大判 1991. 4. 23, 91 다 3871(公報 899, 1592)(카드회원이 신용관리금액을 초과하거나 이용대금을 연체하는 경우 등에 카드발급은행이 이를 보증인에게 통지하거나 그 신용상태를 다시 조사하여 거래정지 등 조치를 취하지 않은 경우에는 보증인의 책임은 연체액의 40%이다).

제 2 信用카드 保證人의 責任의 存續期間

1. 信用카드 保證人의 保證期間

카드회사를 위한 카드會員의 保證人의 責任의 존속기간에 대하여 會員規約에서는 「카드의 최초 발급일로부터 최장 5년간 카드회원의 채무를 보증하는데, 카드의 更新·再發給의 경우에도 이러한 보증책임을 부담한다」고 규정하거나(VISA카드會員規約 23조 3항), 「카드의 최초 발행일로부터 당해 카드의 유효기간까지 카드회원의 채무를 보증하는데, 이 기간 내에 카드의 再發給 등의 사유로 카드가 교체된 경우에도 보증책임은 계속된다」(B.C.카드會員規約 17조 2항·3항)는 등으로 규정하고 있다. 保證期間을 카드회원규약에서 위와 같이 「최장 5년간」 또는 「신용카드의 유효기간까지」로 정하는 것은 일응 유효하다고 볼 수 있고, 카드회원규약상 보증기간이 정하여져 있지 않은 경우에는 원칙으로 신용카드의 유효기간을 보증기간으로 해석하여야 할 것이다.[1] 그러나 保證人의 책임을 카드의 更新 또는 再發給의 경우에도 존속시키는 것은 보증인의 의사에 반하여 그의 책임을 부당하게 장기화하는 것으로서 무효라고 본다.[2] 따라서 保證人의 책임은 보증계약 당시 카드의 유효기간 내에 한하고, 카드의 更新 등의 경우에는 다시 보증

1) 同旨: 金敎昌, 前揭論文, 48면(그러나 身元保證法上 保證期間의 上限이 3년 또는 5년으로 규정되어 있는 점과 비교할 때 길다고 볼 수 있다고 한다).
2) 同旨: 金敎昌, 前揭論文, 48면.

인의 승낙을 받아야 한다고 본다.[1]

2. 信用카드 保證人의 解止權

신용카드의 보증기간이 위와 같이 장기인 점에 볼 때 보증기간 내에 카드회원의 신용 또는 재산상태가 카드보증 당시보다 악화된 경우에는 카드발행인은 카드보증인에 대하여 이를 通知하여야 하고, 이에 따라 카드보증인은 보증계약을 해지할 수 있다고 해석하여야 할 것이다[2](身元保證法 4조~5조 참조). 카드회원의 신용 또는 재산상태에 중대한 변화가 있음에도 불구하고 카드발행인이 카드보증인에게 통지하지 않으면 카드보증인의 보증책임은 면제 또는 감액될 수 있음은 앞에서 본 바와 같다.

제 7 절 信用카드去來와 代金債務者의 抗辯

신용카드거래에서의 抗辯이란 어음(手票)抗辯의 개념과 유사하게 「신용카드이용대금을 지급해야 하는 債務者(카드發行人 및 카드會員)가 신용카드이용대금의 債權者(카드加盟店 및 카드發行人)에 대하여 그 권리의 행사를 거절하기 위하여 제출할 수 있는 모든 항변」이라고 볼 수 있다. 이렇게 보면 신용카드거래에서의 代金債務者의 抗辯은 카드이용대금의 지급순서에 따라서 「카드發行人의 카드加盟店에 대한 抗辯」과 「카드會員의 카드發行人에 대한 抗辯」의 두 가지가 있다.[3] 또한 신용카드거래에서 代金債務者의 抗辯은 앞에서 본 카드이용대금의 지급관계의 법적 성질과 밀접히 관련되어 있다.

제 1 카드發行人의 카드加盟店에 대한 抗辯

1) 신용카드발행인은 카드가맹점에 대하여 카드회원의 원인관계에 기한

---

1) 同旨: 鄭(東), 569면; 서울民事地判 1983. 11. 4, 87 가합 410(新聞 1711, 8); 同 1987. 10. 16, 87 가단 4078; 同 1987. 11. 19, 87 가합 3296.

2) 同旨: 金敎昌, 前揭論文, 49면; 서울民事地判 1988. 12. 7, 88 나 13662(新聞 1810, 9).

3) Beck, S. 4 ff.도 위와 같이 두 가지의 抗辯으로 나누어 설명하고 있다. 信用카드去來에서 카드會員은 카드加盟店에게 카드利用代金을 지급할 의무가 없으므로(예컨대, VISA카드加盟店規約 4조 1항), 카드會員의 카드加盟店에 대한 抗辯은 原因關係(보통 賣買契約)에서는 존재하나 信用카드去來에서는 없다.

항변 등을 주장할 수 있는가. 이에 대하여 獨逸에서는 카드이용대금의 지급관계의 법적 성질을 어떻게 보느냐에 따라 달리 설명되고 있다. 즉, 支給指示說(損害擔保契約說)에서는 수표카드의 경우와 같이 카드발행인은 손해담보계약에 의하여 독립한 채무를 부담하는 점에서 카드회원의 원인행위의 무효·취소 등은 카드발행인의 손해담보계약에 영향을 미치지 않으므로, 카드발행인은 카드가맹점에 대하여 원인행위의 무효·취소 등의 항변을 주장할 수 없다고 한다.[1] 한편 債權讓渡說에 의하면 카드발행인은 손해담보계약에서와 같은 독립적인 채무를 부담한 것이 아니라 단순히 민법상 매매계약에 근거하여(BGB 433조 2항, 韓民 568조 1항에 해당) 카드이용대금을 지급할 채무를 부담한다고 보므로, 순수하게 이 이론으로만 보면 카드발행인은 카드가맹점에 대하여 원인행위의 무효·취소 등의 항변을 주장할 수 있다고 보아야 할 것이다.[2] 그러나 카드발행인은 카드회원과의 회원규약에서 카드회원의 원인행위에 기한 抗辯切斷規定[3]을 두어 원인행위의 무효·취소 등의 경우에도 카드회원에 대한 구상권이 확보되어 카드발행인은 카드가맹점에 대하여 여전히 지급의무를 부담하므로 카드발행인은 카드가맹점에 대하여 원인행위의 무효·취소 등의 항변을 주장할 수 없게 된다.[4] 따라서 결과적으로 債權讓渡說에 의한 경우에도 支給指示說에 의한 경우와 같이 원인행위의 무효·취소 등의 항변이 절단된다.[5]

우리 나라의 學說에서는 카드발행인의 카드가맹점에 대한 항변이 거의 설명되고 있지 않으나, 카드발행인에게 채무인수에 근거하여 카드가맹점에 대한 대금지급채무를 인정하면 채무인수의 법리에서 채무인수인(카드발행인)은 前채무자(카드회원)의 항변사유로써 채권자에게 대항할 수 있으므로(民 458조), 카드발행인은 카드회원의 카드가맹점에 대한 항변사유로써 카드가맹점에게 대항할 수 있다고 보아야 할 것이다.[6] 이 점에 대하여는 카드가맹점규약에서도 명문으로 규정하고 있다.[7] 신용카드에 의한 거래는 카드발행인과 카드회원간의 계

1) Beck, S. 38～41, S. 45～47, S. 56～57.
2) Beck, S. 41, S. 57.
3) 이러한 抗辯切斷規定은 獨逸의 聯邦大法院의 判例에서도 約款規制法(AGB-Gesetz)에 위반하지 않는 것으로 판시하고 있다(BGHZ 91, 221 ff.).
4) Beck, S. 42～43.
5) 그러나 債權讓渡說에 의한 경우 카드會員의 無能力의 경우에는 카드會員과 카드發行人간에 체결된 카드會員規約, 즉 원인행위에 기한 抗辯切斷規定이 유효하지 않으므로 카드發行人은 카드加盟店에 대하여 원인행위에 기한 無效·取消 등의 抗辯을 주장할 수 있다고 한다(Beck, S. 57～58).
6) 鄭燦亨, 前揭論文(商事法研究 第 6 輯), 132～135면.
7) 예컨대 VISA카드加盟店規約 6조 2항.

약(會員契約) 및 카드발행인과 카드가맹점간의 계약(加盟店契約)에 의하여 카드회원의 카드가맹점에 대한 카드이용대금의 지급에 편의를 제공하고 또 신용을 공여하는 契約關係이므로, 카드가맹점은 수표카드거래에 의한 수표(그 유통성과 피지급성이 보장되어야 하는 유가증권)의 취득자와는 명백히 구별되어 항변절단에 의하여 보호받을 지위에 있지 않다고 본다. 또 매매계약에서 매도인(카드加盟店)은 매수인(카드會員)으로부터 항변의 대항을 받을 수 있는데, 이러한 항변을 카드발행인을 통하여 대항받는다고 하여 카드가맹점을 불리하게 하는 것도 아니라고 본다.[1]

그러나 카드회원이 신용카드거래 후 신용카드 이용계약(회원계약)을 취소한 경우에는 카드발행인은 카드가맹점에 대하여 그 취소의 항변을 할 수 없다. 이에 대하여 우리 大法院判例도 같은 취지에서 다음과 같이 판시하고 있다.

[카드회원이 신용카드거래 후 회원계약을 취소한 경우 카드발행인은 카드가맹점에 대하여 그 취소의 항변을 주장할 수 없다고 본 判例]

미성년자가 신용카드발행인과 사이에 신용카드 이용계약을 체결하여 신용카드거래를 하다가 신용카드 이용계약을 취소하는 경우 미성년자는 그 행위로 인하여 받은 이익이 현존하는 한도에서 상환할 책임이 있는바(민법 제141조), 신용카드 이용계약이 취소됨에도 불구하고 신용카드회원과 해당 가맹점 사이에 체결된 개별적인 매매계약은 특별한 사정이 없는 한 신용카드 이용계약취소와 무관하게 유효하게 존속한다 할 것이고, 신용카드발행인이 가맹점들에 대하여 그 신용카드사용대금을 지급한 것은 신용카드 이용계약과는 별개로 신용카드발행인과 가맹점 사이에 체결된 가맹점 계약에 따른 것으로서 유효하므로, 신용카드발행인의 가맹점에 대한 신용카드이용대금의 지급으로써 신용카드회원은 자신의 가맹점에 대한 매매대금 지급채무를 법률상 원인 없이 면제받는 이익을 얻었으며, 이러한 이익은 금전상의 이득으로서 특별한 사정이 없는 한 현존하는 것으로 추정된다 할 것이다.

원심판결 이유에 의하면, 원심은 이 사건 신용카드 이용계약이 취소됨으로써 원고(카드회원)들은 신용카드발행인인 피고들이 가맹점에 대신 지급하였던 물품·용역대금채무를 면제받았으므로 피고들에게 위 물품 · 용역대금 상당을 반환할 의무가 있다고 판단하고, 원고들이 가맹점과의 매매계약을 통하여 취득한 물품과 제공받은 용역이 부당이득으로 반환의 대상이 된다는 원고들의 주장을 배척

---

1) 信用카드去來에서는 카드會員의 원인관계에 기한 抗辯이 주로 문제가 되고 카드會員과 카드發行人간의 資金關係에 기한 抗辯은 거의 문제가 되지 않는다고 본다. 왜냐하면 手票카드去來에서는 手票發行人이 支給銀行에 미리 제공한 手票資金의 存在有無가 문제되나, 信用카드去來에서는 카드發行人이 일단 지급하고 이를 그 후에 카드會員에 대하여 求償하는 관계이기 때문이다.

하였는바, 원심의 이러한 판단은 위의 법리에 따른 것으로 정당하고, 거기에 주장과 같은 부당이득에 관한 법리오해 등의 위법이 있다고 할 수 없다[大判 2005. 4. 15, 2003 다 60297 · 60303 · 60310 · 60327(公報 2005, 735)].

2) 카드발행인은 카드가맹점규약에 기한 항변을 카드가맹점에 대하여 주장하여 대금지급을 거절하거나 이미 지급한 대금의 환급을 청구할 수 있다.[1] 이에 의하여 카드발행인은 카드가맹점에 대하여 「신용카드의 유효기간의 경과·위조 · 변조 · 거래정지 등의 사유로 무효카드인 것이 판명되어 카드가맹점이 그러한 카드에 의한 거래를 하지 않아야 함에도 불구하고 거래한 경우」에 이의 항변을 주장할 수 있다.[2] 또한 카드가맹점규약에는 명문의 규정이 없더라도 「신용카드는 무효카드로 아직 선언되지 않았으나 카드회원의 신용상실(예컨대, 파산 등)을 카드가맹점이 알면서 카드가맹점이 그러한 자와 카드거래를 한 경우」에도 카드발행인은 카드가맹점에 대하여 이의 항변을 주장할 수 있다고 본다.[3]

제 2 카드會員의 카드發行人에 대한 抗辯

1) 신용카드회원은 카드발행인에 대하여 카드가맹점과의 원인관계에 기한 항변 등을 주장할 수 있는가. 이에 대하여도 獨逸에서는 카드이용대금의 지급관계의 법적 성질을 어떻게 보느냐에 따라 달리 설명되고 있다. 즉, 支給指示說에 의하면 카드발행인은 독립한 채권을 취득하므로 카드회원은 카드발행인에 대하여 원칙적으로 카드가맹점과의 원인관계에 기한 항변을 주장할 수 없고, 다만 예외적으로 매출전표상의 서명에 화체된 카드회원의 지급지시가 무효·취소가 된 경우에만 항변을 주장할 수 있다.[4] 그러나 이 때에도 신용카드회원규약[5]에 의하여 카드회원은 카드발행인에게 항변을 주장할 수 없고, 이러한 카드회원규약상의 규정은 독일연방대법원에 의해서도 적법한 것으로 인정되고 있다.[6] 한편 債權讓渡說에 의하면 카드발행인은 카드가맹점의 권리를 양수하는 것이므로 카드회원은 카드가맹점과의 원인관계에 기한 항변을 주장할 수

1) 예컨대 VISA카드加盟店規約 9조 1항.
2) 예컨대 VISA카드加盟店規約 7조.
3) 同旨: Beck, S. 70; O.L.C. Hamm, *WM* 1984, 1531(1533); Knauth, *NJW* 1983, 1287 (1290).
4) Beck, S. 116.
5) 예컨대 獨逸 「다이너스 클럽 카드」會員規約 3조; 獨逸 「비자 카드」會員規約 3조 1항.
6) BGHZ 91, 221 ff.

있다. 그러나 이 때에도 위에서 본 바와 같이 신용카드회원규약에 의하여 카드회원은 카드발행인에게 항변을 주장할 수 없으므로, 그 결과에 있어서는 支給指示說의 경우와 같게 된다. 결국 支給指示說의 경우나 債權讓渡說의 경우나 카드회원은 카드발행인에 대하여 카드가맹점과의 원인관계에 기한 항변을 주장할 수 없다. 그러나 支給指示說이나 債權讓渡說이나 모두 카드회원과 카드발행인간에는 民法上의 (有償의) 事務處理契約(Geschäftsbesorgungsvertrag)(BGB 675조)[1] 또는 都給契約(Werkvertrag)(BGB 631조)이 존재한다고 보는데, 이러한 계약에 기한 상환청구권(Vergütungsanspruch)은 카드가맹점의 카드회원에 대한 채권과는 무관하므로 카드발행인이 이러한 계약에 기하여 상환청구권을 행사하는 경우에는 카드회원은 카드가맹점과의 원인관계에 기한 항변을 주장할 수 없음은 당연하다고 한다.[2]

우리 나라의 通說은 카드이용대금의 지급관계의 법적 성질에 대하여는 카드가맹점을 보호하기 위하여 (倂存的) 債務引受說을 취하면서, 다시 카드회원을 보호하기 위하여 카드회원은 카드발행인에 대하여 카드가맹점과의 원인행위에 기한 항변사유로써 대항할 수 있다고 한다.[3] 따라서 카드회원의 항변절단규정은 무효라고 한다.[4]

그러나 위와 같은 설명은 모순이 아닐 수 없다. 왜냐하면 債務引受說에 의하면 앞에서 본 바와 같이 카드발행인은 카드회원에 대하여 위임계약에 따른 수임인으로서의 비용상환청구권 등에 근거하여(民 688조) 대금상환청구권 등을 취득한다고 해석할 수밖에 없는데(獨逸의 支給指示說 또는 日本의 債務引受說과 유사 또는 동일하게 해석하여야 할 것임), 카드발행인의 권리는 카드회원과 카드가맹점간의 카드이용에 따른 대금채권과는 전혀 무관하므로, 카드회원은 카드발행인에 대하여 카드가맹점과의 원인행위에 기한 항변을 (원칙적으로) 주장할 수 없다고 해석하여야 할 것이기 때문이다.[5] 따라서 債務引受說에서는 카드회원규약상의 카드회원의 항변절단규정은 단순히 이를 확인하는 선언적 규정에 불과하다. 또 이는 카드發行人의 적법한 이익을 보호

1) (有償의) 事務處理契約은 委任契約(Auftragsvertrag)에 관한 규정(BGB 662조~676조) 내에서 규정되고 있는데, 이는 「事務의 처리를 목적으로 하는 雇傭契約 또는 都給契約」으로 이에는 委任에 관한 많은 규정이 準用되고 있다(BGB 675조).

2) Beck, S. 89~90, S. 118, S. 124.

3) 金文煥, 前揭論文(商法學의 現代的 課題), 72면; 李銀榮, 前揭書, 220면; 趙龍鎬, 前揭論文, 176면; 李信燮, 前揭論文, 261면; 金榮成, 前揭論文, 84면.

4) 金文煥, 前揭論文(商法學의 現代的 課題), 72면; 趙龍鎬, 前揭論文, 176면 註 98; 鄭東潤, 前揭論文, 246면; 李信燮, 前揭論文, 261면.

5) 同旨: Beck, S. 118.

하기 위한 것이므로 유효하고, 「約款의 規制에 관한 法律」에 위반되는 것도 아니고 信義則 등에 반하는 것도 아니라고 해석하여야 할 것인데,[1] 우리 나라의 通說이 債務引受說을 취하면서 항변절단규정을 무효라고 보는 것도 모순이라고 생각한다. 따라서 카드회원의 이익을 보호하기 위하여 그의 원인행위에 기한 항변을 카드발행인에게도 주장할 수 있도록 하려면 債權讓渡說에 의하여 설명되어야 할 것으로 본다. 따라서 이와 같은 債權讓渡說에 의하면 카드회원(채무자)은 양도통지를 받은 때까지 카드가맹점(채권자)에 대하여 생긴 항변사유로써 카드발행인(양수인)에게 대항할 수 있으므로(民 451조 2항), 카드회원은 카드가맹점에 대하여 주장할 수 있는 항변사유로써 카드발행인에게 대항할 수 있다고 보아야 할 것이다. 그러므로 카드회원은 카드회원규약의 규정유무에 불문하고 카드회원과 카드가맹점간의 신용카드에 의한 거래가 반사회질서의 거래라는 등의 사유로 무효이거나(民 103조, 104조, 107조, 108조 등) 또는 카드회원의 무능력 등의 사유로 취소된 경우(民 5조 2항, 10조, 13조, 109조, 110조 등)에는 이를 카드發行人에게 대항할 수 있다.[2] 또한 카드회원은 카드가맹점의 하자 있는 채무이행을 근거로 하여 카드발행인에게 항변을 주장할 수 있으며, 카드발행인의 회원규약위반에 대하여도 항변을 주장할 수 있다.

2) 위와 같이 債權讓渡說에 의하면 카드회원의 이익은 충분히 보장되나, 카드발행인 및 카드가맹점은 크게 불리하게 된다. 즉, (i) 카드發行人의 카드회원에 대한 상환청구권이 카드회원의 원인행위에 기한 항변에 종속되어 매우 복잡하고 불확실하게 되어, 상환청구권 및 대금지급의 확실을 전제로 한 신용카드이용 자체가 회피될 우려가 있다. 또 (ii) 債權讓渡說(앞의 免責的 債務引受說과 결합하여)에서는 카드加盟店이 카드회원에 대하여——적어도 원인채권의 결제를 위하여 카드거래가 존속하는 한——원인채권을 갖지 못하므로 카드발행인이 파산 등의 이유로 지급불능인 경우에 카드회원에게 대금을 청구할 수 없게 되어 불리하게 된다.[3] 이에 대하여는 다음과 같이 설명될 수 있겠다.

① 위 (i)의 문제에 대하여 카드발행인의 상환청구권을 확보하기 위하여 거의 모든 카드회원규약에서는 「카드회원은 카드가맹점과의 분쟁이 발생한 경우에는 직접 카드가맹점과 해결하여야 하며, 카드가맹점과의 분쟁을 이유로 카

1) 同旨: Beck, S. 118.
2) 이 때에는 엄격히 말하여 양도할 채권이 없게 되고 카드發行人은 債權을 讓受하지 않은 것이 되어, 카드회원은 카드발행인에게 無權利의 抗辯을 주장할 수 있을 것이다.
3) 李銀榮, 前揭書, 214면.

드발행인에 대하여 지급거절을 할 수 없다」는 내용의 규정을 두어,[1] 카드회원의 원인행위에 기한 항변을 카드발행인과의 관계에서 절단시키고 있다. 여기에서 발생하는 문제는 債權讓渡의 법리와 상충되는 카드회원규약상의 同규정을 어떻게 보아야 하는가에 있다. 카드회원규약상의 그러한 항변절단규정은 첫째로 民法의 규정에 의하여 인정된 카드회원의 항변권을 상당한 이유 없이 배제 또는 제한하는 규정인 점(約款規制法 11조 1호), 둘째로 카드가맹점규약에서는 카드발행인의 카드가맹점에 대한 원인행위에 기한 항변권을 인정하면서(예컨대, VISA카드加盟店規約 6조 2항), 카드회원규약에서는 카드회원의 카드발행인에 대한 원인행위에 기한 항변권을 인정하지 않는 것은(예컨대, VISA카드會員規約 7조), 信義誠實의 원칙에 반하여 공정을 잃은 약관규정으로 볼 수 있는 점(約款規制法 6조 1항) 등에서 「約款의 規制에 관한 法律」의 위반으로 무효라고 본다.[2] 또한 카드회원규약상 카드회원의 「異議를 保留하지 않은 承諾」의 규정(예컨대, VISA카드會員規約 6조 2항)을 두어 카드회원으로 하여금 원인행위에 기한 항변을 카드발행인에 대하여 절단시키는 것도 위의 경우와 같은 이유(특히 카드가맹점규약과의 불균형에 관한 둘째의 이유)로 무효라고 본다.

② 위 (ii)의 문제에 대하여는 틀림없이 카드가맹점의 이익을 해하게 되는 것은 사실이나, 다음과 같은 이유로 카드가맹점이 카드거래가 있는 한 카드회원에 대하여 원인채권을 잃는 것은 불가피한 현상이라고 본다. 첫째로, 카드가맹점은 카드가맹점규약에서 카드회원에게 「현금지급을 요구하는 등의 행위를 할 수 없다」고 약정하고 있는데,[3] 이는 카드거래가 있는 한 카드가맹점은 매출대금을 카드회원에게 청구하지 않고 카드발행인에게 청구한다는 뜻으로 카드가맹점이 카드발행인으로부터 매출대금을 받는 조건으로 카드회원에 대한 원인채권을 포기하는 것으로 볼 수 있지 않을까 생각한다. 둘째로, 카드가맹점에게 원인채권을 인정하고자 하면 카드발행인이 카드가맹점에게 카드이용대금을 지급하는 법률관계를 併存的 債務引受 등으로 이론구성할 수밖에 없는데, 이렇게 되면 카드회원은 카드발행인 및 카드가맹점에게 채무를 부담하게 되고, 카드발행인이 카드가맹점에게 대금지급을 거절하게 되면 카드회원은 다시 카드가맹점에게 지급하여야 하므로 이중으로 채무를 이행할 위험을 부담하여 다

1) VISA카드會員規約 7조; 국민카드會員規約 4조 3항; B.C.카드會員規約 19조 등.
2) 同旨: 金文煥, 前揭論文(商法學의 現代的 課題), 72면; 趙龍鎬, 前揭論文, 176면 및 같은 면 註 98; 金榮成, 前揭論文, 83면.
3) VISA카드加盟店規約 4조 등.

시 카드회원에게 불리하게 된다.[1] 따라서 문제는 카드회원과 카드가맹점 중에서 누구를 더 보호하여야 할 것인가의 문제인데, 카드회원(소비자)이 카드가맹점보다는 경제적 약자이며 소비자를 보호하고자 하는 것이 현대의 입법추세인 점에서 볼 때, 카드회원을 보호하여야 할 것으로 본다. 따라서 카드거래에 있어서 카드가맹점이 원인채권을 잃게 되는 것은 불가피한 현상으로 본다.

위와 같이 債權讓渡說에서 카드회원이 원인행위에 기한 항변을 카드발행인에게 주장할 수 있도록 하는 것은, 앞에서 본 바와 같이 카드발행인이 원인행위에 기한 항변을 카드가맹점에게 주장할 수 있도록 보고 있는 점과 균형을 이루는 것이다. 또 이미 말한 바와 같이 債權讓渡說에서 카드가맹점에게 카드회원에 대한 原因債權을 인정하지 않는 것은, (카드발행인의 카드가맹점에 대한 대금지급의무의 근거에 대하여) 免責的 債務引受說에서 카드회원에게 카드가맹점에 대한 原因債務를 인정하지 않는 것과 균형을 이룬다. 또한 債權讓渡說에서 카드회원의 카드발행인에 대한 원인행위에 기한 항변을 인정하는 것은 美國에서의 소비자(카드회원) 보호를 위한 입법의 추세(카드회원의 카드발행인에 대한 원인행위에 기한 항변을 일정한 조건하에 인정함), 獨逸 및 日本에서 해석을 통하여 카드회원의 카드발행인에 대한 원인행위에 기한 항변을 인정하는 추세에도 부응한다고 볼 수 있다.

제 8 절 信用카드의 喪失

(1) 신용카드도 유가증권이 아니므로, 이를 상실하여도 公示催告에 의한 除權判決의 대상이 될 수 없고 또 善意取得이 될 수도 없다.

(2) 신용카드에서는 카드회원이 신용카드를 상실하고 타인이 이를 습득 또는 절취하여 카드가맹점에 대하여 부정사용한 경우에, 이러한 부정사용으로 인한 손실을 누가 부담할 것인가가 문제된다.[2] 즉, 카드發行人이 부담할 것인가 또는 카드會員이 부담할 것인가의 문제이다. 이에 대하여 與信專門金融業法에서는 「신용카드업자는 신용카드회원으로부터 신용카드의 분실 · 도난 등의 통지를 받은 때에는 그 때부터 당해 신용카드회원에 대하여 신용카드의 사용으

1) 同旨: 清水 巖, 前揭論文(2), 298면.
2) 이에 관한 상세는 金恩喆, "信用카드의 不正使用時 損失負擔에 관한 研究," 「法學碩士學位論文」(高麗大, 1994. 2) 참조.

로 인한 책임을 진다」고 규정하고 있다(同法 16조 1항). 실제로 카드발행인과 카드회원과의 회원약관에 신용카드의 분실·도난 등에 따른 손실부담에 대하여 반드시 규정되어 있고 이러한 규정내용은 약관에 따라 서로 상이한데, 우리 大法院判例는 다음과 같은 취지로 판시하고 있다.

[카드회원이 도난·분실의 사실을 카드발행인에게 통지하면 카드회원에게 그 책임을 물을 수 없다는 뜻으로 회원약관의 규정을 제한하여 해석하여야 한다고 본 判例]

신용카드의 분실·도난 등으로 인한 모든 책임이 카드회원에게 귀속된다고 하는 회원약관의 규정은 카드회원에게만 현저히 불이익하여 신의성실의 원칙이나 공서양속에 위반하는 무효의 규정이라고는 할 수 없으나, 카드회원이 신용카드의 분실·도난 등의 사실을 카드발행인에게 통지하고 그 내용을 서면으로 신고한 경우에는 거래의 안전에 따른 신의성실의 원칙상 그 책임을 카드회원에게 물을 수 없다고 그 내용을 제한하여 해석하여야 한다[大判 1986. 10. 28, 85 다카 739(公報 790, 3108)].

同旨: 大判 1987. 4. 14, 85 다카 2273(公報 801, 780); 同 1986. 12. 23, 85 다카 551(公報 794, 225) 등.

카드회원규약에 따라서는 카드회원의 분실·도난 등의 신고 이전에 발생한 손실에 대하여도 일정한 기간(보통 15일) 내에 발생한 損失에 대하여는 카드發行人이 분담하는 것으로 규정하고 있는 회원규약도 있고[1](規約에 따라서는 카드會員 또는 카드發行人의 損失分擔額을 전액으로 제한하는 경우도 있음), 학자에 따라서는 카드발행인의 면책범위를 제한하고 분실·도난 등의 신고 이전에 발생한 카드부정사용금액에 대한 카드會員의 책임을 제한하여(4~5만원 정도) 카드회원(소비자)을 보호하는 방향으로 나아가야 한다고 주장하는 견해도 있다.[2]

위와 같은 회원규약에 의하여 카드회원이 손실을 부담하는 경우에도 카드가맹점에 과실이 있으면 카드회원의 책임은 감액된다. 우리 大法院判例도 이와 同旨로 다음과 같이 판시하고 있다.

---

1) 이러한 會員規約을 有效로 본 판례로는 大判 1991. 4. 23, 90 다 15129(公報 898, 1457)(신용카드 발행회사의 회원규약에 접수신고일 이후의 부정사용액에 대하여는 전액을 보상하나 신고접수한 날의 전날부터 15일 전까지의 부정사용액에 대하여는 금 2,000,000원 범위 내에서만 보상하고 16일 이전의 부정사용액에 대해서는 회원에게 전액 지급할 책임이 있다고 규정된 경우, 同회원규약은 신의성실의 원칙에 반하는 무효의 규약이라고 볼 수 없다).

2) 이에 관한 상세는 鄭東潤, "信用카드의 盜難과 紛失,"「商事法硏究」(韓國商事法學會編), 第6輯(1988), 7~27면(특히 27면) 참조.

[카드가맹점의 과실이 있는 경우 카드회원의 책임을 감액한 判例]

회원의 카드의 월간사용액이 있는 경우에 이것이 회원 본인의 책임한도액이 되는 것은 아니며, 가맹점이 주의의무를 게을리하여 손해를 자초하거나 확대하였다면 그 과실의 정도에 따라 회원의 책임을 감면함이 정당하므로, 가맹점이 남자회원의 신용카드를 부정사용한 여자를 제대로 확인하지 않은 과실이 있다면 회원의 책임을 감액하여야 한다[大判 1991. 4. 23, 90 다 15129(公報 898, 1457)].

제 3 장 電子資金移替[1)]

제 1 절 序 言

(1) 오늘날 새로운 지급수단의 하나인 電子資金移替制度는 컴퓨터혁명의 일부분이라고 볼 수 있다.[2)] 이러한 전자자금이체제도는 債權의 證券化 경향을 둔화시켜 證券의 價値權化라는 새로운 경향을 생기게 하여, 無體의 債權을 有體化시켰던 證券을 다시 帳簿化의 權利로 변화시키고 있다.[3)] 따라서 手票의 출현으로 현금의 이용이 급격히 줄어든 것과 같이, 電子資金移替制度의 출현으로 수표의 이용이 (급격히) 줄어들고 있는 것도 사실이다. 이와 같은 현상에서 오늘날 「手票 없는 社會」(checkless society)가 매우 빠른 속도로 오고 있다고 표현하는 견해도 있으나, 手票의 출현으로 현금의 이용이 없어지지 않은 것과 같이 電子資金移替制度에 의한 새로운 지급제도의 출현으로 수표의 이용은 없어지지 않을 것이다. 따라서 앞으로도 「手票 없는 社會」는 존재하지 않을 것이며, 手票에 의한 지급제도는 電子資金移替에 의한 지급제도와 함께 공존하게 될 것이다.[4)]

1) 이에 관한 상세는 鄭燦亨, "電子資金移替制度," 「韓國金融法研究」, 제 4 집(1991. 2), 289~324면; 同, 「전자자금이체의 법적 문제 및 입법론적 검토」(한국법제연구원 디지털경제법 제 4) 2002. 10; 孫晋華, "電子資金移替去來의 法的 規制에 관한 研究(美國法의 應用可能性)," 「法學博士學位論文」(高麗大, 1991. 2) 鄭敬永, "資金移替制度의 法的 研究," 「法學博士學位論文」(서울大, 1994. 2); 崔仁鎬, "電子資金移替에 관한 研究(이에 따른 法律問題를 中心으로)," 「法學碩士學位論文」(高麗大, 2004. 2) 등 참조.

2) Linda S. Hume, *Payment Systems*(Problems and Materials)(Seattle: University of Washington School of Law, Autumn 1988), p. 21.

3) 鄭熙喆, "Giro制度가 有價證券制度에 미치는 影響," 「法學」(서울大), 제26권 1호(1985. 4), 1면.

4) 同旨: James V. Vergari, "Article 3 and 4 of the Uniform Commercial Code in an

(2) 우리 나라에서도 현재 각 금융기관을 통한 電子資金移替에 의한 지급이 눈에 띄게 증가하고 있다. 이러한 새로운 제도는 금융기관 및 고객에게 여러 가지 편의를 제공하고 비용과 시간을 절약하는 효과도 가져오지만, 다른 한편 전에 예기치 않았던 아주 새로운 법률문제를 야기시키고 있으며, 이러한 새로운 문제는 기존의 법제도로써는 거의 해결될 수 없는 실정이다.

따라서 전자자금이체를 포함한 전자금융거래에 관한 포괄적인 입법으로 電子金融去來法이 2006년 4월 28일 법률 제7929호로 제정·공포되어 2007년 1월 1일부터 시행되고, 同法施行令은 2006년 12월 29일 대통령령 제19783호로 제정되어 2007년 1월 1일부터 시행되고 있다.[1] 電子資金移替의 처리절차에 관하여는 금융결제원이 제정한 각종의 규약·세부처리지침 등이 있다.

제 2 절 電子資金移替의 意義

제 1 概 念

우리 전자금융거래법상 電子資金移替라 함은 "지급인과 수취인 사이에 자금을 지급할 목적으로 금융기관[2] 또는 전자금융업자[3]에 개설된 계좌(금융기관에 연결된 계좌에 한한다. 이하 같다)에서 다른 계좌로 전자적 장치[4]에 의하여 (i) 금융기관 또는 전자금융업자에 대한 지급인의 지급지시 또는 (ii) 금융기관 또는 전자금융업자에 대한 수취인의 추심지시(이하 '추심이체'라 한다)의 방법으로 자금을 이체하는 것"을 말한다(電金 2조 12호).[5]

Electronic Fund Transfer Environment," 17 *Sandiego Law Review* 288(1980); Douglas J. Whaley, *Problems and Materials on Negotiable Instruments*(Little, Brown & Co., 1981), p. 371.

1) 전자금융거래법이 제정되기 이전에는 전자자금이체와 관련된 당사자간의 私法上 法律關係는 거의 은행 등이 제정한 約款에 의하여 규율되었다.

2) 「금융기관」이란 "은행·여신전문금융회사·체신관서·새마을금고연합회 등"을 말한다(電金 2조 3호).

3) 「전자금융업자」란 "전자화폐의 발행 및 관리업무를 행하고자 하는 자로서 금융위원회의 허가를 받은 자, 전자자금이체업무·직불전자지급수단의 발행 및 관리·선불전자지급수단의 발행 및 관리·전자지급결제대행에 관한 업무 등을 하고자 하는 자로서 금융위원회에 등록한 자 등"을 말한다(電金 2조 4호, 28조).

4) 「전자적 장치」란 "전자금융거래정보를 전자적 방법으로 전송하거나 처리하는 데 이용되는 장치로서 현금자동지급기, 자동입출금기, 지급용단말기, 컴퓨터, 전화기 그 밖에 전자적 방법으로 정보를 전송하거나 처리하는 장치"를 말한다(電金 2조 8호).

5) 참고로 美國의 電子資金移替法(Electronic Fund Transfer Act, EFTA)은 電子資金移替를 「수표·환어음 또는 이와 유사한 서면증권에 의한 거래 이외의 자금이체를 의미하는 것

「전자지급수단」이란 "전자자금이체 · 직불전자지급수단 · 선불전자지급수단 · 전자화폐 · 전자채권 그 밖에 전자적 방법에 따른 지급수단"을 말하므로(電金 2조 11호), 전자자금이체란 전자지급수단의 일종이라고 볼 수 있다. 전자자금이체는 다음과 같은 특징이 있다.

(1) 전자자금이체란 「자금의 지급」을 목적으로 하므로 자금이 아닌 주식인 증권대체제도와 구별된다. 이러한 자금의 지급의 원인은 채권 · 채무관계뿐만 아니라 증여 · 송금 등의 목적으로도 이용될 수 있다.[1)]

(2) 전자자금이체에서의 자금의 지급이란 (금융기관 등에 개설된) 「계좌에서 다른 계좌로 이체」하는 것이므로, 이러한 계좌에 의하지 않은 자금의 지급은 (전자)자금이체라 할 수 없다. 즉, 현금에 의한 자금의 지급이나(입금이체), 어음 · 수표에 의한 자금의 지급이나 신용카드 등에 의한 지급 등은 (전자)자금이체라고 볼 수 없다.[2)]

위의 계좌간의 이체란 지급인의 계좌에서 출금기장(借記)하여 수취인의 계좌로 입금기장(貸記)하는 것을 말하는데, 이러한 이체는 계좌가 있는 금융기관 등을 통하여 간접적으로 이루어진다. 따라서 금융기관 등에 지급인이나 수취인이 계좌가 없는 경우에는 (전자)자금이체라고 볼 수 없다. 이러한 점에서 지급인이 계좌가 없고 수취인이 계좌가 있는 경우에 지급인이 현금으로 수취인의 계좌에 입금하는 것은 은행지로는 될 수 있어도 우리 전자금융거래법상 (전자)자금이체라고 볼 수는 없다.[3)] 그러나 은행 실무에서 지급인계좌에서 인

으로서 電子端末機(electronic terminal) · 電話器機(telephonic instrument) · 컴퓨터 또는 자기테이프가 금융기관에 구좌의 借記나 貸記를 지시하거나 수권하여 이체되는 것으로서, 이에는 販賣店頭移替(point-of-sale transfer) · 自動出納機去來(automated teller machine transaction) · 資金의 直接預置나 引出 및 電話에 의한 이체가 포함되나 이에 한정되지 않는다. 그러나 다음의 거래는 포함되지 않는다. (i) 소비자의 구좌에 직접적으로 借記나 貸記의 결과를 가져오지 않는 手票保證이나 授權用役(authorization service), (ii) 금융기관이 소비자에 대신하여 연방준비은행이나 기타 예금기관에 있는 자금을 이체하는 것으로서, 자동교환소에 의하지 않고 또 제 1 차적으로 소비자에 대신하여 이체할 목적이 아닌 여하한 자금이체, (iii) 거래의 제 1 차적인 목적이 증권 또는 상품의 매매인 거래로서 등록된 중개인을 통하여 거래되거나 證券去來委員會(Securities and Exchange Commission)에 의하여 규율되는 여하한 거래, (iv) 소비자와 금융기관간의 약정으로 대월을 상환하거나 소비자의 요구불예금구좌에 합의된 최저액을 유지시킬 목적으로 저축예금구좌에서 요구불예금구좌로 하는 여하한 자동이체, (v) 소비자와 금융기관의 임직원간의 전화대화에 의한 여하한 자금이체로서 旣約定計劃에 따르지 않고 또 정기 또는 반복적이 아닌 자금이체」라고 정의하고 있다(15 U.S.C. § 1693 a ⑥).

1) 同旨: 정(경), (전자금융) 127면.

2) 同旨: 정(경), (전자금융) 128~129면.

3) 反對: 정(경), (잔자금융) 127~128면(자금이체 특히 지급이체에서 이체자금의 지급방식

출된 현금을 다시 수취인계좌에 입금하는 방식을 취하는 것은 계좌간의 이체라고 볼 수 있다. 이에 반하여 지급인의 계좌가 있고 수취인의 계좌가 없는 경우에 지급인이 자기의 계좌에서 자금을 인출하여 수취인에게 직접 지급하는 것은 (전자)자금이체가 될 수 없다.

(3) 전자자금이체는 「전자적 장치」에 의하여 자금을 이체하는 것이다(電金 2조 8호). 따라서 전자자금이체는 이 점에서 서면자금이체와 구별된다.

서면자금이체와 전자자금이체를 무슨 기준으로 구별하는가에 대하여, 제 1 설은 전자자금이체는 전자식 수단을 이용하는 자금이체라고 보고(수단의 전자성), 제 2 설은 전자자금이체는 자금이체를 의뢰하는 행위가 전자적 의사표시라고 본다(의뢰의 전자성).[1] 우리 전자금융거래법은 전자자금이체에 대하여, 특별히 전자적 방식에 의하여 개시될 것을 요구하고 있지 않고,[2] 위의 「전자적 장치」의 정의에서 볼 때, 제 1 설에 따른 입법이라고 생각된다.

(4) 전자자금이체는 (서면자금이체의 경우와 같이) 「지급이체」와 「추심이체」가 있다. 「지급이체」란 채무자가 직접 금융기관 등에 대하여 채권자에게 자금을 대기(貸記)하도록 의뢰하는 자금이체이고, 「추심이체」란 채권자가 채무자로부터 수권받아 금융기관 등에 대하여 채무자의 계좌로부터 자금을 차기(借記)하여 자기의 계좌에 대기(貸記)하도록 의뢰하는 자금이체이다.

제 2 資金移替와의 關係

1) 電子資金移替는 자금이체의 일종인데, 이러한 자금이체의 전형적인 형태는 채무자와 채권자가 동일은행에 계좌를 갖고 있는 경우에 채무자의 계좌에서 借記하여 채권자의 계좌에 貸記하는 형태이다. 이와 같이 채무자와 채권자가 동일은행에 계좌를 갖고 있는 경우에 이루어지는 자금이체를 「單一銀行間移替」(one-bank transfer)라고 하고, 채무자와 채권자가 다른 은행에 계좌를 갖고 있는 경우에 이루어지는 자금이체를 「2銀行間移替」(two-bank transfer: 두 銀行이 거래관계가 있거나 또는 공통된 어

과 관련하여 지급인의 계좌로부터의 출금에만 한정하지 않고, 계좌가 없는 자도 현금을 입금함과 동시에 이를 수취인계좌에 입금하도록 의뢰하는 것〈입금이체〉도 가능하다고 본다. 이 역시 자금이체의 범주에 포함된다고 볼 경우 지급이체의 개념정의에 있어 수취인계좌의 존재나 지급인계좌의 존재가 원칙적으로 요구되나 지급인계좌 없이 지급이체가 이루어지는 경우에도 포함된다고 할 것이다).

1) 이에 관한 상세는 정(경), (전자금융) 130~132면 참조.

2) 同旨: 정(경), (전자금융) 132면.

음교환소에 가입하고 있는 경우) 또는 「3銀行間移替」(three-bank transfer: 두 銀行이 직접 거래관계가 없거나 공통된 어음교환소에 가입하고 있지 않은 경우에 두 은행의 중간에 거래관계가 있는 제3의 은행을 매개로 하여 資金移替가 이루어지는 경우)라고 한다.[1)]

2) 이러한 자금이체는 앞에서 본 바와 같이 지급의뢰수단에 따라 「書面資金移替」와 「電子資金移替」로 구분되며, 각각에 대하여 이체내용에 따라 「支給移替(貸邊移替)」와 「推尋移替(借邊移替)」가 있다. 支給移替는 채무자가 직접 은행에 대하여 채권자에게 자금을 貸記하도록 의뢰하는 자금이체이다. 推尋移替는 채권자가 채무자로부터 수권받아 은행에 대하여 채무자의 계좌로부터 자금을 借記하여 자기의 계좌에 貸記하도록 의뢰하는 자금이체이다. 이렇게 보면 支給移替 또는 推尋移替의 구별은 이체의뢰의 이니셔티브를 債務者가 갖고 있느냐 또는 債權者가 갖고 있느냐에 따른 구별이라고 볼 수 있다.[2)]

제 3 지로(Giro)制度와의 關係

1) 지로제도는 中央對替機關(Giro Center)에 설정된 은행이나 우체국의 구좌를 통하여 또는 증권회사의 구좌를 통하여 債務者(支給人)와 債權者(受取人)간의 각종 자금거래를 장부상의 자금이체방식으로 결제하는 제도라고 볼 수 있다.[3)] 따라서 지로제도는 은행이나 우체국을 통하여 하는 銀行지로[4)]와, 증권회사를 통하여 하는 證券지로가 있다. 그런데 우리 나라에서는 銀行지로에 대하여는 「지로」라는 용어를 그대로 사용하고 있으나, 證券지로는 「證券預託決濟」라고 번역하여 사용하고 있다.[5)] 우리 나라의 경우 중앙대체기관은 은행지로의 경우에는 金融決濟院(은행지로관리소), 증권지로(증권대체결제)의 경우에는 韓國預託決濟院이다.[6)]

2) 이러한 지로제도 중 銀行지로만이 「현금 없는 대체거래」로서 자금이체와 관련이 있다. 그런데 자금이체가 支給移替이든 또는 推尋移替이든, 書面資金移替이든 또는 電子資金移替이든, (i) 채권자가 현금으로 지급받지 않고

---

1) 鄭(東), 571~572면.
2) 鄭(東), 576면; 崔(基), 875면.
3) 鄭熙喆, 前揭論文(法學 26-1), 2면.
4) 당초 우체국에서는 은행지로제도와 유사한 우편지로 · 자동계좌이체 및 체신지로시스템을 운영하여 왔으나, 1994년 12월 우체국이 은행지로사업에 특별참가함에 따라 우편지로 및 자동계좌이체업무는 은행지로업무에 편입되고 1995년 6월부터 우체국에서는 체신지로업무만 취급하고 있다[한국은행, 「우리 나라의 지급결제제도」, 2000. 2, 76면].
5) 鄭熙喆, 前揭論文(法學 26-1), 2면.
6) 鄭熙喆, 前揭論文(法學 26-1), 2면.

(ii) 채무자의 지급의뢰가 증권에 의하지 않은 지급제도를 지로제도라고 한다.[1] 그러므로 銀行지로는 서면지시에 근거하거나 자기테이프의 지시에 근거한 현금이체제도라고 볼 수 있다.[2] 따라서 銀行지로는 계좌간의 이체를 요하지 않으므로 電子資金移替와 구별된다.

이렇게 보면 銀行지로는 資金移替보다는 좁은 개념이고, 電子資金移替나 支給移替보다는 넓은 개념으로 생각된다.[3]

제 3 절 電子資金移替의 種類

제 1 大量移替를 위한 電子資金移替制度

美國에서 주로 은행간의 대량의 자금이체를 위한 전자자금이체제도로는 Fed Wire(聯邦準備制度 電信網), Bank Wire(銀行電信網), CHIPS(Clearing House Interbank System, 어음交換所銀行間支給制度), SWIFT(Society for World-wide Interbank Financial Transactions, 全世界銀行間金融去來協會) 등이 있다. Fed Wire는 연방준비은행에 구좌를 갖고 있는 은행간의 자금이체에 이용되고, Bank Wire는 다수의 은행이 공동출자한 법인을 통한 은행간의 자금이체에 이용되며, CHIPS는 뉴욕연방준비은행에 구좌를 갖고 있는 은행(현재 참가은행은 80개 은행)간의 자금이체에 이용되고, SWIFT는 국제은행간의 데이타통신 시스템으로서 이에 참가하고 있는 금융기관 상호간의 자금이체에 이용된다.[4]

우리 나라에서는 한국은행과 금융기관을 온라인으로 연결하여 금융기관간 거액자금거래를 한국은행에 개설되어 있는 금융기관의 당좌예금계정을 통하여 건별로 즉시 결제하는 한국은행 금융결제망(BOK-Wire)이 1994년 12월부터 구

1) Benjamin Geva, "The Concept of Payment Mechanism," 24:1 *Osgoode Hall Law Journal* 7(1986).

2) 지로制度와 電子資金移替와의 관계에 관한 상세는 E. P. Ellinger, "The Giro System and Electronic Transfers of Funds," *Lloyd's Maritime and Commercial Law* 178~217(May, 1986) 참조.

3) 우리 나라에서는 資金移替의 의미로 지로制度(또는 銀行지로制度)라는 용어를 사용하는 견해도 있고[崔(基), 875면], 支給移替의 의미로 지로制度(특히 銀行지로)라는 용어를 사용하는 견해도 있다[鄭(東), 571면].

4) 이 중 CHIPS와 SWIFT에 관한 상세한 論文으로는 Herbert F. Lingl, "Risk Allocation in International Interbank Electronic Fund Transfers: CHIPS & SWIFT," 22:3 *Harvard International Law Journal* 621~661(Fall, 1981).

축 · 가동되고 있는데,[1] 이것은 (미국의 Fed Wire에 유사한) 대량이체를 위한 전자자금이체제도라고 볼 수 있다. 그런데 금융기관과 전자금융업자 사이에 결제중계시스템을 이용하는 전자금융거래와 한국은행이 운영하는 지급결제제도를 이용하는 전자금융거래에는 우리 전자금융거래법이 적용되지 않으므로(電金 3조, 동법 시행령 5조), 위와 같은 대량이체를 위한 전자자금이체에는 우리 전자금융거래법이 적용되지 않는다고 볼 수 있다.

제 2 消費者가 이용하는 電子資金移替制度

소비자가 이용하는 전자자금이체제도로는 自動出納機(Automated Teller Machines, ATM), 販賣店頭端末機(Point-of-Sale Terminal, POS), 自動交換所(Automated Clearing House, ACH)를 통한 자금이체거래 등이 있다.

1) 自動出納機(自動入出金機)(電金 2조 8호)는 소비자(고객)에게 편리한 장소에 설치되어 24시간 은행창구업무를 수행하는데, 소비자가 자기로 코드화한 플라스틱 카드(직불전자지급수단 등)(電金 2조 13호)를 同기계에 넣고 신분확인번호(Personal Identification Number, PIN)로 불려지는 비밀번호를 누르면, 입금 · 계좌간 이체 · 현금인출이 자동적으로 이루어지고 소비자에게 현재의 잔액을 알려 준다.[2] 이 경우 계좌간 이체가 전자자금이체에 해당한다(電金 2조 12호 가.). 자동출납기(자동입출금기)와 비교하여 현금인출의 기능만을 하는 컴퓨터를 現金自動支給機(Cash Dispencer, CD)(電金 2조 8호)라고 한다. 이러한 거래는 즉시로 발생하기 때문에 「유동시간」[3](float time)이 허용되는 수표나 신용카드에 의한 지급과 구별된다. 따라서 수표나 신용카드에서 가능한 유동시간 내에서의 지급정지나 항변의 주장은 실제로 거의 불가능하다.

2) 販賣店頭端末機(支給用端末機)(電金 2조 8호)는 소비자가 상점으로부터 물건을 구입하고 그 대금을 지급하는 경우에 이용되는데, 소비자와 상점이 같은 은행에 계좌를 갖고 있는 경우에는 소비자가 은행이 발행한 플라스틱 카드(직불전자지급수단)(電金 2조 13호)[4]를 同기계에 넣고 그의 비밀번호를 누르면 은행의 컴퓨터

---

1) 한국은행, 前揭書, 109면.

2) 美國에서의 自動出納機에 관한 각종 통계로는 全國銀行聯合會, 「美·日의 金融自由化와 銀行經營」(서울: 全國銀行聯合會, 1986), 183~187면 참조.

3) 「流動時間」이란 手票의 발행시 또는 信用카드의 발행시와 手票口座에서 실제로 手票金額이 借記되거나 信用카드口座에서 카드사용금액이 支給되는 時와의 사이에 있는 지체시간이다.

4) 이 카드를 直拂카드(debit card)라고 부르는데, 이 카드는 信用카드(credit card)와 유사

가 소비자의 구좌에 있는 자금을 확인한 후 소비자의 구좌를 借記하여 상점의 구좌에 貸記하여 준다. 만일 소비자와 상점의 구좌가 다른 은행에 있는 경우에는 은행간의 자금이체를 수반한다. 소비자가 이러한 販賣店頭端末機(支給用端末機)를 이용하면 소비자는 물건대금의 지급을 위하여 현금, 수표 또는 신용카드를 이용할 필요가 없다.[1] 이 경우는 계좌간 이체가 이루어지므로 전자자금이체에 해당한다(電金 2조 12호 가.).

3) 自動交換所[2]를 통한 자금이체거래는 支給移替(直接預置制度)와 推尋移替(旣授權借記制度)가 있다.

① 支給移替는 월급·私的 연금·국가의 사회보장연금·배당금을 직접 수혜자(개인)의 은행구좌에 입금하기 위하여 이용된다. 예컨대 기업주가 이 제도를 이용하여 직원의 월급을 입금하기 위해서는 먼저 직원의 성명·그의 거래은행 및 동 은행에 입금되어야 할 월급액 등을 기록한 자기테이프를 준비하여, 이 테이프를 자기의 거래은행에 송부하여 필요한 절차를 밟도록 한다. 기업주의 거래은행은 위 테이프를 자동교환소에 송부하는데, 同교환소는 송부된 자기테이프를 가지고 각 직원에 대한 자기테이프 또는 인쇄용지를 준비한다. 그 후 월급일에 기업주의 구좌를 借記하여 직원의 구좌에 貸記하는 것이다.[3]

② 推尋移替는 소비자가 자기의 거래은행에게 일정한 채권자의 청구서의 금액을 자기의 구좌에서 借記하여 지급하도록 수권하는 거래로서, 소비자는 이 제도를 이용하여 반복하여 지급하여야 할 채무, 즉 집세·보험료·공과금 등을 지급한다. 소비자의 거래은행은 소비자의 채권자로부터 일정한 금액을 지급할 것을 요구받으면 소비자의 구좌에서 청구금액을 借記하고 이를 나타내는 자료를 자동교환소에 송부하는데, 同교환소는 이 자료에 의하여 同자금을 채권자의 은행에 이체하여 준다. 이러한 推尋移替는 電話請求書支給(Telephone Bill-Paying, TBP)과 유사한데, 自動交換所를 통한 推尋移替는 소비자의 거래은행

하다. 또한 어떤 경우에는 信用카드와 直拂카드가 同一카드에 의하여 사용되는 경우도 있다 [Mark E. Budnitz, "Federal Regulation of Consumer Disputes in Computer Banking Transactions," 20:3 *Harvard Journal on Legislation* 35(1983)].

1) Budnitz, *supra* at 35~36.

2) 우리 나라의 금융결제원이 이에 해당한다.

참고로 현재 美國에는 33개의 지역 自動交換所가 있는데, 이는 전국 自動交換所協會와 연결되어 있다(Hume, *supra* at 21). 이러한 自動交換所는 1개를 제외하고는 전부 聯邦準備銀行에 의하여 소유되고 운영되고 있다(Budnitz, *supra* at 36).

3) Budnitz, *supra* at 36.

이 지급청구서를 받아 직접 소비자의 구좌를 차기하여 지급함에 반하여, 電話請求書支給은 소비자가 지급청구서를 수령하여 자기의 거래은행에 전화로 지급할 것을 요구하는 점에서 차이가 있다. 電話請求書支給의 경우에도 은행의 컴퓨터와 연결되어 있는 電信電話(touchtone telephone)의 경우에는 대화할 필요 없이 컴퓨터에 직접 지급을 요구할 수 있다.[1)]

③ 自動交換所는 증권인 수표 없이 지급하는 기능을 하고 있다. 한편 自動交換所는 수표 없는 지급기능 외에 수표를 보완하는 기능도 한다. 수표를 보완하는 기능이란 수표요건 중 중요한 부분을 전산자료화하여 이를 지급제시에 갈음하는 것인데, 이를 手票要約化(check truncation)라 한다. 이러한 手票要約化制度는 수표와 증권 없는 전자자금이체 사이의 혼합물인데, 이 제도에 의하여 수표의 교환시간은 훨씬 단축되고 있다.[2)]

제 4 절 電子資金移替의 法律構造

제 1 自動出納機(自動入出金機)의 경우

은행의 고객이 직불카드 등을 이용하여 자동출납기(자동입출금기)로부터 자금을 이체하는 법률관계는, 은행의 창구직원이 기계로 대체되고 예금통장 등이 직불카드 등으로 대체되는 것이므로 기본적으로 은행예금의 출금과 입금의 경우와 동일하다고 보겠다. 다만 위와 같은 전자자금이체는 사람이 아닌 機械에 의하여 이루어지므로 「무권리자에 대한 지급시 은행의 주의의무를 판단하는 기준」이 다른 점이다(이에 관하여는 후술함). 또한 위와 같은 전자자금이체는 순간적으로 이루어지므로 「자금이체의 신청시와 기장시의 시차에 따른 법률문제」는 없다고 볼 수 있다.

제 2 販賣店頭端末機(支給用端末機)의 경우

販賣店頭端末機(支給用端末機)에 의하여 물건을 구입하는 경우는 구입자의

1) Budnitz, *supra* at 36~37.

2) 鄭(東), 582면.

구좌의 借記와 판매자의 구좌의 貸記가 동시에 이루어지므로, 구입자는 물건값을 지급하기 위하여 은행으로부터 현금을 인출하거나 또는 수표를 발행받을 필요가 없다. 따라서 販賣店頭端末機(支給用端末機)에 의하여 물건값을 지급하는 경우에는 「현금의 인출과 이로써 하는 매매대금의 지급에 따른 법률문제」 또는 「수표의 발행시부터 지급시까지의 이에 따른 법률문제」는 전혀 발생하지 않을 것이다. 다만 위와 같은 기계의 고장 등에 의하여 발생하는 오류기장 등이 문제될 것이다(이에 관하여는 후술함). 또한 대금지급이 순간적으로 완료되므로 「원인관계에 따른 항변으로써 대금지급을 거절할 수 없는 점」도 있으므로, 이에 따른 새로운 법률문제가 발생한다.

제 3 自動交換所에 의한 資金移替의 경우

自動交換所에 의한 전자자금이체의 법률구조는 일반적인 자금이체의 그것과 비교하여 볼 때, 이체의뢰를 전자적 장치에 의하여 하는 점에서만(電金 2조 12호 · 8호) 다를 뿐, 그 밖의 점에 있어서는 일반적인 자금이체의 법률구조와 동일하므로, 이하에서는 일반적인 자금이체의 법률구조를 소개하겠다. 자금이체에는 支給移替와 推尋移替가 있으므로 이곳에서도 양자를 구별하여 각각의 법률구조를 소개하겠다.

1. 支給移替의 法律構造

지급이체(대변이체)(credit transfer)란 채무자(지급인, 지급이체의뢰인)가 그의 거래은행(지급은행)에 지급지시(payment order)를 하여, 채무자의 계좌로부터 이체금액을 출금기장(借記)하여(현금이체의 경우에는 현금으로) (수취은행에 있는) 채권자(수취인, 이체수취인)의 계좌에 입금기장(貸記)함으로써, 당사자간의 자금이전을 실현하는 절차를 말한다.[1]

지급이체의 당사자간의 법률관계는 지급인(채무자)과 지급은행간의 법률관계, 지급은행과 수취은행간의 법률관계, 수취은행과 수취인(채권자)간의 법률관계 및 지급인과 수취인간의 법률관계로 나누어 볼 수 있다. 이하에서 차례로 살펴보겠다.

1) 同旨: 鄭(東), 572면.

(1) 支給人과 支給銀行과의 法律關係

1) 지급인과 지급은행간에 기본계약인 지급이체계약이 있고 이에 따른 지급지시가 별도로 존재하는가에 대하여, 이 양자를 인정하는 「이원설」과 지급지시를 기본계약의 구성요소로 보는 「일원설」이 있다.[1)]

이원설은 독일에서 논의되고 있는 견해인데, 지급이체의 법률구조는 지로계정설정자(채권자)와 지로센터(금융결제원) 사이의 지로계약(Girovertrag)[2)]과 지급인(채무자)과 지급은행(지로참가은행) 사이의 자금이체의뢰(지급지시)(Überweisungsauftrag)의 이원적 구조로 되어 있다고 보았다.[3)]

일원설은 미국과 일본에서 논의되고 있는 견해이다. 즉 미국에서는 지급인과 지급은행간에 계좌가 설정되어 있든 아니든 이는 지급이체계약과는 무관하고, 지급은행은 지급인의 지급지시(payment order)에 대하여 승낙(acceptance)함으로써 자금이체계약은 성립하고 당사자는 의무를 부담하게 되므로[UCC §4A-104(a)], 일원설을 따르고 있다. 일본의 경우에도 지급인이 지급은행에 예금계좌를 갖고 있든 또는 아니든 상관없이 지급인이 지급이체용지에 기입하여 지급은행의 창구에 제출하고 지급은행이 이를 수리한 때에 위임계약이 성립하고 동시에 구체적인 지시가 있는 것으로 해석하므로,[4)] 일원설을 취하고 있다.

우리 나라에서는 대체로 이원설에 의하여 자금이체를 설명하고 있다. 즉 지급이체의 구조에 대하여 「대변이체거래(지급이체거래)는 두 개의 법률관계로 이루어지는데, 그 하나는 은행과 고객 사이의 지로계약(Girovertrag)이고 다른 하나는 은행과 고객 사이의 자금이체위탁(Überweisungsauftrag)이다」고 설명하거나,[5)] 「지급이체에 있어서 (기본계약으로서의) 자금이체계약은 지급이체계약이다」,[6)] 또는 「전자자금이체거래에서 지급인이 지급은행에 대하여 행하는 지급지시는 지급인과 지급은행간의 전자자금이체거래에 따른 지시행위로 이해하

---

1) 이에 관한 상세는 정(경), (전자금융) 158~166면 참조.

2) 독일에서는 지로계약의 의미를 본문과 같이 지로계정설정자(채권자, 수취인)와 지로센터(수취은행)간의 계약(BGB §§676 f, g)으로 사용하기도 하고(편의상 이를 '협의의 지로계약'으로 함), 지로계약을 지급인과 지급은행간의 지급이체계약·수취인과 수취은행간의 계좌입금계약 및 지급은행과 수취은행간의 환거래계약을 모두 포함하는 의미로 사용하기도 한다(편의상 이를 '광의의 지로계약'으로 함).

3) 이에 관하여는 정희철, "Giro제도가 유가증권에 미치는 영향," 「법학」(서울대), 제26권 1호(1985. 4), 5면 참조.

4) 後藤紀一, "アメリカUCC 4A編(資金移動)の概要と問題點(上)," 「手形硏究」, 第476號, 30면, 33면.

5) 鄭(東), 573면.

6) 손(진), (전자금융) 93면 ; 註釋(III), 490~491면.

는 것이 타당하므로 지시적 구성이 원칙적으로 타당하다. … 국내 자금이체를 이와 같이 이원적으로 구성하더라도 무방하다고 본다. 그러나 국제간 자금이체라 하더라도 전자자금이체의 경우에는 청약적으로 구성할 수는 없고 기본적으로 전자자금이체계약이 선행하여야 하고 이를 근거로 지급지시가 행해지고 실행된다고 보아야 한다」[1]고 설명하고 있다.

생각건대 기본계약이 있고 이에 근거하여 지급지시(자금이체의뢰)가 발생한다는 이원설이 원칙적으로 타당하다고 본다. 그런데 이 때 기본계약을 무엇으로 볼 것이냐가 문제이다. 앞에서 본 바와 같이 독일에서 논의된 협의의 지로계약(채권자와 지로센터간의 계약)을 기본계약으로 볼 것이냐 또는 우리 나라에서 많이 논의되고 있는 지급인과 지급은행간의 자금이체계약을 기본계약으로 볼 것이냐가 문제이다.[2] 이에 대하여 저자는 종래에는 독일에서 논의된 협의의 지로계약을 기본계약의 의미로 보았으나,[3] 수취인이 지로번호를 부여받았는가에 관계 없이(즉 수취인과 지로센터간에 지로계약이 체결되었는지에 관계 없이) 지급이체(자금이체)가 이루어지고 있는 점에서 볼 때 지급이체의 경우 지급인과 지급은행간에 체결되는 자금이체계약을 기본계약으로 본다(종래의 견해를 변경함). 우리 전자금융거래법도 자금이체의 경우 지급인 또는 수취인은 금융기관 또는 전자금융업자와 전자지급거래를 위한 자금이체계약을 전제로 하고 있다고 볼 수 있다(電金 12조 1항). 그런데 이러한 자금이체계약은 언제 · 어떤 형태로 체결되고 있는가의 문제가 있다. 직불카드 등에 의하여 지급이체를 하는 경우에는 이러한 카드 발급시에 이용자와 발행인간에 체결되는 카드이용규약에 기하여 자금이체계약이 체결된다고 보고, 월급 · 사적 연금 · 사회보장연금 · 배당금 등을 지급하는 대량지급업무의 경우에는 지급인이 대량지급거래신청서를 금융결제원에 제출하여 승인을 받음으로써 기본계약인 대량지급거래계약이 성립한다고 보며, 1인의 수취인에 대하여 1회에 이루어지는 일반계좌이체의 경우에는 수취인이 지로번호를 부여받았는가의 여부에 관계 없이 기본계약인 지급이체계약은 지급인과 지급은행간에 체결되는 것으로 볼 수 있다.[4] 그런데 타행환거래 중 현금송금에서 지급인이 현금으로 타행의 수취인의 계좌에 입금

---

1) 정(경), (전자금융) 163～166면.

2) 鄭(東), 573면은 독일의 지로계약이라는 용어를 사용하면서, 그 의미는 지급인과 지급은행간의 자금이체계약이라는 뜻으로 사용하고 있다.

3) 정찬형, "전자자금이체제도," 「한국금융법연구」(한국경제법학회), 제 4 집(1991. 2), 304면; 同, 「어음 · 수표법강의(제 6 판)(서울: 박영사, 2006), 824～825면.

4) 同旨: 註釋(III), 490～491면.

하는 경우(입금이체), 기본계약인 지급이체계약이 존재하는가의 문제가 있다. 이 경우 타행환입금의뢰계약을 지급이체계약으로 보는 견해도 있는데,[1] 이 때에는 지급지시와 구별되는 기본계약이 별도로 없거나 또는 지급이체계약과 지급지시가 동시에 이루어지므로 예외적으로 일원설에 의하여 설명하여야 할 것으로 본다(이 경우 이원설에 의하여 설명하는 것은 단순한 기본계약의 의제에 불과하고 또 실익도 없다고 본다). 그런데 전자자금이체의 경우에는 계좌간의 이체이므로 이러한 점이 발생할 여지가 없다고 본다.

2) 이와 같이 이원설에 따라 지급인과 지급은행간에 지급이체계약이 있고 이에 따른 지급지시(자금이체의뢰)가 별도로 존재하는 경우에, 이러한 지급이체계약 및 지급지시의 법적 성질이 문제된다.

위에서 본 바와 같이 독일에서 논의된 협의의 지로계약을 기본계약으로 보는 견해에서는, 지로계약은 지로설정계약으로서 지로계좌설정신청서(지로번호신청서)에 의한 청약과 지로센터(금융결제원)의 승낙에 의하여 그 효력이 발생하므로 이는 위임계약과 도급계약 또는 임치계약과의 혼합계약이고 자금이체의뢰는 지급은행의 승낙을 요하지 않는 지급인의 단독행위로서 지급인이 스스로 하여야 할 수취인에 대한 지급을 지급은행으로 하여금 대행하게 하는 지급대행권한의 수여라고 한다.[2]

그런데 기본계약을 지급인과 지급은행간의 지급이체계약으로 보면 지급이체계약의 법적 성질을 위의 지로계약의 그것과 동일하게 볼 수 없다.[3] 지급이체계약의 법적 성질에 대하여는 위임계약설 · 도급계약설 · 혼합계약설로 나뉘어져 있고, 제 3 자를 위한 계약의 성질을 가지느냐에 대하여도 견해가 나뉘어져 있다.[4] 지급이체계약에 의한 지급은행의 의무는 수취인계좌에의 입금기장이라는 일의 완성을 목적으로 하는 것이 아니라 지급이체사무의 처리(지급인의 지급지시를 수취은행에 전달하는 행위)라고 볼 수 있고 또 지급이체계약이 예금계약 등과 혼합된 경우에도 이를 구별하여 독립적으로 그 성질을 파악하여야 한다는 점에서 볼 때, 지급이체계약의 법적 성질은 위임계약으로 보는 것이 타

---

1) 註釋(Ⅲ), 491면.
2) 정희철, 전게 논문(법학 26권 1호), 3~5면 참조.
3) 同旨: 정(경), (전자금융) 175면.
그러나 鄭(東), 573면은 지급이체계약의 법적 성질을 독일의 협의의 지로계약의 그것과 동일 또는 유사하게 보고 있다.
4) 지급이체계약의 법적 성질에 대한 학설 · 판례의 상세한 소개로는 정(경), (전자금융) 166~173면 참조.

당하다고 본다.[1] 또한 지급이체에서 수취인이 지급은행에 대하여 추상적 성질의 지급청구권을 갖는다고도 볼 수 없으므로 원칙적으로 제 3 자를 위한 계약의 성질이 있다고도 볼 수 없다.[2] 우리 전자금융거래법 제12조 제 1 항은 전자지급거래계약의 효력에 대하여 「금융기관 또는 전자금융업자는 지급인 또는 수취인과 전자지급거래를 하기 위하여 체결한 약정에 따라 수취인이나 수취인의 금융기관 또는 전자금융업자에게 지급인 또는 수취인이 거래지시한 금액을 전송하여 지급이 이루어지도록 하여야 한다」고 규정함으로써, 전자자금이체의 경우 금융기관 또는 전자금융업자는 수취인의 계좌에 입금기장의무를 부담하지 않으나 이체금액을 전송하여 지급이 이루어지도록 할 의무를 부담하는 점, 오류의 정정(電金 8조) 등에 관한 규정이 있는 점 등에서 볼 때, 우리 전자금융거래법은 문언상 명백하지는 않지만 지급이체계약이 위임계약의 성질을 갖는 것을 전제로 하여 금융기관 또는 전자금융업자의 위임사무처리에 관한 다양한 규정을 두고 있다고 볼 수 있고, 또한 지급인의 거래지시의 철회에 관한 규정(電金 14조) 등을 두고 있는 점에서 볼 때 제 3 자를 위한 계약으로 규정하고 있지 않다고 볼 수 있다.[3]

지급이체계약에 따라 지급은행이 수수료를 받는 경우에는 유상계약·쌍무계약이고(지급은행은 우수고객에게 수수료를 면제하는 경우가 있는데, 이 경우는 예외적으로 무상계약임), 또한 지급이체계약은 시간적으로 한정되지 않는 점에서 계속적 계약이라고 볼 수 있다.[4]

위의 기본계약인 지급이체계약에 따른 개별적인 지급지시의 법적 성질은 지급이체계약의 법적 성질을 위임계약으로 볼 때 위임계약상의 위임인의 지시(위임사무의 내용을 구체적으로 특정하는 행위)로서, 일종의 의사표시로서의 법률행위이고, 지급은행의 승낙의 의사표시 없이 지급인의 지급지시가 지급은행에 도달함으로써 지급은행의 구체적인 위임계약상의 의무가 발생하는 점에서 수령을 요하는 단독행위라고 볼 수 있다.[5]

3) 지급인과 지급은행간에 기본계약으로서 지급이체계약(위임계약)이 성립한 것만으로는 지급은행은 구체적인 의무를 부담하지 않지만, 지급인이 지급지시를 하는 경우 지급은행은 지급지시된 금액(이체금액)을 지급인의 지급지시

1) 同旨: 정(경), (전자금융) 174～178면.
2) 同旨: 정(경), (전자금융) 178～180면.
3) 同旨: 정(경), (전자금융) 181면.
4) 同旨: 鄭(東), 573면; 손(진), (전자금융) 93면; 註釋(III), 492면; 정(경), (전자금융) 180면.
5) 同旨: 정(경), (전자금융) 178면, 202～203면.

에 따라 결제할 의무를 부담한다. 지급은행의 결제의무는 보통 계좌이체의 경우 지급은행에 있는 지급인의 계좌에서 이체자금을 출금기장하여(입금이체 또는 현금이체의 경우는 수령한 현금을), 단일은행간 이체의 경우에는 수취인의 계좌에 입금기장하고, 2은행간 이체 또는 3은행간 이체의 경우에는 수취은행 또는 중개은행에 지급인의 지급지시를 전달함으로써 이행된다.[1] 계좌이체의 경우에는 1인의 수취인에 대하여 1회의 계좌이체가 이루어지는 일반계좌이체의 경우와, 봉급·연금·배당금 등과 같이 다수의 수취인에 대하여 대량적·반복적으로 하는 대량지급이체가 있다.

우리 전자금융거래법 제12조 제 2 항은 「금융기관 또는 전자금융업자는 지급인 또는 수취인이 지시한 자금의 지급이 이루어질 수 없게 된 때에는 전자지급거래를 하기 위하여 수령한 자금을 지급인에게 반환하여야 한다」고 규정함으로써, 수취인에 대한 지급이 이루어지지 않은 경우에도 채무불이행의 책임이 아니라 수령자금의 반환의무만을 규정하고 있다. 이는 지급은행의 의무가 (타은행간 이체의 경우에도) 지급지시의 전달의무만 있고 수취인의 계좌에의 입금의무를 포함하지 아니한다는 것을 분명하게 나타낸 것으로서 지급이체계약의 법적 성질이 (도급계약이 아니라) 위임계약이라는 점을 간접적으로 표현한 것으로 볼 수 있다.[2]

⑵ 支給銀行과 受取銀行(또는 仲介銀行)과의 法律關係

지급은행과 수취은행이 동일은행인 경우에는 문제가 되지 않고, 지급은행과 수취은행이 다른 경우에는 환거래계약이 체결되고 이에 의하여 수취은행은 지급은행의 지시에 따를 의무를 부담한다. 은행간의 환거래를 원활히 하기 위하여 은행간에 환거래사무의 처리에 관한 기본계약이 체결되는데, 이의 법적 성질은 환거래사무(지급이체) 처리의 위탁을 목적으로 하는 위임계약이고 동시에 상호계산계약의 성질도 갖는다.[3] 따라서 이러한 환거래계약에 의하여 지급이체의 경우 수취은행은 지급은행의 지급지시에 따라 수취인의 예금계좌에 이체자금을 입금할 의무를 부담하고 지급은행과 이체자금을 금융결제원 등을 통하여 정산하게 된다.

지급은행과 수취은행간에 직접 환거래계약이 없는 경우에는 두 은행과 각각 환거래계약이 있는 중개은행을 통하여 자금이체가 이루어지는데, 이 경우

1) 同旨: 정(경), (전자금융) 183~184면.
2) 同旨: 정(경), (전자금융) 185~186면.
3) 同旨: 정(경), (전자금융) 186면.

지급은행과 수취은행 사이에 직접적인 법률관계가 없다. 따라서 이 경우 지급은행은 중개은행에 대하여 지급인의 지급은행에 대한 지위와 유사한 지위에 있으므로 지급은행은 중개은행에 대하여만 지시권을 갖고 수취은행에 대하여는 지시권이 없다.[1)]

(3) **受取銀行과 受取人과의 法律關係**

지급은행으로부터 지급지시를 수령한 수취은행은 이체자금을 수취은행에 있는 수취인의 계좌에 입금기장하는데, 수취은행은 수취인과의 계좌개설계약에 포함된 계약내용의 하나로서 지급이체된 금액을 수취인의 계좌에 입금처리한다.[2)] 이 때 수취인은 입금기장되기 전에는 수취은행에 대하여 입금기장청구권을 갖고, 입금기장된 후에는 무인적인 지급청구권을 갖는다.[3)] 그런데 자금이체가 실시간으로 처리되는 전자자금이체의 경우에는 무인적 지급청구권만이 문제될 것이다.[4)]

이러한 수취은행과 수취인의 법률관계는 지급은행과 지급인의 그것과는 독립된 법률관계로 볼 수 있다. 지급인과 지급은행과의 법률관계에 제 3 자를 위한 계약의 요소가 없다고 보는 견해에서는 특히 그러하다고 볼 수 있다.[5)]

(4) **支給人(債務者)과 受取人(債權者)과의 法律關係**

지급인과 수취인과의 관계는 채무자와 채권자와의 관계에서 채무의 이행에 관한 법률관계라고 볼 수 있다. 지급인(채무자)이 이러한 방법(지급이체의 방법)으로 채무의 이행을 하기 위하여는 수취인(채권자)의 동의를 받아야 한다.[6)]

지급이체에 의한 채무의 이행은 현금통화가 아니라 예금통화에 의한 이행이므로, 변제 그 자체로 볼 수는 없고 「대물변제」[7)] 또는 「변제에 갈음하는 이행」[8)]이라고 볼 수 있다.

---

1) 同旨: 정(경), (전자금융) 187～188면.
2) 同旨: 정(경), (전자금융) 189면.
3) 同旨: 鄭(東), 575면; 崔(基), 888면.
4) 同旨: 손(진), (전자금융) 100면.
5) 同旨: 정(경), (전자금융) 188면.
6) 同旨: 鄭(東), 575면(그 이유는 본래의 채무자로부터 채권자의 거래은행으로 채무자가 변경되었기 때문이라고 한다); 손(진), (전자금융) 101～102면; 정(경), (전자금융) 190면(그 이유는 현금통화에서 예금통화로 변경되고, 예금통화의 위험이 수취인에게는 현금통화보다 크므로 항상 대체할 수 있는 것이 아니기 때문이라고 한다).
7) 同旨: 정(경), (전자금융) 373면(추심이체거래에서 대물변제설에 따름).
8) 同旨: 鄭(東), 575면(이와 같이 보는 것이 독일의 통설 · 판례라고 함).

2. 推尋移替의 法律構造

추심이체(차변이체)(debit transfer)란 채권자(수취인, 추심이체의뢰인)가 그의 거래은행(추심은행)에 추심의뢰(자동이체청구서의 제출 등에 의한 인출지시)를 하면, 수취은행이 채무자(지급인, 납부자)의 거래은행(지급은행)에 요청을 하고, 지급은행은 채무자와 이미 체결한 출금동의 또는 출금위탁계약(자동이체계약 등)에 기하여 채무자의 계좌로부터 이체금액을 출금기장하여(借記하여) 채권자의 계좌에 입금기장(貸記)을 함으로써, 당사자간의 자금이체를 실현하는 절차를 말한다.[1]

이러한 추심이체가 앞에서 본 지급이체와 다른 점은 지급이체가 채무자(지급인)의 지급지시에 의하여 자금이체가 이루어지는 데 반하여 추심이체는 채권자(수취인)의 추심의뢰(인출지시)에 의하여 자금이체가 이루어지는 점, 지급이체의 경우에는 수취은행과 채권자(수취인)간에 입금위탁계약이 있어야 하는 것이 아니나 추심이체의 경우에는 채무자와 그의 거래은행(지급은행)간에 출금위탁계약(출금동의, 자동납부신청)이 전제가 되는 점이라고 볼 수 있다.

추심이체의 당사자간의 법률관계도 지급이체의 경우와 유사하다. 다만 자금이체지시의 방향이 지급이체와 반대일 뿐이다. 따라서 이하에서는 자금이체지시의 방향에 따라 수취인(채권자)과 수취은행과의 법률관계, 수취은행과 지급은행간의 법률관계, 지급은행과 지급인(채무자)과의 법률관계 및 지급인(채무자)과 수취인(채권자)간의 법률관계에 대하여 지급이체와의 차이점을 중심으로 간단히 살펴보겠다.

(1) 受取人과 受取銀行과의 法律關係

1) 수취인과 수취은행(금융결제원)[2]간에는 기본계약인 추심이체계약이 있고 이에 따른 추심의뢰가 별도로 존재한다고 볼 수 있다(이원설). 지급이체의 경우에는 현금이체와 같이 기본계약(지급이체계약)이 없이 지급지시만이 있는 경우도 있으나, 추심이체의 경우에는 반드시 기본계약(추심이체계약)을 전제로 한다고 볼 수 있다.[3] 수취은행(추심은행)은 무권한의 추심지시에 의하여 종국적으로 채무를 부담하게 되므로 추심은행은 이러한 위험을 피하기 위하여 수

1) 同旨: 鄭(東), 576면.

2) 우리 은행거래상으로는 추심은행과 수취인간에 추심이체계약이 성립하는 것이 아니라 금융결제원과 수취인간에 추심이체계약이 이루어지는데[同旨: 정(경), (전자금융) 344면 주 827], 지급이체와 대비하기 위하여 금융결제원 대신에 추심은행으로 표현하겠다.

3) 同旨: 정(경), (전자금융) 334면.

취인을 심사하여 추심이체를 허용한 경우에 한하여 추심이체계약을 체결한다.[1)]

2) 이러한 추심이체계약의 법적 성질은 지급이체계약의 그것과 같이 (추심이체지시의 처리를 위탁한) 위임계약으로 보는 것이 타당하다고 본다.[2)] 우리 전자금융거래법 제12조 제 1 항이 「금융기관 또는 전자금융업자는 수취인과 전자지급거래를 하기 위하여 체결한 약정에 따라 수취인이 거래지시한 금액을 전송하여 지급이 이루어지도록 하여야 한다」고 규정하고 있는 점은, 추심이체에서 추심이체계약을 전제로 하면서 간접적으로 이러한 추심이체계약은 위임계약임을 나타내고 있다고 볼 수 있다. 또한 수취은행이 추심이체에 따른 수수료를 받으면 이러한 추심이체계약은 유상계약·쌍무계약이고, 추심이체계약은 시간적으로 한정되지 않으므로 계속적 계약이라고 볼 수 있다.

위의 추심이체계약에 따른 개별적인 추심의뢰의 법적 성질은 기본계약인 추심이체계약(위임계약)상의 위임인(수취인, 추심의뢰인)의 지시(위임사무의 내용을 구체적으로 특정하는 행위)로서, 상대방(수취은행)의 수령을 요하는 단독행위(법률행위)라고 볼 수 있다.[3)]

수취인과 수취은행(금융결제원)간에 기본계약으로서 추심이체계약(위임계약)이 성립한 것만으로는 수취은행은 구체적으로 의무를 부담하지 않고, 그 후 수취인의 구체적인 추심의뢰가 있고 또한 지급인(채무자)과 지급은행간에 출금동의(출금위탁계약)가 있어야 이에 따라 자금을 결제할 의무를 부담한다. 즉 수취은행은 수취인의 추심의뢰를 지급은행에 전달할 의무를 부담하고, 또한 지급은행으로부터 수령한 추심의뢰금액을 수취인의 계좌에 입금기장할 의무를 부담한다.

(2) 受取銀行과 支給銀行(또는 중개은행)과의 法律關係

수취은행과 지급은행(또는 중개은행)간에는 추심이체거래협정 또는 이의 내용인 환거래계약이 체결되고 이에 의하여 지급은행은 수취은행의 지시에 따를 의무를 부담한다. 이러한 환거래계약은 환거래사무(추심이체) 처리의 위탁을 목적으로 하는 위임계약이고 동시에 상호계산계약의 성질을 갖는다. 따라서 이러한 환거래계약에 의하여(또한 지급인과 지급은행간에 이미 체결된 출금동의에 의하여) 지급은행은 추심은행으로부터 추심의뢰받은 금액만큼 지급인의 계좌에서 출금하여 수취은행에 전달할 의무를 부담한다.

1) 同旨: 정(경), (전자금융) 343~345면.
2) 同旨: 정(경), (전자금융) 337면.
3) 同旨: 정(경), (전자금융) 346면.

(3) 支給銀行과 支給人과의 法律關係

지급은행과 지급인간에는 출금동의(출금위탁계약)가 존재하여야 한다. 우리 전자금융거래법 제15조 제 1 항은 추심이체의 출금동의에 대하여 「금융기관 또는 전자금융업자는 추심이체를 실행하기 위하여 대통령령이 정하는 바에 따라 지급인으로부터 출금에 대한 동의를 얻어야 한다」고 규정하고, 동법 시행령 제10조는 지급인으로부터 출금에 대한 동의를 얻는 방법은 「(i) 금융기관 또는 전자금융업자가 지급인으로부터 서면(공인 전자서명이 있는 전자문서를 포함한다. 이하 이 조에서 같다)에 의하여 출금신청을 하는 방법, (ii) 수취인이 지급인으로부터 서면에 의한 출금의 동의를 받아 금융기관 또는 전자금융업자에게 전달(전자적 방법으로 출금의 동의내역을 전송하는 것을 포함한다)하는 방법[1)]」을 규정하고 있다.

추심이체는 지급인(소비자)이 자기의 거래은행(지급은행)에게 일정한 채권자(수취인)의 청구서의 금액을 자기의 계좌에서 출금(借記)하여 지급하도록 출금동의하는 거래로서, 지급인(소비자)은 이 제도를 이용하여 반복하여 지급하여야 할 채무, 즉 집세 · 보험료 · 공과금 등을 지급한다. 지급인(소비자)의 거래은행(지급은행)은 지급인(소비자)의 채권자(수취인)로부터 일정한 금액을 지급할 것을 요구받으면(추심의뢰를 받으면) 지급인(소비자)의 계좌에서 청구금액을 출금(借記)하고 이를 나타내는 자료를 금융결제원에 송부하는데, 금융결제원은 이 자료에 의하여 동 자금을 채권자(수취인)의 거래은행에 이체하여 준다.

지급인과 지급은행간의 출금동의(출금위탁계약)의 법적 성질은 지급인(납부자)이 거래은행(지급은행)에 대하여 추심은행으로부터 추심의뢰를 받으면 자기의 계좌로부터 출금하여 수취은행에 지급하여 줄 것을 위탁하는 위임계약으로 볼 수 있고, 또한 장래에 계속하여 지급할 것을 내용으로 하므로 계속적 계약으로 볼 수 있다.[2)] 이러한 지급인의 출금동의(출금위탁계약)에 의하여 지급은행이 지급인의 계좌로부터 출금(借記)할 권한이 생기는 것은 아니고, 수취은

1) 수취인이 지급인으로부터 출금동의를 받아 금융기관 또는 전자금융업자에게 전달하는 방법은 지급인이 자기를 대신하여 수취인(전달기관으로서의 사자)에게 자기의 출금동의를 금융기관 또는 전자금융업자에게 전달하도록 한 것이므로, 이 경우에도 지급인과 지급은행간에 출금동의(출금위탁계약)가 유효하게 성립한다.

손(진), (전자금융) 94면 주 60은 「때로는 수취인에게 출금동의를 하는 경우가 있으나, 이 동의는 수취인이 지급인을 대신하여 지급은행에 출금동의를 할 것을 위임하는 것으로 볼 수 있다」고 설명하고 있는데, 전자금융거래법 시행령 제10조에서 볼 때 수취인이 지급인을 대신하여 지급은행에 출금동의를 하는 것으로 볼 수는 없다.

2) 同旨: 손(진), (전자금융) 94~95면.

행을 통하여 수취인의 추심의뢰를 받아야 구체적으로 출금(借記)할 권한을 갖는다. 따라서 이러한 추심의뢰는 지급인의 출금동의(출금위탁계약)를 구체화시키는 것으로서, 지급이체에서 기본계약인 지급이체계약을 구체화시키는 지급지시에 해당한다고 볼 수 있다.[1)]

(4) 支給人(債務者)과 受取人(債權者)과의 法律關係

추심이체에서 지급인과 수취인과의 법률관계는 지급이체에서와 같이 채무자와 채권자와의 관계에서 채무의 이행에 관한 법률관계라고 볼 수 있다. 다만 추심이체의 경우에는 채권자인 수취인이 주도적으로 추심의뢰를 하는 점과 채무자인 지급인이 출금동의(출금위탁계약)를 하고 있는 점이 지급이체의 경우와 구별되는 점이다. 출금동의(출금위탁계약)가 있는 점에서 당사자간에는 채무이행의 방식에 관하여 합의가 있었다고 볼 수 있다. 또한 추심이체의 경우 수취인이 주도적으로 추심의뢰를 하는 점에서 지급인은 지급을 위하여 지정된 계좌에 자금을 갖고 있는 이상 이행지체 등의 위험부담은 수취인이 부담한다고 본다.

추심이체에 관한 채무의 이행도 지급이체의 경우와 같이 현금통화가 아니라 예금통화에 의한 이행이므로, 변제 그 자체로 볼 수는 없고「대물변제」또는「변제에 갈음하는 이행」이라고 볼 수 있다.[2)]

제 5 절 電子資金移替와 관련된 法律問題

제 1 序 言

전자자금이체에 의한 지급거래는 종래의 수표 등 서면(증권)에 의한 지급거래보다 신속성이 있는 등 장점이 있으나, 이용시점과 대금결제시점과의 사이에 시차가 없기 때문에 원인관계에 의한 항변을 주장할 수 없고 또한 기계고장 등으로 인한 이행불능(지체)의 경우에 이로 인한 손해를 누가 부담할 것인가 등 새로운 문제점이 매우 많이 발생하고 있다. 따라서 새로운 제도인 전자

---

1) 지급은행에 제시된 추심의뢰의 법적 성질에 관한 독일 학설의 소개에 관하여는 정(경), (전자금융) 346～347면 참조.

2) 정찬형,「어음 · 수표법강의(제 6 판)」(서울: 박영사, 2006), 827면은「변제」에 해당하는 것으로 보았으나, 본문과 같이 변경한다.

자금이체와 관련하여 새롭게 발생하는 법률문제를 고찰할 필요가 있다. 이에 관하여는 이하에서 전자자금이체의 효력발생시기, 오류전자자금이체(지급지시의 취소·수정), 부정전자자금이체 및 전자자금이체의 불이행에 따른 법률문제를 살펴보겠다.

위의 문제에 관하여 우리 전자금융거래법은 부분적으로 규정하고 있으므로 이의 내용을 먼저 소개하고, 또한 이러한 문제의 올바른 해결을 위한 해석론 및 입법론을 위하여 이러한 문제의 해결방안에 관하여 상세한 규정을 두고 있는 미국의 전자자금이체법·통일상법전 등의 내용을 참고적으로 소개하겠다.

제 2 電子資金移替의 效力發生時期

전자자금이체가 언제 그 효력이 발생하는지는 지급인에게는 지급지시(거래지시)를 철회할 수 있는 시기이고, 수취인에게는 동 자금을 이용할 수 있는 시기이기도 하다. 또한 전자자금이체의 효력발생시기는 지급인에게 이행지체가 있는지 여부, 지급인 또는 수취인이 파산 또는 사망한 경우에 이를 해결하기 위한 중요한 기준이 된다.[1] 이러한 전자자금이체의 효력발생시기는 모든 전자자금이체에서 문제되지만, 특히 지급이체에서 지급지시의 철회와 관련하여 문제가 된다고 볼 수 있다.

우리 나라에서 자금이체의 효력발생시기는 수취은행에 있는 수취인의 계좌에 이체자금이 입금기장된 때로 보고 있다.[2] 우리 전자금융거래법도 이러한 학설과 같이 전자자금이체의 효력발생시기는 「거래지시된 금액의 정보에 대하여 수취인의 계좌가 개설되어 있는 금융기관 또는 전자금융업자의 계좌의 원장에 입금기록이 끝난 때」로 규정하고 있다(電金 13조 1호). 따라서 이용자는 이러한 전자자금이체의 효력이 발생하기 전까지 거래지시를 철회할 수 있는데, 금융기관 또는 전자금융업자는 이러한 거래지시의 철회방법 및 절차를 약관에 기재하여야 한다(電金 14조 1항·3항). 그러나 금융기관 또는 전자금융업자와 이용자는 대량으로 처리하는 거래 또는 예약에 따른 거래 등의 경우에는 미리 정한 약정에 따라 거래지시의 철회시기를 달리 정할 수 있는데, 이러한 약정에 관한 사항은 약관에 기재되어야 한다(電金 14조 2항·3항).

---

1) 한국외환은행, 「새로운 은행업무와 법률문제」, 법규자료: 조법-47(1984. 5. 31), 19면.
2) 鄭(東), 584면; 손(진), (전자금융) 1020면 외.

전자자금이체의 경우에는 금융통신망을 통하여 실시간으로 처리되어 보통 입금의뢰와 동시에 자금이체가 이루어지므로 사실상 지급이체를 취소하는 것이 불가능하다. 그러나 전자자금이체의 경우에도 자금이체에 관한 모든 정보를 입력한 뒤 일정한 기간(예컨대, 2거래일)이 지난 뒤에야 수취인의 계좌에 입금되도록 하거나(入金期日制度, value dating) 또는 즉시 수취인의 계좌에 입금시키고 지급인으로 하여금 일정기간 내에 이를 취소할 수 있는 방법(入金取消制度, reversibility)을 설정할 수도 있다.[1)]

참고로 미국의 통일상법전상 자금이체의 효력발생시기는 「지급지시가 수취은행에 의하여 승낙된 때」이다[U.C.C. §4A-406(a)]. 그런데 자금이체에 의한 지급이 지급인의 채무를 변제하기 위한 때에는, 동 채무는 수취인에게 금전으로 동액을 지급함으로써 소멸한다. 그러나 (i) (전자)자금이체에 의한 지급이 채무이행에 관하여 수취인과의 계약에서 금지하는 방법으로 이루어졌고, (ii) 수취인이 수취은행으로부터 동 지급지시의 수령을 통지받은 후 합리적인 시간 내에 지급인에게 자신이 그러한 지급을 거절한다는 통지를 하였으며, (iii) 지급지시에 관한 자금이 수취인에 의하여 인출되지 않았거나 수취인에 대한 채무에 변제되지 않았고, (iv) 수취인에게 계약에 따른 방법으로 지급이 이루어졌더라면 합리적으로 피할 수 있었던 손해가 발생한 경우에는 그러하지 아니하다. 이와 같이 지급인에 의한 지급이 채무이행이 되지 않은 경우, 지급인은 수취은행으로부터 수취인의 권리를 행사할 수 있다[U.C.C. §4A-406(b)]. UNCITRAL Model Law도 자금이체의 효력발생시기에 대하여 미국의 통일상법전과 같이 「자금이체는 수취은행이 수취인을 위하여 지급지시를 승낙한 때에 완료되며, 자금이체가 완료된 때에는 수취은행은 지급지시를 승낙한 범위 내에서 수취인에 대하여 채무를 부담한다」고 규정하고 있다[UNCITRAL Model Law §19(1)].[2)]

제 3 誤謬電子資金移替(支給指示의 取消·修正)

오류의 전자자금이체가 있는 경우에 무엇이 오류의 전자자금이체인지, 그러한 오류는 어떻게 정정되는지, 또한 그러한 오류에 따른 금융기관 등의 책임

1) 同旨: 鄭(東), 585면.
2) 미국 통일상법전 및 UNCITRAL Model Law상 자금이체의 효력발생시기에 관한 상세는 정찬형, 「전자자금이체의 법적 문제 및 입법론적 검토」(한국법제연구원, 2002), 45~47면 참조.

은 어떠한지가 문제된다.

(1) 誤謬의 意義

우리 전자금융거래법은 「오류」에 대하여 정의규정을 두고 있는데, 이에 의하면 "오류라 함은 이용자[1]의 고의 또는 과실 없이 전자금융거래가 전자금융거래계약 또는 이용자의 거래지시에 따라 이용되지 아니한 경우를 말한다" 고 규정하고 있다(電金 2조 18호). 예컨대, 전자자금이체의 경우 이용자가 지시하지 아니한 자금이체가 행하여지거나, 부정확한 자금이체가 행하여지거나, 금융기관 등의 계산에 착오가 있는 경우 등이다.[2] 전자자금이체의 경우에는 자금이체가 실시간으로 처리되는 것이 보통이므로 원인관계에 기한 항변으로써 지급의 효력이 발생하기(수취인의 계좌의 원장에 입금기록이 끝난 때) 전까지 거래지시를 철회하는 것은 불가능하다(電金 13조 1호, 14조 1항). 따라서 이 경우에도 오류정정의 절차로서 자금이체를 취소할 수 있다고 본다.[3]

참고로 미국의 전자자금이체법은 오류가 되는 전자자금이체에 대하여 상세히 규정하고 있는데, 이에 의하면 다음과 같다. 즉, 오류가 되는 전자자금이체란 (i) 무권한 전자자금이체, (ii) 소비자의 계좌로부터 또는 소비자의 계좌에 한 부정확한 전자자금이체, (iii) 소비자의 계좌와 전자자금이체의 정기명세표에 반드시 기재하여야 할 사항의 누락, (iv) 금융기관에 의한 계산상의 오류, (v) 전자단말기로부터 소비자의 부정확한 금액의 수령, (vi) 전자자금이체나 기장에 관하여 소비자가 전자자금이체법이 요구하는 추가정보나 확인을 요하는 경우, (vii) 기타 위원회규칙(규칙 E)에 규정된 오류이다[15 U.S.C. §1693 f (f)].

(2) 誤謬의 訂正節次

1) 우리 전자금융거래법상 오류의 정정절차는 거래내용의 확인절차와 오류의 정정절차가 있다.

① 금융기관 또는 전자금융업자는 이용자가 전자금융거래에 사용하는 전자적 장치(금융기관 또는 전자금융업자와 이용자 사이에 미리 약정한 전자적 장치가 있는 경우에는 그 전자적 장치를 포함한다)를 통하여 거래내용을 확인할 수 있도록 하여야 한다(電金 7조 1항). 이 경우 금융기관 등은 전자적 장치의 운영장애· 그 밖의 사유로 거래내용을 확인하게 할 수 없는 때에는 인터넷 등을 이용하

---

1) 「이용자」란 "전자금융거래를 위하여 금융기관 또는 전자금융업자와 체결한 계약(전자금융거래계약)에 따라 전자금융거래를 이용하는 자"를 말한다(電金 2조 7호).

2) 鄭(東), 586면.

3) 정찬형, "전자자금이체제도," 「한국금융법연구」(한국경제법학회), 제 4 집(1991. 2), 309면. 同旨: 손(진), (전자금융) 104면.

여 즉시 그 사유를 알리고, 그 사유가 종료된 때부터 이용자가 거래내용을 확인할 수 있도록 하여야 한다(電金 시행령 7조 1항).

금융기관 또는 전자금융업자는 이용자가 거래내용을 서면(전자문서를 제외한다. 이하 같다)으로 제공할 것을 요청하는 경우에는 그 요청을 받은 날부터 2주 이내에 거래내용에 관한 서면을 교부하여야 한다(電金 7조 2항). 금융기관 등은 거래내용의 서면제공과 관련하여 그 요청의 방법 · 절차, 접수창구의 주소 및 전화번호 등을 전자금융거래와 관련한 약관에 규정하여야 한다(電金 시행령 7조 5항). 위의 요청을 받은 경우 금융기관 등은 전자적 장치의 운영장애 · 그 밖의 사유로 거래내용을 제공할 수 없는 때에는 그 이용자에게 즉시 이를 알려야 한다. 이 경우 거래내용에 관한 서면의 교부기간을 산정함에 있어서 전자적 장치의 운영장애 · 그 밖의 사유로 거래내용을 제공할 수 없는 기간은 산입하지 아니한다(電金 시행령 7조 2항).

위의 거래내용의 대상기간은 거래기록의 종류별 보존기간(5년, 3년 또는 1년)을 말한다(電金 시행령 7조 3항). 또한 위의 거래내용의 종류 및 범위는 다음과 같다. 즉, (i) 전자금융거래의 종류(보험계약의 경우에는 보험계약의 종류를 말한다) 및 금액, 전자금융거래의 상대방에 관한 정보, (ii) 전자금융거래의 거래일시, 전자적 장치의 종류 및 전자적 장치를 식별할 수 있는 정보, (iii) 전자금융거래가 계좌를 통하여 이루어지는 경우 거래계좌의 명칭 또는 번호(보험계약의 경우에는 보험증권번호를 말한다), (iv) 금융기관 또는 전자금융업자가 전자금융거래의 대가로 받은 수수료, (v) 추심이체의 경우 지급인의 출금동의에 관한 사항 및 (vi) 그 밖에 이용자의 전자금융거래내용 확인에 필요한 사항으로서 금융위원회가 정하여 고시하는 사항이다(電金 시행령 7조 4항).

② 이용자가 위의 거래내용의 확인 등에 의하여 전자금융거래에 오류가 있었음을 안 때에는 그 금융기관 또는 전자금융업자에게 이에 대한 정정을 요구할 수 있는데(電金 8조 1항), 금융기관 등은 이러한 오류의 정정요구를 받은 때에는 이를 즉시 조사하여 처리한 후 정정요구를 받은 날로부터 2주 이내에 그 결과를 이용자에게 알려야 한다(電金 8조 2항). 금융기관 등이 스스로 전자금융거래에 오류가 있음을 안 때에는 이를 즉시 조사하여 처리한 후 오류가 있음을 안 날로부터 2주 이내에 그 결과를 이용자에게 알려야 한다(電金 8조 3항).

2) 참고로 미국의 전자자금이체법상 오류의 정정절차는 다음과 같다. (i) 소비자가 전자단말기로써 한 매 전자자금이체에 대하여 그러한 소비자의 계좌를 가진 금융기관은 그 거래가 이루어진 때에 직접 · 간접으로 그러한 이체가 이루어진 소비자의 계좌 · 금액 및 일자 등이 기재된 서면문서를 소비자에게

작성 · 교부하여야 한다[15 U.S.C. §1693 d (a)]. 또한 금융기관은 각 소비자에게 전자자금이체에 의하여 이루어지는 그 소비자의 각 계좌에 대한 정기명세표를 송부하여야 하는데, 동 명세표는 그 계좌에 관계되는 전자자금이체가 매월 또는 그보다 단기의 주기로 발생하는 경우에는 적어도 매월, 또는 아무리 그보다 더 빈번히 발생하는 경우에도 3개월마다 송부하여야 한다[15 U.S.C. §1693 d (c)]. (ii) 또한 금융기관이 동일 지급인으로부터 미리 수권된 전자자금이체의 방법으로 적어도 매 60일에 1회 대기(貸記)되도록 계획되어 있는 소비자의 계좌에 대하여는, 금융기관은 그 선택에 의하여 그 대기(貸記)가 계획대로 된 경우에 위원회의 규칙(규칙 E)에 따라서 소비자에게 즉시 적극적으로 통지하던가 또는 그 대기(貸記)가 계획대로 되지 않은 경우에 위원회의 규칙에 따라서 소비자에게 소극적으로 통지하여야 한다[15 U.S.C. §1693 d (b)]. (iii) 금융기관이 위와 같이 전자자금이체에 관하여 소비자에게 문서를 송부하거나 또는 통지를 한 경우에, 소비자가 오류를 발견한 경우에는 소비자는 자기의 성명과 계좌번호를 기재하거나 기타의 방법으로 금융기관이 자기를 알 수 있게 하고, 소비자의 계좌에 오류가 있다는 뜻과 그 오류금액을 표시하고, 필요한 경우 그와 같은 오류가 발생하게 된 이유에 대한 소비자의 의견을 첨부하여 금융기관에 구두 또는 서면으로 통지한다[15 U.S.C. §1693 f (a) ①·②·③]. (iv) 금융기관이 위의 통지를 수령한 경우에는 동 금융기관은 주장된 오류를 조사하여 그 오류가 발생했는지 여부에 대하여 결정하고, 그러한 조사 및 결정의 결과를 10거래일 내에 소비자에게 보고하거나 우송하여야 한다. 금융기관은 소비자가 이러한 사항에 대하여 구두통지를 하고 또 소비자가 이 때에 서면확인서를 송부하여야 하는 사실 및 송부처를 알고 있는 경우에는 오류의 구두통지에 대한 서면확인서를 10거래일 내에 송부할 것을 요구할 수 있다[15 U.S.C. §1693 f (a) ③]. (v) 금융기관이 위의 주장된 오류를 조사하여 오류의 발생을 인정하면 이를 인정한 후 1거래일 내에 해당 오류를 정정하여야 하고, 필요한 경우 이자를 대기(貸記)하여야 한다[15 U.S.C. §1693 f (b)]. 금융기관이 소비자로부터 적법한 절차에 의한 오류의 통지를 받으면 금융기관은 그러한 통지를 수령한 후 10거래일 내에 주장된 오류금액(필요한 경우, 이자를 포함하여)을 소비자의 계좌에 잠정적으로 재대기(再貸記)할 수 있는데, 이렇게 잠정적으로 재대기(再貸記)된 자금을 소비자는 충분히 사용할 수 있다. 또한 이 때에도 오류의 발생유무나 금액확정은 그 후의 조사 및 결정에 맡겨지는데, 이러한 조사는 오류통지의 수령 후 45일을 초과하지 않는 기간 내에서 결정되어야 한다[15 U.S.C. §1693 f (c)]. (vi) 금융기관이 주장된 오류를 조사한 후 오류가 발생하지 않았음을 결정하면 그 조사의 결정 후 3거래일 내에 소비자에게 발견사항의 설명서를 교부하거나 우송하여야 하고, 또한 소비자가 요구하면 금융기관이 그러한 오류가 발생하지 않았음을 결정하는 데 근거한 일체의 서류의 등본을 소비자에게 즉시 교부하거나 우송하여야 한다[15 U.S.C. § 1693 f (d)].

(3) 金融機關 또는 電子金融業者의 責任

1) 우리 전자금융거래법상 금융기관 또는 전자금융업자는 계약체결 또는 거래지시의 전자적 전송이나 처리과정에서 발생한 사고(오류전자자금이체를 포함함—저자註)로 인하여 이용자에게 손해가 발생한 경우에는 그 손해를 배상할 책임이 있는데(電金 9조 1항), 사고발생에 있어서 이용자의 고의나 중과실이 있는 경우로서 그 책임의 전부 또는 일부를 이용자의 부담으로 할 수 있다는 취지의 약정을 미리 이용자와 체결한 경우 또는 법인(중소기업법 제 2 조 제 2 항에 의한 소기업을 제외한다)인 이용자에게 손해가 발생한 경우로 금융기관 또는 전자금융업자가 사고를 방지하기 위하여 보안절차를 수립하고 이를 철저히 준수하는 등 합리적으로 요구되는 충분한 주의의무를 다한 경우에는 그 책임의 전부 또는 일부를 이용자에게 부담하게 할 수 있다(電金 9조 2항). 금융기관 또는 전자금융업자는 이러한 책임을 이행하기 위하여 금융위원회가 정하는 기준에 따라 보험 또는 공제에 가입하거나 준비금을 적립하는 등 필요한 조치를 하여야 한다(電金 9조 4항).

위와 같은 금융기관 등의 책임을 당사자의 과실유무에 따라 다시 정리하면 다음과 같다.

① 당사자에게 고의 또는 과실이 있는 경우

(A) 금융기관 등에 고의 또는 과실이 있는 경우 　이용자에게 고의·과실이 없고 금융기관 등의 고의·과실로 오류전자자금이체가 발생한 경우, 금융기관 등이 이에 대한 손해배상책임을 지는 것은 말할 나위가 없다(電金 9조 1항 참조).

(B) 이용자에게 고의 또는 과실이 있는 경우 　금융기관 등에게 고의·과실이 없고 이용자에게 고의·과실이 있는 경우에는 손해를 입은 자(피해자)가 법인이냐 또는 비법인이냐에 따라 다르고, 또한 이용자의 과실이 경과실이냐 중과실이냐에 따라 다르다.

(i) 이용자가 비법인이고 경과실이 있는 경우로서 이용자에게 손해가 발생한 경우에는 전자금융거래법상 금융기관 등이 이러한 손해를 배상할 책임이 있다(電金 9조 1항). 이 때 금융기관 등이 이로 인하여 손해를 입은 경우 금융기관 등이 이용자의 불법행위 요건을 입증하여 민법 제750조에 의한 불법행위책임을

물을 수 있을 것인가는 논란의 여지가 있겠으나,[1] 이에 대한 명백한 배제규정이 없는데 이를 부정할 수는 없다고 본다. 따라서 이 경우 금융기관 등이 손해를 배상하는 경우에도 이용자의 과실에 따른 과실상계를 하여야 할 것으로 본다.

(ii) 이용자가 비법인이고 중과실이 있는 경우에는(또한 그 책임의 전부 또는 일부를 이용자의 부담으로 할 수 있다는 취지의 약정을 미리 체결한 경우에는) 이용자에게 발생한 손해는 이용자의 부담으로 한다(電金 9조 2항 1호). 이 때 이용자의 고의나 중대한 과실은 이용자가 접근매체[2]를 제 3 자에게 대여하거나 그 사용을 위임한 경우 또는 양도나 담보의 목적으로 제공한 경우(電金 제18조에 따라 선불전자지급수단이나 전자화폐를 양도하거나 담보로 제공한 경우를 제외한다), 또는 제 3 자가 권한 없이 이용자의 접근매체를 이용하여 전자금융거래를 할 수 있음을 알았거나 쉽게 알 수 있었음에도 불구하고 접근매체를 누설하거나 노출 또는 방치한 경우로서, 전자금융거래에 관한 약관에 기재된 것에 한한다(電金 9조 3항, 동법 시행령 8조). 위와 같이 이용자의 고의 또는 중과실을 접근매체의 대여 등으로 제한하고 있으므로 전자자금이체의 경우에는 이용자에게 이러한 고의 또는 중과실이 인정될 여지가 매우 제한될 것으로 본다. 따라서 오류전자자금이체가 있는 경우로서 이용자에게 위와 같은 고의나 중과실이 없고(그러나 접근매체의 대여 등이 아닌 중과실이 있는 경우에도) 또한 이용자에게 손해가 발생한 경우에는 그러한 이용자는 금융기관 등에게 손해배상청구를 할 수 있을 것으로 본다(電金 9조 1항). 이 때 위 (i)의 경우와 같이 이용자의 과실에 따른 과실상계를 하여야 할 것으로 본다.

(iii) 이용자가 법인이고 이용자의 경과실 또는 중과실로 인하여 이용자에게 손해가 발생한 경우로 금융기관 등이 사고를 방지하기 위하여 보안절차를 수립하고 이를 철저히 준수하는 등 합리적으로 요구되는 충분한 주의의무를 다한 경우에는, 이러한 손해를 이용자의 부담으로 할 수 있다. 이 때 금융기관 등이 이로 인하여 손해를 입은 경우에는 금융기관 등은 이용자에게 대하여 민법 제750조에 의하여 불법행위에 의한 손해배상을 청구할 수 있다고 본다.

② 당사자에게 고의 또는 과실이 없는 경우　　이용자 및 금융기관 등 모두에게 과실이 없는 경우에는 오류전자자금이체에 의하여 이용자에게 발생

1) 同旨: 정(경), (전자금융) 703면.

2) 「접근매체」란 전자금융거래에 있어서 거래지시를 하거나 이용자 및 거래내용의 진실성과 정확성을 확보하기 위하여 사용되는 다음 각 목의 어느 하나에 해당하는 수단 또는 정보를 말한다(電金 2조 10호).
가. 전자식 카드 및 이에 준하는 전자적 정보
나. 전자서명법 제 2 조 제 4 호의 전자서명생성정보 및 같은 조 제 7 호의 인증서
다. 금융기관 또는 전자금융업자에 등록된 이용자번호
라. 이용자의 생체정보
마. 가목, 나목의 수단이나 정보를 이용하는 데 필요한 비밀번호

한 손해를 누가 부담할 것인가가 문제된다. 이 경우 이용자가 비법인인 경우에는 금융기관 등이 이 손해를 부담하고(電金 9조 1항), 이용자가 법인인 경우에는 금융기관 등이 사고방지에 필요한 주의의무를 다한 것을 전제로 하여 그 법인이 이 손해를 부담한다(電金 9조 2항 2호).

2) 참고적으로 미국의 전자자금이체법은 오류의 전자자금이체에 대하여 다음과 같이 규정하고 있다. 즉, (i) 금융기관이 주장된 오류에 대하여 선의의 조사를 하지 않거나 또한 소비자의 계좌에 오류가 없다고 믿는 데에 상당한 근거가 없는 경우로서, 소비자로부터 적법한 절차에 의한 오류의 통지를 받은 후 10거래일 내에 소비자의 계좌에 잠정적인 재대기(再貸記)를 하지 않거나, (ii) 금융기관이 조사시에 금융기관이 이용할 수 있는 증거에 의해서 합리적으로 판단하면 그러한 결론이 나올 수 없는 경우에 금융기관이 고의로 소비자의 계좌에 오류가 없다고 결정한 사실이 있는 경우에는, 금융기관은 소비자에 대하여 소비자가 입은 실제의 손해에 대하여 3배의 손해배상을 하여야 할 책임이 있다[15 U.S.C. §1693 f (e)].

제 4 不正(無權限)電子資金移替

(1) 不正(無權限)電子資金移替의 意義

부정(무권한)전자자금이체는 주로 접근매체(직불전자지급수단 · 선불전자지급수단 · 전자화폐 · 신용카드 · 전자채권 등)의 위조 · 변조 · 도난 · 분실 등의 사유로 부정사용된 경우에 이에 따른 손실을 누가 부담할 것인가가 문제된다. 그런데 전자자금이체의 경우에도 전자자금이체를 할 수 있는 정당한 권한이 없는 자가 전자자금이체를 지시하거나 또는 정당하게 지급지시된 내용을 변경 · 취소하는 경우에(즉, 부정전자자금이체의 경우에) 이에 따른 손실을 누가 부담할 것인가의 문제가 발생한다.

(2) 金融機關 또는 電子金融業者의 責任

1) 이러한 부정전자자금이체에 있어서는 이에 따른 손실을 누가 부담할 것인가가 가장 문제되는데, 이 때 금융기관 등의 책임에 대하여 우리 전자금융거래법은 접근매체의 위조나 변조로 발생한 사고 및 계약체결 또는 거래지시의 전자적 전송이나 처리과정에서 발생한 사고와 접근매체의 분실이나 도난으로 발생한 사고로 나누어 규정하고 있다.

① 접근매체의 위조나 변조로 발생한 사고 및 계약체결 또는 거래지시의 전자적 전송이나 처리과정에서 발생한 사고에 대하여 금융기관 등의 책임은

앞에서 본 오류전자자금이체의 경우와 같다(電金 9조).

② 접근매체의 분실이나 도난으로 인하여 이용자에게 발생한 손해에 대하여 금융기관 등은 어떠한 책임을 지는가에 대하여 우리 전자금융거래법은 다음과 같이 규정하고 있다.

(i) 금융기관 등이 이용자로부터 접근매체의 분실이나 도난 등의 통지를 받은 때에는 그 때부터 제 3 자가 접근매체를 사용함으로 인하여 이용자에게 발생한 손해를 배상할 책임을 진다. 다만, 선불전자지급수단이나 전자화폐의 분실 또는 도난 등으로 발생한 손해로서 선불지급수단이나 전자화폐의 분실 또는 도난의 통지를 하기 전에 저장된 금액에 대한 손해에 대하여 그 책임을 이용자의 부담으로 할 수 있다는 취지의 약정이 금융기관 등과 이용자간에 미리 체결된 경우에는 그러하지 아니하다(電金 10조 1항, 동법 시행령 9조). 그런데 전자금융거래법(10조 1항, 9조)의 규정에도 불구하고 다른 법령에 이용자에게 유리하게 적용될 수 있는 규정이 있는 경우에는 그 법령을 우선 적용한다(電金 10조 2항).

이 때 이용자는 금융기관 등과의 약정에 따라 금융기관 등에게 하는 분실 또는 도난 등의 통지를 전자금융보조자에게 할 수 있는데, 이 경우 전자금융보조자에게 한 통지는 금융기관 등에게 한 것으로 본다(電金 11조 2항).

(ii) 금융기관 등이 이용자로부터 접근매체의 분실이나 도난 등의 통지를 받기 전에는 전자금융거래법 제10조 제 1 항 본문의 반대해석에 의하여 금융기관 등은 그로 인하여 이용자에게 발생한 손해에 대하여 책임이 없다고 보아야 할 것이다. 다만, 다른 법령에 의하여 금융기관 등의 책임을 인정한 경우에는 그러하지 아니하다(電金 10조 2항).

2) 참고로 미국의 전자자금이체법이 이에 대하여 규정하고 있는 내용은 다음과 같다. 미국 전자자금이체법은 소비자가 자금이체를 하는 경우에 소비자를 보호하기 위하여 소비자가 접근매체를 상실할 경우에 소비자의 책임을 대폭 제한하고 있다.[1] 즉, (i) 금융기관이 무권한 전자자금이체가 있었거나 있을

1) 참고로 미국에서는 신용카드가 분실 또는 도난되어 부정사용된 경우에도 소비자의 책임을 제한하고 있다. 즉, 신용카드회원이 소비자인 경우에 그 회원이 신용카드의 분실 · 도난 등을 신고한 시점을 기준으로 하여, 신고 이후에 발생한 부정사용금액에 관하여는 회원에게 전혀 「책임이 없고」, 신고하기 이전에 발생한 부정사용금액에 관하여는 신고를 얼마나 늦게 하였느냐에 관계 없이 일률적으로 회원의 책임을 「미화 50달러」로 제한하고 있다[15 U.S.C. §1643 및 Regulation Z(12 C.F.R. §226, 12)].

이에 관한 간단한 소개로는 정동윤, "신용카드의 도난과 분실," 「상사법연구」, 제 6 집 (1988), 26면 참조.

것으로 믿을 수 있는 상당한 이유 있는 상황에 대하여 통지를 받거나 또는 기타의 방법으로 안 후에는, 소비자는 「미화 50달러」를 초과하지 않는 범위 내에서 책임을 진다. (ii) 그러나 금융기관이 무권한 전자자금이체가 있었거나 있을 것으로 믿을 수 있는 상당한 이유 있는 상황에 대하여 통지를 받거나 또는 기타의 방법으로 알기 전에는, 소비자는 「무권한 전자자금이체에서 취득된 금액이나 재산 또는 용역의 가치」에 대하여 책임을 진다. 다만, 이 경우 소비자의 책임은 「미화 500달러」 또는 소비자가 접근매체의 분실 또는 도난을 안 후 2거래일 후 금융기관에 통지하기 전에 발생한 「무권한 자금이체 금액」 중 적은 금액을 초과하지 못한다. 그런데 이 때에 금융기관이 소비자에게 정기명세표(periodic statement)를 발송한 후 소비자가 60일 내에 정기명세표에 나타나는 무권한 전자자금이체 또는 계좌오류를 금융기관에 알리지 않음으로 인하여 발생한 손실이나, 소비자가 자기의 접근매체의 분실 또는 도난을 안 후 2거래일 내에 금융기관에 알리지 않음으로 인하여 발생한 손실에 대하여 금융기관은 책임을 질 필요가 없다[15 U.S.C. § 1693 g (a)]. 소비자에게 위와 같은 책임을 지우기 위하여는 금융기관이 그 입증책임을 부담하고[15 U.S.C. § 1693 g (b)], 소비자는 위의 경우를 제외하고는 무권한 전자자금이체에 대하여 여하한 책임을 지지 않는다[15 U.S.C. § 1693 g (c)].

제 5 電子資金移替指示의 不履行

(1) 금융기관 등이 고객의 전자자금이체지시를 고의·과실로 이행하지 못하게 된 경우 또는 불가항력·기계고장 등의 사유로 이행할 수 없게 된 경우에, 금융기관 등의 책임은 어떠하며 또 이러한 전자자금이체를 의뢰한 고객(채무자)은 그의 채권자에 대하여 이행지체의 책임을 부담하는지 여부가 문제된다.

이에 관하여 우리 전자금융거래법은 특별히 규정하고 있지 않다. 따라서 이에 관하여는 민법의 일반원칙에 의하여 해결할 수밖에 없다. 즉, 금융기관 등의 고의·과실로 인하여 전자자금이체를 불이행한 경우에는 금융기관 등은 수임인으로서 채무불이행책임이 있으므로(民 390조) 원칙적으로 이와 상당인과관계에 있는 모든 손해를 고객(채무자)에게 배상하여야 하는데(民 393조), 불가항력·기계고장 등 금융기관 등에 귀책사유가 없는 손해나 고객에게만 귀책사유가 있는 손해에 대하여는 금융기관 등은 손해를 배상할 책임이 없다고 본다.[1] 또한

1) 同旨: 鄭(東), 585면.

금융기관 등이 고객(채무자)의 채권자에게 자금이체를 하지 못한 것이 불가항력이나 금융기관의 귀책사유 없는 기계의 기술적인 기능정지로 인한 경우이고, 또한 고객(채무자)의 채권자가 그러한 자금이체를 동의한 경우에는, 고객(채무자)은 이행지체의 책임을 부담하지 않는다고 본다.[1] 그러나 고객(채무자)이나 금융기관 등의 귀책사유로 인하여 자금이체를 하지 못한 경우에는, 고객(채무자)은 당연히 그의 채권자에 대하여 이행지체의 책임을 부담해야 할 것이다.

이에 관하여는 다음에서 보는 미국의 전자자금이체법의 규정이 많은 참고가 될 수 있을 것으로 본다.

(2) 미국의 전자자금이체법은 이에 대하여 다음과 같이 상세하게 규정하고 있다.

1) 金融機關 등이 責任을 부담하는 경우 금융기관 등이 책임을 부담하는 경우는 다음과 같다. 즉, (i) 금융기관 등이 소비자(고객)가 지시한 정확한 금액과 방법으로 계좌에 조건에 따라서 전자자금이체를 하지 않은 경우, (ii) 금융기관 등이 소비자의 계좌에 자금을 입금시켰더라면 이체에 충분한 자금이 되었을 경우에, 금융기관 등이 계좌의 조건에 따라 대기(貸記)를 하지 않아서 자금이 충분하지 않게 되어 전자자금이체를 하지 못한 경우, (iii) 금융기관 등이 계좌의 조건에 따라서 지급정지를 하도록 지시받았음에도 불구하고 그러한 지시에 따른 지급정지를 하지 않고 추심이체를 한 경우에는, 금융기관 등은 고객에 대하여 손해를 배상할 책임을 부담한다[15 U.S.C. §1693 h (a)].

금융기관 등이 부담할 손해배상책임의 범위는 다음과 같다. 즉, (i) 금융기관 등이 위의 사유에 의하여 고객에게 책임을 부담하는 경우에는, 금융기관 등은 원칙적으로 그러한 전자자금이체의 불이행(지급정지의 경우에는 전자자금이체의 이행)에 의하여 발생하는 「모든 손해」를 고객에게 배상할 책임을 부담한다[15 U.S.C. §1693 h (a)]. (ii) 그러나 금융기관 등의 그러한 전자자금이체의 불이행이 고의가 아니고 또 선의의 과실의 결과로 발생한 경우로서 금융기관 등이 그러한 과실을 피하는 데 적합한 상당한 절차를 취하였음에도 불구하고 발생한 경우에는, 금융기관 등은 입증된 「실제의 손해」만을 고객에게 배상할 책임을 부담한다[15 U.S.C. §1693 h (c)].

2) 金融機關 등이 責任을 부담하지 않는 경우 금융기관 등이 책임을 부담하지 않는 경우는 다음과 같다. 즉, (i) 고객의 계좌에 자금이 불충분하거나, 고객의 계좌에 있는 자금이 법적 절차의 진행중이거나 기타 그러한 이체를

1) 同旨: 鄭(東), 586면.

제한하는 채무가 있거나, 고객의 계좌에서 그러한 이체를 하게 되면 약정된 신용한도를 초과하거나, 전자단말기에 그 거래를 할 수 있는 현금이 부족한 경우, 기타 위원회 규칙(규칙 E)에 규정된 사항이 있는 경우, (ii) 금융기관 등이 지배할 수 없는 불가항력이 있는 경우로서 그가 그러한 발생을 방지하기 위하여 상당한 주의를 하고 또 그 상황이 요구하는 그러한 주의를 다한 경우, (iii) 고객이 전자자금이체를 하고자 하는 때에 또는 추심이체의 경우에는 그러한 이체가 발생했어야 하는 때에 고객이 알고 있는 기계의 기능정지가 있는 경우에는, 금융기관 등은 고객에 대하여 손해를 배상할 책임을 부담하지 않는다[15 U.S.C. §1693 h (a) ① 단서, (b)].

3) 고객(債務者)의 債權者에 대한 이행지체의 책임　　금융기관 등이 고객의 자금이체지시를 불이행한 사유 중 기계의 기능정지로 인한 경우이고, 또 고객의 채권자가 그러한 전자자금이체에 의하여 지급의 수령을 동의한 경우에는, 그 채권자에 대한 고객의 채무는 기계의 기능정지가 보수되어 전자자금이체가 완성될 때까지 정지된다. 그러나 그 채권자가 전자자금이체 이외의 방법으로 지급할 것을 서면으로 요구한 경우에는 그러하지 아니하다[15 U.S.C. §1693 j].

附　　錄

1. 換 어 음
2. 約束어음
3. 手　　票
4. 讓渡性預金證書
5. 商業信用狀
6. 公示催告 및 除權判決

1. 換 어 음

1) 內國去來用(內國信用狀用)

No ____________

환 어 음

(내국신용장용)

코 오 롱 상 사 (주)
귀하

내국신용장 번 호 L180130104696
내국신용장 개설일자 94. 1. 20.

금 일천육백사십이만이천사백원정

₩ 16,422,400

(U$ 20,528.00)

위의 금액을 이 환어음과 상환하여 한일은행 무교지점
그 지시인에게 지급하여 주십시오.

또는
거절증서 작성불요

발 행 일 1993. 년 1 월 31 일

지 급 지 서 울 시

발행지주소 [illegible]

지급장소 제 일 은행 영업 2 부점

발 행 인 주식회사 코오[illegible]
代表理事 社長 河 基 [illegible]

외형 : 195 (183×90)

2) 國際去來用(外國信用狀用)

NO. ____________ **BILL OF EXCHANGE** DATE: JAN. 21. 1994.

FOR USD 21,750

SEOUL, KOREA

AT ************** SIGHT OF THIS FIRST BILL OF EXCHANGE(SECOND OF THE SAME TENOR AND DATE BEING UNPAID) PAY TO.

OR ORDER THE SUM OF SAY US DOLLARS TWENTY ONE THOUSAND SEVEN HUNDRED F-IFTY ONLY

VALUE RECEIVED AND CHARGE THE SAME TO ACCOUNT OF FAKHRO ELECTRONICS
PO BOX 39 MANAMA BAHRAIN

DRAWN UNDER ARAB BANK CPO BOX 1331

L/C NO. M16/93 DATED JAN,16,1993

TO. FAKHRO ELECTRONICS
PO BOX 39 MANAMA BAHRAIN

KOLON INTERNATIONAL CORP.
S. C. Choi
SUKCHUL CHOI
PRESIDENT

2. 約束어음

1) 表　面

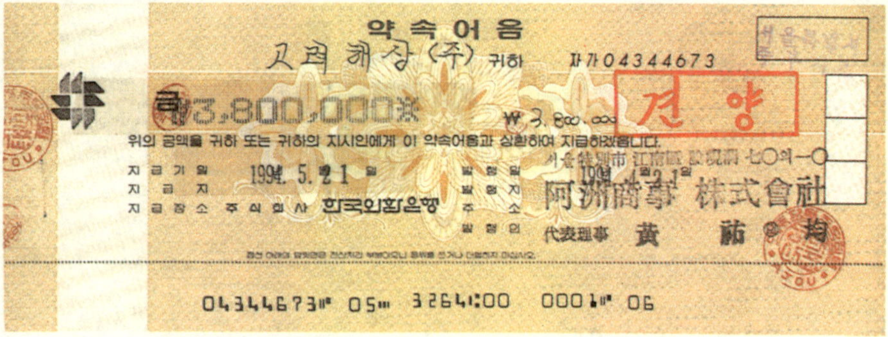

2) 裏　面

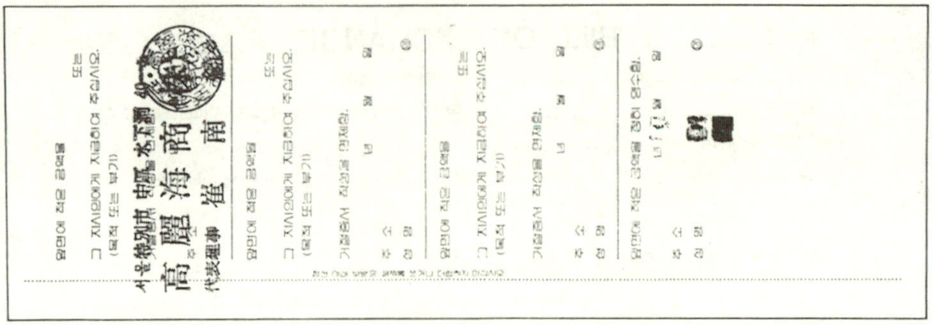

3. 手　　票

1) 當座手票

2) 自己앞手票

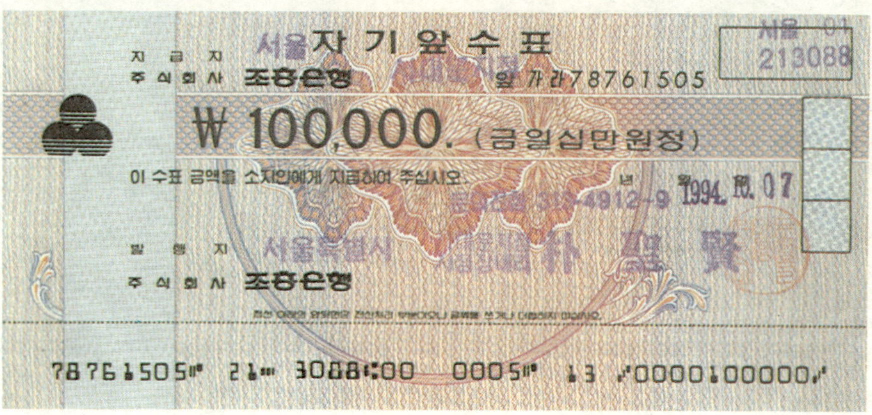

3) 家計手票(表面과 裏面)

보 증 요 건

1. 발행 금액은 10만원 이하 이어야 합니다.
2. 보증카드 유효기간내의 일자로 발행되고, 발행일로부터 10일 이내에 지급 제시하여야 합니다.
3. 보증카드상의 성명, 인감, 보증카드 번호와 일치하여야 합니다.
4. 금액, 주민등록번호 및 발행일의 정정이 없어야 합니다.

가계수표보증카드번호
(수 취 인 기 재 란)

발행한도 금액을 초과한 수표는 발행인이 직접 은행에 제시하는 경우에 한하여 수납합니다.

4) 送金手票

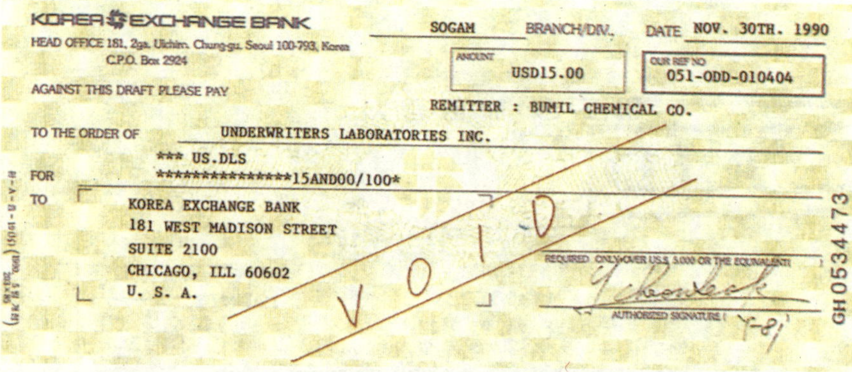
KOREA EXCHANGE BANK
HEAD OFFICE 181, 2ga, Ulchiro, Chung-gu, Seoul 100-793, Korea
C.P.O. Box 2924
SOGAM BRANCH/DIV. DATE NOV. 30TH. 1990
AMOUNT USD15.00
OUR REF NO 051-ODD-010404
AGAINST THIS DRAFT PLEASE PAY
REMITTER : BUMIL CHEMICAL CO.
TO THE ORDER OF UNDERWRITERS LABORATORIES INC.
*** US.DLS
FOR ****************15AND00/100*
TO KOREA EXCHANGE BANK
181 WEST MADISON STREET
SUITE 2100
CHICAGO, ILL 60602
U. S. A.
VOID
REQUIRED ONLY OVER U.S.$ 5,000 OR THE EQUIVALENT
AUTHORIZED SIGNATURE
GH0534473

5) 旅行者手票(T/C)

4. 讓渡性預金證書

1) 表　　面

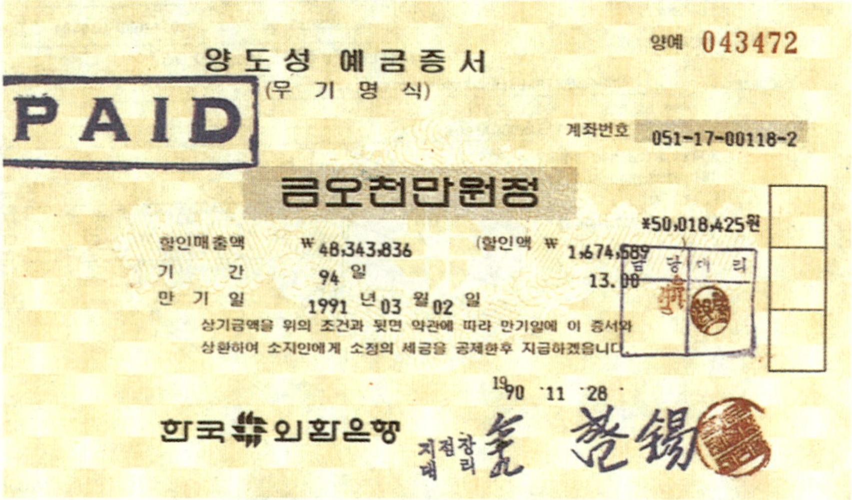

양도성 예금증서
(무 기 명 식)

양예 043472

PAID

계좌번호 051-17-00118-2

금오천만원정

₩50,018,425원

할인매출액 ₩48,343,836 (할인액 ₩1,674,589

기 간 94 일 13.00

만 기 일 1991 년 03 월 02 일

상기금액을 위의 조건과 뒷면 약관에 따라 만기일에 이 증서와 상환하여 소지인에게 소정의 세금을 공제한후 지급하겠읍니다.

1990 ·11 ·28

한국외환은행 지점장 대리

2) 裏　　面

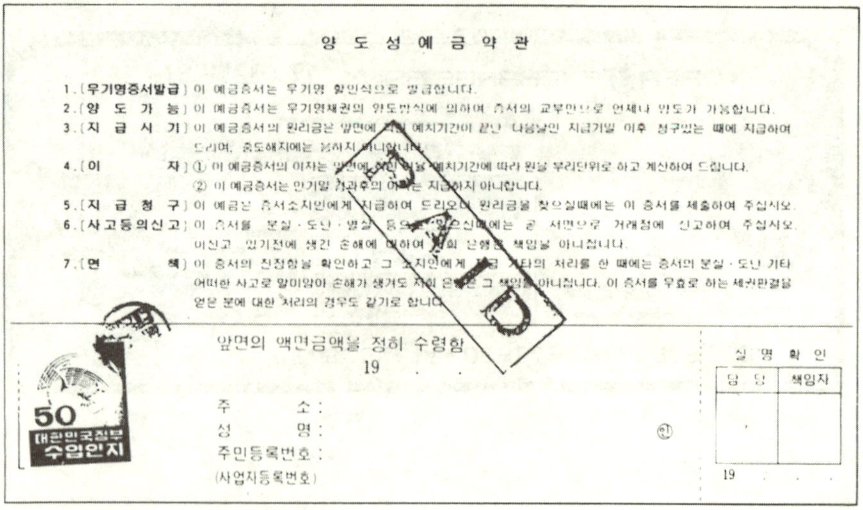

양 도 성 예 금 약 관

1.〔우기명증서발급〕이 예금증서는 무기명 할인식으로 발급합니다.

2.〔양 도 가 능〕이 예금증서는 무기명채권의 양도방식에 의하여 증서의 교부만으로 언제나 양도가 가능합니다.

3.〔지 급 시 기〕이 예금증서의 원리금은 앞면에 적힌 예치기간이 끝난 다음날인 지급기일 이후 청구있는 때에 지급하여 드리며, 중도해지에는 응하지 아니합니다.

4.〔이 자〕① 이 예금증서의 이자는 앞면에 적힌 연율 예치기간에 따라 원날 부리단위로 하고 계산하여 드립니다.
② 이 예금증서는 만기일 경과후의 이자는 지급하지 아니합니다.

5.〔지 급 청 구〕이 예금은 증서소지인에게 지급하여 드리오니 원리금을 찾으실때에는 이 증서를 제출하여 주십시오.

6.〔사고등의신고〕이 증서를 분실·도난·멸실 등으로 잃으신때에는 곧 서면으로 거래점에 신고하여 주십시오. 이신고 있기전에 생긴 손해에 대하여 저희 은행은 책임을 아니집니다.

7.〔면 책〕이 증서의 진정함을 확인하고 그 소지인에게 지급 기타의 처리를 한 때에는 증서의 분실·도난 기타 어떠한 사고로 말미암아 손해가 생겨도 저희 은행은 그 책임을 아니집니다. 이 증서를 무효로 하는 제권판결을 얻은 분에 대한 처리의 경우도 같기로 합니다.

앞면의 액면금액을 정히 수령함
19 . .

주 소 :
성 명 : ㊞
주민등록번호 :
(사업자등록번호)

실 명 확 인

담 당	책임자

19 . .

50 대한민국정부 수입인지

PAID

5. 商業信用狀

1) 內國信用狀

제일은행

취 소 불 능 내 국 신 용 장	발 행 일 자: 93-01-20
	신용장번호: L1801-301-04636
개설신청인(상호, 주소, 대표자, 전화) 코오롱상사 주식회사	결제통화 및 금액: ☑ 원 화　W16,176,064 (외화금액 US $ +20,528.00 @ 788.00) 다만, 환어음 매입시 대고객 전신환매입율이 개설시와 다를 경우 원화금액은 동매입율로 환산한 금액으로 함.
수 혜 자(상호, 주소, 대표자, 전화) (주)코오롱	□ 외 화 다만, 개설의뢰인명의 거주자계정으로부터 수혜자명의 거주자계정에 이체지급할 것을 조건으로 함.
	물품인도기일: 93-02-19 / 유 효 기 일: 93-02-19

당행은 귀하(사)가 위 금액의 범위내에서 다음의 서류를 첨부하여 당행을 지급장소로 하고 신청인을 지급인으로 한 물품대금 전액의 일람출급 환어음을 발행할 수 있는 취소불능 내국신용장을 개설합니다. 이 신용장에 의하여 발행된 환어음은 "19 93 년 01 월 20 일 제일은행 내국신용장 번호 L1601-301-04696 에 의함"이라고 표시하여야 합니다.

제 출 서 류:
1. 물품수령증명서　통
2. 공급자발행 세금계산서 사본　통
3. 기　타:

공 급 물 품 명 세

HS	품명및규격	단위및수량	단가	금액
	VIDEO COMPACT CASSETTE TAPE (VHS TYPE) BLANK TAPE WITH CASE IN SHRINKAGE OPP FILM WRAPPING LEADER TAPE: 43.01CM²/PC WIDTH: ½" MAGNETIC THICKNESS: 20MICRON LENGTH: POLYESTER FILM: E-120M 13.9 MICRON x ½" x 173M/PC E-180M 13.9 MICRON x ½" x 258M/PC		FOB BUSAN, KOREA	

분할인도	영업일이내
기 타	ㄴ ㄱ ㅁ

개 설 근 거	□ 수출 L/C　□ D/A　□ D/P　□ 외화표시물품공급계약서 ☑ 내국신용장 □ 외화표시건설용역 공급계약서
신 용 장(계약서) 번 호	M1G/93

1. 이 신용장에 의하여 발행된 환어음을 매입한 은행은 반드시 매입일자와 동금액을 이 신용장 이면에 기재하여야 합니다. 2. 물품수령증명서상의 수령인의 서명 또는 인감은 이 신용장 뒷면에 표시(첨부)된 물품매도확약서상의 것과 일치하여야 합니다. 3. 이 신용장에 관한 사항은 다른 특별한 규정이 없는 한 국제상공회의소에서 정한 화환신용장 통일규칙 및 관례(1983년 개정)에 따릅니다.	당행은 이 신용장에 의하여 발행되고 또한 이 신용장 조건에 일치하는 환어음이 당행에 제시된 때에는 이를 이의 없이 지급할 것을 환어음의 발행인, 배서인 기타 정당한 소지인에게 확약합니다. 주식회사 제 일 은 행 장십2가 부점 책 임 자 서명날인

(중35) (21.0×29.7) NCR 70g/m² (89. 8. 31 개정) (3-1)　No. 378979

2) 外國信用狀

Arab Bank plc

ORIGINAL

Branch MANAMA
Tlx. 8232, 8264 ARABNK BN
P.O. Box 395
☐ In confirmation of our today's teletransmission

Irrevocable Documentary Credit | Number M16/93

We have issued the documentary credit as detailed herein. It is subject to the Uniform Customs and Practice for Documentary Credits (1983 Revision, International Chamber of Commerce, Paris, France Publication No. 400) insofar as these are applicable. We request you to advise the credit to the beneficiary.
[X] without adding your confirmation. ☐ adding your confirmation.

Date of issue 16th JANUARY, 1993	**Date and place of expiry** 15th MARCH, 1993 IN SOUTH KOREA
Account of M/S. FAKHRO ELECTRONICS W.L.L, P.O. BOX 39, MANAMA, BAHRAIN. 30100541	**Beneficiary** M/S. KOLON INTERNATIONAL CORPORATION, KOLON BLDG. 45 MUGYO-DONG, JUNG-GU SEOUL, SOUTH KOREA.
Advising Bank Ref. No. ARAB BANK PLC, C.P.O. BOX 1331, DAEWOO CENTER BLDG., 17th FLOOR, 541, 5-KA, NAMDAEMOON-RO, CHUNG-KU, SEOUL, KOREA.	Amount /not exceeding US$21,750/- In words US DOLLARS TWENTYONE THOUSAND SEVEN HUNDRED FIFTY ONLY********************
Partial Shipments ☐ allowed [X] not allowed **Transhipment** [X] allowed ☐ not allowed except at Karachi	Credit available with ADVISING BANK [X] by sight payment ☐ by acceptance ☐ by deferred payment at against the documents detailed herein [X] and beneficiary's sight draft(s) drawn on BUYERS
Loading on board/ by STEAMER from ANY SOUTH KOREAN PORT not later than 28th FEBRUARY, 1993 for transportation to BAHRAIN. ☐ FOB [X] C&F BAHRAIN ☐ CIF ☐	

Documents required marked [x] (Please refer overleaf for special conditions concerning required documents).

[X] Signed commercial invoice in FIVE copies.

[X] Full set of "**CLEAN ON BOARD**" MARINE Bill(s) of lading in long form plus one non-negotiable copy issued or endorsed to the order of Arab Bank Plc showing freight [X] prepaid ☐ payable at destination and "notify buyers"

☐ Rail Consignment Note/Truck Co's Bill(s) showing, goods consigned to the order of Arab Bank Ltd., account buyers and showing freight ☐ prepaid up to ☐ collect.

☐ Postal Receipt(s)/Airway Bill(s) showing Arab Bank Ltd. as consignee, account buyers. Airway Bill(s) must show flight number and date and marked freight ☐ prepaid ☐ collect.

[X] A certificate issued by Vessel Owners/Agents/Captain stating that the carrying vessel is a conference line vessel and/or is sailing on regular liner services.

☐ Insurance Policy or Certificate issued in negotiable form for invoice amount plus ......%
(Insurance covered locally if not called for above).

[X] Certificate of Origin stating that goods are of SOUTH KOREAN origin, showing that goods:
☐ do not contain industrial component materials from other countries, otherwise the certificate must state the name of relevant countries and percentage of parts or components relative to total shipment.
☐ are not of Israeli origin, have not been exported from Israel and do not contain any Israeli material/labour.

[X] Separate Certificate of Weight. ☐ Certificate of Surveillance.

☐ Health or Veterinary Certificate issued by a competent authority.

[X] Packing List showing number of packages/cartons and the contents of each package/carton separately.

☐ ....

Goods "NETWORK" BLANK VIDEO CASSETTES.
ALL OTHER DETAILS AS PER OPENERS PURCHASE ORDER NO. FE/1032/1/93/1 DATED 13.01.93.

Documents to be presented within 15 days after the date of issuance of the transport document (s) but within the validity of the credit.
You are kindly requested to forward original set of documents and duplicates directly to us in two sets by consecutive registered airmail, or special courier.
All your charges and commissions including courier charges should be paid by Beneficiaries.

Kindly acknowledge receipt by airmail.

Reimbursement for the value of documents which comply with credit terms, kindly:
☐ Send us instructions concerning the method of reimbursement.
☐ Debit ....
[X] Reimburse on OUR A/C NO. UID 14420 WITH ARAB BANK PLC, NEW YORK, U.S.A
☐ Remittance will be made by us by telex/mail upon receiving the documents strictly in compliance with D/C terms
All reimbursement commission should be paid by ☐ Buyers [X] Beneficiaries.

PLEASE TURN OVER
1/6 DCO 003-EE-89

00744

ARAB BANK

6. 公示催告 및 除權判決

1) 公示催告의 公告

사건88카4534
공시최고
신청인 김 복 자
경북월성군외동읍연안리 766의1 박무치 방
말미기재의 증서의 소지인은 1989년 4월29일10시까지 본법원에 권리의 신고나 청구를하고 그증서를 제출하기바라며 만일 이를 해태하면 실권으로 증서무효의 선고가 되는수가 있다.
1989년 1월10일
부산지방법원울산지원
판사 이 성 오
증서의중요한취지
종　류 자기앞수표
번　호 라28142772～74 라31301305～310
금　액 각금1,000,000원
발행일 각1989년12월22일
발 행 지 각울산시
발행인및 지급장소 각㈜제일은행울산지점 각㈜한일은행울산지점
최후소지인 각 김복자

사건88카4614
공시최고
신청인 덕양산업주식회사 대표이사 윤주원
울산시중구연암동945
말미기재 증서의 소지인은 1989년 4월29일10시까지 본 법원에 권리의 신고나 청구를하고 그증서를 제출하기 바라며, 만일 이를 해태하면 실권으로증서무효의선고가되는 수가있다. 1989년 1월10일
부산지방법원울산지원
판사 이 성 오
종　류 당좌수표 4매
번　호 00394223, 00394224, 00394225, 00394226
액　면 금11,000,000원정 금19,008,000원정 금41,720,000원정 금25,000,000원정
발 행 인 각 정일기계 최종화
발 행 일 각 백지
발행지및 지 급 지 각 주식회사경남은행울산지점
지급장소 각 주식회사경남은행울산지점

사건88카4580
공시최고
신청인 최 진 욱
경남양산군장안읍좌천리 155
말미기재의 증서의 소지인은 1989년 4월29일10시까지 본법원에 권리의 신고나 청구를하고 그증서를 제출하기바라며 만일 이를해태하면 실권으로 증서무효의 선고가 되는 수가 있다.
1989년 1월10일
부산지방법원울산지원
판사 이 성 오
증서의중요한취지
금　액 금1,000,000원
번　호 라27837943
발행일자 1988년12월24일
발 행 인 양산삼북단위농업협동조합(소토분소) 분소장 김정철

88카21393
공시최고
신청인 김 원 덕
서울성동구자양1동614의 2
아래에 기재된 증서의 소지인은 1989년 4월29일 10시까지 이법원에 권리의 신고나 청구를 하고 그증서를 제출하기바라며 만일이를 게을리하면 실권으로 증서의 무효가 선고되는 수도 있읍니다.
1989년 1월14일
서울지방법원동부지원
판사 배 태 연
서증의중요한취지
종　류 자기앞수표
번　호 차37795739～42 (4매)
금　액 금각100,000원
발 행 일 1988년12월 3일
발행인및 지 급 지 한일은행자양동지점
최후소지인 김원덕

88카21132
공시최고
신청인 김 광 자
서울강남구대치동1023－4
아래에 기재된 증서의 소지인은 1989년 4월29일 10시까지 이법원에 권리의 신고나 청구를하고 그증서를 제출하기바라며 만일이를 게을리하면 실권으로 증서의 무효가 선고되는 수가 있읍니다.
1989년 1월14일
서울지방법원동부지원
판사 배 태 연
증서의중요한취지
종　류 가계수표
번　호 바3322546 바3322555 바3322925 바3323201 바3323206
금　액 백지
지급기일 백지
지급인및지급장소 한국주택은행도곡동지점
발 행 인 김광자
발 행 일 백지

89카589
공시최고
신청인 정 인 만
서울강서구화곡1동370－120
아래에 기재된 증서의 소지인은 1989년 4월29일 10시까지 이법원에 권리의 신고나 청구를 하고 그증서를 제출하기바라며 만일 이를 게을리하면 실권으로 증서의 무효가 선고되는 수가 있읍니다.
1989년 1월14일
서울지방법원동부지원
판사 배 태 연
증서의중요한취지
종　류 자기앞수표
번　호 차32143839～850
금　액 금각100,000원
발 행 일 1988년12월27일
발행인및 지 급 지 한국상업은행중곡동지점
최후소지인 신청인

89카181
공시최고
신청인 곽 근 옥
서울성동구화양동34의63
송달장소：서울구로구독산동335의10 세원합섬주식회사
아래에 기재된 증서의 소지인은 1989년 4월29일 10시까지 이법원에 권리의 신고나청구를하고 그증서를 제출하기 바라며 만일 이를 게을리하면실권으로 증서의 무효가 선고되는 수도 있읍니다.
1989년 1월14일
서울지방법원동부지원
판사 배 태 연
종　류：약속어음1장
번　호：아03137461
액　면：금5,000,000원정
발행일자：1988년12월27일
지급일자：1989년 1월30일
지급처소：한국외환은행방배동지점
발 행 인：주식회사 회다

89카489
공시최고
신청인 송 재 근
서울강동구천호1동227의17
아래에 기재된 증서의 의신고나 1989년 4월29일 10시까지 이법원에 권리 소지인은 청구를하고 그증서를 제출하기바라며만일 이를 게을리하면 실권으로 증서의 무효가선고되는수도 있읍니다
1989년 1월14일
서울지방법원동부지원
판사 배 태 연
증서의 중요한 취지
종　류 가계수표
번　호 10316006, 10316008
금　액 백지
발 행 일 백지
발행인및 지 급 지 한국상업은행둔촌동지점
지급인및 최후소지인 송 재 근

2) 除權判決의 正本

인천지방법원

제　권　판　결

사　　건　　카　　　　공시최고

신 청 인　　이　병　성

인천 남구 간석동 [illegible]. 법양아파트 [illegible]

주　　문　　별지목록 기재 증권의 무효를 선고한다.

이　　유　　별지목록 기재 증권에 대하여 198 . 　. 　.
공시 최고를 하였는 바 그 공시 최고에서 정한
198 . 　. 　. 14:00까지 권리의 신고나 청구 및 증서
를 제출한자가 없으므로 신청인의 신청에 의하여 주문과
같이 판결한다.

198 . 　. 　.

판 사
김　　능　　[illegible]

위 가계수표의 표시

1. 종　　류　　가계수표 1매

1. 수표의 번호　　4383036

1. 액　　면　　금 409,325 원

1. 발 행 일　　198[illegible]. 11. 8.

1. 발 행 인　　[illegible]

Ⅰ. 判例索引

Ⅱ. 條文索引

〈條文〉　(面)

〈어 음 法〉

〈手 票 法〉

Ⅲ. 事項索引

[ㅂ]

著者略歷

서울大學校 法科大學(法學科) 卒業
서울大學校 大學院(法學碩士)
法學博士(서울大學校)
美國 워싱턴大學校 法科大學 및 듀크大學校 法科大學에서 商法研究(Visiting Scholar)
獨逸 뮌스터大學校 法科大學에서 商法研究(Gastprofessor)
忠北大學校 法學科 專任講師 및 國立警察大學 法學科 助敎授・副敎授
司法試驗委員・公認會計士試驗委員, 大韓商事仲裁院 仲裁人
法務部 法務諮問委員會 委員
現 高麗大學校 法學專門大學院 敎授

著　書

어음・手票善意取得研究(博英社)
事例研究 어음・手票法(法文社)
어음法・手票法(共著)(서울大出版部)
EC會社法(博英社)
註釋어음・手票法(Ⅰ)(Ⅱ)(Ⅲ)(共著)(韓國司法行政學會)
註釋 商法 Ⅴ(會社 4)(共著)(韓國司法行政學會)
註釋 商法 Ⅶ(保險)(共著)(韓國司法行政學會)
商法判例評釋(弘文社)
商法概論(第 9 版)(法英社)
客觀式 商法(第 3 版)(博英社)
判例商法(第 2 版)(上)・(下)(博英社)
商法講義(上)(第12版)(博英社)
商法講義(下)(第11版)(博英社)
商法事例演習(第 4 版)(博英社)
商法講義要論(第 8 版)(博英社)
會社法講義(第 3 版)(博英社)
英美어음・手票法(高大出版部)
銀行法(第 2 版)(共著)(博英社)
註釋 金融法 Ⅰ(銀行法)・Ⅱ(保險業法)(共著)(韓國司法行政學會)
栢山商事法論集(博英社)

第 7 版
어음・手票法講義

1994年 7月 30日 初版發行
2004年 2月 20日 第 5 版發行
2006年 2月 28日 第 6 版發行
2009年 8月 30日 第 7 版印刷
2009年 9月 5日 第 7 版發行

著　者 鄭 燦 亨
發行人 安 鍾 萬
發行處 (株) 博 英 社
서울特別市 鍾路區 平洞 13-31番地
電話 (733)6771 FAX (736)4818
登錄 1959. 3. 11. 제 300-1959-1 호(倫)

www.pakyoungsa.co.kr e-mail: pys@pakyoungsa.co.kr

定 價 48,000원 ISBN 978-89-7189-022-6